LLEMAGNE
YS DU DANUBE
XXVI
KAZAKHSTAN
AZERBAÏDJAN
ARMÉNIE
ASIE
JAPON
OCÉAN
PACIFIQUE
CHINE
YPTE
INDE
MBABWE
OCÉAN
INDIEN
AFRIQUE
DU SUD
AUSTRALIE
XXX
XXX
NOUVELL
ZÉLAND
XXXI

LE PETIT LAROUSSE DES VINS

LE PETIT LAROUSSE DES VINS

DÉCOUVRIR · RECONNAÎTRE · DÉGUSTER

LAROUSSE

21, RUE DU MONTPARNASSE 75283 PARIS CEDEX 06

SOMMAIRE

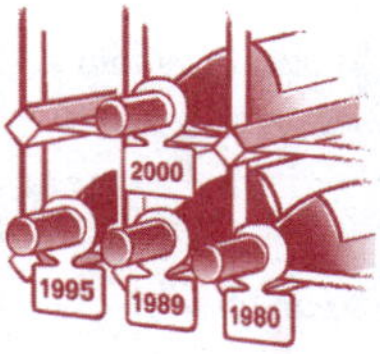

LES VIGNOBLES DU MONDE

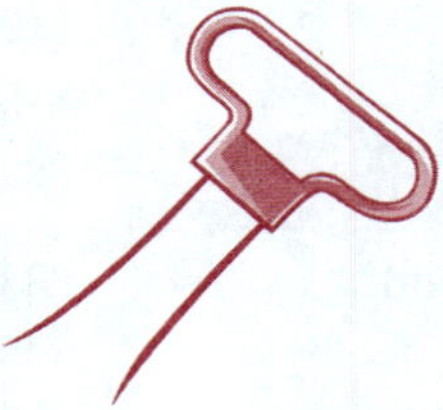

CAHIER ILLUSTRÉ ENCARTÉ

LE VIN EN PRATIQUE

CARTES DES RÉGIONS VITICOLES

Le plaisir du vin

Depuis le jour où les hommes ont su tirer profit du fruit de la vigne pour le transformer en vin, ils vouèrent à cette boisson un goût et une curiosité que les siècles n'ont pas démentis. De génération en génération, ils se sont attachés à en percer les mystères et à en améliorer la qualité. À cet égard, le XXe siècle a joué un rôle fondamental dans l'histoire du vin grâce à l'apparition et au développement de l'œnologie. Cette science, qui est en même temps une technique, a vu le jour dans les années 1950 sous l'impulsion de passionnés du vin qu'étaient les chimistes Émile Peynaud et Jean Ribereau-Gayon, dans le Bordelais, et les professeurs Jaumes et Flandry, à Montpellier. Outil formidable pour le vigneron, elle l'a aidé à mieux comprendre la nature du vin, à maîtriser les différentes étapes de son élaboration et de son élevage. Et, contrairement à la crainte qu'elle a suscitée, elle n'a pas eu pour conséquence la standardisation des vins, mais a apporté au vigneron davantage de confort, en lui laissant une plus grande marge de liberté pour définir le style de ses vins. Les résultats sont probants : jamais les vins n'ont été aussi bons et aussi divers. Les amateurs du troisième millénaire ont de quoi se réjouir : s'ils boivent moins, ils boivent désormais mieux, privilégiant la qualité à la quantité. Pour eux, le vin n'est plus la « boisson la plus hygiénique » prônée par Pasteur, mais bien une « boisson de plaisir ». Curieux et ouverts d'esprit, ils apprennent à goûter, n'hésitent pas à poser des questions et aiment partager leurs émotions avec leurs amis. Que ce livre soit pour eux, amateurs débutants ou plus aguerris, un guide dans cette palpitante aventure qu'est la découverte du vin.

Du grand et du bon vin

Tout amateur de vins a le même souci : boire bien et, si possible, toujours mieux. Selon son degré de plaisir, il jugera un vin plus ou moins agréable, le qualifiant de mauvais, bon ou excellent. Chacun ayant ses propres goûts, les avis peuvent être partagés. Existe-t-il alors une définition universelle du bon et du mauvais vin ? Et si oui, comment peut-on reconnaître la qualité et le niveau de qualité d'un vin ?

La qualité, une affaire de goût ?

La notion de goût désigne à la fois l'un de nos cinq sens et la saveur d'un aliment (sucré, salé, etc.). Mais elle renvoie également à une appréciation esthétique, souvent polarisée dans des termes comme « bon » ou « mauvais ». Lors de la dégustation d'un vin, la perception du goût, ou des saveurs, s'accompagne en effet toujours d'un jugement qui reflète les préférences de chacun. À cette dégustation purement hédoniste, qui concerne le plaisir (ou déplaisir) ressenti spontanément par le dégustateur, s'ajoute la dégustation au sens technique, dont le but est de juger de la qualité relative d'un vin par rapport à un autre, ou par rapport à un standard théorique ou mémorisé. Elle procède par une analyse détaillée des sensations selon une grille de lecture bien précise (voir p. 120), mais s'appuie également sur une bonne connaissance du vin et de son élaboration. Juger de la qualité n'est donc pas une simple affaire de goût. C'est un exercice qui repose sur

LES VINS MYTHIQUES

Chaque siècle a son lot de millésimes réussis et ses vins de légende. Au panthéon du XXe siècle, ce sont : Ch. Margaux 1900, Bollinger 1911, La Romanée 1921, Ch. d'Yquem 1921, Salon 1928, Ch. Latour 1928, Ch. Mission Haut-Brion 1929, La Tâche 1937, Ch. Mouton-Rothschild 1945, Ch. Cheval-Blanc 1947, Ch. de Fesles 1947, Musigny 1949, Ch. Lafite-Rothschild 1959, Ch. Latour 1961, Clos des Goisses 1975, Rayas 1978, Pétrus 1982, Ch. Le Pin 1982, Ch. Léoville-Las-Cases 1982, Dom Pérignon 1985, Ch. Haut-Brion 1989.

DU « MAUVAIS » VIN

Il est beaucoup plus facile d'expliquer ce qu'est un mauvais vin que de définir ce qui est un bon ou un grand vin. Le mauvais vin est celui qui affiche d'emblée des défauts qui le rendent désagréable, voire impropre, à la consommation. L'amateur de vins, même débutant, peut le déceler assez facilement. Un vin trouble, un nez pas propre, aux odeurs déplaisantes, une acidité agressive, un alcool brûlant, une astringence importante, des sensations de verdeur ou un autre mauvais goût… ce sont quelques exemples dont tout le monde a déjà fait au moins une fois l'expérience. Les causes les plus fréquentes en sont une vendange pourrie ou insuffisamment mûre, une vinification non soignée, un élevage bâclé ou inadapté à la qualité de la matière première. Mais l'absence de défaut n'est pas la seule condition pour donner un bon vin. Un vin qui serait techniquement bon peut s'avérer banal parce qu'incapable de susciter le moindre plaisir, la moindre émotion chez l'amateur.

un apprentissage et sur la diversité des expériences gustatives. Mieux l'amateur de vins le maîtrise, mieux il sera en mesure de comprendre le vin et d'en évaluer les qualités et les défauts. Les dégustateurs professionnels le prouvent parfaitement, en reconnaissant – souvent à l'unanimité – les grands, les bons et les mauvais vins.

Juger de la qualité du vin

Juger un vin, c'est faire preuve d'esprit critique pour en évaluer le degré de qualité. Les critères gustatifs de qualité d'un vin sont la qualité de ses arômes et saveurs, l'équilibre, l'harmonie, la complexité et la persistance.

Après la qualité et la netteté des arômes et des saveurs, l'équilibre est le premier critère de base. Difficile à définir en termes positifs, il se traduit dans la bouche par une absence d'agression, car aucune sensation ne domine l'ensemble. Par exemple, il n'y a pas de sensation d'agressivité due à un excès d'acidité, ni de brûlure en raison d'un alcool dominant, ni, dans le cas du vin rouge, de forte astringence qui irrite les gencives. Au contraire, il faut que le vin donne l'impression de « couler » sans heurt. Sans cette impression d'équilibre, un vin ne saurait être ni bon, ni grand.

L'harmonie d'un vin découle de la concordance entre l'impression olfactive qu'il offre lorsqu'on le respire et les sensations tactiles et aromatiques perçues lors de la dégustation. Elle permet de juger de la cohérence des sensations perçues dans un vin.

La complexité devient vite compréhensible par analogie avec la musique, par exemple. Plus il y a d'instruments dans un orchestre, plus le son est complexe. Dans le verre, cela s'exprime par une intensité aromatique due à la présence de plusieurs familles d'arômes et, à la dégustation, par des saveurs subtiles qui se développent de façon crescendo dans la bouche. Du degré de complexité découle directement le niveau de qualité du vin. Un grand vin se distingue par une plus grande complexité.

Il en est de même de la persistance, ou longueur en bouche. Elle se traduit par la durée savoureuse qui persiste dans la bouche, une fois le vin avalé. Elle est l'ultime critère qui permet de différencier les grands vins du monde des bons vins. Enfin, un dernier critère permet de reconnaître un grand vin. C'est sa capacité à

LE RAPPORT PLAISIR/PRIX

La qualité a presque toujours un prix et le vin ne fait pas exception à cette règle. Tel vin produit en grande quantité et vendu quelques mois après les vendanges, n'a pas le même coût de revient que tel autre, issu de faible rendement et élevé plus d'un an dans des barriques neuves. Mais cela n'implique pas forcément que le premier sera « mauvais » et le second « excellent ». Leur différence de prix met surtout en avant un style de vin différent, l'un simple, sans prétention, à boire rapidement, l'autre plus complexe et doué d'une capacité de vieillissement. Chacun est susceptible de plaire, à condition, bien sûr, qu'il présente le minimum de qualité requise pour sa catégorie. Un vin pas cher qui n'est pas bon est encore trop cher. Pour cette raison, le rapport qualité/prix s'avère simpliste et on lui préférera celui de plaisir/prix. Or il y a des grands plaisirs et des plaisirs plus simples. L'amateur ne peut exiger le même degré de qualité quand il achète une bouteille à 5 € que lorsqu'il en dépense 30. Mais, dans chaque catégorie de prix, il existe des vins susceptibles de lui plaire.

bien vieillir. Un grand vin réclame du temps pour révéler toute l'originalité et le caractère unique de sa personnalité.

Le « grand vin » vu par les professionnels

MICHEL BETTANE, critique français co-auteur du *Guide Bettane-Desseauve* : « Le grand vin provoque une émotion forte, de l'ordre de l'esthétique. Il possède un caractère gustatif original et unique qui lui vient de ses origines. Il allie la puissance à la finesse. Dans la tradition européenne, il n'y a pas de grand vin sans grand terroir ni grand millésime. L'homme est aussi un facteur important dans la naissance d'un grand vin, car il est le révélateur de la personnalité du terroir. Le grand vin a besoin de temps pour affirmer toute sa beauté. Jeune, il doit se déguster dans la perspective de son apogée. Le grand vin, c'est aussi la somme collective de la mémoire de tous ceux qui l'ont dégusté au cours des années. »

OLIVIER POUSSIER, « Meilleur sommelier du Monde » en 2000 : « Un grand vin est une conjugaison de complexité, de finesse, d'équilibre et de persistance qui procure un grand plaisir chez le dégustateur. Avec le temps, il doit gagner en saveurs et en arômes. Sa grandeur d'expression lui vient plus de son terroir que de son cépage et/ou de son millésime. Il n'y a pas de grand vin sans un homme qui, par son intelligence du terroir, saura en révéler toute la quintessence. »

MICHEL ROLLAND, Œnologue bordelais prodiguant ses conseils dans le monde entier : « Un grand vin est la somme de plusieurs facteurs dont le plus essentiel est le terroir qui donne sa typicité au vin. Pour révéler ses qualités, l'homme est un maillon indispensable par son travail constant dans les vignes et celui dans les chais qu'il adaptera selon les circonstances. L'âge du vignoble, son équilibre et le rendement sont aussi importants. Un grand vin se bonifie avec l'âge grâce à son aptitude au vieillissement. »

JEAN-CLAUDE BERROUET, ancien vinificateur de Pétrus : « Produit de la nature dont il subit les lois, le grand vin est avant tout une exception. Il naît de la rencontre d'un sol privilégié planté de cépages parfaitement choisis et d'un climat remarquable. Il en est l'expression la plus aboutie. La part du vigneron reste modeste. Il sublime le produit par son talent, sans faire acte de création. Les hommes passent, les terroirs demeurent. Un grand vin, c'est une source d'émotion rare. »

ANGELO GAJA, Œnologue et vigneron italien ; ses Barbaresco et Barolos sont parmi les vins les plus prestigieux d'Italie : « Un grand vin procure de grandes émotions. Il est toujours l'addition d'un grand terroir, d'un millésime d'exception et de cépages de qualité et, souvent, d'un vigneron de talent. Il offre une personnalité unique et incomparable. Bien que rare, il est de moins en moins le fait du hasard en raison du savoir actuel des hommes. »

PAUL DRAPER, wine-maker et vigneron californien, signe l'un des plus grands vins américains, le Monte Bello de Ridge Vineyard : « Un grand vin est le fruit de la nature et non l'Œuvre de l'homme qui doit être plus visionnaire qu'interventionniste. Pour cette raison, il ne peut être issu que d'un grand terroir, de ou des cépages en parfaite adéquation avec ce dernier et d'un millésime de grande maturité. Par son caractère unique, sa texture savoureuse, ses arômes complexes et intenses, il procure une émotion intense. Un vin ne se juge grand qu'avec le temps. »

QU'EST-CE QU'UNE APPELLATION D'ORIGINE PROTÉGÉE ?

La notion d'appellation d'origine protégée (AOP) est une dénomination européenne qui découle de celle d'une zone géographique identifiée, associée à des règles de production spécifiques. Elle est officiellement née en France dans les années 1930, dans l'idée de préserver la typicité des vins selon leur origine, pour éviter les fraudes. Mais la notion d'appellation avait déjà des antécédents en Hongrie (Tokay) et au Portugal (porto) au cours des siècles précédents. Elle existait aussi ailleurs de façon plus empirique, car beaucoup de vins étaient identifiés par une ville ou une région qui en indiquait l'origine. Dans l'Union européenne, les appellations sont régies selon des règles et décrets déterminés par chaque région, puis approuvés par une instance nationale. En France, c'est l'Institut national de l'origine et de la qualité (INAO) qui gère les vins issus des appellations d'origine protégée (AOP, ou AOC) et les vins avec indication géographique protégée (IGP, voir page 290).

Les facteurs de la qualité

Quelle que soit son origine, son style ou encore sa couleur, la qualité d'un vin dépend toujours des mêmes facteurs. En premier lieu, il faut citer la trilogie terroir (milieu), climat et cépage. De leur bonne adéquation découle la qualité du raisin. Puis il y a l'Homme. C'est lui qui, par la qualité de son travail, de la vigne à la cave, a le pouvoir d'accompagner la matière première et de donner naissance à un vin de qualité.

Le terroir

La notion de terroir signifie le milieu naturel – plus ou moins aménagé par l'homme – et ses interactions avec le mésoclimat, ou climat local. Cette notion, née en France, est aujourd'hui universelle. Elle englobe tous les paramètres liés à un vignoble donné, c'est-à-dire la nature géologique et physique du sol et du sous-sol, la topographie et l'environnement naturel proche, ainsi que tout ce qui relève du climat local. Cet ensemble confère une identité presque unique à chaque parcelle.

La qualité d'un terroir se juge à sa capacité plus ou moins grande à favoriser la bonne croissance de la vigne et l'obtention de raisins mûrs et concentrés. Parmi les ennemis de la qualité figurent les forts rendements, l'excès d'alimentation en eau et le manque de maturité des raisins. Souvent, les meilleurs terroirs ont des sols pauvres, mais tous bénéficient d'un bon drainage et d'une bonne exposition. Dans l'hémisphère nord et sous des climats frais, on privilégie, en matière d'exposition, les vignobles ayant une orientation sud ou sud-est. Dans les climats chauds, on cherche au contraire à protéger la vigne des excès de chaleur par des orientations plus variées ou en plantant en altitude pour bénéficier de températures plus modérées. De façon plus subtile, l'environnement naturel peut créer un mésoclimat favorable : la proximité d'une forêt ou de collines offre une barrière naturelle contre les vents et les nuages, la présence d'un plan d'eau atténue les écarts de température, le passage de courants d'air influe sur l'état sanitaire et la maturation du raisin en asséchant l'atmosphère, etc.

Le climat

Sans négliger l'effet des variantes annuelles (le millésime) sur la qualité du raisin, on ne saurait trop insister sur le rôle du climat. Pour assurer la bonne croissance de la plante et la maturité maximale de ses fruits, la vigne exige de la chaleur, de la lumière, de l'eau, le tout en un savant dosage. Les limites de sa culture sont généralement situées entre les 35° et 50° de latitude. Pour cette raison, une bonne partie de l'Europe, avec ses climats tempérés, de type océanique, méditerranéen ou continental, jouit d'une situation privilégiée. Elle offre des saisons alternées permettant à la vigne

LES CÉPAGES À LA MODE ?

Le chardonnay (cépage blanc) ou le cabernet-sauvignon (cépage rouge) sont des variétés très utilisées dans de nombreux pays. On pourrait y rajouter le sauvignon blanc, le merlot, la syrah ou le pinot noir. Effet de mode, mondialisation du vin ou réelle universalité de certains cépages ? Un peu des trois sans doute. Il est acquis que le prestige de certaines régions viticoles européennes, tels le Bordelais, la Bourgogne ou la vallée du Rhin, a joué un rôle essentiel dans la diffusion de leurs cépages respectifs dans le Nouveau Monde, mais aussi dans les vignobles européens en reconversion. Grâce à leur faculté d'adaptation, certaines variétés sont devenues peu à peu des standards mondiaux. La pratique consistant à nommer des vins par leurs cépages principaux, qui s'est développée aux États-Unis dans les années 1950, n'a fait que renforcer leur popularité auprès des consommateurs. Aujourd'hui, la banalisation de ces grands cépages entraîne une volonté de diversification. Des variétés anciennement implantées dans le Nouveau Monde suite à l'exode massif de vignerons européens après la crise du phylloxéra bénéficient d'un regain d'intérêt. Ainsi, les Argentins ont fait du malbec leur cépage emblématique, les Chiliens mettent en avant la carmenère (longtemps confondu avec le merlot), les Californiens soignent leur zinfandel… D'autres cépages, comme le pinot gris, gagnent du terrain ou tels le sangiovese ou le tempranillo, bénéficient d'un regain d'intérêt. En Europe, l'heure est à la redécouverte des cépages locaux.

UN MÊME MILLÉSIME MAIS DES QUALITÉS DIFFÉRENTES SELON LES RÉGIONS

L'influence du millésime sur la qualité finale du vin est réelle. Seulement, cette notion donne souvent lieu à des généralisations hâtives, car il existe des différences significatives d'une région à l'autre dans beaucoup de millésimes. Pour prendre le cas de la France, une année peut réunir toutes les qualités pour faire de grands vins de garde à Bordeaux et se montrer défavorable en Bourgogne ou dans la Vallée du Rhône avec des vins plutôt légers et dilués. De même, au sein d'une même région, il peut exister des variantes dans un même millésime. C'est souvent le cas dans le Bordelais, entre la rive droite (Saint-Émilion) privilégiant le merlot, cépage précoce, et la rive gauche (Médoc) où domine le cabernet-sauvignon, plus tardif. Enfin, certains millésimes peuvent être très réussis pour les vins blancs et beaucoup moins pour les rouges.

un cycle végétatif de mars à septembre, avec un été suffisamment long et sec pour favoriser la longue maturation des raisins, suivi d'un hiver plus ou moins long et froid, lui apportant un repos vital. La somme des températures s'avère primordiale pour sa culture mais aussi pour le choix des cépages. Quant à l'eau, la vigne en réclame, mais sans excès et de façon intermittente. Ses besoins se situent entre 500 et 700 mm par an. Ces conditions climatiques sont essentielles, même si, dans certains cas, l'homme peut y remédier : dans les pays chauds, comme l'Australie, par l'irrigation, ou dans les pays au climat plus frais, comme la Suisse, en favorisant les zones où les mésoclimats sont propices à la viticulture.

Le cépage

Le cépage est une variété de vigne. Chaque cépage possède ses propres caractéristiques aromatiques et gustatives. Les uns se distinguent par leur fruité exubérant qui les rend facilement reconnaissables, comme le gewürztraminer en blanc ou le pinot noir en rouge. D'autres s'imposent par leur personnalité tannique, tel le cabernet-sauvignon ou la syrah. Cependant, le cépage ne détermine pas à lui seul la personnalité du vin. En effet, c'est le terroir qui nuance son expressivité.

Le chardonnay, par exemple, donne en Bourgogne des expressions aussi différentes que le Meursault, le Chablis ou le Pouilly-Fuissé, sans parler des vins d'un tout autre style, nés dans les marnes jurassiennes. Dans ce domaine, le climat joue le rôle le plus important. Ce n'est pas un hasard si le pinot noir, qui, en Bourgogne, peut donner des résultats magnifiques, n'est pas cultivé dans le Bordelais, dont les vins ne sont pas moins prestigieux, mais où le climat est trop humide pour donner un fruit de qualité à ce cépage. *A contrario,* un cabernet-sauvignon, grand cépage du Médoc, n'arriverait jamais, ou très rarement, à maturité sous le climat bourguignon.

L'Homme

Dernier acteur responsable de la qualité du vin, l'Homme ! Sans lui, le vin resterait à l'état primaire de raisin. C'est lui qui soignera la vigne jusqu'au fruit mûr et qui élèvera le vin. Mais son rôle ne se résume pas seulement au travail dans les chais. Il commence

DES VIGNERONS « STARS » ET DES VIGNERONS « REBELLES »

Après des générations de vignerons silencieux dont seuls les vins quittaient l'anonymat, on a vu ces dernières années certains devenir des personnages très en vue. Ces vignerons qui ne ressemblent pas aux autres ont en commun la volonté de produire des vins de grande qualité qui sortent de l'ordinaire. Une partie d'entre eux se réclame de la tradition, tout en attachant une grande importance aux détails. Beaucoup sont très connus, aussi bien dans leur pays d'origine qu'à l'étranger, leurs vins ayant été encensés par la presse. D'autres, plus marginaux, n'ont pas hésité à bouleverser les traditions pour se laisser une plus grande marge de création. Choix de cépages non autorisés, expérimentation de nouvelles méthodes culturales et de vinification : ils ont parfois revu la copie des anciens et, vins à l'appui, ont souvent prouvé qu'ils avaient leur mot à dire. Certains, par choix ou par obligation, ont déclassé leurs vins d'appellation en désignations supposées inférieures (IGP ou Vin de France). Mais, loin d'être boudés par le public, ces vignerons « rebelles » sont devenus très populaires auprès de certains amateurs.

déjà en amont, dans les vignes. À l'écoute de la plante pendant dix mois, il va suivre étape par étape sa croissance, intervenant quand il le juge nécessaire, de façon à obtenir un fruit de qualité, sans pour autant pouvoir s'annexer les bons auspices de la météo. Ensuite, dans les chais, il donnera la pleine mesure de son talent de vinificateur pour élaborer un vin qui portera sa marque. Car un vigneron élabore toujours un vin selon sa personnalité. Ne voit-on pas dans une même appellation des vins de styles différents, l'un plus souple et aimable, l'autre plus austère et réservé ?

Être vigneron et vinificateur, c'est posséder à la fois la connaissance de la terre pour obtenir les plus beaux fruits possibles et savoir ensuite en révéler au mieux toutes les qualités. C'est parce qu'il allie à la fois la tradition et la création, et qu'il produit et transforme la matière première pour l'amener au stade d'un vin fini, que le métier de vigneron diffère d'autres formes d'agriculture.

Le vin commence dans la vigne

Le vin, c'est d'abord des raisins. Plus ils sont beaux, sains, mûrs, concentrés, goûteux, plus le vin sera bon. Bien sûr, une juste combinaison de pluie et de beau temps est responsable en grande partie de la qualité du fruit, mais il ne faut pas négliger la part des méthodes culturales et des choix des hommes dans la qualité de la vendange. Ces derniers facteurs sont désormais devenus un important enjeu dans les débats qui préoccupent le monde de la viticulture.

Le retour à la terre

Dire que la qualité du vin commence dans la vigne semble une évidence. Cependant, c'est presque une réalité nouvelle pour beaucoup de vignerons. Avec l'arrivée de l'œnologie dans les années 1950 et l'entrée dans une période de prospérité florissante, certains avaient peu à peu oublié l'importance de la culture de la plante, quitte à avoir recours au talent des chimistes pour pallier dans la cave ce que le raisin perdait en qualité dans la vigne. Évidemment, de telles pratiques ont fini par nuire à la qualité générale des vins. Trop d'amendements et de traitements chimiques ont eu souvent raison de la qualité du raisin en remettant en cause son équilibre. La plante fragilisée développait alors toutes sortes de carences. Des rendements trop élevés ont donné des fruits dilués, rarement mûrs.

Pour voir un début de changement, il a fallu le talent de quelques hommes, des pertes de parts de marché pour des vins européens provoquées par l'arrivée des vins du Nouveau Monde et l'intérêt croissant d'amateurs de plus en plus avertis. Le souci du bon fruit et du respect de la terre ont été à la base de cette prise de conscience.

Rééquilibrer les sols, réguler la plante, augmenter ses défenses naturelles, contrôler les rendements… autant de secrets pour obtenir de meilleurs raisins et produire de meilleurs vins. Plusieurs méthodes se sont développées, chacune apportant sa réponse. La plus courante est celle de la culture dite « raisonnée » qui utilise des produits de synthèse jugés moins toxiques pour la plante et le sol et qui permet de limiter les traitements en les rendant plus efficaces. Parallèlement, la viticulture biologique ou en biodynamie (voir encadré ci-dessous) ont vu le nombre de leurs adeptes augmenter. Ces nouvelles techniques n'ont pas encore fait toutes leurs preuves, et le débat bat son plein sur les avantages et risques qu'elles sont susceptibles d'engendrer (voir p. 242-243). Mais quelle que soit la méthode adoptée, le vigneron est seul responsable de ses choix et de ses prises de risques, mis à part le cas spécifique d'épidémies de maladies qui peuvent inciter les autorités à imposer des méthodes de traitement radicales.

LA PHILOSOPHIE BIO

Les vignerons adeptes de la viticulture biologique prônent le respect de la vie des sols et de la plante. Ils ne sont pas les seuls à le faire, mais leurs méthodes sont agréées et labellisées, ce qui leur donne accès à certains marchés. Ils ont banni tout engrais et pesticide de synthèse au profit de composts naturels et de produits phytosanitaires qui peuvent inclure le soufre et le cuivre. Ils pratiquent des méthodes culturales comme le labour et l'enherbement des sols pour favoriser l'activité microbienne des sols et renforcer les défenses naturelles de la plante. La viticulture biodynamique reprend les principes de l'agriculture biologique en y ajoutant des préparations et un calendrier d'intervention spécifique (voir p. 243).

Vinification et élevage : une approche personnelle

Si la qualité du vin commence bien dans la vigne, le style du vin naît dans les chais. C'est là que le vigneron dévoile son talent de vinificateur, mais surtout sa propre vision du vin. De ses choix découlent directement la personnalité, l'originalité du vin. Ne dit-on pas que le vin est à l'image du vigneron?

Du technicien à l'homme de l'art

Une fois la vendange rentrée dans les chais, la marche à suivre varie selon le type de vin à produire. Elle commence par l'étape de la vinification qui a pour but d'extraire le meilleur du fruit. Elle se poursuit par l'élevage, plus ou moins long en fonction du type de vin désiré. Le vin va alors s'affiner et développer sa personnalité. Être bon technicien s'avère indispensable pour maîtriser ces deux étapes dont la durée totale peut varier de 2 mois jusqu'à 24 mois (et davantage). Une erreur ou une négligence risque d'être fatale au vin. Heureusement, depuis l'avènement de l'œnologie moderne et des équipements adaptés, la proportion de ces accidents a beaucoup diminué.

Mais l'absence de défauts du vin est loin d'être l'unique objectif du vigneron-technicien. Pour élaborer un vin de caractère, il doit se faire homme de l'art, soucieux de traduire au mieux la personnalité du terroir dont il est dépositaire. Un vigneron de talent est celui qui possède une vraie philosophie du vin, une exigence de tous les instants, et qui prône l'originalité de son vin.

Des styles du vin

Il en est des styles de vin comme des différentes interprétations en musique. À l'instar d'un chef d'orchestre qui doit respecter la partition, le vigneron exprime sa propre sensibilité tout en respectant le terroir et le millésime, sans oublier le marché et le type de consommateur visé. Ses musiciens à lui seraient, par analogie, les raisins, et leurs instruments, le matériel de chai. À lui d'en tirer la quintessence !

De ses choix dans le vignoble et dans les chais va dépendre la qualité de l'interprétation, le style du vin. Il y en a des fins et des corpulents, des rustiques et des élégants, des sévères et des séduisants.

Évidemment le résultat dépend de la qualité de la matière première. Un gamay, léger et fruité par essence, ne donnera jamais un vin tannique et puissant à l'image de celui issu de la syrah ou du cabernet-sauvignon. De même, certaines années produiront des vins plus légers que d'autres. Au vigneron de respecter ces données, en adaptant les techniques et le choix du matériel vinaire. Durée de la macération pour les rouges, fermentation des blancs en cuve ou en barrique, utilisation de levures sélectionnées ou de levures indigènes, élevage dans des barriques neuves ou non, etc. – sur le plan technique, les combinaisons sont multiples. Elles laissent au vigneron une marge d'interprétation où il peut révéler toute sa personnalité et son talent, et qui se traduit in fine par le style du vin. Cela ne va pas sans prise de risques, que réduisent le savoir, l'expérience, une bonne intuition et, bien sûr, les nombreuses dégustations faites en cours de vinification et d'élevage.

LES VINS DE CONCOURS

Lors des dégustations professionnelles, il existe un style de vin qui sort souvent en tête. Il s'agit généralement de vins qui présentent une très grande concentration d'arômes et de saveurs, donnant au palais des sensations plus intenses que les autres vins de la même série. Ces vins se démarquent par leur corpulence qui en met « plein la bouche », et, de ce fait, impressionne le jury ! Pour cette raison, on les a dénommés « vins de concours », même si cette tendance semble s'atténuer. Très soignés sur le plan technique (longue macération, élevage dans du bois neuf), ils sont souvent issus de petits rendements et de raisins très concentrés. Ils l'emportent auprès de certains dégustateurs sur des vins plus classiques, dont l'élégance passe pour de la légèreté à côté d'eux. Mais ces vins se montrent rarement aussi agréables lorsqu'on les boit à table. Leur richesse devient alors lourdeur. Ils ne peuvent remplir leur vocation première, qui est de désaltérer.

Choisir, reconnaître et servir le vin

Du bon choix d'un vin

Pour l'amateur débutant, faire le bon choix dans l'immense variété des vins qui lui sont proposés dans les grandes surfaces, chez le caviste ou sur l'internet peut paraître compliqué. Les raisons d'hésiter ne manquent pas : peur de choisir un vin trop jeune ou trop vieux, difficulté d'évaluer la part de risque impliquée par des prix différents, crainte du bon accord avec le menu prévu, souci de faire plaisir aux convives, et, avant tout, difficulté à faire le lien entre une étiquette et le goût du vin dans le flacon.

Il est plus facile de choisir une bouteille si le revendeur classe les vins selon leur type (pétillant ou tranquille, sucré ou sec, rouge ou blanc) et leur style. Dans les lieux de vente, les vins sont souvent rangés par leur lieu d'origine, comme si l'acheteur savait forcément qu'un vin du Beaujolais sera plus léger qu'un vin du Languedoc. Ces différences de styles des vins sont déterminées par le cépage, le terroir, la vinification, l'élevage et le vieillissement. On peut déterminer plusieurs nuances dans ces styles, puis regrouper les vins par familles.

Le choix d'un style de vin dépend du contexte gastronomique et du goût de chacun. Ainsi, pour accompagner un simple casse-croûte, il vaut mieux un vin souple, fruité, à la qualité rafraîchissante, qu'un vin puissant, charpenté et tannique, plus indiqué avec une cuisine riche en saveurs. D'aucuns recherchent le fruité des vins jeunes plutôt que les arômes plus complexes, mais moins fruités, qui se développent au cours du vieillissement. D'autres apprécient des vins charpentés et intenses, souvent élevés dans du bois neuf, avec une importante trame tannique pour les rouges. Mais qu'il s'agisse d'un vin modeste ou d'une bouteille exceptionnelle, ce qui compte avant tout, c'est le plaisir de la dégustation.

Les familles de vins

À l'heure du choix, il peut être utile de se référer au classement par familles, présenté ci-dessous, qui regroupe les styles de vins selon leur couleur et leur personnalité gustative. Précisons qu'un même cépage peut s'illustrer dans plusieurs familles à la fois, puisque, selon son origine et son élaboration, il peut donner des expressions différentes.

Les vins rouges légers et fruités

Ce sont avant tout des vins de plaisir immédiat dont la fraîcheur de fruit constitue le principal attrait. Leur structure tannique légère est compensée par une agréable acidité, leur finale est simple et désaltérante, et leur degré d'alcool relativement faible.

CÉPAGES. Issus de cépages tels que cabernet franc, le gamay, le pinot noir ou le trousseau, ils vont en restituer une expression aromatique autour d'arômes primaires fruités et floraux.

APPELLATIONS. On trouve ces vins dans les appellations suivantes (à part certaines cuvées plus concentrées pouvant appartenir à une autre famille) : Anjou, Anjou-Villages, Beaujolais, Beaujolais-Villages, Bourgogne Pinot noir, Bourgueil, Saumur-Champigny, Côtes-du-Jura, Coteaux-du-Lyonnais, Hautes-Côtes-de-Beaune, Hautes-Côtes-de-Nuits, Pinot noir d'Alsace, Sancerre rouge, et, pour l'Italie, Valpolicella, Dolcetto ou Lambrusco, par exemple.

ACCORDS. Ces vins s'accordent avec une cuisine simple ou une cuisine d'été, et accompagnent agréablement cochonnailles, quiches, pâtés, terrine de lapin, ainsi que certains fromages crémeux, les fromages à pâte pressée cuite (emmental, beaufort) ou des fromages de chèvre secs.

SERVICE. Servis entre 12 et 14 °C, ils s'apprécient jeunes, pendant les deux premières années de bouteille, trois au maximum.

Les vins rouges charnus et fruités

Tout en restant des vins relativement simples, ils se distinguent des précédents par une bouche plus charnue, des tanins un peu plus présents et un degré d'alcool parfois un peu plus élevé. Généralement, ils n'ont pas été élevés dans le bois neuf, préservant ainsi leur caractère fruité. Ces vins développent des arômes de fruits rouges, avec quelques notes épicées.

CÉPAGES. Cabernet franc, carignan, grenache, merlot, mondeuse, pinot noir ou syrah et, pour l'Italie, sangiovese ou primitivo sont des cépages utilisés pour l'élaboration de ces vins.

APPELLATIONS. On trouve ces vins rouges charnus et fruités sous des appellations comme Bergerac, Bordeaux supérieur, Buzet, Chinon, Côtes-de-Bordeaux, Côte chalonnaise, Côtes-de-Provence, Côtes-du-Rhône-Villages, Coteaux champenois, Crozes-Hermitage, Duras, Gaillac, Fronton, Marmandais, Saint-Nicolas-de-Bourgueil, Saint-Joseph ; Chianti, Rosso di Montalcino ou Montepulciano d'Abruzzo pour l'Italie, la Navarre pour l'Espagne.

ACCORDS. Ces vins se marient bien avec une cuisine savoureuse : petit gibier à poil et à plume, pâté de campagne, viande en sauce (bœuf bourguignon, par exemple), viande rouge rôtie, grillades.

SERVICE. Il est souvent préférable de boire ces vins après une à deux années de vieillissement en bouteille, et de les servir à une température comprise entre 15 et 17 °C.

Les vins rouges complexes, puissants et généreux

Ces vins présentent un caractère plus affirmé et une forte personnalité avec une texture suave construite sur une matière riche en alcool et en tanins. Cette matière dense demandera quelques années

COULEUR DU VIN ROUGE : QUELLES INFORMATIONS ?

La palette des vins rouges va du rubis très clair au grenat très sombre, voire violacé. Un vin présentant une robe (ou couleur) intense, sombre est associé à une idée de concentration. *A contrario,* un vin plus clair suggère une bouche plus légère, plus fluide, moins tannique. Cependant, ces schémas généraux souffrent des exceptions, c'est pourquoi il n'est pas toujours aisé de prédire le profil gustatif d'un vin à partir de sa couleur.

de garde pour se fondre. Le plus souvent élevés en barrique, ces vins montrent dans leur jeunesse des arômes plus complexes, avec des notes boisées, voire épicées, associées, par exemple, à celles de fruits noirs très mûrs. À la dégustation se dégage une impression de puissance, qu'il s'agisse de vins « de soleil » (provenant de climats chauds, de type méditerranéen, par exemple) ou de vins de garde issus de climats tempérés. Ils offrent une finale longue et des saveurs intenses.

Les vins à forte proportion de merlot, comme on les élabore dans le Bordelais (rive droite), dans la région de Maremma en

VINIFICATION ET STYLES DES VINS ROUGES

La méthode la plus employée pour faire du vin rouge commence par l'égrappage des baies et le foulage d'une partie plus ou moins importante des raisins récoltés pour permettre aux levures présentes dans le chai ou sur les peaux du raisin, ou encore ensemencées volontairement, de lancer la fermentation dans la cuve.

En fonction du style de vin qu'il souhaite obtenir, le vinificateur contrôlera ensuite la température dans la cuve ainsi que la durée et l'intensité de l'extraction (le contact entre le jus et les matières solides). Il peut ainsi élaborer un vin plus ou moins coloré, plus ou moins dense en matière ; il peut aussi privilégier le fruit d'un vin ou, au contraire, lui donner la charpente nécessaire à un vin de garde (voir p. 254).

Pour obtenir la meilleure extraction aromatique de certains cépages, comme le gamay dans le Beaujolais ou le carignan en Languedoc, les vignerons recourent parfois à une autre forme de vinification, la macération carbonique. Dans ce cas, les raisins ne sont ni foulés ni éraflés, mais placés entiers dans la cuve, qui est ensuite scellée et saturée de gaz carbonique. Privée d'oxygène, la fermentation traditionnelle ne peut avoir lieu. Mais, sous l'effet du gaz carbonique, il se produit à l'intérieur des cellules des baies intactes une fermentation enzymatique. Celle-ci entraîne la formation d'une petite quantité d'alcool, engendre des arômes floraux et colore le jus. On obtient par cette méthode des vins très souples et fruités qu'il faut boire jeunes à cause de leur faible contenu tannique.

Toscane ou à Napa en Californie, présentent une chair au grain particulièrement velouté.

CÉPAGES. Ces rouges sont issus de cépages tels que cabernet-sauvignon, carignan, grenache, malbec, merlot, mourvèdre, syrah, tannat, tempranillo, teroldego.

ORIGINES. On retrouve ce style de vin dans plusieurs pays ou régions : France (Bordelais, Languedoc-Roussillon, Provence, Rhône, Sud-Ouest) ; Espagne (Ribera del Duero, Rioja, Toro, Priorat) ; Portugal (Alentejo, Dão, Douro) ; Italie (Haut-Adige, Piémont, Pouilles, Sardaigne, Sicile, Toscane, Vénétie) ; États-Unis (Californie, Washington) ; Argentine, Chili, Afrique du Sud (toutes les régions), Australie (toutes les régions sauf Tasmanie et sur du Victoria).

ACCORDS. Ces rouges complexes, puissants et généreux appellent des mets riches en saveurs et en gras : cassoulet, confit de canard, champignons (truffes, en particulier), plats en sauce avec vin rouge (daube), viande rouge grillée ou rôtie, gibier à poil ou à plume.

SERVICE. Ces vins se boivent souvent après quelques années de bouteille. Jeunes, ils gagnent à être transvasés en carafe, et ils doivent être servis à une température entre 15 et 17 °C.

Les vins rouges complexes et tanniques

Ces rouges se situent souvent dans une gamme de prix élevés. Ils demandent une certaine attention de la part du dégustateur et s'apprécient mieux après plusieurs années de bouteille. En raison de leur importante charge tannique, ils se révèlent souvent un peu austères dans leur jeunesse. Avec le temps, les tanins se fondent et la texture des vins gagne en velouté. Élevés dans des barriques de chêne neuves ou récentes, ils peuvent présenter des notes boisées ou toastées et épicées qui se marient avec celles de fruits rouges et noirs très mûrs. Mais c'est lors de leur maturité qu'ils révèlent toute leur complexité aromatique. Ils se distinguent par leur finale longue et racée.

CÉPAGES. Ces vins sont issus de cépages comme le cabernet-sauvignon, le mourvèdre, la syrah ou encore le nebbiolo (Italie), le monastrell et le tempranillo (Espagne), le touriga nacional (Portugal) ou le malbec (Argentine).

APPELLATIONS. On peut citer les appellations françaises suivantes : Bandol, Cornas, Côte-Rôtie, Graves, Haut-Médoc, Hermitage, Margaux, Pauillac, Pessac-Léognan, Saint-Estèphe, Saint-Julien. À l'étranger, ce sont, par exemple, le Barolo ou le Barbaresco (Italie), les Blaufränkisch autrichiens ou Kekfrancos hongrois, les meilleurs vins libanais ou israéliens, et, généralement, les plus chers des Cabernets-Sauvignons, Syrah ou Malbecs des pays du Nouveau Monde.

ACCORDS. Les rouges complexes et tanniques s'accordent avec des mets riches en saveurs mais pas trop gras tels que truffes, gibier à poil et à plume, magret de canard, viandes rouges ou rôties (agneau de Pauillac, par exemple).

SERVICE. Il est conseillé de déguster ces vins après un minimum de cinq ans de bouteille, de les décanter et de les servir entre 16 et 17 °C.

Les vins rouges complexes et élégants

Cette catégorie concerne des vins dont les tanins sont moins appuyés que dans la catégorie précédente mais pour lesquels complexité et longueur en bouche sont au rendez-vous. Leur production, souvent limitée, en fait des vins rares. Ces vins rouges se caractérisent par la puissance et la finesse de leurs arômes. Leur texture en bouche est soyeuse et leur finale persistante.

CÉPAGE. Les meilleurs vins de pinot noir de tous les pays entrent souvent dans cette famille. Parmi les régions capables de produire de grands vins de pinot noir il y a bien sûr la Bourgogne, mais aussi l'Alsace, le sud de l'Allemagne, la Suisse et l'Autriche, puis la côte ouest des États-Unis, la Nouvelle-Zélande et des régions fraîches d'Afrique du Sud ou d'Australie.

APPELLATIONS. En Bourgogne, on peut citer la plupart des appellations de la Côte de Nuits et quelques-unes de la Côte de Beaune, surtout dans les premiers et grands crus. En Allemagne ce sont les régions de Bade et du Palatinat. En Amérique du Nord, on peut mentionner les meilleurs Pinots noirs d'Oregon et des zones fraîches de la Californie. En Afrique du Sud, la zone de Walker Bay ; en Australie, des parties côtières de Victoria ou la Tasmanie ; en Nouvelle-Zélande, les régions de Central Otago, Marlborough ou Martinborough.

ACCORDS. Ces rouges peuvent bien s'accorder avec des plats fins pas trop relevés : volailles rôties ou en sauce, viandes blanches ou roses rôties, petit gibier à poil et à plume, pâtes aux truffes, etc.

SERVICE. Après un minimum de trois à cinq ans de vieillissement en bouteille, ces grands vins se dégustent à une température de service entre 16 et 17 °C.

Les vins rosés vifs et fruités

Ces vins de soif se boivent essentiellement jeunes. Ils sont désaltérants, légèrement acidulés, avec une expression aromatique très fruitée. On les obtient soit par le pressurage direct de raisins rouges, soit par une macération courte avant de « saigner » la cuve. Certaines appellations du sud de la France autorisent une part minoritaire de raisins blancs dans l'assemblage. Cette catégorie de vins est très à la mode depuis quelques années et sa production augmente dans toutes les régions.

CÉPAGES. Les principaux cépages utilisés sont : cabernet franc, cinsaut, grenache, merlot, poulsard, tibouren.

APPELLATIONS. On retrouve ces rosés vifs et fruités sous de nombreuses appellations parmi lesquelles Anjou, Beaujolais, Bordeaux, Coteaux-d'Aix, Coteaux-Varois, Luberon, Côtes-de-Provence, Côtes-de-Gascogne, Irouléguy, Languedoc, Rosé de Loire. En dehors de la France, on trouve des vins rosés dans la plupart des pays.

LES ROSÉS : TROIS MÉTHODES

Il existe trois façons d'élaborer du vin rosé. La première consiste à presser le raisin rouge après un léger foulage, puis la vinification continue comme pour le vin blanc. Pour la seconde, appelée « saignée », on utilise une partie du jus destiné à l'élaboration de vin rouge, après une courte macération, dont la durée conditionne la couleur plus ou moins soutenue du vin rosé. On peut combiner les deux techniques et, dans les deux cas, une petite part des raisins blancs est parfois admise. La troisième technique, qui est autorisée seulement en Champagne ainsi qu'en dehors de l'Europe, consiste à assembler une part minoritaire de vin rouge avec du vin blanc.

ACCORDS. Ces vins accompagnent parfaitement une cuisine estivale légère, comprenant notamment crudités, salades composées, pâtes aux légumes, tartes salées aux légumes, tapenade, anchoïade, pizzas, fromage de chèvre frais ou un peu sec.

SERVICE. Ces vins se boivent dans leur première ou deuxième année et se servent assez frais, entre 8 et 10 °C. Attention, un froid excessif empêche d'apprécier les arômes fruités et floraux.

Les vins rosés vineux

Tout en gardant le côté désaltérant du rosé, ces vins ont une expression moins acidulée, plus proche des fruits rouges, parfois épicée, avec une bouche plus ronde et plus vineuse, et une légère structure tannique. Leur couleur peut être plus soutenue que celle des précédents. Ce sont souvent des rosés « de saignée » (voir encadré p. 35) et certains peuvent avoir été fermentés en barrique.

CÉPAGES. Citons les cépages carignan, grenache, merlot, cabernet franc, mourvèdre, négrette, pinot noir, syrah.

APPELLATIONS. Les rosés des appellations suivantes illustrent parfaitement cette catégorie : Bandol, Bordeaux clairet, Languedoc, Côtes-du-Rhône, Lirac, Marsannay, Rosé des Riceys, Tavel.

ACCORDS. Ces rosés vineux et plus riches se marient avec des plats d'été, forts en goût, à base d'huile d'olive, de légumes et de poisson tels qu'aïoli, bouillabaisse, tian d'aubergine, ratatouille, rougets, et avec des grillades ou des fromages à pâte pressée cuite on non cuite (tomme, mimolette, cantal…).

SERVICE. Ces vins, servis frais entre 10 en 12 °C, se boivent pendant les deux ou trois premières années de bouteille.

Les vins blancs secs légers et nerveux

Ce sont des vins vifs, faciles et désaltérants, qui développent des arômes peu complexes de fleurs et de fruits.

CÉPAGES. Les cépages les plus courants sont aligotés, chardonnay, chasselas, gros-plant, jacquère, melon de Bourgogne (muscadet), pinot blanc, sauvignon, sylvaner.

APPELLATIONS. Parmi les appellations qui illustrent le mieux cette famille, on trouve Apremont ou Vin de Savoie Crépy, Bordeaux blanc, Bourgogne Aligoté, Cheverny, Entre-deux-Mers, Mâcon-Villages, Muscadet, Petit Chablis, Pinot blanc d'Alsace, Sylvaner d'Alsace ainsi que Fendant (Suisse) et Vinho Verde (Portugal).

ACCORDS. Ces vins blancs s'accommodent d'une cuisine simple, peu sophistiquée, aux saveurs peu complexes : fruits de mer (dont les huîtres), légumes crus ou cuits, escargots, cuisses de grenouille, poissons en terrine, grillés ou en friture, charcuterie et fromages de chèvre.

SERVICE. Ces vins secs légers et nerveux se boivent très jeunes (moins de deux ans) et frais, à environ 8 °C.

Les vins blancs secs souples et fruités

Ces vins se caractérisent par leurs arômes très fruités, souvent marqués par les agrumes, une chair assez souple et leur agréable fraîcheur.

CÉPAGES. Ces blancs proviennent de cépages tels qu'altesse, chardonnay, chenin, clairette, gros-manseng, mauzac, rolle, sauvignon, sémillon, ugni blanc et, pour l'Italie, vermentino.

APPELLATIONS. On peut citer les appellations suivantes : Bandol, Bellet, Cassis, Chablis, Côtes-de-Blaye, Coteaux-d'Aix, Côtes-de-Provence, Gaillac, Graves, Jurançon sec, Pouilly Fumé,

LES STYLES DES VINS BLANCS

Le goût et la structure des vins blancs sont déterminés par leurs cépages, leur provenance, l'état de maturité du raisin au moment de la vendange et les divers procédés de vinification. Rappelons que les vins blancs sont élaborés à partir de raisins blancs ou de raisins rouges à pulpe incolore, sans macération des parties solides de la grappe. Il en résulte une absence de tanins qui rend ces vins plus désaltérants que la plupart des vins rouges. Leur acidité très rafraîchissante en fait les partenaires privilégiés des produits de la mer. Très agréables à l'heure de l'apéritif, ces vins s'accordent également très bien avec de nombreux fromages. D'ailleurs, lorsque cela est possible, il est judicieux d'associer un vin blanc et un fromage issus du même terroir.

Pouilly-Fuissé, Montlouis, Roussette de Savoie, Saint-Véran, Sancerre, Vins de Corse ; en Espagne, Rias Baixas ; en Italie, Orvieto et Soave, dans les pays du Nouveau Monde, beaucoup de blancs issus du chardonnay, du sémillon ou du sauvignon blanc.

ACCORDS. Ces vins s'accordent avec une cuisine variée, simple ou plus élaborée, comprenant coquillages crus ou cuits, pâtes aux fruits de mer, mousseline de poisson, poissons crus ou grillés, charcuterie, en particulier rillettes et rillons, et avec des fromages de chèvre.

SERVICE. Ces blancs peuvent se boire jusqu'à leur cinquième année de bouteille. On les sert pas trop frais, autour de 10 °C.

Les vins blancs secs amples et structurés

Plus complexes que les précédents, ils se distinguent par leur matière plus riche, donnant une sensation plus arrondie et puissante, avec davantage de volume en bouche. Ils présentent

VINIFICATION ET STYLES DES VINS BLANCS

À la différence de la vinification en rouge, celle des vins blancs nécessite davantage de précautions. Une fois foulés et égrappés, les raisins doivent être pressurés délicatement, et le jus séparé rapidement des matières solides avant même le début de la fermentation. En effet, un contact prolongé entre les deux, responsable de la teinte des vins rouges et de leurs tanins, risquerait de nuire aux arômes subtils caractéristiques des blancs et de donner au jus une teinte ambrée, due à l'oxydation. Plus fragiles que les rouges car presque sans tanins, la majorité des blancs sont ensuite fermentés dans des cuves thermorégulées en acier inoxydable et doivent être bus jeunes. Certains cépages se prêtent à l'élaboration de vins de garde : le chenin blanc (Vouvray, etc.), le riesling, le petit-manseng ou le furmint (Hongrie) parce que leur forte acidité protège le vin contre l'action des bactéries ; le chardonnay ou certains sauvignons blancs, parce qu'un élevage en fût donne au vin la structure (et les tanins) indispensable pour un vin de garde.

néanmoins une acidité qui les rend désaltérants et équilibrés. Leur finale s'avère souvent longue et persistante. Pour ces vins souvent élevés ou vinifiés en barrique, des notes boisées ou vanillées, s'additionnent à celles de fruits bien mûrs, d'herbes aromatiques et de fleurs blanches.

CÉPAGES. Ces blancs sont souvent issus de cépages comme le chardonnay, le chenin, le gewürztraminer, la marsanne, le pinot gris, le riesling, la roussanne, le sauvignon blanc ou le sémillon, seuls ou en assemblage.

APPELLATIONS. On trouve dans cette famille bon nombre d'appellations en blanc de Bourgogne comme Chablis Premier et Grand Cru, Corton-Charlemagne, Meursault, Chassagne-Montrachet, Puligny-Montrachet ; celles de la Vallée de la Loire comme Montlouis, Vouvray, Savennières, Saumur ; mais aussi l'appellation bordelaise Pessac-Léognan, certains Rieslings ou Pinots gris allemands, des Grüner-Veltliner d'Autriche ainsi que des vins de toutes les variétés mentionnées issus de pays du Nouveau Monde.

ACCORDS. Ces vins se destinent tout naturellement à la gastronomie. Ils aiment les coquilles Saint-Jacques, le homard, le turbot et d'autres poissons fins, mais aussi le foie gras poêlé, les champignons sauvages, les viandes blanches à la crème mais aussi les fromages très crémeux de type saint-félicien, saint-marcellin ou des fromages à pâte pressée.

SERVICE. Ils sont souvent meilleurs après trois à cinq ans de bouteille et, surtout, ne se servent pas trop frais, entre 10 et 12 °C.

Les vins blancs secs très aromatiques

Ces blancs se distinguent par l'exubérance de leurs arômes et leur forte personnalité gustative. Ce sont des vins très typés, aux arômes très caractéristiques qui permettent souvent d'identifier le cépage par simple olfaction.

CÉPAGES. C'est le cas du gewürztraminer avec ses notes de fruits très exotiques et de loukoum, du viognier qui sent facilement la pêche ou l'abricot, du muscat pour ses arômes justement très muscatés, de certains pinots gris qui peuvent offrir un nez de fumé, d'épices et de miel ou encore du riesling au caractère très minéral qui rappelle souvent le pétrole. Dans un registre différent, le savagnin, cépage du Vin jaune du Jura, tout comme le palomino, cépage d'Andalousie qui donne la plupart des Xérès offrent aussi des arômes très distincts de froment, de fruits secs, de noix et d'épices magnifiés par leur mode d'élevage long et très particulier (ce sont, pour la plupart, des vins de voile).

APPELLATIONS. Les appellations les plus réputées sont Vin Jaune et Château-Chalon dans le Jura, Condrieu et Château-Grillet dans la Vallée du Rhône. En Alsace, elles portent simplement le nom de leur cépage à la mode germanique, soit Gewürztraminer, Muscat, Riesling, Pinot gris. En Espagne, c'est plus particulièrement le Fino dans la famille plus large des Xérès (voir la famille des vins mutés, p. 44).

ACCORDS. Leur originalité réclame une cuisine particulière, très aromatique, utilisant des épices tel le curry ou des herbes. Curry de viande ou de fruits de mer, poulet à la crème et aux morilles, homard à l'américaine pour les vins issus de savagnin ou de palomino ; saumon à l'aneth mais aussi poisson fumé avec les Rieslings et les Pinots gris. Du côté des fromages, les pâtes pressées cuites de type beaufort et comté, ou au goût prononcé de type munster leur conviennent particulièrement bien.

SERVICE. Ces vins se boivent assez jeunes et assez frais, entre 8 et 10 °C pour les vins issus de muscat et de viognier, mais aussi les Xérès Fino, ou bien après trois à cinq ans de bouteille pour les autres, servis entre 10 et 12 °C.

Les vins blancs demi-secs, moelleux ou liquoreux

Ces vins se caractérisent par la présence, plus ou moins importante, de sucres résiduels contenus naturellement dans le jus de raisin et qui n'ont pas été transformés en alcool. Des raisins naturellement riches en sucres peuvent être obtenus soit par une surmaturation du raisin qui, en perdant une partie de son eau, donne un jus très concentré – technique qui implique des vendanges tardives –, soit par l'intervention d'un micro-organisme sur la baie, le *Botrytis cinerea* (voir encadré p. 244) qui provoque ce qu'on appelle la pourriture noble. Dans le premier cas, les vins seront demi-secs ou moelleux selon leur teneur finale en sucres ; dans le deuxième cas, ils sont dits liquoreux car encore plus riches en sucres. Ces vins se définissent par leur saveur sucrée dominante, leur chair moelleuse, voire visqueuse dans le cas des liquoreux, équilibrée par une forte acidité, car la concentration s'opère aussi bien sur l'acidité que sur le sucre. Les liquoreux se distinguent aussi par des arômes extrêmement riches et complexes de fruits exotiques et de miel, et une finale très persistante.

CÉPAGES. Seuls certains cépages sont susceptibles de donner ces vins. Les plus connus en France sont le chenin dans la Vallée de la Loire, le petit-manseng, le sauvignon, le sémillon, la muscadelle, le len de l'el et l'ondenc dans le Sud-Ouest, le muscat, le gewürztraminer, le riesling et le pinot gris en Alsace. En Hongrie, il faut rajouter le furmint et le hárslevelu, en Autriche on utilise presque toutes ces variétés tandis qu'en Allemagne le cépage roi de ces vins est le riesling. En Italie, des cépages locaux sont employés pour la plupart. Dans les pays du Nouveau Monde, on fait appel surtout au riesling, gewürztraminer, muscat, sauvignon blanc et sémillon, plus rarement aux autres variétés mentionnées.

APPELLATIONS. Les principales appellations sont, en Alsace, les Vendanges tardives et Sélection de grains nobles issus de cépages pinot gris, riesling, gewürztraminer ou muscat ; Bonnezeaux, Coteaux-de-l'Aubance, Coteaux-du-Layon, Quarts-de-Chaume, Montlouis et Vouvray pour la Loire ; Barsac, Cérons, et Sauternes pour le Bordelais ; Gaillac Vendanges tardives, Jurançon, Monbazillac, Sainte-Croix-du-Mont et Pacherenc-du-Vic-Bilh pour le Sud-Ouest. Ailleurs en Europe, il y a le célèbre Tokay Aszù, en Hongrie, les vins de Rust ou d'une partie du Burgenland en Autriche, les *Spätlese, Auslese, Beerenauslese, Eiswein* et *Trockenbeerenauslese* allemands. En Italie, ce sont les nombreux Vin Santo ou les Recioto della Valpolicella, qui utilisent tous les deux la technique de dessiccation des grappes de raisin (passerillage), tout comme le Muscat de Pantelleria au large de la Sicile. Dans les pays du Nouveau Monde, ces vins portent généralement le nom du producteur, du cépage et une mention « late harvest » (vendange tardive) ou « noble rot » (pourriture noble).

ACCORDS. Très appréciables à l'apéritif pour les moins concentrés, ces vins blancs s'accordent aussi traditionnellement avec des plats riches en gras et en personnalité gustative : foie gras, poulet à la crème, canard à l'orange, fromages à pâte persillée de type roquefort, tartes aux fruits jaunes ou desserts à base de crème (sabayon, crème brûlée). Pas trop riches en sucres, ils s'allient aussi avec une cuisine plus exotique, épicée, alliant le salé au sucré. La meilleure façon de les déguster est peut-être de les boire seuls, en vins de méditation, accompagnés de quelques fruits secs.

SERVICE. C'est après trois à cinq ans minimum de bouteille qu'ils s'apprécient le mieux, mais leur sucrosité et l'intensité de leurs saveurs fruitées les rendent aussi agréables dans leur jeunesse. Ils doivent être servis frais, mais pas glacés, entre 8 et 10 °C.

Les vins effervescents

Un vin effervescent contient une concentration en gaz (CO_2) suffisante pour lui conférer, sinon bulles et mousse abondantes à l'ouverture de la bouteille, du moins une sensation de picotement sur la langue. Il y a donc des degrés variables d'effervescence qu'il est possible de stratifier par ordre ascendant d'intensité. Ainsi, on parle de vin perlant, pétillant et mousseux.

Vins de fête par excellence, les effervescents composent une large famille dont les champagnes constituent une petite minorité, tout en étant ses plus illustres représentants. Mais pratiquement toutes les régions viticoles, et tous les pays, produisent ce type de vin, sous différentes désignations techniques ou d'appellation.

La présence de gaz carbonique donne à ces vins une bouche vive et légère, avec une grande qualité rafraîchissante. Leurs arômes sont généralement délicats et évoquent fruits, fleurs et, parfois, viennoiserie. Selon leur dosage (voir p. 117), les vins effervescents portent une mention qui renseigne sur leur saveur plus ou moins sucrée. Les extra-bruts et bruts sont plus vifs par définition que les secs et demi-secs. Quant aux doux, ils affichent une saveur sucrée très prononcée.

CÉPAGES. Les principaux cépages utilisés pour élaborer des vins effervescents sont le cabernet franc, le chardonnay, le chenin, la clairette, le mauzac, le muscat, le pinot blanc, le pinot noir, le pinot meunier et le sauvignon. Comme on le voit, on peut faire des blancs (ou des rosés) avec des cépages noirs.

CHAMPAGNE, CRÉMANTS ET AUTRES BULLES

Bien que regroupés ici en une seule famille, les vins effervescents ne présentent pas moins une grande variété. Le champagne y occupe une place de choix, mais d'autres vignobles produisent également des vins mousseux d'excellente qualité. Certains sont élaborés selon la même méthode de la seconde fermentation en bouteille, dite « méthode traditionnelle » : ce sont les Crémants, les Vouvray ou Montlouis pétillants ou le Cava d'Espagne. D'autres utilisent une méthode plus ancienne, dite « méthode ancestrale » ou « méthode rurale » impliquant une fermentation unique qui s'achève en bouteille, sans dégorgement par la suite. Ces vins peuvent donc être légèrement troubles. Parmi eux figurent la Clairette de Die, la Blanquette de Limoux ou certains mousseux de Gaillac. Ils sont souvent plus légers et parfois plus fruités que le champagne. Dans la catégorie des mousseux légers et aromatiques, on trouve aussi le Moscato d'Asti, l'Asti Spumante et le Prosecco italien ainsi que le Sekt allemand, bien que celui-ci soit très variable en style. Des vins effervescents de belle qualité sont produits dans de nombreux autres pays, dont les États-Unis, l'Argentine, le Brésil, l'Afrique du Sud, l'Australie et la Nouvelle-Zélande. L'Inde et la Chine font aussi une entrée sur ce marché, surtout pour la consommation locale.

APPELLATIONS. On les trouve sous les appellations Blanquette de Limoux, Champagne, Clairette de Die, Crémant (d'Alsace, de Bordeaux, de Bourgogne, de Die, du Jura, de Limoux, de Loire), Gaillac, Montlouis, Saumur, Vouvray ainsi que Cava en Espagne, Asti Spumante, Prosecco, Trentodoc ou Franciacorta en Italie, Sekt en Allemagne ou divers « sparkling wines » dans tous les autres pays.

ACCORDS. Très appréciés en apéritif, les vins effervescents peuvent aussi être servis tout au long d'un repas. Les bruts ou extra-bruts pourront accompagner fruits de mer, terrine de poisson, poissons grillés, fumés ou servis avec une crème légère, fromages à pâte molle et à croûte fleurie (camembert, par exemple) ; les secs et demi-secs conviendront à ces mêmes fromages et aux desserts aux fruits, à une meringue ou à une crème anglaise.

Il faut savoir qu'un mets sucré fait ressortir exagérément l'acidité d'un champagne brut. C'est pourquoi on choisira de préférence un demi-sec.

SERVICE. Les vins effervescents se boivent généralement jeunes, sauf pour certains grands Champagnes millésimés. Ils doivent impérativement être servis frais, entre 8 et 10 °C en apéritif et entre 9 et 12 °C avec des plats chauds.

Les vins mutés et les vins de liqueur

Cette famille regroupe des vins riches en alcool et souvent en sucres avec une forte personnalité aromatique. Ils sont élaborés à partir de méthodes qui leur sont particulières, mais qui impliquent toutes l'adjonction d'une certaine quantité d'alcool soit au jus de raisin, soit au moût en fermentation.

La dénomination « vins doux naturels » (VDN) est la désignation française des vins issus du mutage. Ce procédé consiste à rajouter de l'alcool neutre pendant la fermentation d'un moût de raisin de façon à préserver une partie des sucres naturels du raisin tout en augmentant leur force alcoolique (ces vins titrent entre 15 et 20 % vol.). Ils bénéficient ensuite de méthodes d'élevage (voir encadré p. 46) qui vont fortement influencer leur caractère gustatif. Les vins mutés possèdent des saveurs puissantes et complexes, souvent autour d'un fruité gourmand, une texture très suave et une finale aromatique persistante.

Les VDN français sont produits dans le Languedoc, le Roussillon, le sud de la Vallée du Rhône et la Corse. Les vins mutés étrangers sont, par exemple, les Portos, les Madères (Portugal), les Málagas ou les Xérès (Espagne), le Marsala italien et plusieurs vins du même type en Grèce.

Les vins de liqueur, ou mistelles, résultent d'assemblage de jus de raisin peu ou pas fermenté avec de l'eau-de-vie. Ils titrent entre 16 et 20 % vol. L'alcool le dispute à la saveur particulièrement fruitée. En France, on produit le Pineau des Charentes (Cognac), le Floc de Gascogne (Armagnac) ou le Macvin (Jura).

CÉPAGES. Les principaux cépages utilisés pour l'élaboration des vins mutés sont, en rouge, le grenache noir, le touriga national, le tinta roriz, tinto cao, tinta barroca ou touriga franca (Porto) ;

en blanc, le grenache gris ou blanc, le maccabeu et des muscats (France) ; le sercial, le boal, la malvasia ou le verdelho (Madère) ou encore le grillo et le catarratto (Málaga), sans oublier les muscats tout autour de la Méditerranée.

Les vins de liqueur française sont principalement issus de folle-blanche, colombard, ugni blanc pour les blancs ; de merlot, cabernet-sauvignon et cabernet franc pour les rosés et les rouges. Les cépages jurassiens (pinot noir, pulsars, trousseau, chardonnay, savagnin) donnent le Macvin, qui existe dans les trois couleurs.

APPELLATIONS. Les principales appellations sont Porto et Madère (Portugal) ; Xérès, Montilla-Morilles et Malaga (Espagne) ; Marsala (Italie), Muscat de Samos (Grèce) et, pour la France, Banyuls, Maury, Muscat de Beaumes-de-Venise, Muscat du Cap Corse, Muscat de Frontignan, Muscat de Mireval et Muscat de Rivesaltes, Rasteau, Rivesaltes. Les techniques d'élaboration peuvent varier selon les pays et les régions, avec parfois des types de vins différents sous une même appellation (voir p. 261).

Parmi les vins de liqueur, le Pineau des Charentes, le Floc de Gascogne et le Macvin du Jura relèvent d'une AOC. Parmi les autres, citons le Ratafia de Champagne.

ACCORDS. Les vins mutés s'apprécient à l'apéritif, mais trouvent aussi leur place à table ou en fin de repas. Selon leur mode d'élevage, ils appellent des mets différents. Les blancs élevés en milieu oxydatif s'accordent bien avec le foie gras frais ou en terrine. Les autres blancs appellent des desserts aux fruits, comme des tartes aux abricots, mais se marient aussi très bien avec les fromages à pâte persillée, tel le roquefort. Les rouges élevés à l'abri de l'air, en raison de leur force tannique et de leur fruité, accompagnent fort bien les gibiers et des plats mariant le sucré et le salé comme le canard aux figues, aux cerises, voire le canard laqué. Mais ils font aussi le bonheur des fromages à pâte persillée. C'est le cas des Banyuls Rimage et des Portos Vintage. Les rouges obtenus selon la méthode oxydative, en raison de leurs arômes, sont les complices évidents des desserts au chocolat, au moka et aux fruits secs.

Les vins de liqueur, compte tenu de leur forte teneur en sucre et en alcool, sont plus à l'aise à l'apéritif, mais ils peuvent aussi accompagner une escalope de foie gras poêlé.

SERVICE. Les vins blancs issus de muscats se boivent jeunes, sur leur fruit, tout comme les vins de liqueur. Les blancs et rouges élevés en milieu oxydatif peuvent s'apprécier rapidement mais aussi se garder, contrairement aux précédents. En revanche, les autres méritent trois à cinq années de bouteille, voir beaucoup plus pour les Portos Vintage qui sont des grands vins de garde. Les vins de Madère ont une capacité de garde pouvant atteindre 100 ans et davantage.

LES VINS MUTÉS : DES GOÛTS ET DES COULEURS !

La famille des vins mutés est une famille nombreuse où la diversité est de mise ! Il y a autant de personnalités gustatives qu'il y a de couleurs et de modes d'élaboration. Les Muscats de Beaumes-de-Venise, de Frontignan, de Mireval, de Rivesaltes et de Saint-Jean-de-Minervois, sans oublier ceux du Cap Corse, sont mis en bouteilles rapidement après un court élevage à l'abri de toute oxydation afin de préserver leurs fruits. D'un bel or, ils offrent des notes gourmandes d'abricot, de melon, de miel, de fleurs et de menthe fraîche. Les Rivesaltes, la plus forte production des vins mutés français, majoritairement blancs, mais parfois ambrés ou même rosés, gardent leurs arômes de fleurs blanches, de miel ou de fruits frais lorsqu'ils sont élevés à l'abri de l'air et mis en bouteilles tôt. Élevés en milieu oxydatif, ils prennent des teintes plus sombres qui vont du tuilé à l'ambre et offrent des notes d'amande, de noisette et d'agrumes confits. Il en est de même pour les Banyuls, essentiellement rouges, et les Maurys. Un élevage à l'abri de l'air dans des fûts régulièrement ouillés préserve leur force tannique et leurs arômes de fruits très mûrs et d'épices. Dans le cas d'une année exceptionnelle, ils ont droit à la mention « rimage » ou « vintage » et sont mis en bouteille tôt pour conserver couleur, force tannique et saveurs fruitées. Élevés en milieu oxydatif, dans des fûts non pleins ou des bonbonnes en verre et entreposés à l'extérieur, ils évoluent plus rapidement. Leur robe se pare de teintes fauves. Leur bouche gagne en complexité et leurs arômes virent vers le rancio avec des notes de fruits secs, de pruneau, de café, de cacao et de tabac.

Les mets et les vins

Le mariage heureux d'un plat et d'un vin demande que l'on tienne compte des caractéristiques gustatives de l'un et de l'autre. D'autres facteurs influent sur le choix des bouteilles : la saison, le décor, l'ambiance. Il ne faut pas oublier non plus que chaque individu a sa propre sensibilité. Par conséquent, un accord mets/vin réussi pour l'un ne le sera pas toujours pour l'autre, d'où la difficulté à imposer des accords universels entre plats et vins précis, capables de satisfaire tous les goûts. Néanmoins, n peut poser quelques principes de base.

L'art de marier les saveurs

Plusieurs critères déterminent la réussite d'un accord entre un mets et un vin. La concordance ou la complémentarité des saveurs y jouent un rôle essentiel.

Nos papilles sont sensibles à cinq saveurs de base : le sucré, le salé, l'acide, l'amer et l'umami. Cette dernière saveur, qui a ses origines dans la culture japonaise, est difficile à caractériser. Elle joue un rôle d'exhausteur de goût et se trouve souvent associée à la saveur salée. Des mets comme les viandes fumées, les poissons, les crustacés, les fromages, les champignons ou certains légumes (chou, épinards, pois verts) sont riches en umami.

Un accord mets/vin associe les saveurs de l'un et de l'autre dans un partenariat qui, au pire, ne doit pas les dénaturer, et au mieux permet de les sublimer. Cependant, les deux ne partent pas à égalité : un vin a plus à craindre d'un plat que l'inverse.

Il est souvent préférable d'accorder mets et vins selon les intensités des saveurs qu'ils présentent, sinon l'un risque de dominer l'autre. Il arrive toutefois qu'un plat aux saveurs prononcées s'accorde avec un vin vif mais léger ; en sens inverse, des desserts aux saveurs délicates, comme des fruits à peine sucrés, sont sublimés par des vins liquoreux très intenses. Notons enfin que qu'il existe des interférences entre les saveurs : la présence d'une substance fait réagir les papilles et modifie de façon positive ou négative la perception de la substance qui va suivre.

LE SALÉ. Le salé des aliments rehausse la perception du corps d'un vin, mais diminue la sensation d'acidité et d'astringence que ce dernier provoque, contribuant ainsi à l'assouplir. Sauf à être présent en excès, il est plutôt l'allié des vins. Des plats très salés appellent des vins fruités et acidulés au fort pouvoir désaltérant. On peut apprécier le mariage des contraires, le sucré/salé, par exemple celui des fromages à pâte persillée avec des vins doux ou celui des charcutières sèches avec des vins blancs vifs et doux.

LE SUCRÉ. Le sucré d'un plat réduit la perception de volume dans un vin. Un plat sucré fera ainsi apparaître un vin sec comme plus acide et moins fruité qu'il ne l'est en réalité. Un vin rouge sec semblera astringent et un blanc sec, mordant. Avec des plats sucrés, il faut donc servir des vins moelleux dont la concentration en sucre sera supérieure à celle du plat. Ainsi, les desserts s'accorderont mieux avec des vins doux, moelleux ou liquoreux.

L'ACIDITÉ. À l'inverse des précédentes, la saveur acide d'un plat rehausse la perception du volume, de la douceur, des tanins et du caractère fruité d'un vin. Un peu d'acidité dans un plat est donc souvent bénéfique pour le vin, qui apparaîtra plus intense et plus fruité. Un vin très acide servi avec un plat légèrement acide sera « calmé » et semblera plus fruité. En revanche, si le niveau d'acidité du mets est plus élevé que celui du vin, ce dernier sem-

QUE SERVIR EN APÉRITIF ?

Définition de l'apéritif : qui ouvre l'appétit. Est-on bien sûr que certaines boissons dites fortes (en alcool) et riches en goût (cocktails, etc.) remplissent vraiment à cette mission ? Et après que la langue et le palais ont subi une telle agression, sont-ils prêts à apprécier les vins et les plats qui vont suivre ? Une bonne solution consiste à proposer en apéritif le vin blanc qui va ouvrir le repas. Il suffit alors de l'accompagner de quelques toasts légers.

Le vin de Xérès Fino ou Manzanilla a, lui aussi, un grand pouvoir apéritif. Cependant l'un des meilleurs choix sera toujours un vin effervescent, tel un champagne. Finement acidulé, ce type de vin provoque une salivation très apéritive, sans affecter durablement le palais.

blera plat et sans intérêt ; les tanins des vins rouges sembleront plus astringents. C'est ce qui se passe avec la vinaigrette, par exemple, d'où la difficulté à accorder les salades trop vinaigrées.

L'AMER. L'amertume à un effet cumulatif. Un plat contenant un peu d'amertume, associé à un vin qui en aura autant, rendra ce dernier encore plus amer. Les vins rouges tanniques paraîtront particulièrement astringents. Pour accompagner des saveurs amères, on préférera donc des vins blancs ou des vins rouges souples et peu tanniques.

L'UMAMI. Les plats riches en umami ont tendance à durcir l'impression donnée par un vin, le rendant plus acide, plus amer ou plus chaleureux. Le vin perd de son côté fruité, de sa rondeur ou de sa douceur. On privilégiera dans ce cas plutôt des vins souples, peu acides, peu astringents et généreusement fruités.

LE CAS DES ÉPICES ET DES CONDIMENTS. Les sensations provoquées par des épices et des condiments ne sont pas à proprement parler des saveurs, mais plutôt des réactions chimiques à effet « thermique » qui donnent l'impression de chaud (le piment) ou de froid (la menthe). Des plats très dosés en épices « chaudes » (chili) sont difficiles à marier avec les vins. En général, ces épices augmentent la perception des saveurs amères et acide mais aussi celle de la chaleur due à l'alcool. Le corps et le fruité d'un vin s'en trouvent en revanche diminués. Les meilleurs accords sont à rechercher du côté des vins légers en alcool, fruités et doux (voir encadré p. 51).

L'harmonisation des textures et des arômes

Il existe des vins fluides (Beaujolais, Muscadet), des vins gras (Côtes-du-Rhône), des vins astringents (Sud-Ouest, Bordeaux). Ces caractéristiques peuvent jouer un rôle complémentaire avec celles de certains aliments. Des huîtres bien iodées, dans leur eau salée, seront mises en valeur par l'acidité d'un vin blanc sec. Un pot-au-feu avec ses légumes s'accordera bien avec un vin rouge fruité et vif qui va atténuer la texture filandreuse du bœuf et les saveurs marquées des légumes. De la même manière, en accompagnant la cuisine du Sud-Ouest, les vins de la région, Madiran ou Cahors, bien charpentés, verront leurs tanins adoucis par le gras et par la riche saveur des mets.

Il faut aussi savoir marier les textures et harmoniser les puissances : un plat à consistance molle avec un vin léger peu tannique, un plat gras à la texture souple avec un vin rond. Les mets contenant beaucoup de gras peuvent être allégés par des vins acides. L'acidité du vin donne alors l'impression de « trancher » dans le gras du mets, le rendant plus digeste. C'est un effet subjectif auquel beaucoup sont sensibles. Ce type d'accord fonctionne aussi bien avec les fromages qu'avec les charcuteries.

À la puissance savoureuse d'un mets doit répondre un vin de force et de caractère. Par exemple, avec une mousseline de poissons, on choisira un blanc plutôt léger, avec un poisson en sauce un Savennières ou un Graves blanc, et avec un poisson meunière un Riesling. Avec un cassoulet ou une daube, on servira de préférence un Madiran, un Côtes-du-Rhône-Villages, un Languedoc ou un Cahors. Avec une volaille crémée, on optera pour un Meursault et avec une viande grillée, pour un Médoc ou une Syrah du nord du Rhône.

Retenons enfin deux points importants concernant les rapports harmonieux entre les mets et les vins. Un vin doit désaltérer avant tout mais, du plus modeste au plus prestigieux, du plus jeune au plus vénérable, il doit aussi procurer du plaisir. C'est pourquoi la température de service est tellement importante : trop froid pour les vins blancs ou trop chambré pour les vins rouges et voilà que tout est raté ! (Voir aussi encadré p. 210.)

Deuxièmement, n'accordons pas trop d'importance à ces vins mythiques aux millésimes historiques dont la valeur est déterminée par une spéculation effrénée, sans rapport avec leur valeur intrinsèque. Goûtons des vins simples, également appréciables pour la modestie de leur prix. Le plus sage est d'envisager un repas en fonction de son budget, sachant qu'on peut éprouver, dans une très large gamme de prix, des plaisirs vrais et d'authentiques émotions gustatives.

Le vin et le fromage : un accord délicat

Combien de fois avons-nous vu la meilleure bouteille de la soirée proposée avec le plateau de fromages ? S'est-on seulement posé la question de savoir s'il y avait, dans l'assortiment, un seul

LES ACCORDS DIFFICILES

Loin de n'avoir que des amis, le vin rencontre aussi des ennemis qui, parfois, lui sont fatals. On a vu que le vinaigre le déstructure. Du côté des viandes, des volailles, des gibiers, des poissons et des crustacés, il y a peu de risques. C'est plutôt du côté des garnitures et, plus précisément, des légumes ou des sauces que les choses se compliquent. Il s'agit ici évidemment de vins de qualité à la saveur délicate et complexe, car, avec un vin modeste ou un simple vin de soif, le drame s'atténue considérablement.

L'asperge, c'est connu, présente très peu d'affinités gustatives avec les vins. Seuls des vins comme le muscat sec, le xérès et le vin jaune peuvent figurer. Encore que tout se complique à nouveau si l'asperge est servie avec une vinaigrette ravageuse. Il vaudra donc mieux privilégier une sauce mousseline ou faire l'impasse sur les vins.

Les fonds d'artichauts, les endives et les épinards, dont la saveur est amère, déforment les vins dangereusement, au point de les rendre durs et métalliques. Les petits pois et les carottes, par leur douceur naturelle, déprécient les vins rouges tanniques.

D'une manière générale, les cuisines très épicées (orientales, par exemple) et les saveurs aigres-douces ne s'accordent qu'avec des vins blancs très structurés et aromatiques comme le Gewürztraminer, les blancs issus du viognier ou les vins doux naturels. Peu de rouges leur conviennent.

Délicats, les vins vieux sont facilement perturbés par les saveurs de la nourriture. Par conséquent, réserver un vin vieux pour le plat de résistance ou le fromage, si ceux-ci ont beaucoup de saveurs, est une erreur. Il vaut mieux préférer des mets de belle qualité, mais préparés simplement et sans sauce.

fromage qui lui soit favorable ? Et trouver un seul vin capable de s'accorder avec différents types de fromage est une mission impossible !

LES VINS BLANCS, secs ou doux, souvent jeunes, s'accordent en règle générale bien avec la nature salée du fromage, son goût souvent prononcé et sa texture plus ou moins dense. La fraîcheur apportée par l'acidité de ces vins contrebalance en effet la saveur salée et le gras du fromage, tandis que leur fruité répond à sa

HUÎTRES ET BLANCS VIFS, POURQUOI ÇA MARCHE ?

Le champagne ou des vins blancs vifs (Sauvignon blanc simple, Chardonnays sans bois, Muscadet, etc.) forment avec les huîtres une alliance harmonieuse. Ces vins, qui n'ont pas été élevés sous bois, ne contiennent pas d'amertume ou en ont très peu, ce qui les rend compatibles avec la saveur umami présente dans les huîtres laquelle, nous le savons maintenant, renforce l'impression d'amertume. De plus, l'acidité du vin s'accorde bien avec le salé de l'huître. Enfin, la délicatesse de ce type de vin ne nuira pas à la finesse de l'huître.

forte personnalité gustative. L'absence de tanins dans les vins blancs justifie aussi cet accord. À noter que l'accord régional entre fromage et vin blanc est souvent une très bonne solution : crottin de Chavignol et Sancerre, munster et Gewürztraminer d'Alsace, etc.

LES VINS ROUGES se marient plus difficilement, car leurs tanins sont accentués par le sel contenu dans les fromages. Plusieurs fromages peuvent faire exception à cette règle. Ceux à pâte molle et à croûte fleurie (brie, brillat-savarin, camembert, chaource ou coulommiers) s'accordent bien avec des vins rouges un peu vifs et pas trop tanniques comme Beaujolais, Côte-de-Beaune, Côtes-du-Rhône ou Sancerre, par exemple. Quant aux fromages à pâte pressée non cuite (cantal, édam, gouda, mimolette, saint-nectaire, tomme de Savoie), ils vont bien avec des grands bordeaux matures tels que Médoc, Pomerol, Saint-Émilion, Pessac-Léognan (voir aussi p. 72) dont les tannins se sont estompés.

Les vins et les saisons

Notre goût pour le vin est inconsciemment soumis à l'influence climatique. Par une admirable organisation de la nature, il se trouve qu'arrivent sur notre table des plats riches et nourrissants par temps de froidure et que les légumes et les fruits frais abondent dès les premières chaleurs. Pour les vins, il est bon de suivre cette inspiration : légèreté pour la saison chaude et puissance pour les mois frais. Qu'ils soient blancs, rosés ou rouges, les vins délicats et frais trouvent leur place dès que les rayons du soleil se montrent insistants. Pour les rouges, il faut privilégier ceux qui offrent le plus de fruit et une bonne vivacité. Cette dernière se manifeste par une acidité sensible et une relative faiblesse de tanins. Ces vins rouges de soif peuvent se servir rafraîchis autour de 12 °C : Beaujolais, Côtes-du-Forez, Coteaux-du-Lyonnais, Côte Roannaise, Pinot d'Alsace, Anjou, Touraine, les vins les plus simples du Sud-Ouest et du Bordelais, les Dolcetto ou Valpolicella italiens, les Dôles suisses, par exemple.

L'été, les vins rosés connaissent un succès croissant. Certains s'adaptent à tous les plats estivaux. D'autres, plus vineux, conviennent à des préparations plus élaborées : Bandol, Bordeaux clairet, Côtes-du-Rhône, Lirac, Marsannay, Tavel, Rosé des Riceys, Languedoc. Il en va de même avec les vins blancs, dont le pouvoir désaltérant est indiscutable. Si l'on souhaite des vins vifs et fringants, on ira du côté de l'Aligoté, du Cheverny, de l'Entre-deux-Mers, du Mâcon-Villages, du Saint-Pourçain, du Sylvaner ou de certains Vins de Savoie. Dès lors que les recettes sont plus sophistiquées, il faut se diriger vers des blancs comme Pouilly Fumé, Sancerre, Chablis, Graves, Riesling ou des champagnes.

Les longues soirées d'hiver sont propices aux vins structurés, charpentés et riches. Blancs ou rouges, ils sont un régal pour le palais. Côté cuisine, les sauces s'épaississent, les épices se mélangent, les coquillages et les crustacés réapparaissent, les pièces de viande et les gibiers s'installent. C'est la grande saison des sauces au vin. Les vins blancs prennent du corps et du gras. Pour accompagner poissons nobles et crustacés, coquillages et viandes blanches, on retrouve avec plaisir les vins comme Corton-Charlemagne, Meursault, Puligny-Montrachet, Savennières, Gewürztraminer, Pinot gris, Châteauneuf-du-Pape ou Hermitage blanc.

Belle saison où les vins rouges se corsent, se structurent de fruit et de tanins. Autant d'éléments qui les renforcent pour s'accorder aux recettes d'hiver : civets et rôtis, volailles et viandes rouges, gibiers à plume et à poil.

Combien de vins servir ?

Au cours d'un repas, on peut ne boire qu'un seul vin, ou bien changer de vin à chaque plat. On peut aussi ne pas boire de vin du tout ! Beaucoup d'amateurs de vin, travaillant la semaine, évitent toute forme de boisson alcoolisée à l'heure du déjeuner. Ils ont fait le choix de boire de façon épisodique mais en privilégiant la qualité. Cela dit, le nombre de vins servis varie selon qu'il s'agit d'un déjeuner ou d'un dîner, d'un repas en famille ou entre amateurs.

Le repas en famille implique la simplicité. Un vin unique, bien fait et modeste, conviendra, la couleur restant une affaire de goût. Les vins cités précédemment autorisent des mariages parfois hardis.

Le dimanche et entre amis, c'est l'occasion de se permettre un choix de vins adapté au menu. Hormis l'apéritif – qui peut d'ailleurs être le vin prévu pour le premier plat – deux à trois vins peuvent se succéder raisonnablement. Un vin blanc pour le premier plat, un vin rouge pour le plat de résistance, et un vin de dessert. Si on sert un fromage, il est souvent indiqué de reprendre du vin blanc.

Si le repas est spécialement orienté vers la dégustation de vins de haut niveau, on peut augmenter la sélection. Au-delà, pour des amateurs non avertis, la confusion et donc le gâchis sont assurés. N'oublions pas que ces nombreux vins seront bus et non recrachés comme dans une dégustation professionnelle. Il faut savoir que le danger ne réside pas dans la variété des vins servis mais plutôt dans une quantité excessive d'alcool absorbé.

L'ordre de service des vins

Aucune règle précise n'est établie dans ce domaine, mais la simple logique s'impose. Le vin servi ne doit pas faire regretter le précédent, ni annihiler le suivant. C'est tout un art ! On peut donner quelques exemples.

POUR COMMENCER UN REPAS, il faut mettre les papilles en éveil sans les fatiguer. On choisira donc un vin blanc bien vif et fruité de type Muscadet ou un vin issu de cépages tels que le sauvignon, le sylvaner, l'aligoté ou le chardonnay. Il est d'ailleurs de plus en plus fréquent de garder le vin d'apéritif avec le premier plat servi. La solution la plus élégante consiste à proposer un verre de champagne. En effet, ces vins ont un haut niveau d'acidité naturelle qui a pour effet de déclencher une forte salivation. Servis à basse température, ils ont le pouvoir d'étancher agréablement la soif. De plus, ils ont l'avantage de ne pas perturber le palais. Pour ces mêmes raisons, les Anglais commencent souvent le repas par un verre de Xérès Fino bien frais.

POUR LA SUITE DU REPAS, il est bon de rappeler quelques préceptes : le blanc sec doit être servi avant le rouge, le vin le plus léger avant le plus corsé, le vin le plus simple avant le plus complexe.

AVEC LES DESSERTS, il faut choisir délibérément les vins qui leur sont réservés, c'est-à-dire des vins aussi sucrés que le dessert lui-même. On pourra servir des vins doux naturels (Porto, Maury, Banyuls... blancs ou rouges), des vins issus de vendanges tardives ou de raisins botrytisés (Alsace, Sauternes, Monbazillac, Bonnezeaux, *Beerenauslese* et *Trockenbeerenauslese* allemands ou autrichiens), des vins passerillés (vin santo, Jurançon, vin de paille du Jura...) ou encore des champagnes et d'autres vins mousseux « doux ». Ces derniers mettront bien en valeur les desserts aux fruits. Il faut également savoir que le champagne brut s'accorde plutôt mal avec les desserts – le sucre le durcit – alors qu'il a une place de choix en apéritif ou au cours du repas avec les poissons, les crustacés, les viandes et les volailles blanches.

MARIAGES RÉUSSIS ENTRE LES METS ET LES VINS

Le tableau suivant réunit des accords classiques et régionaux entre les mets et les vins. Il suggère aussi des associations plus étonnantes, découvertes au gré des dégustations. Cependant, il n'existe pas de règles immuables en matière d'accord, le goût et la culture de chacun influençant fortement l'appréciation des saveurs.

ENTRÉES FROIDES	
Anchois frais	Banyuls blanc, Châteauneuf-du-Pape blanc, Collioure rosé, Coteaux-d'Aix-en-Provence rosé, Xérès.
Artichauts barigoule	Coteaux-d'Aix-en-Provence rosé, Côtes-de-Provence rosé, Lirac rosé.
Asperges blanches	Pinot blanc d'Alsace, Muscat d'Alsace.
Asperges vertes	Vin IGP issu de viognier, Muscat sec, Muscat d'Alsace, Xérès.
Avocat	Côtes-de-Provence rosé, Mâcon-Villages, Sancerre.
Caviar	Champagne « blanc de blancs », Riesling sec d'Alsace ou d'Allemagne. Ou vodka glacée.
Foie gras en terrine	Vin liquoreux type Sauternes, Coteaux-du-Layon, Jurançon moelleux, Monbazillac, Pinot gris Sélection de grains nobles, Gewürztraminer Sélection de grains nobles, ou vin muté type Banyuls Rimage, Porto.
Gaspacho	Collioure rosé, Côtes-du-Rhône-Villages rosé, Tavel, Navarre rosé.
Guacamole	Sauvignon blanc du Chili ou de Nouvelle-Zélande
Melon	Vins doux naturels, Muscat de Beaumes-de-Venise, Muscat de Rivesaltes, Banyuls, Rivesaltes, Porto Ruby, Madère Sercial ou Bual.
Œufs mimosa	Chinon rosé, Côtes-de-Provence blanc, Mâcon-Villages.

Salade auvergnate	Beaujolais-Villages, Côtes-d'Auvergne, Côtes-du-Forez.
Salade d'endives aux noix	Vin du Jura à base de savagnin, Arbois, Côtes-du-Jura, L'Étoile.
Salade niçoise	Bandol rosé, Bellet blanc, Cassis blanc, Coteaux-d'Aix-en-Provence rosé.
Tarama	Pouilly Fumé, Riesling d'Alsace.
ENTRÉES CHAUDES	
Cuisses de grenouille	Aligoté de Bourgogne, Petit Chablis, Mâcon-Villages.
Escargots à la bourguignonne	Bourgogne Aligoté, Beaujolais blanc, Chablis, Mâcon-Villages.
Foie gras frais chaud	Vin riche en liqueur type Banyuls Rimage, Sauternes ; vins rouges corsés (Madiran, Cahors).
Garbure	Cahors, Irouléguy, Madiran.
Petits farcis provençaux	Bandol rosé, Bellet blanc ou rosé, Côtes-du-Rhône-Villages rouge, Tavel.
Pizza	Coteaux-d'Aix-en-Provence rouge ou rosé, Luberon rouge ou rosé, Chianti, Valpolicella.
Quenelles de brochet	Chablis, Pouilly-Fuissé, Saint-Véran, Roussette de Savoie.
Quiche au lard	Pinot blanc d'Alsace, Pinot gris d'Alsace, vins blancs de Savoie ou vins rouges légers (Beaujolais, Bourgueil, Pinot noir d'Alsace).
Tarte à l'oignon	Pinot blanc d'Alsace, Sylvaner d'Alsace.
Soufflé au poisson	Chablis, Graves blanc, Pessac-Léognan blanc, Pouilly Fumé, Fumé blanc de la Napa.
Soufflé au comté	Vin du Jura à base de savagnin, Arbois, Côtes-du-Jura, Château-Chalon.

Soupe à l'oignon	Beaujolais-Villages, Entre-deux-Mers, Mâcon-Villages.
Vol-au-vent	Vin jaune du Jura, grand Chardonnay (Corton-Charlemagne, Meursault, Montrachet, Chardonnay de Californie).
CHARCUTERIE	
Andouille	Mâcon-Villages, Sancerre, Savennières.
Boudin noir	Chinon, Crozes-Hermitage, Saint-Joseph, Saumur-Champigny.
Chorizo pimenté	Cahors, Irouléguy, Rioja.
Jambon cru	Collioure, Irouléguy, Pinot grigio de l'Alto-Adige, Soave Classico, Riesling du Rheingau trocken, Xérès ou Manzanilla, jeune rouge espagnol.
Jambon cuit	Beaujolais-Villages ou crus du Beaujolais, Mercurey, Mâcon-Villages.
Jambon fumé	Riesling Vendanges tardives, *Spätlese* allemand.
Jambon persillé	Beaujolais blanc ou rouge, Chablis, Mercurey blanc, Pouilly-Fuissé, Saint-Romain blanc.
Mousse de foie de volaille	Crus du Beaujolais, Beaune blanc, Ladoix-Serrigny blanc, Meursault.
Pâté de campagne	Beaujolais, Chinon, Coteaux-du-Lyonnais, Côtes-du-Rhône-Villages, Crozes-Hermitage, Saint-Joseph, Saumur-Champigny.
Terrine de gibier	Bergerac, Châteauneuf-du-Pape, Mercurey, Gevrey-Chambertin, Pomerol, Saint-Émilion, Vacqueyras, Garrafeira du centre du Portugal.
Terrine de lapin	Bourgueil, Cheverny, Cour-Cheverny, Saint-Nicolas-de-Bourgueil, Morgon, Moulin-à-Vent.
Rillettes	Montlouis, Sancerre, Vouvray.

Salami	Irouléguy, Tavel, Vin de Corse rosé, vin rouge ou rosé de Navarre, Barbera, Chianti, Montepulciano d'Abruzzo, Rosso Conero, Xérès.
Saucisse de porc	Buzet, Côtes-du-Rhône, Gigondas, Dolcetto d'Alba, Merlot, Rioja.
Saucisson sec	Crozes-Hermitage, Bourgogne Hautes-Côtes-de-Beaune, Bourgogne Hautes-Côtes-de-Nuits, Sancerre rouge.
ŒUFS	
Brouillade de truffes	Hermitage blanc, Montrachet.
Œufs brouillés	Vins rouges légers et fruités (Beaujolais, Gamay de Touraine).
Œufs en gelée	Vins jeunes et fruités de la Côte de Beaune (Santenay, Maranges).
Œufs en meurette	Crus du Beaujolais, Mâcon rouge, Pinot noir de la Côte de Beaune et de la Côte chalonnaise.
Œufs de saumon	Chablis, Riesling d'Alsace, Vouvray.
Omelette nature	Beaujolais-Villages, Coteaux-du-Lyonnais, Côtes-du-Forez.
Omelette au fromage	Vin blanc issu de chardonnay et de savagnin du Jura.
COQUILLAGES ET CRUSTACÉS	
Coquilles Saint-Jacques	Champagne « blanc de blancs », Châteauneuf-du-Pape blanc, Hermitage blanc, Pessac-Léognan, Riesling sec d'Alsace ou d'Allemagne.
Crabe	Cassis blanc, Chablis, Entre-deux-Mers, Gros-Plant, Muscadet.
Crevettes	Bergerac blanc, Cassis blanc, Petit Chablis, Entre-deux-Mers, Gros-Plant, Muscadet, Picpoul-de-Pinet, Rueda.

Crevettes à l'aigre-doux	Pinot gris, Muscat d'Alsace, Tavel, Bellet rosé.
Écrevisses à la nage	Condrieu, Châteauneuf-du-Pape blanc, Riesling sec d'Alsace.
Homard grillé	Corton-Charlemagne, Hermitage blanc, Pessac-Léognan, Meursault, Riesling d'Alsace, Savennières, Verdicchio dei Castelli di Jesi.
Homard à l'américaine	Pinot gris d'Alsace, vin jaune du Jura, Vouvray demi-sec.
Huîtres	Chablis, Entre-deux-Mers, Gros-Plant, Muscadet, Picpoul-de-Pinet, Riesling d'Alsace.
Huîtres chaudes	Champagne « blanc de blancs », Graves blanc, Riesling d'Alsace, Savennières, Vouvray.
Langouste grillée	Chablis Premier ou Grand Cru, Hermitage blanc, Pessac-Léognan, Riesling d'Alsace.
Langoustines mayonnaise	Pouilly Fumé, Sancerre, Chablis.
Moules à la crème	Bergerac blanc, Blaye Côtes-de-Bordeaux blanc, Pouilly-Fuissé, Rully blanc.
Moules marinière	Entre-deux-Mers, Muscadet, Sauvignon de Touraine, Vinho Verde.
Paella	Yecla blanc (Espagne), Chardonnay (IGP Pays d'Oc), Côtes-du-Roussillon rosé, Rosé de Corse, et, de façon générale, les vins de la famille des blancs secs très aromatiques.
POISSONS	
Anguille à la bordelaise	Bergerac rouge, Bordeaux supérieur rouge, Graves, satellites de Saint-Émilion.
Bar (ou loup) grillé	Bellet blanc, Châteauneuf-du-Pape blanc, Côtes-de-Provence blanc, Chablis Premier ou Grand Cru.
Bouillabaisse	Bandol rosé, Cassis, Coteaux-d'Aix-en-Provence rosé, Tavel.

Brandade de morue	Cassis, Hermitage blanc, Saint-Joseph blanc.
Colin froid à la mayonnaise	Mâcon-Villages, Pinot blanc d'Alsace, Vin de Savoie blanc, Sylvaner d'Alsace.
Friture	Bourgogne Aligoté, Gros-Plant, Mâcon, Muscadet, Vinho Verde.
Morue à l'aïoli	Bandol blanc ou rosé, Cassis, Côtes-de-Provence blanc ou rosé, Collioure rosé, Irouléguy rosé.
Poisson à l'huile (espadon, hareng, maquereau, sardine, thon)	Bourgogne Aligoté, Gros-Plant, Muscadet, Sancerre, Sauvignon de Touraine, Sylvaner, Dão blanc, Vinho Verde.
Poisson blanc grillé	Grand cru blanc sec, Coteaux-d'Aix-en-Provence blanc, Soave, Verdicchio, Rueda, Vin de Corse blanc.
Poisson blanc au beurre blanc	Champagne « blanc de blancs », Vouvray sec ou demi-sec, Meursault, Pessac-Léognan, Puligny-Montrachet, Savennières, vins de Moselle.
Poisson cru	Chablis Premier Cru, Meursault, Graves blanc, Chardonnay de Nouvelle-Zélande.
Poisson d'eau douce	Chablis, Chasselas de Suisse, Graves blanc, Mercurey blanc, Montlouis, Rully blanc, Sancerre, Vouvray.
Poisson frit	Beaujolais, Entre-deux-Mers, Gamay de Touraine, Gros-Plant, Muscadet, Roussette de Savoie, vins blancs du Jura à base de chardonnay et de savagnin, Pinot grigio du Frioul, Frascati Superiore.
Poisson fumé	Chablis Premier Cru, champagne « blanc de blancs », Pouilly Fumé, Sancerre, Riesling d'Alsace, Pinot gris d'Alsace, Spätlese allemand.

Poisson nature	Vins blancs plus ou moins légers selon que le poisson et sa garniture sont gras ou non, du modeste IGP aux grands vins de Bourgogne, de Bordeaux ou d'Alsace. Vins rouges, surtout s'ils ne sont pas trop tanniques (issus de cabernet franc de Loire ou de gamay du Beaujolais).
Rouget	Bandol rosé ou rouge, Collioure, Côtes-de-Provence rouge ou blanc.
Saumon fumé	Champagne « blanc de blancs », Riesling d'Alsace, Sancerre (ou vodka, whisky single malt tourbé).
Saumon à l'oseille	Condrieu, Châteauneuf-du-Pape blanc.
Saumon poché	Blancs : Bourgogne blanc, Sancerre, Savennières, Vouvray sec, vin blanc de Sicile ; rouges : Beaujolais-Villages, Bourgueil, Pinot noir d'Alsace.
Sardines grillées	Côtes-de-Provence, Côtes-du-Rhône-Villages blanc, Languedoc blanc.
Sole meunière	Bellet blanc, Chablis Premier ou Grand Cru, Sancerre, Riesling d'Alsace.
Sushis	Mâcon, Muscadet, Saint-Véran, Menetou-Salon, Sauvignon de Californie ou du Chili, Rias Baixas.
Terrine de poisson	Aligoté de Bouzeron, Chablis, Graves blanc, Mâcon-Villages, Muscadet, Sancerre, Sylvaner d'Alsace.
Thon basquaise	Collioure rouge ou rosé, Languedoc rouge ou rosé, Côtes-du-Rhône-Villages rouge, Irouléguy rosé, Tavel.
Tourte de poisson (avec une sauce à la crème)	Mâcon-Villages, Pouilly-Fuissé, Pinot gris d'Alsace, Bianco di Custoza, Pfälzer Sylvaner, Nahe Müller-Thurgau, Chardonnay de la Napa.
Turbot sauce hollandaise	Corton-Charlemagne, Hermitage blanc, Meursault, Pessac-Léognan.

AGNEAU	
Agneau rôti	Vins rouges complexes et racés comme les crus du Bordelais (Graves, Margaux, Pauillac, Pomerol, Saint-Émilion), Bandol dans un bon millésime ; Rioja Reserva, Ribera del Duero, Cabernets-Sauvignons américains, australiens, chiliens et italiens.
Carré d'agneau	Graves, Médoc, Pauillac, Pessac-Léognan, Saint-Julien, Cabernets-Sauvignons californiens, chiliens, sud-africains et italiens.
Couscous d'agneau	Cahors, Côtes-du-Rhône-Villages, Madiran, Gigondas, Malbec d'Argentine.
Curry d'agneau	Bergerac, Castillon-Côtes-de-Bordeaux, Francs-Côtes-de-Bordeaux, Lalande-de-Pomerol.
Épaule d'agneau rôtie	Haut-Médoc, Médoc, Cabernets-Sauvignons américains, australiens, chiliens et italiens.
Gigot aux herbes et/ou à l'ail	Vins rouges généreux et puissants (Bandol, Châteauneuf-du-Pape, Côtes-du-Roussillon-Villages, Languedoc, Minervois, Saint-Chinian, Vacqueyras, Shiraz d'Australie.
Gigot à la ficelle	Pinot noir de la Côte de Beaune, Bourgueil, Chinon, Saint-Nicolas-de-Bourgueil.
Méchoui	Languedoc rouge, Bandol, Shiraz d'Australie et d'Afrique du Sud, Beni M'Tir (Maroc).
Navarin d'agneau	Pinot noir de la Côte de Beaune et de la Côte chalonnaise, crus du Beaujolais.
Sauté d'agneau à la provençale	Coteaux-d'Aix-en-Provence rouge, Côtes-de-Provence rouge, Côtes-du-Rhône-Villages.
Selle d'agneau	Côte-Rôtie, Hermitage, Médoc, Pomerol, Saint-Émilion.
Tajine d'agneau aux abricots	Bonnezeaux, Coteaux-de-l'Aubance, Coteaux-du-Layon, Quarts-de-Chaume, Montlouis moelleux, Vouvray moelleux.

BŒUF	
Bœuf bourguignon	Chinon, Corbières, Côtes-du-Rhône-Villages, Mercurey, Minervois, Rully, Saint-Amour, Saumur rouge.
Bœuf en croûte	Vins de Bordeaux, du Médoc ou du Libournais, Pinot noir de Bourgogne.
Bœuf rôti	Vins rouges puissants avec de la structure et de la générosité (vins de la Côte de Nuits, Margaux, Pauillac, Pomerol, Saint-Émilion, Merlots américains, australiens et chiliens, Ribera del Duero et Toro).
Carpaccio	Vins de la Côte chalonnaise, Chianti Classico ou Rufina.
Chateaubriand	Gevrey-Chambertin, Graves, Pomerol, Pommard, Saint-Émilion.
Chili con carne	Malbec rosé du Chili, Zinfandel de Californie, Saint-Chinian, Cahors.
Couscous aux boulettes	Gris de Boulaouane (Maroc), Fitou, Coteaux-de-Mascara rouge (Algérie), Côtes-du-Rhône, Cairanne rosé et, de façon générale, des rosés vifs et fruités ou des rosés vineux et corsés.
Daube	Cahors, Corbières, Côtes-du-Rhône-Villages, Côtes-du-Roussillon-Villages, Madiran.
Entrecôte à la bordelaise	Bergerac, Bordeaux supérieur, Blaye-Côtes-de-Bordeaux, Castillon-Côtes-de-Bordeaux, Fronsac, Graves.
Entrecôte grillée	Vins issus de cabernet-sauvignon, Médoc de millésimes récents, IGP Pays d'Oc, ou vin généreux jeune (Châteauneuf-du-Pape, Cornas, Gigondas, Vacqueyras).
Pot-au-feu	Anjou rouge, Bourgueil, Côtes-de-Bordeaux, Saumur-Champigny, Pinot d'Alsace, Sancerre rouge.

Steak grillé	Chénas, Fronton, Cornas, Moulin-à-Vent, Chianti Riserva.
Steak au poivre	Côtes-du-Rhône rouge, Fronton, Zinfandel californien, Shiraz australien.
Steak tartare	Buzet, Cahors, Crozes-Hermitage, Merlot chilien, Shiraz australien.
PORC	
Andouillette à la crème	Beaujolais blanc, Chablis, Pouilly-Fuissé, Rully blanc, Saint-Véran.
Andouillette grillée	Vins rouges légers (Anjou rouge, Beaujolais-Villages, Gamay de Touraine, Pinot noir d'Alsace, Sancerre rouge), vins blancs secs et fruités (Chablis, Gaillac, Saumur blanc).
Choucroute	Pinot gris d'Alsace, Riesling d'Alsace, Sylvaner d'Alsace.
Grillade de porc	Vins charnus et fruités, Bergerac, Crozes-Hermitage, Saint-Joseph, Saumur-Champigny.
Palette de porc	Vins blancs légers (Anjou blanc, Mâcon-Villages, Pinot blanc d'Alsace, Sylvaner d'Alsace), rouges fruités et légers (Beaujolais, Mâcon-Villages, Pinot noir d'Alsace).
Porc au curry	Pinot gris d'Alsace, Gewürztraminer, Lirac blanc, Hermitage blanc et, de façon générale, des blancs secs très aromatisés.
Potée au chou	Brouilly, Mâcon-Villages, Sancerre rouge.
Rôti de porc	Crozes-Hermitage, Côte-de-Beaune, Côtes-du-Rhône-Villages, Saint-Joseph.
VEAU	
Blanquette de veau	Beaujolais-Villages, Mâcon-Villages, Mercurey blanc, Givry blanc, Sancerre rouge.
Côte de veau	Grands crus du Médoc (Pauillac, Saint-Estèphe), crus de la Côte de Nuits (Gevrey-Chambertin, Chambolle-Musigny).

Escalope normande	Bourgogne blanc, vin du Jura à base de chardonnay et de savagnin, Chardonnay de Californie.
Escalope panée	Crus du Beaujolais, vins rouges de la Côte de Beaune, Graves rouge.
Foie de veau	Chinon, Pomerol, Saint-Émilion, Sancerre rouge.
Osso-buco	Barbera, Barbaresco, Chianti Classico, Valpolicella.
Paupiettes de veau	Crus du Beaujolais, Bourgueil, Pinot noir de Bourgogne, Saint-Nicolas-de-Bourgueil.
Ris de veau à la crème	Grand bourgogne blanc type Corton-Charlemagne, Meursault, Montrachet, Château-Chalon, vin jaune du Jura, Pinot gris d'Alsace, Vouvray demi-sec.
Rognons de veau poêlés à la moutarde	Vin rouge charnu pas trop vieux (Pomerol, Saint-Émilion) ; Chinon, Morgon, Saint-Amour, Pinot noir de la Côte chalonnaise.
Rôti de veau	Crus du Beaujolais, Pinot noir de la Côte de Beaune.
Tête de veau	Crus du Beaujolais, Pouilly-Fuissé, Sancerre rosé, Tavel.
Veau Marengo	Côtes-du-Rhône-Villages, Costières-de-Nîmes, Ventoux, vin rouge du Dão.
Veau Orloff	Grand bourgogne blanc de type Chassagne-Montrachet, Corton-Charlemagne, Meursault, mais aussi des vins rouges fruités et profonds de type Bourgogne rouge de la Côte de Beaune.

CANARD, OIE, PIGEON	
Canard à l'orange	Vins liquoreux pas trop âgés, Cérons, Loupiac, Monbazillac, Sauternes, vin jaune du Jura.
Canard aux figues ou aux cerises	Vins riches et puissants (Bandol, Châteauneuf-du-Pape), vins mutés jeunes (Banyuls, Maury, Rivesaltes).
Canard laqué	Gewürztraminer d'Alsace, Pinot gris d'Alsace, Arbois, Château-Chalon, vin jaune du Jura.
Canard aux olives	Côtes-du-Rhône-Villages, Gigondas, Vacqueyras.
Canard rôti	Vins à base de merlot, Lalande-de-Pomerol, Pomerol, Saint-Émilion, crus de la Côte de Nuits.
Confit de canard	Bergerac, Buzet, Cahors, Châteauneuf-du-Pape, Madiran, Pécharmant.
Magrets de canard	Côtes-du-Rhône-Villages, Gigondas, Vacqueyras.
Cassoulet	Vins à base de merlot, Lalande-de-Pomerol, Pomerol, Saint-Émilion, crus de la Côte de Nuits.
Oie rôtie	Bergerac, Buzet, Cahors, Châteauneuf-du-Pape, Madiran, Pécharmant.
Pigeon rôti	Bon millésime de bourgogne rouge, du Médoc et du Libournais, Bandol, Châteauneuf-du-Pape, Hermitage, Merlot du nord-est de l'Italie.
Pastilla de pigeon	Vin muté (Banyuls, Muscat de Beaumes-de-Venise, de Rivesaltes ou du Cap-Corse), Costières-de-Nîmes rouge, Rioja, Muscat d'Alsace, Gris de Boulaouane (Maroc).
Salmis de palombes	Pomerol, Saint-Émilion, Merlots du Chili et d'Italie.

COQ, DINDE, POULARDE, POULE, POULET	
Coq au vin	Pinot noir de Bourgogne, Moulin-à-Vent.
Dinde farcie	Vins généreux (Châteauneuf-du-Pape, Hermitage, Pomerol, Madiran, Saint-Émilion, Merlots américains et chiliens).
Dinde aux marrons	Pinot noir de la Côte chalonnaise (Mercurey, Givry) et de la Côte de Beaune (Savigny-les-Beaune, Volnay).
Poularde aux truffes	Grands Chardonnays de la Côte de Beaune (Corton-Charlemagne, Meursault, Montrachet), Hermitage blanc, Arbois, Château-Chalon, vin jaune du Jura.
Poule au pot	Beaujolais, Mâcon blanc, Pouilly-Fuissé, Rully blanc.
Poulet basquaise	Bordeaux supérieur, Corbières, Languedoc, Fronton.
Poulet à la crème et aux morilles	Arbois, Château-Chalon, vin jaune du Jura, Pinot noir ou grands Chardonnays de la Côte de Beaune.
Poulet au gingembre	Vins blancs demi-secs, moelleux ou liquoreux (Jurançon), Gewürztraminer Vendanges tardives, Kefraya (Liban).
Poulet rôti	Pinot noir de la Côte de Beaune et de la Côte chalonnaise, Moulin-à-Vent.
Poulet au vinaigre	Anjou-Villages, Bourgueil, Chinon, Saint-Nicolas-de-Bourgueil, Saumur-Champigny.
LAPIN	
Lapin chasseur	Beaujolais-Villages, Bourgueil, Côte chalonnaise, Saumur-Champigny.
Lapin à la moutarde	Chénas, Chinon, Mercurey, Sancerre rouge, Saint-Joseph.
Lapin rôti au thym	Les Baux-de-Provence, Coteaux-d'Aix-en-Provence, Palette, Vin de Corse rouge.

Lapin aux pruneaux	Bergerac, Buzet, Côtes-de-Saint-Mont, Gaillac rouge, Pécharmant.
GIBIER	
Gibier	En règle générale, les meilleurs millésimes rouges, à leur apogée, des grands crus de Bourgogne, de Bordeaux, de la vallée du Rhône.
Civet de lièvre	Bandol d'une grande année, Côte-Rôtie, grands crus de la Côte de Nuits, Châteauneuf-du-Pape, Hermitage, Pomerol, Saint-Émilion.
Cuissot de sanglier rôti	Châteauneuf-du-Pape, Côtes-du-Roussillon-Villages, Corbières, Saint-Chinian.
Petit gibier à plume (bécasse, faisan, perdreau)	Pinot noir de la Côte de Beaune et de la Côte de Nuits.
Petit gibier à poil (lapin de garenne, lièvre)	Pinot noir de la Côte chalonnaise, Médoc, Saint-Émilion.
Gibier en marinade	Cahors, Châteauneuf-du-Pape, Madiran, Gigondas, Vacqueyras.
Gigue de chevreuil grand veneur	Côte-Rôtie, Hermitage, Corton, Châteauneuf-du-Pape.
LÉGUMES (VOIR AUSSI ENTRÉES FROIDES)	
Aubergines	Coteaux-d'Aix-en-Provence rouge, Languedoc, Côtes-de-Provence rouge ; vins rouges grecs (Xinomavro de Naoussa ou Retsina).
Champignons	Vins issus de merlot et de pinot noir à leur apogée comme les rouges de Bourgogne et du Libournais.
Chou farci	Beaujolais-Villages, Gamay de Touraine, Pinotage d'Afrique du Sud.
Chou-fleur	Luberon, Dolcetto, Sauvignon de Touraine.
Haricots verts	Sancerre blanc ou rosé, Coteaux-d'Aix-en-Provence rosé, Côtes-de-Provence blanc.

Gratin dauphinois	Vins blancs du Jura issus de chardonnay et de savagnin type Arbois blanc, vins blancs de Savoie à base de roussette.
Pâtes	Vins légers blancs, rosés ou rouges selon les ingrédients de la sauce.
Pâtes à la tomate et au basilic	Côtes-du-Rhône-Villages rosé, Lirac rosé, Coteaux-d'Aix-en-Provence rosé.
Pâtes aux fruits de mer	Chablis, Mâcon-Villages, Sancerre, Sauvignon de Touraine, Rias Baixas, vins blancs secs d'Italie.
Pâtes avec une sauce à la viande	Beaujolais-Villages, Bourgueil, Grignan-les-Adhémar, Mâcon-Villages, Pinot noir d'Alsace, Chianti, Valpolicella.
Légumes crus	Vins blancs secs, Bourgogne Aligoté, Petit Chablis, Sauvignon de Touraine, ou vins rouges légers issus de gamay.
Risotto	Vins blancs secs et fruités italiens (Pinot grigio, Bianco di Custoza, Trebbiano d'Abruzzo), vins rouges italiens (Chianti) ou espagnols (de la Rioja et de La Mancha).
Truffes	Grands crus de Pomerol et de Saint-Émilion ainsi que de la vallée du Rhône nord, Côte-Rôtie, Hermitage, Barolo (Italie).
DESSERTS	
Charlotte aux fruits	Champagne demi-sec, vins doux naturels issus de muscat (Muscat de Beaumes-de-Venise, Muscat de Rivesaltes, Moscatel de Valence).
Crème brûlée	Vins doux naturels à base de muscat (Muscat de Rivesaltes, Muscat de Saint-Jean-de-Minervois), Jurançon, Pacherenc-du-Vic-Bilh.
Entremets	Champagne sec ou demi-sec, Clairette de Die, vins doux naturels issus de muscat.

Desserts à base de chocolat	Vins mutés rouges (Banyuls, Maury, Málaga, Porto, Rivesaltes).
Desserts à base d'épices	Vins aromatiques et riches en sucres (Pinot gris Vendanges tardives ou Sélection de grains nobles, Jurançon).
Fraisier	Champagne et crémants (doux), Coteaux-de-l'Aubance, Coteaux-du-Layon, Jurançon, vins mutés issus du muscat (Beaumes-de-Venise, Cap Corse, Frontignan, Rivesaltes).
Galette des rois	Blanquette de Limoux (demi-sec), Cérons, Clairette de Die (demi-sec), champagne et crémants (doux), Coteaux-de-l'Aubance, Coteaux-du-Layon, Gaillac doux, Gewürztraminer Vendanges tardives, Loupiac, Montlouis (demi-sec et moelleux), Moscato d'Asti, Pinot gris Vendanges tardives, Sainte-Croix-du-Mont.
Île flottante	Champagne rosé demi-sec, vins doux naturels issus de muscat.
Sabayon aux fruits	Vins liquoreux du Sauternais, Pinot gris et de Gewürztraminer Vendanges tardives ou Sélection de grains nobles.
Tarte au citron	Vins liquoreux (Cérons, Jurançon, Sainte-Croix-du-Mont, Sauternes).
Tarte aux fruits rouges	Champagne rosé sec ou demi-sec, Clairette de Die, Gaillac effervescent, vins doux naturels issus de muscat.
Tarte Tatin	Vins moelleux de Loire type Bonnezeaux, Coteaux-du-Layon, Coteaux-de-l'Aubance, Montlouis moelleux, Quarts-de-Chaume.
Tiramisu, moka et autres desserts au café	Vins mutés (Málaga, Marsala, Maury rouge, Rivesaltes ambré ou rouge, Porto Tawny, Xérès Pedro Ximenez).

LE MARIAGE DES FROMAGES ET DES VINS

Le tableau qui suit présente les sept grandes familles de fromages avec leurs principales caractéristiques, leurs représentants les plus connus et leurs accords classiques.

Le tableau p. 74 présente, par ordre alphabétique, une sélection de fromages avec les vins qui leur conviennent le mieux.

LES GRANDES FAMILLES DE FROMAGES ET LEURS ACCORDS

FROMAGES FRAIS ET FROMAGES BLANCS	
Noms	Tous fromages frais et blancs de vache ou de chèvre, comme le fontainebleau, le petit-suisse.
Caractéristiques	Fromages de consistance molle, au fort goût de lait plus ou moins salé avec une acidité assez présente.
Type d'accord	S'ils sont servis avec du sucre ou, mieux, avec du miel, choisir des vins riches en sucres comme les vins doux naturels
FROMAGES DE CHÈVRE ET DE BREBIS	
Noms	Broccio, chabichou, charolais, crottin de Chavignol, pélardon, pouligny-saint-pierre, saint-félicien, saint-marcellin, selles-sur-cher, valençay.
Caractéristiques	La densité de la pâte dépend de leur degré d'affinage, frais, demi-sec ou très sec. Plus le fromage est sec, plus son goût sera salé et fort.
Type d'accord	La densité de la pâte dépend de leur degré d'affinage, frais, demi-sec ou très sec. Plus le fromage est sec, plus son goût sera salé et fort.
FROMAGES À PÂTE MOLLE ET À CROÛTE FLEURIE	
Noms	Brie, brillat-savarin, camembert, chaource, coulommiers.
Caractéristiques	Pâte onctueuse, au goût qui peut aller du doux crémeux au fort et puissant.
Type d'accord	Éviter les vins rouges jeunes et tanniques ; miser plutôt sur les vins rouges fruités pas trop tanniques ni boisés (Bourgogne de la Côte chalonnaise et de la Côte de Beaune, Côtes-du-Rhône rouge, Saint-Émilion, Sancerre rouge, Rioja souple de style joven, Navarre, Valpolicella) ; opter aussi pour des champagnes ou des crémants « blancs de blancs » jeunes.

FROMAGES À PÂTE MOLLE ET À CROÛTE LAVÉE	
Noms	Époisses, livarot, pont-l'évêque, langres, maroilles, mont d'or, munster, reblochon, vacherin.
Caractéristiques	Pâte onctueuse avec une saveur affirmée, voire puissante.
Type d'accord	Éviter les vins rouges puissants et corsés ; privilégier en revanche les vins blancs très aromatiques (Gewurztraminer sec ou en « vendanges tardives », Chardonnay à maturité, Riesling d'Alsace ou d'Autriche à maturité, vin jaune du Jura) ainsi que les champagnes matures.

FROMAGES À PÂTE PERSILLÉE	
Noms	Bleu d'Auvergne, bleu de Bresse, fourme d'Ambert, roquefort, stilton.
Caractéristiques	Pâte onctueuse souvent grasse avec une saveur à la fois salée et puissante.
Type d'accord	Opter pour des vins riches en sucres comme les vins doux naturels blancs ou rouges (Muscat de Beaumes-de-Venise, Banyuls, Rivesaltes, Porto), et les vins liquoreux (Coteaux-du-Layon, Quarts-de-Chaume, Cérons, Sauternes, liquoreux d'Autriche).

FROMAGES À PÂTE PRESSÉE NON CUITE	
Noms	Cantal, édam, gouda, mimolette, morbier, saint-nectaire, tomme de Savoie.
Caractéristiques	Souvent présentés sous forme de tomme avec une pâte onctueuse pour certains, relativement dense pour d'autres, au goût assez doux.
Type d'accord	Et/ou de merlot (Haut-Médoc, Bergerac, Saint-Émilion, Nouveau Monde), des rouges souples et épicés (Rhône, Provence, syrah d'Australie, pinotage d'Afrique du Sud) mais aussi, pour les tommes, les vins blancs du Jura et de Savoie.

FROMAGES À PÂTE PRESSÉE CUITE	
Noms	Appenzell, comté, emmental, fribourg, gruyère.
Caractéristiques	Pâte dure, à la saveur relativement salée et au goût souvent prononcé.
Type d'accord	Retenir des vins blancs secs assez aromatiques de préférence issus de savagnin (Jura) ; mais aussi des vins blancs riches et à maturité (à base de chardonnay par exemple).

LES FROMAGES DE A À Z ET LEURS ACCORDS	
FROMAGES	**VINS**
Abbaye de Cîteaux	Beaujolais-Villages, Côte chalonnaise, Fleurie.
Appenzell	Château-Chalon, vin jaune du Jura.
Banon	Côtes-du-Rhône-Villages rouge, Côtes-de-Provence blanc.
Beaufort	Château-Chalon, vin jaune du Jura.
Bleu d'Auvergne	Loupiac, Maury, Sainte-Croix-du-Mont, Sauternes jeune.
Bleu de Bresse	Monbazillac, Rivesaltes blanc.
Bleu des Causses	Banyuls Vintage, Barsac.
Bleu de Gex	Cérons, Maury, Loupiac.
Boursault	Bouzy, Coteaux champenois, Mâcon rouge, Rosé des Riceys.
Bouton-de-culotte	Beaujolais, Haute-Côte-de-Beaune blanc ou rouge, Mâcon blanc ou rouge.
Brebis basque et corse	Jurançon sec, Muscat du Cap-Corse.
Brie de Meaux et de Melun	Champagne, Pomerol, Saint-Émilion, Sancerre rouge.
Brillat-savarin	Champagne « blanc de blancs ».
Brin-d'amour	Vin de Corse rouge, Côtes-de-Provence blanc ou rouge.
Broccio de Corse	Vins blancs de Corse secs ou Muscat.
Camembert	Cidre doux, champagne, Coteaux champenois.
Cantal	Côtes-d'Auvergne rouge, Mercurey, Pomerol, Saint-Émilion.

FROMAGES	VINS
Chabichou	Menetou-Salon blanc, Sancerre blanc.
Chaource	Champagne rosé, Coteaux champenois.
Charolais	Chablis, Mâcon-Villages, Saint-Véran.
Chèvre sec	Beaujolais, Mâcon-Villages, Pouilly-Fuissé.
Comté	Château-Chalon, Meursault mûr, vin jaune du Jura.
Coulommiers	Champagne « blanc de blancs » jeune, Coteaux champenois.
Crottin de Chavignol	Pouilly Fumé, Sancerre blanc.
Édam	Chinon, Médoc, Pauillac.
Emmental	Roussette de Savoie, vin blanc de Savoie.
Époisses	Bandol rouge, Gewürztraminer corsé.
Fontainebleau	Muscat de Beaumes-de-Venise, Muscat de Mireval.
Fourme d'Ambert	Banyuls, Rivesaltes, Porto.
Fribourg	Château-Chalon, Meursault mûr, vin jaune du Jura.
Gouda	Médoc, Madiran, Saint-Estèphe.
Gruyère	Chasselas suisse mûr, Roussette de Savoie, Roussette du Bugey.
Laguiole	Bergerac rouge, Fronton.
Langres	Champagne un peu âgé, marc de champagne.
Livarot	Gewürztraminer Vendanges tardives, Pinot gris Vendanges tardives.
Maroilles	Gewürztraminer corsé, Pinot gris Vendanges tardives.

FROMAGES	VINS
Mimolette étuvée vieille	Graves, Médoc, Pomerol, Saint-Émilion.
Morbier	Vin blanc de Savoie.
Mont-d'or	Chasselas suisse mûr (Dézaley), Mâcon-Villages, Roussette de Savoie.
Munster	Gewürztraminer d'Alsace sec ou Vendanges tardives.
Neufchâtel	Cidre, champagne, Coteaux champenois.
Ossau-iraty	Jurançon, Irouléguy blanc.
Pélardon	Châteauneuf-du-Pape blanc ou rouge, Condrieu, vin issu de viognier.
Pérail de brebis	Corbières, Languedoc, Côtes-du-Roussillon, Faugères, Saint-Chinian.
Picodon	Côtes-du-Rhône-Villages rouge, Saint-Joseph blanc ou rouge.
Pont-l'évêque	Chassagne-Montrachet, Meursault, Riesling d'Alsace mûr.
Pouligny-saint-pierre	Cheverny, Reuilly blanc, Sancerre blanc, Sauvignon de Touraine.
Reblochon	Pouilly-Fuissé, Roussette de Savoie.
Rocamadour	Jurançon sec, Xérès.
Roquefort	Banyuls Rimage, Porto, Rivesaltes Rancio, Sauternes.
Saint-félicien	Beaujolais blanc ou rouge, Saint-Joseph blanc.
Saint-marcellin	Beaujolais rouge, Châteauneuf-du-Pape blanc, Saint-Joseph blanc.

FROMAGES	VINS
Saint-nectaire	Chinon, Médoc, Pauillac.
Sainte-maure	Bourgueil sec ou demi-sec.
Salers	Côtes-du-Rhône-Villages rouge, Mercurey, Pomerol, Saint-Émilion.
Selles-sur-cher	Pouilly Fumé, Sancerre blanc.
Stilton	Banyuls, Maury, Porto Vintage ou LBV, Rivesaltes.
Tomme d'Abondance	Chasselas suisse, Roussette de Savoie, Saint-Joseph blanc.
Tomme d'Auvergne	Côtes-d'Auvergne, Côtes-du-Rhône-Villages rouge, Mâcon-Villages.
Tomme des Pyrénées	Madiran mûr.
Tomme de Savoie	Bourgueil, Chinon, vins blancs et rouges de Savoie dont Roussette de Savoie.
Vacherin	Chasselas suisse mûr (Dézaley), Meursault mûr, Roussette de Savoie.
Valençay	Quincy, Reuilly blanc ou rosé, Sancerre blanc.
Vieux-gris de Lille	Bière du Nord, eau-de-vie de genièvre.
Vieux-pané	Anjou rouge, Saint-Nicolas-de-Bourgueil, Touraine rouge.

Où et comment acheter son vin ?

Aujourd'hui, dans la plupart des marchés, il existe une telle variété de vins qu'il est souvent difficile de fixer son choix. Le prix peut être un critère important, car la gamme proposée recouvre tous les niveaux de prix. Mais la cherté d'un vin est-elle toujours signe de qualité ? Existe-t-il des vins bon marché de qualité ? Il est également possible de se décider en fonction d'un style de vin (voir p. 30-46). Tout achat répond en outre à un objectif précis : s'agit-il d'un vin pour la consommation quotidienne, d'une bonne bouteille pour un repas entre amis ou d'une bouteille prestigieuse pour une occasion exceptionnelle ? Le vin est-il destiné à être bu rapidement ou à vieillir en cave ? L'amateur de vin a ensuite le choix parmi de nombreuses façons d'acheter, depuis l'achat direct auprès du producteur jusqu'au caviste, en passant par les grandes surfaces et les nombreux sites de vente sur internet. On peut même acheter du vin dans les ventes aux enchères. Comment s'y prendre pour bénéficier du meilleur rapport qualité/prix ? Faut-il privilégier les vins des petits producteurs ? Peut-on trouver des grands vins dans un hypermarché ? Comment se procurer un vieux millésime ? Pour étudier la vaste offre, les guides de vin et la presse spécialisée constituent de précieux outils, à condition d'en faire un bon usage et de ne pas oublier de se fier aussi à son propre palais. Enfin, les étiquettes de vin donnent davantage de renseignements que celles de la plupart des autres produits. Savoir déchiffrer les informations qui y figurent – sur l'origine du vin, qui l'a élaboré, en quelle année, et avec quels cépages – permet de se faire, en amont même de l'achat, une idée plus précise de certaines caractéristiques du vin, à défaut de pouvoir réellement juger de sa qualité.

Le prix du vin

S'il existe bien une fourchette de prix correspondant aux différents niveaux de qualité, rien ne permet de prédire avec précision le prix d'une bouteille particulière. Aléas de la météorologie, phénomènes de mode, marges des détaillants : une multitude de facteurs contribuent à déterminer le coût d'un vin au moment où celui-ci est proposé au consommateur.

La cote des appellations

À chaque grande appellation, ou zone viticole, correspond un prix de référence, fixé par le marché du vin, même s'il ne s'agit que d'un prix moyen. Il s'agit du prix au tonneau ou à l'hectolitre auquel se font les tractations entre les producteurs et les négociants. La cote d'une appellation, qui est affichée dans le journal local, est fondée sur son prestige, sa cote antérieure, la réputation du millésime et la quantité de vin disponible. Si le vin d'une appellation est très demandé, la cote de cette dernière va grimper. Mais, malgré quelques variations, la plupart des cotes resteront bon an mal an dans une même fourchette de prix (voir tableau p. 88). Il arrive toutefois que la cote d'une appellation, grâce aux efforts de l'ensemble des vignerons, d'un groupe dynamique ou d'une association qui peut inclure le distributeur, réussisse à monter en gamme et à gagner ses lettres de noblesse au fil des années. Beaucoup plus rarement, de tels efforts donnent naissance à une nouvelle appellation, plus restreinte, ou à l'autorisation pour les vignerons d'ajouter le nom de leur village à celui de l'appellation.

En règle générale, un vin issu d'une appellation plus vaste, telle une appellation régionale (Bourgogne, Côtes-du-Rhône), est moins cher que celui d'une appellation plus restreinte au sein de la même région, comme, par exemple, les appellations communales de Vacqueyras ou de Rasteau dans les Côtes du Rhône ou celle de Puligny-Montrachet en Bourgogne. De la même façon, le prix d'un vin IGP (Indication géographique protégée), issu d'un vignoble plus large, est inférieur à celui d'un vin d'appellation ; le prix d'un vin de France, à celui d'un vin IGP. Il existe donc une certaine hiérarchie entre les catégories de vin, mais les exceptions sont nombreuses. Les prix peuvent aussi se chevaucher pour les vins commercialisés sous une marque commerciale ou de distributeur (élaborés par l'enseigne elle-même), selon qu'il s'agit de vins d'appellation ou de vins de cépage (vins issus d'un seul cépage qui est nommé sur l'étiquette).

La qualité du millésime

Le prix d'un vin peut aussi varier en fonction de son millésime. Les récoltes subissent des aléas météorologiques pouvant entraîner des variations parfois extrêmes (gelées, sécheresses, orages de grêle, pluies torrentielles, entre autres) qui nuisent à la qualité du vin produit. À l'inverse, dans les meilleures années, de bonnes conditions peuvent donner naissance à d'excellents vins. Si l'œnologie moderne permet de pallier, dans une certaine mesure, les défauts d'un vin, il n'en reste pas moins que les vins de nombreuses régions viticoles connaissent des fluctuations dans leur qualité et, parfois, dans leur prix.

LES APPELLATIONS MÉCONNUES EN FRANCE

La France possède aujourd'hui environ 450 appellations (AOC et IGP). Nombre d'entre elles, parfois de création récente, sont encore mal connues du grand public bien que la qualité de leurs vins n'ait cessé de s'améliorer. Ces appellations offrent au consommateur l'occasion d'acquérir des vins séduisants et d'un bon rapport qualité/prix, à condition qu'il respecte un certain seuil de prix (environ 3 €). Citons, à titre d'exemple, et pour les vins français, les appellations Coteaux-du-Giennois, Coteaux-du-Vendômois, Côte Roannaise et autres appellations de Loire, celles de Fronton, de Cahors ou de Côtes-de-Gascogne, dans le Sud-Ouest, de nombreuses appellations du Languedoc ou les Côtes-du-Rhône-Villages. En dehors de la France, le choix pour ceux qui recherchent un bon rapport plaisir/prix est très vaste, à commencer par les pays voisins, comme l'Italie, l'Espagne et le Portugal.

Le talent du vigneron

Le décret légal qui régit le cadre dans lequel sont produits les vins d'une appellation (aire géographique, encépagement, rendements, etc.) a pour but premier d'assurer aux vins à la fois l'authenticité et un certain style. Il laisse néanmoins une certaine marge de manœuvre aux vignerons. Pour améliorer la qualité de leurs vins, certains n'hésitent pas à déployer de gros efforts, souvent accompagnés d'importants investissements dans la vigne et dans le chai : baisse des rendements, tris sélectifs, élevage en fût de chêne, replantation des vignes, renouvellement du matériel de vinification, etc. Si le pari réussit, le vigneron peut espérer vendre son vin plus cher et conquérir de nouveaux marchés, ce qui reflète en général le coût plus élevé de son élaboration. Mais l'augmentation des prix n'est pas systématique, permettant à l'amateur de vins de réaliser parfois de belles affaires.

Les noms de ces vignerons talentueux figurent souvent dans les guides d'achat, les magazines et les palmarès des concours. Par la suite, avec leur réputation grandissante, ces vins deviennent parfois plus difficiles, voire impossibles, à trouver sur le marché et leur prix peut, par conséquent, monter en flèche. Enfin, certains vignerons préfèrent élaborer leurs vins sans se soumettre aux contraintes d'une appellation, au prix toutefois de renoncer au droit d'apposer l'étiquette de cette dernière sur leurs bouteilles (voir encadré p. 21).

Quel prix pour le consommateur ?

Selon la façon dont il est commercialisé, le même vin n'est pas toujours proposé au même prix. L'achat direct auprès d'un vigneron, surtout en quantité importante, reste un des moyens les plus courants pour se procurer un bon vin à un prix intéressant. Mais tous les producteurs ne pratiquent pas cette forme de vente et certains la découragent même en alignant leurs prix dits « au caveau », c'est-à-dire à la propriété, sur ceux des cavistes, pour ne pas leur faire une concurrence déloyale.

Grâce à ses puissantes centrales d'achat, la grande distribution est à même d'offrir, elle aussi, des prix très avantageux pour une vaste gamme de vins, y compris des crus renommés. Mais, hormis la période des foires aux vins, c'est le critère du prix qui prime ici sur celui de la qualité du vin. Les cavistes offrent conseils et services, prestations qui, avec leurs emplacements en centre-ville, justifient des prix légèrement plus élevés (de 10 à 20 % en moyenne). On y trouvera en outre des vins provenant de petites appellations mal connues ou de petits producteurs. Il faut savoir en effet que tous les vins ne sont pas disponibles partout. Il arrive aussi que le même vin soit vendu sous différentes étiquettes.

Depuis plusieurs années, l'internet et ses cavistes « virtuels » ont fait une percée remarquable dans la distribution du vin. Les prix y sont généralement comparables à ceux des cavistes traditionnels. Il existe aujourd'hui de très nombreux sites, dont certains sont spécialisés : vins « bio », vins rares, vins d'une seule région ou d'un seul pays, etc.

Il y a enfin des systèmes de vente spécifiques à quelques catégories de vin, comme la « vente en primeur » (voir encadré p. 87) pour les crus classés du Bordelais et quelques autres vins plus rares, ou la vente aux enchères (voir p. 100) pour des vieux millésimes. Il n'existe donc pas de méthode simple permettant d'obtenir le meilleur rapport qualité/prix. Ce n'est qu'en étudiant attentivement les prix du marché et en multipliant les dégustations que l'amateur de bonnes affaires pourra espérer trouver son bonheur.

LES MARGES INTERMÉDIAIRES

S'il est parfois intéressant d'acheter du vin en direct chez le producteur, les coûts du transport peuvent alourdir la facture, surtout pour des petites quantités ou pour des vins peu chers. De plus, a-t-on vraiment besoin de 12 bouteilles d'un même vin ? Parfois, il vaut mieux s'adresser à un caviste qui vend des vins à l'unité et qui propose en plus des services intéressants : échange de bouteilles, dégustations avec vignerons, cours, vente d'accessoires. Un caviste pratiquera des marges de l'ordre de 50 %, ce qui n'est pas excessif. Dans la grande distribution, les marges sur le vin sont bien plus faibles, mais l'offre n'est pas la même, ni les services, ni la qualité de la sélection. Les restaurants ou les bars à vin pratiquent des marges importantes : une marge de 100 % est rare, et celle de 200 % semble presque raisonnable. Bien entendu, il faut payer la verrerie et le service, mais cela est tout de même pénalisant pour le consommateur.

UNE HIÉRARCHIE PARFOIS BOULEVERSÉE

Il est bon de rappeler que les appellations d'origine protégée (AOP/AOC) ne certifient en aucun cas la qualité d'un vin, mais visent seulement à garantir sa « typicité » grâce à une réglementation qui, pour un terroir donné, spécifie, entre autres, les cépages obligatoires et/ou autorisés et le taux maximal de rendement. Or, certains vignerons, en France comme à l'étranger, jugent cette législation trop contraignante et souhaitent élaborer leurs propres styles de vin, en utilisant des cépages ou assemblages non autorisés. Ils ont alors la possibilité, selon le cas, de présenter les vins soit sous une étiquette d'IGP (Indication géographique protégée), soit sous l'étiquette Vin de France (ou son équivalent dans d'autres pays). Dès lors que ces vins sont d'excellente qualité et que leur producteur arrive à se faire connaître, ils trouvent facilement preneurs, parfois à des prix plus élevés que ceux pratiqués pour les vins d'AOP. Certains d'entre eux, dont le choix des cépages s'appuie sur des recherches historiques, ont même acquis la réputation d'exprimer mieux la « typicité » du terroir que les vins produits en conformité avec la réglementation officielle. Ce phénomène a connu, dès les années 1980, un grand essor en Italie, d'abord en Toscane, puis dans d'autres régions, où les *vini da tavola* (vins de table) ont parfois atteint un niveau de qualité (et de prix) correspondant à celui d'un grand vin d'appellation.

Vins liquoreux et champagne : des vins prestigieux trop chers ?

Associés généralement aux fêtes et aux grands repas, les vins liquoreux et le champagne sont vendus à des prix qui peuvent paraître élevés. Faut-il y voir une sorte de prime due au prestige et au passé glorieux de ces vins ? Ce serait oublier que leur élaboration, lorsqu'elle se fait dans les règles de l'art, est régie par des conditions particulièrement difficiles, pour les premiers, et par un processus long et coûteux, pour le second.

Qu'il s'agisse d'un liquoreux de l'Anjou, du Bordelais, d'Alsace, d'Allemagne, d'Autriche ou de Hongrie, la production des vins liquoreux comporte un danger important pour le vigneron : pour obtenir la surmaturité du raisin, nécessaire à ces vins, il faut qu'il retarde autant que possible les vendanges, réduisant considérablement le rendement et s'exposant même au risque de perdre toute sa récolte si le temps se dégrade. Quand, au contraire, il est récolté un peu plus tôt, le raisin donnera un vin moelleux, mais sans la concentration caractéristique d'un bon liquoreux. Certains vins acquièrent cette concentration par la dessiccation des grappes de raisins, soit sur la vigne, soit dans des locaux aménagés. La formation sur les grappes de ce qu'on appelle la « pourriture noble », due à l'action d'un champignon, le *Botrytis cinerea* (voir encadré p. 244), garantit dans les bonnes années des raisins dits « rôtis » qui, peu à peu, se concentrent et atteignent une richesse en sucres très élevée, sans que l'acidité ne soit trop forte.

Les vendanges sont idéalement effectuées par tries successives, où l'on ne ramasse que les grappes ayant atteint le mûrissement souhaité. Elles nécessitent une main-d'œuvre importante, ce qui enchérit le prix de revient de tels vins. Les rendements y contribuent aussi, car ils sont très faibles : à titre de comparaison, si un pied de vigne donne une bouteille de vin dans le Médoc, il équivaut à un verre seulement dans les domaines comme le Château d'Yquem.

Quant au champagne, il exige également des soins particuliers dès les vendanges : cueillette manuelle et limitation du rendement au pressurage. Suivent alors une longue période d'élaboration qui transforme le vin tranquille en vin effervescent (voir p. 258) ainsi qu'un vieillissement qui peut se prolonger pendant plusieurs années pour un champagne millésimé, c'est-à-dire issu d'une seule bonne année. À cela s'ajoutent, pour les grandes maisons, les frais liés à la promotion de leur image de marque dans les marchés internationaux.

Nombre d'amateurs français leur préfèrent donc les champagnes de vigneron (ou de coopérative), souvent moins complexes parce que généralement issus d'un seul vignoble, mais aussi bien moins chers et dotés parfois d'un cachet individuel. Enfin, à l'approche des fêtes de fin d'année, on voit souvent apparaître des « cuvées spéciales » ou des coffrets, dont la présentation entraîne une hausse des prix.

LES « SECONDS VINS » DU BORDELAIS

Pour élaborer leur « grand vin » ou « premier vin », les châteaux du Médoc, de Pessac-Léognan ou de Saint-Émilion, producteurs de vins prestigieux, procèdent à une sélection rigoureuse qui ne retient pour l'assemblage que les meilleures cuvées, ou lots de vin, provenant des différentes parcelles de la propriété ou d'une sélection de barriques. Les autres cuvées servent à produire un « second vin », voire, plus rarement, un troisième, qui sont commercialisés sous une étiquette différente (par exemple, Les Forts de Latour pour le second vin de Château Latour), ou parfois vendus en vrac au négoce. La qualité de ces vins dépend du degré de leur maturité, de l'âge des vignes dont ils sont issus ainsi que du millésime. Elle dépend aussi des critères de sélection, plus ou moins rigoureux selon les producteurs.

Dans un grand millésime, il est possible de trouver des « seconds vins » dignes des « premiers », mais à un prix bien plus abordable. Moins concentrés que les « grands vins », ils doivent être bus plus rapidement. Voir aussi encadré p. 308-309.

Les crus classés de Bordeaux : une commercialisation particulière

Les prix des grands vins de Bordeaux ont de tout temps connu des fluctuations en dents de scie. Ces vins sont élaborés par un petit nombre de châteaux, qui représentent moins de 5 % de la production vinicole de la région. Leur commercialisation, dont une partie se fait par le biais de la vente « en primeur » au printemps qui suit les vendanges, est presque totalement régie par des négociants, aidés par des courtiers, qui constituent ce que l'on appelle la « place » de Bordeaux. L'achat en primeur, qui se pratique avant la mise en bouteilles, est un achat par souscription, par lequel les acquéreurs prennent une option sur un vin qui se trouve encore en fût ; les bouteilles ne seront livrées que 18 mois plus tard (pour savoir comment acheter « en primeur », voir encadré page suivante). Dans les années qui vont suivre, ces vins peuvent voir monter leur prix, parfois très rapidement si le millésime est très côté, ou bien, plus rarement, perdre en valeur. Il s'agit donc d'un marché spéculatif, car bien de facteurs, macro ou micro-économiques, peuvent influer sur le cours d'un vin.

Grâce à une forte demande, française et surtout internationale, les crus classés et assimilés du Bordelais ont connu, depuis les années 1980, une extraordinaire flambée de prix qui n'était d'ailleurs pas toujours justifiée, car certains millésimes ont déçu par la suite. Le développement de nouveaux marchés pour ces vins, particulièrement en Chine, n'a fait qu'accentuer ce phénomène. Mais toute spéculation connaît des périodes de repli, comme celle qui est en cours actuellement.

ACHETER « EN PRIMEUR » : UNE BONNE AFFAIRE ?

La vente « en primeur » – à ne pas confondre avec les vins « primeurs », comme le Beaujolais nouveau – est pratiquée avant tout pour les crus classés et certains crus bourgeois du Bordelais. Généralement, elle a lieu au printemps qui suit la récolte. Tel lot de vins est alors proposé, par l'intermédiaire de négociants ou de cavistes, au prix fixé au moment où le vin est encore en fût. L'acquéreur paie une avance et s'acquittera du solde quand les bouteilles lui seront livrées environ 18 mois plus tard. Ces ventes ont désormais acquis un caractère hautement spéculatif : la cote d'un vin, voire d'un millésime entier, peut tout aussi bien monter en flèche que s'effondrer par la suite, ou encore rester stable. Il peut en outre arriver qu'un négociant fasse faillite et ne soit plus en mesure de livrer les bouteilles à ses clients. À l'acheteur potentiel, il est donc vivement conseillé de bien se renseigner dans la presse spécialisée sur la qualité du millésime et l'évolution des prix. Seul un bon millésime permet de réaliser des économies importantes. Il faut aussi vérifier la solidité financière du revendeur.

Ces dernières années, la vente par souscription s'est étendue à quelques autres vins dans d'autres vignobles (Bourgogne, Rhône, Alsace et même le Languedoc). Pour se renseigner sur les ventes « en primeur », on peut s'adresser aux négociants, cavistes ou bien directement à la propriété.

LE PRIX DES VINS PAR FAMILLES

Le tableau suivant donne, à titre indicatif, une fourchette de prix pour quelques appellations françaises et étrangères, classées selon leur appartenance à l'une des grandes familles de vins (voir p. 30). Il faut savoir cependant que le vin d'un producteur renommé peut se vendre à un prix très supérieur à celui indiqué ici pour une appellation (voir p. 84).

VINS ROUGES LÉGERS ET FRUITÉS			
Côtes-du-Forez	– de 5€	Bourgogne	6 à 15€
Coteaux-du-Lyonnais	– de 5€	Malbec d'Argentine	6 à 20€
Beaujolais	5 à 10€	Hautes-Côtes-de-Beaune	7 à 15€
Anjou	5 à 15€	Côtes-du-Jura	7 à 15€
Bourgueil	5 à 15€	Saumur-Champigny	7 à 16€
Vins de Navarre	6 à 15€	Pinot noir d'Alsace	8 à 15€
Vin de Savoie	6 à 15€	Arbois	8 à 18€
Hautes-Côtes-de-Nuits	6 à 15€	Sancerre	10 à 20€

VINS ROUGES CHARNUS ET FRUITÉS			
Chianti	4 à 10€	Bordeaux supérieur	5 à 15€
Valpolicella	4 à 10€	Shiraz d'Australie	6 à 15€
Bordeaux	4 à 15€	Saint-Nicolas-de-Bourgueil	7 à 13€
Buzet	5 à 10€	Chinon	7 à 14€
Fronton	5 à 10€	Côtes-de-Bourg	7 à 15€
Blaye-Côtes-de-Bordeaux	5 à 10€	Coteaux-d'Aix	7 à 15€
Touraine	5 à 10€	Castillon-Côtes-de-Bordeaux	7 à 20€
Gaillac	5 à 12€	Bierzo	8 à 15€
Pinotage d'Afrique du Sud	7 à 12€	Crozes-Hermitage	9 à 20€

Côtes-de-Provence	5 à 15€	Saint-Joseph	10 à 20€
Côtes-du-Rhône-Villages	5 à 15€	Barbera du Piémont	10 à 20€
Bergerac	5 à 15€	Coteaux-Champenois	+ de 20€
VINS ROUGES COMPLEXES, PUISSANTS ET GÉNÉREUX			
Corbières	4 à 15€	Madiran	7 à 15€
Côtes-du-Roussillon-Villages	5 à 10€	Pécharmant	8 à 15€
Minervois	5 à 12€	Gigondas	10 à 20€
Cahors	5 à 15€	Saint-Émilion	10 à 25€
Languedoc	5 à 15€	Pomerol	+ de 15€
Saint-Chinian	6 à 15€	Valpolicella Amarone	+ de 15€
Vins rouges espagnols de la Rioja	6 à 20€	Pinot noir californien de Sonoma Valley	15 à 25€
Vacqueyras	7 à 15€	Châteauneuf-du-Pape	+ de 20€
Minervois-la-Livinière	7 à 15€	Grand vin argentin de la région de Mendoza	+ de 30€
VINS ROUGES COMPLEXES, PUISSANTS ET RACÉS			
Graves	8 à 20€	Saint-Émilion Grand Cru	+ de 13€
Haut-Médoc	8 à 20€	Margaux	+ de 14€
Médoc	+ de 8€	Saint-Julien	+ de 14€
Bandol	+ de 10€	Barbaresco	+ de 15€
Cornas	+ de 12€	Côte-Rôtie	+ de 20€
Pauillac	+ de 12€	Hermitage	+ de 20€
Pessac-Léognan	+ de 12€	Shiraz d'Australie (haut de gamme)	+ de 20€
Saint-Estèphe	+ de 12€	Barolo	+ de 20€

VINS ROUGES COMPLEXES ET ÉLÉGANTS			
Mercurey	10 à 20€	Gevrey-Chambertin	+ de 20€
Pommard	+ de 15€	Corton	+ de 30€
Volnay	+ de 15€	Grands vins rouges d'assemblage californiens de la Napa Valley	+ de 30€
Chambolle-Musigny	+ de 20€	Grands vins rouges de Ribeira del Duero	+ de 40€
Vosne-Romanée	+ de 20€	Bolgheri Sassicaia	+ de 100€
VINS ROSÉS VIFS ET FRUITÉS			
Luberon	4 à 10€	Baux-de-Provence	6 à 15€
Rosé de Loire	– de 6€	Coteaux-Varois	6 à 15€
Bordeaux	4 à 10€	Côtes-du-Jura	– de 7€
Irouléguy	5 à 10€	Coteaux-d'Aix	8 à 12€
Côtes-de-Provence	5 à 15€	Pomerol	+ de 15€
VINS ROSÉS VINEUX			
Corbières	– de 5€	Lirac	5 à 10€
Côtes-du-Rhône	– de 5€	Marsannay	8 à 12€
Navarre	4 à 10€	Tavel	8 à 15€
Bordeaux clairet	5 à 10€	Bandol	10 à 20€
Languedoc	5 à 10€	Rosé des Riceys	15 à 20€
VINS BLANCS SECS LÉGERS ET NERVEUX			
Gros-Plant	3 à 8€	Pinot blanc d'Alsace	5 à 10€
Vinho Verde	3 à 8€	Sylvaner d'Alsace	5 à 10€
Bergerac	4 à 10€	Vin de Savoie	5 à 10€

Entre-deux-Mers	4 à 10€	Petit Chablis	5 à 12€
Saint-Pourçain	– de 5€	Cheverny	– de 6€
Bourgogne Aligoté	5 à 10€	Pouilly-sur-Loire	7 à 12€
Cour-Cheverny	5 à 10€	Sauvignon de Nouvelle-Zélande	+ de 10€
Vin de Savoie Crépy	5 à 10€		
VINS BLANCS SECS SOUPLES ET FRUITÉS			
Picpoul-de-Pinet	4 à 8€	Graves	7 à 12€
Muscadet	4 à 10€	Reuilly	7 à 12€
Gaillac	5 à 10€	Saint-Véran	7 à 15€
Roussette du Bugey	5 à 10€	Montlouis sec	7 à 15€
Blaye Côtes-de-Bordeaux	5 à 12€	Quincy	8 à 12€
Rueda	5 à 15€	Cassis	8 à 15€
Rias Baixas	5 à 15€	Jurançon sec	8 à 15€
Côtes-de-Provence	6 à 10€	Sancerre	8 à 15€
Mâcon	6 à 10€	Vin blanc sec de Collio	8 à 15€
Roussette de Savoie	6 à 10€	Chablis	10 à 20€
Vins blancs secs de la région de Penedès	6 à 12€	Pouilly Fumé	10 à 20€
Vins de Corse	6 à 12€	Gewürztraminer du Haut-Adige	10 à 20€
Arbois (chardonnay ou savagnin)	7 à 12€	Pouilly-Fuissé	12 à 25€
VINS BLANCS SECS AMPLES ET STRUCTURÉS			
Savennières	8 à 15€	Chablis Grand Cru	+ de 20€

Vouvray	8 à 20€	Chassagne-Montrachet	+ de 20€
Chablis Premier Cru	10 à 20€	Hermitage	+ de 20€
Pessac-Léognan	12 à + de 20€	Corton-Charlemagne	+ de 25€
Chardonnay californien de la Napa Valley	15 à + de 20€	Puligny-Montrachet	+ de 25€
Châteauneuf-du-Pape	15 à + de 20€	Montrachet	+ de 40€
Meursault	15 à + de 20€		
VINS BLANCS SECS TRÈS AROMATIQUES			
Muscat d'Alsace	6 à 10€	Fino de Xérès ou Manzanilla	8 à 15€
Pinot gris d'Alsace	6 à 10€	Château-Chalon	+ de 20€
Riesling d'Alsace	6 à 10€	Condrieu	+ de 20€
Gewürztraminer d'Alsace	6 à 15€	Vin jaune du Jura	+ de 20€
VINS BLANCS DEMI-SECS, MOELLEUX OU LIQUOREUX			
Pacherenc-du-Vic-Bilh	6 à 10€	Vin Santo (Italie)	15 à 40€
Cadillac	6 à 12€	Barsac	+ de 20€
Coteaux-de-l'Aubance	8 à 20€	Bonnezeaux	+ de 20€
Coteaux-du-Layon	8 à 20€	Gewürztraminer VT	+ de 20€
Loupiac	10 à 20€	Quarts-de-Chaume	+ de 20€
Monbazillac	10 à 20€	Riesling SGN	+ de 20€
Montlouis moelleux	10 à 20€	Sauternes	+ de 20€
Sainte-Croix-du-Mont	10 à 20€	Tokay	+ de 20€
Cérons	12 à 20€	Gewürztraminer SGN	+ de 25€

Vouvray moelleux	15 à 20€	Pinot gris SGN	+ de 25€
Pinot Gris VT	15 à 25€	Vin de glace canadien	+ de 30€
Riesling VT	15 à 25€	*Trockenbeerenauslese* de Moselle (Allemagne)	+ de 50€
VINS EFFERVESCENTS			
Lambrusco	5 à 7€	Saumur	6 à 10€
Clairette de Die	5 à 10€	Crémant d'Alsace	6 à 15€
Crémant de Bordeaux	5 à 10€	Crémant de Bourgogne	6 à 15€
Gaillac	5 à 10€	Cava mousseux de Catalogne	6 à 12€
Vouvray	5 à 20€	Crémant du Jura	7 à 15€
Blanquette de Limoux	6 à 10€	Champagne	+ de 13€
Montlouis	6 à 10€		
VINS MUTÉS ET VINS DE LIQUEUR			
Muscat de Mireval	6 à 10€	Macvin du Jura	10 à 20€
Muscat de Rivesaltes	6 à 10€	Maury	10 à 20€
Pineau des Charentes	8 à 15€	Muscat de Beaumes-de-Venise	10 à 20€
Porto	8 à 15€	Muscat de Frontignan	10 à 20€
Banyuls	+ de 10€	Rasteau	10 à 20€
Rivesaltes	+ de 10€	Porto Vintage	+ de 20€

Où acheter son vin ?

Grande surface, caviste, achat direct à la propriété, vente par correspondance ou par Internet, ventes aux enchères… Chaque point de vente essaie d'attirer une clientèle définie : certains se spécialisent dans le conseil et le service ; d'autres se concentrent sur le meilleur prix et la rotation de leurs stocks ou permettent d'acquérir des vins rares ou produits en petite quantité. Rien n'empêche l'amateur de bénéficier des avantages de chacune de ces filières.

Les grandes surfaces : vaste choix et prix avantageux

La grande distribution (hypermarché, supermarché, supérette, etc.) est aujourd'hui responsable de plus de 80 % du marché des ventes de vin à emporter en France, et même davantage en Belgique. Son atout majeur est indéniablement le prix auquel elle peut offrir, grâce au pouvoir de ses centrales d'achat et à un faible coût logistique, un vaste choix de vins, qui va des vins ordinaires (autour de 2 €), jusqu'aux grands crus, dans certains hypermarchés.

Or, cette force fait aussi sa faiblesse, car il n'est pas toujours facile de réconcilier le volume avec la qualité et la variété, qui caractérise notamment le paysage vinicole français. Certains petits vignobles comme ceux de la Bourgogne ou de la Loire sont ainsi moins bien représentés sur les rayons, puisqu'ils ne produisent pas de lots de vin en quantité suffisamment importante. Il peut aussi arriver qu'un bon vin découvert un jour au hasard ne soit plus disponible quelques semaines plus tard. Pour faire face à la demande croissante, la grande distribution a créé des marques de distributeur. Il s'agit de vins de diverses provenances, élaborés par des coopératives ou des négociants et embouteillés directement pour le compte d'une enseigne. Ces vins peuvent être corrects comme insipides, et nombre d'entre eux ne représentent pas toujours le meilleur d'une appellation.

Par ailleurs, le choix proposé devient source d'embarras lorsque l'amateur de vins se retrouve devant d'interminables rayons où le pire côtoie le meilleur, sans autre distinction que

LES FOIRES AUX VINS

Réputées jadis pour écouler des vins qui ne trouveraient preneur nulle part ailleurs, les foires aux vins, organisées chaque automne par la grande distribution, sont devenues au fil des années des rendez-vous incontournables. Si l'on y trouve toujours quantité de bouteilles médiocres et sans intérêt, on peut dénicher, en cherchant bien, des lots intéressants.

Les meilleures affaires restent les grands vins issus des bons millésimes ainsi que certains vins étrangers et quelques vins de petits producteurs. Il faut se méfier des millésimes moins réussis ou trop jeunes en ce qui concerne les vins de garde. À éviter aussi les vins à très bas prix : 3 € est un minimum absolu pour trouver un vin de qualité et laisser au vigneron une marge minimale.

Pour réussir ses achats, il est conseillé de se munir d'un guide ou du numéro hors-série que la presse hebdomadaire et spécialisée consacre à cet événement, et de se rendre sur les lieux dès les premiers jours, voire d'obtenir une invitation pour la soirée d'ouverture pour y être en avant-première.

la couleur du vin, son prix et sa provenance. Les conditions dans lesquelles les bouteilles sont entreposées sont parfois loin d'être idéales. Mais, grâce au renouvellement rapide des stocks, les bouteilles ne restent pas longtemps dans les rayons. Il vaut mieux éviter cependant de prendre les bouteilles posées en haut des rayonnages, car elles sont exposées aux néons. Si la plupart des vins ne sont pas des produits trop fragiles, ce sont surtout les blancs, les rosés et certains champagnes, vendus dans une bouteille de verre blanc, qui risquent de souffrir de cette lumière crue.

Ces ombres au tableau disparaissent lorsqu'un magasin consacre des efforts pour améliorer la présentation de ses vins (bouteilles couchées, à l'abri d'une lumière trop crue et à température adéquate ; grands vins protégés dans une armoire ; mise en place d'un coin caviste). Telle enseigne s'est dotée d'experts qui la conseilleront dans sa politique d'achat, telle autre a signé des contrats avec des négociants ou même avec toute une appellation pour donner naissance à une « filière de qualité ».

Aujourd'hui, la plupart des magasins offrent donc au consommateur une vaste gamme de vins à des prix très compétitifs. Il ne faut certes pas chercher à y dénicher le vin de tel petit domaine, et certains bons producteurs préfèrent ne pas commercialiser leur vin de cette façon. Mais les ventes spéciales comme les foires aux vins sont d'excellentes occasions pour acquérir, par exemple, un cru bordelais au meilleur prix (voir encadré p. 95).

Le caviste : conseils et service

Le caviste reste, lorsqu'on est citadin, le principal intermédiaire entre le producteur et le consommateur. Un bon caviste doit avant tout aimer le vin et se rendre régulièrement dans le vignoble ou dans les salons pour dénicher de bons vins qu'il se fera un plaisir de faire découvrir à ses clients. Dans sa cave logent aussi bien de grands classiques, de petits crus méconnus et de vieux millésimes que des vins de saison et des alcools de référence, des vins que l'on boit le soir même et des vins de garde, destinés à vieillir. Mais son rôle va beaucoup plus loin : tel un sommelier, il aidera ses clients à trouver l'équilibre entre la qualité du vin qu'ils recherchent et le prix qu'ils sont prêts à mettre, de même qu'il les conseillera pour marier les mets d'un repas avec les vins qui leur conviennent. Il peut initier le néophyte aux secrets du vin et proposera régulièrement des dégustations dans sa boutique. Les services d'un bon caviste valent largement les prix légèrement supérieurs qu'il exige de ses clients. Malheureusement, tous les cavistes ne présentent pas ce profil idéal. Il incombe donc à l'intéressé de découvrir celui qui répond au mieux à ses besoins.

À mi-chemin du caviste et de la grande distribution, la chaîne de cavistes (Nicolas, Cavavin, Repaire de Bacchus, etc.) tente d'allier les services inestimables du premier aux prix compétitifs de la seconde. Si les prix sont assurés par un achat centralisé, la qualité de l'accueil et des services dans un magasin particulier reste tributaire de la compétence du gérant et de son équipe. Installés généralement dans les grandes villes, ces magasins offrent un bon choix de vins de tous les styles et dans presque toute la gamme de prix. Certains organisent également des dégustations et des ventes promotionnelles, comme les foires aux vins.

Ils proposent en outre des catalogues détaillés ou des services particuliers, telle la possibilité d'acheter des vins « en primeur » ou des vins de garde, vendus parfois moins cher qu'à la propriété ou chez un négociant, ou celle d'envoyer dans la journée une bouteille à des amis à l'autre bout du pays.

L'achat à la propriété : vins originaux et prix intéressants

L'achat à la propriété reste souvent un bon moyen pour se procurer à un prix raisonnable des vins de qualité qui ne sont pas ou peu diffusés. Souvent, car nombre de producteurs ne pratiquent en effet pas cette forme de vente ou la découragent (voir p. 82). Si la chance lui sourit, l'amateur dénichera un vigneron dont le vin est excellent et n'a pas subi une hausse de prix due à une réputation déjà faite. Par ailleurs, le propriétaire n'hésite pas, en général, à réserver à ses clients fidèles un plus grand nombre de bouteilles d'un bon millésime.

Pour que la visite soit réussie, il vaut mieux prendre rendez-vous (en dehors de la saison des vendanges), ce qui donnera sans doute droit à une dégustation sérieuse. Si l'on a apprécié le

L'ACHAT EN VRAC

L'achat de vin « en vrac », c'est-à-dire non logé en bouteilles, est pratiqué pour les vins de consommation courante ou de qualité moyenne par des coopératives, certains négociants ou vignerons ainsi que quelques détaillants (« vente à la tireuse »). Le vin est alors vendu dans un contenant plus ou moins grand (bonbonne de verre, Cubitainer en plastique, fûts de différentes tailles…). Acheminé à domicile, il doit être embouteillé dans un délai relativement bref. L'achat en vrac permet en général de payer un litre de vin au prix d'une bouteille de 75 cl. Le vin acheté en « Bag-in-box » n'a pas besoin d'être embouteillé. Il s'agit d'une poche en plastique remplie sous vide et logée dans une boîte en carton, munie d'un robinet. Même une fois entamé, le vin se conserve alors au moins 5 mois. Ce conditionnement existe en contenants de 5, 10 ou 20 litres.

LE TRANSPORT DU VIN

Qu'il soit blanc, rosé ou rouge, le vin ne supporte pas bien les changements brusques de température. Pour transporter ou se faire livrer du vin, il vaut mieux éviter les périodes de grande chaleur et de grand froid. De plus, le vin est lourd : une caisse de 12 bouteilles pèse environ 16 kg – davantage si les caisses sont en bois ou si le domaine utilise du verre lourd et épais (notamment pour le champagne).
Une fois le vin arrivé à destination, on inspectera l'état des bouteilles, et notamment le niveau du vin dans la bouteille, et on les placera directement dans la cave. Avant de boire le vin, il est nécessaire de le laisser reposer pendant une à deux semaines, et jusqu'à plusieurs mois s'il s'agit d'un grand vin âgé.
Le transport du vin est strictement réglementé : une capsule-congé doit être apposée au sommet de chaque bouteille ; le vin acheté en vrac et les bouteilles sans capsules doivent être accompagnés d'un congé délivré par le vigneron ou par la recette-perception la plus proche. Sur ce document figurent le nom du vendeur et du cru, le volume et le nombre de récipients, le destinataire ainsi que le mode et la durée du transport.
Pour une livraison, le prix du transport peut être compris (prix « franco de port ») ou s'ajouter au prix « départ cave ». Les frais de transport varient selon la distance, le transporteur et le poids des bouteilles. Il faut compter environ 2 € par bouteille pour de petites quantités, et entre 1 et 1,50 € par bouteille à partir de 48 bouteilles.

vin, il convient d'en prendre au moins quelques bouteilles ; si le vin a paru mauvais, il faut avoir l'honnêteté d'en dire les raisons. Comme il est bien difficile de se faire une opinion immédiate, il est préférable de réunir un échantillonnage de vins d'une même région, que l'on goûtera tranquillement une fois rentré chez soi, avant de passer une commande plus importante. Tel vin délicieux dégusté dans l'ambiance d'une petite cave pendant les vacances pourra se révéler insipide par la suite. La certitude d'avoir fait le bon choix compensera bien le prix du transport.

La visite chez le vigneron est une bonne occasion de s'informer sur la façon dont celui-ci élabore ses vins. La bonne tenue et l'hygiène de la cave sont en général de bon augure. À défaut de pouvoir se déplacer, on peut profiter de salons et de journées de portes ouvertes pour rencontrer des vignerons et leur acheter du vin.

L'achat à la propriété demande quelques formalités et précautions. Il faut d'abord s'assurer que le vin a été mis en bouteilles par le propriétaire lui-même ou a été vinifié séparément s'il a été mis en bouteilles à la coopérative. Dans ce dernier cas, l'étiquette porte alors tout à fait légalement la mention « mise en bouteille à la propriété (ou au château) ». Dans plusieurs régions, les propriétaires apportent leur raisin à une coopérative et bénéficient en retour d'une part de la production de la coopérative sous forme de vin en bouteilles. Un tel vin peut être honnête, mais il n'aura pas grand-chose à voir avec un vin de producteur : il vaut alors mieux aller directement à la coopérative où les prix risquent d'être plus bas pour le même vin. Ne jamais prendre livraison de vin sans facture. Les bouteilles doivent être bien étiquetées et chacune comporter une capsule-congé (voir encadré p. 98)). Évitez de vous rendre complice de techniques frauduleuses qui consistent à vous offrir un vin d'appellation avec une étiquette de vin ordinaire. Un vin dit « déclassé » l'a été pour une bonne raison : un excès de production illégal et frauduleux.

La vente par internet : un service de qualité

Lorsqu'elle est de qualité, la vente par Internet peut être une bonne source d'achat. L'offre de vins sur internet s'est considérablement étoffée. Ce sont plusieurs centaines de sites qui se sont créés, certains à l'existence éphémère, d'autres solidement implantés. Cette floraison s'accompagne logiquement d'une très forte diversité de l'offre. Les grands sites généralistes offrent un large choix de vins avec, souvent, une gamme très fournie en vins de Bordeaux. Beaucoup d'autres sont spécialisés dans les vins d'un pays, d'une région, dans les vins bio, les vieux millésimes ou les vins rares… Outre la vente classique, il existe des formules d'abonnement où le client reçoit, à intervalles réguliers, un certain nombre de bouteilles, ou des formules de vente privée sur inscription, limitées dans le temps et en volume. De plus en plus de producteurs commercialisent directement leurs vins sur leur site internet.

Les sites peuvent offrir une information, qui est plus ou moins fournie et pertinente, ainsi que des services comme le stockage des vins de garde.

Pour tirer le meilleur parti des avantages de ce type de vente, il est essentiel de bien comparer l'offre et les conditions de vente : la qualité et la gamme des vins proposés, le prix de la bouteille, qui peut être hors taxes ou non, la quantité minimale à l'achat, les frais de transport qui peuvent être élevés, l'efficacité de la logistique, la qualité du service après-vente en cas de problème. Les comparateurs de prix, comme *wine-searcher,* sont très utiles pour repérer les meilleures affaires. Certains sites de vente possèdent leur propre stock, d'autres se fournissent au fur et à mesure des commandes. Certains sites se sont tristement illustrés par leur incapacité à livrer en temps et en heure les bordeaux primeurs que leurs clients avaient réservés et payés. Il ne faut donc pas hésiter à utiliser internet non seulement pour juger de la qualité de l'offre d'un site, mais aussi pour s'assurer de son sérieux : blogs, sites communautaires ou guides en ligne sont une source intarissable d'informations.

La vente aux enchères : à l'affût de bonnes affaires

Les ventes aux enchères ne se limitent pas aux seules bouteilles rares et célèbres, dont les prix battent tous les records. Si elles sont parfois la seule occasion pour un collectionneur de trouver le millésime rare ou ancien qui lui fait défaut, l'amateur de vins pourra y acquérir une caisse de vins d'un bon millésime, certes sans grande réputation, mais qu'il paiera à un prix avantageux. La plupart des vins vendus aux enchères datent des vingt dernières années : les millésimes sont généralement prêts à être bus ou le seront bientôt ; ils n'ont donc pas besoin de vieillir dans une cave. Pour faire une bonne affaire, il vaut mieux éviter les vins trop prestigieux (grands liquoreux, crus de Bordeaux, etc.). Le néophyte fera appel à un expert, qui peut être un ami ou un caviste, pour repérer les offres intéressantes. Pour ne pas, dans l'euphorie des ventes, acheter un vin à un prix beaucoup trop élevé, il est préférable de se procurer au préalable une cote pour les grands vins, établie par des experts, et de s'y tenir lors des enchères.

L'ACHAT GROUPÉ

Afin de pouvoir bénéficier de prix réservés habituellement aux professionnels, il peut être avantageux de recourir à un achat groupé. Que ce soit au sein d'un club d'amateurs ou simplement entre amis, il est vivement conseillé de préparer bien la commande et la réception de la marchandise (lots de vin à commander, remise de chèques dès la prise de commande, possibilité d'entreposer les bouteilles, etc.). Cette solution permet en général de faire des économies sur les frais de transport, mais est également un bon moyen pour acheter « en primeur » (voir encadré p. 87).

Pour se renseigner sur les ventes en France, on peut consulter la *Gazette de Drouot,* disponible en kiosque, qui annonce toutes les ventes à venir, à Paris et en province. Il faut ensuite s'adresser au commissaire-priseur pour obtenir un catalogue détaillé des lots et de leur estimation ainsi que des informations sur les conditions de conservation et l'état des bouteilles : préservation de l'étiquette, état du bouchon, niveau du vin dans la bouteille (voir p. 195), caisse d'origine ou non. Sans oublier d'étudier les conditions de vente : au prix de l'enchère s'ajoutent en général la commission, des taxes, et les frais d'expédition et d'assurance. Il est également possible de participer à une vente sans se déplacer, en communiquant l'ordre d'achat au commissaire-priseur au moins 24 heures à l'avance, ou d'enchérir par téléphone, voire par Internet.

Sélectionner son vin

Il existe, dans le monde entier, tant de producteurs et un tel nombre de vins différents que le meilleur spécialiste ne peut prétendre les connaître tous au cours de sa vie. Une tâche d'autant plus difficile que chaque millésime offre des différences et que les millésimes précédents sont en perpétuelle évolution. Placé devant cet immense choix, comment l'amateur de vins peut-il mettre à profit les outils qui lui sont offerts pour sélectionner les vins destinés à lui plaire ?

Les guides d'achat : peut-on s'y fier ?

L'intérêt croissant du grand public pour les vins de qualité s'accompagne d'une prolifération de guides d'achat, publiés annuellement à l'occasion de la mise sur le marché des nouveaux millésimes. Pour le seul vignoble français, il existe ainsi une demi-douzaine de guides qui s'attachent tous à sélectionner pour leurs lecteurs les vins qui présentent, en principe, le meilleur rapport qualité/prix. Tandis que certains s'efforcent de présenter les meilleurs domaines ou les meilleurs vins pour chaque appellation ou terroir, d'autres privilégient les vins « à petits prix » ou ceux disponibles dans les grandes surfaces. Il existe également un guide pour les vins élaborés avec des raisins issus de l'agriculture biologique.

Outre par la gamme de prix et le nombre de vins retenus, ces guides se distinguent avant tout par leur schéma de présentation et leur méthode d'analyse. Les uns privilégient dans leur description les commentaires des vins et des cuvées, les autres les producteurs, domaines ou châteaux. Tel guide repose sur l'expertise de dégustateurs de renom (Robert Parker, Michel Bettane et Thierry Desseauve), tel autre sur celle d'un jury composé de sommeliers ou d'œnologues qui dégustent, normalement, les vins à l'aveugle.

Peut-on se fier aux palmarès de ces guides ? Les sélections qui y sont proposées reposent sur l'avis d'experts, ce qui garantit généralement leur sérieux. Il n'en reste pas moins que tout jugement d'un vin comporte, au-delà des compétences techniques incontestables en jeu, une part subjective, qui reflète les préférences de chaque

QUELQUES GUIDES D'ACHAT RECOMMANDABLES

Le Guide Hachette des vins, Éditions Hachette, présente une sélection de plus de 10 000 vins dégustés à l'aveugle par un jury local composé de professionnels et de vignerons. Selon leur qualité, les vins se voient attribuer des étoiles, le maximum étant 3. Seuls sont dégustés les échantillons envoyés spontanément par les vignerons. C'est un guide complet mais il n'indique que la qualité des cuvées sélectionnées. Il ne permet pas, en revanche, de se faire une idée sur la qualité globale de tel ou tel producteur.

Le classement des meilleurs vins de France, Éditions de *la Revue du vin de France,* a pour originalité de tenir compte de la qualité des terroirs et du savoir-faire des vignerons – d'où un classement par domaine et non par vin. Au sein de chaque domaine, les vins sont cités et notés sur 10. La sélection est réalisée par des journalistes dégustateurs de *la Revue du vin de France*. Un guide sérieux.

Le guide des meilleurs vins à petits prix, Éditions de *la Revue du vin de France,* par Gerbelle et Maurange, note et décrit brièvement 1 550 vins.

Le Guide Bettane & Desseauve des vins de France : très sérieusement préparé par une équipe sous la direction de Michel Bettane et Thierry Deseauve, il adopte le même principe que le guide de *la Revue du vin de France*, cité ci-dessus.

dégustateur. On peut aussi soupçonner quelques guides (mais pas tous) d'avoir un parti pris commercial lors de la décision d'inclure ou non tel ou tel vin. Il faut également savoir qu'au vu du nombre de producteurs et de négociants, aucun tour d'horizon de la production vinicole ne saurait prétendre à l'exhaustivité. Le fait que le nom d'un vin ne figure pas dans un guide particulier, voire n'apparaît dans aucun guide, ne signifie pas pour autant que ce vin est de mauvaise qualité. Certains jurys ne jugent d'ailleurs que les cuvées qui leur sont proposées par les producteurs. En dernière instance, il appartient à l'amateur de vins de choisir le vin qu'il aura plaisir à déguster.

Malgré ces quelques réserves, les guides d'achat restent de précieux outils, à condition de ne pas les considérer comme de simples conseils d'achat. De toute façon, le grand nombre de vins retenus – entre plusieurs centaines et près de dix mille selon les guides – permet tout au plus une première sélection pour séparer le bon grain de l'ivraie. À l'amateur d'y repérer les vins qui lui conviendront par leur style, leur prix ou leur aptitude au vieillissement en cave ou de s'en servir pour préparer, par exemple, un voyage de tourisme viticole. Par ailleurs, il arrive fréquemment que les vins loués par tel guide pour leur excellent rapport qualité/prix soient rapidement épuisés chez le producteur. L'amateur peut encore espérer les retrouver chez son caviste ou au restaurant, mais plus nécessairement au même prix.

Guides et presse spécialisée : un tour d'horizon annuel

Il ne faut pas oublier qu'au-delà de leur fonction primaire ces guides constituent une mine d'informations sur l'évolution générale des prix et sur les développements récents dans les différents vignobles, tels que l'émergence de nouveaux producteurs de qualité, les phénomènes de mode ou les changements des pratiques vinicoles qui influent sur les styles de vin d'une appellation. Ces mêmes informations se retrouvent d'ailleurs dans les numéros spéciaux que la presse hebdomadaire ou mensuelle consacre aux vins début septembre, moment où les guides d'achat apparaissent aussi dans les librairies. Destinés au grand public, les articles que l'on y trouve sont en général plus accessibles au néophyte. On y trouvera également des conseils d'achat pour les foires aux vins organisées à la même époque. L'amateur éclairé pourra, quant à lui, consulter à ce titre la presse spécialisée, comme *la Revue du vin de France*.

La dégustation : l'expérience sur le vif

Pour mieux connaître le vin, mais aussi ses propres goûts, rien ne remplace cependant la dégustation, car le goût est une affaire individuelle. Il est en effet difficile de se faire une idée précise du style d'un vin à partir de sa seule description, faite de surcroît par une personne dont on ignore les goûts. On ne saurait donc trop conseiller à l'amateur de profiter des multiples occasions qui lui sont offertes pour déguster des vins. Outre la visite chez un vigneron, c'est plus particulièrement la fréquentation des journées de portes ouvertes, organisées régulièrement par les syndicats d'une appellation, et des salons viticoles qui constituent un excellent moyen pour faire son choix parmi les meilleurs producteurs d'un vignoble. À cela s'ajoutent les dégustations que les cavistes et les négociants proposent à leurs clients, souvent le samedi, ainsi que les clubs ou écoles de vin destinés à initier le néophyte ou à procurer un apprentissage approfondi à l'amateur passionné. Sans oublier les vins goûtés chez des amis ou au restaurant au cours d'un dîner. Il est alors utile de noter sur un carnet les références d'une bonne bouteille découverte. Mais un guide peut être aussi en chair et en os, et il ne faut pas hésiter à bénéficier des conseils d'un ami connaisseur, d'un sommelier ou d'un caviste pour être mis sur la bonne voie.

LES VINS MÉDAILLÉS

Ces distinctions ne sont pas toujours une garantie absolue pour la qualité du vin, mais peuvent aider le consommateur, selon le professionnalisme du concours en question. Tous les ans, les régions viticoles françaises organisent des concours locaux pour les vins de leur région. Leur valeur est toute relative. Il existe aussi des concours internationaux très sérieux qui confrontent des vins de toutes les régions et pays, par exemple l'International Wine Challenge, le concours Decanter, le Concours mondial de Bruxelles ou les Vinalies Internationales de Paris. Beaucoup d'autres manquent de rigueur dans leur organisation. Les jurys ne sont pas toujours composés de dégustateurs professionnels : tel échantillon d'un vin, parfois encore en cours d'élevage, ne tiendra pas ses promesses ultérieurement. Et la prolifération des médailles et des prix rend quelquefois caduque la distinction. La réglementation officielle permet en effet de récompenser jusqu'au tiers des vins présentés. Une certaine prudence s'impose donc lors de l'achat de ces vins primés qui constituent environ 10 % des bouteilles vendues en grande surface, voire plus lors de foires aux vins. Mais, en général, un vin qui a au moins une médaille d'or ne déçoit pas.

Lire une étiquette

Savoir déchiffrer une étiquette permet de recueillir plusieurs informations utiles pour se faire une première idée du vin avant même de l'avoir goûté. Garant de l'authenticité, l'étiquette permet aux services de contrôle de l'État de vérifier la conformité d'un vin avec la législation en vigueur. Pour le producteur ou négociant, elle est aussi destinée à inciter à l'achat. Au consommateur, elle doit fournir tous les éléments nécessaires pour un choix éclairé.

L'étiquette : la carte d'identité du vin

L'étiquetage du vin obéit à une réglementation stricte établie par les pouvoirs publics en accord avec les instances professionnelles. Il répond à un double objectif : rendre la bouteille légale et informer le consommateur.

L'étiquette certifie tout d'abord l'authenticité d'un vin, à savoir le fait que celui-ci a été élaboré selon les lois viticoles et vinicoles en vigueur pour un vignoble et une catégorie de vins donnée. En France, la Direction générale de la Concurrence, de la Consommation et de la Répression des fraudes (DGCCRF) peut ainsi être amenée à vérifier si un vin provient bien de la région viticole dont le nom figure sur l'étiquette ou si sa vinification a respecté les règles spécifiées par la législation. Par exemple, la chaptalisation – ajout de sucre de betterave ou de jus de raisin non fermenté pour pallier la maturité déficiente du raisin (voir encadré p. 249) – est autorisée dans certaines régions viticoles (Alsace, Champagne, Bordeaux, Bourgogne, Val de Loire), mais interdite ailleurs, sauf cas particulier.

La plupart des bouteilles sont coiffées d'une capsule-congé dotée d'une vignette fiscale. Celle-ci indique le statut du producteur et la région de production et atteste que les droits de circulation ont été acquittés. Les autres bouteilles doivent être accompagnées d'un congé (voir encadré p. 99).

Pour décourager les fraudes, certains producteurs recourent à l'étampage des bouchons, sur lesquels figurent alors l'origine du vin (nom du producteur ou nom d'appellation) et le millésime.

Pour les vins mousseux d'appellation, le nom de l'appellation doit apparaître obligatoirement sur le bouchon.

Des informations utiles

La lecture de l'étiquette et, lorsqu'elle existe, de la contre-étiquette fournit au consommateur une série d'informations utiles. Elle lui permet, par exemple, de connaître le millésime du vin et le nom du producteur, parfois aussi son style (sec, demi-sec, moelleux). Il faut toutefois savoir que seules certaines mentions, qu'elles soient obligatoires ou facultatives, bénéficient d'une protection légale. D'autres n'engagent que le producteur ou négociant qui a élaboré le vin, voire revêtent un caractère purement publicitaire.

La législation régissant les étiquettes est en perpétuelle évolution. L'Union européenne a récemment adopté une réglementation pour les vins dits « biologiques » (voir encadré p. 116). Par ailleurs, plusieurs associations de consommateurs, ainsi que certains vignerons, souhaitent que figurent sur l'étiquette les additifs utilisés lors de la vinification, et qui ne proviennent pas du raisin. Dans la plupart des pays du monde, la présence d'allergènes doit être obligatoirement signalée sur les étiquettes des vins exportés. Ainsi, la présence de sulfites exige que l'étiquette porte la mention « contient des sulfites »/« contains sulfites » si le vin contient du dioxyde de soufre (SO_2), un produit susceptible de donner des maux de tête à certaines personnes si présent en dose excessive.

Les informations qui figurent sur les étiquettes de bouteilles de vin varient d'un vignoble à l'autre. Le lecteur trouvera un descriptif précis pour certains vignobles français ainsi que pour les vignobles étrangers dans les chapitres correspondants de la deuxième partie de l'ouvrage. Les informations légales non spécifiques sont listées ci-dessous. Elles sont illustrées par trois étiquettes (p. 110, 113 et 118). Les exemples cités proviennent du vignoble français.

Les mentions obligatoires

LA DÉNOMINATION CATÉGORIELLE. En France, elle indique l'appartenance d'un vin à l'une des trois catégories suivantes : Vin de France, Indication géographique protégée (IGP), Appellation d'origine protégée (AOP). Dans le cas des Vins de France, seul le nom du pays, et éventuellement le millésime et le cépage, figurent sur l'étiquette. En ce qui concerne les vins d'Indication géographique protégée (IGP), anciennement vins de pays, la mention IGP doit être accompagnée par le nom de la zone désignée, par exemple, Bouches-du-Rhône ou Pays d'Oc. Pour un vin d'appellation d'origine protégée, le nom de l'appellation est également obligatoire. Il est possible de conserver l'ancienne mention « contrôlée » à la place de « protégée ».

Ce principe est maintenant adopté, avec quelques variantes locales, par l'ensemble des pays de l'Union européenne.

En France, trois organismes sont chargés d'élaborer et de faire respecter cette réglementation : l'Anivins, pour les Vins de France, et l'Institut national de l'origine et de la qualité (INAO), pour les deux autres catégories. La Direction générale de la concurrence, de la consommation et de la répression des fraudes (DGCCRF) veille aussi sur le vin sur le plan des vices de fabrication, comme pour tout autre produit.

Des procédures d'agrément existent pour les vins avec indication géographique (IGP ou AOP). Elles varient en fonction des règles établies par chaque administration d'appellation. Il s'agit souvent d'une commission de dégustation avant commercialisation, mais parfois ces vérifications peuvent s'opérer sur les vins pris dans des circuits de distribution. Chaque administration élabore son propre cahier des charges dans ce domaine.

LE NOM ET L'ADRESSE DE L'EMBOUTEILLEUR. Dernier intervenant dans l'élaboration d'un vin, l'embouteilleur est légalement responsable du contenu de la bouteille en cas d'infraction (vins frauduleux ou de mauvaise qualité). L'étiquette précise généralement, mais non de façon obligatoire, si le vin a été mis en bouteilles dans le même lieu où il a été vinifié. Dans ce cas, elle peut porter légalement la mention « mise en bouteille à (ou de) la propriété (au/du domaine ou au/du château) ». Mais il faut savoir que la loi française considère la coopérative comme une extension de l'exploitation viticole. Si les vins d'un producteur ont été vinifiés séparément et embouteillés par une coopérative, ils auront droit à cette mention. On peut également trouver du vin élaboré par un seul producteur chez les négociants qui se chargent de la mise en bouteilles, bien que, le plus souvent, ces derniers procèdent à des assemblages de vins différents, issus de la même appellation, afin d'obtenir un meilleur équilibre de leurs cuvées. Les mentions telles que « mise en bouteilles dans nos chais (ou par nos soins) » signifient en général qu'il s'agit d'un vin de négoce. La mention « mis en bouteilles par les producteurs réunis » indique généralement que le vin est issu du raisin de plusieurs producteurs et a été vinifié par une coopérative.

Le nom, la raison sociale et l'adresse de l'embouteilleur ne doivent pas induire en erreur le consommateur. Pour cette raison, ils doivent être codés s'ils comportent tout ou partie d'un nom d'appellation. Sur l'étiquette des vins de France, on trouve ainsi parfois un simple code d'embouteillage. Les deux premiers chiffres donnent le numéro du département où le vin a été mis en bouteilles – mais pas nécessairement produit. Cela permet de se faire une idée de son style : de nombreux négociants sont situés dans le Bordelais (33, Gironde), la Loire (44 pour le Pays nantais, 49 pour Angers et Saumur). 21 indique la Côte d'Or, 71 le Mâconnais et Chalon-sur-Saône, 69 le Beaujolais et 89 le Chablis.

LA CONTENANCE. Mention exprimée en litres, centilitres ou millilitres. La contenance est couramment de 75 cl, mais on trouve presque toujours la demi-bouteille (37,5 cl) et le magnum (1,5 l). Certains vins doux (vin de paille, Vendanges tardives, etc.) sont parfois commercialisés en bouteilles de 33 cl ou de 50 cl. Le clavelin (62 cl) est réservé au vin jaune du Jura (voir encadré p. 469). Dans les restaurants, certains Beaujolais sont parfois vendus en fillette (50 cl).

Pour les Bordeaux et les Champagnes, il existe en outre les contenances suivantes : 20 cl (quart, Champagne), 2,5 l (marie-jeanne, Bordeaux), 3 l (double magnum, Bordeaux, et jéroboam, en Champagne), 4,5 l (jéroboam, à Bordeaux, et réhoboam, en Champagne), 6 l (impérial, à Bordeaux, et mathusalem, en Champagne), 9 l (salmanazar, en Champagne), 12 l (balthazar, en Champagne), 15 l (nabuchodonosor, en Champagne).

LE DEGRÉ D'ALCOOL. Mention exprimée en pourcentage d'alcool, en volume, par rapport au liquide total. La plupart des vins ont une teneur en alcool qui varie entre 11 et 13 % vol.,

ÉTIQUETTE D'UN VIN DE BORDEAUX

Grand vin. « Grand vin » signifie qu'il s'agit du premier vin du château : beaucoup de Bordeaux possèdent également un « second vin » (voir encadrés p. 86 et 308-309). Dans ce cas précis, les mots ont du sens. Mais le terme « grand vin de Bordeaux » dans le Bordelais peut être utilisé par tous les producteurs et n'a donc plus de signification réelle.
Château Lynch Bages est le nom du domaine et de la marque.
Grand Cru classé consacre le statut du vin, suivant la classification du Médoc de 1855 (voir encadré p. 300-301).
Pauillac est le nom de l'appellation (voir p. 107).
2010 est le millésime. Si l'indication de l'année n'est pas obligatoire, elle figure sur toutes les étiquettes des vins de Bordeaux.
Mise en bouteille au château signifie que le vin a été mis en bouteilles sur le lieu de production (voir p. 108).
JM. Cazes propriétaire à Pauillac : c'est le nom du propriétaire.

Les autres mentions obligatoires, absentes de l'étiquette principale, comme le pays d'origine (pour les vins destinés à l'exportation), le degré d'alcool, la contenance, la catégorie du vin (AOC), l'adresse de l'embouteilleur ou la présence de sulfites doivent figurer sur la contre-étiquette.

mais certains peuvent être beaucoup plus faibles en alcool, comme le Moscato d'Asti italien (6 % vol.), ou beaucoup plus forts, comme, par exemple, les vins doux naturels (le Banyuls peut atteindre plus de 20 % vol.). En France, on tient peu compte du degré alcoolique dans le choix du vin. Il a pourtant une incidence sur la dégustation : plus un vin est alcoolisé, plus il a une saveur douce et paraît rond. Un vin à degré alcoolique très élevé provoque cependant une sensation de « brûlure ». Le niveau d'acidité élevé d'un vin blanc peut toutefois masquer un fort degré alcoolique.

LE NOM DU PAYS PRODUCTEUR. Cette mention (« Produit de France » ou « Produce of France ») est obligatoire pour les vins destinés à l'exportation.

Les principales mentions facultatives

LE MILLÉSIME. La mention de l'année de production, qui figure parfois sur une collerette apposée au goulot de la bouteille, est facultative pour tous les vins. Si le millésime est mentionné, le vin doit provenir à 85 % de l'année indiquée, même si certaines appellations exigent que la proportion soit de 95 % ou de 100 %. La qualité du millésime a une influence sur celle du vin ; elle varie d'une région viticole à l'autre. Un bon millésime dans le Bordelais ne signifie pas un bon millésime en Bourgogne et, au sein d'une même région, un bon millésime pour un vin liquoreux n'est pas forcément idéal pour un vin blanc tranquille. (Voir tableau des millésimes, p. 879.) Par ailleurs, l'assemblage de vins issus de millésimes différents permet d'obtenir parfois un vin plus équilibré.

LE NOM DE MARQUE. Il peut s'agir d'une marque commerciale simple (par exemple, d'un nom propre suivi du signe®) ou complexe (nom d'exploitation et lieu-dit, tels que « Domaine X », « Château Y », « N. N. »). Les termes « château », « clos » ou « abbaye » ne peuvent être utilisés que pour les vins d'AOC et doivent correspondre à une réalité (vérifiable sur le cadastre). Leur emploi n'est pas forcément un indice de la qualité du vin ainsi désigné. Les termes « domaine » et « mas » sont réservés aux vins d'appellation et aux vins de pays, mais sont interdits pour les vins de table. Il faut en outre noter que certains producteurs-négociants commercialisent parfois leurs vins de négoce sous un nom proche de celui issu de leur propre vignoble (par exemple, « Méo-Camuzet » pour les vins de négoce, et « Domaine Méo-Camuzet ») pour les vins issus du domaine ; seule la mention « mise en bouteille à la propriété » ou l'un de ses équivalents garantit qu'il s'agit d'un vin de producteur.

LE CLASSEMENT. Les termes « cru classé », « premier cru », « grand cru » et « cru » sont des mentions traditionnelles attachées à un nombre limité de vins et définies par la législation. Les Crus classés du Bordelais se réfèrent à un classement hiérarchique de propriétés viticoles (voir p. 300-301, pour le Médoc ; p. 321, pour le Pessac-Léognan ; p. 327, pour le Sauternes ; p. 340-341 pour le Saint-Émilion). Les premiers crus et grands crus de Bourgogne (voir p. 356), ainsi que les grands crus d'Alsace (voir p. 418-422), correspondant, eux, à un classement de lieu-dit et de terroir : il s'agit d'une zone ou parcelle délimitée, soumise à des conditions de production restrictives dans le cas de crus bourguignons. Pour la Champagne, voir encadré p. 405. Les crus classés de Provence datent des années 1950 et concernent des exploitations de l'AOC Côtes-de-Provence.

LA MENTION D'UN CÉPAGE. Si le nom d'un cépage est mentionné, le vin doit en être issu à au moins 85 % mais chaque appellation peut exiger 100 % dans son cahier des charges. Si deux variétés (ou plus) sont mentionnées, le vin doit en provenir exclusivement. La règle des 85 % s'applique à la plupart des pays producteurs.

LE STATUT DE L'EXPLOITATION. Les mots « propriétaire », « propriétaire-récoltant », etc. constituent une mention facultative. (Pour la Champagne, voir encadré p. 402.)

Autres mentions facultatives

« VENDANGES MANUELLES ». Pour que cette mention puisse figurer sur l'étiquette, le vigneron doit avoir vendangé à la main les raisins dont est issu le vin. Sinon, il s'agit d'une publicité mensongère, qui peut être poursuivie comme un délit. Par ailleurs, l'utilisation de la machine à vendanger est interdite dans certaines régions viticoles, comme en Champagne et dans le Beaujolais. Les

ÉTIQUETTE D'UN VIN DE BOURGOGNE

Romanée-Conti est le nom de l'appellation, qui doit figurer en gros caractères sur l'étiquette. Il s'agit d'un grand cru de la Côte de Nuits, qui forme une appellation à part entière. Il est situé sur la commune de Vosne-Romanée.

Appellation Romanée-Conti contrôlée est le titre complet de l'AOC. Il apparaît en caractères plus petits.

4 636 bouteilles récoltées indique le volume de vin élaboré à partir de ce grand cru de la Côte de Nuits, dont le Domaine de la Romanée-Conti est l'unique propriétaire. Cette mention est suivie d'une numérotation de la bouteille et de la signature en fac-similé des associés-gérants du Domaine de la Romanée-Conti.

Année 2010 est le millésime.

Mise en bouteille au domaine signifie que le vin a été mis en bouteilles sur le lieu de production.

Société civile du Domaine de la Romanée-Conti indique le nom de la personne – ici, une personne morale – qui a procédé à la mise en bouteilles. Ce nom est suivi de l'adresse.

Les autres mentions obligatoires – le titre alcoométrique et la contenance – doivent figurer sur la contre-étiquette.

vendanges manuelles ne sont pas nécessairement un gage de qualité. Cependant, force est de constater qu'un grand vin est toujours élaboré avec des raisins récoltés à la main : la cueillette manuelle, lorsqu'elle est soignée, permet de mieux préserver les baies, et les techniques de tri ont fait d'énormes progrès. En revanche, l'un des avantages de la machine à vendanger est la vitesse à laquelle elle travaille : on peut rentrer la vendange à maturité optimale en un temps très court.

« CUVÉE NON FILTRÉE ». Cette mention certifie que le vin n'a pas été filtré, mais a seulement bénéficié de soutirages. Ces deux opérations servent à stabiliser et à clarifier le vin nouveau, en en éliminant certaines matières solides (cellules de levure, particules de peau et de pulpe, etc.) pour éviter le déclenchement d'une seconde fermentation. Dans le premier cas, on utilise des filtres ; dans le second, on transvase (à l'aide d'une pompe ou de la pesanteur) le vin d'une cuve ou d'un fût à un autre, après avoir provoqué, par le

LES VINS DE CÉPAGE

S'inspirant du succès commercial des vins du Nouveau Monde et de leur étiquetage, les producteurs français proposent des vins de cépage, à savoir des vins issus d'un seul cépage (« monocépage ») ou, plus rarement, de deux cépages (« bicépage »). Ces cépages sont, pour l'essentiel, le cabernet-sauvignon, le merlot, la syrah et le pinot noir, pour les rouges, et le chardonnay, le sauvignon blanc et le viognier, pour les blancs. Ces vins ont rencontré, en France et à l'export, un grand succès auprès des nouveaux consommateurs qui parviennent facilement à associer un goût particulier avec le nom du cépage qui figure sur l'étiquette. On trouve aussi cette pratique de mentionner le ou les cépages d'une manière croissante sur les étiquettes de bouteilles des appellations Bordeaux ou Bourgogne destinées à l'export. Quelques appellations en France adoptent le principe, courant en Italie, d'inclure le nom du cépage dans celui de l'appellation. C'est notamment le cas en Alsace pour la quasi-totalité des vins, mais aussi en Touraine (Touraine Gamay) et dans le Languedoc (Picpoul-de-Pinet).

biais d'un produit comme le blanc d'œuf ou le sang, une précipitation des matières solides vers le fond de la cuve ou du fût (collage). Le soutirage permet également d'aérer le vin, qui offre ainsi plus d'arômes, de pureté et de matière. Le dépôt plus important d'un vin non filtré ne nuit en aucun cas à la dégustation du vin.

« ÉLEVAGE SUR LIES », « ÉLEVÉ SUR LIES » OU « SUR LIE ». Cette mention est plus particulièrement réservée aux Muscadets du Pays nantais. Une fois la fermentation des vins blancs terminée, on procède généralement au soutirage (voir ci-dessus) pour éliminer les lies, résidus solides de la fermentation. Dans certaines régions, comme le Pays nantais, on laisse le vin « sur lie » jusqu'à la mise en bouteilles. Grâce à la présence de ces lies, le vin contient encore du gaz carbonique que l'on ressent comme un léger picotement sur la langue, accentuant la vivacité et la fraîcheur du vin.

« VIEILLI EN FÛT (DE CHÊNE) ». L'élevage en fût de chêne permet de mieux aérer le vin et lui confère des notes de vanille, boisées ou grillées. L'intensité de ces arômes dépend de facteurs comme la durée de l'élevage en fût ainsi que la taille du fût, son âge et la provenance du bois dont il est fait. Généralement plus chers, ces vins ne sont pas toujours d'une meilleure qualité, car les notes apportées par le bois peuvent « écraser » les autres arômes apportés par le cépage et le terroir. En effet, seuls les vins issus d'un petit nombre de cépages (cabernet-sauvignon, chardonnay, syrah, etc.) – il s'agit en général de vins de garde – s'améliorent grâce à un passage en barrique de chêne. La prolifération de vins élevés en fût de chêne est en partie due à un phénomène de mode ; certains producteurs utilisent d'ailleurs un tel élevage pour masquer les défauts de leur vin.

LES DISTINCTIONS OFFICIELLES. Si un vin a été récompensé lors d'un concours (par exemple, par une médaille en or, en argent ou en bronze), cette distinction peut légalement figurer sur l'étiquette. Pour la valeur de ces distinctions, voir encadré p. 105.

Les mentions non réglementées

« VIEILLES VIGNES ». Les vignes âgées donnent en général un vin plus concentré, puisque issu de rendements plus faibles. Mais il n'existe aucune définition officielle de ce qui constitue une « vieille »

COMMENT RECONNAÎTRE UN VIN BIOLOGIQUE ?

Depuis 2012, la législation européenne codifie les pratiques qui donnent droit à la mention « vin biologique », ou « vin bio ». Elle met un terme à l'ambiguïté que régnait auparavant, car en l'absence de protocole concernant la vinification, seuls les raisins pouvaient obtenir une telle mention. Les vins biologiques doivent être élaborés à partir d'ingrédients d'origine biologique. Certains procédés physiques ou chimiques de traitements des vins sont interdits. Par exemple, la concentration de vins à froid est interdite, mais on peut pratiquer l'osmose inverse sur des moûts. Les dosages autorisés en sulfites sont inférieurs à ceux de la vinification classique. La désalcoolisation partielle des vins est interdite et l'acidité tartrique doit être stabilisée uniquement par le froid. Le respect de ce cahier de charges permet d'apposer un logo Bio européen spécifique sur les bouteilles ou autres emballages. Ceci n'empêche personne d'aller éventuellement plus loin en respectant aussi les cahiers des charges de divers organismes privés qui ont chacun leur label (AB, Demeter, Nature et Progrès, etc.). Enfin, les labels Demeter et Biodyvin attestent des pratiques biodynamiques.

vigne, et les avis des vignerons varient en la matière. Il est aussi difficile de prédire la qualité d'un tel vin qui, de toute manière, dépendra de bien d'autres critères.

« CUVÉE SPÉCIALE », « RÉSERVE EXCEPTIONNELLE », « GRANDE CUVÉE », ETC. Ces mentions sous-entendent que ces vins se situent en haut de la gamme d'un producteur par leur qualité (et leur prix), parce que la cuvée provient soit d'une parcelle particulière, soit de raisins particulièrement mûrs. Cependant, seule la bonne foi du producteur est ici engagée, et il doit pouvoir la justifier.

« CRÈME DE TÊTE ». Expression appliquée parfois aux vins de Sauternes issus du premier tri des vendanges. Élaborés à partir de raisins « rôtis », ils sont particulièrement liquoreux.

« GRAND VIN DE (SUIVI DU NOM D'UNE RÉGION) ». Cette mention revêt, outre son caractère localisant, un caractère largement publicitaire. À l'origine, dans le Bordelais, ce terme avait un sens. Il n'en est plus rien aujourd'hui, sauf cas particulier (voir encadré p. 308).

L'étiquette des vins effervescents

Le terme « vin effervescent » désigne un vin en bouteille contenant du gaz carbonique sous pression qui se détend avec effervescence au moment du débouchage. Par ordre croissant d'effervescence, on distingue les vins perlants (ou perlés), pétillants et mousseux (ces derniers comprennent le champagne et les crémants). Ces vins peuvent être des trois couleurs, mais la majorité sont des blancs. Leur élaboration est décrite p. 258. L'étiquetage des vins perlants ou pétillants ne relève d'aucune réglementation particulière. Quant aux mousseux, leur étiquette porte des mentions spécifiques à cette catégorie de vin, hormis celles évoquées ci-dessus.

LE DOSAGE. Cette mention indique la teneur en sucres résiduels, exprimée en grammes par litre, c'est-à-dire la concentration de sucres de la « liqueur d'expédition » (vin et sucres), ajoutée avant la mise en bouteilles définitive et qui donne au mousseux un goût plus ou moins sucré. Selon la teneur en sucres résiduels, le vin est qualifié de « doux » (plus de 50 g), « demi-sec » (entre 33 et 50 g), « sec » (entre 17 et 35 g), « extra-dry » (entre 12 et 20 g), « brut » (moins de 15 g) ou « extra-brut » (moins de 6 g). Pour une teneur de moins de 3 g, on peut également trouver les mentions « brut nature », « non dosé » ou « dosage zéro ».

LA MÉTHODE D'ÉLABORATION. La grande majorité des vins mousseux de qualité est élaborée selon la méthode de la seconde fermentation en bouteille, utilisée d'abord en Champagne. L'étiquette peut alors porter la mention « méthode traditionnelle », terme qui a remplacé celui de « méthode champenoise ». Dans certaines régions viticoles, on pratique une autre méthode pour élaborer un vin moins effervescent et plus doux : les vins jeunes sont mis en bouteilles avant que les sucres résiduels n'aient été transformés en alcool, et la fermentation continue en bouteille, libérant du gaz carbonique. C'est le cas à Gaillac, à Limoux (Blanquette) et en Savoie. Sur l'étiquette peut alors figurer la mention « méthode ancestrale » ou « méthode rurale ». Une

ÉTIQUETTE D'UN VIN EFFERVESCENT

Château Moncontour est le nom du vin. L'utilisation du terme « château » est réservée aux vins d'appellation d'origine contrôlée. Le vin doit être issu de raisins provenant d'une exploitation précise (voir p. 111).
Méthode traditionnelle indique que ce vin mousseux a été élaboré selon la méthode de la seconde fermentation en bouteille, telle qu'elle a été d'abord pratiquée en Champagne (voir page précédente).
Vouvray est le nom de l'appellation, qui doit figurer en gros caractères.
Appellation Vouvray contrôlée est une mention qui doit suivre le nom de l'appellation. Elle désigne la dénomination catégorielle et figure en caractères plus petits.
Tête de Cuvée est le nom de la cuvée.
2011 est une mention facultative, précisant le millésime. Si elle est utilisée, le vin doit provenir exclusivement de l'année indiquée.
Vin brut indique le dosage et signifie que la teneur en sucres résiduels de ce vin effervescent est de moins de 15 grammes par litre.
Élaboré par SA Vignoble du Château Moncontour indique le nom du producteur, ici une Société anonyme, suivi de son adresse.

Les autres mentions obligatoires – le titre alcoométrique et la contenance – doivent figurer sur la contre-étiquette.

variante légèrement différente de cette méthode est employée pour la Clairette de Die (« méthode dioise »).

Il faut noter qu'un champagne est toujours un vin d'appellation d'origine contrôlée, même si ces mots ne figurent pas sur l'étiquette. La marque et le nom (ou la raison sociale) de l'élaborateur et son statut (voir encadré p. 402) doivent être précisés obligatoirement. Seules les bonnes années donnent naissance à des bouteilles « millésimées », dont le vin doit provenir exclusivement de l'année indiquée et avoir vieilli au moins 3 ans. Plus rarement, l'étiquette informe sur la commune d'origine ou la cotation (« premier cru » ou « grand cru ») du raisin dont est issu le vin. Enfin, elle porte la mention « blanc de blancs », lorsque la cuvée a été élaborée uniquement avec du chardonnay, et « blanc de noirs », quand elle est issue de pinot noir, de pinot meunier ou des deux. Les mentions de type « cuvée réservée », « tête de cuvée » ou « carte noire » sont de nature commerciale.

La contre-étiquette

Bien qu'elle ne soit pas obligatoire, la contre-étiquette constitue fréquemment une source d'informations sur le vin. Apposée sur la paroi opposée de la bouteille, elle apporte un éclaircissement sur des aspects aussi variés que les cépages ou les caractéristiques de la parcelle dont est issu le vin, le type et la durée de l'élevage que le vin a subis, la température idéale de service ou encore des suggestions pour marier le vin avec certains mets. Elle contient aussi, très souvent, des arguments à but publicitaire.

Très répandue dans les pays anglo-saxons, la contre-étiquette est de plus en plus utilisée en France. Certains producteurs l'utilisent pour y faire figurer les mentions obligatoires et facultatives, tandis que l'étiquette principale sert à attirer l'attention du consommateur par un graphisme imagé, telle la reproduction d'une peinture et/ou un graphisme soigné, avec ou non un nom de cuvée.

Déguster et apprécier un vin

Goûter un vin procure des sensations qui ne laissent pas indifférent. Sa couleur, ses arômes, ses saveurs, sa texture parlent à nos sens. Cependant, le plus souvent, l'amateur néophyte est démuni pour décrire ses sensations et ne sait comment les décrypter en fonction des différents composants du vin. Pour cette raison, apprendre à déguster s'avère une étape fondamentale. La dégustation est avant tout un exercice technique à la portée de tous. Elle se déroule selon une méthode bien précise avec trois étapes successives. Chacune d'elles met en scène un ou plusieurs de quatre de nos sens qui entrent en jeu : la vue, l'odorat, le goût et le toucher. À chaque étape correspond un vocabulaire, précis et analytique, permettant de décrire les observations et les perceptions. Mais la dégustation est aussi un exercice de la mémoire. Au fur et à mesure de ses expériences, l'amateur enregistre des couleurs, des arômes et des goûts qui lui permettront de se constituer une bibliothèque de références. Aussi, plus l'amateur déguste, plus il sera en mesure d'identifier les caractéristiques sensorielles d'un vin et, par comparaison, d'en juger les qualités. À cela doivent s'ajouter quelques connaissances théoriques sur la viticulture et la vinification, car un vin ne saurait jamais être soustrait de son contexte d'origine. Enfin, la dégustation demande un minimum de conditions requises pour être performante. Elles concernent autant le bon choix des verres et du lieu que le bon état physique et mental du dégustateur. Un vocabulaire de la dégustation aidera l'amateur de vins à mieux décrire les caractéristiques d'un vin.

L'œil du vin

Le premier contact avec le vin est visuel. À peine servi, l'œil en a saisi la couleur et l'éclat. Dans le verre, le vin raconte déjà son histoire au dégustateur attentif. En observant avec attention sa robe, c'est-à-dire sa couleur, sa limpidité, son intensité et sa tonalité, on récolte des indices précieux relatifs à son origine, son âge et sa personnalité. Si la qualité d'un vin ne peut pas être jugée par sa couleur, certaines anomalies peuvent mettre en garde. Pour cette raison, l'examen visuel précède toujours l'approche olfactive et gustative.

La robe : teinte, intensité et limpidité

Dans un premier temps, le dégustateur s'attache à définir la couleur de la robe, à savoir sa teinte et son intensité, ainsi que sa limpidité. Pour bien les observer, il doit tenir le verre devant un fond clair (par exemple, un mur blanc) ou le placer au-dessus d'une surface blanche, dans une source de lumière.

LA TEINTE. La couleur d'un vin s'évalue selon deux paramètres, sa teinte et son intensité. Le vocabulaire utilisé pour décrire la première emprunte ses termes au monde des pierres précieuses (rubis, topaze), des métaux (or, cuivre), des fleurs (rose, pivoine) et des fruits (citron, cerise).

L'INTENSITÉ. Mais les nuances étant nombreuses, il est important de qualifier la teinte par son intensité. Elle va de pâle à dense en passant par claire, foncée, sombre, intense, profonde. Certains mots employés donnent déjà une idée de la qualité comme pauvre, légère et faible.

LA LIMPIDITÉ de la robe s'observe en même temps, le verre toujours placé dans une source lumineuse. Elle doit être parfaite et n'être troublée par aucun corps étranger en suspension, tels des poussières, des flocons, des voltigeurs

Pour observer la robe du vin, à savoir sa teinte, son intensité et sa limpidité, il faut placer le verre contre une surface blanche.

LA COULEUR DES VINS ET SON VOCABULAIRE

VINS ROUGES : pivoine, rubis clair, rubis, rubis profond, vermillon, grenat, grenat intense, carmin, pourpre. Lorsqu'ils sont âgés : tuilé, roux, marron, acajou.
VINS ROSÉS : gris pâle, rose très pâle, rose, framboise, œil-de-perdrix, fraise, cerise, rose saumoné, pelure d'oignon. Plus vieux : saumon, orangé, brique, cuivre.
VINS BLANCS : translucide, jaune pâle, jaune à reflets verts, or pâle, or vert, or jaune, citron, or paille, topaze. Après quelques années de vieillissement : vieil or, bronze, cuivre, ambre, acajou.

(résidu de collage ou levures mortes en suspension dans le verre, donnant l'impression de « voltiger »). Sinon, le vin est décrit comme bourbeux, opalescent, trouble, floconneux, voilé. Signes de mauvaise vinification ou de maladie du vin, ces troubles rendent le vin impropre à la consommation. Heureusement, en raison des progrès de l'œnologie, ces accidents sont de plus en plus rares.

Que déduire de la robe d'un vin ?

La couleur d'un vin ne renseigne pas seulement sur sa catégorie – blanc, rouge ou rosé –, mais aussi sur son cépage, son millésime, son âge, et éventuellement sur son mode d'élevage.

La matière colorante d'un vin provient des pigments contenus dans la peau des raisins. Peu présents dans les raisins blancs, ils sont en revanche importants dans les raisins rouges, mais d'intensité différente selon les cépages. Un vin issu du cépage gamay montre une robe d'un joli rubis, très distincte de celle d'un cabernet-sauvignon, grenat sombre. La maturité de la peau conditionnant celle des pigments, l'intensité colorante d'un vin dépend également de la qualité du millésime. Cela se vérifie facilement, en comparant les vins d'un même domaine dans des millésimes de qualité différente. Ainsi un Médoc de 1994 montre-t-il une robe moins intense que celle, plus concentrée, d'un 1996, année plus chaude. De la même façon, les vins blancs offrent une robe de teinte plus sombre lorsque les raisins ont été ramassés dans des années très chaudes, qui favorisent une légère surmaturité.

Puis, l'intensité colorante résulte du rendement que le vigneron a obtenu des vignes. Plus le rendement est élevé, moins les raisins seront concentrés et les jus colorés. *A contrario,* plus il est faible, plus le vin gagne en intensité. C'est le cas des vieilles vignes, peu chargées en raisins, qui donnent des vins d'une robe toujours très soutenue. Enfin, la qualité sanitaire du raisin joue, elle aussi, son rôle. Issu d'une vendange pourrie, le vin montre peu d'intensité colorante quels que soient son cépage et son rendement.

Pour les rouges et, dans une moindre mesure, les rosés, l'observation de la teinte peut permettre d'évaluer l'âge du vin. Très jeunes, ils affichent une nuance bleutée ; qui donne souvent des reflets violacés à la robe. Avec le temps, celle-ci se pare de reflets plus orangés en raison du jaunissement des pigments et des tanins. Les blancs possédant peu de tanins, leur robe évolue beaucoup plus lentement.

La vinification et l'élevage influencent à leur tour la teinte des robes. Pour les rouges, une longue macération permet une meilleure extraction de la matière colorante (voir p. 254). Les rosés, selon leur mode de vinification par pressurage ou par saignée (voir encadré p. 256), présentent des robes de nuances différentes, assez pâles dans le premier cas, plus foncées dans le second. Enfin, la barrique neuve, parce qu'elle favorise une meilleure combinaison des matières colorantes, intensifie les teintes. Ainsi, un même vin, blanc ou rouge, élevé dans des barriques avoue une robe plus sombre que lorsqu'il n'a vu que des cuves.

Pour observer le disque et la frange, il faut se placer juste au-dessus du verre (vue plongeante), puis pencher ce dernier dans un rayon de lumière (vue latérale).

Le disque et la frange

LE DISQUE est la surface plane du vin. Pour bien l'observer, le dégustateur se place d'abord juste au-dessus du verre – c'est la vue plongeante –, puis penche le verre dans un rayon de lumière – c'est la vue latérale. Pour mieux la décerner, il prendra toujours soin de manipuler son verre au-dessus d'une surface blanche, neutre par excellence.

EXAMEN VISUEL DES VINS EFFERVESCENTS

À l'instar d'un vin tranquille, un effervescent se juge d'après sa teinte, sa limpidité et sa brillance. À cela s'ajoute l'observation de la mousse et des bulles, dues à la présence de gaz carbonique. Leur aspect visuel est important, car il permet d'évaluer la qualité de l'effervescent.

Dans un premier temps, le dégustateur observe la mousse qui se forme spontanément dans le verre lors du service du vin. Elle se juge selon sa générosité, sa tenue dans le temps et par la taille de ses bulles. Une belle mousse est assez abondante, persistante, aérienne, composée de petites bulles. À l'inverse, elle se montre grossière, fugace, peu ou trop abondante. Une fois disparue, elle doit laisser place à un anneau de bulles s'accrochant à la paroi du verre, le cordon. À ce stade, le dégustateur examine les bulles, leur taille et leur durée de vie. Elles doivent être fines, monter régulièrement du fond du verre en une colonne continue dite « cheminée », et nourrir le cordon. De grosses bulles venant mourir immédiatement à la surface du verre, l'absence de cordon et une moindre effervescence ne prêchent pas pour la qualité du vin.

Il est bon de savoir que la température de service et le choix du verre conditionnent la bonne formation des bulles et de la mousse. Le froid bloque l'effervescence et la chaleur la précipite.

Le dégustateur privilégiera la flûte à la coupe, qui nuit à la bonne effervescence du vin.

Le disque se juge selon sa brillance, son éclat, c'est-à-dire par la façon dont il renvoie la lumière. Son observation doit confirmer la qualité de la limpidité de la robe. Un vin montrant des troubles de limpidité présentera un disque avec les mêmes défauts. Il est décrit comme mat, terne, voilé, trouble, opaque, ce qui doit le rendre suspect aux yeux du dégustateur. Dans le meilleur des cas, le disque est qualifié de brillant, éclatant, lumineux, chatoyant. Pour les vins blancs et rosés, l'éclat est un signe de qualité important et fondamental. Pour les rouges, ce paramètre est à nuancer en raison de la nouvelle tendance qui prône l'absence de filtration – opération réalisée juste avant la mise en bouteilles et visant à augmenter la limpidité et la brillance des vins (voir p. 271). Dans ce cas, le vin perd en éclat, mais, en revanche, gagne en intensité colorante.

LA FRANGE. Durant l'observation du disque des vins rouges et, dans une moindre mesure, des vins rosés, le dégustateur examinera plus particulièrement son bord extérieur, appelé « la frange ». En raison de la moindre épaisseur du vin à cet endroit, la teinte de la robe y est plus visible. Légèrement bleutée, elle est le signe d'un vin encore très jeune. Lorsqu'elle montre des teintes plus terre cuite ou tuilées, elle avoue un vin qui prend de l'âge. Cette évolution de la teinte est due au vieillissement des tanins et des pigments qui prennent une teinte jaune avec le temps. Comme la teinte de la robe, la frange doit traduire l'âge que le vin affiche sur l'étiquette de sa bouteille. En effet, si celui-ci est supposé encore jeune mais montre une frange déjà évoluée, ce n'est pas un signe de bonne qualité. Dans ce cas, la robe sera qualifiée d'« usée », de « vieille », de « fatiguée ». Dans le cas inverse, c'est-à-dire d'un vin âgé avec une frange peu évoluée, le dégustateur notera la jeunesse de sa couleur.

Les larmes du vin sont les coulées transparentes plus ou moins épaisses que le vin laisse sur les parois internes du verre.

Les larmes ou les jambes

L'observation des larmes ou des jambes du vin est la dernière étape de l'examen visuel. Elle se fait en imprimant au verre un mouvement rotatif de façon à faire glisser doucement le vin sur les parois internes du verre. En plaçant le verre dans une source de lumière, le dégustateur observe alors des gouttes d'un liquide transparent coulant plus lentement que le reste du vin. Ce sont les larmes ou les jambes du vin. Elles résultent d'un double phénomène dû à des tensions physiques entre l'eau et l'alcool et à la conjugaison de l'alcool, des sucres et des glycérols contenus dans le vin. Elles traduisent le gras du vin, sa viscosité, son épaisseur tactile. Des larmes épaisses, grasses,

LES VRAIS ET FAUX DÉFAUTS VISUELS

Il est aujourd'hui de plus en plus rare de rencontrer un vin montrant un voile graisseux à sa surface, des flocons ou des filaments en suspension, conséquences d'une mauvaise vinification. Grâce au progrès de l'œnologie, le vigneron maîtrise parfaitement la limpidité et la brillance de ses vins. Il arrive cependant que certains vins jeunes, parce que peu ou non filtrés, montrent un léger trouble dû à la présence de lies fines en suspension. Avec le temps, elles vont se déposer dans la bouteille et former un dépôt tout à fait naturel. De même, il est tout à fait normal de trouver des dépôts dans les vieux vins. Autre phénomène naturel et parfaitement inoffensif, la présence de petits cristaux dans certaines bouteilles. Ils proviennent de la précipitation d'un composant du vin, l'acide tartrique, lors d'un brusque changement de température. Les vrais défauts visuels que le dégustateur peut aujourd'hui rencontrer sont le manque d'intensité colorante et les robes prématurément tuilées, le plus souvent dus à une vendange pourrie ou insuffisamment mûre, à un rendement trop élevé, à une vinification trop courte ou mal conduite.

bien dessinées, coulant doucement dans le verre sont le signe d'un vin supposé riche en alcool et/ou en sucres résiduels. À l'inverse, un vin peu riche en alcool et/ou en sucres montre des larmes fines, peu nombreuses, fluides, très coulantes.

Pour décrire ce phénomène, on parle de la fluidité ou, au contraire, de la viscosité du vin. Les termes employés sont « aqueux », « liquide » et « fluide » pour un vin titrant peu d'alcool, et « gras », « sirupeux », « onctueux » ou « pleurant » pour évoquer le contraire.

Les larmes sont rarement interprétées comme un signe de bonne ou mauvaise qualité du vin. Elles renseignent davantage sur sa personnalité ou sur son appartenance à l'une des grandes familles de vins (voir p. 30). Un vin blanc montrant des larmes abondantes, assez grasses, « collant » au verre, renvoie plus à un vin riche en sucres, de type moelleux, doux ou liquoreux (par exemple, un Sauternes ou un Jurançon) qu'à un vin blanc sec. Lors d'une dégustation à l'aveugle, où l'appellation du vin est inconnue, leur observation donne des indices précieux au dégustateur.

Le nez du vin

Humer un verre de vin, identifier les différents arômes qui le distinguent, en saisir la complexité, la subtilité est un des grands plaisirs de la dégustation. À ce stade, le vin révèle beaucoup de sa personnalité. Cependant, cet exercice déconcerte le plus souvent le dégustateur néophyte qui a du mal à nommer telle ou telle odeur. Une petite phase d'apprentissage s'avère alors utile pour « réveiller » la mémoire olfactive que chacun de nous possède.

Comment lire le nez d'un vin

Le terme « nez » regroupe l'ensemble des odeurs qui caractérisent le vin. Pour une bonne analyse olfactive du vin, le dégustateur choisira un verre en forme de tulipe (voir p. ii dans le cahier encarté) qu'il ne remplira qu'au tiers de sa contenance. Il sera attentif à la température de service du vin – entre 8 et 18 °C selon la couleur et leur origine (voir p. 210) –, qui affecte la bonne volatilité des composants aromatiques du vin. Trop froid, les arômes ont du mal à passer à l'état gazeux et, trop chaud, ils s'évaporent trop vite et sont dominés par les vapeurs d'alcool. D'autre part, le bulbe olfactif (voir encadré p. 130) saturant vite, il est conseillé de humer son verre à plusieurs reprises, sans trop insister, de façon à éviter l'anesthésie, et d'attendre un peu entre chaque inhalation. L'analyse du nez du vin se décompose en trois étapes :

Pour juger le premier nez du vin, le dégustateur se penche sur son verre et respire les premières odeurs, hautement volatiles.

LE PREMIER NEZ est le premier contact olfactif avec le vin. Le dégustateur se penche sur son verre et en respire les premières odeurs. Cela lui permet, d'une part, de s'assurer que le vin n'est pas pollué par des odeurs non désirables (mauvais bouchon, par exemple) et, d'autre part, de sentir les odeurs hautement volatiles du vin qui disparaissent rapidement dès son service. Cette étape donne déjà une première idée de la personnalité aromatique du vin.

LE DEUXIÈME NEZ pousse plus loin l'exploration olfactive du vin et a pour but d'en identifier la personnalité aromatique. Pour cela, le dégustateur saisit le verre par le pied, lui imprime un mouvement de rotation afin d'oxygéner le vin et d'accélérer la volatilisation de ses différents composants aromatiques. (Pour plus de facilité, il peut poser le verre sur la table tout en l'agitant.) Puis, il inspire plusieurs fois en plongeant quelques secondes son nez dans le verre. À ce stade il est en mesure de juger la force, l'intensité et la richesse du nez, tout en essayant d'identifier les différentes odeurs qui le composent.

Avant de juger le deuxième nez du vin, le dégustateur saisit le verre par le pied et lui imprime un mouvement rotatif afin d'oxygéner le vin.

LE TROISIÈME NEZ est l'expression du vin après une longue oxygénation dans le verre. En contact avec l'air, les différents constituants aromatiques évoluant différemment selon le degré de volatilité de chacun, il est intéressant de replonger son nez dans le verre sans l'agiter après l'avoir laissé reposer sur un coin de table. Le dégustateur note alors l'évolution des arômes, leur persistance et leur intensité.

Décrire le nez d'un vin

Pour décrire le nez d'un vin, il est conseillé de procéder par étapes, en partant d'une impression globale avant d'analyser les différentes odeurs, ou arômes, présentes dans le vin.

LA PERSONNALITÉ AROMATIQUE. Dans un premier temps, le dégustateur s'attache à décrire de façon générale la personnalité aromatique du vin (voir p. 30) en jugeant de son intensité en termes de force ou de faiblesse avec les gradations intermé diaires. Le vocabulaire couramment usité est : expressif, intense, puissant, généreux, exubérant ou, dans le cas contraire, peu expressif, faible, pauvre, léger. Il arrive parfois que le vin ne s'exprime pas du tout dans le verre, c'est le cas lorsqu'il vient juste d'être embouteillé

COMMENT FONCTIONNE L'ODORAT ?

De nos sens sollicités, l'odorat est celui qui joue le rôle le plus important dans l'appréciation du vin. Il intervient non seulement lors de l'étape purement olfactive, mais aussi lors de la dégustation proprement dite. En effet, une bonne partie de ce que nous goûtons est en réalité « sentie ». La preuve en est que, lorsque nous sommes enrhumés, boissons et aliments ont perdu leur goût !

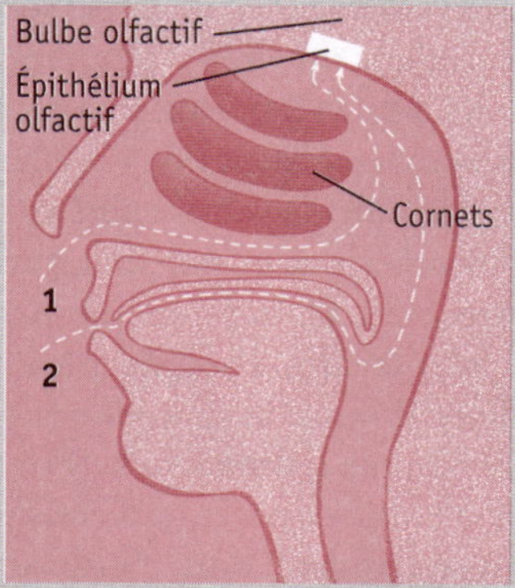

Voies nasale (1) et rétronasale (2).

Le bulbe olfactif est l'organe qui confère à notre odorat une précision et une sensibilité remarquables. Situé dans la boîte crânienne, juste au-dessus de la cavité nasale, il se prolonge de l'autre côté de l'os par une muqueuse mince et lisse, l'épithélium olfactif, recouvert par une multitude de minuscules cils olfactifs. Ceux-ci captent les molécules aromatiques, qui sont à l'état gazeux, pour les transmettre ensuite au bulbe olfactif par l'intermédiaire du nerf olfactif.

Voie nasale et voie rétronasale. Les molécules aromatiques s'acheminent vers le bulbe olfactif par deux chemins : la voie nasale, qui passe directement par les narines lorsque nous inspirons, et la voie rétronasale, plus indirecte, qui relie la bouche au nez via la gorge lorsque nous expirons. C'est donc au moment de la dégustation pure que le dégustateur complète son analyse olfactive du vin en découvrant certains arômes non perceptibles directement par le nez. En effet, certains arômes, en raison de leur moindre qualité volatile, ont besoin d'être chauffés dans la bouche pour passer de leur état liquide à celui gazeux. À ce stade, saveurs et arômes se mêlent en se juxtaposant. Par exemple, ce que nous reconnaissons comme le goût de fraise est en réalité plus l'odeur de fraise. Le goût est donc une somme de sensations tant olfactives (les arômes) que gustatives (les saveurs), ce que traduit assez bien le terme de « flaveur », mot de l'ancien français, qui a survécu dans le mot anglais *flavor*.

ou qu'il est servi trop froid ; le nez est alors dit « fermé ». À ce vocabulaire purement descriptif et objectif peuvent se mêler des termes plus subjectifs tels que : plaisant, joli, agréable, élégant, racé, ou, à l'inverse, banal, ordinaire, simpliste, sans complexité, vulgaire.

L'IDENTIFICATION DES DIFFÉRENTS ARÔMES. Cette étape de l'analyse relève d'un exercice plus difficile (voir encadré ci-contre). Plutôt que de tenter d'identifier une odeur particulière, il est souvent plus facile d'identifier la famille ou série d'arômes à laquelle elle appartient. On parle ainsi de séries florales, fruitées, végétales, minérales, épicées, balsamiques, empyreumatiques et chimiques (voir tableau p. 134-135).

Outre par leur appartenance à une série particulière, les arômes peuvent également être distingués en fonction de l'origine, de l'âge et du mode d'élaboration du vin, certaines de ces séries pouvant l'emporter sur d'autres.

LES ARÔMES PRIMAIRES, dits aussi « variétaux », expriment le caractère fruité propre à chaque cépage dont est issu le vin. De type floral, fruité, végétal, minéral et épicé, ils prédominent lorsque le vin est très jeune, surtout s'il n'a été élevé que dans des cuves.

LES ARÔMES SECONDAIRES proviennent de la fermentation, c'est-à-dire du processus qui transforme le raisin en vin. Pour cette raison, ils sont aussi appelés « arômes fermentaires ». Ils dépendent de la nature des levures et du mode de vinification, et appartiennent à la famille des odeurs chimiques : amyliques (banane, vernis à ongles), fermentaires (levure, mie de pain) ou lactées (beurre, lait, crème). Signes de jeunesse d'un vin, ils disparaissent après quelques années de bouteille.

LES ARÔMES TERTIAIRES apparaissent lors de l'élevage des vins dans des barriques de chêne (surtout si elles sont neuves) et après quelques années de vieillissement en bouteille. Ceux provenant de l'élevage appartiennent aux séries balsamiques et empyreumatiques (ou de « brûlé »). Dominant souvent les arômes fruités d'un vin dans ses toutes premières années, ils doivent se fondre avec le temps. Les arômes tertiaires, résultat d'un long vieillissement, se montrent plus complexes et mêlent les séries animales, épicées, végétales avec celles empyreumatiques. À ce stade, on parle volontiers du bouquet d'un vin pour exprimer toute la richesse aromatique que celui-ci révèle à son apogée.

Que déduire du nez d'un vin ?

Tout comme la robe, le nez d'un vin livre d'importants renseignements sur sa personnalité et sa qualité. Une bonne intensité et une large palette d'arômes plaident en faveur de sa qualité finale tout en réjouissant le dégustateur. Mais plus encore ses arômes dominants, primaires ou tertiaires, c'est-à-dire fruités, d'élevage ou d'évolution (les arômes secondaires sont rarement dominants ou alors par défaut), donnent de précieux indices sur le ou les cépages, l'âge du vin, le mode d'élaboration, voire même le millésime et le rendement.

LA MATURITÉ DU FRUIT. En effet, la qualité des arômes contenus dans la peau des raisins dépend de la maturité du fruit. Un Sauvignon peu mûr et dilué exprime des arômes peu complexes d'herbe, légèrement citronnés et, dans le pire des cas, de « pipi de chat ». Plus mûr et issu de rendement faible, il montre des arômes plus complexes d'ananas et de zeste de pamplemousse rose.

L'ORIGINE DU VIN joue aussi un rôle capital. Un Chardonnay né à Chablis offre un nez frais, minéral, de fleurs blanches très diffé-

LA MÉMOIRE OLFACTIVE

L'odorat est un de nos sens les plus sollicités, mais, paradoxalement, le moins éduqué. Chez le nouveau-né, l'odorat est le sens le plus développé. Adultes, nous réagissons toujours aux odeurs, mais de façon instinctive et primaire en les acceptant ou en les rejetant, rarement en les analysant. D'où souvent l'embarras du dégustateur lorsqu'il doit identifier les arômes caractéristiques d'un vin. Il en reconnaît certains, mais a du mal à les nommer. Déguster, c'est un peu « dépoussiérer » notre mémoire, une sorte de plongeon dans notre vécu qui fera ressurgir des souvenirs liés à des odeurs particulières. Pour s'aider, le dégustateur s'exercera à sentir tous les produits odorants qui l'entourent (fleurs, fruits, épices, mais aussi les odeurs de campagne, de cuisine, etc.), avec la volonté de les enregistrer et de les cataloguer dans chacune des familles d'odeurs. C'est un exercice facile, amusant et non dénué de plaisir.

LES DÉFAUTS OLFACTIFS

Les défauts les plus courants du vin sont ceux inhérents à son élaboration. Un manque d'hygiène dans les chais donne des odeurs sales, de moisi, de croupi. Un vin qui n'a pas été assez soutiré, c'est-à-dire oxygéné, présente des nez de réduit, de renfermé. À l'inverse, trop d'oxygène nuit au vin et se traduit par un nez oxydé, madérisé. Un mauvais dosage de soufre a aussi des conséquences fâcheuses. Présent en trop grande quantité, le soufre se révèle par une odeur âcre, piquante. Mal combiné, il donne une odeur d'œuf pourri, dite « de mercaptan ». Mais un défaut olfactif peut aussi provenir d'un facteur externe, tel un mauvais bouchon qui donne une odeur de liège impropre. Plus récemment, certains produits de traitement du bois utilisé pour les charpentes des chais et les palettes de stockage ont contaminé les vins en leur communiquant une odeur de liège, proche de celle d'un bouchon défectueux.

rent de celui d'un Meursault, plus opulent avec ses notes d'amande et de noisette ou encore de celui né sous le soleil du Languedoc, plus lourd, aux notes de fruits mûrs.

LE VIEILLISSEMENT DU VIN. Mais c'est avec le temps que le vin exprime au mieux toute sa complexité. Car les différents arômes d'un vin – arômes primaires, secondaires et tertiaires – évoluent pendant l'élevage en cuve ou en fût, puis pendant son vieillissement en bouteille (voir encadré p. 180). Dans le meilleur des cas, le vin conjugue les arômes d'évolution où s'exprime la quintessence du terroir, tout en gardant le souvenir de son fruité originel.

Le nez du vin doit conforter l'analyse visuelle. Un vin à la robe jeune doit ainsi présenter des arômes jeunes sur le fruit, un grand vin rouge de garde ayant atteint son apogée des arômes plus complexes. Si ce n'est pas le cas, il souffrira d'une disharmonie et d'un déséquilibre que devrait confirmer l'analyse gustative (voir p. 142). Pour conclure, le dégustateur note la complexité et l'harmonie de l'expression aromatique du vin en le qualifiant de « racé », de « séveux », de « distingué » ou, dans le cas opposé, de « banal », « ordinaire », « simple », « sans harmonie », « sans race » ou encore « vulgaire ».

TABLEAU RÉCAPITULATIF DES FAMILLES D'ARÔMES

Ce tableau présente les différentes familles d'arômes (florale, végétale, fruitée, minérale, etc.), par couleurs et par catégories (arômes primaires propres à chaque cépage ; secondaires, provenant de la fermentation ; tertiaires, dus à l'élevage et au vieillissement).

SÉRIE AROMATIQUE	VINS ROUGES ET ROSÉS
SÉRIE FLORALE	
Arômes primaires	Iris, pivoine, rose, violette.
Arômes tertiaires	Fleurs séchées, rose fanée.
SÉRIE FRUITÉE	
Arômes primaires	Petits fruits rouges et noirs (cassis, cerise, fraise, framboise, griotte, groseille, mûre), fruits compotés, olive noire, pruneaux.
Arômes secondaires	Banane, bonbon anglais.
Arômes tertiaires	Fruits cuits, pruneaux, liqueurs de fruits.
SÉRIE VÉGÉTALE	
Arômes primaires	Bourgeon de cassis, humus, poivron vert, tomate verte.
Arômes tertiaires	Champignon, humus, sous-bois, truffe.
SÉRIE MINÉRALE	
Arômes primaires	Craie, pierre à fusil.
SÉRIE ÉPICÉE	
Arômes primaires	Garrigue, laurier, poivre, thym.
Arômes secondaires	Clou de girofle, réglisse.
SÉRIE CHIMIQUE	
Arômes secondaires	Acétone, banane, levure, soufre, vernis à ongles.
SÉRIE ANIMALE	
Arômes tertiaires	Cuir, fourrure, gibier, jus de viande, venaison.
SÉRIE BALSAMIQUE	
Arômes secondaires	Bois neuf, chêne, pin, résine, térébenthine, vanilline.
SÉRIE EMPYREUMATIQUE	
Arômes secondaires	Cigare, fumé, goudron, grillé, tabac, suie, thé, pain toasté.

SÉRIE AROMATIQUE	VINS BLANCS
SÉRIE FLORALE	
Arômes primaires	Acacia, aubépine, fleur d'oranger, fleurs séchées, genêt, géranium, rose, tilleul.
Arômes tertiaires	Camomille, fleurs séchées.
SÉRIE FRUITÉE	
Arômes primaires	Abricot, agrumes (citron, orange, pamplemousse), ananas, banane, coing, fruits confits, fruits exotiques (litchi, mangue, papaye), fruits secs (amande, noisette, noix), figue, melon, pêche, poire, pomme verte, pomme cuite.
Arômes secondaires	Ananas.
Arômes tertiaires	Tous les fruits secs, miel.
SÉRIE VÉGÉTALE	
Arômes primaires	Bourgeon de cassis, buis, champignon, fenouil, fougère, foin, herbe fraîche, menthe fraîche, paille, pipi de chat.
Arômes tertiaires	*Rares ou inexistants.*
SÉRIE MINÉRALE	
Arômes primaires	Craie, iode, pétrole, pierre à fusil, silex.
SÉRIE ÉPICÉE	
Arômes primaires	Poivre blanc.
Arômes tertiaires	Cannelle, girofle, vanille.
SÉRIE CHIMIQUE	
Arômes secondaires	Beurre frais, brioche, crème, ferment, lait, levure, pain, soufre.
SÉRIE ANIMALE	
Arômes tertiaires	*Rares ou inexistants.*
SÉRIE BALSAMIQUE	
Arômes tertiaires	Bois neuf, chêne, pin, résine, térébenthine, vanille.
SÉRIE EMPYREUMATIQUE	
Arômes secondaires	Grillé, moka, thé, pain toasté, torréfaction.

La bouche du vin

Dernière et ultime étape, la dégustation ! Le vin va enfin dévoiler toute sa personnalité gustative avec ses saveurs, sa texture, sa structure, son équilibre. Mais le dégustateur ne l'aborde pas sans déjà avoir une idée a priori de ce qu'il va goûter, grâce aux indices qu'il a récoltés précédemment. La bouche doit confirmer ses observations tout en les complétant et bien sûr, dans le meilleur des cas, parfaire son plaisir.

Déguster : un exercice pas si simple !

Qui n'a pas vu des dégustateurs à l'œuvre ? Ils font la grimace, émettent du bruit en faisant glouglouter le vin dans leur bouche avant de le recracher, le tout avec une mine inspirée ! Loin d'être du cinéma, cette « mise en bouche » s'avère indispensable pour une bonne appréciation du vin. Elle s'explique par le nombre d'acteurs qui rentrent en jeu lors de la dégustation. Il y a la langue qui détecte les quatre saveurs principales, mais aussi l'ensemble de la bouche – gencives, joues, langue et palais – qui enregistre les sensations d'ordre thermique (la température), d'ordre tactile (la consistance ou texture) et d'ordre chimique (l'astringence et l'effervescence éventuelle). Enfin, le vin se « sentant » autant qu'il se goûte, le bulbe olfactif intervient aussi pour identifier les différents arômes du vin. La grimace du dégustateur a pour but de solliciter au maximum chacun de ses outils gustatifs. Mais, si la technique est simple, l'art de la dégustation s'avère plus difficile. En effet, en un temps très court (moins d'une minute), le dégustateur expérimente plusieurs sensations qui se combinent et s'additionnent entre elles et, de fait, rendent l'analyse relativement complexe. La meilleure méthode pour procéder est de se poser les bonnes questions relatives à la structure, l'équilibre, l'harmonie et la complexité des saveurs. L'exercice de dégustation réclame beaucoup d'attention et de concentration. Avec un peu de pratique et de curiosité, elle est cependant à la portée de tous, comme le prouvent certains amateurs qui montrent un niveau de compétence comparable à celui de vrais professionnels.

Les trois étapes de la dégustation

Pour juger le « milieu de bouche », le dégustateur fait tourner une gorgée du vin dans la bouche pendant quelques secondes, donnant l'impression de « mâcher » le vin...

Si, dans la pratique, l'exercice de la dégustation se déroule en un seul temps, l'analyse procède, elle, par trois phases successives.

L'ATTAQUE. Elle correspond à la toute première impression que le vin fait naître sur la langue lorsque le dégustateur prend une petite gorgée de vin. D'emblée, il perçoit la température, la présence éventuelle du gaz, mais il se forme aussi une idée de la personnalité gustative du vin. Une attaque de qualité doit être franche, nette, précise, mais peut aussi s'avérer ample, aromatique, fruitée. Si ce premier contact n'enclenche aucune sensation chez le dégustateur, l'attaque est dite « faible », « fuyante », « aqueuse » ou, au contraire, « agressive » quand elle provoque une réaction gustative forte et déplaisante.

LE « MILIEU DE BOUCHE ». Cette étape correspond à l'épanouissement du vin dans la bouche. Pour ce faire, le dégustateur fait tourner une gorgée de vin dans la bouche pendant quelques secondes, donnant l'impression de « mâcher », puis inspire un filet d'air par la bouche afin d'accélérer l'acheminement des molécules aromatiques vers le bulbe olfactif via la voie rétronasale (voir encadré p. 130). À ce stade, il appréhende toutes les saveurs et odeurs, la texture et la structure inhérentes au vin. Or, ces sensations olfactives, tactiles et thermiques, qui s'additionnent et se combinent entre elles, livrent une impression globale. La tâche du dégustateur est alors d'essayer de les différencier successivement afin de les analyser et de juger de l'équilibre du vin (voir plus loin).

... puis il aspire un filet d'air par la bouche pour accélérer le cheminement des molécules aromatiques vers le bulbe olfactif.

LA FINALE. Cette dernière étape correspond à la persistance aromatique, ou « longueur en bouche », du vin dans la bouche, une fois celui-ci avalé (ou recraché). Elle donne une idée de la « grandeur » du vin. Plus un vin est long, plus grande sera sa qualité. Cette persistance se mesure en secondes ou caudalies (du latin *cauda,* « queue »), dans le langage du dégustateur. Elle peut aussi être décrite comme longue, épanouie, et, dans le meilleur des cas, on parlera de queue de paon. *A contrario,* elle est dite « inexistante », « fugace », « brève » ou « courte ». La difficulté consiste à ne pas confondre la persistance aromatique avec les sensations engendrées par l'acidité, l'alcool ou les tanins – soit une sensation de brûlure, de chaleur ou d'astringence –, qui tendent souvent à la masquer. Le plus simple est de se concentrer sur l'arôme dominant et, une fois le vin avalé (ou recraché), de le suivre jusqu'à disparition.

Enfin, il ne saurait y avoir de dégustation sans conclusion ! Une rapide synthèse s'impose concernant non seulement la qualité du vin à cet instant T de la dégustation, mais aussi son éventuel devenir (voir encadré p. 179). Et puis, bien sûr, c'est le moment pour le dégustateur d'exprimer son propre goût !

QUATRE SAVEURS PRINCIPALES

Le sucré, le salé, l'acide et l'amer sont les quatre saveurs de base qui interviennent dans la dégustation des vins. Contrairement à une idée répandue, les papilles gustatives, réparties sur la langue, ne sont pas spécialisées et perçoivent chacune l'ensemble des saveurs. Pour la dégustation, il est important de réaliser que les saveurs interfèrent entre elles en s'opposant ou en s'annulant : le salé renforce l'amertume, le sucré domine le salé mais surtout diminue la perception de l'acidité et retarde celle de l'amertume (voir aussi p. 48). De fait, lors de l'exercice de la dégustation, il est important de juger de l'harmonie des saveurs entre elles et plus exactement de celles sucrées d'une part avec celles acides et amères de l'autre, car elle témoigne directement de l'équilibre du vin (voir p. 142). Enfin, précisons que chaque individu possède sa propre sensibilité avec des seuils de perception pour chaque saveur.

LES DÉFAUTS GUSTATIFS

Certains défauts olfactifs se retrouvent lors de la dégustation. Les odeurs sales, de moisi, de croupi se traduisent par un « mauvais goût », proche de celui de végétaux en décomposition ou d'écurie. Un vin trop soufré présente une bouche dissociée, sans harmonie, qui s'exprime par un goût d'ail, de caoutchouc ou d'œuf pourri (mercaptan). Un vin oxydé offre une bouche à la saveur excessivement acidulée pour les blancs, et d'aigre-doux ou de rancio (pruneaux, fruits à l'eau-de-vie) pour les rouges. Un vin à l'odeur de bouchon aura un goût de liège impropre. D'autres défauts sont inhérents au mauvais équilibre du vin et ne sont pas toujours perceptibles à l'olfaction. Une sensation de « brûlant » traduit un excès d'alcool ou d'acidité. Un important taux de sucres non équilibré par l'alcool et une juste acidité donne une bouche pâteuse, lourde et sans finesse. Des tanins pas assez mûrs induisent une sensation forte d'âpreté dans un vin jeune et de sécheresse dans un vin plus âgé.

L'analyse des saveurs et des arômes

Les saveurs proviennent des différents constituants du vin. L'acide est induit des différents corps acides ; le sucré provient d'éventuels sucres résiduels mais aussi de l'alcool qui a une saveur douce et sucrée ; l'amertume est liée à la présence de tanins ; le goût salé, plus rare, existe pourtant à faible dose et découle de ses différents corps salés. Lors de la dégustation, ces saveurs se combinent entre elles en s'opposant ou en s'annulant (voir encadré p. 138), tout comme elles s'additionnent aux arômes. La présence de ces derniers, qui ont déjà été identifiés en partie lors de l'analyse olfactive, doit être confirmée, voire leur identification être complétée, lors de l'exercice de la dégustation. Un vin rouge qui offre des notes de fruits rouges très mûrs au nez doit aussi « goûter » les fruits rouges. Épaulé par une saveur sucrée, ce goût n'en sera que plus évident. En revanche, la prédominance de la saveur acide indiquera un déséquilibre entre saveur et arômes, qui ne plaidera pas en faveur du vin. De même, pour un vin blanc sec aux arômes dominants d'agrumes (citron,

LES TANINS

Présents uniquement dans les cépages rouges, les tanins sont extraits des peaux lors de la macération des raisins. Leur qualité et leur quantité dépendent de plusieurs facteurs : la maturité du fruit, la durée de la macération, mais aussi le cépage (le gamay est peu tannique contrairement au cabernet-sauvignon ou à la syrah). Les tanins sont responsables de la structure du vin, de sa charpente. Dans la bouche, ils se perçoivent par la sensation d'astringence (ou de sécheresse). C'est la « mâche » du vin, plus ou moins prononcée selon l'origine du vin, sa qualité et son âge. Les tanins sont qualifiés (de peu à beaucoup) par les termes : râpeux, âpres, fermes, ronds, fins. Ils jouent un rôle essentiel dans le vieillissement des vins.

pamplemousse, etc.), la saveur qui doit dominer en bouche est celle, fraîche, de l'acidité. L'interaction harmonieuse des saveurs et des odeurs est donc un point essentiel, qui permettra de juger de la qualité et de l'équilibre d'un vin.

L'analyse des sensations tactiles

Parallèlement aux sensations aromatiques et olfactives, l'ensemble de la bouche, dont les muqueuses, expérimente différentes sensations tactiles :

LE MOELLEUX. La sensation de moelleux est provoquée par l'alcool, qui a une saveur douce et légèrement sucrée. Elle est renforcée par la présence éventuelle de sucres résiduels. L'alcool est l'agent de douceur des vins blancs secs et, dans les rouges, il donne cette impression de gras du vin.

L'ACIDITÉ. La sensation d'acidité provient des différents corps acides présents dans le vin. Moins perceptible dans les vins rouges en raison des tanins, elle est plus évidente dans les blancs et les rosés élaborés par pressurage, dont elle assure la fraîcheur.

L'ASTRINGENCE. Provoquant une sensation de dessèchement dans la bouche, elle est induite par les tanins (voir encadré ci-dessus) et se perçoit donc essentiellement dans les vins rouges, mais aussi dans les rosés issus de macération. Les tanins sont responsables de la charpente ou de l'ossature des vins.

Chacune de ces sensations peut être analysée séparément bien que, le plus souvent, la perception soit de nature globale. Dans un vin blanc sec ou moelleux ainsi que dans les rosés élaborés par pressurage, c'est le couple acidité/moelleux qui donne sa personnalité tactile au vin. Pour les rouges et les rosés de macération, c'est le trio acidité/moelleux/astringence. Il existe autant de combinaisons possibles que de vins. Mais le résultat doit être harmonieux et n'engendrer aucune sensation désagréable due à l'excès d'un des composants, telle l'impression de brûlure liée à un excès d'alcool ou d'acidité, de sécheresse et de dureté induite par des tanins insuffisamment mûrs ou par manque de moelleux du vin (voir p. 142). De la somme de ces sensations tactiles résulte la notion de texture du vin, appelée aussi « corps », « chair » ou encore « trame ». Le vocabulaire pour la décrire emprunte autant au monde du tissu que de l'anatomie. La comparaison avec des figures géométriques est aussi assez courante (voir encadré ci-dessous).

LA TEXTURE D'UN VIN

La texture découle de l'ensemble des sensations tactiles perçues par la bouche. Elle s'apprécie d'emblée par l'amateur avant même qu'il n'en analyse les différents axes d'équilibre (voir p. 142) et dépend du rapport entre les principaux constituants du vin : alcool, acidité, tanins et sucres. Pour la décrire, le vocabulaire emprunte souvent au monde du tissu. On dira d'une texture qu'elle est souple, caressante, satinée, veloutée, soyeuse, ou, à l'inverse, granuleuse, grossière, rêche, rustique. L'analogie avec le corps humain est également fréquente. La « chair » du vin est ainsi décrite comme charnue, grasse, épaisse, ferme, ou, au contraire, mince, maigre, sèche. D'autres termes comme suave, onctueux, visqueux, sirupeux sont aussi couramment employés pour commenter la texture des vins blancs riches en sucres résiduels. Mais la qualité de la texture doit également être appréhendée dans le contexte de l'appellation. On n'attend pas d'un vin du Médoc, où domine le cabernet-sauvignon, riche en tanins, un grain aussi velouté que celui d'un pomerol où le merlot majoritaire, riche en alcool, « habille » les tanins.

La synthèse

Après avoir vérifié les trois étapes précédentes, il est temps de juger de la qualité des vins, qui peut se résumer en trois mots : équilibre, harmonie et plaisir. L'équilibre s'apprécie directement lors de la dégustation. L'harmonie synthétise toutes les données récoltées, tant gustatives, aromatiques que visuelles. Quant au plaisir, une fois compris les mystères du vin, il n'en sera que plus grand chez l'amateur.

Équilibre et harmonie

Lorsqu'on juge de la qualité d'un vin au-delà du plaisir qu'il peut procurer, on se réfère généralement à deux notions : l'équilibre et l'harmonie.

L'ÉQUILIBRE. La notion d'équilibre est utilisée pour désigner un vin dont les différents groupes de saveurs – acidité, moelleux, dans les vins blancs ; tanins, acidité, moelleux, dans les vins rouges – se compensent de façon satisfaisante, sans émergence ou déficience de l'un d'eux, créant subjectivement une impression d'équilibre. Cette notion, qui est structurale et quantitative, doit être distinguée de celle d'harmonie, qui est esthétique et qualitative.

L'HARMONIE. Un vin peut être considéré comme harmonieux lorsque ses différents constituants comportent entre eux un minimum d'accord. Chacun des groupes de saveurs, considéré en lui-même, ne comporte alors aucun facteur intrinsèque de désagrément : par exemple, tanin amer, ou acidité aigrelette, ou moelleux trop alcoolique, qui nuise à l'impression globale de l'ensemble. En effet, chacun d'entre eux doit être dans un rapport favorable avec les deux autres, de façon à créer une impression de style de relation esthétique. Cette situation est obtenue rarement par l'égalité des groupes de saveurs (équilibre est différent d'harmonie), mais plus souvent par une hiérarchie graduée des trois groupes. Produit de l'éducation et des pratiques culturelles, le concept d'harmonie est donc sujet à variation dans le temps et d'un pays à l'autre.

ÉQUILIBRE DES VINS BLANCS SECS

La représentation graphique des composants des vins blancs secs peut s'imaginer en fonction de deux axes, l'un figurant le niveau d'alcool, l'autre celui de l'acidité. Leur croisée symbolise l'équilibre du vin. Des nuances existent cependant, permettant de définir les différents styles de vin. Une faible acidité pour un niveau normal d'alcool se traduit par la fraîcheur, la vivacité, la nervosité du vin. Présente à l'excès, l'acidité devient agressive et entraîne la maigreur. Une augmentation de l'alcool pour un même niveau d'acidité engendre progressivement la souplesse, la rondeur, le gras, puis la lourdeur. La dominante simultanée d'acidité et d'alcool traduit jusqu'à un certain point la richesse du vin sans briser son harmonie. Au-delà, le vin se révélera dur et vineux. À l'opposé, le retrait simultané des deux donnera des vins plats et légers.

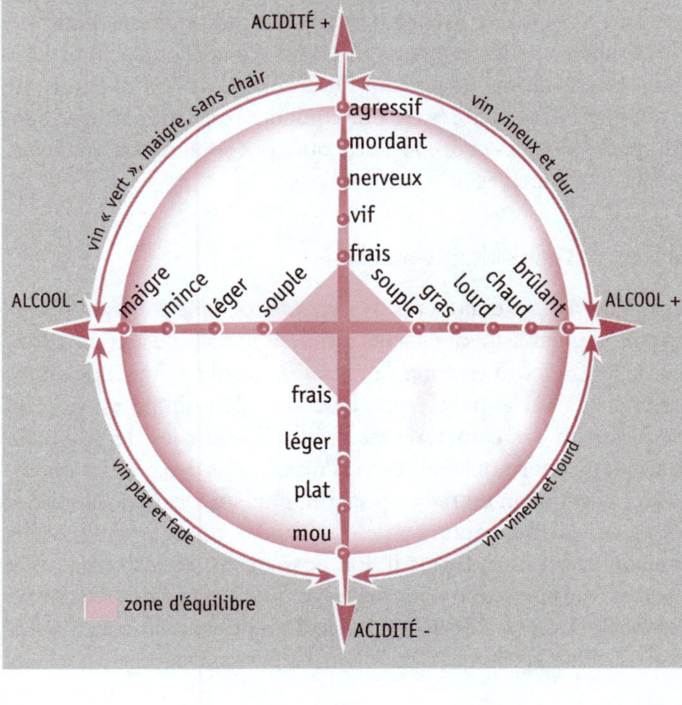

L'équilibre des vins blancs secs

Dans le jugement de l'équilibre d'un vin, celui des vins blancs secs est le plus simple à analyser. Il se résume au rapport de l'acidité et de l'alcool, responsables respectivement de la sensation acide et de celle de moelleux. La première apporte la fraîcheur, la vivacité. C'est en quelque sorte l'ossature du vin. Le second lui transmet son moelleux, sa douceur, c'est-à-dire sa chair, son gras. Dans la bouche, ces deux sensations doivent s'équilibrer. Pour comprendre leur articulation, il est simple de les schématiser par deux axes perpendiculaires. Plus le vin est proche de leur croisée, plus il sera jugé équilibré. Un vin de forte acidité et de peu d'alcool se montrera agressif, maigre, sans matière. Inversement, celui trop chargé en alcool, ne possédant pas l'acidité nécessaire pour le contrebalancer, sera lourd et entraînera une désagréable sensation de chaleur dans la bouche. Entre ces deux extrêmes, il existe des variations possibles selon les styles de vin. Un Riesling se distingue par sa nervosité alors qu'un Meursault doit offrir une certaine opulence. Sur ce schéma, leurs montants respectifs d'alcool et d'acidité ne se situeront pas au même niveau. Pour autant, ni l'un ni l'autre ne seront jugés déséquilibrés. À leur équilibre respectif participe l'ensemble des saveurs et des arômes, qui vont soutenir ou émousser les sensations tactiles.

L'équilibre des vins blancs moelleux

Aux deux axes, acidité et alcool, présents dans tout vin blanc, vient se rajouter celui des sucres résiduels spécifique aux moelleux et aux liquoreux. Il renforce la sensation tactile de moelleux dans la bouche, déjà apportée par l'alcool. L'équilibre est obtenu lorsqu'aucun des caractères ne prédomine sur les deux autres. Le secret de l'harmonie de ces vins réside dans deux règles importantes : plus un vin est riche en sucres, plus son degré d'alcool doit être élevé, sinon il paraîtra pâteux, sirupeux ; plus le vin est riche en alcool et en sucres, plus il doit posséder un niveau important d'acidité, indispensable pour préserver la fraîcheur de l'ensemble. Il suffit de l'excès ou de la déficience d'un de ses trois constituants pour entraîner le déséquilibre du vin. Cependant, certains moelleux

ÉQUILIBRE DES VINS BLANCS MOELLEUX ET LIQUOREUX

L'équilibre des vins blancs moelleux s'analyse suivant trois axes représentant les montants d'acidité, d'alcool et de sucres résiduels. Le cœur du diagramme symbolise l'équilibre des vins. Il met en évidence deux règles importantes : plus un vin est riche en sucres, plus son degré alcoolique doit être élevé ; plus ses deux composantes sont élevées, plus le niveau d'acidité doit l'être de façon à ramener l'équilibre au centre. La déficience d'un des composants entraîne aussitôt un déséquilibre. Par exemple, la seule dominante sucres donnera un vin sirupeux ; associée à un niveau élevé d'alcool, elle rendra le vin lourd, etc. Au cœur même de l'équilibre, il existe des nuances de texture – tendre, suave, onctueux – qui traduisent la richesse des vins et définissent des styles différents.

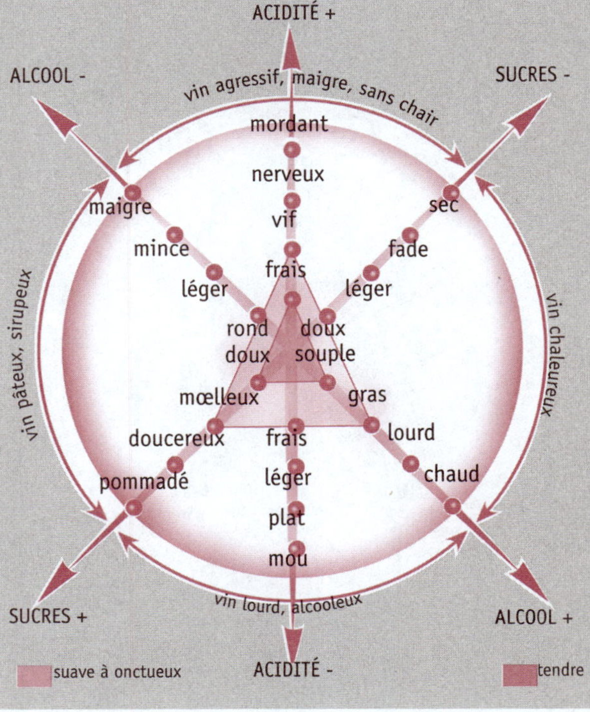

ÉQUILIBRE DES VINS ROUGES

L'équilibre d'un vin rouge se juge en fonction de trois axes : celui des tanins, de l'alcool et de l'acidité. Au centre, là où ils se croisent se trouve le point d'équilibre théorique. Plus on s'éloigne du cœur, plus le vin affirmera son style jusqu'au point où il y aura rupture d'harmonie en raison du retrait d'une ou de deux des dominantes : un fort niveau de tanins avec un niveau moyen d'acidité et d'alcool donnera ainsi un vin charpenté, tannique, mais, si les deux autres composantes s'avèrent vraiment faibles, le vin se montrera dur, austère, astringent ; inversement, un vin riche en acidité et en alcool, mais pauvre en tanins, semblera jusqu'à un certain point gouleyant, puis, tendant vers un déséquilibre plus grand, il se révélera maigre, si l'acidité l'emporte, ou, au contraire, lourd, si c'est l'alcool qui domine. Et ainsi de suite.

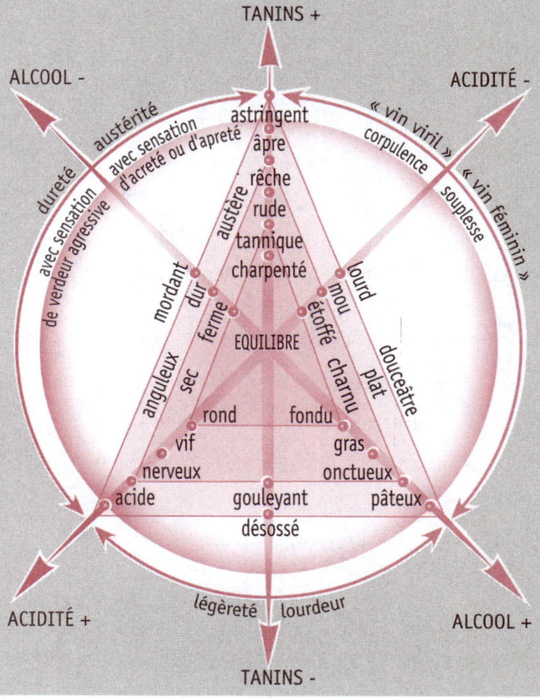

montrent une acidité importante qui, loin d'être jugée agressive, apporte une agréable nervosité au vin. C'est le cas des moelleux de Loire, comme les Coteaux-du-Layon et Vouvray, issus du cépage chenin. Lors de la dégustation, l'amateur appréciera particulièrement la texture des moelleux, qui, selon la richesse du vin, se qualifie de tendre, suave, onctueuse, ou, dans les cas extrêmes, de légère ou de sirupeuse. Il tiendra aussi compte de la puissance des arômes et des saveurs qui doivent renforcer et confirmer la richesse du vin.

L'équilibre des vins rouges

L'équilibre des vins rouges est un exercice plus difficile en raison de la présence des tanins, responsables de la sensation d'astringence. Il s'articule autour de trois axes, représentant respectivement l'alcool, l'acidité et les tanins. À leur croisée se situe le point d'équilibre idéal avec des nuances possibles relatives au style du vin. Charpenté si les tanins dominent un peu le couple alcool/acidité, rond et fondu dans le cas inverse. Plus on s'éloigne de ce point, plus on constate la rupture d'harmonie due à un excès ou à un retrait d'un des trois composants.

Plus un vin possède de tanins, plus la sensation d'astringence sera perçue désagréablement, si elle n'est pas compensée par une acidité et un alcool de niveau équivalent. De tannique, le vin deviendra progressivement rude, rêche, âpre, astringent. Associé à l'alcool, le vin gagne en moelleux. C'est le cas des Bordeaux issus principalement de merlot dont la dominante alcool enrobe les tanins pour leur donner un charnu plaisant.

Si, parallèlement au couple tanins/alcool, il y a un net retrait de l'acidité, le vin gagnera en souplesse si le moelleux domine et en structure si l'astringence l'emporte. À ces deux tendances correspondent deux styles de vins couramment appelés « féminins » dans le premier cas, « virils » dans le second.

Lorsque les axes dominants sont celui des tanins et de l'acidité, le vin gagne en fermeté jusqu'au point où, avec le retrait de la sensation moelleuse, il s'avère austère, raide, mordant. Ce cas s'illustre assez bien avec les vins issus de cabernet-sauvignon, très riche en tanins. Mûrs, ils montrent une certaine austérité dans leur jeunesse qui s'émoussera avec le temps. Pas assez mûrs, donc avec une acidité importante, ils se révéleront plus anguleux et engendreront une sensation irritante mêlant astringence et amertume. Dans le cas de certains vins, les Beaujolais et les vins primeurs en général, un taux d'acidité un peu élevé s'avoue nécessaire pour compenser leur faible montant de tanins.

Dans l'analyse d'un vin rouge, il est important de tenir compte de la qualité de ses arômes. Un caractère tannique important à la limite de la rupture d'équilibre sera agréablement compensé dans un vin qui montre un fruité important. Dans ce cas, on peut augurer de la bonne évolution du vin. *A contrario*, la sensation d'astringence s'en trouvera renforcée et la qualité définitive du vin remise en cause.

L'équilibre des vins effervescents

La famille des vins effervescents est vaste aussi bien en raison de la diversité des cépages qui peuvent rentrer dans sa composition (cépages blancs et rouges) que de ses différents modes d'élaboration (voir p. 258). Cependant, ils se rapprochent structurellement des vins blancs, les bulles en plus. Ils s'équilibrent autour de deux axes, celui acide et celui moelleux induit par l'alcool et les sucres (résiduels ou rajoutés selon la méthode). S'ajoute l'effervescence qui joue un rôle mécanique important en renforçant ou en atténuant la sensation acide. L'appréciation du gaz se fait dès l'attaque selon l'abondance et la finesse de la bulle. Elle donne le « ton » du vin en se révélant plus ou moins agressive, plus ou moins subtile. Un vin qui mousse abondamment dans la bouche est un mauvais signe. Les bulles doivent être légères, aériennes et d'emblée faire corps avec le vin. Ensuite la bouche réalise la dualité acidité/moelleux. Dans un effervescent, l'acidité montre souvent un taux plus élevé que dans un blanc sec. Elle est garante de leur vivacité propre à leur catégorie, mais, excessive, elle donnera une sensation de mordant désagréable. Les bulles doivent l'adoucir tout autant que le moelleux sans pour autant l'affadir, la ramollir. La finale est symptomatique de l'équilibre. Elle doit être fraîche et aromatique et non pas garder l'empreinte brûlante de l'acidité ou la saveur douceâtre d'un dosage mal équilibré.

Organiser une dégustation

L'apprentissage du vin passe par l'incontournable pratique de la dégustation. S'il existe plusieurs organismes ou associations de dégustation ouvertes au grand public, l'amateur peut aussi organiser de son côté une dégustation entre amis. À la portée de tous, cela nécessite juste un peu de rigueur et de vérifier quelques conditions de départ, matérielles et physiques.

Préparer une dégustation

Bien choisir la pièce est important. Elle doit être claire, bénéficier d'une bonne lumière du jour ou, à défaut, d'un éclairage neutre et suffisant (ampoule fluorescente et abat-jour de couleur à bannir). Aucune odeur de cuisine, de fleurs, de tabac, d'eaux de toilette (ou d'après-rasage), etc. ne doit « polluer » l'atmosphère. La température idéale est entre 18 et 20 °C, ce qui correspond à la notion de « chambrer » du temps où le chauffage n'existait pas. La table sera recouverte d'une nappe blanche, ou, à défaut, les verres seront posés sur une feuille de papier blanc.

LES VERRES. Leur choix est encore plus important tant il influe sur les perceptions visuelles et aromatiques. Le verre à pied transparent et en forme de tulipe est incontournable. Le verre de couleur est à bannir. L'idéal est le verre à dégustation dit « INAO », conçu spécialement par les professionnels. (Il se trouve facilement dans tous les grands magasins.) Le dégustateur prendra soin de le sentir avant usage pour s'assurer qu'il n'a pas d'odeur pirate (poussière, carton, torchon, etc.). On pourra le rincer avant avec de l'eau ou, mieux, l'aviner avec le premier vin de la dégustation. L'idéal est de proposer un verre par vin dégusté afin de suivre son évolution dans le verre. Sinon, on prévoira deux verres minimum par dégustateur de façon à lui permettre de comparer les vins.

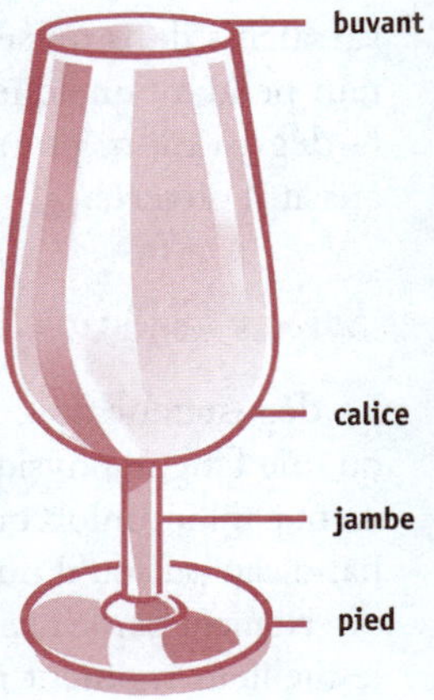

POURQUOI CRACHER ?

Pour l'amateur débutant, cracher lors d'une dégustation semble anormal, sans parler de la frustration qu'il ressent à ne pouvoir avaler le vin. Les raisons sont évidentes. La première est une question d'hygiène physique. Les dégustations se déroulant en dehors des repas, avaler veut dire absorber de l'alcool alors que l'individu est à jeun. Il prend alors des risques et, sans forcément atteindre l'état d'ébriété, il perd en pouvoir de concentration et en acuité des sens. La deuxième tient à la physiologie du goût. Avaler le vin n'apporte aucun critère de jugement supplémentaire puisque tout se joue entre le nez et la bouche.

LES CRACHOIRS. Ce sont des accessoires indispensables. Ils permettent à chacun d'y vider son verre et de cracher. Boire systématiquement les vins pendant une dégustation comporte quelques risques ! À défaut d'un crachoir, on peut se servir d'un autre récipient, tel qu'un pot, un seau à champagne ou un vase.

Les vins seront préparés et disposés par ordre de dégustation dans la pièce (voir p. 209). Ceux entreposés dans une cave à l'horizontale seront remontés la veille de façon à ce que les sédiments éventuels se déposent au fond de la bouteille. Ils seront débouchés au moins une heure avant et, si nécessaire, décantés ou transvasés dans une carafe, selon leur âge. Les blancs seront rafraîchis dans un seau à glace ou entreposés dans le réfrigérateur pendant quelques heures mais sortis une demi-heure avant la dégustation, pour qu'ils aient la température adéquate, et aussitôt ouverts.

Les bonnes conditions physiques

Le dégustateur doit être en forme, frais et dispos. Il est évident qu'une fatigue physique a des conséquences sur l'acuité du jugement par l'inconfort qu'elle suscite. *A fortiori,* un rhume est un grand handicap puisqu'il nuit à la bonne perception des arômes perçus directement par le nez et, indirectement, par la bouche. Idéalement, le meilleur moment pour déguster est le matin lorsque les sens sont en éveil et la concentration à son maximum. À défaut, les amateurs se réuniront en début de soirée, avant de dîner, lorsque le corps est de nouveau en appétence. À proscrire absolument, les après repas, les sens étant alors « saturés » et le corps « occupé » à digérer. Avant une dégustation, l'amateur s'abstiendra de boire un café ou de fumer une cigarette pour ne pas se « gâcher » son palais. Dans le même souci, on préférera le pain, aliment neutre, au fromage ou biscuits salés pour se « refaire » le palais entre les vins particulièrement tanniques ou acides.

Lors de la dégustation, un certain silence est à respecter. Cette règle favorise la concentration. Il est bien sûr, intéressant d'échanger ses réflexions, mais il faut le faire dans l'ordre. Le responsable de la dégustation peut ainsi proposer de faire le point sur les vins dégustés après chaque série de x bouteilles. Chacun aura noté au fur et à mesure ses commentaires sur une feuille de dégustation prévue à cet effet (pour quelques exemples, voir pages suivantes). Il est indispensable de se plier à cet exercice parce qu'il aide le dégustateur à étayer son jugement. Ses notes lui serviront de base de données utile pour le développement de son goût et le suivi de l'évolution des vins.

Dernière règle : honnêteté, modestie et respect de l'autre sont des vertus à pratiquer même en dégustant ! En matière de goût, il n'y a ni « bon goût », ni « mauvais goût » par excellence. Chacun a le sien et doit pouvoir le défendre en l'argumentant, tout en respectant celui des autres.

LA DÉGUSTATION À L'AVEUGLE

Déguster à l'aveugle consiste à déguster un vin sans en connaître l'identité. Pour ce faire, la bouteille est recouverte de papier ou d'une chaussette prévue à cet usage. En effet, quel que soit le niveau de compétence et de connaissance du dégustateur, il y a toujours un risque de se laisser influencer par l'étiquette. Un vin de grande réputation est toujours abordé avec un a priori déjà positif et inversement. À l'aveugle, seule la qualité intrinsèque du vin plaide pour lui. La dégustation se déroule alors en toute objectivité.

FICHE DE DÉGUSTATION Vin n° 1 DÉGUSTÉ EN JANVIER 2013	
PROVENANCE	
Région/Pays	Bordeaux
Appellation	Pauillac
Domaine	La Rose Pauillac
Millésime	2005
EXAMEN VISUEL	
Couleur	Robe rubis aux reflets grenat.
Disque	Brillant et chatoyant.
Jambes	Grasses et riches.
EXAMEN OLFACTIF	
Intensité	De bonne intensité.
Qualité	Élegant, fin et complexe.
Arômes	Arômes de fruits rouges et noirs un peu compotés, avec des notes d'épices douces, de fumée et de sous-bois qui montrent une agréable évolution.
EXAMEN GUSTATIF	
Attaque	Franche, crémeuse et veloutée.
Milieu de bouche	Bouche ample et riche, tout en souplesse, alliant fraîcheur et vinosité. Saveurs harmonieuses, boisé fondu, tanins bien intégrés
Finale	Très persistante et savoureuse.
Équilibre	Très bie équilibré.
CONCLUSION	
Qualité	Excellente cuvée de Pauillac, sur la maturité.
Évolution	À maturité, à déguster dès maintenant. À aérer 1 heure en carafe. À conserver jusqu'en 2020. Servir avec des viandes rouges ou du canard.

FICHE DE DÉGUSTATION Vin n° 2	
	DÉGUSTÉ EN JANVIER 2014
PROVENANCE	
Région/Pays	Bourgogne
Appellation	Savigny-lès-Beaune, Cuvée de Réserve
Domaine	Maison Aegerter
Millésime	2004
EXAMEN VISUEL	
Couleur	Robe rubis aux reflets grenat.
Disque	Brillant et velouté.
Jambes	Fluides.
EXAMEN OLFACTIF	
Intensité	De bonne intensité.
Qualité	Élegant, aromatique et évolué.
Arômes	Nez à maturité, mêlant des notes de fruits un peu confits (cerise) à des arômes élégants de cuir, d'épices douces et de fleur fanée.
EXAMEN GUSTATIF	
Attaque	Franche et parfumée.
Milieu de bouche	Bouche suave, texture soyeuse et tanins fondus. Les saveurs sont délicates et joliment évoluées, avec une finale sur le cuir et les épices.
Finale	Très persistante et savoureuse.
Équilibre	Très bien équilibré.
CONCLUSION	
Qualité	Un vin délicat à maturité.
Évolution	À point aujourd'hui, à déguster dans les deux ans avec des viandes blanches rôties. Ouvrir la bouteille 1 heure avant.

FICHE DE DÉGUSTATION

Vin n° 3

DÉGUSTÉ EN NOVEMBRE 2013	
PROVENANCE	
Région/Pays	Alsace
Appellation	Gewürztraminer Fronholtz Vendanges tardives
Domaine	Domaine Ostertag
Millésime	2011
EXAMEN VISUEL	
Couleur	Robe d'un bel or soutenu, bonne limpidité.
Disque	Éclatant.
Jambes	Nombreuses et épaisses.
EXAMEN OLFACTIF	
Intensité	Nez intense, bien ouvert.
Qualité	Élégant, nuancé.
Arômes	Jolies notes de rose un peu épicées, de mangue, de pêche, avec des nuances de miel.
EXAMEN GUSTATIF	
Attaque	Souple et douce.
Milieu de bouche	Chair suave, tapissant bien la bouche, saveur sucrée bien présente mais sans lourdeur avec une bonne fraîcheur, joli gras, arômes de rose bien présents.
Finale	Longue et savoureuse.
Équilibre	Très bon équilibre sans lourdeur, les sucres sont bien intégrés.
CONCLUSION	
Qualité	Très joli vin d'un équilibre parfait, montrant autant de délicatesse que de gourmandise subtile.
Évolution	Trop jeune pour l'instant, il demande 3 ans pour mieux exprimer son potentiel. Il vieillira facilement au moins 10 ans. À carafer si l'on veut l'apprécier dans ses trois premières années.

FICHE DE DÉGUSTATION

Vin n° 4

DÉGUSTÉ EN MAI 2014	
PROVENANCE	
Région/Pays	Languedoc
Appellation	Corbières rosé
Domaine	Domaine du Grand Arc cuvée « La Tour Fabienne »
Millésime	2013
EXAMEN VISUEL	
Couleur	Rosé assez soutenu, couleur framboise, d'une bonne limpidité.
Disque	Brillant.
Jambes	Belles jambes coulantes, peu nombreuses.
EXAMEN OLFACTIF	
Intensité	Expressif.
Qualité	D'un joli fruité gourmand.
Arômes	Notes prononcées de fruits rouges, fraise, framboise et gelée de groseille avec des arômes poivrées soutenues et une touche florale de réséda.
EXAMEN GUSTATIF	
Attaque	Bonne attaque, tout en souplesse avec un léger perlant.
Milieu de bouche	Bouche ronde, ample et généreuse avec des saveurs fruitées et épicées bien présentes.
Finale	Moyennement longue, aromatique avec une légère amertume agréable.
Équilibre	Alcool et acidité s'équilibrent parfaitement.
CONCLUSION	
Qualité	Rosé de type vineux, avec une chair généreuse mais sans déséquilibre.
Évolution	À boire frais dans les 2 ans à venir. À marier avec des grillades ou des viandes blanches.

FICHE DE DÉGUSTATION

Vin n° 5

DÉGUSTÉ EN JANVIER 2012	
PROVENANCE	
Région/Pays	Espagne
Appellation	Rioja Reserva
Domaine	Contino
Millésime	2004
EXAMEN VISUEL	
Couleur	Robe rubis clair, encore fraîche et limpide.
Disque	Début d'évolution, une frange légèrement tuilée.
Jambes	Jambes fines, coulantes.
EXAMEN OLFACTIF	
Intensité	De bonne intensité.
Qualité	Élegant, fin, avec de jolies notes d'évolution.
Arômes	Notes légèrement viandées associées à celles plus fondues de boisé et de grillé. À l'aération, on perçoit encore des notes de fruits cuits et épicés.
EXAMEN GUSTATIF	
Attaque	Souple, assez moelleuse.
Milieu de bouche	Bouche moyennement ample, dessinée sur des tanins fins et bien fondus. Caractère fruité bien présent avec des notes de fruits cuits à noyau.
Finale	Bonne persistance avec cependant une légère note alcooleuse en finale.
Équilibre	Équilibre correct.
CONCLUSION	
Qualité	Vin qui a très bien évolué illustrant un style sudiste élégant.
Évolution	Arrivé à son apogée, ce vin est à boire aujourd'hui et dans les 2 à 3 ans à venir. Décantation recommandée juste avant le service pour une meilleure expression des arômes fruités.

FICHE DE DÉGUSTATION

Vin n° 6

DÉGUSTÉ EN SEPTEMBRE 2012	
PROVENANCE	
Région/Pays	Champagne
Appellation	Champagne
Domaine	Veuve Clicquot Ponsardin Cuvée « La Grande Dame »
Millésime	2004
EXAMEN VISUEL	
Couleur	Robe dorée à pâles reflets verts.
Disque	Première mousse fine et aérienne. Présence du cordon.
Jambes	Bulles très fines, montant en cheminée jusqu'au cordon. Effervescence continue dans le verre.
EXAMEN OLFACTIF	
Intensité	De bonne intensité.
Qualité	Élégant, frais et complexe.
Arômes	Notes florales de fleurs blanches se mariant à celles de fruits blancs mûrs (pêche) et de touches d'agrumes (zeste de pamplemousse). Puis viennent des notes légères d'amandes grillées, de brioche, de nougat et de fruit sec.
EXAMEN GUSTATIF	
Attaque	Fraîche et crémeuse.
Milieu de bouche	Bouche ample et riche, tout en souplesse, alliant fraîcheur et vinosité. Saveurs fruitées dominant, avec en arrière-plan le caractère grillé et torréfié.
Finale	Très persistante et savoureuse.
Équilibre	Très bien équilibré.
CONCLUSION	
Qualité	Très grande cuvée dans ce beau millésime à la fois mûr et frais.
Évolution	À déguster entre amateurs dès aujourd'hui, à l'apéritif avec des amuse-gueules au paprika et au parmesan. Mérite aussi de mûrir 2 à 3 ans dans une bonne cave.

FICHE DE DÉGUSTATION Vin n° 7	
DÉGUSTÉ EN JANVIER 2014	
PROVENANCE	
Région/Pays	Argentine
Appellation	Mendoza, Finca El Portillo Malbec
Domaine	Bodegas Salentein
Millésime	2012
EXAMEN VISUEL	
Couleur	Robe rubis intense allant du noir bleuté vers le violet sur la frange.
Disque	Brillant et profond.
Jambes	Moyennes.
EXAMEN OLFACTIF	
Intensité	Intense et profond.
Qualité	Élégant, puissant et épicé.
Arômes	Trame sur la puissance et le caractère. Notes de fruits rouges en coulis (cassis, mûre, myrtille), d'épices (poivre, cannelle, vanille) et de réglisse. Toasté et cacaoté.
EXAMEN GUSTATIF	
Attaque	Charnue et savoureuse.
Milieu de bouche	Vin structuré avec acidité et tanins qui se fondent dans un fruité mûr et chaleureux.
Finale	Persistance moyenne sur des flaveurs de réglisse et de poivre.
Équilibre	Encore sur la puissance de sa structure.
CONCLUSION	
Qualité	Excellent Malbec, mûr et intense, doté d'une bonne structure.
Évolution	À déguster aujourd'hui ou à garder en cave jusqu'en 2017.

FICHE DE DÉGUSTATION

Vin n° 8

DÉGUSTÉ EN JANVIER 2014	
PROVENANCE	
Région/Pays	Nouvelle-Zélande
Appellation	Marlborough, Delta Sauvignon blanc
Domaine	Delta
Millésime	2013
EXAMEN VISUEL	
Couleur	Robe pâle, limpide, jaune vert aux reflets verts.
Disque	Brillant.
Jambes	Fluides.
EXAMEN OLFACTIF	
Intensité	Prononcée, presque exubérante.
Qualité	Très nette.
Arômes	Nez très ouvert, intense et tonique aux notes de fruits exotiques (fruit de la Passion), d'agrumes, de groseille blanche, avec un fond végétal.
EXAMEN GUSTATIF	
Attaque	Intense, très aromatique.
Milieu de bouche	Texture légère, un peu de rondeur et une belle acidité qui donne beaucoup d'éclat aux arômes.
Finale	Grande netteté d'arômes, longueur moyenne.
Équilibre	Vin de fruit, très aromatique, doté d'un bel équilibre entre saveurs fruitées et acidité.
CONCLUSION	
Qualité	Très bon Sauvignon blanc, typique du style néo-zélandais.
Évolution	À déguster dans les deux ans.

Décrire le vin

La bonne maîtrise des techniques de la dégustation implique également celle de la description des sensations observées. Pour mieux comprendre le vocabulaire utilisé par les dégustateurs professionnels, il est bon de se rappeler qu'il repose sur quelques principes simples.

Le vocabulaire de la dégustation

Il n'existe pas de terminologie officielle de la dégustation, mais un certain nombre de termes élémentaires, énumérés ci-après par ordre alphabétique avec leur définition, ont été consacrés par l'usage pour qualifier les arômes, le caractère et la structure d'un vin. Beaucoup de ces termes procèdent par analogie : les arômes d'un vin sont ainsi décrits en référence à des odeurs familières (de fruits, d'épices, etc.) qu'ils rappellent, sa texture (la sensation tactile qu'il provoque dans la bouche) en évoquant, par exemple, la qualité d'un tissu (« soyeux », « velouté »), sa structure en la comparant parfois avec celle du corps humain (« maigre », « gras »). De la même façon, on parlera de la personnalité d'un vin, qui peut être « simple » ou « complexe », « rustique » ou « élégant ». Par le jeu des analogies, le dégustateur peut donc créer un vocabulaire presque infini pour décrire et analyser ses sensations.

D'autres termes ont un sens qui ne peut pas toujours être défini de façon précise. Un qualitatif comme « acide », par exemple, repose sur une perception sensorielle dont l'interprétation et la description varient d'un dégustateur à l'autre, reflétant le goût de chacun, mais aussi l'imprécision du langage. Pour les dégustateurs professionnels, la maîtrise du vocabulaire de la dégustation tient en effet davantage à la possibilité de la rendre en quelque sorte « objective », car un œnologue, par exemple, doit pouvoir décrire avec précision le goût ou style qu'il souhaite obtenir grâce à une intervention technique particulière.

À ces termes associés à la dégustation proprement dite du vin s'ajoutent les mots techniques liés à son élaboration. Ils sont décrits dans le Glossaire (voir p. 884) et dans les chapitres *La vigne* (voir p. 224 à 245) et *Du pressoir au chai* (voir p. 246 à 273).

A

ABRICOT

Caractère aromatique de certains vins blancs, notamment dans la vallée du Rhône, lié au cépage viognier quand il est bien mûr.

ACACIA

L'odeur, très agréable, de la fleur d'acacia participe fréquemment à l'arôme de jeunesse des vins de chardonnay ou de chasselas, lorsque leur acidité est modérée.

ACERBE

Caractère assez fortement « mordant », résultant d'une acidité sensible aggravée par la présence de tanins non mûrs.

ACIDITÉ

Ressentie par la langue, mais aussi par la sécrétion de salive qu'elle suscite et par l'impression corrosive qu'elle laisse sur les muqueuses du palais, des joues et des gencives, l'acidité joue un rôle primordial dans la tenue du vin en bouche et dans l'équilibre général des saveurs.

AGRESSIF

Caractère du vin qui donne l'impression d'agresser les muqueuses par excès d'acidité et/ou d'astringence, ou des deux.

AIGRE

Caractère lié le plus souvent à un début d'altération du vin.

AIMABLE

Caractère attribué à un vin qui plaît, mais sans prétention.

ALCOOL

Principal constituant du vin après l'eau, l'alcool perd son caractère brûlant et desséchant que l'on rencontre dans les eaux-de-vie, et prend un goût sucré très marqué, qui constitue en majeure partie la composante de moelleux des vins secs.

AMANDE OU AMANDIER

L'odeur de la fleur d'amandier a été décelée parfois dans des vins blancs de sauvignon, de Sylvaner et autres. L'arôme de l'amande sèche, proche de la vanilline, est assez fréquent dans les Chardonnays vieillissants. Le caractère d'amande amère est une composante de nombreux crus blancs de primeur, et fait partie du goût discret de noyau que l'on trouve sur certains vins rouges vieux. L'arôme d'amande grillée fait le charme et la distinction de vins blancs d'un certain âge.

AMBRE

De très grande distinction, l'odeur d'ambre, à l'état discret, appartient parfois à quelques grandes cuvées de chardonnay (Champagne, Chablis, Côte d'Or) et quelques grands vins liquoreux du Sud-Ouest.

AMBRÉ

L'aspect ambré appartient aux vins liquoreux d'un certain âge, mais aussi aux vins blancs secs ou peu sucrés de grands millésimes aptes à vieillir sans s'oxyder ou se dessécher.

AMER
L'amertume n'existe pas dans le vin, sinon dans quelques rouges, à l'état transitoire et léger. Autrement, elle devient une anomalie.

AMPLE
Terme appliqué aux vins qui « remplissent bien la bouche », mais sans caractère de lourdeur.

ANANAS
Caractère odorant que l'on peut trouver dans un grand nombre de vins blancs lorsque les vendanges ont atteint une très bonne maturité physique et aromatique.

ANIMAL
Terme générique pour désigner une famille d'odeurs de type animal (fourrure, gibier, cuir, etc.) caractéristiques des vins rouges adultes. Présentes dans les vins jeunes, ces odeurs sont alors souvent désagréables mais peuvent disparaître à l'aération. Certaines levures indésirables *(Brettanomyces)*, présentes dans les barriques ou dans les chais mal nettoyés, peuvent introduire des arômes de type animal (sueur, fumier, etc.), à considérer comme un défaut à forte concentration.

ANIS
Arôme que l'on trouve à l'état de trace dans le bouquet de certains vins blancs arrivés à bonne maturité.

ÂPRE
L'âpreté qualifie une conjonction d'astringence et de verdeur, liée à un excès d'acidité ou/et à des tanins insuffisamment mûrs qui provoque une sensation plus ou moins répulsive.

ASTRINGENCE
Sensation de sécheresse due aux tanins, présents notamment dans les vins rouges. Pendant le vieillissement des vins, l'astringence s'adoucit au fur et à mesure que les tanins « s'usent » et perdent en intensité, en acuité et en épaisseur.

ATTAQUE
La première impression ressentie dès que le vin est mis en bouche.

AUBÉPINE
Caractère aromatique assez répandu sur des vins blancs jeunes, très secs et un peu verts.

AUSTÈRE
Qualificatif appliqué à des vins rouges où domine l'acidité tannique en l'absence d'un bouquet qui apporterait du charme.

B

BADIANE
Arôme proche de l'anis, à odeur plus intense.

BALSAMIQUE
Odeurs plus ou moins résineuses (pin, cèdre, genièvre, bois de chêne neuf, etc.) présentes dans tous les

vins jeunes élevés dans des barriques neuves. Elles signent aussi les grands vins rouges mûrs.

BANANE

Odeur fréquemment développée sur les vins nouveaux ou primeurs, notamment dans les vins issus de macération carbonique. Elle doit être tempérée par d'autres arômes floraux et fruités, comme dans le Beaujolais ou le Mâcon blanc, sinon le nez du vin évoque le vernis à ongles ou la confiserie de bon marché.

BERGAMOTE

Essence à odeur très agréable que l'on trouve dans des vins aromatiques à un certain stade de leur vieillissement en bouteille.

BEURRE

Dans les vins blancs, cette nuance aromatique se rencontre parfois dans des lots bien mûrs, peu acides et riches en moelleux. Ce type d'arômes est aussi induit par la fermentation malolactique.

BOISÉ

Arôme appartenant à la famille d'odeurs balsamiques, présent dans les vins élevés dans des barriques neuves.

BOUCHE

Le mot « bouche » désigne l'ensemble des sensations qui y sont éprouvées.

BOUCHON

Dans l'acception commune, le « goût de bouchon » désigne le caractère très désagréable de liège altéré et moisi qu'un bouchon défectueux a communiqué au vin.

BOUQUET

L'ensemble des caractères aromatiques d'un vin mûr, dans la mesure où ils constituent un tout cohérent et homogène. Ces diverses nuances se succèdent en se chevauchant en un ensemble subtil et agréable.

BRILLANCE

Terme qualifiant la luminosité d'un vin, c'est-à-dire sa faculté à renvoyer la lumière. Le manque de brillance, la matité, est considéré comme un défaut.

BRÛLÉ

Voir Empyreumatique.

C

CACAO

Nuance aromatique qu'on trouve parfois dans des vins à bouquet fruité et épicé dans les années de forte maturité.

CAFÉ

Nuance odorante qui se développe dans le bouquet des vins rouges de qualité (Côte de Nuits, etc.) et qui est caractéristique dans les vins élevés en fûts neufs.

CANNELLE
Son odeur se retrouve parfois (par analogie ou non) dans des grands crus de vins blancs liquoreux (Jurançon, Sauternes) ou secs (Pouilly-Fuissé, Corton-Charlemagne).

CAPITEUX
Caractère des vins dont la richesse de substance se double d'un degré alcoolique élevé.

CARAMEL
Caractère aromatique et banal de vins blancs usés et oxydés ou madérisés.

CASSIS
L'arôme du fruit et du jus de cassis fait corps en toutes circonstances avec le bouquet du pinot noir, en quelque pays qu'il soit récolté, mais on le trouve aussi occasionnellement dans le fruité d'un grand nombre de cépages rouges (merlot, cinsaut, syrah, mourvèdre, etc.) quand ils arrivent à leur maturité gustative.

CAUDALIE
Unité de mesure de la persistance gustative du vin après déglutition. Une caudalie = une seconde.

CERISE
Les arômes de diverses variétés de cerises entrent fréquemment en composition dans le bouquet de toutes sortes de vins rouges.

CHAIR
Nom attribué à l'ensemble des substances moelleuses de vin (alcool, glycérine, sucre), surtout dans les vins rouges, lorsque ce groupe de substances est légèrement dominant et mis en valeur par un retrait de sensations dures.

CHALEUREUX
Ce terme exprime une sensation de chaleur éprouvée dans la bouche sous l'effet d'une certaine richesse alcoolique.

CHAMPIGNON
Odeur plaisante, proche du champignon de Paris, souvent perçue dans les vins évolués. Elle peut être désagréable, proche du moisi, lorsque le vin a été élaboré avec des raisins atteints de pourriture grise.

CHARPENTÉ
Se dit des vins rouges possédant une bonne teneur de tanins assez fermes, sur un support équilibré de moelleux et d'acidité.

CHÈVREFEUILLE
Caractère aromatique de certains vins blancs de chardonnay, de sauvignon, et de cépages aromatiques légers.

CIRE
L'odeur de cire, vierge ou de couvain d'abeilles, est assez fréquente dans certains grands crus issus de chardonnay (Pouilly-Fuissé, Chablis, etc.), dans les Graves blancs et certains vins de Loire moelleux.

CITRON
Caractère aromatique assez fréquent dans les vins blancs jeunes, acides et légers.

CITRONNELLE
Caractère aromatique plus fin que celui du citron, présent parfois dans des rouges de primeur légers.

COING
Arôme décelé dans des vins blancs riches en moelleux, secs ou sucrés, en relation avec d'autres arômes de fruits bien mûrs ou confits.

CORPS
Les mots « corps », « corsé » ou « corpulence » s'appliquent à des vins marqués de façon sensible par la double dominante tanins + moelleux. L'adjectif « corsé » implique aussi une certaine richesse alcoolique.

COULANT
Ce terme s'applique à un vin facile à boire, par absence d'astringence et par la juste proportion d'une acidité fraîche et d'un moelleux exempt de lourdeur.

CUIR
Des odeurs de cuir de diverses catégories se rencontrent assez souvent dans certains crus rouges ayant quelques années d'âge (Bandol, Châteauneuf-du-Pape, Madiran, Corton, Hermitage, Chambertin, etc.).

D

DÉCHARNÉ
Qualificatif appliqué aux vins rouges lorsque, littéralement, ils ont perdu leur « chair », c'est-à-dire leur moelleux, résultat d'un vieillissement excessif ou défectueux.

DÉLICAT
Qualificatif appliqué aux vins qui ont les structures fines, mais sans manquer d'attrait ou de caractère.

DESSÉCHÉ
On dit qu'un vin est desséché lorsque, après son apogée, il a pris de l'âpreté par ses tanins en vieillissant.

DOUCEUR
Caractère des vins légèrement sucrés dans lesquels cette saveur donne de la souplesse, sans que le sucre soit perçu.

DUR
Caractère attribué à des vins rouges où domine une synergie tanins + acidité à forte dose, donnant à la fois de l'astringence et de l'agressivité. La faiblesse ou l'insuffisance de la composante de moelleux aggrave encore ce caractère.

E

ÉGLANTINE
Arôme qui se manifeste parfois sur des vins légers et très fins.

ÉLÉGANT

Outre l'idée de charme et d'esthétique formelle, ce qualitatif implique surtout l'absence de lourdeur et une certaine finesse.

EMPYREUMATIQUE

Appartiennent à cette catégorie les odeurs de goudron, de suie, de bois brûlé, de caramel, de pain brûlé, et aussi, sur un mode plus atténué, de thé, de café, de cacao, de tabac, de biscotte, etc. À ce terme, on préfère souvent les qualificatifs « grillé », « brûlé » ou « fumé ».

ÉPAIS

Caractère de vins rouges où domine fortement le moelleux associé aux tanins, dans un contexte excluant finesse et harmonie.

ÉPANOUI

Qualificatif appliqué à un vin ayant atteint sa plénitude. Il offre alors une parfaite expression de sa personnalité olfactive et gustative.

ÉPICES

Nuances aromatiques très nombreuses, incluant peu à peu toute la gamme des épices de cuisine et de pâtisserie que l'on peut trouver parfois dans divers vins blancs et rouges qui ont atteint une bonne maturité gustative.

ÉQUILIBRÉ

Qualité d'un vin dont les différents groupes de saveurs (alcool, acidité et moelleux dans les vins blancs ; alcool, tanins, acidité et moelleux dans les vins rouges) se compensent de façon satisfaisante, sans l'émergence ou la déficience de l'un d'eux.

ÉTOFFÉ

Se dit d'un vin rouge suffisamment fourni en moelleux et en tanins, mais sans excès pour donner une bonne impression de consistance et de richesse substantielle.

ÉVENTÉ

Odeur caractéristique qui se forme souvent sur les vins restés en vidange sans protection. Elle s'accompagne en général de la perte des autres caractères aromatiques du vin.

F

FAIBLE

Ce qualificatif implique d'une part une certaine carence en alcool, d'autre part une pauvreté de constitution qui laisse augurer une certaine fragilité et une conservation difficile.

FANÉ

Un vin fané a perdu sa brillance, une partie de ses meilleurs arômes et sa fraîcheur.

FATIGUÉ

Se dit d'un vin soumis à des épreuves (transport, secousses) qui lui ont fait perdre momentanément sa cohérence et son tonus.

FAUVE
Nuance animale qui peut marquer le bouquet des vins rouges vieux à des degrés divers. Au niveau le plus léger, on a seulement l'odeur de fourrure naturalisée. Plus corsée est l'odeur de sauvagine, ou celle de renard sur des Pinots noirs vieux, dont on dit justement qu'ils renardent. Quelques-uns se diversifient dans les nuances plus variées de venaison, tandis que d'autres évoluent jusqu'au caractère nauséabond. Les odeurs formées par réduction disparaissent assez rapidement par aération du vin.

FENOUIL
Cette connotation aromatique se retrouve quelquefois dans des vins blancs secs bien mûrs.

FERMÉ
Ce terme qualifie un vin dont le bouquet ne s'extériorise pas.

FERMENT
Le goût de ferment est une odeur provenant de la décomposition des levures pendant le séjour des vins sur lie.

FERMETÉ
Caractère d'un vin rouge ferme, c'est-à-dire marqué par une légère dominante tanins + acidité.

FIGUE
L'arôme de figue sèche, fréquemment conjoint à celui de fraise cuite ou confite, est une composante habituelle des vins de liqueur rouge du genre Porto ou Banyuls, mais aussi des vins rouges secs déjà vieux issus de millésimes très mûrs.

FLORAL
Caractère d'un bouquet de vin où dominent des arômes de fleurs.

FOIN COUPÉ
Nuance aromatique propre aux vins rouges qui se manifeste surtout dans la phase où ils passent des arômes de fermentation aux arômes de maturité gustative.

FONDU
Se dit d'un vin surtout rouge dans lequel un moelleux légèrement dominant enrobe toutes les autres sensations.

FOUGÈRE
Caractère aromatique propre à des vins blancs de grande qualité, qui concourt à leur donner un bouquet aérien.

FOURRURE
Nuance d'odeurs, propres à des vins rouges déjà évolués, dans la série des arômes dits « animaux ».

FRAIS
Par analogie, on appelle frais les arômes (menthe, citronnelle), qui créent les sensations assimilées à du froid ou à un effet rafraîchissant.

FRAISE
La nuance aromatique de fraise des bois est fréquente dans les vins rouges

de primeur. La nuance de fraise cuite ou confite se trouve souvent associée au caractère de la figue sèche dans les vins de liqueur et autres vins rouges secs vieux.

FRAMBOISE
L'arôme de framboise est une composante de bouquet très importante dans le fruité des vins de Pinot Noir de la Côte de Beaune, et aussi dans de nombreux vins rouges aromatiques de primeur ou non (Beaujolais, Côtes-du-Rhône, par exemple).

FRUITÉ
Premier stade du bouquet du vin, après la fermentation alcoolique ; les arômes sont dominés par des caractères de fruits frais.
Ce qualificatif s'applique plus souvent aux vins rouges et rosés, bien que les blancs possèdent aussi des odeurs de fruit bien marquées : pomme, citron, banane, etc.

FUMÉE
Odeur évoquant la suie de cheminée, presque constante dans les crus de Pessac-Léognan rouges et dans certains crus de la Côte de Nuits. Voir aussi Empyreumatique.

FÛT (GOÛT DE)
Mauvais goût donné au vin par un défaut d'entretien du bois des fûts pendant une période de vacuité : moisissure, piqûre, croupi, etc.

G

GARRIGUE
Par analogie, ce mot peut servir à désigner les odeurs d'herbes sèches et aromatiques que l'on trouve souvent dans les vins rouges méditerranéens.

GÉNÉREUX
Qualificatif appliqué surtout à des vins riches en alcool.

GENÊT
La fleur jaune de genêt d'Espagne a une odeur suave et forte, assez proche de celle de la giroflée, qui entre en composition dans les beaux arômes de chardonnay et des vins liquoreux.

GENIÈVRE
Caractère aromatique que l'on trouve parfois dans certains crus aromatiques.

GIBIER (ODEUR DE)
Caractère animal assez prononcé, mais pas toujours désagréable, qui rappelle celui de la viande de gibier. Il se rencontre dans les vins rouges évolués comme ceux de pinot noir de Bourgogne.

GIROFLE
On en retrouve l'odeur dans les crus rouges de la vallée du Rhône ayant quelques années d'âge.

GOULEYANT
Mot désignant un vin facile et agréable à boire.

GRAPPE OU RAFLE (GOÛT DE)
Goût peu agréable, à caractère acerbe et plus ou moins herbacé, provoqué par la macération prolongée, en vinification, de rafles dilacérées.

GRAS
Ce terme qualifie la sensation tactile de moelleux d'un vin lorsqu'il est riche en alcool et/ou en sucre.

GRENADINE
Caractère aromatique des vins rosés de macération un peu prolongée.

GRILLÉ
Nuance particulière de certaines notations aromatiques : on trouve le caractère « pain grillé » dans certains crus rouges ; et « l'amande grillée » est un des arômes sélects des grands vins blancs lorsqu'ils amorcent leur phase de réduction en bouteille.

GROSEILLE
Caractère aromatique qu'on trouve parfois dans des vins clairets ou des rouges de primeur.

H-J

HARMONIEUX
Qualité d'un vin réussi dont chaque groupe de saveurs (alcool, acidité et moelleux dans les vins blancs ; alcool, tanins, acidité et moelleux dans les vins rouges) se fond agréablement l'un dans l'autre pour offrir un ensemble séduisant.

HAVANE
Odeur de tabac vert dont l'analogie a été observée, à l'état de trace, dans des vins rouges très fins.

HERBACÉ
Caractère gustatif rappelant l'odeur du gazon tondu ou des organes verts des végétaux.

HUMUS
Caractère aromatique, désigné aussi comme sous-bois ou feuille morte, qu'on rencontre dans des vins rouges assez fins et déjà vieux.

IODÉ
Qualificatifs donnés par analogie à des vins dont l'odeur évoque celles des bords de mer ou des marais salants.

JACINTHE
Odeur florale fréquemment rencontrée dans les cépages blancs aromatiques, après quelques années de bouteille (sauvignon, cépages rhénans, muscats fins).

« JAMBES » (OU « LARMES »)
Gouttes incolores qui ruissellent le long des parois internes du verre après son agitation. Elles indiquent la richesse d'un vin en alcool et/ou en sucre.

JEUNE
On considère comme jeune tout vin qui a conservé une bonne partie des arômes fruités et des saveurs fraîches issus de sa vinification.

L

LACTIQUE (ODEUR)
Odeur provenant d'une évolution défectueuse de la fermentation lactique ou de combinaisons indéterminées tirant plus ou moins sur une odeur de fromage frais ou fermenté.

« LARMES »
Voir « Jambes ».

LAURIER
Arôme épicé qui caractérise certains cépages méridionaux, notamment la syrah et le grenache, après plusieurs années de bouteille.

LICHEN
Caractère aromatique présent dans certains vins rouges.

LIÉGEUX
Odeur désagréable de liège humide et moisi, due soit à un bouchon défectueux, soit à un manque d'hygiène dans la cave.

LIERRE
L'odeur de feuille de lierre est un caractère olfactif qu'on trouve par analogie dans de nombreux vins de cabernet.

LIMPIDITÉ
État de transparence de la robe d'un vin, qui peut être cristalline, brillante, limpide, voilée, laiteuse, floue ou trouble.

LONG
Se dit d'un vin qui laisse une longue persistance aromatique en bouche après déglutition.

LOURD
Caractère d'un vin chargé de substances pour l'ensemble de ses constituants, et plus particulièrement en tanins et en moelleux, ce qui lui ôte toute légèreté, souplesse ou fraîcheur.

M

MADÉRISATION
Oxydation par laquelle un vin prend la couleur brune et le goût du madère. Quand elle n'est pas intentionnelle, elle constitue un grave défaut.

MAIGRE
Se dit de vins qui manquent fortement de matière.

MÉLISSE
Proche de celle du zeste de citron, mais plus aérienne et moins acide, cette nuance aromatique se retrouve dans des vins blancs jeunes.

MENTHE
On en connaît deux nuances : la menthe poivrée et la menthe fraîche. On trouve ce caractère aromatique à l'état de trace dans certains vins blancs, comme composante de fraîcheur et de vivacité du bouquet.

MERCAPTAN
Odeur sulfurée très forte et très désagréable évoquant l'œuf pourri.

MIEL
Caractère aromatique évoquant le miel des abeilles, très prégnant dans les vins moelleux et liquoreux.

MINCE
Qualificatif appliqué à un vin de faible consistance, pauvre en ses divers éléments.

MINÉRAL
Famille aromatique évoquant les roches (silex, craie, graphite, schiste, etc.), les hydrocarbures (pétrole) ou les métaux. La minéralité est aussi un terme descriptif renvoyant à une sensation gustative d'acidité, de pureté ou de salinité.

MIRABELLE
Caractère aromatique qui se retrouve dans des vins blancs de millésimes très mûrs, ayant un ensemble aromatique assez riche, et qui apporte une note très alléchante dans le bouquet.

MOELLEUX
On désigne comme moelleux les vins blancs ou rosés qui ont un reliquat sensible de sucres dont découle un effet gustatif de douceur.

MOLLESSE
Caractère des vins qui manquent d'acidité lorsque par ailleurs leur teneur en moelleux et en tanins est normale.

MORDANT
Se dit d'un vin qui possède une légère dominante acidité + tanins, donnant une pointe d'agressivité.

MÛRE SAUVAGE
Caractère aromatique qu'on trouve par analogie dans les vins rouges issus d'une bonne maturité, et dotés d'un fruité riche et varié.

MUSCADE
Épice aromatique dont on retrouve des analogies dans les vins blancs liquoreux d'un certain âge et dans certains vins rouges.

MUSQUÉ
Caractère aromatique d'une sécrétion animale légèrement fétide à l'état de réduction, mais très agréable à l'état aéré, qui se retrouve par analogie dans divers grands crus rouges d'un certain âge.

MYRTILLE
Arôme très souvent associé à la mûre sauvage (voir ce mot) et qui se rencontre dans les mêmes conditions.

N

NERVEUX
Caractère physique attribué surtout aux vins blancs, parfois aux vins rouges, lorsque de fortes teneurs respectives en acidité et en moelleux créent une impression d'opposition et de tension.

NET
Se dit d'un vin dont les sensations aromatiques et gustatives sont franches et précises, sans ambiguïté.

NEZ
L'ensemble des caractères olfactifs d'un vin.

NOISETTE
Caractère aromatique assez fréquent dans des vins blancs de qualité ayant quelques années d'âge, et notamment dans le Chardonnay.

O

OIGNON (ODEUR D')
Caractère aromatique provoqué par la réduction chimique et qu'on peut trouver dans des vins rouges très vieux.

ONCTUEUX
Caractère physique d'un vin qui a une viscosité élevée suite d'un moelleux bien fourni, dans un ensemble où les tanins et l'acidité ne se font pas remarquer.

ORANGE (ZESTE D')
Légèrement desséchée, cette substance a une odeur très flatteuse, dont on retrouve des similitudes dans les vins blancs jeunes issus de vendanges bien mûres.

ORANGER (FLEUR D')
Caractère aromatique du bouquet de certains cépages blancs aromatiques comme le muscat.

P

PAMPLEMOUSSE
Caractère aromatique qui se retrouve par analogie dans des vins blancs mousseux lorsqu'ils sont très acides et non encore dépouillés de leurs ferments. Il disparaît avec les fermentations secondaires et la clarification du vin. Ce type d'arôme est aussi fréquent dans les vins rosés de Provence.

PÂTEUX
Se dit de vins assez épais, dont la lourdeur est aggravée par une bonne dose d'astringence.

PÊCHE
Goût et arôme de la pêche blanche ou jaune, et de son noyau souvent présents dans certains vins blancs aromatiques.

PÊCHER (FLEUR DE)
Nuance aromatique très délicate, proche de l'odeur de pistache ou d'amande amère, qui se retrouve parfois dans les vins blancs aromatiques jeunes et frais.

PERSISTANCE
La persistance gustative est l'impression de présence ou de rémanence que

laisse le vin dans la bouche une fois avalé. Voir aussi Caudalie.

PIERRE À FUSIL
On désigne par goût de pierre à fusil (ou éclat de silex) un caractère odorant propre à quelques vins blancs vifs et légers (Sauvignon, Muscadet, Bourgogne, Aligoté, Jacquère).

PIN
Caractère aromatique qu'on retrouve par analogie dans certains rouges très fins et de grande classe.

PISTACHE
Odeur très fine proche de l'amande amère, mais plus délicate, qu'on trouve parfois dans des vins rouges au bouquet nuancé et subtil.

PIVOINE
L'odeur un peu poivrée de cette fleur se retrouve aussi dans les vins qui ont cette couleur.

PLEIN
Se dit d'un vin qui donne l'impression de remplir la bouche par sa richesse substantielle équilibrée, d'où une impression de plénitude.

POIRE
La nuance aromatique de diverses variétés de poires se retrouve assez souvent dans des vins blancs souples au bouquet fruité.

POIVRE
Nuance aromatique très fréquente dans de nombreux vins rouges de qualité, dans la phase la plus aérienne et subtile du nez, et dans la phase finale de la bouche, où elle se prolonge jusqu'à l'arrière-goût.

POIVRON
Nuance aromatique perceptible surtout par voie buccale, propre aux cépages rouges riches en tanins et dont le fruité de jeunesse est peu accentué. À forte concentration, les arômes de poivron vert dans des vins rouges sont bien souvent le signe d'un manque de maturité des raisins.

POMME
Les diverses variétés de pommes ont des arômes particuliers qu'on retrouve à des intensités diverses dans de nombreux vins blancs (Muscadet, Sauvignon, etc.).

PRUNEAU
Nuance aromatique appelée aussi « rancio », qui est définie par des notes de fruits cuits tels que le pruneau. Elle est typique des vins doux naturels et peut être présente dans les vins rouges évolués.

R

RACÉ
Se dit, par analogie, d'un grand vin d'une élégance et distinction hors pair.

RÂPEUX
Caractère astringent excessif lorsque les tanins « râpent » les muqueuses de

la bouche avec une intensité et une persistance exagérées.

RÊCHE
Degré élevé d'astringence.

RÉGLISSE
Caractère aromatique qui se trouve fréquemment en fin de bouche dans certains vins rouges.

RÉSINE
Caractère aromatique de nature balsamique qui entre en composition dans les bouquets de vins rouges fins et distingués.

ROBE
Nom attribué, dans un sens imagé, à la couleur du vin.

ROND
Qualificatif applicable aux vins dépourvus d'angulosité, c'est-à-dire dominés par le moelleux, mais dans la souplesse et sans lourdeur.

ROSE
Nuance d'arôme primaire caractéristique de diverses variétés de muscats ou du gewürztraminer. La nuance rose fanée est une nuance délicate du bouquet de certains vins rouges fins et vieux.

S

SEC
Qualificatif appliqué aux vins blancs dépourvus de sucre. On désigne comme sec un vin blanc dont le moelleux est discret ou légèrement récessif, sans porter atteinte à l'harmonie de l'ensemble.

SÈVE
Terme professionnel d'origine bordelaise qui exprime le caractère d'expansion des arômes et de plénitude des saveurs pendant le passage du vin dans la bouche.

SÉVÈRE
Vin qui, sous la double dominante tanins + acidité, possède des arômes austères.

SOUPLE
Caractère gustatif lié à un certain retrait des tanins et de l'acidité, laissant émerger le moelleux naturel du vin, sans excès.

SOYEUX
Mot exprimant la finesse de contact du vin dans la bouche.

SUCROSITÉ
Néologisme admis en dégustation pour exprimer le niveau de sensation sucrée d'un vin, qui peut, dans un ordre croissant, être qualifié de fruité, tendre, suave, doux, moelleux, liquoreux.

T

TABAC
Des effluves de tabac vert ou non brûlé, voisins de la nuance havane des parfumeurs, se retrouvent parfois

dans des vins rouges très fins et de grande classe.

TANIN
Substance extraite des peaux de raisins, qui donne aux vins rouges leur caractère.

TENDRE
Se dit d'un vin qui n'offre aucune résistance dans la bouche, avec peu de tanins et un bon mariage du moelleux et de l'acidité.

THYM
Nuance aromatique qu'on retrouve assez souvent dans les vins de Provence et de Haute-Provence.

TILLEUL (FLEUR DE)
Nuance aromatique qu'on retrouve dans certains vins blancs au bouquet très fin.

TRUFFE
Nuance aromatique de très grande classe qu'on rencontre dans des vins rouges vieux de haute qualité. La variété « truffe blanche » se trouve dans certains millésimes de vins blancs âgés ou liquoreux.

TUILÉ
Aspect d'un vin rouge dont la couleur fortement brunie rappelle celle de la tuile vieillie.

V

VANILLE
Caractère aromatique qui est un élément de fond, que l'on retrouve dans le bouquet de nombreux vins blancs et rouges. Il provient naturellement des parties ligneuses du raisin ou du bois de chêne des futailles.

VÉGÉTAL
Se dit aussi bien des arômes qui rappellent ceux du monde végétal (herbe, feuille) que des tanins qui avouent alors une certaine astringence due à un manque de maturité ou à une extraction forte.

VELOUTÉ
Se dit, par analogie, d'un vin dont le contact dans la bouche évoque le toucher du velours.

VENAISON
Voir Gibier (odeur de).

VERT ET VERDEUR
Se dit, par analogie avec les fruits verts, d'un vin blanc, rouge ou rosé très acide, dont le moelleux faible laisse cet excès d'acidité à découvert.

VINEUX
Se dit d'un vin dont la richesse en alcool ressort exagérément. On dit aussi « alcooleux ».

Composer et gérer sa cave

Faut-il avoir une cave à vin ? Si chaque amateur de vins rêve sans doute d'avoir une belle cave remplie de précieux flacons qu'il aura su réunir au gré de ses découvertes, la réponse à cette question n'est pas aussi simple. Il peut y avoir le plaisir de disposer chez soi d'une bouteille pour toute occasion. La cave devient alors une nécessité, mais aussi une contrainte dès que l'on souhaite conserver du vin au-delà de quelques mois ou années. Une fois mis en bouteille, le vin ne cesse en effet d'évoluer, et il vaut mieux dans ce cas l'entreposer dans de bonnes conditions. Certes, de plus en plus de vins sont mis sur le marché au moment où ils sont prêts à être bus, mais d'autres ne parviendront à leur apogée qu'au bout d'un vieillissement en cave de plusieurs années, voire de décennies dans certains cas rares. Souvent, les meilleurs crus de ces vins dits « de garde » ne seront alors plus disponibles dans le commerce ou seulement à un prix très élevé. En revanche, si l'on peut les faire vieillir dans sa cave, on peut réaliser parfois de belles affaires. Or, la conservation et le vieillissement du vin exigent le strict respect des conditions d'un bon stockage (température constante, humidité élevée, absence d'odeurs et de vibrations, etc.), sous peine de voir le vin perdre ses meilleures qualités ou même s'abîmer. Heureusement, la possibilité de garder ou de faire vieillir du vin n'est pas réservée aux seuls propriétaires d'une cave à l'ancienne, car il existe aujourd'hui des solutions adaptées à toutes les situations et à presque tous les budgets.

La garde des vins

Le vin vieillit et change de nature avec le temps. Les vins bien nés peuvent se bonifier au cours d'une lente évolution, alors que d'autres sont conçus pour être bus dans leur jeunesse. Chaque vin se développe en effet selon son propre rythme. Connaître les principes de cette mutation permet de mieux comprendre quand un vin atteindra son apogée et de le boire au bon moment.

Le vieillissement et la conservation du vin

La qualité d'un grand vin se juge, entre autres, par sa capacité à vieillir. Il n'en a pas toujours été ainsi. Pendant des siècles, on a considéré que le vin était bien meilleur au cours de son plus jeune âge, le plus tôt possible après sa vinification. En effet, le risque de voir le vin vieux d'un an se transformer en vinaigre ou en boisson oxydée était grand. À la lueur des analyses scientifiques d'aujourd'hui, il est facile de comprendre que le vin est un liquide instable. La présence d'oxygène transforme l'alcool en acide acétique, c'est-à-dire en vinaigre, grâce à une bactérie connue sous le nom de *Acetobacter aceti*. Or, autrefois, on laissait faire des fermentations d'une manière aléatoire dans des fûts ou des cuves d'une propreté relative, et il était très difficile de garder le vin à l'abri de l'air. Pendant longtemps, seule une forte teneur en alcool ou en sucre du vin pouvait pallier les piètres conditions sanitaires de son élaboration.

Pour une meilleure conservation du vin, il a fallu attendre le développement, au cours des derniers siècles, de certaines techniques, tels le mutage (l'ajout d'alcool en cours de fermentation), le sulfitage (l'ajout de dioxyde de soufre pour combattre le développement bactérien) ou l'ouillage (l'adjonction constante de vin pour remplir le fût qui fuit ou qui transpire, afin que le vin ne soit pas en contact avec l'air). L'invention progressive de la bouteille en verre industrielle, fiable et au prix accessible, a aussi contribué à la meilleure conservation du vin. Auparavant, lorsque le vin était tiré, il fallait le boire. Seule l'apparition de la bouteille de verre et du bouchon de liège, tels qu'on les connaît aujourd'hui, a permis aux particuliers de conserver le vin chez eux. La notion de vin de garde était née.

L'évolution du vin en bouteille

Les travaux de Pasteur, au XIXe siècle, ont démontré que le vin se dégradait par oxydation lorsqu'il était exposé à l'air. L'oxydation altère aussi la couleur des vins rouges et blancs en marron, comme celle d'une banane ou d'une pomme épluchée. Mais comment expliquer que le vin s'oxyde en bouteille étant donné que le bouchon ne laisse pas entrer d'air (ou très peu) ? De fait, l'oxygène dissous dans le vin et celui enfermé entre le vin et le bas du bouchon continuent de provoquer de lentes réactions en milieu réducteur qui entraînent la modification de divers composants chimiques du vin : il en existe plus de 400 répertoriés et le décompte n'est pas fini.

Les réactions chimiques qui se produisent à l'intérieur d'une bouteille sont complexes et mal identifiées. Néanmoins, certaines recherches ont permis d'expliquer les changements de couleur et d'arôme. Les tanins ainsi que les autres composants aromatiques qui proviennent essentiellement des peaux des raisins (et donnent aux vins leur couleur), mais aussi des rafles (la partie ligneuse de la grappe) et du bois des fûts, se transforment. Ils s'associent entre eux (par polymérisation) et tombent au fond de la bouteille (par sédimentation), ce qui explique pourquoi un vin vieillit plus lentement dans un magnum que dans une bouteille ordinaire. Un vin d'un rouge pourpre devient rouge rubis pour ensuite s'éclaircir, virer de

GOÛTER POUR SUIVRE L'ÉVOLUTION DU VIN

Pour savoir à quel moment un vin atteint son apogée, on peut consulter le producteur, un caviste, un ami connaisseur ou, dans le cas d'un grand vin, se référer à un tableau des millésimes (voir p. 880). Mais, les conditions de stockage des bouteilles étant différentes d'un lieu à l'autre, ces indications ne fournissent qu'une moyenne générale. Mieux vaut alors ouvrir de temps en temps une bouteille, à condition de disposer au moins d'une caisse. Cette pratique permet également de découvrir ses goûts et de savoir à quel stade on préfère déguster un vin. Les divers arômes d'un vin apparaissent ou dominent en effet à des moments différents de son évolution (voir encadré p. 180).

JEUNESSE, MATURATION ET APOGÉE DU VIN

Qu'il soit à boire jeune ou après une longue garde, chaque vin parcourt le même cycle de vie en bouteille, mais à des vitesses différentes Celui-ci peut se diviser en trois phases. Après une éventuelle phase de « maladie de la mise en bouteille » (0-A), le vin retrouve progressivement son goût initial et perd le caractère « brut » de sa prime jeunesse (A-B) : les arômes secondaires (de fermentation) et tertiaires d'élevage s'estompent au profit de ses arômes primaires fruités. Puis il entre dans sa phase de maturation (B-C), caractérisée souvent par une courte période de repli, sorte d'âge ingrat, pendant laquelle il se referme.

Avec la maturation, le vin a accompli son évolution principale et entre dans sa période d'apogée (C-D) : sa texture est alors plus souple et son bouquet complexe mêle des arômes fruités à ceux empyreumatiques et épicés. Cette période peut durer plusieurs années pour certains vins avant que le déclin (D-E) ne s'annonce lentement. Le vin perd alors de sa couleur, de son fruit, avoue des notes plus évoluées de type animales et de sous-bois, et sa bouche se fait plus mince et plus acide. Puis il finit par mourir et devient déplaisant.

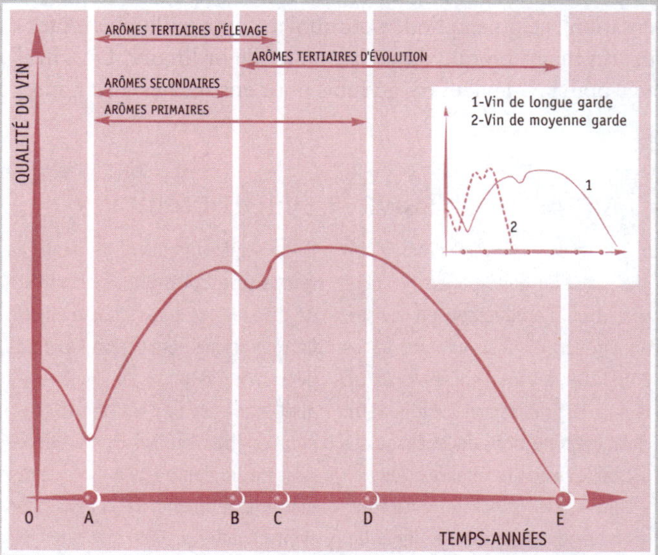

couleur et prendre une teinte rouge brique. L'acidité du fruit vert, astringente, s'assouplit, et l'agressivité du vin jeune disparaît pour laisser place à une rondeur et un velouté qui s'expriment par des arômes complexes. Tous les vins sont affectés par ce vieillissement, mais ses effets ne sont bénéfiques qu'aux vins dits « de garde ». C'est une question liée au goût individuel que de savoir si on préfère un vin jeune au même vin plus âgé, de 10 ou de 20 ans.

Qu'est-ce qu'un vin de garde ?

Les vins se développent chacun à leur rythme. Certains sont précoces : ils atteignent rapidement leur apogée et retombent vite. D'autres vins – tels certains bordeaux rouges ou autres vins tanniques – mettent plus longtemps à atteindre leur apogée, y demeurent longtemps et déclinent doucement (voir encadré ci-contre). Ce sont des vins de garde. Les différentes qualités de vieillissement sont déterminées en partie par le vinificateur, mais aussi par le cépage, le terroir (voir p. 18), la nature et l'âge des vignes ainsi que par les conditions climatiques du millésime (voir encadré ci-dessous).

CHOISIR LE BON MILLÉSIME

Les meilleurs terroirs feront toujours les meilleurs vins, même (et surtout) dans les millésimes difficiles. Mais, pour obtenir un grand vin de garde, il est nécessaire d'avoir de beaux raisins, bien mûrs. Pour cela, il faut du soleil et de la pluie au bon moment. Pour connaître la qualité d'un millésime et le potentiel de garde d'un vin particulier ou d'une appellation, on peut s'adresser au producteur ou à un spécialiste (caviste, sommelier), ou bien consulter une publication spécialisée. Rappelons que la qualité d'un millésime diffère d'une région à l'autre et que, dans une région, un millésime peut être réussi dans une couleur et pas dans l'autre. Par ailleurs, toutes les régions ne sont pas soumises aux mêmes variations climatiques : celles de climat méditerranéen, par exemple, manquent rarement de chaleur et les raisins parviennent aisément à un bon niveau de maturité, contrairement aux régions de climat frais (Moselle, Champagne) ou tempéré (Bordeaux).

LES CÉPAGES APTES À VIEILLIR. La nature du cépage peut conférer plus ou moins de longévité au vin. Ainsi, le cabernet-sauvignon, austère et droit, tout comme le merlot, soyeux et puissant, ou le pinot noir, ferme et fin, donneront des vins plus concentrés que ceux, légers et fruités, issus de gamays (Beaujolais). Pour les rouges, les autres variétés capables de produire des vins de garde sont : cabernet franc, carignan, grenache, malbec, mourvèdre/monastrell, nebbiolo, nero d'Avola, petit verdot, sangiovese, syrah, tannat ou tempranillo, entre autres. Pour les blancs, ce sont les chardonnay, chenin blanc, gewürztraminer, grenache blanc, muscadelle, riesling, roussanne et sémillon, vinifiés en vins secs ou liquoreux.

VINIFICATION ET ÉLEVAGE. Le potentiel d'un vin de garde tient également à son élaboration. Pour les vins rouges, le vinificateur doit veiller à obtenir une bonne extraction des tanins (voir p. 254) afin de donner au vin la charpente nécessaire à une capacité de vieillissement. Pour les vins blancs qui ne sont pas issus d'un cépage avec une forte acidité, l'élevage en barrique, pour un chardonnay par exemple, s'il est bien conduit, peut favoriser le potentiel de garde.

FAUT-IL LAISSER VIEILLIR LE CHAMPAGNE ?

On considère que les champagnes bruts sans année sont à boire dans l'année qui suit leur dégorgement, mais certains sont capables de vieillir bien au-delà. Les champagnes millésimés, en revanche, souvent issus d'une grande année, sont aptes au vieillissement. De façon générale, les grandes maisons champenoises mettent sur le marché des champagnes qu'elles estiment être à leur apogée et donc prêts à être bus. Mais on peut garder ces vins en cave pendant 3 ou 4 ans. Quant à leur dégustation au-delà de cette période, les avis sont partagés. Les uns soutiennent que le champagne perd alors sa qualité essentielle, qui est son effervescence. D'autres font valoir que ce manque est largement compensé par la complexité aromatique que développent ces vins avec le temps, certains évoquant les grands bourgognes à maturité. Il n'y a pas de vérité en la matière et tout est affaire de goût. À noter que seuls les grands champagnes issus d'un bon millésime se prêtent à une telle expérience gustative.

DURÉE MOYENNE DE CONSERVATION DE QUELQUES VINS

L'évolution des vins en bouteille varie considérablement en fonction de leur style, des appellations, des producteurs et des millésimes. Ce tableau indique une moyenne de temps de garde pour les vins des principales appellations françaises et étrangères. La maturation, au cours de laquelle le vin acquiert ses meilleures qualités gustatives, est distinguée de son apogée, période plus ou moins longue, pendant laquelle il garde ses qualités, avant de commencer à décliner. Les indications ci-dessous restent théoriques, car elles ne tiennent pas compte des cas particuliers. En effet, des cuvées émanant d'appellations a priori peu destinées à la longue garde peuvent vieillir bien au-delà de ces moyennes. De plus, les vins structurés et de longue garde se montrent aujourd'hui bien plus aimables dans leur jeunesse que dans le passé, et offrent une qualité de fruit qui peut les rendre attractifs jeunes. Pour les millésimes, le lecteur pourra se référer au tableau des millésimes (voir p. 880).

APPELLATION	MATURATION	APOGÉE
BORDELAIS		
VINS BLANCS SECS		
Entre-deux-Mers	1 à 2 ans	3 ans
Graves	2 à 6 ans	10 ans
VINS BLANCS LIQUOREUX		
Sainte-Croix-du-Mont, Loupiac	4 à 15 ans	20 ans
Sauternes, Barsac	4 à 20 ans	Plusieurs décennies
VINS ROUGES		
Bordeaux, Bordeaux supérieur	2 à 5 ans	6 à 8 ans
Médoc	3 à 10 ans	15 ans
Haut-Médoc	4 à 15 ans	20 ans
Saint-Julien, Saint-Estèphe	6 à 20 ans	Plusieurs décennies
Pauillac, Margaux	6 à 30 ans	Plusieurs décennies
Pessac-Léognan rouge	4 à 15 ans	Plusieurs décennies
Saint-Émilion, Pomerol	5 à 15 ans	Plusieurs décennies
BOURGOGNE		
VINS BLANCS		
Vins blancs secs, légers, fruités (Chablis, Mâcon blanc, Saint-Véran, Rully blanc, Montagny, etc.)	1 à 3 ans	À boire jeunes
Pouilly-Fuissé, Chablis Premier Cru, Mercurey blanc, Côte-de-Beaune-Villages (et AOC communales)	2 à 4 ans	5 à 10 ans

APPELLATION	MATURATION	APOGÉE
Premiers crus et grands crus de la Côte de Beaune et de la Côte de Nuits	3 à 8 ans	6 à 15 ans
VINS ROUGES		
Beaujolais, Beaujolais-Villages	3 à 18 mois	À boire jeunes
Crus du Beaujolais	1 à 4 ans	4 à 10 ans
Appellations communales de la Côte de Beaune	3 à 6 ans	12 ans
Appellations communales de la Côte de Nuits	3 à 8 ans	15 ans
Premiers crus et grands crus de la Côte de Beaune	4 à 10 ans	15 à 20 ans et plus
Premiers crus et grands crus de la Côte de Nuits	4 à 12 ans	20 à 30 ans et plus
CHAMPAGNE		
Pour les champagnes il n'y a pas de période de maturation (voir p. 259).		
NON MILLESIMÉS	1 an	À boire jeunes
Blancs de blancs	1 an	1 à 3 ans
Vins rosés	1 an	À boire jeunes
Vins de structure plus riche ou blancs de noirs	1 an	1 à 3 ans
MILLESIMÉS		
Blancs de blancs	1 à 3 ans	3 à 8 ans
Blancs de noirs	1 à 4 ans	3 à 10 ans
ALSACE		
Muscat, Pinot blanc, Sylvaner	6 à 12 mois	3 à 4 ans
Gewürztraminer, Riesling, Pinot gris	1 à 5 ans	10 ans et plus
Gewürztraminer, Riesling, Pinot gris issus de Vendanges tardives et de la Sélection de grains nobles	5 ans et plus	20 à 30 ans et plus
LOIRE		
VINS BLANCS SECS		
Muscadet, Gros-Plant	6 à 12 mois	2 à 4 ans
Sancerre, Pouilly Fumé, Menetou...	1 à 2 ans	3 à 6 ans

APPELLATION	MATURATION	APOGÉE
Savennières	3 à 6 ans	10 ans et plus
VINS BLANCS MOELLEUX ET LIQUOREUX		
Bonnezeaux, Coteaux-du-Layon, Coteaux-de-l'Aubance, Montlouis, Quarts-de-Chaume, Vouvray	3 à 10 ans	10 à 30 ans et plus
Sancerre, Pouilly Fumé, Menetou-Salon	1 à 2 ans	3 à 6 ans
VINS ROUGES		
Touraine, Anjou, Sancerre, Chinon...	4 à 18 mois	2 à 5 ans
Saumur-Champigny	1 à 2 ans	3 à 20 ans
Chinon, Bourgueil	2 à 4 ans	5 à 25 ans
RHÔNE		
VINS BLANCS		
Hermitage blanc, Château-Grillet	1 à 2 ans	À boire jeunes
VINS ROSÉS	2 à 3 ans	10 ans et plus
VINS ROUGES		
Côtes-du-Rhône-Villages	1 à 2 ans	À boire jeunes
Cornas, Châteauneuf-du-Pape	1 à 2 ans	3 à 5 ans
Côte-Rôtie, Hermitage	3 à 8 ans	10 à 15 ans
JURA ET SAVOIE		
VINS BLANCS SECS DU JURA (L'Étoile...)	2 à 3 ans	10 à 15 ans
VINS JAUNES	6 à 10 ans	100 ans et plus
VINS DE PAILLE	3 à 5 ans	Plusieurs décennies
VINS ROSÉS	2 à 3 ans	5 à 6 ans
VINS ROUGES	5 à 10 ans	20 à 30 ans
VINS BLANCS DE SAVOIE	12 à 18 mois	3 ans
Roussette (ou Altesse)	2 à 3 ans	5 ans

APPELLATION	MATURATION	APOGÉE
VINS DE LA MÉDITERRANÉE		
VINS BLANCS		
Provence, Cassis, vins de Corse…	1 à 2 ans	À boire jeunes
VINS ROSÉS	1 à 2 ans	3 à 4 ans
VINS ROUGES		
Côtes-de-Provence, Fitou, Minervois, vins de Corse, Côtes-du-Roussillon	2 à 3 ans	5 ans à 10 ans
Bandol rouge	3 à 5 ans et plus	20 ans et plus
VINS DOUX NATURELS BLANCS		
Muscat de Beaumes-de-Venise, Muscat de Rivesaltes	2 à 3 ans	5 ans
VINS DOUX NATURELS ROUGES	3 à 5 ans	10 ans et plus
Maury, Banyuls	5 à 10 ans	20 à 30 ans
SUD-OUEST		
VINS BLANCS SECS		
Jurançon, Gaillac…	1 à 2 ans	3 à 5 ans
VINS BLANCS MOELLEUX ET LIQUOREUX		
Jurançon, Pacherenc, Monbazillac	3 à 5 ans	15 à 20 ans et plus
VINS ROUGES		
Madiran, Cahors	4 à 8 ans	10 à 20 ans
Gaillac rouge	6 à 12 mois	3 ans
Pécharmant	2 à 8 ans	15 ans
Buzet	3 à 10 ans	20 ans
ITALIE		
Chianti Classico	2 à 5 ans	entre 5 et 15 ans
Barolo	5 à 10 ans	entre 10 et 40 ans
Barbaresco	4 à 10 ans	entre 10 et 40 ans
Brunello di Montalcino	4 à 10 ans	entre 10 et 40 ans
Lambrusco	6 à 12 mois	À boire jeune
Valpolicella et Bardolino	1 à 2 ans	À boire jeune

APPELLATION	MATURATION	APOGÉE
ESPAGNE		
Priorat	2 à 5 ans	entre 5 et 30 ans
Penedès	2 à 5 ans	entre 5 et 20 ans
Rioja	2 à 5 ans	entre 5 et 30 ans
Ribera del Duero, Toro	2 à 5 ans	entre 5 et 30 ans
Pedro Ximénez	2 à 10 ans	50 ans et plus
Riais Baixas, Rueda (blancs)	1 à 3 ans	A boire jeune
PORTUGAL		
Porto Vintage	5 à 15 ans	30 ans et plus
ALLEMAGNE		
Trockenbeerenauslese	5 à 20 ans	5 à 20 ans
Auslese	3 à 10 ans	3 à 10 ans
Riesling sec	2 à 5 ans	2 à 5 ans
AUTRICHE		
Grüner-Veltliner (Wachau)	1 à 6 ans	1 à 6 ans
Eiswein (vin de glace)	5 à 20 ans	5 à 20 ans
HONGRIE		
Tokay Aszú	5 à 20 ans	5 à 20 ans
NOUVEAU MONDE		
Cabernet-Sauvignon de Californie (Napa, Santa Cruz)	3 à 10 ans	3 à 10 ans
Pinots noirs d'Oregon	2 à 8 ans	2 à 8 ans
Zinfandel de Californie (Sonoma, Lodi)	2 à 10 ans	2 à 10 ans
Cabernet-Sauvignon de Stellenbosch (Afrique du Sud)	3 à 10 ans	3 à 10 ans
Malbec et Cabernet-Sauvignon d'Argentine	2 à 6 ans	2 à 6 ans
Assemblages bordelais du Chili (haut de gamme)	3 à 8 ans	3 à 8 ans
Shiraz de Barossa Valley (Australie)	3 à 10 ans	3 à 10 ans
Cabernet-Sauvignon d'Australie (Coonawarra, Margaret River)	3 à 10 ans	3 à 10 ans
Sémillon de Hunter Valley (Australie)	5 à 10 ans	5 à 10 ans
Sauvignon blanc de Nouvelle-Zélande	1 à 3 ans	1 à 3 ans

Les stratégies d'achat

Une cave se constitue progressivement, au rythme d'achats planifiés et spontanés qui reflètent les goûts de l'amateur de vins, de sa famille et de ses invités. Quelques conseils et exemples pourront vous aider à composer une cave qui répond à vos besoins et vos envies.

Quels vins choisir pour la cave ?

La cave du particulier peut paraître un luxe inutile. Certes, il est agréable de disposer chez soi de bouteilles pour chaque occasion ou de pouvoir acheter une ou plusieurs caisses de vin à un prix avantageux – auprès d'un producteur ou lors d'une vente promotionnelle, par exemple –, et il faut alors être en mesure de stocker le vin dans de bonnes conditions, en attendant qu'il soit bu. Mais la principale raison d'être d'une cave tient à la possibilité d'y entreposer des vins de garde qui, lorsqu'ils atteindront leur maturité, ne se trouveront plus dans les circuits commerciaux traditionnels et de s'assurer de leur vieillissement dans les meilleures conditions (voir p. 178).

Au-delà de ces motivations reste la question essentielle : quels sont les vins qui méritent d'être gardés en cave ? Il n'est pas facile d'y répondre tant la qualité des vins peut varier, ne serait-ce que d'un millésime à l'autre pour un même vin d'un même cru (voir p. 181). Pour le vignoble français, les vins de garde concernent principalement les vins rouges de Bordeaux, de Bourgogne, de Côte-Rôtie, d'Hermitage, de Châteauneuf-du-Pape, de Cahors, de Madiran, et certains vins blancs de Bourgogne, de Pessac-Léognan et de Graves ainsi que tous les vins liquoreux. Parmi les vins étrangers, on peut citer pour l'Italie le Barolo et le Barbaresco du Piémont ainsi que le Chianti Classico et le Brunello di Montalcino de la Toscane ; pour l'Espagne, les vins de la Rioja, de Ribera del Duero, de Toro, de Priorat ; pour le Portugal, les Portos Vintages, les Bairrada ; pour l'Allemagne, les blancs liquoreux de la Moselle et du Rhin ; pour la Hongrie, le Tokay ; et pour le Nouveau Monde, le Cabernet-Sauvignon de Napa en Californie, de Stellenbosch en Afrique du Sud, de Coonawarra et de Margaret River en Australie, certains Malbecs d'Argentine, les grands Shiraz de Barossa et le

Sémillon de Hunter Valley en Australie, etc. Tous ces vins sont commercialisés deux ou trois années après leur récolte – ou lors de ventes en primeur pour certains (voir p. 87) –, alors que leurs meilleurs crus, dans leurs meilleurs millésimes, méritent d'attendre quelques années ou quelques décennies afin d'atteindre leur apogée. Or, il est rare que ces vins soient gardés en propriété et plus rare encore que les négociants aient les moyens financiers de les conserver longtemps. Les vins les plus réputés peuvent se trouver, quelques années plus tard, en vente aux enchères (voir p. 100), mais les appellations moins connues restent souvent introuvables.

Estimer ses besoins

Enfin, la constitution d'une cave nécessite une bonne programmation des achats. À cette fin, il s'avérera utile pour l'amateur de vins d'estimer sa consommation pour les années à venir, en prenant en considération les différents styles et couleurs de vin. Boit-il du vin

LA CAVE : OBJET DE SPÉCULATION ?

Les dernières décennies ont vu la spéculation autour du vin se développer largement, causant des prix insensés atteints par des vins très renommés, produits en volume restreint. Les prix de certains grands crus bordelais ont ainsi été multipliés par deux, trois, voire dix, après leur mise sur le marché lors de ventes en primeur (voir p. 87). Les grands crus de Bourgogne connaissent une évolution similaire. Ce segment des grands vins intéresse les financiers qui créent des fonds d'investissements spécialisés. Mais il est difficile de prévoir l'évolution des prix, y compris pour les experts. À Bordeaux, on assiste notamment à des cycles courts et spectaculaires de hausse puis de baisse des prix, en fonction du marché et de la réputation des millésimes. L'appétit des nouvelles fortunes pour les vins de prestige pourrait durablement tirer les prix de ces vins vers le haut. En règle générale, l'amateur de vins achète selon ses préférences et ses besoins sans perspective de spéculation, ce qui ne l'empêche pas de vendre quelques vins s'il y est contraint ou en cas d'opportunités intéressantes.

tous les jours ou de façon occasionnelle, lors de dîners familiaux ou entre amis, voire lors de grandes occasions ? La cave doit-elle accueillir les grands classiques de Bordeaux et de Bourgogne ou permettre de découvrir des grands vins internationaux ? Pour orienter le choix, quelques exemples de cave lui seront proposés p. 191-193.

Combien de vin acheter ?

Combien de bouteilles doit-on conserver en cave ? Impossible de donner une réponse universelle, tout dépend du budget, de la place et du rythme de la consommation. Pour les vins de garde d'une certaine qualité, la réponse est simple : le plus possible. Lorsqu'on estime en avoir trop, il est relativement facile de les revendre, ne serait-ce que par l'intermédiaire des ventes aux enchères (voir encadré ci-dessous). Pour le reste, il faut s'en tenir à quelques principes : ne pas présumer de sa consommation en achetant trop de vins à boire jeunes qui risquent de décliner avant d'être bus ; bien panacher le choix entre vins à consommer au jour le jour, les grands vins bons à boire et les vins à laisser vieillir. Sauf passion « monomaniaque », il faut éviter d'acheter trop de bouteilles d'un même vin : outre la lassitude, on prend le risque de se retrouver avec un stock excessif si jamais le vin n'évolue pas comme prévu. N'oublions pas que le plaisir est toujours dans la diversité.

VENDRE SA CAVE

Il peut arriver qu'un particulier souhaite vendre toute ou partie de sa cave ou qu'il y soit contraint. Pour réaliser une plus-value, une telle vente doit bien se préparer. L'évaluation de la valeur des bouteilles peut se faire en commandant une expertise ou grâce à une comparaison entre plusieurs cotes de vins. Elle doit en tout cas tenir compte de l'état des bouteilles : niveau du vin (voir encadré p. 195), état de conservation des étiquettes, etc. Dans le cas d'une vente publique, un expert chargé à vos frais par la salle des ventes examinera les bouteilles pour garantir la qualité des lots et leur authenticité. Il est également possible de s'adresser à un caviste spécialisé ou de vendre à un particulier.

TROIS EXEMPLES D'UNE CAVE DE BASE

Classique ou éclectique, simple ou raffinée, une cave sera toujours le reflet des préférences gustatives de son propriétaire, mais celles-ci doivent prendre en considération les contraintes budgétaires que l'amateur de vins doit ou veut s'imposer. Pour un même nombre de bouteilles et un même style de vin – la famille des vins effervescents, par exemple –, on choisira donc une appellation moins prestigieuse (Crémant d'Alsace ou de Bourgogne), dans le cas d'un budget modeste, un champagne non millésimé de vigneron, lorsqu'on dispose de moyens financiers plus importants, et un champagne millésimé d'une grande marque, quand la sélection n'est pas limitée par le prix du vin. Il est, bien entendu, possible d'obtenir un panache différent, en privilégiant tel style de vin à tel autre ou en réduisant la taille d'un lot en faveur d'un vin d'un niveau de qualité supérieur. Voici trois exemples d'une cave équilibrée, qui correspondent à trois budgets différents.

La cave simple (environ 600 €)

QUALITÉ	NBRE	P.U.	TOTAL	NOMS DES VINS
Vins blancs secs légers ou fruités	6	6 €	36 €	Bourgogne Aligoté, Cheverny, Entre-deux-Mers, Pinot blanc d'Alsace, Côtes-de-Provence, vins de Corse.
Vins blancs secs amples et structurés	12	15 €	180 €	Chablis Premier Cru, Meursault, Savennières, Vouvray, Gewürztraminer.
Vins blancs liquoreux	4	10 €	40 €	Sainte-Croix-du-Mont, Cérons, Coteaux-de-l'Aubance, Monbazillac.
Vins rouges fruités	18	8 €	144 €	Beaujolais, Hautes-Côtes-de-Beaune, Anjou, Côtes-de-Forez, Coteaux-du-Lyonnais, Saint-Nicolas-de-Bourgueil, Bordeaux, Côtes-du-Rhône-Villages, Vins de pays d'Oc.
Vins rouges complexes	12	10 €	120 €	Bordeaux supérieur, Haut-Médoc, Saint-Émilion, Graves, Cahors, Buzet, Minervois-la-Livinière, Pécharmant, Mercurey.
Vins rosés	4	6 €	24 €	Côtes-de-Provence, Luberon, Côtes-du-Jura, Corbières, Lirac, Tavel.
Vins effervescents	6	7 €	42 €	Blanquette de Limoux, Clairette de Die, Gaillac, Saumur, Vouvray, Crémant de Bourgogne, Crémant d'Alsace.

La cave conviviale (environ 1 100 €)				
QUALITÉ	NBRE	P.U.	TOTAL	NOMS DES VINS
Vins blancs secs légers ou fruités	12	5 €	60 €	Muscadet, Entre-deux-Mers, Bordeaux, Petit Chablis, Sylvaner d'Alsace.
Vins blancs secs amples et structurés	12	20 €	240 €	Pessac-Léognan, Graves, Chablis Grand Cru, Meursault, Puligny-Montrachet, Condrieu.
Vins blancs liquoreux	6	15 €	90 €	Loupiac, Sainte-Croix-du-Mont, Coteaux-du-Layon, Montlouis, Pinot gris d'Alsace Vendanges tardives, Riesling d'Alsace Vendanges tardives, Jurançon.
Vins rouges fruités	18	8 €	144 €	Bordeaux, Bordeaux supérieur, Hautes-Côtes-de-Nuits, Saumur-Champigny, Bourgueil, Vin de Savoie, Côtes-du-Rhône-Villages.
Vins rouges complexes	18	20 €	360 €	Haut-Médoc, Médoc, Pauillac, Saint-Estèphe, Saint-Julien, Saint-Émilion, Pessac-Léognan, Volnay, Vosne-Romanée, Crozes-Hermitage, Saint-Joseph, Bandol.
Vins rosés	6	8 €	48 €	Bordeaux clairet, Marsannay, Languedoc, Irouléguy, Palette.
Vins effervescents	6	15 €	90 €	Champagne brut sans année de vigneron.
Vins doux naturels	6	10 €	60 €	Banyuls, Muscat de Rivesaltes, Muscat de Beaumes-de-Venise, Porto.

La cave raffinée (environ 1 600 €)				
QUALITÉ	NBRE	P.U.	TOTAL	NOMS DES VINS
Vins blancs secs légers ou fruités	12	8 €	96 €	Blaye-Côtes-de-Bordeaux, Bordeaux, Graves, Saint-Véran, Sancerre, Roussette de Savoie, Jurançon sec.
Vins blancs secs amples et structurés	18	20 €	360 €	Pessac-Léognan, Puligny-Montrachet, Chassagne-Montrachet, Meursault, Chablis Grand Cru, Savennières, Vouvray, Château-Châlon, Condrieu, Riesling d'Alsace.
Vins blancs liquoreux	5 3	25 € 10 €	125 € 30 €	Loupiac, Sainte-Croix-du-Mont, Coteaux-du-Layon, Montlouis, Pinot gris d'Alsace Vendanges tardives, Riesling d'Alsace Vendanges tardives, Jurançon.
Vins rouges fruités	18	8 €	144 €	Bordeaux, Crus du Beaujolais, Hautes-Côtes-de-Nuits, Saumur-Champigny, Bourgueil, Saint-Nicolas-de-Bourgueil, Vin de Savoie, Côtes-du-Rhône-Villages.
Vins rouges complexes	24	20 €	480 €	Haut-Médoc, Crus classés du Médoc, Saint-Émilion Grand Cru, Pomerol, Pommard, Volnay, Chambolle-Musigny, Gevrey-Chambertin, Côte-Rôtie, Hermitage, Cornas, Bandol.
Vins rosés	6	8 €	48 €	Bordeaux clairet, Marsannay, Languedoc, Irouléguy, Palette, Côtes-de-Provence.
Vins effervescents	6 6	30 € 7 €	180 € 42 €	Champagnes d'une grande marque, Champagnes millésimés de vigneron, Saumur, Vouvray, Clairette de Die.
Vins doux naturels	5	25 €	125 €	Porto, Rivesaltes, Banyuls, Maury, Rasteau.

La cave idéale

La vieille cave de rêve au charme romantique n'est pas forcément le meilleur endroit pour entreposer les précieuses bouteilles d'un vin de garde, et demeure de toute façon inaccessible au commun des amateurs. Pour un vieillissement optimal du vin, il est plus important de respecter quelques principes de base.

La température : une fraîcheur constante

Le vin doit être gardé à une température constante entre 8 et 18 °C, idéalement entre 10 et 12 °C. Une température trop basse ralentit le processus de vieillissement, ce qui n'est pas en soi rédhibitoire. Une température trop élevée, au-delà de 20 °C, lui nuit davantage, car il vieillira prématurément et surtout mal, perdant sa couleur et la fraîcheur de ses arômes. Mais ce sont principalement les fluctuations brutales de température qu'il faut surveiller : si la cave passe doucement de 12 °C en hiver à 18 °C en été, peu importe. Par contre, une telle variation en une journée – ou même une semaine – peut devenir source de problèmes. Le vin se dilate et se contracte dans les bouteilles, le bouchon souffre. Puis le vin s'infiltre autour du bouchon, laissant un dépôt poisseux sur la capsule.

Lorsque vous choisissez une cave, prenez les températures maximales et minimales en divers endroits et notez-les pour repérer les endroits les plus frais. Si possible, localisez les sources de chaleur et neutralisez-les en isolant, par exemple, les conduites d'eau chaude. Bouchez les sources d'air très froid. Isolez les portes menant à des parties chauffées de la maison avec du polystyrène extrudé (voir aussi p. 199). Le but est d'obtenir une température constante. Continuez de noter les températures jusqu'à ce que vous maîtrisiez leurs fluctuations sur un an.

La lumière : l'ennemi du vin

La lumière abîme le vin, surtout les vins blancs et les mousseux. Assurez-vous que la cave est sombre ; masquez toute lumière extérieure, même si elle provient d'un ventilateur sur un mur ensoleillé. Pour pouvoir circuler dans la cave, installez une ampoule à faible puissance (25 ou 40 W) et évitez les lampes fluorescentes ou halogènes. Prenez soin de toujours éteindre en sortant de la cave.

Une humidité élevée

L'humidité idéale est de 75 à 80 %. Une trop grande humidité peut affecter les étiquettes, qui se décollent (voir p. 202), et les bouchons, en provoquant des moisissures. Plus dangereux est un manque d'humidité : il desséchera les bouchons (voir encadré ci-dessous). Si le sol de la cave n'est pas en terre battue, on augmen-

SURVEILLER LE NIVEAU DES BOUTEILLES

Il est tout à fait normal qu'une petite partie du vin s'évapore par le goulot avec l'âge. On parle ainsi du « niveau » de la bouteille. Pour un vin jeune, ce niveau doit se situer dans le goulot. Après quelques années en cave, il arrive généralement à la base du goulot. Un niveau en haut de l'épaule est acceptable pour les vins de plus de 20 ans et rare pour les vins plus âgés. La mi-épaule caractérise les vins de plus de 30 ans ; chez un vin plus jeune, ce niveau est signe d'un problème lié au bouchon, dû à un mauvais bouchage ou, si le phénomène est général, à un excès de chaleur ou à une humidité insuffisante dans la cave. On parle d'une bouteille « couleuse » ou « qui pleure ». Quand le niveau atteint le bas de l'épaule, il y a raison de s'inquiéter de l'état du vin. Il aura en tout cas perdu de sa valeur financière. Quant à la « vidange » (en dessous de mi-épaule), elle signifie presque toujours que le vin est devenu imbuvable.

tera l'humidité en couvrant le sol d'une couche de gravier que l'on arrosera. Mais, en France, l'humidité naturelle, dans un local bien isolé, est généralement suffisante. Les déshumidificateurs peuvent empêcher une humidité excessive, mais ce sont des appareils coûteux, qui ne valent la peine d'être installés que dans de très grandes caves. Dans une petite cave, on peut améliorer la ventilation et isoler certaines sources d'humidité (murs qui suintent, par exemple).

Une bonne ventilation, mais sans courants d'air

La circulation d'air est essentielle, bien qu'elle puisse faire monter la température. Une bonne cave devrait posséder des prises d'air ou des ventilateurs permettant à l'air extérieur de pénétrer et de circuler. Il faut pouvoir les neutraliser (par obstruction) lorsqu'il fait très froid ou très chaud, afin d'éviter des courants d'air nuisibles. Si la cave est orientée nord-sud, placez les ventilateurs aussi bas que possible du côté nord et très haut du côté sud. Sous l'effet de la convection, l'air chaud sort par l'aération haute côté sud. Il est remplacé au fur et à mesure par de l'air frais entrant côté nord.

La propreté : gare aux mauvaises odeurs !

Nettoyez à fond la cave avant d'y entreposer le vin. Utilisez un désinfectant, de préférence inodore, pour tuer moisissure et insectes. Puis peignez les murs à la chaux : cette peinture poreuse sur les murs de brique ou de pierre n'empêche pas la ventilation naturelle. Évitez de stocker vos bouteilles à côté d'essence de peinture, dont les émanations affectent le vin, même à travers le bouchon, et de légumes, les matières végétales ou alimentaires pouvant provoquer l'apparition de champignons ou d'insectes nuisibles.

Le calme : éviter les vibrations

Lorsqu'elles sont fréquentes, les vibrations fortes peuvent nuire à la qualité du vin, qu'elles viennent de l'intérieur (d'un appareil électroménager, par exemple) ou de l'extérieur (une route empruntée par des poids lourds, le passage à proximité du métro ou de trains).

Aménager une cave

Si l'on garde du vin plus de quelques semaines, il faut l'entreposer dans de bonnes conditions. L'aménagement d'une cave pour conserver ou faire vieillir du vin doit tenir compte du volume de bouteilles et du type de vin à stocker, mais aussi – fait plus important – de l'espace dont dispose l'amateur de vins. Que celui-ci habite en ville ou à la campagne, il existe des solutions pour toutes les situations et tous les budgets.

Une cave adaptée à vos besoins

Le projet d'aménagement d'une cave mérite bien quelques réflexions en amont de sa réalisation. Mal conçu, il risque d'entraîner des frais exorbitants, sans rapport avec la valeur des bouteilles stockées, ou de ne pas remplir sa vocation première, qui est d'offrir les meilleures conditions pour laisser vieillir le vin. Aussi est-il fortement conseillé d'évaluer de façon aussi précise que possible les besoins en termes de stockage, afin de pouvoir choisir la solution qui convient le mieux à l'espace disponible pour aménager une cave et au budget que l'on souhaite y consacrer.

En premier lieu, il importe d'estimer le nombre et le type de bouteilles à entreposer. Une centaine de bouteilles d'un même type de vin n'occuperont pas le même espace que dix lots de flacons provenant d'appellations différentes. La cave sera-t-elle destinée au seul stockage du vin ou également à la dégustation ? Puis, il faudra s'assurer que l'espace envisagé (sous-sol, box, jardin, etc.) répondra bien aux critères requis d'une bonne cave (voir p. 194). L'utilisation d'un local inadapté pourra nécessiter l'installation d'appareils coûteux (par exemple, d'un climatiseur pour maintenir la cave à bonne température) et alourdir considérablement la facture d'électricité. À moins de faire appel à une société spécialisée, il vaut mieux élaborer un cahier des charges précis, qui devra être respecté scrupuleusement par le bricoleur ou l'entrepreneur chargé de l'exécution des travaux. Enfin, une cave de valeur doit être aussi protégée en cas d'inondation ou d'incendie, ou contre un éventuel cambriolage, en particulier si elle se trouve dans le sous-sol d'un immeuble collectif. Une telle protection pouvant être très onéreuse (porte blindée, assurance, etc.), il est parfois préférable de se décider en faveur de l'achat d'une cave d'appartement ou de la location d'une cave (voir encadré page suivante).

La cave clé en main

L'aménagement d'une cave doit tenir compte d'un nombre important de paramètres (configuration du terrain, choix des matériaux, etc.) pour assurer son bon fonctionnement. Si l'on n'est pas bricoleur,

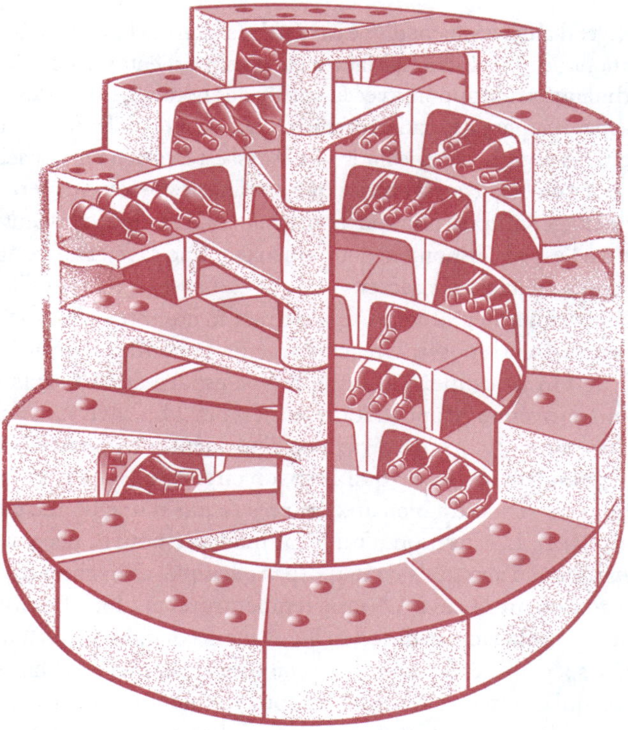

Cave en spirale. C'est une construction modulaire en béton doublée d'une membrane étanche qui est enterrée dans un trou creusé dans le sol. On y accède par une trappe, de préférence située à l'intérieur de la maison.

il peut être judicieux de bénéficier de l'expertise d'une société spécialisée pour faire installer soit un cellier préfabriqué, logé dans le sol (cave voûtée, en spirale ou en béton), soit une cave sur mesure dans le box d'un pavillon ou d'un immeuble, dans le sous-sol d'une habitation ou même à l'intérieur d'un appartement. Pour la première solution, comptez au moins 5 000 € pour une cave en spirale enterrée, capable d'abriter 600 bouteilles. À cela peuvent s'ajouter des frais de terrassement, de protection (antivol, para-incendie) et d'assurance.

Transformer un local en cave

À condition de bien étudier le terrain avant d'entamer des travaux, la transformation d'un local déjà existant en cave peut être une solution à la fois avantageuse et facile à réaliser.

LA CAVE AU SOUS-SOL. Il est indispensable de vérifier la température et l'humidité à différents moments et de s'assurer d'une bonne ventilation (soupirail). En cas d'humidité insuffisante, on recouvrira le sol de gravier, de mâchefer ou de sable de rivière (voir p. 196). Les conduites d'eau chaude ou du chauffage doivent être isolées. Une faible isolation thermique pourra être compensée par une paroi en brique, séparée du mur par un vide. L'installation d'un climatiseur s'avérera nécessaire dans certains cas.

LOUER UNE CAVE

Pour les citadins des grandes agglomérations, qui ne peuvent ou ne veulent stocker leurs précieux flacons chez eux, il existe la possibilité de louer un espace cave, généralement situé en banlieue. Selon les formules, le vin est entreposé sur des palettes ou dans un coin cave réservé au client. Comptez environ 60 € par mois pour 400 bouteilles. Idéale pour prévenir les risques de vol, la location d'un tel espace demande cependant de respecter certains horaires pour venir chercher ou déposer les bouteilles. Il est donc recommandé d'aménager une cave du jour chez soi, qui permettra de conserver le vin pendant quelques jours dans de bonnes conditions.

LA CAVE DANS LE BOX. Qu'il occupe tout ou partie d'un box, un tel cellier nécessite généralement une très bonne isolation thermique. Pour séparer un coin cave, il est conseillé de monter un mur en parpaing. Les murs et la porte seront isolés avec du polystyrène extrudé, le plafond avec une double couche du même matériau ou de la laine de verre. En l'absence d'un soupirail, il peut être nécessaire d'équiper l'espace d'un climatiseur et d'un humidificateur.

LA CAVE DANS L'APPARTEMENT. Une pièce exposée au nord ou à l'est peut servir de cave, à condition de ne pas laisser entrer de lumière et de veiller à une bonne température et ventilation. Difficiles à réaliser, ces conditions exigent souvent l'installation d'un climatiseur, rendant l'opération coûteuse. Mieux vaut se servir d'un tel cellier pour entreposer des bouteilles destinées à une consommation dans un proche avenir (un an tout au plus), car le vin n'y vieillira pas bien. Il en est de même pour les volumes plus petits, même bien isolés, tel un espace sous l'escalier, un placard ou une armoire dans une chambre. Évitez notamment les vibrations, la lumière, la chaleur et une mauvaise aération.

Armoire à vins. Il s'agit d'une armoire à contrôle de température, maintenue à température constante. Elle est idéale pour les appartements qui sont dépourvus de cave.

L'armoire à vins

À défaut de disposer d'une cave appropriée bien protégée, maint amateur de vins préférera acheter une armoire à vins, en particulier si le volume de vin à stocker reste modeste (en dessous de 300 bouteilles). Il existe une vaste gamme de modèles de toutes les tailles (à partir de 40 bouteilles), allant de la cave à vins simple, qui permet de conserver mais non pas de vieillir le vin (à partir de 500 €), jusqu'aux modèles sophistiqués à double ou triple température, avec des compartiments différents pour la conservation, le chambrage ou le rafraîchissement,

ASSURER SA CAVE

Comme toutes les dépendances, la cave est couverte par les contrats d'assurance pour les habitations. Il faut toutefois veiller à déclarer son existence et son contenu pour pouvoir être remboursé en cas de sinistre, sachant qu'une police ordinaire limite la couverture à un plafond qui peut être bien plus bas que la valeur réelle de la cave. Pour une cave de valeur, il est donc préférable de conclure un contrat spécifique, qui tiendra compte de la protection des lieux et du type de vin. Dans tous les cas, il est fortement conseillé de préserver autant de preuves que possible (factures, photographies, etc.) sur les vins.

voire aux caves d'appartements, aux dimensions plus importantes. Les armoires à vins peuvent être équipées d'un simple circuit de refroidissement ou d'un double système qui assure également le réchauffement, si l'armoire est placée dans un endroit non chauffé l'hiver. En cas de panne, un bon modèle doit garantir un réchauffement ou un refroidissement très progressif.

Ranger les bouteilles

DISPOSITION ET EMPLACEMENT DES BOUTEILLES. Les bouteilles doivent reposer couchées (pour que le vin reste en contact avec le bouchon), en quinconce ou non, mais facilement identifiables pour éviter toute manipulation inutile. L'air étant plus frais près du sol, l'emplacement des bouteilles se fait selon le style du vin, de bas en haut : vins effervescents, blancs liquoreux et moelleux, blancs secs, rosés, rouges de petite garde, rouges de longue garde et crus rouges prestigieux. Un livre de cave (voir p. 203), tenu à jour, ou un logiciel de gestion de cave permettra de suivre l'évolution du vieillissement et de la consommation.

LES RANGEMENTS. Pour ranger les bouteilles et les maintenir en sécurité, casiers et étagères doivent être stables et facilement accessibles. Ils peuvent être en métal inoxydable ou en bois (exotique ou dur), traité marine contre les insectes et l'humidité. Lorsque les lots sont petits (moins de 6 bouteilles), on préférera les

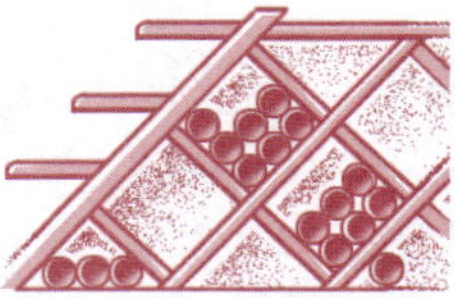

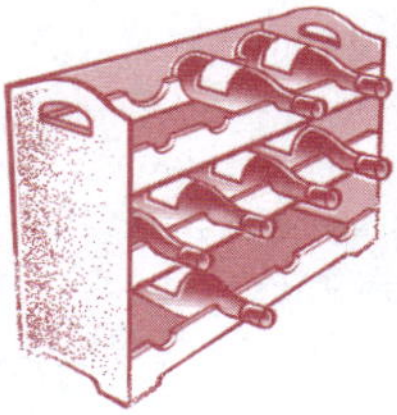

Sous l'escalier. Cette forme de stockage est astucieuse, si la température convient.
Les petits casiers. Ils doivent être rangés à l'abri de la lumière et dans un endroit isolé des vibrations.

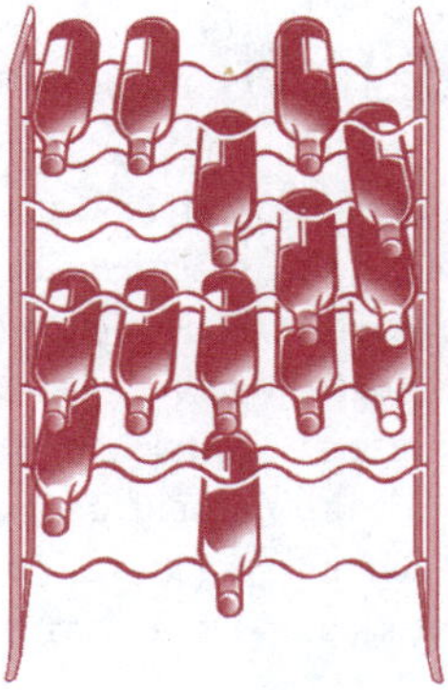

Les caisses mobiles. Elles peuvent être en bois (à gauche) ou en fil de fer et recouvertes de plastique (ci-dessus). Elles sont conçues pour maintenir les bouteilles légèrement inclinées.

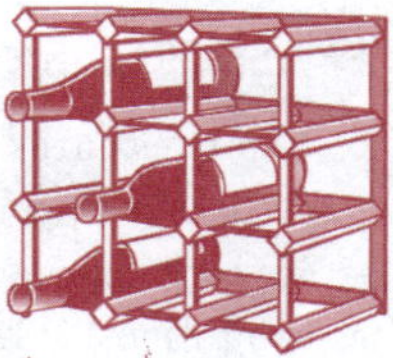

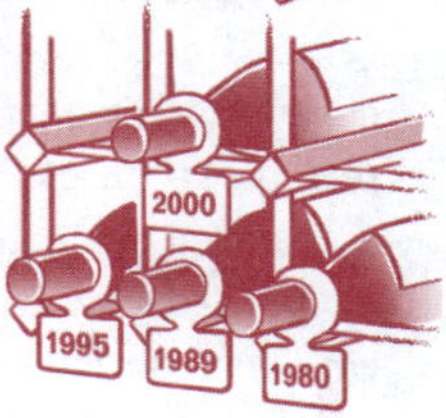

Les casiers fixes. Pour les fixer au mur, prévoyez des vis ou des pitons très solides, car les bouteilles sont lourdes.
Les étiquettes. Elles permettent de marquer les différentes bouteilles.

alvéoles, conçues pour protéger le vin contre les chocs thermiques, l'humidité et les vibrations, et qui réservent une place à chaque bouteille. Les cartons sont à proscrire : humides, ils dégagent des odeurs nuisibles au vin. Quant aux papiers de soie, ils peuvent coller à l'étiquette et la teinter. En revanche, on peut laisser les bouteilles dans leur caisse en bois d'origine, si l'on ôte le couvercle pour les laisser respirer et sans les poser à même le sol. Mais ils favorisent le développement d'insectes et de parasites et facilitent le travail d'un voleur.

LES ÉTIQUETTES. Leur emplacement doit permettre de repérer facilement les différents lots. Sinon, on pourra attacher des petites étiquettes autour du goulot. Pour garder intactes les étiquettes, on peut entourer la bouteille d'un film alimentaire ou l'emballer dans un sac plastique (mais le bouchon doit respirer). Pour les décoller, il suffit de les détacher délicatement à l'aide d'un adhésif transparent ou de tremper la bouteille remplie d'eau froide dans de l'eau chaude.

LE LIVRE DE CAVE

Un livre de cave bien conçu ne se limite pas à simplement enregistrer les entrées et sorties de la cave, mais gardera également la trace de vos expériences gustatives et de vos achats, facilitant ainsi le suivi du vieillissement du vin et la préparation de futures acquisitions. Le lecteur trouvera ci-dessous l'exemple d'une 6 de cave, qu'il pourra modifier selon ses propres besoins.

IDENTITÉ DU VIN	
Nom du vin	Château Sociando-Mallet
Appellation	Haut-Médoc
Région	Bordeaux
Couleur	rouge
Millésime	2000
Lieu d'achat	en primeur par l'intermédiaire d'un caviste
Date d'achat	mai 2001 (livraison en juin 2002)
Prix d'achat	30 €
Producteur	Jean Gautreau
Adresse	(achat uniquement en primeur)
GESTION DES BOUTEILLES STOCKÉES	
Nombre de bouteilles acquises	une caisse de 12 bouteilles
Solde	11, 10
À boire avant	2015 (?)

GESTION DES BOUTEILLES STOCKÉES

Servi le 3 décembre 2007 : 1 bouteille (avec Michel, Sabine, Andrée et Xavier). Encore sur la réserve avec des tanins bien présents, même si déjà veloutés. Le bois peut se fondre encore. Le nez s'exprime peu aujourd'hui. Peut-être dans son âge ingrat ? À attendre encore.

Servi le 31 janvier 2010 : 1 bouteille avec Éric et Sabine. Carafé juste avant de passer à table. Plein de fruits qui explosent dans la bouche avec une matière bien fondue. Superbe et encore d'une incroyable jeunesse. Parfait avec le magret de canard au cinq-épices

Le vin
à table

Depuis le lointain vignoble qui l'a vu naître, le vin terminera sa mission dans un verre et sera, dans l'immense majorité des cas, servi à l'apéritif ou à table, dans le cadre d'un repas. Ce dernier acte est au moins aussi important que tout ce qui a précédé. Il suffit parfois d'un manquement quelconque au service du vin pour que le plaisir de le goûter se trouve gâché. Dans le service du vin, surtout lorsqu'il s'agit d'un grand cru, chaque détail compte et apporte une réalité tangible au plaisir de la dégustation. Une fois le choix du vin arrêté en fonction des circonstances et des mets que l'on servira, il convient tout d'abord, avant de présenter le vin, d'en contrôler attentivement l'état. Le vin est-il arrivé à bonne maturité ? La température de service lui convient-elle ? Comment ouvrir ensuite une bouteille sans accroc, surtout s'il s'agit d'un vin délicat ? Faut-il décanter ou non ? Les verres sont-ils adéquats ? L'hôte se doit de montrer de la compétence dans tous ces aspects dont aucun n'est mineur. La plupart des principes indispensables qui régissent ce que l'on appelle dans les métiers de la restauration « la mise en place » sont dictés par le bon sens. La même attention doit présider au choix et à la dégustation du vin dans un restaurant. Si celui-ci dispose d'une bonne cave, faut-il privilégier le choix du vin ou celui des mets ? Comment déchiffrer une carte de vin ou bénéficier des conseils d'un sommelier ou du restaurateur ? Que faire si le vin n'est pas bon ou n'est pas servi dans les bonnes conditions ?

Les verres

Lors de dégustations comparatives, il a été maintes fois observé que le même vin goûté dans des verres de forme différente n'avait pas le même goût. Devant l'infini choix que nous proposent les fabricants, il importe en effet de choisir des verres qui seront à la fois un outil précieux pour l'appréciation des vins et un reflet de notre goût. Le facteur esthétique, loin d'être négligeable, fait souvent alliance avec le souci gustatif. À cela vient s'ajouter la tradition : presque chaque région vinicole possède son type de verre, parfois de couleur, qu'elle considère comme idéal pour déguster ses vins.

Le choix des verres

Pour favoriser la dégustation, le verre doit à la fois satisfaire les exigences de l'œil, du nez et de la bouche. Le goût du vin est différent, et meilleur, lorsqu'on le boit dans un verre approprié. Les éléments à prendre en compte dans le choix du verre sont, par ordre d'importance, sa forme, sa taille et son matériau.

LA FORME. Le calice d'un verre à vin doit tout d'abord être convexe, en forme de tulipe fermée. Son bord doit s'incurver vers l'intérieur, afin de capter les arômes du vin et de les canaliser vers le nez. Un verre dont le « ventre » est peu profond offrira une trop grande surface de vin à l'air et ne pourra retenir les arômes. La moitié du plaisir de la dégustation en sera perdue. Il faut ensuite que sa tige soit suffisamment longue pour que l'on puisse le tenir sans que les doigts ne touchent le calice. En effet, un verre de vin blanc frais se réchauffe rapidement au contact de la main.

LA TAILLE. Il doit être assez grand pour que l'on puisse y verser du vin en quantité suffisante sans pour autant le remplir plus qu'au quart ou au tiers. Si le verre est trop petit ou trop plein, on ne pourra faire tourner le vin pour libérer ses arômes et on ne pourra le pencher pour l'observer. La quantité de vin normalement servie est d'environ 8 cl (le huitième d'une bouteille) ; la contenance idéale d'un verre est de 28 cl au moins. Dans certains restaurants, on en trouve de bien plus grands : évitez-les, chez vous, pour vous épargner la désagréable impression d'avoir juste une goutte de vin au fond de votre verre. Ces verres ont du reste un but spécial : leur large surface aide à faire volatiliser les arômes d'un vin jeune, mais il vaut mieux ne pas les utiliser pour des vins vieux et délicats.

LE MATÉRIAU. Il doit être transparent, lisse, sans facettes. Les lourds verres en cristal taillé peuvent être agréables à regarder mais nuisent à l'appréciation du vin et au plaisir de la dégustation. Les verres de couleur empêchent d'observer la robe du vin, sa couleur et son intensité. Outre le cristal, beau mais très fragile, d'autres matériaux sont utilisés, par exemple le cristallin et d'autres composites souvent brevetés par les marques. Ils donnent entière satisfaction, notamment en terme de finesse de verre et de transparence.

À chaque vin son verre ?

À côté de ces verres standardisés, il en existe d'autres, traditionnels (voir encadré) ou conçus spécialement pour mettre en valeur un type particulier de vin. Parfois inspirés de verres traditionnels, les grands cristalliers comme Riedel ou Spiegelau ont ainsi, après des années de recherche, créé une série de verres destinés à optimiser la dégustation des vins des grandes appellations du monde. Il n'est évidemment pas indispensable d'avoir un verre à vin par appellation. D'une manière convenue, les verres à vin blanc sont moins grands que les verres à vin rouge (voir cahier encarté p. II). La forme en tulipe prime sur tout.

Pour les vins effervescents, on utilisera de préférence une flûte (voir encadré p. 208). À ces verres classiques, on peut éventuelle-

LES VERRES TRADITIONNELS

Dans la majorité des régions viticoles, il existe un verre typique, hérité de la tradition locale. Ce genre de verre est surtout utilisé pour mettre en fête des vins de soif sans grand souci œnologique. Le plus connu de tous est le verre à vin d'Alsace, petit ballon monté sur une longue jambe teintée en vert. On peut s'en satisfaire pour des vins modestes mais les meilleures cuvées d'Alsace n'ont rien à gagner d'un tel support.

ment ajouter un verre à bourgogne et un autre pour le porto, le xérès et les vins de liqueur (voir cahier encarté p. II). Il existe aussi des verres spéciaux pour la dégustation (comme le verre INAO). À l'usage des professionnels, ces verres ont pour qualité essentielle de faire ressortir les défauts d'un vin (voir p. 149).

L'entretien des verres

Nombreuses sont les dégustations gâchées par des verres sales. La saleté n'est pas nécessairement visible : les détergents (ou les produits de rinçage) peuvent laisser un film indiscernable à l'œil ou au nez, quand le verre est vide, mais pouvant réagir au contact du vin (ou de l'eau) et lui donner un mauvais goût.

Les verres accrochent et retiennent les odeurs : elles peuvent provenir du lavage, du séchage ou du placard, mais toutes sont faciles à éviter. Mieux vaut ne pas passer les verres à vin au lave-vaisselle mais si le matériau des verres n'est pas cassant, on pourra s'y résoudre avec un lavage sans produit. L'idéal reste de les laver à la main, à eau bien chaude, et de les essuyer sans délai avec un torchon de coton ou de lin propre qui ne laisse ni fils ni peluches. Le meilleur endroit pour ranger les verres est un placard fermé situé en dehors de la cuisine. Posez-les debout ou glissez-les par le pied sur des porte-verres. Si vous les posez à l'envers, ils prendront l'odeur de l'étagère. Enfin, pensez à les sortir bien à l'avance pour qu'ils s'aèrent.

QUEL VERRE POUR LE CHAMPAGNE ?

Pour des raisons historiques douteuses, la coupe de champagne est restée longtemps le type de verre associé à ce vin. Sur le plan de la dégustation, c'est une pure fantaisie. Sa large ouverture fait que le bouquet du vin se dissipe aussitôt et que la mousse se disperse instantanément. Pour le champagne et, de façon plus générale, pour tous les vins effervescents, seule la flûte convient. De forme allongée, elle est remplie aux trois quarts. Sa hauteur permet aux bulles de se former sans peine et de rester persistantes, son ouverture étroite de ne rien perdre du bouquet délicat.

Servir le vin

Le calme relatif avant le repas est propice à l'attention que nécessitent et méritent les bouteilles soigneusement choisies. Une préparation attentive doit précéder leur service. Les vins sélectionnés pour l'occasion seront vérifiés pour prévenir toute maladresse susceptible de gâcher le plaisir que peut procurer leur dégustation.

Avant l'ouverture des bouteilles

En premier lieu, il convient de choisir les vins qui seront servis selon les circonstances et les mets qui constitueront éventuellement le repas. Prévoyez en moyenne une bouteille de 75 cl pour trois ou quatre personnes.

Beaucoup de vins de consommation courante, de petite ou moyenne garde, peuvent être débouchés et bus sans délai. Les autres vins exigent davantage de soins en fonction de leur style et de leur âge. Dès que votre choix est arrêté, vérifiez les bouteilles sélectionnées, que vous aurez pris l'habitude de stocker couchées, l'étiquette vers le haut. De la sorte, vous êtes assuré que le dépôt sera localisé, à l'opposé de l'étiquette. Manipulez les bouteilles lentement, sans à-coups, en les maintenant dans le sens où elles reposaient et vérifiez si le vin est limpide et si un dépôt s'est constitué.

Les vins blancs secs et jeunes peuvent être mis à rafraîchir quelques heures avant le repas, au bas du réfrigérateur. Les vins blancs âgés qui présenteraient un dépôt seront mis debout la veille, avant d'être rafraîchis. Les vins rouges jeunes déposent généralement peu, sauf les cuvées non filtrées ou non collées ; il suffit de les mettre debout durant quelques heures. Les vins rouges vieux qui auront du dépôt seront mis lentement debout un jour à l'avance, avant d'être décantés, si besoin est.

La mise à température

Le seau à glace est le moyen le plus rapide (et le plus sûr) de rafraîchir un vin. Il est essentiel d'ajouter de l'eau à la glace et d'immerger la bouteille autant que possible afin que tout le vin soit à la même température : il faut compter entre 10 et 15 minutes pour passer de 20 °C à 8 °C. Un réfrigérateur mettra entre une heure et demie et deux heures pour aboutir au même résultat, voire davantage par temps chaud. Évitez en tout cas de placer la bouteille dans le congélateur ou dans le bac de congélation du réfrigérateur, bien trop froid ; en outre, la bouteille risque de se casser en cas d'oubli.

LA TEMPÉRATURE DE SERVICE

Quelle influence la température a-t-elle sur le goût du vin ? La chaleur permet aux composants aromatiques de se volatiliser, ce qui signifie, plus simplement, qu'elle permet au bouquet agréable du vin de s'exprimer. Les arômes variant d'un vin à l'autre, les vins donnent le meilleur d'eux-mêmes à des températures différentes.

En règle générale, les vins blancs se servent plus frais que les rouges, mais l'échelle des températures est mobile dans les deux cas. Le principe « vin blanc à la température du réfrigérateur et vin rouge à température ambiante » est quelque peu sommaire. Il incite à servir les vins blancs trop frais et les vins rouges trop chauds. En fait, à chaque style de vin blanc correspond une température différente, et bien des rouges, sinon tous, doivent être servis à quelques degrés au-dessous de la température ambiante (voir p. 30-45).

Le vin pâtit autant de la chaleur que du froid. Un grand vin rouge peut perdre son équilibre s'il est servi à 22 °C et paraître plus chaleureux qu'il ne l'est vraiment. Un vin blanc peut perdre son charme s'il est servi trop chaud. À l'inverse, le froid tend à accentuer l'astringence des tanins et aiguise l'acidité d'un vin rouge, au détriment de son fruit. Les vins blancs n'ont pas de tanins et supportent mieux un excès de froid. Lorsque la bouteille est fraîche, l'acidité s'allie au fruit du vin et le rend agréable et rafraîchissant, ce qu'on est en droit d'attendre de tout vin blanc. Mais servir trop frais des grands crus de vin blanc est une erreur, car ce qui fait leur intérêt, au nez comme en bouche, pourra se révéler davantage s'ils sont moins frais.

Par temps chaud, servez les vins un peu plus frais qu'à l'ordinaire ; par temps froid, en revanche, ne refroidissez pas trop un jeune vin rouge, même s'il se déguste frais.

Pour réchauffer un vin, l'idéal est de laisser la bouteille pendant deux à trois heures dans une pièce tempérée (18 °C). Ne placez jamais le vin près d'une source de chaleur, comme une cheminée, un radiateur ou un four, qui risque de donner un « coup de chaud » au vin et d'affecter son goût.

Le recours à un thermomètre pour déterminer si le vin est bien à la température peut avoir son utilité. Cela dit, un ou deux degrés de plus ou de moins ne gâcheront pas la plupart des vins.

Une fois que le vin a atteint la température de consommation, il suffit d'ajouter quelques cubes de glace dans l'eau du seau pour maintenir la fraîcheur, sachant qu'il faut éviter tout excès de froid. Il en va de même avec une brique à vin ou un seau isotherme. Les vins effervescents seront servis de la même façon.

L'ouverture de la bouteille

Au moment de l'ouverture, la bouteille doit être à la température adéquate. La difficulté pour ouvrir une bouteille dépend du type de tire-bouchon dont on dispose, mais les phases de préparation sont toujours les mêmes.

LA GESTUELLE. Il faut d'abord découper la capsule métallique sous le goulot, à l'aide d'un couteau, et en retirer la partie supérieure. Cela évite tout contact du vin avec le métal. Essuyez ensuite le goulot avec un linge propre, puis faites pénétrer la spirale du tire-bouchon au centre du bouchon, en prenant soin de ne pas le transpercer de part en part. Extrayez enfin le bouchon, dans un même mouvement, sans brusquerie.

Certains bouchons sont très longs et quelquefois fragiles. Il faudra donc procéder en deux mouvements. Quand toute la mèche du tire-bouchon a pénétré, commencez à extraire le bouchon de quelques millimètres, puis donnez à la mèche un tour supplémentaire et procédez lentement à l'extraction complète.

Une bouteille délicate (par exemple, un vin de plus de 20 ans d'âge) exige des soins particuliers. Depuis la cave jusqu'au service, elle doit rester dans la position couchée dans laquelle elle reposait. Tout au long de la préparation, il faut éviter le moindre mouvement brusque, y compris lors de l'ouverture.

Les bouchons récalcitrants

Il arrive que certains bouchons résistent avec entêtement. Voici quelques solutions.

LORSQUE LE BOUCHON COLLE, chauffez le goulot de la bouteille en le passant sous l'eau chaude afin de mouiller et faire gonfler le verre, mais non le bouchon, ou bien vissez le tire-bouchon en le tenant légèrement incliné.

SI LE BOUCHON S'EST CASSÉ, vissez le tire-bouchon avec précaution, en le tenant incliné, dans le morceau restant du bouchon. Si cette manipulation ne réussit pas, poussez le bouchon dans la bouteille. En versant le premier verre, tenez le bouchon éloigné du goulot à l'aide de la mèche du tire-bouchon ; il flottera ensuite à la surface du vin. Quelques morceaux de liège tombés dans le vin ne nuisent pas au goût. Mais, s'il y en a trop, vous pouvez décanter le vin dans une bouteille propre ou une carafe.

LE TIRE-BOUCHON

Le choix d'un tire-bouchon de bonne qualité doit répondre à deux critères. Tout d'abord, la partie qui pénètre dans le bouchon doit avoir la forme adéquate. Seule une spirale bien pointue et surtout suffisamment longue et large aura une bonne prise sur le bouchon.

Il convient ensuite d'étudier le mécanisme de traction. Les modèles les plus simples, à poignée en forme de T, sollicitent trop les muscles du bras et de l'épaule : un bouchon très serré risquera de vous résister. Choisissez plutôt un tire-bouchon muni d'un système de levier, à un ou deux crans, qui se bloque contre le goulot de la bouteille. Il existe une vaste gamme de modèles, depuis le « couteau-sommelier » jusqu'au tire-bouchon doté d'un mécanisme de contre-vis ou à double action (voir page suivante).

Enfin, on trouve de plus en plus de modèles sophistiqués, parfois chers, qui facilitent l'extraction par des mécanismes à levier. Ils sont très efficaces sur des bouchons de liège récents, mais ne sont indiqués ni pour les bouchons synthétiques ni pour les bouchons fragiles.

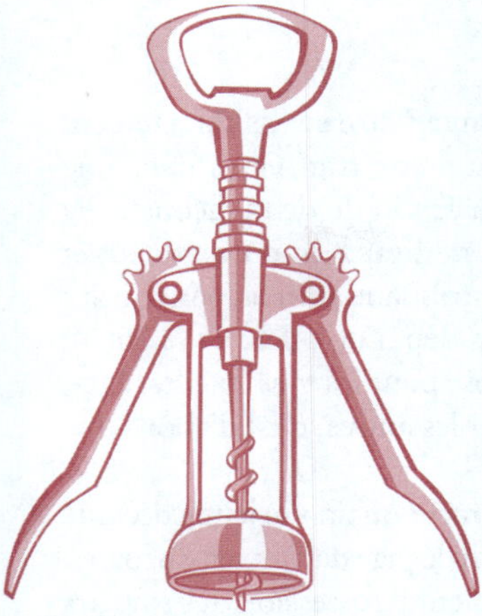

Tire-bouchon papillon
Très répandu, il demande peu d'effort physique pour déboucher sans à-coups, mais sa hauteur le rend encombrant.

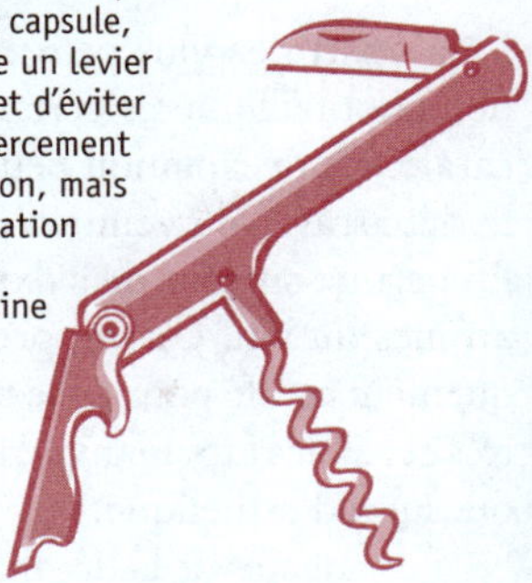

Couteau-sommelier
Doté d'une lame pour couper la capsule, il possède un levier qui permet d'éviter le transpercement du bouchon, mais son utilisation demande une certaine adrresse.

Tire-bouchon à lames
Il est parfait pour extraire des vieux bouchons friables ou détrempés.

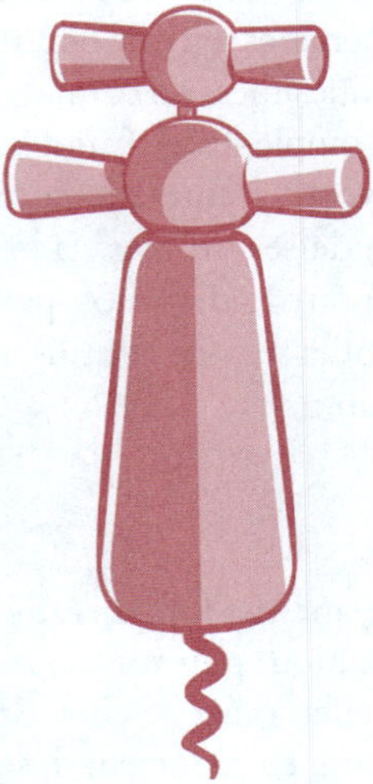

Tire-bouchon à contre-vis
Son principe assure une extraction sans à-coups, avec un minimum d'effort physique, mais son encombrement nuit à sa maniabilité.

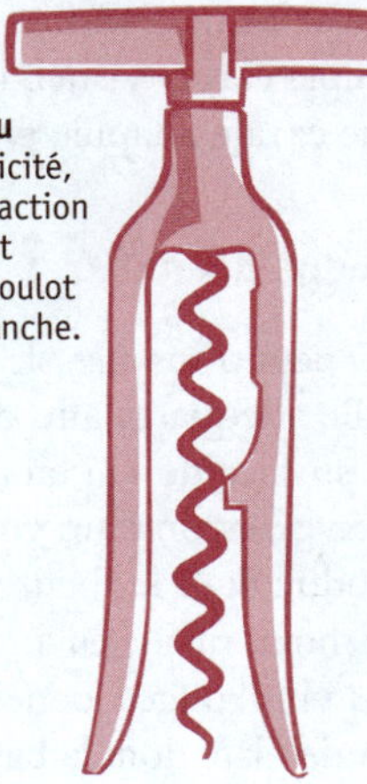

Screwpull® continu
D'une grande simplicité, il garantit une extraction en douceur. Il suffit de le poser sur le goulot et de tourner la manche.

Pour ou contre la décantation ?

La plupart des vins peuvent parfaitement être servis directement de la bouteille, mais certains gagnent à être transvasés dans une carafe. La décantation peut améliorer le vin de deux façons : elle le débarrasse d'éventuels morceaux de bouchon ou de dépôt et lui permet surtout de s'oxygéner contribuant ainsi à épanouir les arômes du vin. Un vin présentant un dépôt doit-il être systématiquement carafé pour cette raison ? Non, pour les vins fragiles, âgés, très sensibles aux manipulations. Pour les autres, c'est d'abord une question d'esthétique.

Les adeptes de la décantation affirment qu'un vin jeune décanté devient plus moelleux, plus rond et qu'il dégage davantage d'arômes. L'exposition à l'air accélère effectivement l'expression des saveurs et des arômes. Cela dit, tout est question de mesure, car une exposition trop prolongée peut inutilement fatiguer un vin avant même son service. Un vin jeune, rouge notamment, aura en général tout à gagner d'un passage en carafe une heure avant le service. Cela est particulièrement recommandé pour les vins dits « réduits », présentant des arômes désagréables mais éphémères, qu'une bonne aération suffit à supprimer. Pour les vieux millésimes, un carafage est plus risqué, car les arômes sont fins, complexes et fragiles. On peut lui préférer une aération dans le verre, quitte à le faire doucement tourner pour hâter l'expression de ses arômes. Si on souhaite néanmoins carafer un vin âgé, pour le dépôt ou par simple plaisir visuel, il faut le faire peu avant le service et utiliser une carafe adaptée (voir paragraphe suivant).

Comment décanter ?

On peut transvaser le vin dans une carafe ayant une forme et une taille adéquates afin d'assurer, après décantation, plus ou moins de surface de vin en contact avec l'air. En effet, outre le choc de l'oxygénation d'un vin qui a toujours été en milieu réducteur, il se produit dans les heures qui suivent une évolution des arômes plus ou moins rapide en fonction de l'exposition du vin à l'air. Ainsi, pour des vins rouges jeunes d'une grande extraction, on préférera une carafe plate dont la base est très évasée pour favoriser les échanges

LE DÉPÔT : QUALITÉ OU DÉFAUT ?

Certains vins blancs jeunes et légers présentent parfois un dépôt de cristaux. Il s'agit du bitartrate de potassium qui se précipite à la suite d'une baisse brutale de la température. Malgré leur apparence, ces cristaux sont absolument sans danger pour la santé et n'affectent en rien le goût du vin. Il suffit de mettre la bouteille debout et, en quelques secondes, le dépôt est rassemblé. En versant attentivement, il est facile de l'éviter. Un vin rouge qui vieillit produit un dépôt naturel, résultat de tanins oxydés et de matières colorantes qui se décomposent dans le vin. Sauf exception comme les Portos Vintages ou les Portos LBV vieillis en bouteille, qui précipitent abondamment, ce dépôt est plutôt léger et nécessite donc une manipulation précautionneuse de la bouteille. La décantation s'impose, sauf si le vin est devenu trop fragile (c'est le cas de la plupart des très vieux vins). C'est dès l'ouverture de la bouteille et après avoir aussitôt goûté le vin que l'on prendra la décision : un vin fermé et un peu dur profitera de la décantation, un vin parfaitement épanoui et délicieux n'en aura pas besoin.

entre le vin et l'air, tandis que, pour les vins vieux et fatigués, il sera prudent de choisir une carafe qui ne laisse que très peu d'air en surface du vin, en s'assurant de bien la remplir et de replacer le bouchon après l'opération. Vérifiez que la carafe est bien propre en la rinçant et en l'égouttant avant la décantation. Si vous utilisez un entonnoir ou un filtre en tissu, lavez-les aussi au préalable.

LA DÉCANTATION DES JEUNES VINS est simple. Son but est d'aérer le vin, de le laisser s'assouplir tout en réveillant son parfum. Il suffit d'ouvrir la bouteille et d'en verser le contenu dans une carafe propre. Le vin peut être versé assez vite : s'il éclabousse les bords de la carafe, il ne s'en aérera que davantage. Puis il faut le laisser reposer au moins une heure avant de le boire, sans boucher la carafe, dans la pièce où il sera servi. Cela lui permettra d'atteindre progressivement la température ambiante (voir cahier encarté p. III).

LA DÉCANTATION D'UN VIN VIEUX est une opération délicate qui demande quelques précautions. Elle se fait juste avant le service et la carafe doit être rebouchée. Si la bouteille est restée deux jours debout dans la cave, le dépôt aura glissé le long de la paroi pour s'accumuler au fond. Une fois le bouchon retiré, il suffit de verser lentement et très progressivement le vin de la bouteille dans une carafe à décanter. Une source de lumière (bougie ou pile électrique), placée sous l'épaule de la bouteille, permettra d'observer parfaitement l'arrivée des premiers dépôts. Dès que les premières particules apparaissent à hauteur du goulot, il faut relever d'un coup la bouteille (voir cahier encarté p. III).

QUELS VINS DÉCANTER ?

VINS ROUGES AVEC UN DÉPÔT

Les vins rouges énumérés ci-après ont tendance à présenter un dépôt ; mieux vaut les décanter (mais ce n'est pas une obligation). Quelle que soit la région d'origine, les vins non filtrés présenteront logiquement un dépôt.

Bordeaux : premiers crus, grands crus, crus classés, grands crus de Saint-Émilion, grands Pomerols.

Côtes-du-Rhône : Hermitage et autres vins du nord de la région, ainsi que les Châteauneuf-du-Pape.

Autres vins français : les meilleurs vins de Provence, le Madiran.

Vins italiens : Barolo, Barbaresco, « super-toscans », Brunello, etc.

Espagne : Ribera del Duero (Vega Sicilia) et les meilleurs Penedès. Quelques Riojas présentent un dépôt.

Portugal : Portos Vintages et LBV vieillis en bouteille.

Nouveau Monde : les Cabernets-Sauvignons et les Shiraz de Californie, d'Australie et du Chili.

VINS ROUGES JEUNES

La plupart des vins rouges plus jeunes tireront généralement profit de l'aération apportée par la décantation.

VINS BLANCS

Certains vins blancs s'améliorent si on les décante juste avant de servir : vieux blancs de la Loire, Graves blancs à maturité, grands Rieslings (Autriche, Allemagne, Alsace, Australie), vins liquoreux issus de la pourriture noble (Sauternes, *Trockenbeerenauslese* d'Allemagne et d'Autriche, Tokay, Alsace Sélection de grains nobles, etc.)

LES VINS À NE PAS DÉCANTER

Certains vins ne gagnent pas à être décantés : les très vieux rouges, les vins blancs à maturité sauf ceux cités ci-dessus, les blancs jeunes, les champagnes et autres mousseux.

L'ouverture des vins effervescents

Les vins effervescents ont un bouchon spécial et demandent une manipulation différente. Le vin étant sous pression, une ouverture maladroite de la bouteille risque de faire sauter violemment le bouchon et de laisser échapper beaucoup de mousse, sans compter les dégâts que le bouchon peut occasionner sur sa trajectoire. Il faut donc commencer par rafraîchir le vin en prenant soin de ne pas remuer la bouteille afin de ne pas augmenter la pression du gaz. Sa température doit se situer entre 6 et 8 °C ; un champagne servi plus froid perd toute sa saveur. On évitera par ailleurs de laisser une bouteille trop longtemps au réfrigérateur. Il est préférable, à la sortie de la cave, de la faire rafraîchir quelque temps dans un seau contenant un mélange d'eau et de glace ; toute tentative de refroidissement accéléré ne peut qu'être préjudiciable au vin.

LA GESTUELLE. Ôtez d'abord la coiffe afin de dénuder le muselet et le bouchon. Détordez doucement le muselet, maintenez votre pouce sur le bouchon, puis retirez le muselet et la capsule.

L'ENTRETIEN DES CARAFES

Les carafes doivent être propres et lavées avec le même soin que les verres, avec beaucoup d'eau chaude afin de les rincer le mieux possible. Pour sécher une carafe, essuyez d'abord la partie externe à l'aide d'un torchon propre, puis placez la carafe à l'envers afin de laisser s'écouler l'eau résiduelle. La meilleure façon d'égoutter une carafe consiste à la placer sur un pied spécial – un support équipé d'un pied lesté qui assure une bonne stabilité – et de déposer l'ensemble dans un endroit qui dispose d'une bonne aération. Il n'est pas toujours bon de la garder vide et close trop longtemps et, dans tous les cas, il faut la rincer abondamment à l'eau chaude avant tout nouvel usage.

Avec le temps, les carafes se patinent. On peut utiliser alors du gros sel et du vinaigre afin de les décaper ou bien un produit comme celui qui sert au nettoyage des dentiers, en ayant soin de bien la rincer après l'opération.

OUVRIR UN PORTO MILLÉSIMÉ

Parce qu'il vieillit longtemps en bouteille, le porto millésimé peut être parfois difficile à déboucher : un vieux bouchon est souvent friable.

En cas de difficultés, la solution optimale consiste à utiliser une longue pince à Porto, dont les branches s'adaptent au goulot. Les extrémités sont préalablement rougies au feu, puis serrées sur le col de la bouteille. Au bout d'une minute, on applique un chiffon humide et le col se casse net à la base du bouchon. Cette méthode requiert de l'expérience.

Le secret de l'ouverture consiste à bien maintenir le bouchon d'une main et, de l'autre, à faire tourner doucement la bouteille (et non le bouchon), légèrement inclinée. Vous sentez le bouchon monter, poussé par la pression du gaz. Poussez le bouchon avec précaution à l'aide de votre pouce dès qu'il commence à monter dans le goulot. L'élégance suprême est de retenir le bouchon au dernier moment afin de ne laisser échapper qu'un « soupir d'aise ».

Goûter avant de servir

Dès que les bouteilles sélectionnées ont été ouvertes il est temps de vérifier le vin. Contrôlez d'abord scrupuleusement chaque bouchon en le reniflant afin de détecter d'éventuels défauts, puis procédez à une dégustation de contrôle. Certains « nez de moisi » se dissipent très vite. Plus grave est le « nez de bouchon ». Si l'odeur de moisi est très légère, seul le premier verre risque d'être altéré et, souvent, une simple aération suffit. Si elle est persistante, mieux vaut passer à une autre bouteille. Dans le doute, il ne faut pas hésiter à changer. Chaque bouteille vérifiée est ensuite rebouchée et remise à température de service.

Servir le vin

Pour éviter de laborieuses manipulations pendant le repas, il vaut mieux disposer d'emblée sur la table tous les verres nécessaires, sans multiplier inutilement les formats.

Au cours du repas, le rôle de sommelier est dévolu au maître de maison qui assurera lui-même le service des vins. Il veillera à ce que les vins restent autant que possible à la température de service et que chaque verre soit rempli au tiers pendant le repas.

Champagnes et vins blancs seront mis dans un seau contenant de l'eau et quelques glaçons pour rester suffisamment frais. Quant aux vins rouges, il est souhaitable de les servir un ou deux degrés plus frais que prévu : dès qu'ils sont versés dans le verre, ils acquièrent aussitôt un degré.

QUE FAIRE D'UNE BOUTEILLE ENTAMÉE ?

En général, une bouteille entamée devrait être terminée durant le repas. Mais il arrive très souvent que tout le vin ne soit consommé. Dans ce cas, il faut reboucher la bouteille, la conserver au frais et la terminer sous quarante-huit heures, car le vin s'oxyde rapidement au contact de l'air, ce qui lui est néfaste. Les vins effervescents seront remis aussitôt au réfrigérateur, rebouchés aussi hermétiquement que possible – il existe des bouchons spéciaux – et bus dans les quarante-huit heures. Il existe par ailleurs plusieurs outils qui permettent de vidanger l'air contenu dans les bouteilles, pompes à vide, injecteurs de gaz et autres concepts perfectionnés, mais onéreux.

Le vin au restaurant

Un restaurant se choisit par la qualité de sa cuisine, son décor, la sélection de ses vins et… son niveau de prix. Face à une carte des vins importante, il n'est pas toujours facile de se retrouver, mais, d'un rapide coup d'œil, on pourra se faire une idée précise des sélections et de leur valeur ou, le cas échéant, recourir aux conseils du sommelier. La cotation d'un restaurant dans les guides est fiable, car la cave et le service participent à l'évaluation générale de l'établissement. Les commentaires le précisent souvent.

Le choix du vin

Le choix du vin repose sur quelques critères qui, s'ajoutant, donnent une idée précise de l'attention que le restaurateur porte aux vins. Il vaut mieux une sélection courte et judicieuse qu'une accumulation de crus dont la rotation n'est pas toujours assurée. La carte reflétera le style de la cuisine servie, et l'influence de la région, surtout si elle est viticole, se remarquera avec intérêt. La présence d'un sommelier confirmera que toute l'attention sera portée sur la sélection, le stockage et le service.

Un serveur ne s'offusquera pas s'il lui est demandé en même temps le menu et la carte des vins. Cela indiquera aussitôt l'intérêt que le client porte à l'un et à l'autre. Dans un restaurant que l'on visite pour la première fois, il est difficile de savoir si l'on commandera d'abord les plats et ensuite les vins ou le contraire. Une cuisine créative se doit d'être explicitée, car au simple énoncé des ingrédients le choix des vins en sera orienté. S'il est impossible de résister à un plat dont la composition pourrait affecter le vin, il vaut mieux demander conseil au sommelier. À l'inverse, si un vin très précis retient l'attention, le sommelier saura quel plat lui conviendra.

La carte des vins

Par sa simple présentation, la carte des vins reflète l'efficacité du sommelier. Elle doit être claire et le client comprendra aussitôt la méthode de lecture. Généralement les vins se classent par appellations, les couleurs étant bien séparées. La contenance des bouteilles doit être clairement indiquée. À l'intérieur des appellations, les vins peuvent être présentés par millésime, par sous-appellation ou par prix. Quel que soit le choix établi, il sera le même tout au long de la carte. Pour chaque vin doit figurer le cru, le village, le climat, le clos, le nom du propriétaire et le millésime. On se méfiera tout particulièrement d'une carte standard où ne figure que le nom de l'appellation. Idéalement, le sommelier saura à tout instant apporter les précisions complémentaires souhaitées : la qualité du millésime, les cépages, les techniques particulières, la localisation du domaine, etc. Il n'est cependant pas bon d'accaparer le sommelier indéfiniment, son travail consiste aussi à s'occuper d'autres tables, à préparer verres et bouteilles et à servir…

Le prix des vins en restauration

La France détient le malheureux privilège d'afficher des prix de vente de vin en restauration particulièrement élevés avec des coefficients de revente dissuasifs : rarement en dessous de 4, et souvent bien au-delà, jusqu'à 10 ou plus dans les grands établissements. Le service, le choix, le stockage, le recours à un personnel compétent ont certes un coût, mais rien ne justifie la largeur des marges réalisées, si ce n'est que beaucoup de restaurateurs font peser l'équilibre financier de leur établissement sur les vins. Aujourd'hui, il y a des restaurants qui, avec un certain succès, font le pari de modérer leurs marges, voire de proposer leurs vins à un tarif de caviste, espérant ainsi gagner une clientèle d'amateurs et faire fonctionner le bouche-à-oreille. L'amateur, lui, y gagne l'infini plaisir de pouvoir s'offrir de belles bouteilles à prix accessible, et le restaurateur voit s'accélérer la rotation de ses stocks, avec moins de marge par bouteille mais un volume écoulé en hausse.

LE SERVICE AU VERRE. Ce mode de consommation du vin a le vent en poupe dans beaucoup d'établissements qui s'affichent comme bars à vins, sans toujours en avoir l'expertise. Quoi qu'il en soit, et grâce aux techniques permettant de conserver dans de bonnes conditions les bouteilles ouvertes, ces établissements proposent une large gamme de vins au verre. Les coefficients réalisés sur ce type de vente sont du même ordre qu'en restauration traditionnelle, avec une logique très souvent appliquée qui consiste à vendre le verre au prix d'achat de la bouteille. Il n'en reste pas moins que ce type de commercialisation offre un choix et une liberté forcément plaisante pour l'amateur.

Le sommelier

Perplexe et perdu devant des pages de crus de différentes origines et aux prix fort divers, le client aura volontiers recours au conseil d'un professionnel. Bien qu'il soit délicat d'évoquer le prix devant les invités, le sommelier de talent comprendra vite à mille détails jusqu'où ne pas aller. Il n'y aura d'embarras pour personne si une suggestion ne convenait pas, il suffit d'en demander une autre en étant aussi précis que possible. Si l'idée du sommelier est respectable, le client reste le maître et ne doit se sentir gêné en aucune manière.

LES MEILLEURS SOMMELIERS DU MONDE

Le titre Meilleur Sommelier du monde résulte d'un long processus de sélection et couronne une somme considérable de connaissances et une expérience pratique sans faille. Les sujets abordés lors de ce concours représentent les contraintes qu'un chef sommelier dans une grande maison rencontre dans l'exercice de ses fonctions. Sur le plan théorique, les candidats doivent faire preuve d'une profonde connaissance de l'œnologie, de l'ampélographie, de la législation de chaque pays, des appellations, des millésimes et de la dégustation. Le volet pratique exige une excellente présentation, une élocution claire, du tact, de la sobriété, de l'organisation, la pratique des langues étrangères, une connaissance approfondie de la cuisine et de la pâtisserie, ainsi que le sens du commandement et des règles sur l'accord des mets et des vins.

Les derniers sommeliers ayant obtenu ce titre sont :

1998 : Markus Del Monego (Allemagne)
2000 : Olivier Poussier (France)
2004 : Enrico Bernardo (Italie)
2007 : Andreas Larsson (Suède)
2010 : Gérard Basset (France)
2013 : Paolo Basso (Suisse)

LE VIN N'EST PAS BON : QUE FAIRE ?

Le vin servi présente un défaut : éventé, madérisé, oxydé, plat, acide, bouchonné, etc. Autant de défauts qui auraient dû être notés par le patron, le maître d'hôtel ou le sommelier quand ils ont goûté eux-mêmes le vin. Auquel cas la bouteille aurait dû être changée. Mais s'il y a le moindre doute, il est en faveur du client qui demandera une autre bouteille. Certains restaurants préviennent que les bouteilles rarissimes et de tel vieux millésime sont commandées aux risques du client et facturées quoiqu'il arrive.

Le vin servi ne plaît pas au client. Recommandé chaudement par le patron ou le sommelier, le vin ne présente aucun défaut mais ne correspond pas au goût du client pour une quelconque raison. Dans ce cas, il n'y a pas vraiment de réponse universelle. Si les deux parties sont de bonne foi, c'est à l'appréciation de l'établissement qui n'est pas strictement tenu de remplacer la bouteille. Pour le client, ce sera là l'occasion d'apprécier le professionnalisme du restaurateur, son sens commercial ; et d'y revenir ou non.

Le service

La commande prise, le sommelier prépare les verres, et s'enquiert des bouteilles choisies. Le service proprement dit commence. Chaque bouteille commandée est présentée au client. Celui-ci vérifie appellation, millésime, propriétaire et acquiesce. Le sommelier procède alors à l'ouverture des bouteilles et vérifie l'absence de défaut.

C'est à la personne qui a commandé de donner le signal du service du vin. Le sommelier la servira en premier afin qu'elle goûte elle-même. Ce contrôle permet de vérifier la qualité intrinsèque du vin et sa température. Si le client approuve, le service se poursuit. Le sommelier emplira les verres au tiers et répondra à toute demande du client. S'il arrivait que le client ne trouve pas le vin conforme à ses désirs ou avec un défaut qualitatif (goût de bouchon) ou un problème de température, il est en droit de le faire remarquer et d'exiger de changer de bouteille si celle-ci présente un défaut.

Si le vin blanc, rosé ou le champagne sont réfrigérés, il convient de les faire retirer du seau. Si le vin rouge est trop chaud, même s'il est en carafe, on demandera à le mettre dans un seau avec des glaçons.

La vigne

Au fil des temps, après avoir domestiqué la vigne, les hommes ont opéré des sélections pour obtenir de meilleurs cépages, tout en améliorant la culture des vignobles. Aujourd'hui, on dénombre plusieurs milliers de cépages. Seules quelques dizaines assurent l'essentiel de la production viticole, et certains, comme le cabernet-sauvignon, le merlot, la syrah, le sauvignon ou le chardonnay, sont devenus mondialement célèbres. Chaque cépage possède des spécificités qui confèrent au vin son caractère. Dans certaines régions, les vins sont issus d'un seul cépage (le pinot noir pour tout le bourgogne rouge de Côte d'Or, par exemple) alors que dans d'autres, tel le Bordelais, ils résultent d'un assemblage de plusieurs cépages qui donne au vin diverses nuances. À côté de l'encépagement, le terroir joue également un rôle : un même cépage donnera des vins différents – couleur, arômes, goût – selon les conditions climatiques et topographiques. Enfin, la qualité d'un vin dépend beaucoup des soins apportés à la vigne, depuis l'entretien du sol jusqu'aux vendanges, en passant par la taille. C'est dire l'importance du savoir-faire du vigneron, qui, dans la vigne, doit concilier le respect des techniques autorisées, la lutte contre les maladies et les parasites (comme le redoutable mildiou) et la connaissance des pratiques viticoles innovantes, dans un même souci de préservation de l'environnement et d'amélioration de la qualité du vin qu'il élabore.

Les cépages

Aux temps préhistoriques, l'homme mangeait les fruits de la lambrusque, une vigne primitive grimpante qui pousse encore dans certaines forêts d'Europe. Vitis vinifera, espèce de vigne domestiquée originaire d'Asie Mineure, est à l'origine de l'ensemble des cépages cultivés depuis des siècles, et de tous les vins que nous buvons aujourd'hui.

Qu'est-ce qu'un cépage ?

La vigne cultivée a pour lointain ancêtre une plante sauvage poussant en forêt et grimpant autour des arbres. Cela peut encore s'observer dans le Caucase, et on fait toujours pousser de la vigne le long des arbres et sur des treilles en Italie, dans le nord de l'Espagne et au Portugal. L'arbuste sévèrement taillé qu'est le cep actuel ne ressemble guère à cette plante sauvage, mais le patrimoine génétique peut être établi, même si le cep originel de *Vitis vinifera* a évolué depuis. Du fait de mutations naturelles, des croisements et des sélections opérées par la main de l'homme, cette espèce originelle de vigne s'est en effet diversifiée en plusieurs milliers de variantes différentes, ou cépages, auxquels on a donné des noms : cabernet, chardonnay, pinot, riesling, etc. (voir encadré ci-dessous).

L'AMPÉLOGRAPHIE : LA SCIENCE DES CÉPAGES

L'ampélographie poursuit plusieurs buts : la mise au point de techniques d'identification, le recensement des divers cépages, l'étude et la description de leur cycle végétatif, de leurs aptitudes et de leurs défauts. En effet, depuis qu'elle a vu réellement le jour au XIXe siècle, on a déterminé qu'un même nom peut s'appliquer à des cépages différents, de même que de multiples désignations peuvent se référer à un seul et même cépage. On compterait aujourd'hui dans le monde entre 5 000 et 10 000 variétés de *Vitis vinifera* qui, avec les traductions, peuvent porter pas moins de 40 000 noms !

Depuis la crise du phylloxéra au XIXe siècle (voir plus loin), les ceps des vignobles sont composés d'un porte-greffe (la racine) soudé à un greffon (partie aérienne de la plante). Ce dernier est toujours un *Vitis vinifera,* alors que le porte-greffe est presque toujours d'une autre espèce, résistante au phylloxéra.

Les cépages se différencient par des caractères morphologiques (couleur, forme et volume des grappes et des baies, découpure des feuilles) et physiologiques (floraison, maturité, sensibilité aux maladies, mais aussi teneur en sucres, tanins, composés aromatiques, etc.). Le vigneron choisit des cépages spécifiques selon des critères portant sur les conditions de culture (sol, climat, etc.), sur la qualité du vin recherchée (voir p. 231) mais aussi des critères économiques (rendements, résistance) et relevant du marketing.

La crise du phylloxéra et ses conséquences

En piquant la vigne à ses racines, un puceron nommé phylloxéra, introduit par mégarde des États-Unis en Europe, fut à l'origine du ravage des vignobles de l'Europe entre 1860 et 1880. On parvint à sauver les cépages de *Vitis vinifera* en les greffant sur des racines de vignes sauvages américaines résistantes au parasite. Actuellement, tous les vignobles du monde sont constitués de plants greffés, à l'exception du vignoble chilien, toujours épargné par le phylloxéra, de quelques zones viticoles d'Argentine et d'Australie et des vignobles plantés dans le sable (le phylloxéra ne parvient pas à se déplacer dans le sable).

Un porte-greffe (racine qui alimente le greffon) doit satisfaire à plusieurs conditions : résister au phylloxéra, être adapté au terroir d'accueil (sol, climat), être compatible avec le greffon et conforme aux souhaits du vigneron quant au rythme et à la puissance végétative.

De nos jours, chaque pays de l'Union européenne établit une liste de porte-greffes recommandés (les autres étant interdits). En France, quelques dizaines de porte-greffes ont ainsi été sélectionnées pour leur résistance à la sécheresse et au calcaire (qui provoque la chlorose, maladie entraînant le jaunissement des feuilles), et pour leur rythme végétatif accéléré. Ce dernier favorise malheureusement le rendement, au détriment de la qualité et de la robustesse. Ces porte-greffes sont tous d'origine américaine *(Riparia, Rupestris, Berlandieri).*

Protéger et améliorer les cépages

L'amélioration des cépages, dans le but d'obtenir une meilleure qualité des raisins et de rendre la plante résistante aux différentes maladies, recourt aujourd'hui pour l'essentiel à deux formes de sélections.

LA SÉLECTION MASSALE est pratiquée en agriculture depuis des siècles. Elle consiste à sélectionner visuellement, voire gustativement, les végétaux les plus appropriés aux buts recherchés. Dans le domaine de la vigne on retient, à des fins reproductives, les plants les plus fructifères, les plus feuillus, ceux présentant les bois les plus forts ou encore les baies les plus grosses ou les plus petites selon le type de vignoble souhaité. La sélection massale privilégie la diversité du patrimoine génétique mais n'offre pas de garanties sanitaires.

LA SÉLECTION CLONALE, pratiquée depuis 1960 par les pépiniéristes, répond à cette lacune. Elle consiste à choisir un pied de vigne particulièrement apte, à vérifier son état sanitaire (par des tests virologiques), à l'améliorer au besoin (par thermothérapie) et à le faire agréer par le service compétent. Le pépiniériste procède alors à une reproduction à l'identique

LES CÉPAGES DITS « AMÉLIORATEURS »

Le terme « améliorateur » n'a rien de scientifique. Le législateur a ainsi désigné des cépages dont il autorise la plantation bien qu'ils ne soient pas historiquement implantés dans la région concernée. Ce sont des cépages complémentaires que l'on associe aux cépages locaux. Les décrets d'application en limitent le pourcentage afin qu'ils demeurent minoritaires et que les caractères locaux des vins soient protégés. Les cépages améliorateurs sont les cépages qui ont fait leurs preuves dans les grandes régions traditionnelles et que l'on baptise parfois « cépages internationaux ». Ce sont principalement, en blanc, le chardonnay et le sauvignon blanc et, en rouge, le cabernet-sauvignon, le merlot et la syrah. Cette pratique concerne en particulier les vignobles méditerranéens.

LES CÉPAGES RETROUVÉS

Les cépages n'échappent pas aux modes, encore que celles-ci soient souvent la conséquence de difficultés ou d'améliorations des conditions de production. Ainsi le mourvèdre, dont l'avenir semblait incertain après la dernière guerre car les greffons reprenaient mal, a regagné du terrain. Le viognier est aussi un cépage miraculé. Sa production, réduite à une vingtaine d'hectares, affectée par un mauvais état sanitaire, était irrégulière. Aujourd'hui, dans la vallée du Rhône, dans le Midi et dans nombre de pays du monde, on vinifie quantité de vins de viognier. Ainsi, on redécouvre peu à peu un patrimoine viticole oublié. Même le carignan retrouve des défenseurs, sans parler des vins étiquetés « Vignes oubliées »...

par clonage (bouturage ou greffage) et, de ce matériel végétal de base, il obtient le matériel certifié. La pérennité du vignoble suppose l'éradication des maladies, la sélection clonale permet d'atteindre ce but.

Mais les sélectionneurs n'ont pas toujours tenu compte de certains facteurs. La sélection clonale implique une parfaite identité génétique. Or la qualité d'un vin n'est pas tributaire de la parfaite similitude des ceps, mais plutôt des très légères différences qui existent entre les individus d'une même variété. D'autre part, les pépiniéristes, qui ne sont pas des vinificateurs mais des cultivateurs, ont privilégié l'aspect visuel du fruit. Les « beaux » raisins sont des gros raisins, mais les grands vins naissent de petites baies (la proportion de peau étant plus importante). Les gros grains permettent aussi d'obtenir des gros rendements, ce qui va à l'encontre de la concentration du vin. Aujourd'hui, les pépiniéristes réagissent doublement : en proposant plusieurs clones de la même variété et en procédant à des sélections dont la finalité est la qualité du vin et non celle du fruit.

La coexistence des deux systèmes de sélection, massale et clonale, est parfaitement possible, y compris la plantation de ceps sélectionnés selon les deux procédés dans le vignoble d'une même exploitation.

La création de nouvelles variétés de cépages

À la lueur des études génétiques, on constate que tous les cépages sont issus de croisements plus ou moins lointains dans le temps. Lorsque le phylloxéra a détruit les *Vitis vinifera,* les vignerons ont tenté de les remplacer par des « hybrides producteurs directs », tels que le noah ou le clinton, deux cépages issus de croisements d'espèces américaines *(Labrusca* x *Riparia).* La résistance au phylloxéra était excellente, mais les baies développaient des goûts grossiers et « foxés » (goût de renard, typique des plants américains) rendant les vins peu attrayants, et même toxiques (ces cépages sont interdits, de même que les hybrides othello, isabelle, jacquez et herbemont). Aujourd'hui, les hybrides ne sont utilisés que comme porte-greffes.

La création d'hybrides est infinie : si l'on croise dix fois deux espèces déterminées, on obtient dix hybrides différents. On peut recroiser l'hybride avec l'un de ses géniteurs, ou avec une troisième espèce, ou avec un autre hybride. Ce qui est possible pour les croisements interspécifiques l'est aussi si l'on croise des cépages de *Vitis vinifera,* ce qui revient à croiser des métis. Les stations de recherche s'y emploient. En Allemagne ont été conçus le müller-thurgau (riesling x madeleine royale), le scheurebe, le kerner, le bacchus, le dornfelder (rouge), etc. ; en Autriche, le neuburger, le bouvier ; en Suisse, le gamaret (reichensteiner x gamay), le diolinoir (robin noir x pinot noir), etc. ; en France, le marsellan (cabernet-sauvignon x grenache), etc.

CÉPAGES ET OGM

Aujourd'hui, les microbiologistes sont évidemment tentés par la manipulation du patrimoine génétique des cépages dans le but de renforcer les défenses de la vigne ou, plus ambitieusement, dans celui d'obtenir des baies plus performantes sur le plan gustatif. Avant de s'engager dans l'aventure des organismes génétiquement modifiés (OGM), les producteurs viticoles devront s'assurer que de telles interventions ne présentent aucun risque pour la santé et l'environnement et qu'elles garantissent la permanence du caractère du cépage obtenu (et de la qualité du vin qui en sera issu).

La défense des cépages locaux

Le respect des usages locaux est le fondement des appellations d'origine contrôlée (AOC ; voir encadré p. 17). Le législateur précise que ces usages doivent être « locaux, loyaux et constants ». Usage loyal signifie bon usage, constant veut dire « depuis longtemps ». Au fil du temps, dans chaque région, des cépages se sont naturellement imposés. Il se peut qu'à la suite de mutations ou de sélections locales ils en soient originaires ; il se peut aussi qu'ils aient été importés et se soient retrouvés en milieu favorable. Ainsi, des types de vin marqués par leurs cépages ont été, en quelque sorte, consacrés par une AOC. Rappelons que, dans certaines régions viticoles, les vins sont issus d'un seul cépage et que, dans d'autres, ils résultent de l'assemblage de plusieurs cépages aux aptitudes complémentaires.

La législation des AOC, qui fixe les règles de l'encépagement, distingue deux catégories de cépages : les cépages recommandés, qui sont les cépages traditionnels de telle ou telle région (comme le sangiovese à Chianti ou le malbec à Cahors), et les cépages autorisés dont la proportion est limitée pour ne pas atrophier la typicité des appellations.

On a reproché à cette disposition réglementaire d'être trop rigoureuse, de nuire à toute évolution des vignobles et de fixer des types de vin. Il est exact que l'admission de nouveaux cépages est aussi lente que difficile, mais les producteurs ont toujours la ressource d'opter pour l'étiquette « IGP » (voir encadré p. 84), catégorie plus libérale. En dehors de l'Europe, les producteurs ont la liberté de planter les cépages qu'ils souhaitent.

Les principaux cépages rouges

Les vins rouges sont obtenus à partir de raisins rouges à jus incolore. C'est pendant la période de macération que les parties solides de la baie (pellicule) diffusent leurs pigments, ce qui confère au vin sa coloration.

CABERNET-SAUVIGNON. L'analyse de son génome montre que le cépage le plus célèbre du monde est né du croisement d'un sauvignon blanc et d'un cabernet franc. Cette fécondation s'est produite au plus tard au XVIIIe siècle, quelque part en Gironde où l'on relève les premières mentions de ce cépage sous différents noms. Le cabernet-sauvignon est toujours un cépage traditionnel en Médoc.

Ses baies sont petites avec une peau épaisse. Il est planté dans tous les vignobles du monde où l'ensoleillement dépasse 1 500 heures par an. Lorsque son rendement est contrôlé, le vinificateur en tire un grand vin, fin, tannique, épicé, qui peut et doit vieillir.

CABERNET FRANC. Parent du précédent, ce cépage, probablement originaire du Pays basque, est implanté de longue date dans le Bordelais et dans la vallée de la Loire. En France, sa précocité permet de le planter plus au nord que le cabernet-sauvignon. Il est présent dans beaucoup de pays, mais sur de faibles surfaces (à l'exception de l'Italie) et entre dans les assemblages comme cépage complémentaire. Il est souvent vinifié seul dans la vallée de la Loire et produit des vins plus fruités et moins tanniques que le cabernet-sauvignon. Les grands millésimes sont de longue garde.

MERLOT. Le merlot, qui est peut-être originaire du Bordelais, n'est répertorié qu'au XVIIIe siècle. Sa terre d'élection est située sur la rive droite de la Garonne, à Saint-Émilion et Pomerol, sur des sols frais, argilo-calcaires. Il est sujet à la coulure (accident lors de la floraison, qui empêche la fécondation), et la peau fine et fragile de ses baies craint la pourriture grise. Le vin issu du merlot est souple, fruité, avec des arômes de cassis et de prune. Il peut se boire jeune. Le merlot est mondialement cultivé et utilisé pour son amabilité en assemblage, sur le modèle Bordelais.

PINOT(S). Ce plant est très ancien et l'on peut supposer que son origine est bourguignonne. Génétiquement instable, le pinot est à l'origine d'une famille nombreuse : noir, meunier, gris (ou beurot), blanc, etc. Le pinot noir, précoce et assez délicat, offre la particularité d'être très sensible aux variations du terroir. Il affectionne les climats frais et les sols pauvres, comme les calcaires et les marnes de la Côte d'Or en Bourgogne d'où proviennent les Pinots noirs les plus célèbres. On le retrouve en Champagne, en Allemagne, en Nouvelle-Zélande, en Oregon (États-Unis), et dans la fraîcheur des vignobles d'Australie et de Nouvelle-Zélande. Le pinot meunier (raisin noir), surtout planté en Champagne, donne des vins souples et fruités. Le pinot gris, descendant le plus intéressant du pinot noir, se distingue de ce dernier par la couleur de ses baies (rose grisâtre au bleu grisâtre). Il est à l'origine des vins blancs riches et gras en Alsace ou de vins plus frais et toniques en Italie (Pinot grigio) et dans nombre de pays du monde. Apparu postérieurement au précédent, le pinot blanc est apprécié en Allemagne. On en tire un vin blanc droit, parfois simple.

SYRAH. La légende de l'origine persane de la syrah, cépage du Rhône qui fait la gloire de l'Hermitage et autres Côte-Rôtie, s'est effondrée lorsque son génome a révélé, parmi ses ascendants, la mondeuse blanche, cépage savoyard. La syrah donne un vin noir, poivré, structuré, aux arômes de violette. On l'utilise comme améliorateur des vins méditerranéens. On trouve de grands vins de syrah (ou shiraz) en Australie notamment, mais ce cépage gagne chaque année du terrain dans les pays du Nouveau Monde. À noter que la petite sirah californienne n'est pas une syrah, mais l'obscur cépage français durif, lequel est fils de syrah et de peloursin, non moins obscur cépage français.

GRENACHE. Ce cépage, probablement d'origine espagnole (garnacha), s'est étendu aux pays méditerranéens et occupe de vastes surfaces en Espagne (Castille-La Manche, Catalogne, etc.) et en France (sud de la vallée du Rhône, Languedoc-Roussillon). Le vin à base de grenache est riche en alcool et d'une faible acidité. Ce cépage produit indifféremment des vins secs ou doux, rouges et rosés. Sa faculté à s'oxyder est exploitée dans l'élaboration des vins doux naturels (Banyuls, Maury, Rivesaltes). Le grenache est souvent assemblé avec le mourvèdre, la syrah ou le carignan.

GAMAY. L'origine de ce cépage est incertaine mais très ancienne (sans doute antérieure au XIIIe siècle), peut-être bourguignonne. Le gamay est un plant précoce qui affectionne les terrains granitiques. Il est peu tannique et souvent acide. Le Beaujolais primeur a assuré sa popularité. Les crus du Beaujolais, vinifiés traditionnellement, exaltent son fruité floral. Le gamay s'est développé dans la vallée de la Loire, dans quelques vignobles du centre de la France, et en Suisse.

NEBBIOLO. Il est possible qu'à l'époque romaine le Nebbiolo était déjà implanté dans la région piémontaise. Aujourd'hui, ce cépage classique italien produit dans le Piémont des grands vins structurés, acides et tanniques : le Barolo et le Barbaresco. D'une longévité proverbiale, ils doivent passer un certain temps en bouteille afin que leur bouquet se développe.

TEMPRANILLO. Le tempranillo est considéré comme le plus noble des cépages espagnols. Il doit son nom à sa maturation précoce (temprano signifie « tôt »). Il est à l'origine des grands vins de la Rioja, de la Ribera del Duero ou de Toro, puissants et harmonieux. On le retrouve au Portugal sous le nom de tinta roriz (Douro) ou aragonez (Dão, Alentejo).

ZINFANDEL. Appelé familièrement « zin » aux États-Unis, ce cépage, originaire de Croatie (où il porte le nom de « tribidrag »), est essentiellement cultivé en Californie et dans le sud de l'Italie (sous le nom de « primitivo »). Souvent soumis à des rendements excessifs, cet excellent cépage de climat chaud est riche en sucre

AUTRES CÉPAGES ROUGES IMPORTANTS

Les cépages énumérés ci-dessous sont d'importance inégale. Certains sont liés exclusivement à une appellation.

Barbera. Cépage très répandu en Italie (Piémont) et en Californie. Vins généreux, peu tanniques, mais pourvus d'une belle acidité.

Carignan. Cépage le plus communément cultivé en France (Midi), mais aussi en Espagne (où on l'appelle « carineña ») d'où il provient, ainsi que dans d'autres pays méditerranéens. Vin robuste, corsé, tannique, acide, qui donne le meilleur quand il provient de vieilles vignes aux rendements faibles.

Cinsaut (ou cinsault). Cépage de qualité moyenne, aimant la chaleur, utilisé en assemblage (Midi, Liban, Afrique du Nord) notamment dans les rosés. Apporte au vin souplesse et légèreté.

Malbec (ou cot, ou auxerrois). Principal cépage de l'AOC Cahors, il a trouvé en Argentine une autre terre d'élection. Vin coloré, tannique et puissant.

Mondeuse. Cépage le plus caractéristique de la Savoie, apparenté à la syrah. Vin structuré et tannique.

Mourvèdre. Cépage espagnol (monastrell) planté dans le sud de la vallée du Rhône, le Languedoc, la Provence ou le Levante (Espagne). En France, c'est à Bandol (Provence) qu'il s'exprime le mieux. Vin tannique, corsé, épicé, de garde.

Négrette. Cépage assez rare. Spécificité du Fronton. Peu tannique et parfumé (violette, réglisse, framboise, etc.). Moyenne garde.

Sangiovese. Cépage vedette de Toscane (Chianti, Brunello di Montalcino, Vino Nobile di Montepulciano) et d'autres régions d'Italie centrale principalement. Vin fruité et bien structuré (tanins et acidité), capable de vieillir lorsqu'il provient de sites de qualité.

et en arômes fruités. Il est polyvalent : on en tire des blancs de noirs, des rosés, des vins de table et des vins rouges de garde. En général, il est vinifié seul, mais il est également assemblé au cabernet-sauvignon et au merlot.

Les principaux cépages blancs

Les vins blancs sont obtenus à partir du pur jus de raisins blancs. Mais les raisins noirs, pressurés dans des conditions particulières, peuvent également donner des vins blancs. C'est le cas en Champagne, dont la plus grande partie de la production est issue de cépages rouges (pinot noir et pinot meunier).

CHARDONNAY. Le chardonnay est en blanc ce que le cabernet-sauvignon est en rouge : un cépage international. Si sa date de naissance est inconnue, ses géniteurs sont formellement identifiés : un médiocre cépage médiéval du Jura et de Franche-Comté, le gouais blanc, et le pinot noir. Cette fusion historique aurait eu lieu en Bourgogne ou dans le Mâconnais. Cépage prestigieux du Montrachet et de tous les grands bourgognes blancs ainsi que des champagnes blancs de blancs, il est aussi doué d'une grande plasticité, capable de s'adapter à des sols et des climats variés, d'où son succès planétaire. Il est planté dans la plupart des pays viticoles et occupe de vastes superficies en Californie et en Australie.

Le chardonnay peut présenter de puissants arômes : dans les pays plus chauds, les arômes de brioche, de beurre frais, de noisette et de pain grillé des Chardonnays de Bourgogne feront place à des arômes d'agrumes, d'ananas et de fruits exotiques. Les plus grands vins de chardonnay vieillissent bien. D'autres, surtout ceux qui n'ont pas été vinifiés dans le bois, sont faits pour être bus rapidement. Dans le cas du chardonnay, tout dépend de la stratégie du vinificateur.

CHENIN. Déjà cultivé au IXe siècle à l'abbaye de Glanfeuil en Anjou, le chenin est encore très présent dans sa région d'origine, la Loire. Mais il est cultivé partout hors de France, en particulier en Afrique du Sud sous le nom de « steen ». Ce cépage polyvalent s'adapte à tous les sols et à tous les climats pour produire des vins très différents, du crémant au vin doux naturel, du sec au liquoreux, de l'acide au mou, du banal à l'exceptionnel.

RIESLING. Ce cépage très ancien est d'origine germanique. Pour certains œnophiles, le riesling rivalise en qualité avec le chardonnay. Il conserve sa fraîcheur y compris sous des climats chauds mais offre ses plus grands vins sous les climats continentaux de l'Allemagne, de l'Autriche ou de l'Alsace. Il se met alors au service de vins secs, fins, élégants, citronnés, et de grands liquoreux nerveux, complexes, et de garde. L'Australie en produit de belles versions.

MUSCAT(S). Les muscats forment une grande famille, très ancienne, probablement venue d'Asie Mineure, qui comprend des raisins de table et de cuve, allant du blanc au noir, et dont on fait des vins secs et des vins doux naturels très aromatiques et capiteux. Le muscat d'Alexandrie est le plus répandu, le muscat à petits grains est jugé le meilleur. Le muscat ottonel, né d'un croisement de muscat et de chasselas réalisé par Moreau-Robert dans la Loire, au XIXe siècle, a trouvé asile en Alsace, en Autriche et en Europe de l'Est.

GEWÜRZTRAMINER. Le traminer aromatique *(Gewürz* signifie « épice » en allemand), importé du Palatinat, est cultivé en Alsace depuis 1870. Le traminer, qui est en fait le savagnin, comprend deux versions roses, l'une qui n'est pas aromatique (klevener de Heiligenstein) et l'autre, le traminer musqué ou gewürztraminer. On en tire un vin aux arômes de rose, muscatés, exotiques, faibles en acidité. Vendangé tardivement, ce vin devient voluptueux, riche jusqu'à la lourdeur.

SAUVIGNON. Cultivé depuis des siècles dans la Loire et le Bordelais, ce cépage s'est développé dans le monde entier, produisant un vin blanc sec, à boire jeune, direct, parfois simple, typé, avec des arômes de groseilles à maquereau, de buis, voire de « pipi de chat ». Seul, il assure la réputation des Sancerres, Pouilly, des vins de Marlborough (Nouvelle-Zélande) et donne ses meilleurs résultats sous des climats frais. Dans le Bordelais, le sauvignon est souvent assemblé au sémillon, que le vin soit sec ou liquoreux.

SÉMILLON. Natif du Sud-Ouest, le sémillon n'a pas les faveurs de la mode, car il est discret et ne s'affirme qu'avec le temps. Associé au sauvignon blanc, il prend bien la « pourriture noble » et donne du gras et du corps à tous les vins liquoreux de Bordeaux et de Bergerac. Il entre aussi dans l'assemblage des vins blancs secs de ces régions. On le retrouve en Australie, où il excelle dans les vins de garde de la Hunter Valley.

AUTRES CÉPAGES BLANCS IMPORTANTS

Les cépages énumérés ci-dessous sont d'importance inégale. Certains sont liés exclusivement à une appellation.

Aligoté. Cépage bourguignon, à l'origine de vins secs, assez acides (AOC Bourgogne Aligoté).

Chasselas. Raisin de table et de cuve, très courant en Suisse (Vaud) et vinifié à Pouilly-sur-Loire, en Alsace ou en Savoie. Vin léger, souple, peu aromatique.

Clairette. Cépage très ancien du Midi. Vin sec, floral, un peu mou.

Colombard. Cépage charentais. Sert de vin de base pour les eaux-de-vie (cognac, armagnac). Dans le Sud-Ouest, en Californie, en Afrique du Sud ou en Australie, il produit des vins aromatiques, souvent assemblés à d'autres cépages.

Folle blanche. À l'origine du Gros-Plant et des armagnacs les plus fins.

Marsanne. Cépage du nord du Rhône, proche de la roussanne, plus souple avec moins de finesse.

Mauzac. Ce cépage ne pousse qu'à Limoux (Blanquette de Limoux), dans l'Aude, et à Gaillac, dans le Sud-Ouest. Vins secs ou doux, tranquilles et effervescents.

Melon de Bourgogne. En Pays nantais, ce cépage s'appelle « muscadet ». Vin sec, souple, facile à boire.

Müller-thurgau. Croisement du riesling et du sylvaner, cultivé en Moselle et en Allemagne. Vin robuste, légèrement musqué.

Muscadelle. Ce cépage fragile apporte une touche aromatique à certains liquoreux du Sud-Ouest.

Petit-manseng. Cépage gascon à peau épaisse. Il intervient dans l'élaboration du Pacherenc-du-Vic-Bilh et du Jurançon moelleux.

Roussanne. Cépage du nord du Rhône, avec plus d'expression aromatique que la marsanne. Vin fin et équilibré, de garde.

Sylvaner. Typique du vignoble allemand et alsacien. Bon rendement. Vin simple, floral et nerveux.

Ugni blanc/trebbiano. Utilisé pour le cognac, l'ugni blanc est aussi à la base de blancs de Provence et du Languedoc. Il est très répandu en Italie sous le nom de « trebbiano ». Vins acides, assez neutres.

Vermentino (ou rolle). Principal cépage blanc en Corse, présent en Italie (Centre, Sardaigne) et en Provence. Vin souple et élégant.

Grüner veltliner. Grand cépage autrichien, présent aussi dans d'autres pays d'Europe centrale. Vins légers et frais ou vins puissants, complexes et de garde (Wachau, Kamptal, Kremstal en Autriche).

Le travail dans la vigne

Depuis longtemps, la vigne et l'Homme font bon ménage. Cette liane, contrainte d'abandonner les arbres sur lesquels elle foisonnait autrefois, s'est retrouvée alignée, taillée, choyée et sélectionnée pendant des générations, afin que ses baies développent tout leur fruité.

Le sol, le climat, le terroir

Les hommes ont vite constaté que la vigne pouvait pousser presque partout, mais pas partout. En effet, les zones humides et les sols compacts lui conviennent mal, et, si elle peut croître dans des contrées froides, ses fruits ne parviennent pas à mûrir. Mais les terres pauvres et caillouteuses, les schistes, les granites, les grès, les sables non salés et les terrains les plus divers accueillent les ceps. Les raisins de cuve, c'est-à-dire ceux destinés à la vinification, ont une exigence unique en agriculture : naître d'un sol pauvre. Certes, la vigne se porte bien en plaine, sur des alluvions récentes et riches, mais les grosses baies obtenues produisent des vins dilués.

Pour qu'un vignoble donne son meilleur, il doit être planté sur un coteau où l'eau s'écoule facilement ou bien sur des graves (gra-

L'IMPORTANCE DU DRAINAGE

Ceps et humidité ne font pas bon ménage. Les sols filtrants, drainés naturellement, sont favorables à la culture de la vigne. Ce n'est pas le cas des terres compactes, à la granulométrie très fine, qui s'opposent à l'écoulement de l'eau. Les sols pierreux de graves, les sols calcaires et les sols contenant des particules de sable assurent en général un bon drainage. Si le drainage naturel est insuffisant, il peut être amélioré par la pose de drains. Le procédé n'est pas nouveau : dès 1817, les « moulières » de Château Latour sont drainées, et, peu après, cent kilomètres de drains sont enfouis au Château d'Yquem. Les drains, autrefois en poterie, sont aujourd'hui en plastique.

viers) de plaine. Cette condition est nécessaire mais pas suffisante pour définir ce que l'on nomme un « terroir ». C'est le terroir, à savoir l'ensemble des composants d'un milieu naturel (climat, sol, sous-sol, topographie, orientation, etc.) qui détermine en partie le type du vin produit, son style et sa qualité. À cela s'ajoutent deux autres facteurs : le matériel végétal et l'homme.

Les différents sols résultent de la structure géologique (glaciations, tracé des rivières, érosion). Le climat dépend de la latitude, de l'altitude, de la pluviométrie, de l'ensoleillement, du régime des vents et des configurations particulières pouvant créer un mésoclimat. Le choix du matériel végétal, c'est-à-dire les porte-greffes et les greffons, est déterminé en fonction du sol, du climat et du type de vin souhaité. Quant à l'homme, il intervient à toutes les étapes, de la préparation du sol à la création du vignoble, de la culture à la vinification.

Le cycle végétatif de la vigne

La vigne est une plante pérenne, sa durée de vie peut atteindre plusieurs dizaines d'années. Au début du printemps, la sève monte dans la plante, et se produit le débourrement, c'est-à-dire l'éclosion des bourgeons. C'est à ce moment que l'on plante de jeunes vignes. À la fin mai ou début juin arrive la floraison. Si les conditions climatiques sont favorables, elle se termine par la fécondation, ou nouaison, et les fleurs vont donner naissance à des petits fruits. En cas de mauvais temps, la nouaison est compromise et il n'y aura que peu ou pas de raisins. Le volume de la récolte d'un vignoble s'évalue en grande partie à ce stade du cycle de la vigne. Si la vigne est trop généreuse, on effectue des « vendanges en vert ». Au cours de l'été, les baies vont se développer jusqu'à la véraison, au mois d'août, qui marque la fin de leur croissance. La véraison est le stade physiologique qui correspond à un fort dépôt des sucres dans les baies. C'est le début de la maturation. Le degré de maturité, qui détermine la date des vendanges, est fixé en fonction de la nature du vin recherché (voir p. 244). Enfin, à l'automne démarre la chute des feuilles qui annonce la fin du cycle végétatif annuel de la vigne et le début du repos hivernal ou dormance.

RENDEMENTS LIMITÉS, GAGE DE QUALITÉ

Un pied de vigne peut produire une quantité de raisins très différente selon la volonté du vigneron. Celui-ci est cependant tenu de respecter la réglementation qui régit son vignoble. Les experts s'accordent à penser que, pour produire des vins de qualité, il est important de limiter le rendement des vignobles. Cela est vrai le plus souvent bien que certains vins, tel le champagne, par leur style, puissent s'accommoder de rendements plus généreux.

Limiter les rendements passe d'abord par un usage minimal des amendements. La taille d'hiver rigoureuse permet aussi de maîtriser le développement de la plante : plus la vigne est taillée court, moins les raisins sont nombreux. La taille d'été, appelée également « taille en vert » ou « vendanges vertes », qui élimine les grappes excédentaires, permet aux raisins restants de gagner en concentration et en maturité. L'ébourgeonnage et l'épamprage (voir p. 243) à la fin du printemps peuvent également contribuer à l'abaissement du rendement à l'hectare d'un vignoble.

Les travaux de la vigne

« Le bon vigneron passe 35 fois par an dans sa vigne », dit un proverbe. Au fil des temps, le calendrier des travaux de la vigne a peu évolué, mais certaines tâches peuvent varier en fonction du mode de viticulture adopté. Dans la plupart des grands vignobles, on continue de travailler le sol de façon traditionnelle : labour de buttage (pour protéger le pied de vigne), labour de débuttage (pour dégager le pied), décavaillonnage (enlèvement de la terre entre les ceps), binage. Les adeptes de la non-culture et de l'enherbement (voir plus loin) n'ont pas à effectuer ces travaux. Viennent s'ajouter d'éventuelles fumures, ainsi que l'apport de fertilisants et de divers amendements. La bouillie bordelaise (voir encadré p. 242) et les autres traitements préventifs sont appliqués à plusieurs reprises sur le greffon, la tige et les rameaux. Entre décembre et mars, ils subissent une taille d'hiver, suivant des techniques propres à chaque région et selon les cépages, afin de limiter leur expansion. Les bons vignerons s'imposent, en plus, juste avant les vendanges, une taille d'été (voir encadré page précédente) : effeuillage, écimage (suppression de l'extrémité des rameaux au moment de la floraison), rognage.

Pour ou contre la viticulture chimique

Depuis le XIXe siècle, le vignoble a été victime d'une succession de maladies qui ont nécessité la mise en œuvre de nouveaux traitements. On a vu les dégâts causés par l'invasion du phylloxéra. Vers la même époque, des maladies cryptogamiques (dues à des champignons microscopiques), également originaires du Nouveau Monde, sont apparues successivement : oïdium, mildiou, black-rot. Depuis, d'autres maladies de la vigne se sont répandues. Pour sauver le vignoble, il a fallu mettre au point des fongicides, des insecticides et des acaricides. Mais on n'a pas toujours mesuré les conséquences de leur utilisation systématique, et cette négligence a suscité des réactions justifiées.

LA NON-CULTURE. L'apport de la chimie dans le traitement de la vigne a donné naissance à de nouvelles pratiques, comme la non-culture, très en vogue dans les années 1970 et toujours largement appliquée. La non-culture, comme son nom l'indique, tend à la suppression des travaux traditionnels du sol et à leur remplacement par la seule action de désherbants. Des économies sont réalisées, l'érosion provoquée par le ruissellement est combattue, mais la terre devient dure et compacte (« un boulevard », disent les détracteurs de la non-culture), le sol se stérilise, la microflore et la microfaune disparaissent. Le terroir est modifié, altéré et, à terme, il pourrait devenir impropre à toute culture, ce qui nécessiterait des recompositions à la fois chimique et biologique.

L'ENHERBEMENT. Une autre technique limitant les travaux dans le vignoble s'est développée : l'enherbement permanent contrôlé. Cette méthode, préconisée par certains viticulteurs « bio », permet de lutter également contre l'érosion des sols. L'herbe « pompe » une partie de l'eau, ce qui peut contribuer à réduire la vigueur exagérée des ceps, mais n'est pas souhaitable en région sèche. L'enherbement partiel, qui est une pratique intermédiaire, tend à se développer.

LA BOUILLIE BORDELAISE EN QUESTION

Le mildiou, redoutable maladie de la vigne due à un champignon qui attaque les feuilles et les grappes, apparut dans le Bordelais vers 1878. On découvrit rapidement son antidote : la bouillie bordelaise. C'est un fongicide de couleur bleue préparé avec du sulfate de cuivre et de l'eau de chaux, que l'on pulvérise sur la vigne. Autrefois, les viticulteurs préparaient eux-mêmes leur bouillie bordelaise. Le résultat était peu efficace et il fallait en utiliser de grandes quantités. De nos jours, la bouillie bordelaise est moins toxique et se dégrade mieux dans le temps. Les quantités utilisées à l'hectare ont été réduites, mais l'usage du cuivre qui s'accumule dans le sol est de plus en plus critiqué, à tel point qu'une directive de l'Union européenne a décidé son interdiction à l'avenir. Les laboratoires expérimentent des produits de substitution.

La viticulture biologique

Il ne faut pas confondre la viticulture biologique avec la biodynamie, même si la seconde se réclame des principes appliqués par la première (voir plus loin).

L'agriculture biologique, dont l'application est réglementée et contrôlée par des organismes agréés (voir encadré p. 116), est similaire à celle pratiquée par les agriculteurs, les maraîchers, etc. L'usage des produits chimiques de synthèse est interdit, qu'il s'agisse d'engrais ou de produits de traitement. Les seuls produits « chimiques » tolérés sont le cuivre et le soufre, ce qui autorise l'usage de la bouillie bordelaise (voir encadré ci-dessus). La nouvelle légalisation européenne sur la mention « bio » a étendu le cahier des charges à la vinification avec l'interdiction de recourir à certains additifs et procédés de vinification et la diminution des dosages tolérés de soufre.

La viticulture biologique repose sur une double exigence : obtenir des raisins exempts de tout résidu « chimique » et protéger le milieu de tout ce qui pourrait l'appauvrir ou le modifier. Pour régénérer le sol, on utilise des fertilisants naturels (fumier, compost, marc de raisin, algues, etc.) ou de l'engrais vert (végétaux semés ou déposés entre les rangs de vigne et qui vont se décomposer en favorisant le développement des micro-organismes).

Par un travail supplémentaire sur la vigne – épamprage (suppression des jeunes rameaux indésirables), taille, ébourgeonnage, palissage –, on cherche également à combattre les maladies de la vigne sans utiliser de produits chimiques. Pour détruire les parasites, on a recours aux pièges à phéromones, qui exploitent les signaux sexuels odorants émis par les insectes. Dans le même esprit, le vigneron a mis à son service des prédateurs de prédateurs, en les stimulant et en les réintroduisant au besoin (par des lâchers de coccinelles contre les pucerons, par exemple).

La culture biologique peut apporter une réponse aux préoccupations écologiques qui animent la société. Sans se réclamer de la culture « bio », beaucoup de viticulteurs pratiquent la culture « raisonnée » : usage limité des produits chimiques, lutte contre l'érosion grâce à l'enherbement et emploi d'insectes prédateurs.

La biodynamie

Forme radicalisée de l'agriculture biologique, la biodynamie est fondée sur une réflexion d'ordre spiritualiste. Les écrits de son fondateur, Rudolf Steiner (1861-1925), exposent des doctrines et des techniques que ses adeptes suivent scrupuleusement.

Pour « dynamiser » le sol et traiter son vignoble, le biodynamiste doit concocter des préparations à base de plantes et d'autres éléments (ortie, valériane, pissenlit ; bouse, poudre de corne, etc.). Pour les appliquer, il doit veiller à ce que certaines configurations planétaires, lunaires et solaires soient réalisées afin que la « dynamisation » soit la plus forte. D'où la publication annuelle d'un calendrier précisant la date et le moment de la journée favorables à tels ou tels travaux dans le vignoble (labours, plantations, pulvérisations, etc.).

Il est inutile de préciser que l'efficacité de ces méthodes ne peut être vérifiée scientifiquement, mais nul ne conteste le soin que les adeptes de la biodynamie apportent à la culture de la vigne. Le viticulteur biodynamiste ne recherche pas les forts rendements. Il court des risques lorsque les conditions atmosphériques sont défavorables, car ses moyens d'intervention sont restreints. Outre les pratiques viticoles, les cahiers des charges imposent des contraintes plus sévères que ceux de l'agriculture biologique sur la vinification (usage du soufre, chaptalisation, acidification).

À ce jour, aucune dégustation à l'aveugle n'a permis de démontrer la supériorité des vins issus de raisins cultivés selon telle ou telle méthode. Il en est d'excellents, il en est de médiocres, depuis toujours…

La date des vendanges ou ban des vendanges

La décision de commencer les vendanges en évaluant le moment exact où le raisin est à son meilleur niveau de maturité est toujours difficile. Les divers cépages atteignent leur maturité respective à des moments différents. De plus, les raisins issus d'un même cépage mais plantés en différents endroits d'un vignoble ne mûrissent pas forcément en même temps.

LA MATURITÉ ALCOOLIQUE. Lorsque le raisin mûrit, le sucre s'accumule dans les baies. Au cours de la maturation, le taux de sucre s'accroît régulièrement, jusqu'au moment où il se stabilise. Dans le même temps, l'acidité du raisin diminue progressivement, pour se stabiliser également. À ce stade, le raisin est mûr, et on parle alors de « maturité alcoolique ». Les mesures de la maturité, fondées sur le rapport sucre/acidité, peuvent être établies par des

LE *BOTRYTIS CINEREA*

Botrytis cinerea est un champignon qui se développe dans la peau des raisins gonflés par la maturation. Ce parasite est responsable de la pourriture grise, ou « vulgaire », dont la présence dans les grappes modifie la couleur du vin et lui communique des goûts désagréables de moisi. Une forme particulière de *Botrytis cinerea* conduit à la formation de pourriture brune ou « pourriture noble ». Dans ce cas, le champignon envahit la baie sans la blesser. On obtient des raisins « rôtis », qui se dessèchent et se concentrent en sucres. Ce processus favorise le développement d'arômes caractéristiques. La vendange s'opère par tries successives, seuls les grains ayant atteint la surmaturation souhaitée devant être cueillis. La pourriture noble, qui nécessite des conditions climatiques particulières, est recherchée dans les vignobles destinés à la production des grands vins blancs liquoreux (Sauternes, Monbazillac, Bonnezeaux, Vouvray…).

laboratoires publics ou syndicaux. Le vigneron peut aussi effectuer des mesures individuelles. Après pressurage des grains prélevés, le moût est dosé à l'aide du mustimètre ou du réfractomètre.

LA MATURITÉ PHÉNOLIQUE. Il s'agit d'un autre critère de maturité pour les raisins noirs, qui tient notamment compte de la couleur, du goût des pépins et de la maturité des peaux. Une bonne maturité phénolique permet de vinifier des vins rouges aux tanins mûrs et agréables, à l'opposé des vins herbacés et rêches, dont on excusait les défauts en disant qu'ils étaient « bus trop tôt ».

LES PETITES ANNÉES. Il arrive que le vigneron doive avancer la date des vendanges. En cas de dégradation de l'état sanitaire des baies ou de prévisions météorologiques désastreuses, plutôt que de perdre sa récolte, il préférera ne pas attendre la maturité idéale. Ce sera une « petite année ». De même, lors d'une année très chaude, l'acidité des raisins blancs, indispensable à l'équilibre du vin, chutant trop rapidement, il peut être nécessaire de vendanger plus tôt que prévu.

LES VENDANGES PAR TRIES. Si l'on envisage de vinifier un vin blanc liquoreux, la surmaturité ou la transformation obtenue par l'action de la « pourriture noble » (voir encadré p. 245), sera recherchée. Des vendangeurs qualifiés ne cueilleront que les grappes, voire les grains, ayant atteint le stade désiré, en effectuant plusieurs passages dans la vigne. Ce sont les vendanges par tries.

VENDANGES MÉCANIQUES OU MANUELLES ?

Depuis les années 1970, la mécanisation des vendanges n'a cessé de progresser. Les baies sont récoltées par secouage, les feuilles étant éliminées par un ventilateur. Grâce aux progrès technologiques et à la pratique répandue de trier les raisins à l'arrivée au chai, il est pratiquement impossible de faire la différence entre des vins de vendanges manuelles ou mécaniques. Les vignobles prestigieux sont le plus souvent vendangés manuellement. Les grappes, transportées en petites cagettes, sont déposées sur un tapis de tri. Seules les baies exemptes de défauts poursuivent leur chemin jusqu'à l'érafloir-fouloir. Certaines configurations (fortes pentes) ou types de vendanges (raisins botrytisés) imposent le recours aux vendanges manuelles.

Du pressoir au chai

Après la vendange, c'est au vinificateur d'accomplir sa mission : transformer le raisin en vin. De la grappe à la bouteille étiquetée, des opérations complexes vont se succéder, qui associent aujourd'hui le progrès technique et l'analyse scientifique à des pratiques traditionnelles. Au cœur de la vinification se trouve le processus de fermentation, c'est-à-dire la transformation des sucres du raisin en alcool. Or chaque type de vin – blanc, rouge, rosé, effervescent ou muté – a ses propres techniques, auxquelles s'ajoutent de nombreuses variantes locales. Brut de fermentation, jeune, le vin nouveau, qui est en cuve, a un caractère encore rustique et astringent. C'est l'art de l'élevage – essentiel, surtout lorsqu'il doit s'appliquer à l'élaboration de grands vins – qui va affiner et développer ses qualités. Ultime étape, la mise en bouteilles n'est pas moins technique et exige précision et hygiène parfaite. Dès le départ, et à chaque étape, le vigneron doit intervenir et faire des choix dictés par le type de vin qu'il souhaite produire : vin léger à boire jeune ou vin concentré et de garde, vin sec ou doux, tranquille ou effervescent. La technique et le niveau de formation de bon nombre de producteurs leur permettent aujourd'hui d'élaborer des vins sans défaut. Il faut cependant plus que cela pour produire des grands vins : disposer d'un terroir à fort potentiel et savoir en tirer le meilleur parti.

La fermentation

C'est par la fermentation alcoolique que le jus de raisin devient du vin. Cette fermentation est la transformation des sucres naturels (glucose et fructose) du raisin en alcool, sous l'action des levures (petits champignons microscopiques). La fermentation malolactique survient plus tard, sous l'action de bactéries.

Le processus de la fermentation

La fermentation est à la fois une réaction chimique complexe et un processus naturel. Les raisins fermentent une fois la peau des grains fendue : les sucres contenus à l'intérieur du fruit mûr entrent alors en contact avec les levures présentes sur la fine pellicule qui recouvre chaque grain, et la fermentation commence. Le vinificateur se contente de fournir le récipient (la cuve) qui contient le jus et de fouler les raisins.

Sous l'action des levures de fermentation, petits champignons microscopiques, la fermentation produit d'abord du gaz carbonique et de l'éthanol, qui est l'alcool du vin. D'autres substances résultant de ce processus sont le glycérol, qui rend le vin onctueux, les esters ou composés aromatiques, des alcools supérieurs, servant de supports d'arômes, des aldéhydes et des acides. Les produits secondaires issus de la fermentation alcoolique contribuent en effet largement au goût du vin et participent notamment aux arômes dits « de fermentation » (voir p. 131).

Lorsque les levures ont converti tout le sucre en alcool, la fermentation s'arrête. Parfois, la teneur en sucres est si élevée que l'alcool atteint un degré qui inhibe l'action des levures : cela donne un vin puissant, mais doux, contenant encore des sucres résiduels (non fermentés). Si la température ambiante est insuffisante, les levures peuvent cesser de travailler avant d'avoir transformé le sucre : le vin aura alors un degré d'alcool inférieur à ce que la maturité des raisins aurait permis. La fermentation alcoolique se termine généralement au bout de 2 ou 3 semaines, durée qui dépend de la teneur en sucre des moûts et des températures de la cuve. Le vin jeune est alors très trouble, car chargé des lies maintenues en suspension par la présence du gaz carbonique.

LA CHAPTALISATION

En 1801, Jean-Antoine Chaptal, chimiste et ministre de l'Agriculture de Napoléon Ier, publie *L'Art de faire le vin*. Curieusement, on ne retiendra de cet ouvrage que la « chaptalisation », procédé dont l'auteur ne revendique nullement la paternité. L'ajout de sucre à un moût pour augmenter le degré alcoolique du vin n'était pas une nouveauté. En 1772, déjà, l'abbé Rozier conseillait de renforcer les moûts avec du moût concentré, ce que l'on pratique encore dans certaines régions. Heureusement, le législateur veille. L'enrichissement par sucrage est interdit dans le sud de la France. Plus au nord, il est autorisé dans des proportions limitées, mais ne peut dépasser 2,5°. L'apport de sucre augmente le degré d'alcool mais n'ajoute au vin aucune qualité organoleptique. La seule nouveauté dans le domaine de la chaptalisation réside dans la possibilité de mesurer, par des procédés scientifiques, la quantité de sucre apporté.

LES LEVURES. La fermentation alcoolique est due à l'action des levures, présentes sur la peau des raisins ou dans l'air. Parmi les premières, la principale espèce utilisée en vinification est *Saccharomyces cerevisiae,* résistante et capable de développer des arômes agréables. Chaque genre de levures a des caractéristiques particulières quant à la production d'alcool, la résistance à l'alcool ou à la température, la formation de substances aromatiques, le rythme de fermentation, etc. Pour maîtriser au mieux le déroulement de la fermentation, beaucoup de vinificateurs recourent à des levures sélectionnées (ou cultures de levures), plus prévisibles dans leur comportement. D'autres préfèrent utiliser uniquement (ou essentiellement) les levures indigènes, sans ajout, considérant qu'elles participent à la complexité aromatique des vins.

LE CONTRÔLE DES TEMPÉRATURES. Si la température dépasse 10 °C, le moût commence à fermenter. Une fois engagé, le processus génère des calories et s'auto-entretient. Le moût chauffe, et la fermentation devient « tumultueuse », bouillonnant sous l'action du gaz carbonique. Vers 35-38 °C, les levures sont tuées par la chaleur et la fermentation cesse. Ce type d'accidents de fermentation, autrefois redouté, est aujourd'hui de plus en plus rare grâce aux

LES CUVES : BOIS OU ACIER INOXYDABLE

Plusieurs solutions s'offrent au vinificateur pour fermenter sa vendange : cuve en bois, en métal émaillé, en acier inoxydable, en béton et même en plastique. Chacune a ses avantages et ses inconvénients. Très répandu, l'acier inoxydable est plus facile à nettoyer, et il simplifie le refroidissement. Mais on peut aussi réguler la température dans les cuves en bois, qui présentent une inertie thermique qu'ignore l'acier. Plus larges et moins hautes que les cuves en acier, les cuves en bois offrent une plus grande surface de contact des matières solides avec le moût liquide, ce qui favorise l'extraction de la couleur, des tanins et des autres composés aromatiques. Les cuves en béton, difficiles d'entretien, sont peu coûteuses et assurent une bonne inertie thermique. D'autres matériaux sont parfois employés tels les contenants en terre cuite (amphores) ou des cuves en béton ovoïdes.

systèmes de régulation de température dont nombre de chais sont équipés. Les cuves en acier sont pourvues d'un système qui permet de refroidir et, le cas échéant, de réchauffer le moût. La régulation de la température des cuves (ou thermorégulation) est l'une des grandes avancées de la vinification. Le gain qualitatif est important, et les altérations dues aux arrêts de fermentation sont supprimées.

La fermentation malolactique

L'acide malique, contenu en forte teneur dans les raisins verts, se reconnaît à son goût de pomme verte. Après la fermentation alcoolique, l'acide malique résiduel, sous l'action de bactéries lactiques, se transforme en acide lactique et en gaz carbonique (fermentation malolactique ou secondaire). L'acide lactique (au goût de yaourt) ayant un goût moins âpre que l'acide malique, le vin devient plus souple. Cette dégradation de l'acide malique en acide lactique est toujours recherchée pour obtenir un vin rouge de qualité (et quelques blancs). Pour qu'elle se produise, il faut une certaine chaleur (20 °C). On chauffe le chai si nécessaire, ou bien on fait circuler de l'eau chaude dans les circuits normalement prévus pour le refroidissement des cuves. On recourt parfois à l'ensemencement (ajout de bactéries lactiques).

La vinification en blanc

À l'exception des vins de Champagne, pour lesquels la proportion de raisins noirs est prédominante, les vins blancs sont obtenus à partir de raisins blancs. Le principe de la vinification en blanc, qui comporte de nombreuses variantes, repose sur la fermentation du pur jus de raisin, le plus souvent sans macération alcoolique des parties solides des baies.

Les vendanges, le pressurage et la macération

Au cours des vendanges, on privilégie le ramassage et le transport des raisins en caissettes plutôt que dans de grands récipients où ils seraient écrasés. Les raisins blancs s'abîmant rapidement une fois récoltés, la rapidité et l'hygiène sont primordiales. Ces raisins doivent être conservés entiers pour éviter toute macération (contact entre le jus et les peaux) ainsi que toute oxydation du jus. On les verse parfois par grappes entières dans le pressoir mais, le plus souvent, ils passent d'abord par le fouloir pour briser les peaux. Pour vinifier en blanc, il est également possible d'utiliser des raisins noirs, comme en Champagne.

LA MACÉRATION PELLICULAIRE. Dans certains cas, avant le pressurage, le vinificateur laisse les raisins écrasés macérer à froid pendant quelques heures dans une cuve afin d'extraire un maximum d'arômes des pellicules des baies, mais cette technique peut assombrir la couleur du vin après quelques années en bouteille. La macération pelliculaire, ou préfermentaire, est notamment employée pour des cépages aromatiques (albariño, muscat, riesling, etc.).

LE PRESSURAGE. Les raisins à demi écrasés sont ensuite transférés dans le pressoir pour en extraire le jus. Le pressurage, dont la durée doit être relativement courte, est l'une des opérations les plus délicates de la vinification en blanc. La masse de pulpe semi-liquide doit être maintenue à basse température pour éviter un départ précoce de la fermentation (rappelons que celle-ci ne peut avoir lieu qu'entre 12 et 36 °C environ). Le jus de raisins blancs est aussi fragile que les raisins eux-mêmes.

LA CENTRIFUGATION OU LA STABILISATION. À la sortie du pressoir, le moût contient des éléments solides, les bourbes, qu'il faut éliminer. Pour ce faire, on peut passer le jus à la centrifugeuse, appareil rapide et efficace, mais que certains accusent d'appauvrir le futur vin. C'est pourquoi on emploie cette technique surtout dans les exploitations produisant de très gros volumes de vins ordinaires. L'autre procédé, la stabilisation par le froid (à près de 0 °C) présente plus d'avantages : le jus est protégé pendant que les bourbes tombent naturellement au fond de la cuve.

LE SULFITAGE. À ce stade, on pratique le sulfitage, c'est-à-dire qu'on ajoute au jus du dioxyde de soufre pour empêcher l'oxydation et neutraliser tout développement de micro-organismes. Mais, utilisé à l'excès, ce procédé risque de masquer tous les arômes du vin. Le dioxyde de soufre possède en effet un arôme désagréable (de soufre), auquel certains individus sont particulièrement sensibles (voir p. 107).

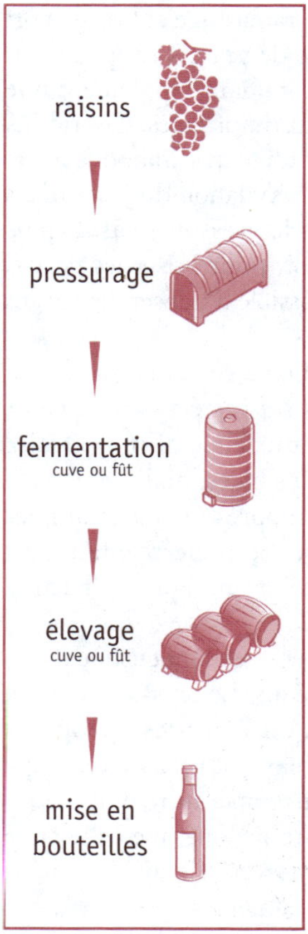

La fermentation

Le jus est ensuite versé dans des cuves thermorégulées en acier inoxydable, dans lesquelles il fermente lentement, à basse température, entre 12 et 20 °C, ce qui favorise le développement des arômes. La fermentation est éventuellement stimulée par un apport de levures. La température détermine l'importance de la fermentation alcoolique et donc le style de vin souhaité. La vinification en barriques de chêne (voir encadré page suivante) est bénéfique à certains cépages (chardonnay) et styles de vins.

LA FERMENTATION MALOLACTIQUE (voir aussi p. 250) n'est pas obligatoire pour les vins blancs. Elle contribue à arrondir les vins acides mais peut nuire aux vins fruités des régions chaudes. Pour l'éviter, le vinificateur traite le vin afin d'éliminer les bactéries susceptibles de la provoquer. À cette fin, il peut à nouveau sulfiter le vin légèrement, le passer en centrifugeuse, ou pratiquer une micro-filtration suivie d'une mise en bouteilles stériles.

Le soutirage et le contact des lies

Une fois la fermentation achevée, on transvase généralement le vin hors de la cuve tandis que les lies restent au fond. Cette opération s'appelle le soutirage. Elle a lieu une première fois après la fermentation, mais est généralement répétée à plusieurs reprises au cours de l'élevage (voir p. 263). Dans certaines régions, on laisse le vin « sur lies » jusqu'à sa mise en bouteilles. Le contact entre le jus et les lies provoque d'importantes modifications gustatives des vins blancs. Cette pratique peut s'accompagner d'un « bâtonnage » régulier (voir encadré ci-dessous et p. 267).

LA VINIFICATION EN BARRIQUES

De tout temps, les Bourguignons ont vinifié les vins blancs en « pièces » (l'équivalent des barriques bordelaises). Par un heureux hasard, le volume de la pièce (environ 225 litres) est idéal pour vinifier un vin blanc sans régulation de température. Celle-ci s'élève assez fortement, jusqu'à 25 °C, sans les dépasser, ce qui convient aux vins blancs riches et ambitieux, destinés à un long vieillissement. Le bois des pièces leur communique une saveur particulière. De plus, le vin demeure sur ses lies (qui forment un dépôt au fond du fût), ce qui le protège de l'oxydation et l'enrichit en même temps. Les vignerons le savent bien. Régulièrement, à l'aide d'un « bâton », ils remettent ces lies en suspension afin de donner au vin complexité et gras (voir encadré p. 267). Le chardonnay convient fort bien à ce type de vinification, qui est appliqué à d'autres cépages et en d'autres pays et régions.

La vinification en rouge

Il est plus facile de faire du vin rouge que du vin blanc : le travail du vinificateur consiste à guider le déroulement d'un processus naturel très simple dans son principe, bien qu'il comporte de nombreuses variantes selon les régions viticoles. Toutefois, la vinification des grands vins rouges exige un soin extrême et beaucoup de talent.

La macération et la fermentation

Comme pour les vins blancs, il s'agit de transformer le moût sucré en alcool. La particularité de la vinification en rouge repose sur la macération. Au cours de cette étape, par un phénomène d'infusion, la matière colorante, les tanins et les nombreux composés aromatiques contenus dans les parties solides du raisin sont dissous dans le jus, donnant au vin sa couleur et son caractère.

LA MACÉRATION CARBONIQUE

Cette technique de vinification, assez largement répandue dans le Beaujolais, consiste à placer les raisins non foulés dans une cuve fermée que l'on emplit de gaz carbonique. Sous l'effet de ce gaz, un phénomène particulier nommé « fermentation intracellulaire » se produit. Il entraîne, à l'intérieur des baies intactes, la formation d'une petite quantité d'alcool et une dégradation de l'acide malique. Cette fermentation s'accompagne de la production de substances aromatiques typiques. Une cuvaison courte, de quatre à six jours, permet d'obtenir des vins très floraux, dont la souplesse est immédiatement acquise. Par la suite, le gaz carbonique est chassé et la fermentation alcoolique se poursuit normalement. La macération carbonique a fait ses preuves pour les vins de cépage gamay commercialisés jeunes, comme les Beaujolais primeurs, et elle est maintenant largement appliquée pour d'autres cépages (syrah, carignan, etc.), en particulier dans le vignoble méditerranéen.

Les raisins rouges sont d'abord éraflés et foulés, c'est-à-dire détachés de la partie solide de la grappe et éclatés pour libérer leur jus. On transfère ensuite le moût, masse juteuse des raisins foulés, dans des cuves en bois ou en acier inoxydable thermorégulées. Les matières solides se rassemblent dans le haut des cuves pour former le « chapeau » (ou « gâteau de marc »). Durant la période de macération, qui se déroule conjointement à la fermentation alcoolique, caractérisée par le bouillonnement provoqué par le gaz carbonique, les matières colorantes et l'ensemble des composés contenus dans le chapeau, vont se dissoudre dans le jus. Cette extraction est favorisée par la chaleur due à la fermentation, celle-ci étant limitée par le vinificateur aux environs de 30 °C. Deux techniques sont utilisables pour faciliter l'extraction.

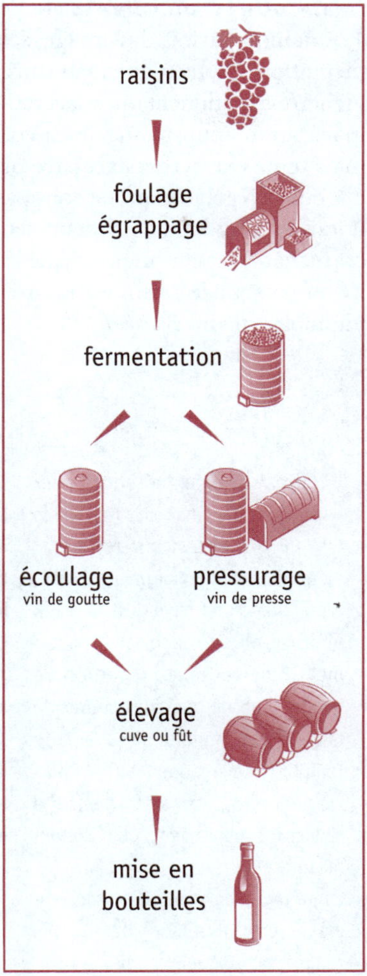

PIGEAGE OU REMONTAGE. La première technique consiste à enfoncer le chapeau dans le moût, à l'aide d'un bâton, d'une palette en bois, de vérins hydrauliques ou encore avec les pieds ; la seconde à immerger le chapeau et à « remonter » doucement le jus du bas de la cuve pour en arroser le chapeau de marc. Dans les deux cas, l'opération est délicate car il faut extraire fortement pigments et arômes, mais sans excès.

LA DURÉE DE CUVAISON peut aller de quelques jours à 4 semaines, parfois davantage, selon le style du vin. Après la fermentation, lorsque la température redescend lentement, certains vignerons pratiquent une macération postfermentaire. Une longue macération apporte au vin sa couleur et sa structure tannique, mais toute extraction excessive peut entraîner le développement d'arômes végétaux qui ne sont pas toujours plaisants. Pour l'élaboration des vins de primeur, seule une extraction très partielle est recherchée, car on privilégie les arômes primaires. Il en est de même lorsque le raisin est naturellement riche, comme dans les vignobles méditerranéens.

LA VINIFICATION EN ROSÉ

Il existe deux méthodes pour produire les vins rosés (ainsi que les vins gris et les clairets).

La méthode de la saignée consiste à prélever d'une cuve destinée à la vinification en rouge, par écoulement, une certaine proportion de jus, au bout de quelques heures de macération seulement (avant de remplir la cuve à nouveau). La partie prélevée, la saignée, va ensuite fermenter séparément, pour donner un vin rosé.

La méthode de pressurage consiste à presser directement des raisins rouges, ou de couleur à peine rose, ce qui est suffisant pour colorer le moût, puis à poursuivre la vinification sans longue macération, comme pour les vins blancs.

Dans tous les cas, on cherche à réaliser l'accord parfait entre le jus de raisin, presque incolore, et la peau, qui concentre les arômes et les matières colorantes naturelles. Le pressurage direct donne des vins plus pâles, souples, aux arômes plus élégants que puissants, alors que la saignée, surtout effectuée après une macération un peu prolongée, les rend plus colorés, plus vineux et plus puissants.

La plupart des rosés mousseux (champagnes, crémants) sont produits selon une autre technique qui consiste à assembler, avant la seconde fermentation en bouteille, un peu de vin rouge à une majorité de vin blanc. La méthode de la saignée est aussi utilisée.

L'écoulage et le pressurage

L'ÉCOULAGE. Lorsque le vinificateur juge la durée de la macération optimale, que la fermentation soit achevée ou non, il provoque l'écoulage. L'ouverture d'un des robinets du bas de la cuve permet alors d'écouler la partie liquide, définitivement séparée des éléments solides de la vendange. Cette opération arrête la phase de macération.

VIN DE GOUTTE ET VIN DE PRESSE. Le jus d'écoulage, qui constitue la partie la plus noble et la plus fine du vin, est appelé « vin de goutte ». Ensuite, on presse (ou pressure) les marcs et les lies, éléments solides contenant encore du liquide, pour en extraire le jus restant et obtenir le « vin de presse », bien plus tannique que le précédent, et qui représente de 8 à 15 % du volume total. Son assemblage éventuel avec le vin de goutte dépend de critères gustatifs et analytiques ainsi que du style de vin que le vinificateur souhaite obtenir.

Les vins de goutte et de presse sont ensuite placés dans d'autres cuves. À ce stade, le vinificateur procède à une analyse complète du vin pour connaître, entre autres, le degré d'alcool et le degré d'acidité. À la fermentation alcoolique succède une seconde fermentation, la fermentation malolactique (voir encadré p. 250).

La vinification des effervescents

Toute fermentation produit du gaz carbonique dont les bulles remontent à l'air libre. Emprisonné dans une bouteille épaisse, ce gaz provoque l'effervescence du vin. Les vins effervescents, dont les célèbres vins de Champagne, sont obtenus grâce à une seconde fermentation résultant d'un apport de sucre et de levures à un vin blanc déjà vinifié.

L'effervescence et la seconde fermentation en bouteille

Historiquement, les premiers vins effervescents ont probablement été produits accidentellement, par une refermentation spontanée en bouteille, processus qui correspond à ce qu'on appelle aujourd'hui la « méthode rurale », dite aussi « ancestrale » ou « dioise » (voir encadré page suivante). Par la suite, les Champenois ont mis au point la « méthode champenoise » qui, dans d'autres régions ou pays, porte le nom de « méthode traditionnelle ». Les vins effervescents dans le style des champagnes requièrent une seconde fermentation qui s'opère en ajoutant à un vin blanc tranquille, vinifié traditionnellement et appelé « vin de base », du sucre et des levures. Cette fermentation, qui se fait en bouteille, va rendre le vin effervescent.

L'élaboration du champagne

Avant tout, le choix des raisins est essentiel. Il s'agit de raisins noirs (pinots noir et meunier) et blancs (chardonnay), cultivés sur une aire d'appellation bien délimitée, avec un rendement maximal autorisé. Très tôt après la cueillette des raisins, le pressurage, limité à un certain volume, est effectué avec rigueur afin d'obtenir un jus propre dont le contact avec la peau des baies n'a permis d'extraire que très peu ou pas de tanins et pas de couleur.

L'ASSEMBLAGE. La première fermentation a lieu généralement en cuves d'acier thermorégulées, parfois en cuves de bois. Par la suite, on procède à l'assemblage : dans chaque exploitation, les responsables goûtent les vins de chaque cuvée, issus de terroirs, de cépages et de parcelles distincts. L'objectif est d'assembler un vin qui reflète le style de la maison et d'obtenir le même goût et le même niveau de qualité d'une année sur l'autre. Les vins des années précédentes, dits « vins de réserve », participent à l'assemblage (sauf pour les vins millésimés).

LA SECONDE FERMENTATION. On ajoute ensuite au vin la « liqueur de tirage », mélange de sucre, de levures et de vins, puis on l'embouteille dans d'épaisses bouteilles de verre, fermées par des capsules métalliques, que l'on stocke horizontalement dans la partie la plus sombre et la plus fraîche des caves. La seconde fermentation démarre alors, ce qui va entraîner la production de gaz carbonique : c'est la « prise de mousse ». Le vin est ensuite conservé au frais dans les crayères, caves crayeuses typiques de la Champagne. Les levures mortes contenues dans les bouteilles se décomposent et libèrent des arômes qui participent activement au bouquet des vins obtenus selon cette méthode. Le vieillissement légal est de 15 mois au minimum (et de 3 ans pour les

MÉTHODE RURALE, OU ANCESTRALE, OU DIOISE

Si l'on met du vin en bouteilles avant que sa fermentation alcoolique ne soit achevée, celle-ci va se poursuivre dans la bouteille, et le gaz carbonique emprisonné sera dissous dans le vin. C'est le principe de la méthode rurale, ou méthode ancestrale, utilisée pour produire les vins mousseux, sans ajout de liqueur. Ces vins sont particulièrement délicats à élaborer car le vinificateur doit interrompre, par le froid, la fermentation en cuve avant que la totalité du sucre ne soit transformée en alcool, et il n'a que peu de moyens d'intervention une fois le vin mis en bouteille. Après un an de cave, les dépôts sont éliminés (ou non) par filtrage ou par dégorgement. En France, cette méthode est toujours pratiquée dans les régions de Die, de Limoux, de Gaillac et du Bugey. Les vins ainsi élaborés portent diverses appellations (AOC) : à Die, Clairette de Die Tradition (à base de muscat), à Limoux, Blanquette méthode ancestrale, dans le Bugey, Bugey Cerdon méthode ancestrale, et à Gaillac, méthode gaillacoise (ces deux derniers à base de mauzac).

cuvées millésimées), mais se prolonge souvent au-delà. Il laisse un dépôt qu'il faut éliminer. Les bouteilles sont alors placées, goulot vers le bas, sur des « pupitres » inclinés. Pendant 2 ou 3 mois, l'inclinaison des bouteilles est accentuée progressivement et les bouteilles sont manipulées par un procédé mécanique, le Gyropalette, qui a remplacé, sauf exception, les « remueurs », employés expérimentés qui assuraient jadis manuellement ces opérations.

DÉGORGEMENT ET DOSAGE. La prochaine étape, le dégorgement, consiste à évacuer les lies qui se sont déposées dans le goulot des bouteilles. À cette fin, celui-ci est trempé dans un liquide réfrigérant qui congèle les sédiments. La bouteille est ensuite ouverte et, sous la pression du gaz, le dépôt est éjecté. Il est remplacé par la « liqueur d'expédition », mélange de champagne et de sucre de canne. Cette étape, appelée « dosage », détermine si le champagne est brut, sec ou demi-sec. Enfin, les bouteilles sont bouchées avec leur bouchon traditionnel, maintenu par un muselet métallique.

En règle générale, les bouteilles ainsi préparées ne sont pas mises en vente immédiatement, mais stockées pendant quelques semaines par le producteur, pour que la liqueur de dosage puisse se marier avec le vin.

Les autres méthodes

D'autres vins effervescents, moins coûteux, sont produits selon des méthodes différentes. Avec le procédé Charmat, la seconde fermentation, après l'ajout de la liqueur de tirage, a lieu non pas en bouteille, mais en « cuve close ». Puis le vin est refroidi, filtré et transvasé sous pression dans une deuxième cuve, adouci avec la liqueur d'expédition et mis en bouteilles. Ce sont des vins moins complexes, mais la méthode donne de bons résultats avec des cépages aromatiques. Quant à la gazéification, c'est une méthode primitive par laquelle on injecte du gaz carbonique dans le vin avant la mise en bouteilles.

L'élaboration des vins mutés

La vinification des vins mutés se caractérise par une adjonction d'alcool, qui arrête l'action des levures et bloque la fermentation alcoolique, préservant ainsi une partie du sucre provenant des raisins. Cette opération s'appelle le mutage. Ces vins très particuliers sont riches à la fois en sucre, en arômes et en alcool.

L'élaboration du porto

Les portos sont mutés pendant la fermentation ou, plus exactement, la fermentation est arrêtée par l'adjonction d'alcool. La méthode traditionnelle, encore pratiquée dans quelques propriétés aujourd'hui, consiste à écraser et à érafler les raisins, puis à les verser dans de vastes récipients ouverts en pierre, appelés *lagares,* où ils sont foulés au pied, le meilleur moyen d'extraire la couleur des raisins à peau épaisse des cépages de porto sans prendre le risque d'écraser les pépins. Les systèmes modernes sont mécaniques et reproduisent aussi fidèlement que possible ce type d'extraction. Le jus fermente dans les *lagares* entre 24 et 36 heures, et non des semaines comme pour les vins rouges. Le vinificateur vérifie constamment le niveau d'alcool et la douceur du vin en cours de fermentation. Quand il a atteint le niveau désiré (entre 6 et 9 % vol. d'alcool), on verse le vin nouveau dans des fûts (ou cuves) et l'on y ajoute de l'*aguardente* (eau-de-vie de raisin). La quantité d'alcool correspond à 25 % du volume du vin, ce qui porte le niveau d'alcool du porto à environ 18 % vol., degré auquel l'activité des levures est neutralisée. Le sucre non converti en alcool reste dans le vin, qui est alors du porto. Le résultat obtenu est un vin de robe rouge foncé, d'une agréable douceur, avec un fort goût d'alcool. Les portos ont besoin de temps pour que l'alcool se fonde dans le vin. Au cours du premier printemps, le vinificateur déguste le vin et le classe selon ses qualités (voir encadré p. 633).

Le xérès

Les xérès sont plus faciles à élaborer que les portos : leur complexité provient de leurs assemblages et de leur vieillissement. Vinifié comme tout autre vin blanc, le vin nouveau, qui est sec, est versé dans un tonneau en bois qu'on ne remplit pas complètement. Quelques mois plus tard, dans certains fûts, apparaît une moisissure particulière, appelée *flor,* à la surface du vin. Le xérès est alors divisé en différentes catégories et muté à l'eau-de-vie de raisin en fonction de son style, puis il subira un élevage en *solera* (voir p. 622).

Les vins doux naturels français

Ces vins sont mutés à l'alcool vinique à 96 % vol., dans une proportion de 5 à 10 % du volume du moût en cours de fermentation. Cette méthode de vinification est une tradition implantée dans le sud de la France, que ce soit pour les vins blancs ou pour les vins rouges (voir p. 494). Selon les cépages, la maturité des raisins, le procédé de mutage, la durée de macération et le mode de vieillissement, on obtiendra des vins sensiblement différents en couleur et en arômes (voir p. 44). Les blancs sont vinifiés comme les vins blancs (voir p. 251). Pour les rouges, on procède à une macération courte (2 ou 3 jours), puis au décuvage (extrait du marc des cuves), afin d'opérer le mutage sur la phase liquide. Dans quelques cas, à Banyuls et à Maury notamment, on pratique le mutage sur le marc. Il s'accompagne d'une longue macération sous alcool, de 10 à 15 jours, ce qui donne des vins plus riches en matière colorante, en tanins et en arômes. Les muscats, vinifiés en blanc, sont aussitôt mis en bouteilles à l'abri de l'oxydation, pour préserver leurs arômes de fruits.

LES VINS DE LIQUEUR

La production des vins de liqueur est beaucoup plus limitée que celle des vins doux naturels. Leur titrage est compris entre 16 et 22 % vol. Ces vins sont obtenus par addition au jus de raisin, avant ou en cours de fermentation, d'alcool neutre, d'eau-de-vie de vin, de moût de raisin concentré ou d'un mélange de ces produits. C'est le cas, par exemple, du Pineau des Charentes, alliance de cognac et de jus de raisin provenant du même domaine, du Floc de Gascogne muté à l'armagnac et du Macvin du Jura, muté au marc.

L'art de l'élevage

La vinification, au sens strict du mot, est terminée lorsque le moût a été transformé en vin. Commence alors l'élevage, qui s'achèvera au moment de la mise en bouteilles. Cette période d'élevage peut être extrêmement courte pour les vins « primeurs » : quelques semaines, voire quelques jours. Elle atteint 2 ans et plus pour les grands vins de garde. De plus en plus, vinification et élevage sont fortement imbriqués.

Le but de l'élevage

En élevant son vin, le vinificateur poursuit deux objectifs. Le premier est d'ordre technique, la clarification du vin, et le second d'ordre sensoriel, son parfait mûrissement.

Après la vinification, le vin présente un trouble plus ou moins important, imputable aux minuscules particules de raisin, aux levures et aux bactéries encore en suspension. Ces lies fines jouent un rôle à la fois protecteur et enrichissant pour les vins rouges, mais aussi pour les vins blancs, comme en témoigne l'exemple bien connu du Muscadet « sur lies » (voir p. 115).

Les lies finissent par se déposer au fond du fût ou de la cuve d'élevage. On les élimine grâce à des soutirages successifs. Le soutirage consiste à décanter le vin, en le transvasant d'un récipient à un autre. Il permet aussi de libérer le vin du gaz carbonique dissout résultant de la fermentation et, éventuellement, de l'oxygéner et de l'assouplir. Le rythme des soutirages varie selon le type de vin et l'année d'élevage. Le soutirage peut être complété par une filtration.

Pour protéger le vin du contact de l'air à sa surface, ce qui peut provoquer l'oxydation, les récipients doivent être totalement remplis. Pour compenser l'évaporation, il faut pratiquer fréquemment l'ouillage, c'est-à-dire compléter le remplissage à l'aide d'une grosse pipette appelée « ouillette ». La qualité du vin servant à l'ouillage doit être égale à celle du vin élevé.

Un vin logé dans une barrique régulièrement ouillée repose pourtant dans un milieu légèrement oxydant. Contrairement à ce que l'on pense souvent, l'air ne traverse pas le bois, mais il pénètre par le trou de bonde et par certaines jointures de la barrique. L'expérience montre que la lente oxydation-oxygénation du vin est très favorable à son évolution, aidant les arômes à se fondre et les tanins à s'assouplir.

Les techniques d'élevage

Selon le type de vin et ce que l'on en attend, l'élevage peut se faire en grand volume, dans des cuves, ou en petit volume, en barriques de chêne. Depuis quelques décennies, le retour à l'élevage en barriques s'est beaucoup développé, de préférence en barriques neuves, en particulier pour les grands vins. Les barriques sont entreposées dans un chai d'élevage frais ou climatisé. Elles sont pleines, disposées de telle façon que le trou de bonde, obstrué provisoirement par une bonde de verre, soit en haut.

La durée de l'élevage est variable, elle dépend de la constitution du vin, de sa faculté à « prendre le bois » et à résister à l'assèchement, car tous les vins finissent par « sécher » et perdre leur gras lorsqu'ils demeurent trop longtemps dans le bois. Certains vinificateurs estiment qu'un filtrage préalable à l'élevage permet d'entonner des vins très propres et, par conséquent, en évitant les dépôts sur les parois de la barrique, de favoriser le contact du vin et du bois.

L'élevage en barriques neuves

Dans les grands châteaux bordelais (Latour, Haut-Brion, etc.) le vin était jadis vendu à des négociants qui se chargeaient de l'élevage, et ce n'est qu'au cours du XXe siècle que la « mise au château » s'est développée. Depuis les années 1970, l'usage du bois neuf s'est généralisé. Le « boisé », ou plus exactement le goût de bois, est devenu à la mode. Cette aromatisation au bois, car il s'agit de cela, s'est d'autant plus accentuée que le célèbre dégustateur américain Robert Parker l'appréciait particulièrement et l'a bien fait savoir.

Aujourd'hui, l'élevage dans le bois neuf est de rigueur dans toutes les régions vinicoles et dans tous les pays. Le goût des consommateurs s'y est habitué et, pour nombre d'entre eux, la

LES PROVENANCES DU CHÊNE

La texture et la consistance du bois de chêne utilisé en tonnellerie dépendent de l'espèce et du terroir dont il est issu. Le chêne du Limousin, à « gros grains », qui pousse en largeur, donne un bois dur et nerveux aux tanins puissants, qui convient bien aux eaux-de-vie comme le cognac. Le chêne rouvre dit « chêne du Centre » pousse en futaie, comme dans la célèbre forêt de Tronçais. Son bois à « grains fins » est idéal pour l'élevage des vins de garde. Il faut 150 à 250 ans pour qu'un chêne arrive à maturité et puisse être commercialisé. Pour satisfaire les besoins en constante augmentation des tonneliers, qui fournissent la France mais exportent dans le monde entier, les approvisionnements se sont diversifiés. Les chênes de Pologne, de Slovénie et de Russie, tous de haute qualité, sont mis à contribution. Le chêne américain, moins cher grâce à sa structure particulière qui lui permet d'être coupé et non fendu, ce qui entraîne moins de perte de bois, est connu pour ses arômes typés et doux de vanille ou de noix de coco.

qualité d'un vin se mesure à son boisé. Ce qui n'a pas manqué d'entraîner certains excès, tel l'élevage « 200 % bois neuf », c'est-à-dire une première année d'élevage dans le bois neuf, suivie d'une seconde dans une nouvelle série de fûts neufs ! Cet attrait du goût boisé se traduit, pour des vins d'entrée de gamme, par des pratiques d'aromatisation qui consistent à laisser macérer dans le vin des copeaux ou des planches de chêne qui reproduisent à peu de frais les arômes de la barrique neuve.

Aujourd'hui, pour les vins haut de gamme, la tendance est à plus de mesure et à un usage raisonné de la barrique neuve qui prend davantage en compte les capacités du vin à digérer convenablement ses apports. Des barriques anciennes – on parle de « barriques de plusieurs vins » – n'apportent ni tanins ni notes boisées, mais permettent une oxygénation lente.

En y regardant de plus près, on observe que le bois de chêne, dissous par la solution hydro-alcoolique qu'est le vin, est riche en résines odorantes et en dérivés vanillés de la lignine. Le chêne apporte aussi au vin des tanins de types différents de ceux du raisin. En outre, l'intérieur de la barrique a été légèrement brûlé au moment de la fabrication, ce qui contribue à faire apparaître ou à renforcer le caractère grillé, ou fumé, du vin (lorsque ce caractère est trop prononcé, on dit que le vin est « toasté »).

Loin de masquer la typicité du vin, le bois doit jouer en fait un rôle discret et augmenter seulement la complexité aromatique du vin. Aussi séduisant qu'il puisse être, il n'est pas pour autant une panacée. Croire qu'on peut sauver un vin maigre en « l'améliorant » par un boisage puissant est une illusion, et même une erreur. L'expérience prouve que pour réussir le mariage vin-bois, le vin doit être capable de résister au bois, d'exister, d'avoir une forte « carrure ».

Les défauts du vin

Maintenant qu'on ne vinifie plus empiriquement comme par le passé, mais en sachant ce que l'on fait et pourquoi, les vins présentant des défauts évidents se font beaucoup plus rares.

LES DÉFAUTS MINEURS. Il peut s'agir d'une légère odeur de réduit, de gaz fermentaire, voire de soufre. L'odeur de réduit résulte d'une privation prolongée d'oxygène et d'un manque de soutirage (séparation du vin clarifié du dépôt et des lies). Le gaz fermentaire aurait dû disparaître si le vin avait été aéré avant sa mise en bouteilles. Quant à l'odeur de soufre, due à une erreur de dosage, elle survient surtout chez les vins blancs, très sensibles à l'oxydation et que l'on protège davantage (par l'anhydride sulfureux). Dans la plupart des cas, ces défauts mineurs s'estompent avec le temps. On peut, si on les constate, oxygéner le vin en le transvasant dans une carafe – on parle de « carafage » – au moment de la dégustation (voir p. 215).

LES DÉFAUTS MAJEURS. Les gros défauts, eux, sont inacceptables et irréparables : le mercaptan, l'oxydation, l'acescence, la contamination par des levures indésirables. Le mercaptan, né d'une réaction des levures de la fermentation avec le soufre des lies, est une odeur sulfurée très désagréable (odeur d'œuf pourri). L'oxydation, qui se traduit par une détérioration du bouquet, est due à un contact prolongé avec l'air et à un dosage insuffisant d'anhydride sulfureux en cours d'élevage. L'acescence, ou piqûre acétique, donne un vin « piqué », c'est-à-dire qui sent le

LE BÂTONNAGE

On appelle bâtonnage la remise en suspension des lies fines qui se déposent dans la partie basse d'une barrique ou d'une cuve lors de l'élevage. Ces sédiments sont agités à l'aide d'un « bâton » ou d'un système mécanique pour les grands volumes. Le but est d'augmenter les échanges entre les parties solides et le liquide afin que le vin gagne en complexité et en gras. On peut raisonnablement penser que cette technique a été initiée en Bourgogne où on l'applique depuis très longtemps aux vins blancs de prestige vinifiés et élevés en « pièces » (l'équivalent des barriques bordelaises). Dans les années 1980, le bâtonnage s'est largement répandu dans d'autres régions vinicoles et dans d'autres pays. L'effet de ce procédé est très sensible sur les vins jeunes, mais il reste à prouver qu'il soit favorable à un long vieillissement des vins.

vinaigre. C'est le signe d'une maladie du vin, si grave qu'un vin qui en est atteint n'est ni loyal ni marchand et que le législateur en interdit la vente dès que le taux d'acidité volatile dépasse un certain seuil. L'acescence est causée par une bactérie, *Acetobacter,* qui se développe à la surface d'un vin en contact avec l'air (en barriques non ouillées, par exemple). Des levures indésirables *(Brettanomyces)* liées à un défaut d'hygiène dans le chai peuvent encourager l'apparition d'arômes qui deviennent fortement désagréables (écurie, gouache) à certaines concentrations et qui se développent avec le temps.

L'assemblage, une étape facultative

L'assemblage concerne l'association de vins provenant d'une même propriété, mais présentant des caractéristiques différentes. Dans le Bordelais, par exemple, il consiste à marier un certain nombre de cuves issues de diverses parcelles, et donc de cépages distincts, de vignes plus ou moins vieilles, vendangées à des dates différentes. Dans les régions pratiquant l'élevage en fût, on peut décider quels fûts seront sélectionnés pour l'assemblage final, en respectant les critères d'appellation (cépages, lieux géographiques).

LE MICROBULLAGE OU MICRO-OXYGÉNATION

Pasteur a écrit : « C'est l'oxygène qui fait le vin. » Il est vrai que les levures de fermentation sont de grandes consommatrices d'oxygène. Mais Pasteur aurait aussi pu écrire : « C'est l'oxygène qui défait le vin », car il l'oxyde et, surtout, il permet le développement des bactéries qui le transforment en vinaigre. Il est utile de rappeler que l'oxygénation est bénéfique au vin alors que l'oxydation lui est nuisible (à l'exception de quelques vins spéciaux du type oxydatif). Si l'élevage sous bois permet naturellement cette micro-oxygénation, en laissant passer un peu d'air, il en va autrement des contenants inertes comme la cuve en acier inoxydable. Au début des années 1990, un vigneron de Madiran, Patrick Ducournau, eut l'idée d'introduire dans ses cuves des microbulles d'oxygène dans le but d'assouplir ses vins rouges tanniques. Aujourd'hui, cette pratique est devenue courante. Bien menée, elle permet d'arrondir les tanins, de dissiper les odeurs de réduction et de donner un charme immédiat aux jeunes vins rouges.

À QUEL STADE ? Pour de nombreux vins blancs ou rouges, comme pour certains vins mutés, l'assemblage peut intervenir tout au long de l'élevage et jusqu'à la mise en bouteilles définitive. Pour les champagnes, il se fait avant l'élevage, juste après la fermentation, parfois en associant jusqu'à 50 ou 60 cuvées (voir aussi p. 285). Dans le Bordelais, les assemblages se font entre novembre et mars, avant les dégustations de primeurs, qui ont lieu en avril. Néanmoins une dernière rectification peut s'effectuer juste avant la mise en bouteilles. Dans le cas du xérès, le vin est assemblé selon le système de la *solera* (voir p. 622).

De l'usage du soufre

À la naissance du vin, le soufre est déjà présent, et il va l'accompagner jusqu'à la mise en bouteilles. Puissant antioxydant et antiseptique, il protège les raisins, les moûts et les vins des déviations et des accidents de vinification. Mal employé, il tasse les arômes, favorise l'apparition de goûts désagréables et peut provoquer des allergies chez les sujets sensibles. En réaction à des décennies d'abus, le soufre fait l'objet aujourd'hui d'une utilisation plus raisonnée.

Le soufre : ami ou ennemi ?

On sulfite la vendange et le moût pour empêcher l'oxydation et le développement des micro-organismes. Le soufre est employé lors de la macération, et il a l'étrange pouvoir de sélectionner les levures convenant le mieux à la fermentation. Le fait de brûler du soufre dans un fût avant de le remplir évite l'oxydation et permet la bonne conservation du vin.

Le soufre est à la fois la pire et la meilleure des choses. À dose mesurée, c'est un remède miracle, agent antioxydant et bactéricide, constamment sollicité pour protéger le vin et lutter contre certaines maladies. À plusieurs stades de la vinification, il intervient sous la forme d'anhydride sulfureux (ou dioxyde de soufre, SO_2). Malheureusement, ce produit attaque les parties métalliques et favorise la casse ferrique et la casse cuivreuse (troubles du vin). Il est aussi à l'origine du mercaptan (odeur d'œuf pourri due à l'hydrogène sulfuré), d'odeur de réduit (voir p. 266) et surtout de malaises et de maux de tête (la mauvaise réputation des vins blancs serait imputable à l'usage excessif du soufre au cours de leur élaboration). Le soufre est toxique, et son usage est limité par les réglementations française et européenne. C'est pourquoi les chimistes recherchent des substituts. Jusqu'à ce jour, rien ne l'a remplacé, bien que divers produits contribuent à limiter son usage. Sans aller jusqu'à le supprimer, les producteurs de vins ont recours au soufre bien en deçà des quotas autorisés, ce qui est tout à fait possible à condition de respecter une hygiène rigoureuse, de filtrer le vin et de réfrigérer les installations.

Les « vins nature »

Que le vin soit dit « biologique » ou « en biodynamie », le soufre participe à son élaboration. Un adepte du « biologique » avoue : « Rien ne remplace vraiment le soufre. » Le cahier des charges suivi par les viticulteurs « bio » impose cependant des taux d'anhydride sulfureux bien plus faibles qu'en viticulture conventionnelle. Certains l'ont totalement banni. Ces « vins nature » vinifiés sans soufre ajouté sont devenus à la mode depuis quelques années. Sur leurs étiquettes figurent des mentions telles que « sans soufre ajouté », avec, parfois, des conseils de température de stockage sur la contre-étiquette. La volonté de leurs concepteurs est de produire des vins au plus près du raisin, avec le minimum d'interventions et de produits exogènes, ce qui n'est pas sans danger, car un vin non traité encourt deux risques : un vieillissement précoce, voire une madérisation (teinte jaune et goût de madère), et une instabilité qui le rend inapte au transport, sensible à la lumière et à la chaleur, et qui peut conduire à la refermentation ou à l'acescence (voir p. 267). Ces vins exigent donc, de la part du producteur, rigueur, précision et parfaite hygiène, ce qui n'est pas le cas de tous. Destinés plutôt à être bus jeunes, ils doivent être manipulés avec précaution et être stockés au frais.

LA VINIFICATION BIOLOGIQUE

Avant 2012, le terme de « vin bio » n'avait aucune existence réglementaire. L'étiquette mentionnait « vin issu de raisins de l'agriculture biologique ». Début 2012, pour application aux vendanges de la même année, la Commission européenne a établi une réglementation sur la vinification bio. Celle-ci impose bien sûr l'usage de raisins issus de l'agriculture biologique, mais autorise plusieurs procédés et produits courants dans la vinification classique, comme les levures sélectionnées, le soufre, le cuivre, l'acide tartrique ou citrique, les tanins ou l'usage de copeaux de bois. Elle restreint cependant les dosages en soufre avec des réductions entre 15 et 30 % par rapport à ceux tolérés dans la vinification conventionnelle. Une certification, soumise à des contrôles, est obligatoire pour pouvoir revendiquer le terme « vin bio » sur l'étiquette.

La mise en bouteilles

Il appartient au vinificateur de décider que la période d'élevage est achevée, et que sa prolongation n'ajouterait rien à la qualité du vin qui risquerait même de perdre sa fraîcheur ou, pire, de « sécher ». Avant sa mise en bouteilles et un éventuel vieillissement, le vin va subir un ultime « toilettage ».

La préparation du vin

En règle générale, les consommateurs et les producteurs sont attachés à la netteté de l'aspect visuel d'un vin. Avant de le mettre en bouteilles, le producteur doit donc clarifier le vin, procédé qui sert à éliminer les particules troublantes et les bactéries ou levures susceptibles de rendre le vin instable. Il dispose pour cela de deux procédés : le collage et la filtration, qui peuvent être cumulés, mais qui vont influer sur le goût du vin.

LE COLLAGE. Les bourbes (grosses lies), tombent naturellement au fond de la cuve ou de la barrique, mais les particules les plus fines restent en suspension. Même un vin apparemment limpide en contient plus de 10 000 par centimètre cube ! Le collage exploite le phénomène de la floculation colloïdale : le clarifiant, autrement dit la colle, forme, au contact du vin, des flocons sur lesquels vont se fixer les micro-impuretés. Il ne reste plus qu'à éliminer, par soutirages successifs, ces sédiments qui tombent au fond du récipient (en une dizaine de jours). Les vins rouges sont clarifiés à l'albumine d'œuf (rouges de garde) ou à la gélatine ; pour les vins blancs et rosés, on utilise la caséine, la bentonite ou la colle de poisson.

LA FILTRATION. Son résultat dépend du diamètre des pores du filtre : lorsque ce diamètre est important, on obtient une filtration de propreté ; si les pores sont minuscules (moins d'un millième de millimètre), la filtration devient stérilisante car ni les levures ni les bactéries ne parviennent à traverser le filtre. La filtration à travers une couche de Kieselguhr (terre d'infusoire), inventée au début du XXe siècle, est efficace et rapide. On dit alors que le vin est « filtré sur terre ».

Les vins collés et/ou filtrés, ayant gagné en limpidité, en brillant et en stabilité, peuvent être mis en bouteilles.

LES CUVÉES « NON COLLÉES ET NON FILTRÉES »

Il est tout à fait possible d'élaborer et de commercialiser des cuvées non filtrées et non collées. Cela suppose, de la part du producteur, d'effectuer de nombreux soutirages pour clarifier le vin le mieux possible tout en veillant à sa protection sanitaire, et de la part du consommateur, d'accepter d'éventuels dépôts dans la bouteille. Ce type de vin gagne-t-il en qualité ? Tout collage, toute filtration dépouille le vin d'une partie de ses composants. Certains producteurs estiment que des vins non filtrés gagnent en texture et en complexité aromatique. Si l'on fait confiance au vinificateur, on supposera que seuls des constituants inutiles ou nuisibles ont été éliminés, sinon, on aura tendance à croire que les manipulations ont appauvri le vin. Là encore, c'est une question de mesure. Toujours est-il que des procédés de clarification brutaux, comme la centrifugation, ne sont jamais appliqués à de grands vins.

La bouteille de verre

Le verre reste le matériau inégalable pour la conservation et le vieillissement du vin. La bouteille de 75 cl (trois quarts de litre) est un standard international. Presque tous les grands vins du monde sont vendus dans des bouteilles de cette capacité ou d'un de ses multiples. En France, on distingue trois formes principales de bouteilles : de type Bordeaux, droite à l'épaule haute ; de type Bourgogne, plus effilée ; et la « flûte », plus haute, typique des vins d'Alsace. Pour les différentes contenances, voir p. 109.

Le bouchon de liège

Le liège possède des propriétés physiques originales qui en ont fait le partenaire traditionnel et séculaire de la bouteille. Ses cellules microscopiques forment des « ventouses » qui adhèrent au goulot. Il est inerte et imperméable aux liquides, ne réagit pas au vin et ne pourrit pas. Il est en revanche susceptible d'être affecté par des molécules qui altèrent de manière plus ou moins intense le vin en lui communiquant le « goût de bouchon ». Celui-ci dessèche le vin et lui communique des arômes désagréables de moisi ou de carton mouillé. Pour les vins de garde, certains producteurs lui reprochent de ne pouvoir assurer à un même lot de vins un vieillissement identique.

Les chênes-lièges *(Quercus suber)* ne poussent qu'à l'ouest du Bassin méditerranéen et au Portugal. Un chêne-liège est dépouillé – on appelle cela une « levée » – tous les 12 ans mais seules la quatrième, la cinquième et la sixième levée fournissent un liège de haute qualité, soit trois levées sur les douze que l'on peut espérer, compte tenu de la durée de vie d'un arbre (150 à 200 ans).

Avec les déchets de liège, on confectionne des bouchons en « aggloméré », efficaces, mais à l'élasticité limitée. Ils ne conviennent pas aux vins de longue garde. L'augmentation des besoins a conduit à exploiter des lièges de plus en plus jeunes, ce qui ne va pas dans le sens d'une amélioration qualitative. Pour faciliter le bouchage, le bouchon de liège est parfois enrobé d'un film à base de silicone. À noter qu'un bouchon de champagne est constitué d'un assemblage de particules de liège aggloméré et de rondelles de liège massif.

Les autres bouchons

Les producteurs de vin n'hésitent plus à recourir à d'autres matériaux que le liège, en particulier pour les vins qui sont destinés à une consommation rapide (mais pas seulement). Ils peuvent utiliser des bouchons en matière plastique, imitant la forme et l'aspect du bouchon de liège traditionnel, dont la surface présente un bon coefficient de friction et qui sont extractibles avec un tire-bouchon ordinaire. Ces bouchons perdent assez vite leur élasticité et ne conviennent pas aux vins de moyenne garde. Il en va autrement des autres modes de bouchage qui ont séduit nombre de producteurs depuis une dizaine d'années. Y compris pour des vins de garde, l'Australie et surtout la Nouvelle-Zélande ont massivement adopté la capsule à vis qui fait de plus en plus d'adeptes de par le monde. Outre son aspect pratique, ses atouts sont une bonne préservation de la pureté des arômes et une absence d'oxydation prématurée et de variabilité d'une bouteille à l'autre. Les producteurs allemands et autrichiens ont popularisé le bouchon de verre, élégant mais plus coûteux, dont l'étanchéité est assurée par un joint en plastique. Il commence désormais à faire des émules aussi en France.

18
58

Les vignobles du monde

Le Moyen-Orient et la Méditerranée sont les berceaux du monde viticole, et si l'on trouve aujourd'hui du vin partout, c'est en raison de la forte prédominance de la culture occidentale, issue de l'Antiquité. Les vastes et florissants vignobles du Nouveau Monde – ceux des Amériques, d'Afrique du Sud ou d'Océanie – furent plantés par les Européens. Plus de 80 pays dans le monde produisent aujourd'hui du vin, et beaucoup exportent une partie importante de cette production. À l'heure actuelle, sur les tables des amateurs de vin du monde entier, les vins de ces pays côtoient ceux des vignobles européens. Si le commerce du vin se pratique à l'échelle mondiale, les idées qu'il inspire voyagent également, et davantage encore les spécialistes qui s'y consacrent. Les pays du Nouveau Monde sont, depuis plus d'un siècle, des observateurs attentifs des traditions viticoles européennes. Dès les années 1980, les échanges se faisaient dans les deux sens. Les viticulteurs français, impressionnés par l'explosion des ventes de vin du Nouveau Monde dans des marchés où la France avait régné, commencèrent à envoyer leurs enfants faire des stages en Californie et en Australie. Les grandes maisons de Champagne, menées par le pionnier, Moët et Chandon, entreprirent d'y acheter des terres pour y planter des vignes. Elles furent suivies par l'élite du Bordelais : le baron Philippe de Rothschild s'allia à Robert Mondavi pour produire Opus One. Moueix de Pomerol, les Champagnes Roederer, Mumm, Taittinger et bien d'autres s'implantèrent en Californie – et parfois aussi en Australie et en Nouvelle-Zélande. Aujourd'hui, une deuxième génération, bien plus nombreuse, les a suivis. Avec l'émergence récente de nouveaux pays consommateurs et producteurs, comme la Chine, le marché du vin est véritablement mondial, et si le prestige et la qualité des vins français continuent à servir de référence, ils ne sont plus les seuls dans ce cas. La carte géographique des vins du monde est en perpétuelle mutation.

LES RÉGIONS VITICOLES DE QUALITÉ

La vigne pousse à l'état sauvage dans les climats tempérés du globe : les cépages cultivés qui en sont issus sont exploités en Europe, dans la partie orientale et méridionale du bassin méditerranéen, en Amérique du Nord comme en Amérique du Sud, en Australie et en Nouvelle-Zélande ainsi qu'en Asie.

Le choix du site

À l'intérieur de vastes zones de même latitude offrant des conditions climatiques adéquates, pourquoi les vignes prospèrent-elles dans certaines régions plutôt que dans d'autres ? Et comment les pays viticoles définissent-ils et contrôlent-ils ces zones ? L'homme peut modifier les conditions naturelles – grâce à l'irrigation dans les pays secs, par exemple –, mais le choix du site est vital pour la nature des raisins produits. L'ensoleillement, l'altitude, la nature des sols, alliés au climat tant général que local, expliquent pourquoi un vin est différent d'un autre, même issu de raisins et de techniques de vinification identiques. La France mais aussi le Portugal (dans le vignoble du Douro en particulier) ont développé le concept de terroir, qui rassemble un certain nombre de facteurs influant sur la nature du vin.

Cette approche a été parfois remise en question par une école technocratique, persuadée que la science peut remédier aux faiblesses de la nature. Toutefois, il n'existe pas de bons viticulteurs qui pensent que le site n'a pas d'importance, et cette idée a aussi gagné les pays du Nouveau Monde.

Les besoins de la vigne

Si elle dispose de suffisamment d'eau et de chaleur, la vigne est une plante vigoureuse qui peut prospérer sous des conditions et des climats parfois extrêmes. Cependant, pour qu'elle produise des raisins capables de donner des vins de qualité, elle a besoin d'un environnement sur mesure. Celui-ci devra fournir à la plante, tout au long de sa croissance, de quoi alimenter la photosynthèse, processus par lequel la vigne transforme l'eau et le CO_2 en oxygène et en sucre (qui se concentre dans les raisins).

La vigne doit pousser à l'abri des vents trop violents qui pourraient la dessécher et abîmer les jeunes feuilles et les fruits. Elle a besoin de lumière en quantité suffisante pour activer la photosynthèse, de chaleur – mais pas trop – pour croître, et de soleil pour un bon mûrissement du raisin. Elle a également besoin d'eau, en quantité suffisante mais pas excessive, pour permettre le développement des rameaux, des feuilles et des baies. Ses besoins varieront en fonction du climat, de la nature des sols et du type de vin produit. Les choix concernant le type de sol sont plus subtils. Ce dernier possède quatre fonctions : il sert de support, fournit l'humidité, procure de la chaleur (il se réchauffe et se refroidit plus ou moins vite) et nourrit la vigne. Pour se développer, toute plante a besoin de nutriments (phosphore, potassium, azote, etc.). Ces derniers, s'ils existent à l'état de traces dans l'eau captée par les racines, suffisent. Les substances fournies par le sous-sol du vignoble ont-elles une si grande importance ? Nous abordons ici un domaine contesté. Le Chevalier-Montrachet est plus léger que son voisin Montrachet parce que le sol est plus pierreux et donc plus aride. C'est en tout cas ce que certains affirment. Le Pétrus a un goût riche et concentré. Est-ce à cause de la présence du fer contenu dans son sol argileux, des techniques viticoles utilisées ou des choix faits en matière de vinification ? Peut-être un peu des trois.

Le sol et la notion de terroir

Le sol est-il davantage qu'un support pour la vigne ? Poser une telle question en France semble relever du sacrilège. On pense que le système des appellations d'origine contrôlée a été bâti sur le principe des meilleurs sols, même si cela est à relativiser largement, car des facteurs historiques et économiques ont également joué un rôle. Mais ce principe fonctionne bien dans certaines régions. Par exemple, un grand cru de Bourgogne est meilleur qu'un premier cru parce que son site est capable de produire des raisins d'une qualité régulièrement supérieure. Cette différence est due à une combinaison complexe entre l'exposition, le drainage, l'équilibre hydrique, le mésoclimat et peut-être aussi la composition chimique de son sol. La conjugaison de ces facteurs est d'une telle complexité que les Français ont inventé un concept spécifique, qui n'a pas de traduction dans les autres langues, pour en rendre compte : le terroir. Ce concept de terroir est néanmoins à géométrie variable : si on peut le résumer par l'ensemble des facteurs environnementaux qui rattachent le vin à un lieu, d'autres définitions existent, englobant le cépage ou réduisant le terroir à la seule composition géologique du sol. Ceux qui défendent cette dernière thèse estiment que le sol confère certains arômes au vin : des ouvrages spécialisés français ou italiens évoquent la façon dont les divers minéraux, l'argile ou le calcaire d'un sol affectent le goût du vin. Cette théorie reste à prouver par l'analyse scientifique.

Toutefois, les dégustateurs peuvent faire la différence entre les vins de vignobles d'un même cépage et de sols différents, sans pouvoir l'expliquer. Ils n'ont pas la certitude que ces différences sont exclusivement dues à la composition des sols dont les vins sont issus. La fertilité et les éléments minéraux ne suffisent pas à définir un sol. Chacun diffère par sa structure : certains sont aérés et perméables et se réchauffent rapidement, d'autres (d'argile) sont lourds, humides et frais. Les plus grands vins poussent sur une grande variété de sols, généralement pauvres et perméables, composés, par exemple, de graviers, de schiste décomposé, de calcaire, ou d'alluvions, et souvent d'une combinaison entre plusieurs de ces composants. Un sol riche, fertile et mal drainé, où l'eau stagne en surface, produit des vins très ordinaires. En effet, la vigne doit subir certaines contraintes pour donner des raisins capables de produire un bon vin.

Certains œnologues ont remis en question une partie de ces notions, soutenant qu'il n'existe aucune raison scientifique pour que les différences chimiques des sols se traduisent dans le goût des vins. La contestation est venue surtout des pays du Nouveau Monde, avec l'émergence des grandes écoles d'œnologie, en Californie et en Australie en particulier. La tendance actuelle dans tous les pays est de reconnaître l'importance du site, ou, plus exactement, d'une bonne adéquation entre site, cépage et type de vin produit. Il est évident, par exemple, que produire des volumes importants d'un vin destiné à être vendu à quelques euros n'impose pas les mêmes contraintes au producteur que l'élaboration d'un vin de garde qui sera vendu plus de dix fois ce prix. La nécessité de donner un caractère individuel et distinctif à un vin plus cher implique la recherche d'éléments de différenciation vis-à-vis des concurrents, et le terroir en fait partie.

La garantie d'origine

Tous les vins de qualité portent une étiquette indiquant leur provenance. Le système français du contrôle de l'origine est longuement décrit ci-dessous parce qu'il a servi d'exemple à l'ensemble des réglementations européennes et parce que ses principes ont été retenus par les pays membres de l'Union européenne, entre autres. Le pouvoir de l'Union en tant qu'importateur est énorme : elle a fait modifier les réglementations des vignobles du Nouveau Monde dans les années 1990. L'Europe centrale et l'Europe de l'Est, la Nouvelle-Zélande et l'Australie ont dû harmoniser leurs lois avec celles des pays européens.

Le développement de la fraude

Ce sont les contrefaçons qui ont stimulé l'application rigoureuse des lois régissant l'étiquetage – le système des appellations. Au fur et à mesure que le commerce du vin grandissait et que les meilleurs crus atteignaient des prix plus élevés, il devint tentant pour certains négociants sans scrupule de vendre des vins contrefaits.

Dès l'Antiquité, le vin grec de l'île de Thasos, célèbre et recherché, a fait l'objet d'une législation destinée à le protéger des imitations. Les Romains furent sans doute confrontés à du faux Falerne, et l'authenticité d'un fût de vin de Bordeaux était sans doute difficile à prouver au Moyen Âge, mais le problème commença à prendre véritablement de l'ampleur à la fin du XIXe et au début du XXe siècle.

Il ne faut pas oublier que les vins issus des grandes régions viticoles d'Europe manquaient singulièrement à cette époque, à la suite des ravages causés par les maladies de la vigne venues des États-Unis : l'oïdium, le mildiou et surtout le phylloxéra qui ravagea les vignobles européens à partir des années 1860. Dans un contexte de pénurie, la tentation était encore plus grande de vendre sous des noms réputés des vins médiocres. C'est aussi pendant cette période que le développement de l'industrie du luxe, avec la multiplication des marques commerciales, encouragea la fraude. Les propriétaires des grands châteaux bordelais furent horrifiés de trouver de faux Margaux et de faux Latour sur les marchés belge, allemand et anglais. Ils n'avaient guère les moyens de se défendre légalement. En réalité, les négociants bordelais ou bourguignons avaient depuis longtemps fait preuve de laxisme en expédiant des vins en vrac sous des appellations prestigieuses. Le vin était « ajusté » au goût anglais en Angleterre, fortifié aux Pays-Bas, édulcoré en Allemagne, et les négociants palliaient aisément une insuffisance de qualité de vins d'appellations prestigieuses en les assemblant à d'autres vins de meilleure qualité.

On trouve des cas de systèmes « antifraude » dans bon nombre de pays d'Europe bien avant l'avènement du système des appellations contrôlées mis en place dans les années 1930 en France. En Espagne, la ligue des viticulteurs de la Rioja établit sa législation en 1560, mais il fallut attendre les années 1980 pour que la réglementation d'origine soit véritablement appliquée et permette ainsi une meilleure qualité. En Italie, le Chianti devint l'une des premières zones viticoles contrôlées, lorsque le grand-duc de Florence en établit les limites en 1716. En Hongrie, un décret royal délimita précisément le vignoble de Tokaj dès 1737. L'aire de la vallée du Douro autorisée à produire les vins de Porto fut définie très précisément par le marquis de Pombal en 1756.

L'histoire de la réglementation française

En France, l'histoire de la réglementation est exemplaire. Vers 1860, un écrivain dénonça les marchands bourguignons en ces termes : « Lorsqu'il le souhaite, le commerçant en vins devient Dieu, et n'hésite pas à repro-

duire le miracle des noces de Cana. »
Cette allusion au fait de changer l'eau en vin est exagérée, mais l'apport de vin rouge algérien dans les assemblages de vins du Rhône, puis de vins du Rhône dans les Bourgognes ou les Bordeaux fut une pratique courante dont le but essentiel était initialement l'amélioration des vins dans les années maigres, avant de devenir pratique courante dans les années qui ont suivi la destruction phylloxérique.

Mais ces mauvaises habitudes devaient prendre fin, ne fût-ce que pour protéger les viticulteurs et les négociants sérieux. C'est ainsi que la législation de l'appellation d'origine commença en France. Le processus débuta en 1919, mais remonte en fait bien plus loin. Si le Bordelais s'était doté d'une réglementation protectionniste au Moyen Âge, interdisant que le vin de l'intérieur des terres soit vendu comme Bordeaux, il s'agissait davantage de rivalité commerciale dirigée contre le port de Libourne et certains vins d'amont que de contrôle de qualité. Les ducs de Bourgogne, en particulier Philippe le Hardi, avaient activement tenté de contrôler la qualité de la production de leur région dès la fin du XVe siècle.

La loi de 1905 fut une première mesure contre l'étiquetage frauduleux, les déclarations des viticulteurs permettant de surveiller la quantité de vin produite dans un lieu donné. La loi spécifiait également que les appellations d'origine ne pouvaient figurer sur l'étiquette que si elles étaient véritables. Il fallait donc définir les zones de production. Mais on se heurta à de gros problèmes : comment définir le vignoble de Champagne ou du Bordelais ? La délimitation du vignoble de Champagne donna lieu à des émeutes de viticulteurs mécontents à Épernay, en 1911. Le gouvernement confia bientôt cette tâche aux autorités locales. La loi de 1919 établit un cadre : les vins d'appellation d'origine devaient être élaborés dans des lieux bien précis et selon des méthodes conformes aux coutumes locales, dans le respect « des usages locaux, loyaux et constants » (définition floue s'il en est !).

Mais on exigeait davantage que la simple mention du lieu d'origine : la loi devait contrôler également la quantité et la qualité. Une nouvelle loi décréta en 1927 que les autorités pouvaient interdire des cépages qui ne convenaient pas pour la région. Le rendement et le degré d'alcool furent peu à peu réglementés. Toutefois, la loi connut des variations dans son application, et il fallut de nombreuses années avant que les vignobles les plus réputés soient définis, délimités et contrôlés. L'année 1935 marqua une nouvelle étape lorsqu'on ajouta le mot « contrôlée ». Ce fut la naissance de l'INAO (Institut national de l'origine et de la qualité), qui dirige toujours le système. Depuis, les AOC ont été considérablement étendues et cette catégorie produit aujourd'hui près de la moitié des vins en France.

La législation européenne

L'Union européenne a adopté le principe de l'AOC qui a été intégré dans les différentes législations dont elle s'est dotée. Les lois de l'Union européenne stipulent que seuls les vins élaborés dans une zone définie peuvent porter son nom sur l'étiquette, et les pays membres sont tenus de contrôler le rendement, les cépages et les limites précises de chaque appellation. Depuis 2009, l'Union européenne s'est dotée un nouveau cadre légal qui distingue deux catégories de vins : les vins sans indication géographique (VSIG) qui correspondent aux anciens vins de table, et les vins avec indication géographique (IG) qui se répartissent entre vins d'AOP (Appellation d'origine protégée, équivalent européen des AOC) et vins IGP (Indication géographique protégée, anciens vins de pays). Cette refonte vise à harmoniser la réglementation européenne aux normes de l'OMC et à faciliter la reconnaissance et la protection juridique des appellations. L'Union européenne a longuement bataillé pour mettre fin aux usurpations dont pouvaient faire l'objet ses appellations les plus prestigieuses. Si, il y a une vingtaine d'années, l'amateur de vin français voyageant aux États-Unis ou en Australie pouvait s'étonner de trouver du vin californien ou australien portant le nom d'appellations européennes réputées comme « Chablis » ou « Bourgogne », ces pratiques n'ont quasiment plus cours de nos jours.

Le Champagne a été une plus grande source de difficulté. Bien qu'il s'agisse d'une appellation véritablement géographique, le mot « Champagne » était utilisé pour définir la méthode d'élaboration avec seconde fermentation en bouteille pratiquée dans cette région. Cette technique est largement utilisée dans le monde entier. Un décret de l'Union européenne a interdit la mention « méthode champenoise » pour tous les vins extérieurs à ceux de la Champagne. Dès lors, comment décrire ces vins et comment les différencier des mousseux élaborés selon des méthodes différentes et moins nobles ? Dans plusieurs de pays, la mention « méthode traditionnelle » s'est substituée au terme champenois. En France, beaucoup de ces vins effervescents sont devenus des « crémants », terme qui désigne à la fois une méthode de production et une AOP.

La législation dans d'autres pays d'Europe

Tous les pays membres de l'Union européenne, anciens ou entrants, doivent se conformer à la même réglementation distinguant les vins sans indication géographique (VSIG) des vins avec indication géographique (IGP et AOP). Cela ne modifie pas fondamentalement les hiérarchies existantes, basées sur le système français, avec une pyramide de qualité qui part des vins sans indication géographique (Vin de France, par exemple) pour aboutir aux vins d'AOP qui sont les plus sévèrement encadrés par la loi. Pour ces derniers, les mentions traditionnellement utilisées dans chaque pays (AOC en France, DOC et DOCG en Italie, DO et DOC en Espagne, etc.) restent en usage. À l'intérieur de ce nouveau cadre légal, chaque pays conserve ses particularités comme l'Allemagne. Le système allemand est assez différent, car même si l'origine géographique est reconnue, et parfois d'une manière très pointue, il admet un classement complémentaire, basé sur la teneur en sucre des raisins.

La législation des pays du Nouveau Monde

À l'encontre des idées reçues, les pays du Nouveau Monde possèdent tous des législations portant sur l'origine : AVA (American viticultural area) aux États-Unis, WO (Wine of origin) en Afrique du Sud, DO (Denominaciónes de origen) au Chili ou GI (Geographical indications) en Australie, etc. Les régions officiellement délimitées peuvent couvrir le territoire d'un ou plusieurs Etats (dans le cas de vins d'assemblage) ou correspondre à une zone bien plus localisée, région, sous-région, voire un domaine (en Afrique du Sud). Depuis les années 1990, on assiste à l'émergence graduelle de zones viticoles reconnues dans les pays du Nouveau Monde, telles Napa Valley en Californie, Stellenbosch en Afrique du Sud, Marlborough en Nouvelle-Zélande, Margaret River ou Coonawarra en Australie, par exemple. Le caractère graduel de cette reconnaissance découle de la relative jeunesse de la production de ces pays, et aussi de l'attente d'une partie des consommateurs, en particulier pour les vins les plus chers. Si le cépage et la marque continuent d'être des repères importants dans le Nouveau Monde, l'importance accordée au lieu de production progresse rapidement, témoignant d'une sensibilité nouvelle de la part des producteurs comme des consommateurs pour la question de l'origine, ou du terroir. La législation sur les vins qui peuvent revendiquer ces mentions d'origine est généralement très ouverte, et ne se mêle pas du choix de cépage, pas plus que du rendement autorisé. Elle encadre par contre strictement les mentions qui apparaissent sur les étiquettes : un vin affichant une mention d'origine et/ou un cépage doit en provenir exclusivement ou essentiellement (selon les pays et les régions).

Comprendre l'univers du vin

La fantastique diversité qu'offre aujourd'hui l'industrie vinicole pose malgré tout quelques problèmes aux consommateurs. Le choix est très vaste : comment savoir quels vins sont les meilleurs ?

C'est l'approche géographique qui paraît la plus claire ; aussi les quelque 620 pages qui suivent proposent-elles une étude des vignobles du monde, selon chaque région, elle-même subdivisée selon les cas. Au niveau local, on trouvera jusqu'aux villages, domaines et producteurs. L'idée de départ paraît relativement simple : les pays ont des régions de production qui se divisent en vignobles distincts ; les producteurs possèdent des vignes et élaborent des vins.

Si ce schéma s'applique bien à certains endroits, ce n'est pas le cas partout, et le monde du vin ne cesse de changer. La différence entre un vin et un autre relève d'une combinaison entre trois facteurs : le lieu d'origine (climat et autres facteurs naturels), le cépage (variété de vigne) et les méthodes de production. Ainsi, en France, le lieu de production peut être assez vaste : le Bordelais ou la Champagne, par exemple, pour des vins de marque issus d'un assemblage. Tous les vins ne relèvent donc pas d'une seule parcelle de vigne, clairement identifiée. C'est très souvent le cas en Australie où l'on pratique, pour des vins de marque, des assemblages à grande échelle. Beaucoup de pays du Nouveau Monde mettent l'accent sur un autre facteur que le lieu de production même si celui-ci est désormais de plus en plus pris en compte : la signature (ou marque) et le cépage.

Les consommateurs de bon nombre de pays, y compris en Europe, ont pris l'habitude de reconnaître un vin par son nom de cépage : chardonnay ou cabernet-sauvignon, par exemple, indiquent, jusqu'à un certain point, le style du vin.

Partout, la qualité du vin est garantie par le nom de la propriété : dans les régions traditionnelles, un château ou un domaine est considéré comme une marque. Les vignobles du Nouveau Monde possèdent également leurs domaines ainsi que des marques appartenant à des grandes sociétés vinicoles qui deviennent des indicateurs de style et de qualité. Ainsi, en Australie ou au Chili, un consommateur peut-il prendre l'habitude de s'approvisionner chez un producteur parce qu'il a confiance dans la qualité de ses vins et connaît le style de la maison. Ce sont alors les noms du cépage et de la marque sur l'étiquette, plutôt que celui du lieu d'origine, qui sont des garanties. En Europe, l'accent mis sur la provenance est censé donner une indication de la qualité du vin. Malheureusement, ce n'est pas toujours le cas, en tout cas pas plus que le nom d'un cépage, même si les deux peuvent fournir des indices. La qualité, par sa nature subjective, est bien plus complexe, car elle dépend d'un facteur humain : celui qui produit comme celui qui déguste.

FRANCE

Cartes pages IV à XIX

Les vins français ont souvent servi de référence à ceux du monde entier. Parmi les pays producteurs, la France occupe la première place sur le plan du prestige, mais aussi, avec l'Italie, sur celui du volume. Il y a une trentaine d'années, on pouvait affirmer que les meilleurs vins du monde étaient français, à l'exception des blancs allemands et des vins doux de la péninsule Ibérique. Aujourd'hui, la France doit faire face à une concurrence acharnée provenant d'un nombre grandissant de pays, à tous les niveaux de qualité. L'une des raisons de la notoriété particulière de la France réside dans l'extraordinaire gamme de vins qu'elle produit, héritage d'une géographie très contrastée, d'une longue histoire viticole et de l'émergence dans certaines régions d'une culture des grands vins dès le XVIIIe siècle. Le Bordelais, la Bourgogne et la Champagne ont donné le ton et chacune de ces régions produit un style de vin inégalé, souvent imité. Aujourd'hui, leur prestige n'occulte plus les mérites des autres vignobles : la Loire, le Rhône, l'Alsace, le Sud-Ouest, la Provence et le Languedoc offrent une palette de crus de haut niveau, dont certains sont réputés à l'étranger. Tournant le dos à une production pléthorique, le vaste vignoble du Languedoc-Roussillon a fait sa mue dans la dernière partie du XXe siècle pour devenir l'une des régions viticoles les plus dynamiques de France. Des régions plus modestes en taille et confidentielles en notoriété, comme la Savoie ou le Jura, réinterprètent avec talent leurs spécificités et tirent le meilleur parti d'un encépagement parfois original. Bref, bien loin d'un mauvais procès d'uniformisation, les dernières décennies ont profondément renouvelé le visage de la viticulture française.

FRANCE

La tradition et l'évolution

Tous ces vins existent depuis plus de deux siècles. En fait, il y en avait encore davantage jadis, avant que le phylloxéra et l'évolution commerciale ne forcent de nombreux vignerons à se reconvertir, laissant leurs vignobles en friche. Mais, au cours des années 1980, une vague d'innovations déferla sur les régions vinicoles françaises, dans le Midi principalement, donnant naissance à de nouveaux styles de vins. Dans les collines du Midi, la redécouverte des coteaux, des vieilles vignes et des faibles rendements, alliée aux derniers progrès de la technologie, se traduit par la production de vins dont la qualité enthousiasme les dégustateurs à Paris, comme à Londres ou à New York. Le même phénomène a gagné la Provence, les grands territoires du sud du Rhône et le Sud-Ouest.

Outre la réhabilitation des meilleurs terroirs, la viticulture de plaine, destinée à la production en masse, a été restructurée. Parallèlement à des arrachages massifs de vignes, des techniques australiennes et américaines ont été adoptées et la priorité donnée à la production de vins de bien meilleure qualité, issus souvent des cépages réclamés par les marchés du monde. La France a donc beaucoup appris de ces vignobles implantés dans le Nouveau Monde : elle produit aujourd'hui des vins étiquetés chardonnay, sauvignon blanc, cabernet-sauvignon, merlot ou syrah, issus de vignes plantées dans le Midi, traitées selon les méthodes les plus avancées et dont les vins sont commercialisés avec un soin particulier de leur présentation – sans la moindre concession aux notions classiques de terroir et de tradition.

La France, en s'ouvrant à ces nouveaux concepts, a su ajouter un atout de plus à ses acquis. Les régions traditionnelles ne sont pas restées sourdes aux innovations. De nouvelles générations de viticulteurs et de propriétaires, bien formés, ouverts aux nouvelles méthodes et ayant voyagé, ont pris le relais en Bourgogne, dans le Rhône, en Alsace ou dans la vallée de la Loire. La révolution a été moins sensible dans le Bordelais, région de tout temps plus perméable aux innovations ; mais, malgré son savoir-faire séculaire, celle-ci, poussée par la concurrence, a encore amélioré sensiblement la qualité de ses vins. Même en Champagne, où l'on pensait que la perfection avait été atteinte, certaines modifications des méthodes se sont avérées bénéfiques.

Les années 1980 et 1990 ont vu des progrès rapides en matière d'œnologie. Les années 1990 et 2000 ont mis l'accent sur une nécessaire prise de conscience environnementale. Après des décennies d'une viticulture intensive, l'idée que les bons vins naissent d'abord de raisins sains et mûrs, et de sols sains et vivants est aujourd'hui largement partagée. L'engouement récent pour la viticulture raisonnée et biologique en est à la fois un symptôme et une conséquence.

Une viticulture à grande échelle

La France, comme l'Italie et l'Espagne, est un pays viticole complet. La vigne est cultivée dans plus de la moitié de ses départements et occupe 3 % des terres arables. Quelque 792 000 ha de vignes fournissent du raisin à chaque vendange. Si cette superficie est moindre qu'autrefois, la production moyenne annuelle de 45 millions d'hectolitres – soit près de 6 milliards de bouteilles – met la France, selon les années, au premier ou au second rang parmi les pays viticoles, avec l'Italie.

Les vins avec indication géographique (AOC et IGP) représentent les trois quarts de la production. Près de la moitié du vin français bénéficie de l'AOC, dont la définition légale est décrite ci-après. Cette suprématie des vins d'AOC, relativement récente, confirme une tendance générale. On boit aujourd'hui beaucoup moins de vin qu'il y a trente ans ; la consommation moyenne par habitant se situe actuellement autour de 48 litres par an (selon l'OIV, Organisation internationale de la vigne et du vin), alors qu'elle était de 154 litres en 1954. On consomme moins de vin, mais de bien meilleure qualité.

La législation

La viticulture française est l'un des secteurs agricoles les plus réglementés au monde. La plupart des mentions figurant sur l'étiquette est régie par la loi, et chaque bouteille appartient à une catégorie précise, soit, par ordre décroissant : appellation d'origine contrôlée (AOC), vins avec indication géographique protégée (IGP) et Vins de France, qui est la nouvelle désignation pour les vins de table. La réforme européenne de 2009 a entraîné la disparition de la catégorie des Vins délimités de qualité supérieure (VDQS) qui sont devenus AOC ou IGP.

L'Appellation d'origine contrôlée (AOC)

En France, les appellations d'origine contrôlée recouvrent des régions produisant du vin conformément aux critères locaux. Il en existe près de 360. Une AOC est d'abord définie par une aire géographique strictement délimitée, en théorie sur des critères géologiques, climatiques ou hydrologiques. Sa taille varie de plusieurs dizaines de milliers d'hectares pour certaines AOC régionales (AOC Bordeaux, AOC Côtes-du-Rhône) à moins de 1 ha pour la plus petite. Elles sont soumises à une législation précise, touchant toute la chaîne de production, qui vise à préserver les traditions et les qualités locales, afin de mettre en valeur l'originalité et la typicité de chaque village et de chaque terroir.

La réforme européenne de 2009 a entraîné la réécriture du cahier des charges de chaque AOC. Rédigé

d'abord par les vignerons eux-mêmes, réunis au sein d'un Organisme de défense et de gestion (ODG) de l'appellation, il est ensuite validé par l'Institut national de l'origine et de la qualité (INAO). Cette réglementation reflète les usages locaux ou régionaux. Dans le Bordelais, c'est généralement le château qui constitue l'unité vinicole. Ce concept, quelquefois mythique et élastique, est traité p. 297, mais il ne s'agit en aucun cas d'une aire délimitée. En Bourgogne, par exemple, le vignoble, c'est-à-dire la parcelle, prime sur le ou les propriétés. La réglementation diffère donc entre ces deux régions.
Dans le Bordelais, des AOC relativement larges recouvrent une commune entière, ou même, dans le cas de l'AOC Margaux, jusqu'à cinq communes. Les parcelles spécifiques ne sont pas notées sauf exception, À l'exception des terres manifestement inappropriées comme les basses prairies, l'AOC se contente de définir l'appellation générique, comme Margaux ou Saint-Julien.
À l'intérieur de ces districts, un autre niveau de dénomination distingue les châteaux. Dans quelques régions du Bordelais, les châteaux ont été classés selon une hiérarchie qualitative. Le classement du Médoc et du Sauternais remonte à 1855, par exemple (voir p. 300). Mais ces classements ne sont nullement du ressort de l'AOC. L'étiquette de Château Margaux, comme celle du vin le plus modeste de la même appellation, portent toutes deux la même mention « Appellation Margaux Contrôlée ». En Bourgogne, une commune telle que Gevrey-Chambertin, d'une taille comparable à celle d'un village du Médoc, aura sa propre AOC, mais sera en plus subdivisée en une douzaine de vignobles clairement dénommés. Certaines étiquettes porteront l'AOC Gevrey-Chambertin, d'autres, l'AOC Gevrey-Chambertin Premier Cru, et quelques-unes porteront leur propre AOC ainsi que l'appellation Grand Cru. En revanche, quelques vignobles périphériques n'auront pas été jugés dignes de l'appellation Gevrey et n'auront droit qu'à l'AOC Bourgogne.
On trouve des exemples plus simples de ces divers niveaux de classification dans beaucoup d'autres régions. Dans le Rhône, l'AOC plus large de Côtes-du-Rhône est parsemée de communes censées produire un meilleur vin et autorisées à utiliser l'AOC Côtes-du-Rhône-Villages. Quelques-unes ont obtenu la distinction supplémentaire qui consiste à rajouter leur propre nom derrière cette dénomination de Côtes-du-Rhône-Villages. Le niveau supérieur échappe complètement à l'AOC Côtes-du-Rhône et porte son seul nom, comme l'AOC Châteauneuf-du-Pape, l'AOC Vacqueyras ou l'AOC Gigondas.

LA RÉGLEMENTATION DES AOC. Une fois qu'une AOC a été définie – ses frontières délimitées, et toute terre inappropriée exclue –, d'autres règles interviennent qui définissent

LA PROTECTION DES APPELLATIONS

Le système des AOC ainsi que celui des IGP est contrôlé et régi par l'INAO (Institut national de l'origine et de la qualité), qui s'acquitte de sa tâche avec la plus grande rigueur. Celui-ci mène « un combat dans le monde entier afin de protéger les appellations d'origine de toute menace extérieure ». Par menace, on entend, entre autres, l'utilisation abusive du nom d'un vin – ce peut être, par exemple, le nom Champagne appliqué à un mousseux, aussi bien qu'à toutes sortes de produits comme une moutarde ou un parfum. De leur côté, certaines appellations travaillent à protéger leur nom. L'industrie du champagne est particulièrement active dans ce domaine, grâce au Comité interprofessionnel du vin de Champagne (CIVC), qui a engagé des poursuites judiciaires dans plusieurs pays pour protéger le nom de son vin. D'autres régions se sont dotées d'organismes similaires.

les cépages pouvant être cultivés, la production maximale, la maturité du raisin à la récolte, le degré d'alcool minimal, et parfois maximal. Lescépages sont ceux qui existaient dans la région au moment où l'appellation a été définie : c'est tantôt une culture en monocépage, tantôt une culture de toute une gamme de cépages. Les rouges de Cornas doivent être issus à 100 % de syrah, alors que plus au sud dans la vallée, à Châteauneuf, on peut cultiver jusqu'à treize cépages.

Les restrictions quantitatives sont les plus discutées. Chaque AOC a défini un rendement maximal, exprimé en hectolitres de vin par hectare de vignoble (hl/ha). Une petite AOC de prestige aura droit à une production moindre qu'une AOC plus large. Le maximum peut être dépassé si l'AOC l'autorise, selon la vendange. Et ce rendement annuel peut parfois se situer au-dessous du maximum autorisé.

Dans certaines régions, les méthodes de production font partie de l'AOC. En Champagne, par exemple, une réglementation précise définit les processus de pressurage des raisins et d'élevage des vins.

Les lois d'AOC régissent également le nombre de pieds de vigne plantés par hectare, le mode de conduite de la vigne (règles de taille et de palissage), la liste des produits autorisés dans les vinifications, le traitement des vins, parfois la durée d'élevage minimale. Chaque appellation peut donc s'imposer des règles plus ou moins contraignantes, et autoriser ou non des pratiques telles que la chaptalisation, l'usage de copeaux de bois ou de charbon pour la clarification des vins.

Si l'AOC, par ses contraintes de production plus sévères, se situe au sommet de la pyramide des vins, elle est à considérer avant tout comme une garantie de provenance et de typicité et pas nécessairement de qualité. Elle encadre aujourd'hui près de la moitié de la production française et tout dégustateur fait régulièrement l'expérience de niveau de qualité très hétérogène au sein d'une même appellation. Le débat, régulièrement relancé, d'une réforme des AOC reste d'actualité.

Vins avec Indication géographique protégée (IGP)

Longtemps dénommés « vins de pays », les vins à Indication géographique protégée (IGP) appartiennent, comme les AOC, à la catégorie des vins avec Identité géographique et, comme eux, relèvent de l'INAO. Ils représentent près de 30 % de la production française, et sont issus de lieux spécifiques et élaborés selon des règles strictes. Leur poids dans la production, en augmentation rapide, correspond bien à la philosophie de diversité qui sous-tend, côté officiel, les classifications françaises : il n'existe pas de pyramide de qualité absolue, mais plutôt des réglementations séparées et parallèles. La catégorie des IGP a l'avantage de permettre aux viticulteurs d'utiliser des cépages interdits par l'AOC, parce qu'ils ne sont pas traditionnels dans la région, et plus généralement d'offrir aux producteurs davantage de liberté que les AOC. Dans de nombreuses parties du pays, les zones d'AOC et celles des IGP se superposent, et ces dernières permettent des innovations. Ainsi, les Chardonnays ne font pas partie de la liste AOC du Muscadet, mais la zone IGP Val de Loire autorise la culture de plusieurs cépages non traditionnels à la région. Ainsi, un vigneron élevant du Muscadet peut utiliser quelques parcelles de son vignoble pour produire du chardonnay et vendre ce vin sous l'étiquette IGP. Des expériences similaires ont permis l'introduction à grande échelle des cépages bordelais (merlot, cabernet-sauvignon, cabernet franc, sauvignon blanc) dans le Midi ; le viognier, raisin réputé du Rhône septentrional, s'est épanoui plus au sud ; et le chardonnay, originaire de Bourgogne, est omniprésent dans tous les vignobles de France, jusqu'en Corse. D'autre part, les vins IGP peuvent permettre de faire revivre des cépages oubliés, non autorisés dans les AOC.

Le redécoupage de la carte des IGP a ramené le nombre des désignations à 74. Il en existe trois sortes : régionaux, départementaux et locaux.

LES VINS IGP RÉGIONAUX, de loin les plus importants, sont issus des surfaces les plus largement délimitées ; il en existe six : l'IGP Pays d'Oc produisant près des deux tiers des vins de la catégorie sur les départements du Languedoc-

Roussillon ; l'IGP Méditerranée qui couvre le quart sud-est de la France et la Corse ; l'IGP Comtés Rhodaniens qui s'étend sur les départements de la région Rhône-Alpes (plus la Saône-et-Loire) ; l'IGP Comté Tolosan qui couvre 12 départements du Midi-Pyrénées et de l'Aquitaine ; l'IGP Val de Loire Centre qui recouvre le territoire de 14 départements du bassin hydrographique de la Loire.

LES VINS IGP DÉPARTEMENTAUX recouvrent le territoire d'un département, sauf exception comme l'IGP Ile de Beauté qui s'étend sur les deux départements de la Corse. Quelques-uns peuvent être désignés par un autre nom que celui du département (IGP Côtes Catalanes pour les Pyrénées-Orientales). Des mentions complémentaires de zones plus localisées peuvent venir en complément du département (par exemple, IGP Landes Coteaux de Chalosse, IGP Var Sainte-Baume)

LES VINS IGP DE ZONE, délimités par une « zone » locale, recouvrent des territoires plus réduits, dont la taille varie. Ils portent souvent des noms de vallées, de sites (coteaux, côtes), parfois de communes. Ces vins locaux se trouvent essentiellement dans le sud où ils contribuent à faire vivre ou revivre des vignobles disparus ou inconnus, en les distinguant des IGP plus vastes, régionales ou départementales.

Dans la plupart des endroits, le producteur a le choix entre deux ou trois noms : celui de la zone, si celle-ci est couverte par une IGP spécifique, celui du département et celui de la région. Un vin IGP Pays d'Oc peut ainsi provenir de l'Aude (et il pourrait d'ailleurs porter cette appellation), ou d'une zone plus petite de l'Aude – Pays de Cucugnan, Val de Dagne, etc.

De plus, la réglementation plus souple des vins IGP permet l'assemblage. Un négociant peut acheter toute une série de cépages ou de vins dans le Languedoc-Roussillon et utiliser l'appellation IGP Pays d'Oc.

La réglementation des vins IGP

Chaque IGP possède une liste des cépages autorisés. Certaines listes peuvent être particulièrement larges dans le cas des vins IGP régionaux ou départementaux (près de 80 variétés sont autorisées au sein de l'IGP Pays d'Oc). Certains vins IGP de zone admettent en revanche une gamme plus restreinte de variétés afin d'affirmer une typicité plus marquée. Cette catégorie de vins ayant été créée pour promouvoir les vins de cépage, les étiquettes font très souvent mention, en gros caractères, du ou des noms de cépages.

Les rendements sont contrôlés, bien que leurs niveaux soient assez élevés par rapport aux normes de l'AOC : la plupart des IGP autorisent des rendements compris entre 90 et 120 hl/ha, parfois moins pour les vins IGP de

zone, mais rien n'empêche les producteurs de s'astreindre à des rendements bien inférieurs.
Les cahiers des charges précisent les normes en matière de taux minimal d'alcool naturel, de teneur en acidité volatile et en dioxyde de soufre avec des seuils moins stricts que ceux des AOC. La réglementation de l'étiquetage interdit l'utilisation des mots « Château », « Clos » ou « Cru », réservés aux AOC, mais « Domaine » est autorisé.

Les Vins de France

Depuis 2009 la catégorie Vin de France, s'est substituée à celles des vins de table. Dans la hiérarchie de qualité, elle représente l'échelon de base, celui des vins sans indication géographique (VSIG). Cette catégorie, autrefois majoritaire, représente moins de 10 % de la production de vins en France.
La nouvelle législation a libéralisé les techniques de production et autorise l'affichage sur les étiquettes du nom du ou des cépages ainsi que du millésime. Les producteurs peuvent donc produire des vins de cépage à partir de raisins issus de différentes régions, à l'instar de ce qui est fait dans le Nouveau Monde. Si la plupart de ces vins sont le fait de gros opérateurs, certains producteurs travaillant en marge des AOC peuvent faire le choix de commercialiser leurs vins sous la désignation Vins de France y compris pour leur haut de gamme.

Les spécialités

La France regorge de spécialités. De nombreuses AOC produisent du vin effervescent, pétillant ou mousseux, en même temps que du vin tranquille ; d'autres régions se spécialisent dans les vins doux.

LES VINS EFFERVESCENTS. De nombreux vins effervescents sont produits en France suivant les normes d'une appellation contrôlée. C'est le cas du Champagne ainsi que des divers Crémants (Crémant d'Alsace, de Loire, de Bourgogne, du Jura, etc.). Quelques appellations (Clairette-de-Die, Bugey Cerdon, Gaillac ou Limoux) perpétuent une vieille tradition de vins effervescents obtenus selon la méthode dite « ancestrale ».
D'autres vins mousseux ne sont pas régis par les normes de l'AOC. Désignés Vin Mousseux (VM) ou Vin Mousseux de Qualité (VMQ), vinifiés selon des méthodes « industrielles » ou traditionnelles, ils font l'objet de contraintes de production beaucoup moins sévères. La dernière réglementation devrait donner aux IGP qui en ont fait la demande la possibilité de produire des vins effervescents sous leur propre désignation.

LES VINS DOUX NATURELS (VDN). L'élaboration de ces vins permet de garder une partie des sucres naturels du raisin en ajoutant de l'alcool au cours de la fermentation. Ces vins doux, produits selon des méthodes

LE VOCABULAIRE DU VIN FRANÇAIS

Les termes concernant la dégustation sont définis dans le vocabulaire de la dégustation (voir p. 154), ceux qui ont trait à la production et à la description sont définis dans le glossaire (voir p. 884). Pour comprendre les étiquettes, il est possible de se reporter p. 106.

Voici certains termes particuliers que l'on peut trouver sur les étiquettes ou les catalogues de vin :

Millésime : année de production.

Mise en bouteilles au château/domaine : mise en bouteilles sur le lieu de production. Il peut s'agir aussi d'une cave coopérative.

Mise en bouteilles dans nos caves : il s'agit généralement des caves d'un négociant.

Négociant : acheteur qui revend aux grossistes et aux grandes surfaces ou bien aux importateurs étrangers.

Négociant-éleveur : achète le vin, l'assemble, l'élève dans ses caves et le met en bouteilles.

Négociant-embouteilleur : procède à la mise en bouteilles et gère des stocks.

Vignoble : il peut s'agir d'une seule parcelle de terrain ou de toute une région, qui est alors subdivisée en zones.

Propriétaire-récoltant : propriétaire d'un vignoble, qui produit également son vin.

Vigneron : il peut aussi bien s'agir d'un viticulteur-propriétaire que d'un ouvrier.

traditionnelles dans le Languedoc, le Roussillon, la vallée du Rhône ou la Corse, sont essentiellement consommés en France. Il en existe plusieurs types, dont l'un des plus réputés est le Muscat de Beaumes-de-Venise (voir p. 459), ainsi que toute une variété d'appellations situées le long de la côte méditerranéenne (voir p. 494).

LES MISTELLES ET LES VINS DE LIQUEUR. Plusieurs régions de France ajoutent du jus de raisin non fermenté à l'eau-de-vie locale, ce qui donne des mistelles. Il ne s'agit pas de vins. Le Pineau des Charentes, élaboré dans la région de Cognac, par exemple, contient un quart de cognac et trois quarts de jus de raisin, provenant d'une même exploitation. Cette boisson sucrée est généralement pâle ou ambrée, parfois rosée ou rouge. Son élaboration est réglementée par une AOC, tout comme celle du Floc de Gascogne et du Macvin du Jura. Les autres mistelles se trouvent généralement sous de vieilles désignations – ainsi le Ratafia en Champagne – et ne répondent pas à une réglementation en AOC, mais à la catégorie fiscale des vins de liqueur.

Le commerce du vin en France

En 2010, la France comptait 68 500 exploitations viticoles spécialisées dont 61 800 qui se conformaient à une réglementation AOC ou IGP. Elles ne produisent pas toutes du vin : certaines vendent leur raisin à des négociants, d'autres à une coopérative locale.

Les producteurs ne vendent pas toujours sous leur propre nom : ils préfèrent parfois céder leur production en vrac à un négociant qui l'assemble à d'autres vins et la met en bouteilles sous un nom de marque.

LES COOPÉRATIVES. Elles offrent un service aux viticulteurs qui possèdent peu de terres et sont dépourvus d'équipement. Si quelques-unes, de moins en moins nombreuses, paraissent archaïques, beaucoup d'autres se sont modernisées et diversifiées, produisant aujourd'hui des vins de qualité. Les meilleures rémunèrent les viticulteurs en fonction de la qualité des raisins livrés, avec un cahier des charges qui peut être exigeant. En outre, les coopératives assurent la commercialisation de l'ensemble de leur production, soit en livrant en vrac à des négociants, soit en commercialisant elles-mêmes le vin en bouteilles. Elles produisent généralement des vins d'un bon rapport qualité/prix.

Les coopératives peuvent être de taille très variable. Certaines regroupent quelques dizaines d'adhérents seulement tandis que d'autres fédèrent la grande majorité des vignerons d'une appellation, comme à Buzet ou à Saint-Mont.

LES NÉGOCIANTS. Leur rôle est d'acheter des vins mis en bouteilles à la propriété (qui seront revendus tels quels), ou d'acheter des vins en vrac afin d'élaborer des assemblages pour les élever, les embouteiller et les commercialiser sous leurs marques. Ils peuvent aussi acheter des raisins pour les vinifier puis mettre le vin en bouteille, contrôlant ainsi une grande section de la chaîne de production. La majeure partie du vin français passe par le négoce à un moment ou à un autre, exception faite du vin vendu directement par des coopératives ou par des producteurs de caves particulières.

Le monde du négoce est très diversifié : il existe des entités de taille importante qui alimentent les réseaux de grande distribution, et des négociants artisans qui commercialisent de petits volumes de vins scrupuleusement choisis, assemblés et élevés. Comme pour les producteurs indépendants, on en trouve de bons et de moins bons, la qualité du vin n'étant par liée à un statut mais à état d'esprit.

BORDEAUX

Cartes pages IV, V, VI et VII

Quittez la ville de Bordeaux, prenez n'importe quelle direction et vous vous retrouvez au milieu de vignes. Chaque château, chaque cru, chaque appellation possédant une personnalité et une originalité uniques, un amateur pourra passer sa vie entière à les explorer. Rive gauche, les appellations de Pessac-Léognan et de Graves réussissent aussi bien les rouges que les blancs secs, alliant générosité et rigueur. Au centre des Graves, Sauternes et Barsac conservent les humeurs liquoreuses du sémillon et du sauvignon en s'adonnant au rite de la pourriture noble, née de la magie des automnes brumeux. Plus au nord, dans le Médoc, se pratique la religion Cabernet, cépage indocile qui exige du soleil pour arriver à maturité et du temps pour se révéler. De Margaux à Saint-Estèphe en passant par Saint-Julien et Pauillac, le Médoc propose quelques-uns des plus grands vins du monde qui expriment l'élégance et la race. Rive droite, passé la Dordogne et en remontant vers le nord, le Libournais impose la vérité du merlot, cépage opulent et chatoyant. À Pomerol et à Saint-Émilion, les vins jouent la séduction en délivrant des arômes de fruits rouges et noirs, de la souplesse, de la rondeur et de la gourmandise.

Les régions et les styles de vin

Un regard sur la carte (voir p. III) permet de visualiser le partage du vignoble bordelais en deux régions séparées par la Garonne et l'estuaire de la Gironde : la rive gauche, avec Bordeaux pour capitale, et la rive droite, avec le port de Libourne pour ville principale. Les différences géographiques de ces deux régions se retrouvent dans le style des vins rouges, par exemple, car, si le cépage cabernet-sauvignon domine sur la rive gauche, la rive droite demeure le fief du merlot.

D'autres différences sont liées à l'histoire : tandis que les grands vignobles du Médoc et des Graves tiraient parti de l'activité du grand port de Bordeaux pour commercialiser leurs vins dans le monde entier, les propriétés de taille plus modeste de Saint-Émilion et de Pomerol, sur la rive droite, devaient se contenter du petit port de Libourne, dont l'exportation n'était pas l'activité première.

LES APPELLATIONS ET LES ÉTIQUETTES

Le Bordelais est divisé en 60 appellations d'origine contrôlée. La totalité des vignobles du département de la Gironde bénéficie de l'AOC Bordeaux tandis que l'AOC Bordeaux supérieur couvre la même zone, mais applique des conditions de production plus strictes.

On distingue trois groupes à l'intérieur de cette zone : à l'ouest, sur la rive gauche de la Garonne et de la Gironde, se succèdent les AOC Sauternes, Barsac, Cérons, Graves, Pessac-Léognan et Médoc ; à l'est, sur la rive droite de la Dordogne et de la Gironde, on trouve le Libournais (AOC Saint-Émilion, Pomerol, Fronsac), le Bourgeais et le Blayais ; entre les vallées de la Garonne et de la Dordogne s'étend l'AOC Entre-deux-Mers et d'autres AOC plus confidentielles. Le vignoble du Médoc se divise lui-même en AOC Médoc et AOC Haut-Médoc, et les prestigieuses appellations communales de Saint-Estèphe, Saint-Julien, Pauillac, Margaux, Moulis et Listrac.

L'étiquette des vins de Bordeaux porte le plus souvent le nom d'un château, mais leur statut reste celui de l'appellation dont ils proviennent : Château Lafite est un AOC Pauillac et Château Pavie est un AOC Saint-Émilion.

Les classifications officielles sont détaillées p. 300-301 et p. 308-309 pour le Médoc, p. 321 pour les Pessac-Léognan, p. 327 pour les Sauternes, p. 340-341 pour le Saint-Émilion.

Certains grands crus de Pessac-Léognan et de Graves produisent aussi de superbes vins blancs secs, bien que cette catégorie reste l'apanage du vaste vignoble d'Entre-deux-Mers, entre la Garonne et la Dordogne. Au sud-est de la région, les vins liquoreux se partagent le vignoble de part et d'autre de la Garonne, avec les fameux crus de

Sauternes et de Barsac, rive gauche, et des appellations moins connues comme celles de Sainte-Croix-du-Mont et de Loupiac, rive droite.

Une forte production

Si Bordeaux est l'un des plus grands vignobles pour la qualité de ses vins, il l'est également pour la quantité de sa production. Avec 117 000 ha, le vignoble bordelais est plus étendu que celui de l'Allemagne et quatre fois plus vaste que celui de la vallée californienne de Napa. En outre, les années 1980 ont été marquées par une forte progression des rendements, qui dépassent régulièrement les 5,5 millions d'hectolitres (soit 660 millions de bouteilles). Et il ne s'agit presque exclusivement que de vin d'appellation contrôlée. Depuis 1970, la majorité de la production ne concerne plus le vin blanc mais le rouge, qui représente aujourd'hui plus de quatre bouteilles de Bordeaux sur cinq. La région exporte plus du tiers de sa production.

Les châteaux de Bordeaux

Le concept de château est issu du Bordelais. Le terme pourrait laisser entendre qu'à chaque vin portant l'étiquette d'un château correspond une superbe bâtisse avec des douves et des tours, mais il n'en est rien. Ces vieux châteaux existent, mais ils sont rares (la législation en la matière n'est pas strictement appliquée). En fait, il s'agit le plus souvent de fermes vouées exclusivement à la viticulture, et rares sont celles qui disposent d'une maison de maître, ou d'un véritable château. Le château de Bordeaux est une entité de vignoble aux mains d'un seul propriétaire cultivant sa vigne et élaborant son vin. La taille de l'exploitation peut varier entre 150 ha (comme dans le Médoc) et quelques hectares seulement (comme à Pomerol), et le vignoble être d'un seul tenant ou constitué de parcelles disséminées sur la même commune. Cette originalité a donné naissance à la notion de cru, terme lié au terroir d'origine, à son environnement et à l'homme qui l'exploite. Certains châteaux ont une dimension et une réputation qui leur permettent de vinifier leurs raisins sur place, d'élever leurs vins et de les mettre en bouteilles « au château ». D'autres se contentent de vendre leur production en vrac ou de livrer leur raisin à la cave coopérative locale.

Choix et techniques à l'origine des vins

L'élaboration d'un vin de Bordeaux fait appel aux règles classiques de vinification (voir p. 242-251). Mais, si les grands principes sont simples, les pratiques d'assemblage et d'élevage en barrique, tout comme des choix d'encépagement et de méthodes de culture, offrent des options beaucoup plus complexes à maîtriser.

L'ASSEMBLAGE L'assemblage consiste à marier différentes cuves

LES CÉPAGES

Il est intéressant de souligner le rôle et l'influence de chaque cépage sur la composition des assemblages des vins de Bordeaux.

VINS ROUGES

Cabernet-sauvignon. Cépage dominant du Médoc, en particulier dans les crus classés (AOC Pauillac, Saint-Julien, Saint-Estèphe, Margaux et Haut-Médoc), où il peut représenter plus de 80 % de la cuvée du grand vin. Il est tout autant prisé dans les AOC Graves rouges, mais les sols argilo-calcaires, plus froids, de Saint-Émilion lui conviennent moins bien. Les vins marqués par le cabernet-sauvignon sont des vins de garde, assez tanniques dans leur jeunesse, développant une élégance inégalée avec l'âge.

Cabernet franc. Cépage très utilisé en association avec le merlot à Saint-Émilion. Moins tannique que le cabernet-sauvignon, il participe dans une moindre mesure aux assemblages des vins de Médoc et des Graves, et de la plupart des vins de Bordeaux.

Merlot. Cépage clé des vins de Pomerol et de Saint-Émilion, il est le cépage le plus planté à Bordeaux, très cultivé dans les vignobles de la rive droite et de l'Entre-deux-Mers. Dans le Médoc et les Graves, il vient épauler le cabernet-sauvignon, apportant sa souplesse et son intensité aromatique.

Malbec. Apprécié pour son mûrissement précoce et ses notes fruitées, il contribue utilement aux assemblages, surtout pour la profondeur et l'intensité de sa couleur. C'est aujourd'hui une variété très marginale.

Petit verdot. Cépage médocain plus tardif que le cabernet-sauvignon. Les années chaudes lui conviennent car il apporte de la fraîcheur. Il donne un vin très coloré, tannique, aromatique, de garde (de 5 à 10 % des assemblages).

VINS BLANCS

Sémillon. L'un des cépages de base des vins blancs secs et, surtout, des plus grands Sauternes. Attaqué par la pourriture noble (voir p. 326), son jus concentré donne naissance aux plus grands nectars liquoreux. En version blanc sec, il est le plus souvent assemblé au sauvignon.

Sauvignon. Cépage de plus en plus important pour la plupart des vins blancs secs du Bordelais grâce à ses expressions aromatiques et à sa fraîcheur. Il existe aussi en Sauternais comme cépage secondaire.

Muscadelle. Cépage très aromatique mais fragile, très apprécié en petites touches dans les assemblages lorsqu'il parvient à maturité.

issues de diverses parcelles, donc de cépages différents, de vignes plus ou moins vieilles, récoltées plus ou moins tôt ou tard. C'est un art difficile qui vise à obtenir le meilleur équilibre et la meilleure expression du terroir en fonction de la qualité du millésime.

Une partie de ce qui n'est pas retenu dans l'assemblage du « grand vin » est assemblée dans un « second vin », et parfois dans un « troisième vin », et le solde, à savoir les cuves qui n'ont pas été retenues dans les premiers choix (comme celles issues des plus jeunes vignes), est vendu en vrac au négoce comme vin d'appellation générique. Cette pratique de l'assemblage permet donc à un château de diffuser, sous son étiquette, le vin que son propriétaire considère comme le meilleur, quelle que soit la qualité du millésime.

Tous les vins rouges de Bordeaux sont vinifiés selon des techniques assez proches et à partir des mêmes cépages, mais avec des variantes et particularités qui peuvent accentuer leurs différences. Le pourcentage des cépages d'un vin est un autre facteur de différentiation : lorsque l'assemblage comporte plus de merlot que de cabernet-sauvignon, les vins sont plus amples, plus ronds, et évoluent généralement plus vite que si les proportions étaient inversées.

L'ÉLEVAGE L'élevage est une autre composante de la qualité d'un grand vin. La pratique du stockage en barriques de bois de chêne était autrefois la seule possible pour la garde et le transport des vins. À cette vocation première se sont ajoutées d'autres vertus constatées par des générations de vinificateurs.

Pour que le vin se bonifie en barrique, il doit être assez puissant et concentré (voir p. 258). Une barrique neuve transmet bien plus d'arômes, de saveurs et de tannins au vin qu'une barrique usagée. C'est pourquoi seuls les vins les plus concentrés sont logés dans du bois neuf à 100 %. Pour la plupart des vins, le choix de la proportion de barriques neuves pour une vendange donnée ainsi que leur qualité sont donc des composantes essentielles du travail d'élevage. Les châteaux plus modestes qui élaborent des vins moins concentrés et font l'expérience du bois neuf se retrouvent parfois avec des vins dominés par des notes boisées qui masquent un peu trop les arômes issus du raisin.

LES CHOIX DE VITICULTURE Les rendements des vignes sont tout aussi déterminants pour la concentration des vins et leur caractère. Le lieu d'origine, lui aussi, a son importance puisqu'il marque la nature de chaque appellation d'un certain style, décrit dans les chapitres qui suivent. La qualité du terroir, le mode de culture, le choix de la date des vendanges, le tri rigoureux des raisins avant leur entrée dans les chais, la conduite des vinifications, la qualité des installations, la sélection des cuves, les assemblages et l'élevage en

LE CLASSEMENT DE 1855

Le classement de 1855 est resté inchangé jusqu'à nos jours (exception faite de Château Mouton-Rothschild, promu de deuxième à premier cru en 1973). À part Château Haut-Brion, premier cru situé dans le Pessac-Léognan, il ne concerne que les vins rouges du Médoc. Cette échelle des crus – classés par ordre de mérite de premier (pour les meilleurs) à cinquième – a été établie lors de l'Exposition universelle de 1855 en fonction de la moyenne des prix des vins au cours du siècle précédent. Depuis cette date, certains châteaux ont été divisés, d'autres agrandis, mais le classement est resté. Il a créé une sorte de cercle vertueux : ces vins étant vendus plus cher que les autres, leur propriétaire ont pu investir davantage pour élever en permanence le niveau de qualité des vins. Par le jeu des sélections, qui permettent de réserver les meilleurs lots au « grand vin », ces châteaux maintiennent un haut niveau de qualité À l'exception des premiers crus et de la plupart des deuxièmes crus, dont le rang est justifié, le niveau de classement n'est pas toujours significatif : des cinquièmes crus peuvent se montrer supérieurs à des crus plus élevés dans la hiérarchie.

PREMIERS CRUS

- Ch. Haut-Brion, AOC Pessac-Léognan
- Ch. Lafite-Rothschild, AOC Pauillac
- Ch. Latour, AOC Pauillac
- Ch. Margaux, AOC Margaux
- Ch. Mouton-Rothschild, AOC Pauillac

DEUXIÈMES CRUS

- Ch. Brane-Cantenac, AOC Margaux
- Ch. Cos d'Estournel, AOC Saint-Estèphe
- Ch. Ducru-Beaucaillou, AOC Saint-Julien
- Ch. Durfort-Vivens, AOC Margaux
- Ch. Gruaud-Larose, AOC Saint-Julien
- Ch. Lascombes, AOC Margaux
- Ch. Léoville-Barton, AOC Saint-Julien
- Ch. Léoville-Las-Cases, AOC Saint-Julien
- Ch. Léoville-Poyferré, AOC Saint-Julien
- Ch. Montrose, AOC Saint-Estèphe

barrique, et, bien entendu, le savoir et la volonté des personnes en charge de ces étapes, sont donc autant de facteurs de différences d'un cru à l'autre pour un même millésime.

La vigne est présente dans le Bordelais depuis des siècles, et les cépages ont été progressivement sélectionnés pour leurs performances locales. Les crus classés,

- Ch. Pichon-Longueville, AOC Pauillac
- Ch. Pichon-Longueville Comtesse de Lalande, AOC Pauillac
- Ch. Rauzan-Ségla, AOC Margaux
- Ch. Rauzan-Gassies, AOC Margaux

TROISIÈMES CRUS
- Ch. Boyd-Cantenac, AOC Margaux
- Ch. Calon-Ségur, AOC Saint-Estèphe
- Ch. Cantenac-Brown, AOC Margaux
- Ch. Desmirail, AOC Margaux
- Ch. Ferrière, AOC Margaux
- Ch. Giscours, AOC Margaux
- Ch. d'Issan, AOC Margaux
- Ch. Kirwan, AOC Margaux
- Ch. Lagrange, AOC Saint-Julien
- Ch. La Lagune, AOC Haut-Médoc
- Ch. Langoa-Barton, AOC Saint-Julien
- Ch. Malescot-St-Exupéry, AOC Margaux
- Ch. Marquis d'Alesme-Becker, AOC Margaux
- Ch. Palmer, AOC Margaux

QUATRIÈMES CRUS
- Ch. Beychevelle, AOC Saint-Julien
- Ch. Branaire-Ducru, AOC Saint-Julien
- Ch. Duhart-Milon, AOC Pauillac
- Ch. La Tour-Carnet, AOC Haut-Médoc
- Ch. Lafon-Rochet, AOC Saint-Estèphe
- Ch. Marquis de Terme, AOC Margaux
- Ch. Pouget, AOC Margaux
- Ch. Prieuré-Lichine, AOC Margaux
- Ch. St-Pierre, AOC Saint-Julien
- Ch. Talbot, AOC Saint-Julien

CINQUIÈMES CRUS
- Ch. d'Armailhac, AOC Pauillac
- Ch. Batailley, AOC Pauillac
- Ch. Belgrave, AOC Haut-Médoc
- Ch. de Camensac, AOC Haut-Médoc
- Ch. Cantemerle, AOC Haut-Médoc
- Ch. Clerc-Milon, AOC Pauillac
- Ch. Cos Labory, AOC Saint-Estèphe
- Ch. Croizet-Bages, AOC Pauillac
- Ch. Dauzac, AOC Margaux
- Ch. Grand-Puy-Ducasse, AOC Pauillac
- Ch. Grand-Puy-Lacoste, AOC Pauillac
- Ch. Haut-Bages-Libéral, AOC Pauillac
- Ch. Haut-Batailley, AOC Pauillac
- Ch. Lynch-Bages, AOC Pauillac
- Ch. Lynch-Moussas, AOC Pauillac
- Ch. Pédesclaux, AOC Pauillac
- Ch. Pontet-Canet, AOC Pauillac
- Ch. du Tertre, AOC Margaux

quand ils existent, ne sont pas le fruit du hasard : leur qualité et leur classification sont justifiées par leur histoire et celle de leurs vins. Leurs prix élevés ont permis de poursuivre les investissements nécessaires à l'élaboration de grands vins, dont les plus concentrés, de grande garde, sont le plus souvent à la hauteur de leurs promesses. Mais si, hier, on avait rarement la bonne surprise de voir un « petit » château s'élever au rang des grands, la donne a quelque peu changé et des châteaux moins bien nés peuvent parfois talonner des crus a priori plus prestigieux. Cette catégorie de châteaux intermédiaires représente une alternative intéressante pour les amateurs de vin découragés par la montée récente des prix des grands châteaux de Bordeaux.

LA VINIFICATION EN BLANC À partir des années 1980, les nouvelles techniques ont changé les vinifications en blanc, à Bordeaux comme partout ailleurs. La qualité des pressoirs et les cuves en acier inoxydable, qui permettent une meilleure maîtrise des températures de fermentation, l'absence de fermentation malolactique ou encore une meilleure gestion du dosage en soufre ont été les moteurs d'une véritable révolution des vins blancs : le sauvignon et le sémillon se montraient enfin sous un jour meilleur, avec de belles notes fruitées et des vins équilibrés agréables à boire. À cela s'est ajouté parfois un élevage en barriques neuves pour les vins les plus ambitieux. Ces changements ont permis aux meilleurs crus de Pessac-Léognan de s'élever au rang des grands vins blancs et au vignoble d'Entre-deux-Mers, par exemple, de proposer une nouvelle génération de vins blancs très bien vinifiés, frais et aromatiques, d'un excellent rapport qualité/prix.

Les méthodes de vinification sont décrites de façon plus détaillée p. 320 pour les vins blancs secs et p. 326-328 pour les vins liquoreux.

Les millésimes

Bordeaux est la seule ville du monde dont les conditions météorologiques se répandent comme une traînée de poudre dans toute la France, au point qu'un millésime qui sera bon à Bordeaux sera souvent jugé bon partout (ce qui est en fait rarement vrai).

L'influence de l'océan Atlantique, à l'ouest, donne au vignoble bordelais un climat de type océanique (voir les facteurs de qualité p. 306 et 338-339). Les dangers sont les gels d'hiver, qui peuvent anéantir une partie du vignoble (comme en 1956), les gelées printanières, les coups de froid ou des pluies trop abondantes au moment de la floraison, la grêle, les étés trop humides et les pluies au moment des vendanges.

Les variations climatiques donnent d'une année sur l'autre des millésimes très différents. Ces disparités ayant été gommées par une succession exceptionnelle de bons millésimes dans les années 1980 (1981, 1982, 1983, 1985, 1986, 1988 et 1989), on aurait pu croire que la nature du climat avait changé mais, après un bon début (avec un excellent 1990), la décennie suivante a alterné petites (1991, 1992, 1993, 1994, 1997) et grandes années (1995, 1996). Malgré les effets patents du réchauffement climatique, les millésimes du XXIe siècle restent invariablement soumis aux caprices de la nature. Certains millésimes sont grandioses, souvent solaires, tels 2000, 2005, 2009 ou 2010, d'autres, tels 2007, 2011, 2012, 2013, chahutés par un climat chaotique ou atypique (2003, année de la canicule).

Si le déterminisme climatique continue à peser sur la qualité des millésimes dans le Bordelais, les progrès récents dans la gestion du vignoble et dans les technologies de vinification permettent aujourd'hui de transcender les petites années en offrant une qualité de vin qui n'était pas imaginable il y a seulement 15 ans.

Il convient aussi garder à l'esprit qu'un millésime peut être diversement apprécié selon le type de vin dans une même région : un millésime considéré comme moyen pour les vins rouges peut se révéler très plaisant en blanc.

Le potentiel de vieillissement

Les meilleurs millésimes de certains grands vins rouges de Bordeaux peuvent vieillir pendant 10, 20, voire 30 ans ou plus. Certaines grandes bouteilles du XIXe siècle sont quelquefois ouvertes avec recueillement et dégustées en silence : le vin peut être miraculeusement bon. Mais ces moments privilégiés ne sauraient faire oublier que la vaste majorité des crus de Bordeaux n'a pas la même longévité et que celle-ci varie beaucoup selon le millésime.

Certains « petits » châteaux de Saint-Émilion ou du Médoc peuvent atteindre un caractère complexe après trois, quatre ou cinq ans de bouteille, en fonction de la qualité du millésime. Les crus classés de Pessac-Léognan, du Médoc ou de Saint-Émilion gagnent à être vieillis plus longtemps, selon le millésime, et il en va de même pour les meilleurs vins de Pomerol.

En général, mais ce jugement mérite quelques exceptions, les vins rouges de la rive gauche (Médoc et Graves) ont un potentiel de vieillissement plus grand que ceux de la rive droite (Saint-Émilion et Pomerol).

Les classements

Les vins de Bordeaux en général, et ceux du Médoc en particulier, vivent en compétition au sein d'une hiérarchie bien établie. Les grands châteaux font l'objet d'un intérêt mondial, et les amateurs ont toujours éprouvé le besoin d'être guidés par une échelle de valeurs fournissant des indications claires sur la qualité d'un cru, ce qui trouvait, tôt ou tard, un écho dans son prix.

La première classification officielle de 1855 (voir encadré p. 300-301) résulte de quelques décennies de commerce : en effet, les courtiers de place se référaient, dans leurs échanges, aux « premiers », « deuxièmes », « troisièmes »,

« quatrièmes » et « cinquièmes crus ». Une partie du reste du vignoble bordelais est régie par des classements plus récents qui n'obéissent pas à des critères d'analyse identiques (voir pages suivantes).

Le classement de 1855, qui est de loin le plus connu, a hiérarchisé des marques, des propriétés, mais sans aucune référence au terroir. Ainsi, de nombreux domaines concernés ont pu, au fil du temps, modifier considérablement le profil de leur vignoble. Or, beaucoup imaginent que l'entité territoriale d'un château est immuable alors qu'en réalité, toute vigne acquise par un château classé en 1855 peut entrer dans l'assemblage, à condition de se trouver dans la même appellation. Et pourtant ce n'est pas le cas pour le classement, bien plus récent, de Saint-Émilion, dont la hiérarchie est régulièrement revue et pour lequel la constance territoriale est l'un des critères de base.

MÉDOC

Carte page v

Le Médoc est un peu le bout du monde, isolé du reste de la France par les eaux brunes de la Gironde et du reste du globe par l'océan Atlantique. La vigne n'y occupe qu'une mince bande qui s'étire le long de la péninsule, entre l'estuaire et la grande forêt des Landes, qui filtre la fraîcheur des brises atlantiques. Cette situation géographique privilégiée, combinée à un sous-sol fait de croupes graveleuses, donne naissance à de grands vins.

Les facteurs-clés constituant l'environnement du Médoc sont analysés p. 306. Les autres ingrédients du succès des crus classés et d'autres vins du Médoc résident dans le choix des cépages qui se sont imposés localement et dans la proximité du port international de Bordeaux.

Les vins de la région des Graves ont probablement été découverts il y a fort longtemps par les amateurs d'Europe du Nord, qui s'approvisionnaient déjà à Bordeaux au temps des Romains. Les futurs premiers crus classés du Médoc, tels les châteaux Margaux, Latour ou Lafite, étaient connus des importateurs de grands vins il y a trois siècles, suivant l'exemple de Château Haut-Brion (dans la région des Graves), qui fut le pionnier d'un nouveau type de vin rouge au XVIIe siècle. Cet engouement a généré progressivement une demande mondiale durable qui a encouragé les propriétaires, du moins pendant les périodes fastes, à faire les investissements nécessaires à l'élaboration de grands vins.

LES APPELLATIONS DU MÉDOC

Il existe une hiérarchie dans les appellations du Médoc.

AOC Médoc. Autrefois nommée Bas-Médoc en raison de sa situation plus basse, en aval de la Gironde, cette région a changé de nom à la demande des vignerons. Ici, sur une large étendue de vignes occupant les collines de graves au nord et au nord-ouest de Saint-Seurin-de-Cadourne, se trouvent de nombreux petits châteaux et quelques grandes propriétés qui fournissent chaque année le gros du bataillon des crus bourgeois. Une majorité de viticulteurs sont réunis au sein des coopératives locales qui commercialisent une part importante de la production. Pour les châteaux, voir ci-dessous.

AOC Haut-Médoc. Cette appellation regroupe tous les vignobles situés au sud, en amont de la Gironde, qui n'appartiennent pas aux communes de Moulis et de Listrac ni aux quatre appellations prestigieuses de Saint-Estèphe, Pauillac, Saint-Julien et Margaux. Plus en retrait par rapport à l'estuaire de la Gironde, à l'exception de Saint-Seurin, Lamarque, Cussac, Ludon-Médoc et Macau, cette appellation dispose de quelques très beaux sites.

Cinq des crus classés en 1855 (voir P. 300-301) ainsi que de nombreux crus bourgeois sont situés dans l'AOC Haut-Médoc.

AOC communales. Ces appellations, qui sont décrites en détail dans les chapitres qui suivent, représentent le summum dans la hiérarchie des appellations médocaines : par ordre alphabétique, il s'agit des AOC Listrac, Margaux, Moulis, Pauillac, Saint-Estèphe et Saint-Julien.

Les châteaux

La prospérité de ces domaines viticoles a laissé un autre héritage : les châteaux. C'est au sein du Médoc que se trouve la plus forte concentration de grands domaines viticoles du monde. Certains propriétaires n'ont pas hésité à afficher leur richesse en édifiant de superbes constructions, dans des styles divers et parfois controversés. S'il subsiste aujourd'hui quelques joyaux tels le Château de Lamarque, qui date du Moyen Âge, ou le Château d'Issan, construit au XVIIe siècle, la grande majorité des édifices fut construite aux XVIIIe et XIXe siècles.

Mais ces beaux monuments historiques ne constituent qu'une facette des châteaux médocains. Plus importants sont les chais, bâtisses fonctionnelles, mais souvent dénuées de charme, qui abritent les équipements vinaires, les barriques et les stocks de bouteilles.

LES FACTEURS DE QUALITÉ

Une coupe géologique du sous-sol de la région de Pauillac montre des sédiments de graves déposés par la Gironde sur une roche de fond composée de calcaire avec des poches d'argile. Les vignobles des meilleurs crus sont situés sur les « croupes » de graves, talus graveleux les plus profonds. La perméabilité de ces graves sur sous-sol calcaire permet un bon drainage.

LOCALISATION

Le vignoble de Château Latour, un premier cru célèbre, occupe une « croupe » de graves qui domine les « palus » de rives de l'estuaire. La pente, assez marquée, facilite le drainage. La proximité de la Gironde est un autre facteur de qualité, car elle protège contre les gels de printemps. Les vignobles des meilleurs crus sont localisés sur d'autres « croupes » dont la déclivité s'atténue vers l'ouest.

SOLS DE GRAVES

Les graves se composent de gros galets et de gravillons liés à des sédiments sablonneux ou argileux. En sous-sol, une fine couche composée de sables, de fines graves et d'argile repose sur une roche compacte, formée de sédiments calcaires (comme à Margaux) ou sableux (à Mouton), ou encore argileux (à Latour). La superposition de ces strates sédimentaires donne trois propriétés favorables à la viticulture : le sol et le sous-sol offrent un environnement pauvre qui limite le rendement de la vigne ; le sous-sol perméable permet aux racines de la vigne de descendre à 4 ou 5 m de profondeur ; cette perméabilité des sols empêche aussi les eaux de pluie de stagner ou de s'accumuler.

PLUVIOMÉTRIE

Les chutes de pluie qui, souvent, s'abattent sur le Médoc sont affectées par l'influence protectrice de la ceinture forestière des Landes, au sud et à l'ouest du vignoble. Les vents d'ouest, porteurs de pluie, traversent la zone forestière, et les précipitations touchent davantage l'ouest du Médoc, avant d'atteindre le vignoble. Les vignerons préfèrent un été plutôt sec et des vendanges sans pluies, afin de favoriser la maturation des raisins.

DRAINAGE

Si les graves favorisent un bon écoulement des eaux de pluie, les cours d'eau souterrains améliorent encore ce drainage. Sous les sols de surface se trouvent aussi les vestiges d'un système de drainage datant de l'époque où le niveau de la Gironde était plus bas qu'aujourd'hui. Les propriétaires de châteaux n'en ont pas moins dû investir dans ce domaine.

Les cépages et les styles de vin

Le cépage prédominant des appellations du Médoc est le cabernet-sauvignon, assemblé en proportions variables avec le merlot, le cabernet franc et le petit verdot. Sa part dans l'assemblage final d'un château est une indication du style de vin : plus elle est importante, plus le vin sera austère dans sa jeunesse et plus il pourra être considéré comme un vin de garde.

Autres composantes du caractère d'un château : sa situation géographique et son statut. Les domaines qui ont été classés pour la plupart en 1855 (voir p. 300-301) ont adopté un encépagement plus riche en cabernet qu'en merlot, ainsi que des sélections et des conduites d'élevage des vins bien particulières (voir p. 297 et 299). Ils occupent les sols les mieux drainés, dotés d'une plus forte proportion de graves.

Sur les parcelles qui sont défavorisées par un sol plus lourd, le merlot donne des vins plus tendres et agréables à boire plus jeunes. Ceux-ci ne restent pas très longtemps en barrique, et très peu de barriques sont neuves. Les meilleures propriétés ont la volonté de garder un certain nombre de parcelles en vieilles vignes, plus avares en quantité mais qui donnent des raisins plus concentrés.

Les vins rouges du Médoc se distinguent des vins de Saint-Émilion et du reste de la rive droite par une droiture, une finesse et une austérité ainsi que par les arômes dominants du cabernet-sauvignon.

Les crus bourgeois du Médoc

D'un point de vue historique, le concept et la désignation « cru bourgeois » sont antérieurs à la notion de « cru classé », puisqu'ils remontent au Moyen Âge, époque où ils n'étaient pas réservés aux seuls vins du Médoc.

La liste établie en 1932 pour ces derniers dénombre 444 crus bourgeois, dont 99 supérieurs et 6 supérieurs exceptionnels. Mais cette sélection, tout comme celles publiées par le Syndicat des crus bourgeois dès 1962, n'a jamais bénéficié de reconnaissance officielle bien que la mention « cru bourgeois » ait été tolérée.

Après un dernier classement établi en 2003, et finalement annulé, les crus bourgeois ont fait peau neuve en 2009. Abandonnant l'idée d'un classement, l'Alliance des crus bourgeois du Médoc a mis en place une certification annuelle, fonctionnant comme un label, qui décerne chaque année la mention « cru bourgeois » aux châteaux candidats, après validation de leur candidature et à l'issue d'une dégustation à l'aveugle. Pour les premiers millésimes jugés, quelque 250 châteaux se sont vus décerner la mention.

QUELQUES SECONDS VINS

« GRAND VIN » ET « SECOND VIN »

La taille et la réputation des grands domaines du Médoc permettent de sélectionner les meilleures cuvées pour optimiser l'assemblage, vendu sous l'étiquette du château et appelé parfois « grand vin ». Le solde de la production se retrouve dans un « second vin » commercialisé sous une étiquette différente. Cette pratique a toujours existé dans les plus grands châteaux du Médoc, puisque le second vin du Château Latour date de plus de deux siècles et que celui de Château Mouton s'appelait Mouton Cadet dans les années 1930 (le Mouton Cadet d'aujourd'hui est une marque commerciale d'un simple bordeaux). Cet usage séculaire a connu un regain d'intérêt avec les dix glorieuses des années 1980 grâce à des rendements améliorés et à une volonté confirmée de ne garder, sous l'étiquette du « grand vin », que le meilleur.

Les « seconds vins » ne font l'objet d'aucune réglementation autre que celle imposée par leur appellation. Mais, bien que ces vins soient issus des vignes d'un domaine (château) bénéficiant d'un classement (cru classé), il est évident que leurs producteurs perdent tout droit d'y faire référence. Le terme « château » s'efface sur les étiquettes au profit du nom de la marque. Moins concentrés que les « grands vins », les « seconds vins » sont à boire plus rapidement. Ils peuvent représenter de bonnes affaires, à des prix bien inférieurs.

MILLÉSIME ET QUALITÉ DU « SECOND VIN »

Un bon millésime devrait être à l'origine d'un excellent « second vin » dans la mesure où toutes les cuves mériteraient d'y être assemblées, sauf peut-être celles qui proviennent de jeunes vignes dont le rendement est souvent trop généreux, ou de sols moins favorables. Dans un millésime difficile, où les raisins ne sont pas à pleine maturité, la sélection est plus sévère et les cuvées qui entrent dans l'assemblage du « second vin » sont souvent plus légères. La sélection s'opère en fonction d'un certain équilibre de l'assemblage du « premier vin » et il n'est pas rare, dans des années très mûres comme 2009 ou 2010, de trouver des « seconds vins » dignes des « premiers ».

Il peut exister une troisième étiquette pour certains châteaux, mais ces usages sont rares et les cuves non retenues dans un premier assemblage ni dans un second sont le plus souvent commercialisées en vins génériques d'appellation (AOC Saint-Estèphe, Saint-Julien, Pauillac ou Margaux).

QUELQUES SECONDS VINS

PREMIERS CRUS CLASSÉS

- Haut-Brion : Le Clarence de Haut-Brion
- Lafite-Rothschild : Carruades de Lafite
- Latour : Les Forts de Latour
- Margaux : Pavillon Rouge du Château Margaux
- Mouton-Rothschild : Le Petit Mouton de Mouton-Rothschild

DEUXIÈMES CRUS CLASSÉS

- Brane-Cantenac : Baron de Brane
- Cos d'Estournel : Les Pagodes de Cos
- Ducru-Beaucaillou : Croix de Baucaillou
- Durfort-Vivens : Vivens
- Gruaud-Larose : Sarget de Gruaud Larose
- Lascombes : Chevalier de Lascombes
- Léoville-Las-Cases : Clos du Marquis
- Léoville-Poyferré : Pavillon de Poyferré
- Montrose : La Dame de Montrose
- Pichon Baron : Les Tourelles de Longueville
- Pichon Lalande : Réserve de la Comtesse
- Rauzan-Ségla : Ségla

TROISIÈMES CRUS CLASSÉS

- Calon-Ségur : Marquis de Calon
- Cantenac-Brown : Brio
- Giscours : La Sirène de Giscours
- d'Issan : Blason d'Issan
- Kirwan : Les Charmes de Kirwan
- Lagrange : Fiefs de Lagrange
- La Lagune : Le Moulin de La Lagune
- Malescot-Saint-Exupéry : La Dame de Malescot
- Palmer : Alter Ego

QUATRIÈMES CRUS CLASSÉS

- Beychevelle : Amiral de Beychevelle
- Branaire-Ducru : Duluc de Branaire-Ducru
- Duhart-Milon-Rothschild : Moulin de Duhart
- Lafon-Rochet : Les Pèlerins de Lafon-Rochet
- Latour Carnet : Les Douves de Latour Carnet
- Marquis-de-Terme : La Couronne de Marquis de Terme
- Prieuré-Lichine : Confidences de Prieuré-Lichine
- Talbot : Connétable Talbot

CINQUIÈMES CRUS CLASSÉS

- Cantemerle : Les Allées de Cantemerle
- Dauzac : La Bastide Dauzac
- Grand-Puy-Ducasse : Prélude à Grand-Puy Ducasse
- Grand-Puy-Lacoste : Lacoste-Borie
- Haut-Batailley : La Tour-d'Aspic
- Pontet-Canet : Les Hauts de Pontet-Canet

CRUS DE SAINT-ESTÈPHE

Tout au nord du Haut-Médoc, les vignes sont plantées sur des sols plus lourds et argileux que ceux du sud de l'appellation. Les vins solides et austères de Saint-Estèphe avaient la réputation de prendre beaucoup de temps à s'épanouir, ce qui reste vrai pour quelques châteaux, tandis que d'autres ont adopté des vinifications donnant des styles de vin plus souples, acceptant plus de merlot dans leur assemblage. Le vin rouge de Saint-Estèphe reste néanmoins robuste et charnu, avec de multiples nuances.

L'APPELLATION

Les terres de la commune se trouvent à la limite nord de celles de Pauillac. Les châteaux du sud de l'appellation, comme Cos d'Estournel, dominent les vignobles de Lafite et de Mouton, n'en étant séparés que de quelques centaines de mètres par un fond de vallée marécageux. Par ailleurs, le même Château Lafite déborde d'une parcelle sur Saint-Estèphe. Plus au nord, l'appellation Médoc comporte moins de croupes de graves et plus de zones de marécages sauvages. Saint-Estèphe dispose de cinq crus classés en 1855.

CHÂTEAU BEAU-SITE
Jouxtant Calon-Ségur, les 35 ha de vignes de ce cru regardent la Gironde et produisent un vin élégant capable de vieillir.

CHÂTEAU CALON-SÉGUR
3e cru classé Situé à la sortie du village de Saint-Estèphe, Calon-Ségur est le plus septentrional des crus classés en 1855. Sur un vaste vignoble (93 ha), le château produit un des vins les plus réputés de l'appellation, concentré et de longue garde.

CHÂTEAU CLAUZET
Une propriété de 22 ha qui progresse régulièrement et dont les vins intenses et bien construits offrent un excellent rapport qualité/prix.

CHÂTEAU COS D'ESTOURNEL
2e cru classé Réputé pour l'extravagance architecturale de son château de style oriental, Cos d'Estournel est surtout connu pour la qualité de ses vins de longue garde qui le situent tout en haut de l'appellation. Le vignoble couvre 91 ha, répartis entre cabernet-sauvignon (60 %) et merlot (40 %).

CHÂTEAU COS LABORY
5e cru classé Voisin de Cos d'Estournel, Cos Labory possède un vignoble de 18 ha installés sur des graves du quaternaire et produit un vin de facture classique.

CHÂTEAU LE CROCK
Superbe château dont les vignes (32 ha) jouxtent celles de Montrose et de Cos d'Estournel ; ses vins, issus de cabernet-sauvignon (60 %), merlot (25 %), cabernet franc (10 %) et petit verdot (5 %) affichent une belle régularité.

CHÂTEAU HAUT-MARBUZET
Avec des vignes (70 ha) qui dominent la Gironde, au sud-est de l'appellation, ce château séduit par ses vins amples et charnus qui associent au cabernet-sauvignon une forte proportion de merlot.

CHÂTEAU LAFON-ROCHET
4e cru classé Lafon-Rochet possède un vignoble de 45 ha d'un seul tenant, regardant Rothschild et Cos d'Estorunel. Le château se distingue par ses vins intenses, harmonieux, dont les prix sont restés sages.

CHÂTEAU LAVILLOTTE
Petite propriété de 12 ha qui produit un vin marqué par le cabernet-sauvignon (72 %), d'un bon rapport qualité/prix.

CHÂTEAU LILIAN-LADOUYS
Ce château en plein renouveau dispose d'un vignoble de 48 ha, répartis sur une multitude de parcelles aux sols variés, habilement exploités par les nouveaux propriétaires.

CHÂTEAU MEYNEY
Dominant la Gironde, le vignoble, d'un seul tenant (51 ha), →

CRUS DE SAINT-ESTÈPHE

est réparti entre cabernet-sauvignon (60 %), merlot (30 %) et petit verdot (10 %). Les vins ont retrouvé récemment les faveurs de la critique.

CHÂTEAU MONTROSE
2e cru classé Très réputé, Montrose est l'archétype de l'appellation avec ses vins puissants, charnus, de très grande garde. Le vignoble, récemment agrandi, couvre 94 ha d'un seul tenant, plantés sur une croupe graveleuse bien exposée.

CHÂTEAU LES ORMES DE PEZ
Appartenant à la famille Cazes, de Lynch-Bages (voir Pauillac), ce château de 35 ha est situé dans la partie nord de l'appellation et produit des vins réguliers de moyenne garde.

CHÂTEAU DE PEZ
Château situé à l'ouest de la commune de Saint-Estèphe. Depuis son rachat par la maison champenoise Roederer en 1995, le vignoble (39 ha), le cuvier et le château ont été entièrement restaurés.

PHÉLAN-SÉGUR
Ce vaste domaine de 70 ha est en bordure du fleuve. Le vignoble de Phélan-Ségur comprend une forte proportion de merlot (45 %). Les vins affichent une belle régularité depuis 2006.

CHÂTEAU TRONQUOY-LALANDE
Cette propriété de 20 ha a été rachetée par la famille Bouygues en 2006, par ailleurs propriétaire du Château Montrose.

CRUS DE PAUILLAC

Avec trois premiers crus classés en 1855 et une pléthore d'autres grands crus, Pauillac s'impose comme le cœur du Médoc. Ici, le cabernet-sauvignon règne en maître et donne ces notes si caractéristiques de cassis, de bois de cèdre et d'épices. Les grands vins de Pauillac se distinguent aussi par une bonne structure et une puissance qui révèle, avec le temps, une grande élégance et une grande finesse. Le style des vins varie entre l'austérité d'un Château Latour et la relative souplesse d'un Château Lafite-Rothschild.

L'APPELLATION

Les 1 200 ha de l'AOC s'étendent le long de l'estuaire, entre Saint-Julien et Saint-Estèphe. Le vignoble prend appui sur une plaine alluviale graveleuse, épaisse et homogène. Non moins de 18 châteaux de Pauillac ont été classés en 1855. Ils couvrent une grande partie de l'appellation et laissent peu de place à des petits châteaux dont les prix seraient plus abordables. Heureusement, les seconds (ou troisièmes) vins sont parfois de bonnes affaires. Pauillac produit exclusivement des vins rouges mais quelques châteaux dont Mouton-Rothschild produisent des blancs sous l'appellation Bordeaux.

CHÂTEAU D'ARMAILHAC
5e cru classé Propriété de la société Baron Philippe de Rothschild, ce château s'étend sur 70 ha dans la partie nord de la commune de Pauillac. Les derniers millésimes se montrent en net progrès.

CHÂTEAU BATAILLEY
5e cru classé Les 90 ha du château (70 % de cabernet-sauvignon) produisent un pauillac classique, de belle garde, dont les prix sont restés sages pour un cru classé.

CHÂTEAU CLERC-MILON
5e cru classé Le château compte 40 ha de vignes, situées dans la partie nord-est de l'appellation, →

CRUS DE PAUILLAC

plantées sur des sols graveleux et argilo-calcaires. Un nouveau chai a vu le jour en 2011.

CHÂTEAU CROIZET-BAGES
5e cru classé Ce château de 28 ha comprend une partie importante de merlot et de cabernet franc dans l'encépagement. Les vins sont plutôt souples et évoluent rapidement.

CHÂTEAU DUHART-MILON
4e cru classé Le vaste vignoble de 70 ha, sur le plateau de Pouyalet, s'étend de l'ouest de celui de Lafite et de Mouton jusqu'à la jalle du Breuil au nord.

CHÂTEAU GRAND-PUY-DUCASSE
5e cru classé Avec un château au cœur de la ville de Pauillac et un vignoble planté sur des sols d'une grande variété, ce cru progresse depuis son acquisition par le Crédit agricole.

CHÂTEAU GRAND-PUY-LACOSTE
5e cru classé Ce cru dispose d'un superbe vignoble sur le plateau, non loin de Lynch-Bages, et d'installations qui ont été progressivement rénovées. Il produit des vins denses, vieillissant avec grâce.

CHÂTEAU HAUT-BAGES-LIBÉRAL
5e cru classé Le vignoble (30 ha) est bien situé, avec une parcelle qui jouxte Latour et le reste sur le plateau de Bages. L'encépagement comprend 70 % de cabernet-sauvignon et 30 % de merlot

CHÂTEAU HAUT-BATAILLEY
5e cru classé Cette propriété couvre 22 ha et bénéficie désormais d'installations performantes. Ses vins sont réputés pour leur élégance.

CHÂTEAU LAFITE-ROTHSCHILD
1er cru classé Les vignes se trouvent sur le pourtour nord du plateau de Pauillac, séparées du vignoble de Saint-Estèphe par la jalle du Breuil. Le sol est graveleux et bien drainé, composé de graves fines, de taille plus petite que celles du vignoble de Latour, plus au sud. Lafite a toujours été premier cru depuis que ce terme existe, au début du XVIIIe siècle. Acheté en 1868 par les banquiers Rothschild, il resta leur propriété jusqu'à nos jours. Le grand vin est généralement constitué d'au moins 80 % de cabernet-sauvignon, Réputés plus délicats que les autres premiers crus classés, les vins sont connus pour leur concentration, leur raffinement, leur profondeur et leur légendaire capacité de garde.

CHÂTEAU LATOUR
1er cru classé Les vins du Château Latour étaient déjà prisés au Moyen Âge et les frontières des quatre carrés de vignes au centre du vignoble n'ont pas changé depuis. L'excellence de son terroir (voir p. 306) permet à Latour de produire d'excellents vins, même les petites années. Dans les meilleurs millésimes, il produit un monstre de concentration, de couleur noire, qui demande, pour s'épanouir, une patience pouvant se mesurer en décennies. Les impatients peuvent se consoler avec le second vin, Les Forts de Latour, ou avec le vin générique de Pauillac embouteillé au château.

CHÂTEAU LYNCH-BAGES
5e cru classé Un vaste vignoble d'une centaine d'hectares qui occupe les croupes de graves au sud et au sud-ouest de la ville de Pauillac. La famille Cazes a peaufiné un style de vin riche, puissant, appréciable jeune et vieillissant avec grâce.

CHÂTEAU LYNCH-MOUSSAS
5e cru classé Avec un encépagement comprenant un tiers de merlot, Lynch-Moussas a longtemps produit des vins plutôt souples et fruités qui ont gagné récemment en intensité et en structure. →

CRUS DE PAUILLAC

CHÂTEAU MOUTON-ROTHSCHILD
1er cru classé Au classement de 1855, il était second, mais, grâce au caractère et à la pugnacité du baron Philippe de Rothschild, il fut promu au rang de premier cru classé en 1973 – le seul changement intervenu dans le classement depuis 1855. Ses vignes sont attenantes à celles de Lafite, avec un encépagement en cabernet-sauvignon de près de 80 %. L'opulence des meilleurs millésimes confère à ce vin une puissance et une complexité remarquables qui justifient son statut de premier cru.

CHÂTEAU PÉDESCLAUX
5e cru classé Longtemps anonyme, ce château de moins de 30 ha a été relancé par son nouveau propriétaire qui a rénové le vignoble et le chai à partir de 2009.

CHÂTEAU PIBRAN
Situé sur une belle croupe de graves, ce cru occupe 17 ha. Le merlot est ici majoritaire devant le cabernet-sauvignon. Le vin conjugue chair et structure et se montre souvent aimable dès sa jeunesse.

CHÂTEAU PICHON-LONGUEVILLE BARON
2e cru classé Les deux châteaux Pichon-Longueville se regardent en chiens de faïence de part et d'autre de la départementale D2 qui traverse le hameau de Saint-Lambert. À l'ouest de la route, le château de « Pichon Baron », remis à neuf, témoigne de l'âge d'or du Médoc, au milieu du XIXe siècle. Le vignoble initial a été agrandi de nombreuses parcelles, situées essentiellement au sud du château, face au vignoble du Château Latour mitoyen.

CHÂTEAU PICHON-LONGUEVILLE COMTESSE DE LALANDE
2e cru classé La seconde moitié du Château Pichon-Longueville possède un vignoble mitoyen de celui de Latour, avec quelques parcelles sur Saint-Julien. L'encépagement original (35 % de merlot et seulement 45 % de cabernet-sauvignon), associé au terroir, donne des vins intenses, tendres.

CHÂTEAU PONTET-CANET
5e cru classé Doté d'un vaste vignoble au sud de celui de Mouton, travaillé en biodynamie, ce château produit des vins complexes et intenses dont la cote est montée en flèche ces dernières années.

CRUS DE SAINT-JULIEN

La plus petite appellation du Médoc par la taille (919 ha) est l'une des plus grandes par le renom, avec 11 crus classés sur quelque 40 propriétés. Les styles de vin peuvent varier d'un château à l'autre, mais les dégustateurs reconnaissent en Saint-Julien des vins denses structurés, capables d'une grande finesse. Les vins de Saint-Julien sont exclusivement rouges mais comme ailleurs dans le Médoc, on peut y produire des vins blancs sous l'AOC Bordeaux blanc.

L'APPELLATION

Saint-Julien est une enclave entre Pauillac, au nord, et l'AOC Haut-Médoc de Lamarque et Cussac, au sud. Deux cours d'eau (jalles) en constituent les frontières naturelles. Le terroir est composé d'une série de croupes de graves bien drainées par les jalles et par la Gironde.

CHÂTEAU BEYCHEVELLE
4e cru classé Ce somptueux château qui domine un vignoble de 90 ha, produit un vin charmeur, bien représentatif de son appellation. →

CRUS DE SAINT-JULIEN

CHÂTEAU BRANAIRE-DUCRU
4e cru classé Château mitoyen de Beychevelle, mais dont le vignoble (59 ha) est constitué de parcelles disséminées sur l'appellation, Branaire-Ducru s'est hissé au sommet de son appellation avec des vins d'une grande finesse.

CHÂTEAU DUCRU-BEAUCAILLOU
2e cru classé Situé sur une belle croupe de graves des bords de la Gironde, ce cru de 75 ha produit des vins structurés, d'un grand classicisme, à partir d'un assemblage comprenant une forte proportion de cabernet-sauvignon.

CHÂTEAU GLORIA
Créé en 1940, ce vignoble d'une cinquantaine d'hectares s'est constitué par des achats successifs de parcelles provenant exclusivement de grands crus classés. Il en ressort un vin complet, qui vieillit harmonieusement.

CHÂTEAU GRUAUD-LAROSE
2e cru classé Avec un vignoble très bien situé, Gruaud-Larose est l'un des noms de domaines connus de Saint-Julien. Le vignoble couvre 82 ha plantés de cabernet-sauvignon à 60 %. Ce vin a besoin de temps pour atteindre son apogée.

CHÂTEAU LAGRANGE
3e cru classé Située à l'ouest de l'appellation, cette vaste propriété (115 ha de vignes) n'a pas hésité à investir pour bénéficier d'installations modernes et fonctionnelles qui rejaillissent sur la qualité des vins depuis plusieurs années.

CHÂTEAU LANGOA-BARTON
3e cru classé En 1715, Thomas Barton quitta l'Irlande pour s'installer à Bordeaux et devint négociant en vins. En 1821, Hugh Barton acheta Langoa, puis acquit une partie du domaine de Léoville. La famille Barton gère toujours les deux châteaux. Modeste en taille (18 ha), ce cru séduit par sa régularité.

CHÂTEAU LÉOVILLE-BARTON
2e cru classé Léoville était autrefois un vaste domaine faisant face au vignoble de Latour, au nord de l'appellation Saint-Julien. La partie du vignoble aujourd'hui entre les mains de la famille Barton produit des vins élégants qui comptent parmi les références de l'appellation.

CHÂTEAU LÉOVILLE-LAS-CASES
2e cru classé Cette grande propriété (98 ha) représente la moitié de l'ancien vignoble de Léoville et la famille Delon en a fait un des grands noms de Saint-Julien. Les vins affichent une grande concentration. Le second vin, le Clos du Marquis, est également recherché.

CHÂTEAU LÉOVILLE-POYFERRÉ
2e cru classé Troisième tiers de l'ancien Château Léoville, considéré autrefois comme ayant les meilleurs terroirs, ce château est longtemps resté dans l'ombre des deux premiers. Il a rattrapé son retard pour se positionner comme l'un des meilleurs de l'appellation.

CHÂTEAU SAINT-PIERRE
4e cru classé Créé au XVIIe siècle, ce cru s'étend sur 17 ha. Progressivement rénové, il a gagné la considération de la critique grâce à ses vins réguliers et aromatiques.

CHÂTEAU TALBOT
4e cru classé Situé en bordure de l'estuaire, ce vaste vignoble s'étend sur 107 ha de fines graves. Connu pour ses vins rouges souvent accessibles dès leur jeunesse, le château produit aussi un vin blanc (Caillou Blanc) dominé par le sauvignon blanc.

CRUS DE MARGAUX

Le village de Margaux est connu dans le monde entier grâce à son fameux château, premier cru du même nom. L'appellation Margaux a pour mérite de représenter la plus imposante liste de crus classés en 1855 : 22 sur 70 propriétés. Ses vins expriment des caractères communs : plus aimables et moins austères que les vins de Pauillac, mais tout aussi qualifiés pour une longue garde. À l'exception du vin blanc du Château Margaux (Pavillon Blanc), tous les vins sont rouges.

L'APPELLATION

Margaux se trouve au sud du Médoc, dans un paysage de prairies et de bois dominés par quelques croupes de graves. Les graves de Margaux sont plus grosses que celles du nord, et les dépôts de galets sont séparés de langues marécageuses toujours humides. Contrairement aux autres appellations communales du Médoc, l'aire d'appellation Margaux dépasse la superficie de la commune de Margaux : du nord au sud, ses 1 488 ha se partagent entre les communes de Soussans, Margaux, Arsac, Cantenac et Labarde. Un plateau central regroupe le vignoble de Cantenac, au sud-est, jusqu'à Marsac, dans la commune de Soussans. Vers le sud, le sud-est et le sud-ouest, sept parcelles situées sur des élévations de terrain sont plantées de vignes. Quelques-uns des meilleurs crus se trouvent sur les bords du plateau central : les Châteaux Margaux, Palmer et d'Issan donnent à l'est, sur la Gironde. Pouget, Cantenac et Kirwan donnent au sud, face aux marécages situés à la lisière sud des dépôts de graves. Un certain nombre de châteaux ont leur siège et leurs chais au cœur du village de Margaux, tandis que leur vignoble est éparpillé en parcelles diverses un peu partout dans l'appellation.
Bien que les vins de l'appellation Margaux soient réputés pour leur finesse, il est difficile de réduire leur style à un archétype unique, tant la diversité est ici de mise.

CHÂTEAU D'ANGLUDET
Dominant les terres basses de l'estuaire, le vignoble (32 ha) est situé sur les communes d'Arsac et de Cantenac. Les vins affichent une belle régularité et représentent l'un des bons rapports qualité/prix de Margaux.

CHÂTEAU BOYD-CANTENAC
3e cru classé Propriété de la famille Guillemet, ce petit domaine de 17 ha, très bien situé, produit des vins élégants qui vieillissent harmonieusement.

CHÂTEAU BRANE-CANTENAC
2e cru classé Le cœur de ce vaste vignoble de 80 ha est situé sur la belle croupe de graves du Plateau de Brane. Les vins produits ici sont d'un grand classicisme, délicats et vieillissant avec grâce.

CHÂTEAU CANTENAC-BROWN
3e cru classé Acquis en 2006 par la famille Simon Halabi, ce château (48 ha de vignes) en plein renouveau produit désormais des vins rouges intenses et élégants ainsi qu'un rare vin blanc baptisé Alto.

CHÂTEAU DAUZAC
5e cru classé Le château possède un vignoble de 45 ha d'un seul tenant sur la commune de Labarde et comprend une forte proportion de merlot. Les vins possèdent souvent rondeur et suavité.

CHÂTEAU DURFORT-VIVENS
2e cru classé Propriété de Gonzague Lurton, le vignoble de 55 ha est situé sur les communes de Margaux, Cantenac et Soussans et comprend une forte majorité de cabernet-sauvignon (70 %).

CHÂTEAU DES EYRINS
Un vignoble de poche (3 ha) repris par la famille Médeville en 2009, dont les vins sont tenus en haute estime, à des pris sages.

→

CRUS DE MARGAUX

CHÂTEAU FERRIÈRE
3e cru classé Claire Villars-Lurton préside à la renaissance de ce tout petit cru de 10 ha situés essentiellement sur la commune de Margaux.

CHÂTEAU GISCOURS
3e cru classé Cette vaste propriété située à Labarde a connu des fortunes diverses avant de retrouver son prestige à partir du début des années 2000.

CHÂTEAU D'ISSAN
3e cru classé Splendide bâtisse du XVIIe siècle, le château est doté d'un vignoble de 30 ha bien exposés sur les pentes est du plateau, planté de cabernet-sauvignon (65 %) et de merlot (35 %).

CHÂTEAU KIRWAN
3e cru classé Très bien placé sur le plateau graveleux, à l'est de Brane-Cantenac, Kirwan est à la tête d'un vignoble de 40 ha répartis en une multitude de parcelles. Les vins charnus et puissants ont gagné en élégance.

CHÂTEAU LABÉGORCE
Le vignoble de Labégorce-Zedé a fusionné avec celui de Labegorce pour former une seule entité de 70 ha. La volonté de bien faire se traduit par des vins de plus en plus séduisants, qui restent d'un bon rapport qualité/prix.

CHÂTEAU LASCOMBES
2e cru classé Après une longue errance, le château retrouve peu à peu son rang. Il dispose à Margaux d'un grand vignoble (112 ha) réparti en trois ensembles distincts, à l'origine de vins charnus et puissants.

CHÂTEAU MALESCOT-SAINT-EXUPÉRY
3e cru classé Valeur montante de l'appellation, ce château possède un vignoble de 30 ha dont 26 en AOC Margaux, au nord de l'appellation.

CHÂTEAU MARGAUX
1er cru classé L'unique premier cru classé de l'appellation est une propriété magnifique. La famille Mentzelopoulos qui l'a racheté en 1978 l'a hissé au sommet de la production bordelaise. Ses vignes plantées de 75 % de cabernet-sauvignon sur la face est du plateau de Margaux sont un point de départ dans la recherche de l'excellence qui passe notamment par une sélection draconienne des lots composant le grand vin. Les vins se distinguent par leur cachet aromatique, leur texture très raffinée et leur grande longueur. Le second vin, Pavillon Rouge, et le blanc, Pavillon Blanc, un pur sauvignon, sont aussi de belles réussites.

CHÂTEAU MARQUIS D'ALESME-BECKER
3e cru classé Cette petite propriété a été reprise en main et modernisée par la famille Perrodo qui en a fait l'acquisition en 2006. Le vignoble couvre une quinzaine d'hectares.

CHÂTEAU MARQUIS DE TERME
4e cru classé Restructuré et modernisé à partir de 2009, ce château est en pleine progression. Le vignoble, situé sur les communes de Margaux et Cantenac, s'étend sur 40 ha.

CHÂTEAU PALMER
3e cru classé Voisin du Château Margaux, Palmer est l'un des grands noms de l'appellation. Ses 55 ha regardent la rivière, répartis autour du château. Avec une même proportion de merlot que de cabernet-sauvignon, l'encépagement est atypique pour l'appellation. Les vins en tirent une profondeur et une richesse particulières qui les distinguent.

CHÂTEAU PRIEURÉ-LICHINE
4e cru classé Cette propriété regroupe des parcelles clairsemées dans les cinq communes de l'appellation. À partir d'un encépagement comprenant une large proportion de merlot, ce cru produit des vins parfumés et élégants. →

CRUS DE MARGAUX

CHÂTEAU RAUZAN-SÉGLA
2e *cru classé* Entièrement rénové après son rachat par Chanel en 1994, ce château de 52 ha a retrouvé tout son faste et se pose comme l'un des leaders de Margaux. Le vignoble couvre 52 ha sur des graves fines. Vins réputés pour leur finesse et leur aptitude au vieillissement.

CHÂTEAU RAUZAN-GASSIES
2e *cru classé* Longtemps en dessous de son rang, le château a fait peau neuve avec une reprise en main du vignoble et une rénovation de ses installations. Le vignoble couvre 25 ha.

CHÂTEAU SIRAN
Installé sur un terroir de graves à fort potentiel, dans la partie sud de l'appellation, le château Siran a fait l'objet d'importants investissements qui ont renouvelé le caractère de ses vins, qui sont d'un très bon rapport qualité/prix.

CHÂTEAU DU TERTRE
5e *cru classé* Dissimulé derrière des bois à Arsac, le vignoble, 52 ha d'un seul tenant, est dominé par le cabernet-sauvignon, mais avec une forte minorité de merlot et de cabernet franc. En progrès, les vins jouent la carte de l'élégance et de la finesse aromatique.

AUTRES CRUS DU MÉDOC

Tous les crus du Médoc ne sont pas des crus classés situés dans des communes renommées : l'arrière-pays et les zones viticoles situées entre les appellations vedettes recèlent un grand nombre d'excellents crus en appellation Haut-Médoc. Plus au nord, l'AOC Médoc est un vaste terrain de chasse pour les amateurs de bonnes affaires. Dans tous les cas, les meilleures parcelles sont situées sur les plus hautes terres, les mieux drainées, sortes d'îlots au milieu des terres marécageuses et des bois.

AOC MOULIS

La petite commune de Moulis, avec son hameau du Grand-Poujeaux, est la plus petite AOC du Médoc. Situés à l'écart de la Gironde, à l'intérieur des terres et à l'ouest de Margaux, ses vignobles sont plantés sur un plateau au sous-sol graveleux. Les vins rouges de Moulis sont de couleur sombre, dotés d'un bon potentiel de vieillissement.

CHÂTEAU CHASSE-SPLEEN
Le château le plus célèbre de l'appellation possède, outre son nom, bien des atouts dont un terroir de qualité, majoritairement composé de graves. Il élabore des vins dignes de certains Crus classés, élégants et charmeurs dès leur jeunesse.

CHÂTEAU DUTRUCH-GRAND-POUJEAUX
Situé à proximité des châteaux Poujeaux et Chasse-Spleen, ce cru de 12 ha dispose d'installations modernes et produit des vins réputés pour leur finesse.

CHÂTEAU MAUCAILLOU
Vaste propriété de 63 ha situés sur une croupe de graves. L'encépagement associe au cabernet-sauvignon dominant, le merlot et le petit verdot.

CHÂTEAU POUJEAUX
Disposant d'un beau terroir de graves et d'installations très modernes, le château livre avec régularité des vins riches et suaves. Son vignoble s'étend sur 68 ha.

→

AUTRES CRUS DU MÉDOC

AOC LISTRAC

Au nord de Moulis, Listrac regroupe nombre d'excellents crus qui élaborent des vins réputés assez robustes dans leur jeunesse et dont l'austérité s'efface avec l'âge. Les meilleurs y ont ajouté récemment une dimension d'élégance que n'avaient pas leurs aînés.

CHÂTEAU CLARKE
Propriété du Baron Edmond de Rothschild, ce domaine historique de 55 ha a été entièrement rénové. Produits à partir d'une majorité de merlot, les vins intenses et riches, vieillissent bien.

CHÂTEAU FOURCAS-DUPRÉ
Les 54 ha de vignes sont plantés d'un seul tenant, sur des sols mêlant graves, argile et calcaire. Bien structurés, les vins savent être aimables dès leur jeunesse.

CHÂTEAU FOURCAS-HOSTEN
Racheté par la famille Momméja en 2006, ce domaine de 47 ha a été modernisé. Les vins issus à parts égales du merlot et du cabernet-sauvignon expriment le nouveau style qui souffle à Listrac.

AUTRES CHÂTEAUX DE MOULIS ET DE LISTRAC
Bibian, Cap Léon Veyrin, Brillette, Duplessis, Lestage, Mayne-Lalande.

AOC HAUT-MÉDOC

CHÂTEAU BELLE-VUE
En pleine ascension, ce petit château d'une dizaine d'hectares situé sur la commune de Macau tire sa spécificité de la forte proportion de petit verdot dans l'assemblage. Très bon rapport qualité/prix.

CHÂTEAU BELGRAVE
5e *cru classé* Situé à Saint-Laurent, en limite de l'appellation Saint-Julien, ce domaine d'une soixantaine d'hectares, a fait l'objet d'investissements récents et produit des vins d'une grande régularité et aimables dès leur jeunesse.

CHÂTEAU DE CAMENSAC
5e *cru classé* Situé en lisière de l'appellation Saint-Julien, sur la commune de Saint-Laurent-du-Médoc, le château couvre 75 ha plantés de cabernet-sauvignon (60 %) et de merlot (40 %)

CHÂTEAU CANTEMERLE
5e *cru classé* Cette grande propriété (94 ha) de l'extrême sud du Médoc est en plein renouveau. Les vins, plutôt souples, séduisent souvent dès leur jeunesse.

CHÂTEAU CITRAN
Le vaste vignoble de 100 ha est scindé en deux parties, l'une est située à proximité de l'appellation Margaux, l'autre sur la commune d'Avensan. On produit ici des vins accessibles rapidement.

CHÂTEAU LA LAGUNE
3e *cru classé* Situé au sud de l'appellation Margaux, La Lagune veille sur un vignoble de 80 ha, occupant une belle croupe de graves. Ses vins profonds et élégants en font l'un des crus les plus en vue du Haut-Médoc.

CHÂTEAU LA TOUR-CARNET
4e *cru classé* Propriété de Bernard Magrez, ce cru situé sur la commune de Saint-Laurent produit habituellement des vins riches et bouquetés. Le château élabore aussi un blanc en AOC Bordeaux.

CHÂTEAU SOCIANDO-MALLET
Cru vedette de l'appellation, d'un niveau de cru classé pour beaucoup, le château produit un vin intense, bâti pour durer, à partir d'un grand vignoble de 85 ha situé sur la commune de Saint-Seurin-de-Cadourne, au nord de Pauillac.

AUTRES CHÂTEAUX
D'Agassac, Cambon la Pelouse, Caronne-Sainte-Gemme, Fonréaud, Lafleur Peyrabon, Lanessan, Larose Perganson, Lestage, Liversan, Paloumey, Peyrabon, Sénéjac. →

AUTRES CRUS DU MÉDOC

AOC MÉDOC

CHÂTEAU HAUT-CONDISSAS
Propriété haut de gamme qui produit un vin concentré issu majoritairement du merlot à partir d'un vignoble de 15 ha.

CHÂTEAU L'INCLASSABLE
Anciennement dénommé Lafon, ce château s'est imposé comme un des fleurons du Médoc grâce à des vins puissants, structurés et de belle garde.

CHÂTEAU POTENSAC
Cette vaste propriété de 84 ha plantés sur une croupe argilo-graveleuse produit depuis longtemps et avec régularité de bons médocs, à partir d'assemblages équilibrés entre le merlot et les deux cabernets (cabernet et cabernet-sauvignon).

CHÂTEAU ROLLAN-DE-BY
Un standard du Médoc qui séduit par ses vins parfumés, souples, abordables tant en prix qu'en style, capables de vieillir.

AUTRES CHÂTEAUX
La Cardonne, Greysac, Les Grands Chênes, Maison Blanche, Lestruelle, Liversan, Loudenne Les Ormes-Sorbet, Patache d'Aux, La Tour-de-By, Tour-Haut-Caussan.

PESSAC-LÉOGNAN ET GRAVES

Carte page VI

La vaste région des Graves s'étend sur la rive gauche de la Garonne, en amont de la ville de Bordeaux. La plus ancienne région viticole de Bordeaux – certaines propriétés ayant plus de 700 ans d'histoire – comprend les appellations de Pessac-Léognan et de Graves.

L'appellation Pessac-Léognan

Cette appellation proche de l'agglomération bordelaise s'honore de crus classés, situés dans la partie septentrionale. Les propriétaires ont toujours tenu à marquer leur différence par rapport au sud de l'ancienne appellation de Graves, qui comprenait l'ensemble de la région, et ont fini par obtenir gain de cause en 1987 : les autorités ont reconnu une nouvelle appellation, Pessac-Léognan, incluant tous les crus classés en 1959 (voir encadré p. 321).

Le style des vins rouges de Pessac-Léognan

Les sols présentent une telle diversité que les Pessac-Léognan offrent une palette de vins de caractères très variés : pour s'en convaincre, il suffit de comparer sur plusieurs décennies deux vins rouges comme Haut-Brion et Domaine de Chevalier. Sans avoir la constitution tannique de certains vins du Médoc, ni le charme fruité de ceux de Saint-Émilion, les vins rouges de Pessac-Léognan présentent souplesse et équilibre, ainsi que de belles notes de fruits noirs ou de fumé. Le renouveau des pratiques culturales et les progrès dans les conduites de vinification ont permis une meilleure expression des terroirs et des cépages. Le cabernet-sauvignon y est dominant, comme dans le Médoc, devant le merlot. Les autres cépages autorisés, mais peu utilisés, sont le cabernet franc, le petit verdot et le cot (malbec).

Le style des vins blancs de Pessac-Léognan

Les vins blancs de Pessac-Léognan connaissent une réputation grandissante, et le fameux Domaine de Chevalier n'a plus l'exclusivité des très grands vins blancs. Le mariage des deux cépages blancs, sauvignon et sémillon, est la règle. Le premier est souvent dominant et constitue l'essentiel ou la totalité de l'assemblage dans quelques châteaux tels Smith-Haut-Lafitte, Malartic-Lagravière ou Couhins-Lurton. Le sémillon donne du gras, des notes confites et se prête bien à un élevage sous bois. Le sauvignon, dans ses deux versions (sauvignon blanc et, plus rare, gris), apporte du nerf et des arômes fringants, fruités et végétaux. La très fragile muscadelle peut venir compléter l'assemblage par petites touches, apportant sa rondeur et ses parfums. Chaque château joue sa propre partition en fonction de son encépagement et du millésime.

Outre les fermentations à température contrôlée, on a recours à des pratiques d'extraction d'arômes, comme la macération pelliculaire, qui consiste à laisser les moûts un certain temps en contact avec les peaux de raisin. L'utilisation de barriques neuves et la pratique du bâtonnage, qui consiste à remettre périodiquement les lies en suspension durant l'élevage, donnent au vin un supplément de texture et de complexité aromatique.

Les travaux d'œnologues réputés comme Denis Dubourdieu dans la recherche d'une meilleure expression des vins, et les équipements de plus en plus pointus dont se dotent les grands châteaux ont considérablement accru la qualité moyenne de la production. Ces efforts sont largement récompensés par l'engouement des amateurs avec, pour corollaire, une forte augmentation des prix des grands vins blancs qui peuvent égaler ou dépasser celui des meilleurs vins rouges. Certains de ces crus méritent de mûrir quelques années en cave.

L'appellation Graves

L'aire de cette appellation s'étire vers le sud sur environ 45 km avant d'atteindre la ville de Langon. En son point le plus large, cette langue de vigne peut atteindre 20 km d'est en ouest. Cette amplitude explique l'absence d'unité du vignoble, d'autant que la diversité des vins qui y sont produits rend toute généralisation impossible. On y produit non seulement de bons vins rouges, mais également des blancs, en sec comme en liquoreux. Car c'est au sein des Graves que se situent les appellations Barsac et Sauternes, qui comptent parmi les vins liquoreux les plus célèbres au monde (voir p. 325). Assez curieusement, les vins blancs secs, de plus en plus nombreux, produits au sein de ces deux appellations ne peuvent être étiquetés « Graves », mais seulement « Bordeaux ».

Comme son nom le laisse entendre, la région des Graves comporte une série d'affleurements de dépôts sédimentaires dominés par des galets mêlés à des sables, des strates ou des poches argileuses accumulés au cours des temps. Dans ce paysage vallonné, souvent boisé, les meilleurs vignobles occupent les croupes les mieux drainées. La composition des sols et des sous-sols varie considérablement d'un cru à l'autre. Longtemps dans l'ombre des vins du Médoc, les meilleurs crus de Graves présentent aujourd'hui d'excellents vins et certains méritent la comparaison avec des vins de Pessac-Léognan.

Outre les vins secs, la région produit quelques rares vins doux sous l'appellation Graves supérieur.

LE CLASSEMENT DES PESSAC-LÉOGNAN

Les propriétés de Pessac-Léognan sont régies par un classement datant de 1959. L'ensemble des châteaux énumérés ci-dessous sont des crus classés et, avec quelque 40 autres, ont droit à l'AOC Pessac-Léognan.

VINS ROUGES

Premier Grand Cru

- Ch. Haut-Brion

Crus classés

- Ch. Bouscaut
- Ch. Carbonnieux
- Dom. de Chevalier
- Ch. de Fieuzal
- Ch. Haut-Bailly
- Ch. La Mission-Haut-Brion
- Ch. La Tour-Haut-Brion
- Ch. La Tour-Martillac
- Ch. Malartic-Lagravière
- Ch. Olivier
- Ch. Pape-Clément
- Ch. Smith-Haut-Lafitte

VINS BLANCS

Crus classés

- Ch. Bouscaut
- Ch. Carbonnieux
- Dom. de Chevalier
- Ch. Couhins
- Ch. Couhins-Lurton
- Ch. Haut-Brion
- Ch. La Tour-Martillac
- Ch. Laville-Haut-Brion
- Ch. Malartic-Lagravière
- Ch. Olivier

CRUS DE PESSAC-LÉOGNAN

Les 1 600 ha de l'appellation se situent dans les communes limitrophes de l'ouest et du sud de la cité de Bordeaux. Depuis sa reconnaissance en septembre 1987 (avec le millésime 1986), l'appellation s'est imposée par la qualité des vins, tant blancs que rouges. Aujourd'hui les Pessac-Léognan atteignent le prix des bons Médocs et Saint-Émilion. Ils en ont la qualité, mais s'en distinguent par les substances aromatiques qu'ils contiennent. Les communes qui ont droit à l'appellation sont Cadaujac, Canéjean, Gradignan, Léognan, Martillac, Mérignac, Pessac, Saint-Médard-d'Eyrans, Talence et Villenave-d'Ornon.

CHÂTEAU BOUSCAUT
Cru classé La plus belle propriété de Cadaujac s'étend sur 46 ha dont 40 plantés en cépages rouges. Les vins possèdent du charme tant les rouges que les blancs.

CHÂTEAU CARBONNIEUX
Cru classé Ce superbe château du XVIIIe siècle est l'un des pionniers de la production de vin blanc dans les Graves. La famille Perrin y produit des blancs recherchés, vinifiés et élevés sous bois, et des rouges de bonne garde à partir d'un vaste vignoble de plus de 90 ha.

CHÂTEAU LES CARMES-HAUT-BRION
Complètement encerclée par l'urbanisation de la banlieue bordelaise, cette petite propriété située à Pessac produit uniquement des vins rouges à partir d'un encépagement dominé par le merlot.

DOMAINE DE CHEVALIER
Cru classé Datant de 1770, ce vignoble situé sur le point culminant de la commune de Léognan est l'un des plus beaux de l'appellation et produit des vins très estimés dans les deux couleurs, d'un raffinement et d'une complexité rarement présents dans l'appellation. Le vignoble couvre moins de 40 ha dont 33 dévolus aux cépages rouges.

CHÂTEAU COUHINS
Cru classé L'Institut national de la recherche agronomique (INRA) est propriétaire du domaine et a consenti d'importants investissements et une étude très poussée du parcellaire. Vins dans les deux couleurs dont un blanc très parfumé.

CHÂTEAU COUHINS-LURTON
Cru classé Cette petite propriété située à Villenave-d'Ornon produit des vins dans les deux couleurs dont un blanc issu exclusivement du sauvignon blanc.

CHÂTEAU DE FIEUZAL
Cru classé L'une des propriétés historiques qui s'est dotée récemment d'installations très modernes et renoue avec le prestige qui était le sien dans les années 1980. L'essentiel des 80 ha est dévolu au vin rouge avec un encépagement dominé par le merlot. Les blancs (8 ha) sont issus majoritairement du sauvignon blanc

CHÂTEAU DE FRANCE
Cette belle propriété veille sur un vignoble de 40 ha (dont 36 en rouge) situés sur l'un des plus hauts coteaux de la terrasse de Léognan. Les rouges sont un assemblage équilibré de cabernet-sauvignon et merlot, les blancs, vinifiés et élevés en barriques, proviennent du sauvignon à 80 %.

CHÂTEAU LA GARDE
Propriété de la maison de négoce Dourthe, ce vieux domaine possède un vignoble de 53 ha répartis entre belles croupes de graves et sols argilo-calcaires. On y produit des vins aimables dans les deux couleurs.

CHÂTEAU HAUT-BAILLY
Cru classé Le château domine un vignoble de 30 ha d'un seul tenant, établi sur une haute croupe de graves, planté uniquement →

de cépages rouges. Ce cru s'est forgé une haute réputation due à l'élégance et à la finesse particulière de ses vins qui vieillissent avec grâce.

CHÂTEAU HAUT-BRION
Cru classé C'est à Haut-Brion que sont nés les premiers grands vins bordelais à la fin du XVIIe siècle. Son rôle historique et la qualité de ses vins lui ont valu d'être l'unique cru des Graves à figurer dans le classement de 1855. Vin de grande race et d'une régularité étonnante dans sa qualité, y compris dans les millésimes réputés faibles, il mérite pleinement son rang de premier grand cru et Enclavé dans la ville, son vignoble d'une cinquantaine d'hectares est l'un des plus anciens de l'appellation. Si l'assemblage entre le cabernet-sauvignon et le merlot varie selon les millésimes, les vins rouges possèdent puissance, charme et déploient avec le temps un grand bouquet complexe et fumé. Une petite quantité d'un vin blanc très prisé est produite sur un vignoble de moins de 3 ha, planté à parts égales de sauvignon blanc et de sémillon.

CHÂTEAU LARRIVET-HAUT-BRION
La propriété a bénéficié d'importants investissements depuis son acquisition par la famille Gervoson en 1987. Le vignoble atteint 72 ha, dont 61 plantés de cépages rouges. Les vins, souvent d'un abord facile dans leur jeunesse, séduisent dans les deux couleurs.

CHÂTEAU LA LOUVIÈRE
Ce château d'une soixantaine d'hectares situé sur les terres de la commune de Léognan est le porte-drapeau des vignobles André Lurton (avec les châteaux Couhins-Lurton, de Cruzeau, de Rochemorin, etc.). Les vins blancs marqués par le sauvignon, et les rouges, plus élégants que puissants, vieillissent bien.

CHÂTEAU MALARTIC-LAGRAVIÈRE
Cru classé Repris en 1998 par Alfred-Alexandre Bonnie, ce château a fait peau neuve en se dotant d'installations modernes et en portant un soin particulier à la gestion des vignes. Le vignoble s'étend sur 46 ha plantés sur une haute terrasse de graves. Les vins font partie à nouveau des standards de l'appellation.

CHÂTEAU LA MISSION-HAUT-BRION
Cru classé Cette propriété d'une vingtaine d'hectares contiguë au Château Haut-Brion appartient au même propriétaire. Presque aussi chers et prestigieux que ceux du voisin, les vins rouges possèdent le même cachet, avec un supplément de rondeur qui les rend attractifs dès leur jeunesse. Le blanc, connu jusqu'en 2009 sous le nom de Laville Haut-Brion, reste assez unique par son encépagement (85 % de sémillon) et son style ample et gras.

CHÂTEAU OLIVIER
Cru classé Au cœur de l'appellation se trouve ce superbe château médiéval, ancien rendez-vous de chasse du Prince Noir. Le vignoble couvre 60 ha dont 8 plantés en cépages blancs. Depuis la reprise en main du domaine par la famille de Bethmann, la qualité des vins s'améliore et les prix sont attractifs.

CHÂTEAU PAPE-CLÉMENT
Cru classé Sans doute l'une des plus anciennes propriétés de Bordeaux, elle a été créée en 1300 par Bertrand de Got, archevêque de Bordeaux, qui deviendra pape sous le nom de Clément V. Elle est aujourd'hui assiégée par le développement urbain de la commune de Pessac. Le château, racheté par Bernard Magrez dans les années 1980, produit quelques-uns des vins les plus recherchés de l'appellation, à partir d'un vignoble de 46 ha répartis en trois grandes parcelles. Modernes, séducteurs, ces vins vieillissent avec bonheur.

→

CRUS DE PESSAC-LÉOGNAN

CHÂTEAU LE SARTRE
Cette propriété de 36 ha, entourée par quelques grands noms de l'appellation, a été acquise par la famille Perrin (Château Carbonnieux) au début des années 1980. Elle produit des vins très séduisants dans les deux couleurs.

CHÂTEAU SEGUIN
Cette propriété de 31 ha, rénovée et dynamique, plantée exclusivement de cépages rouges (60 % cabernet-sauvignon, 40 % de merlot), offre des vins colorés et intenses, issus de rendements sages.

CHÂTEAU SMITH-HAUT-LAFITTE
Cru classé Ce château est devenu l'un des hauts lieux de l'œnotourisme de luxe à Bordeaux. Après de gros investissements dans le vignoble (78 ha) et dans le chai, les vins font désormais partie des meilleurs de l'appellation. Le vin blanc, issu presque exclusivement du sauvignon, est une référence.

CHÂTEAU LA TOUR-MARTILLAC
Cru classé La famille Kresmann veille depuis longtemps à la destinée de ce cru classé situé à Martillac. Le vignoble couvre 50 ha et les vins se montrent élégants et d'un bon rapport qualité/prix dans les deux couleurs.

CRUS DE GRAVES

Jusque dans les années 1970, la plupart des propriétés du sud des Graves vendaient leurs vins en vrac au négoce bordelais : depuis, la mise en bouteilles à la propriété s'est largement développée. Rivalisant pour produire les vins rouges et les vins blancs les plus séduisants, les propriétaires ont également adopté des méthodes de vinification sophistiquées. Certains se vouent à la religion de la qualité en produisant des vins concentrés et de garde ; d'autres ont le culte des vins flatteurs à boire jeunes. Les styles de vins, tout comme leur qualité, sont donc assez disparates mais l'amateur dénichera ici d'excellentes affaires. Les meilleurs vins blancs évoquent ceux de Pessac-Léognan, sans en avoir le prix.
Les propriétés sont rassemblées autour de certaines communes comme Portets ou Langon, sur des affleurements de graves. Seuls les vins produits sur ces types de sol ont droit à l'appellation ; les autres vignobles relèvent de l'AOC Bordeaux.

CHÂTEAU DE CHANTEGRIVE
La famille Lévêque a progressivement constitué ce grand domaine de 80 ha de vignes sur la commune de Podensac, sur des terroirs gravelo-sableux. Les vins sont des assemblages équilibrés (50/50) de cabernet-sauvignon et de merlot pour les rouges ; de sauvignon blanc et de sémillon pour les blancs, vinifiés en cuve ou barrique pour ces derniers.

CLOS FLORIDÈNE
Œnologue et consultant reconnu, Denis Dubourdieu possède, entre autres propriétés, le Clos Floridène dont le vignoble (42 ha) est majoritairement situé sur le plateau calcaire de Pujols-sur-Ciron, près de Barsac. Celui qui a révolutionné les usages en matière de vins blancs de Bordeaux produit ici des vins fins et distingués dans les deux couleurs.

CHÂTEAU HAUT-SELVE
Venue de l'Armagnac, la famille Lesgourdes a créé ce domaine au début des années 1990. Il occupe une quarantaine d'hectares sur des graves calcaires ou argileuses. Les vins rouges sont de bonne garde, et le blanc bénéficie d'un élevage en barrique. →

CRUS DE GRAVES

CHÂTEAU MAGENCE
Aux mains de la même famille depuis le XVIIIe siècle, ce vignoble occupe 39 ha d'un seul tenant autour du château. Une agréable déclinaison de l'appellation avec des vins plus élégants que puissants dans les deux couleurs, vinifiés en cuve ou en fût.

CHÂTEAU RAHOUL
Reprise par Alain Thiénot en 1986, cette propriété possède un vignoble de 33 ha, répartis sur 54 parcelles et cinq communes différentes. Elle est connue avant tout pour ses vins blancs issus majoritairement du sémillon.

CHÂTEAU RESPIDE-MÉDEVILLE
Propriétaire à Sauternes, la famille Médeville possède ce château situé au nord de Langon. Le vignoble (14 ha) est réparti sur une mosaïque de sols et donne naissance à des vins élégants et harmonieux, avec des rouges qui font partie des standards de la région.

CHÂTEAU DE ROQUETAILLADE-LA GRANGE
Cette grande propriété située à Mazères élabore des vins blancs dominés par le sémillon, comportant une proportion inhabituelle de muscadelle (20 %) et des vins rouges à dominante de cabernet, qui peuvent vieillir.

CHÂTEAU SAINT-ROBERT
À Pujol-sur-Ciron ce château produit des vins réguliers dans les deux couleurs à partir d'un vignoble de 34 ha dont 28 plantés en cépages rouges (55 % de merlot).

VIEUX-CHÂTEAU-GAUBERT
Cette propriété de 25 ha créée par Dominique Haverlan produit des vins estimés, amples, charnus, élevés sous bois dans les deux couleurs, qui méritent de vieillir.

VILLA BEL AIR
Cette belle chartreuse classique est la propriété de la famille Cazes (Lynch-Bages) qui a restructuré entièrement vignoble (50 ha) et chais. Les vins sont réputés pour leur élégance et leur équilibre.

AUTRES CHÂTEAUX
Le Bonnat, de Cérons, Clos Bourgelat, Cabannieux, du Grand Bos, Grand Enclos du Château de Cérons, Haura, de Landiras, Lehoul, de Portets, Toumilon, Le Tuquet.

SAUTERNES

Carte page VI

Le Sauternes, considéré comme l'un des plus grands vins blancs liquoreux du monde, provient d'une zone située dans le sud des Graves. L'appellation Sauternes appartient à quatre communes, en dehors de la ville de Sauternes même : Fargues, Bommes, Preignac et Barsac. Il existe également une appellation Barsac, mais certains producteurs préfèrent commercialiser leur vin sous l'étiquette de l'AOC Sauternes, plus connue. Le Sauternes, vin sensuel aux couleurs d'or, aux notes profondes de miel, de fruits secs et confits constitue un vin classique de fin de repas, à déguster seul ou avec un dessert. Il se boit aussi, servi frais, en apéritif ou en accompagnement du foie gras mais peut également faire de beaux

mariages souvent ignorés avec des cuisines sucré-salé ou épicées.
Les cépages du Sauternes sont identiques à ceux des Graves blancs, dans l'ordre : sémillon, sauvignon et muscadelle. Le sémillon étant davantage sujet au *botrytis* (pourriture noble) que le sauvignon, il est largement dominant, représentant très souvent au moins 80 % de l'assemblage.

L'importance de la pourriture noble

Dans le Sauternais, tout concourt naturellement à produire des vins liquoreux, mais personne ne connaît l'origine exacte du Sauternes tel qu'il existe aujourd'hui. Certains en attribuent la paternité à un propriétaire local qui aurait importé la technique d'Allemagne en 1847, mais d'autres affirment qu'on produisait ce vin liquoreux avant cette date.
Quoi qu'il en soit, cette production n'est pas sans risque, car la chaleur estivale n'est pas suffisante pour garantir la surmaturité et la douceur nécessaires à l'élaboration d'un bon Sauternes. Il faut que les conditions climatiques favorisent l'apparition et l'action du *Botrytis cinerea* (pourriture noble), champignon entretenu par une certaine humidité, qui se développe sur les baies, les recroqueville et concentre leur teneur en sucre, en acidité et en arômes par évaporation de l'eau. Le *botrytis* est à l'origine de phénomènes chimiques très complexes qui gardent leurs secrets.
Le blanc liquoreux de Sauternes est un vin riche, onctueux et mielleux, corsé par une pointe d'acidité propice à un long vieillissement. Au fur et à mesure de sa maturation, il prend une couleur plus profonde, ambrée, perd de sa sucrosité et développe un bouquet inimitable d'une très grande complexité.
Le Sauternais est bordé par la Garonne et traversé par le Ciron, l'un de ses affluents. À partir du mois de septembre, les brouillards matinaux montent des eaux, enveloppent le vignoble et encouragent les poussées du *botrytis* qui s'installe sur les grappes. Des recherches récentes ont démontré que l'humidité du sol joue un rôle tout aussi important dans ce processus. En règle générale, l'humidité se dissipe sous le chaud soleil de midi, limitant l'action du champignon aux seules pellicules des raisins. Si ce n'est pas le cas, et si une humidité permanente s'installe, le *botrytis* dégénère en une pourriture grise qui signifie la perte du raisin.
La pourriture noble ne se répartit de façon uniforme que les années exceptionnelles. Mais, la plupart du temps, le *botrytis* est localisé et se développe par poussées, ce qui oblige les récoltants à faire plusieurs vendanges successives. Les tries, au moment des vendanges, restent le facteur essentiel de la réussite d'un bon Sauternes. Certaines années, le *botrytis* reste très limité ou se produit très tardivement ; d'autres années, l'attaque est aussi rapide que massive.

Si, à la mi-octobre, le raisin est toujours sain et très mûr, mais sans la moindre trace de pourriture noble, la tentation de vendanger peut être forte. Si l'on y succombe, on obtient un vin moelleux riche, mais sans le parfum spécifique et complexe que confère le *botrytis*. Les meilleurs domaines attendent jusqu'au dernier moment, espérant toujours une attaque du champignon, et n'envoient les vendangeurs que lorsque la contamination est suffisamment étendue. En 1985, année où le *botrytis* est apparu exceptionnellement tard, Château d'Yquem récoltait encore en décembre.

Le bon moment

Quand on attend pour vendanger, on risque de voir le temps se dégrader. À l'approche de l'hiver, il n'est pas rare qu'une semaine de pluies ininterrompues détruise sur pied tous les raisins. Certaines années, ceux qui ont vendangé précocement, par chance ou par manque d'audace, ont récolté des grappes de meilleure qualité que ceux qui ont attendu, en vain, que le *botrytis* s'installe dans le vignoble. Mais, en règle générale, ceux qui prennent leur temps se voient récompensés par des vins beaucoup plus complexes.

LE CLASSEMENT DES SAUTERNES

La lettre (B) indique les propriétés de Barsac autorisées à vendre leur vin sous l'étiquette Barsac ou Sauternes. L'ordre suivi est celui de la classification de 1855.

PREMIER CRU SUPÉRIEUR
- Ch. d'Yquem

PREMIERS CRUS
- Ch. Climens (B)
- Clos Haut-Peyraguey
- Ch. Coutet (B)
- Ch. Guiraud
- Ch. Lafaurie-Peyraguey
- Ch. Rabaud-Promis
- Ch. de Rayne-Vigneau
- Ch. Rieussec
- Ch. Sigalas-Rabaud
- Ch. de Suduiraut
- Ch. La Tour Blanche

SECONDS CRUS
- Ch. d'Arche
- Ch. Broustet (B)
- Ch. Caillou (B)
- Ch. Doisy-Daëne (B)
- Ch. Doisy-Dubroca (B)
- Ch. Doisy-Védrines (B)
- Ch. Filhot
- Ch. Lamothe
- Ch. Lamothe-Guignard
- Ch. de Malle
- Ch. de Myrat (B)
- Ch. Nairac (B)
- Ch. Romer du Hayot
- Ch. Suau (B)

Dans les millésimes les plus compliqués, comme 2012, les châteaux de renom doivent procéder à une sélection impitoyable pour produire une petite quantité de vin digne de leur rang, ou se résoudre à faire l'impasse sur le millésime.

Les pratiques d'enrichissement (chaptalisation) ou de concentration des moûts (la cryoextraction, qui consiste à congeler les raisins pour en retirer l'eau) sont autorisées. C'est à chaque château de décider s'il faut ou non recourir à ces pratiques qui sont parfois perçues comme des artifices.

Le Sauternes aujourd'hui

Les vins de Sauternes ont connu le même phénomène que les Graves secs : une nette amélioration de la qualité depuis les années 1980 alors que les deux décennies précédentes avaient singulièrement brillé par leur manque de panache. On a connu, il est vrai, de grands millésimes, 1975 et 1976 notamment, mais rares ont été les domaines qui ont offert des vins remarquables.

Pour les producteurs il devenait urgent de sortir du cercle vicieux : mauvaise vinification/vin médiocre/prix bas. Ils prirent conscience que seul un sursaut pourrait rétablir la réputation d'un nom qui avait eu son heure de gloire dans le passé. Depuis, les temps ont bien changé. Les systèmes de pressurage, de contrôle de températures, l'usage de fûts neufs (en proportion variable) pour la fermentation et l'élevage, combinés à la qualité des tries dans le vignoble ont considérablement amélioré la qualité et la réputation des vins de Sauternes. En raison d'un marché nécessairement plus limité, ces vins n'ont cependant pas la même audience que les grands vins rouges du Médoc ou de la rive droite, et leurs prix restent sages, surtout au regard de leurs coûts de production qui sont les plus élevés du Bordelais. Les difficultés de commercialisation ont poussé plusieurs grands châteaux à produire un vin blanc sec haut de gamme, luxueusement élevé et vendu au prix d'un cru classé de Pessac-Léognan.

En dehors du Château d'Yquem qui bénéficie d'une aura à part, le classement des crus du Sauternes de 1855 n'a pas la notoriété de celui du Médoc auprès du public. Il constitue pourtant un bon guide pour l'amateur car beaucoup d'entre eux justifient leur rang de crus classés. L'appellation compte aussi d'autres valeurs sûres, non classées, mais pas moins méritantes.

Quels que soient les progrès, le secret du grand Sauternes réside d'abord dans les vendanges : pas de grands vins sans raisins concentrés et bien botrytisés. Les grands châteaux s'astreignent à récolter, autant que la nature le leur permet, des raisins possédant une forte concentration naturelle en sucre qui donnent des vins puissants (entre de 13,5 et 14 % d'alcool) et liquoreux (autour de 100 g de sucre résiduel par litre). Les années de grande maturité, une teneur en sucre aussi élevée est pratiquement la norme. Les années plus classiques, il est nécessaire de procéder aux tries successives pour pouvoir obtenir des moûts possédant la concentration suffisante. Un procédé plus rapide consiste à récolter des raisins très mûrs, avec un taux d'alcool potentiel de 15 % vol., et à chaptaliser le moût (rajout de sucre). Inutile de préciser que la dégustation d'un tel vin est moins enthousiasmante.

Au-delà des millésimes, les grands châteaux ont produit ces deux dernières décennies des vins volontiers plus riches et plus exubérants que par le passé. Beaucoup orientent actuellement leur travail vers la recherche d'élégance et de finesse.

CRUS DE SAUTERNES

La distinction entre le Sauternes des cinq communes est très subtile. Celui de Barsac se démarque par son style plus nerveux et son cachet aromatique. Certains Sauternes, comme Château Rieussec et Guiraud, offrent une telle richesse qu'elle peut paraître exubérante. Quelques amateurs préfèrent la plus grande finesse proposée par des Barsacs tels que Château Climens ou Château Doisy-Daëne. Dans ces querelles de connaisseurs, où tout est affaire de goût, la qualité n'est pas en jeu. Au nord de Barsac, une autre appellation, Cérons, produit des vins blancs liquoreux (voir encadré p. 331) qui se montrent en général moins concentrés. Des vins blancs doux, souvent plus simples, sont également élaborés ailleurs dans la région des Graves, sous l'appellation AOC Graves supérieur.

CHÂTEAU D'ARCHE
2e cru classé Cette propriété de 40 ha, devenue récemment un lieu d'œnotourisme, est située sur les hauteurs du village de Sauternes. Le sémillon occupe 90 % du vignoble et produit des vins axés sur la finesse, d'un très bon rapport qualité/prix.

CHÂTEAU BASTOR-LAMONTAGNE
Appartenant au Crédit Foncier, le château est à la tête d'un vignoble de 56 ha situés sur la commune de Fargues. Les Sauternes, équilibrés et digestes, sont d'un abord facile. Bon rapport qualité/prix.

CHÂTEAU CLIMENS
1er cru classé Il s'agit de l'une des rares propriétés qui puissent rivaliser avec Château d'Yquem. Le vignoble de 30 ha, d'un seul tenant, est situé au sommet de l'appellation Barsac, sur un socle calcaire. Bérénice Lurton maintient ce château tout en haut de la hiérarchie de la région avec des vins d'une intensité et d'une complexité aromatiques hors norme que le temps révèle.

CHÂTEAU COUTET
1er cru classé La famille Baly possède ce château situé à Barsac dont le vignoble s'étend sur 38 ha plantés dans un sol d'argile rouge sur socle calcaire. Les vins, puissants et parfumés, font partie des standards de l'appellation. Une cuvée spéciale (Madame) très concentrée est produite certains millésimes, ainsi qu'un vin blanc sec, baptisé Opalie.

CHÂTEAU DOISY-DAËNE
2e cru classé La famille Dubourdieu élabore un vin au style délicat et très pur, à partir d'un vignoble de 18 ha situé à Barsac. La cuvée L'Extravagant, version très concentrée, voit le jour dans les grands millésimes. →

CRUS DE SAUTERNES

CHÂTEAU DOISY-VÉDRINES
2e cru classé Restée longtemps effacée, cette propriété de Barsac a pris son essor à la fin des années 1980 pour rejoindre l'élite de Barsac. Les petits rendements offrent un vin riche, très liquoreux qui a besoin de temps pour s'épanouir.

CHÂTEAU DE FARGUES
L'ancien propriétaire d'Yquem, Alexandre de Lur-Saluces, a réhabilité le vignoble familial (15 ha) et entrepris de rénover la très belle forteresse médiévale. L'exigence à toutes les étapes de la production aboutit à un vin puissant et classique, recherché des amateurs.

CHÂTEAU FILHOT
2e cru classé Les vignobles de Filhot se regroupent autour d'un magnifique château du XVIIIe siècle et occupent le versant sud de la commune de Sauternes. Les vins ne s'expriment jamais mieux qu'après un temps de vieillissement nécessaire.

CHÂTEAU GILETTE
Cette propriété reste à part dans le Sauternais : l'élaboration des vins, à partir de vignes à faible rendement, ne se fait que les années exceptionnelles. Les vins ne sont vendus qu'après un très long vieillissement (15 à 18 ans) en cuve béton (non oxydatif) puis en bouteilles.
Le vin, très concentré, évolue donc beaucoup plus lentement que d'autres, si bien qu'un « jeune » Gilette conserve très lentement ses parfums de jeunesse, avant d'évoluer très lentement sur des décennies. Les prix pratiqués sont loin d'être exorbitants au regard du travail de sélection et d'élevage.

CHÂTEAU GUIRAUD
1er Cru classé Trois producteurs bordelais et un industriel se sont portés acquéreurs en 2006 de ce château dont le vignoble couvre 85 ha sur la commune de Sauternes. Les petits rendements et les longs élevages donnent un vin puissant et onctueux. Un blanc sec (baptisé « G ») est produit sous la bannière Bordeaux blanc, ainsi qu'un second vin (Petit Guiraud), estimé.

CHÂTEAU HAUT-BERGERON
Les 17 ha de vignes sont répartis sur une mosaïque de parcelles disséminées sur les communes de Bommes, Preignac, Barsac et Sauternes, dont certaines jouxtent le vignoble d'Yquem. La famille Lamothe produit avec régularité des Sauternes consistants d'un remarquable rapport qualité/prix.

CHÂTEAU CLOS HAUT-PEYRAGUEY
1er cru classé Racheté par Bernard Magrez en 2012, ce petit vignoble de 17 ha situé à Bommes produit des sauternes riches et structurés, vieillissant avec grâce. L'assemblage ne comporte qu'une touche de sauvignon (5 %).

CHÂTEAU LES JUSTICES
Également propriétaire du Château Gilette, la famille Gonet-Médeville possède ce petit domaine de 8,5 ha situé à Preignac. Les vins, vinifiés et élevés en cuve, privilégient l'équilibre et l'expression du fruit à la puissance. Prix raisonnables.

CHÂTEAU LAFAURIE-PEYRAGUEY
1er cru classé Propriétaire sur la rive droite, le Suisse Silvio Denz a acquis en 2014 ce château situé à Bommes. Les chais et le château ont été entièrement réhabilités et le cru produit des Sauternes haut de gamme, riches en liqueur, de belle garde, à partir d'un vignoble de 40 ha.

CHÂTEAU DE MALLE
2e cru classé Ce château cossu classé monument historique possède un vignoble de 50 ha réparti sur trois communes et deux AOC, Sauternes et Graves. Il produit des vins liquoreux séducteurs et accessibles dès leur jeunesse. →

CRUS DE SAUTERNES

CHÂTEAU DE MYRAT *2e cru classé* Propriété de la famille de Pontac, le vignoble (22 ha) a été entièrement reconstitué à partir de 1988. Les vins, riches et équilibrés, et se posent comme une belle illustration du style de Barsac.

CHÂTEAU NAIRAC *2e cru classé* La famille Tari-Heeter a ressuscité ce cru situé à Barsac (17 ha) et produit désormais avec régularité des vins riches en liqueur.

CHÂTEAU RABAUD-PROMIS *1er cru classé* Les Déjean veillent depuis longtemps à la destinée de ce château situé à Bommes. Le vignoble couvre 33 ha sur des sols de graves posées sur un sous-sol argilo-sableux. Issus du sémillon à 80 %, les vins jouent la carte de la fraîcheur.

CHÂTEAU RAYMOND-LAFON Pierre Meslier, qui a dirigé le Château d'Yquem pendant des décennies, a passé le relais à ses enfants. Très bien situées, les parcelles sont regroupées autour du château, sur les communes de Sauternes, Bommes et Preignac. Très réputés, les vins possèdent la puissance et l'amplitude des tout meilleurs.

CHÂTEAU DE RAYNE-VIGNEAU *1er cru classé* Dans le giron du Crédit agricole depuis 2004, et sérieusement repris en main depuis, ce château peut se targuer de posséder un beau terroir d'un seul tenant. Ses vins progressent régulièrement, affichant un niveau de qualité confirme à son rang de 1er cru classé.

CHÂTEAU RIEUSSEC *1er cru classé* Propriété des Domaines Rothschild, contiguë du Château d'Yquem, le vignoble de Rieussec s'étend à la jonction de Fargues et de Sauternes sur 94 ha. Planté à 90 % de sémillon, il est à l'origine d'un vin ample, réputé pour son opulence et sa richesse.

CHÂTEAU SIGALAS-RABAUD *1er cru classé* La famille de Lambert des Granges veille sur ce cru qui est modeste en taille (14 ha), mais dont les vignes montrent une aptitude particulière au développement de la pourriture noble. Réguliers et concentrés, les vins possèdent aussi une dimension singulière de finesse qui fait de ce cru l'un des tout meilleurs châteaux du Sauternais.

CHÂTEAU DE SUDUIRAUT *1er cru classé* Repris en 1992 par AXA Millésimes, le vignoble de ce cru réputé s'étend sur 92 ha répartis sur plusieurs terroirs. →

CÉRONS

Les vignerons des trois communes de Cérons, Podensac et Illats ont droit à l'appellation Cérons pour leurs vins blancs liquoreux, mais peuvent également élaborer du Graves blanc sec à partir des mêmes vignes. Au meilleur de sa forme, le Cérons peut ressembler à un Barsac, en version plus légère et souvent moins liquoreuse, mais avec ce bouquet typique du *botrytis*.

CHÂTEAU DE CÉRONS Belle chartreuse du XVIIIe siècle, ce château signe des vins secs et doux de bon niveau dont un liquoreux réputé, vinifié et élevé en fût, élégant et complexe.

GRAND ENCLOS DU CHÂTEAU DE CÉRONS Ancien propriétaire du Castello di Ama en Toscane, Giorgio Cavanna a repris la propriété en 2000. Situé sur le plateau de Podensac, le vignoble couvre une dizaine d'hectares sur des sols de graves. Un très bon Cérons y est produit, pur et aromatique, et un blanc sec de haut niveau.

AUTRES PRODUCTEURS Château d'Arricaud, Clos Bourgelat.

CRUS DE SAUTERNES

Le château joue de cette complémentarité pour produire des vins complets, connus pour leur opulence et leur distinction aromatique. Deux autres cuvées plus légères sont produites (Castelnau et Lions) ainsi qu'un vin sec, (le « S ») à dominante de sémillon.

CHÂTEAU LA TOUR BLANCHE
1er cru classé Propriété du ministère de l'Agriculture et du lycée agricole public préparant aux métiers du vin, La Tour Blanche est aussi un cru classé qui tient fermement sa position. 40 ha sont exploités, donnant naissance à un vin riche et aérien, d'un équilibre singulier. Outre le second vin (Les Charmilles), des vins secs, rouges et blancs, sont produits sur le domaine.

CHÂTEAU D'YQUEM
1er cru supérieur Le plus grand Sauternes, mais aussi le plus cher. Son prix élevé avait permis à son ancien propriétaire, le comte Alexandre de Lur-Saluces, de maintenir ce cru au sommet de la hiérarchie du Sauternais. Ses successeurs (LVMH) ont pris le pli depuis 1999, entretenant un mythe qui ne faillit jamais. L'aptitude du terroir à « prendre » le *botrytis,* la minutie des tries (140 vendangeurs), la sélection drastique des raisins, l'exigence à chaque étape de la production et l'expérience accumulée expliquent le caractère hors norme et exceptionnellement régulier des vins d'Yquem qui vieillissent comme nul autre. Aucun vin n'est produit dans les années jugées trop faibles (1992, 2012). Le « Y » est le blanc sec de la propriété.

AUTRES CHÂTEAUX
Domaine de l'Alliance, La Bouade, Broustet, Caillou, Lamothe, Lamothe-Guignard, Liot.

ENTRE-DEUX-MERS

Carte page IV

Limitée par la Dordogne au nord, par la Garonne au sud et par la frontière entre le département de la Gironde et ceux de la Dordogne et du Lot-et-Garonne à l'est, une petite enclave vallonnée opère un contraste avec le paysage plus austère et plat des Graves et du Médoc. C'est le vaste plateau de l'Entre-deux-Mers, sillonné de vallées où se nichent fermes et bosquets, bois et églises romanes. Son nom de pays « entre deux mers » provient du fait que la marée atlantique remonte dans les deux fleuves à 150 km de l'océan.

Dans un lointain passé, la viticulture n'était qu'une activité parmi d'autres, dans cette campagne où les vignes côtoyaient les prés à vaches, les champs de blé et les vergers. De nos jours, la région d'Entre-deux-Mers représente le plus important vignoble du Bordelais et la zone viticole AOC la plus vaste de France.

Autrefois productrice de vins blancs doux sans grand caractère, cette région s'est diversifiée dans les années 1980, et l'amateur de vins a le choix aujourd'hui entre plusieurs styles de vins de qualité, y compris de nombreux vins rouges qui bénéficient, pour la majorité, des appellations Bordeaux ou Bordeaux supérieur.

Les côtes de Bordeaux, suite de collines escarpées mais peu élevées, forment la frontière sud. C'est là que se trouvait au Moyen Âge l'un des vignobles les plus importants du Bordelais.

Les districts et les appellations

La région est un patchwork d'appellations. Une bonne partie du vin rouge n'a droit qu'à la simple AOC Bordeaux ou à celle de Bordeaux supérieur qui implique des contraintes de production un peu plus sévères. L'AOC Entre-deux-Mers est réservée au vin blanc sec.

Quelques-uns des meilleurs vins rouges proviennent de l'AOC Cadillac-Côtes-de-Bordeaux (anciennement Premières-Côtes-de-Bordeaux). Sur la même aire d'appellation, l'AOC Premières-Côtes-de-Bordeaux, confidentielle, est désormais réservée aux vins blancs doux. Ces vignobles longent la rive droite de la Garonne sur une soixantaine de kilomètres et changent de dénomination en se prolongeant au sud-est ; ils s'appellent alors Côtes-de-Bordeaux-Saint-Macaire, appellation dédiée aux vins blancs, secs, moelleux ou liquoreux.

Enclavées dans l'ensemble précédent, trois petites appellations sont vouées aux vins blancs doux : Sainte-Croix-du-Mont, Loupiac et Cadillac, où prospèrent quelques très bons châteaux, capables de produire des vins qui évoquent les liquoreux de la rive gauche.

D'autres zones de la région possèdent leur propre appellation : Entre-deux-Mers-Haut-Benauge, enclave de vin blanc située au centre de l'Entre-deux-Mers ; Graves-de-Vayres, sur les graviers de la Dordogne, qui produit essentiellement des vins rouges et quelques blancs secs ou moelleux plus rares ; Sainte-Foy-Bordeaux et ses vins blancs et rouges. Il ne faut pas confondre l'appellation Graves-de-Vayres avec l'AOC Graves, qui se situe sur l'autre rive. Ses 550 ha se partagent entre vignes blanches et vignes rouges.

Les styles de vin

L'Entre-deux-Mers est un vin blanc sec issu des cépages sauvignon et sémillon, parfois complété par un peu de muscadelles. Après s'être un temps intéressé aux vins blancs doux, les vignerons se sont convertis aux vins secs. La zone comporte une vraie diversité de terroirs, mais le style dominant de l'AOC privilégie des vins frais et aromatiques, vinifiés en cuve, et à boire sur le fruit dans leurs premières années.

L'enclave du Haut-Benauge s'est dotée de deux AOC, l'une pour les vins blancs secs (Entre-deux-Mers-Haut-Benauge), l'autre pour des vins moelleux (Bordeaux-Haut-Benauge).

Les petites AOC Loupiac et Sainte-Croix-du-Mont sont bien situées, avec leurs vignes plantées près de la rivière et susceptibles d'être affectées par le *botrytis*. C'est là que réside le potentiel pour élaborer de bons vins blancs moelleux correspondant aux normes et au style du Sauternes, avec, en général, moins de concentration. Les liquoreux de Loupiac, de Cadillac et plus encore ceux de Sainte-Croix-du-Mont peuvent offrir d'étonnants rapports qualité/prix.

Faute d'indication précise sur l'étiquette, il est difficile de savoir si un vin rouge AOC Bordeaux provient ou non de cette région de Gironde, mais c'est le cas pour nombre des meilleurs châteaux de cette catégorie. Des producteurs situés dans les AOC méconnues peuvent préférer produire leurs vins sous étiquette Bordeaux ou Bordeaux supérieur, pour plus de lisibilité. Ces appellations génériques fournissent plus de la moitié des vins de Bordeaux chaque année. S'il faut évidemment être sélectif, et pour peu que le millésime soit favorable, des vins rouges très séduisants naissent de ces appellations, avec des rapports qualité/prix imbattables.

Majoritairement issus du merlot, les vins de Cadillac-Côtes-de-Bordeaux, sur des terroirs vallonnés, souvent bien exposés, offrent, dans les bonnes versions, volume et structure. C'est aussi dans ces vignobles que l'on produit quelques-uns des meilleurs clairets, des vins entre rosé et rouge issus de macérations plus longues que les rosés traditionnels. Ces clairets offrent davantage de couleurs, de structure et de saveurs, avec des arômes intenses de fruits rouges.

PRODUCTEURS

Outre les coopératives qui assurent une bonne part de la production, la région compte de plus en plus de bons et très bons producteurs dont voici une sélection.

BORDEAUX ET BORDEAUX SUPÉRIEUR
Rouge et blanc
Belle Garde, Domaine de Courteillac, Le Grand Verdus, L'Isle Fort, Lamothe-Vincent, Landereau, Lauduc, Lesparre, Marjosse, La Mothe du Barry, Parenchère, Penin, Pey La Tour, Pierrail, Le Pin Beausoleil, Roques Mauriac, Sainte-Barbe, Sainte-Marie, Tire-Pé, Tour de Mirambeau, Turcaud.

CADILLAC-CÔTES-DE-BORDEAUX
Rouge
Beneyt, Biac, Brethous, Carignan, du Grand Parc, Reynon, Suau, Les Tourelles.

CADILLAC, LOUPIAC, SAINTE-CROIX-DU-MONT
Blanc liquoreux
Bel Air, La Bertrande, du Cros, Dauphiné-Rondillon, Fayau, Loubens, La Rame, Reynon, de Ricaud, Suau, de Teste.

ENTRE-DEUX-MERS
Blanc sec
Les Arromans, Bonnet, Camarsac, de Fontenille, Landereau, Lestrille, Marjosse, Montlau, Sainte-Marie, Tour de Mirambeau, Turcaud.

BOURG ET BLAYE

Carte page IV

Les visiteurs du Médoc ont en permanence sous les yeux, de l'autre côté des eaux brunes du vaste estuaire de la Gironde, les pentes boisées de Blaye. Elles restent cependant difficiles d'accès, sauf si l'on s'aventure sur le bac de Lamarque entre Saint-Julien et Margaux, mais le visiteur est bien récompensé de son passage. Venant du nord, il suffit de tourner à droite avant de franchir les ponts qui mènent à Bordeaux.

Le paysage vallonné de la rive droite de la Gironde est doté de nombreux vignobles, bien qu'en quantité plus limitée que sur l'autre rive. Et, pourtant, favorisés par leur plus grande accessibilité à la mer, Blaye et Bourg étaient au Moyen Âge des ports vinicoles importants alors que Pauillac et Margaux ont longtemps vécu de l'élevage des moutons et de la culture du blé.

Bourg et Blaye élaborent essentiellement des vins rouges à partir d'assemblages dominés par le merlot, mais ils ont conservé une petite production de vins blancs. Les vignobles situés sur les coteaux en bordure de la Gironde offrent le meilleur potentiel. Les vins de Bourg et les meilleurs Blaye en sont souvent issus et se signalent par leur caractère corsé. Des vins plus souples et plus fruités proviennent des vignobles plus éloignés du fleuve.

Les cépages et les styles de vin

Principal cépage, le merlot forge le caractère des vins rouges de style « rive droite » rappelant le Fronsac et le Saint-Émilion. Dans les assemblages, il est souvent épaulé par le cabernet-sauvignon, le malbec, en renouveau, et plus rarement par le cabernet franc.

Les rares vins blancs sont issus du sauvignon, dominant, éventuellement assemblé au sémillon, à la muscadelle et, pour les vins de Bourg, au colombard, cépage du Cognac voisin, qui n'existe plus qu'à l'état résiduel.

Les vins de Blaye et de Bourg avaient la réputation d'être robustes, sombres et de longues garde. Selon un écrivain du XIXe siècle, il fallait attendre une dizaine d'années pour déguster ces vins qui, d'après lui, dépassaient les Médocs courants par leur structure, leur fruité et leur caractère. Aujourd'hui, ce style peut être toujours présent, notamment à Bourg, mais dans l'ensemble, les vins ont gagné en souplesse et en qualité de fruit. Les vins les plus concentrés de Bourg ou de Blaye méritent de vieillir entre trois et dix ans dans les bons millésimes. Ces régions constituent une source très intéressante de bons bordeaux pour les amateurs en quête de bons rapports qualité/prix.

PRODUCTEURS

Commercialisant autour de 25 % de la production dans chacune des régions, les coopératives ont reculé au profit des domaines indépendants. Les structures sont familiales et la plupart des domaines sont de taille modeste ou moyenne.

BLAYE

Avec trois coopératives et 230 domaines qui signent leur propre production, la région offre une gamme assez variée de vins, essentiellement rouges. Si plusieurs styles cohabitent, la souplesse et le fruité caractérisent nombre de cuvées. Les prix restent en général modestes. Parmi les meilleurs producteurs, citons : Bel-Air La Royère, Bertinerie, Gigault, Haut-Bertinerie, Les Jonqueyres, Lacaussade Saint-Martin, Mondésir-Gazin, Montfollet, Petit Boyer, Segonzac, des Tourtes.

BOURG

L'AOC Côtes-de-Bourg compte aujourd'hui parmi les plus intéressants vignobles de côte. La qualité des châteaux n'a cessé de s'améliorer. Parmi les meilleurs producteurs, citons : Brulesécaille, Bujan, Civrac, Falfas, Fougas, Galau, Guerry, Haut-Gravier, Haut-Macô, Macay, Martinat, Moulin des Graves, Puy Descazeau, Roc de Cambes.

Les zones et les appellations

Avec d'autres appellations situées à la périphérie du Bordelais, Bourg et Blaye produisent des vins de « Côtes », qui montrent souvent davantage de cachet que les simples appellations régionales.
Bourg est la plus petite des deux zones, mais la viticulture y est intensive, tout autour du port de Bourg. L'appellation Côtes-de-Bourg, créée en 1936 pour les vins rouges et en 1941 pour les blancs, couvre les sols situés sur les coteaux qui surplombent la Dordogne. Les quelque 3 950 ha de vignes sont consacrés en majorité au vin rouge, contre une infime quantité de vin blanc. Les vins ont su conserver leur caractère affirmé, tout en offrant davantage de rondeur et de fruit que par le passé. Ils sont une source d'excellentes affaires, car les prix demeurent attractifs.
La zone de Blaye est plus étendue, bien que la superficie des vignobles ait été longtemps à peu près identique. Il couvre aujourd'hui plus de 6 500 ha. La région a rejoint l'association des Côtes-de-Bordeaux, créée en 2007 pour plus de visibilité commerciale, qui fédère quatre terroirs de « côte » du Bordelais : Blaye, Castillon, Francs et Cadillac. Sur les étiquettes, le nom de ces terroirs est désormais accolé à celui de Côtes-de-Bordeaux.
Blaye compte aujourd'hui deux AOC : Blaye-Côtes-de-Bordeaux, la plus large, qui produit des vins dans les deux couleurs, et Blaye, réservée aux seuls vins rouges, avec un cahier des charges plus exigeant. Cette dernière concentre nombre des meilleures cuvées de la région.

SAINT-ÉMILION

Carte page VII

Cette célèbre région consacrée au vin rouge est regroupée autour du village de Saint-Émilion, situé à quelque 40 km au nord-est de Bordeaux, sur la rive droite de la Dordogne. Le vignoble s'étend sur 5 400 ha. En plus des neuf communes autorisées à utiliser l'appellation Saint-Émilion, quatre autres peuvent l'accoler à leur nom. Ce sont les communes périphériques de Saint-Émilion : Lussac, Montagne, Puisseguin et Saint-Georges (voir p. 344).

Les zones vinicoles et les châteaux

La multiplicité des vins de Saint-Émilion s'explique par deux facteurs : d'une part, la grande diversité des sols, sous-sols et mésoclimats et, d'autre part, le nombre de producteurs indépendants (un peu moins de 700). La plupart des propriétés sont de petites entreprises familiales, dont une partie est fédérée par la cave coopérative qui compte quelque 170 adhérents.

La plupart des grands crus classés sont concentrés dans deux zones privilégiées. La première correspond au plateau gravelo-calcaire situé au nord et à l'ouest de la commune de Saint-Émilion, avec une poche de graves profondes au voisinage de Pomerol. La seconde comprend le plateau calcaire et les côtes argilo-calcaires escarpées aux alentours de la cité.

La Jurade

Cet organisme, responsable aujourd'hui de la promotion du Saint-Émilion dans le monde, a été créé au XIIe siècle par Jean sans Terre, le fils d'Éléonore d'Aquitaine. En signant la charte de Falaise, il permettait aux villageois de gérer leur propre réglementation du vin. En 1289, sous Édouard Ier, ces pouvoirs ont été étendus à huit autres paroisses : ce sont ces neuf communes qui constituent aujourd'hui l'aire de l'appellation Saint-Émilion.

Les cépages

Le cabernet-sauvignon à maturation tardive, omniprésent dans le Médoc, s'adapte généralement mal à la froideur des sols et du mésoclimat du nord-est du Bordelais. En revanche, le merlot et, localement, le cabernet franc y atteignent régulièrement un bon niveau de maturité. La plupart des vins résultent d'un assemblage des deux cépages dans lequel le merlot joue le rôle dominant. La part du cabernet franc peut être élevée, notamment dans les châteaux situés sur les sols de graves situés dans le voisinage de Pomerol, comme à Château Cheval-Blanc. Le cabernet-sauvignon (10 % de l'encépagement) joue à Saint-Émilion un rôle d'appoint, sauf exception comme au château Figeac qui lui consacre un tiers de son vignoble. Après avoir été très planté au XIXe siècle, le malbec n'est plus présent qu'à l'état résiduel.

Les appellations

Sur la même aire d'appellation, le vignoble de Saint-Émilion s'est doté de deux AOC distinctes : Saint-Émilion et Saint-Émilion Grand Cru. La différence ne tient pas au terroir mais au cahier des charges, plus exigeant dans le second cas : rendement inférieur, élevage plus long, mise en bouteilles à la propriété. Pour le dégustateur, en théorie, un simple Saint-Émilion se montrera souvent plus souple et plus léger qu'un Saint-Émilion Grand Cru.

Le style Saint-Émilion

En raison de la multiplicité des vins, il est impossible de dégager un style propre au Saint-Émilion. Une qualité cependant est indéniable et constante : la séduction d'un Saint-Émilion jeune par rapport à l'austérité d'un Médoc du même âge. Comment expliquer

LES FACTEURS DE QUALITÉ

L'histoire, la composition des sols et le macroclimat de la région viticole de Saint-Émilion et du Libournais, sur la rive droite de l'estuaire, sont très différents de ceux du Médoc et des Graves, sur la rive gauche. Ces facteurs, alliés aux cépages dominants (merlot et cabernet franc), produisent des vins de styles bien particuliers.

SOLS

La composition des sols du Libournais est moins homogène que dans le Médoc. Hormis quelques exceptions, les meilleurs domaines se trouvent sur des catégories de sols particulières : le plateau calcaire et le versant argilo-calcaire des collines et des coteaux situés autour du village de Saint-Émilion, mais aussi sur les sols argilo-sablonneux de Pomerol. Le calcaire a la particularité d'absorber l'eau et de la conserver tout en en drainant l'excès. Localement des poches de graves profondes constituent un terroir de choix pour les cépages cabernet, plus tardifs, et qui affectionnent les sols chauds.

CLIMAT

Le climat du Libournais est similaire à celui du Médoc : bien que plus à l'intérieur des terres, cette région est aussi sous l'influence maritime de l'océan, avec des hivers doux et

cette constatation ? Essentiellement par les cépages dominants : le merlot, à maturation précoce, produit des vins plus charnus, aux tanins arrondis et au caractère fruité épanoui (prune, fruits rouges) avec un taux d'alcool confortable dans les millésimes solaires ; le cabernet franc apporte du raffinement dans les arômes mais se montre plus tendre que son descendant, le cabernet-sauvignon. Moins tanniques et moins acides, les vins sont ainsi plus accessibles et plus séducteurs dans leur jeunesse. La palette de styles est néanmoins large et il y a un monde d'écart entre les vins souples et fruités, à boire dans les premières années, souvent issus de sols sableux, et les meilleurs châteaux, qui offrent des vins très intenses, concentrés et structurés, appelés à vieillir. Certaines années fraîches, les vins des propriétés moyennes peuvent se montrer décevants à cause de leur caractère faible et léger et de leur manque de corps : il faut alors les consommer jeunes (dans les trois ans).

Les grands millésimes des meilleures propriétés ont une espérance de vie qui peut atteindre plusieurs décennies s'ils sont conservés dans de bonnes conditions. Un Saint-Émilion modeste d'une bonne année sera à son apogée au bout de six à huit ans.

des étés chauds, sans être caniculaires. Les chutes de pluie sont bien réparties sur l'année. On craint la fraîcheur et l'humidité, qui peut affecter la floraison en juin, tout comme la maturité de la vendange en septembre et au début du mois d'octobre. Les gels d'hiver ou du printemps sont plus à redouter sur cette rive droite, surtout dans la zone la plus éloignée de l'océan et du fleuve, que sur les bords de la Gironde, mieux tempérés par l'estuaire.

SITES ET EXPOSITION

Avec un climat relativement frais pour la viticulture, l'exposition des vignes au soleil revêt une certaine importance. L'altitude, plus élevée dans cette région que dans le Médoc, entraîne aussi des températures un peu plus basses. Le plateau du Libournais ainsi que les coteaux de Saint-Émilion, aux pentes exposées au sud ou au sud-ouest, sont autant de pièges pour les rayons du soleil. Certains domaines comme Ausone ont des vignobles parfaitement exposés au sud, et d'autres comme Trottevieille profitent des bienfaits du soleil tout au long de la journée. Les coteaux offrent des sites qui, malgré leurs pentes, sont relativement protégés des vents du nord et de l'ouest, tandis que les terres plus ouvertes du plateau sont moins abritées.

LE CLASSEMENT DU SAINT-ÉMILION

Le classement de 1855 avait omis les crus de Saint-Émilion. Un siècle plus tard, cet oubli était réparé. Les propriétés sont classées en fonction de leur sol, des méthodes de conduite de la vigne et de vinification, de leur réputation et, après dégustation, de leur vin. En théorie, ce classement est remis en cause tous les dix ans, contrairement à celui du Médoc, inchangé. Il a été revu en 1959, 1969, 1986, 1996, 2006 (annulé), et la dernière version a été officialisée en 2012.

Actuellement, on compte 18 premiers grands crus classés et 64 grands crus classés. Quatre des premiers grands crus classés portent la lettre A, les autres B.

PREMIERS GRANDS CRUS CLASSÉS

- Ch. Angélus (A)
- Ch. Ausone (A)
- Ch. Beauséjour (héritiers - Duffau-Lagarrosse) (B)
- Ch. Beau-Séjour-Bécot (B)
- Ch. Bélair-Monange (B)
- Ch. Canon (B)
- Ch. Canon-la-Gaffelière (B)
- Ch. Cheval-Blanc (A)
- Ch. Figeac (B)
- Ch. La Gaffelière (B)
- Ch. Larcis-Ducasse (B)
- Ch. Pavie (A)
- Ch. Pavie-Macquin (B)
- Ch. Troplong-Mondot (B)
- Ch. Trottevieille (B)
- Ch. Valandraud (B)
- Clos Fourtet (B)
- La Mondotte (B)

GRANDS CRUS CLASSÉS

- Ch. Balestard La Tonnelle
- Ch. Barde-Haut
- Ch. Bellefont-Belcier
- Ch. Bellevue
- Ch. Berliquet
- Ch. Cadet-Bon
- Ch. Cap de Mourlin
- Ch. Chauvin
- Ch. Clos de Sarpe
- Ch. Corbin
- Ch. Côte de Baleau
- Ch. Dassault
- Ch. Destieux
- Ch. Faugères
- Ch. Faurie de Souchard
- Ch. de Ferrand
- Ch. Fleur Cardinale
- Ch. Fombrauge
- Ch. Fonplégade
- Ch. Fonroque
- Ch. Franc-Mayne
- Ch. Grand Corbin
- Ch. Grand Corbin-Despagne
- Ch. Grand Mayne
- Ch. Grand Pontet
- Ch. Guadet
- Ch. Haut-Sarpe
- Ch. Jean Faure
- Ch. L'Arrosée
- Ch. La Clotte
- Ch. La Commanderie

- Ch. La Couspaude
- Ch. La Dominique
- Ch. La Fleur Morange
- Ch. La Marzelle
- Ch. La Serre
- Ch. La Tour Figeac
- Ch. Laniote
- Ch. Larmande
- Ch. Laroque
- Ch. Laroze
- Ch. Le Châtelet
- Ch. Le Prieuré
- Ch. Les Grandes Murailles
- Ch. Monbousquet
- Ch. Moulin du Cadet
- Ch. Pavie-Decesse
- Ch. Peby-Faugères
- Ch. de Pressac
- Ch. Petit-Faurie-de-Soutard
- Ch. Quinault-l'Enclos
- Ch. Ripeau
- Ch. Rochebelle
- Ch. Saint-Georges Côte Pavie
- Ch. Sansonnet
- Ch. Soutard
- Clos Saint-Martin
- Ch. Tertre Daugay
- Ch. Villemaurine
- Ch. Yon-Figeac
- Clos de l'Oratoire
- Clos des Jacobins
- Clos La Madeleine
- Couvent des Jacobins

SÉLECTION DE CHÂTEAUX DE SAINT-ÉMILION

Les propriétés sont moins étendues que celles du Médoc ou des Graves et, par conséquent, la production de chaque château y est inférieure. L'appellation se répartit sur neuf communes, mais la plupart des grands châteaux se trouvent à Saint-Émilion même. De nombreuses petites propriétés envoient leurs raisins à la coopérative (voir p. 343) ou vendent directement leur vin.

CHÂTEAU ANGÉLUS

Premier Grand Cru classé

Une des plus célèbres propriétés de l'appellation qui a fait l'objet, depuis 1985, d'investissements constants. Le vignoble s'étend sur 24 ha d'un seul tenant, en « pied de côte », sur le coteau sud de Saint-Émilion.

CHÂTEAU AUSONE

Premier Grand Cru classé

Un des noms mythiques de l'appellation dont le vignoble ne couvre que 7 ha. Le château est magnifiquement situé au sommet d'un coteau, à la sortie de Saint-Émilion, et ses caves calcaires font office de régulateur thermique naturel. Ausone admet une forte proportion de cabernet franc dans ses assemblages, ce qui contribue au caractère ferme et structuré des vins qui exigent souvent une longue garde.

CHÂTEAU BEAUSÉJOUR (HÉRITIERS DUFFAU-LAGARROSSE)

Premier Grand Cru classé

Propriété de la famille Duffau-Lagarrosse depuis 1847, ce vignoble de 7 ha est implanté sur le versant ouest de la côte de Saint-Émilion. Repris en main depuis 2009, il offre des vins amples, puissants, à partir d'un assemblage dominé par le merlot (80 % du vignoble).

CHÂTEAU BEAU-SÉJOUR-BÉCOT

Premier Grand Cru classé

Propriété de la famille Bécot, le château est →

SÉLECTION DE CHÂTEAUX DE SAINT-ÉMILION

situé sur le plateau argilo-calcaire, à l'ouest du village de Saint-Émilion. Le vignoble occupe 16 ha plantés de merlot (70 %), cabernet franc et cabernet-sauvignon et produit des vins d'une grande régularité, à la fois séducteurs et élégants.

CHÂTEAU BELAIR-MONANGE
Premier Grand Cru classé Rebaptisée Belair-Monange après son achat par la famille Moueix en 2008, cette propriété est située à l'entrée sud de Saint-Émilion, à proximité d'Ausone. Repris en main, les 12,5 ha du vignoble font la part belle au merlot (85 %).

CHÂTEAU CANON
Premier Grand Cru classé L'une des plus belles propriétés de Saint-Émilion située sur la côte sud sud-ouest du plateau argilo-calcaire. Sous la direction de John Kolasa, le vignoble (30 ha en production) et les installations ont été rénovés. Incorporant un tiers de cabernet franc, les vins sont souvent réservés dans leur jeunesse et vieillissent avec grâce.

CHÂTEAU CANON-LA GAFFELIÈRE
Premier Grand Cru classé Complètement transformé par la famille de Neipperg, ce château est situé en pied de côte, aux portes de la ville de Saint-Émilion. Le vignoble de 19 ha occupe le versant sud et jouit d'une belle exposition. Assemblage équilibré de merlot (55 %) et de cabernet franc (40 %), les vins sont réputés pour leur association entre puissance et finesse.

CHÂTEAU CHEVAL-BLANC
Premier Grand Cru classé Cheval-Blanc est le nom le plus célèbre de l'appellation. Il s'est doté en 2011 d'un nouveau chai, spectaculaire. Situé au nord-ouest de l'appellation, à proximité de Pomerol, le vignoble est divisé en une mosaïque de parcelles qui reposent sur des sols très variés, avec une forte composante sablo-graveleuse. Cela explique la proportion inhabituellement forte à Saint-Émilion du cabernet franc (58 %) dans l'encépagement. Jamais massifs ni démonstratifs, les vins tirent leur réputation de leur finesse et de leur complexité qui s'affirment avec le temps.

CHÂTEAU FIGEAC
Premier Grand Cru classé Belle propriété située à la limite du Pomerol, le château est voisin de Cheval-Blanc. Son vaste vignoble (40 ha) est assis sur des sols de petites graves sableuses provenant du Massif central. Ce terroir explique la forte présence des deux cabernets (cabernet franc et cabernet-sauvignon) qui comptent pour 70 % dans l'assemblage. Après un temps nécessaire de vieillissement, ces vins offrent complexité, élégance et longueur.

CHÂTEAU LA GAFFELIÈRE
Premier Grand Cru classé La famille Malet-Roquefort veille sur cette belle propriété dont le vignoble (22 ha d'un seul tenant) occupe le plateau et pied de côte avec une exposition favorable, plein sud. Les vins, à dominante de merlot (80 % de l'encépagement), sont connus pour leur classicisme, privilégiant l'élégance à la richesse.

CHÂTEAU LARCIS-DUCASSE
Premier Grand Cru classé Voisin des châteaux Pavie et Troplong Mondot, le vignoble occupe 11 ha orientés plein sud. Le merlot, très majoritaire, forge le caractère puissant et mûr des vins du château.

CHÂTEAU LARMANDE
Grand Cru classé Situé au nord du village de Saint-Émilion, ce château a fait l'objet de nombreux investissements de la part de ses propriétaires (Groupe La Mondiale). Le vignoble de 20 ha occupe un terrain sablonneux et argilo- →

SÉLECTION DE CHÂTEAUX DE SAINT-ÉMILION

calcaire planté pour les deux tiers en merlot.

CHÂTEAU PAVIE
Premier Grand Cru classé Ce château appartient depuis 1998 à Gérard Perse qui a radicalement transformé la propriété pour la hisser au sommet de l'appellation. Le vignoble est situé au sud-est de Saint-Émilion et occupe 35 ha complantés à 70 % de merlot. Les vins, de garde, sont connus pour leur richesse et leur concentration.

CHÂTEAU PAVIE-DECESSE
Grand Cru classé Gérard Perse a acquis et rénové cette petite propriété de moins de 4 ha située sur le plateau argilo-calcaire qui produit des vins profonds et concentrés.

CHÂTEAU PAVIE-MACQUIN
Premier Grand Cru classé Cette propriété, située sur le rebord de la Côte de Pavie, a fortement progressé pour devenir l'un des standards de l'appellation. Un travail de fond inspiré par la biodynamie a été entrepris dans le vignoble qui couvre une quinzaine d'hectares assis sur des sols argilo-calcaires. L'assemblage classique (merlot 80 % et cabernet franc 20 %) offre des vins profonds et corsés marqués par une grande qualité de fruit.

CHÂTEAU SOUTARD
Grand Cru classé Le Groupe La Mondiale a beaucoup investi dans le renouveau de ce domaine situé sur le plateau calcaire à 800 m de Saint-Émilion. Le vignoble occupe 30 ha, plantés de merlot (63 %), de cabernet franc (28 %) avec une touche de cabernet-sauvignon et de malbec. Les vins, devenus très réguliers, se montrent amples et dotés de tannins élégants.

CHÂTEAU TROPLONG-MONDOT
Premier Grand Cru classé Aux mains de la famille Valette depuis le début du XXe siècle, cette belle et vaste propriété fait désormais partie de l'élite de l'appellation. Ses 33 ha sont répartis entre plateau et côte exposée au sud. Marqués par le merlot (90 %), les vins possèdent profondeur et intensité, avec une distinction aromatique qui s'affirme avec le temps.

CHÂTEAU TROTTEVIEILLE
Premier Grand Cru classé Le château est situé à la sortie nord-est de la commune de Saint-Émilion. Il possède le rare privilège d'avoir conservé quelques très vieilles vignes pré-phylloxériques de cabernet franc. Repris en main par son propriétaire, Philippe Castéja, à partir des années 2000, le domaine produit des vins intenses et fermes qui vieillissent avec grâce.

CHÂTEAU VALANDRAUD
Premier Grand Cru classé Jean-Luc Thunevin est connu pour avoir lancé, à Valandraud, la mode dite des « vins de garage », cuvées confidentielles, luxueusement élevées et vendues à prix très élevé. De moins de 1 ha en 1989, le vignoble s'est peu à peu agrandi pour occuper une dizaine d'hectares situés en grande majorité à Saint-Étienne-de-Lisse, sur des sols très variés. Le style des vins reste fidèle à ce qui a fait le succès du château : beaucoup de rondeur, de suavité et de fruit.

CLOS FOURTET
Premier Grand Cru classé Appartenant à la famille Cuvelier depuis 2001, cette propriété est située aux portes du village de Saint-Émilion. Le vignoble s'étend sur une vingtaine d'hectares, plantés à 85 % de merlot.

UNION DE PRODUCTEURS DE SAINT-ÉMILION
Cette grande coopérative, modernisée et très bien équipée, réunit 170 viticulteurs et 750 ha de vignes sur les appellations Saint-Émilion et Saint-Émilion Grand Cru. Outre la vaste gamme des vins de propriété qu'elle met en bouteilles, la coopérative diffuse des cuvées d'assemblages, provenant des différents terroirs de l'appellation. →

FRANCE

SÉLECTION DE CHÂTEAUX DE SAINT-ÉMILION

AUTRES CHÂTEAUX
L'Arrosée, Balestard-la-Tonnelle, Cadet-Piola, Cap de Mourlin, Dassault, La Dominique, Faugères, Fleur Cardinal, Fombrauge, Franc Mayne, Grand Corbin-Despagne, Grand Mayne, Clos des Jacobins, Jean Faure, Laroze, Montbousquet, Quinault l'Enclos, Le Tertre-Rôtebœuf, La Tour Figeac.

CRUS DES COMMUNES PÉRIPHÉRIQUES

Les AOC Saint-Émilion ne sont que le cœur d'une vaste zone vinicole. Pomerol et Fronsac, à l'ouest, sont traités séparément (voir p. 346 et 359). Les villages du nord-est, de l'autre côté de la rivière Barbanne, ont le droit d'ajouter Saint-Émilion à leur nom. Ces communes périphériques, appelées « satellites de Saint-Émilion », sont détaillées ci-dessous. À l'est se trouvent les AOC Castillon-Côtes-de-Bordeaux et Francs-Côtes-de-Bordeaux.
Lorsque la zone de Saint-Émilion fut délimitée en 1936, quelques villages reçurent l'autorisation de juxtaposer le nom de Saint-Émilion à celui de leur commune : Lussac, Montagne, Puisseguin et Saint-Georges. Elles constituent aujourd'hui autant d'appellations spécifiques. Le vignoble de Saint-Georges, inclus dans celui de Montagne, peut revendiquer l'une ou l'autre appellation. L'intérêt des vins des communes périphériques de Saint-Émilion n'est pas négligeable. L'encépagement est similaire, avec une nette prépondérance du merlot, complété par le cabernet franc, cabernet-sauvignon ou malbec, qui poussent sur des sols et sous-sols assez proches de ceux de Saint-Émilion et du Pomerol voisins. Dans les meilleurs cas, les vins peuvent rivaliser avec les grands crus de Saint-Émilion. En outre, ne bénéficiant pas du prestige d'une grande appellation, ils sont souvent plus accessibles.

MONTAGNE-SAINT-ÉMILION

Commune la plus étendue et sans doute la plus connue, Montagne Saint-Émilion qui couvre environ 1 600 ha est située dans le prolongement nord-est de Saint-Émilion et jouxte à l'ouest Lalande de Pomerol. Le sol est principalement argilo-calcaire avec des poches argilo-sableuses ou graveleuses. Le merlot occupe 75 % des surfaces, devant le cabernet franc (15 %) et le cabernet-sauvignon (8 %). Les meilleures propriétés proposent des vins conséquents, qui évoquent les bons Saint-Émilion Grand Cru, avec un bon potentiel de vieillissement. On compte 220 viticulteurs dont 10 % apportent leur raisin à la coopérative.

SÉLECTION DE CHÂTEAUX
Beauséjour, Clos Bertineau, la Couronne, Croix Beauséjour, Faizeau, Lestage, Roc de Calon

LUSSAC-SAINT-ÉMILION

À 9 km au nord-est de Saint-Émilion se trouve la deuxième commune périphérique par la superficie (1 500 ha). Terroir le plus septentrional du Saint-Émilionnais, les sols sont variés : coteaux argilo-calcaires au sud-est, petit plateau de gravier à l'ouest et argile pure au nord. Le merlot représente près de 70 % de l'encépagement, aux côtés du Cabernet-Franc, du cabernet-sauvignon, et, plus rarement, du Malbec. Lussac partage avec son voisin Puisseguin une importante coopérative qui rassemble 200 adhérents pour 1 200 ha de vignes.

SÉLECTION DE CHÂTEAUX
Barbe-Blanche, Bel-Air, des Landes, de Lussac, Lyonnat.

→

CRUS DES COMMUNES PÉRIPHÉRIQUES

PUISSEGUIN-SAINT-ÉMILION

Commune la plus à l'est, limitrophe des Côtes de Castillon, l'appellation couvre à peine 750 ha, dont l'un des points culminants de la Gironde (89 m d'altitude). Les parcelles délimitées sont situées sur la commune de Puisseguin. Le sol est en majorité argilo-calcaire sur un sous-sol rocheux.

SÉLECTION DE CHÂTEAUX
Bel Air, Le Bernat, du Branda, Clarisse, Guibot La Fourvieille, Soleil, La Maurianne.

SAINT-GEORGES-SAINT-ÉMILION

C'est de loin la plus petite des cinq communes périphériques, avec 200 ha. Enclavée dans l'appellation Montagne-Saint-Émilion, elle est séparée de Saint-Émilion par le ruisseau de la Barbanne. Sa taille réduite en fait un terroir homogène constitué de coteaux argilo-calcaires exposés au sud. La plupart des producteurs vendent leur vin sous l'appellation Montagne-Saint-Émilion, plus connue.

SÉLECTION DE CHÂTEAUX
Belair-Saint-Georges, Calon, Cap d'Or, Saint-André-Corbin, Saint-Georges, Tour du Pas Saint-Georges.

CASTILLON-CÔTES-DE-BORDEAUX ; FRANCS-CÔTES-DE-BORDEAUX

À l'est de Saint-Émilion et de ses communes périphériques se trouvent ces deux appellations de côte, relativement peu connues, qui ont rejoint en 2007 l'Union des Côtes de Bordeaux (UCB) qui réunit sous une même bannière quatre terroirs de « côte » du Bordelais (Blaye, Cadillac, Castillon et Francs).

CASTILLON-CÔTES-DE-BORDEAUX Les vignobles sont regroupés autour de l'ancienne cité de Castillon-la-Bataille. Le vignoble, qui compte 2 500 ha de vignobles, jouxte Saint-Emilion au sud-ouest et occupe des collines orientées sud et sud-ouest. Les sols constitués d'alluvions en bordure de la Dordogne deviennent sablo-graveleux, sablo-argileux puis argilo-calcaires et marneux vers les coteaux. Dominés par le merlot (70 % de l'encépagement), les vins se montrent souples ou plus corsés, avec une belle qualité de fruit pour les meilleurs. Encore méconnue, et parfois d'un excellent rapport qualité/prix, l'appellation bénéficie aujourd'hui de la présence de quelques producteurs réputés comme le domaine de l'A, propriété de Stéphane Derenoncourt, vigneron et consultant célèbre ou Stéphane von Neipperg, propriétaire de Château d'Aiguilhe, mais aussi de Canon La Gaffelière à Saint-Émilion. Quelques vins blancs sont produits sous l'appellation Bordeaux

Sélection de châteaux : Domaine de l'A, Ampélia, d'Aiguilhe, Clos Puy Arnaud, Côte Montpezat, Moulin de Clotte, Pitray, Veyry.

FRANCS-CÔTES-DE-BORDEAUX À dix kilomètres au nord de Castillon-la-Bataille se trouve la commune de Francs. Les vignobles se resserrent sur 500 ha, sur le territoire de 3 communes. Située à l'extrémité nord-est du Bordelais, l'appellation jouit d'un climat plus continental que le reste de la région, avec des hivers plus froids et des étés plus chauds. Les sols, constitués de calcaire et de molasses, accueillent une majorité de cépages rouges (dans l'ordre merlot, cabernet-sauvignon et cabernet franc). Les rares vins blancs proviennent du sémillon, majoritaire, du sauvignon et de la muscadelle. Peu connue, l'appellation peut compter sur une poignée de bons châteaux.

Sélection de châteaux : Les Charmes-Godard, Godard-Bellevue, de Francs, Marsau, Puy-Galland, Puygueraud.

POMEROL

Carte page VII

En dépit de ses dimensions réduites, cette région productrice de vins rouges est l'un des joyaux du Bordelais en raison de la qualité et du caractère unique de ses vins. Situé à quelque 29 km à l'est de Bordeaux, le vignoble de Pomerol occupe environ 810 ha jouxtant la partie ouest de la grande région de Saint-Émilion (qui est sept fois plus étendue), avec laquelle il partage deux autres frontières communes : la Dordogne, au sud, et la Barbanne, au nord. Au-delà de cette dernière commence la zone de Lalande-de-Pomerol, dont les vignes couvrent plus de 1 100 ha. À l'ouest, cette bucolique campagne vinicole est brutalement interrompue par le passage de la bruyante N89, au-delà de laquelle ne subsiste qu'une poignée de châteaux.

Contrairement à son voisin Saint-Émilion, la région de Pomerol n'a pas de véritable centre, sauf, peut-être, l'ancien port fluvial de Libourne, d'où les vins de la rive droite étaient autrefois expédiés à l'étranger. La plus grande maison de négociants de la zone, les Établissements Jean-Pierre Moueix, a conservé ses bureaux et ses entrepôts sur les quais. Le village éparpillé de Pomerol n'a pas vraiment d'âme à offrir au visiteur, et seule son église se détachant sur un océan de vignes vaut le coup d'œil.

La tradition et l'évolution

Bien que la vigne y existât déjà du temps des Romains, il fallut attendre la Seconde Guerre mondiale pour que les vins commencent à être connus, à l'exception de Pétrus, déjà récompensé par une médaille d'or à l'Exposition universelle de Paris en 1878. Cette obscurité historique s'explique en partie par les faibles dimensions de la région et en partie par son relatif isolement. Les principales propriétés ne comptent en général que quelques hectares, avec une production moyenne annuelle de quelques dizaines de milliers de bouteilles ; on est loin des 240 000 bouteilles (ou davantage) de maintes propriétés du Médoc. L'isolement de Pomerol s'est prolongé pendant une bonne partie du XIXe siècle en raison du nombre limité de ponts sur la Dordogne et la Garonne : la région a donc échappé à la vigilance des grands négociants de Bordeaux, situation qui perdure aujourd'hui dans la mesure où la plupart des propriétaires de Pomerol vendent directement leurs vins.

Aucune autre grande région vinicole du Bordelais ne doit autant à un seul homme, en l'occurrence Jean-Pierre Moueix. Dans les années 1930, il quitta sa Corrèze natale pour s'installer comme négociant sur la rive droite de la Dordogne et acheta petit à petit des propriétés. Il contribua largement à faire connaître dans le monde les vins de la région qui n'avaient pas à cette époque la réputation des vins du Médoc. Aujourd'hui, ses descendants détiennent tout ou partie de plusieurs grandes propriétés de Pomerol, dont le plus célèbre, Pétrus, mais aussi Château La Fleur-Pétrus, Château Latour à Pomerol et Château Trotanoy. L'entreprise, maintenant dirigée par son fils Christian, cumule toujours les activités de producteur, de négociant-éleveur et de distributeur.

L'appellation

Il existe une seule appellation : Pomerol. Cette région n'a pas été incluse dans la classification de 1855 des vins de la Gironde, et, contrairement à Saint-Émilion et aux Graves, cette exclusion n'a jamais été corrigée. Pomerol échappe donc à tout classement officiel, à la grande satisfaction des principaux producteurs. Il existe cependant une classification officieuse fondée sur la qualité, les réussites passées et le prix – résultat d'une grande rareté et d'une forte demande.

Le vignoble du Pomerol s'étend sur des sols variés, sableux, sablo-graveleux ou argilo-graveleux, avec la présence en sous-sol d'alios, appelés crasse de fer, qui confèrent au vin son caractère particulier. Les meilleurs vins proviennent en général des parties les plus élevées du plateau, alors que les sols plus sablonneux dans la partie ouest de l'appellation donnent naissance à des vins relativement plus légers.

Les cépages et les styles de vin

La région se cantonne aux cépages rouges. C'est le royaume du merlot, qui occupe les trois quarts des surfaces plantées. Le cabernet franc en couvre un cinquième, et le cabernet-sauvignon 5 % environ. Les autres cépages autorisés, presque introuvables, sont le cot (malbec) et le carmenère.

Les vins de Pomerol peuvent se boire assez jeunes et la plupart sont séduisants entre 4 et 6 ans après la vendange. Malgré leur forte intensité en tanins, ils n'ont pas la droiture des vins du Médoc. Après 2 ans en bouteille, les petits crus séduisent par leur arôme de fruits (prune, baies rouges) et, bien arrondis, présentent une plénitude au palais. Les grands vins ont un pouvoir de séduction analogue, renforcé par une plus grande richesse, une concentration supérieure, et par des arômes complexes aux notes d'épices et d'herbes. Ils se démarquent par leur texture veloutée. Au fur et à mesure que les vins les plus fins mûrissent, ce qui, pour les meilleurs millésimes (1995, 2000, 2005, 2009 et 2010), peut durer 30 ans ou plus, beaucoup prennent des caractères épicés et truffés, devenant encore plus charnus et voluptueux, ce qui leur donne la réputation d'être les bordeaux les plus sensuels et peut-être les plus charmeurs.

SÉLECTION DE CHÂTEAUX

Les propriétés de Pomerol sont souvent petites, par suite du partage des terres lors des successions. Bon nombre d'entre elles se trouvent au nord-est de la commune, dans la partie la plus élevée du plateau.

CHÂTEAU LE BON PASTEUR
Cette propriété appartient à la famille de Michel Rolland, le fameux œnologue qui a influencé le style de nombreuses propriétés de la rive droite et d'ailleurs, en préconisant des vendanges tardives et une longue macération. Il y applique les recettes qui ont fait son succès. Le vin, séduisant dès sa jeunesse, vieillit harmonieusement.

CHÂTEAU BEAUREGARD
Cette belle propriété d'un seul tenant à majorité de merlot est complantée d'un important pourcentage de cabernet franc (30 %) sur un sol composé de graves argileuses et sableuses. Les vins sont d'une grande régularité et apparaissent raisonnables en prix dans une appellation qui ne l'est pas toujours.

CHÂTEAU BONALGUE
Ce domaine près de Libourne, propriété de la famille Bourotte, s'étend sur 7,5 ha de vignes plantés dans des sols de graves sablo-argileuses posés sur un sous-sol de graves et de crasse de fer typique de Pomerol. Le merlot (90 %) façonne ici des vins élégants qui gagnent à vieillir.

CHÂTEAU BOURGNEUF
Depuis 1840, la famille Vayron possède ce château, longtemps connu sous le nom Bourgneuf-Vayron. Le merlot (90 %) s'épanouit sur un vignoble de 9 ha répartis sur trois types de sols différents. Vieillissent bien et très réguliers, les vins restent accessibles en prix.

CHÂTEAU CERTAN DE MAY
Idéalement située sur la partie la plus élevée et la meilleure du plateau de Pomerol, cette propriété de 5 ha produit des vins qui demandent souvent un peu de temps pour se révéler. Le merlot (70 %) est secondé par un bon tiers des deux cabernets.

CHÂTEAU CLINET
Acquise par la famille Laborde en 1998, cette propriété de 11,8 ha jouit d'un terroir de choix sur le haut plateau de Pomerol ainsi que d'un chai moderne. Les vins sont réputés pour leur séduction et leur élégance.

CHÂTEAU LA CONSEILLANTE
Propriété emblématique de l'appellation qui appartient à la famille Nicolas depuis 1871. Son vignoble (12 ha) est situé sur le flanc est du plateau de Pomerol, divisé en 18 parcelles. Un cuvier neuf a été inauguré avec le millésime 2012. L'assemblage classique (merlot 80 %, cabernet franc 20 %) produit un vin charnu, intense, aromatique, de belle garde.

CHÂTEAU L'ÉGLISE CLINET
Ce vignoble de 5,5 ha essentiellement composé de merlot a résisté aux terribles gelées de 1956 et possède encore de très vieilles vignes. Sous l'action de Denis Durantou, le château est devenu l'une des meilleures adresses de Pomerol et les vins sont parmi les plus recherchés.

CHÂTEAU L'ENCLOS
Cette propriété de 9 ha, très morcelée (38 parcelles) sur des sols épars, produit des vins amples et séducteurs.

CHÂTEAU L'ÉVANGILE
Aux mains des Domaines Barons de Rothschild depuis 1990, ce domaine a été entièrement restauré (chai et vignoble). Bordé au nord par Pétrus et au sud par Cheval-Blanc, son vignoble (16 ha) est planté sur des sols sablo-argileux et graveleux. Les vins (80 à 90 % de merlot) comptent parmi les plus réputés de Pomerol. →

SÉLECTION DE CHÂTEAUX

CHÂTEAU HOSANNA
Né de la division du château Certan Giraud en 1999, ce petit vignoble de 4,5 ha, propriété des Établissements Jean-Pierre Moueix, a rapidement su se faire un nom grâce à ses vins charnus et modernes.

CHÂTEAU LA FLEUR-PÉTRUS
Un des fiefs de la famille Moueix, le château est situé sur le plateau de Pomerol, à proximité du château Lafleur et de Pétrus. Le vignoble repose sur un sol de graves. Le cru est célèbre pour ses vins tout en raffinement et en élégance.

CHÂTEAU LE GAY
Catherine Péré-Vergé a acquis plusieurs propriétés à Pomerol dont La Violette et Le Gay, aujourd'hui dirigées par son fils Henri Parent. Situé sur le plateau, le vignoble (10,5 ha) d'un seul tenant est constitué de vieilles vignes de merlot (65 %) et de cabernet franc (35 %). Très estimés, les vins ont beaucoup progressé, devenant l'une des valeurs sûres de l'appellation.

CHÂTEAU GAZIN
Un grand domaine (26 ha) à l'échelle de Pomerol, situé sur le plateau aux sols de graves posés sur des argiles. À dominante de merlot (90 %), les vins, dans un style souple et frais, accessibles jeunes mais capables de bien vieillir, sont tenus en haute estime.

CHÂTEAU LAFLEUR
Les propriétaires appliquent à leurs 4,5 ha de vignes une viticulture de haute précision. La présence de graves permet de joindre au merlot une proportion inhabituelle de cabernet franc qui façonne le style des vins, d'une régularité sans faille. Très convoitée, la petite production s'arrache à prix d'or.

CHÂTEAU LATOUR À POMEROL
Le vignoble de cette propriété se compose de 25 parcelles différentes, dont certaines entourent l'église du village de Pomerol et les autres longent le château. Gérée par les Établissements Jean-Pierre Moueix, cette propriété offre des vins denses, aromatiques, de belle garde.

CHÂTEAU NENIN
Dotée d'une riche histoire, cette vaste propriété élaborait déjà il y a un siècle l'un des plus fameux Pomerols. Racheté par la famille Delon (également propriétaire de Léoville Las Cases, à Saint-Julien) en 1997, et entièrement rénové, le château est à la tête d'un des plus vastes vignobles de Pomerol (32 ha). Il produit des vins fermes, souvent réservés dans leur jeunesse, qui s'épanouissent avec le temps.

CHÂTEAU PETIT VILLAGE
Dans le giron d'Axa Millésimes, cette propriété de 10 ha d'un seul tenant autour des chais est bien située sur le plateau argilo-calcaire de Pomerol. Modernisée, elle produit des vins à dominante de merlot comprenant un bon quart des deux cabernets.

PÉTRUS
Considéré comme le meilleur domaine de Pomerol, Pétrus appartient en totalité aux Établissements Jean-Pierre Moueix, Les ingrédients de sa réussite sont nombreux. Les vignobles sont plantés sur un sol d'argile pure sur crasse de fer, au point culminant du plateau de Pomerol, ce qui assure un excellent drainage naturel et une exposition maximale au soleil. Les vignes (11,5 ha) sont plantées de merlot avec une touche (5 %) de cabernet franc. Leur âge moyen est l'une des explications aux faibles rendements. Depuis 1964, les Berrouet (père et fils) veillent sur ce cru mythique qui a longtemps disposé d'installations sommaires, avant de se doter d'un nouveau chai en 2002. Ce sont des vins de garde, réputés pour leur texture envoûtante, leur profondeur et leur complexité singulières, dont les prix atteignent des sommets rarement égalés ailleurs.

→

SÉLECTION DE CHÂTEAUX

LE PIN
Le plus petit des grands Pomerols (2,2 ha), Le Pin appartient à la famille Thienpont, qui possède également Vieux-Château-Certan. C'est ici que sont nés les premiers vins de garage du Libournais. Très concentrés et luxueusement élevés, les vins, d'un prix prohibitif, sont quasi introuvables.

CHÂTEAU ROUGET
La famille Labruyère a fortement fait progresser la propriété depuis le rachat du château en 1992, qui s'est accompagné d'une restructuration du vignoble. Il couvre 18 ha à proximité des châteaux Le Gay et l'Église Clinet, sur des sols argilo-graveleux et argilo-siliceux. Élégants et puissants, les vins affichent un bon rapport qualité/prix.

CHÂTEAU TAILLEFER
Ce domaine d'une douzaine d'hectares est situé sur le versant sud du plateau de Pomerol et repose sur un sol sablo-graveleux. Propriété de la Société Bernard Moueix, Taillefer propose un Pomerol régulier, charmeur et accessible.

LALANDE-DE-POMEROL

Cette appellation couvre la rive nord de la Barbanne, qui constitue la frontière du Pomerol. Le vin provient de deux communes, Lalande-de-Libourne (Lalande-de-Pomerol) et Néac.

Les sols sont bons, avec un sous-sol de graves à Lalande et un plateau plus élevé de graviers et de sables à Néac. Le merlot domine l'assemblage. Les vins rouges ont profité des cours astronomiques des Pomerols et plusieurs châteaux atteignent des prix élevés. Mûrissant plus vite que la plupart des Pomerols, ces vins en offrent une version allégée, avec le même goût puissant et flatteur. Comme à Pomerol, la plupart des propriétés sont petites et vendent leur vin directement. Il est donc assez difficile de se procurer du Lalande-de-Pomerol dans le commerce.

Sélection de châteaux : des Annereaux, Bel-Air, Bertineau-Saint-Vincent, La Fleur de Boüard, La Fleur Saint-Georges, Grand Ormeau, Haut-Chaigneau, les Hauts-Conseillants, Jean de Gué, Siaurac, Tournefeuille.

CHÂTEAU TROTANOY
Situé dans la partie ouest de l'appellation, Trotanoy a été acquis en 1953 par les Établissements Jean-Pierre Moueix. Le vignoble occupe 7,7 ha sur des graves argileuses et argiles noires. Il se place régulièrement parmi les tout meilleurs Pomerols, offrant des vins profonds, fermes dans leur jeunesse et évoluant magnifiquement.

VIEUX-CHÂTEAU-CERTAN
Alexandre Thienpont est à la tête de ce célèbre château dont la réputation remonte au XIXe siècle. Le vignoble, d'un seul tenant, occupe 14 ha sur des sols d'argile, de graves et de sable. La part élevée des deux cabernets (40 %) explique le style particulier des vins qui offrent à maturité une fraîcheur et une complexité évoquant le Médoc.

AUTRES CHÂTEAUX
La Cabanne, Clos l'Église, La Croix de Gay, Mazeyres, La Pointe, de Sales, La Violette.

FRONSAC ET CANON-FRONSAC

Carte page VII

La région des vins rouges de Fronsac et Canon-Fronsac se trouve à l'ouest de Libourne, de l'autre côté de la rivière Isle. Sa réputation internationale ne s'est rétablie qu'au début des années 1980 alors que, aux XVIIIe et XIXe siècles, ses vins étaient aussi convoités que les Saint-Émilion et plus cotés que les Pomerols. Cette renaissance tardive doit beaucoup à l'action entreprise par de nouveaux investisseurs, dont les Établissements Moueix (voir Pomerol p. 346).

Bordée par deux rivières, la Dordogne et l'Isle, l'AOC Fronsac couvre sept communes. Le village de Fronsac, qui a donné son nom à l'appellation, se trouve au sud de la région. L'AOC Canon-Fronsac, également au sud-sud-ouest, occupe Saint-Michel-de-Fronsac et une partie du village de Fronsac. La surface globale est de 840 ha pour Fronsac et de 280 ha pour Canon-Fronsac.

D'un point de vue géologique, les coteaux sont les prolongements de la Côte de Saint-Émilion. Le sol est à tendance argilo-calcaire avec un sous-sol de calcaire à astéries, typique dans le Bordelais. Le relief accidenté de la région empêche la stagnation des eaux, et la proximité des rivières protège les vignes de gelées.

Les styles de vin

Fronsac produit exclusivement des vins rouges, à partir d'assemblages dominés par le merlot (près de 80 % des surfaces), associé aux cabernets. Avant les changements opérés dans les années 1980, on reprochait souvent à ces vins leur dureté et leur rusticité, caractères qui découlaient d'une maîtrise insuffisante de la maturité des vendanges, comme des techniques de vinification et d'élevage, à Fronsac comme ailleurs.

Aujourd'hui, les vins sont plus souples grâce à des raisins plus mûrs et aux extractions plus douces pendant les vinifications. Les vins modernes du Fronsadais ont conservé une structure solide mais enrobée d'un fruité harmonieux, capable de séduire dès leur jeunesse. Les meilleurs offrent des vins colorés, charnus, aux notes de fruits rouges et noirs, d'épices et de chêne. Ils gagnent en rondeur avec le temps, développant un bouquet de sous-bois ou de truffe. On peut commencer à boire les Fronsac deux ans après la vendange, mais ils révèlent pleinement leur caractère après une plus longue garde. Les meilleurs vieilliront dix ans et plus. Dans les deux appellations, il n'y a pas de classement de châteaux.

PRODUCTEURS

Voici une sélection de châteaux des appellations Fronsac et Canon-Fronsac.

CHÂTEAU DALEM
Fronsac Une des propriétés historiques qui signent des vins fermes et de garde.

CHÂTEAU DE LA DAUPHINE
Fronsac La famille Halley a acquis cette chartreuse du XIXe siècle et son grand vignoble de 40 ha qui donne un Fronsac moderne et élégant.

CHÂTEAU LA FLEUR-CAILLEAU
Canon-Fronsac Propriété de 4 ha cultivés en biodynamie.

CHÂTEAU FONTENIL
Fronsac La famille Rolland élabore sur ce vignoble d'une dizaine d'hectares un vin très séduisant, concentré et charnu, appréciable dès sa jeunesse.

CHÂTEAU GABY
Canon-Fronsac Cette propriété en pleine ascension signe des cuvées intenses et mûres, au fruité très séducteur.

CHÂTEAU MOULIN-HAUT-LAROQUE
Fronsac Un des châteaux vedettes de l'appellation qui offre des vins intenses et équilibrés à partir d'un vignoble (16 ha) âgé.

CHÂTEAU MOULIN-PEY-LABRIE
Canon-Fronsac Une des propriétés les plus en vue de Canon-Fronsac connue pour ses vins intenses et corsés.

CHÂTEAU DE LA RIVIÈRE
Fronsac Une soixantaine d'hectares sur les hauteurs de Fronsac, avec des vins typés du Fronsadais.

CHÂTEAU LA ROUSSELLE
Fronsac Une petite propriété qui signe des cuvées de haut niveau rivalisant avec les grands vins de la rive droite.

CHÂTEAU LES TROIS CROIX
Fronsac Patrick Léon, vinificateur reconnu (ancien directeur technique du Château Mouton-Rothschild), et son fils produisent sur 15 ha des vins frais et élégants.

CHÂTEAU LA VIEILLE CURE
Fronsac Un vignoble d'une vingtaine d'hectares d'un seul tenant. Vins bien typés, vieillissant avec bonheur.

CHÂTEAU VILLARS
Fronsac Grande propriété de 30 ha connue pour ses vins réguliers et équilibrés.

AUTRES CHÂTEAUX
Barrabaque, Chadenne, Haut-Carles.

BOURGOGNE

Cartes pages VIII, IX et X

Vaste région au centre-est de la France, la Bourgogne d'aujourd'hui a gardé la même envergure que la province médiévale du même nom, même si seule une petite partie de la « Grande Bourgogne » produit du vin. Entre Chablis, au nord, et Beaune, à l'est, les vignes se font plus rares. Le cœur de la Bourgogne viticole est celui des coteaux de la Côte d'Or, avec des villages aux noms célèbres (Meursault, Nuits-Saint-Georges, Gevrey-Chambertin, entre autres) élaborant les vins les plus réputés. Plus au sud, en Côte chalonnaise, dans le Mâconnais et le Beaujolais, la vigne occupe de vastes espaces. Malgré leurs différences, les vins de Bourgogne se reconnaissent à leurs cépages principaux : chardonnay pour les blancs, pinot noir pour les rouges. Seul le Beaujolais entretient sa différence par le style de ses vins et par son cépage vedette, le gamay. Si les vins rouges de Chambertin ou les blancs de Montrachet, par exemple, font rêver tous les amateurs du monde, Mais les vins bourguignons peuvent aussi décevoir. La production présente en effet une forte hétérogénéité qui s'explique de plusieurs façons : d'une part, par le morcellement des vignobles en petites parcelles, voire en lopins familiaux ; d'autre part, par un climat très changeant et des cépages difficiles à cultiver, surtout le pinot noir, cépage très dominant en rouge L'œnophile désireux de capter les subtilités des arômes et des parfums d'un grand bourgogne doit donc être sélectif afin de trouver son bonheur parmi les innombrables vins de producteurs ou de négociants et de démêler l'écheveau des appellations.

Les régions de Bourgogne

La Bourgogne vinicole se divise en six régions.

CHABLIS ET YONNE. Isolés au nord, le Chablis et les vignobles de l'Yonne élaborent des vins blancs qui sont issus de chardonnay dans un style plus vif et austère que celui des vins de la Côte d'Or. Quelques autres vignobles de l'Yonne – Irancy, Auxerrois, Tonnerrois – produisent des rouges plaisants. L'Yonne jouxte la partie méridionale de la

Champagne et n'est pas très éloignée des vignobles de la vallée de la Loire, plus à l'ouest.

CÔTE D'OR. Centre bien nommé des grands vins de Bourgogne, rouges et blancs. Ses vignobles de coteaux orientés à l'est s'étirent sur une bande étroite entre Dijon et Maranges. C'est là que sont élaborés les vins les plus complexes de la région, les plus chers et, globalement, de plus grande longévité.

HAUTES CÔTES. Zone située à l'ouest du coteau principal de la Côte d'Or. Les vignes sont plantées dans les zones protégées, à l'arrière des hauteurs boisées. Les vins y sont plus simples que les précédents, mais non dénués de finesse pour les meilleurs.

CÔTE CHALONNAISE. Chapelet de villages dont les vignobles prolongent ceux de la Côte d'Or vers le sud, dans le département de la Saône-et-Loire. On y élabore des rouges et des blancs de caractère et dont le rapport qualité/prix est intéressant.

MÂCONNAIS. Vaste région plus méridionale, à l'ouest de la ville de Mâcon,

LES APPELLATIONS DU BOURGOGNE

Les vins de Bourgogne se sont dotés d'une hiérarchie complexe d'appellations : les AOC régionales, les AOC village, les premiers crus et les grands crus.

APPELLATIONS RÉGIONALES

Elles couvrent les vins provenant d'un vignoble situé dans les limites géographiques de l'appellation.

BOURGOGNE

Vins rouges, blancs ou (plus rarement) rosés provenant de quelque 350 communes des départements de l'Yonne, de la Côte-d'Or, de la Saône-et-Loire et du Rhône. Les rouges sont issus de pinot noir (césar ou gamay ne sont autorisés que très localement). Les blancs sont issus de chardonnay ou, plus rarement, de pinot blanc. Les étiquettes peuvent mentionner le cépage (pinot noir ou chardonnay) ainsi que certains secteurs (Hautes Côtes de Beaune, Hautes Côtes de Nuits, Côte chalonnaise) ou, dans l'Yonne, le nom de certains villages (Épineuil, Chitry).

COTEAUX BOURGUIGNONS

Cette appellation a remplacé l'ancienne AOC Bourgogne Grand Ordinaire. Vins provenant également de toute la grande Bourgogne, mais les cépages gamay (pour les rouges), aligoté (pour les blancs) ainsi quelques variétés secondaires sont autorisés. La spécificité de cette appellation est d'admettre que les vins soient issus d'assemblages de plusieurs cépages.

proposant des vins rouges légers et fruités, issus du gamay ou du pinot noir, mais surtout des vins blancs. Certains villages, dont Pouilly-Fuissé et Saint-Véran, sont réputés pour la qualité de leurs blancs.

BEAUJOLAIS. Cette vaste région s'étend presque jusqu'à Lyon. On y produit des rouges souples et abordables, issus du gamay, et quelques rares vins blancs à partir du chardonnay. Certains crus du Beaujolais offrent des vins plus intenses qui méritent une garde moyenne.

Le site, le sol et le climat

Le sous-sol bourguignon se compose généralement de calcaire de l'ère jurassique souvent mêlé d'argiles (marnes). La géologie étant très complexe, ce sont les conditions locales qui prévalent. Là où le calcaire affleure et où les coteaux sont escarpés, les terroirs sont plus aptes à produire des raisins concentrés. Cette configuration et ses effets sur la qualité sont évidents en Côte d'Or (voir p. 368). Les crus du Beaujolais, en revanche,

BOURGOGNE ALIGOTÉ

Vin blanc sec issu du cépage aligoté.

BOURGOGNE PASSETOUTGRAIN

Vin rouge à base de gamay et de pinot noir (au moins un tiers de ce dernier).

MÂCON ET BEAUJOLAIS

Le système d'appellation régionale comprend ces deux régions, qui possèdent cependant leurs propres AOC (voir p. 392 et 395 respectivement).

VINS DE VILLAGE, PREMIERS CRUS ET GRANDS CRUS

Les principaux villages de la Côte d'Or, et des autres régions, sont dotés de leur propre appellation. Ainsi, le vin qui est élaboré sur la commune de Gevrey-Chambertin peut être étiqueté en tant que tel.

Dans les villages de la Côte d'Or, de la Côte chalonnaise et à Chablis, certains vignobles ont droit au statut de premier cru. L'étiquette mentionne alors le nom du village et celui du vignoble – par exemple, Gevrey-Chambertin, Clos Saint-Jacques.

Les grands crus sont des appellations à elles seules. À ce niveau, les noms des parcelles apparaissent seuls sur l'étiquette, sans le nom de leur commune : par exemple, Chambertin, sans mention de la commune Gevrey-Chambertin.

Les limites de l'AOC et celles de la commune ne coïncident pas forcément : une zone produisant du vin jugé inférieur aux normes du village ne recevra alors qu'une appellation régionale, car les limites cadastrales de l'appellation sont censées exclure les terrains moins favorisés.

LIRE UNE ÉTIQUETTE DE VIN DE BOURGOGNE

Les informations sur les étiquettes des vins de Bourgogne concernent principalement l'appellation et le producteur. Le nom de l'appellation doit être indiqué en gros caractères, et ce quel que soit le niveau d'appellation : régionale, village, premier cru ou grand cru. À ce nom doit être accolée la mention « appellation contrôlée » ou « appellation d'origine contrôlée », écrite dans un caractère plus petit. Ainsi, Nuits-Saint-Georges sera suivi des mots Appellation Nuits-Saint-Georges contrôlée.

Pour un premier cru : le nom du lieu-dit, c'est-à-dire de la parcelle de vigne, suivra le plus souvent le nom de la commune : Pommard Épenots, par exemple. Cette désignation de l'appellation devra également être complétée par la mention Appellation Pommard Premier Cru contrôlée. Mais un premier cru peut aussi être le résultat d'un assemblage entre plusieurs parcelles ayant ce même statut. L'étiquette indiquera, dans le cas de cette commune, Pommard Premier Cru (sans mention de parcelle). La confusion peut cependant naître chez l'amateur. Plusieurs communes produisent des vins d'appellation premier cru qui portent le même nom. Ainsi le lieu-dit Les Perrières se retrouve-t-il à Meursault, à Beaune, à Nuits-Saint-Georges, etc.

Pour un grand cru : le nom du grand cru, appellation à part entière, doit figurer sur l'étiquette, en gros caractères. Ce nom doit également être suivi de la mention Appellation Grand Cru Contrôlée. Ainsi, par exemple, le grand cru rouge Romanée-Saint-Vivant, produit sur la commune de Vosne-Romanée, sera étiqueté Romanée-Saint-Vivant, Appellation Grand Cru Contrôlée.

Les mentions sur la mise en bouteilles ainsi que la distinction entre producteur et producteur-récoltant sont des mentions facultatives.

sont implantés principalement sur des montagnes d'origine granitique.
Le climat de la Bourgogne est frais et de type semi-continental. Certaines années, notamment lorsque l'été a été pluvieux, les baies de pinot noir parviennent difficilement à maturité. Un mois de septembre froid et humide peut anéantir un millésime. Inversement, un été trop chaud peut être fatal au délicat pinot noir. Pour la Bourgogne, une bonne année doit être exempte de gelées printanières, connaître un beau mois de juin pour la floraison, une chaleur constante rafraîchie l'été par de faibles pluies et un mois de septembre sec et ensoleillé. Malheureusement, ce n'est pas toujours le cas, ce qui provoque des variations dans la qualité des millésimes.
Le processus complexe de sélection des premiers crus et des grands crus résulte de siècles d'expérience. Dans l'ensemble, ces parcelles sont dotées d'un bon mésoclimat, d'une exposition privilégiée et d'un sol propice, bien drainé

Les cépages et les styles de vin

Ce qui distingue d'abord un bourgogne rouge, ce sont les arômes dérivés du cépage pinot noir ayant poussé dans un climat frais. Émergent ensuite les caractéristiques du cru, du millésime ainsi que les choix opérés par le vinificateur, notamment en matière d'extraction et d'élevage.
Les jeunes vins de pinot noir n'ont pas la couleur, l'ampleur et la puissance des vins issus de cabernet-sauvignon ou de syrah. Un vin simple doit offrir tout l'agrément du fruit du pinot noir (griotte, framboise, fraise) et une bouche fluide et fraîche. Les grandes cuvées, plus structurées et concentrées à leur naissance, acquièrent avec le temps, une texture raffinée et des arômes de fruit transformé avec des nuances complexes de sous-bois, de cuir, de tabac ou de gibier.
Qui dit Bourgogne blanc dit très souvent chardonnay, cépage dit « plastique » qui peut varier énormément dans ses arômes et ses parfums, suivant la vinification, le vieillissement et le terroir. Les amateurs apprennent à déceler les notes de beurre et de pain grillé dans le Bourgogne blanc élevé dans le chêne, pratique courante pour les vins de Côte d'Or. Les blancs génériques (AOC Bourgogne, vins de Mâcon, Chablis, etc.) passent rarement en barrique et expriment le caractère fruité du cépage (agrumes, fruits à noyau, fruits exotiques, etc.) avec plus ou moins d'acidité ou de rondeur selon les provenances. Les meilleurs blancs gagnent en complexité en vieillissant. Un grand bourgogne blanc sera un vin ample, concentré et complexe, déployant un bouquet marqué par le miel ou les fruits secs (noisette).
Le Beaujolais est issu de gamay, cépage qui entretient des liens de parenté avec le pinot noir. Ses parfums et ses qualités sont décrits p. 395 à 400.

Les producteurs et les négociants

La Bourgogne est le royaume des petits propriétaires. Il existe très peu de grandes propriétés comme dans le Bordelais, et le terme de château n'y a pas le même sens d'entité vitivinicole cultivant la vigne et élaborant le vin. Ce sont, par tradition, les négociants (par opposition aux vignerons) qui ont fait la réputation de la Bourgogne. Ils achètent les raisins pour assurer les vinifications ou le vin nouveau chez plusieurs vignerons pour l'élever, l'assembler et le mettre en bouteilles sous leur propre marque. Mais, si le rôle de quelques négociants se borne à ces activités, nombreux sont ceux qui possèdent eux-mêmes des vignobles relativement importants.

Toutefois, depuis les années 1970, la tendance chez les producteurs est de mettre eux-mêmes une part croissante de leur vin en bouteilles. La mention « mis en bouteilles à la propriété » ou « au domaine » indique ce lien entre le vignoble et l'élaborateur. Le producteur défend son nom et sa réputation, mais doit se révéler d'une grande polyvalence pour être aussi brillant en cave que dans la vigne, sans parler de la vente. Les producteurs les plus talentueux ont acquis une haute réputation internationale. De plus, certains vins mis en bouteilles par le vigneron sont élaborés en petite quantité et donc difficiles à acquérir. De ce point de vue, l'un des avantages du système de négoce est que le négociant peut acheter et assembler suffisamment de vin pour proposer une quantité plus conséquente dans une même appellation.

On reproche parfois aux bourgognes des négociants-éleveurs d'avoir moins de caractère que ceux des vignerons. On reproche aussi aux négociants de finir par annihiler l'individualité de chaque village et de chaque cru en la ramenant à un style maison sans vice ni vertu. Ces critiques n'ont aucun sens, et la « frontière » ne se situe plus entre vignerons et négociants-éleveurs, mais entre bons et mauvais vins. Cette « frontière » tend en plus à se brouiller : les négociants travaillent de plus en plus en amont pour s'assurer de la qualité des raisins, et des producteurs indépendants se lancent dans des petites affaires de négoce pour compléter leur propre gamme.

Les coopératives sont importantes dans le Mâconnais, dans les Hautes Côtes, à Chablis et dans le Beaujolais. Les meilleures d'entre elles ont souvent investi dans de nouveaux équipements et encouragent les vignerons à produire de meilleurs raisins. Leurs vins se classent quelquefois parmi les valeurs les plus sûres de leur région.

Si la Bourgogne reste un vignoble fortement marqué par la tradition, les nouvelles générations, souvent bien formées, ouvertes et rodées aux nouveaux usages, apportent un souffle nouveau, revisitant la tradition avec l'éclairage de la science.

La vinification du bourgogne rouge

Les « recettes » modernes de vinification en rouge (voir p. 248-251) sont très discutées en Bourgogne, et l'obsession devient l'amélioration de la qualité : rendement des vignobles, pressage des baies, durée et température de fermentation, filtrages et autres processus, durée de l'élevage et choix des matériels.

De par ses cépages et son climat, le cas de la Bourgogne est particulier. Il est beaucoup plus délicat d'extraire des baies de pinot noir couleur, tanins et autres composants aromatiques que de celles d'autres variétés comme le cabernet-sauvignon ou la syrah. L'élaboration du bourgogne rouge nécessite donc beaucoup d'attention et de douceur.

Le climat est frais, très variable d'une année sur l'autre, et l'arrivée à maturité des fruits est toujours aléatoire. Une bonne maturité dépend à la fois du temps et du site. Rien d'étonnant à ce que les meilleurs vignobles, ceux des premiers et des grands crus, se trouvent sur les versants les plus privilégiés, ceux où toutes les conditions optimales (sol, pente, orientation) sont remplies. Mais le pinot noir ne doit pas non plus trop mûrir : les baies les meilleures, au parfum le plus subtil, doivent être mûres à point sans surmaturation.

D'autres éléments peuvent encore influencer la qualité des vins, quel que soit le potentiel des terroirs. Interviennent ainsi le choix du clone de pinot noir et la question du rendement. Le pinot noir est une variété génétiquement instable. Les techniques modernes permettent le clonage des meilleurs plants : un vigneron peut ainsi planter plusieurs hectares de vignes rigoureusement identiques. Mais le terme « meilleur » peut être compris de diverses manières. Pour les agronomes, il s'agira de clones résistants aux maladies, tandis que, pour de nombreux viticulteurs, il sera synonyme de productivité (ce qui ne donnera pas forcément les meilleurs vins). Comme partout, les plus petits rendements (à densité de plantation équivalente) garantissent une meilleure qualité, mais ce phénomène est accentué en Bourgogne et plus particulièrement en Côte d'Or. Les limites établies par la réglementation des appellations d'origine sont fixes mais avec des possibilités de dépassement dans le cas d'années généreuses. Beaucoup de bons producteurs s'astreignent cependant à des rendements inférieurs au seuil autorisé.

Les raisins qui arrivent aux chais sont le plus souvent foulés avant d'être égrappés mais ils peuvent aussi être versés directement dans le pressoir. Les adeptes de la vendange non égrappée, qui constituait jadis la norme, affirment que les rafles contribuent à rompre la masse de pulpe de raisin en fermentation, tout en constituant un apport en tanins et en arômes.

Autrefois, les températures automnales fraîches affectaient la fermentation. Aujourd'hui les systèmes de contrôle de température permettent d'en maîtriser le déroulement. Les nouvelles cuves thermorégulées (à circuits de refroidissement ou de réchauffement) offrent de nombreuses possibilités au viticulteur. Elles lui permettent notamment de maintenir la température au-dessous du seuil de température de fermentation pendant quelques jours. Grâce à la prémacération à froid, préalable à la fermentation, un premier mélange jus-peaux est effectué, dont le but est de favoriser une première extraction de la couleur, des tanins et des arômes. Le viticulteur peut également décider de réchauffer le moût pour accélérer le déclenchement de la fermentation. Ici encore, il y a autant de façons de faire qu'il y a de producteurs.

La durée de fermentation et de macération conditionne fortement le profil du vin par l'extraction plus ou moins poussée de couleur, de tanins et de composés aromatiques. Des vinifications courtes donneront des vins légers, souples, aux arômes simples ; les longues macérations produiront des vins plus sombres, plus structurés et complexes.

Les caves froides contribuent à la lenteur et à la douceur de la maturation, et beaucoup des bons vignerons limitent le collage ou le soutirage. Certains bourgognes ne sont pas filtrés du tout. Ils peuvent offrir davantage de matière et éventuellement de complexité (s'ils en ont le potentiel), et laisser apparaître un léger dépôt dans la bouteille.

La vinification du bourgogne blanc

Le bourgogne blanc est moins exigeant dans son élaboration. Les vins classiques de Côte d'Or et certains de Chablis et de la Côte chalonnaise fermentent dans des fûts de chêne. D'autres sont élaborés dans des cuves d'acier inoxydable, puis sont élevés quelques mois en fût de chêne ou en cuve, jusqu'à la fin de la fermentation malolactique. Celle-ci, largement pratiquée en Bourgogne, permet d'abaisser le niveau d'acidité des vins et apporte des arômes de beurre et de fruits secs. Le vin reste sur ses lies fines, avec un collage et un filtrage réduits au minimum avant la mise en bouteilles. Le bâtonnage (remise en suspension des lies fines) donne au vin davantage de gras et d'arômes. La fermentation en fût et un vieillissement long et tranquille confèrent aux vins qui en ont le potentiel une ampleur et une complexité particulières.

CHABLIS

Carte page IX

Le Chablis est devenu l'un des vins blancs français les plus connus… hors de France ! Sa notoriété a même été usurpée pour étiqueter des vins blancs de qualité inférieure produits outre-Atlantique, ce qui a porté préjudice à cette appellation française prestigieuse.

Le Chablis authentique provient du nord de la Bourgogne, de la petite ville de Chablis et de 19 autres villages et hameaux du département de l'Yonne. (Pour les autres appellations de l'Yonne, voir encadré p. 362.) Comme pour la plupart des vins blancs de Bourgogne, le cépage unique est le chardonnay, qui pousse ici sur des coteaux de calcaire, essentiellement kimméridgien, avec un peu d'argile. Ces coteaux forment la pointe sud du Bassin parisien, vaste dépression géologique circulaire qui s'étend du nord de la France au sud de l'Angleterre, jusqu'au village de Kimmeridge, dans le Dorset. Le sol est rempli des coquilles fossilisées d'une petite huître, *Exogyra virgula,* et cela contribue à un drainage efficace, malgré la forte proportion d'argile.

Le climat et le problème des gelées

Le climat de Chablis est à dominante continentale : les hivers sont rigoureux et les étés chauds. Les fluctuations annuelles de l'ensoleillement et de la pluviosité entraînent d'énormes variations de qualité et de quantité entre les millésimes. Les vignerons redoutent les gelées printanières, qui peuvent causer des dommages irréparables aux jeunes ceps, et attendent chaque année avec angoisse les mois d'avril et de mai.

Les années 1950, aux printemps particulièrement peu cléments, ont donné naissance aux premières « chaufferettes » destinées à protéger la vigne. Ces étuves à fuel étaient remplies et allumées à la main aux premières heures du jour. Depuis, elles se sont modernisées : leur remplissage se fait, aujourd'hui, de manière automatique à partir d'une cuve à pétrole installée au bas des coteaux. Cette méthode de chauffage est efficace mais coûteuse et polluante. Une seconde méthode, l'aspersion, consiste à arroser les vignes d'eau lorsque la température atteint le point de gel, si bien qu'un manteau protecteur se forme autour des jeunes bourgeons. L'eau gelant à 0 °C, la vigne peut supporter une température de – 5 °C sans souffrir. Même si elle n'est pas aussi efficace qu'on le souhaiterait, la protection contre le gel garantit un rendement raisonnable chaque année et contribue à l'extension du vignoble.

LES APPELLATIONS DE L'YONNE

Outre Chablis, plusieurs vignobles sont parsemés dans le département de l'Yonne. Deux sont des appellations communales, les autres des appellations régionales avec ou sans mention du nom du village.

APPELLATIONS COMMUNALES

Irancy est devenu une appellation à part entière en 1999 pour un vin rouge à base de pinot noir (avec une pointe de césar). L'appellation s'étend sur 3 communes et compte quelques climats réputés comme Palotte.

Saint-Bris. Cas unique en Bourgogne, cette appellation produit exclusivement des vins blancs secs à partir du sauvignon blanc dans un style frais et aromatique.

APPELLATIONS RÉGIONALES AVEC NOM DE COMMUNE

Chitry couvre les vins rouges et blancs, à base de chardonnay et de pinot noir, provenant du village de Chitry-le-Fort.

Côte Saint-Jacques. Le vignoble domine Joigny et la rivière Yonne, et produit des bourgognes classiques rouges (pinot noir) et blancs (chardonnay) ainsi que des rosés et un vin gris à base pinot gris, souple et floral.

Côtes d'Auxerre date de 1992 et couvre surtout les vignobles de pinot noir et de chardonnay à Saint-Bris-le-Vineux, Auxerre et quelques villages alentour.

Coulanges-la-Vineuse produit une majorité de vin rouge, plus léger et plus fruité qu'Irancy, qui est essentiellement issu de pinot noir.

Épineuil possède aussi sa propre appellation pour les vins rouges, uniquement à base de pinot noir, et les vins rosés.

Tonnerre ne produit que des vins blancs issus du chardonnay à partir d'un petit vignoble situé dans la vallée de l'Armançon.

Vézelay produit des vins issus du chardonnay à partir d'un vignoble de coteau bien exposé.

Les appellations

Chablis possède quatre appellations : Grand Cru, Premier Cru, Chablis et Petit Chablis.
L'AOC Chablis Grand Cru occupe un plateau de calcaire et d'argile d'un seul tenant, d'une centaine d'hectares, bien exposé, et divisé en sept lieux-dits. L'AOC Chablis Premier Cru (40 climats dont 17 principaux) est répartie sur des coteaux situés sur les deux rives du Serein. Elle prend appui sur le même type de sols que

les grands crus (calcaire argileux du kimméridgien) mais avec une grande variété de pentes et d'expositions. L'AOC Chablis, la plus étendue, occupe des sols de calcaire dur (portandien) ou de calcaire argileux. L'AOC Petit Chablis, de création plus récente, est essentiellement située sur les hauts de coteaux et sur l'amorce du plateau.

Le style Chablis

Dans le chêne ou sans chêne : tel est le débat à Chablis. Sur cette question, deux écoles défendent farouchement leur propre style de vin. La tradition veut que le Chablis soit vinifié et élevé en fûts de chêne, seul matériau disponible auparavant. L'arrivée des cuves de ciment et d'acier a ouvert de nouvelles possibilités. Certains producteurs sont restés fidèles au chêne, d'autres l'ont complètement abandonné et d'autres encore l'emploient partiellement sur certains vins de leur gamme. Les adversaires du chêne, et en particulier du chêne neuf, estiment qu'il trahit et masque la minéralité spécifique des vins de Chablis. Ses partisans affirment qu'il sublime le vin en y ajoutant une certaine complexité et en lui donnant une plus grande capacité de garde. L'amateur, lui, doit bien sûr se réjouir d'un tel débat qui garantit une saine diversité de style.

Curieusement, certains Chablis vinifiés sans chêne prennent, avec le temps, les arômes subtils de noisette qu'on lui associe naturellement. Ce vin offre une telle diversité que, tout en restant sec, il présente aujourd'hui une plénitude et une richesse qui contrastent avec sa réputation d'austérité. En vin jeune, sa séduction immédiate provient de son fruit et de sa vivacité juvenile. Après une phase de réserve, il commence à développer les arômes subtils d'un Chablis de belle naissance, où se mêlent des notes fruitées, minérales (pierre à fusil) ou de miel. Bien qu'un jeune Chablis d'un bon millésime ait déjà de l'attrait, mieux vaut attendre quelques années de bouteille pour le savourer pleinement : cinq ans pour un premier cru, et davantage pour un grand cru, d'évolution plus lente.

Les bons points des grands crus sont l'intensité de leurs arômes, leur concentration (en théorie supérieure) et leur capacité de vieillissement. Les divers crus ne sont pas toujours faciles à reconnaître, d'autant que leurs différences proviennent au moins autant de la conduite de la vigne et des vinifications de chaque vigneron que des caractères propres à chaque terroir.

PRODUCTEURS

Les étiquettes du vignoble de Chablis indiquent l'appellation : Petit Chablis, Chablis, Chablis Premier Cru (suivi du nom du climat), Chablis Grand Cru (suivi du nom du climat). Le nom du village n'est pas mentionné : Chablis est une appellation en soi. Étant donné le morcellement des parcelles, plusieurs vignerons se partagent un même cru, et la qualité dépend donc du producteur. Une partie des vins se vendent par l'intermédiaire des négociants de Chablis ou de Côte d'Or et de la coopérative locale. À la différence des grands vins blancs de la Côte de Beaune, il faut signaler les prix encore sages pratiqués à Chablis, y compris pour les grands crus.

JEAN-CLAUDE BESSIN
Ce vigneron exploite une douzaine d'hectares avec des parcelles dans trois premiers crus et un Grand Cru (Valmur). Il doit sa réputation à ses vins fermes, ciselés, bien typés Chablis, très réguliers et vendus à prix sage.

BILLAUD SIMON
Un domaine d'une vingtaine d'hectares avec de beaux emplacements en premiers et grands crus. Un soin particulier est porté à la maturité des raisins, qui donnent des vins puissants et structurés, salués comme l'une des plus belles expressions de l'appellation.

PASCAL BOUCHARD
Propriétaire et négociant, les Bouchard possèdent 33 ha de vignes répartis dans les quatre niveaux d'appellation, avec des parcelles situées dans les grands crus Les Clos, Vaudésir et Blanchot. Les élevages se font en cuve et fût (pas de bois neuf). Les vins sont harmonieux et accessibles dès leur jeunesse.

JEAN-MARC BROCARD
Ce vaste domaine (près de 200 hectares dans l'Yonne), partiellement cultivé en agriculture biologique et biodynamique, conjugue quantité et qualité.
Il offre toute la palette des vins de l'Yonne avec une large gamme de Chablis (élevage en cuve) dans un style privilégiant la pureté du fruit.

LA CHABLISIENNE
Créée en 1923, cette coopérative locale est le premier producteur de Chablis et regroupe quelque 300 vignerons pour 1 200 ha de vignes. S'il faut être sélectif dans sa très large gamme, elle reste exemplaire par la qualité moyenne de ses vins. Bien équipée, elle produit des vins dans toute la hiérarchie des appellations chablisiennes dont des grands crus réputés, vinifiés en cuve ou fût. Prix attractifs.

VINCENT DAUVISSAT
Un des noms mythiques de Chablis mené par Vincent Dauvissat, fils de René qui a fait connaître ce domaine d'une douzaine d'hectares, travaillé avec rigueur et précision. Les petits rendements et des vinifications subtiles en barrique offrent des vins d'une rare intensité de longue garde, dont la faible production s'arrache sur les marchés du monde.

JEAN-PAUL ET BENOÎT DROIN
Cette famille établie de longue date à Chablis est à la tête d'un beau vignoble de 25 ha répartis dans les quatre niveaux d'appellation dont des parcelles dans cinq climats de grand cru. La viticulture pratiquée ici vise à obtenir des raisins d'une grande maturité avec des élevages en fût ou en cuve. Vins puissants, de bonne garde.

JEAN DURUP
Avec le domaine de l'Églantière et le Château de Maligny, la famille Durup est à la tête du plus vaste domaine privé de Chablis. Les vins ne voient pas le bois et sont une expression classique de Chablis.

WILLIAM FÈVRE
La maison beaunoise Bouchard Père & Fils a acquis en 1998 →

PRODUCTEURS

ce domaine historique qui jouit d'un des plus beaux vignobles de Chablis, avec des parcelles dans cinq des sept climats de grand cru. Un travail de haute précision dans la vigne et dans le chai a renouvelé le style des vins qui sont une évocation très ferme, pure et minérale des vins de la région.

CORINNE ET JEAN-PIERRE GROSSOT
Les Grossot appliquent une viticulture soigneuse à leurs 18 hectares de vignes implantés en Chablis et Chablis Premier Cru. Des vinifications sur mesure (cuve et fûts) offrent des vins d'un bel équilibre, agréables jeunes mais sachant vieillir.

DOMAINE LAROCHE
Propriété du groupe Advini depuis 2009, ce domaine phare de Chablis a été patiemment bâti par Michel Laroche. Le vignoble s'étend sur une centaine d'hectares, avec notamment de belles parcelles du grand cru Les Clos, le plus réputé. Les vins sont une belle évocation de la région dans un style qui privilégie l'élégance et avec un usage en finesse de la barrique.

LONG-DEPAQUIT
Un grand domaine de 65 ha qui est la propriété de la maison de négoce Bichot, de Beaune. Sa grande fierté est son vignoble de La Moutonne, une parcelle de 2,35 ha située à cheval sur les grands crus Vaudésir et Preuses. Les vinifications ont renoué avec l'usage du bois mais dans un style retenu qui laisse s'exprimer la finesse et la minéralité chablisiennes.

LOUIS MICHEL
Grand partisan du Chablis sans notes boisées, le domaine s'étend sur 25 ha avec des parcelles de vigne sur trois grands crus et six premiers crus. Réputés pour leur fraîcheur et leur pureté de fruit, les vins de ce domaine vieillissent avec grâce. →

LES GRANDS CRUS DE CHABLIS

Les sept grands crus totalisent près de 100 ha et s'alignent sur un coteau à la sortie de Chablis. Ils sont entièrement plantés. Ce sont, du sud au nord :

BLANCHOT. Avec ses 13 ha, c'est le seul grand cru exposé au sud-est. Il donne des vins puissants, parfumés et plus souples que d'autres. Le sol est particulièrement blanc et crayeux, d'où le nom du vignoble.

LES CLOS. C'est le vignoble le plus étendu, avec 28 ha répartis entre plusieurs propriétaires. Ce grand cru est généralement considéré comme le plus apte au vieillissement, le dernier à arriver à maturité et le plus ferme.

VALMUR. Avec ses 11 ha, ce grand cru tire son nom de sa forme qui évoque celle d'une vallée. Ses vins rappellent ceux produits sur le grand cru voisin, Les Clos, mais avec moins de puissance.

GRENOUILLES. Le plus petit des grands crus, avec 9 ha, se trouve juste à côté de la rivière Serein, infestée de grenouilles ! La coopérative La Chablisienne en possède les trois quarts.

VAUDÉSIR. Exposé sud et ouest, il s'étend sur 14 ha et forme un amphithéâtre. Les vins sont réputés pour richesse et leur volume. La Moutonne est le nom d'une parcelle située sur Vaudésir et Preuses, monopole du domaine Long-Depaquit (voir ce nom).

PREUSES. Ce vignoble de 9 ha partageant La Moutonne avec Vaudésir possède une double exposition (sud-ouest et sud-est) et des sols assez différents selon la pente. Les vins oscillent du souple au structuré.

BOUGROS. Vignoble de 16 ha, il ressemble beaucoup au Blanchot, avec une certaine rusticité.

PRODUCTEURS

CHRISTIAN MOREAU PÈRE ET FILS
Fabien Moreau dirige ce domaine de 12 ha, implanté au cœur des grands terroirs de Chablis, avec des parcelles dans quatre grands crus. L'accent a été mis sur le travail de la vigne avec des vinifications qui font un usage raisonné du bois.

RAVENEAU
Raveneau est l'un des très grands noms de Chablis. Le domaine, assez compact, compte 8 ha, avec des parcelles dans les grands crus Valmur, Les Clos et Blanchot. La famille Raveneau reste fidèle aux principes qui ont faitson succès planétaire : vignes soignées, petits rendements, raisins mûrs, élevage en fût. Les vins sont réputés pour leur intensité et leur longévité exceptionnelles.

AUTRES PRODUCTEURS
Barat, Château de Bérut, Jean Collet et Fils, Jean Dauvissat Père et Fils, Bernard Defaix, d'Elise, Garnier et Fils, Malandes, Oudin, Pattes-Loup, Pinson, Servin, Simonnet-Febvre, Les Temps Perdus, Vocoret.

Premiers crus de Chablis

Les premiers crus se sont étendus au même rythme que le vignoble et couvrent 785 ha. Dans le même temps, de nouveaux noms sont apparus, ou réapparus puisque nombre d'entre eux existaient avant le phylloxéra. On prétend que ces premiers crus ressuscités retrouvent le terroir et le microclimat des anciens. Le plus renommé est Vaudevey, à proximité du village de Beine. Les meilleurs premiers crus seraient Mont de Milieu, Fourchaume et Montée de Tonnerre, qui se trouvent sur le même coteau que les grands crus. La liste complète des premiers crus comporte quelques noms que l'on trouve rarement sur les étiquettes. En effet, il arrive que le producteur leur préfère la désignation plus générale (en caractères gras dans la liste qui suit).

LES BEAUREGARDS : Côte de Cuissy.

BEAUROY : Troesme, Côte de Savant.

BERDIOT

CHAUME DE TALVAT

CÔTE DE JOUAN

CÔTE DE LÉCHET

CÔTE DE VAUBAROUSSE

FOURCHAUME : Vaupulent, Côte de Fontenay, L'Homme Mort, Vaulorent.

LES FOURNEAUX : Morein, Côte de Prés Girots.

MONT DE MILIEU

MONTÉE DE TONNERRE : Chapelot, Pied d'Aloue, Côte de Bréchain.

MONTMAINS : Forêt, Butteaux.

VAILLONS : Châtains, Séchet, Beugnons, Les Lys, Mélinots, Roncières, Les Épinottes.

VAUCOUPIN

VAU DE VEY : Vaux Ragons.

VAU LIGNEAU

VOSGROS : Vaugiraut.

CÔTE D'OR

Carte page VIII

La « Côte d'Or » bourguignonne est une étroite bande de vignobles, orientée à l'est et au sud-est, qui s'étire de Dijon, au nord, à la limite du département de la Côte-d'Or, en passant par Beaune. Cette « côte » marque la limite est de l'écheveau de forêts et de collines que sont les hauteurs bourguignonnes. La vaste plaine de la Saône s'étend à ses pieds, vers l'est. Constituant ce que les géographes appellent un « escarpement », la Côte renferme un sous-sol stratifié très riche qui constitue l'un des facteurs du potentiel qualitatif de ses vignobles (voir p. 368).

Un autre facteur, très important pour le prestige historique de la Côte d'Or, est la proximité de grands axes routiers : les vignobles sont sur la voie qui relie depuis deux millénaires le Nord et le Sud, des Flandres à la Provence, de Rome à Paris. Aujourd'hui, les autoroutes A6 et A31, complétées par les nationales 6 et 74, évitent définitivement à cette région l'enclavement dont ont souffert tant d'autres zones rurales de France.

L'histoire, comme la géographie, a été généreuse envers la Côte d'Or : la région fut l'un des premiers centres de la vie monastique en France, avec la grande abbaye bénédictine de Cluny, dans le Mâconnais ; puis, en 1098, l'abbaye de Cîteaux, première maison de l'ordre cistercien, fut fondée près de Beaune. En un an, celle-ci se dota de son premier vignoble, à Meursault, et, sous l'égide de son père supérieur, saint Bernard, y ajouta rapidement quelques arpents supplémentaires. Lacontribution des moines à la renommée du vignoble bourguignon fut capitale. S'ils n'en furent pas les fondateurs – les Romains y avaient cultivé la vigne –, ce sont eux qui l'organisèrent. Ils édifièrent des enclos autour de leurs vignobles, dont, en 1330, la muraille qui ceint toujours le Clos de Vougeot. Ils procédèrent à des expériences, des améliorations et des observations. Ce sont les cisterciens qui ont fait des vins de la Côte d'Or des vins prestigieux.

La Bourgogne a eu autant de chance avec ses maîtres temporels qu'avec ses chefs spirituels. À la fin du Moyen Âge, les ducs de Valois aimaient la grandeur en toutes choses, surtout en matière de vins et de mets. Ils avaient en outre la puissance et l'argent leur permettant d'exiger le meilleur. Vers 1375, le duc Philippe le Hardi s'intéressa au Bourgogne rouge et encouragea le « pineau », ancêtre de l'actuel pinot noir, au détriment du gamay, cépage prolifique mais de moindre qualité.

La Révolution déposséda les moines et morcela leurs possessions sur la

LES FACTEURS DE QUALITÉ

Les vignobles de la Côte d'Or ont subi un examen minutieux au terme duquel ils ont été classés en diverses catégories, de l'appellation régionale générique jusqu'au grand ou premier cru, en passant par l'AOC « village ». Trois facteurs déterminent la qualité : le sol, la déclivité et l'exposition.

SOLS

Le sous-sol se compose de marne et de deux sortes de roches calcaires. L'érosion des coteaux a conduit à des combinaisons de sols très complexes. Ainsi, à un endroit donné, le sol est le produit de la strate située juste en dessous de la surface et de celle qui se trouve à une altitude supérieure, des débris d'érosion se frayant un chemin le long de la pente pour se mélanger au sol, plus bas. Le bas de la côte se fond dans la plaine et offre un sol alluvial plus fertile mais moins favorable à la production de grands vins.

Les grands et les premiers crus occupent une bande distincte du coteau, souvent située à mi-pente. C'est l'endroit où les affleurements de marne donnent le meilleur sol – en particulier pour les vins rouges –, celui qui est le mieux drainé et le plus facile à travailler. Les vignobles de vin blanc sont concentrés dans des zones à prédominance calcaire, comme à Meursault ou à Puligny.

ESCARPEMENT

La Côte d'Or est un escarpement résultant d'une anomalie géologique qui a conduit à l'érosion du bord du plateau bourguignon, à l'ouest. À l'est, la vaste plaine de la Saône constitue la base de la côte. La continuité de cet escarpement est rompue par de petites vallées formées par les affluents de la Saône. Les vignobles sont implantés sur les coteaux orientés au sud-est et situés entre la plaine, à l'ouest, et les collines boisées, à l'est. Leur altitude peut varier entre 150 m et 400 m, mais il faut noter que les meilleurs crus se situent presque toujours à mi-pente, le sol devenant très pauvre au-dessus de ce niveau.

SITES ET EXPOSITIONS

Dans un emplacement typique, un village se situe au pied de l'escarpement, entre les vignobles et les terres de la plaine. Le terrain où pousse la vigne est soumis aux contraintes du relief : trop haut sur les pentes, le mésoclimat devient nettement plus frais ; trop bas dans la plaine, les gelées tardives sont une réelle menace. Certains endroits sont plus sensibles que d'autres à la grêle. Les pentes offrent des sites bien drainés, avec des sols adéquats. L'exposition à l'est et au sud-est renforce la chaleur du soleil et protège des vents d'ouest, porteurs de pluie.

Côte d'Or. Après Napoléon, peu de clos monastiques restèrent aux mains d'un propriétaire unique.
Avec la fragmentation des vignobles, les négociants, capables d'acheter et d'assembler du vin provenant de plusieurs petites parcelles, assirent peu à peu leur domination. L'avènement du chemin de fer les favorisa encore davantage : ils purent exporter leur vin plus facilement (la Côte d'Or n'a pas de voie navigable pratique), et les moins scrupuleux d'entre eux allongèrent leurs grands vins avec un peu de vin du Sud. Cette pratique, aujourd'hui interdite et disparue, persista pendant une partie du XXe siècle, ce qui fit croire que le Bourgogne rouge était un breuvage sombre et sirupeux rappelant vaguement des rouges du Sud.

Les villages et les crus

La Côte d'Or est scindée en son milieu par Beaune, ville qui abrite la plupart de ses maisons de négoce, et parsemée de villages donnant leur nom aux vignobles, ou vice versa. Par exemple, Chambolle-Musigny a été baptisé ainsi, car Chambolle est l'ancien nom du village et Musigny un vignoble fameux planté sur l'une de ses collines. Le nom de certains villages, Volnay, Meursault, Pommard, se suffit à lui-même.
Chaque village (ou, du moins, la plupart d'entre eux) possède son appellation d'origine générique ainsi que de nombreuses désignations de sites ou de climats dont les plus remarquables sont classés en premier cru ou, mieux encore, en grand cru. Le système d'étiquetage et de classement est détaillé p. 354-355.
La Côte d'Or se divise en deux parties : la Côte de Nuits au nord et la Côte de Beaune au sud.
Deux AOC sont situées à l'ouest du coteau principal : Hautes-Côtes-de-Nuits et Hautes-Côtes-de-Beaune. Elles sont détaillées p. 376.

Les styles de vin

La Côte de Nuits produit principalement du vin rouge, tandis que la Côte de Beaune produit des rouges et des blancs. Le pinot noir (en rouge) et le chardonnay (en blanc) sont les deux cépages principaux.
Bien que le cépage soit identique d'un vignoble à l'autre, les styles de vin sont très différents en raison des divers terroirs et surtout de l'individualité marquée du producteur bourguignon. Négociants et vignerons, grands ou petits, ont chacun leur propre conception de ce que doit être un grand Bourgogne et de la façon dont un terroir doit exprimer ses qualités. Le choix d'un vin exige donc une grande attention.
En règle générale, les vins gagnent en complexité, en prix et en potentiel de vieillissement en fonction de l'échelle du classement où ils se situent, de l'AOC village jusqu'au grand cru en passant par le premier cru. Toutefois, un médiocre premier cru paraît terne

et triste à côté d'un excellent vin n'ayant « que » le statut d'une AOC village. La main de l'homme, et les rendements qu'il demande à sa vigne sont tout aussi déterminants que la qualité intrinsèque du terroir.

Au gré des modes et des techniques, le bourgogne rouge a changé de style. Au XVIIIe siècle c'était un vin léger, presque rosé, issu de vignobles complantés de variétés blanches et rouges qui se mêlaient dans la cuve. Au XIXe siècle et dans la première partie du XXe siècle, avec la séparation de raisins rouges et blancs, le bourgogne rouge devient plus tannique avec une plus grande teneur en alcool (souvent grâce à la chaptalisation) et d'une couleur plus prononcée. Aujourd'hui, on assiste à un retour à des vins équilibrés et aromatiques, d'une couleur moyenne à soutenue et d'une plus faible teneur en alcool. Toutefois, leur élaboration diffère selon les écoles (voir p. 359-360).

Les bons vinificateurs peuvent produire de superbes vins dans des appellations moins prestigieuses. Les AOC Bourgogne et Côte-de-Beaune-Villages des grands domaines étant élaborées selon les mêmes normes que les grands crus, les acheteurs peuvent réaliser de très bonnes affaires.

Les millésimes et le vieillissement

En Côte d'Or, les millésimes sont un autre facteur de diversité imposé par les conditions climatiques de la région. Et un bon millésime en Côte de Nuits n'implique pas nécessairement un bon millésime à Volnay ou Meursault. En effet, les conditions climatiques peuvent avoir des effets très localisés.

Il est rare qu'un grand cru de Bourgogne ait une durée de vie aussi longue qu'un cru classé de Bordeaux. Un grand vin de Bourgogne atteindra son apogée après une dizaine d'années de bouteille (même s'il peut vieillir deux fois plus longtemps), tandis que les appellations communales et la plupart des blancs pourront être ouverts après trois années. Il existe de vieilles bouteilles de Bourgogne qui peuvent être magnifiques, mais ce sont des exceptions.

Le bourgogne rouge est un vin relativement fragile dont le transport et le stockage réclament beaucoup de soins : de nombreuses bouteilles exportées vers des pays lointains, surtout s'il s'agit de pays chauds, souffrent du voyage.

Les très bons vins blancs vieillissent plus longtemps que ne le laisserait penser leur couleur : un Montrachet d'un bon millésime, par exemple, restera fermé pendant cinq ans et pourra se garder bien plus de dix ans.

Villages de la Côte de Nuits

Dans cette partie nord de la Côte d'Or, on cultive presque exclusivement le pinot noir, à quelques exceptions près, qui sont mentionnées ci-dessous. Le vignoble commence à la pointe sud de la ville de Dijon et s'étend sur 22 km jusqu'à Corgoloin, au nord de Beaune. La plupart des villages possèdent leur propre AOC communale, et souvent des parcelles classées premier cru ainsi que, pour un certain nombre, quelques grands crus. Les communes sont répertoriées du nord au sud. Des noms de producteurs sont indiqués pour chaque village p. 380-381. Les plus emblématiques figurent également dans l'encadré p. 385

Les villages de la Côte d'Or (Côte de Nuits et Côte de Beaune) sont très fiers de leur système de classement, pourtant horriblement compliqué.

Chaque village ou commune possède une AOC. Mais ce n'est pas si simple : certaines AOC « village » empiètent sur les villages voisins, et d'autres ne comprennent pas la totalité du terrain situé dans les limites de la commune citée. Ainsi, un vin AOC Nuits-Saint-Georges peut provenir de Prémeaux, un village adjacent.

Au sein d'une même commune, certains vignobles n'ont pas droit à l'AOC du village, mais uniquement à l'AOC Bourgogne ou à l'une des autres appellations génériques.

La plupart des communes comptent également des vignobles classés premier cru ou grand cru. Les arcanes de cette nomenclature sont décryptés p. 354, mais n'oubliez pas qu'en termes d'AOC un grand cru n'est pas considéré légalement comme faisant partie d'un village et ne portera donc aucun nom de village sur son

CÔTE DE NUITS GRANDS CRUS

Les 24 grands crus de la Côte de Nuits, presque exclusivement rouges, se concentrent dans les villages de Gevrey-Chambertin, Morey-Saint-Denis, Chambolle-Musigny et Vosne-Romanée.

- Bonnes Mares
- Chambertin
- Chambertin-Clos de Bèze
- Chapelle-Chambertin
- Charmes-Chambertin
- Clos des Lambrays
- Clos de la Roche
- Clos St-Denis
- Clos de Tart
- Clos de Vougeot
- Échezeaux
- La Grande Rue
- Grands Échezeaux
- Griotte-Chambertin
- Latricières-Chambertin
- Mazis-Chambertin
- Mazoyères-Chambertin
- Musigny
- Richebourg
- La Romanée
- La Romanée-Conti
- Romanée-Saint-Vivant
- Ruchottes-Chambertin
- La Tâche

étiquette, sauf éventuellement pour l'adresse de l'embouteilleur.

On trouve donc quatre catégories de vin dans une commune typique, dont seules les deux catégories intermédiaires (AOC village et premier cru) portent le nom de la commune, contrairement à l'AOC générique et au grand cru.

CÔTE-DE-NUITS-VILLAGES. Cette AOC s'applique aux vignobles de cinq villages : Fixin et Brochon au nord, Prémeaux-Prissey, Comblanchien et Corgoloin à l'extrémité sud de la Côte. Ces cinq noms sont si peu connus que certains producteurs et négociants leur préfèrent l'appellation générale Côte-de-Nuits-Villages (à l'exception de Fixin).

MARSANNAY. En 1987, Marsannay-la-Côte a été dotée de sa propre AOC communale pour le vin rouge et le vin blanc provenant des coteaux situés à l'ouest de la nationale 74. D'autres parcelles de ce village ainsi que de ses voisins (Couchey et Chenôve) sont autorisées à cultiver du pinot noir pour élaborer du Marsannay rosé, un vin unique en Bourgogne. Le vin rouge, cependant, prédomine ici.

Les vignobles rouges sont en pleine expansion et les vins se sont beaucoup améliorés grâce à la nouvelle AOC. Le rosé est l'un des meilleurs de France : sec et ample, il peut aussi vieillir.

FIXIN. C'est là que commence la vraie « Côte » : la pente s'accentue et l'étude du sous-sol révèle que la bande de calcaire est le prolongement de celle des premiers crus de Gevrey-Chambertin. L'appellation Fixin recouvre les villages de Fixin et Fixey (ainsi que Brochon, qui ne possède pas d'AOC propre, mais dont les meilleures parcelles ont droit à l'étiquette Fixin). La Côte de Nuits compte ici six premiers crus.

Les meilleurs vignobles sont situés à mi-coteau : Clos du Chapitre, La Perrière, Les Hervelets. Ils produisent de puissants Bourgognes rouges avec un bon potentiel de vieillissement. Fixin produit aussi du vin blanc en petite quantité.

GEVREY-CHAMBERTIN. Les grands crus de la Côte de Nuits commencent au sud du village de Gevrey-Chambertin. 9 vignobles totalisant 87 ha (plus que tout autre village) ont ce statut et 26 autres sont classés premier cru.

Gevrey-Chambertin est l'appellation la plus étendue de la Côte de Nuits. Elle couvre Gevrey et la moitié de la commune de Brochon, au sud immédiat de Fixin. Installés dans une vallée secondaire, les premiers crus bénéficient d'une exposition sud-sud-est. Plein sud, les grands crus s'alignent sur le coteau principal de la Côte, à l'abri des bois. Ce sont les fameux vignobles de Chambertin, Clos de Bèze et une demi-douzaine d'autres qui sont autorisés à accoler le nom de Chambertin au leur (par exemple, Charmes-Chambertin). Outre les grands et les premiers crus, une vaste zone a droit à l'appellation Gevrey-Chambertin.

Si les grands crus de Chambertin déçoivent rarement, leur qualité reste variable. Cette diversité est due en partie au morcellement. Une vingtaine de propriétaires se partagent les 13 ha de Chambertin, ce qui représente une moyenne de 3 000 à 3 600 bouteilles par an chacun. Le Clos de Bèze étant moins morcelé, la qualité des vins est plus homogène qu'à Chambertin (ceux-ci peuvent porter l'étiquette Chambertin-Clos de Bèze). Les deux vins ont un bon potentiel de vieillissement. Charmes-Chambertin est un autre grand cru ayant la réputation d'être régulier et de maturation rapide.

Les premiers crus sont magnifiquement situés, et les meilleurs d'entre eux (ceux des bons producteurs) peuvent facilement se mesurer aux grands crus. Le Clos Saint-Jacques est le plus célèbre. Autre exemple : le premier cru Aux Combottes se trouve sur le même coteau que les grands crus.

Le Gevrey-Chambertin « village » doit s'acheter en fonction du nom du producteur : tous les vins ne sont pas dignes du nom du village.

Le meilleur Gevrey-Chambertin est puissant, fruité et tannique et possède une structure qui lui permet de bien durer. Il s'agit alors d'un vin de garde à conserver au-delà de 10 ans.

MOREY-SAINT-DENIS. C'est un petit village coincé entre deux célébrités, mais abritant tout ou partie de cinq grands crus. Les vignobles sont implantés sur le coteau calcaire qui va de Gevrey-Chambertin jusqu'à Vougeot en passant par Morey-Saint-Denis. Deux des grands crus de ce village sont d'anciens clos de monastère ceints de murs (Clos de Tart et Clos Saint-Denis, sur la colline qui domine Morey), de même que le premier cru Clos de la Bussière, à la sortie du village. Contrairement à l'habitude, certains des premiers crus se trouvent plus en altitude que les grands crus. Une minuscule quantité de vin blanc est produite.

Autre trait inhabituel pour la Bourgogne : Clos de Tart est un monopole et possède sa propre exploitation et ses chais à côté des vignes. Les autres grands crus sont Clos de la Roche et Clos des Lambrays (promu grand cru en 1981, également monopole) ainsi qu'une petite partie des Bonnes Mares (voir Chambolle-Musigny ci-après).

Morey-Saint-Denis élabore des Bourgognes rouges de garde dans le style classique et solide de la Côte de Nuits : les vins de grand cru peuvent être somptueux, notamment ceux de Clos de la Roche et de Clos Saint-Denis. On compte quelques excellents producteurs et la qualité d'ensemble est élevée. Le Clos des Lambrays a été replanté en 1980 ; ses vins sont voluptueux, tout comme ceux du Clos de Tart, qui appartient en monopole au domaine éponyme.

Les autres vins de Morey (premiers crus et vins de village) peuvent afficher un meilleur rapport qualité/prix supérieur aux appellations voisines.

CHAMBOLLE-MUSIGNY. La puissance alliée à l'élégance et à la complexité est le signe distinctif des meilleurs vins de ce village, qui font partie des plus grands rouges de Bourgogne. Ils sont généralement moins tanniques et moins structurés que les vins de Morey-Saint-Denis ou de Gevrey-Chambertin.

Le village est blotti dans une vallée qui interrompt la continuité du coteau calcaire. Les deux grands crus de la commune, Musigny et Bonnes Mares, sont magnifiquement situés sur le coteau est, aux frontières sud et nord de l'appellation. Le sol se composant d'un calcaire plus pur que dans la zone plus au nord, les vins sont plus légers. Parmi les grands crus, Bonnes Mares est souvent considéré comme le plus puissant et le plus concentré, et Musigny comme le plus raffiné et le plus subtil. Parmi les premiers crus, Les Amoureuses et Les Charmes sont des valeurs sûres. Les quelques vignes de chardonnay produisent un vin blanc rare.

VOUGEOT. Le Clos de Vougeot, ancien vignoble de monastère, est l'un des plus vastes (50 ha) et des plus célèbres grands crus de Bourgogne. Malheureusement pour l'acheteur, il est divisé entre plus de 80 propriétaires possédant, pour la vaste majorité, des petites parcelles qui élaborent des vins de styles très différents. Une telle superficie recouvre immanquablement des types de sol très variés. Le vignoble descend en pente douce du château, sous la crête de la Côte, jusqu'à la nationale 74. Le meilleur terroir se trouve au sommet et jouxte le grand cru de Musigny. La partie la plus basse n'est séparée du vignoble AOC village adjacent que par l'enceinte du Clos et, par conséquent, ne peut être considérée comme supérieure à la partie haute que pour des raisons historiques.

Du fait de ce morcellement, le nom du vigneron compte encore plus ici que dans le reste de la Bourgogne. Mais les normes se sont améliorées récemment, faisant du Clos de Vougeot un vin de plus en plus fiable. Les meilleurs ont un goût puissant, riche, presque doux, et sont de longue garde. S'ils ne sont pas les plus subtils des Bourgognes, ils ont une réelle opulence et une texture veloutée.

Parmi les autres vins de Vougeot, on trouve certains premiers crus et des vins de village vivant à l'ombre du grand cru, ainsi qu'une petite quantité de vin blanc provenant du premier cru Clos Blanc.

Le château médiéval du Clos abrite le quartier général de la Confrérie des Chevaliers du Tastevin de Bourgogne, société qui se consacre, depuis les années 1930, à la promotion des vins de Bourgogne en organisant des dégustations, des cérémonies hautes en couleur et des dîners de prestige. La Confrérie récompense du label « Tastevin » les vins dont elle juge qu'ils représentent bien leur appellation respective.

FLAGEY-ÉCHEZEAUX. Cette appellation constitue un comble de complexité difficile à saisir, même pour les Bourguignons. Flagey est un village, mais, sur l'étiquette, Vosne-Romanée remplace le nom communal de Flagey-Échezeaux pour tous les vins qui ne sont pas classés grand cru (il n'y a pas de premier cru). Les grands crus, Échezeaux et Grands Échezeaux, se situent au-dessus de Vougeot, plus près de Vosne-Romanée que du village qui porte leur nom. Il s'agit de vins puissants et parfumés, les Échezeaux devant mûrir parfois 10 ans et les Grands Échezeaux encore davantage. S'ils sont chers, ils restent cependant plus abordables que les grands crus voisins de Vosne-Romanée.

VOSNE-ROMANÉE. Ce village abrite six grands crus (La Romanée, La Romanée-Conti, Romanée-Saint-Vivant, Richebourg, La Tâche et La Grande Rue), dont les célèbres vins, aux prix fabuleux, du Domaine de La Romanée-Conti (unique propriétaire des grands crus La Romanée-Conti et La Tâche).

Les grands crus sont tous regroupés au-dessus du village. Leurs prix atteignent des niveaux très élevés. Heureusement, une poignée d'excellents premiers crus, comme Les Malconsorts (à côté de La Tâche, sur le coteau), Les Suchots, Les Chaumes, Aux Brûlées et Les Beaux Monts, dont beaucoup produisent des vins remarquables, rivalisent avec les grands crus pour leur opulence épicée et leur capacité à vieillir 10 à 15 ans, voire davantage.

L'appellation de la commune de Vosne-Romanée a connu des fortunes diverses : certains vignerons ont profité du prestige du nom pour diffuser des vins médiocres à vil prix, mais cette situation appartient au passé.

Unique propriétaire de La Romanée-Conti et La Tâche, et principal propriétaire de Richebourg, Romanée- Saint-Vivant, Grands Échezeaux et Montrachet, le Domaine de la Romanée-Conti pourrait n'être célèbre que pour les grands crus qu'il possède. À ces richesses, il convient d'ajouter un style de vinification propre : viticulture inspirée de la biodynamie, vendanges tardives de raisins mûrs, faibles rendements, fermentations et élevages longs, filtrage minimal. Les résultats donnent des vins d'une grande opulence. Il s'agit de vins de très grande garde. Une production limitée et des prix extrêmement élevés rendent ces vins difficiles à trouver, mais ils sont un modèle pour tous les Bourgognes rouges.

NUITS-SAINT-GEORGES. Cette petite ville est, après Beaune, le second centre vinicole de Bourgogne, et abrite également de nombreux négociants. Les vignobles sont séparés en deux par un petit cours d'eau. Il n'y a ici aucun grand cru mais 41 premiers crus (Les Vaucrains, Les Pruliers, Les Saint-Georges, Les Argillières, Clos de la Maréchale, pour n'en citer que quelques-uns).

Les vignobles de l'appellation s'étendent sur 7 km le long de la Côte.

LES HAUTES CÔTES

À l'ouest de la Côte d'Or s'étend une zone de collines boisées s'ouvrant sur des vallées protégées. Les vignobles des Hautes Côtes ont décliné après la crise du phylloxéra. La renaissance de la viticulture, amorcée par la coopérative régionale, entraîne également celle des propriétés privées. Le chardonnay est cultivé pour le vin blanc, et le pinot noir pour le rouge. L'appellation utilisée est Bourgogne plus le suffixe Hautes-Côtes-de-Nuits ou Hautes-Côtes-de-Beaune.

HAUTES-CÔTES-DE-NUITS

Les villages sont : Arcenant, Bévy, Chaux, Chevannes, Collonges-lès-Bévy, Curtil-Vergy, L'Étang-Vergy, Magny-lès-Villers, Marey-lès-Fussey, Messanges, Meuilley, Nuits-Saint-Georges (pour Concœur-et-Corboin), Reulle-Vergy, Segrois, Villars-Fontaine, Villers-la-Faye.

HAUTES-CÔTES-DE-BEAUNE

Les villages sont : Baubigny, Bouze-lès-Beaune, Cirey-lès-Nolay, Cormot, Échevronne, Fussey, Magny-lès-Villers, Mavilly-Mandelot, Meloisey, Nantoux, Nolay, Rochepot, Vauchignon.

VILLAGES DE SAÔNE-ET-LOIRE

Sont également inclus dans l'appellation Hautes-Côtes-de-Beaune : Change, Créot, Épertully, Paris-Hôpital, et une partie de Cheilly-lès-Maranges, Dezize-lès-Maranges, Sampigny-lès-Maranges.

Aussi n'est-il pas surprenant que les styles de vin soient si différents. Ceux de l'extrémité nord de l'AOC, comme La Richemone et Les Damodes, jouxtent ceux de Vosne-Romanée, avec lesquels ils partagent des vins au caractère parfumé et opulent.

Au sud de la ville, les vignobles de premier cru se prolongent jusqu'au-delà du village de Prémeaux, le plus méridional étant le Clos de la Maréchale. Les vignobles sont moins élevés, les sols plus lourds et les vins à la fois aromatiques et robustes.

Les vins des premiers crus et de l'appellation village sont généralement prêts à boire après 5 ans en bouteille et peuvent rester à leur apogée pendant au moins 5 ans de plus. Le vin blanc est rare.

Nuits-Saint-Georges possède son propre hospice, petit frère de celui de Beaune. Son vignoble s'étend sur 12,5 ha dont plus de 8 ha dans les appellations Nuits-Saint-Georges et Nuits-Saint-Georges Premier Cru.

Villages de la Côte de Beaune

La partie méridionale de la Côte d'Or commence au nord de la ville de Beaune, où les vins sont principalement rouges, à base de pinot noir. La prédominance des vins rouges s'arrête au sud de Beaune, vers Meursault et Puligny-Montrachet, connus dans le monde entier pour leurs grands vins blancs, issus du cépage chardonnay, pour reprendre un peu plus bas. La Côte de Beaune s'étire sur 25 km environ et comprend une vingtaine de villages possédant chacun sa propre AOC, répertoriés ci-après du nord au sud. Cependant, à la mode bourguignonne, les limites de la commune ne coïncident pas nécessairement avec celles de l'appellation. En outre, certains premiers et grands crus sont partagés entre deux villages. Les producteurs sont indiqués pour chaque village p. 380. Certains de ceux qui possèdent des parcelles dans plusieurs villages, ainsi que les négociants, souvent aussi propriétaires de vignobles importants, sont cités p. 385-388.

CÔTE-DE-BEAUNE-VILLAGES. Cette appellation de vin rouge peut être utilisée par tous les villages de la région, excepté Aloxe-Corton, Beaune, Pommard et Volnay. Elle permet aux vignerons des villages moins connus d'utiliser un nom réputé et signifie également que les négociants peuvent assembler des vins de deux villages ou plus pour élaborer un vin équilibré. Une AOC Côte-de-Beaune existe aussi pour les vins produits à proximité de Beaune, mais elle est de petite dimension.

LADOIX. Ce petit village situé sur la route conduisant de Nuits-Saint-Georges à Beaune s'abrite à l'ombre de l'énorme coteau couvert de vignobles de Corton. C'est le trait dominant du paysage du nord de Beaune : une grande colline ovale coiffée de bois. Les vignobles de grand cru couvrent trois de ses coteaux. Ce village, le plus au nord de la Côte de Beaune, partage avec Serrigny l'une des appellations oubliées de Bourgogne, puisque les meilleurs vignobles se trouvent sur la colline de Corton et que certains vins de la commune peuvent être étiquetés Aloxe-Corton Grand Cru ou Premier Cru. L'INAO a reconnu le rang de premier cru à 11 climats. Les vins sont surtout rouges, même si quelques vignobles en altitude, comme Les Gréchons, produisent de bons blancs.

PERNAND-VERGELESSES. Ce village situé sur la face ouest de la colline de Corton possède des parcelles de grand cru Corton et Corton-Charlemagne (voir Aloxe-Corton ci-après). Il est réputé pour son premier cru Île des Vergelesses ainsi que pour ses vins blancs (environ 40 % de la production du village). Les vins rouges village et premier cru exigent au moins 5 ans en bouteille et peuvent se bonifier encore 10 ans.

ALOXE-CORTON. Le village est dominé par la colline de Corton et ses deux grands crus : Corton (seul grand cru rouge de la Côte de Beaune et le plus vaste de Bourgogne) et Corton-Charlemagne (pour les vins blancs).

Officiellement, Corton occupe le coteau est de la colline, et Corton-Charlemagne, les coteaux sud et sud-ouest. La réglementation a aligné les limites des appellations sur les types de sol : les vignobles les plus élevés, où le sol est léger, avec un pourcentage élevé de craie, sont classés en Corton-Charlemagne, quoi qu'en disent les cartes. Leurs vins blancs comptent parmi les meilleurs au monde : leur bouquet distingué et épicé, au goût de noisette, ne commence à s'ouvrir qu'après 5 ans et reste encore magnifique pendant une quinzaine ou une vingtaine d'années. Plus bas sur le coteau, le sol s'enrichit et rougit, tout en restant très diversifié selon son emplacement autour de la colline. Le vin (rouge) peut s'appeler Corton Grand Cru, bien que, dans la pratique, son nom soit généralement lié à celui d'une parcelle spécifique, toujours bénéficiant du statut de grand cru (Corton-Les Bressandes, Corton-Clos du Roi, Corton-Les Renardes). Les vins sont puissamment aromatiques, et fortement tanniques dans leur jeunesse (il leur faut 6 ou 7 ans en bouteille pour qu'émergent leurs arômes et leurs notes fruitées et épicées).

Plus bas, sur le coteau est, sont implantés les premiers crus rouges d'Aloxe-Corton. Nettement moins onéreux que les grands crus, les vins sont flatteurs mais se conservent moins longtemps.

La partie inférieure du coteau produit des vins de village rouges : relativement légers, ils représentent une bonne valeur marchande.

CHOREY-LÈS-BEAUNE. Curieusement, ce village et la plupart de ses vignobles se trouvent sur le côté est de la « Route des vins », la N74. Pas de grands crus ou de premiers crus ici, mais des vins de village, presque toujours rouges, à boire rapidement, présentant une grande fraîcheur et des parfums de fruits rouges, doux et mûrs.

SAVIGNY-LÈS-BEAUNE. Le village se trouve dans une vallée coupant la Côte, et ses vignobles s'étendent sur les coteaux, de part et d'autre. Au nord, ils côtoient ceux de Pernand-Vergelesses. Les premiers crus comprennent Aux Vergelesses, Les Lavières, Aux Serpentières et Aux Guettes. Les vignobles situés au sud de Savigny, en direction de Beaune, comprennent les premiers crus La Dominode, Bas Marconnets et Hauts Marconnets.

Savigny est un important producteur de vins rouges dont les prix sont très raisonnables pour des Bourgognes de Côte d'Or. Les premiers crus se distinguent par leurs arômes séduisants et par un goût vif et fruité. Ils sont à boire entre 4 et 10 ans. Savigny produit également un peu de vin blanc.

BEAUNE. La cité médiévale de Beaune, qui a donné son nom à toute la région, est le centre du commerce des vins de Bourgogne. Elle attire les touristes toute l'année, mais les amateurs de vin s'y pressent surtout lors du festival de trois jours qui se tient dans la ville fortifiée le troisième week-end de novembre. Ces Trois Glorieuses, ainsi qu'on les appelle, culminent, en effet, avec la vente aux enchères organisée par les Hospices de Beaune, le dimanche (voir plus loin).

L'appellation Beaune comprend de loin la plus vaste zone (310 ha) de vignobles de premiers crus de la Côte de Beaune, alignés en rangs serrés au-dessus de la ville. Ils sont environ une quarantaine, dont Les Marconnets, Les Fèves, Les Bressandes, Le Clos des Mouches, Les Grèves, Les Teurons, Les Vignes Franches et Les Épenottes.

À cet endroit, la pente de la Côte de Beaune est plus douce. Vues des murailles médiévales de Beaune, la haute colline et ses rangées ininterrompues de premiers crus sont impressionnantes.

La majeure partie du vin est rouge et une importante production de vins de qualité fait de cette AOC l'une des plus fiables de la région. De style plus aimable que les crus prestigieux de la Côte de Nuits, ces vins sont dotés d'arômes élégants et d'un beau goût fruité et épicé. Ils sont généralement à boire entre 5 et 15 ans d'âge. Les vins blancs sont moins distingués et se boivent plus jeunes.

Organisme de charité, les Hospices de Beaune datent de 1443, lorsque Nicolas Rolin, chancelier du duché de Bourgogne, employa sa fortune à fonder un hôpital pour les malades et les indigents. Des bienfaiteurs continuent depuis lors, et aujourd'hui encore, de leur faire don de terres comprenant des vignobles. Le domaine des Hospices de Beaune compte actuellement 60 ha de vignes réparties en 39 parcelles sur toute la Côte, à l'exception du Pouilly-Fuissé donné en 1994. Produits au sein du domaine, les vins sont ensuite vendus lors de la célèbre vente caritative, puis élevés par des négociants. Les prix que ces vins atteignent lors de la vente aux enchères du mois de novembre servent parfois d'indicateur pour tout le millésime, même s'ils sont surévalués par l'enjeu caritatif. Les vins

CÔTE DE BEAUNE GRANDS CRUS

La Côte de Beaune compte 8 grands crus qui forment deux îlots : à Puligny-Montrachet et à Chassagne-Montrachet, on produit des blancs issus de chardonnay ; à Aloxe-Corton et à Pernand-Verglesses, on élabore des rouges et des blancs.

- Bâtard-Montrachet
- Bienvenues-Bâtard-Montrachet
- Charlemagne
- Chevalier-Montrachet
- Corton
- Corton-Charlemagne
- Criots-Bâtard-Montrachet
- Montrachet

rouges et blancs des Hospices, élaborés de façon traditionnelle, sont bons mais tendent donc à être extrêmement chers.

Nombre de grands négociants de Bourgogne possèdent des caves sous les rues de Beaune et des parcelles dans des vignobles de premier cru. Drouhin possède une grande parcelle du Clos des Mouches ; Le Clos des Ursules de Louis Jadot fait partie des Vignes Franches ; et Bouchard Père & Fils détient Vigne de l'Enfant Jésus dans Les Grèves.

POMMARD. Un des noms les plus célèbres de la Côte d'Or, ce qui est parfois reflété dans les prix de ses vins.

Au sud de Beaune, le vignoble forme un large ruban produisant des vins rouges de qualité (Pommard ne fait que du vin rouge), interrompu par

PRODUCTEURS DE LA CÔTE DE NUITS

La plupart des villages de la Côte de Nuits possèdent leur propre AOC communale, des premiers crus et souvent des grands crus. Les communes sont répertoriées du nord au sud, avec une sélection des meilleurs producteurs. Beaucoup possèdent des parcelles dans plusieurs villages. Les domaines célèbres et les grandes maisons de négoce sont cités p. 385.

MARSANNAY

Domaine Bart, René Bouvier, Marc Brocot, Domaine Charlopin-Parizot, Bruno Clair, Jean Fournier, Huguenot Père et Fils, Olivier Guyot, Sylvain Pataille, Domaine du Vieux Collège.

FIXIN

Domaine Bart, Vincent et Denis Berthaut, René Bouvier, Bruno Clair, Pierre Gelin, Domaine Huguenot, Domaine de La Perrière, Méo-Camuzet, Domaine du Vieux Collège.

GEVREY-CHAMBERTIN

René Bouvier, Georges Chicotot, Bruno Clair, Pierre Damoy, Bernard Dugat-Py, Domaine Dujac, Domaine Dupont-Tisserandot, Sylvie Esmonin, Domaine Fourrier, Geantet-Pansiot, Jean-Michel Guillon et Fils, Domaine Heresztyn, Domaine Humbert Frères, Philippe Leclerc, Domaine Marchand Frères, Denis Mortet, Thierry Mortet, Domaine Perrot-Minot, Philippe Rossignol, Domaine Rossignol-Trapet, Philippe Pacalet, Jean Trapet Père & Fils, Armand Rousseau, Domaine Sérafin Père & Fils.

MOREY-SAINT-DENIS

Pierre Amiot et Fils, Domaine Arlaud, Domaine Castagnier, Domaine du Clos des Lambrays, Domaine Dujac, Robert Groffier Père et Fils, Domaine des Lambrays, Hubert Lignier, Domaine Lignier-Michelot, Frédéric Magnien, Domaine Marchand Frères Clos de Tart, Domaine Ponsot, Taupenot-Merme.

CHAMBOLLE-MUSIGNY

Domaine Amiot-Servelle, Michel Noëllat & Fils, Pierre Bertheau, Château de Chambolle-Musigny, Joseph Drouhin, Domaine Robert Groffier Père et Fils, Alain Hudelot-Noëllat, Jacques-Frédéric Mugnier, Georges Roumier, Hervé Sigault, Comte Georges de Vogüé, Domaine de la Vougeraie.

VOUGEOT

Domaine Bertagna, Domaine Anne Gros, Frédéric Magnien, Domaine Méo-Camuzet, Jacques Prieur, Domaine Daniel Rion et Fils, Georges Roumier,

le village situé au fond d'une petite vallée, et reprenant jusqu'à Volnay. Les meilleurs premiers crus (Épenots, Rugiens) donnent des vins rouges de couleur profonde, avec des arômes intenses, une bonne concentration, du corps et une complexité qui peut se bonifier en bouteille pendant 10 ans.

VOLNAY. Le village se situe assez haut sur le coteau, les vignobles s'étendant de part et d'autre, et en dessous. Ses vins de premier cru (Caillerets, Champans, Clos des Chênes et Clos des Ducs), délicats, soyeux, au parfum de violette et de fraise, sont renommés. Agréables à partir de 4 ou 5 ans, les Volnays peuvent vieillir bien plus longtemps. Tout le vin est rouge. Le premier cru Les Santenots, qui côtoie la zone d'AOC Meursault, constitue une particularité : il produit

PRODUCTEURS DE LA CÔTE DE NUITS

Château de la Tour, Domaine de la Vougeraie.

FLAGEY-ÉCHEZEAUX

A.-F. Gros-Parent, Domaine d'Eugénie, Méo-Camuzet, Mongeard-Mugneret, Domaine de La Romanée-Conti (pour plus de détails, voir p. 363) et Robert Sirugue.

VOSNE-ROMANÉE

Outre le Domaine de la Romanée-Conti (voir p. 375), citons : Sylvain Cathiard, Domaine Confuron-Cotetidot, Domaine d'Eugénie, Jean Grivot, Anne Gros, Gros Frère & Sœur, Domaine Leroy, Méo-Camuzet, Mongeard-Mugneret, Georges Mugneret-Gibourg, Armelle et Bernard Rion, Emmanuel Rouget, Jean Tardy, Cécile Tremblay, Nathalie Vigot.

NUITS-SAINT-GEORGES

Domaine de l'Arlot, Jean Chauvenet, Georges Chicotot, Daniel Chopin-Groffier, Jean-Jacques Confuron, Domaine David Duband-François Feuillet, Domaine Dubois & Fils, Jean Grivot, Henri Gouges, Bertrand Machard de Gramont, Jean Grivot, Hospices de Nuits (voir p. 379), Philippe et Vincent Lecheneaut, Chantal Lescure, Alain Michelot, Domaine Moillard-Grivot, Domaine des Perdrix, Domaine Remoriquet, Daniel Rion, Domaine Thibault Liger Belair.

LES HAUTES CÔTES

Parmi les meilleurs producteurs, citons :

- Maison Bouhey-Allex
- Marc Bouthenet
- Denis Carré
- Yves Chaley
- François Charles & Fils
- Claude Cornu
- Doudet-Naudin
- Guy et Yvan Dufouleur
- Jean Féry
- Denis Fouquerand
- Maurice & Jean-Michel Giboulot
- Jean Gros
- Georges Guérin & Fils
- Caves des Hautes Côtes Groupement de Producteurs
- Lucien Jacob
- Jayer-Gilles
- Alain Jeanniard
- René Martin
- Mazilly Père & Fils
- Christian Menaut
- Château de Villars Fontaine Domaine de Montmain
- Domaine Naudin-Ferrand
- Manuel Olivier
- Parigot Père & Fils
- Domaine du Prieuré
- Domaine Saint-Marc
- Michel Serveau
- Thévenot-Le Brun & Fils
- Alain Verdet

surtout du vin blanc et un peu de rouge vendu sous le nom de Volnay.

MONTHÉLIE. Perché sur la colline de Meursault, ce vieux village, proche du sud de Volnay, possède quelques sites bien exposés au sud. Jusqu'au milieu des années 1980, ses vins (surtout rouges) étaient considérés comme des Bourgognes plutôt rustiques et sans prétention. Aujourd'hui, des vinificateurs de talent exploitent le potentiel de leurs parcelles, et les meilleurs producteurs élaborent des vins avec de bons arômes, pleins de caractère, bien structurés, et d'un bon rapport qualité/prix. Les plus connus des 15 premiers crus de Monthélie sont Sur La Velle et Les Champs Fulliot.

AUXEY-DURESSES. Blotti dans la vallée qui se trouve à l'ouest de Monthélie, ce village produit deux

PRODUCTEURS DE LA CÔTE DE BEAUNE

La Côte de Beaune s'étire sur 25 km environ et comprend une vingtaine de villages qui possèdent chacun sa propre appellation d'origine contrôlée. Ces villages sont répertoriés ci-après du nord au sud, avec une sélection des meilleurs producteurs. Les domaines célèbres et les grandes maisons de négoce sont cités p. 385.

LADOIX-SERRIGNY

Capitain-Gagnerot, Chevalier Père et Fils, Edmond Cornu et Fils, Michel Mallard, Domaine Nudant, Domaine Prin.

PERNAND-VERGELESSES

Bonneau du Martray, Chandon de Briailles, Marius Delarche, P. Dubreuil-Fontaine, Laleure-Piot, Rapet Père et Fils.

ALOXE-CORTON

Bernard Dubois & Fils, Bonneau du Martray, Château de Corton André, Follin-Arbelet, Michel Gay et Fils, Antonin Guyon, Rapet, Comte Senard, Tollot-Beaut, Michel Voarick.

CHOREY-LÈS-BEAUNE

Arnoux Père et Fils, Michel Gay et Fils, Maillard Père & Fils, Tollot-Beaut.

SAVIGNY-LÈS-BEAUNE

Pierre Bitouzet, Simon Bize & Fils, Luc Camus, Chandon de Briailles, Doudet-Naudin, Domaine Michel et Joanna Ecard, Pierre Guillemot, Antonin Guyon, Laleure-Piot, Catherine et Claude Maréchal, Jean-Marc et Hugues Pavelot, Rapet.

BEAUNE

Outre les Hospices de Beaune (voir p. 379) et les grandes maisons de négoce, citons : Domaine des Croix, Michel Gay et Fils, Emmanuel Giboulot, Pierre Labet, Albert Morot, Domaine Newman, Jacques Prieur.

POMMARD

Comte Armand, Jean-Marc Boillot, Domaine de Courcel, Rodolphe Demougeot, Jean Garaudet, Michel Gaunoux, Vincent Girardin, Domaine Lejeune, Domaine de Montille, Domaine Mussy, Domaine Anne et Catherine Parent, Domaine Parigot et Fils, Château de Pommard.

VOLNAY

Marquis d'Angerville, Jean-Marc Bouley, Henri Delagrange, Michel Lafarge, Domaine de Montille, Domaine de la Pousse d'Or, Nicolas Rossignol, Joseph Voillot.

tiers de vin rouge et un tiers de vin blanc. Les premiers crus, comme Les Duresses et Clos du Val, sont plantés de pinot noir et peuvent donner de beaux rouges au goût de framboise, soutenant la comparaison avec les Volnays. Les meilleurs blancs, au délicieux goût de pain grillé et de noisette, n'ont rien à envier aux Meursaults mais se boivent plus jeunes.

SAINT-ROMAIN. En remontant la vallée sur 3 km, on atteint la bordure des Hautes Côtes (voir p. 376) où, sur un promontoire rocheux, se campe Saint-Romain. Ce village produit des vins blancs frais et nets d'un très bon rapport qualité/prix, ainsi que des rouges fermes aux notes de cerise.

MEURSAULT. Meursault est quasiment une ville, et ses vignobles couvrent les coteaux allant de Volnay,

PRODUCTEURS DE LA CÔTE DE BEAUNE

MONTHÉLIE

Domaine Berthelemot, Denis Bousset, Paul Garaudet, Comte Lafon, Eric de Suremain.

AUXEY-DURESSES

Jean-François Diconne, Domaine Leroy, Jean-Pierre et Laurent Prunier, Michel Prunier, Vincent Prunier, Domaine des Terres de Velle.

SAINT-ROMAIN

Henri et Gilles Buisson, Bernard Fèvre, Maison Germain Père & Fils, Alain Gras, Olivier Leflaive, Leroy, René Thévenin.

MEURSAULT

Domaine d'Auvenay, Ballot Millot et Fils, Domaine Bernard-Bonin, Bitouzet-Prieur, Domaine Vincent Bouzereau, Michel Bouzereau, Domaine Buisson-Charles, Dominique Caillot, Raoul Clerget, J.-F. Coche-Dury, Domaine Darnat, Château Génot-Boulanger, Domaine Henri Germain, Albert Grivault, Patrick Javillier, François et Antoine Jobard, Rémi Jobard, Comtes Lafon, Domaine Vincent Latour, Sébastien Magnien, Château de Meursault, René Monnier, Pierre Morey, Michel Prunier, Château de Puligny-Montrachet, Domaine Roulot.

SAINT-AUBIN

Jean Chartron, Marc Colin, Hubert Lamy, Domaine Larue.

PULIGNY-MONTRACHET

Jean-Marc Boilot, Jacques Carillon, Jean Chartron, Chartron et Trébuchet, Domaine Leflaive, Olivier Leflaive, Domaine Jean Pillot & Fils, Château de Puligny-Montrachet, Étienne Sauzet.

CHASSAGNE-MONTRACHET

Guy Amiot, Bachelet-Ramonet, Bruno Colin, Marc Colin, Michel Colin-Deléger, Vincent Dancer, Lamy-Pillot, Château de la Maltroye, Domaine Bernard Moreau et Fils, Marc Morey et Fils, Thomas Morey, Vincent et Sophie Morey, Michel Morey-Coffinet, Domaine Michel Niellon, Domaine Jean-Marc Pillot, Paul Pillot, André Ramonet.

SANTENAY ET MARANGES

Domaine Bachet Legros, Roger Belland, Emilien Bonnardot, Domaine Chevrot, François et Denis Clair, Château de la Crée, René Fleurot-Larose, Mestre Père & Fils, Lucien Muzard et Fils, Antoine Olivier, Prieur-Brunet, Anne-Marie et Jean-Marc Vincent.

au nord, à Puligny-Montrachet, au sud. Le calcaire, excellent pour les vins blancs, prédomine. Malgré son étendue et son grand renom pour les vins blancs, Meursault ne possède pas de grands crus, mais un nombre impressionnant de premiers crus (Les Charmes, Les Perrières, Les Genevrières, Les Gouttes d'Or, etc.). On y élabore aussi un peu de vin rouge, mais ce sont les blancs à l'arôme puissant et persistant, d'une grande longévité, qui ont fait la réputation de la commune. Les premiers crus donnent les vins les plus fins et les plus concentrés, les vins de village ayant souvent moins de caractère. La production étant très importante, la qualité ne peut qu'être variable.

BLAGNY. Coincé entre les deux célèbres appellations de vin blanc Meursault et Puligny-Montrachet, ce hameau se cantonne au vin rouge qui est commercialisé sous son propre nom. Ses vins blancs sont étiquetés Meursault (s'ils proviennent des vignobles situés au nord du hameau) ou Puligny-Montrachet (s'ils proviennent des vignobles près de Puligny-Montrachet).

SAINT-AUBIN. Saint-Aubin, caché derrière la côte principale, élabore des vins rouges et blancs à partir d'un bon coteau exposé au sud et situé à l'ouest de Puligny-Montrachet. Les vins sont légers, vifs, souvent délicieux et à des prix raisonnables.

PULIGNY-MONTRACHET. Le grand cru de Montrachet, qui élabore l'un des meilleurs vins blancs de Bourgogne, et assez justement parmi les plus onéreux, est à cheval sur la limite séparant Puligny de Chassagne. Ces deux villages ont annexé le nom du grand vignoble au leur, ce qui crée une confusion toute bourguignonne : de vastes quantités de vin blanc peuvent inclure le nom magique de « Montrachet » dans leur nom.

Puligny se concentre sur le vin blanc avec cinq grands crus – Le Montrachet, Chevalier-Montrachet, Bâtard-Montrachet, Bienvenues-Bâtard Montrachet et Criots Batard Montrachet – mais aussi une foison de premiers crus. Les meilleures parcelles occupent des sites bénéficiant d'une déclivité idéale, avec une orientation au sud-est, et d'un sol à dominante calcaire bien drainé.

Les vins issus de grands crus mettent du temps à développer tout leur potentiel. Dans les bons millésimes, les bouteilles des meilleurs producteurs peuvent vieillir une vingtaine d'années, voire davantage.

Les vins de premier cru de Puligny sont souvent plus élégants et vifs que ceux de Meursault. Le Cailleret, Les Combettes et Les Pucelles sont les plus concentrés et les plus lents à atteindre leur maturité. Le Puligny-Montrachet Village est plus aimable. Un peu de vin rouge est élaboré.

CHASSAGNE-MONTRACHET. Les trois grands crus de Chassagne sont Les Criots-Bâtard-Montrachet, Montrachet et Bâtard-Montrachet, qu'il partage avec son voisin Puligny.

Le cépage blanc chardonnay est planté dans la partie la plus haute de l'aire d'appellation. Le Chassagne-Montrachet blanc ressemble beaucoup au Puligny, avec peut-être un peu plus de richesse, due au caractère plus méridional de la pente.

Contrairement à Puligny, près de la moitié du vin de Chassagne est rouge. Peu connus, ces vins peuvent se révéler d'un rapport qualité/prix intéressant.

Ces vins rouges, souvent sous-estimés, sont souples, fruités et bien structurés. Les bons millésimes peuvent vieillir 10 ans.

SANTENAY ET MARANGES. À cette extrémité sud de la Côte de Beaune, le vin rouge reprend possession du terrain. On compte plusieurs premiers crus, qui donnent de bons vins plutôt charnus, capables de vieillir pendant cinq à huit ans. Les trois villages de Dezize-lès-Maranges, Sampigny-lès-Maranges et Cheilly-lès-Maranges partagent l'AOC Maranges avec sept premiers crus.

QUELQUES GRANDS NOMS DE LA CÔTE D'OR

Une sélection de bons producteurs et négociants de la Côte d'Or est répertoriés ci-dessous. Certains noms figurent également dans les paragraphes consacrés à chaque village : voir Côte de Nuits (p. 370-376) et Côte de Beaune (p. 376-385).

Cette liste, qui est inévitablement incomplète, énumère deux catégories différentes : les grands négociants, qui achètent du vin ou du raisin en plusieurs endroits et à plusieurs producteurs, puis élaborent et commercialisent leur vin ; et les grands vignerons, qui mettent eux-mêmes en bouteilles les vins qu'ils élaborent dans plusieurs villages.

Ces catégories interfèrent nécessairement les unes sur les autres : en effet, certains négociants sont également propriétaires et certains producteurs vendent à des négociants.

ROBERT AMPEAU
Meursault, Volnay, Puligny-Montrachet, Pommard. Ce spécialiste des blancs établi à Meursault produit également de bons rouges.

PIERRE ANDRÉ
Aloxe-Corton. Producteur-négociant, Château de Corton-André propose un bon Corton et une large déclinaison des appellations de la Côte de Beaune, et au-delà.

DOMAINE D'AUVENAY
Meursault. Tout petit domaine mythique possédant de belles parcelles en Côte de Nuits et Côte de Beaune, et dont les vins s'arrachent à prix d'or.

DOMAINE MARQUIS D'ANGERVILLE
Volnay. C'est un des producteurs phares de Volnay, connu pour le raffinement de ses vins qui vieillissent très bien. Il possède aussi des parcelles à Meursault et Pommard.

DOMAINE DE L'ARLOT
Prémeaux. Propriété d'Axa Millésimes, le domaine couvre 14 ha avec de belles parcelles en Nuits-Saint-Georges et sur Vosne-Romanée. Viticulture biodynamique et vinifications douces.

DOMAINE ROGER BELLAND
Santenay. Ce grand et bon domaine basé à Santenay possède des terres dans legrand cru Criots-Bâtard-Montrachet et une large sélection de parcelles à Santenay.

→

QUELQUES GRANDS NOMS DE LA CÔTE D'OR

DOMAINE BERTAGNA
Vougeot. Un beau vignoble qui compte des parcelles dans 5 grands crus et 7 premiers crus, essentiellement de la Côte de Nuits.

DOMAINE SIMON BIZE ET FILS
Savigny-lès-Beaune. Ce domaine de 22 ha, très estimé, décline les terroirs de Savigny et signe deux grands crus (Corton-Charlemagne, Latricières-Chambertin).

JEAN-CLAUDE BOISSET
Nuits-Saint-Georges. Propriétaire de nombreuses marques, maisons et vignobles, la famille Boisset est incontournable en Bourgogne. Les vins de sa marque phare, « Jean-Claude Boisset » ont considérablement progressé.

DOMAINE BONNEAU DU MARTRAY
Pernand-Vergelesses. Cette propriété familiale produit uniquement deux grands crus, Corton-Charlemagne et Corton, tenus en très haute estime.

BOUCHARD PÈRE & FILS
Beaune. Acteur historique de la Bourgogne, cette maison possède un vignoble exceptionnel avec 12 ha en grand cru et 74 ha en premier cru. Une signature fiable à travers toute sa gamme.

DOMAINE JEAN-MARC BOULEY
Volnay. Vieille famille de Volnay (1527) qui signe une belle gamme de vins sur la commune et sur Pommard.

CHANSON PÈRE & FILS
Beaune. Maison fondée en 1750, acquise en 1999 par Bollinger, propriétaire de plus de 45 ha de vignes. Une gamme large, de bonne réputation.

CHARTRON & TRÉBUCHET
Puligny-Montrachet. Négociant et propriétaire (Domaine Chartron), il se consacre surtout au Bourgogne blanc avec une mention pour les premiers et grands crus produits sur Puligny-Montrachet.

DOMAINE BRUNO CLAIR
Marsannay. Un vignoble de 23 ha dans une douzaine d'AOC dont grands et premiers crus, surtout de la Côte de Nuits. Vins remarquables.

DOMAINE COCHE-DURY
Meursault. L'un des plus célèbres producteurs de Meursault dont la petite production s'arrache.

DOMAINE CONFURON-COTETIDOT
Vosne-Romanée, Nuits-Saint-Georges et Gevrey-Chambertin. Domaine artisanal de haute tenue dont le vignoble, d'une dizaine d'hectares, décline les terroirs.

DOMAINE DE COURCEL
Pommard. Une dizaine d'hectares sur Pommard, l'essentiel en premier cru, et des vins parmi les plus réputés de l'appellation, très amples et de longue garde.

DECELLE-VILLA
Meursault. Jeune et petit négoce qui signe une gamme courte et réjouissante de vins provenant de toute la Côte d'Or.

DOUDET-NAUDIN
Savigny-lès-Beaune. Négociant et propriétaire. Vins traditionnels pour une longue maturation.

JOSEPH DROUHIN
Beaune. L'une des belles maisons de Beaune, à la tête de 73 ha dans le Chablisien et la Côte d'Or surtout. Vins bien construits et fiables.

DOMAINE DU-BREUIL-FONTAINE
Pernand-Vergelesses. Ce propriétaire à Corton et dans ses environs signe plus de 20 cuvées avec des rouges charpentés.

DUFOULEUR FRÈRES
Nuits-Saint-Georges. Ce propriétaire et négociant offre une vaste gamme provenant de toute la Bourgogne.

DOMAINE BERNARD DUGAT-PY
Gevrey-Chambertin. Domaine de 10 ha qui brille par la qualité et la renommée →

QUELQUES GRANDS NOMS DE LA CÔTE D'OR

de ses rouges issus de belles parcelles en premier et grand cru de Gevrey-Chambertin.

DOMAINE DUJAC
Morey-Saint-Denis. L'un des grands noms de la Côte de Nuits, qui offre des vins profonds, vinifiés en grappes entières.

JOSEPH FAIVELEY
Nuits-Saint-Georges. Ce négociant et propriétaire applique des méthodes de vinification modernes avec des résultats probants.

ALEX GAMBAL
Beaune. Fondée par un Américain, cette petite structure de négoce haut de gamme s'est vite imposée comme une belle signature. Vins élégants.

DOMAINE MICHEL GAUNOUX
Pommard. Vins rouges très traditionnels de la Côte de Beaune.

DOMAINE JACQUES GERMAIN
Chorey-lès-Beaune. Possède de bonnes terres à Beaune et à Chorey et produit un vin de qualité.

CAMILLE GIROUD
Beaune. Petite maison de négoce acquise par des investisseurs américains, et dont les vins rejoignent l'élite du négoce bourguignon.

DOMAINE HENRI GOUGES
Nuits-Saint-Georges. Célèbre domaine de Nuits-Saint-Georges (14 ha) connu pour ses rouges complexes et de longue garde.

DOMAINE JEAN GRIVOT
Vosne-Romanée. Domaine très réputé de 15 ha qui produisent des Nuits-Saint-Georges et Vosne-Romanée concentrés et de belle garde.

HOSPICES DE BEAUNE
Voir page 379.

HOSPICES DE NUITS
Nuits-Saint-Georges. Petit frère des Hospices de Beaune, il est doté de très belles vignes à Nuits.

LOUIS JADOT
Beaune. Ce négociant est un important propriétaire de vignobles qui élabore de très bons vins rouges et blancs à travers toute sa large gamme, avec un bel éventail de grands crus.

DOMAINE DES LAMBRAYS
Morey-Saint-Denis. Il possède la quasi-totalité du grand cru Clos des Lambrays et quelques vignes sur Puligny-Montrachet. Vins de haute renommée.

DOMAINE MICHEL LAFARGE
Meursault. Vins provenant de Volnay, Meursault et Beaune, réputés et de belle garde, issus d'une viticulture soucieuse de l'environnement.

DOMAINE DES COMTES LAFON
Meursault. Grands vins blancs (notamment de Meursault et Montrachet) et très bons vins rouges (Volnay) à partir d'un vignoble de 16 ha.

LOUIS LATOUR
Beaune. L'un des grands noms du négoce beaunois qui possède un vignoble de 50 ha dont 28 en grands crus.

DOMINIQUE LAURENT
Gevrey-Chambertin. Ce négociant-éleveur, amateur de vins luxueusement élevés sous bois, possède aussi un petit vignoble en propre. Vins très recherchés.

DOMAINE LEFLAIVE
Puligny-Montrachet. Grand spécialiste de blancs, à la notoriété mondiale, le domaine exploite 24 ha sur les grands climats de Puligny-Montrachet.

DOMAINE OLIVIER LEFLAIVE
Puligny-Montrachet. Propriétaire et négociant bien connu qui rayonne dans toute la côte de Beaune et au-delà (Chablis, Côte Chalonnaise).

DOMAINE LEROY
Vosne-Romanée. Propriétaire et négociant, il détient une partie du fameux Domaine de La Romanée-Conti (voir ce nom). Le vignoble couvre une trentaine d'hectares cultivés en biodynamie, dont des parcelles dans 9 grands crus.

→

QUELQUES GRANDS NOMS DE LA CÔTE D'OR

Des vins mythiques parmi les plus accomplis de Bourgogne.

DOMAINE BERTRAND MACHARD DE GRAMONT
Nuits-Saint-Georges. Ce domaine de 6 ha, travaillé consciencieusement, s'applique à préserver l'identité de chaque cru.

DOMAINE MÉO-CAMUZET
Vosne-Romanée. Corton, Vougeot, autres grands crus : vins de très grande classe.

DOMAINE JACQUES-FREDERIC MUGNIER
Chambolle-Musigny. Un beau domaine de 14 ha sur Chambolle et Nuits-Saint-George, célèbre pour ses vins d'un grand raffinement.

DOMAINE RENE MONNIER
Meursault. Un beau vignoble de 16 ha nanti de belles parcelles à Meursault, Beaune ou Pommard.

CHÂTEAU DE POMMARD
Pommard. Ce vaste domaine enclos offre des vins solides.

DOMAINE DE LA POUSSE D'OR
Volnay, Pommard, Santenay. Bourgognes rouges équilibrés, élégants et vieillissant bien.

DOMAINE JACQUES PRIEUR
Gevrey-Chambertin, Beaune, Meursault, etc. Très bons vignobles qui offrent une gamme d'excellents vins.

DOMAINE RAMONET
Chassagne-Montrachet. Producteur célèbre à qui l'on doit une série de grands crus blancs rares et chers.

REMOISSENET PÈRE & FILS
Beaune. Ce négociant et propriétaire offre une gamme de qualité, dans les deux couleurs.

DOMAINE DE LA ROMANÉE-CONTI
Voir p. 375.

DOMAINE ROULOT
Meursault. Un spécialiste connu pour ses blancs de Meursault, purs et de bonne garde.

DOMAINE GEORGES ROUMIER
Chambolle-Musigny. Un des meilleurs spécialistes de la commune qui signe des rouges d'une grâce et d'une régularité sans faille.

DOMAINE ARMAND ROUSSEAU
Gevrey-Chambertin, Morey-Saint-Denis. Ce pionnier de la mise en bouteilles possède 15 ha dont plus de la moitié en grand cru. Les vins, d'une régularité exemplaire, font référence.

ROUX PÈRE & FILS
Saint-Aubin, Meursault, etc. Propriétaire (dans le sud de la Côte de Beaune) et négociant, il élabore des vins modernes et typiques, les blancs étant les meilleurs.

DOMAINE ÉTIENNE SAUZET
Puligny-Montrachet. Ces vins blancs classiques proviennent de grands et de premiers crus.

TOLLOT-BEAUT & FILS
Chorey-lès-Beaune. Ce vaste domaine autour de Corton et Beaune produit des vins rouges réputés.

CHÂTEAU DE LA TOUR
Vougeot. Situé à l'intérieur du Clos Vougeot, et plus grand propriétaire du même Clos, le domaine est réputé pour ses vins rouges profonds et de bonne garde.

DOMAINE JEAN TRAPET PÈRE ET FILS
Gevrey-Chambertin. Une viticulture de pointe pour des vins de Gevrey-Chambertin (premiers et grands crus) sans beaucoup d'équivalents.

HENRI DE VILLAMONT
Propriétaire en plein renouveau, connu notamment pour ses vins rouges de Savigny et de la Côte de Nuits.

DOMAINE COMTE GEORGES DE VOGÜÉ
Chambolle-Musigny. Grand propriétaire de grands crus et de premiers crus.

CÔTE CHALONNAISE

Carte page VIII

Ce n'est pas parce que le département de la Côte-d'Or s'arrête à Chagny que les vignobles en font autant. Les collines exposées au sud se prolongent en Saône-et-Loire, et les vignobles ne sont interrompus que par une petite vallée fluviale. La sagesse a guidé les géographes qui ont tracé les limites de cette région, car la ligne bien nette de la Côte d'Or se brise ici pour devenir une succession de collines et de vallées. La géologie est similaire à celle de la Côte d'Or, avec des affleurements de calcaire et de marne et quelques bons sites escarpés bien exposés.

Cette région tient son nom de Côte chalonnaise de la ville de Chalon-sur-Saône, assez éloignée des vignobles, mais située au cœur de la région. Les vins ont droit aux appellations générales ou régionales de Bourgogne (voir p. 354-355) ainsi qu'à l'AOC Bourgogne Côte chalonnaise. En outre, 5 villages peuvent utiliser leur propre nom : du nord au sud, ce sont Bouzeron, Rully, Mercurey, Givry et Montagny. Une bouteille de Côte-Chalonnaise suit la même logique que celles de la Côte d'Or, indiquant le nom du village (et l'AOC), avec éventuellement mention d'une parcelle dont certains bénéficient du statut de premier cru.

On élabore aussi bien du rouge que du blanc, ainsi que du crémant. Les cépages sont traditionnels : pinot noir pour le rouge (assemblé à du gamay pour le Bourgogne Passetoutgrain) et chardonnay pour le blanc. L'aligoté est également cultivé pour certains vins blancs, notamment dans le village de Bouzeron, qui a sa propre appellation pour ce vin.

Le style Côte chalonnaise

Les blancs de chardonnay sont dans le style des bourgognes blancs produits plus au nord, mais à un prix plus doux. Moins demandés que les vins de Pouilly (Pouilly-Fuissé), dans le Mâconnais, ils sont plus abordables. Sans prétendre à la grandeur et à la concentration d'un Montrachet ou d'un Meursault, ils possèdent une vive personnalité et du charme. Les bons millésimes peuvent vieillir une décennie, mais, en général, ce sont des vins à déguster entre 2 et 4 ans après la vendange. L'aligoté se boit assez jeune, mais les meilleurs, comme ceux de Bouzeron, se bonifient en bouteille.

Les rouges mettent en valeur le caractère du pinot noir et de leur terroir, et sont capables de vieillir entre 4 et 6 ans. Les vins de l'AOC Bourgogne Côte chalonnaise, qui couvre toute la région, sont souvent de bon rapport qualité/prix.

CRÉMANT DE BOURGOGNE

Le Crémant de Bourgogne est une appellation de Bourgogne pétillant, qu'il soit rosé ou plus souvent blanc. Le terme « crémant » est originaire de Champagne et désignait à l'origine des vins fermentés en bouteille à une pression inférieure à celle des champagnes. Les vins étaient donc moins effervescents. En Bourgogne, ce terme s'applique désormais à des mousseux de haute qualité élaborés sous les mêmes contrôles très stricts que dans les autres régions de France élaborant des crémants (Alsace, Loire, etc). Ces contrôles sont semblables à ceux appliqués au champagne et concernent le cépage utilisé, la seconde fermentation en bouteille et le séjour en bouteille (9 mois en Bourgogne). Les principaux cépages utilisés dans le Crémant de Bourgogne sont : chardonnay, pinot noir, sacy, aligoté et gamay.
Producteurs et négociants. Le Crémant de Bourgogne est produit en quantités de plus en plus grandes. On le trouve principalement chez les négociants de la zone de Nuits-Saint-Georges, en Côte d'Or, et chez les négociants et coopératives de la Côte chalonnaise et du Mâconnais. Les coopératives de Lugny, Viré et Buxy viennent en tête de la production de Crémant de Bourgogne. La coopérative Bailly Lapierre, près de Saint-Bris-le-Vineux, dans le département de l'Yonne, est un autre producteur important.

Villages de la Côte chalonnaise

Les villages dotés de leur propre appellation sont répertoriés ici, du nord au sud. Les autres vignobles utilisent l'AOC Bourgogne.

BOUZERON. Surtout réputé pour son aligoté, qui lui a valu une appellation en 1979, ce petit village de la Côte chalonnaise produit également quelques vins rouges intéressants (AOC Bourgogne). Il n'y a pas de premier cru.

RULLY. À l'ombre de son château, Rully trône sur ses 23 premiers crus. Ses rouges clairs et plaisants sont plutôt légers, bien que les meilleurs puissent rivaliser avec ceux de Mercurey. Les blancs élégants, avec une pointe d'épice, sont majoritaires et tendent à occuper le devant de la scène. Par conséquent, les vins utilisés pour le Crémant de Bourgogne viennent aujourd'hui de vignobles moins réputés et plus éloignés. Le succès des grands blancs de Rully a encouragé les producteurs à adopter la fermentation en cuve pour leur ajouter intérêt et complexité. Seuls quelques-uns des meilleurs vignobles ont le statut de premier cru.

MERCUREY. Ce village, où les rouges dominent, avec un soupçon de blanc, possède un vignoble trois fois plus étendu que celui de Rully. Il est doté de grands domaines bien gérés. Le Mercurey d'un bon producteur peut être un bourgogne rouge intéressant et d'un bon prix, qui peut vieillir entre 4 et 6 ans. Plusieurs vignobles sont des premiers crus, mais d'autres, même non classés, jouissent d'un bon renom. Les meilleurs vignobles comprennent Clos du Roi, Clos Voyen ou Les Voyens, Clos Marcilly, Les Champs Martin, Clos des Fourneaux, Clos des Montaigus, Clos des Barraults et Clos l'Évêque.

GIVRY. Givry est un centre historique du vin, remontant à l'époque médiévale, avec une prédilection pour les vins rouges, qui attestent la renommée de l'appellation. Les vins sont puissants, quelque peu rustiques, mais capables de bien évoluer en bouteille.

Il existe de nombreux premiers crus dont quelques-uns sont plus réputés que les autres : Clos Salomon, Cellier-aux-Moines, Servoisine, Clos Jus, etc.

MONTAGNY. L'appellation couvre quatre villages : Montagny-lès-Buxy, Saint-Vallerin, Buxy et Jully-lès-Buxy. Buxy possède une importante coopérative : ses membres, dont les activités s'étendent jusqu'au Mâconnais, élaborent la majorité du vin local. La zone de Montagny produit exclusivement du vin blanc issu de chardonnay. Elle comporte 49 climats classés en premier cru.

PRODUCTEURS

Les villages dotés de leur propre appellation sont répertoriés ici, du nord au sud, et les producteurs importants nommés. Les autres vignobles utilisent l'AOC Bourgogne. Plusieurs négociants et domaines possèdent des parcelles dans plusieurs villages.

BOUZERON

Bouchard Père & Fils, Domaine Chanzy, A. et P. de Villaine (qui s'est distingué pour son Aligoté provenant d'un vignoble composé de vieilles vignes).

RULLY

Domaine Belleville, Jean-Claude Brelière, Domaine Michel Briday, Domaine Chanzy, Domaine Anne et Jean-François Delorme, Domaine Vincent Dureuil-Janthial, Domaine de la Folie, Paul & Henri Jacqueson, Domaine Claudie Jobard, Jean-Baptiste Ponsot, Château de Rully, A. et P. de Villaine.

MERCUREY

Domaine Brintet, Château de Chamirey, Faiveley, Michel Juillot, Domaine de la Monette, Domaine Theulot Juillot, Domaine Lorenzon, François Raquilley, Domaine de Suremain.

GIVRY

Domaine du Gardin-Clos Salomon (clos monopole), Domaine de la Ferté, Domaine Joblot, François Lumpp, Domaine Vincent Lumpp, Domaine Ragot, Michel Sarrazin et Fils, Domaine Thénard.

MONTAGNY

Stéphane Aladame, Cave des Vignerons de Buxy (coopérative), Domaine Feuillat-Juillot, Domaine des Moirots, Antonin Rodet, Château de La Saule.

MÂCONNAIS

Carte page VIII

Ce vaste vignoble est le premier de Bourgogne à ressentir un peu du souffle chaud du Sud. Cette zone produit du vin rouge et blanc sous l'AOC Mâcon. Plusieurs villages sont autorisés à utiliser leur propre nom, et certains, comme Pouilly, ont acquis une grande réputation.

La région étant plus méridionale, le climat est moins rude et les étés peuvent être assez chauds. Les hivers restent froids, rappelant que la Bourgogne, enfoncée à l'intérieur des terres, est ouverte à l'air froid venant du nord et de l'est.

Les vignes sont surtout plantées sur les coteaux exposés à l'est, plus protégés, entre bois et champs. La géologie du sous-sol est complexe et comporte d'innombrables lignes de failles. Mais on trouve des coteaux calcaires, parfaits pour le chardonnay, et des zones de roche granitique au sol sablonneux, propices au gamay. Autour de Viré, Clessé et Lugny, le sol est propice aux vins blancs légers. Les collines les plus élevées et les meilleurs coteaux sont regroupés au sud de la région. C'est là que des villages célèbres cultivent le chardonnay pour élaborer des vins blancs comme le Pouilly-Fuissé et le Saint-Véran.

Les appellations

Les vins rouges et les vins blancs sont couverts par diverses AOC. L'AOC Mâcon désigne des vins rouges à base de gamay ou de pinot noir et des vins blancs 100 % chardonnay. L'AOC Mâcon-Villages, avec ou sans précision de nom de commune, est réservée aux seuls vins blancs issus du chardonnay. Parmi les 26 communes qui ont le droit d'ajouter leur nom à l'appellation Mâcon, il faut retenir chardonnay (patrie supposée du cépage), Fuissé, Igé, Loché, Lugny, Prissé ou La Roche-Vineuse (la bien nommée !). Mâcon-Viré et Mâcon-Clessé ont disparu en 2002 au profit de la nouvelle appellation communale Viré-Clessé (400 ha).

Le Pouilly-Fuissé est un vin blanc provenant de plusieurs villages du sud du Mâconnais. Pouilly-Vinzelles et Saint-Véran sont comparables. Les rouges à base de pinot noir peuvent porter l'étiquette Bourgogne ou, avec un tiers de gamay au maximum, Bourgogne Passetoutgrain (voir p. 355).

Les cépages et les styles de vin

Le Mâcon blanc, comme ses diverses AOC, est issu du cépage qui pourrait être originaire d'un village de la région : le chardonnay. Certains vins, surtout ceux de Pouilly et des environs, sont des bourgognes typiques valant parfois un bon vin de la Côte de Beaune ou de la Côte chalonnaise. En général, le style du Mâcon blanc est plus aimable et plus souple, en raison notamment d'un climat plus chaud.

La production de la région est dominée par les coopératives, dont plusieurs sont importantes et bien équipées, qui adaptent leurs différents styles de vin blanc en fonction du marché. Par exemple, certains vins sont élevés dans du chêne neuf pour plus de richesse et de complexité tandis que d'autres sont élaborés dans l'acier inoxydable pour privilégier vivacité et fruit. Ce dernier style est plus représentatif du Mâcon blanc classique : pâle en couleur, souple et fruité au palais.

Le gamay est courant pour les rouges, et le Mâcon rouge vit quelque peu dans l'ombre de son voisin plus célèbre, le Beaujolais. Il se boit jeune et frais.

Pouilly-Fuissé et ses voisins

Tout au sud du Mâconnais, à la limite des départements de la Saône-et-Loire et du Rhône, se trouve une zone renommée pour ses vins blancs. Les collines prennent parfois la forme de falaises calcaires abruptes. Les vignes tapissent les pentes plus douces et le pied des falaises.

Depuis que le Pouilly-Fuissé s'est fait connaître aux États-Unis et sur d'autres marchés étrangers, à partir du milieu du XXe siècle, l'augmentation de la demande a conduit à une augmentation des surfaces et à une hausse des prix.

POUILLY-FUISSÉ. L'appellation couvre 4 villages : Fuissé, Chaintré, Solutré-Pouilly et Vergisson, dont les terres sont idéales pour la culture du chardonnay. Bien qu'il n'existe pas de premier cru, certains noms de vignobles figurent sur l'étiquette. Solutré possède d'excellents vignobles situés sur des coteaux exposés est-sud-est, sous l'énorme roche calcaire classée comme site préhistorique. Le village de Fuissé possède une succession de vignobles bien placés, également orientés à l'est.

Une partie du vin est élaborée par la coopérative locale de Chaintré et vendue sous ses marques ou sous celles de négociants qui achètent du vin à la coopérative et aux petits vignerons. Le reste provient de quelques producteurs dont certains très réputés (voir encadré). Les meilleurs Pouilly-Fuissé supportent sans mal une vinification et un élevage en fût. Ce sont des vins amples, puissants, bien structurés qui offrent un appréciable potentiel de garde, en tout cas chez les bons producteurs.

POUILLY-LOCHÉ ET POUILLY-VINZELLES. Ce sont deux petites appellations mitoyennes qui couvrent le territoire de leur village respectif. Uniquement blancs, les vins sont semblables à ceux de Pouilly-Fuissé, mais souvent meilleur marché car leur nom est moins connu.

SAINT-VÉRAN. Cette AOC est plus grande et couvre les terres de l'extrême sud du Mâconnais. Elle comprend des vignobles dans les villages de Saint-Vérand, Chânes, Chasselas, Davayé, Leynes, Prissé, Saint-Amour et Solutré. Les vignes sont bien exposées sur des coteaux calcaires. Entre de bonnes mains, le Saint-Véran égale ses voisins en qualité.

VIRÉ-CLESSÉ : Née en 1999, cette appellation a pris le nom des communes de Viré et de Clessé situées au nord de Mâcon. Le vignoble occupe deux côtes nord-sud, avec des sols calcaires et marno-calcaires. Outre les vins blancs secs, on produit ici quelques rares vins moelleux, issus de raisins attaqués par la pourriture noble qui se forme grâce aux brumes matinales venues de la Saône toute proche.

De façon générale, le rapport qualité/prix des vins du Mâconnais reste intéressant, voire excellent (à l'exception des grands vins de Pouilly-Fuissé). Assez réguliers grâce à la clémence du climat, ils sont fiables dans la plupart des millésimes et méritent de passer au moins un an en bouteille.

PRODUCTEURS

Le Mâconnais est dominé par les coopératives, les domaines privés étant plutôt concentrés autour des prestigieux villages de vin blanc des appellations de Pouilly. Les grands négociants de Beaune (voir p. 385-388) n'oublient pas ces vins.

MÂCON

Bret Brothers, Château de La Bruyère (Mâcon), Domaine de La Feuillarde (Mâcon), Domaine des Bruyères (Mâcon-Villages), Domaine Guillot-Broux, Héritiers du Comte Lafon (Mâcon Villages), Château London (Mâcon-Villages), Nicolas Maillet (Mâcon-Villages), Domaine Jean Manciat (Mâcon), Maison Merlin (Mâcon-Villages), Francis Pichet & Fils (Mâcon-Villages), Domaine Talmard Gérald (Mâcon-Villages), Domaine Valette (Mâcon-Villages), Verget. Les caves coopératives d'Azé, Clessé, Igé, Lugny et Viré ont bonne réputation.

POUILLY-FUISSÉ

La majorité de la production se trouve entre les mains des producteurs qui vendent sous leur nom : Auvigue, Domaine Daniel et Julien Barraud, Denis Bouchacourt, Domaine Cordier et Fils, Domaine J. A. Ferret, Château Fuissé, Domaine Guffens-Hynen, Denis Jeandeau, Domaine Roger Lasserat, Pascal Renaud, Domaine Robert-Denogent, Château des Rontets, Domaine Jacques et Nathalie Saumaize, Domaine Saumaize, Michelin, Domaine La Soufrandise, Domaine Thibert, Verget, Château Vitallis.

POUILLY-VINZELLES ET POUILLY-LOCHÉ

Parmi les noms que l'on rencontre, citons : Domaine Cordier, Cave des Crus Blancs (Vinzelles), Domaine Mathias (Chaintré), Clos des Rocs (Loché), Domaine Saint-Philibert (Loché), Domaine La Soufrandière.

SAINT-VÉRAN

Auvigue, Paul Beaudet, Domaine Michel Delorme, Domaine des Deux Roches, Domaine La Croix Sénaillet, Domaine de la Feuillarde, Domaine Guffens-Hynen Roger Lassarat, Domaine des Valanges.

VIRÉ-CLESSÉ

Domaine de la Bongran, Héritiers du Comte Lafon, Domaine Michel, Domaine Rijckaert, Domaine Sainte-Barbe.

BEAUJOLAIS

Carte page x

Un des vins les plus connus au monde, le Beaujolais traverse actuellement une crise d'identité. S'il est considéré comme un vin rouge facile à boire, sans grande ambition, ses meilleurs producteurs aimeraient qu'on le prenne davantage au sérieux. Une grande partie de sa réputation, ou de sa notoriété, provient du Beaujolais nouveau, propulsé sur le marché début novembre, quelques semaines seulement après les vendanges. Ce qui était autrefois un plaisir seulement local est devenu un phénomène de mode à Lyon, à Paris ou au Japon. Un bon tiers des raisins récoltés sont vinifiés comme Beaujolais nouveau, et les marchands de quelques pays en vendent des quantités importantes, même si celles-ci baissent depuis plusieurs années.

Le Beaujolais fait officiellement partie de la Bourgogne, mais, en dehors de sa proximité et des affaires de négoce et de propriété qu'il partage avec elle, il n'a pas grand-chose à voir avec la Côte d'Or. Le calcaire typique du reste de la Bourgogne cède la place au granite et aux roches ignées d'une chaîne de montagnes séparant la Loire, à l'ouest, de la Saône. Le cépage cultivé ici est le gamay, proscrit de la Côte d'Or par les ducs de Bourgogne au Moyen Âge, mais lié génétiquement au pinot noir. Les techniques de vinification sont également particulières.

Les trois zones et les appellations

Le Beaujolais couvre une vaste zone du sud de Mâcon jusqu'à la banlieue lyonnaise et limitée à l'est par la vallée de la Saône. Les vignobles partent du pied des coteaux et montent jusqu'aux sommets boisés des collines. Le point culminant de la région est à plus de 1 000 m, et les vignes montent jusqu'à une altitude d'environ 500 m. Les collines les protègent contre les vents d'ouest et le climat est chaud et plutôt sec.

Les communes, qui sont au nombre de 60, produisent du vin en plus ou moins grande quantité. La moitié nord de la région compte la plus forte densité de vignobles, sur un sous-sol granitique, et élabore les meilleurs vins. Plus au sud, à partir de Villefranche-sur-Saône, les sols sont un mélange d'argile, de calcaire et de sable.

L'ensemble de la région a droit à l'AOC Beaujolais, ou Beaujolais supérieur si le degré d'alcool est plus élevé. L'AOC Beaujolais-Villages est réservée aux 39 communes de la moitié nord. Dans cette zone limitée, la plus septentrionale de la région, des villages sont autorisés à donner leur nom à leur vin : ce sont les 10 crus du Beaujolais (voir pages suivantes).

Les crus du Beaujolais

Dans le Beaujolais, le terme de « cru » s'applique à tous les vignobles de ces villages spécifiques, et non à un vignoble particulier, comme dans le reste de la Bourgogne. La différence de qualité entre un Beaujolais ordinaire et un cru peut être considérable. Les crus, notamment, ont une capacité à vieillir en bouteille que n'ont pas les Beaujolais et les Beaujolais-Villages. Chacun d'eux a sa propre personnalité, décrite ci-dessous.

SAINT-AMOUR. À quelques kilomètres au sud-ouest de la ville de Mâcon (et faisant en réalité partie du Mâconnais), Saint-Amour est le plus septentrional des crus du Beaujolais et l'un des plus petits. La plupart des vignes sont plantées sur les coteaux orientés est-sud-est, à une altitude de 250 m. Saint-Amour produit un beaujolais léger, délicatement fruité, conçu pour être dégusté jeune, mais qui s'améliore après 2 ou 3 ans en bouteille. Son nom romantique attire les acheteurs. Le vignoble ne comptant que 320 ha, la quantité produite est insuffisante et, comparés à ceux des autres Crus, les prix sont élevés par rapport à la qualité.

Quelques producteurs vendent leur vin blanc de chardonnay sous le nom de Saint-Véran.

JULIÉNAS. Le Juliénas, qui tiendrait son nom de Jules César, comprend quelques-uns des sites viticoles les plus anciens du Beaujolais. Les coteaux élevés et escarpés, granitiques, présentent un excellent potentiel de mûrissement du raisin.

Les vins de cette appellation sont plus solides et moins fins que ceux de Saint-Amour ; ils s'ouvrent entre 2 et 4 ans après les vendanges. L'appellation possède une superficie plantée de 580 ha grâce à l'annexion des deux hameaux voisins : Jullié et Émeringues.

CHÉNAS. Ce cru tire son nom des forêts de chênes du Moyen Âge auxquelles se sont peu à peu substituées les vignes. La plus petite (246 ha) et la moins connue des appellations du Beaujolais, Chénas se trouve à la limite de Moulin-à-Vent. Leurs vins se ressemblent d'ailleurs beaucoup.

L'appellation comprend une partie de la commune de La Chapelle-de-Guinchay. Les meilleurs vins de Chénas partagent le caractère de Moulin-à-Vent et peuvent se révéler assez riches et concentrés, sans posséder la capacité de vieillissement d'un Juliénas, par exemple.

MOULIN-À-VENT. Tirant son nom d'un moulin à vent se trouvant au sommet d'une colline, l'appellation est diversement considérée comme la plus belle, la plus sérieuse et la « reine » du Beaujolais ou, tout au contraire, comme la plus atypique de la région. En tout état de cause, il s'agit certainement du cru de Beaujolais le plus apte à vieillir, avec Morgon et Chénas. Le sous-sol granitique recouvert d'une couche de sable riche en manganèse confère, selon certains, un caractère particulier au vin. Les meilleurs vins, de couleur rubis foncé, peuvent conserver une puissance et une structure impressionnantes après 10 ans. Certains producteurs les élèvent dans le chêne pour tirer le meilleur parti de leur structure et de leur potentiel de vieillissement. Avec 650 ha de vignes, Moulin-à-Vent est l'un des crus les plus productifs.

FLEURIE. Village au nom aussi ravissant que le site où il se trouve, perché sur une colline au cœur du Beaujolais, Fleurie produit des vins séduisants qui, en partie grâce à leur nom facilement identifiable, sont populaires. La plupart des vignes (850 ha) sont plantées à une altitude d'environ 300 m, sur des sables granitiques relativement pauvres ou des graviers argileux. Les bons millésimes sont riches en fruit, faciles à boire dans leur jeunesse, mais encore meilleurs après 2 années.

CHIROUBLES. Situé en altitude dans les collines à l'ouest de Fleurie, Chiroubles (350 ha) domine l'ensemble du Beaujolais. Les vignes, plantées sur des sols maigres de gore, un sable qui résulte de la dégradation de la roche sous-jacente, culminent entre 250 et 450 m d'altitude. Les vins sont réputés souples et aromatiques, à boire le plus souvent dans leur jeunesse.

MORGON. Morgon (1 180 ha) produit certains beaujolais mémorables, à l'instar de Moulin-à-Vent. Les meilleurs vignobles poussent dans un sol composé d'ardoise appelé « terre pourrie » du Mont du Py : les vins provenant de ces vignes sont particulièrement amples et concentrés. Ils ont une couleur profonde, beaucoup de corps et offrent des arômes qui évoquent les fruits à noyau, le kirsch ou les épices. Ce sont des vins de garde au bouquet original, qui a donné naissance au verbe « gorgonaire », pour décrire ces mêmes arômes dans d'autres vins. L'appellation couvre cependant quelques vins qui se montrent quelquefois grossiers et lourds, défaut que l'on retrouve dans tous les vins inférieurs de chaque cru.

RÉGNIÉ. Ce cru (360 ha) est devenu le dixième du Beaujolais en 1988, alors qu'il détient avec Juliénas le record des plus anciens vignobles, puisqu'ils datent de l'époque romaine. Les vins de Régnié sont représentatifs de leur emplacement entre Morgon et Brouilly. Au nord, ils se montrent souvent plus robustes avec de forts arômes de fruits, tandis que, au sud, les sols plus sablonneux leur confèrent une couleur plus claire et un caractère plus délicat et aromatique (plus près du Brouilly).

CÔTE-DE-BROUILLY. Le Mont de Brouilly est une colline de bonne taille se dressant au-dessus des vignobles, à l'ouest de Belleville, dans la commune de Brouilly. Les vignobles encerclant la colline possèdent leur propre appellation, Côte-de-Brouilly (320 ha), tandis que le reste de la commune est du Brouilly. Ces vignobles de coteaux produisent des vins souvent plus intenses que ceux de Brouilly. Ils sont plus riches et ont plus de caractère, les raisins mûrissant bien sur le Mont de Brouilly, et ont une teneur en sucre plus élevée (leur taux d'alcool minimal est donc plus élevé que dans les autres crus). On prétend également que la « terre bleue », à base de granite, de ce volcan éteint apporte un degré de finesse qui manque au Brouilly. Un Côte-de-Brouilly est à son apogée entre 1 et 3 ans.

BROUILLY. Cru le plus étendu, le plus productif et le plus méridional de la région du Beaujolais, Brouilly élabore toute une série de vins ordinaires à peine mieux considérés que les Beaujolais-Villages, mais également de très bons vins, au goût de raisin, avec beaucoup plus de substance et une durée de vie supérieure (de 2 à 4 ans). On le trouve beaucoup plus facilement dans le commerce que les autres crus du Beaujolais. L'AOC couvre plusieurs communes (1 300 ha).

La vinification, l'élevage et les styles de vin

La méthode classique pour faire le vin rouge consiste à fouler en partie les grappes, à la fois pour égrapper les baies et pour permettre au jus de s'écouler et aux levures de lancer la fermentation. Dans le Beaujolais, on utilise une variante de la macération carbonique, baptisée macération beaujolaise traditionnelle. Pour ce faire, les grappes doivent être jetées entières dans la cuve et, par conséquent, on n'utilise pas de machine à vendanger. La fermentation commence et le gaz carbonique qui se dégage se condense au-dessus des raisins en fermentation, ralentit le processus et agit comme un antiseptique. Les grappes du dessus écrasent celles du dessous, ce qui permet à la fermentation de commencer dans le jus accumulé au fond de la cuve. Certains producteurs pompent ce jus et en arrosent la couche supérieure pour accélérer le processus.

La chaleur dégagée par la fermentation active celle qui se produit à l'intérieur des baies, qui éclatent et alimentent le processus. Une fois cette étape terminée, les raisins sont pressés, et une seconde fermentation se produit. À ce stade, les producteurs peuvent faire le choix d'utiliser des levures indigènes ou sélectionnées,

COTEAUX-DU-LYONNAIS

Cette AOC de 49 communes, au sud du Beaujolais, en a adopté les cépages (gamay pour les rouges, chardonnay et aligoté pour les blancs), même si la syrah et le viognier, sont autorisés. Le blanc est produit en petite quantité et le rouge peut être considéré comme le petit cousin du Beaujolais. Ses 300 ha plantés donnent moins de vin qu'un seul cru de Beaujolais. La zone part de la limite sud du Beaujolais, contourne la ville de Lyon par l'ouest et jouxte la Côte-Rôtie au sud.

Le producteur principal est la coopérative de Saint-Bel, dans la partie nord de la zone, bien que quelques domaines soient aussi très prospères.

certaines de ces dernières ayant des « vertus » aromatiques diversement appréciées.
Le but de cette macération est d'extraire le maximum de couleur et d'arôme et peu de tanins : le cépage gamay s'y prête particulièrement puisque sa principale vertu est son parfum fruité et juteux. Très courte pour les Beaujolais primeurs, la durée de macération augmente pour les crus. Les producteurs peuvent faire le choix d'une vinification à la bourguignonne, avec une vendange égrappée, des cuvaisons plus longues qui extraient davantage de matière, et des élevages en fûts ou foudre de chêne.
Enfin, les techniques de thermovinification ont fait des émules, notamment au sein des grandes structures. Ce procédé consiste à chauffer la vendange pour extraire les arômes rapidement et à moindre coût. Efficace pour produire des vins d'entrée de gamme, dont beaucoup de Beaujolais nouveaux, cette méthode produit des vins standardisés.
La qualité des vins reste très inégale dans la région. Dans ses bonnes versions, un Beaujolais nouveau, bien fait et d'une année mûre, peut offrir un grand bol de fruit et de fraîcheur. Un Beaujolais courant de 1 an, frais et fruité, fera de beaux mariages avec des plats gras ou salés. Plus concentrés, les Beaujolais Villages et surtout les crus peuvent vieillir de 3 à 10 ans (ou plus pour les meilleurs crus) et donner à l'amateur de vraies émotions. Malgré la différence de cépage, les plus belles cuvées évoquent avec le temps les bourgognes rouges de la Côte d'Or.

PRODUCTEURS

Beaucoup de Beaujolais et de Beaujolais-Villages sont vendus sous le nom du négociant ou de la coopérative (ou, à l'étranger, de l'importateur) sans beaucoup d'explications sur leurs origines. Les étiquettes des bouteilles des 10 crus sont plus explicites et affichent les noms des propriétés et des négociants (une liste de ces derniers figure dans l'encadré ci-contre). Presque tout le Beaujolais est rouge. Un peu de blanc est produit à partir du chardonnay ainsi que quelques rosés issus du gamay.

LES CRUS DU BEAUJOLAIS

Il s'agit de 10 villages s'échelonnant du nord au sud sur une vingtaine de kilomètres, dans la partie nord du Beaujolais. Ils utilisent leur propre nom, et leurs vins témoignent de leur caractère particulier. Ces villages et leurs vignobles sont situés sur les monts du Beaujolais, qui dominent la vallée de la Saône. Les vignes sont cultivées sur des sols granitiques, sans calcaire, par de petits vignerons qui commercialisent eux-mêmes leur vin ou le vendent au négoce. Les villages sont ici répertoriés du nord au sud.

SAINT-AMOUR
Denis et Hélène Barbelet, Domaine Le Cotoyon, Georges Dubœuf, Domaine du Haut-Poncie, Domaine Lassagne, François Launay, Domaine du Moulin Berger.

JULIÉNAS
Cave de Juliénas (coopérative), Nadège et David Boulet, Domaine David-Beaupère, Domaine du Clos du Fief, Domaine du Granit Doré, Franck →

PRODUCTEURS

Juillard, Château de Juliénas, Domaine Matray, Domaine Bernard Santé, Domaine Michel Tête.

CHÉNAS
Pascal Aufranc, Cave du Château de Chénas (coopérative), Domaine de Chênepierre, Hubert Lapierre, Domaine du Moulin d'Éole, Domaine des Pierres, Domaine Bernard Santé, Domaine Paul-Henri Thillardon.

MOULIN-À-VENT
Château des Jacques, Domaine Paul et Éric Jarin, Domaine Labruyère, Domaine Thibault Liger-Belair, Château du Moulin à Vent, Domaine de La Rochelle, Domaine Richard Rottiers, Domaine des Terres Dorées, Domaine Benoît Trichard, Le Vieux Domaine, Domaine de Vissoux.

FLEURIE
Domaine Chignard, Domaine Jules Desjourneys, Cave Coopérative de Fleurie, Château des Labourons, Jean-Marie Després, Domaine de la Grand'Cour, Domaine de la Madone, Domaine Métrat et Fils, Clos de Mez, Domaine des Nugues, Clos de la Roilette, Domaine des Terres Dorées, Domaine du Point du Jour, Villa Ponciago, Domaine du Clos des Garands, Domaine de Vissoux.

CHIROUBLES
Domaine Émile Cheysson, Domaine des Gatilles, Domaine de la Grosse Pierre, Cave des Vignerons de Chiroubles (coopérative), Domaine Morin, Domaine du Pressoir Fleuri, Christophe Savoye, René Savoye.

NÉGOCIANTS DU BEAUJOLAIS

Le Beaujolais a ses propres marchands de vin, dont beaucoup sont installés autour de Villefranche-sur-Saône. Ils vendent des assemblages, mais un nombre croissant d'entre eux représentent et vendent des vins d'un seul domaine portant le nom du négociant. Parmi les principaux négociants, citons :

GEORGES DUBŒUF *Romanèche-Thorins.* Grand nom qui a beaucoup œuvré pour la notoriété des vins du Beaujolais dans le monde entrier, il fournit du vin sous son propre nom et, parallèlement, mène une activité de négociant mettant en bouteilles les vins de domaines indépendants.

TRENEL & FILS *Charnay-lès-Mâcon.* Cette entreprise familiale a une bonne réputation grâce à une politique scrupuleuse d'achats de raisins

PIERRE FÉRAUD *Belleville.* Petite entreprise réputée pour ses vins de qualité.

MORGON
Domaine Aucœur, Domaine Daniel Bouland, Jean-Marc Burgaud, Georges Descombes, Domaine Louis-Claude Desvignes, Domaine Jean Foillard, Domaine de Fontriante, Marcel Lapierre, Dominique Piron, Domaine des Souchons.

RÉGNIÉ
Château du Basty, Domaine des Braves, Domaine Gilles Copéret, Hospice de Beaujeu, Domaine Dominique Jambon, Domaine de Ponchon, Domaine des Vallières.

CÔTE-DE-BROUILLY
Dominique Lacondemine, Domaine Large, Domaine Les Roches Bleues, Domaine Robert Perroud, Château Thivin

BROUILLY
Domaine de Bel-Air, Château de la Chaize, Domaine Dubost, Henry Fessy, Bernard Jomain, Jean Lathuilière, Laurent Martray, Domaine Robert Perroud, Château de Pierreux, Château Thivin.

BEAUJOLAIS ET BEAUJOLAIS-VILLAGES

On compte plusieurs centaines de petits domaines et de producteurs qui mettent en bouteilles leur propre vin, mais aussi des coopératives et des négociants qui commercialisent l'essentiel des volumes. La plupart des producteurs précédemment cités signent de bons vins dans ces deux catégories.

CHAMPAGNE

Carte page XI

Les austères paysages de la Champagne ne semblaient guère destinés à donner naissance au vin évoquant fête et joie. Dans ce climat typique du Nord, de sombres forêts bordent les collines et de mornes plaines s'étendent au pied des versants modestes exposés aux bises glacées d'hiver. Pourtant, dès le début du Moyen Âge, ces vallons crayeux acquirent la réputation d'abriter un grand vignoble. Le vin de Champagne était en effet déjà célèbre bien avant de devenir pétillant. À l'époque, c'était un vin rouge faible en couleur que nous appellerions rosé de nos jours. Il était intense en arômes et non pétillant. Les bulles sont le résultat d'un accident naturel, d'abord considéré comme un défaut, ensuite recherché et reconstitué par les marchands de vin anglais, puis soigneusement entretenu par des producteurs champenois pour gagner les faveurs des marchés étrangers. En effet, dans cette région au climat froid, la fermentation naturelle était interrompue à l'automne par l'arrivée du froid. Au printemps, avec l'élévation de la température, le vin nouveau avait tendance à doucement refermenter. Or toute fermentation produit du gaz carbonique dont les bulles cherchent à remonter jusqu'à l'air libre. C'est ce gaz qui, emprisonné en bouteilles épaisses et fermées d'un bouchon solidement maintenu en place, produit l'effervescence. La maîtrise de cette seconde fermentation et les nombreux progrès réalisés dans l'élaboration et le conditionnement ont valu au champagne de gagner sa notoriété, faisant de lui un vin symbole de fête dans tous les pays.

La naissance du champagne

Il est bien peu probable qu'un vin pétillant comme le champagne ait pu avoir un seul véritable inventeur. Mais cela n'a pas empêché les publicitaires et quelques auteurs, peu soucieux d'une vérité historique, d'en attribuer la paternité à Dom Pierre Pérignon, moine bénédictin et cellérier de l'abbaye d'Hautvillers, près d'Épernay, à la fin du XVIIe siècle. Ce dernier, s'il n'a certainement pas « inventé » le champagne mousseux, fut en son temps un habile vinificateur qui fit sans doute progresser les techniques de production des vins tranquilles en cherchant à produire, à partir des meilleurs raisins noirs, un vin très pâle, presque blanc. Si une vendange soignée, un pressurage

LE VOCABULAIRE DU CHAMPAGNE

STYLES DE VIN

Blanc de blancs : cuvée élaborée uniquement avec des cépages blancs (surtout chardonnay). Vins plutôt délicats et aériens.

Blanc de noirs : cuvée élaborée uniquement avec du raisin noir (pinot noir et/ou de pinot meunier). Vins plutôt puissants et structurés.

Brut nature, dosage zéro, extra-brut : vins pas ou très peu dosés, nécessairement plus vifs que les autres.

Brut : catégorie la plus produite. Les bruts offrent la rondeur d'un dosage modéré. La sensation en bouche est celle d'un vin sec.

Extra-dry, sec et demi-sec : en ordre croissant de teneur en sucre, avec une sensation de douceur modérée par l'acidité du vin.

Doux : très doux. Cette catégorie est devenue très rare aujourd'hui, mais convient le mieux aux desserts.

Grand cru : vin de l'une ou de plusieurs des 17 communes classées « grand cru ».

Grande marque : désigne les principales maisons pouvant être, ou non, propriétaires de vignes et qui achètent des raisins aux viticulteurs. Elles sont réunies au sein de l'Union des maisons de Champagne.

Brut sans année ou non millésimé : brut résultant d'un assemblage de vins d'au moins deux années de récolte.

Rosé : champagne auquel on a ajouté de 5 à 15 % de vin rouge de Champagne. La technique dite « de saignée » ou « de macération » est parfois pratiquée, faisant appel aux seuls cépages rouges.

Cuvée spéciale : cuvée rare, élaborée à partir d'une sélection des meilleurs crus et des meilleures années.

Champagne millésimé : champagne issu d'une seule année, mentionnée sur l'étiquette, produit en général dans les plus grands millésimes.

MENTIONS SUR L'ÉTIQUETTE

Des codes en petits caractères indiquent la structure de production.

CM : coopérative de manipulation. Le vin provient d'une coopérative.

MA : marque d'acheteur.

ND : négociant-distributeur.

NM : négociant-manipulant, appartenant à l'Institut des grandes marques de Champagne ou à l'Institut des négociants en vins de Champagne.

RC : récoltant-coopérateur. Ce vigneron apporte ses raisins à une coopérative qui lui rétrocède une partie en bouteilles.

RM : récoltant-manipulant ; champagne vinifié et commercialisé par un vigneron, avec ou sans l'aide d'une coopérative.

SR : société des récoltants, réunion de vignerons.

rapide et doux suivi d'un savant assemblage des différents crus du vignoble sont aujourd'hui les règles de base observées par les producteurs champenois, il faut savoir que ce sont des principes que dom Pérignon professait déjà. La mode pour les vins effervescents de Champagne est apparue en Angleterre avant de gagner la France vers le début du XVIIIe siècle, mais il a fallu plus de 150 ans pour maîtriser cette effervescence qui était un défi technique pour l'époque. Selon les années, les bulles refusaient de se former ou, au contraire, provoquaient une surpression dans les bouteilles qui explosaient. Les ouvriers des caves étaient obligés de porter des masques pour se protéger des éclats de verre, jusqu'à ce que des progrès considérables eussent amélioré tant la fabrication des bouteilles que la vinification.

L'essor des négociants

Il fallait donc apprivoiser cette seconde fermentation capricieuse, responsable d'autant de faillites que de fortunes soudaines. En Champagne, ce furent les négociants qui s'y employèrent, remplaçant peu à peu les moines et les aristocrates à l'époque des guerres napoléoniennes. Leurs maisons possédaient suffisamment d'assise et de capitaux pour fabriquer, faire vieillir et distribuer (exporter surtout) le vin pétillant de Champagne.

En 1840, le marché du champagne est déjà florissant. Les négociants ont appris à tirer avantage de toutes les améliorations techniques. Ils favorisent les assemblages, afin d'obtenir des cuvées plus homogènes. Le dégorgement (voir p. 254) est introduit en 1813. Les machines à boucher et les muselets font leur apparition au cours des années 1820 et 1830. Mais la découverte la plus importante est celle de la quantité de sucre nécessaire pour provoquer une seconde fermentation fiable. Lorsqu'en 1837 on parvient à des calculs plus précis, le taux de bouteilles qui explosent tombe à environ 5 % (il est aujourd'hui de 1 %). À la fin du XIXe siècle, la Champagne est devenue un géant industriel et commercial, qui n'a plus rien de commun avec les productions vinicoles à caractère artisanal des autres régions. Il en est encore ainsi de nos jours, même si les grands producteurs dont les marques sont mondialement connues sont entourés de milliers d'artisans dont certains sont devenus, à leur tour, des vedettes.

La fabrication du champagne

La vinification est décrite p. 252. Le secret d'un grand champagne réside dans la qualité du raisin récolté, dans la rigueur du pressurage, dans le type d'assemblage et dans la durée du vieillissement des vins (voir p. 407).

Les cépages

Parmi les cépages autorisés en champagne, trois variétés dominantes forgent le caractère de la plupart des vins : le pinot noir, le pinot meunier et le chardonnay. Le pinot noir donne du corps, de la structure et de la longévité à l'assemblage. Le pinot meunier, une variété de pinot très fruitée, fournit souplesse et arômes. Le chardonnay, quant à lui, apporte l'élégance et la fraîcheur. Beaucoup de vins de Champagne jouent de la complémentarité de ces trois cépages.

La région

La Champagne s'étend à quelque 150 km au nord-est de Paris. Elle occupe le bassin d'une mer intérieure disparue à l'ère tertiaire, qui, pendant des centaines de millénaires, déposa des couches superposées de sédiments crayeux formant l'essentiel du sous-sol champenois. Des soulèvements géologiques ont créé les plateaux de la Montagne de Reims et de la Côte des Blancs, aux vignobles renommés, et qui possèdent la plus grande concentration de villages d'appellation grand cru et premier cru (voir p. 119). La Champagne couvre environ 33 000 ha, dont les trois premières régions, décrites ci-dessous, forment le cœur. À une centaine de kilomètres, au sud-est du département de l'Aube, se trouve une autre région très importante, à laquelle il faut ajouter trois régions plus petites : la vallée de la Vesle, la vallée de l'Ardre, et la Côte de Sézanne.

LA MONTAGNE DE REIMS. Ce plateau forestier, situé au sud de Reims, entre la Marne et la Vesle, est bordé de larges versants en pente douce, sur lesquels le vignoble s'étend d'abord vers l'nord et l'est avant de rejoindre la vallée de la Marne, s'orientant alors au sud. Partiellement exposée plein nord, c'est la partie la plus froide de la Champagne. On y cultive les trois cépages, mais son climat tempéré frais et sa longue saison de végétation en font le fief privilégié du pinot noir. Cette région possède neuf villages classés grand cru et un grand nombre de premiers crus. Outre son grand cru, le village de Bouzy, exposé au sud, est également connu pour son vin rouge tranquille qui bénéficie de l'appellation Coteaux champenois.

LA VALLÉE DE LA MARNE. Son vignoble, situé sur les deux rives de la Marne, s'étend de l'ouest de Château-Thierry à l'est d'Épernay. Son altitude est plus basse que celle des deux autres régions centrales, son sol moins crayeux, avec une prédominance d'argile. Cette zone est surtout connue pour le cépage pinot meunier, largement dominant dans le secteur. Elle possède deux villages à l'appellation « Grand Cru » : Ay et Tours-sur-Marne (ce dernier uniquement pour ses raisins noirs). Situés tous deux sur la rive nord, ils sont exposés au sud.

LA CÔTE DES BLANCS. Elle s'étend sur une vingtaine de kilomètres au sud d'Épernay. Ses versants culminent à 250 m. Les vignobles sont situés sur les flancs est et ouest de la colline, les meilleurs crus se trouvant à l'est. Son sol crayeux, allié à son climat plus doux, en fait le fief privilégié du chardonnay.

LES FACTEURS DE QUALITÉ

Le vignoble champenois ne semble pas prédestiné à la production de grands vins en raison de sa situation septentrionale. Cependant, la nature des sols et l'exposition des vignobles permettent d'obtenir des raisins suffisamment mûrs et dotés d'une bonne teneur en acidité, indispensable au champagne.

CLASSEMENT DU VIGNOBLE

Les Champenois ont un système de classement du vignoble qu'ils dénomment « l'échelle des crus », exprimés en pourcentage. Sur un total de 200 villages qui produisent du Champagne, 17 ont le privilège d'être classés en cru à 100 % et peuvent prétendre à l'appellation « grand cru » ; 44 villages sont classés de 99 à 90 % et ont le droit de se dénommer « premier cru ». Ce classement est parfois mis en cause à cause d'un certain manque de rigueur. En effet, toutes les parcelles d'une commune bénéficient du même rang, quel que soit leur emplacement. Afin d'obtenir le meilleur équilibre, une très large majorité de champagnes sont le résultat d'un assemblage de crus.

CLIMAT

Bien que la région soit dotée d'un climat frais, on constate certains mésoclimats plus chauds. La moyenne annuelle des températures se situe tout juste au-dessus de 10 °C, le minimum requis pour un bon mûrissement du raisin. En revanche, ce type de climat offre deux avantages importants dans l'élaboration de vins effervescents : les raisins mûrissent très lentement, permettant une constance dans les apports d'éléments aromatiques, tandis que leur acidité naturelle reste élevée.

SITE

Les meilleurs vignobles sont situés sur les pentes dont l'altitude varie entre 80 m et 210 m, comme ceux de la Montagne de Reims, ceux de la Côte des Blancs ou certaines parcelles dans l'Aube. Les meilleurs crus se concentrent, en principe, dans une fourchette plus précise, entre 90 et 150 m d'altitude.

SOLS

Les meilleurs sites, telles la Montagne de Reims ou la Côte des Blancs, se trouvent sur un lit de dépôts calcaires de deux types : à bélemnites et à micrasters. Cette seconde roche, propre à la Champagne, se trouve sur les coteaux de plus forte inclinaison. La nature particulière des sols et sous-sols calcaires de la Champagne entraîne un bon drainage des eaux en cas de pluie et la constitution d'une large réserve d'eau en cas de sécheresse.

LA CÔTE DE SÉZANNE. C'est la région la plus récente et la moins connue de la Champagne, car les vignes n'y ont été plantées que dans les années 1960. Grâce à sa situation assez méridionale, le raisin, presque exclusivement du chardonnay, mûrit très bien, donnant des vins amples et riches.

LE VIGNOBLE DE L'AUBE. Région la plus méridionale de Champagne, appelée aussi « Côte des Bar » (en référence aux villes de Bar-sur-Seine et de Bar-sur-Aube) qui s'étend sur plus de 100 km au sud d'Épernay, elle est la plus proche du Chablis. Son climat étant plus continental, avec des hivers plus froids et des étés plus chauds, le raisin y mûrit davantage. Son sol d'argile et de marne kimméridgienne, semblable à celui de Chablis, est plus riche. Ses vignes produisent 90 % de pinot noir, et une partie significative de la production de l'Aube est achetée par des maisons de négoce de Reims ou d'Épernay. L'Aube compte également l'une des rares AOC réservée aux vins rosés, Le Rosé des Riceys.

Les styles et les producteurs

Contrairement à la plupart des grands vins français, le champagne porte presque toujours un nom de marque plutôt que celui du terroir. Autre caractéristique : il existe peu de cuvées provenant d'un seul vignoble ou d'un seul village, (mais celles-ci se développent chez les vignerons indépendants), car le principe d'élaboration du champagne consiste à assembler plusieurs crus et plusieurs années. Les grandes maisons de champagne réalisent la plus grande partie de leurs ventes avec leur cuvée « brut non-millésimé » selon le style de la maison (voir plus loin l'assemblage). On ne produit de vins millésimés que les meilleures années et la cuvée ne se compose alors que de vins d'une même récolte. La plupart des maisons élaborent aussi des cuvées de prestige, millésimées ou non.

La différence de style entre un champagne de grande maison et celui d'un vigneron indépendant (récoltant-manipulant) ou d'une coopérative peut être significative. Les facteurs géographiques (voir p. 405) expliquent que le meilleur raisin, provenant des versants les mieux exposés dans les meilleurs villages, est aussi le plus rare. Les grandes marques sont donc prêtes à payer plus cher le raisin en provenance de ces vignobles privilégiés. Une grande maison utilisera les meilleures matières premières, vieillira son vin au-delà du minimum légal et ajoutera ses meilleurs vins de réserve à l'assemblage pour son Brut sans année. Les maisons produisent ainsi des vins très fiables au goût constant, rassurants pour l'acheteur. Mais la dernière décennie a vu la montée en puissance des champagnes de vignerons qui peuvent offrir à l'amateur des vins à la personnalité plus marquée, liée au millésime, à l'expression d'un terroir singulier ou à une vinification différente.

L'assemblage

Le champagne est le vin d'assemblage par excellence. Chaque année, le chef de cave doit élaborer une cuvée homogène qui corresponde au style, à la qualité et à l'image de la maison, qu'il s'agisse d'un brut non millésimé ou d'une cuvée de prestige. Tout commence à l'époque des vendanges, lorsque la maison sélectionne ses raisins dans les diverses régions, parmi les différents cépages. Au début de l'année suivante, une fois la fermentation alcoolique terminée, mais avant la seconde fermentation en bouteille, le chef de cave assemble non seulement plusieurs cépages, mais plusieurs cuvées d'un même cépage issues de vignobles différents par leur classement ou leur provenance. Cette élaboration – qui fait souvent appel à un grand nombre de cuvées différentes (de trois ou quatre à cinquante ou même cent), dont certaines appartiennent à des années antérieures « vins de réserve » – a pour but de mettre en valeur les qualités spécifiques du champagne de chaque maison, avec un style identifiable et constant. Selon la maison, l'accent sera mis davantage sur les raisins blancs ou les noirs, la quantité de vin de réserve, le temps de vieillissement et les crus des différents villages et régions. Le tout sera en accord avec le style recherché par le producteur pour la cuvée en question.

PRODUCTEURS

Les deux tiers des champagnes sont vendus par des maisons – négociants-manipulants – possédant souvent certains des vignobles qui les approvisionnent (mais pas la totalité) ; ce sont ces négociants qui font ou assemblent le vin, le mettent en bouteilles et le font vieillir. Ils utilisent en général des raisins de toute la région. Comme autrefois, ces maisons jouent toujours un rôle important de promoteur du champagne partout dans le monde et assurent près de 90 % des exportations. Beaucoup de viticulteurs vendent tout ou partie de leurs raisins à l'une de ces maisons, d'autres font partie d'une coopérative ; certains enfin produisent leurs propres champagnes.

Il y a des milliers de marques de champagne, allant de celles des vignerons qui apposent leur étiquette sur des vins élaborés par eux-mêmes ou par une coopérative, jusqu'aux « marques d'acheteurs », portant la marque d'un revendeur. Vous trouverez ci-dessous les négociants, coopératives ou vignerons indépendants les plus réputés.

HENRI ABELÉ

Cette maison rémoise, fondée en 1757, produit des Champagnes d'un style traditionnel, que l'on retrouve aussi bien dans les millésimés que dans les bruts sans année : assez riche et corsé, voire même un peu trop généreux. La nouvelle cuvée, Les Soirées Parisiennes, est toutefois beaucoup plus légère et plus élégante.

AGRAPART ET FILS

Ce récoltant-manipulant d'Avize, qui exploite 10 ha dans les grands crus de la Côte des Blancs, produit une belle série de champagne de chardonnay. Les vins de réserve sont logés en barriques.

MICHEL ARNOULD

Ce récoltant-manipulant ne vinifie que du champagne grand cru →

PRODUCTEURS

de Verzenay, l'un des plus intéressants de la Montagne de Reims. Le vignoble s'étend sur 12 ha plantés en pinot noir. Vins puissants.

AYALA
Cette grande marque, fondée en 1860, se situe à Ay et appartient à la célèbre maison Bollinger. Dominés par le pinot noir, les champagnes offrent souplesse et équilibre.

PAUL BARA
Producteur indépendant basé à Bouzy, la famille Bara exploite une dizaine d'hectares du grand cru Bouzy. Les vins restituent la plénitude du pinot noir de ce secteur à travers des vins expressifs et très réguliers.

BARNAUT
Philippe Sécondé, petit-fils d'Edmond Barnaut, exploite un vignoble de 16 ha à Bouzy (grand cru). Il propose des champagnes généreux et expressifs.

HERBERT BEAUFORT
Les Beaufort sont vignerons à Bouzy (grand cru) ; leur vignoble couvre 17 ha. Les champagnes sont vifs, certains sans fermentation malolactique.

FRANÇOISE BEDEL
La famille Bedel cultive en biodynamie 8,50 ha répartis de part et d'autre de la Marne et sur différentes communes. Vendangé à haute maturité, le pinot meunier forge le caractère des vins, amples, fruités et profonds.

BESSERAT DE BELLEFON
Cette maison d'Épernay appartient aujourd'hui au groupe Lanson-BBC. Son style est plutôt souple et tendre, avec une mention pour la Cuvée des Moines.

BILLECART-SALMON
Cette grande marque familiale élabore des vins « de grande qualité ». Située à Mareuil-sur-Ay, elle possède une dizaine d'hectares de vignes et achète des raisins dans les grands terroirs d'Épernay.

BLIN
Cette coopérative dynamique de Vincelles compte 85 viticulteurs et totalise 110 ha. Elle produit des champagnes agréables, légers et fruités.

BOIZEL
Cette maison d'Épernay, fondée en 1834, appartient au groupe Lanson-BBC. Vins de bonne facture.

BOLLINGER
Cette maison prestigieuse d'Ay possède un superbe vignoble, qui fournit 70 % de ses approvisionnements en raisin. Ses cuvées sont dominées par le pinot noir et partiellement fermentées en fût, ce qui leur confère une complexité qui s'affirme après quelques années en bouteille. Les vins de réserve sont mis en magnums pour une meilleure conservation. Les stocks représentent plus de cinq années de vente. Le RD (Récemment Dégorgé), un vin longtemps resté sur lattes avant d'être dégorgé, est l'un des meilleurs vins de Champagne, de même que les Vieilles Vignes Françaises, un grand vin produit en très petites quantités à partir de vignes datant d'avant le phylloxéra. La Cuvée Spéciale non millésimée est de belle facture, et chaque bouteille porte une contre-étiquette garantissant que le vin a été vieilli pendant 3 ans.

BONNAIRE
Cet important producteur indépendant possède 22 ha principalement plantés en chardonnay dans les grands crus de Champagne. Les vins offrent finesse et délicatesse.

GUY CHARLEMAGNE
Ce récoltant-manipulant de Mesnil-sur-Oger possède 15 ha dans la Côte des Blancs. Les cuvées millésimées ont bonne réputation.

RAOUL COLLET
Fondée en 1921, la plus ancienne coopérative champenoise s'approvisionne sur plus de 700 ha. Une gamme complète et régulière. →

PRODUCTEURS

COMTE AUDOUIN DE DAMPIERRE
Audouin de Dampierre choisit d'excellents vins pour les vendre sous son étiquette. Son blanc de blancs Prestige est coiffé d'un bouchon maintenu par un muselet de ficelle, comme au XVIIIe siècle. Excellent et coûteux.

DELAMOTTE
Cette maison fondée en 1760 est la propriété de Laurent-Perrier. Elle signe des vins dominés par le chardonnay, d'un style souple et accessible.

DEUTZ
Cette belle maison d'Ay, fondée en 1838 et reprise par Roederer en 1993, brille par la qualité de ses vins, à dominante de pinot, dans un style qui privilégie la finesse et l'harmonie. Elle signe aussi un grand blanc de blancs (Amour de Deutz).

DEVAUX
Cette marque est commercialisée par l'Union auboise, un groupement de coopératives de l'Aube. Grâce à ses 750 viticulteurs et à ses 1 400 ha de vignes (80 % de pinot noir), elle produit des champagnes fruités et équilibrés.

DRAPPIER
Cette maison familiale très estimée produit une remarquable gamme de vins dans la région de l'Aube dont elle est une référence. Les vins à dominante de pinot noir offrent amplitude et belle qualité de fruit.

DUVAL-LEROY
Basée à Vertus, cette maison dynamique de la Côte des Blancs possède un vaste vignoble de 200 ha. En pleine progression, elle produit une gamme sérieuse et fiable de champagnes, la plupart dominés par le chardonnay.

EGLY-OURIET
La famille Egly s'est constitué un vignoble d'une dizaine d'hectares essentiellement situés dans les grands crus dont Ambonnay. Une approche de la viticulture très pointilleuse, des vinifications en barrique et un long vieillissement avant la vente expliquent la profondeur et le charme des cuvées maison.

FLEURY
Situé à Courteron, dans la Côte des Bar (Aube), ce producteur converti aux principes de la biodynamie tire le meilleur du pinot noir avec des vins très expressifs et solidement bâtis.

NICOLAS FEUILLATE
C'est la marque d'un groupement de 85 coopératives (5 000 viticulteurs/ 2 250 ha de vignes). Du volume mais aussi de la qualité, avec de bons rapports qualité/prix et une large distribution.

PIERRE GIMONNET
Les Gimonnet exploitent un vignoble de 28 ha dans la Côte des Blancs, sur les communes de Chouilly, Cramant, Cuis, Oger ou Vertus. Une belle gamme, fiable et d'un prix raisonnable.

MICHEL GONET
Un vaste vignoble de 40 ha implantés dans la Côte des Blancs, surtout en grand cru.

GOSSET
Cette maison d'Ay, dont l'histoire remonte à 1584, est connue pour ses champagnes très expressifs, intenses, puissants, marqués par le pinot noir et vendus après un long vieillissement.

ALFRED GRATIEN
Marque familiale de négoce qui reste fidèle à quelques principes qui ont fait sa renommée : des approvisionnements de qualité et des fermentations en fûts. Vins de caractère capables de vieillir.

CHARLES HEIDSIECK
Cette grande marque, qui appartient au groupe EPI (comme Piper-Heidsieck) entretient un style marqué par une forte proportion de vins de réserve et un long vieillissement. Les vins en tirent une délicatesse et une suavité particulières.

HENRIOT
Propriété de la famille Henriot, cette maison, →

PRODUCTEURS

fondée en 1808, peaufine ses approvisionnements et produit une gamme sans fausse note, construite autour du chardonnay, avec des champagnes élégants et de belle finesse.

JACQUART
Les membres de cette coopérative rémoise possèdent 1 800 ha de vignes dont une grande partie en grand et premier Cru. La marque est réputée en France pour ses champagnes fruités.

JACQUESSON
Sous l'action des frères Chicuet, cette petite maison plus que bicentenaire est devenue l'une des belles signatures de la Champagne. À partir d'un vignoble d'une trentaine d'hectares dans la Côte des Blancs et la Grande Vallée de la Marne, elle produit des vins vinifiés en foudre, peu dosés et longuement vieillis, avec une réelle volonté d'expression des terroirs.

KRUG
Peut-être le plus grand nom de la Champagne, cette maison produit des vins riches et amples qui ont besoin d'années en bouteille avant de donner le meilleur d'eux-mêmes. Krug fait vieillir ses champagnes pendant très longtemps avant de les commercialiser, y compris le brut (Grande Cuvée) qui patiente un minimum de six ans. La maison s'appuie sur un vignoble d'une vingtaine d'hectares qui couvre un tiers de ses approvisionnements. Les vins sont vinifiés en fûts âgés, et les assemblages des non-millésimés admettent une forte proportion de vins de réserve. Les Champagnes signés Krug se distinguent par leur fondu, leur suavité et leur longueur. Parmi les autres vins de Krug, il faut citer le Collection, des millésimes plus anciens et plus rares, et le Clos du Mesnil, un 100 % de chardonnay, issu d'un seul vignoble.

LANSON
Propriété du groupe Lanson-BCC, cette marque produit des vins résolument vifs et toniques (pas de fermentation malolactique).

GEORGES LAVAL
Un domaine de poche, (2,5 ha) basé à Cumières, travaillé dans le souci du détail et en viticulture biologique depuis 40 ans. Vins à forte personnalité, vinifiés en fût et résolument taillés pour la table.

LARMANDIER-BERNIER
Les Larmandier exploitent des vignobles situés dans les grands et premiers crus de la Côte des Blancs. Une viticulture scrupuleuse et une vinification exigeante sont à l'origine d'une gamme réjouissante marquée par le chardonnay.

LAURENT-PERRIER
Cette maison située à Tours-sur-Marne, propriété de la famille Nonancourt, reste fidèle à son style fin et précis comme l'est son Brut sans année, avec un fort pourcentage de chardonnay. Elle a été pionnière dans l'élaboration de champagnes non dosés et brille toujours par la qualité de ses vins rosés.

A.R LENOBLE
Cette maison familiale et indépendante basée à Damery est propriétaire de 18 ha de vignes en premiers et grands crus. Des blancs de blancs de belle réputation.

MAILLY GRAND CRU
Cette coopérative fondée en 1929 est réservée aux vignerons dont les vignes sont situées dans la commune de Mailly. Sa petite taille et l'esprit d'excellence qui l'anime permet de produire une gamme courte, de très haut niveau.

SERGE MATHIEU
Basé à Avirey-Lingey dans l'Aube, ce domaine tire le meilleur parti du pinot noir dans sa version auboise. Des vignes saines et une vinification dépouillée donnent naissance à des vins très francs et fruités.

MERCIER
Cette maison d'Épernay du groupe LVMH (voir Moët) produit un champagne moyennement corsé et fruité sans prétention. →

PRODUCTEURS

MOËT & CHANDON
Propriété du groupe LVMH, c'est la marque de champagne la plus vendue dans le monde. Moët & Chandon possède le plus grand vignoble de toute la Champagne : 1 150 ha. Le Brut Impérial sans année est un champagne régulier, souple et fruité. Moët & Chandon signe également une cuvée spéciale de notoriété mondiale, Dom Pérignon, qui gagne en complexité en vieillissant et qui est devenue une marque à part entière. La maison produit aussi une petite quantité de Dom Pérignon rosé. Moët appartient au groupe LVMH.

MOUTARD PÈRE & FILS
Cette maison de la Côte des Bar offre une gamme intéressante qui explore les terroirs de l'Aube. Elle a aussi ressuscité quelques vieux cépages champenois presque abandonnés comme l'arbane et le petit meslier.

JEAN MOUTARDIER
Cette maison de négoce sise au Breuil produit un vin réussi avec 100 % de pinot meunier.

MUMM
Marque bien connue qui appartient à Pernod-Ricard, Mumm possède un vignoble de plus de 200 ha essentiellement situés en grand cru. À ses cuvées phares, le Cordon Rouge et le Mumm de Cramant, est venue s'ajouter une cuvée spéciale millésimée, baptisée René Lalou.

BRUNO PAILLARD
Cette maison rémoise a été fondée en 1981. Elle s'appuie sur un vignoble de 32 ha dont 12 en grand cru, à l'origine de champagnes toniques, expressifs et profonds. Le brut (Première Cuvée) contient de 20 à 50 % de vins de réserve.

PALMER
Il s'agit de la marque d'une coopérative très bien cotée (170 viticulteurs, 310 ha de vignes), qui possède des intérêts majoritaires dans les vignobles grand cru de la Montagne de Reims.

PANNIER
Cette coopérative de Château-Thierry n'ignore pas le pinot meunier et produit deux cuvées de prestige.

JOSEPH PERRIER
Cette maison de Châlons-en-Champagne, possède 21 ha de vignes dans la Vallée de la Marne, plantés en majorité de pinot meunier, qui représentent 20 % de ses approvisionnements. Une mention particulière pour les champagnes millésimés.

PERRIER-JOUËT
Tombée dans le giron du groupe Pernod-Ricard, cette maison d'Épernay possède un vignoble de 65 ha. Marqués par le chardonnay, les vins restent fidèles au style maison fait de suavité et de rondeur. La cuvée Belle Époque Blanc de Blancs, dans sa bouteille Art nouveau décorée d'anémones, se pose comme l'une des belles cuvées spéciales de la Champagne.

PIERRE PÉTERS
Vigneron indépendant dont le vignoble (17,5 ha) est entièrement consacré au chardonnay, dans les meilleurs crus de la Côte des Blancs. Des champagnes de grand caractère.

PHILLIPPONAT
Cette petite maison de Mareuil-sur-Ay a ajouté à sa célèbre cuvée Le Clos des Goisses, une cuvée parcellaire (5,5 ha ceints de murs, à Mareuil-sur-Ay) à forte personnalité. De bons bruts.

PIPER-HEIDSIECK
Reprise en main par son nouveau propriétaire (groupe EPI), cette maison rémoise affiche unstyle éclatant et fruité, très différent de celui de Charles Heidsieck, marque du même groupe. En point d'orgue, le brut, dominé par le chardonnay, vin ample et parfumé, et la cuvée spéciale Rare.

POL ROGER
Cette maison située à Épernay appartient toujours à la famille de ses fondateurs. Propriétaire d'environ 100 ha dans la Côte des Blancs, fief du

→

PRODUCTEURS

chardonnay, elle élabore des vins réputés pour leur grande finesse. Outre la cuvée Sir Winston Churchill – c'était en effet son champagne préféré –, Pol Roger signe un excellent brut (Brut Reserve), mais toute la gamme est au diapason.

POMMERY
En 2002, la marque Pommery, historique en Champagne, a été cédée à P. F. Vranken. Le Brut sans année est de bonne facture, et les cuvées Louise et Rosé de très bon niveau.

LOUIS ROEDERER
Cette grande maison familiale, fondée il y a plus de deux cents ans, produit quelques-uns des meilleurs vins de Champagne. Ses 240 ha de vignes, situés dans les grands et premiers crus de la Marne, fournissent l'essentiel de son approvisionnement. Vinifiés en foudres, les vins possèdent ampleur et complexité. Outre le brut (Brut Premier), l'un des plus recommandables des grandes maisons, Roederer produit une cuvée spéciale mythique, Cristal, créée en 1876 pour le tsar Alexandre II.

RUINART
Cette vénérable maison, fondée en 1729, appartient au groupe LVMH. Les vins, très bien faits, aromatiques et élégants, font la part belle au chardonnay. La cuvée Dom Ruinart est exclusivement issue de ce cépage.

SALON
Cette petite maison reprise par le groupe Laurent-Perrier est située à Mesnil-sur-Oger, dans la Côte des Blancs. Salon produit une seule cuvée, mono-cru, millésimée et blanc de blancs, qui est vendue après un long vieillissement. Elle intéresse les amateurs de Champagnes complexes et de garde.

JACQUES SELOSSE
Anselme Selosse, vigneron à Avize, exploite 7,5 ha de vignes réparties dans la Côte des Blancs avec quelques parcelles dans de la Montagne de Reims. Une production modeste par le volume mais très prisée des amateurs : raisins mûrs, vinification sous bois et cuvées parcellaires.

DE SOUSA
Petite maison basée à Avize qui s'est fait connaître par la qualité de ses champagnes dominés par le cépage chardonnay. La cuvée Caudalies l'a rendue célèbre auprès des amateurs.

TAITTINGER
Fondée en 1930, cette maison rémoise dirigée par la famille Taittinger dispose d'un vaste vignoble de 270 ha. Elle propose une gamme complète et toujours très fiable, marquée par un Brut (Brut Réserve) accessible et très classique, et une grande cuvée de blanc de blancs, Comtes de Champagne, vieillie pendant une dizaine d'années.

TELMONT
Ce négociant-manipulant produit deux cuvées intéressantes : Grand Millésime (assemblage) et Grand Couronnement (blanc de blancs).

ALAIN THIENOT
Alain Thienot a fondé cette maison en 1980 avant de racheter les marques qui constituent son important portefeuille. Cette gamme brille par son homogénéité et ses vins haut de gamme.

DE VENOGE
Cette maison d'Épernay, reprise par le groupe BCC en 1998, produit de belles cuvées haut de gamme marquées par le pinot noir telle la cuvée millésimée Louis XV.

JEAN-LOUIS VERGNON
Un petit domaine propriétaire de vignes au Mesnil-sur-Oger, planté exclusivement de chardonnay. Les champagnes de la gamme en donnent différentes nuances mais dans un style toujours pur et droit (cuvées Conversation, Éloquence, Confidence). →

PRODUCTEURS

VEUVE CLICQUOT-PONSARDIN
Cette grande marque, l'une des plus prestigieuses, porte le nom de Mme Clicquot, qui, devenue veuve très jeune, consacra sa vie à développer sa maison de champagne, au début du XIXe siècle. Ses vins comptent aujourd'hui parmi les plus connus de la région. Le Brut sans année, que l'on reconnaît à sa célèbre étiquette jaune orangé, reste un modèle du genre, avec un caractère affirmé, tout comme les millésimes, très réputés. La Grande Dame compte parmi les grandes cuvées spéciales de la Champagne.

LES AUTRES VINS

L'AOC Champagne ne concerne que les vins effervescents. Les autres vins de la région sont :

LES COTEAUX CHAMPENOIS C'est l'appellation des vins tranquilles de Champagne, rouges et blancs. Les meilleurs rouges proviennent des villages de la Vallée de la Marne : Ay, Bouzy et Cumières.

En raison du climat, on ne peut faire de grands rouges que deux ou trois fois tous les dix ans. Les blancs sont généralement plus satisfaisants.

LE ROSÉ DES RICEYS Cette petite appellation de l'Aube produit l'un des rosés les plus rares et les plus chers de France, issu de pinot noir.

VILMART & CIE
Ce récoltant-manipulant possède 11 ha à Rilly-la-Montagne et vinifie des vins de base dans du bois neuf, une singularité en Champagne. Il produit des vins de caractère qui doivent être attendus.

ALSACE

Carte page XII

Le vignoble alsacien s'étire sur une centaine de kilomètres, presque sans discontinuer, entre Strasbourg et Mulhouse avec quelques parcelles plus au nord. Du haut des collines boisées d'Alsace, on aperçoit le Rhin et, au-delà, une masse gris bleuté, la Forêt-Noire allemande. Par bien des aspects, cette situation explique comment aborder l'Alsace, apprécier son vin et sa culture. En effet, la large vallée du Rhin et les collines environnantes ont plus de points communs avec les pays de l'Europe centrale qu'avec le reste de la France. S'il n'est pas rare que l'on compare les vins d'Alsace avec certains de leurs voisins allemands, ils sont en fait plus proches des vins blancs secs d'Autriche. L'Alsace partage une partie de ses cépages avec l'Allemagne : riesling, gewürztraminer, sylvaner, tandis que le reste est emprunté essentiellement à la Bourgogne, avec toute la famille des pinots (blanc, gris et noir).

Le climat et les terroirs

De par sa seule latitude, le vignoble d'Alsace devrait avoir un climat frais. Or il n'en est rien, car les montages des Vosges, qui le longent à l'ouest le protègent des vents et de la pluie : les vignes, nichées dans les vallées et les recoins les plus chauds des contreforts vosgiens, bénéficient en fait de l'un des climats continentaux les plus secs de France. L'Alsace jouit donc d'une situation extrêmement favorable à la culture de la vigne. Les printemps sont chauds, les étés secs et ensoleillés, les automnes longs et doux, et les hivers froids. Ces conditions permettent de limiter la virulence des maladies et font de l'Alsace un vignoble largement engagé dans la viticulture biologique et biodynamique, à laquelle se sont convertis de nombreux producteurs réputés de la région.

La zone de production s'étend sur une grande variété de sols. On compte une vingtaine de formations géologiques importantes, apparues au cours des différentes ères. La structure des sols est donc très complexe et comprend différents types de roches (calcaire, grès, argiles, limons) recouvrant, plus ou moins, le granite ancien des Vosges qui affleure en de nombreux endroits. Aux vignobles de coteau, pauvres et bien drainés, s'opposent ceux des plaines, où dominent des sols alluviaux. Au fil des siècles, les vignerons sont parvenus à sélectionner les meilleurs sites : orientés au sud ou au sud-ouest, ces sites occupent les coteaux des innombrables petites vallées découpant le massif vosgien et forment une bande de vignes dont la largeur est comprise entre 1,5 et 3 km.

Les grands crus

Les vignobles les mieux situés ont atteint une certaine notoriété, le plus souvent pour un type de vin particulier. Depuis 1975, l'INAO délimite les meilleures parcelles et leur attribue le classement de « grand cru » (voir p. 418). La liste qui en résulte ne fait pas l'unanimité. Tous les producteurs ne font pas usage de l'appellation « grand cru », car la législation n'autorise que les cépages riesling, gewürztraminer, muscat et pinot gris. D'autre part, pour être étiquetés « grand cru », les vins doivent être issus de vignes ayant un rendement inférieur à 55 hl ha. Ce chiffre est presque équivalent au rendement d'un vignoble de bourgogne blanc en grand cru, qui est de 40 à 54 hl/ha.

Les cépages et les styles de vin

L'Alsace se distingue des autres régions par le fait de produire essentiellement des vins « monocépage », c'est-à-dire issus d'un seul cépage dont le nom figure sur l'étiquette. Les principales variétés plantées en Alsace sont, par ordre alphabétique :

GEWÜRZTRAMINER. Ce cépage blanc occupe 20 % du vignoble. Il possède un caractère très marqué, avec des arômes singuliers de fruits exotiques et de fleurs, et conserve très souvent un peu de sucres résiduels. Dans une bonne année, un vin de gewürztraminer réussi est épicé, ample et généreux. Dans une petite année, en revanche, il peut être terne et sans grâce.

MUSCAT. Ce cépage aromatique se présente en deux versions : le muscat d'Alsace et le muscat ottonel. Le premier est sec et son parfum de raisin intense. Ses rendements très irréguliers font qu'on le plante de moins en moins.

PINOT BLANC. Ce cépage blanc, qui porte aussi le nom de « klevner », est l'un des plus plantés d'Alsace. Il donne des vins blancs frais et souples, aux notes de fruits blancs et de fleurs. Une grande partie de la production sert à l'élaboration du Crémant d'Alsace dont le style est souvent souple et fruité.

PINOT GRIS. Autrefois dénommé, abusivement, tokay d'Alsace, ce cépage occupe 15 % du vignoble. Il donne, en Alsace, un vin assez puissant, onctueux et parfois complexe. Vinifié en sec, il conserve souvent un peu de sucres résiduels ; il se prête à l'élaboration de grands vins liquoreux.

PINOT NOIR. C'est le seul raisin noir d'Alsace. On en fait traditionnellement un vin peu coloré, fluide et fruité, mais de belles cuvées de pinot noir bien plus intenses naissent aujourd'hui en Alsace.

RIESLING. Pour beaucoup, c'est le plus grand cépage d'Alsace. Occupant 20 % du vignoble, il est capable de

LIRE UNE ÉTIQUETTE DE VIN D'ALSACE

En Alsace, les étiquettes sont plus simples que celles des vins du reste de la France : la première information que l'on y trouve est le nom du cépage, et la seconde celui du propriétaire. Le nom du vignoble ou du village de production est souvent mentionné, surtout dans le cas d'un grand cru. Les autres termes génériques que l'on peut rencontrer sont les suivants.

Crémant d'Alsace. C'est un vin pétillant obtenu par une seconde fermentation en bouteille (méthode traditionnelle, comme en Champagne). Les crémants alsaciens sont blancs, quelquefois rosés, et souvent issus de pinot blanc.

Edelzwicker. Il s'agit d'un vin blanc issu d'un assemblage de cépages « nobles » *(edel)*, le chasselas et le sylvaner étant les plus courants. Le terme a tendance à disparaître.

Vendanges tardives. Cette mention indique que le vin est issu de raisins vendangés à maturité optimale, ce qui ne signifie pas nécessairement plus tard que la normale. C'est l'équivalent du Spätlese allemand. Un vin portant la mention Vendanges tardives est très souvent moelleux, mais peut être presque sec : on ne le découvre qu'en le dégustant. D'autre part, cette catégorie ne s'applique qu'aux principaux cépages, à savoir le gewürztraminer, le pinot gris, le riesling ou le muscat.

Sélection de grains nobles. Ces vins sont faits uniquement à partir de raisins atteints de pourriture noble *(Botrytis cinerea)* et récoltés par tris successifs (voir p. 326). Ce sont toujours des vins doux et concentrés, qui peuvent vieillir très longtemps.

produire des blancs secs impressionnants, fermes et structurés. Sa forte acidité naturelle autorise une longue garde et donne, en sec comme en liquoreux, des vins particulièrement toniques et éclatants.

SYLVANER. Ce cépage abonde dans les parties les moins prestigieuses du Bas-Rhin. Il donne de bons vins simples et frais, mais un terroir exceptionnel leur permet d'atteindre le niveau de qualité des Rieslings.

Le chasselas et le pinot auxerrois sont deux cépages d'Alsace de moindre intérêt dont les noms figurent plus rarement sur les étiquettes. Ils participent notamment aux assemblages de l'Edelzwicker, qui désigne un vin d'assemblage. Le Gentil, populaire dans les années 1920, est remis au goût du jour : vin d'assemblage également, il doit contenir au moins 50 % de cépages « nobles » (riesling, muscat, pinot gris et/ou gewürztraminer). Si les vins « monocépage » portent l'image de l'Alsace, des vignerons célèbres militent pour la pratique de l'assemblage, y compris dans les grands crus. C'est notamment le cas de Marcel Deiss, figure de proue de la viticulture alsacienne, qui a complanté ses parcelles de grand cru avec plusieurs variétés.

La vinification

Dans l'ensemble, l'Alsace s'en tient à des méthodes assez traditionnelles de vinification en blanc. Ici, les vins sont vinifiés dans de grands foudres de bois, âgés parfois de plus d'un siècle, ou dans des cuves en Inox qui permettent un bon contrôle des températures de fermentation. La plupart des vinificateurs ne recourent pas à la fermentation malolactique (sauf pour les vins issus du pinot blanc) afin de préserver l'éclat du fruit et la fraîcheur des vins. La mise en bouteilles a lieu entre six et douze mois après la récolte. En général, les vins sont prêts à être bus, mais beaucoup profiteront d'un vieillissement en bouteille. Quelques vignerons utilisent le bois neuf pour l'élevage des Pinot noirs, avec succès quand les raisins possèdent la concentration nécessaire. La chaptalisation, répandue pour les vins modestes, est interdite pour les vins affichant les mentions vendanges tardives et sélection de grains nobles.

Les millésimes et l'élevage

Rares sont les millésimes catastrophiques en Alsace, car la région bénéficie d'un climat plutôt régulier et surtout de belles arrière-saisons, sèches et ensoleillées, qui permettent d'allonger la période des vendanges jusqu'en novembre voire décembre. Un millésime sera bon si l'automne, long et chaud, permet l'élaboration de vins de Vendanges tardives issus de raisins surmûris et des vins de Sélections de grains nobles, issus de raisins botrytisés (voir p. 416). Tous les cépages n'ayant pas les mêmes exigences, il est fréquent qu'un même millésime soit plus ou moins favorable à telle ou telle variété.

LES 51 GRANDS CRUS D'ALSACE

En 1975, la notion de grand cru est officialisée par l'INAO (et complétée par les décrets de 1983 et 1992). La plupart des crus sont situés à une altitude de 200 à 300 m. Les voici avec le nom de leur commune, des environs de Strasbourg jusqu'aux environs de Mulhouse, via Colmar.

Steinklotz (Marlenheim). Les 40,6 ha du Steinklotz au sol calcaire caillouteux sont exposés au sud-sud-est et situés à une altitude de 200 à 300 m. Les vins sont fruités et épicés.

Engelberg (Dahlenheim et Scharrachbergheim). Exposées plein sud, pentues, à une altitude de 250 à 300 m, ces terres marno-calcaires (15 ha) sont à l'origine de vins charpentés de garde.

Altenberg de Bergbieten (Bergbieten). Ce terroir de 29 ha exposé au sud-est se compose de marnes argileuses truffées de cailloutis dolomitiques. Les vins sont floraux et longs en bouche.

Altenberg de Wolxheim (Wolxheim). 31 ha de sol marno-calcaire argileux, étagés entre 210 et 265 m d'altitude, produisent des Rieslings d'une grande longévité, qui prennent des arômes d'hydrocarbures.

Bruderthal (Molsheim). Ce cru épouse une pente douce jusqu'à 300 m d'altitude. Son sol marno-calcaire est caillouteux vers le haut. Les Rieslings et Gewürztraminers sont floraux et persistants.

Kirchberg de Barr (Barr). Au-dessus du village, dès 215 m, le Kirchberg s'élève. Son terroir composite (40 ha) est majoritairement argilo-calcaire et il faut savoir attendre ses vins.

Zotzenberg (Mittelbergheim). Les 36 ha de marnes et de calcaire du jurassique, exposés au sud et à l'est, qui culminent à 320 m, produisent des vins de longue garde.

Kastelberg (Andlau). Ce grand cru de petite taille (5,82 ha) et de forte pente (240 à 320 m) est unique en Alsace par son sol schisteux de Steige du primaire et par son encépagement exclusif de riesling. Il donne un grand vin minéral de longue garde.

Wiebelsberg (Andlau). Situé à l'est du Kastelberg, ce terroir quartzique, ferrugineux, siliceux drainant de 250 à 300 m d'altitude, exposé au sud et sud-est, est au service de Rieslings floraux de longue garde.

Moenchberg (Andlau et Eichhoffen). Ce cru de 12 ha s'élève doucement de 230 à 260 m. Son orientation au sud favorise la maturité du cépage riesling, qui est à l'origine de vins aussi charpentés qu'élégants.

Muenchberg (Nothalten). Le cru s'étend sur 18 ha de faibles pentes aux environs de 300 m, dont le sol de dépôts volcaniques est sablo-caillouteux. Il produit des grands vins de Riesling tout en élégance.

Winzenberg (Blienschwiller). Ce cru renommé de 19 ha, exposé au sud et sud-est, s'étend sur une forte pente de 240 à 320 m d'altitude. Son sol de granite désagrégé à deux micas convient au riesling et au gewürztraminer, et donne des vins plantureux de raisins très mûrs.

Frankstein (Dambach-la-Ville). Ce vaste cru de 56 ha occupe quatre parcelles orientées à l'est et au sud-est entre 220 et 310 m d'altitude, dont les sols granitiques à deux micas sont filtrants. Les Rieslings et Gewürztraminers sont floraux.

Praelatenberg (Kintzheim). Le sol gneissique, siliceux et quartzique de ces 19 ha de fortes pentes entre 250 et 350 m d'altitude, orientés à l'est et au sud-est, favorise l'expression aromatique des cépages alsaciens.

Gloeckelberg (Rodern et Saint-Hippolyte). Le cru s'étend sur 23 ha de sol granitique, de terres brunes, acides et sablonneuses. Situé à une altitude de 250 à 360 m, ce cru est orienté au sud et sud-est. Les vins qu'il produit sont élégants et persistants.

Altenberg de Bergheim (Bergheim). Le cru investit la pente sud de la colline de Grasberg (220 à 300 m), dont les marnes calcaires rouges ferrugineuses du jurassique accueillent 35 ha de riesling et de gewürztraminer, à l'origine de vins amples et puissants.

Kanzlerberg (Bergheim). Ce vignoble orienté au sud et sud-ouest et situé sur des faibles pentes (250 m) est le plus petit de tous les grands crus : 3,23 ha ! Un sol lourd argilo-calcaire de marnes grises et noires à gypse de Keuper accentue la puissance aromatique de vins qui doivent être attendus.

Geisberg (Ribeauvillé). Ce cru de forte pente face au sud n'a pu être exploité qu'à la suite de la construction de murets. Son sol marno-argilo-gréseux et gypseux (8 ha) semble fait pour exalter la finesse et la puissance du riesling.

Kirchberg de Ribeauvillé (Ribeauvillé). Contigu à l'ouest au précédent, au sol identique, mais orienté sud-sud-ouest, ce cru donne des Rieslings au caractère très accusé et avec un grand potentiel de garde.

Osterberg (Ribeauvillé). De même sol que le Geisberg, auquel il est contigu à l'est, mais orienté à l'est et au sud-est et de plus faible pente, ce cru se développe sur 24,6 ha. Il accentue la typicité du riesling, mais convient très bien au gewürztraminer et au pinot gris.

Rosacker (Hunawihr). Ce cru (260 à 330 m d'altitude) s'étend sur 26 ha exposés à l'est et au sud-est. Son sol lourd de calcaire et de dolomies,

→

allégé par des éboulis siliceux-gréseux, est favorable à l'expression des arômes minéraux et épicés du riesling.

Froehn (Zellenberg). Ce terroir argilo-marneux-schisteux (270 à 300 m) orienté au sud et sud-est stimule le fruité du gewürztraminer.

Schoenenbourg (Riquewihr et Zellenberg). Ce cru se développe sur 53 ha en de fortes pentes (265 à 380 m) orientées au sud et sud-est. Le sol marneux, dolomitique et gypseux convient au riesling, qui donne un vin fin, épicé et de longue garde. On y pratique avec succès les vendanges tardives.

Sporen (Riquewihr). Sa pente à environ 275 m d'altitude est faible. Il fait face au sud-est. Son sol est argilo-marneux et riche en acide phosphorique, convenant parfaitement à l'opulence du gewürztraminer et du pinot gris.

Sonnenglanz (Beblenheim). Le cru (220 à 270 m) s'étend sur 33 ha orientés au sud-est. Son sol de marnes calcaires caillouteuses est lourd, le gewürztraminer et le pinot gris gagnent en puissance aromatique.

Mandelberg (Mittelwihr et Beblenheim). Ce terroir s'étend sur 22 ha d'une pente moyenne située à une altitude de 200 à 250 m et orientée au sud et sud-est. La terre marno-calcaire favorise la finesse et le fruité.

Marckrain (Bennwihr et Sigolsheim). Son sol marno-calcaire orienté à l'est et au sud-est s'élève en pente douce de 200 à 250 m d'altitude et convient au gewürztraminer, dont il magnifie les arômes, et au pinot gris.

Mambourg (Sigolsheim). Ce vaste cru de 62 ha marno-calcaires superbement exposé au sud et situé entre 220 et 330 m d'altitude est particulièrement favorable au gewürztraminer, dont la richesse peut aller jusqu'à la lourdeur.

Furstentum (Kientzheim et Sigolsheim). La pente de ce grand terroir est raide (300 à 400 m). Orientés au sud et sud-est, les 30 ha de sol brun calcaire et pauvre assurent puissance et finesse aux cépages alsaciens.

Schlossberg (Kientzheim). Le Schlossberg est le premier grand cru officiel d'Alsace et aussi un des plus vastes (80 ha). Sa pente est raide, ponctuée de murets, de 200 à 300 m d'altitude, orientée plein sud. Son sol argilo-sableux riche en sels minéraux convient aux quatre cépages nobles, qui y puisent richesse et finesse.

Kaefferkopf (Ammerschwihr). Divisé en plusieurs unités, ce cru occupe des sols variés, avec une exposition majoritairement est, et des pentes douces. Le gewürztraminer et le riesling sont les cépages les plus plantés, devant le pinot gris. L'assemblage de cépages est ici autorisé.

Wineck-Schlossberg (Katzenthal et Ammerschwihr). Le coteau, orienté sud et sud-est, se trouve à une altitude variant de 280 à 400 m. Situé au fond d'un vallon fermé, il jouit d'un climat bien abrité des vents. Son granite désagrégé à deux micas favorise la fraîcheur florale du Riesling.

Sommerberg (Niedermorschwihr et Katzenthal). Ce lieu-dit occupe 28 ha sur un coteau en forte pente qui culmine à 400 m d'altitude. Le sol d'arènes granitiques, riche en minéraux, accentue la typicité du Riesling.

Florimont (Ingersheim et Katzenthal). Le cru s'étend entre 250 et 280 m d'altitude sur 21 ha de marne calcaire orientée sud-sud-est. Le Gewürztraminer y est somptueux, élégant et long.

Brand (Turckheim). Ce cru s'étend entre 230 et 340 m d'altitude sur 58 ha d'arènes granitiques aux deux micas, orientés au sud et sud-est. Le cépage riesling en particulier y donne des vins riches et de garde. Le pinot gris et le gewürztraminer s'y expriment également bien.

Hengst (Wintzenheim). À une altitude de 270 à 360 m, ce vignoble complantant 76 ha de marnes calcaires, orientés sud-sud-est, donne de l'opulence au Gewürztraminer et de la longévité au Riesling.

Steingrubler (Wettolsheim). Le haut (350 m) de ce cru est argilo-sableux, propice au riesling, alors que le bas (280 m), marno-calcaire, convient au gewürztraminer. Ces 23 ha exposés au sud-est sont à l'origine de vins charpentés et de garde.

Eichberg (Eguisheim). Orienté au sud-est, ce vignoble (220 à 340 m) jouit d'un microclimat chaud et sec, et s'étend sur 58 ha de terres argilo-sableuses exaltant les arômes des grands cépages alsaciens.

Pfersigberg (Eguisheim et Wettolsheim). Exposé est-sud-est, le sol marno-calcaire et argilo-limoneux de ce vaste cru (76 ha) donne corps et fruité au Gewürztraminer.

Hatschbourg (Hattstatt et Voegtlinshoffen). Les 47 ha de sol marno-calcaire limoneux, orientés au sud et sud-est, de 200 à 330 m d'altitude, favorisent la finesse aromatique des quatre cépages nobles.

Goldert (Gueberschwihr). Le haut du cru (330 m) est calcaire, la partie inférieure (230 m) argileuse. De ces 45 ha exposés est-sud-est sont issus les meilleurs Gewürztraminers et les Muscats les plus fins.

Steinert (Pfaffenheim et Westhalten). Ce vignoble extrêmement calcaire s'étend sur 39 ha orientés

→

au sud-est à une altitude de 250 à 310 m. Les Gewürztraminers, Pinots Gris et Rieslings sont tous très aromatiques et de longue garde.

Vorbourg (Rouffach et Westhalten). Ce vaste cru de 73 ha au sol marno-calcaire est orienté sud-sud-est. Son terroir précoce convient aux quatre cépages nobles qui sont à l'origine de vins fins, puissants et de garde.

Zinnkoepfle (Soultzmatt et Westhalten). Dans ce cru le plus élevé d'Alsace (420 m), la vigne de 68 ha descend jusqu'aux villages (220 m). Elle est exposée sud et sud-est et complante des terres de calcaire coquillier gréseux. Le Gewürztraminer y est épicé et le Riesling fin.

Pfingstberg (Orschwihr). Exposé au sud-est à une altitude de 250 à 350 m, ce cru de 28 ha a un sol de grès calcaire, de grès micacé et argilo-gréseux, retenu par des murets, qui exalte le caractère floral des cépages nobles.

Spiegel (Bergholtz et Guebwiller). Orienté à l'est, ce vignoble de 18 ha a un sol de marnes gréseuses et argilo-sableuses qui convient aux quatre cépages nobles, et plus particulièrement au gewürztraminer.

Kessler (Guebwiller). Ce cru situé à une altitude variant de 300 à 390 m et exposé au sud-est possède un sol sablo-argileux rougeâtre, retenu par des murets, qui stimule le caractère floral du Gewürztraminer.

Kitterlé (Guebwiller). La forte pente de ce cru situé entre 270 à 360 m d'altitude a nécessité la construction de murets afin de retenir un sol léger et sablonneux. Les 26 ha, complantés de gewürztraminer, de pinot gris et de riesling, donnent trois vins de grande garde.

Saering (Guebwiller). Ce cru de 27 ha est exposé à l'est et au sud-est. Son sol lourd marno-sableux est retenu par des murets. Les quatre cépages nobles s'y complaisent, le riesling particulièrement, qui offre des vins fermes et floraux.

Ollwiller (Wuenheim). Ce vignoble est orienté au sud-est. Le sol sablo-argileux rougeâtre contribue à la finesse et à l'élégance du Riesling.

Rangen (Thann et Vieux-Thann). Ce cru est unique par sa situation et son sol. C'est le plus méridional d'Alsace, le plus raide et le seul dont le terroir soit d'origine volcanique : laves basiques, grès, terres maigres brunes. Il s'étend sur 19 ha plein sud, ses Rieslings sont les plus fins, ses Gewürztraminers et ses Pinots Gris allient puissance et typicité.

PRODUCTEURS

En Alsace, les producteurs cumulent souvent les fonctions de vignerons et de négociants. Beaucoup possèdent des vignes et achètent du vin dans plusieurs communes. C'est pourquoi le nom du village indiqué ci-dessous pour chaque producteur peut n'être que celui du siège de l'entreprise. Quelques coopératives (voir p. 426) produisent également des vins de qualité.

J.-B. ADAM
Ammerschwihr. Entreprise familiale cultivant 14 ha en biodynamie et produisant du Riesling, du Gewürztraminer et, parfois, des Vendanges tardives, des Pinots Noirs et des Pinots Blancs élaborés selon des vinifications traditionnelles.

JEAN BECKER
Riquewihr. Maison familiale établie en 1610 et vinifiant tous les principaux cépages. Ses meilleurs vins sont le Muscat, le Pinot noir, le Gewürztraminer (du grand cru Froehn) et le Riesling.

LÉON BEYER
Eguisheim. Négociant depuis le XVIe siècle et vigneron depuis le milieu du XIXe siècle, Beyer est connu pour ses vins secs, en particulier son Gewürztraminer (Cuvée des Comtes d'Eguisheim), son Riesling et son Muscat. La mention « grand cru » ne figure pas sur les étiquettes.

PAUL BLANCK & FILS
Kientzheim. À partir d'un vignoble de 35 ha, Blanck produit une vaste et belle gamme de vins dans tous les cépages avec une mention pour les Rieslings des grands crus Furstentum et Schlossberg, remarquables.

BOTT-GEYL
Beblenheim. Jean-Christophe Bott a fait de ce domaine (14 ha et cinq Grands Crus) une valeur montante de la région : viticulture biodynamique et vinification en douceur pour des vins puissants et harmonieux.

ALBERT BOXLER & FILS
Niedermorschwihr. Petits volumes de vins exceptionnels, issus notamment des grands crus Brand et Sommerberg.

DOMAINE ERNEST BURN
Gueberschwihr. Dans cette belle propriété de 10 ha, on produit les Rieslings et Muscats remarquables du grand cru Goldert dont elle possède 7 ha.

DOMAINE MARCEL DEISS
Bergheim. Jean-Michel Deiss et son fils font partie des trois meilleurs producteurs d'Alsace. Les vins issus de plusieurs cépages sont aussi harmonieux qu'originaux, et les grands crus, incomparables.

DIRLER-CADE
Bergholtz. Domaine de 18 ha dont 40 % dans les grands crus (Saering, Spiegel, Kessler, Kitterlé). Viticulture biodynamique et vinification en foudres ou en cuves pour des vins très séduisants, en particulier les Rieslings, Gewürztraminers et Sylvaners.

DOPFF AU MOULIN
Riquewihr. Fondée au XVIe siècle, cette maison est depuis longtemps en tête de la production de Crémant d'Alsace. Elle élabore ainsi de bons vins tranquilles proviennent aussi du vaste vignoble qu'elle possède.

ROLLY GASSMANN
Rorschwihr. Ses vins riches et généreux ont des taux de sucres résiduels élevés. Il fait un excellent Muscat Moenchreben (un lieu-dit de Rorschwihr), un Auxerrois très réputé et de bonnes cuvées comme la Réserve Rolly Gassmann, dans tous les cépages classiques.

DOMAINE RÉMY GRESSER
Andlau. Une très ancienne maison (1667) qui jouit d'une image dynamique. Sa réputation est fondée sur les Rieslings de grand cru, le Pinot Noir Brandhof et le Gewürztraminer Andlau.

HUGEL & FILS
Riquewihr. La plus célèbre maison d'Alsace, fondée en 1639, est actuellement dirigée →

PRODUCTEURS

par la treizième génération de Hugel. Certains vins de ses vastes caves situées sous le village de Riquewihr sont centenaires. La gamme de base comprend notamment un bon Gewürztraminer et un Pinot Blanc de blancs. Ses gammes Tradition et Jubilé sont d'une réelle qualité. À l'origine du style Vendange tardive, Hugel en est l'un des principaux producteurs et excelle dans l'élaboration des Sélections de grains nobles : ses Pinots Gris et ses Rieslings sont remarquables dans cette catégorie. Les grands crus de la maison proviennent des vignobles Sporen et Schoenenbourg. Hugel vinifie d'importants volumes de vins fiables de qualité constante.

ZIND HUMBRECHT
Wintzenheim. Les Humbrecht comptent parmi les vignerons les plus doués d'Alsace. Le domaine, conduit en biodynamie, couvre une quarantaine d'hectares avec des parcelles dans quatre grands crus. Au sommet d'une gamme exceptionnelle trônent les vins issus du pinot gris et du gewürztraminer.

JOSMEYER
Wintzenheim. Les Josmeyer possèdent un vignoble de 28 ha cultivés en biodynamie avec des parcelles dans les grands crus Brand et Hengst. Le domaine est réputé pour ses vins particulièrement délicats et élégants.

ANDRÉ KIENTZLER
Ribeauvillé. Vinificateurs de premier ordre, les Kientzler affectionnent autant les cépages dits mineurs comme le chasselas et l'auxerrois que les stars alsaciennes (riesling, gewürztraminer, etc.). La gamme est donc complète et sans fausse note, avec une mention particulière pour les Rieslings (en particulier le Grand Cru Geisberg et le Grand Cru Osterberg).

MARC KREYDENWEISS
Andlau. Un domaine d'une douzaine d'hectares cultivé depuis 1989 en biodynamie avec des parcelles dans trois grands crus (Kastelberg, Wiebelsberg, Moenchberg). Les Kreydenweiss produisent des vins intenses, élégants, avec une mention pour les Pinots Blanc, Pinot Gris et Riesling et une cuvée d'assemblage (Clos du Val d'Eléon).

KUENTZ-BAS
Husserren-les-Châteaux. Cette vieille maison alsacienne a été reprise en 2004 par Jean-Baptiste Adam. Son vignoble s'étend sur 10 ha avec des parcelles situées sur les grands crus Eichberg et Pfersigberg. Ses Gewürztraminers sont réputés.

DOMAINE SEPPI LANDMANN
Soultzmatt. Ce domaine célèbre bâti par Seppi Landman est géré depuis 2011 par la famille Rieflé. Les Gewürztraminers du grand cru de Zinnkoepfle sont des valeurs sûres.

GUSTAVE LORENTZ
Bergheim. Cette maison familiale établie depuis 1836 produit des Gewürztraminers très réussis, comme le grand cru Altenberg de Bergheim et la Cuvée particulière. Bons Pinot Blanc, Pinot Gris, Riesling et Muscat.

ALBERT MANN
Wettolsheim. Les Barthelmé possèdent 21 ha répartis en une centaine de parcelles. Une viticulture (biodynamique) pointilleuse et des vinifications très précises sont à l'origine d'une gamme homogène et de très haut niveau avec de grands vins issus des cépages riesling, gewürztraminer et pinot noir.

DOMAINE MEYER-FONNE
Katzenthal. Les Meyer possèdent 12 ha répartis sur sept communes avec des parcelles dans cinq grands crus. Adeptes des bas rendements et des vinifications →

en grands foudres avec élevage sur lies, ils produisent notamment des Gewürztraminers et Rieslings réputés.

RENÉ MURÉ
Rouffach. Les Muré possèdent le Clos Saint-Landelin, un monopole de 15 ha situé sur le grand cru Vorbourg, cultivé en biodynamie. Le pinot noir y excelle comme les autres grands cépages alsaciens. À mentionner aussi les vins de Sylvaner, les crémants et la gamme de vins de négoce très fiable.

DOMAINE OSTERTAG
Epfig. André Ostertag est un créatif et un grand vigneron. Le domaine d'une quinzaine d'hectares est cultivé en biodynamie et les vinifications ne répondent à aucun dogme. Il en résulte une production de très haut niveau, avec de remarquables Rieslings et Pinots Gris, certaines cuvées étant élevées en barriques neuves.

DOMAINE SCHLUMBERGER
Guebwiller. Cette entreprise familiale s'est constitué un immense vignoble au fil des ans (140 ha) dont la moitié dans quatre grands crus. Certaines parcelles sont en terrasses si abruptes qu'aucune mécanisation n'est possible, mais le terroir mérite ces efforts !

CÔTES-DE-TOUL ET VIN DE LA MOSELLE

Ces deux appellations constituent les derniers vestiges d'une viticulture lorraine qui connut un grand essor jusqu'à la Première Guerre mondiale. La région partage le climat, les sols et les cépages avec le Luxembourg, mais la réglementation doit davantage au système français.

L'appellation Côtes-de-Toul s'étend sur une centaine d'hectares et ont accédé à l'appellation d'origine contrôlée en 1998. La région possède une longue tradition viticole, mais son vignoble, très septentrional, souffre de contraintes climatiques, et la vigne tend à être supplantée par d'autres cultures. Le principal cépage est le gamay, mais on trouve également du pinot noir et, pour les blancs, un peu d'auxerrois et d'aubin blanc. Le Gris de Toul, le vin le plus connu, est un rosé pâle et vif issu de gamay.

Le Vin de la Moselle est une AOC d'une cinquantaine d'hectares qui aurait pu disparaître sans la persévérance d'une poignée de producteurs. Il est produit dans les villages de la vallée de la Moselle, près de la ville de Metz et vers la frontière luxembourgeoise. Ces vignobles sont les plus septentrionaux de France et leurs vins rappellent ceux du Luxembourg. Les conditions climatiques rendent la culture difficile : les gelées de printemps posent souvent des problèmes. Les principaux cépages de la Moselle sont le müller-thurgau, le riesling, le pinot gris, et le pinot noir.

Toute la production est recommandable (cuvées Les Princes Abbés et grands crus) avec des Vendanges tardives et Sélections de grains nobles réputés.

DOMAINE SCHOFFIT
Colmar. Le domaine, installé à Colmar, est l'heureux propriétaire d'un vignoble de 16 ha, et en particulier du Clos Saint-Théobald, dans le célèbre grand cru Rangen. Partisan des faibles rendements, il produit des vins de haut niveau dont de rares et coûteuses Vendanges tardives et Sélections de grains nobles.

LOUIS SIPP
Ribeauvillé. Les meilleures cuvées de Louis Sipp ont besoin de quelques années pour atteindre leur apogée. Les plus grandes réussites sont les Rieslings →

PRODUCTEURS

(grand cru Kirchberg de Ribeauvillé), suivis de près par les Gewürztraminers (grand cru Osterberg).

TRIMBACH

Ribeauvillé. Avec Hugel, Trimbach a fait plus que quiconque pour la promotion des vins d'Alsace dans le monde entier. Ses vins comprennent le Gewürztraminer, en particulier la Cuvée des Seigneurs de Ribeaupierre, et le Pinot Gris, mais les Rieslings sont sans l'ombre d'un doute les meilleurs de la région. La Cuvée Frédéric-Émile, issue de deux grands crus, n'est surpassée que par le Clos Sainte-Hune, parcelle qui appartient à la famille depuis plus de 200 ans. Elle se trouve à l'intérieur du grand cru Rosacker, mais n'est pas étiquetée « grand cru ». Le Clos Sainte-Hune est un vin de très grande classe, mais introuvable dans le commerce. Cet archétype de Riesling est souvent considéré comme l'un des grands vins d'Alsace.

DOMAINE WEINBACH

Kaysersberg. La famille Faller produit sur son vignoble du Clos des Capucins des vins très impressionnants qui font partie des plus belles cuvées d'Alsace. On citera en particulier les Rieslings issus du grand cru Schlossberg et les Gewürztraminer du grand cru Furstentum.

LES CAVES COOPÉRATIVES

Les caves coopératives réputées pour la qualité de leurs vins sont nombreuses en Alsace. Citons Bestheim (Bennwihr), Caves de Beblenheim, Cave Vinicole Jean Geiler-Ingersheim, Kientzheim-Kaysersberg, Cave d'Obernai, Pfaffenheim, Ribeauvillé, Sigolsheim, Turckheim, Wolfberger (Eguisheim).

LOIRE

Cartes pages XIII et XIV

La vallée de la Loire, qui compte parmi les régions viticoles les plus étendues de France, produit une si riche palette de vins qu'il est difficile de leur trouver des caractéristiques communes, si ce n'est le caractère relativement léger, frais et fruité de bon nombre d'entre eux. Le fleuve français le plus long coule dans un paysage de douces collines, de champs verts et de vignes, longeant des châteaux magnifiques et des villes tranquilles. Les vignobles bordent les cours d'eau, la Loire et ses affluents comme le Cher, l'Indre, l'Allier et la Vienne. Des affluents moins importants, comme l'Aubance, le Layon, la Sèvre Nantaise et la Maine, créent des mésoclimats dans les vallées étroites et profondes qu'ils ont creusées. La Loire prend sa source dans le sud du Massif central, où les vignes, autrefois étendues, sont maintenant rares mais renaissantes. À mi-chemin de son parcours vers la mer, à l'endroit où elle amorce son virage à l'ouest, la Loire atteint la première des trois grandes régions viticoles, appelée Centre-Loire. C'est celle de Sancerre et de Pouilly, connues d'abord pour leurs vins blancs fruités et toniques issus du cépage sauvignon. Les vastes étendues de la Touraine et de l'Anjou composent la deuxième région viticole, avec toute une famille de vins blancs, tranquilles ou effervescents, secs ou doux, ainsi que la plus importante production de vins rouges de Loire. La dernière région, la basse Loire, se pose en total contraste. C'est le royaume du cépage melon de Bourgogne (appelé aussi muscadet) qui donne un vin blanc léger et fruité, évoquant la mer.

Des situations contrastées

Outre certaines régions du Centre comme l'Orléanais, où le vignoble ne s'est jamais remis du phylloxéra, il reste toujours des régions de Loire où la viticulture peine à renaître, tels les vignobles de la Sarthe ou ceux du Massif central. Ils trouvent cependant des raisons d'espérer dans la présence de nouveaux talents, capables d'être de bons porte-parole pour leurs appellations respectives. En comparaison, le cœur des pays de Loire semble prospère. La notoriété des vins rouges de Saumur, Chinon et Bourgueil, des vins blancs de Vouvray, Sancerre ou Pouilly est bien établie auprès des amateurs. D'autres vins qui ont contribué à la renommée de la Loire, comme le Muscadet, traversent des difficultés.

Les cépages et les styles de vin

Le vignoble de Loire compte une large gamme de cépages, locaux ou empruntés à des régions voisines ou plus lointaines. Le gamay, le pinot noir et le chardonnay de quelques vignobles au sud du fleuve indiquent que le Beaujolais et la Bourgogne ne sont pas loin. Plus au nord, le sauvignon, variété propre à la Loire et au Bordelais, devient prédominant. En amont de la Loire, la présence du pinot noir rappelle que Sancerre et Pouilly-sur-Loire ont fait autrefois partie du duché de Bourgogne. On trouve en Touraine et en Anjou un vieux et grand cépage, le chenin blanc, capable de produire une large palette de vins, secs ou liquoreux, tranquilles ou effervescents. Enfin, le cabernet franc, parfois assemblé au cabernet-sauvignon, est le grand cépage rouge de l'Anjou, du Saumurois et de la Touraine. On trouve également quelques spécialités locales, telles le pineau d'Aunis, le grolleau, utilisés

LES FACTEURS DE QUALITÉ

Bien que situés à la limite de la zone où la vigne est cultivée, les vignobles de la Loire ont pu s'épanouir grâce à la combinaison des mésoclimats et au drainage d'un relief façonné par les cours d'eau. La protection des vallées, l'effet modérateur des rivières et la lumière qui se réfléchit sur leur surface sont autant de facteurs qui contribuent à la maturité du raisin.

CLIMAT

Le climat peut varier de façon sensible entre la source de la Loire et son estuaire, ne serait-ce que par l'influence plus ou moins marquée de l'océan Atlantique. Si la région du Muscadet est très ensoleillée, les températures maximales en été se constatent à Pouilly-sur-Loire, tandis que les moyennes les plus hautes au moment des vendanges se trouvent dans l'Anjou.

Au cours du printemps, les vignerons redoutent les gelées noires jusqu'à la fin du mois de mai, tout autant que les pluies excessives d'août et de septembre, avec des risques de pourriture grise. Un autre danger est la grêle.

MILLÉSIMES

Les millésimes dans le Val de Loire sont marqués par d'importantes différences en quantité comme en qualité. Les irrégularités du climat, ses excès (grêle), l'humidité exces-

en particulier dans les rosés, le cot (malbec) en Touraine, sans oublier le melon de Bourgogne et le gros plant (folle blanche) dans le Pays nantais.
La variété des cépages permet aux viticulteurs de diversifier le style de leurs vins. Il n'est pas rare de voir un même producteur proposer plusieurs vins dans plusieurs appellations, qui peuvent parfois se chevaucher.
La Loire produit une majorité de vins blancs, dont de nombreuses bulles, devant les rosés, qui ont fait récemment un retour en force, et les rouges qui ne représentent que 20 % de la production.

Négociants et propriétés

La Loire reste une région de petits domaines qui se rapproche davantage de la Bourgogne que du Bordelais. Les coopératives y sont peu présentes, et le tissu viticole est d'abord constitué de caves particulières qui écoulent en direct les deux tiers de la production. La Loire n'est cependant pas la Bourgogne : les vins n'en ont ni la renommée ni le prix. Pour cette raison, elle constitue une source inépuisable de bons et grands vins, souvent très abordables, avec une diversité et une richesse de styles des plus attractives.

sive aux moments clés du cycle de la vigne ont une forte incidence sur la maturité des raisins et la qualité des vins. Il est rare qu'une année soit uniformément favorable à tous les styles de vins produits et à toutes les sous-régions de ce vaste ensemble.
Les années chaudes, comme 2009 ou 2010, profitent aux vins rouges et aux liquoreux, les années plus fraîches aux vins blancs secs.

SOLS

À la source du fleuve se trouvent les anciennes collines granitiques du Massif central, où subsistent quelques rares vignobles.
En suivant le cours de la Loire, on arrive dans une région calcaire qui est idéale pour la production de vins blancs de Sancerre et de Pouilly-sur-Loire. Les coteaux des deux rives du fleuve offrent toute une palette de sols (calcaires, argileux, siliceux), et les différentes pentes et vallées bénéficient de leurs propres mésoclimats.
La troisième région regroupe le centre du Val de Loire ainsi que les petites vallées des affluents. C'est ici le pays du tuffeau, cette pierre calcaire de couleur crème qui abrite d'innombrables caves à vin, ainsi que du schiste qui caractérise les sols de l'Anjou.
Le Pays nantais est assis sur le vieux socle du Massif armoricain aux sols sédimentaires.

SANCERRE ET POUILLY-SUR-LOIRE

Carte page XIV

Arrivée à mi-chemin de sa course vers la mer, la Loire fait un virage à angle droit à la hauteur de la ville d'Orléans, passant d'une orientation sud-nord à une orientation est-ouest. Quelques kilomètres avant ce changement de cap, les affleurements des collines crayeuses, plus élevées sur la rive ouest qu'à l'est, où elles forment un plateau, constituent un terrain propice aux vignes.

À l'ouest, l'agréable ville fortifiée de Sancerre domine un ensemble de vignobles, en forme de croissant, orientés au sud et à l'est, un des sites de France les plus denses en vignes, même s'il ne fait que quelques kilomètres de large. Elle protège ses onze communes. Ces satellites, dont les caractères et les vertus sont reconnus, possèdent des vignobles de coteau parfois très pentus. Chavignol en est le meilleur exemple, enfoui au creux d'un cirque, avec ses Côtes-des-Monts-Damnés et sa Grande Côte. Bué est un autre village réputé pour ses sites Chêne Marchand et Grand Chemarin. Le Clos du Roi empiète sur le village de Crézancy. Verdigny, quant à lui, peut se targuer d'avoir le Clos de la Reine Blanche.

De l'autre côté du fleuve, le village de Pouilly-sur-Loire est entouré par un vignoble qui borde le fleuve des deux côtés et profite de ses coteaux calcaires.

Les appellations et les styles de vin

Les deux grandes appellations de cette petite région, Sancerre et Pouilly Fumé, ont forgé un style de vins fait d'intensité aromatique et de grande fraîcheur.

Le sauvignon blanc, grand cépage local, ne s'exprime jamais aussi bien que sous des climats modérés à frais, où le caractère exacerbé des arômes, entre agrumes, fruits verts, notes végétales et minérales, se trouve attisé par une acidité tranchante et vivifiante.

Le succès commercial aidant, les vins de Sancerre et de Pouilly ont vu leur cote et leur prix augmenter, sans toutefois atteindre celui des bourgognes voisins. En revanche, ils ont emprunté à la Bourgogne la pratique de la vinification parcellaire : les noms des parcelles s'affichent désormais de plus en plus souvent sur les étiquettes.

Si la vinification et l'élevage en cuve conviennent particulièrement bien au sauvignon, en préservant toute la pureté de son fruit, l'usage du fût n'est pas une rareté, certains

vignerons recherchant un surplus de texture et une plus grande complexité aromatique.
Les Sancerrois n'oublient pas leurs rouges et leurs rosés, élaborés à base de pinot noir. Si les premiers n'ont pas la plénitude des grands rouges de Bourgogne, de belles cuvées naissent de ce cépage, notamment dans les années chaudes.

Le succès de Sancerre a entraîné dans son sillage celui des petites appellations périphériques (voir encadré p. 433 et carte p. XIV) qui utilisent souvent les mêmes cépages et qui comptent des producteurs réputés. Quincy, Reuilly, Coteaux-du-Giennois ou Menetou-Salon offrent ainsi de belles alternatives aux vins de Sancerre et de Pouilly, souvent à moindre prix.

LES VINS DES MONTAGNES

Quatre AOC sont situées dans le cours supérieur de la Loire, dans le Massif central. Le gamay est le principal cépage cultivé, venu du Beaujolais voisin. Les vins rouges en sont une bonne évocation, dans un style frais et friand. Outre les rouges, il peut être vinifié en rosé, sec ou demi-sec, ou en vin effervescent.

CÔTE-ROANNAISE (AOC)
Le département de la Loire, pratiquement à la source du fleuve, produit des rouges et des rosés issus de gamay, autour de Roanne.

CÔTES-DU-FOREZ (AOC)
Vignoble de coteau auvergnat, situé entre Clermont-Ferrand et Saint-Étienne, qui produit des vins rouges et rosés à partir du gamay.

SAINT-POURÇAIN (AOC)
Zone au sud de Moulins, dans l'Allier, à mi-chemin des vignobles de la Loire et de la Bourgogne. Les vins blancs proviennent d'un assemblage dominé par le tressalier (ou sacy), le chardonnay, et le sauvignon pour les blancs ; les rouges, dominants, naissent du gamay et du pinot noir.

CÔTES-D'AUVERGNE (AOC)
Vignoble de coteau situé entre 350 et 500 m d'altitude dans le Puy-de-Dôme. Le gamay, le pinot noir et le chardonnay sont cultivés. Il existe cinq dénominations locales : Boudes, Chanturgue, Châteaugay, Corent, Madargues.

APPELLATIONS ET PRODUCTEURS

La région compte peu de négociants. La plupart des viticulteurs produisent leurs propres vins sur une ou plusieurs appellations. Les producteurs qui sont répertoriés ci-dessous le sont sous leur appellation principale.

SANCERRE

Sancerre domine le cours de la Loire du haut de sa colline. L'aire de production comprend 14 communes ou parties de communes.

BAILLY-REVERDY
L'alliance de deux grands noms du Sancerre et des vignes réparties en deux tiers de blanc et un tiers de rouge. Les blancs sont d'excellents exemples de l'appellation.

DOMAINE GÉRARD BOULAY
La famille Boulay, installée à Chavignol, exploite 11 ha dont 9 plantés en sauvignon blanc. Les Sancerres du domaine sont de beaux exemples de vins puissants, bien structurés capables de vieillir.

DOMAINE HENRI BOURGEOIS
Les Bourgeois dirigent la plus grosse exploitation de la commune de Chavignol et disposent d'un beau vignoble dans quelques-uns des meilleurs lieux-dits de Sancerre. La gamme est large et compte de grandes cuvées telles Sancerre d'Antan, Sancerre Jadis ou La Côte-des-Monts-Damnés. En maîtres du sauvignon blanc, ils ont aussi acquis un vignoble en Nouvelle-Zélande.

FRANÇOIS COTAT
Installé à Chavignol, François Cotat exploite un petit vignoble de 4 ha qui donne naissance à quelques-uns des vins de Sancerre les plus recherchés.

LUCIEN CROCHET
Ancien négociant, Lucien Crochet a laissé sa place à son fils Gilles. Le vignoble, qui fait la part belle aux sauvignons complantés, comprend 38 ha dans quelques-uns des meilleurs crus de Sancerre : Chêne Marchand et Grand Chemarin pour les blancs, Clos du Roi pour les rouges.

GITTON PÈRE ET FILS
L'entreprise familiale se plaît à mettre l'accent sur les différences entre les parcelles en embouteillant une large gamme de Sancerre et de Pouilly Fumé.

DOMAINE LAPORTE
Cette propriété qui appartient à la famille Bourgeois élabore des vins réputés à Pouilly et à Sancerre, dont la cuvée La Vigne de Beaussoppet.

ALPHONSE MELLOT
Issus d'une famille de vignerons installée dans la région depuis 1513, les Mellot sont devenus une référence à Sancerre. Leur vaste vignoble (48 ha) donne naissance à une gamme large et sans fausse note, grâce à une viticulture exigeante et des vinifications exemplaires. Les cuvées les plus produites (La Moussière) sont des exemples aboutis de Sancerre dans les deux couleurs. Les Mellot fils et leur associé bourguignon Vincent Geantet ont ressuscité un vignoble sur les contreforts du Morvan (Les Pénitents), où sont produits des Chardonnays et Pinots Noirs de haut niveau.

DOMAINE NATTER
Ce domaine est proche de Menetou-Salon. Les sauvignons plantés sur des sols argileux donnent naissance à des vins puissants. Les Natter cultivent également un peu de pinot noir dont ils tirent un vin rouge solide.

DOMAINE VINCENT PINARD
Ce vignoble de 17 ha est situé au cœur de l'appellation, à Bué, donc sur des terres calcaires. Les vins sont vinifiés sur lies, soit en cuves, soit en barriques (neuves pour le haut de gamme) et offrent l'une des expressions les plus séduisantes de Sancerre. →

APPELLATIONS ET PRODUCTEURS

PIERRE PRIEUR ET FILS
Cette propriété à Verdigny occupe une partie des Monts-Damnés et possède un vignoble de 17 ha. Elle propose entre autres de belles cuvées haut de gamme sous l'étiquette Maréchal Prieur.

JEAN REVERDY ET FILS
Un des noms traditionnels de Sancerre depuis le XVIIe siècle, Reverdy produit une gamme très fiable de Sancerre dans les deux couleurs.

DOMAINE JEAN-LOUIS VACHERON
Les Vacheron ont constitué un grand vignoble de 47 ha, désormais conduit en biodynamie. Longtemps connus pour leurs rouges, ils produisent aussi, et avec la même réussite, une palette réjouissante de vins blancs, à partir de parcelles spécifiques.

APPELLATIONS EN AMONT DE LA LOIRE

Sancerre et Pouilly Fumé sont des appellations phares de la région Centre-Loire, qui comprend aussi les appellations suivantes :

CHÂTEAUMEILLANT AOC dans le sud du Cher qui produit des vins rouges et rosés à partir des cépages gamay, pinot noir et pinot gris.

COTEAUX-DU-GIENNOIS Blancs AOC issus de sauvignon et de chenin blanc, rouges et rosés à base de gamay et de pinot noir, produits aux environs de la ville de Gien, entre Sancerre et Orléans.

MENETOU-SALON Vins blancs, rouges et rosés AOC provenant de sauvignon et de pinot noir.

POUILLY-SUR-LOIRE Appellation des vins blancs de Pouilly issus de chasselas planté sur des sols siliceux.

QUINCY Cette AOC désigne un vin blanc élégant issu du cépage sauvignon sur un sol de sables et de graviers.

REUILLY Ancienne région viticole réputée, le vignoble y renaît avec une production de vins blancs (sauvignon), de vins rouges et rosés (pinot noir et pinot gris).

ORLÉANS Petite AOC produisant des rosés et des rouges légers de pinot noir et de pinot meunier, et des blancs provenant de chardonnay. La zone Orléans-Cléry produit des vins rouges uniquement, à partir du cabernet franc.

AUTRES PRODUCTEURS DE SANCERRE
Domaine du Carrou, Daniel Chotard, François Crochet, Bernard Fleuriet et Fils, Fouassier Père et Fils, Jean-Max Roger, Pascal Jolivet, Claude Riffault.

POUILLY-SUR-LOIRE

Parmi les villages autour de Pouilly, il faut citer Saint-Andelain, dont les vignobles apprécient spécialement le sol siliceux ; Les Loges, avec un sol crayeux, et Les Berthiers.

MICHEL BAILLY
Propriétaire de 16 ha, la famille possède des parcelles de vignes sur Champ de Gris, Les Griottes et Les Perriers.

DIDIER DAGUENEAU
Qualifié d'enfant terrible du Pouilly, Didier Dagueneau a révolutionné les usages et prouvé que le sauvignon blanc pouvait atteindre des sommets. Ses enfants ont pris sa suite, maintenant le haut niveau d'exigence qui prévaut à chaque étape, du vignoble au chai. Vendanges soignées, à haute maturité, longs élevages sous bois Les 11 ha plantés de sauvignon donnent naissance à sept vins dont les célèbres cuvées Silex et Pur Sang que les amateurs s'arrachent à prix d'or.

SERGE DAGUENEAU ET FILLES
Ce domaine de 17 ha situé sur les coteaux →

APPELLATIONS ET PRODUCTEURS

de Pouilly-sur-Loire et de Saint-Andelain produit plusieurs cuvées de Pouilly-Fuissé recommandables ainsi qu'un beau Chasselas.

MASSON-BLONDELET
Association de deux familles de Pouilly établies de longue date, avec des vignobles (21 ha) dans les appellations Pouilly-Fumé et Sancerre.

JONATHAN PABIOT
Le jeune Jonathan Pabiot a repris les vignes familiales en 2005 et n'a pas tardé à se faire connaître grâce à ses cuvées de Pouilly-Fumé à forte personnalité.

MICHEL REDDE ET FILS
La famille Redde exploite un grand domaine de plus de 40 ha qui donne naissance à une gamme large de grande réputation, entre cuvées d'assemblage et cuvées parcellaires. Outre le sauvignon, les Redde produisent deux cuvées de chasselas (en AOC Pouilly-sur-Loire).

CHÂTEAU DE TRACY
Descendant de soldats écossais qui ont combattu pour le roi Charles VII contre les Anglais, la famille Estutt d'Assay occupe ce château depuis le XVIe siècle. Le vignoble actuel s'étend sur 30 ha et produit trois belles cuvées dont 101 Rangs, haut de gamme, provenant de vieilles vignes.

AUTRES PRODUCTEURS DE POUILLY
Domaine Jean-Pierre Chamoux, Alain Cailleboudin, Château Favray, Didier Pabiot, Landrat-Guyollot.

ANJOU, SAUMUROIS ET TOURAINE

Cartes pages XIII et XIV

Les paysages des anciennes provinces d'Anjou et de Touraine comptent parmi les plus beaux de France. C'est une région dans laquelle l'homme et la nature ont travaillé en harmonie au cours des siècles. Les forêts royales couvrent majestueusement les collines en surplomb des rivières tranquilles, tandis que les villages et les châteaux, en pierre blanche de tuffeau, semblent tout droit sortis d'un livre d'images.

Les vins originaires de ces régions se déclinent en de multiples cépages et styles. À côté des grands vins rouges issus du cabernet franc, les plus passionnants de la Loire, et de toute la gamme des blancs issus du chenin, on trouve une large palette de rosés, secs ou demi-secs, et des vins effervescents dont Saumur est le centre historique. Outre les appellations bien connues, qui se nomment Chinon, Bourgueil, Coteaux-du-Layon, Savennières ou Vouvray, il faut faire mention de vignobles plus confidentiels, comme Jasnières ou les Coteaux-du-Vendômois qui luttent pour faire valoir leurs différences. Pour y voir un peu plus clair, il faut considérer ensemble l'Anjou et le Saumurois et, à part, la Touraine, plus à l'est. Les vignobles de l'Anjou et de la Touraine bénéficient chacun d'une appellation générale, subdivisée en plusieurs autres, plus localisées.

Les vins d'Anjou et du Saumurois

Il existe presque autant d'appellations, et certainement plus de styles de vins différents, dans les quelques kilomètres qui entourent Angers que dans tout le Bordelais. Il est utile de définir deux enclaves, ou sous-régions : une région de vins blancs autour de la rivière du Layon, et la région de vin rouge et de vin effervescent autour de Saumur. On trouve toutes sortes de vins, depuis les blancs voluptueusement doux de Quarts-de-Chaume ou de Bonnezeaux, dans la vallée du Layon, jusqu'au vin blanc puissant et sec de Savennières, juste de l'autre côté de la rivière. À l'autre extrémité de la province, sur la frontière avec la Touraine, les vins blancs mousseux de Saumur côtoient le rouge de Saumur-Champigny.

Cette abondance d'appellations signifie concrètement que, pour un producteur, il n'est pas question de se cantonner à un seul vin. Propriétaire de différentes parcelles dans des appellations voisines, il peut élaborer jusqu'à une demi-douzaine de vins différents, portant des noms variés et suivant diverses règles.

ANJOU. Il s'agit d'une vaste appellation de plus de 2 000 ha couvrant le Maine-et-Loire et une partie des Deux-Sèvres et de la Vienne. Les vins rouges proviennent essentiellement du cabernet franc (ceux issus du gamay bénéficient d'une appellation spécifique, Gamay d'Anjou), et les blancs du chenin.

ANJOU-COTEAUX-DE-LA-LOIRE. Petite zone AOC près d'Angers produisant des vins blancs secs et demi-moelleux à partir du chenin blanc.

ANJOU-VILLAGES. Appellation réservée aux vins rouges (cabernet), provenant de coteaux bien exposés sur le territoire de 46 communes au sud-est d'Angers. Ils possèdent en théorie davantage de concentration que l'Anjou rouge. L'Anjou-Villages-Brissac est une AOC plus localisée, qui recoupe l'aire d'appellation des Coteaux-de-l'Aubance.

BONNEZEAUX. Vins blancs liquoreux réputés, souvent puissants et complexes, originaires d'un village à l'extrême sud des Coteaux-du-Layon.

CABERNET D'ANJOU et **CABERNET DE SAUMUR.** Rosés à base de cabernet (franc et sauvignon), demi-secs ou tendres, parfois secs pour les seconds.

CRÉMANT DE LOIRE. Cette appellation régionale dédiée aux vins effervescents couvre l'Anjou, le Saumurois et la Touraine, mais Saumur concentre une grande partie de la production. Tous les cépages de la Loire peuvent être utilisés.

COTEAUX-DE-L'AUBANCE. Vins blancs moelleux plus ou moins riches produits au sud d'Angers, dotés de la fraîcheur typique du chenin blanc.

COTEAUX-DU-LAYON. Vins blancs moelleux à base de chenin blanc dans la vallée du Layon. Six villages peuvent ajouter leur nom après celui de l'appellation générique. La dénomination Chaume, sur la commune de Rochefort-sur-Loire, jouit du statut de premier cru.

QUARTS-DE-CHAUME. Petite enclave dans les Coteaux-du-Layon, cette AOC bénéficie officiellement du rang de grand cru, cas unique dans la Loire. Elle doit ce privilège à ses blancs liquoreux, particulièrement onctueux et profonds.

ROSÉ D'ANJOU. L'appellation couvre le même territoire que celui de l'AOC Anjou. Souvent issus d'un assemblage de cépages (grolleau majoritaire), ces rosés frais et aromatiques possèdent une pointe de sucres résiduels.

ROSÉ DE LOIRE. Vins rosés secs provenant d'une zone étendue couvrant les aires des AOC Anjou, Saumur et Touraine.

SAUMUR. L'appellation se décline dans les trois couleurs et s'étend sur 33 communes au sud de Saumur. Chenin et cabernet franc sont les deux grands cépages locaux. 17 communes peuvent afficher la mention complémentaire Puy-Notre-Dame dont les vins rouges sont réputés plus structurés.

SAUMUR-CHAMPIGNY. Vins rouges issus de cabernet, originaires de 9 communes près de Saint-Cyr-en-Bourg, à l'est de la ville de Saumur.

SAUMUR MOUSSEUX. Vins blancs effervescents obtenus selon la méthode traditionnelle (avec une seconde fermentation en bouteille), élaborés dans des caves (souvent creusées dans la roche) autour de Saumur.

SAVENNIÈRES. Vins blancs réputés, puissants et de garde, à base de chenin blanc, produits sur un ensemble de coteaux bien orientés, sur la rive droite de la Loire. Lui sont associées deux petites appellations désignant chacune un lieu-dit : Coulée-de-Serrant et Roche-aux-Moines.

Les vins de Touraine

La Touraine compte, elle aussi, un nombre important d'appellations. Outre les différentes déclinaisons de l'AOC Touraine, la région possède, avec Chinon et Bourgueil, deux belles appellations connues pour leurs vins rouges issus du cabernet franc, plutôt souples et fruités, mais capables d'exceller dans les grands millésimes et entre les mains des meilleurs producteurs. Leurs pendants en blanc sont Vouvray et Montlouis, appellations qui se font face de part et d'autre de la Loire, à l'est de Tours. Le chenin blanc y excelle à travers des vins secs ou doux, tranquilles et effervescents.

BOURGUEIL et **SAINT-NICOLAS-DE-BOURGUEIL.** Région de vins rouges centrée autour de la ville de Bourgueil, sur la rive nord de la Loire. Le cépage est le cabernet franc. Le village de Saint-Nicolas-de-Bourgueil possède sa propre appellation pour ses vins, rouges également.

CHEVERNY et **COUR-CHEVERNY.** La zone a été promue au rang d'AOC en 1993. Le Cheverny peut être blanc, rouge ou rosé (cépages chenin blanc, sauvignon, chardonnay, gamay, cabernet franc, pinot noir, cot). Cour-Cheverny entretient sa différence grâce à un cépage singulier, le romorantin, qui produit des vins blancs incisifs.

CHINON. Sur la rive sud de la Loire, en face de Bourgueil, cette vaste zone de vins rouges se concentre autour de la ville de Chinon. Le cépage principal est le cabernet franc.

COTEAUX-DU-LOIR. Des vins rouges, des blancs secs et des rosés produits à 40 km au nord de Tours. Le vignoble couvre seulement 80 ha.

COTEAUX-DU-VENDÔMOIS. Vignoble situé sur les coteaux du Loir, produisant des vins dans les trois couleurs. Outre les cépages chenin blanc, cabernet franc, pinot noir et gamay, on trouve ici du pineau d'Aunis qui donne, entre autres, un rosé (ou gris) vif et épicé.

CRÉMANT DE LOIRE. Voir p. 435.

JASNIÈRES. Petite appellation pour les vins blancs secs ou moelleux (chenin blanc), s'inscrivant dans la plus grande appellation Coteaux-du-Loir, sur le Loir.

MONTLOUIS. Vins effervescents ou tranquilles, demi-secs et doux, produits autour de la ville de Montlouis.

TOURAINE. Grande appellation pour les vins rouges, rosés et blancs (tranquilles et effervescents) produits au sud de Tours. Certains cépages (le sauvignon pour les blancs et le gamay pour les rouges) ont leur propre appellation.

TOURAINE-VILLAGES. Touraine-Amboise, Touraine-Azay-le-Rideau, Touraine-Chenonceau, Touraine-Mesland et Touraine-Oisly sont les petites appellations communales possédant chacune leurs spécificités en matière de type de vins et de cépages.

VALENÇAY. Cette AOC est située au nord-ouest du Berry. Les vins rouges et rosés sont issus d'assemblages à base de gamay, de pinot noir et de cot, les blancs produits à partir du sauvignon et de quelques autres variétés dont l'arbois.

VOUVRAY. Région située autour du village de Vouvray sur la rive nord de la Loire, qui produit des blancs secs et moelleux ainsi que des vins effervescents.

APPELLATIONS ET PRODUCTEURS

De nombreux producteurs d'Anjou et de Touraine élaborent des vins sous plusieurs appellations. Par exemple, certains producteurs angevins font des rouges Anjou-Villages, des blancs secs Anjou et Savennières et des blancs doux Coteaux-du-Layon. Toutefois, la distinction entre, d'une part, Anjou et Saumur et, d'autre part, Touraine (Bourgueil et Chinon, Vouvray et Montlouis) est très nette.

ANJOU

DOMAINE DE BABLUT
Engagé dans la viticulture biologique depuis 1996, Christophe Daviau dirige ce vaste domaine d'une cinquantaine d'hectares. Il produit d'excellents vins d'Anjou, à prix abordable, tant en rouge qu'en blanc (secs et doux).

DOMAINE DES BAUMARD
Entreprise familiale, située dans le village de Rochefort-sur-Loire, qui possède des vignobles dans les appellations Coteaux-du-Layon, Quarts-de-Chaume et Savennières. Le Clos de Sainte-Catherine, un Coteaux-du-Layon demi-sec, et le Clos du Papillon en Savennières expriment la diversité du chenin blanc lorsqu'il est jeune ou plus mûr.

DOMAINE PATRICK BAUDOIN
Patrick Baudoin exploite 13 ha répartis sur plusieurs communes. D'abord connu pour ses vins blancs moelleux, il produit aussi de remarquables vins secs dans les deux couleurs.

CHÂTEAU PIERRE BISE
Établis à Beaulieu-sur-Layon, les Papin comptent parmi les meilleurs spécialistes du chenin qu'ils déclinent dans de grandes cuvées de vins secs, en Anjou et à Savennières, et de vins liquoreux en Quarts-de-Chaume et Coteaux-du-Layon.

CHÂTEAU DU BREUIL
Sur leur domaine dans la vallée du Layon, Marc et Chantal Morgat produisent des vins blancs secs, moelleux et pétillants réputés ainsi que des rouges en appellation Anjou et en IGP.

DOMAINE DU CLOSEL
À partir de ce vignoble de plus de 17 ha sont produits notamment plusieurs Savennières précis et typés, en particulier le Clos du Papillon, fleuron de la gamme.

PHILIPPE DELESVAUX
Spécialistes des liquoreux d'Anjou, avec de grandes cuvées en Coteaux-du-Layon, les Delesvaux produisent aussi de bons rouges secs ainsi que des blancs tendres de très bon niveau.

COULÉE DE SERRANT
Adepte de la biodynamie, Nicolas Joly exploite en monopole, avec sa fille, les 15 ha de ce magnifique Clos (AOC Savennières-Coulée-de-Serrant). Les vins se montrent particulièrement puissants et amples.

CHÂTEAU DE FESLES
Racheté par le groupe Lacheteau, ce domaine de 52 ha produit quelques-uns des meilleurs Bonnezeaux, des liquoreux aussi riches que fins.

DOMAINE FL
Philip Fournier a racheté deux célèbres domaines qui constituent aujourd'hui cette signature récente mais très recommandable. L'essentiel des 30 ha du vignoble est consacré aux vins blancs secs (Anjou, Savennières) et liquoreux.

DOMAINE OGEREAU
Cette propriété de 24 ha, située à Saint-Lambert-du-Lattay, produit des Coteaux-du-Layon particulièrement réputés ainsi que des blancs secs à Savennières.

SAUMUR

ACKERMAN
En 1811, Jean Ackerman, revenant de Champagne,

APPELLATIONS ET PRODUCTEURS

où il avait travaillé quelque temps, eut la conviction que les vins locaux pouvaient aussi subir une seconde fermentation en bouteille. Première entreprise à élaborer du vin mousseux de Saumur, la maison Ackerman produit toute une gamme de Saumur mousseux et de Crémants ainsi que des vins secs tranquilles.

BOUVET-LADUBAY
Cette maison parmi les plus dynamiques de Saumur est un pilier de la Touraine viticole. Elle produit une large gamme de vins effervescents très réguliers, dont Trésor, le plus emblématique.

PAUL FILLIATREAU
Grand producteur de Saumur-Champigny rouge, les Filliatreau exploitent plus de 40 ha. Une dizaine de cuvées sont produites dont le très réputé Château Fouquet. Les vins montrent un bon potentiel de garde.

CHÂTEAU DU HUREAU
Philippe Vatan exploite une vingtaine d'hectares répartis sur 20 parcelles. Aux vins rouges qui font partie des standards de l'appellation s'ajoutent des cuvées de blancs secs et doux.

GRATIEN MEYER
Aujourd'hui propriété de la firme allemande Henkell & Co, cette grande maison a été créée au XIXe siècle. Spécialiste du Crémant et du Saumur effervescent, elle produit aussi quelques cuvées de vins tranquilles.

LANGLOIS-CHÂTEAU
Propriété du champenois Bollinger, Langlois-Château est un vaste vignoble qui produit quelques-unes des plus fines bulles (Crémant de Loire) de vallée de la Loire, telle la cuvée Quadrille. Les vins tranquilles font preuve de la même ambition.

DOMAINE DES ROCHES NEUVES
Venu du Bordelais, et inconditionnel de la biodynamie, Thierry Germain est connu pour ses Saumur-Champigny issus de faibles rendements et vendangés à haute maturité. Les vins blancs (AOC Saumur) sont aussi réputés.

CLOS ROUGEARD
Vedettes incontestées de Saumur-Champigny, les frères Foucault ont prouvé que les rouges de Loire pouvaient défier le temps à l'égal des plus grands vins rouges. Leurs cuvées parcellaires (Le Bourg, Le Clos, Les Poyeux) comptent parmi les plus recherchées de la région, et les blancs (AOC Saumur) sont aussi au niveau.

DOMAINE DE SAINT-JUST
Arnaud Lambert a pris la suite de son père et soigne ses vignes autant que ses vinifications. Sa gamme, irréprochable, comprend des vins blancs ciselés (Saumur) et des vins rouges (Saumur-Champigny), sans oublier le Crémant. Il gère avec le même talent le vignoble du château de Brézé.

CHÂTEAU DE VILLENEUVE
Jean-Pierre Chevallier dirige cette belle propriété de Saumur-Champigny dont le vignoble de 25 ha entoure le château. Il y produit des vins rouges très séduisants d'un excellent rapport qualité/prix.

BOURGUEIL ET CHINON

PHILIPPE ALLIET
Les Alliet exploitent avec une grande exigence un vignoble de 17 ha à Chinon. Ils en tirent une gamme courte et impressionnante de vins intenses, fermes et structurés, capables de défier le temps.

YANNICK AMIRAULT
Yannick Amirault et son fils comptent pari les vignerons les plus estimés de Bourgueil. Le fruité intense de leurs vins est soutenu par des tanins souples et abondants. Cette qualité est due à des raisins parfaitement mûrs. Le Saint-Nicolas-de-Bourgueil atteint le même niveau élevé.

BERNARD BAUDRY
Avec ses expériences sur le bois et la →

APPELLATIONS ET PRODUCTEURS

séparation de ses vins en fonction du type de sol dont ils proviennent, Bernard Baudry s'affirme comme un producteur de Chinon sérieux. Ses vins se démarquent par leur densité et leur structure, et par leur aptitude à vieillir.

CATHERINE ET PIERRE BRETON
Domaine conduit en agriculture biologique qui offre une gamme complète de vins de Bourgueil, sur le fruit ou plus structurés. D'aussi belles cuvées de Vouvrays sont venues s'ajouter récemment.

DOMAINE DE LA CHEVALERIE
La famille Caslot est présente à Restigné depuis quatre siècles. Elle possède 38 ha en appellation Bourgueil, travaillés selon les méthodes les plus saines et avec la même exigence en cave. Il en ressort l'une des plus belles expressions de l'appellation, avec des prix particulièrement sages.

COULY-DUTHEIL
Le plus grand producteur de Chinon possède près de 90 ha de vignes et achète du raisin à des vignerons voisins pour alimenter son activité de négoce. Son meilleur vin est le Clos de l'Écho, originaire d'un seul vignoble, qui a appartenu à Rabelais et se trouve juste à l'arrière du château.

PIERRE-JACQUES DRUET
Ce domaine produit des vins rouges résolument de garde, longuement élevés en foudre ou en cuve. Il produit plusieurs cuvées à partir de différentes parties de son vignoble (planté dans les coteaux supérieurs de Bourgueil).

CHARLES JOGUET
Charles Joguet a pris sa retraite, mais le domaine porte toujours son nom. Son vignoble de Sazilly compte parmi les rares parcelles qui couvrent les versants exposés au nord, sous la Vienne. Ce grand domaine (40 ha) de Chinon se distingue notamment par ses grandes cuvées : Les Varennes du Grand Clos, Clos de Chêne Vert et Clos de la Dioterie.

FRÉDÉRIC MABILEAU
Frédéric Mabileau a fait de ce domaine de l'une des valeurs sûres de Saint-Nicolas-de-Bourgueil. Très bien conduit, le vignoble couvre 28 ha. Outre les rouges de Bourgueil, la gamme comprend de grands vins blancs issus du chenin.

DOMAINE TALUAU-FOLTZENLOGEL
À partir d'un vignoble de 27 ha majoritairement situé en coteaux exposés sud, sur les appellations Bourgueil et Saint-Nicolas-de-Bourgueil, le domaine produit cinq cuvées dans un style intense et structuré qui exige souvent une petite garde en cave.

TOURAINE

DOMAINE DE BELLIVIÈRE
Établis dans les appellations de Jasnières et Coteaux-du-Loir, Éric et Christine Nicolas ont prouvé le potentiel des terroirs de la Sarthe. Ils produisent une gamme fascinante de vins blancs (chenin blanc), du sec ou moelleux, et une belle cuvée de vin rouge à base de pineau d'Aunis.

DOMAINE DES CORBILLIÈRES
Situé sur la commune d'Oisly, ce domaine s'étend sur 26 ha dont 16 plantés en sauvignon blanc. Adepte des rendements sages et habile vinificateur, Dominique Barbou produit des vins de Touraine exemplaires et à prix doux.

CLAUX DELORME
Également propriétaires à Menetou-Salon, Bertrand et Albane Minchin possèdent un vignoble de 14 ha dans les appellations Valençay et Touraine. Les Sauvignons blancs et Gamays dominent une gamme qui comporte aussi de belles cuvées de cot.

PATRICE COLIN
Patrice Colin est l'âme du Vendômois dont il contribue à faire connaître les vins. Son vignoble s'étend sur 25 ha, plantés pour plus de moitié de pineau d'Aunis, →

le cépage local, qui donne des vins rouges et rosés de caractère. Les vins blancs issus du chenin blanc sont une autre réussite.

DOMAINE XAVIER FRISSANT
Situé à Mosnes-en-Touraine, ce domaine de 22 ha se signale par sa production très régulière qui compte notamment des Sauvignons très intenses et parfumés, et des vins rouges (cabernet, cot et chenin) fruités et croquants.

DOMAINE HENRY MARIONNET
À la tête de ses 40 ha de gamay et de ses 20 ha de sauvignon, Henry Marionnet est un important producteur. Son Touraine Primeur l'a fait connaître, mais il a multiplié les expérimentations avec de très vieilles vignes, des vignes non-greffées et a réhabilité des cépages oubliés (gamay de Bouze) ou peu plantés (romorantin). Les cuvées de base sont très régulières et délicieusement fruitées.

J.-M. MONMOUSSEAU
Située à Montrichard, cette maison de négoce créée en 1886 est un important producteur de vins mousseux commercialisés sous la bannière de Crémant de Loire ou Vouvray. Elle offre également une gamme de vins tranquilles de Touraine.

PHILIPPE TESSIER
Acteur important sur la scène relativement petite de Cheverny, ce domaine de 23 ha produit des rouges et des blancs, et s e distingue notamment par ses vins blancs issus du romorantin (en appellation Cour-Cheverny).

VOUVRAY ET MONTLOUIS

PHILIPPE BRISEBARRE
Philippe Brisebarre, ancien président de l'appellation Vouvray, élabore une gamme fiable qui comporte notamment de très bons vins effervescents.

DOMAINE VINCENT CARÊME
Après avoir parcouru le monde, Vincent Carême est revenu s'établir dans sa région pour produire de grands Vouvrays, du sec au moelleux, à partir d'un vignoble d'une quinzaine d'hectares.

DOMAINE FRANÇOIS CHIDAINE
Producteur très en vue de Montlouis, François Chidaine est à la tête de 37 ha qui comprennent le clos Baudouin (Vouvray), racheté à la famille Poniatowski. Une activité de négoce complète la production du domaine, qui décline à l'envie tous les styles des grands blancs issus du chenin.

DOMAINE HUET
Nom le plus célèbre de Vouvray, le domaine a changé de main en 2004. Noël Pinguet, sa figure de proue, a pris sa retraite en 2012 sans que le niveau des vins s'en ressente. Le vignoble couvre 35 ha et donne naissance à des cuvées (vins secs ou moelleux) de longue garde, recherchées par tous les grands amateurs.

CHÂTEAU MONCONTOUR
Énorme vignoble à Rochecorbon. L'ascension de ce domaine a stimulé le Vouvray en démontrant qu'il est possible de faire du bon vin de propriété en quantité, dans une région souvent dominée par les négociants. Les effervescents ont connu beaucoup de succès.

CLOS NAUDIN
La famille Foreau possède des vignes sur les hauteurs du village et propose une gamme époustouflante de Vouvray, du sec au doux, sans oublier les effervescents. Les vins possèdent une capacité de garde légendaire.

DOMAINE DE LA TAILLE AUX LOUPS
Vigneron dynamique, Jacky Blot s'est installé à Montlouis en 1989. De son vignoble de 25 ha, établi sur des coteaux calcaires regardant le sud, il tire des Vouvrays et des Montlouis réjouissants. Il a acquis 14 ha à Bourgueil (Domaine de la Butte).

PAYS NANTAIS

Carte page XIII

Les vins du Pays nantais, dans la basse Loire, ont une réputation de vins simples dans le paysage viticole français. Le Muscadet et le Gros-Plant offrent légèreté et fraîcheur, avec des arômes discrets, fruités, floraux, minéraux ou iodés, qui les destinent souvent à accompagner produits de la mer. Mais il ne faut pas mésestimer la capacité de garde des cuvées plus concentrées, peu connue et pourtant bien réelle.

Les appellations du Muscadet

Les appellations de la région sont les moins complexes parmi celles des pays de Loire. La plus grande va au Muscadet, qui se présente sous quatre aspects : Muscadet générique, Muscadet-Coteaux-de-la-Loire, Muscadet-Côtes-de-Grandlieu et Muscadet-Sèvre-et-Maine. Le premier provient surtout de l'ouest de la région, pour un vin sans prétention (3 000 ha). Celui des Coteaux de la Loire est élaboré sur la rive nord de la Loire, entre Nantes et Ancenis (240 ha). Le Muscadet-Côtes-de-Grandlieu est situé à l'ouest de la D 937 Nantes-La Roche-sur-Yon (277 ha). Comme son nom l'indique, le Muscadet-Sèvre-et-Maine naît entre deux rivières, la Sèvre et la Maine, qui se trouvent respectivement au sud et à l'est de Nantes, sur la rive sud de la Loire. Plus récemment des crus communaux ont vu le jour. Les premiers se nomment Clisson, Gorges et Le Pallet, et produisent des vins plus puissants, capables de se bonifier, avec des cahiers des charges plus sévères.

L'élaboration du Muscadet

Les qualités du Muscadet les plus unanimement appréciées tiennent à son caractère frais et fruité ainsi qu'au léger picotement que l'on ressent sur la langue en le dégustant, plus ou moins perceptible selon les cuvées et les modes d'élaboration. La mention « sur lies » est réglementée et réservée aux vins qui ont passé l'hiver suivant les vendanges sur leurs lies, en cuve ou en fût, sans transfert ni soutirage (ce qui permet de conserver un peu de gaz carbonique, à l'origine du léger picotement caractéristique ressenti à la dégustation) et mis en bouteille entre le mois de mars et le mois de novembre. Ces lies constituées de levures mortes enrichissent le vin, apportant de la rondeur et de la complexité aromatique à des vins naturellement légers.

Il ne faut cependant pas réduire le Muscadet à une expression unique. À côté d'une production insipide qui a terni l'image de la région et qui a créé un cercle vicieux de prix bas et d'arrachage massif des vignes, les bons producteurs savent tirer du melon de Bourgogne des vins plus concentrés, parfois très longuement élevés en cuve ou en fûts, qui développent avec le temps une vraie complexité. Les meilleurs peuvent revendiquer le titre de grands vins blancs, à des prix qui défient toute concurrence.

Les autres vins

Les vins de l'AOC Coteaux-d'Ancenis (170 ha) proviennent des deux rives de la Loire aux environs d'Ancenis, région également couverte par l'AOC Muscadet-Coteaux-de-la-Loire. Bien qu'il existe en rouge, rosé et blanc, il est essentiellement proposé en rouge, élaboré principalement à partir des cépages gamay ou cabernet (cabernet franc ou cabernet-sauvignon).

L'AOC Gros-Plant (1 200 ha), qui borde l'Océan, produit un vin blanc sec élaboré à partir de la folle-blanche, l'un des cépages du Cognac. Vif, léger, il peut comme le Muscadet bénéficier de la mention « sur lie ».

L'AOC Fiefs Vendéens (470 ha) s'étend sur le territoire de 19 communes de Vendée et peut compter sur la présence de quelques très bons vignerons. Les vins sont issus des cépages cabernet franc, pinot noir, gamay ou chenin,

Le vignoble de l'AOC Haut-Poitou s'étend sur moins de 300 ha et occupe un vaste plateau au nord et à l'ouest de Poitiers. On y cultive les deux cabernets, le gamay, le pinot noir et, en blanc, le sauvignon.

PRODUCTEURS

Le pays du Muscadet est celui des vignerons plutôt que des coopératives, et les négociants constituent sa force dominante, à côté des producteurs indépendants. Cette sélection retient les plus notables, en même temps que des producteurs des autres AOC de cette région.

AMPELIDAE
Ce vaste domaine, entre fermage, propriété et négoce, a été créé en 1995 par Frédéric Brochet, vigneron passionné et scientifique pointu, qui fait revivre avec succès les terroirs du Poitou. Large gamme.

DOMAINE DE BELLEVUE
Le vignoble de Jérôme Bretaudeau, à Gétigné, est rapidement devenu une valeur sûre du Muscadet avec des vins très précis et d'une grande pureté. Vignoble cultivé en agriculture bio.

DOMAINE BRÉGEON
Un domaine de moins de 8 ha qui signe des Muscadets longuement élevés sur lies, très réguliers, avec des cuvées issues de vieilles vignes.

DOMAINE DE LA CHAUVINIÈRE
Entre fermage et propriété, Jérémie Huchet exploite avec talent une quarantaine d'hectares dont les vignes centenaires du Clos des Montys. Certaines cuvées sont vinifiées sous bois.

CHÉREAU-CARRÉ
L'un des plus grands propriétaires du Muscadet, Chéreau-Carré possède en outre le Château de Chasseloir, le plus grand domaine, qui constitue le cœur des opérations, le →

PRODUCTEURS

Château de la Chesnaie, le Domaine du Bois Bruley et le Château de l'Oiselinière de la Ramée. Tous les vins sont embouteillés sur lies dans chaque propriété. La pratique de la fermentation sous bois et la volonté de laisser vieillir certaines cuves de Muscadet font de ce producteur un véritable pionnier en la matière.

CHÂTEAU DU CLÉRAY
Ce grand domaine (95 ha) situé à Vallet, propriété de la famille Sauvion, produit de beaux exemples de Muscadet, en particulier les cuvées haut de gamme baptisées Château du Cléray et Cardinal Richard.

BRUNO CORMERAIS
Ce vigneron énergique, propriétaire de 28 ha, produit du Muscadet-Sèvre-et-Maine, du Gros-Plant et plusieurs autres cuvées (rouges et vins effervescents). Il est connu notamment pour ses Muscadets de garde.

LES FRÈRES COUILLAUD
Important producteur, propriétaire de plusieurs domaines dont le Château de la Ragotière, le Château La Morinière et le Clos du Petit Château, les frères Couillaud produisent une vaste gamme de Muscadets et des vins IGP issus de cépages inhabituels dans la région (viognier, pinot gris, etc.).

DOMAINE DES DORICES
L'étrange château néo-normand, édifié sur ce domaine par le marquis de Rochechouart au début du siècle, est venu remplacer un manoir beaucoup plus ancien. Ce domaine élabore un Muscadet conçu pour vieillir, le Domaine des Dorices. On peut également y trouver le Château La Touche, vin plus léger à boire plus jeune, ainsi que du Gros-Plant et un vin blanc pétillant baptisé Leconte.

DOMAINE DE L'ÉCU
Guy Bossard a choisi la biodynamie dans les années 1970, un geste courageux dans une région très humide qui privilégie traditionnellement les hauts rendements. La qualité de ses vins et leur réputation actuelle démontrent qu'il a fait le bon choix. Il est devenu ainsi l'un des vignerons emblématiques du Muscadet à travers ses cuvées parcellaires issues de vieilles vignes, qui gagnent à vieillir.

CHÂTEAU ELGET
Mené par Gilles Luneau, situé à Gorge, le domaine s'étend sur 22 ha. La gamme comprend de beaux vins issus de ce cru, ainsi qu'une cuvée de Clisson très recommandable.

DOMAINE GADAIS PÈRE & FILS
Cette propriété à Saint-Fiacre produit des Muscadet-Sèvre-et-Maine d'un étonnant rapport qualité/prix, telle la cuvée Vieilles Vignes. Les Perrières Monopole est un Muscadet haut de gamme, vinifié sous bois et de belle garde.

CHÂTEAU DE LA GALISSONNIÈRE
Le château date du XIVe siècle, mais doit son nom à un amiral du XVIIIe siècle. Il possède un vignoble de 33 ha et produit des Muscadets ainsi que des vins effervescents.

DOMAINE DE LA GANOLIÈRE
Installés à Gorges, Christophe et Brigitte Boucher font la preuve que les Muscadets peuvent être de beaux vins de garde.

DOMAINE PIERRE LUNEAU-PAPIN
L'une des plus belles signatures de la région qui propose des cuvées parcellaires, mettant en avant avec précision les subtilités des différents terroirs qu'il possède.

DOMAINE « R » DE LA GRANGE
Rémy et Raphaël Luneau élaborent une gamme large de Muscadets et de Gros-Plant avec un Muscadet-Sèvre-et-Maine sur lies haut de gamme, étiqueté Le Grand « R » de La Grange. →

PRODUCTEURS

GUILBAUD FRÈRES
Ce négociant-éleveur possède aussi trois domaines, le Domaine de la Moutonnière, le Clos du Pont et le Domaine de la Pingossière.
On lui doit des cuvées aussi recommandables qu'abordables, dont le Cos de Beauregard Vieilles Vignes.

DOMAINE DE LA HAUTE FÉVRIE
Claude et Sébastien Branger dirigent ce domaine de 30 ha qui produit une gamme variée et de bon niveau, avec quelques spécialités dont le Clos Joubert (vinifié et élevé en fût) et l'Excellence issu de très vieilles vignes.

DOMAINE LANDRON
Dans son domaine, Jo Landron distingue plusieurs terroirs qu'il vinifie séparément, chacun d'entre eux évoluant à son rythme en bouteille, d'où une gamme de Muscadet-Sèvre-et-Maine qui fait partie des plus courues de la région. Amphibolite est une cuvée particulièrement populaire auprès des amateurs.

CHÂTEAU DE LA MERCREDIÈRE
Ce vignoble sur les rives de la Sèvre encercle un château du XIVe siècle construit sur un site gallo-romain. Les Muscadets sont concentrés et puissants.

LOUIS MÉTAIREAU
Propriétaire de plusieurs domaines dont le Grand Mouton qui s'étend sur 23 ha d'un seul tenant sur les coteaux de la Maine, à Saint-Fiacre, ce producteur signe des Muscadets réguliers et de bon niveau provenant, pour partie, de vieilles vignes.

GASTON ROLANDEAU
Ce négociant traditionnel, implanté juste en dehors de la zone de Sèvre-et-Maine, se concentre sur le Muscadet à Tillières. La gamme de base comprend la Cave de la Frémonderie, vin qui vieillit étonnamment bien, et une cuvée de prestige baptisée Signature de la Loire, présentée dans une bouteille nantaise (prouvant qu'elle a été soumise à deux jurys de dégustation).

DOMAINE SAINT-NICOLAS
Créé en 1960, ce domaine a largement contribué à faire connaître le vignoble des Fiefs Vendéens.
Situé sur la commune de l'Île d'Olonne, il s'étend sur 32 ha, cultivés en biodynamie. Thierry Michon produit des vins intenses et profonds à partir d'une gamme éclectique de cépages.

LES VIGNERONS DE LA NOËLLE
Située à Ancenis, cette bonne coopérative réunit 90 viticulteurs duNantais et de l'Anjou, totalisant 730 ha de vignes. La gamme, très large, couvre toute la production de ces régions.

RHÔNE

Carte page XV

La vallée du Rhône compte plus d'une zone climatique et ses vignobles reflètent ces différences. Le nord de la région a un climat continental, avec des printemps doux et des étés chauds. Vers le sud, le climat devient méditerranéen, bien qu'atténué par les effets du mistral, vent froid du nord qui peut souffler sans trêve pendant des jours. Les deux parties du vignoble rhodanien possèdent des caractéristiques bien différentes, liées au climat, à la topographie et à la diversité des cépages qui peuvent s'y acclimater. Les rouges du Nord, issus du cépage syrah, sombres, parfumés, épicés, souples ou très structurés, se distinguent nettement de ceux du Sud, plus méditerranéens, qui tirent du grenache noir dominant leur caractère plus suave et plus chaleureux. Les blancs des deux sous-régions entretiennent en revanche, par leur richesse et leur souplesse, un certain air de famille. Comme ailleurs, les rosés ont progressé en volume. La région conserve aussi quelques spécialités, comme ses vins effervescents produits dans deux secteurs (Die et Saint-Péray), ses vins doux naturels (Rasteau et Muscat de Baumes-de-Venise) ou ses rosés à forte personnalité (Tavel).

La géologie et le climat

Les formations rocheuses de la vallée du Rhône résultent du combat géologique entre le Massif central et les Alpes. Entre ces montagnes, le Rhône s'est frayé un chemin jusqu'à la mer. Les roches anciennes du Massif central fournissent aux sols septentrionaux une base volcanique (granitique) qui assure un excellent drainage du vignoble.

Les fines couches de terre superficielle – silex, craie, calcaire ou mica – sont souvent érodées sur les pentes les plus raides et doivent être reconstituées à la main. Mais ces mêmes pentes offrent une bonne exposition et sont moins sujettes au brouillard et au gel.

Plus au sud, la vallée s'élargit et les coteaux sont moins escarpés. Le sous-sol est calcaire, sablonneux ou argileux, et les sols superficiels sont recouverts localement de cailloux et de galets déposés par les glaciers dans des temps très anciens. Ces galets limitent l'évaporation de l'eau précieuse contenue dans les sous-sols et retiennent la chaleur pendant toute la période de maturation du raisin.

LIRE UNE ÉTIQUETTE DE VIN DU RHÔNE

L'étiquette d'un vin du Rhône est plus simple que celle d'un vin de Bourgogne ou de Bordeaux. On n'y trouve aucun classement parcellaire ou par domaine qui hiérarchise la production à la manière bourguignonne ou bordelaise à l'intérieur d'une même appellation. En Hermitage, en Côte-Rôtie et ailleurs, des noms de parcelles peuvent néanmoins apparaître sur les étiquettes. En revanche, il existe une hiérarchie entre les appellations qui distingue les appellations régionales (Côtes-du-Rhône, par exemple) des appellations communales (Châteauneuf-du-Pape, Condrieu, Hermitage, etc.), plus localisées et soumises à des contraintes de production plus sévères.

Vins doux naturels. Leur étiquette porte le nom de l'appellation et les mots « Appellation contrôlée » ainsi que les autres mentions obligatoires (voir p. 106). Toute autre mention est libre d'emploi sous réserve qu'elle soit exacte et ne prête pas à confusion.

Clairette de Die. La mention « dioise ancestrale » sur l'étiquette de ce vin effervescent désigne une méthode d'élaboration spécifique, avec une fermentation qui s'achève en bouteille. Cette technique est parfois employée dans d'autres régions, avec la mention « méthode rurale » ou « méthode ancestrale ».

Le grenache qui a besoin de beaucoup de chaleur pour parvenir à maturité affectionne ce type de sols.

Plus le Rhône descend vers le sud, plus le climat devient méditerranéen. Au contraire, dans sa partie septentrionale, les étés sont chauds et les hivers froids, avec des risques de gel. La pluie empêche parfois la floraison et peut nuire au millésime, tandis qu'en été des averses de grêle peuvent détruire en quelques instants une année d'efforts. Les pluies automnales favorisent pourriture et maladie. Au sud, les conditions climatiques sont plus stables, été comme hiver, mais les risques de pluies orageuses dévastatrices en fin été sont une menace réelle. Le mistral est aussi un facteur à prendre en considération. Ce vent froid et desséchant souffle souvent plusieurs jours d'affilée.

Les cépages et les types de vin

Dans le sud de la région, si l'assemblage de différents cépages est la règle, le grenache noir est très dominant pour les vins rouges et rosés, largement majoritaires. Ce cépage est capable de produire des vins souples, pâles et simplement fruités, comme des cuvées concentrées, chaleureuses, aux arômes de fruits très mûrs, d'épices, de plantes aromatiques qui tirent avec le temps sur le cuir ou le caramel. Sa peau fine et sa relative clarté le destinent aussi, comme en Provence, à produire des rosés à la mode, c'est-à-dire pâles et souples. En rouge, on lui associe sou-

LES FACTEURS DE QUALITÉ

Dans la vallée du Rhône, le manque de chaleur est rarement un problème, au contraire. Plus préoccupant est le mistral, ce vent sec et froid qui souffle du nord avec violence. Les sols granitiques (Nord) et sédimentaires (Sud), souvent pauvres et bien drainés, parfois en forte pente (Nord), offrent un bon support à la vigne. Ici, la qualité dépend, comme toujours, plus largement des décisions et du travail des vignerons.

CLIMAT

Les étés sont chauds et secs, ce qui permet aux raisins d'atteindre régulièrement un bon niveau de maturité. Le climat plus continental et irrégulier au nord réserve néanmoins son lot de bons (2009, 2010) ou de moins bons (2008) millésimes. Le Sud, plus méditerranéen, craint surtout les épisodes orageux violents de la fin d'été (2002) ou des printemps anormalement humides (2013) qui peuvent se révéler désastreux, du moins pour des variétés sensibles. Même si le grenache affectionne les fortes chaleurs et la sécheresse, le manque d'eau peut poser des problèmes dans le sud de la vallée qui subit aussi le mistral, facteur supplémentaire de stress hydrique pour la vigne.

CLONES

Pendant les années 1970, il était courant de replanter un vignoble avec des clones à haut rendement produisant des vins sans caractère et d'une regrettable maigreur. À partir des années 1980, on porta davantage de soin au choix de la matière végétale afin de mieux exprimer le caractère du vin et l'influence de son milieu. Pour la plupart des cépages, on cherche à

vent la syrah et/ou le mourvèdre, qui lui apportent de la couleur et surtout la structure qui peut lui faire défaut. Au nord, la syrah est l'unique cépage rouge planté. Elle produit des vins colorés, aromatiques dans la gamme des fruits noirs et des épices, avec des accents parfois floraux (violette) ou végétaux (menthol) qui évoluent avec le temps sur des nuances de cuir ou de viande fumée. Les vins concentrés, souvent élevés en fût, possèdent des tanins marqués qui présagent d'une belle capacité de garde.

Pour les vins blancs, la vallée se divise en deux au confluent de la Drôme. Au nord, la senteur suave et les arômes d'abricot du viognier dominent à Condrieu, tandis que marsanne et roussanne s'imposent en Hermitage, Crozes-Hermitage ou Saint-Joseph. La marsanne donne un vin robuste et moyennement parfumé, alors que la roussanne montre plus de finesse et de nuances aroma-

réduire les rendements et à obtenir moins de grappes, avec des grains plus petits et à la peau plus épaisse. Il en résulte un meilleur état sanitaire des vignes ainsi que des raisins aux saveurs plus concentrées.

SOLS

Dans le nord des Côtes du Rhône, les meilleurs sols reposent sur une solide base de granite. La composition du sol en surface varie selon les endroits. En Côte-Rôtie, par exemple, la Côte-Blonde est, dans son ensemble, plus sablonneuse, et la Côte-Brune plus argileuse. Ces différences de composition et de texture des sols se reflètent dans le caractère des vins. Les sols de l'Hermitage sont complexes, avec des poches de schiste granitique (Les Bessards), de sable et de granite décomposé (Méal) ou d'argile (Les Greffieux).

Au sud, des formations diverses recouvrent un sous-sol sédimentaire : sols argilo-calcaires, caillouteux, sablo-calcaires avec localement des terrasses de gros galets roulés mêlés d'agile (Tavel, Lirac, Châteauneuf-du-Pape).

RENDEMENTS

Les rendements doivent rester bas. La syrah ne produira pas des vins intéressants au-dessus de 50 hl/ha, et les meilleurs vins sont issus de rendements avoisinant plutôt 30 hl/ha. Pour le grenache, les vignerons émérites avouent que, au-dessus de 25 hl/ha, ce cépage a besoin d'une « paire de béquilles », en l'occurrence la syrah et le mourvèdre. Au-dessous de ce rendement, le grenache peut donner des vins superbes à lui tout seul, avec le petit inconvénient d'un degré d'alcool souvent élevé.

tiques. Au sud, les vins blancs, souvent amples et souples, proviennent d'assemblages de plusieurs cépages, dont le grenache blanc, le bourboulenc ou la clairette.

CLAIRETTE DE DIE. Sur la Drôme, qui rejoint le Rhône au sud de Valence, se trouve la ville de Die, centre d'une petite région viticole. Les vins secs, d'un style souvent plus vif que les autres vins du Rhône, sont produits sous l'AOC Châtillon-en-Diois, et les vins effervescents sous les AOC Crémant de Die et Clairette de Die. Les premiers sont produits selon la méthode traditionnelle, les seconds selon la méthode ancestrale (ou « dioise ancestrale »), avec une fermentation qui débute en cuve et se termine en bouteille. La Clairette de Die est un vin pétillant très aromatique (principalement à base du cépage muscat à petits grains), doux et léger en alcool.

VINS DOUX NATURELS. Les Côtes du Rhône méridionales produisent deux vins doux naturels. Le plus connu est le Muscat de Beaumes-de-Venise, issu du muscat à petits grains, un blanc onctueux doté d'un évident charme aromatique. Il en existe de rares versions rouges ou rosées, produites à partir du muscat noir à petits grains.

Le second, plus confidentiel, est le Rasteau, qui provient de vieilles vignes de grenache noir vendangées à haute maturité. En fonction des vinifications (saignée ou macération) et des méthodes d'élevage, il donne un vin ambré, rosé ou rouge. Le Rasteau élevé en milieu oxydatif, de couleur ambrée, acquiert des notes caractéristiques de rancio, proches de fruits secs, des épices ou du vieux café.

Producteurs, négociants et coopératives

Les coopératives ont pesé et pèsent toujours un poids important dans la production de la région, et deux vins sur trois sont produits en leur sein. Elles n'ont plus grand-chose à voir avec les structures mal équipées et archaïques d'hier, la plupart offrent des vins de niveau au moins honorable et bien adaptés aux goûts du jour. Dans le nord, avec plus de 1 000 ha de vignes, la Cave de Tain-l'Hermitage est incontournable et possède un patrimoine de vignes unique dans les grands terroirs d'Hermitage, Crozes-Hermitage, Saint-Joseph ou Cornas. Dans le sud, les caves se sont modernisées, parfois regroupées et fédèrent une grande partie des viticulteurs. Beaucoup de vignerons ont néanmoins quitté ces structures pour s'établir à leur compte au cours des deux dernières décennies.

Les producteurs indépendants assurent actuellement un tiers de la production et sont pour beaucoup dans l'heureuse diversification et le renouvellement qualitatif des vins du Rhône.

Le négoce a un poids moindre dans la production, mais reste incontournable dans la commercialisation des vins. Des maisons de négociants-propriétaires telles que Guigal, Chapoutier, Jaboulet, Delas ou Perrin ont joué et jouent toujours un rôle de locomotive qui a contribué à la reconnaissance mondiale des vins du Rhône. Ces négociants, basés à Ampuis, Tain, Tournon ou dans le sud, embouteillent certains des meilleurs vins de la vallée et possèdent d'importants vignobles dans les plus belles AOC. Même quand ils ne sont pas propriétaires, ils pratiquent des achats sélectifs et leurs vins sont plus qu'honorables.

CÔTES DU RHÔNE SEPTENTRIONALES

Carte page XV

On trouve de grands vignobles tout au long d'une bonne partie du fleuve, mais bon nombre des plus remarquables sont localisés dans le nord de la vallée du Rhône. Le secret de cette qualité réside dans ces coteaux bien exposés, fortement inclinés, nécessitant souvent un aménagement en terrasses, avec des sols minces, bien drainés et pauvres, résultant de la dégradation du granite sous-jacent. Les premières collines vraiment escarpées apparaissent près de Vienne, ancienne ville romaine située à 24 km au sud de Lyon. Abandonné après le phylloxéra, ce vignoble de la rive gauche renaît timidement. L'essentiel du vignoble septentrional du Rhône ne commence vraiment qu'à Ampuis.

Le vignoble du Rhône septentrional

Ampuis est un gros village terne à cheval sur la route nationale. Mais juste derrière, sur des pentes abruptes, se trouvent les vignobles de Côte-Rôtie, produisant l'un des plus grands vins du monde. Sur le terrain, la colline se divise en deux, la Côte-Brune et la Côte-Blonde. On donne à ces deux noms de nombreuses explications fantaisistes, mais la plus plausible est la plus banale. Le sol de la Côte-Blonde est plus sablonneux en surface, alors que la mince couche de terre recouvrant la Côte-Brune contient une plus forte proportion d'argile. Le sous-sol des deux est granitique.

Les vins de Côte-Rôtie sont l'une des plus belles expressions de la syrah, parfois adoucie par un peu de viognier (ce cépage blanc peut représenter jusqu'à 20 % du contenu de la cuve). Ce dernier, qui s'est répandu un peu partout dans le Midi, offre son visage le plus séduisant dans les appellations Condrieu et Château-Grillet (minuscule) à travers des vins particulièrement amples et aromatiques.

Plus au sud se trouve l'appellation Saint-Joseph, très étiré du nord au sud, dont le vignoble jadis planté en plaine regagne peu à peu les coteaux. Face à Saint-Joseph, sur l'autre rive du fleuve, se trouve le vignoble de l'AOC Crozes-Hermitage. Cette appellation, la plus étendue du Rhône septentrional, comporte deux secteurs bien distincts, une vaste terrasse de cailloutis roulés au sud et à l'est de Tain-l'Hermitage, et une zone de coteaux plus au nord. Les vins de Crozes-Hermitage sont plus souples qu'ailleurs, possèdent un charme réel et des prix bien plus doux. Crozes s'étend à l'ombre du grand rocher de l'Hermitage, dont les célèbres vins rouges et blancs font la renommée de cette région septentrionale depuis le XVIIe siècle. Sur le plan du style, les vins de l'Hermitage sont réputés plus denses et plus austères que ceux de la Côte-Rôtie. Ils peuvent être tanniques et fermés dans leur jeunesse mais révèlent avec le temps une texture veloutée et un fruité voluptueux. Les blancs sont moins connus et peuvent être capables, eux aussi, d'une longévité étonnante, à comparer avec les meilleurs de la Bourgogne.

D'ouest en est, les principaux lieux-dits de l'Hermitage sont : Les Varognes, Les Bessards, Le Gros des Vignes, Les Greffieux, Le Méal, L'Hermite, La Chapelle, Chante Alouette, Beaumes, Péléat, La Maison Blanche, Les Rocoules, Les Diognières, La Pierrelle, Les Murets, La Croix, L'Homme et Les Signeaux. La pratique consiste souvent à assembler des raisins issus de plusieurs parcelles, mais il existe de nombreuses cuvées parcellaires qui font mention du nom du lieu-dit. Des sols de nature variable recouvrent une base de granite et de calcaire.

La région nord du Rhône produit un autre grand vin, près du village de Cornas, sur la rive gauche. Si les vins de l'Hermitage sont masculins, ceux de Cornas pourraient pousser l'image au paroxysme – par leur puissance tannique singulière. Le vrai Cornas est lent à se dégager de cette image virile et ne devrait jamais s'apprivoiser complètement, car son caractère sauvage est l'un de ses charmes.

Jouxtant Cornas, Saint-Péray est l'appellation la plus méridionale du nord de la vallée. Son vignoble a été grignoté par l'urbanisation et il reste moins de 80 ha en production. Si elle produit encore quelques vins effervescents élaborés selon la méthode traditionnelle, ce sont ses vins blancs tranquilles qui attirent l'attention.

Les appellations et les vins

De Vienne au confluent de la Drôme, la vallée du Rhône compte huit appellations d'origine contrôlée : Côte-Rôtie et Cornas donnent uniquement des vins rouges ; Saint-Joseph, Crozes-Hermitage et Hermitage produisent des vins rouges ou blancs ; Condrieu, Château-Grillet et Saint-Péray ne font que du vin blanc. On trouve en outre un peu de Côtes-du-Rhône près de Cornas et au lieu-dit Brézème.

Les appellations sont administrées par l'INAO (Institut national de l'origine et de la qualité), qui détermine les rendements, indique les cépages à utiliser et délimite la superficie des AOC. Les rendements autorisés varient de 41 hl/ha pour le Condrieu à 50 hl/ha pour le Côtes-du-Rhône. Chaque appellation est dotée d'une limite de production recommandée, mais les meilleurs vignerons s'efforcent de l'abaisser encore davantage.

Aucun rosé n'est fait dans les Côtes du Rhône septentrionales. On produit quelques rares exemples de Condrieu doux et quelques producteurs perpétuent la vieille tradition du vin de paille en Hermitage.

Les cépages

Le seul cépage rouge autorisé est la syrah. En Côte-Rôtie, elle peut être assemblée avec 20 % de viognier au maximum et, en Hermitage, avec 15 % au maximum de marsanne ou de roussanne. Cornas produit des vins à 100 % syrah et seul le viognier est autorisé à Condrieu et Château-Grillet, Hermitage et Crozes-Hermitage blancs, ainsi que Saint-Péray, doivent être à base de marsanne et/ou de roussanne. La marsanne est plus répandue que la fragile roussanne, plus sensible mais offrant un meilleur potentiel.

Les techniques de vinification

Comme ailleurs, les techniques de vinification ont évolué avec la maîtrise des températures et l'usage de la barrique dans l'élevage des vins. Jaboulet et Guigal (voir p. 455 et 456) ont été les premiers à recourir au bois neuf, mais c'est l'œnologue et négociant-propriétaire Jean-Luc Colombo qui en a été l'un des plus efficaces promoteurs. Il existe plusieurs écoles et plusieurs styles : égrappage ou non, maturité du raisin et extraction plus ou moins poussées, proportion de bois neuf et durée d'élevage, etc. On peut opposer les vins immédiatement attrayants à ceux plus austères, nécessitant souvent une période de garde, avec toutes les nuances intermédiaires.

Les négociants et les vignerons indépendants

Les maisons de négoce d'Ampuis, de Tain et de Tournon signent quelques-unes des cuvées mythiques de la région. Certaines comme Jaboulet, Chapoutier, Delas, Guigal sont propriétaires de vignobles prestigieux et achètent des raisins ou du vin en s'assurant un approvisionnement de qualité. Leur signature est souvent un gage de grande fiabilité. À côté, les producteurs indépendants ont, depuis deux décennies, renouvelé et diversifié la production locale. Les domaines sont souvent de taille modeste, répartis sur plusieurs appellations.

La capacité de garde et les millésimes

Les vins rouges traditionnels du nord de la vallée ont une longévité légendaire. Les vieux Hermitages, en particulier, étaient très appréciés dans la Russie d'avant la révolution. Les vins rouges du Rhône produits actuellement n'ont rien perdu de leur capacité de garde mais offrent très souvent dès leur jeunesse un fruité flatteur et des tanins plus arrondis. Il est néanmoins certain que la plupart des vins d'Hermitage donnent leur meilleur après une garde d'au moins cinq ans ou plus selon les cuvées. Le même principe s'applique au Cornas.

Un Côte-Rôtie peut généralement se boire plus jeune. La théorie veut que ceux issus de la Côte-Blonde s'assouplissent plus tôt que ceux de la Côte-Brune. Crozes-Hermitage offre des vins plus souples, révélant dès leur jeunesse le charme épicé de la syrah et une fraîcheur très digeste. Saint-Joseph produit aussi bien des vins souples à boire jeunes que de belles cuvées de garde.

Les vins issus du viognier (à l'exception de Château-Grillet), très charnus et aromatiques, se boivent jeunes mais, comme toujours, avec de multiples exceptions. L'Hermitage blanc peut se boire jeune ou à maturité, mais déguster un vieil (et grand) Hermitage blanc peut constituer une expérience inoubliable.

Les millésimes restent assez variables dans le nord des Côtes du Rhône mais rares sont les années très difficiles, comme 2002 ou 2008.

APPELLATIONS ET PRODUCTEURS

Hormis la large cave coopérative de Tain-l'Hermitage, la production vinicole du Rhône septentrional est partagée entre les vignerons qui commercialisent leurs propres vins et les négociants qui peuvent aussi être propriétaires et qui achètent des raisins ou des vins pour effectuer des assemblages. Les appellations sont citées par ordre alphabétique.

CHÂTEAU-GRILLET

Avec ses 3,5 ha, Château-Grillet est l'une des plus petites AOC de France, dont le château du même nom a le monopole. Il appartient depuis 2011 à François Pinault. Le Château-Grillet est un vin blanc issu du viognier, élevé en fût (20 % de bois neuf) pendant 18 mois.

CONDRIEU

Condrieu, entièrement planté de viognier sur 160 ha, n'est en général pas destiné à une longue garde, mais il y a de multiples exceptions.

DOMAINE GEORGES VERNAY

La famille Vernay a largement contribué à faire renaître l'appellation, à l'abandon dans les années 1950. Propriétaire de vignes à Condrieu mais aussi en Côte-Rôtie, elle est célèbre pour ses différentes cuvées de Condrieu, élevées sous bois (fûts et cuve bois, peu de bois neuf.)

Parmi les vignerons recommandés à Condrieu, citons : Château d'Ampuis (Guigal), Yves Cuilleron, Pierre Gaillard, →

Michel et Stéphane Ogier, André Perret, Christophe Pichon, Julien Pilon, François Villard.

CORNAS

À Cornas, 125 ha de vignes sont consacrés à la production de vins rouges 100 % syrah. Les qualités du Cornas ont été reconnues dès le début du XIXe siècle, mais c'est seulement vers la fin des années 1960 qu'Auguste Clape commença à mettre ses vins en bouteilles et à les vendre directement, en France et à l'étranger. Comme Côtie-Rôtie et Hermitage, mais à un moindre degré, les coûts de production élevés sur ces coteaux travaillés à la main, la faible production et la forte demande expliquent les prix élevés de la plupart de ces vins.

AUGUSTE CLAPE
Ce domaine, dont certaines vignes sont centenaires, a fait la gloire de Cornas. Les Clape entretiennent un style dit traditionnel, avec des vinifications en grappes entières et des élevages en vieux foudre, qui donnent des vins austères dans leur jeunesse mais vieillissant avec une grâce particulière.

AUTRES PRODUCTEURS
On notera : Thierry Allemand, Jean-Luc Colombo, Éric et Joël Durand, Domaine du Coulet, Domaine Courbis, Domaine Johann Michel, Alain Voge.

CÔTE-RÔTIE

Cette AOC totalise quelque 260 ha, pour la plupart situés sur le coteau formé par la Côte-Blonde et la Côte-Brune. Il existe de nombreux lieux-dits, mais aucun système de crus hiérarchisés. Les lieux-dits les plus réputés sont La Landonne, La Côte Boudin, La Turque, La Châtillonne et La Mouline.
Le Côte-Rôtie est surtout à base de syrah, mais peut comporter jusqu'à 20 % de viognier. Traditionnellement, c'est la Côte-Blonde qui abritait le viognier, cépage ajoutant ses riches arômes aux notes de pivoine et de violette de la syrah. Autrefois, la plupart des vins de Côte-Rôtie étaient un assemblage de raisins de Côte-Blonde et Côte-Brune. Mais les vignerons ont tendance à produire plusieurs vins, ce qui les conduit à isoler leurs meilleurs sites.

DOMAINE YVES CUILLERON
Yves Cuilleron possède un vaste vignoble qui décline avec bonheur les appellations du Rhône nord. La gamme brille dans les deux couleurs et offre, entre autres, de grandes cuvées de Côte-Rôtie issues de parcelles spécifiques.

MARCEL GUIGAL
Grand nom du Rhône nord, la famille Guigal a redoré le blason de l'appellation Côte-Rôtie. Très connue pour ses sélections parcellaires de renommée mondiale, La Mouline, La Landonne et La Turque, elle signe aussi de grandes cuvées en Hermitage et Saint-Joseph. Elle a développé une large gamme de vins de négoce dans toute la vallée du Rhône, y compris en Côte-Rôtie, et sait conjuguer mieux que quiconque volume et qualité. Elle est aussi propriétaire de la maison Vidal-Fleury.

DOMAINE JAMET
Ce domaine d'une douzaine d'hectares produit quelques-uns des vins du cru les plus réputés. La famille Jamet soigne à l'évidence la maturité de ses raisins et fait un usage très raisonné de la barrique. Les vins, d'une rare régularité, vieillissent avec grâce.

AUTRES PRODUCTEURS
Domaine Bonnefond, Domaine de Bonserine, Domaine Clusel-Roch, Domaine Duclaux, Jean-Michel Gerin, Michel et Stéphane Ogier.

→

APPELLATIONS ET PRODUCTEURS

CROZES-HERMITAGE

La cave coopérative de Tain produit environ la moitié des vins de cette appellation, la plus étendue du Rhône nord. À ses côtés figurent de plus en plus de bons vignerons, dont quelques figures incontournables. Si le style des vins produits n'est pas réductible à un archétype unique, Crozes-Hermitage offre en général des vins plus souples et légers que les autres AOC de la région. Les prix y sont également bien plus modérés.

DOMAINE COMBIER
Laurent Combier possède une trentaine d'hectares sur Crozes-Hermitage dont deux plantés en cépages blancs. Il produit une série réjouissante de cuvées, dont des entrées de gamme très fruitées, et de belles cuvées de garde (Clos des Grives), avec une régularité exemplaire.

DOMAINE ALAIN GRAILLOT
Grand nom de l'appellation, Alain Graillot s'est fait connaître par ses Crozes-Hermitage à la fois élégants et bien structurés, capables d'être bus jeunes mais vieillissant avec grâce. Son vignoble d'une vingtaine d'hectares est situé sur la plaine alluviale. La cuvée Guiraude est l'un des beaux exemples du potentiel de Crozes-Hermitage.

AUTRES PRODUCTEURS
Domaine Belle, Yann Chave, Emmanuel Darnaud, Delas, Domaine des Entrefaux ; Paul Jaboulet Aîné, David Raynaud, Cave de Tain.

HERMITAGE

La colline de l'Hermitage est le site viticole le plus célèbre du Rhône nord. Sa réputation remonte au XVIIe siècle et n'a depuis jamais flanché y compris quand le négoce bordelais captait l'essentiel de la production pour renforcer ses propres vins. Ce sont les négociants qui ont maintenu l'Hermitage en vie pendant les années de vaches maigres, et nombre des meilleures parcelles leur appartiennent. Avec la coopérative de Tain qui possède plus de 20 ha, ils sont les principaux propriétaires de cette appellation qui s'étend sur 140 ha seulement. Les autres propriétaires possèdent de petites parcelles, à l'exception notable de Jean-Louis Chave.

CHAPOUTIER
Cette maison créée au début du XIXe siècle possède un grand domaine (conduit en biodynamie) sur la colline de l'Hermitage ainsi que des propriétés importantes dans d'autres appellations du Rhône nord et sud. En Hermitage, Chapoutier produit une gamme de cuvées parcellaires (Méal, L'Hermite, Greffieux...) sans beaucoup d'équivalents, dans les deux couleurs. La maison soigne aussi sa signature à travers une gamme de vins de négoce de haut niveau.

DOMAINE JEAN-LOUIS CHAVE
Ce domaine mythique situé à Mauves produit des vins que le monde s'arrache. Le vignoble couvre une quinzaine d'hectares dont le tiers planté en cépages blancs (roussanne essentiellement). Les Chave n'ont pas suivi la tendance des cuvées parcellaires et produisent seulement deux cuvées, l'une en blanc, l'autre en rouge et, exceptionnellement, dans les très grandes années, la cuvée Cathelin, aussi rare que chère. Les vins proviennent d'une sélection impitoyable des meilleurs raisins et d'une vinification de haute précision.

PAUL JABOULET AÎNÉ
Institution de la vallée du Rhône, Jaboulet a changé de main en 2011. Il possède un vignoble d'une centaine d'hectares dans le nord de la vallée dont plus de 50 en Crozes-Hermitage

et 25 en Hermitage. C'est à ce dernier vignoble que la maison doit sa notoriété grâce à de grandes cuvées dont l'emblématique La Chapelle, assemblage de plusieurs lieux-dits dont Méal, Bessards, Greffieux...

AUTRES PRODUCTEURS
Yann Chave, Delas Frères, Guigal, Ferraton, Marc Sorrel

SAINT-JOSEPH

Cette appellation (1 200 ha) suit la rive droite du Rhône de Condrieu à Cornas. Au départ, Saint-Joseph était l'un des meilleurs vignobles du Rhône, un petit cru entre Tournon et Mauves. L'AOC étendit ensuite ses limites avant de faire marche arrière pour se recentrer sur les secteurs de coteau. L'arrivée d'une génération de très bons producteurs a redoré le blason de l'appellation qui compte d'excellents interprètes, du côté des négociants tout comme des vignerons.

DOMAINE COURBIS
Installés à Châteaubourg, les Courbis possèdent une trentaine d'hectares dont 9 à Cornas et 24 à Saint-Joseph. Une gamme solide dans les deux appellations avec de grandes cuvées de Cornas (Les Eygats, La Sabarotte).

DOMAINE COURSODON
Un domaine d'une quinzaine d'hectares qui offre une palette fiable et variée de Saint-Joseph, déclinée ici en plusieurs cuvées parcellaires.

DOMAINE GONON
Les deux fils ont succédé à leur père et ont augmenté la surface du vignoble de famille, complanté de beaucoup de marsanne, de roussanne (blanc) et également de syrah (rouge). La réussite est totale dans les deux couleurs et les vins produits ici sont d'une louable régularité.

DOMAINE BERNARD GRIPA
Un vignoble composé de 8 ha de syrah et de 7 ha de vignes blanches permet à Bernard Gripa et à son fils de proposer des vins fermes et élégants dont une cuvée de prestige baptisée Le Berceau. Ils signent aussi des Saint-Péray très convaincants.

DOMAINE FRANÇOIS VILLARD
Vigneron talentueux et créatif, François Villard décline à l'envie (pas loin de 20 cuvées) les vignobles (30 ha) qu'il possède à Saint-Jospeh, Côte-Rôtie, Condrieu ou Saint-Péray. Une gamme qui est parmi les plus réjouissantes de la région.

AUTRES PRODUCTEURS
Éric et Joël Durand, Domaine Cuilleron, Domaine Gaillard, Guigal, André Perret.

SAINT-PÉRAY

Cette appellation ne produit que des vins blancs, tranquilles ou mousseux. La marsanne est ici le principal cépage. Les vignerons peuvent aussi utiliser la roussanne, plutôt meilleure mais fragile. Dans le meilleur des cas, le Saint-Péray est une bonne version en mode mineur de l'Hermitage blanc. De nombreux producteurs de Saint-Péray ont également des vignes en Saint-Joseph ou en Cornas.

DOMAINE DU TUNNEL
Stéphane Robert, devenu vigneron par goût, a fait ses classes chez Jean-Louis Grippat. Il exploite une dizaine d'hectares sur Cornas, Saint-Joseph et Saint-Péray. Ses trois cuvées de blanc constituent l'une des plus belles expressions de Saint-Péray. Les vins rouges du domaine sont au diapason avec de grands vins de Cornas.

AUTRES PRODUCTEURS
Domaine Cuilleron, Bernard Gripa, Julien Pilon, François Villard, Alain Voge.

CÔTES DU RHÔNE MÉRIDIONALES

Carte page XV

Les raisins couleur d'encre de la syrah du Nord se raréfient au sud des berges de la Drôme. La vigne réapparaît au sud de Montélimar, dans un tout autre paysage. Les ceps trapus présentent la traditionnelle forme en gobelet. Argiles sèches et cailloux calcaires remplacent les grands pics granitiques qui s'élèvent au nord de Valence. La plupart des cépages utilisés ici sont d'origine espagnole et sont arrivés dans le sud de la vallée du Rhône au XVIIe siècle. Cette région méridionale est à l'origine de 90 % des vins produits dans la partie française de la vallée du Rhône.

Le vignoble des Côtes du Rhône méridionales

Le site numéro un de la région est naturellement Châteauneuf lui-même, une appellation dont la prééminence se fonde sur des liens plus qu'incertains avec la papauté. La qualité extrême des meilleurs vins de cette région est due en bonne partie à la plantation du plateau de Montredon, effectuée pour l'essentiel entre les deux guerres. Ici, les galets, gros cailloux blancs et lisses, absorbent la chaleur du soleil le jour et réchauffent les racines des ceps la nuit.

Gigondas est un autre beau nom de la région, et le second en termes de notoriété. Ses paysages sont dominés par les fameuses Dentelles de Montmirail, d'origine calcaire. Les vignobles se répartissent entre coteaux calcaires et terrasses de sables et de galets. Les vins se montrent souvent plus fermes que ceux de Châteauneuf-du-Pape.

Gigondas est le premier village des Côtes-du-Rhône méridionales à avoir reçu sa propre appellation. Depuis d'autres ont suivi comme Vacqueyras, Beaumes-de-Venise, Vinsobres et Rasteau, et nombre de Côtes du Rhône Villages ambitionne de devenir « cru ».

Lirac et Tavel se trouvent tous deux sur la rive droite du Rhône. Les vins de Lirac ressemblent à ceux de Châteauneuf, mais on y fait aussi du rosé, ce qui est interdit à Châteauneuf. Tavel est une AOC strictement réservée aux vins rosés. Ceux-ci sont surtout à base de grenache assemblé à d'autres variétés.

Des vins similaires, à dominante de grenache, sont produits dans les appellations rhodaniennes du Sud, comme Grignan-les-Adhémar, Ventoux, Côtes-du-Vivarais et Luberon.

Mais nombre d'excellents vins se dissimulent dans le vaste fourre-tout des

Côtes-du-Rhône et Côtes-du-Rhône-Villages. Les villages de Cairanne ou Séguret sont particulièrement dignes d'attention. Les rouges sont à base de grenache mais les meilleurs comportent aussi une part croissante de syrah et de mourvèdre. Le vin blanc est ici plutôt rare, bien que les villages de Chusclan et Laudun le comptent parmi leurs spécialités.

Enfin dans deux zones de cette région méridionale du Rhône on produit des vins doux naturels (VDN) : le célèbre Muscat de Beaumes-de-Venise, vin blanc (le plus souvent) très aromatique, et les vins mutés de Rasteau, moins connus, produits à base de grenache noir.

Les appellations et les vins

Il existe quatorze AOC et deux VDN dans les Côtes du Rhône méridionales. Le Châteauneuf-du-Pape peut être rouge ou blanc ; le Gigondas comporte des rouges et des rosés ; le Rasteau et le Vinsobres, des rouges exclusivement. Tavel se distingue en étant réservé aux rosés. Les autres – Lirac, Vacqueyras, Côtes-du-Vivarais, Grigan-les-Adhémar, Ventoux, Luberon, Côtes-du-Rhône et Côtes-du-Rhône-Villages – peuvent être rouges, blancs ou rosés. Le village de Beaumes-de-Venise a le droit de produire un Muscat doux muté dans la catégorie VDN. Rasteau produit un VDN de grenache, qui peut être rouge ou blanc.

Les rendements sont fixés par l'INAO (l'Institut national de l'origine et de la qualité), organisme dont dépend également l'élévation d'un Côtes-du-Rhône-Villages au statut d'AOC de plein droit. La production est de surcroît régulée par les caprices du grenache, sujet à la coulure lors de la floraison, et qui limite ainsi de lui-même son volume. Une production de 40 hl/ha est inhabituelle pour le grenache. Les rendements vont de 38 hl/ha pour le Muscat de Beaumes-de-Venise jusqu'à 50 hl/ha pour les Côtes-du-Rhône.

Les cépages

Le grenache est le cépage principal des Côtes du Rhône méridionales : 13 cépages sont autorisés par l'AOC Châteauneuf-du-Pape, mais, aujourd'hui, le cépage grenache noir représente très souvent au moins 80 % de l'assemblage. La syrah et le mourvèdre tempèrent et rehaussent, quant à eux, les arômes de base fournis par le grenache et lui apportent tanins et acidité. Le mourvèdre a néanmoins besoin de sites adaptés pour parvenir à maturité. La syrah, qui est en vogue, reste plus facile à cultiver. Les autres variétés (counoise, vaccarèse, terret noir, cinsaut et muscardin) servent plutôt à épicer l'assemblage.

Il n'en était pas toujours ainsi. Près de Châteauneuf-du-Pape, Joseph Ducos, alors propriétaire de Château La Nerthe à la fin du XIXe siècle,

CÔTES-DU-RHÔNE-VILLAGES

Aujourd'hui, l'appellation Côtes-du-Rhône-Villages regroupe 18 communes dont la mention peut être portée sur les étiquettes de vin. Les vins rouges dominent largement. Issus du grenache noir en majorité, ils possèdent un évident air de famille. S'il existe quelques terroirs privilégiés, c'est bien souvent le travail du vigneron qui fait la différence. Les villages les plus réputés font l'objet de la liste suivante.

Cairanne. On compare souvent les vins rouges de Cairanne à ceux de Châteauneuf-du-Pape. La commune, qui aspire à devenir une AOC à part entière, accueille nombre de vignerons talentueux qui produisent surtout des rouges puissants et suaves.
Chusclan. Outre ses rosés, cette commune produit surtout des rouges à partir d'un assemblage dominé par le grenache noir, avec des apports de syrah et/ou de mourvèdre.
Laudun. Le vignoble de la commune, l'un des plus anciens de la région, produit des vins dans les trois couleurs : rouges classiques (assemblage de grenache, syrah et mourvèdre) et blancs aromatiques à dominante de grenache blanc et clairette.
Massif d'Uchaux. Commune dynamique qui compte de bons producteurs. Des rouges intéressants et quelques blancs de caractère.
Plan de Dieu. Ce vignoble, qui occupe une terrasse balayée par le mistral, produit des rouges uniquement, plutôt souples et chaleureux.
Saint-Gervais. Petit vignoble qui produit des rouges souples et quelques blancs issus d'assemblage.
Sablet. Promue AOC Villages dans les années 1970, Sablet est une commune réputée pour la relative légèreté de ses vins, dans les trois couleurs.
Séguret. Dans cette commune, les vins rouges de grenache dominent dans un style suave et intense.
Visan. On produit peu de blanc et de rosé, mais une nette majorité de vins rouges issus du grenache avec une proportion parfois importante de syrah ou de mourvèdre.

Les autres communes pouvant afficher leur nom à la suite de l'appellation Côtes-du-Rhône-Villages sont celles de Gadagne, Puyméras, Roaix, Rochegude, Rousset-les-Vignes, Saint-Pantaléon-les-Vignes, Saint-Maurice, Signargues et Valréas.

greffa un certain nombre de cépages locaux après les ravages du phylloxéra. Outre le grenache, la syrah et le mourvèdre, il installa counoise, muscardin, vaccarèse, picpoul noir et cinsaut pour les vins rouges, clairette et bourboulenc pour les vins blancs. Sa conviction qu'il s'agissait des variétés convenant le mieux à la région conduisit à intégrer ces cépages dans la première législation d'appellation adoptée pour le Châteauneuf-du-Pape dans les années 1920 avec, en outre, le terret noir, le picardan et la roussanne.

Le cocktail de cépages de Ducos subsiste dans quelques propriétés de Châteauneuf, mais, pour l'essentiel, l'assemblage est très semblable à ce qui se fait ailleurs dans la région : le grenache noir domine les rouges, souvent complété par la syrah, le grenache blanc, les blancs. D'autres cépages sont présents dans de plus faibles proportions, les variétés chères à Ducos se trouvant parfois saupoudrées sur l'ensemble. Ces cépages mineurs suscitent néanmoins un certain intérêt et pourraient se révéler utiles à l'heure du réchauffement climatique. La clairette était le cépage blanc traditionnel de toute cette région, mais le grenache blanc lui fait de plus en plus concurrence. Le picpoul, le picardan, le bourboulenc et la roussanne peuvent donner des résultats intéressants. Le dernier de ces cépages, en particulier, est à l'origine du blanc le plus réputé du Château de Beaucastel.

Le vieillissement

Les vins des Côtes du Rhône méridionales n'ont pas, pour la plupart, une garde aussi prolongée que leurs équivalents du Nord et mettent aussi moins de temps à s'épanouir. Le grenache produit des vins plutôt souples, chaleureux, aux notes agréables de fruits mûrs et d'épices. La plupart sont à boire dans leur jeunesse. Avec des petits rendements, des vieilles vignes et des élevages adaptés, il peut aussi produire des vins denses, plus structurés et de longue garde. Les appellations Châteauneuf, où le cépage mûrit plus tôt et plus complètement qu'ailleurs, ou Gigondas en offrent de nombreux exemples.

Les vins blancs du Rhône ne sont pas considérés comme des vins à mettre en cave, ce qui n'empêche pas les exceptions, notamment à Châteauneuf. Le Muscat de Beaumes-de-Venise est lui aussi bu dans sa jeunesse. Certains apprécient les vins doux naturels de Rasteau après un vieillissement, quand ils ont pris des notes de rancio similaires à celles des VDN du Languedoc-Roussillon, plus connus.

APPELLATIONS ET PRODUCTEURS

Les coopératives jouent un rôle important dans le sud du vignoble. La plupart des villages ont leur coopérative, qui permet aux vignerons sans équipement de vinification de vinifier leurs raisins. Les AOC sont décrites ci-dessous par ordre alphabétique avec une sélection des meilleurs domaines. Les vins IGP sont cités p. 465.

CHÂTEAUNEUF-DU-PAPE

Châteauneuf a acquis ses attributs pontificaux bien après le retour de la papauté à Rome : même le suffixe « du-Pape » est une addition récente. Il y a bien longtemps que le Châteauneuf-du-Pape n'est plus un mythique assemblage de treize cépages, mais plutôt un vin à base de grenache assemblé de syrah, mourvèdre et quelques autres variétés.
Ducos est mort avant que Châteauneuf ne devienne une AOC. Il n'a rien su non plus du plateau de Montredon et de ses célèbres galets, qui contribuent au caractère du Châteauneuf-du-Pape actuel. La mise en place du vignoble ne fut pas achevée avant les années 1950. L'appellation comporte des sols variés. Sur un socle calcaire qui affleure par endroits, se sont sédimentés des sables et des argiles, recouverts de galets roulés charriés par le Rhône.

CHÂTEAU DE BEAUCASTEL

Ce vaste domaine (100 ha dont les trois quarts en Châteauneuf-du-Pape) portait autrefois le nom de Cru du Coudoulet, devenu aujourd'hui Coudoulet de Beaucastel. La famille Perrin, qui en est propriétaire, a acquis d'autres vignobles dans le sud de la vallée et développé une gamme de vins de négoce d'une grande constance.
Les Perrin comptent parmi les rares partisans à Châteauneuf de la version « treize cépages » de ce vin. Néanmoins, l'encépagement reste atypique avant tout par la forte proportion de mourvèdre et la faible présence du grenache noir (30 %). Les vins en tirent une force et une structure particulières qui leur confèrent une belle capacité de garde. Outre les rouges, le château produit des blancs célèbres dont la cuvée Vieilles Vignes, un vin 100 % roussanne. Le Côtes-du-Rhône (Coudoulet), issu d'un terroir de galets roulés, possède l'étoffe d'un Châteauneuf, sans le prix.

DOMAINE DE MARCOUX

Les sœurs Arménier dirigent ce domaine de 17 ha réparti sur des terroirs complémentaires. Deux cuvées de Châteauneuf rouge sont produites dans un style plein, mûr et solaire dont une cuvée Vieilles Vignes d'anthologie.
Le blanc du domaine conjugue plénitude de fruit et structure. Les sœurs exploitent aussi un domaine situé à Lirac qui produit des rouges solides.

CLOS DU MONT-OLIVET

La famille Sabon a fait de ce domaine de plus de 45 ha, aux parcelles très morcelées, l'un des beaux noms de Châteauneuf.
Les vins sont de bonne garde et l'ensemble de la production est très fiable, y compris les Côtes-du-Rhône. Élaborée les grandes années à partir de très vieilles vignes, la cuvée du Papet est l'un des plus grands vins de l'AOC.

DOMAINE DE LA JANASSE

Une soixantaine d'hectares – beaucoup de grenaches – à l'origine d'une belle gamme de Châteauneuf. La cuvée Chopin, un pur grenache issu d'une parcelle identifiée, et la cuvée Vieilles Vignes sont saluées comme deux très grandes réussites de l'appellation. Les blancs et les rouges en Côtes-du-Rhône sont au diapason.

CLOS DES PAPES

Ce domaine de plus de 30 ha est réparti sur un grand nombre de parcelles.

La famille Avril produit uniquement deux cuvées, une dans chaque couleur. Le vin rouge, assemblage de deux tiers de grenache et d'un tiers de mourvèdre et de syrah, possède une ampleur et une richesse singulières. Vins de longue garde.

CHÂTEAU RAYAS
Château Rayas, légendaire et unique, produit un vin rare. Il est fait de grenache pur, issu de vieilles vignes à faible rendement, vinifié en grappes entières et élevé en vieux foudre. Parfois austère dans sa jeunesse, c'est avec le temps qu'il révèle tout son potentiel. La gamme compte un autre Châteauneuf, Pigna, et un Côtes-du-Rhône, le Château Fonsalette, qui est plus qu'une introduction aux grands vins de Rayas.

DOMAINE DU VIEUX TÉLÉGRAPHE
Ce domaine de 70 ha en Châteauneuf-du-Pape situé sur le terroir de la Crau produit un vin issu à 70 % de grenache, complété par de la syrah et du mourvèdre en quantités égales. Le Vieux Télégraphe est un vin extrêmement régulier qui figure toujours parmi les meilleurs de la région.

AUTRES PRODUCTEURS
Domaine de Beaurenard, Henri Bonnot ; Bosquet des Papes, André Brunel, Domaine Charvin, Domaine Font de Michelle, Forcia, Domaine du Grand Veneur, Domaine du Vieux Donjon, Mont-Redon, Château La Nerthe, La Vieille Julienne, Domaine de Villeneuve.

GRIGNAN-LES-ADHÉMAR

Cette AOC de 1 500 ha, anciennement dénommée Coteaux-du-Tricastin, est située au sud de Montélimar. Elle produit surtout des vins rouges de style très variable, souples et fruités ou plus structurés.

PRODUCTEUR
Domaine de Grangeneuve.

LUBERON

Cette vaste appellation créée en 1988 se situe au sud de l'AOC Ventoux. Les vignes sont plantées à flanc de coteau, jusqu'à 450 m d'altitude. Les influences climatiques venues des Alpes la prédisposent à produire une majorité de vins rosés.

PRODUCTEURS
Domaine de la Citadelle, Bastide du Claux, Château La Verrerie.

BEAUMES-DE-VENISE

Connu pour ses vins doux naturels issus du muscat à petits grains (AOC Muscat de Beaumes-de-Venise), cette commune a accédé au statut de cru en 2005 pour ses vins rouges. Le vignoble Situé au pied des Dentelles de Montmirail, s'appuie sur trois types de sols. Grenache et syrah sont à la base de vins intenses, colorés et charnus.

PRODUCTEURS
Domaine des Bernardins, Domaine de la Ferme Saint-Martin, Domaine Les Goubert, Domaine Saint-Amant.

CÔTES-DU-RHÔNE

Cette gigantesque appellation régionale (171 communes et 6 départements) assure une grande partie de la production de la vallée du Rhône. Au-delà de la diversité, forcément importante sur un aussi vaste périmètre, elle fournit surtout des vins rouges d'un style plutôt souple, fruité et épicé, à partir d'assemblages dominés par le grenache. S'il faut être sélectif, les meilleures cuvées sont d'un rapport qualité/prix très convaincant. Les maisons de négoce en signent de très bons exemples, tout comme les producteurs célèbres de la région qui oublient rarement de proposer un côtes-du-rhône dans leur gamme. Beaucoup d'autres bonnes affaires sont à réaliser dans des domaines moins connus. L'appellation produit aussi des rosés et des blancs (bourboulenc, grenache blanc, roussanne, marsanne, clairette, viognier). →

APPELLATIONS ET PRODUCTEURS

PRODUCTEURS
Château de Beaucastel, Boisson, Brusset, Calendal, Chapoutier, Charvin, Delas, Gramenon, Guigal, Janasse, Mas de Libian, Oratoire Saint-Martin, Château des Tours, La Réméjeanne, Richaud, Saladin, Vignerons d'Estezargues.

CÔTES-DU-RHÔNE-VILLAGES

Cette AOC est formée par 95 communes des départements Ardèche, Drôme, Gard et Vaucluse. 18 d'entre elles ont le droit (voir p. 460) d'accoler leur nom à celui de l'appellation et constituent, en quelque sorte, le haut de la gamme de la catégorie. Certaines communes comme Cairanne produisent des vins qui se situent largement au niveau des appellations communales. Par les contraintes de production plus sévères et le potentiel des sites, l'appellation se doit de produire des vins un peu plus puissants que les simples côtes-du-rhône. Le style des vins varie beaucoup, mais on trouve dans cette catégorie nombre d'excellents producteurs et des rapports qualité/prix parmi les plus remarquables de la région. Très peu de vins blancs et rosés sont produits dans cette appellation.

PRODUCTEURS
Alary, Boisson, Brusset, Calendal, Charavin, Chaume Arnaud, Gramenon, Mas de Libian, L'Oratoire Saint-Martin, Perrin, Piaugier, La Réméjeanne, Richaud, Saladin, Vignerons d'Estezargues.

VENTOUX

Le vignoble s'étend au pied du mont Ventoux. Si la qualité des vins est longtemps restée indigne de la beauté du paysage, avec ses garrigues embaumant le thym et la lavande, les choses ont évolué. À côté des coopératives, les producteurs élaborent aujourd'hui des vins rouges souples, de plus en plus de rosés et des blancs agréables.

PRODUCTEURS
Brusset, Château La Croix des Pins, Domaine de la Ferme Saint-Martin, Domaine de Fondrèche, Martinelle, Perrin.

CÔTES-DU-VIVARAIS

Sur la rive droite du fleuve, dans le nord des Côtes du Rhône méridionales, sur les départements du Gard et de l'Ardèche, cette AOC est devenue une source de bons vins à prix sages, essentiellement rouges et rosés.

PRODUCTEURS
Vignerons Ardéchois, Clos de l'Abbé Dubois, Clos des Senteurs, Mas de Bagnols, Domaine de Mermès, Domaine de Vigier.

GIGONDAS

Gigondas s'émancipe de l'ombre de son célèbre voisin, Châteauneuf-du-Pape. Entre coteaux et terrasses, l'appellation élabore quelques rosés mais surtout de beaux vins rouges souvent fermes, structurés et épicés, capables de vieillir. Le grenache est très souvent secondé par la syrah, qui donne ici de bons résultats.

DOMAINE DES PALLIÈRES
C'est l'un des meilleurs domaines de Gigondas, repris par les Brunier de Vieux Télégraphe (voir p. 463) et produisant de bons vins avec une extrême régularité. Les vins possèdent une petite austérité de jeunesse et vieillissent avec grâce.

DOMAINE RASPAIL-AY
Un domaine familial de 18 ha d'un seul tenant, situés sur des sols en pente douce argilo-calcaires. On produit ici un Gigondas ferme, intense, très classique, qu'il faut ouvrir après quelques années de garde.

AUTRES PRODUCTEURS
Pierre Amadieu, Domaine La Boüissière, Domaine Brusset, Domaine des Espiers, Domaine

des Goubert, Domaine Montirius, Domaine Les Pallières, Domaine des Tourelles (Perrin), Château Saint-Cosme.

LIRAC

Cette appellation est située sur la rive droite du Rhône, au nord de Tavel et au sud-est d'Avignon. Le vignoble est implanté sur les plateaux calcaires, recouverts d'argile et de galets. On produit ici des vins dans les trois couleurs, dont des rouges puissants et solides, et des rosés à fort caractère.

PRODUCTEURS
Domaines des Causses, Domaine Duseigneur, Domaine du Joncier, Domaine de Marcoux, Domaine Maby, Domaine de la Mordorée.

RASTEAU

Rasteau, d'abord reconnu pour ses vins doux naturels, a aussi accédé au rang d'appellation communale pour ses vins rouges secs. Exposé au sud, le vignoble compte une grande proportion de vieilles vignes. Le grenache, associé à la syrah, au mourvèdre ou au carignan, donne ici un vin particulièrement puissant, concentré et chaleureux.

PRODUCTEURS
Domaine des Coteaux des Travers, Domaine des Escaravailles, Domaine Fond Croze, Cave de Rasteau, Domaine de la Soumade, Domaine du Trapadis.

LES VINS IGP

La plupart des vins IGP de la vallée du Rhône sont à leur optimum dans leur jeunesse, mais il existe toujours des exceptions, notamment quand des producteurs se replient dans cette catégorie pour bénéficier de davantage de liberté. Certains vignobles, non couverts par les AOC, comme Seyssuel (région de Vienne, IGP Collines rhodaniennes), offrent un réel potentiel, y compris pour des vins de garde.

La région compte plusieurs dénominations, dont l'IGP régionale Comtés rhodaniens, peu utilisée par les producteurs. La plus importante est, de loin, l'IGP Ardèche (et IGP Coteaux de l'Ardèche) qui couvre le département de l'Ardèche et une série de communes du Gard. On produit ici des vins de cépage ou d'assemblage à partir d'une large gamme de variétés autorisées. Parmi les plus cultivées en rouge, citons les cépages grenache, syrah, cabernet-sauvignon, merlot, cinsault, gamay et en blanc les cépages chardonnay, viognier, sauvignon blanc ou grenache blanc.

IGP VAUCLUSE couvre le département du même nom. Elle produit essentiellement des vins rouges et rosés d'assemblage à partir des principaux cépages locaux (grenache noir, syrah, merlot, cabernet-sauvignon, cinsaut, mourvèdre, marselan).

IGP COTEAUX-DES-BARONNIES couvre 500 ha dans la Drôme provençale, au nord du mont Ventoux. Syrah, grenache, cabernet-sauvignon et merlot assurent l'essentiel de la production dominée par les vins rouges.

IGP COLLINES RHODANIENNES couvre, entre autres, le nord de la vallée du Rhône. Sous cette dénomination sont produits notamment de jolis vins de syrah issus de vignes trop jeunes pour prétendre aux AOC des Côtes du Rhône septentrionales.

TAVEL

Cette appellation s'est spécialisée dans la production de vins rosés, très souvent issus d'assemblages de cépages dominés par le grenache et d'assemblages de parcelles. Très loin des rosés pâles à la mode, Tavel produit un rosé délibérément coloré, charnu et puissant qui le destine d'abord à la table.

→

APPELLATIONS ET PRODUCTEURS

PRODUCTEURS
Château d'Aquéria, Domaine Maby, Domaine de la Mordorée, Prieuré de Montézargues, Château de Trinquevedel.

VACQUEYRAS

Situé au pied des dentelles de Montmirail, sur la rive gauche de l'Ouvèze, Vacqueyras a quitté le peloton des Côtes-du-Rhône-Villages en 1989. L'appellation produit les vins dans les trois couleurs dont une écrasante majorité sont des rouges, issus d'un assemblage classiquement dominé par le grenache.
Les vins se montrent assez puissants et de bonne garde.

PRODUCTEURS
Domaine des Amouriers, Domaine de la Monardière, Château des Tours, Domaine le Sang des Cailloux.

VINSOBRES

Cette ancienne appellation « village », qui est devenue une appellation communale en 2006, est située dans la Drôme provençale, à proximité des Alpes et du mont Ventoux, avec des vignobles d'altitude qui culminent à 450 m. Le grenache y mûrit plus lentement qu'ailleurs et les vins, rouges uniquement, offrent intensité et équilibre.

PRODUCTEURS
Pierre Amadieu, Domaine Chaume Arnaud, Domaine du Coriançon, Domaine Jaume, Perrin, La Vinsobraise.

JURA ET SAVOIE

Carte page XVI

Les montagnes tendent à renforcer la personnalité d'un vignoble en le tenant à l'écart des influences extérieures. Il n'est donc pas surprenant que les vins du Jura, de Savoie et du Bugey n'aient pas grand-chose de commun avec les autres vins de l'est de la France et soient issus de cépages introuvables ailleurs. Le Jura, zone montagneuse assez isolée, avoisine la frontière suisse à l'est de la France. Son paysage est une succession de crêtes rocailleuses et de pâturages champêtres. Les vignobles de Savoie ont plus de points communs avec ceux de Suisse que du reste de la France, notamment en raison du rôle qu'y joue encore le chasselas. La jacquère (blanc), la roussette (blanc) et la mondeuse (rouge) sont également des cépages propres à la Savoie. Le pont qui enjambe le Rhône à Seyssel relie la Savoie au Bugey, région à l'écart de tout, entre Chambéry et Lyon, où l'agriculture tend à supplanter la vigne. Le climat de ces régions, très continental, diffère beaucoup de celui de Bourgogne ou du Rhône septentrional. La vigne souffre de l'altitude, mais les cépages sont parfaitement adaptés à cette rigueur, certains étant précoces et d'autres tardifs, ce qui explique que les vendanges se prolongent parfois jusqu'aux premières neiges de novembre.

JURA

Carte page XVI

Les vins du Jura, issus de cépages très originaux, figurent parmi les vins français à forte personnalité. On y trouve six appellations recouvrant toute une gamme de saveurs et de couleurs. Le climat du Jura est nettement continental, avec des hivers très froids, durant lesquels les températures descendent bien en dessous de zéro. Les étés sont chauds et ensoleillés, mais la pluviosité peut être forte et les automnes sont longs et doux. Le sol est un mélange de calcaire et d'argile. Il existe une appellation générale, Côtes-du-Jura, qui regroupe l'ensemble du vignoble, et trois appellations plus précises : Château-Chalon, L'Étoile et Arbois. Le Jura se distingue également par un type de vin particulier, le vin jaune (voir encadré p. 469).

L'appellation Crémant du Jura est réservée aux vins effervescents blancs et rosés produits selon la méthode traditionnelle, et l'appellation Macvin du Jura, aux vins de liqueur.

Côtes-du-Jura

Le vignoble des Côtes-du-Jura s'étend au nord et au sud de Lons-le-Saunier sur 105 villages. Les vins sont pour la plupart blancs, issus du chardonnay et du savagnin. Les vins rouges et rosés sont à base de pinot noir, de trousseau et de poulsard. Ce dernier cépage donne des vins très pâles et est parfois vinifié en blanc. Chardonnay et pinot noir témoignent de liens étroits avec la Bourgogne et la Franche-Comté ; trousseau et poulsard sont des variétés locales tandis que le savagnin correspond à une ancienne variété, le traminer, qui vient du nord de l'Italie. Les vins peuvent être issus d'un seul cépage ou résulter d'un assemblage.

Château-Chalon

Château-Chalon est le nom d'un village et d'une appellation recouvrant 4 communes productrices de vin jaune. Le village étant construit sur le granite, il est impossible d'y avoir des caves souterraines. Elles sont toutes à demi enterrées, donc soumises à d'importants écarts de température qui jouent un grand rôle dans l'apparition du voile de levures *(flor)* nécessaire à l'élaboration du vin jaune.

Les producteurs de Château-Chalon sont moins d'une trentaine et veillent à maintenir un haut niveau de qualité, en renonçant par exemple à en produire dans les millésimes jugés trop faibles.

Les autres appellations du Jura incluent le vin jaune – avec un degré minimal d'alcool plus faible, fixé à 11,5 % vol. –, mais c'est à Château-Chalon que ce vin hors du commun atteint son sommet. Les effets de la *flor* et les arômes de noix très secs dus à l'oxydation lui confèrent un goût très particulier.

L'Étoile

On retrouve cette note d'oxydation dans d'autres vins blancs du Jura comme l'Étoile, qui tire son nom d'un village proche de Lons-le-Saunier, situé sur une colline au sol riche en étoiles de mer fossiles. L'Étoile est une appellation de vin blanc et de vin jaune depuis 1937. Le chardonnay domine l'encépagement, devant le savagnin, et le poulsard (pour le vin de paille). On trouve parfois un assemblage de chardonnay et de savagnin, mais la faible production de savagnin est le plus souvent conservée pour le vin jaune. Le vin blanc peut tirer d'un passage en fût des arômes proches de la noix, typiques du Jura, surtout si le fût a été utilisé pour élever des vins jaunes. Au-delà de ces arômes très typés, ces vins se distinguent par leur acidité vibrante et leur belle intensité chez les meilleurs.

LE VIN JAUNE

Contrairement à presque tous les autres, le vin jaune – le plus original des vins du Jura – a un besoin vital d'oxydation. On pourrait le décrire comme la version française du Xérès Fino, car le développement de la *flor* y joue un rôle tout aussi essentiel. Son goût salé de noix, de muscade, et d'autres épices rappelle aussi celui du Fino, en plus puissant, mais le vin jaune n'est pas muté et donc moins alcoolisé. Son accompagnement classique est le comté, fromage local à pâte dure, mais il existe bien d'autres possibilités, notamment avec des plats épicés. Le vin jaune est issu du savagnin (ou traminer) cépage capricieux et peu productif. Dans le vin jaune, les raisins fermentent normalement jusqu'à un degré alcoolique d'au moins 12 % vol., si possible 13 % vol. Le vin passe ensuite au moins six ans en fûts de 228 l sans soutirage ni ouillage, de sorte qu'un voile de levures analogue à la *flor* du Xérès se forme en surface. Ce voile sert de tampon entre le vin et l'air, dosant l'oxydation d'une manière progressive. À Château-Chalon, la température des caves varie de 8 °C à 18 °C au cours de l'année. Le voile de levures devient actif pendant l'été et cesse de l'être en hiver, ce qui développe les arômes particuliers du vin. Le travail des levures peut aussi être influencé par le taux d'humidité de la cave d'une part, par le rapport entre la taille du fût et le volume d'air qu'il contient d'autre part. L'élaboration du vin jaune exige d'infinies précautions, car le risque d'acidité volatile est très élevé. Le vin est dégusté et analysé tout au long de son élaboration.

Une forte évaporation se produit pendant le vieillissement, d'où la contenance inhabituelle de la traditionnelle bouteille jurassienne, le clavelin : ses 62 cl représentent ce qui reste de 100 cl après six ans de fût. La faiblesse des rendements et la lenteur du processus entraînent évidemment un prix élevé, mais le vin jaune, qui vieillit bien, mérite une place d'honneur parmi les vins les plus singuliers et uniques de France. Le village de Château-Chalon produit souvent le meilleur vin jaune, mais seulement dans les meilleurs millésimes. On en trouve aussi ailleurs dans le Jura.

Arbois

L'Arbois est la principale appellation de vin rouge du Jura, mais celle-ci comporte aussi des vins blancs, jaunes ou rosés. Arbois est une jolie petite ville ancienne. Louis Pasteur y a passé une grande partie de son enfance, et ses expériences sur les bactéries et les levures, rapportées dans son traité d'œnologie, ont été menées sur des vins d'Arbois.

Arbois se targue d'être l'une des toutes premières AOC de France, reconnue en 1936 avec celles de Cassis et de Châteauneuf-du-Pape. L'AOC englobe

12 villages dont Pupillin, qui a le droit d'ajouter son propre nom sur l'étiquette, et Poligny, capitale du comté.
Les cépages caractéristiques de l'Arbois et des Côtes-du-Jura rouges sont le trousseau, le poulsard et le pinot noir. Les vins rouges du Jura sont généralement peu colorés alors que certains des rosés sont au contraire plutôt foncés, le jus restant en contact avec les peaux bien plus longtemps qu'il n'est de coutume ailleurs en France – presque aussi longtemps que pour le vin rouge. Ni le poulsard ni le trousseau n'ont une peau très riche en matières colorantes, mais celle du trousseau est souvent plus épaisse, ce qui donne des vins légèrement plus colorés et tanniques.
L'Arbois blanc est généralement issu du chardonnay, parfois avec un peu de savagnin et, à l'occasion, du poulsard vinifié sans contact pelliculaire. Le pur chardonnay aura un caractère variétal ou plus complexe, tandis qu'un savagnin pur ou un assemblage de ces deux cépages tendront à un léger arôme d'oxydation rappelant le goût de noix du vin jaune. Cela illustre la principale différence en matière de vinification entre le Jura et le reste de la France : la pratique de l'ouillage n'est pas systématique.
Pour le reste, les techniques de base se ressemblent. Certains chais sont modernes et rationnels, d'autres plus rustiques. Le contrôle des températures de fermentation peut donc être un peu approximatif, mais il est rarement nécessaire étant donné la fraîcheur habituelle à l'époque des vendanges. Le vin peut être élevé en cuve de ciment ou Inox, en foudre ou en barrique.

Les vins effervescents, le vin de paille, le Macvin

Le Jura possède sa propre appellation pour les vins effervescents, Crémant du Jura, créée en 1995 et s'étendant à l'ensemble du vignoble jurassien. Les cépages autorisés sont les variétés régionales mais la plupart des crémants sont issus du chardonnay, parfois assemblé. Le climat jurassien et la belle acidité naturelle des chardonnays locaux permettent de produire des crémants intenses et vivaces qui ne manquent pas de caractère. Ils sont souvent élevés sur lattes bien au-delà du minimum légal de 9 mois. Ces vins représentent une part significative et croissante des vins du Jura.
On trouve aussi une tradition locale de vin de paille. Ce vin très particulier est produit à partir de raisins laissés sur un lit de paille d'octobre à janvier, ce qui entraîne une dessiccation des baies et donne un jus à la fois plus riche et plus concentré. Quand 100 kg de raisins donnent normalement de 70 à 75 l de moût, ce volume n'est plus que de 20 à 25 l pour le vin de paille. La fermentation en petit fût est très lente et peut durer quatre ans. Le vin de paille est autorisé dans trois appellations – pas à Château-Chalon –, mais il est généralement produit en quantités limitées. Ce vin liquoreux à la robe ambrée possède

PRODUCTEURS

Les grands domaines sont rares dans le Jura et la société Henri Maire domine la région. L'autre producteur important est la coopérative (fruitière) d'Arbois, qui regroupe plus de 140 membres.

FRUITIÈRE VINICOLE D'ARBOIS
La coopérative d'Arbois représente environ un quart des vignes de l'appellation et produit de l'Arbois, du vin jaune, des crémants et des vins de paille. Fondée en 1906, elle dispose actuellement d'installations parmi les plus modernes de la région.

CHÂTEAU D'ARLAY
Ce domaine situé dans le village d'Arlay est l'un des plus anciens du Jura et date du Moyen Âge. Il appartient au comte Renaud de Laguiche, dont la famille a également une propriété à Puligny-Montrachet, en Bourgogne, et produit toute la gamme des vins des Côtes-du-Jura.

DOMAINE GANEVAT
Jean-François Ganevat exploite en biodynamie un vignoble de moins de 9 ha de vignes dans l'appellation Côtes-du-Jura avec une forte proportion de vieilles vignes. Partisan des petits rendements et des vinifications sans (ou peu de) soufre, il signe une gamme large d'une quinzaine de cuvées.

JEAN MACLE
M. Macle est l'un des principaux producteurs de Château-Chalon, et ses caves, au centre du village, datent du XVIIe siècle. Bien qu'il possède des vignes de chardonnay, sa réputation repose sur le Château-Chalon, issu du seul savagnin, et il a beaucoup contribué à rétablir la qualité de l'appellation. Sa vinification méticuleuse donne des vins de grande longévité.

HENRI MAIRE
Si les vins du Jura ont une quelconque réputation hors de leur région d'origine, c'est grâce à Henri Maire vigneron et négociant très dynamique. La maison qu'il a fondée a changé de main en 2010. Elle possède 6 domaines pour près de 300 ha de vignes et achète du raisin. La gamme de vins offre l'ensemble des styles et des saveurs du Jura.

DOMAINE DE MONTBOURGEAU
Petite propriété appartenant à Nicole Deriaux basé à L'Étoile et qui reste une référence de l'appellation pour ses vins blancs.

DOMAINE JACQUES PUFFENEY
Cette petite propriété de moins de 6 ha dirigée par Jacques Puffeney, en appellation Arbois, est connue pour ses vins issus du savagnin (Arbois et vin jaune) et du trousseau.

ROLET PÈRE & FILS
Un des plus grands domaines de la région doté de 60 ha sur les coteaux des AOC Arbois, Côtes-du-Jura et L'Étoile. Une trentaine de vins sont produits, dont de beaux exemples de vin jaune et de vin de paille, ainsi que des crémants très réussis et longuement élevés sur lattes.

ANDRÉ ET MIREILLE TISSOT
Arrivé au domaine familial en 1990, Stéphane Tissot s'est imposé comme l'un des plus brillants producteurs de la région. À partir d'un grand domaine de près de 50 ha, conduit désormais en biodynamie, il produit une large gamme qui brille dans tous les styles, blancs, rouges, vins jaunes et crémants, avec une série impressionnante de Chardonnays provenant de parcelles identifiées. Stéphane Tissot vinifie aussi les vins de la Cave de la Reine Jeanne, petite société de négoce très recommandable.

AUTRES PRODUCTEURS
Domaine Berthet-Bondet, Domaine Buronfosse, Domaine Geneletti Père et Fils, Fruitière vinicole de Voiteur, Domaine Labet, Julien Labet, Domaine Frédéric Lornet, Domaine de l'Octavin, Domaine de la Pinte, Domaine de la Renardière, Domaine Rijckaert, Domaine de la Tournelle.

des arômes intenses de fruits confits et de fruits secs, ainsi qu'une texture riche et onctueuse.

Dernière appellation locale, datant de 1991, le Macvin est l'équivalent jurassien du Pineau des Charentes. Il relève donc de la catégorie des mistelles, ou vins de liqueur. C'est un assemblage d'un tiers de marc avec deux tiers de moût de raisin rouge ou blanc, élevé en fût au moins 12 mois.

Les vins avec IGP

La gamme des vins du Jura se complète par l'IGP Franche-Comté, qui englobe les départements de la Haute-Saône, du Doubs et du Jura. La production est très faible et concerne une poignée de vignerons dont ceux de Champlitte, près de Dole, qui produisent des vins rouges de pinot noir et des vins effervescents.

SAVOIE

Carte page XVI

Entrecoupés de champs de céréales et de pâturages vallonnés, les vignobles s'éparpillent sur une bonne partie des départements de Savoie et, à moindre degré, de Haute-Savoie. La ville de Chambéry est le centre naturel de la région.

Au nord, les vignes s'étendent jusqu'aux rives du lac Léman, avec quelques parcelles s'étageant sur les coteaux surplombant le lac. D'autres vignobles sont concentrés autour du lac du Bourget et de la ville d'Aix-les-Bains ainsi qu'au sud de Chambéry, dans cette vallée de l'Isère que l'on nomme parfois Combe de Savoie.

L'appellation Vin de Savoie est donc très morcelée et inclut 17 crus variant en importance et en styles de vin. L'appellation de Seyssel, la plus ancienne de Savoie, date de 1942 et ne produit que des vins blancs. Le Rhône traverse la ville, et les vignes se trouvent des deux côtés de la vallée. Seyssel est surtout réputé pour son mousseux, principalement issu du cépage molette mais comportant souvent un peu de roussette. Grâce à sa forte acidité et à ses arômes discrets, la molette fournit un bon vin de base pour le mousseux, produit selon la méthode traditionnelle. Elle est aussi l'unique cépage de la Roussette de Seyssel, un vin tranquille. Enfin, de l'autre côté du Rhône, en face de Seyssel, se trouve un vignoble bien distinct, le Bugey, classé en AOC depuis 2009.

Le sol et le climat

Les montagnes créent un climat incertain. L'hiver, rigoureux, est souvent très enneigé. Les gelées de printemps peuvent frapper les vignes, mais tout système de protection serait une aberration économique. La grêle est un autre fléau potentiel et l'été est en

Le vin en pratique

Cartes des régions viticoles

France

Pays étrangers

CHOISIR LES VERRES À VIN

Le vin s'apprécie mieux lorsqu'il est bu dans un verre approprié. L'essentiel est de respecter quelques fondamentaux : un verre incolore, transparent, un pied suffisamment long, et un corps qui se resserre vers le haut, dessinant peu ou proue une forme de tulipe. On utilisera de préférence une flûte pour les vins effervescents et, éventuellement, un verre spécifique pour les vins doux naturels et les vins de liqueur.

Verre à eau

Verre à bourgogne

Verre à bordeaux

Verre à vin blanc

Verre à porto

Flûte

La décantation permet de débarrasser le vin de ses dépôts en le transvasant de la bouteille dans une carafe. Cette opération concerne le plus souvent des vins âgés. Le carafage ou l'aération concerne des vins jeunes et consiste à les transvaser dans le but de les laisser s'assouplir, d'épurer et de réveiller leurs arômes. Il est important de choisir un récipient d'une forme adaptée.

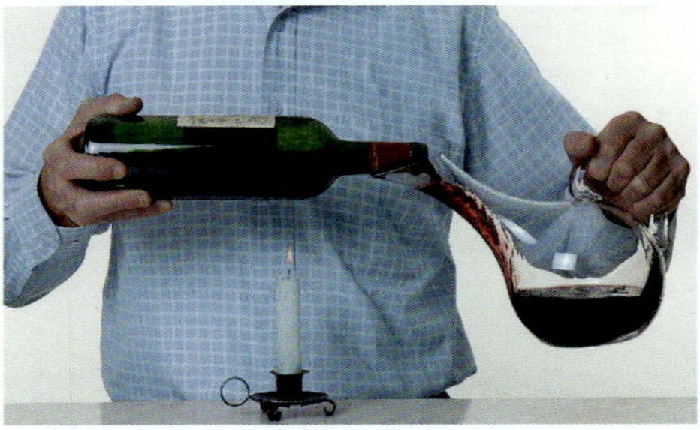

Pour décanter un vin âgé, choisissez une carafe qui laisse peu d'air en surface du vin. Placez la bouteille au-dessus d'une source de lumière pour voir le dépôt. Versez le vin peu à peu, sans le laisser refluer dans la bouteille. Arrêtez de verser quand le dépôt arrive au goulot et rebouchez la carafe.

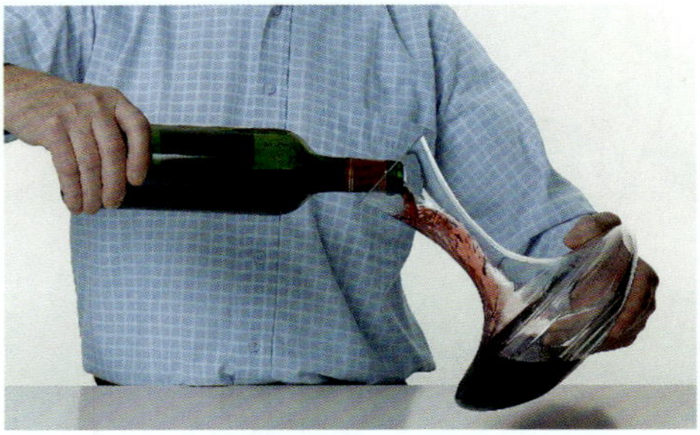

Pour aérer un vin jeune, choisissez une carafe plate et très évasée à la base ce qui favorisera les échanges entre le vin et l'air. Le vin peut être versé assez vite pour accélérer son oxygénation. Laissez-le ensuite reposer une heure sans boucher la carafe.

Bordeaux
Francs-Côtes-de-Bordeaux
Côtes-de-Bordeaux-St-Macaire
Côtes-de-Bourg
Castillon-Côtes-de-Bordeaux
Entre-deux-Mers
Fronsac, Canon-Fronsac
Graves
Blaye-Côtes-de-Bordeaux, Côtes-de-Blaye
Graves de Vayres
Haut-Médoc
Médoc
Pessac-Léognan
Pomerol, Lalande-de-Pomero
Premières-Côtes-de-Bordeaux blanc, Cadillac-Côtes-de-Bord
St-Émilion et communes satel
Ste-Foy-Bordeaux
Sauternes, Barsac, Cérons, Loupiac, Ste-Croix-du-Mont, Cadillac
Limite des appellati contrôlées Bordeau
Limite de départem
Autoroute
Route principale
Autre route
le Verdon-sur-Mer
Gironde
MÉDOC
Lesparre-Médoc
St-Estèphe
St-Ciers-sur-Gironde
HAUT-MÉDOC
Pauillac
N215
St-Julien
BLAYAIS
St-Laurent-Médoc
Blaye
St-Savin
A10
N10
N137
D2
BOURGEAIS
Guîtres
Coutras
Saye
Isle
Listrac
Moulis
Bourg
Castelnau
Margaux
LIBOURNAIS
N89
St-André-de-Cubzac
Lussac
Dordogne
Fronsac
Pomerol
Libourne
GIRONDE
St-Emilion
St-Médard-en-Jalles
Castillon-la-Bataille
Bordeaux
Pujols
Ste-Foy-la-Gran
ENTRE-DEUX-MERS
Pessac
D106
Créon
Garonne
Léognan
Sauveterre-de-Guyenne
Portets
N250
A63
Arcachon
Podensac
Monségur
N113
Barsac
A62
La Réole
St-Macaire
Sauternes
Langon
PESSAC-LÉOGNAN, GRAVES ET SAUTERNES
N10
Ciron
Grignols
N
0
10
20

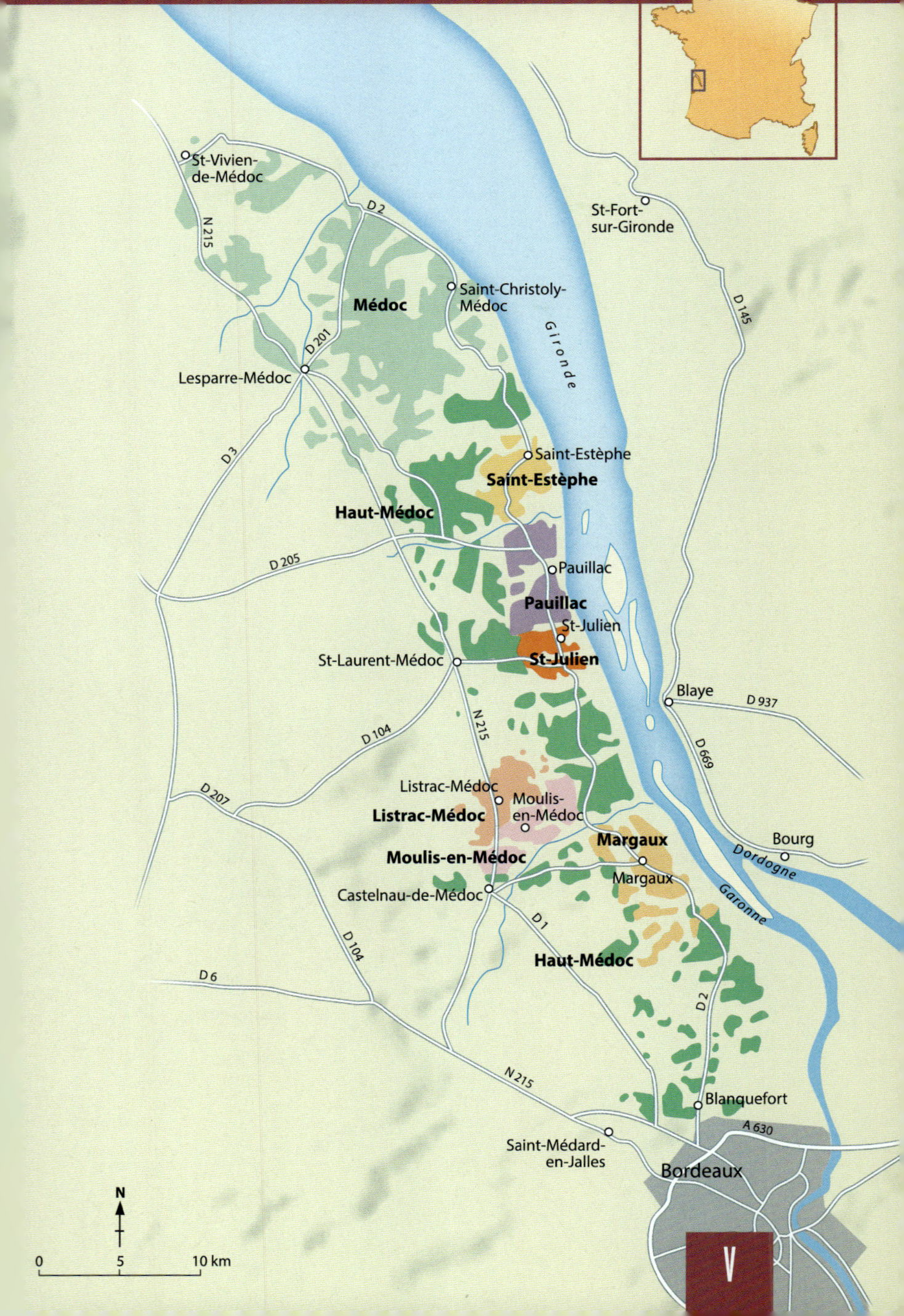
St-Vivien-
de-Médoc
N 215
D 2
Médoc
Saint-Christoly-
Médoc
St-Fort-
sur-Gironde
D 145
Gironde
D 201
Lesparre-Médoc
D 3
Saint-Estèphe
Saint-Estèphe
Haut-Médoc
D 205
Pauillac
Pauillac
St-Julien
St-Julien
St-Laurent-Médoc
Blaye
D 937
D 104
N 215
D 669
Listrac-Médoc
Moulis-
en-Médoc
D 207
Listrac-Médoc
Margaux
Bourg
Moulis-en-Médoc
Margaux
Dordogne
Castelnau-de-Médoc
Garonne
D 1
D 104
Haut-Médoc
D 6
D 2
N 215
Blanquefort
A 630
Saint-Médard-
en-Jalles
Bordeaux
N
0
5
10 km

PESSAC-LÉOGNAN ET GRAVES

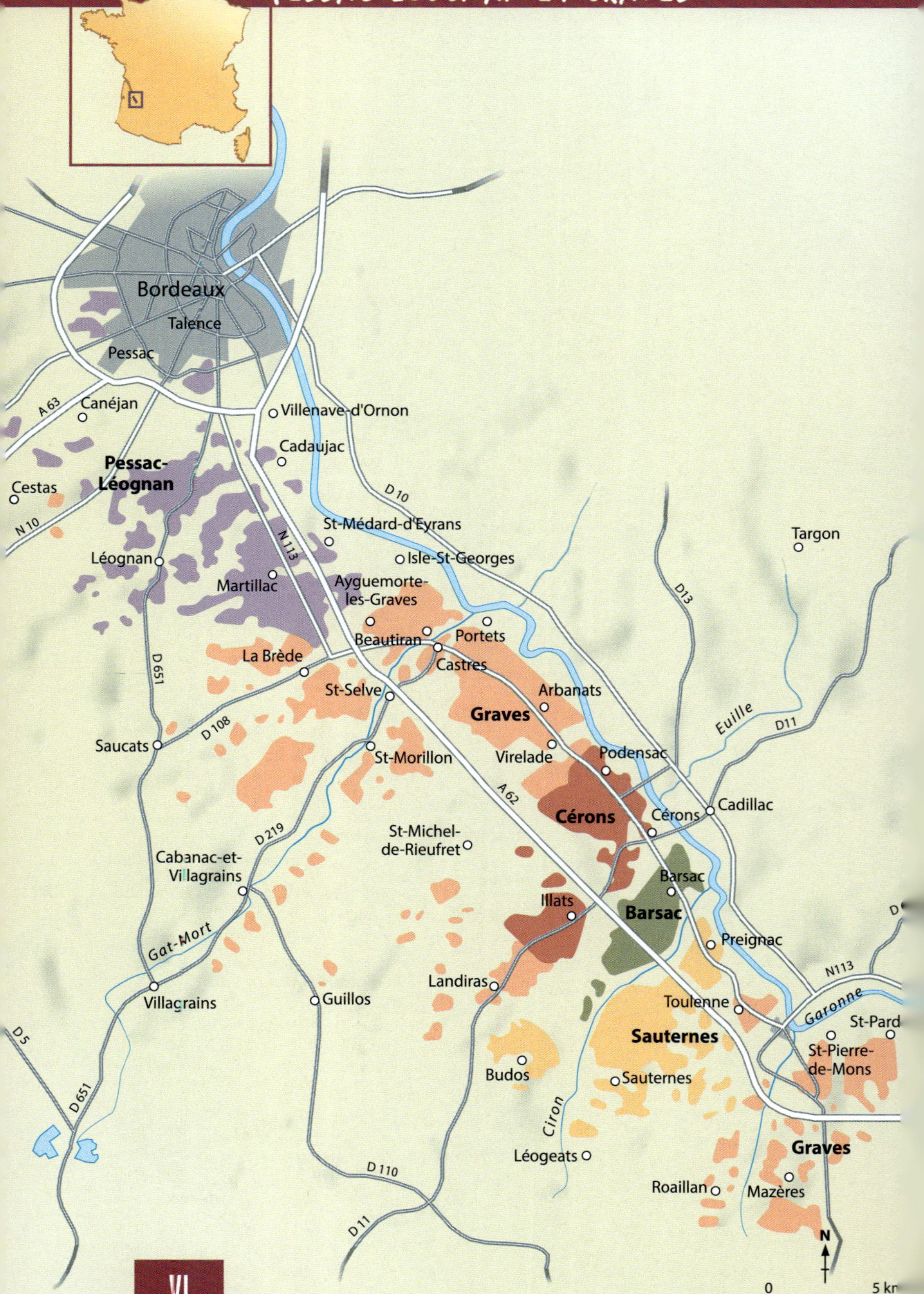

St-Denis-de-Pile
N 89
D 122
Lussac-St-Émilion
Lalande-
de-
Pomerol
Fronsac
Canon-
Fronsac
D 670
Montagne-
St-Émilion
Francs-
Côtes-
de-
Bordeaux
Néac
D 21
Monbadon
Pomerol
Puisseguin-
St-Émilion
St-Georges-
St-Émilion
Libourne
St-Christophe-
des-Bardes
D 670
Castillon-
Côtes-de-
Bordeaux
St-Émillion
St-Hippolyte
N 89
St-Émilion
D 17
St-Laurent-
des-Combes
St-Étienne-
de-Lisse
St-Sulpice-
de-Faleyrens
D 20
Génissac
Castillon-
la-Bataille
DORDOGNE
St-Pey-d'Armens
D 936
D 936
D 121
Vignoret
Branne
GIRONDE
N
0
4 km

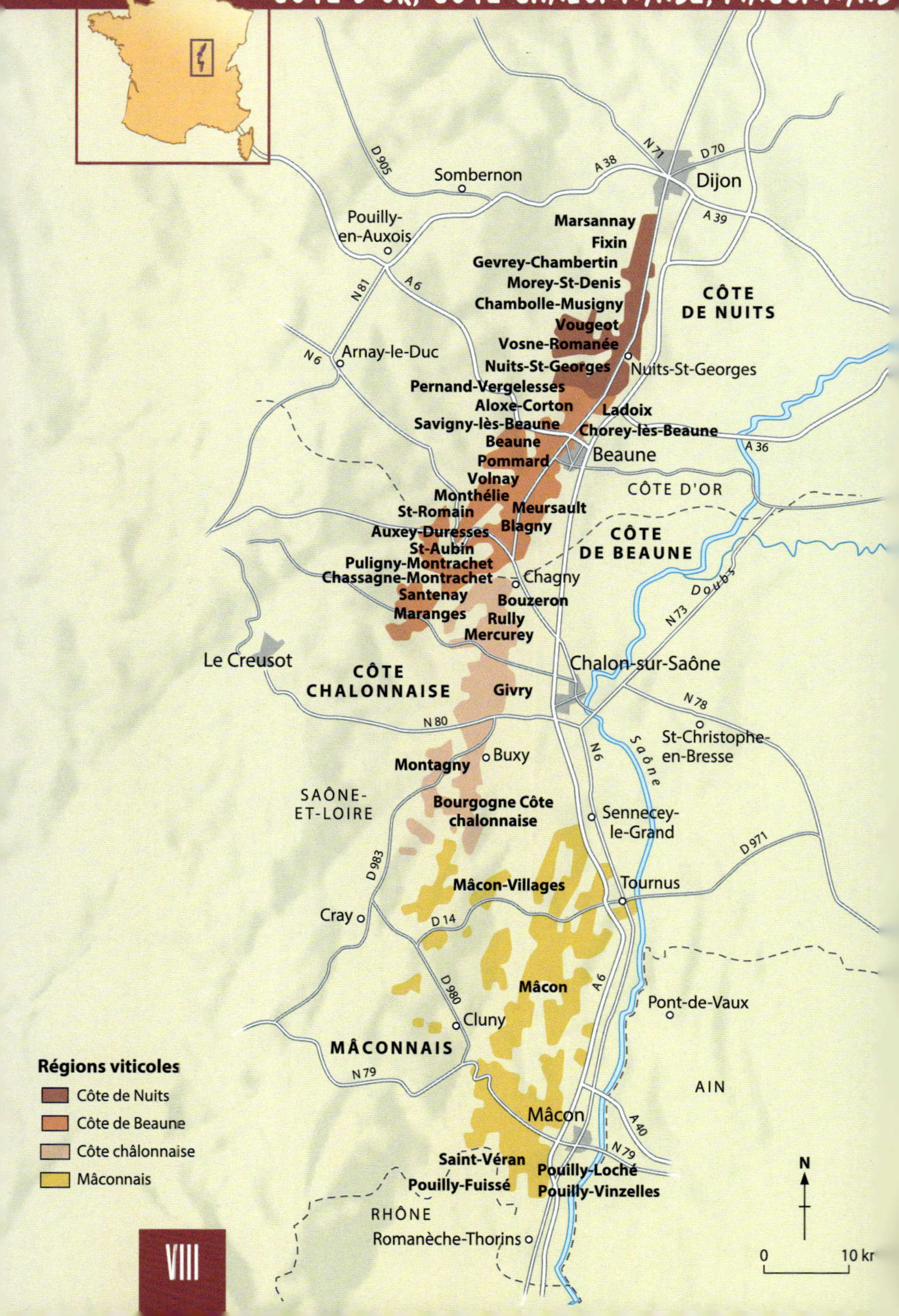
Sombernon
Dijon
D 905
A 38
N 71
D 70
A 39
Pouilly-en-Auxois
N 81
A 6
N 6
Arnay-le-Duc
Marsannay
Fixin
Gevrey-Chambertin
Morey-St-Denis
Chambolle-Musigny
Vougeot
Vosne-Romanée
Nuits-St-Georges
CÔTE DE NUITS
Nuits-St-Georges
Pernand-Vergelesses
Aloxe-Corton
Ladoix
Savigny-lès-Beaune
Chorey-lès-Beaune
Beaune
Beaune
A 36
Pommard
Volnay
CÔTE D'OR
Monthélie
Meursault
St-Romain
Blagny
Auxey-Duresses
CÔTE DE BEAUNE
St-Aubin
Puligny-Montrachet
Chassagne-Montrachet
Chagny
Santenay
Bouzeron
Doubs
Maranges
Rully
N 73
Mercurey
Le Creusot
Chalon-sur-Saône
CÔTE CHALONNAISE
Givry
N 78
N 80
St-Christophe-en-Bresse
Buxy
Montagny
N 6
Saône
SAÔNE-ET-LOIRE
Bourgogne Côte chalonnaise
Sennecey-le-Grand
D 983
D 971
Mâcon-Villages
Tournus
Cray
D 14
D 980
Mâcon
A 6
Pont-de-Vaux
Cluny
MÂCONNAIS
N 79
AIN
Mâcon
A 40
N 79
Saint-Véran
Pouilly-Loché
Pouilly-Fuissé
Pouilly-Vinzelles
RHÔNE
Romanèche-Thorins
N
0
10 km
Régions viticoles
Côte de Nuits
Côte de Beaune
Côte châlonnaise
Mâconnais

CHABLIS ET YONNE

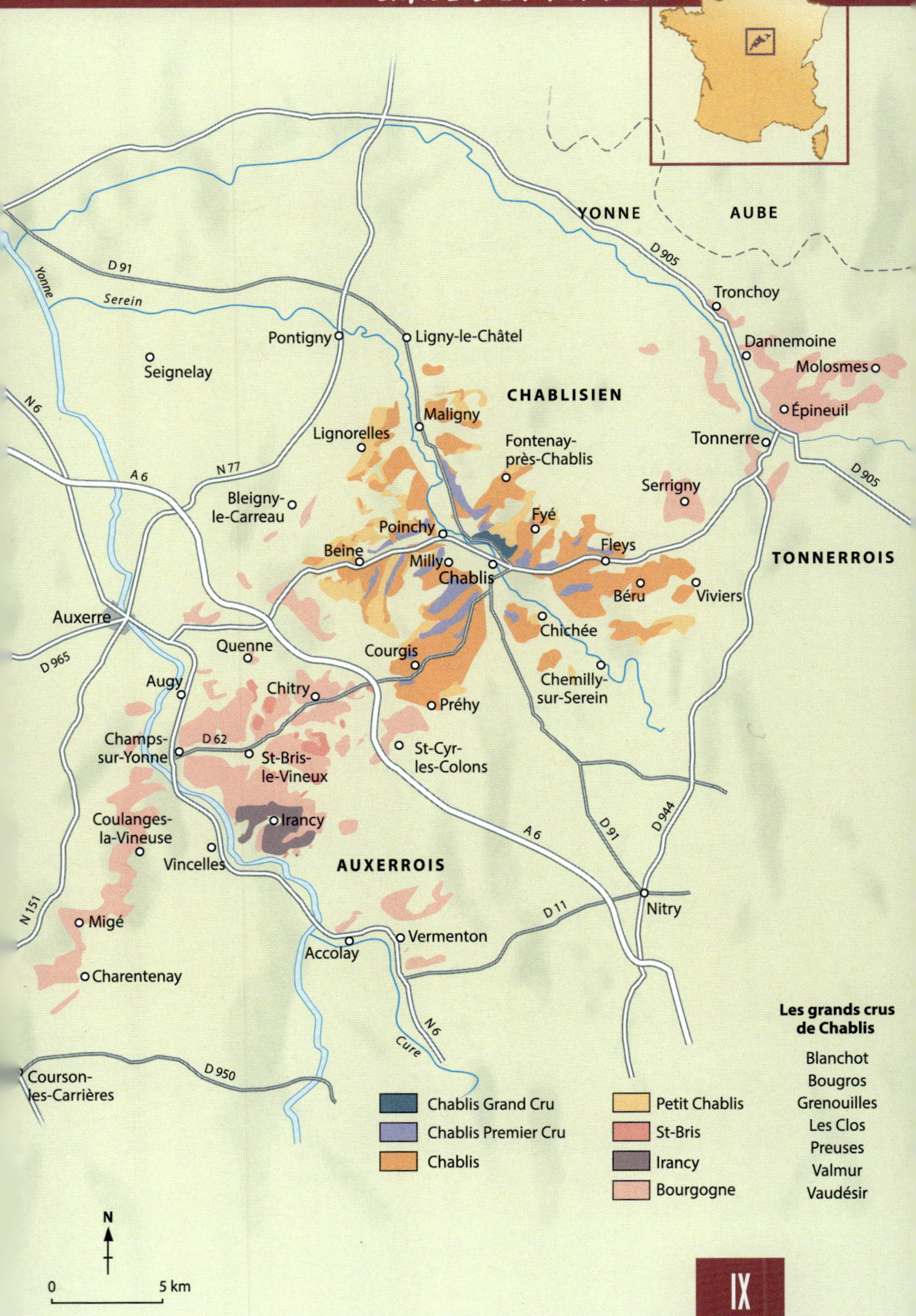

BEAUJOLAIS

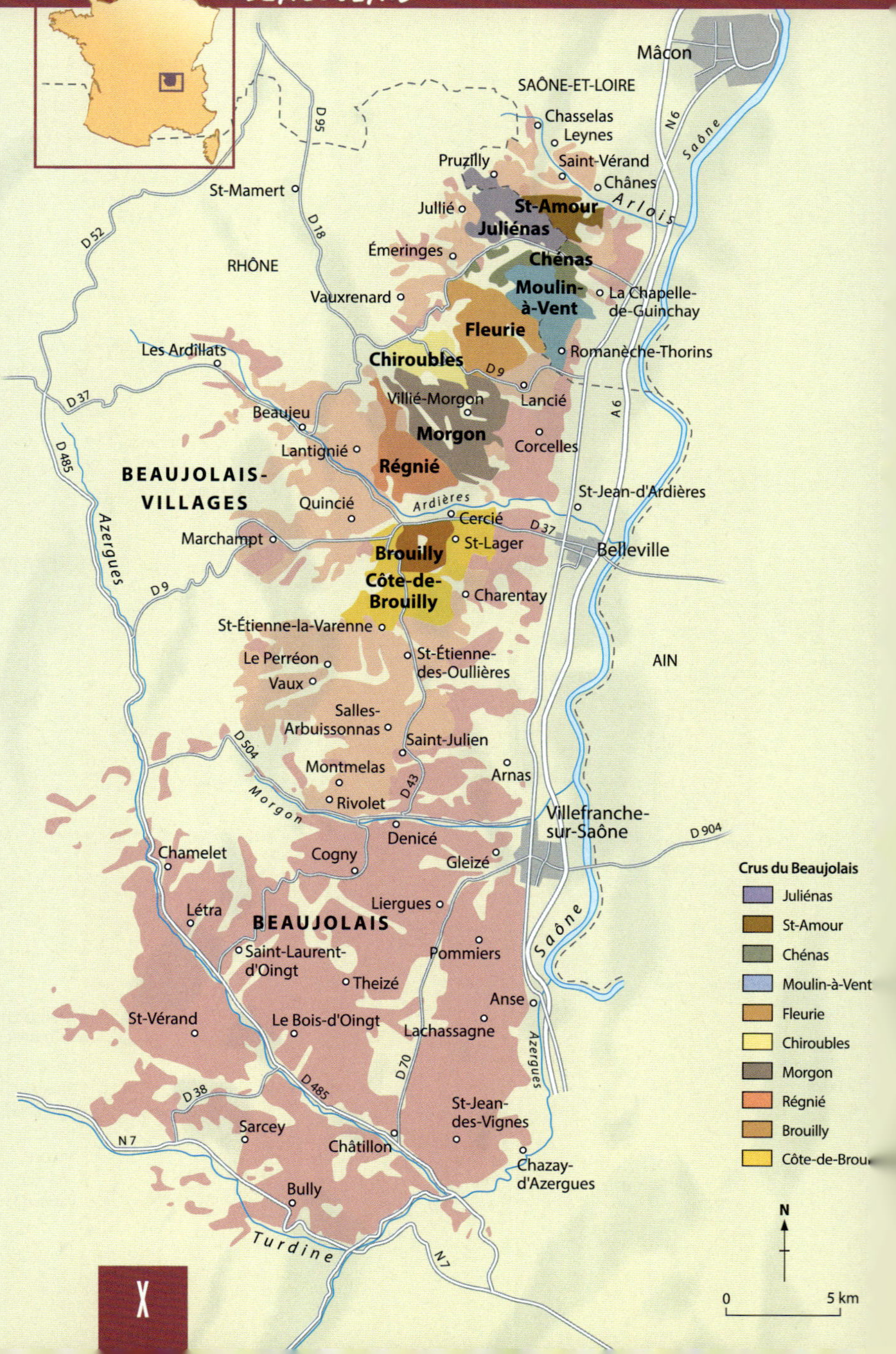
Mâcon
SAÔNE-ET-LOIRE
Chasselas
Leynes
Pruzilly
Saint-Vérand
Chânes
St-Mamert
Jullié
St-Amour
Juliénas
Arlois
Saône
N6
D95
D52
D18
Émeringes
Chénas
RHÔNE
Moulin-à-Vent
La Chapelle-de-Guinchay
Vauxrenard
Fleurie
Romanèche-Thorins
Les Ardillats
Chiroubles
D9
D37
Villié-Morgon
Lancié
A6
Beaujeu
Morgon
Lantignié
Corcelles
D485
BEAUJOLAIS-VILLAGES
Régnié
St-Jean-d'Ardières
Quincié
Ardières
Azergues
Cercié
D37
Marchampt
St-Lager
Belleville
Brouilly
Côte-de-Brouilly
Charentay
D9
St-Étienne-la-Varenne
Le Perréon
St-Étienne-des-Oullières
AIN
Vaux
Salles-Arbuissonnas
Saint-Julien
D504
Montmelas
Arnas
Rivolet
D43
Morgon
Villefranche-sur-Saône
D904
Denicé
Chamelet
Cogny
Gleizé
Liergues
Létra
BEAUJOLAIS
Saint-Laurent-d'Oingt
Pommiers
Saône
Theizé
Anse
St-Vérand
Le Bois-d'Oingt
Lachassagne
Azergues
D70
D38
D485
St-Jean-des-Vignes
N7
Sarcey
Châtillon
Chazay-d'Azergues
Bully
Turdine
N7
Crus du Beaujolais
Juliénas
St-Amour
Chénas
Moulin-à-Vent
Fleurie
Chiroubles
Morgon
Régnié
Brouilly
Côte-de-Brou
N
0
5 km

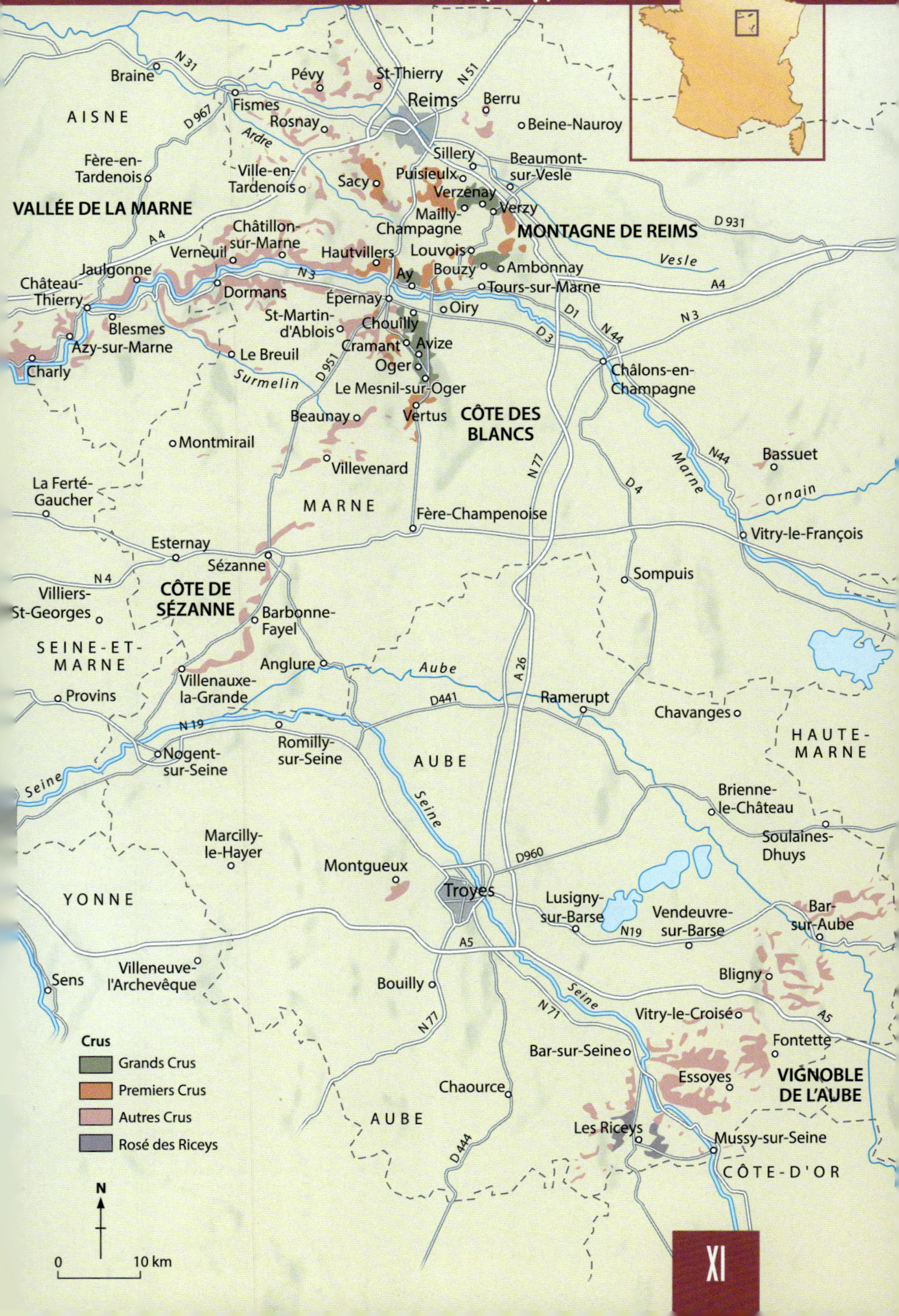
Braine
N 31
Pévy
St-Thierry
N 51
Reims
Berru
Beine-Nauroy
AISNE
Fismes
D 967
Rosnay
Ardre
Fère-en-
Tardenois
Ville-en-
Tardenois
Sacy
Sillery
Puisieulx
Beaumont-
sur-Vesle
Verzenay
Verzy
VALLÉE DE LA MARNE
Mailly-
Champagne
MONTAGNE DE REIMS
D 931
Châtillon-
sur-Marne
A 4
Verneuil
Hautvillers
Louvois
Vesle
Jaulgonne
Ay
Bouzy
Ambonnay
N 3
Tours-sur-Marne
A 4
Château-
Thierry
Dormans
Épernay
Oiry
D 1
N 3
St-Martin-
d'Ablois
Chouilly
D 3
N 44
Blesmes
Azy-sur-Marne
Cramant
Avize
Le Breuil
D 951
Oger
Châlons-en-
Champagne
Charly
Surmelin
Le Mesnil-sur-Oger
Beaunay
Vertus
CÔTE DES
BLANCS
Montmirail
N 77
N 44
Bassuet
Marne
Villevenard
La Ferté-
Gaucher
D 4
Ornain
MARNE
Fère-Champenoise
Vitry-le-François
Esternay
Sézanne
N 4
Sompuis
Villiers-
St-Georges
CÔTE DE
SÉZANNE
Barbonne-
Fayel
SEINE-ET-
MARNE
Anglure
Aube
A 26
Villenauxe-
la-Grande
Provins
D441
Ramerupt
Chavanges
N 19
HAUTE-
MARNE
Nogent-
sur-Seine
Romilly-
sur-Seine
AUBE
Seine
Seine
Brienne-
le-Château
Soulaines-
Dhuys
Marcilly-
le-Hayer
D960
Montgueux
Troyes
Lusigny-
sur-Barse
YONNE
Bar-
sur-Aube
Vendeuvre-
sur-Barse
N19
A5
Villeneuve-
l'Archevêque
Sens
Bouilly
Bligny
Seine
N 71
Vitry-le-Croisé
A5
N 77
Crus
Grands Crus
Premiers Crus
Autres Crus
Rosé des Riceys
Bar-sur-Seine
Fontette
Essoyes
VIGNOBLE
DE L'AUBE
Chaource
AUBE
Les Riceys
D 444
Mussy-sur-Seine
CÔTE-D'OR
N
0
10 km

ALSACE

ALLEMAGNE
Lauter
D 3
Wissembourg
FRANCE
Cleebourg
Riedseltz
D 264
Marlenheim
Bergbieten
Dahlenheim
Mutzig
Molsheim
Strasbourg
A 4
Rhin
N 420
Bruche
A 35
N 83
Rosheim
Obernai
BAS-RHIN
Barr
Mittelbergheim
Andlau
Villé
Blienschwiller
Giessen
Dambach-la-Ville
Dieffenthal
N 59
Sélestat
St-Hippolyte
Bergheim
Ribeauvillé
N 415
Riquewihr
Zellenberg
Kaysersberg
Ammerschwihr
Colmar
Turckheim
Fecht
D 417
N 415
Eguisheim
Hattstatt
Gueberschwihr
Soultzmatt
Rouffach
Orschwihr
Bergholtz
HAUT-RHIN
Guebwiller
Soultz-Haut-Rhin
A 35
Ensisheim
Wattwiller
Thur
Thann
Cernay
A 36
Mulhouse
N 66
Grands Crus
1 Steinklotz
2 Engelberg
3 Altenberg de Bergbieten
4 Altenberg de Wolxheim
5 Bruderthal
6 Kirchberg de Barr
7 Zotzenberg
8 Kastelberg
9 Wiebelsberg
10 Moenchberg
11 Muenchberg
12 Winzenberg
13 Frankstein
14 Praelatenberg
15 Gloeckelberg
16 Altenberg de Bergheim
17 Kanzlerberg
18 Geisberg
19 Kirchberg de Ribeauvillé
20 Osterberg
21 Rosacker
22 Froehn
23 Schoenenbourg
24 Sporen
25 Sonnenglanz
26 Mandelberg
27 Marckrain
28 Mambourg
29 Furstentum
30 Schlossberg
31 Wineck-Schlossberg
32 Kaefferkopf
33 Sommerberg
34 Florimont
35 Brand
36 Hengst
37 Steingrubler
38 Eichberg
39 Pfersigberg
40 Hatschbourg
41 Goldert
42 Steinert
43 Vorbourg
44 Zinnkoepflé
45 Pfingstberg
46 Spiegel
47 Kessler
48 Kitterlé
49 Saering
50 Ollwiller
51 Rangen
N
0

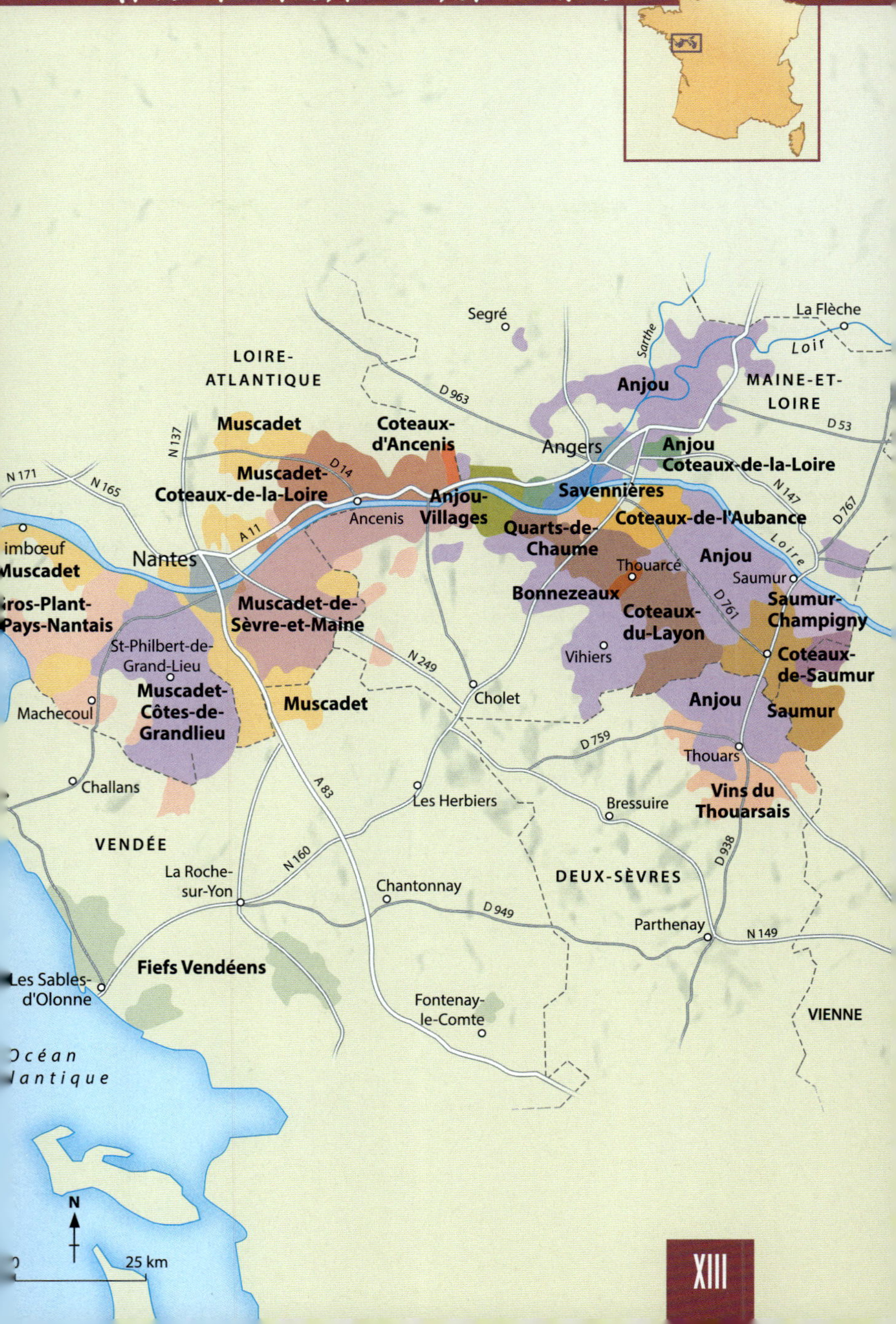
Segré
La Flèche
Loir
Sarthe
LOIRE-
ATLANTIQUE
MAINE-ET-
LOIRE
Anjou
D 963
D 53
Muscadet
Coteaux-
d'Ancenis
Angers
Anjou
Coteaux-de-la-Loire
N 137
D 14
Muscadet-
Coteaux-de-la-Loire
Savennières
N 147
N 171
N 165
Ancenis
Anjou-
Villages
Coteaux-de-l'Aubance
D 767
A 11
Quarts-de-
Chaume
Loire
imbœuf
Muscadet
Nantes
Thouarcé
Anjou
Saumur
Bonnezeaux
D 761
Saumur-
Champigny
Gros-Plant-
Pays-Nantais
Muscadet-de-
Sèvre-et-Maine
Coteaux-
du-Layon
St-Philbert-de-
Grand-Lieu
Vihiers
Coteaux-
de-Saumur
N 249
Muscadet-
Côtes-de-
Grandlieu
Cholet
Machecoul
Muscadet
Anjou
Saumur
D 759
Thouars
Challans
A 83
Les Herbiers
Bressuire
Vins du
Thouarsais
VENDÉE
D 938
N 160
La Roche-
sur-Yon
Chantonnay
DEUX-SÈVRES
D 949
Parthenay
N 149
Fiefs Vendéens
Les Sables-
d'Olonne
Fontenay-
le-Comte
VIENNE
Océan
Atlantique
N
25 km

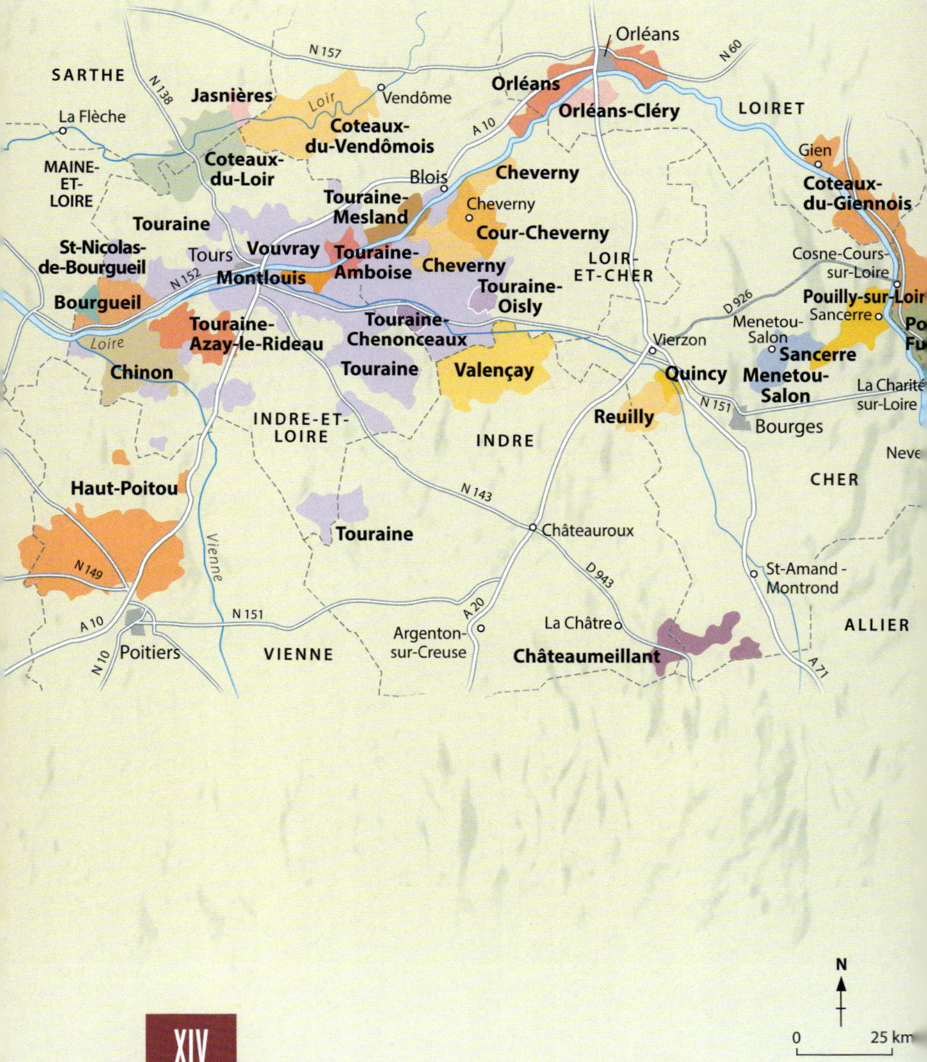
SARTHE
N 157
N 138
Jasnières
Loir
Vendôme
Orléans
Orléans
N 60
Orléans-Cléry
LOIRET
La Flèche
Coteaux-du-Vendômois
A 10
MAINE-ET-LOIRE
Coteaux-du-Loir
Blois
Cheverny
Gien
Coteaux-du-Giennois
Touraine-Mesland
Cheverny
Touraine
Cour-Cheverny
St-Nicolas-de-Bourgueil
Tours
Vouvray
Touraine-Amboise
Cheverny
LOIR-ET-CHER
Cosne-Cours-sur-Loire
N 152
Montlouis
Touraine-Oisly
D 926
Pouilly-sur-Loir
Bourgueil
Touraine-Chenonceaux
Menetou-Salon
Sancerre
Touraine-Azay-le-Rideau
Vierzon
Loire
Sancerre
Chinon
Touraine
Valençay
Quincy
Menetou-Salon
La Charité-sur-Loire
N 151
Reuilly
Bourges
INDRE-ET-LOIRE
INDRE
CHER
Haut-Poitou
N 143
Touraine
Châteauroux
Vienne
D 943
St-Amand-Montrond
N 149
N 151
A 20
La Châtre
ALLIER
A 10
Argenton-sur-Creuse
N 10
Poitiers
VIENNE
Châteaumeillant
A 71
N
0
25 km

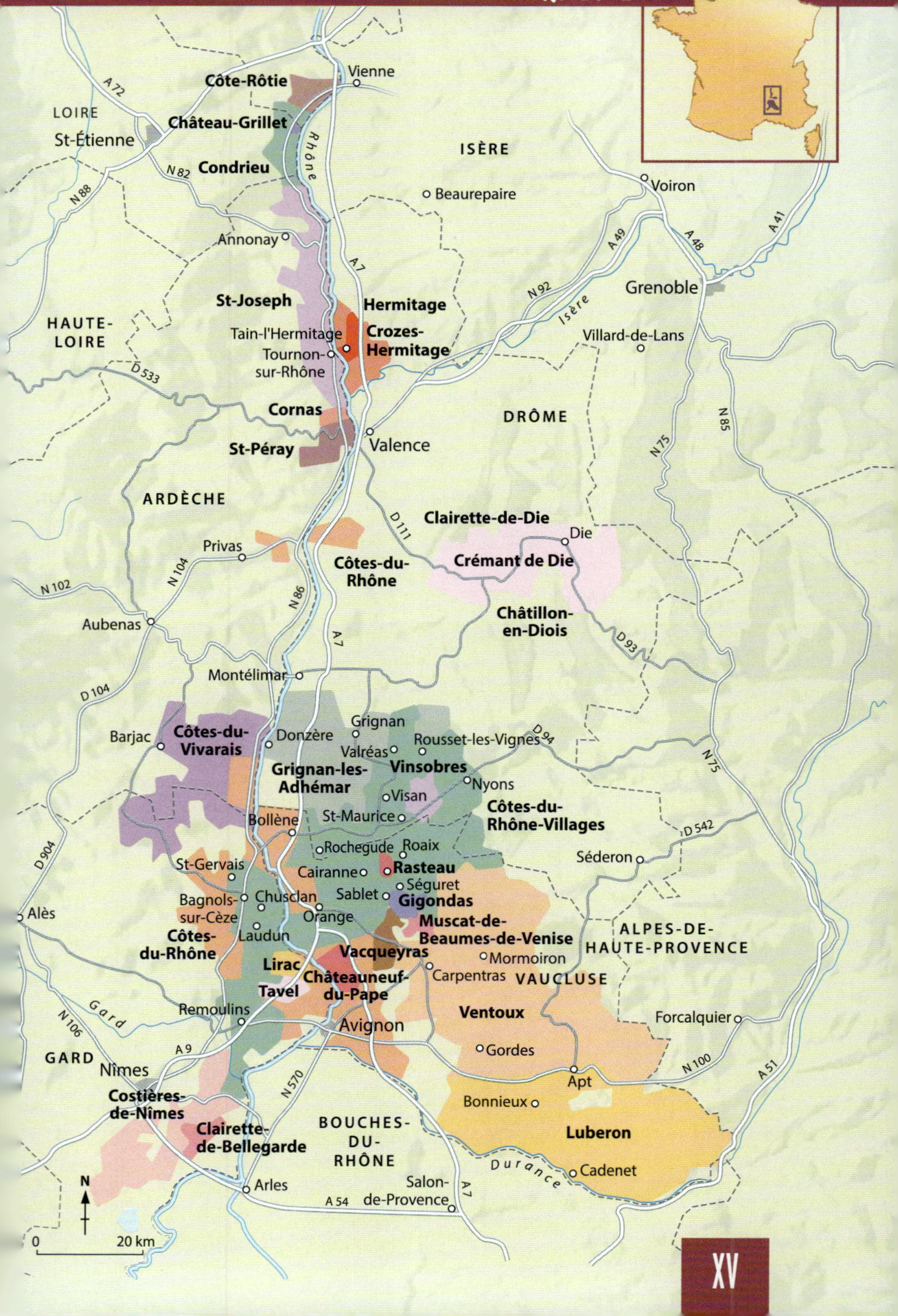
Vienne
Côte-Rôtie
Château-Grillet
Condrieu
LOIRE
St-Étienne
A 72
N 82
N 88
Rhône
ISÈRE
Beaurepaire
Voiron
A 41
A 48
A 49
Annonay
A 7
St-Joseph
Hermitage
HAUTE-LOIRE
Tain-l'Hermitage
Crozes-Hermitage
Tournon-sur-Rhône
N 92
Isère
Grenoble
Villard-de-Lans
D 533
Cornas
St-Péray
Valence
DRÔME
N 85
N 75
ARDÈCHE
D 111
Clairette-de-Die
Die
Privas
Crémant de Die
Côtes-du-Rhône
N 104
N 102
N 86
Aubenas
Châtillon-en-Diois
D 93
A 7
Montélimar
D 104
Grignan
Barjac
Côtes-du-Vivarais
Donzère
Valréas
Rousset-les-Vignes
D 94
Grignan-les-Adhémar
Vinsobres
Nyons
N 75
Visan
Côtes-du-Rhône-Villages
Bollène
St-Maurice
D 542
D 904
Rochegude
Roaix
Séderon
St-Gervais
Rasteau
Cairanne
Séguret
Bagnols-sur-Cèze
Chusclan
Sablet
Gigondas
Alès
Orange
Muscat-de-Beaumes-de-Venise
Côtes-du-Rhône
Laudun
ALPES-DE-HAUTE-PROVENCE
Vacqueyras
Mormoiron
Lirac
Châteauneuf-du-Pape
Carpentras
VAUCLUSE
Tavel
Gard
N 106
Remoulins
Ventoux
Forcalquier
Avignon
A 9
GARD
Gordes
Nîmes
N 100
A 51
N 570
Apt
Costières-de-Nîmes
Bonnieux
Clairette-de-Bellegarde
BOUCHES-DU-RHÔNE
Luberon
Durance
Cadenet
N
Arles
Salon-de-Provence
A 54
A 7
0
20 km

JURA

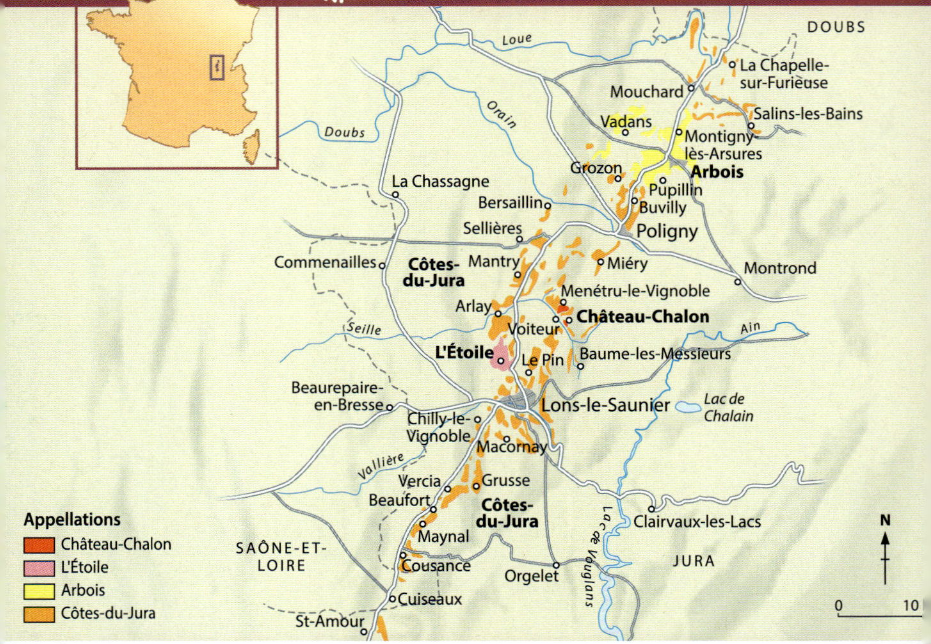

DOUBS
Loue
Orain
Doubs
La Chapelle-sur-Furieuse
Mouchard
Salins-les-Bains
Vadans
Montigny-lès-Arsures
Arbois
Grozon
Pupillin
Buvilly
La Chassagne
Bersaillin
Poligny
Sellières
Commenailles
Côtes-du-Jura
Mantry
Miéry
Montrond
Menétru-le-Vignoble
Arlay
Château-Chalon
Seille
Voiteur
Ain
L'Étoile
Le Pin
Baume-les-Messieurs
Beaurepaire-en-Bresse
Lons-le-Saunier
Lac de Chalain
Chilly-le-Vignoble
Macornay
Vallière
Vercia
Grusse
Beaufort
Côtes-du-Jura
Clairvaux-les-Lacs
Maynal
Lac de Vouglans
SAÔNE-ET-LOIRE
Cousance
Orgelet
JURA
Cuiseaux
St-Amour
N
0
10
Appellations
Château-Chalon
L'Étoile
Arbois
Côtes-du-Jura

SAVOIE

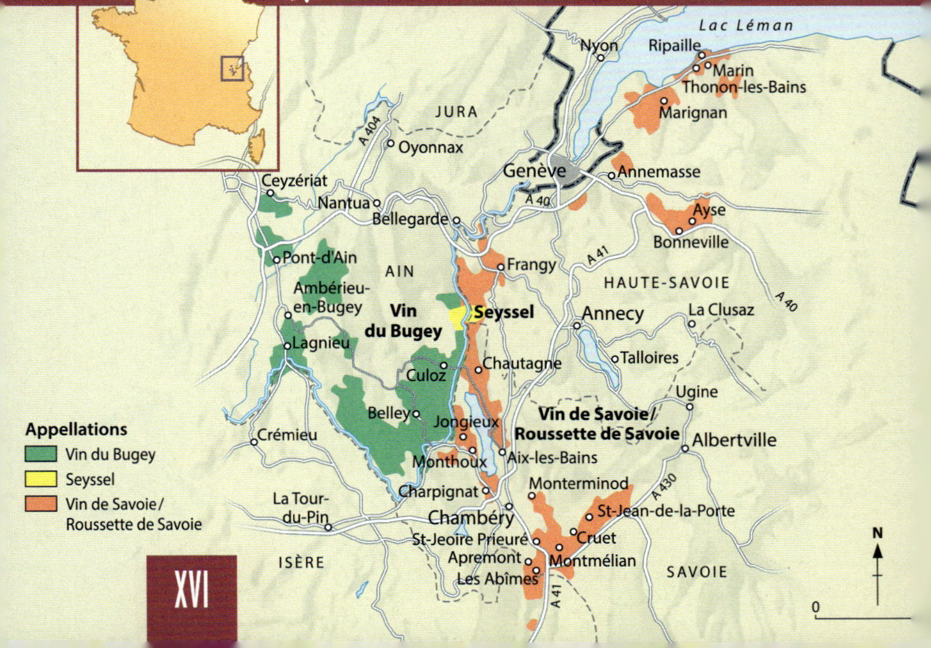

Lac Léman
Nyon
Ripaille
Marin
Thonon-les-Bains
Marignan
JURA
A 404
Oyonnax
Genève
Annemasse
Ceyzériat
Nantua
A 40
Ayse
Bellegarde
Bonneville
Pont-d'Ain
Frangy
A 41
AIN
HAUTE-SAVOIE
Ambérieu-en-Bugey
Vin du Bugey
Seyssel
Annecy
La Clusaz
A 40
Lagnieu
Chautagne
Talloires
Culoz
Ugine
Belley
Vin de Savoie/ Roussette de Savoie
Jongieux
Albertville
Crémieu
Monthoux
Aix-les-Bains
Charpignat
Monterminod
A 430
La Tour-du-Pin
Chambéry
St-Jean-de-la-Porte
St-Jeoire Prieuré
Cruet
Apremont
Montmélian
ISÈRE
Les Abîmes
SAVOIE
A 41
N
0
Appellations
Vin du Bugey
Seyssel
Vin de Savoie/ Roussette de Savoie

PROVENCE

CORSE

LANGUEDOC-ROUSSILLON

Côtes-de-Montravel
Haut-Montravel
Montravel
Saussignac
Côtes-de-Duras
Rosette
Bergerac
Pécharmant
Monbazillac
Côtes-du-Marmandais
Cahors
Coteaux-du-Quercy
Buzet
Brulhois
Vins de Lavilledieu
Fronton
Saint-Sardos
Gaillac
Entraygues-Le-Fel
Vins d'Estaing
Marcillac
Tursan
Saint-Mont
Madiran
Pacherenc-du-Vic-Bilh
Béarn
Jurançon
Irouléguy
CORRÈZE
CANTAL
DORDOGNE
LOT
LOT-ET-GARONNE
GIRONDE
LANDES
TARN-ET-GARONNE
AVEYRON
TARN
GERS
HAUTE-GARONNE
AUDE
PYRÉNÉES-ATLANTIQUES
HAUTES-PYRÉNÉES
ARIÈGE
PYRÉNÉES-ORIENTALES
ESPAGNE
Blaye
Bordeaux
Périgueux
Bergerac
Aurillac
Figeac
Langon
Marmande
Villeneuve-sur-Lot
Villefranche-de-Rouergue
Rodez
Agen
Nérac
Montauban
Castelsarrasin
Albi
Mont-de-Marsan
Condom
Auch
Mirande
Toulouse
Castres
Pau
Tarbes
Oloron-Sainte-Marie
Saint-Gaudens
Carcassonne
Isle
Vézère
Dordogne
Lot
Aveyron
Tarn
Agout
Gers
Adour
Gave de Pau
Ariège
Aude
N 21
N 89
N 20
N 120
N 122
N 140
D 653
D 106
A 63
A 62
D 911
D 932
N 10
N 134
D 933
N 88
D 934
N 124
N 21
A 68
N 117
A 64
N 126
N 112
N 113
A 61
D 117
N
0
30 km

ITALIE

Régions viticoles
Nord
Centre
Sud et Îles
Frontière
Limite de région
VAL D'AOSTE
PIÉMONT
Turin
Asti
LOMBARDIE
Côme
Milan
Adda
Lac de Garde
Adige
TRENTIN-HAUT-ADIGE
Bolzano
Trente
VÉNÉTIE
Vicence
Vérone
Venise
Piave
FRIOUL-VÉNÉTIE JULIENNE
Trieste
Pô
Modène
Reno
ÉMILIE-ROMAGNE
Bologne
Ravenne
Gênes
LIGURIE
SAINT-MARIN
Pise
Florence
Arno
TOSCANE
Montepulciano
Tibre
Pérouse
OMBRIE
Ancône
MARCHES
LATIUM
Rome
Pescara
ABRUZZES
MOLISE
CAMPANIE
Naples
Foggia
Bari
POUILLES
BASILICATE
Tarente
CALABRE
Reggio di Calabria
Messine
Palerme
SICILE
Catane
SARDAIGNE
Cagliari
PANTELLERIA
Mer Ligurienne
Mer Adriatique
Mer Tyrrhénienne
Mer Méditerranée
Mer Ionien
N
0
100
200

ITALIE : NORD ET CENTRE

PORTUGAL

Océan Atlantique
Zones d'appellation contrôlée (DOC)
1 Vinho Verde
2 Trás-os-Montes
3 Porto et Douro
4 Távora-Varosa
5 Lafões
6 Bairrada
7 Dão
8 Beira Interior
9 Encostas de Aire
10 Lourinhã
11 Òbidos
12 Alenquer
13 Arruda
14 Torres Vedras
15 Bucelas
16 Carcavelos
17 Colares
18 Tejo
19 Setúbal
20 Palmela
21 Alentejo
22 Lagos
23 Portimão
24 Lagoa
25 Tavira
26 Madeira
27 Biscoitos, Pico, Graciosa
Frontière
Région de production du vinho regional (vin de pays)
Minho
MINHO
Viana do Castelo
Braga
TRANSMONTANA
Tua
Tâmega
Régua
Douro
DURIENSE
Vila Nova de Gaia
Porto
Aveiro
Viseu
Guarda
Mondego
BEIRAS
Zêzere
Coimbra
Castelo Branco
Leiria
ESTREMADURA
Tage
TEJO
Santarém
Sorraia
Portalegre
Sintra
Lisbonne
Estoril
Setúbal
Borba
ALENTEJANO
Évora
Sado
TERRAS DO SADO
Beja
Guadiana
ALGRAVE
Faro
AÇORES
Graciosa
Terceira
Pico
MADÈRE
Funchal
N
0
50

Océan Atlantique
FRANCE
La Corogne
GALICE
Oviedo
ASTURIES
Santander
Txakoli de Bizkaia
Txakoli de Getaria
Saint-Sébastien
Saint-Jacques-de-Compostelle
CANTABRIQUE
Bilbao
PAYS BASQUE
Vitoria
Pampelune
NAVARRE
Rías Baixas
Ribeira Sacra
Bierzo
León
Ribeiro
Vigo
Miño
Valdeorras
Esla
Burgos
Logroño
Navarre
Rioja
LA RIOJA
Pyrénées
Somontano
Huesca
Ampurdán-Costa Brava
CATALOGNE
Monterrei
CASTILLE-LEÓN
Cigales
Valladolid
Douro
Ribera del Duero
Campo de Borja
Èbre
Saragosse
Costers del Segre
Lérida
Pla de Bages
Alella
Barcelone
Toro
Rueda
Cariñena
Priorato
Tarragone
Penedès
Salamanque
Mondéjar
Calatayud
Terra Alta
ARAGÓN
MADRID
Tage
Tarragone
Conca de Barberà
Madrid
Los Vinos de Madrid
PORTUGAL
Méntrida
Tolède
Utiel Requena
VALENCE
Valence
Mer Méditerranée
Tage
La Mancha
ESTRÉMADURE
CASTILLE-LA MANCHE
Júcar
Mérida
Guadiana
Almansa
Valencia
Ribera del Guadiana
Valdepeñas
Valdepeñas
Jumilla
Alicante
Yecla
Alicante
Bullas
Cordoue
MURCIE
Murcie
Condada de Huelva
Guadalquivir
Genil
Montilla-Moriles
Binissalem
Huelva
Séville
ANDALOUSIE
Grenade
Palma
MAJORQUE
Jerez/Xérès
Jerez de la Frontera
Málaga
Málaga
Pla í Llevant
Cadix
ÎLES BALÉARES
Océan Atlantique
Lanzarote
Valle de la Orotava
Tacoronte-Acentejo
La Palma
Ycoden Daute-Isora
Valle de Güímar
Abona
El Hierro
CANARIES
N
0
100 km
Régions viticoles
Denominación de origen (DO)
Denominación de origen calificada (DOC)
Limite de communauté autonome
Frontière
N
0
100

ALLEMAGNE

Régions viticoles
Ahr
Bergstrasse de Hesse
Franconie
Hesse rhénane
Moselle-Sarre-Ruwer
Moyenne Rhénanie
Nahe
Palatinat
Pays de Bade
Rheingau
Saale-Unstrut
Saxe
Wurtemberg
PAYS-BAS
LUX.
FRANCE
SUISSE
AUTRICHE
RÉPUBLIQUE TCHÈQUE
Rhin
Sieg
Lahn
Nidda
Ahr
Moselle
Nahe
Glan
Sarre
Main
Tauber
Jagst
Kocher
Neckar
Danube
Unstrut
Saale
Elster
Mulde
Elbe
Bonn
Coblence
Wiesbaden
Francfort-sur-le-Main
Eltville
Bingen
Mayence
Darmstadt
Bernkastel-Kues
Trèves
Saarburg
Mannheim
Sarrebruck
Heidelberg
Heilbronn
Karlsruhe
Stuttgart
Offenburg
Breisach
Fribourg-en-Brisgau
Constance
Lac de Constance
Würtzburg
Nuremberg
Regensburg
Munich
Halle
Leipzig
Freyburg
Naumburg
Meissen
Radebeul
Dresde
N
0
50
1

ALLEMAGNE
FRANCE
AUTRICHE
LIECHTENSTEIN
ITALIE
Bâle
Rhin
Schaffhouse
Lac de Constance
Winterthur
St-Gall
Aarau
Zurich
Aar
Lac de Zurich
Wädenswil
Vaduz
Neuchâtel
Lac de Bienne
Lucerne
Berne
Lac Morat
Lac de Neuchâtel
Fribourg
Aar
Coire
Rhin antérieur
Orbe
Inn
Lausanne
Airolo
Lac Léman
Tessin
Sierre
Brigue
Aigle
Sion
Viège
Locarno
Bellinzona
Genève
Rhône
Martigny
Lac Majeur
Lugano
Régions viticoles
Canton de Genève
Canton du Valais
Canton de Vaud
Grisons
Neuchâtel
Suisse orientale
Tessin
Frontière
Limite de canton
N
0
25
50 km

DANUBE ET AUTRICHE

ÉTATS-UNIS : CÔTE OUEST

CHILI ET ARGENTINE

Imperatriz
João Pessoa
Recife
Maboatao
Maceió
B R É S I L
Vale do
São Francisco
São Francisco
Salvador
Cuiabá
Brasília
Goiânia
LIVIE
Campa Grande
Belo Horizonte
Contagem
Vitória
Ribeirão Preto
Paraná
Rio de Janeiro
Londrina
São Paulo
PARAGUAY
Joinville
Planalto
Catarinense
Océan
Atlantique
Campos de Cima
da Serra
GENTINE
Vale dos
Vinhedos
Serra Gaúcha
Porto Alegre
Campanha
Pelotas
Salto
Rivera
Serra do
Sudeste
Payzandu
Melo
URUGUAY
N
Rocha
0
500 km
Montevideo

AUSTRALIE

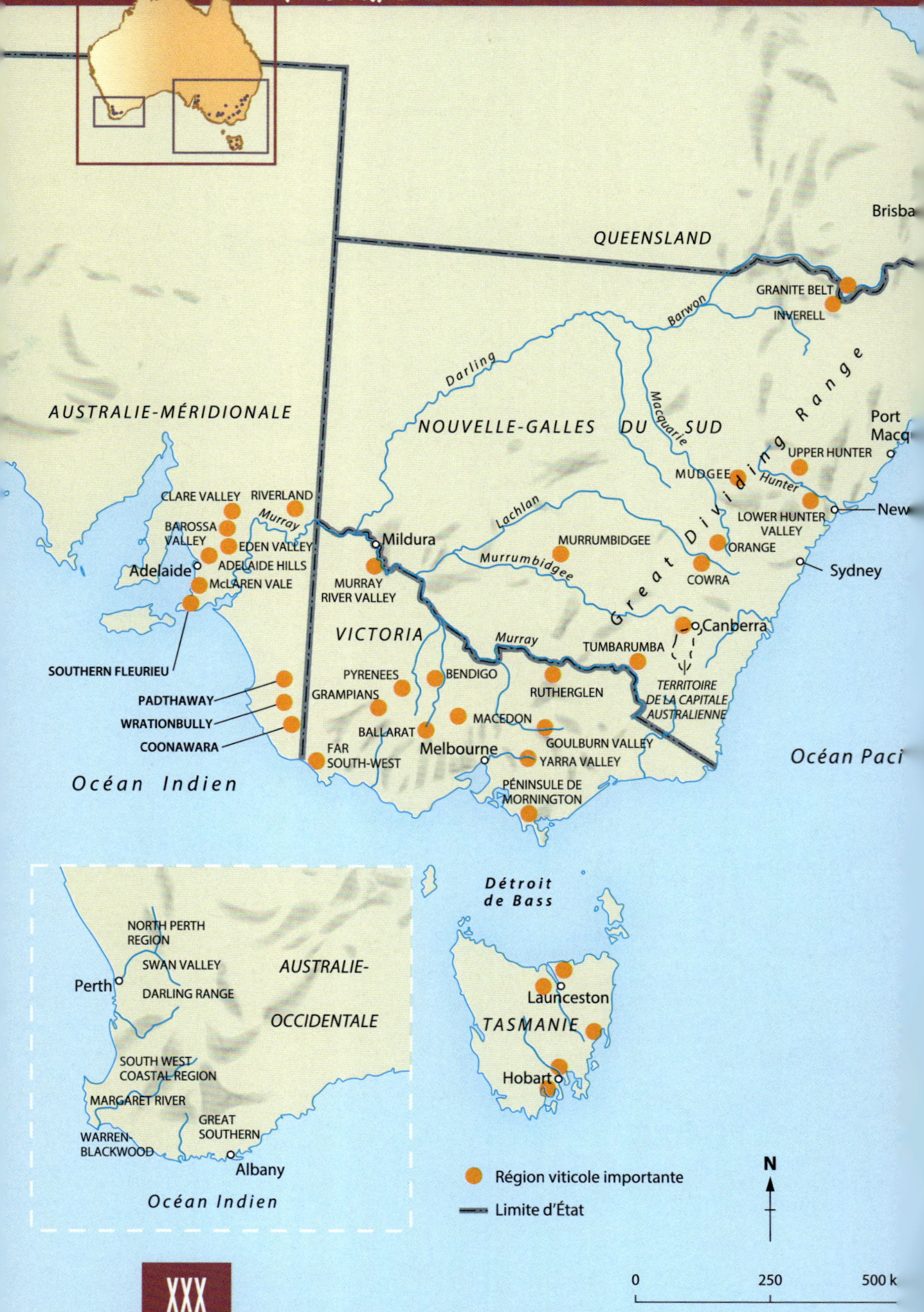
QUEENSLAND
Brisba
GRANITE BELT
INVERELL
Barwon
Darling
Great Dividing Range
AUSTRALIE-MÉRIDIONALE
NOUVELLE-GALLES DU SUD
Macquarie
Port Macq
UPPER HUNTER
MUDGEE
Hunter
New
LOWER HUNTER VALLEY
CLARE VALLEY
RIVERLAND
Murray
BAROSSA VALLEY
EDEN VALLEY
Adelaide
ADELAIDE HILLS
McLAREN VALE
Mildura
Lachlan
MURRUMBIDGEE
Murrumbidgee
ORANGE
COWRA
Sydney
MURRAY RIVER VALLEY
VICTORIA
Canberra
TUMBARUMBA
SOUTHERN FLEURIEU
PYRENEES
BENDIGO
RUTHERGLEN
TERRITOIRE DE LA CAPITALE AUSTRALIENNE
PADTHAWAY
GRAMPIANS
WRATIONBULLY
MACEDON
BALLARAT
COONAWARA
GOULBURN VALLEY
FAR SOUTH-WEST
Melbourne
YARRA VALLEY
Océan Paci
Océan Indien
PÉNINSULE DE MORNINGTON
Détroit de Bass
NORTH PERTH REGION
SWAN VALLEY
AUSTRALIE-OCCIDENTALE
Perth
DARLING RANGE
Launceston
TASMANIE
SOUTH WEST COASTAL REGION
Hobart
MARGARET RIVER
GREAT SOUTHERN
WARREN-BLACKWOOD
Albany
Océan Indien
Région viticole importante
Limite d'État
N
0
250
500 k

NOUVELLE-ZÉLANDE

AFRIQUE DU SUD

général chaud, mais parfois humide. Le mois de septembre est fréquemment doux, bien ensoleillé et peu arrosé. Les lacs du Bourget et Léman créent cependant des conditions favorables, et le relief accidenté donne toute une série de mésoclimats variant d'un versant à l'autre, voire d'un vignoble à l'autre. Les sols de Savoie et du Bugey sont argilo-calcaires, avec des apports minéraux résultant de nombreux dépôts glaciaires.

Les vins et les cépages

Bien que cette région de France ait été italienne jusqu'en 1860, la viticulture s'y inspire plus de la Suisse que du Piémont.
Les vins blancs l'emportent largement sur les rouges, les cépages comme la jacquère, la roussette et le chasselas donnant des vins légers, en harmonie avec l'air de la montagne. Quant aux vins rouges, ils sont issus du pinot noir, du gamay ou de la typique mondeuse, qui produit les vins les plus structurés de la région.

Les cépages blancs

La jacquère est propre à la Savoie et au Bugey. En Savoie, c'est le cépage blanc le plus cultivé, dominant dans plusieurs crus dont Abymes, Apremont, Cruet, Chautagne ou Jongieux. Peu sensible à la pourriture ou à l'oïdium, et guère plus au mildiou, il est facile à cultiver et très productif. Il donne de moins bons résultats en Bugey, car, sous peine d'une verdeur excessive et de goûts herbacés, il a besoin de chaleur et de soleil. Ses vins sont légers, peu aromatiques et rafraîchissants.
La molette, de par sa forte acidité, est particulièrement adaptée au vin mousseux. Le gringet est uniquement présent dans le vin d'Ayze.

BUGEY

La Savoie rejoint le Bugey à Seyssel, l'appellation Seyssel étant située des deux côtés du fleuve Rhône qui sépare les départements de l'Ain et de la Haute-Savoie. Le Bugey est une région isolée, nettement à l'écart de l'axe Lyon-Chambéry, et contenue dans une large boucle du Rhône, au sud-est de l'Ain.
L'appellation Vin du Bugey comporte elle aussi plusieurs crus variant en importance et en personnalité. L'attribution du VDQS en 1957 l'a sauvé d'un oubli total en encourageant le développement de la vigne et le remplacement des hybrides par des cépages tels que jacquère, molette, roussette et chardonnay, en blanc, mondeuse, pinot noir et gamay, en rouge. La région est AOC depuis 2009. On trouve aussi un peu d'aligoté et de poulsard, preuve des liens régionaux avec la Bourgogne et le Jura.

La roussette, autre cépage blanc caractéristique de la Savoie, doit son nom à la teinte rougeâtre de son raisin mûr, mais porte aussi celui d'altesse. Elle pousse aussi en Bugey, mais sa sensibilité au gel et à la pourriture entraîne des rendements irréguliers et une culture encore plus malaisée que celle de la jacquère.

Le chasselas prospère sur les rives du Léman depuis le XIIIe siècle. On le trouve aussi en Alsace et à Pouilly-sur-Loire, où il se fait cependant de plus en plus rare. En général consommé comme raisin de table en France, du côté suisse du lac, il est vinifié sous divers noms locaux tels que fendant, dorin et perlan. En Savoie, on en trouve dans quatre crus de Vin de Savoie : Crépy, Marin, Ripaille et Marignan. Le Chasselas est parfois critiqué pour son peu d'arôme, car il tend à une délicatesse confinant à la neutralité.

Le chardonnay a été introduit en Savoie au début des années 1960 pour renforcer les arômes parfois trop discrets de la jacquère, mais cet objectif n'a guère été atteint. Cépage autorisé dans le Vin de Savoie, il est parfois vinifié seul, mais peut aussi être assemblé avec la roussette. Dans l'ensemble, sa réussite est cependant plus nette en Bugey, où il peut donner des vins aux arômes délicats bien typés.

Les cépages rouges

Le cépage rouge le plus caractéristique de la Savoie et du Bugey est la mondeuse, apparentée à la syrah. En Savoie, elle est surtout cultivée dans le village d'Arbin et sur la rive orientale du lac du Bourget, à Chautagne. La mondeuse occupait la première place dans la région avant que le phylloxéra ne détruise bon nombre de vignobles. Elle produit un vin coloré, bien structuré, aux notes de fruits noirs et d'épices. Les belles versions supportent sans mal un élevage en fût et peuvent vieillir avec bonheur. Le gamay noir et le pinot noir ne sont arrivés que bien plus tard, et le rare persan renaît timidement.

Les vignerons, négociants et coopératives

Les vins de Savoie et du Bugey sont produits par un grand nombre de petits vignerons pratiquant parfois la polyculture. La moitié d'entre eux sont adhérents à une coopérative, d'autres peuvent vendre leurs raisins ou leur vin aux négociants locaux, dont l'importance commerciale est restée intacte jusqu'à aujourd'hui.

Très peu de ces vins circulent hors de la région : l'afflux des touristes, nombreux en hiver comme en été, leur assure un débouché local tout trouvé.

La vinification

Les méthodes appliquées dans les chais de Savoie sont plus ou moins élaborées.

Certaines caves sont résolument rustiques ou peu sophistiquées ; d'autres, au contraire, sont plus modernes, avec des cuves en acier inoxydable. On y pratique le contrôle des températures de fermentation. La fermentation malolactique peut être, ou non, favorisée. La chaptalisation est non seulement autorisée mais généralement nécessaire dans ce climat à caractère continental. Ici et là, on utilise des fûts de chêne pour le vieillissement de la mondeuse.

Dans l'ensemble, les vins de Savoie et du Bugey doivent être bus relativement vite, tant qu'ils n'ont pas perdu leur fraîcheur aromatique et leur fruité, à l'exception notable des meilleurs vins issus de la mondeuse, de la roussanne (Chignin-Bergeron) ou de la roussette. Les viticulteurs s'efforcent donc de mettre en œuvre des techniques de vinification permettant d'extraire le maximum de ces caractères de jeunesse et de les préserver par une mise en bouteilles précoce.

APPELLATIONS ET PRODUCTEURS

Les vins savoyards répondent à une structure officielle complexe. La principale appellation, l'AOC Vin de Savoie, est utilisée seule ou suivie du nom de 16 villages ou zones, dits crus. Il existe deux autres AOC : Roussette de Savoie et Seyssel. On trouvera également ici le Vin du Bugey.

VIN DE SAVOIE

L'AOC Vin de Savoie regroupe une vaste étendue de vignobles et 16 crus distincts. Créée en 1973 à partir d'un VDQS de 1957, elle produit une majorité de vins blancs. Les crus sont décrits par ordre d'importance, avec leurs principaux producteurs.

APREMONT ET ABYMES

Le village d'Apremont se trouve au sud de Chambéry. Son principal cépage, la jacquère, pousse dans des sols essentiellement formés de dépôts glaciaires et donne un vin sec, vif et légèrement fruité, parfois avec un goût de silex. On trouve aussi du chardonnay et de la mondeuse. Le cru voisin d'Abymes tire son nom d'une catastrophe naturelle : les vignes sont plantées sur des éboulis rocheux, vestiges de l'effondrement d'une partie du mont Granier qui détruisit le village de Saint-André en 1248. Ici aussi, la jacquère domine devant une petite quantité de chardonnay. Un dicton local affirme qu'Apremont mûrit à l'ombre et Abymes au soleil, entendant par là que l'Abymes peut être un peu plus tendre et souple, l'Apremont plus ferme et nerveux. Le Domaine des Rocailles, le principal producteur d'Abymes et d'Apremont, produit par ailleurs un peu de Vin de Savoie rouge. Ses vins blancs naissent de la technologie moderne tandis que ses rouges, surtout de mondeuse, vieillissent en fût de chêne pour plus de complexité aromatique. La coopérative Le Vigneron Savoyard est un autre bon producteur d'Apremont.

ARBIN ET LA VALLÉE DE L'ISÈRE

Le village d'Arbin, dans la vallée de l'Isère, est réputé pour son vin rouge issu de la mondeuse, seul cépage autorisé, dont il offre quelques-uns des meilleurs exemples. La vinification reste traditionnelle, avec fermentation en grands foudres de chêne et →

APPELLATIONS ET PRODUCTEURS

vieillissement en fûts plus petits, comme chez Louis Magnin, ou en cuve comme chez Charles Trosset, deux excellents vignerons.
Les autres crus de la vallée de l'Isère, au sud de Chambéry, sont Cruet, Saint-Jeoire-Prieuré, Montmélian, Saint-Jean-de-la-Porte et Sainte-Marie-d'Alloix. Comme Charpignat, au nord de Chambéry, ces deux derniers n'existent plus que sur le papier, les vins étant produits sous l'appellation générique « Vin de Savoie ». La production de Cruet et Montmélian est dominée par les coopératives villageoises, avec la jacquère et la roussette en blanc, le gamay en rouge.

AYZE

Ayze est réputé dans la région pour son vin blanc mousseux issu de l'inhabituel gringet, spécifique à la région et inconnu ailleurs. On utilise aussi la roussette. Les vins sont vinifiés selon la méthode traditionnelle et possèdent un excellent interprète en la personne du domaine Belluard.

CHAUTAGNE

Situé sur la rive est du lac du Bourget, ce vignoble est surtout planté en rouge, avec mondeuse, pinot noir et gamay, auxquels s'ajoutent, pour le blanc, un peu de jacquère, de roussette et d'aligoté. Les cépages sont le plus souvent vinifiés séparément. Dans le village de Ruffieux, la coopérative est le principal producteur et offre ainsi un débouché à de nombreux petits viticulteurs.

CHIGNIN

Également situé au sud de Chambéry, le vignoble de Chignin pousse sur un coteau escarpé à 360 m d'altitude. La jacquère domine et offre ici des arômes un peu plus ronds qu'en Apremont ou Abymes. Orientées au sud et au sud-ouest, les vignes bénéficient d'un mésoclimat plus chaud. Le sol est argilo-calcaire. Chignin possède un autre cru de blanc bien particulier, le Chignin-Bergeron, bergeron étant le nom donné ici à la roussanne cultivée au nord du Rhône. Nul ne sait vraiment comment cette roussanne est arrivée ici, mais les vignes y sont depuis plus d'un siècle. Ce cépage est beaucoup plus capricieux que la jacquère et plus sensible aux maladies, mais il donne aussi des vins plus puissants, plus aromatiques et plus complexes. On trouve aussi des vins rouges dont d'excellentes Mondeuses, des Gamays et des Pinots noirs. La commune concentre bon nombre des meilleurs vignerons de Savoie comme Gilles Berlioz, JP et JF Quénard, André et Michel Quénard, Les Fils de René Quénard, Pascal et Annick Quénard, Domaine La Combe des Grand'Vignes, etc.

CRÉPY

Situé sur la rive sud du lac Léman, près de Douvaine. Le chasselas est l'unique cépage et produit des vins blancs souples, délicats et peu aromatiques. Le vin peut à l'occasion être embouteillé sur ses lies fines afin de générer un léger pétillement.

JONGIEUX

Le vignoble de ce cru récent, créé en 1988, occupe à l'ouest du lac du Bourget des coteaux orientés au sud-ouest. Les principales communes sont Jongieux, Lucey, Billième et Saint-Jean-de-Chevelu. Le cépage dominant, la jacquère, est accompagné d'un peu de chardonnay, qui réussit mieux ici que dans la vallée de l'Isère, les conditions de culture étant semblables à celles du Bugey. Le plus important cépage rouge est le gamay, qui donne également du rosé.

MARIGNAN

Cru également à base de chasselas, dont la production est très limitée.

MARIN

C'est le plus récent des crus. Ce village, dont le vignoble surplombe le lac Léman, produit un blanc →

délicat de Chasselas, très semblable à celui de Ripaille.

RIPAILLE
Le magnifique château de Ripaille, datant du XVe siècle, et son vignoble occupent ce cru bordant le lac Léman, près de Thonon-les-Bains. Seul cépage présent à cet endroit, le chasselas donne un vin blanc souple et assez léger.

ROUSSETTE DE SAVOIE

La Roussette de Savoie est une AOC de vin blanc qui tire son nom du seul cépage autorisé, la roussette, connue aussi sous le nom d'altesse. Le nom de l'appellation peut être complété par celui d'un de ses crus spécifiques : Frangy (le principal, non loin de Genève), Marestel (près de Jongieux), Monthoux (sur la rive sud-ouest du lac du Bourget) et Monterminod (à l'est de Chambéry). La roussette produit des vins sensiblement plus riches et plus gras que beaucoup de blancs de Savoie ; ils peuvent prétendre à une moyenne garde.

SEYSSEL

Le vignoble de Seyssel s'étend sur les communes de Corbonod et de Seyssel dans l'Ain et la Haute-Savoie. Les vignes occupent les deux rives du Rhône sur des coteaux abrupts. Le vignoble produit surtout des vins tranquilles à partir de l'altesse, plutôt souples et fruités, avec parfois un fond de douceur, et des vins effervescents secs à demi-secs issus de la méthode traditionnelle à partir d'un assemblage de cépages (altesse, chasselas, molette).

LES VINS IGP

L'IGP régionale Collines rhodaniennes englobe des vins de Savoie, de Haute-Savoie et d'autres départements voisins. Il existe aussi deux vins de pays de zone : l'IGP Vin des Allobroges, sur les départements de Savoie et de Haute-Savoie (les Allobroges étaient la tribu gauloise qui faisait du vin dans cette région au temps de Jules César) et l'IGP Isère pour le département du même nom.

BUGEY

Il existe deux AOC, le Vin du Bugey (blanc, rouge et rosé) et la Roussette du Bugey (blanc), chacune dotée de crus spécifiques. L'AOC Bugey occupe le territoire de 68 communes entre Jura et Savoie, et offre une grande diversité de mésoclimats, d'altitudes, d'orientations et de sols. L'encépagement traduit cette double influence. Les vins rouges et rosés sont issus du gamay, du pinot noir (dominants), de la mondeuse, du pinot gris et du poulsard. Les blancs, tranquilles et effervescents, proviennent du chardonnay (dominant), de l'aligoté, de l'altesse, de la jacquère, du pinot gris et de la rare mondeuse blanche. Ils offrent généralement fruit et fraîcheur. Il existe trois crus : Manicle (pinot noir et chardonnay), Montagnieu (mondeuse) et Cerdon (voir ci-dessous). Les vins blancs issus de la roussette (altesse), au caractère minéral affirmé, possèdent leur propre appellation, Roussette du Bugey, avec deux crus (Montagnieu et Virieu-le-Grand).

CERDON
Situé à l'écart de la zone, Cerdon est le plus marquant des crus du Bugey. Il englobe 10 communes au sud-est de Bourg-en-Bresse, dont Cerdon même, au cœur d'un amphithéâtre de vignes, est le plus grand. Le rosé de Cerdon est un vin effervescent à base de gamay et de poulsard produit selon une méthode dite « ancestrale » : on bloque la fermentation de façon à laisser un peu de sucres résiduels, puis on met le vin en bouteilles, où la fermentation redémarre. Il en résulte un vin pétillant rosé demi-sec, frais, léger et très aromatique.

PROVENCE ET CORSE

Carte page XVII

La Provence est devenue le pays du rosé par excellence, au point de délaisser ou d'ignorer le potentiel de ses vins rouges dont la production est en baisse. Une proportion importante des vins de Provence est encore vinifiée par les caves coopératives ou commercialisés par des négociants, mais ce sont les domaines récents ou entièrement repris en main par de nouveaux propriétaires qui donnent le ton. Le succès des rosés de Provence s'explique largement par l'afflux touristique, mais aussi par ses avantages commerciaux pour les producteurs (rotation rapide des stocks et liquidités). La région offre ainsi l'archétype du rosé moderne, imité ailleurs en France : un vin pâle, au nez floral et fruité, issu d'un pressurage direct des raisins ou d'une très courte macération. Si les vins rouges sont en recul, ils n'en possèdent pas moins une forte personnalité ; et les rares vins blancs méritent aussi d'être redécouverts. Quant à la Corse, son isolement l'a poussée à produire des vins originaux qu'elle décline, elle aussi, largement en vin rosé. Pendant un siècle, son rôle fut de fournir des vins rouges puissants et bon marché. Plus récemment, on a assisté à une réhabilitation des cépages locaux qui font tout l'intérêt de la production. Les meilleurs vins n'ont rien à envier aux bons vins du continent, l'accent local en prime, car l'encépagement corse doit plus à l'Italie qu'à la France.

PROVENCE

Carte page XVII

Depuis toujours, la viticulture est une activité importante dans le paysage de la Provence, vallonné et entrecoupé de crêtes rocheuses, d'oliveraies, de bois et de vignes et de propriétés luxueuses. Les vins se retrouvent sur nombre de bonnes tables de la région et sont majoritairement consommés par une population estivale importante. Le soleil est généreux, la pluie suffisante pendant l'hiver, et la topographie fournit des lieux protégés contre l'agression du mistral. Les sols variés, qu'ils soient caillouteux ou graveleux, sont toujours bien drainés sur les coteaux.

On peut juste reprocher à la Provence de ne pas tirer parti de cet environnement idéal pour proposer davantage de grands vins rouges et de se cantonner à ses rosés, qui, s'ils sont agréables à boire l'été, sont loin d'exploiter le potentiel du terroir. Dans l'appellation Côtes-de-Provence, qui produit les trois quarts des vins de la région, la part des vins rosés avoisine les 90 %, contre 60 % il y a deux décennies. Même l'AOC Bandol, qui a assis sa notoriété sur ses grands vins rouges de garde, a succombé à la mode des rosés auxquels elle se consacre à près de 70 %. La Provence profite donc pleinement de la vague rose que l'on observe en France (30 % des vins consommés). Elle a su élever la qualité de sa production, de bien meilleur niveau aujourd'hui qu'hier, grâce à des pratiques viticoles (encépagement, dates de vendanges) et à des équipements en cave adaptés à ce type de vin.

La plupart des rosés sont pâles, tendres, moyennement aromatiques, ce qui n'empêche pas certains producteurs de s'écarter du standard, en jouant sur les cépages, sur les temps de macération ou sur l'élevage. Même en déclin, les vins rouges doivent cependant retenir l'attention des amateurs. Dans une production qui reste inégale, il faut s'intéresser aux vins rouges de garde, issus d'assemblages variés, mais dont bon nombre affichent une certaine proportion de mourvèdre, de syrah ou de cabernet-sauvignon, variétés aptes à produire de vins structurés, capables d'une certaine garde.

Les régions vinicoles et les appellations

La Provence recouvre deux départements, le Var et les Bouches-du-Rhône, auxquels s'ajoute une enclave dans les Alpes-Maritimes. Elle s'étend des Alpes, au nord et à l'est, au Rhône, à l'ouest, et à la côte méditerranéenne, au sud. Le vignoble s'étire de Nice, à l'est, jusqu'au delta du Rhône, à l'ouest. Les noms des différentes appellations peuvent prêter à confusion. La plus importante, les Côtes-de-Provence, se situe principalement au sud (entre Toulon, à l'ouest, et Fréjus, à l'est) et s'applique en outre à quelques parcelles côtières près de Marseille et dans les terres autour de Trets. Son aire est donc très étendue. L'appellation Coteaux-d'Aix-en-Provence se trouve tout autour de la ville du même nom. Entre ces deux zones, et au nord des Côtes-de-Provence, se situent les Coteaux-Varois, appellation qui fut créée en 1983.

Les dimensions de ces appellations régionales expliquent la difficulté pour le consommateur d'y retrouver un véritable type. En Provence, seul le nom du domaine ou du propriétaire peut donner une idée du style du vin et représenter une garantie de qualité. Quelques zones se sont récemment différenciées en se dotant d'une dénomination spécifique qui suit le nom de l'appellation Côtes-de-Provence : ce sont Sainte-Victoire, Fréjus, La Londe et Pierrefeu, chacune disposant de son propre cahier des charges (plus sévère que celui de l'AOC régionale).

À l'intérieur des terres, les collines boisées des Maures sont dénuées de vignes, mais forment une barrière entre la côte et la large vallée, qui, autour de la ville du Luc, possède de bons terroirs.

La Provence compte aussi 4 petites appellations au caractère bien marqué qui produisent des vins de qualité : Bandol, Bellet, Cassis et Palette.

Classé AOC en 1941, le vignoble de Bandol occupe les terrasses ensoleillées proches de la ville et de l'arrière-pays. Il couvre quatre communes et certains lieux-dits limitrophes.

Le tout petit vignoble de Bellet, devenu AOC la même année, est situé sur la commune de Nice.

Le vignoble de Cassis, devenu AOC en 1936, couvre des pentes caillouteuses et des terrasses bien drainées à l'est de Marseille.

Exposée en grande partie au nord, la petite AOC Palette (reconnue en 1948) est située aux portes de la ville d'Aix-en-Provence.

Les cépages et les styles de vin

Sur 10 bouteilles de Côtes-de-Provence, 9 sont du rosé, ce qui laisse imaginer l'importance prise par les cépages les mieux adaptés à la production de vins rosés pâles. Le grenache noir et le cinsaut qui arrivent en tête dans l'encépagement des Côtes-de-Provence sont privilégiés dans les jeunes plantations. Le grenache entre souvent dans l'élaboration des vins rouges et rosés, apportant la douceur et la rondeur de son fruit. La syrah, depuis longtemps chez elle en Provence, n'est pas aussi répandue que dans la vallée du Rhône, mais apporte aux assemblages parfum, couleur et personnalité, y compris aux vins rosés. Le mourvèdre est traditionnellement le meilleur cépage rouge de Provence. Dans le sud de la vallée du Rhône, il entre dans l'assemblage des Châteauneuf-du-Pape et de certains Côtes-du-Rhône ; en Provence, il est surtout présent dans les zones côtières, en particulier à Bandol, conférant au vin rouge sa puissance, sa structure et ses arômes un peu sauvages. Il produit aussi des rosés à forte personnalité.

Le cabernet-sauvignon se plaît surtout à l'intérieur des terres, dans la relative fraîcheur des collines, dans les Coteaux-d'Aix-en-Provence, comme autour des Baux-de-Provence, village perché dans les rochers des Alpilles qui a sa propre appellation. Bien mûr, il apporte aux assemblages des vins rouges sa structure et la finesse de ses arômes.

Les cépages destinés aux rares vins blancs sont, dans l'ordre, le rolle (mieux connu ailleurs sous le nom de vermentino), l'ugni blanc, le sémillon et la clairette. Le premier, objet d'un regain d'intérêt dans les nouvelles plantations, offre des vins à la texture douce et d'un agréable raffinement aromatique.

Dans l'ensemble, les Côtes-de-Provence blancs et rosés sont faits pour être bus jeunes. C'est également le cas pour les rouges souples, mais les plus robustes gagnent à vieillir, parfois longuement, comme dans le cas des Bandols.

APPELLATIONS ET PRODUCTEURS

À côté des coopératives fédérant la production de très nombreux petits propriétaires et d'une quarantaine de sociétés de négoce, les nombreuses caves particulières assurent un peu moins de la moitié de la production. Beaucoup de nouveaux venus ou d'anciens domaines modernisés ont insufflé un vent de modernité dans la production locale. Manne touristique aidant, 40 % de la production est écoulée localement et l'œnotourisme est logiquement en plein essor.

BANDOL

La plus vaste et la plus connue des petites appellations de Provence s'étend autour de la ville de Bandol, au bord de la mer. Longtemps dominée par les vins rouges, la production s'est orientée vers les vins rosés. Quelques rares vins blancs sont aussi produits. Le mourvèdre est le grand cépage local, souvent complété par le grenache et le cinsault, donnant des vins rouges et rosés à forte personnalité. Pour les rouges, l'appellation impose aussi un minimum de 18 mois d'élevage en fût avant la commercialisation. Le résultat, dans les meilleurs domaines, est un vin très intense, puissant et tannique, développant avec le temps un bouquet complexe marqué par les baies sauvages, les épices, le cuir ou les plantes aromatiques.

LA BASTIDE BLANCHE
Propriété de la famille Bronzo, ce domaine de 28 ha, cultivé en agriculture biologique, aux parcelles morcelées, est l'une des bonnes adresses de l'appellation, recommandable dans les trois couleurs. Les vins affichent puissance et finesses avec une mention pour les Bandol rouges.

DOMAINE DE LA BÉGUDE
Racheté en 1996 par la famille Tari, ce domaine s'est rapidement construit une belle réputation. Le vignoble couvre de 17 ha de vignes, répartis sur 27 parcelles perchées à près de 400 m d'altitude. Rosés et rouges sont au diapason, offrant le meilleur visage du mourvèdre, avec des vins modernes, charnus, d'un équilibre irréprochable.

DOMAINE DU GROS'NORÉ
Sur la commune de la Cadière-d'Azur, Alain Pascal a fait de son domaine familial une valeur montante de Bandol. Il s'est rapidement distingué par ses rouges puissants, charnus, solidement bâtis, qui conservent beaucoup d'élégance et de profondeur.

DOMAINE DE L'HERMITAGE
Dans ce domaine entièrement rénové, les vins sont vinifiés en cuves en Inox et vieillis sous bois. Les rouges très denses et puissants contiennent une petite proportion de syrah. Le blanc, issu d'ugni blanc et de clairette, est produit en petites quantités et le rosé est particulièrement bon.

CHÂTEAU DE PIBARNON
Nichée au sommet de l'appellation, cette propriété réputée domine un vaste vignoble de 50 ha répartis en une multitude de restanques. Le mourvèdre en occupe 40 et forge le caractère des vins rosés et rouges du domaine. Ces derniers offrent un visage classique de l'appellation, avec des vins fermes, épicés, nécessitant un peu de garde pour se montrer sous leur meilleur jour.

CHÂTEAU PRADEAUX
Propriété de la famille Portalis depuis le XVIIIe siècle, ce domaine de 23 ha entretient un style très traditionnel qui fait la part belle au mourvèdre (90 %) et qui privilégie de très longs élevages (48 mois) en vieux foudres. Austères dans leur jeunesse, ce sont des vins conçus pour être bus à maturité. →

APPELLATIONS ET PRODUCTEURS

DOMAINE TEMPIER
Lucien Peyraud a beaucoup fait pour Bandol. Il a encouragé un fort pourcentage de mourvèdre. Ses successeurs ont maintenu le domaine parmi les meilleurs de la région. Le vignoble sur 38 ha est réparti sur un ensemble de parcelles en pentes escarpées. Les vins rouges font la part belle au mourvèdre et se déclinent en plusieurs cuvées issues de parcelles spécifiques ou d'assemblage. Les vins sont réputés pour leur ampleur, leur puissance et leur équilibre remarquables. Longue garde.

CHÂTEAU VANNIÈRES
Le domaine, d'une trentaine d'hectares, est situé entre le village de la Cadière d'Azur et Saint-Cyr-sur-Mer, exposé sud et ouest. Outre un blanc et un rosé, la famille Boisseaux façonne des vins rouges (90 % de mourvèdre), classiques et de longue garde.

AUTRES PRODUCTEURS
Domaines Bunan, Domaine Le Galantin, Hecht et Bannier, Domaine de l'Hermitage, Moulin de la Roque, Domaine de Terre Brune, Domaine de la Tour du Bon.

BELLET

Cette minuscule appellation de rouge, de rosé et de blanc, délimitée par les contreforts des Alpes et la banlieue de Nice, ne compte qu'une poignée de producteurs. Le niveau est élevé : les rouges sont capables de vieillir jusqu'à cinq ans ; les blancs et les rosés ont à la fois personnalité et fraîcheur. Les rouges sont issus de cépages originaux, le braquet, la folle-noire, le grenache et le cinsault, et les blancs de rolle essentiellement. Les domaines les plus connus sont le Château de Bellet et le Clos Saint-Vincent.

CASSIS

Cette petite station balnéaire située juste à l'est de Marseille est connue depuis longtemps pour ses vins blancs. Hélas, le développement urbain et touristique a considérablement réduit la taille du vignoble. L'encépagement blanc privilégie la marsanne et la clairette, devant l'ugni blanc et le sauvignon, Les meilleurs vins blancs possèdent un évident charme aromatique, entre fruits blancs et plantes aromatiques. Les rouges et les rosés sont issus des cépages provençaux traditionnels, mourvèdre inclus, mais leur production est très limitée par rapport aux vins blancs. L'appellation compte une douzaine de producteurs dont le Château de Fontcreuse, l'un des plus grands et les plus connus.

PALETTE

Dans cette petite appellation située immédiatement à l'est d'Aix-en-Provence, qui produit des vins dans les trois couleurs à partir d'une large palette de cépages, il ne reste qu'une poignée de producteurs, dont deux sont réputés. Le Château Simone est célèbre pour son blanc de garde, qui est issu de la clairette principalement, et le Château Henri Bonnaud produit dans les deux couleurs.

COTEAUX-D'AIX-EN-PROVENCE

Cette vaste appellation (4 000 ha de vignobles) s'étend dans la partie ouest de la Provence. À côté des rosés (80 % de la production), on produit des vins rouges sérieux qui peuvent être dignes d'intérêt, avec une proportion parfois importante de cabernet-sauvignon.

DOMAINE LES BASTIDES
Ce domaine, depuis longtemps cultivé en agriculture biologique, signe d'agréables vins rouges, réguliers et équilibrés, élevés en vieux foudres, ainsi qu'un vin cuit dans la grande tradition provençale. →

APPELLATIONS ET PRODUCTEURS

CHÂTEAU DE BEAULIEU
Les installations modernes de ce vaste domaine sont conçues pour faire des vins souples, modernes, dont de très bons blancs qui ne manquent pas de fraîcheur. Son propriétaire, la famille Guénant, produit aussi des grands vins (blanc et rouge) à partir d'une sélection des meilleures parcelles sous le nom de Villa Baulieu.

CHÂTEAU REVELETTE
À l'abri de la montagne Sainte-Victoire, Peter Fischer dirige ce domaine bien connu couvrant 24 ha. Travaillé sans produits de synthèse, le vignoble est situé en altitude et offre des vins souples et fruités, et des cuvées de garde (Le Grand Blanc et Le Grand Rouge) élevées en fût ou en foudre.

CHÂTEAU VIGNELAURE
Hissé au sommet de l'appellation par Georges Brunet, ce domaine s'y maintient sous ses actuels propriétaires, la famille Sundstrom. Il est réputé pour ses vins rouges, intenses, frais et fermes, dominés par le cabernet-sauvignon.

AUTRES BONS PRODUCTEURS
Château de Beaupré, Château La Coste, Domaine d'Eole, Château Paradis.

LES BAUX-DE-PROVENCE

Cette région de l'extrémité ouest produit des vins rouges, blancs et rosés. Le vignoble se trouve sur l'impressionnant site des Alpilles autour du village fortifié des Baux-de-Provence et couvre le territoire de 7 communes des Bouches-du-Rhône. Une douzaine de producteurs exploitent ce vignoble, très majoritairement cultivé en agriculture biologique.

MAS DE LA DAME
Ce domaine juste à l'est du Val d'Enfer, dans le massif des Alpilles, s'étend sur une cinquantaine d'hectares de vignes. Rouges et blancs sont de bonne facture, marqués par une belle fraîcheur.

DOMAINE HAUVETTE
Depuis 1988, Dominique Hauvette s'est constitué un domaine de 15 ha et une belle réputation. Conduit en biodynamie avec des vinifications au plus près du raisin et des terroirs, le domaine produit des vins blancs (IGP) et surtout des rouges très raffinés.

DOMAINE DE TRÉVALLON
Reconnu comme le meilleur domaine des Baux, même s'il ne fait plus partie de l'appellation, le Domaine de Trévallon est sans doute aussil'un des meilleurs de Provence. Un encépagement non conforme (rouge, trop de cabert-sauvignon, blanc, de marsanne-roussanne) a valu à Éloi Dürrbach qu'on lui retire le droit à l'appellation. Il n'en a eu cure, l'histoire et le marché lui donnent raison, car le Dr Guyot, il y a un siècle et demi, remarquait déjà que le cabert-sauvignon produisait des vins de qualité en Provence. Éloi Dürrbach et son fils Antoine travaillent dans la vigne comme en cave selon des méthodes biologiques, s'abstiennent de coller et de filtrer, et élèvent longuement leurs vins en barrique et en foudre. Le vin vieillit lentement et offre à maturité un bouquet de cabernet résolument provençal et une grande élégance.

CÔTES-DE-PROVENCE

Cette appellation, de loin la plus vaste de Provence produit essentiellement des rosés, un peu de rouges et encore moins de blancs. Les expositions, les sols et les mésoclimats sont très divers.

DOMAINE DE LA COURTADE
Ce vignoble insulaire (île de Porquerolles) s'affirme comme une valeur sûre. On y vinifie des vins des trois couleurs. Les rouges (mourvèdre, syrah, grenache) →

APPELLATIONS ET PRODUCTEURS

et les blancs (rolle) possèdent un caractère minéral affirmé.

DUPÉRÉ-BARRERA
Une petite maison de négoce créée par un couple de passionnés, Emmanuelle Dupéré et Laurent Barrera, qui interprète avec talent les vignobles de Provence et du Rhône. Dans une gamme large, on retiendra en priorité les belles cuvées de Côtes-de-Provence (rouges et blancs) ainsi que les Bandols. Le couple possède aussi en propre un petit domaine de quelques hectares cultivés en bio.

CHÂTEAU GASSIER
Situé dans le secteur de Sainte-Victoire, ce domaine, propriété du groupe Advini, produit quelques-uns des meilleurs rosés de Provence, classiques, frais et intenses. Les grandes cuvées du domaine, Le Pas du Moine, valent le détour, en blanc comme en rosé.

DOMAINES GAVOTY
Roselyne Gavoty est à la barre de ce domaine situé sur le village de Cabasse et qui s'étend sur 25 ha. Les rosés, qui dominent largement la production, ne doivent pas occulter la finesse des vins blancs qui, ici, vieillissent avec grâce. Bons rouges également.

CHÂTEAU MALHERBE
Situé à Bormes-les-Mimosas, le domaine appartient, de longue date, à la famille Ferrari. Il s'étend sur une vingtaine d'hectares, entre collines et bord de mer, plantés des cépages traditionnels de la région. Parmi les réussites, les cuvées Pointe du Diable, provenant des parcelles les plus exposées aux influences maritimes.

DOMAINES OTT
La famille Ott est très influente dans les Côtes-de-Provence et à Bandol : elle a fait plus que quiconque pour la promotion des vins provençaux et a délibérément positionné ses vins dans le haut de gamme de la région. Ses domaines phares en Côtes-de-Provence, le Château de Selle (rouge, blanc et rosé) et le Clos Mireille, planté sur des sols sablonneux en bordure de mer (qui fait un superbe blanc), produisent des vins des précis et raffinés, La famille Ott possède aussi le Château Romassan à Bandol.

COMMANDERIE DE PEYRASSOL
Fondée en 1204, cette commanderie des Templiers n'a connu que trois propriétaires : les ordres religieux jusqu'en 1790, la famille Rigord puis Philippe Austruy depuis 2001. Le vignoble occupe 80 ha sur les contreforts du massif des Maures. Les vins sont réguliers, d'un style souple pour les cuvées Commanderie, ou plus structuré et complexe pour les étiquettes Château de Peyrassol (notamment le rouge).

CHÂTEAU DE ROQUEFORT
À Roquefort-la-Bédoule, Raimond de Villeneuve a redonné vie au domaine familial qui s'étend sur 24 ha plantés avec les cépages traditionnels de la région : grenache, syrah, cinsaut, mourvèdre, carignan, clairette, rolle et ugni blanc. Une gamme créative qui brille dans les trois couleurs, y compris dans les entrées de gamme, avec des rouges croquants de fruit.

DOMAINE RICHEAUME
Ce domaine d'une trentaine d'hectares produit certains des meilleurs vins rouges de Côtes-de-Provence, à partir d'un encépagement dominé par le cabernet-sauvignon et la syrah. Le vignoble est travaillé sainement et la cave, très moderne, permet des vinifications de haute précision. Tous les rouges du domaine sont dignes d'intérêt, avec une mention particulière pour la cuvée Columelle (syrah, cabernet-sauvignon). Les vins sont commercialisés sous les étiquettes IGP ou Vin de France. →

APPELLATIONS ET PRODUCTEURS

DOMAINE DE RIMAURESQ
Ce domaine de 50 ha, situé sur les hauteurs du massif des Maures, constitue une adresse fiable dans les trois couleurs avec, en vedette, des rouges de belle intensité.

DOMAINE SAINT-ANDRÉ DE FIGUIERE
La famille Combard est propriétaire de ce domaine à La Londe-les-Maures depuis 1992. Le vignoble couvre 65 ha, cultivés en bio, et élabore des vins fiables et constants dans les trois couleurs, dont quelques-uns des meilleurs vins rouges du secteur de La Londe.

CHÂTEAU SAINTE-ROSELINE
Il faut visiter le cloître, l'un des plus beaux de Provence, et déguster les vins vinifiés dans un chai dernier cri. Bernard Teillaud a tout restauré, aussi bien le vignoble que les bâtiments. Les vins sont à la hauteur de ses ambitions.

AUTRES PRODUCTEURS
Mas de Cadenet, Château des Demoiselles, Château d'Eclans, Château du Galoupet, Château Grand Boise, Château Mentone, Château Minuty, Château Saint-Andrieu.

COTEAUX-VAROIS

Cette appellation délimite une zone située entre les Côtes-de-Provence et les Coteaux-d'Aix-en-Provence qui donne des rouges et des rosés classiques.

DOMAINE DU DEFFENDS
Domaine pionnier de l'appellation, il en est aussi l'un de meilleurs interprètes : une quinzaine d'hectares avec une forte proportion de vieilles vignes et une gamme très éclectique comprenant de très bons rosés et rouges. cabernet-sauvignon.

CHÂTEAU LA CALISSE
Vignoble et bâtiments ont été entièrement rénovés dans les années 1990. On y pratique l'agriculture biologique. Des vins blancs et rouges de qualité et élégants.

AUTRES PRODUCTEURS
Bergerie d'Aquino, Château d'Ollières, Domaine Les Terres Promise.

PIERREVERT

Cette AOC (1998) couvre un vaste terroir, plus frais, le long de la Durance, donnant des vins dans les trois couleurs. Le Domaine de Régusse est le plus grand de l'appellation.

CORSE

Carte page XVII

Les vins de Corse ont été modelés par les montagnes et la mer. La mer, qui isole l'île mais facilite parfois le commerce, a conduit ici les Grecs et leurs vignes cinq cents ans avant notre ère. Idéalement située sur les voies maritimes, l'île de Beauté passa plus tard sous le joug des cités marchandes de la côte italienne, Pise et Gênes. La vigne n'échappa pas à leur influence : les cépages autochtones ont un fort accent italien et le style des meilleurs vins s'en ressent forcément. Certaines variétés ont disparu lorsque, grâce aux moyens de transport modernes, les insulaires ont découvert de nouveaux plants plus productifs, mais plus de vingt cépages indigènes subsistent.

Jusqu'au début des années 1960, la viticulture était en Corse une activité mineure et circonscrite localement. Mais, à peine arrivés sur l'île, des milliers de rapatriés d'Afrique du Nord entreprirent de la développer dans l'espoir de récupérer le marché des vins en gros détenu par l'Algérie et la Tunisie. Les nouveaux vignobles, presque tous plantés dans les rares terrains plats de l'île, au sud de Bastia, se mirent à produire d'énormes volumes de vins médiocres. Puis on arracha la plupart de ces nouveaux vignobles et la Corse retrouva son allure première, celle d'un vignoble réparti, comme avant, entre les pentes montagneuses et les bords de mer.

Le climat et les sols

Le golfe de Gênes se caractérise par un climat particulier qui peut être méditerranéen, subtropical ou tempéré selon les saisons. La Corse bénéficie de ce régime climatique, mais la mer, la montagne et la complexité du relief créent des conditions particulièrement favorables à la viticulture. La mer atténue ainsi les chaleurs de l'été et empêche les gelées de l'hiver tout en fournissant l'humidité nécessaire à une lente maturation du raisin. La montagne assure, quant à elle, une abondance de précipitations, qui met la Corse au premier rang des régions françaises. Enfin, le relief topographique est à l'origine d'une multitude de mésoclimats, donnant lieu à des terroirs extrêmement variés.

À cette grande diversité climatique s'ajoute celle des sols. Tandis que le granite domine sur la côte ouest, dans les vignobles de Balagne, d'Ajaccio, de Sartène, de Figari et de Porto-Vecchio, l'est de l'île est schisteux ou alpin. Ailleurs on trouve des dépôts sédimentaires, souvent calcaires.

Les appellations

La Corse possède une AOC générale, Vin de Corse, et deux AOC communales, Ajaccio et Patrimonio. En outre, l'étiquette peut faire suivre la mention Vin de Corse du nom d'une dénomination communale d'où provient le vin (voir p. 479). Lorsqu'un vin est simplement étiqueté Vin de Corse, il provient le plus souvent du vignoble de la côte orientale, zone traditionnellement de rendements généreux. Les vins les plus chers sont généralement originaires d'Ajaccio et de Patrimonio.

AJACCIO. À l'ouest de l'île, cette appellation, qui date de 1984, couvre la côte et les collines entourant le chef-lieu de la Corse du Sud, ville natale de Napoléon. L'AOC exige que les vins rouges soient issus d'un minimum de 40 % du cépage sciaccarello, mais la plupart dépassent ce pourcentage. Il donne des vins rouges pâles dont les meilleures versions offrent de la finesse et une belle palette aromatique marquée par les épices. L'AOC existe aussi en rosé et en blanc.

PATRIMONIO. Le vignoble de cette appellation s'étage dans le cirque du golfe de Saint-Florent, dans le nord de l'île. Le sol est schisteux, couvert de terres calcaires. Depuis l'an 2000, l'AOC exige un minimum de 90 % de nielluccio pour les vins rouges, ce qui leur confère puissance et structure. Ce cépage fait aussi tout le charme des rosés. Les blancs proviennent exclusivement du vermentino qui donne des vins tendres, fins et délicats dans les plus belles versions.

VIN DE CORSE CALVI. La ville de Calvi se trouve sur la côte nord-ouest de l'île. Le vignoble de Calvi s'étend à l'est et à l'ouest de la ville, dans une région qui est appelée la Balagne. Les vins, parfois issus de cépages originaires du continent, sont rouges, rosés et blancs, ces derniers étant reconnus comme les meilleurs.

VIN DE CORSE COTEAUX-DU-CAP-CORSE. Cette région produit quelques vins rouges mais reste connue pour ses vins blancs secs issus du cépage vermentino et pour ses muscats doux (VDN) très parfumés et aromatiques sous l'appellation Muscat du Cap-Corse qui s'étend aussi sur Patrimonio.

VIN DE CORSE FIGARI. Ce vignoble est perché sur les coteaux du sud de l'île. Les sols légers, peu profonds, le climat sec et chaud, les vents forts et fréquents rendent la viticulture difficile, sauf dans quelques micro-terroirs protégés où la vigne prospère depuis des siècles.

VIN DE CORSE SARTÈNE. Cette appellation suit la côte ouest de l'île, au sud d'Ajaccio. Les vins sont généralement des rouges généreux et parfumés, les blancs sont amples. La réglementation de l'AOC exige un minimum de 50 % de cépages traditionnels corses, ce qui donne aux vins une personnalité marquée.

VIN DE CORSE PORTO-VECCHIO. Dans cette belle région au sud-ouest de la Corse, le grenache est souvent associé au sciaccarello et au nielluccio. Les blancs sont frais, les rosés fins, les rouges ont un bel équilibre.

Les cépages et les styles de vin

Même si les plus belles réussites sont ses vins rouges et blancs, l'île produit une majorité de vins rosés, largement consommés pendant la saison touristique. Les principaux cépages rouges sont le nielluccio, version corse du sangiovese toscan, qui pousse dans le Nord, en particulier dans l'appellation Patrimonio, et le sciaccarello, spécialité de la région ouest, autour d'Ajaccio. Le principal cépage blanc, le vermentino, est un très ancien cépage méditerranéen connu sur le continent sous le nom de rolle.

Assemblés ou non avec les cépages secondaires de l'île, les deux cépages rouges corses font tout l'intérêt des vins rouges et rosés locaux, et se complètent bien quand ils sont associés.

Le nielluccio donne un vin à la robe rubis, puissant, tannique, aux arômes de baies sauvages ou de fleurs, tirant en vieillissant sur le cuir ou les épices. Le sciaccarello produit des vins plus souples, peu colorés, mais capables d'une grande élégance, avec des tanins fins et des notes nettement poivrées.
Les meilleurs rosés locaux, fruités et aromatiques, ne manquent ni de couleur ni de caractère. Les blancs tirent le meilleur parti du vermentino, qui peut donner des vins très élégants, souples et frais, aux notes de fleurs blanches, d'agrumes ou d'iode. Parmi les autres cépages, il faut noter le bianco gentile (blanc), réhabilité par quelques vignerons, et les variétés continentales comme le grenache, la syrah, le carignan ou le cinsaut. Quelques cépages (le chardonnay, le merlot, le pinot noir et le cabernet-sauvignon) plantés dans le nord-est de l'île sont à l'origine de vins IGP (Île de Beauté). La Corse produit également de petites quantités de vins doux naturels à base de muscat à petits grains, principalement dans les régions de Patrimonio et des Coteaux du Cap-Corse.

La vinification

La majorité des vins sont élaborés par les coopératives qui se sont équipées de matériel moderne. Les vinifications, relativement classiques, font coexister foudres et cuves Inox qui se sont généralisées avec l'essor de la production de vins rosés. Les rouges peuvent être élevés aussi en cuve Inox, en foudres, voire en barrique pour les cuvées les plus concentrées.

APPELLATIONS ET PRODUCTEURS

Les meilleurs vins de Corse, ceux dont la personnalité est le plus marquée, sont généralement issus de petites propriétés familiales. Les différentes appellations, assorties de quelques remarques sur les producteurs les plus fiables, sont présentées ci-dessous.

AJACCIO

DOMAINE COMTE ABBATUCCI
Outre les traditionnels vins à base des cépages vermentino, sciaccarello et nielluccio, ce domaine a créé un conservatoire des cépages autochtones qui recense une quinzaine de variétés rares. Il en ressort des cuvées originales, rares et chères, aussi plaisantes par leur singularité que leur personnalité unique.

CLOS CAPITORO
La famille Bianchetti dispose de 50 ha de vignoble sur des arènes granitiques.
Les cépages traditionnels d'Ajaccio (sciaccarello et vermentino) sont exploités avec justesse et donnent des vins classiques et réguliers.

CLOS ORNASCA
Fondé en 1995 et dirigé par Laetitia Tolas, ce domaine produit des vins corses modernes et aromatiques qui séduisent dans les trois couleurs. →

APPELLATIONS ET PRODUCTEURS

DOMAINE PERALDI
Ce domaine d'une cinquantaine d'hectares nichés sur les coteaux, est l'un des plus connus de Corse. Il produit des vins rouges très classiques, précis, qui sont une juste évocation du style corse.

AUTRES PRODUCTEURS
Domaine Vaccelli, Domaine U Stiliccionu.

PATRIMONIO

DOMAINE ANTOINE ARENA
Antoine Arena, relayé par ses fils, a la réussite au bout des doigts : des blancs gras, plantureux, des rouges charnus puissants et très expressifs, des muscats fins et riches.

DOMAINE GENTILE
Un domaine pionnier du renouveau corse qui dispose de beaux terroirs et offre des vins réjouissants, dont de grands blancs secs et doux (muscat).

DOMAINE LECCIA
Avec ses équipements modernes et ses techniques de pointe, ce domaine produit des vins réputés dans les trois couleurs, dont des blancs fins et des rouges, généreusement fruités et agréablement structurés. Il est également connu pour son muscat doux.

AUTRES PRODUCTEURS
Casa Angeli, Domaine d'E Croce, Domaine Montemagni, Domaine Orenga de Gaffory, Domaine Santamaria.

VIN DE CORSE

CALVI
Les producteurs notables sont le Domaine d'Alzipartu (blanc et rouge), le Domaine Bernard Renucci (recommandable dans les trois couleurs), le Domaine Maestracci, le Domaine Richard Spurr et le Clos Culombu (blancs, rosés et rouges).

COTEAUX DU CAP-CORSE
Cette petite appellation compte quelques bons producteurs dont le Domaine Pieretti (rouge, blanc sec et muscat) et le Clos Nicrosi (blancs).

FIGARI
Célèbre Clos Canarelli (rouges et blancs), Domaine de Tanella.

SARTÈNE
Parmi les producteurs, on notera le Domaine Fiumicicoli, propriété dirigée par un adepte des cépages traditionnels corses et le Domaine Sant Armettu.

PORTO-VECCHIO
Le leader de l'appellation est le Domaine de Torraccia, propriété de la famille Imbert, connue pour ses vins rouges qui vieillissent avec grâce.

LES VINS IGP

Les vins IGP représentent les trois quarts de la production corse.

IGP ÎLE DE BEAUTÉ Les coopératives (Union des vignerons de l'Île de Beauté et l'Union des vignerons associés du Levant) et quelques petits négociants assurent une large part de cette production. Les vins IGP privilégient les grands cépages classiques (chardonnay, merlot, pinot noir, cabernet-sauvignon) et quelques variétés locales (vermentino, bianco gentile, aleatico, barba rossa, etc.).

LANGUEDOC-ROUSSILLON

Carte page XVIII

Le vignoble du Languedoc-Roussillon est le plus vaste de la France. Il longe la Méditerranée depuis les pieds des Pyrénées jusqu'au delta du Rhône. Il recouvre les anciennes provinces du Roussillon et du Languedoc, qui correspondent aux quatre départements actuels des Pyrénées-Orientales, de l'Aude, de l'Hérault et du Gard. Le Grand Sud n'est pas seulement la plus grande région de production de France ; c'est aussi l'une des plus dynamiques dont l'image ne cesse d'évoluer. L'époque des flots de vins sans grâce est révolue. Après une douloureuse et drastique réduction du vignoble, la vigne a regagné les coteaux, des cépages de qualité ont été plantés et la région s'est dotée de multiples AOC, régionales ou locales. À côté des coopératives dont certaines ont su se moderniser, beaucoup de domaines ont été créés à l'initiative d'anciens coopérateurs ou de nouveaux venus, attirés par ce qui a été appelé « l'eldorado » viticole français. Aujourd'hui, la région est une terre de découverte, connue pour ses bons rapports qualité/prix, ses vins de cépage mais aussi, et de plus en plus, pour ses grands vins au caractère méditerranéen affirmé. On n'oubliera pas sa production traditionnelle de vins doux naturels, parfois remarquable, qui lutte pour se défaire d'une image un peu vieillotte imméritée. La région a donc opéré avec succès une reconversion spectaculaire, toujours en cours. L'amateur devra, lui, faire preuve de discernement dans ses choix, car à côté d'une production de qualité, la région offre aussi nombre de vins sans intérêt ni personnalité.

Les styles de vin

Le Grand Sud produit des vins de styles très différents. Les vins rouges dominent nettement et les appellations sont nombreuses, depuis Collioure à l'extrême ouest jusqu'aux Costières-de-Nîmes, à l'extrême est, cette dernière faisant la transition avec le vignoble de la vallée du Rhône.

Au-delà de leurs différences, les vins rouges possèdent logiquement le caractère solaire et puissant né de raisins bien mûrs et d'une gamme de cépages adaptés aux chaleurs méditerranéennes. Ils peuvent être souples ou plus structurés, mais les meilleurs possèdent un juste équilibre entre maturité de fruit, structure et fraîcheur. Leur gamme aromatique décline le fruit bien mûr et des notes de garrigue et d'épices qui signent nombre de cuvées de la région.

La production de vins rosés est en hausse. Leur style oscille du pâle et léger, d'inspiration provençale, à des vins plus colorés et plus puissants. Les blancs, s'ils restent rares, possèdent quelques bastions intéressants comme Limoux. Les vins doux naturels (VDN), spécialité de la région, sont déclinés dans toutes les couleurs et tous les styles.

Le climat

Le climat méditerranéen est idéal pour la vigne. Les hivers sont doux, les étés chauds et secs. Les pluies qui tombent en hiver et au début du printemps apportent, en général, suffisamment d'humidité pour le reste de l'année. L'altitude joue un rôle important dans les écarts de température entre le jour et la nuit, favorisant une maturation plus lente et plus complète des raisins. Les vents (tramontane, mistral) ont aussi un impact non négligeable : en asséchant les sols, ils limitent les risques de maladies cryptogamiques mais constituent en même temps un facteur supplémentaire de stress hydrique pour la vigne.

Les vignobles

Les meilleurs vignobles sont situés aux pieds des Pyrénées et du Massif central ainsi que sur les collines rocailleuses des Corbières, formant un vaste amphithéâtre qui regarde la Méditerranée. Les conditions arides conviennent à la vigne et donnent des vins concentrés dont les parfums évoquent souvent les plantes aromatiques de la garrigue. Sur un territoire aussi vaste, les terroirs sont forcément très variés. Au sein même des appellations, on trouve une multitude de sols, d'altitudes et d'expositions. Si la vigne n'a pas déserté les plaines, une grande partie de ces vignobles sans potentiel autre que celui du volume a été arrachée (près de 170 000 ha) au cours des dernières décennies.

Les cépages

Les cépages rouges, autrefois dominants, ont été massivement remplacés. L'aramon a quasiment disparu. Le carignan a fortement reculé, mais reste intéressant lorsqu'il provient de vieilles vignes et de rendements très bas. Dans la plupart des AOC, il est associé à la syrah, cépage le plus planté du Languedoc et au grenache noir ainsi que, dans une moindre mesure, au mourvèdre. La création de la catégorie des vins de pays dans les années 1970 (devenus aujourd'hui vins IGP) a promu les cépages bien connus du Bordelais et de la Bourgogne : le merlot, le cabernet-sauvignon, le chardonnay et le sauvignon sont devenus très courants. Le cinsaut a fortement reculé, mais intéresse les producteurs de rosés pour la pâleur et la légèreté des vins qu'il donne.

Parmi les cépages blancs, le chardonnay, le sauvignon blanc ou le viognier sont à l'origine de la plupart des vins blancs IGP. La région produit aussi des vins blancs d'appellation à partir d'une large palette de cépages. La clairette est utilisée dans les appellations Clairette du Languedoc et Clairette de Bellegarde. Le chardonnay, le chenin et le mauzac font l'intérêt des vins blancs de Limoux, le picpoul celui de l'appellation du même nom (Picpoul-de-Pinet). D'autres variétés sont souvent assemblées : le grenache blanc, le bourboulenc, le maccabeu, la roussanne, la marsanne, le rolle ou l'ugni blanc.

La vinification

Si la chaleur du climat méditerranéen est source de problèmes, c'est bien dans la vinification. Ici, il est indispensable de pouvoir contrôler les températures et de conserver le vin dans des caves bien isolées ou climatisées.

Les pressoirs à mouvement continu, si bien adaptés aux grands rendements autrefois populaires, ont été remplacés par des pressoirs pneumatiques, moins « violents ». On connaît désormais l'importance du contrôle des températures de fermentation pour les vins rouges et blancs.

Le principal changement technique intervenu dans la vinification est le développement de la macération carbonique, dont le but est d'extraire des raisins un maximum de fruit et un minimum de tanins grossiers. Le carignan, qui a tendance à donner des vins peu fruités, durs et tanniques lorsqu'il est fermenté traditionnellement, se trouve métamorphosé par la macération carbonique, qui fait ressortir des arômes de fruits frais et extrait peu de tanins. L'autre changement important est l'utilisation des barriques. Dans le sud de la France, il n'y avait pas de tradition de vieillissement des vins, donc pas de caves souterraines. Les vins étaient conservés dans de grands foudres de chêne et toujours vendus dans l'année qui suivait la récolte.

Aujourd'hui, ces foudres, difficiles à entretenir, sont généralement remplacés par des cuves en béton ou en Inox, d'un usage plus facile, et par des barriques de 225 litres ou par des demi-muids. Nombre de barriques issues des grands châteaux du Médoc trouvent ici une deuxième vie et donnent des résultats très satisfaisants.

Après avoir découvert les vertus du chêne, les producteurs parviennent aujourd'hui à élaborer des vins d'un style moins boisé et plus harmonieux. Les meilleurs d'entre eux utilisent la barrique pour l'oxygénation qu'elle induit et pour sa capacité à arrondir les tanins et la structure parfois imposante des vins du Sud.

LES VINS IGP

La création des vins de pays, devenus IGP, a été efficace pour valoriser une production d'entrée de gamme qui ne trouvait plus preneur. Le Languedoc a donc emprunté des cépages bien connus et vendeurs, et repris les méthodes utilisées dans les pays du Nouveau Monde pour produire des vins bien au goût du jour, avec un rapport qualité/prix compétitif dans les marchés à l'export.

Les vins IGP forment une vaste catégorie qui englobe surtout des vins de cépage simples et bon marché, mais aussi des vins bien plus ambitieux produits par des vignerons peu soucieux d'afficher leur appartenance à une AOC, que ce soit pour l'une de leurs cuvées ou pour l'ensemble de leur production. Cette réalité traduit la faible notoriété des jeunes AOC de la région et le désir des producteurs de travailler en toute liberté, en dehors des contraintes imposées par les règles parfois contraignantes des appellations. Des domaines phares de la région, comme le Domaine de la Grange des Pères (IGP de l'Hérault), le Mas de Daumas Gassac (IGP de l'Hérault), La Grange des Quatre Sous (IGP Pays d'Oc) ou Roc d'Anglade (IGP Gard), produisent ainsi leurs vins, pourtant de prix élevé, sous la bannière IGP.

Cette production éclectique pèse pour près de 70 % dans la production de la région. Si la plupart des vins sont produits sous la dénomination régionale IGP Pays d'Oc (100 000 ha), il existe de nombreuses autres dénominations (21), départementales ou plus locales, dont beaucoup n'ont qu'une existence très théorique. Après l'IGP Pays d'Oc, de loin la plus significative en termes de volume, on trouve les IGP départementales du pays d'Hérault, de l'Aude, du Gard et des Côtes catalanes.

Les cépages

La législation des vins IGP laisse une grande souplesse dans le choix des cépages. Ainsi, l'IGP Pays d'Oc autorise 56 variétés. Cependant, une dizaine de cépages seulement occupent les trois quarts des surfaces. Il s'agit des grandes variétés sudistes et des cépages dits « internationaux » : syrah, grenache noir, merlot, cabernet-sauvignon, cinsaut, en rouge ; chardonnay, sauvignon, muscat, viognier et grenache blanc, en blanc. On en tire des vins de cépage, mettant clairement en avant sur les étiquettes le nom de la variété de raisin. On élabore aussi des vins d'assemblage, davantage dans l'esprit du Languedoc. Il est impossible de définir une typicité de vins dans ces catégories où le meilleur côtoie le pire, et le plus concentré jouxte le plus souple. Néanmoins, le climat local favorise la production de vins plutôt souples, peu acides, qui offrent un fruité agréablement mûr. Les vins locaux issus du cabernet-sauvignon possèdent ainsi un tout autre caractère que ceux du Bordelais : plus fruité, plus souple, et plus ensoleillé.

Les producteurs

Les grandes structures, coopératives (200) et négociants (400 entreprises), historiquement dominantes, jouent toujours un rôle essentiel dans la production locale. Beaucoup ont su s'adapter et se moderniser pour produire des vins bien en phase avec l'époque. Le Languedoc compte ainsi des coopératives inspirées, comme l'emblématique cave d'Embres-et-Castelmaure dans les Corbières.

À côté des négociants spécialisés dans le vrac et les gros volumes, il faut noter la présence de personnalités dynamiques qui savent concilier volume et qualité, dont le meilleur exemple est Gérard Bertrand, capable de produire de grands vins dans ses propriétés et de développer des gammes de gros volumes, fiables et valorisantes pour la région. Un autre producteur de taille, et de qualité, beaucoup mieux connu à l'export qu'en France, est Paul Mas. Enfin, des petits négociants « haute couture », comme Hecht et Bannier, sont aussi apparus. Ils achètent des raisins ou des vins aux meilleures sources et illustrent avec talent la diversité des terroirs languedociens.

Cependant, le renouveau du Languedoc est surtout lié à l'émergence de dizaines de bons producteurs indépendants, locaux ou venus de l'extérieur, exigeants, bien formés et disposant de plus ou moins de moyens. Le foncier, encore abordable dans la région, permet aux jeunes talents de se lancer dans l'aventure viticole. La région en tire un dynamisme de bon augure pour l'avenir.

LES VINS DOUX NATURELS

Carte page XVIII

Les vins doux naturels ne portent pas très bien leur nom. En effet, si le sucre est bien un élément naturel du raisin, la méthode d'élaboration nécessite, comme pour tous les vins mutés, l'intervention de l'homme : la fermentation doit être interrompue par l'adjonction d'alcool, afin de garder au vin sa douceur.

Cette méthode de vinification est une tradition bien implantée dans le sud de la France, que ce soit pour les vins blancs ou pour les vins rouges. Son principe est en effet attribué à Arnaud

de Villeneuve, docteur en médecine de l'université de Montpellier à la fin du XIIIe siècle.
Les vins doux naturels du Roussillon – Banyuls, Rivesaltes et Maury – sont d'authentiques grands vins qui méritent mieux que de rester des mois, voire des années, dans le placard à apéritif. La variété de leur style, qui va du muscat très fruité, à servir frais, aux vins ambrés et oxydatifs de Banyuls, de Rivesaltes et de Maury, en passant par des rouges concentrés, millésimés dans la lignée du Porto Vintage, offre bien des possibilités à table, de l'entrée au dessert. Les plus belles cuvées possèdent une complexité et une plénitude qui évoquent celles des grandes bouteilles de porto. C'est le défi des producteurs du Roussillon que de le faire savoir et de rajeunir l'image de ces vins.

Banyuls

Les deux villages de Banyuls et de Collioure se trouvent au bord de la Méditerranée, à la limite de la frontière espagnole. L'appellation Banyuls, reconnue en 1936, s'étend aussi sur les communes de Port-Vendres et de Cerbère. Les vignes poussent dans une terre de schiste peu fertile, sur les terrasses escarpées des contreforts des Pyrénées. Les vins proviennent des cépages grenache (noir, blanc, gris) et de variétés secondaires comme le maccabeu et la malvoisie. Il existe toute une palette de couleurs et de styles : vins embouteillés jeunes de style « rimage », qui offrent toute la jeunesse de fruit du grenache, et vins oxydatifs, longuement élevés, qui développent des arômes de « rancio » (vieux café, noix, épices douces, fruits secs, etc.).
Les Banyuls Grand Cru sont issus du grenache noir (à 75 %) et doivent avoir subi un élevage sous bois d'au moins 30 mois.

Rivesaltes

Près de la moitié des vins doux naturels de France viennent de Rivesaltes. Les vins mutés étaient assez à la mode dans les années 1930 pour que les Rivesaltes soient parmi les premiers vins à accéder au statut d'appellation contrôlée, en 1936.
Théoriquement, il y a trois types de Rivesaltes : blanc (ou doré), rouge et rosé. Dans la pratique, il y a beaucoup plus de couleurs et de styles, car les blancs foncent au vieillissement tandis que les rouges perdent de la couleur. Les Rivesaltes sont à base de grenache (noir, blanc et gris), de maccabeu et de malvoisie.
Les Rivesaltes rouges vinifiés de façon traditionnelle développent le caractère de « rancio » lié à une lente oxydation. Pour l'acquérir, le vin vieillit dans de grands foudres de chêne ou dans des bonbonnes de verre parfois exposées à l'air. Sa robe brunit avec l'âge, sa texture devient capiteuse et il développe des notes de raisin sec, de noix, de pruneau, de café ou d'épices douces.

Les vins de cette appellation sont vendus sous le nom de Rivesaltes Tuilé pour les rouges et de Rivesaltes Ambré pour les blancs. Les Rivesaltes « grenat » sont issus du grenache noir et offrent toute la jeunesse et la plénitude de fruit du cépage, conservé par un élevage court et non-oxydatif.

Muscat de Rivesaltes

Cette appellation a été reconnue en 1972. Elle fait appel à deux cépages, le muscat d'Alexandrie et le muscat à petits grains, plus aromatique. Ils donnent des vins intenses, parfois chaleureux, très aromatiques, avec des notes d'écorce d'agrumes, de fleur d'oranger, de miel ou de fruits confits. Ils sont mis en bouteilles rapidement afin de préserver toute la pureté de fruit du muscat.

Maury

Le Maury provient de quatre communes des Pyrénées-Orientales au nord-ouest de Perpignan (Maury, Tautavel, Saint-Paul-de-Fenouillet et Rasiguères). Les raisins sont récoltés en surmaturité, mis à fermenter puis mutés à l'eau-de-vie en cours de fermentation. Le Maury existe en version rouge et blanche, mais la plupart des

APPELLATIONS ET PRODUCTEURS

Voici un aperçu des appellations de vins doux naturels d'ouest en est, c'est-à-dire de la frontière espagnole jusqu'au delta du Rhône. La plupart des appellations sont à cheval sur des zones présentées plus loin dans ce chapitre.

BANYULS

L'appellation s'étend sur quatre communes des Pyrénées-Orientales et produit des vins mutés rouges, blancs et rosés, à partir du cépage grenache (noir, blanc et gris).

PRODUCTEURS
Parmi les coopératives il faut noter l'excellente coopérative de l'Étoile. Parmi les meilleurs vins de propriété, on compte ceux du Domaine de la Rectorie, du Mas Blanc, du Domaine La Tour Vieille, du Domaine Madeloc, du Domaine Vial Magnères ou de Coume del Mas.

RIVESALTES

Cette appellation inclut 94 villages situés pour la plupart dans le département des Pyrénées-Orientales et de l'Aude (pour 9 d'entre eux). Nombre de producteurs privés ou de coopératives font à la fois des vins mutés et des vins secs (Côtes-du-Roussillon surtout).

PRODUCTEURS
Parmi les bons producteurs, citons les coopératives du Mont-Tauch et de Dom Brial, le Domaine Cazes à Rivesaltes, le Domaine Sarda-Malet à Perpignan, le Domaine de Rancy à Latour-de-France, le Domaine Boudau à Rivesaltes ou le Domaine de Casenove à Trouillas.

MAURY

La petite appellation forme une enclave à l'intérieur des plus vastes appellations Rivesaltes et Côtes-du-Roussillon-Villages. Le sol schisteux domine ce terroir situé sur Maury et trois autres communes avoisinantes.

PRODUCTEURS
La coopérative du village de Maury est le plus gros producteur. Les autres

vins sont rouges, issus du grenache noir, avec la déclinaison habituelle des styles des VDN du Roussillon : embouteillés jeunes (« Vendange », « Récolte » ou « Vintage »), ce sont des vins puissants, chaleureux, aux notes de fruits noirs et de cacao, avec des tanins parfois marqués ; embouteillés après un long élevage, ils deviennent « ambrés » ou « tuilés » et développent un caractère oxydatif marqué. Les vins étiquetés « Rancio » ont développé des arômes puissants de noix et de café ; ceux affichant la mention « Hors d'Âge » ont subi un élevage d'au moins 5 ans. L'appellation existe aussi en vin sec.

Les muscats du Languedoc

Issues du muscat blanc à petits grains, ces différentes AOC entretiennent un évident air de famille. Il s'agit du Muscat de Saint-Jean-de-Minervois, du Muscat de Frontignan, du Muscat de Mireval et du Muscat de Lunel. Ces appellations produisent des vins mutés, assez riches et capiteux, et surtout très parfumés, qui présentent des notes propres à leur cépage : arômes floraux, de fleur d'oranger, fruits blancs et jaunes, fruits confits, miel, etc. La plupart des muscats sont à boire jeunes pour profiter à plein de leurs belles saveurs fruitées.

APPELLATIONS ET PRODUCTEURS

noms à retenir sont le Mas Amiel, qui offre une gamme remarquable de VDN de tous styles ainsi que de grands vins secs ; Gérard Bertrand avec d'exceptionnels vieux millésimes ; le Mas Mudigliza, le Domaine Les Terres de Fagayrale, le Domaine de la Coume du Roy ou le Domaine Pouderoux.

MUSCAT DE SAINT-JEAN-DE-MINERVOIS

Le village de Saint-Jean-de-Minervois bénéficie de sa propre appellation de vin doux Naturel depuis 1950. Au début du siècle, le Muscat était souvent limité à de toutes petites parcelles et vinifié dans le but d'une consommation familiale. La production de vin doux naturel est née de cette tradition.

PRODUCTEURS
La coopérative du village fait de bons vins. Il y a quelques bons producteurs indépendants, dont les Domaines Barroubio, Clos du Gravillas et Gimios.

MUSCAT DE FRONTIGNAN

Les vignobles sont plantés sur un terroir de calcaire agrémenté d'alluvions et de cailloux. Ils se trouvent sur le côté oriental de l'étang de Thau, qui, grâce à la mer toute proche, est à l'origine d'un mésoclimat particulier.

PRODUCTEURS
La coopérative locale représente environ les trois quarts de la production de l'appellation. Le domaine privé le plus connu est le Château de la Peyrade.

MUSCAT DE LUNEL

La ville de Lunel se trouve à l'extrémité orientale de la région. La plupart des viticulteurs font à la fois du Muscat de Lunel et des vins secs sous l'AOC Languedoc.

PRODUCTEURS
La coopérative locale domine la production. Le Château du Grès Saint-Paul, et le Domaine de la Croix Saint-Roch sont les principaux domaines indépendants.

ROUSSILLON

Carte page XVIII

Les anciennes provinces du Roussillon et du Languedoc sont souvent associées en une seule expression comme si elles n'étaient pas si différentes. Et, pourtant, le Roussillon a des liens historiques avec l'Espagne et continue à subir son influence. Son climat est généralement le plus chaud de France et ses vins comptent parmi les plus généreux et les plus corpulents.

Le vignoble

Le vignoble du Roussillon est bordé par la mer à l'est, par les Pyrénées au sud et à l'ouest et par les montagnes de Corbières au nord, de sorte que les vignes ressemblent à un immense amphithéâtre qui surplomberait les plaines fertiles entourant la ville de Perpignan.

Les vallées fluviales se glissent dans ce paysage montagneux, l'Agly et ses affluents se frayant des passages tortueux entre les collines.

La conjonction entre le climat très chaud et sec en été, des sols pauvres (constitués d'argiles rouges, de marnes schisteuses, de schistes et de cailloux roulés) ainsi que l'omniprésence des vents assure un bon état sanitaire de la vigne et contribue aux rendements faibles et à la haute maturité des raisins. Ce sont les cépages rouges qui profitent le mieux de ces conditions.

Les appellations

Le Roussillon est depuis longtemps célèbre pour ses vins doux naturels (voir p. 494). Quelque temps avant le Languedoc, il a commencé à abandonner la production de « gros rouge » qui fut longtemps sa triste spécialité. Plusieurs VDQS créés en 1970 passèrent finalement au rang d'AOC Côtes-du-Roussillon et Côtes-du-Roussillon-Villages en 1977. Quatre villages, Caramany, Latour-de-France, Lesquerde et Tautavel, ont le droit de mentionner leur nom sur l'étiquette à côté de l'appellation Côtes-du-Roussillon-Villages.

Le Roussillon comporte aussi le vignoble de Collioure, promu au rang d'AOC en 1971, la petite AOC Côtes-du-Roussillon-Aspres, créée en 2003, ainsi que l'AOC Maury qui, outre ses vins doux naturels, produit aussi des vins secs.

Les cépages et les styles de vin

Les Côtes-du-Roussillon-Villages sont toujours rouges, tandis que les Côtes-du-Roussillon peuvent aussi être blancs ou rosés. Le rendement est limité à 45 hl/ha pour les premiers et à 50 hl/ha pour les seconds.

L'amélioration de l'encépagement a été amorcée pour les Côtes-du-Roussillon-

Villages bien avant de l'être pour les Côtes-du-Roussillon. Aujourd'hui, le grenache noir, la syrah, le carignan et le mourvèdre forgent le caractère des vins rouges. Volontiers mûrs et chaleureux, ces vins possèdent un caractère méditerranéen bien affirmé, exhalent des notes d'épices, de garrigue, de fruits mûrs et affichent un degré d'alcool souvent généreux.

La syrah est appréciée pour ses arômes et sa structure, et le grenache pour sa rondeur, la douceur et la plénitude de son fruit. Le carignan, quand il provient de vieilles vignes, est capable de donner de beaux résultats sur les terroirs chauds du Roussillon ; il complète bien les assemblages, apportant ses notes de cuir et d'épices, ses tanins et sa fraîcheur. Il est souvent vinifié en macération carbonique. Le mourvèdre, quand il parvient à maturité, excelle en qualité et apporte un supplément d'âme aux assemblages.

Les vins rosés du Roussillon, issus des mêmes cépages, offrent souvent couleur et caractère.

Les vins blancs, souples et moyennement aromatiques, sont souvent issus d'assemblages des cépages grenache blanc et maccabeu, mais aussi roussanne, marsanne, rolle ou malvoisie du Roussillon. Les muscats secs restituent agréablement les parfums du cépage, apportant rondeur et fraîcheur.

Beaucoup de vins sont vinifiés pour être bus jeunes, mais les cuvées concentrées et bien structurées méritent de vieillir quelques années en bouteille.

Collioure

L'appellation Collioure désigne des vins rouges, rosés et, depuis 2003, blancs. Elle s'étend sur le territoire de quatre communes qui partagent un même sol constitué de schistes bruns. Le vignoble, spectaculaire, s'organise en terrasses très étroites. Les sols, arides et très ensoleillés, reçoivent ce qu'il faut d'humidité grâce à la proximité de la mer. Les cépages qui donnent ici les meilleurs résultats sont le grenache, le mourvèdre et la syrah. Le grenache y atteint une pleine maturité et offre des vins charnus et mûrs. Le mourvèdre trouve aussi un terroir qu'il affectionne. Quant à la syrah, elle apporte aux assemblages couleur, notes d'épices et complexité.

Les méthodes de vinification sont traditionnelles : les raisins sont égrappés et les fermentations bien suivies. Un élevage sous bois peut contribuer à faire ressortir la complexité des vins rouges qui possèdent naturellement profondeur et suavité. Ces vins peuvent gagner à vieillir en bouteille jusqu'à dix ans, surtout lorsqu'ils sont vinifiés par un bon producteur.

APPELLATIONS ET PRODUCTEURS

Les vignobles des Côtes du Roussillon couvrent une grande partie du département des Pyrénées-Orientales. Ceux de la petite appellation Collioure se trouvent à l'extrême sud-est du département, au bord de la Méditerranée et à la limite de l'Espagne.

LES VINS IGP

Outre l'IGP Pays d'Oc, le Roussillon compte deux dénominations, l'IGP Côte vermeille et surtout l'IGP Côtes catalanes. Sous cette dénomination œuvrent quelques producteurs de premier plan (Casenove, Olivier Pithon, Clos du Rouge Gorge, Matassa, Domaine de l'Horizon).

CÔTES-DU-ROUSSILLON, CÔTES-DU-ROUSSILLON-VILLAGES ET MAURY

L'appellation Côtes-du-Roussillon-Villages est réservée aux 32 villages situés dans la partie nord du département, tandis que celle de Côtes-du-Roussillon correspond à 118 communes se trouvant plus au sud. Quatre villages ont droit d'apposer leur nom à celui de l'appellation : Caramany, Lesquerde, Latour-de-France et Tautavel. Depuis 2011, Maury et trois autres communes peuvent produire des vins secs sous l'AOC Maury, à partir du grenache noir, dans un style puissant. Ce vaste vignoble s'appuie sur différents types de sols : schiste, sols argilo-calcaires et terrasses caillouteuses. À côté des coopératives, assurant une grande partie de la production, les dernières décennies ont vu émerger beaucoup de nouveaux producteurs, ou d'anciens coopérateurs, qui ont profondément renouvelé le caractère et la qualité des vins du Roussillon.

DOMAINE CAZES

Ce domaine de 180 ha entièrement cultivé en biodynamie produit une large et fiable gamme de vins du Roussillon, en AOC et en IGP, avec en vedette de très bons VDN ainsi que des Collioure et Côtes-du-Roussillon-Villages enthousiasmants.

DOMAINE GAUBY

Gérard Gauby a été surnommé « roi sans couronne » du Roussillon. Qu'il s'agisse de vins AOC ou des IGP (blancs), c'est le producteur le plus célèbre de la région et l'un des plus doués. Ses cuvées phares, telle Muntada, font partie des plus recherchées et des plus chères du Roussillon.

CLOS DES FÉES

Après plusieurs carrières, Hervé Bizeul s'est installé dans le Roussillon avec l'ambition de faire naître des terroirs locaux de grands vins. C'est chose faite avec une gamme de haut niveau qui comporte des cuvées très accessibles en style et en prix, et de grandes cuvées déjà légendaires (Petite Sibérie).

AUTRES PRODUCTEURS

Parmi les excellents vignerons qui se sont fait connaître au cours des dernières années, il faut mentionner le Mas Amiel, le Domaine de Casenove à Trouillas, le Domaine des Chênes, le Domaine Gardiès à Vingrau, le Roc des Anges, le Domaine Sarda-Maletaux portes de Perpignan, le Domaine Piquemal ou le Domaine des Schistes à Estagel.

COLLIOURE

Les communes de Collioure et de Banyuls se touchent et se partagent les terrasses de vignes plantées en coteaux escarpés. Le sol est pauvre et caillouteux. Les vignes taillées en gobelet souffrent pour survivre au vent et à l'immense sécheresse de ces pentes abruptes. Les vins rouges figurent parmi les plus accomplis du Roussillon. Nombre de producteurs produisent aussi des Banyuls

PRODUCTEURS

Une grande partie de la production est dans les mains des coopératives (L'Étoile, les Dominicains, Terre des Templiers). Les vins les plus intéressants viennent du Domaine Coume del Mas, du Domaine de la Rectorie, du Domaine du Mas Blanc, du Domaine Madeloc et du Domaine de La Tour Vieille.

CORBIÈRES ET FITOU

Carte page XVIII

Le département de l'Aude est traversé par le fleuve homonyme qui descend des Pyrénées, coule vers le nord et traverse la ville de Carcassonne avant de se diriger à l'est pour se jeter dans la Méditerranée au nord de Narbonne. Il sert de limite entre les vignobles de Corbières et ceux du Minervois (voir p. 506). Les vins de Corbières doivent leur nom aux collines accidentées qui dominent le pays, berceau et dernier refuge des Cathares dans leur révolte contre l'orthodoxie catholique. Le vignoble de Fitou forme deux enclaves à l'intérieur de l'appellation Corbières.

Le climat et les sols

Les sols présentent une grande variété : sols argilo-calcaires, galets roulés, schiste, calcaire et grès. Les mésoclimats sont nombreux, mais, dans l'ensemble, le climat est méditerranéen, avec des hivers doux et des étés chauds et secs. Seules les zones situées le plus à l'ouest subissent l'influence de l'océan Atlantique.

Les cépages

Le vignoble a été métamorphosé par l'introduction de cépages améliorateurs tels que la syrah et le mourvèdre, aux côtes des variétés traditionnelles que sont le carignan et le grenache. Ils sont vinifiés surtout en rouge, mais aussi en rosé. La production des vins blancs reste anecdotique. Ils sont issus des cépages grenache blanc, bourboulenc, maccabeu, marsanne, roussanne ou vermentino.

La vinification et les styles de vin

La macération carbonique est utilisée largement, en particulier pour le carignan dont elle met le fruité en valeur. Pour la vinification classique,

LES VINS IGP

L'essentiel des vins IGP du département de l'Aude sont produits sous la bannière IGP Aude (plus de 100 cépages autorisés) dont le nom peut être complété par une mention plus précise. Il existe 8 autres IGP de zone, dont la plus importante en termes de volumes produits, l'IGP Cité de Carcassonne, couvre le territoire d'une vingtaine de communes situées autour de cette ville. Une très large majorité des vins sont rouges mais les rosés gagnent du terrain.

FRANCE

l'égrappage se généralise et permet de faire des vins plus souples et plus élégants. Les caves dotées d'un système d'isolation ou de climatisation sont désormais la règle, de même que l'utilisation de barriques pour les cuvées de prestige. On remarque en outre une tendance à pratiquer des récoltes plus tardives et de plus longues extractions. Le type de vin ainsi produit peut gagner à vieillir quelques années en bouteilles. Par contre, les Corbières rouges élaborés dans le style traditionnel sont faits pour être bus dans les deux ou trois ans qui suivent leur mise en bouteilles.

Corbières

Avec le vignoble de 17 000 ha, Corbières est une appellation très étendue qui couvre une zone située au sud-ouest de Narbonne. Au nord, elle est bordée par la vallée de l'Aude tandis que, au sud, elle touche les vignes du Roussillon. La majorité des vins sont rouges, mais il existe une petite production de blanc et de rosé. Corbières, fut l'un des premiers vignobles de France classés en VDQS, en 1951, accéda au rang d'AOC en 1985. Depuis 2005, une petite zone autour de Boutenac pos-

APPELLATIONS ET PRODUCTEURS

Dans les terres pauvres et arides des collines des Corbières, une nouvelle génération de viticulteurs s'est mis en tête de tirer de beaux vins de ce terroir broussailleux. Ils ont été récompensés de leurs efforts par l'attribution de l'appellation contrôlée en 1985. Les vins rouges de Fitou jouissent de l'appellation contrôlée depuis bien plus longtemps.

CORBIÈRES ET CORBIÈRES-BOUTENAC

L'appellation Corbières comprend une grande variété de sols et de climats. Elle est segmentée en quatre grandes zones (Hautes-Corbières, Corbières-Méditerranée, Corbières centrales et Corbières-Alaric) qui offrent des potentiels différents.
La zone des montagnes d'Alaric, avec ses vignobles de coteau, ses sols pauvres calcaires et pierreux, ses influences à la fois méditerranéennes et atlantiques, est l'une des plus intéressantes, et nombre de bons producteurs y exercent leur talent.
Les vignes des Corbières, situées parmi les châteaux forts en ruine, bénéficient de l'altitude qui adoucit la chaleur estivale et les expose moins à la sécheresse, donnant des vins puissants dont les saveurs de fruits rouges se fondent petit à petit dans des notes de torréfaction, d'épices et de garrigue. Au nord, sur les coteaux qui descendent vers la vallée de l'Aude, et à l'est, vers le bord de mer, le paysage devient moins austère et le climat plus modéré. Les vins de cette zone sont plus riches et plus souples. Les producteurs indépendants se joignent ici aux coopératives, toujours puissantes, pour promouvoir le tourisme en même temps que leurs vins.
La création de l'AOC Corbières-Boutenac a été le moyen d'individualiser un secteur à fort potentiel, celui de Boutenac et des communes environnantes. Le climat chaud et sec permet une pleine

sède une appellation distinctive, Corbières-Boutenac, connue pour ses vieilles vignes de carignan. Elle produit des vins particulièrement suaves et puissants.

Fitou

À l'exception des vins doux naturels (VDN), Fitou est la plus ancienne appellation d'origine contrôlée du Languedoc-Roussillon, puisqu'elle fut reconnue dès 1948. À cette époque, ses vins étaient considérés comme nettement supérieurs à ceux que l'on pouvait trouver ailleurs dans cette région, Corbières et Minervois ayant en effet attendu les années 1980 pour faire leurs premiers pas vers la qualité. L'appellation, qui couvre 2 600 ha, est constituée de deux zones éloignées l'une de l'autre d'une trentaine de kilomètres : une zone maritime et une zone à l'intérieur des terres, plus en altitude.

Le vin de Fitou est toujours rouge et provient des cépages classiques du Sud. Le carignan reste majoritaire devant le grenache noir, la syrah et le mourvèdre. C'est traditionnellement un vin puissant, solaire, à forte personnalité.

APPELLATIONS ET PRODUCTEURS

maturité des cépages, en particulier celle des vieilles vignes de carignan qui fournissent l'ossature des belles cuvées, puissantes et profondes, produites dans ce secteur.

PRODUCTEURS

Ce vaste vignoble possède plusieurs coopératives. La plus éminente, la Cave d'Embres-et-Castelmaure, créative et dynamique, signe d'excellents vins résolument modernes. Suit une sélection des meilleurs producteurs indépendants de la région : Clos de l'Ahnel, Château La Baronne, Gérard Bertrand (Domaine de Villemajou), Abbaye de Fontfroide, Domaine du Grand Arc, Château Grand Moulin, Château de Lastours, Château Mansenoble, Château Ollieux-Romanis, Clos Pacalis, Château Pech-Latt, Château La Voulte-Gasparets.

FITOU

L'appellation Fitou comporte deux zones distinctes : le Fitou-Maritime, qui s'étend sur les plaines côtières autour du village de Fitou, et le Haut-Fitou, plus en altitude. Dans ces terres sèches, on donne la préférence à la syrah tandis que le mourvèdre, plus tardif, se comporte mieux dans l'atmosphère humide des bords de mer.
Dans l'ensemble, les vins de Fitou-Maritime sont plus souples et se boivent plus jeunes que ceux du Haut-Fitou, plus structurés.

PRODUCTEURS

La plus grande partie de la vendange est entre les mains des coopératives, dont les plus recommandables sont la cave de Mont-Tauch et Les Maîtres Vignerons de Cascatel. Parmi les propriétés privées, il faut mentionner le Domaine Bertrand-Bergé, le Château Champ des Sœurs, le Château des Erles, le Mas des Caprices, le Domaine Les Mille Vignes, le Domaine des Nouvelles, le Domaine La Roudène, le Domaine de la Rochelierre et la Château Wiala.

OUEST DE L'AUDE

Carte page XVIII

La région de Limoux est connue pour ses vins effervescents, notamment la Blanquette de Limoux et le Crémant de Limoux. Elle offre aussi des vins tranquilles, rouges, rosés et blancs.

La ville de Limoux se trouve en haut de la vallée de l'Aude, au sud-ouest de la cité médiévale de Carcassonne. Le vignoble s'étend tout autour, dans un rayon de 20 km. Le climat, avec les influences méditerranéennes ou atlantiques, apparaît plus modéré que dans les autres régions du Languedoc. Cela explique la prédisposition de Limoux à la production de bons vins blancs tranquilles et effervescents. La gamme de cépages est atypique pour la région à cause du mésoclimat, bien plus frais qu'ailleurs.

Les cépages

Le mauzac, cépage de base de la Blanquette de Limoux, ne pousse qu'ici et à Gaillac. Il a un goût caractéristique de pomme ou de poire, une certaine amertume en finale et une acidité qui le rend particulièrement adapté à la production de vins effervescents. Le chardonnay est aujourd'hui très planté, offrant les meilleurs Crémants de Limoux et des vins tranquilles sous l'appellation Limoux blanc. Le chenin blanc est le troisième cépage important, apprécié aussi pour son acidité.

Les cépages rouges, outre le pinot noir qui entre dans l'élaboration des crémants et de quelques beaux rouges tranquilles, sont bordelais et languedociens : merlot, cot, syrah, grenache, carignan et cabernet.

Les styles de vin

La Blanquette de Limoux peut être élaborée selon deux méthodes. Pour la méthode dite « ancestrale », une première fermentation partielle a lieu en cuve pour s'achever en bouteille. Ce type de Blanquette doit toujours se faire à partir du seul mauzac. Les vins, légers en alcool, conservent toujours un peu du sucre naturel du raisin et offrent des arômes très croquants de pomme verte.

La seconde méthode, utilisée aussi bien pour la Blanquette que pour le Crémant de Limoux, est la même que pour le champagne (voir p. 252) et comporte par conséquent une seconde fermentation en bouteille. De style brut, les variations entre ces vins tiennent à l'encépagement : le mauzac est majoritaire pour la Blanquette, le chardonnay et le chenin le sont pour les crémants.

Les vins blancs tranquilles de Limoux répondent à un cahier des charges contraignant avec une vinification et un élevage en fût. Ils sont souvent issus du chardonnay, mais aussi du chenin ou du mauzac. Leurs meilleures versions, caractérisées par des textures souples et des arômes qui peuvent évoquer le beurre, la noisette grillée et des fruits blancs bien mûrs, sont une évocation sudiste de vins de Bourgogne. Quant aux vins rouges, ils offrent l'éclectisme de leur encépagement, avec un style qui regarde autant vers le Bordelais et le Sud-Ouest que vers le Languedoc. Le pinot noir a aussi sa place dans les vignobles d'altitude de la Haute Vallée de Limoux.

MALEPÈRE ET CABARDÈS

Ces deux vignobles situés au nord de Limoux, à l'extrémité occidentale de la région, forment la frontière entre le Languedoc et l'Aquitaine. L'influence de l'Atlantique y donne un climat plus frais et plus humide que dans le reste du Midi. L'influence méditerranéenne prédomine cependant, mais varie selon l'altitude d'un vignoble et de son exposition. Les cépages sont tout autant atlantiques que méditerranéens.

AOC MALEPÈRE

L'AOC la plus occidentale du Languedoc s'étend sur les terrasses et coteaux qui bordent le massif de la Malepère et couvre 31 communes de l'ouest du département de l'Aude. Elle produit uniquement des vins rouges et rosés à partir des cépages bordelais (merlot et cabernet) parfois assemblés à d'autres variétés. Environ 90 % des vins sont produits par les coopératives mais quelques producteurs signent leur propre production tels le Château Guilhem ou le Domaine de la Sapinière.

AOC CABARDÈS

Cabardès, situé du côté méditerranéen de la ligne de partage des eaux qui délimite la frontière du Bassin aquitain, est plus chaud et plus sec que le terroir de la Malepère. Ses vignes sont plantées sur les pentes les mieux exposées, au pied de la Montagne Noire, le dernier contrefort du Massif central. Les vins (rouges et rosés) sont un assemblage singulier de cépages bordelais (merlot, cabernet-sauvignon et cabernet franc) et de cépages méditerranéens (syrah et grenache) qui constitue un juste compromis entre les deux régions, avec une fraîcheur plus marquée que dans les rouges classiques du Languedoc. Outre les coopératives, l'appellation compte sur la présence de plusieurs bons vignerons dont le Château de Pennautier, Guilhem Barré, les domaines de Cabrol et Cazaban, le Château de Jouclary, et les domaines de Taluos et Ventenac.

Producteurs et négociants

La coopérative de Limoux, Sieur d'Arques, produit quelque 60 % des vins de l'appellation et fédère 270 adhérents. Elle s'est lancée de longue date dans une politique exigeante qui transparaît à travers ses meilleures cuvées de vins effervescents et tranquilles. La Cave Anne Joyeuse est l'autre bonne coopérative limousine. Parmi les domaines privés de qualité, il faut noter Antech, le Domaine de Martinolles à Saint-Hilaire, Jean-Louis Denois, le Domaine des Hautes Terres, le Château Rives Blanques ou le Domaine de l'Aigle.

MINERVOIS

Carte page XVIII

L'appellation du Minervois se trouve en face de celle de Corbières, de l'autre côté de la vallée de l'Aude, dans les contreforts du Massif central. Elle couvre en partie deux départements, l'Aude et l'Hérault, et forme un amphithéâtre orienté plein sud, avec des altitudes oscillant de 50 m à près de 500 m. C'est avant tout une appellation de vins rouges, plutôt puissants et structurés bien que l'on produise aussi des vins rosés et blancs. Il existe une petite enclave de vins doux naturels dans le village de Saint-Jean-de-Minervois (voir p. 497). Comme Corbières, le Minervois a reçu le statut d'appellation contrôlée en 1985. La qualité de la production s'est sensiblement améliorée avec le renouvellement de l'encépagement et l'arrivée d'une nouvelle génération de vignerons. Depuis 1999, la zone de La Livinière, constituée de 6 communes au cœur du Minervois, bénéficie d'une AOC spécifique, Minervois-La-Livinière. Ce terroir d'altitude, particulièrement chaud et sec produit des vins intenses et concentrés.

Les cépages et les styles de vin

Les vins du Minervois actuels n'ont plus grand-chose à voir avec ceux d'hier. La priorité a été donnée aux cépages dits « améliorateurs ». La syrah, le mourvèdre et le grenache dominent dans les assemblages des vins rouges, qui autorisent aussi des cépages secondaires comme le carignan, le cinsaut ou le lledonner pelut. Dans les bonnes versions, les rouges du Minervois offrent puissance et intensité, avec des arômes de fruits mûrs, d'épices, de maquis, des tanins bien présents et un taux d'alcool parfois confortable. Les rares blancs proviennent d'assemblages dominés par les cépages bourboulenc, grenache blanc, maccabeu, marsanne ou roussanne. Ils offrent rondeur et souplesse, tout comme les rosés locaux.

PRODUCTEURS

L'appellation couvre une vaste zone, variée, de 5 000 ha de vignes. Elle compte 20 coopératives et 200 caves particulières, dont beaucoup ont vu le jour ces deux dernières décennies.

CLOS CENTEILLES
Daniel et Patricia Boyer-Domergue élaborent des vins très élégants, dont des cuvées qui mettent à l'honneur des cépages délaissés, tels le cinsaut et le carignan, ou rares comme l'araignan et le riveirenc en blanc, à côté d'autres cuvées plus classiques.

DOMAINE BORIE DE MAUREL
Créé en 1989 par la famille Escande, ce domaine de 35 ha situé dans le Petit Causse s'est fait connaître par ses vins rouges charnus et voluptueux dont des cuvées monocépages issues de syrah, grenache ou mourvèdre.

DOMAINE ANNE GROS ET JEAN-PAUL TOLLOT
Venus de Bourgogne, Anne Gros et Jean-Paul Tollot se sont installés dans l'appellation en 2007. Ils ont acquis des vignes dans le secteur de Cazelles au pied de la Montagne Noire, et se sont équipés d'un chai moderne. Les vins sont une très belle évocation de la région, entre puissance et élégance.

LES TERROIRS DU MINERVOIS

Le Minervois peut se diviser en cinq zones produisant chacune des vins de caractère différent.

L'EST : les vignobles connus sous les noms des Mourels et des Serres se trouvent sur la plaine caillouteuse entourant Ginestas et subissent l'influence de la mer. Les vins rouges sont plutôt ronds et souples.

LE NORD : les vignobles du haut Minervois – Le Causse et Les Côtes Noires – se trouvent à une altitude de 200 m et sont marqués par un climat plus dur. Les vins sont fermes et parfois de bonne garde.

LE CENTRE : les vignobles des contreforts orientés au sud de la Montagne Noire sont extrêmement chauds. Les lieux-dits L'Argent Double et Le Petit Causse produisent des vins rouges aromatiques, bien constitués, fruités, épicés, chaleureux et de bonne garde. Le secteur plus circonscrit de La Livinière et quelques autres communes font l'objet d'une AOC locale, Minervois-La-Livinière, dont les vins sont particulièrement intenses et concentrés.

LE CENTRE-SUD : cette zone nommée Les Balcons d'Aude se trouve à l'ouest d'Olonzac. Elle s'étend sur les villages de Pépieux et Rieux-Minervois. C'est le cœur de l'appellation, mais aussi sa partie la plus chaude et la plus sèche.

L'OUEST : cette zone connue sous le nom de La Clamoux jouit d'un climat plus humide en raison d'une légère influence de l'Atlantique. Elle donne des vins rouges, blancs et rosés.

CHÂTEAU SAINTE-EULALIE
Ce domaine de La Livinière, de 40 ha environ, est dirigé par Isabelle Cousral. Très consistante et régulière, la gamme compte de belles cuvées bien représentatives de l'appellation, telle La Cantilène, assemblage dominé par la syrah.

JEAN-BAPTISTE SENAT
Jean-Baptiset Senat s'est installé sur le domaine familial en 1996. Vigneron inspiré, il exploite 15 ha qui font une large place aux cépages grenache et mourvèdre. Sa production va des vins gourmands et souples à de belles cuvées concentrées.

AUTRES PRODUCTEURS
Citons les Domainesd'Agel, Barroubio, du Donjon, L'Ostal Cazes, La Tour Boisée, d'Oupia, L'Oustal Blanc, Villerambert-Julien ou Saint-Jacques d'Albas.

VIGNOBLES DE L'HÉRAULT

Carte page XVIII

Le département de l'Hérault accueille l'essentiel des vignobles connus jusqu'en 2007 sous le nom des Coteaux du Languedoc. La diversité des terroirs s'exprime à travers un découpage en 14 sous-appellations autorisées à adjoindre leur nom à celui de l'AOC Languedoc (par exemple Languedoc Pic-Saint-Loup). Situées dans l'Hérault (sauf une, qui se trouve dans l'Aude), elles devraient à l'avenir faire l'objet d'AOC à part entière. C'est déjà le cas pour quelques appellations reconnues, comme Saint-Chinian et Faugères, réputées pour la qualité de leurs vins rouges. Les Terrasses du Larzac devraient les suivre très prochainement.

Il existe aussi des petites enclaves dédiées aux vins blancs, l'AOC Clairette-du-Languedoc et l'AOC Picpoul-de-Pinet. Dans cette vaste zone, comme ailleurs dans la région, les progrès ont été rapides et impressionnants. Grâce à une nouvelle génération de vignerons talentueux, certaines AOC à fort potentiel, telles Languedoc Pic-Saint-Loup, Languedoc Terrasses-du-Larzac, Saint-Chinian ou Faugères offrent des vins parmi les plus accomplis de la région. Sudistes dans l'âme, ces vins associent à la puissance naturelle des rouges du Sud une vraie dimension de complexité et l'élégance.

Les cépages

Ce sont les cépages classiques du Midi. En rouge, on retrouve le grenache, la syrah, le mourvèdre, le carignan, le cinsaut et quelques autres variétés secondaires. En blanc, ce sont le bourboulenc, la clairette, le grenache blanc, la marsanne, le picpoul, le roussanne ou le vermentino.

Pour les rouges, le rendement maximal est de 50 hl/ha pour l'AOC Languedoc, moins dans les appellations sous-régionales.

Clairette du Languedoc

Cette petite AOC est réservée aux vins blancs élaborés exclusivement à partir du cépage clairette. La zone d'appellation couvre 8 villages situés au nord de Pézenas dans le département de l'Hérault. Les vins connaissent une renaissance suite à une révision des techniques de vinification. La clairette, cépage sensible à l'oxydation, mûrit facilement, mais peut donner un vin lourd si elle est vendangée à trop haute maturité. Les vins offrent souvent rondeur et suavité, et dégagent des notes de fruits jaunes, de fleurs grasses ou d'agrumes. Si les secs dominent, on trouve aussi de rares versions moelleuses avec parfois un élevage de type oxydatif.

Picpoul-de-Pinet

Située au milieu d'un triangle délimité par les villes d'Agde, de Pézenas et de Sète, cette nouvelle AOC, reconnue en 2013, a su se faire un nom grâce à ses vins blancs secs, plutôt vifs, qui tranchent avec le reste de la production languedocienne et qui doivent leur personnalité au cépage qui porte le même nom, le picpoul blanc. Ces vins toniques, légers, aux arômes discrets de fleurs et d'iode, se marient naturellement avec les coquillages, crustacés et poissons locaux.
Les domaines de Bridau, de La Grangette et le Château Saint-Martin de la Garrigue offrent de beaux exemples des vins de l'appellation.

Faugères

Cette AOC de 2 000 ha comprend sept villages situés au pied des monts de l'Espinouse, sur les derniers contreforts du Massif central, dans la partie septentrionale de l'Hérault. Les vignes sont plantées jusqu'à une altitude de 300 m sur des sols homogènes de schistes.
Si l'appellation produit les vins dans les trois couleurs, c'est à ses vins rouges qu'elle doit sa notoriété. La syrah, souvent dominante dans les assemblages, prend ici des tonalités florales et fraîches qui donnent beaucoup d'élégance et de présence aux meilleures cuvées de Faugères.
Parmi les bons producteurs de l'appellation, on compte le Domaine Jean-Michel Alquier, le Domaine Léon Barral, le Domaine Saint-Antonin, Mas d'Alezon, le Château des Estanilles ainsi que la maison de négoce Hecht et Bannier.

Saint-Chinian

Saint-Chinian est une vaste appellation de 3 000 ha qui couvre 20 communes du département de l'Hérault, au nord-ouest de Béziers, et qui produit surtout des vins rouges.
Les vignobles se trouvent pour la plupart sur les contreforts des Cévennes, à des altitudes comprises entre 100 et 400 m. Les raisins mûrissent donc lentement en raison de la fraîcheur des nuits. Le cours de la Vernazobre suit les divisions géologiques.
Les vignobles du sud de l'appellation reposent sur des sols argilo-calcaires. Leurs meilleures cuvées offrent beaucoup de densité. Au nord, le sol est surtout fait de schiste qui donne en général des vins rouges plus souples. Deux petites zones font l'objet d'appellations spécifiques, Saint-Chinian Berlou et Saint-Chinian Roquebrun dans les secteurs de schiste. Elles sont dédiées uniquement aux vins rouges. L'AOC Saint-Chinian produit aussi quelques vins blancs et rosés.
Les producteurs de qualité de Saint-Chinian sont, entre autres : le Domaine Canet-Valette, le Domaine Borie la Vitarèle, le Mas Champart, La Madura, le Domaine Navarre ainsi que la maison de négoce Hecht et Bannier.

CRUS ET PRODUCTEURS

L'appellation Languedoc, sans précision de commune ou de secteur, est une AOC régionale couvrant les quatre départements du Languedoc-Roussillon. À l'intérieur de cette AOC, quatorze terroirs ont le statut de sous-appellation. Ci-dessous sont recensés les plus importants d'entre eux. Cependant, nombre de bons producteurs de l'Hérault préfèrent produire leurs vins sous l'AOC Languedoc ou sous la bannière IGP. Les domaines la Grange des Pères, Peyre Rose, Les Aurelles, Le Conte des Floris, Daumas Gassac ou La Grange de Quatre Sous sont de ceux-là.

LANGUEDOC GRÉS DE MONTPELLIER

Les gros galets et le poudingue dominent dans l'est de la zone, alors que l'ouest est plutôt argilo-calcaire. Cette zone, parmi les plus chaudes de la région, reçoit les influences bienfaitrices de la Méditerranée. Les vins rouges offrent puissance et rondeur. Parmi les bons producteurs, citons le Chemin des Rêves, le Domaine de Roquemale et le Château Saint-Martin de la Garrigue.

LANGUEDOC LA CLAPE

La Clape est l'unique sous-appellation du Languedoc à être située dans le département de l'Aude. Aux portes de Narbonne, le vignoble se trouve sur un affleurement de rocher et jouit de l'un des climats les plus ensoleillés de France, tout en étant rafraîchies par les brises marines. Outre les vins rouges et de très bons rosés, les blancs sont ici de bonne facture, dominés par le cépage bourboulenc. Parmi les bons domaines, on remarquera les Châteaux d'Anglès, La Combe Saint-Paul, Pech Redon, Négly et Mas de Soleilla.

LANGUEDOC MONTPEYROUX

Le vignoble est situé à 40 km au nord-ouest de Montpellier et couvre le territoire de la commune éponyme et une partie de celle d'Arboras. Il est adossé aux contreforts sud du Larzac et jouit d'un climat méditerranéen, soumis à la tramontane. Les meilleurs vins rouges possèdent un charme indéniable. Parmi les bons producteurs, citons le Domaine d'Aupilhac, Alain Chabanon et le Domaine du Joncas.

LANGUEDOC PÉZENAS

Cette zone s'étend autour de Pézenas et de 14 autres communes. Les vignobles sont situés sur la rive droite de l'Hérault, répartis sur des terroirs variés (terrasses caillouteuses et argilo-calcaires, schistes) qui jouissent d'un climat chaud et sec. Ils sont dévolus aux vins rouges provenant d'assemblages dominés par la syrah, le grenache et le mourvèdre. Parmi les bons producteurs, citons le Prieuré Saint-Jean-de-Bébian et le Domaine Lacroix-Vanel.

LANGUEDOC PIC-SAINT-LOUP

Ce cru dynamique et réputé doit son nom à la montagne qui domine l'horizon, à une vingtaine de kilomètres au nord de Montpellier. La zone couvre 13 communes et 900 ha. Elle produit des vins rosés et rouges. Ces derniers sont dominés par la syrah, qui donne ici d'excellents résultats, le grenache et le mourvèdre. Les meilleurs sont particulièrement intenses et élégants. Parmi les bons producteurs, on compte les Domaines d'Hortus et de Mortiès, Mas Brugière, Clos Marie, les Châteaux de Cazeneuve, de l'Euzière de Lancyre ou de la Salade, L'Hermitage du Pic-Saint-Loup ou le Mas de l'Oncle.

LANGUEDOC TERRASSES-DU-LARZAC

La zone regroupe 32 communes installées sur le piémont du plateau du Larzac. Le vignoble, orienté sud et sud-est, repose sur des éboulis argilo-calcaires et des terrasses caillouteuses bien drainantes. →

CRUS ET PRODUCTEURS

Cette zone bénéficie de sa situation en altitude : les nuits y sont plus fraîches et les vignes souffrent moins de la chaleur estivale qu'ailleurs. On ne produit que des vins rouges, à partir des cépages grenache, mourvèdre, syrah, carignan ou cinsaut, très souvent assemblés. Les meilleurs vins possèdent beaucoup d'intensité et de relief. L'appellation compte dans ses rangs d'excellents producteurs tels les domaines Alexandrin, Mas des Brousses, Cal Demoura, la Bastide des Oliviers, Le Clos du Serres, Mas Julien, le Château de Jonquières, Montcalmès ou le Pas de l'Escalette.

LES VINS IGP

L'essentiel des vins IGP sont produits sous les dénominations IGP Pays d'Oc et IGP Pays d'Hérault, avec, pour cette dernière, une éventuelle mention de zones. Le département compte aussi 12 IGP plus locales, dont la plus significative est l'IGP Côtes-de-Thongue qui couvre un ensemble de communes au sud de Pézenas. La plupart des vins IGP mettent à l'honneur les cépages cabernet-sauvignon, merlot, sauvignon ou chardonnay.

LANGUEDOC SAINT-GEORGES-D'ORQUES

À l'ouest de la ville de Montpellier, ce vignoble périurbain jouissait d'une très belle réputation aux XVIIe et XVIIIe siècles. Elle renaît aujourd'hui et renoue avec ces vins rouges profonds et expressifs qui lui avaient valu sa reconnaissance précoce. Le climat chaud et la faible altitude prédisposent à la production de vins amples qui proviennent des cépages méridionaux classiques de la région. Parmi les bons producteurs, signalons le Château de L'Engarran et le Domaine de la Prose. Les autres dénominations, souvent plus modestes en taille, sont Cabrières, La Méjanelle, Quatourze, Saint-Christol, Saint-Drézéry, Saint-Saturnin et Sommières.

VIGNOBLES DU GARD

Carte page XVIII

Le département du Gard se trouve à la limite est du Midi. Sa principale appellation, Costières-de-Nîmes, est le vignoble qui fait le lien entre le Languedoc et la vallée du Rhône à laquelle son syndicat interprofessionnel a choisi de se rattacher. Il existe également deux autres AOC : Duché d'Uzès, reconnue en 2013, et Clairette de Bellegarde, minuscule AOC dédiée aux vins blancs issus du cépage clairette.

Costières-de-Nîmes

L'appellation Costières-de-Nîmes s'étend sur un vaste plateau au sud de la ville de Nîmes, limité à l'est par le Rhône et au sud par la Camargue. Elle couvre 25 000 ha mais seule une partie est plantée. La production se divise entre l'AOC Costières-de-Nîmes (autour de 4 000 ha) et vin IGP. L'appellation est limitée aux terroirs bénéficiant d'un sol particulier appelé « grès », fait de gravier et de gros cailloux descendus des Alpes par la vallée du Rhône. Ces galets absorbent la chaleur du soleil au cours de la journée et la restituent la nuit aux vignes, ce qui permet une maturation pleine et entière des raisins. Le sous-sol contient une grande proportion d'argile, qui +retient l'eau et empêche la vigne de trop souffrir de la sécheresse pendant l'été. La proximité de la mer tempère le climat en apportant de l'humidité qui diminue les effets de la canicule estivale.

LES CÉPAGES ET LES STYLES DE VIN. L'encépagement reste classiquement languedocien (ou rhodanien), avec la priorité donnée au grenache, à la syrah et au mourvèdre, complétés par le carignan et le cinsaut. La qualité de la production demeure variable, mais on trouve de beaux vins rouges puissants sur ces terroirs qui permettent théoriquement une belle maturité du raisin. Le vin rouge domine mais les rosés ont fortement progressé pour représenter 40 % de la production. Les rares vins blancs proviennent de cépages grenache blanc, roussanne, marsanne et quelques autres.

LES PRODUCTEURS. Contrairement aux autres appellations du Midi, les Costières-de-Nîmes ne doivent pas grand-chose aux caves coopératives, qui ne vinifient qu'une faible partie de la production. En revanche, il existe une centaine de propriétaires indépendants qui ne ménagent pas leurs efforts pour faire connaître leurs vins. Citons, parmi les plus recommandables, Château Beaubois, Mas Neuf, Mourgues des Grès, de Nages, de la Tuilerie, le Mas des Bressades ou le Mas Carlot.

Clairette de Bellegarde

Cette appellation confidentielle est réservée aux vins blancs issus exclusivement de la clairette. Ce cépage capricieux peut donner de bons vins secs, amples et discrètement aromatiques, avec des notes de fruits secs et de fleurs blanches. La production du Mas Carlot et du domaine Terre de Chardons en donne de bons exemples.

Duché d'Uzès

Cet ancien vin de pays devenu AOC en 2013 s'étend sur plus de 500 ha éparpillés sur le territoire de 77 communes entre Nîmes et Alès. Les vins rouges et rosés proviennent du grenache et de la syrah, alliés parfois au carignan et au cinsaut. Les vins blancs sont issus du grenache blanc et du viognier.

Les vins IGP

Les vins IGP sont produits surtout sous la dénomination IGP du Gard, mais il existe deux IGP de zone, Cévennes et Coteaux-du-Pont-du-Gard. L'ancienne zone IGP Duché d'Uzès est devenue AOP en 2013.

SUD-OUEST

Carte page XIX

Cette région de production correspond à peu près à l'ancienne province de Gascogne, s'étendant de la limite du département de la Gironde, au nord, jusqu'à la frontière espagnole, au sud. Les vignobles suivent le cours de rivières qui se jettent dans l'estuaire de la Gironde : Bergerac sur la Dordogne, Cahors sur le Lot, Gaillac sur le Tarn et Fronton, Buzet et Marmandais sur la Garonne. Vers l'est, en amont, sur les contreforts du Massif central, le vignoble se raréfie, tandis qu'au sud, au pied des Pyrénées, les régions viticoles ont une identité plus marquée. Inévitablement, les vins de Bordeaux rouges et blancs servent de modèle à beaucoup des vins du Sud-Ouest. Aujourd'hui, avec un souci de qualité partagé autant par les coopératives que par la nouvelle génération de vignerons, la réputation du Sud-Ouest renaît. Les nombreux cépages traditionnels, auxquels se sont ajoutés ceux du Bordelais, y contribuent. Cette palette de cépages, que l'on ne trouve nulle part ailleurs, donne un caractère particulier et original aux vins du Sud-Ouest alors que le climat leur confère une fraîcheur qui manque aux autres vins du Sud. La région propose tous les styles de vin, des Gaillacs blancs secs et légers, nature ou pétillants, aux Monbazillacs riches et doux, en passant par les rouges souples de Bergerac et par les rouges solides et puissants de Madiran et de Cahors.

BERGERAC

Carte page XIX

Charmante ville d'une province riche en histoire, Bergerac se trouve au cœur des appellations du département de la Dordogne. L'agriculture y est prospère. Les collines ondulent dans le prolongement naturel de celles de Saint-Émilion. La frontière entre les vignobles de Bordeaux et de Bergerac est purement administrative et se justifie plus par le découpage arbitraire des départements que par le relief ou le climat.

Bergerac est l'appellation générique pour les vins rouges, blancs et rosés. Les Côtes-de-Bergerac couvrent la même aire mais exigent une maturité du raisin plus poussée. Les vins rouges en tirent, en théorie, un peu plus de concentration. Cette AOC produit aussi des vins blancs demi-secs ou moelleux. Les vins d'autres appellations ne peuvent provenir que de zones bien délimitées. Pécharmant est une petite enclave qui produit un vin rouge ; Monbazillac est le blanc moelleux le plus connu de la Dordogne. Parmi les autres appellations de vins blancs, Rosette et Saussignac sont deux petites aires spécialisées dans la production de vins doux. Montravel et ses déclinaisons produisent des vins blancs et rouges.

Le site, le climat et le sol

Les vignobles s'étendent de Saint-Émilion jusqu'à l'extérieur de Bergerac et regroupent 90 villages.
Le climat qui règne sur cette région est similaire à celui du vignoble girondin. L'influence maritime de l'Atlantique rend les hivers doux et les pluies modérées. Bien que la température moyenne soit légèrement plus élevée, les gelées de printemps sont plus fréquentes, et les averses de grêle, plus violentes.
La nature du sol ressemble à celle des vignobles bordelais, et en particulier à celle du Saint-Émilionnais : un mélange de graviers, d'argile et de calcaire. Aujourd'hui, les vins du Bergeracois, et surtout les blancs liquoreux, peuvent rivaliser avec bon nombre de bordeaux.

Les cépages

On retrouve les mêmes variétés de raisins que dans le Bordelais, ainsi que quelques autres cépages. Autrefois, les Bergeracs blancs étaient des assemblages comprenant deux tiers de sémillon avec un tiers de sauvignon blanc, un peu de muscadelle et d'ugni blanc. La tendance actuelle privilégie les vins secs et vifs avec une forte proportion de sauvignon blanc. L'ugni blanc a presque disparu.
Les Bergeracs rouges sont des assemblages de cabernet-sauvignon, de cabernet franc et de merlot comme pour l'ensemble du vignoble bordelais. Le malbec est parfois utilisé dans les vignobles de Pécharmant.

Les tendances actuelles

Les méthodes de vinification ont fait d'énormes progrès. Les températures de fermentation des vins rouges et blancs sont soigneusement contrôlées et les cuves inox permettent de produire des vins frais et aromatiques. Les pratiques de macération et d'élevage sur lies ont apporté une nouvelle dimension aux vins blancs. Les viticulteurs ont intégré à leur arsenal l'usage de barriques de chêne, neuves ou non, pour l'élevage des vins, qu'il s'agisse des rouges ou des grandes cuvées de blancs secs ou liquoreux. L'influence d'une jeune génération de viticulteurs se ressent sur l'appellation : très motivés, certains remettent en question les principes de leurs parents. D'autres, nouveaux arrivants dans la région, n'ont pas d'idées préconçues. Ils essaient de limiter les rendements et font un gros effort pour améliorer la conduite de la vigne. En effet, ces vignerons, comme beaucoup désormais en France et à l'étranger, ont pris conscience que la qualité des raisins et leur condition sanitaire sont des facteurs beaucoup plus déterminants pour la qualité du vin en bouteilles qu'un matériel vinicole à la pointe de la technologie.

Les rouges de Pécharmant

Vin rouge le plus réputé de la Dordogne, le Pécharmant se distingue en général d'un Bergerac rouge par sa charpente, sa chair et son potentiel de vieillissement. « Pech » signifie « colline » en patois, donc « Pécharmant » signifie littéralement « la colline charmante ». Cette petite appellation, à l'est de Bergerac, englobe quatre villages dont les vignes, environ 350 ha, poussent sur des pentes douces exposées au sud.

Le sol, composé de graves sur argile et calcaire, est un terroir idéal pour le malbec, ainsi que pour le cabernet et le merlot. Le malbec n'est pas très répandu car il est sujet à la coulure, mais il peut jouer un rôle utile pour apporter au vin un surplus de chair et de structure, à condition que ses rendements soient raisonnables.

Les meilleurs millésimes des meilleurs Pécharmants méritent un long séjour en cave. Pour souligner cette aptitude au vieillissement, la réglementation de l'AOC impose une durée minimale de séjour en cave que les producteurs dépassent largement. Une quarantaine de vignerons et les coopératives se partagent la production. L'usage de la barrique est le plus souvent de rigueur, avec une proportion de bois neuf variable. Cette Pratique contribue à la finesse des tanins ainsi qu'au potentiel de vieillissement de ces vins. Les meilleurs se distinguent par leur ampleur, leur texture douce et leur volume de fruit qui leur vaut des comparaisons avec les vins de Pomerol.

Les vins liquoreux de Monbazillac

Le Monbazillac, grand vin liquoreux de Dordogne, a besoin, tout comme le Sauternes, du développement de la pourriture noble, ou *Botrytis cinerea*, pour rôtir les grappes et atteindre l'apogée de la qualité. Les vignobles, qui s'étendent au sud de la Dordogne, sont répartis sur cinq villages et couvrent 2 100 ha. Ils sont, pour la plupart, exposés au nord, ce qui peut paraître surprenant à première vue, mais, faisant face à la rivière, ils bénéficient des brumes automnales qui favorisent le développement de la pourriture noble. Les Monbazillacs sont élaborés à partir des mêmes cépages que les vins liquoreux du Bordelais, c'est-à-dire avec une forte proportion de sémillon, complété par le sauvignon et la muscadelle.

Le Monbazillac d'un bon millésime, comme 2009 ou 2011, compte parmi les grands vins liquoreux français, opulent avec une concentration d'arômes caractéristique de la

MONBAZILLAC

Un bon Monbazillac exige le même travail que les vins liquoreux de Gironde, avec une conduite identique de la vigne, des vendanges par tries successives et une vinification sous haute surveillance.
Ces vendanges manuelles avec tries successives sont devenues obligatoires à partir du millésime 1992. La législation impose de vendanger des raisins ayant atteint une concentration en sucre d'au moins 221 g/l, seuil insuffisant pour éviter le recours à la chaptalisation. Les meilleurs vins de l'appellation sont issus de raisins bien plus concentrés (pour peu que le millésime le permette). La mention « sélection de grains nobles » indique une richesse en sucre des raisins d'au moins 255 g/l.
Tout vin qui n'atteint pas le degré potentiel d'alcool requis est aujourd'hui déclassé en Côtes-de-Bergerac moelleux. Les producteurs qui persistent à utiliser les machines à vendanger sont désormais obligés de déclarer leurs vins en Côtes-de-Bergerac, et non plus en Monbazillac.

pourriture noble et un important potentiel de vieillissement. Après des décennies de pratiques douteuses qui ont un peu terni la réputation de ces vins, les producteurs, aidés par une législation plus rigoureuse, ont fait les efforts nécessaires pour améliorer la qualité et l'image du Monbazillac. Ses belles versions n'ont rien à envier aux meilleurs Sauternes, à des prix souvent bien inférieurs.
Limités par la loi à 30 hl/ha (sauf dérogation), les rendements peuvent descendre sous les 20 hl/ha (voir sous les 10 hl/ha) chez les producteurs les plus exigeants. Nombre de vinificateurs utilisent des cuves d'acier inoxydable et soutirent leurs vins avant de les élever pendant quelques mois dans des foudres ou des barriques. D'autres préfèrent conduire les fermentations sous bois avant un élevage en fût, avec une proportion variable de fûts neufs. La durée d'élevage reste également très variable, mais peut se prolonger au-delà de deux ans pour les cuvées les plus riches.

Les vins liquoreux de Saussignac

Le Saussignac, jadis Côtes-de-Saussignac, est un vin blanc doux. Avant la création de cette appellation, ce vignoble était inclus dans l'aire de Monbazillac. Le sol et le mésoclimat s'y ressemblent beaucoup. Aujourd'hui, l'appellation couvre quatre communes, Gageac-et-Rouillac, Monestier, Razac-de-Saussignac et Saussignac même.
Les cépages sont ceux du Monbazillac, avec une forte proportion de sémillon et un peu de sauvignon blanc et de muscadelle. Le style traditionnel des vins de Saussignac oscillait du moelleux au plus concentré. Aujourd'hui,

les contraintes de production sévères (vendanges manuelles, rendements de 25 hl/ha, maturité du raisin minimale supérieure à celle de Monbazillac) en font un vin liquoreux à part entière, qui offre beaucoup de volume, de concentration, avec des saveurs de fruits confits, de miel et de champignon typiques du *botrytis*.

Montravel

En 2002, Montravel s'est séparé de Bergerac, même pour les vins rouges qui restent néanmoins dans le style bergeracois. En blanc, on distingue trois appellations. L'AOC Montravel est un vin sec pouvant provenir de quinze villages. Côtes-de-Montravel est le vin moelleux produit dans les mêmes villages. Le vignoble du Haut-Montravel, situé à part, regroupe cinq villages dont Fougueyrolles, qui se trouve au centre. Le vin est moelleux ou liquoreux, issu de vendanges manuelles par tries successives de raisins en surmaturité ou touchés par la pourriture noble.

Rosette

La minuscule AOC Rosette, qui concerne 6 communes, cherchait sa voie dans la large gamme de vins blancs que décline la région de Bergerac. Elle se spécialise désormais dans la production d'un vin moelleux, peu concentré, frais et léger.

PRODUCTEURS

La région de Bergerac représente environ 12 000 ha en AOC. De nombreux producteurs déclarent leurs récoltes sous les appellations génériques. D'autres, tout particulièrement dans la région de Monbazillac, se spécialisent dans l'appellation locale.

DOMAINE DE L'ANCIENNE CURE
La renommée du domaine repose aujourd'hui sur son Monbazillac, qui se trouve parmi les meilleurs de cette appellation. Mais il ne faut pas non plus manquer ses bons rouges aromatiques, ni ses blancs secs déclinés en plusieurs cuvées.

CHÂTEAU BELINGARD
Le comte Laurent de Bosredon, le propriétaire de ce château, a largement œuvré au renouveau de la région. De son vaste domaine de près de 90 ha, il tire une gamme large qui explore toutes les nuances du Bergeracois.

DOMAINE DES COSTES
Nicole et Jean-Marc Dournel ont créé en Pécharmant un vignoble exceptionnel. Le vignoble, situé aux portes de Bergerac, est travaillé en biodynamie. On produit ici des rouges puissants, longuement élevés, qui offrent, un des visages les plus séduisants de l'AOC Pécharmant.

CHÂTEAU MOULIN CARESSE
Domaine phare de Montravel dont le vaste vignoble est situé entre coteaux et plateau. Habilement vinifiés, les vins sont excellents, aussi bien les rouges profonds, qui font un bon usage du bois, que les vins blancs, très réussis, en sec comme en liquoreux.

CAVE COOPÉRATIVE DE MONBAZILLAC
Elle regroupe soixante viticulteurs qui exploitent un tiers de l'appellation, et possède, entre autres, le beau château de →

PRODUCTEURS

Monbazillac. Dans sa large gamme, on peut recommander de bons liquoreux (Château Monbazilalc, Château Septy…).

CHÂTEAU LA ROBERTIE
Depuis 1999 Brigitte Soulier dirige ce domaine qu'elle a converti à l'agriculture biologique. Elle signe une gamme complète de vins de Bergerac aussi fiable et gourmande en vins secs, rouges et blancs, qu'en vins liquoreux de Monbazillac.

CHÂTEAU DE TIREGAND
Ce domaine phare de l'appellation Pécharmant appartient à la famille Saint-Exupéry, cousins de l'auteur du Petit Prince. Ils possèdent 35 ha de vignes à Tiregand : merlot (54 %), les deux cabernets et un peu de malbec. Cinq cuvées sont produites dont de grands Pécharmants promis à la garde.

CHÂTEAU TIRECUL-LA-GRAVIÈRE
M. et Mme Bilancini ont acquis en 1992 ce vignoble très bien situé et particulièrement apte au botrytis. Outre un vin sec, ils produisent une déclinaison époustouflante de Monbazillacs issus de rendements minuscules et fermentés en barrique. L'encépagement, original, fait une large place à la muscadelle. Leur cuvée mythique, Madame, se vend plus cher que la plupart des grands Sauternes.

CHÂTEAU TOUR DES GENDRES
Lorsqu'une appellation a la chance de disposer d'une « locomotive », le niveau d'ensemble des vins est tiré vers le haut. Alain Brumont l'a démontré à Madiran. Luc de Conti, au Château Tour des Gendres, a joué ce rôle dans le Bergeracois. Issus d'un vignoble d'une cinquantaine d'hectares travaillés en culture biologique, blancs et rouges, qui se déclinent désormais en une large gamme, sont exceptionnels.

CLOS LES VERDOTS
Verdots est le nom de la rivière souterraine dont le cours sinueux traverse la cave (creusée dans le calcaire) de la propriété. David Fourtout fait dans son chai impressionnant une gamme de Bergeracs de premier rang, modernes, avec d'excellents vins d'entrée de gamme et des cuvées de prestige longuement élevées sous bois.

AUTRES PRODUCTEURS
Les autres domaines réputés : Châteaux Barouillet, Château Ladesvignes, Château K, Château Les Marnières, Château Monestier la Tour, Château Le Raz, Grande Maison, Les Hauts de Caillevel, Jonc Blanc, Vari.

DURAS, MARMANDAIS, BUZET

Carte page XIX

Duras, petite ville dotée d'un splendide château, regarde vers l'ouest les vignobles du Bordelais. Seule la limite du département sépare ses vignes de celles de l'Entre-deux-Mers, tandis qu'au nord-est ses vignobles voisinent avec ceux de Bergerac ; les vins de Duras reflètent cette proximité. Également adjacent aux vignobles du Bordelais, le Marmandais s'étend directement au sud, alors que Buzet se trouve plus au sud-est, le long de la vallée de la Garonne, en aval d'Agen. Le climat ressemble beaucoup à celui de Bordeaux, peut-être plus chaud et plus sec, mais tout aussi sujet à la grêle et aux gelées de printemps. Le sol est un mélange d'argile, favorable aux raisins rouges, et de calcaire, favorable aux raisins blancs. Le sol du Marmandais contient également du silex et du gravier, qui contribuent à la production de vins rouges de qualité.

Côtes-de-Duras

L'AOC Côtes-de-Duras date de 1937, époque où les vins blancs dominaient la production de la région. La réglementation autorise des vins blancs secs et moelleux ainsi que des vins rouges et rosés (en quantité négligeable). Depuis les années 1970, la production de vins rouges a dépassé celle des vins blancs. Les principaux cépages blancs regroupent le sauvignon blanc, le sémillon et la muscadelle. mauzac, chenin blanc, ugni blanc et ondenc sont également autorisés, mais on ne les rencontre que rarement. L'assemblage des vins rouges se fait avec du cabernet-sauvignon, du merlot, du cabernet franc et du malbec, le merlot étant souvent majoritaire.

Le Côtes-de-Duras blanc était autrefois un vin sans caractère marqué, avec un peu de sucres résiduels, élaboré surtout à partir du cépage sémillon. Aujourd'hui, portés par des vinifications modernes, les meilleurs blancs privilégient souvent le sauvignon et possèdent le caractère frais et aromatique de ce cépage, qui apporte aussi du fruit et une bonne acidité. Ils suivent ainsi la mode des vins plus frais et plus secs. Les raisins les plus mûrs, d'habitude issus majoritairement du cépage sémillon, entrent dans l'assemblage des rares Côtes-de-Duras moelleux. La vinification en rouge est bordelaise, avec un élevage de douze à dix-huit mois en cuves ou en barrique pour les cuvées les plus intenses. Les rouges évoquent ceux du Bordelais voisin, avec une vraie diversité de styles : souple et fruité ou plus dense et structuré.

Côtes-du-Marmandais

Marmande, dans la vallée de la Garonne, produit surtout des vins rouges. Les ravages causés par le phylloxéra au XIXe siècle avaient entraîné une replantation de vignes hybrides jusqu'en 1950 environ. Les efforts entrepris pour faire renaître le vignoble ont été récompensés en 1955 par le statut de VDQS, puis celui d'AOC en 1990. La cave coopérative fédère la plupart des viticulteurs, mais quelques-uns produisent leurs propres vins avec la volonté de faire connaître leur appellation.

On retrouve les cépages habituels du Bordelais (merlot, cabernet franc et cabernet-sauvignon) ainsi que des spécialités locales, l'abourriou, cépage tannique, et le fer servadou. Les vins blancs proviennent du sauvignon blanc, du sémillon et de la muscadelle.

Buzet

Bien que les vins blancs et rosés soient autorisés dans la réglementation de l'appellation, ce sont les vins rouges qui dominent à Buzet (dénommé Côtes-de-Buzet jusqu'au millésime 1988).

Le village est situé sur la rivière Baïse, affluent de la Garonne. Les vignobles s'étendent sur les coteaux de la rive sud du fleuve, entre Agen et Marmande. Les cépages, les rendements et la qualité des millésimes sont calqués sur ceux de Bordeaux. Ainsi, les vins rouges et les vins rosés sont élaborés avec du cabernet-sauvignon, du cabernet franc, du merlot et un peu de malbec ; les blancs sont issus du sémillon, du sauvignon blanc et de la muscadelle.

Ici aussi, la renaissance du vignoble date des années 1950 : le statut de VDQS, donné en 1953, a été suivi par l'attribution d'une AOC en 1973. Les vins rouges, très majoritaires dans l'appellation, sont à rapprocher des bordeaux de l'Entre-deux-Mers et de la rive droite. Ils peuvent être souples ou plus corsés et sont de moyenne garde. La coopérative locale, dynamique et moderne, assure presque seule la promotion des vins de Buzet.

PRODUCTEURS

Dans ces régions, les caves coopératives sont les plus importantes unités de production.

CÔTES-DE-DURAS

À côté des coopératives (en particulier la recommandable Cave de Berticot), plusieurs domaines indépendants ont contribué à la renaissance des vins de Duras. Citons les domaines Dame Bertrande, de Ferrant, Mauro Guicheney, Haut-Lavigne, Les Hauts de Riquets, le Château Molhière, et enfin Mouthes Le Bihan, certainement le plus renommé.

CÔTES-DU-MARMANDAIS

La Cave du Marmandais résulte de la fusion des coopératives de Cocumont et de Beaupuy et produit l'essentiel des vins du Marmandais. Ses vins sont une bonne illustration de l'appellation. Mais c'est un producteur indépendant, Elian da Ros (Clos Bacquey), qui est la vedette des Côtes-du-Maramandais. Citons également le Clos Cavenac, le Château de Beaulieu et le Domaine de Beyssac.

BUZET

Les Vignerons de Buzet comptent parmi les caves coopératives les plus efficaces et les plus modernes de France. Cette coopérative produit la majorité des vins de l'appellation. La gamme qui compte des vins de propriétés individualisées et d'assemblage, offre des entrées de gamme qui constituent souvent un excellent rapport qualité/prix... Parmi les rares producteurs indépendants, on peut noter le Domaine du Petit Malromé et le Château des Tournelles.

CAHORS

Carte page XIX

Le Cahors, un des meilleurs vins rouges du sud-ouest de la France, provient de la vallée du Lot, plus particulièrement de l'ouest de la ville ancienne de Cahors. Au XIXe siècle, il était connu comme le « black wine », un vin sombre et de longues garde, à boire après des années de cave. Aujourd'hui, s'il existe une vraie diversité de styles, avec des vins beaucoup plus souples et à boire jeunes, Cahors reste célèbre pour ses vins colorés, solidement structurés, dont les meilleurs associent fermeté, fraîcheur et richesse de fruit. L'appellation Cahors concerne exclusivement le vin rouge, mais les vignerons produisent aussi des vins rosés et quelques blancs, parfois remarquables, à base de viognier, de chardonnay ou même de chenin blanc. Ces vins sont commercialisés sous une désignation IGP.

La région de Cahors a beaucoup souffert pendant la crise du phylloxéra ; de nombreux vignobles ont été alors abandonnés. En 1951, Cahors s'est vu attribuer le statut de VDQS, avant de perdre une partie de ses vignes à la suite des gelées de 1956. Devenu AOC en 1971, le vignoble s'est progressivement reconstruit, en cherchant à renouveler son image et à tirer le meilleur parti de son principal cépage, le malbec, que les Argentins ont largement contribué à faire connaître dans le monde. Quelques vignerons de talent, relayés aujourd'hui par la jeune génération, ont apprivoisé ce cépage à fort caractère et apporté le supplément d'élégance qui faisait défaut aux vins d'hier. Le vignoble s'est considérablement agrandi, passant de 200 ha au début des années 1960 à 4 300 ha de nos jours. Il s'étend sur 45 communes, sur 40 km, depuis la ville de Cahors jusqu'à Fumel à l'ouest, le long de la vallée du Lot.

Le site, le climat et le sol

Le climat subit l'influence de la Méditerranée et de l'Atlantique, car la ville se trouve à distance égale des deux. Sa situation à l'intérieur des terres explique les étés plus chauds et plus secs que ceux du Bordelais, mais on redoute les gelées de printemps et la grêle.

La topographie accidentée des vignobles crée une variété de mésoclimats. Le Lot a creusé une vallée très sinueuse, à tel point que, parfois, il semble rebrousser chemin, formant ainsi des boucles très larges. Les vignes poussent en terrasses sur les flancs de la vallée et sur les plateaux, ou causses, qui la surplombent. Il existe deux types de terrains. Les vignobles les plus élevés sont situés sur les causses, plateaux arides qui dominent la vallée ; le sol est composé de craie et de pierre, avec une mince couche de sol arable. En dessous, trois terrasses occupent les flancs de la vallée, dont la plus basse, tout près de la rivière, se trouve sur des terres d'alluvions fertiles. Le sol est alors composé d'argile et de craie en proportion variable, avec du sable, du gravier et de la roche en décomposition. Les vins des causses, qui proviennent des vignes plantées en sol mince et crayeux, possèdent en général davantage de structure et de fraîcheur que les autres.

Les cépages

Dans le Sud-Ouest, Cahors est l'une des rares appellations à interdire le cabernet-sauvignon et le cabernet franc. L'assise du vin est le malbec, connu autrefois localement sous le nom d'auxerrois ; l'appellation exige qu'il entre pour un minimum de 70 % dans le vin, seuil souvent dépassé. Les cépages merlot et tannat viennent parfois en complément.

C'est le malbec, qui confère au Cahors son caractère robuste et solide, sa fraî-

PRODUCTEURS

Il existe quelque 200 producteurs-embouteilleurs, certains bien établis, d'autres appartenant à une nouvelle génération de producteurs. Quelques négociants possèdent également des vignes. Une centaine de vignerons environ vendent leur vin à des négociants.

CHÂTEAU DU CÈDRE

Les frères Verhaeghe ont hissé leurs Cahors au premier rang. Vendangé à belle maturité, le malbec, bien vinifié, avec des élevages sur mesure, offre des vins très élégants aux tanins fins. Toute la gamme est recommandable, avec des cuvées célèbres (GC, Le Cèdre). Ces vins offrent la couleur et l'intensité.

LE CLOS D'UN JOUR

Petit domaine de 7 ha situé sur la troisième terrasse du Lot, repris en main par Véronique et Stéphane Azemar au début des années 2000. Seules trois cuvées sont produites, presque 100 % malbec, avec des élevages variés (cuve, jarre et fût) toutes très recommandables.

CHÂTEAU LAGRÉZETTE

Alain-Dominique Perrin a contribué à la renaissance de Cahors avec cette propriété phare (90 ha) qu'il a dotée des meilleures installations possibles. Les vins sont modernes, intenses, avec en vedette la cuvée parcellaire, Le Pigeonnier, l'une des plus chères de l'appellation.

CHÂTEAU DE CHAMBERT

Philippe Lejeune a racheté en 2007 et modernisé cette propriété historique, désormais cultivée en agriculture biodynamique et épaulée par le célèbre consultant Stéphane Derenoncourt. Elle s'étend sur 65 ha situés sur le causse à 300 m d'altitude. Une gamme courte de bons Malbecs et une spécialité maison, le Rogomme, un vin muté 100 % malbec.

CHÂTEAU DE HAUTE-SERRE

Négociant et propriétaire, la famille Vigouroux est l'un des acteurs importants de l'appellation. Le château de Haute-Serre, l'une de ses propriétés, s'étend sur une soixantaine d'hectares et produit des Cahors recommandables, dont la cuvée Géron Dadine issue d'une vinification « intégrale » (fermentation et élevage en fût).

cheur et sa bonne structure tannique. Il est très sujet à la coulure, ce qui engendre de grandes fluctuations de récolte. Le merlot peut adoucir le malbec, en l'arrondissant. Le tannat, cépage tardif, apporte un supplément de tanins, rarement nécessaire…

La vinification

Les techniques de vinification se sont considérablement modernisées. Les cuves en Inox ont remplacé en partie celles en ciment, les barriques bordelaises, neuves ou de quelques années, ont pris la place des vieux fûts. Les producteurs soignent les macérations et jouent sur leur durée pour extraire plus ou moins de couleur et de tanins. Ils ont élargi leur gamme de vins, qui compte plusieurs niveaux, certains vinifiant des parcelles séparées. Durant la dernière décennie, c'est surtout en amont, dans le vignoble, que les progrès ont été les plus spectaculaires : prise en compte du travail des sols, recherche plus poussée de la maturité du raisin (sucre et tanins), préoccupations environnementales nouvelles, etc.

PRODUCTEURS

CHÂTEAU LAMARTINE
Alain Gayraud a fait de ce domaine de 32 ha une valeur sûre de l'appellation, remarquable par sa régularité. Les vignes sont plantées en terrasse au-dessus de la vallée du Lot, à Soturac, aux limites ouest de l'appellation. À remarquer notamment sa Cuvée Expression, 100 % malbec, longuement élevée en barriques neuves.

MAS DEL PERIE
Valeur montante de l'appellation, Fabien Jouves a créé en 2006 ce domaine d'une vingtaine d'hectares situé sur les hauts coteaux de l'appellation et conduit en biodynamie. Il s'est rapidement fait remarquer par ses cuvées parcellaires qui expriment les nuances de leurs origines.

CHÂTEAU LA REYNE
Johan Vidal a repris en main cette propriété de 30 ha et produit des vins modernes, très séduisants, qui associent intensité de fruit et tanins maîtrisés. Un bon blanc également à base de chardonnay.

CLOS TROTELIGOTTE
Une dizaine d'hectares exposés pleins sud, soigneusement exploités par la famille Rybinski. Le malbec s'y exprime dans une gamme qui en explore les nuances.

CHÂTEAU TRIGUEDINA
Jean-Louis Baldès a été l'un des pionniers du renouveau dans le vin de Cahors. Il est à la tête d'un grand vignoble de plus de 60 ha et en tire des vins de haut niveau, avec des rouges mûrs et concentrés (Probus), des cuvées d'élite (New Black Wine) et des blancs de haut niveau dont un moelleux issu du chenin.

AUTRES PRODUCTEURS
Citons les châteaux Caminade, Gaudou, Haut-Monplaisir, La Reyne, Lacapelle Cabanac, le Clos de Gamot, le Clos La Coutale, le Domaine d'Eugénie, et Cosse-Maisonneuve. Quelques négociants ont acheté des domaines pour devenir producteurs eux-mêmes. Dans un mouvement inverse, quelques éleveurs se sont lancés dans le négoce. Citons Georges Vigouroux (Château Haute-Serre, Château de Mercuès…), ou Alain-Dominique Perrin (Château de Lagrézette). La maison Rigal, propriété du groupe Advini, est aussi un acteur important.

GAILLAC ET FRONTON

Carte page XIX

La région du sud et du sud-ouest Cahors (départements du Tarn, du Tarn-et-Garonne et du Lot-et-Garonne) s'enorgueillit de plusieurs vignobles AOC, Gaillac, Fronton, les plus connus, ainsi que les petites appellations de Saint-Sardos et du Brulhois. L'emplacement de ces vignobles les soumet à diverses influences. Influences climatiques tout d'abord : la Méditerranée leur apporte chaleur estivale et vents secs, l'océan Atlantique leur envoie la pluie et le Massif central est responsable des hivers froids et des gelées printanières. Influence des cours d'eau, ensuite, qui ont donné leurs noms aux départements et qui engendrent une multitude de mésoclimats. Enfin, influence des sols très variés, qui permettent à ces régions de cultiver la plupart des cépages propres au Sud-Ouest.

Gaillac

Vignoble le plus ancien du Sud-Ouest, puisque les Gallo-Romains ont commencé à le cultiver au Ier siècle, Gaillac constitue aussi l'une des appellations les plus variées. Il est classé AOC dès 1938 pour ses vins blancs et il faut attendre 1970 pour que les vins rouges et rosés entrent dans l'appellation. Pourtant, c'est le vin rouge qui constitue actuellement 50 % de la production, devant le rosé et le blanc.

Le vignoble s'étend sur 73 villages du Tarn, autour de Gaillac, au nord-est de Toulouse. Albi marque la scission de l'appellation, avec quelques vignes situées dans 7 villages autour de Cunac, à l'est de la ville. Les terroirs de Gaillac sont assez diversifiés. On peut opposer les terrasses alluviales de la rive gauche du Tarn, riches en sable, galet et gravier, plutôt favorables aux vins rouges, et les coteaux argilo-calcaires de la rive droite, propices aux vins blancs. Situé plus haut, et très calcaire, le plateau de Cordais occupe le nord de cette dernière zone. Il produit des vins blancs fins, y compris de magnifiques exemples de vendanges tardives ainsi que des rouges bien structurés. Quelques communes de la rive droite du Tarn ont droit à l'appellation « Premières Côtes » pour leurs vins blancs.

Les cépages

Gaillac possède une grande diversité de cépages, dont certians ne se trouvent nulle part ailleurs. Cela explique en partie la grande diversité de ses styles de vins. En blanc, le mauzac (qui existe en différentes versions) et le loin-de-l'œil (l'en de l'el) sont les variétés les plus plantées. Le premier offre des vins assez vifs et directs, aux notes de pomme mûre et de poire, et se prête bien à la production de vins effervescents et liquoreux. Le loin-de-l'œil produit des blancs secs et liquoreux, peu acides, aromatiques, souvent en assemblage. Les autres cépages blancs sont le sauvignon, la muscadelle, l'ondenc et le verdanel. En rouge, le braucol (fer servadou), le duras et la syrah dominent, souvent assemblés devant le gamay et les cépages bordelais. Une autre variété locale, le prunelart, renaît timidement.

Les styles de vin

Le vin blanc de Gaillac épouse tous les styles : sec, doux ou moelleux, tranquille, mousseux ou perlé. Le perlé est un blanc sec traditionnel. Pour le produire, il faut garder un peu de gaz carbonique de la fermentation malolactique lors de la mise en bouteilles. Dans le verre, les bulles ressembleront alors à des perles.

Le mousseux est élaboré soit selon la méthode traditionnelle (voir p. 258), soit selon la méthode gaillacoise, dénommée méthode rurale dans d'autres régions de France. Le Gaillac mousseux peut se montrer très séduisant, souple, léger et parfumé (pomme verte), avec une douceur plus ou moins marquée.

Les vins moelleux ou liquoreux proviennent de raisins cueillis tardivement, en surmaturité, et constituent l'une des belles réussites de la région. La fermentation, très lente, s'interrompt ou est interrompue pour conserver dans le vin une partie du sucre naturel du raisin. Les vins les plus concentrés peuvent désormais utiliser la mention « vendanges tardives » s'ils répondent aux exigences du cahier des charges (rendement inférieur à 25 hl/ha, richesse en sucre des moûts de 280 g/l).

En rouge, Gaillac produit des vins primeurs à partir du gamay, mais les plus intéressants proviennent de l'assemblage des cépages locaux. Le duras, le braucol et la syrah donnent des vins agréables, souvent légèrement épicés, d'un bon équilibre entre tanins fins et acidité, dont les plus sérieux supportent sans mal un élevage en barrique.

Fronton

Sur un plateau situé entre le Tarn et la Garonne, le vignoble de Fronton produit des vins rouges et rosés. Il couvre 2 400 ha répartis sur 20 communes des départements de la Haute-Garonne et du Tarn-et-Garonne, et prend appui sur trois terrasses de la rive gauche du Tarn. La composition du sol oscille entre les rougets, sols argilo-limoneux, les graves et les boulbènes, qui sont des alluvions (galet, gravier, sable et limon) à forte teneur en silice.

L'AOC tire sa personnalité du cépage négrette, qui doit représenter au moins 50 % de l'encépagement, mais qui dépasse largement cette proportion dans la plupart des propriétés. La négrette est reconnaissable à ses notes de violette, de réglisse et de fruits rouges ou noirs. Elle produit des rouges souples, peu acides, aux tanins doux, et peut être secondée dans les assemblages par la syrah ou les cabernets (et quelques autres variétés) qui apportent de la structure. On en tire aussi des rosés séduisants et aromatiques.

Brulhois

Promu AOC en 2011, le Brulhois couvre deux petites zones coupées en deux par la Garonne (sud-est du Lot-et-Garonne et ouest du Tarn-et-Garonne). Le terme « Brulhois » vient du verbe « brûler », qui se réfère à une tradition locale de distillation. La patrie de l'armagnac est toute proche !

L'appellation concerne les vins rouges de style plutôt structuré, et les vins rosés. Ils sont produits à partir des cépages bordelais et locaux, parmi lesquels il faut retenir le tannat qui forge la personnalité des vins, et le merlot qui leur apporte sa souplesse. Le cabernet-sauvignon, cabernet franc et fer servadou sont également autorisés. Outre une poignée de domaines indépendants, la coopérative Les Vignerons du Brulhois assure l'essentiel de la production.

Saint-Sardos

Devenue AOC en 2011, cette petite appellation de 230 ha est située sur la rive gauche de la Garonne, à l'ouest du Frontonnais, et couvre 23 communes des départements du Tarn-et-Garonne et de la Haute-Garonne. Elle produit surtout des vins rouges ainsi que quelques rosés, à partir d'assemblages dominés par la syrah, le tannat et les cépages bordelais. Ici aussi, la coopérative est l'acteur principal, diffusant les vins presque exclusivement à l'échelle locale.

PRODUCTEURS

À Gaillac et Fronton, à la différence de la petite appellation Brulhois, les vignerons indépendants occupent désormais une place importante aux côtés des coopératives.

GAILLAC

Une centaine de producteurs indépendants rivalisent avec trois coopératives : les Caves de Labastide-Lévis, Rabastens et Técou. Parmi les vignerons individuels, citons le domaine Plageoles, bien connu pour la défense et la réhabilitation des cépages locaux ainsi que pour la qualité de ses vins issus de cépages uniques (toutes les déclinaisons du mauzac, mais aussi l'ondenc, la muscadelle, le verdanel, le duras ou le prunelart) ; le Domaine Causse-Marines, avec le très créatif Patrice Lescarret ; le Domaine Rotier qui offre une gamme très recommandable dont un très beau liquoreux ; les Domaine de la Ramaye, le Château de Palvié ou le Domaine d'Escausses.

FRONTON

Aujourd'hui, la seule coopérative se trouve dans le village de Fronton. Parmi la cinquantaine de bons producteurs, citons Château Bellevue-la-Forêt, le plus grand domaine, qui a contribué à faire connaître l'appellation, Château Bouissel, Château Cahuzac, Château la Colombière, Château Lauru, Château Plaisance, Château le Roc ou le Château Viguerie de Beulaygue.

BRULHOIS

Outre la coopérative les Vignerons du Brulhois, on citera le Château la Bastide, le Domaine Coujetou et le Domaine des Thermes.

PYRÉNÉES

Carte page XIX

Les vins produits dans les contreforts des Pyrénées se caractérisent par leur particularisme régional, qu'ils tiennent à conserver. Dès le IXe siècle, les vins de Gascogne, du Béarn et du Pays basque se font un nom en désaltérant les pèlerins en route vers Saint-Jacques-de-Compostelle. En 1553, ils entrent dans l'histoire de France par la grande porte, avec le baptême au Jurançon d'Henri IV, futur roi de France. Aujourd'hui, les départements du Gers, des Landes et des Pyrénées-Atlantiques ont sept appellations d'origine contrôlée – Jurançon, Madiran, Pacherenc-du-Vic-Bilh, Irouléguy, Béarn, Saint-Mont et Tursan. On ne peut pas parler d'un climat, mais de plusieurs climats, soumis à la fois à l'influence des montagnes et à celle de l'océan Atlantique, et qui se subdivisent en une multitude de mésoclimats. Les sols présentent également une grande diversité.

Jurançon

Les vignobles du Jurançon sont situés au pied des Pyrénées, à une altitude moyenne de 300 m, au sud de Pau. L'appellation s'étend sur 700 ha, soit 25 villages, dont Jurançon, perdu aujourd'hui dans la banlieue de Pau, et Monein, autre village notoire. Il s'agit d'une région de polyculture, avec beaucoup de petites parcelles de vigne dispersées au milieu des champs et des pâturages.

Les cépages et les styles de vin

On connaît le Jurançon plutôt pour ses vins blancs doux, bien qu'il en existe des secs, dotés d'une appellation particulière, Jurançon sec. Tous les deux sont composés à partir de cépages très différents de ceux du Bordeaux : gros-manseng, petit manseng et petit courbu.

Le petit manseng, peu productif, est capable de concentrer les sucres tout en conservant une belle acidité. Il produit ainsi de grands vins liquoreux, vifs et aromatiques, aux notes marquées de fruits exotiques ou d'agrumes. Plus généreux dans ses rendements, le gros manseng donne des vins moins riches, mais tout aussi parfumés et dotés d'une bonne acidité. Il produit aussi bien des vins moelleux que des vins secs. Très peu planté, le petit courbu complète parfois les assemblages. Contrairement à la plupart des autres vins moelleux, la concentration provient du passerillage et non du *botrytis*, la peau des Mansengs étant trop épaisse pour laisser pénétrer le champignon. En outre, cette région connaît des automnes longs et ensoleillés, chaudement ventilés par le fœhn, en provenance directe d'Espagne. L'effet cumulé de la chaleur du jour et de la fraîcheur de la nuit recroqueville les baies, pleines d'un jus riche, qu'il faut vendanger par tries successives. La puissance de ces vins permet un élevage en fût, réservé en général aux cuvées les plus concentrées. Celles-ci sont capables d'un beau vieillissement. La production des Jurançons secs progresse en volume comme en qualité et de grands blancs secs naissent aujourd'hui dans la région, même si la plupart sont produits pour être bus jeunes, sur la fraîcheur et la vitalité de leur fruit.

Madiran, Pacherenc-du-Vic-Bilh

Il s'agit d'appellations jumelles pour le vin rouge (Madiran) et pour le vin blanc (Pacherenc-du-Vic-Bilh), qui concernent 37 villages autour de Madiran (3 dans le Gers, 6 dans les Hautes-Pyrénées et 28 dans les Pyrénées-Atlantiques). Le vignoble couvre 1 300 ha, à environ 40 km au nord de Pau.
Après avoir failli disparaître, le Pacherenc-du-Vic-Bilh est à présent bien établi dans le paysage viticole du Sud-Ouest. Cette AOC produit des vins doux et secs à forte personnalité, proche des Jurançons. Vic-Bilh, « vieux pays » en gascon, désignait autrefois la région. Pacherenc est une distorsion du patois « pachet en renc », soit « piquets en rangs » en français, indiquant que les vignes poussaient autrefois en conduite haute sur des piquets alignés. Quant aux vins de Madiran, ils possèdent un caractère tout aussi affirmé qu'ils doivent à leur cépage principal, le tannat.
Les vignes se trouvent sur les premiers contreforts des Pyrénées, avec des natures de sols très variables. Les versants orientés ouest sont aptes à la production du Pacherenc, tandis que les versants orientés sud-est conviennent mieux aux cépages noirs du Madiran. Les gelées tardives de printemps constituent l'un des plus grands dangers pour la récolte. À l'inverse, les automnes sont doux et bien ensoleillés, permettant d'allonger la période de maturité des raisins.

Les cépages

Le cépage caractéristique du Madiran est le tannat, variété à la peau foncée, riche en tanins, qui exige une belle maturité pour donner le meilleur d'elle-même. Quand cette maturité est atteinte, le Madiran est un vin charnu, aux tanins imposants, aux arômes de fruits noirs, et d'épices douces, capable de développer avec le temps une belle complexité. Les vins les plus souples sont élevés en cuve mais le tannat supporte sans mal un élevage en barrique qui contribue à assouplir ses tanins naturellement imposants. Il peut être assemblé à une minorité de cabernet franc, cabernet-sauvignon ou fer servadou. Le Pacherenc-du-Vic-Bilh utilise les mêmes variétés que Jurançon, avec le gros manseng et le petit manseng en vedette, complétés parfois par un peu de petit-courbu et d'arrufiac, variétés locales. Les vins, doux ou secs, sont logiquement proches des Jurançons, bâtis autour de leur acidité et de leurs arômes très expansifs, entre agrumes et fruits exotiques.

Irouléguy

Cette appellation tient son nom d'un petit village du Pays basque, au cœur des Pyrénées, non loin de la frontière espagnole. Après l'invasion phylloxérique au début du siècle dernier, le vignoble du même nom s'était rétréci à trois villages. Depuis, la vigne a regagné du terrain et s'étend aujourd'hui sur le territoire de 15 communes des Pyrénées-Atlantiques, répartie en terrasses sur des coteaux escarpés. Les vins d'Irouleguy ne manquent pas de caractère, et cela dans les trois couleurs.

Les rouges, issus des tannat et des deux cabernets, se montrent puissants, fermes et structurés. Les rosés proviennent des mêmes cépages et offrent couleur et saveurs. Les rares blancs tirent des cépages manseng leur fraîcheur et leur intensité fruitée.

Béarn

Au pied des Pyrénées, cette appellation confidentielle est constituée de trois îlots distincts dont deux empiètent sur les aires du Madiran et du Jurançon. La troisième, autour de Bellocq, constitue le cœur de l'AOC. L'encépagement est éclectique dans les deux couleurs, mais les vins rosés et rouges, dominants, sont majoritairement issus du tannat et des deux cabernets. De très rares blancs sont du petit-manses et du gros-manseng.

Saint-Mont

Le vignoble de Saint-Mont, AOC depuis 2011, se trouve sur les flancs des collines qui surplombent l'Adour, autour du petit village de Saint-Mont, au nord de Madiran et à l'est d'Aire-sur-l'Adour. Prolongement naturel des vignobles de Madiran et de Pacherenc-du-Vic-Bilh, il utilise des cépages identiques. La grande et très dynamique coopérative locale (Cave de Saint-Mont) est le grand promoteur de l'appellation.

Tursan

Le Tursan est une AOC à la pointe sud-est de la forêt des Landes, avec, au centre, la petite ville de Geaune. Le vignoble couvre 300 ha sur 36 communes des Landes et une commune du Gers, et s'étire sur des coteaux argilo-calcaires avec présence du sable, gravier ou galets. À l'origine, c'est le vin blanc qui a établi la renommée de Tursan. S'il ne représente plus que 10 % de la petite production locale, son intérêt réside dans la présence d'un cépage local, le baroque, qui donne un vin plutôt riche et aromatique. Les vins rouges et rosés, vinifiés pour être bus jeunes, sont produits à partir des cépages tannat, fer servadou, cabernet-sauvignon et cabernet franc.

PRODUCTEURS

Les coopératives sont toujours relativement importantes dans la viticulture pyrénéenne, mais toutes les appellations de la région voient fleurir un nombre croissant de producteurs indépendants de bonne réputation.

JURANÇON

DOMAINE CAUHAPÉ
Henri Ramonteu a fait plus que quiconque pour rehausser la réputation de son appellation. Le succès et la reconnaissance n'ont en rien diminué l'exigence qui s'impose ici à chaque étape de la production. Son domaine couvre 43 ha plantés sur des coteaux escarpés à flanc de colline. Connu pour ses grands vins liquoreux (Noblesse du Temps, Quintessence du Petit Manseng...), il élabore aussi une gamme de vins secs dont de belles cuvées vinifiées et élevés sous bois (Sève d'Automne, La Canopée), prouvent que le Jurançon peut aussi exceller dans ce style.

CLOS LAPEYRE
Pratiquant la viticulture biologique, Jean-Bernard Larrieu exploite 17 ha sur des versants escarpés qui font face aux Pyrénées. La gamme, de haut niveau, compte une dizaine de cuvées et offre du choix entre vins secs ou doux, et vins à boire jeunes ou vins de longue garde.

CAMIN LARREYDA
La famille Lareyda exploite une dizaine d'hectares, dont la moitié entièrement terrassés, en agriculture biologique. La recherche de finesse, de fraîcheur et d'équilibre caractérise sa production qui brille tant en vin sec qu'en vin doux.

CLOS UROULAT
Charles Hours, ancien président du syndicat des producteurs, est l'un des vignerons les plus en vue de l'appellation. Sur 17 ha, il élabore plusieurs cuvées dont la cuvée Marie, un Jurançon sec étalon, et le moelleux, à mettre en cave, qui séduit par son équilibre.

LES JARDINS DE BABYLONE
Un petit domaine de 3 ha créé par la famille Dagueneau (Pouilly Fumé) qui s'est vite imposée comme incontournable dans la région grâce à la grande pureté et intensité de ses vins liquoreux, vinifiés sous bois, produits en quantité confidentielle.

AUTRES PRODUCTEURS
Les vignerons suivants élaborent des vins de même qualité que les producteurs évoqués ci-dessus : Domaine Bellegarde, Domaine Bordenave, Domaine du Cinquau, Domaine Guirardel, Domaine Haugarot, Château de Jurque, Domaine de Souch.

MADIRAN, PACHERENC-DU-VIC-BILH

VIGNOBLES BRUMONT
Propriétaire médiatique des Châteaux Montus et Bouscassé, également négociant dans la région, Alain Brumont a contribué au renouveau des vins du Madiran et a révolutionné certaines pratiques dans les années 1980, en introduisant les élevages en fût et en prouvant que le tannat, alors réputé rustique, pouvait produire des vins de grande classe. Le château Montus, à travers ses différentes cuvées, dont La Tyre, reste aujourd'hui au sommet de l'appellation. Le Château Bouscassé, l'autre propriété, produit des vins de grande qualité, souvent plus accessibles dans leur jeunesse.

CHÂTEAU D'AYDIE
La famille Laplace dirige cette propriété historique dont le vignoble s'étend sur 55 ha. On soigne ici la maturité du tannat qui délivre une gamme réjouissante de vins rouges. Ceux-ci expriment bien le caractère du Madiran mais avec un supplément de finesse. Les Pacherencs sont du même niveau.

PRODUCTEURS

CHÂTEAU BARREJAT
Denis Capmartin exploite un vignoble de 27 ha situé sur la commune de Maumusson. Il dispose d'un patrimoine unique de vieilles et de très vieilles vignes dont des pieds préphylloxériques. Elles jouent pour beaucoup dans la plénitude des Madirans de la gamme qui compte aussi des Pacherencs secs et doux recommandables.

DOMAINE BERTHOUMIEU
Propriété de la famille Barré depuis le XIXe siècle, ce vignoble s'étend sur 25 ha. Didier Barré soigne la qualité de ses vins Madirans rouges, modernes, élégants, qui associent le tannat avec une forte proportion de cabernet.

CHÂTEAU LAFFITTE-TESTON
Domaine situé à Maumusson, connu surtout pour ses belles cuvées de Pacherenc (Erika, vin sec issu majoritairement du petit-manseng, et Rêve d'Automne, moelleux vinifié en fûts neufs), mais qui vaut aussi par ses Madirans élégants.

DOMAINE LA-BRANCHE-LAFFONT
La talentueuse Christine Dupuy est désormais en charge du vignoble familial d'une vingtaine d'hectares, situé sur la commune de Maumusson-Laguian, avec une petite parcelle de très vieilles vignes préphylloxériques. Attentive aux soins portés à la vigne, elle vinifie une série de vins rouges intenses, charnus, qui sont l'une des très belles expressions du Madiran actuel. La cuvée Vieilles vignes impressionne par sa profondeur et son ampleur. Elle produit aussi un excellent Pacherenec sec.

LIONEL OSMIN & CIE
Nouveau venu dans le Sud-Ouest en tant que producteur, originaire de Pau, ce jeune négociant moderne travaille en lien étroit avec les viticulteurs pour élaborer une gamme variée qui met en lumière les cépages classiques du Sud-Ouest dont la tannat. L'ensemble constitue une évocation moderne et valorisante de la région et mérite d'être découvert.

CHÂTEAU DE VIELLA
Une propriété de 25 ha qui produit tant le Madiran que le Pacherenc, avec la même réussite. Régularité et bons rapports qualité/prix.

AUTRES PRODUCTEURS
Domaine Barréjat, Cave de Crouseille, Château Laffitte-Teston, Domaine Laougué.

IROULÉGUY

La Cave coopérative des vins d'Irouléguy est le plus gros producteur de l'AOC. Elle offre une gamme de qualité, bien représentative des charmes de l'Irouleguy. À côté, on trouve une poignée d'excellents producteurs indépendants : Domaines Ameztia, Arretxea, Brana (dont la cave spectaculaire est enterrée dans les flancs du Pic d'Arradoy), Etxegaraya et Ilarria.

SAINT-MONT

La coopérative locale, Les Caves de Plaimont, vinifie l'essentiel des vins de l'appellation. Cette « locomotive » exemplaire de la région, très active à l'exportation, fédère un millier de producteurs et totalise quelque 5 000 ha dans les différentes AOC locales et en IGP. Elle produit, entre autres, de bons vins en AOC Saint-Mont, dont les cuvées haut de gamme, Empreinte et Le Faîte, qui sont une belle évocation des cépages locaux.

TURSAN

Les propriétés indépendantes se comptent sur les doigts d'une main et l'essentiel de la production est assuré par la coopérative les Vignerons de Tursan, qui regroupe plus de 150 viticulteurs, en polyculture pour la plupart.

AVEYRON ET QUERCY

Carte page XIX

Le département de l'Aveyron possède une série de petites (ou micro) appellations. La plus importante d'entre elles, Marcillac, met à l'honneur le cépage fer servadou. La région du Quercy s'est dotée en 2011 d'une AOC de 400 ha qui s'étend au sud de Cahors, à cheval sur les départements du Lot et du Tarn-et-Garonne. Le cépage principal est le cabernet franc.

Marcillac

De belles rangées de vignes s'étendent à flanc de coteau ou sur quelques pieds accrochés sur des escarpements entre 300 et 600 m d'altitude. Le sol se compose surtout de grès rouge. Les gelées printanières étant fréquentes, on ne cultive pas les versants les plus bas qui sont le plus exposés au gel. Le fer servadou, ou mansois, représente presque 100 % de l'encépagement. Il donne des vins rouges originaux, toniques et tanniques, aux arômes de fruits rouges, d'épices et d'herbes dont les meilleures cuvées peuvent vieillir quelques années. Les rosés, colorés et riches en saveurs, possèdent aussi le charme du cépage. Avec la coopérative de Valady, le Domaine du Cros mené par la famille Teulier est le principal producteur de l'appellation et un excellent porte-parole. Il faut citer également le Domaine Laurens ainsi que les vins de Marcillac du domaine Causses Marines (Gaillac) et du négociant Lionel Osmin.

Entraygues-Le Fel

Avant l'épidémie de phylloxéra, certains de ces vins montaient jusqu'à Paris. Il reste aujourd'hui 20 ha de vignes. La zone AOC couvre les trois couleurs : le blanc à base de chenin blanc, le rouge et le rosé de fer servadou et de cabernets.

Vins d'Estaing

Cette poche de vignes d'une quinzaine d'hectares située sur les rives du Lot, et plantée sur des sols schisteux, produit des vins dans les trois couleurs à partir des mêmes cépages que l'AOC Entraygues-Le Fel.

Côtes-de-Millau

Cette AOC récente couvre environ 60 ha de vignes près de Roquefort et des gorges du Tarn. Elle produit surtout des vins rouges à dominante de syrah, gamay, cabernet-sauvignon, cabernet franc, fer servadou et duras. La Cave coopérative des Gorges du Tarn, à Aguessac, vinifie à elle seule les deux tiers des vins de l'appellation.

Coteaux-du-Quercy

Devenu AOC en 2011, ce vignoble de 400 ha est situé sur des coteaux argilo-calcaires, entre Cahors et Gaillac. Il produit des vins rouges et rosés à partir du cabernet franc principalement, associé aux tannat, malbec, merlot et gamay. On recense une vingtaine de producteurs dont la coopérative des Vignerons du Quercy, à Montpezat-de-Quercy.

LES VINS IGP

Les vins IGP occupent une place importante dans le Sud-Ouest, puisque plus de la moitié de la production est commercialisée sous cette dénomination. Il peut s'agir de zones non couvertes par une AOC ou de zones chevauchant des AOC existantes, mais qui permettent de produire des vins non autorisés par celle-ci : sur le territoire de Cahors, on peut ainsi produire des blancs et des rosés sous l'IGP Côtes-du-Lot. Il existe une quinzaine de dénominations. Ainsi, l'IGP régionale Comté Tolosan recouvre 12 départements et regroupe sous sa bannière une très large palette de terroirs et de cépages. L'IGP Côtes-du-Tarn recouvre le département du même nom. Mais la plus importante, et de loin, est l'IGP Côtes-de-Gascogne.

IGP CÔTES DE GASCOGNE

Cette zone de près de 13 000 ha est située entre la Garonne au nord, la forêt des Landes à l'ouest et les Pyrénées au sud. Elle couvre le département du Gers, pays de l'armagnac, et certaines communes des Landes et du Lot-et-Garonne. La création de cette IGP a été une réponse à la crise qu'a traversée l'armagnac et qui a poussé ses producteurs à reconvertir une partie du vignoble à la production de vins secs, dans le sillage du Domaine du Tariquet, pionnier en la matière. L'IGP Côtes-de-Gascogne s'est ainsi fait connaître grâce à ses vins blancs secs, vifs, légers en alcool et très aromatiques, largement exportés, produits essentiellement à partir du colombard et de l'ugni blanc, deux cépages phares de l'armagnac. Depuis, elle a étendu la gamme de ses cépages et de ses vins. Gros manseng, chardonnay, sauvignon, tannat, merlot, cabernet franc ou cabernet-sauvignon sont désormais exploités. À côté des vins blancs secs, on produit aussi des vins de cépage ou d'assemblage moelleux, rouges et rosés.

Aux côtés du Domaine du Tariquet et de la cave de Plaimont, de nombreux producteurs sont apparus comme les recommandables domaines d'Arton, Chiroulet, Jöy, Pellehaut ou Uby.

ITALIE

Cartes pages XX et XXI

En Italie, la vigne est cultivée d'un bout à l'autre du pays et la diversité des vins y défie – et ravit – l'amateur. Chacune des régions de ce pays si varié est d'une grande fidélité à ses traditions locales. Cela donne plus de 500 dénominations viticoles (DOC, DOCG et IGT) et environ 700 000 producteurs de raisin. L'Italie propose tous les styles de vin, y compris de nombreux vins mutés et effervescents, et tire parti d'une myriade de mésoclimats et de sites pour accentuer encore cette diversité. Dans les pages suivantes, ce pays a été divisé en trois grandes zones : Nord, Centre, Sud et îles. Le Nord englobe une série de régions viticoles d'ouest en est, surtout situées sur les contreforts des Alpes et des Apennins. C'est ici que l'on trouve les grands vins du Piémont, de vastes vignobles consacrés à la production de mousseux et de nombreuses régions productrices de vin rouge et, davantage encore, de vin blanc. Le Centre englobe la Toscane et ses alentours. Les vignobles toscans du Chianti et des appellations environnantes restent au premier rang des régions italiennes pour les vins de qualité. Au bord de la mer et sur les contreforts voisins, de nouveaux terroirs se font une place au soleil. Cette fièvre de qualité se fait également sentir dans les régions voisines, de l'Ombrie aux Marches et aux Abruzzes. Le sud de la péninsule et les îles de Sicile et de Sardaigne, qui maintiennent la tradition méditerranéenne des vins doux et des rouges puissants, évoluent à grande vitesse, au point de devenir un nouvel eldorado pour des producteurs qui recherchent des armes pour se battre dans les marchés à l'export.

La tradition et l'évolution

La longue tradition viticole de l'Italie lui a valu d'hériter de certains vins absolument magnifiques, d'un grand nombre de vins de caractère et d'une multitude de vins très ordinaires.

Les années 1980 et surtout 1990 virent cependant l'Italie gagnée par le phénomène d'internationalisation du vin, avec des consommateurs plus critiques sur le plan national et des marchés extérieurs très conscients de la qualité et de la valeur des vins provenant du Nouveau Monde et de certaines parties d'Europe. Les vignerons italiens commencèrent à modifier leur attitude et leurs techniques. On prit conscience des limitations de la législation existante et des traditions autochtones. Si l'Italie reste largement indépendante sur le plan viticole – elle cultive ses propres cépages, fort nombreux, boit son propre vin et en importe relativement peu –, l'évolution a néanmoins été considérable et se poursuit.

La législation viticole

La loi de 1963 a introduit le concept de zone DOC *(Denominazione di origine controllata)*, qui définit des aires de production à l'intérieur desquelles s'applique une réglementation spécifique. Celle adoptée en 1992, baptisée loi Goria, du nom de son promoteur, le ministre Giovanni Goria, a redéfini une pyramide de qualité, intégrée ensuite dans la réforme européenne de 2009. Tout en bas, on trouve le vin sans indication géographique, ancien *vino da tavola,* rebaptisé *vino generico (vino* sur les étiquettes), avec la possibilité de faire figurer le nom du cépage *(vino varietale)* pour quelques variétés autorisées. Les catégories suivantes sont constituées des vins avec Indication géographique, c'est-à-dire pouvant revendiquer une origine géographique délimitée : ce sont les IGT *(Indicazione geografica tipica),* les DOC et DOCG *(Denominazione di origine controllata et garantita).*

Les vins IGT proviennent d'une zone délimitée, qui peut être vaste (à l'échelle régionale ou même interrégionale) ou très restreinte (une seule commune), et le nom du cépage peut figurer sur l'étiquette. À ce jour, 118 vins IGT ont été reconnus. Viennent ensuite les appellations DOC et DOCG, équivalents des AOC en France, les DOCG étant plus prestigieuses car soumises à des contraintes de production plus sévères. Cette hiérarchie doit cependant être relativisée, car beaucoup de bons producteurs préfèrent produire leurs vins dans les catégories IGT ou parfois *vino generico* pour échapper aux contraintes et aux rigidités des DOC, en particulier à celles liées aux cépages autorisés (et généralement importés).

Dans le cadre des DOC et DOCG, la législation autorise la mention (par ordre décroissant de taille) de sous-zones, communes, localités, microzones, domaines et même parcelles spécifiques. Cela rend toute son importance à la notion de site (ou terroir) dans le système qualitatif légal, mais ne facilite pas la lecture d'un système déjà très complexe.

LIRE UNE ÉTIQUETTE DE VIN ITALIEN

ZONES ET NIVEAUX DE QUALITÉ

Les vins de qualité sont issus de zones réglementées, indiquées sur l'étiquette par la mention *Denominazione di origine controllata* (DOC). *Denominazione di origine controllata e garantita* (DOCG) désigne un niveau de qualité supérieur, répondant à des exigences plus strictes. *Vino* signifie vin de table, et *vino varietale*, un vin de table avec mention de cépage (8 variétés autorisées). Il s'agit le plus souvent de vins ordinaires, mais certains sont produits dans des zones DOC sans respecter les règles de l'appellation. *Indicazione geografica tipica* (IGT) désigne un vin d'une catégorie intermédiaire entre DOC et vino, ayant une origine déterminée.

PRODUCTEURS ET VIGNOBLES

Les mots les plus courants pour désigner une propriété sont *fattoria, podere, tenuta* et *azienda agricola* : leur mention sur l'étiquette implique que le vin est mis en bouteilles à la propriété. Des vignobles spécifiques peuvent être identifiés par les termes *tenuta* (domaine), *podere* (ferme), *vigna* ou *vigneto*. Une *cantina sociale* est une coopérative.

STYLE ET QUALITÉ

Riserva ou *vecchio* s'applique à un vin DOC ou DOCG ayant subi un vieillissement plus long que la moyenne, en fût et/ou en bouteille. *Superiore* signifie que le vin a un peu plus d'alcool que le vin DOC standard. *Classico* se réfère à une zone restreinte, en général le cœur historique d'une DOC. *Novello* désigne un vin nouveau. *Secco* veut dire sec, *abboccato* légèrement doux, *amabile* un peu plus doux, et *liquoroso* un vin muté, généralement doux, *frizzante* légèrement pétillant, et *spumante* un vrai mousseux, qui peut être étiqueté *metodo tradizionale, metodo classico* ou *talento*, s'il a été vinifié selon la méthode de la seconde fermentation en bouteille.

Les régions viticoles

Les vingt régions administratives d'Italie ont chacune leurs vignobles. Chacune possède ses propres mésoclimats et sols, et la nature montagneuse d'une grande partie du pays fait que les conditions peuvent varier beaucoup à quelques kilomètres près. Les généralités sur les zones viticoles ne sont donc d'aucune aide. Pour porter la confusion à son comble, les zones DOC se chevauchent parfois et certains producteurs font du vin dans plusieurs d'entre elles. On peut néanmoins établir quelques grandes distinctions d'un bout à l'autre du pays. Le nord-est de l'Italie a quelques points communs avec l'Autriche et la Suisse, pays producteurs de blancs plutôt frais et légers, mais on y trouve aussi nombre de vins structurés, aux arômes et au corps bien développés. L'extrême Sud prolonge la tradition méditerranéenne des vins puissants et forts en alcool. Entre les deux, de nombreuses régions offrent d'excellentes conditions pour la production de vins rouges et blancs.

Les cépages

L'Italie compte d'innombrables cépages autochtones. Avant la loi Goria, la plupart des règlements d'appellation excluaient l'emploi des cépages français si convoités dans tous les vignobles du monde, alors que ceux-ci étaient de plus en plus cultivés, vinifiés et diffusés en *vini da tavola*. L'une des raisons ayant poussé les vignerons à se détourner du système des DOC a justement été l'exclusion des cépages non traditionnels. Certaines DOC admettent néanmoins depuis toujours des variétés comme le merlot, le pinot blanc et le pinot gris, introduites dans le nord de l'Italie au XIXe siècle. Quant au cabernet-sauvignon, son apparition en Toscane date d'il y a deux siècles. La liste des cépages italiens s'allonge encore en raison de la profusion de clones et de sous-variétés.

Les variétés suivantes figurent parmi les principaux cépages italiens :

BARBERA : originaire du Piémont et désormais très répandue, elle produit des rouges plutôt ronds et fruités, parfois structurés pour les exemples les plus ambitieux.

MALVASIA : cette famille de cépages blancs d'origine très ancienne présente généralement des arômes marqués et peut donner des vins secs ou doux, ambrés ou clairs, notamment dans le sud de la péninsule.

MONTEPULCIANO : proche du sangiovese, il offre de vigoureux vins rouges en Italie centrale, parfois sous des synonymes.

NEBBIOLO : c'est le roi des cépages rouges du Piémont, auquel on doit les vins de Barolo et de Barbaresco.

SANGIOVESE : cépage rouge du Chianti et d'autres zones du centre.

TREBBIANO : cépage blanc dominant dans le centre et le nord.

PRIMITIVO : cépage rouge du sud, qui donne en général des vins de couleur intense, de fort degré alcoolique, mais à faible structure tannique.

PIÉMONT

Cartes pages XX et XXI

Sixième d'Italie par sa taille, le vignoble piémontais est divisé par le Pô. Au sud du fleuve et au sud-est de Turin se trouvent la ville d'Alba et les collines de Monferrato et des Langhe. Cette région enregistre l'essentiel de la production de raisin dans de nombreuses DOC qui se chevauchent. Les collines des Langhe aux pentes escarpées abritent plusieurs DOC, ainsi que les illustres vins rouges DOCG de Barolo et de Barbaresco. Au nord du Pô, le vignoble occupe le sol rocailleux des basses collines alpines, entre Carema, à l'ouest, et Novare, à l'est.

Le style du Barolo

Depuis longtemps, Barolo est un nom magique. Les dégustateurs découvrant les charmes de ce vin lui trouvent des arômes de goudron, violette, chocolat, prune, tabac, truffe ou fumée automnale. Dans les bonnes années, les vins des meilleurs producteurs peuvent réellement offrir toutes ces nuances, à condition que l'on ait fait preuve de patience.

Issu du cépage nebbiolo, le Barolo présente une robe d'un rouge grenat, une texture dense et veloutée, sur un fond tannique conséquent, et des saveurs qui emplissent la bouche et persistent longuement. Une solide acidité vient compléter un fruité d'une exceptionnelle concentration. Le vin compte au moins trois ans de vieillissement, dont deux en fût. Il réclame un vieillissement ultérieur en bouteille, qui peut aller jusqu'à 20 ans et plus.

La qualité du Barolo dépend beaucoup du vinificateur, du millésime et de l'emplacement du vignoble. Le nebbiolo donne ses meilleurs résultats sur un sol de marnes calcaires, dans un climat frais, sur des parcelles bien exposées. Les producteurs mentionnent souvent le nom du vignoble sur l'étiquette pour en signaler la qualité spécifique (bien qu'il n'existe pas de hiérarchie officielle des crus).

Traditionnellement, le vin fermentait au contact des peaux pendant une période pouvant durer 2 mois, pour être ensuite élevé pendant des années dans de grands foudres de chêne ou de châtaignier appelés *botti*. Ces vins, très concentrés et tanniques, exigent au moins dix ans de bouteille pour arriver à maturation. Certains vignerons continuent de produire des vins de ce style. Mais la plupart des producteurs écourtent aujourd'hui la macération pelliculaire – dix-sept jours en moyenne – et laissent le vin en fût pendant la durée minimale prévue par la loi, c'est-à-dire 2 ans. Certains utilisent de petits fûts ou barriques (au lieu de *botti*) pour tout ou partie du vieillissement. Ces Barolo peuvent être bus dans les 5 ou 6 ans suivant la vendange.

Dans les deux cas, le Barolo présente toujours beaucoup de structure et de complexité. Ce n'est pas un vin à lamper hâtivement et son attrait n'est pas forcément immédiat pour les néophytes, mais il réserve de grands bonheurs à qui prend la peine de le découvrir.

Le Barbaresco

À l'est de Barolo, dans les collines des Langhe, s'étend la zone du Barbaresco DOCG. Les vignes de nebbiolo sont plantées entre 200 et 350 m d'altitude ; le climat est un peu plus sec et chaud qu'à Barolo. La réglementation n'exige ici que deux années de vieillissement, dont une en fût. Comme toujours avec le nebbiolo, le site joue un rôle important. De même que dans le cas du Barolo, les styles diffèrent : il y a les traditionalistes et les tenants d'une approche plus internationale. En général, le Barbaresco présente un parfum grisant évoquant la violette. Son fruité intense s'accompagne d'une belle acidité et de tanins marqués. Certains vins peuvent exiger jusqu'à dix ans de bouteille, mais la plupart sont prêts au bout de 4 ou 5 ans.

Les autres vignobles au sud du Pô

Dans le sud-est du Piémont, les principaux cépages rouges sont le nebbiolo, la barbera et le dolcetto.

Autour de la ville d'Alba, entre les zones DOCG de Barbaresco et de Barolo et aux alentours, on produit du Nebbiolo d'Alba DOC sur des sols argilo-siliceux. Ce vin de style variable est en général moins puissant que ses célèbres voisins, et il est à boire dans les trois ou quatre ans.

La barbera est le cépage rouge le plus planté d'Italie. Il connaît un regain de prestige dans son Piémont natal et donne un vin rouge sec et vif, très fruité (mûre, framboise). Il atteint son apogée au bout de 2 à 4 ans. Le Barbera del Monferrato DOC est un vin léger, souvent *frizzante*. Le Barbera d'Alba DOC a plus de corps. C'est cependant dans la province d'Asti que ce cépage atteint son sommet. Le Barbera d'Asti DOC a une texture soyeuse et un fruité opulent relevé par une plaisante acidité.

Les vins issus du dolcetto sont produits dans sept DOC au sud-est du Piémont. Ils ont une robe couleur de mûre, sont fermes en bouche, bien structurés et très fruités. La plupart sont faits pour être bus jeunes, dans les 2 ou 3 ans suivant la vendange, malgré l'apparition d'un style plus ambitieux avec un vieillissement en barrique. Parmi les autres cépages rouges autochtones, il faut encore citer le grignolino, le brachetto et la freisa. Le grignolino donne des vins clairs et légers aux arômes floraux avec, en bouche, une légère amertume. Le Brachetto d'Acqui DOCG est un vin rouge doux, tranquille ou *spumante*, parfois vinifié en demi-sec, dont les arômes rappellent la violette et la fraise. Les vins de freisa ont une nuance cerise pâle et un agréable goût

LES FACTEURS DE QUALITÉ

En Piémont, les notions de mésoclimat et de terroir jouent un grand rôle. Conscients de l'importance du sol, les vignerons sont fiers de leurs parcelles et indiquent souvent sur l'étiquette le vignoble (par les termes de *vigneto* ou *vigna*, « cru ») et ses particularités.

CLIMAT ET MILLÉSIMES

En automne, un brouillard épais recouvre souvent les vallées. L'hiver est humide, froid, et il neige parfois. Au printemps, il peut y avoir de la pluie et de la grêle, tandis que l'été peut être très chaud. En règle générale, cinq à huit millésimes de Barbaresco et de Barolo sur dix seront réussis. Un millésime médiocre sera souvent le résultat d'un été maussade ou de pluies pendant les vendanges. Selon les cépages, un mauvais millésime pour tel vin peut être bon pour d'autres.

SOLS

Dans les collines des Langhe, ainsi que dans d'autres zones du Sud-Est, les sols alcalins prédominent, étant avant tout calcaires avec diverses proportions de sable et d'argile. Les communes de Barolo se distinguent toutefois nettement par leur type de sol. Monforte d'Alba, Castiglione Falletto et Serralunga d'Alba ont un sol teinté de bleu, à base de marnes calcaires riches en magnésium et en manganèse. Ici, les vins sont parfois qualifiés d'« héroïques », en raison de leur texture veloutée et de leurs arômes profonds. La Morra se trouve sur un sol de marnes calcaires de couleur beige, riches en fer. Les vins produits sont très aromatiques, de grande longévité. Quant à la commune de Barolo, elle réunit des éléments de ces deux zones. Dans la zone de Barbaresco, le climat est plus chaud et plus sec, mais les sols sont semblables, avec une acidité marquée sur les pentes plus basses.

SITES ET EXPOSITIONS

Le Piémont est la région d'Italie qui a poussé le plus loin l'identification des différents emplacements du vignoble et de ses caractéristiques. Les étiquettes vont, par exemple, jusqu'à indiquer *sorì*, qui signifie « orienté au sud », ou *bricco* ou *bric*, « crête ». Les vignobles de Barolo et de Barbaresco sont d'ordinaire plantés sur des coteaux orientés au sud, à une altitude de 250 à 450 m. De faibles différences d'ensoleillement ou d'exposition au vent peuvent entraîner des variations dans la maturation du nebbiolo. Les vignobles situés à plus haute altitude, donc plus au frais, sont souvent plantés en barbera, un cépage qui supporte mieux les variations climatiques.

de framboise. Ce vin existe en versions sec, doux et pétillant. La plupart des producteurs des appellations prestigieuses de Barolo ou de Barbaresco produisent aussi toute une gamme de vins de ces autres appellations. Ainsi, puisqu'il faut réserver les meilleures expositions au cépage nebbiolo, on produit sur d'autres expositions le barbera ou le dolcetto, voire des cépages blancs.

Les vins blancs et mousseux

Le principal cépage blanc du Piémont méridional est l'aromatique muscat blanc à petits grains, dont est issu le célèbre Asti Spumante DOCG. Ce vin est produit selon la méthode de cuve close. Le moût est filtré sous pression avant la fin de la fermentation, ce qui donne un vin naturellement effervescent, doux et faible en alcool (7 à 9,5 % vol.). Le muscat est aussi à l'origine de l'élégant Moscato d'Asti DOCG, légèrement pétillant, demi-sec et encore plus léger en alcool (4,5 à 6,5 % vol.). Ces vins doivent être bus aussi jeunes que possible, tant qu'ils conservent leur arôme expressif de raisin frais. La zone de production traditionnelle, promue Asti DOCG en 1993, se concentre autour de la ville de Canelli, dans la province d'Asti, et s'étend jusqu'aux provinces de Cuneo à l'ouest et Alessandria à l'est.

Les vins blancs secs issus du cépage cortese sont vifs et délicatement fruités, avec une note citronnée. Le meilleur exemple en est le Gavi (ou Cortese di Gavi) DOCG, produit dans la partie orientale des collines de Monferrato ; les vins y présentent une certaine plénitude et une texture soyeuse. Il existe aussi en versions *frizzante* et *spumante*. Le Gavi devrait être bu dans les deux ans bien que, les bonnes années, les vins des meilleurs producteurs puissent facilement dépasser cette limite.

La zone du Roero, promue DOCG en 2004, est formée par des collines assez élevées au nord de la ville d'Alba. Les sols sont surtout sablonneux, riches en fossiles et sensibles à l'érosion ; ils conviennent fort bien à la production de vins blancs aromatiques au charme simple et direct. La DOCG Roero Arneis est réservée aux vins issus exclusivement du cépage arneis qui donne un vin sec et vif, souple et frais en bouche. Il vaut mieux le boire dans les deux ans. Il existe aussi dans une version *spumante*. On trouve également ici du vin rouge à base de nebbiolo.

Le nord du Piémont

Le principal cépage blanc est ici l'erbaluce, cultivé autour du village de Caluso, dans les collines de Canavese, au nord de Turin. Secs, les vins de Caluso DOCG, tranquilles ou effervescents, sont vifs et légèrement parfumés. Lorsque, rarement, les baies d'erbaluce sont à demi passerillées avant le pressage, elles donnent un vin tenant du nectar, appelé Caluso *passito*, velouté en bouche et doté d'amples arômes de noisette grillée et de miel. On trouve aussi du Caluso *liquoroso*, c'est-à-dire muté.

Les vignobles entourant la petite ville de Carema, à la frontière entre le Piémont et le Val d'Aoste, produisent l'un des meilleurs rouges de nebbiolo (appelé ici picutener, pugnet ou spanna). Ce cépage est sensible aux variations climatiques et donne dans ces terrains glaciaires des vins d'un style plus léger que les Nebbiolo du Sud. Le Carema DOC est issu à 100 % du nebbiolo, et son élevage dure quatre ans – dont deux au moins en petits fûts. Il devrait être bu entre sa quatrième et sa sixième année.

PRODUCTEURS

Toujours plus nombreux, les producteurs piémontais de qualité produisent souvent des vins dans plusieurs appellations. La liste ci-dessous est donc très loin d'être exhaustive.

SUD DU PIÉMONT

Le sud du Piémont regroupe les provinces de Cuneo, Asti et Alessandria. On y trouve beaucoup d'appellations célèbres, à commencer par les DOCG de Barolo, Barbaresco, Asti, Brachetto d'Acqui et Gavi, ainsi que des vins issus de dolcetto, de barbera et de nebbiolo dans toute une série de DOC qui se chevauchent.

ELIO ALTARE
À La Morra, Elio Altare vinifie de magnifiques Barolo, un bon Dolcetto d'Alba et deux superbes Langhe DOC rouges, le Larigi et l'Arborina.

FRATELLI CAVALLOTTO
Bons Barolo de style traditionnel (Bricco Boschis en tête), savoureux Dolcetto et Barbera d'Alba.

CERETTO
Domaine bien connu, spécialiste du nebbiolo. Les Bricco Asili (Barbaresco) et Bricco Rocche (Dolcetto) ont la vedette, mais la qualité est générale.

PIO CESARE
Ce grand négociant d'Alba offre une gamme de vins denses et amples. En vedette, les Barolo Ornato et Barbaresco Il Bricco, mais aussi le Chardonnay Piodilei et le Barbera d'Alba Fides.

MICHELE CHIARLO
Une signature fiable. Crus prestigieux à Barolo (Cerequio, Cannubi, Tortoniano) et Barbaresco (Asili, Reyna). Excellents Barbera d'Asti, Gavi, Moscato d'Asti Smentiò et Barilot.

QUINTO CHIONETTI & FIGLIO
Voici un pionnier du Dolcetto Dogliani dont on s'arrache les deux excellents crus (Briccolero et San Luigi).

DOMENICO CLERICO
L'un des meilleurs vignerons du Barolo nouveau style. À Monforte d'Alba, il produit deux Barolo d'élite (Pajana, Ciabot Mentin Ginestra) et de remarquables, comme Langhe Arte et Langhe Dolcetto Visadì.

PODERI ALDO CONTERNO
Un grand nom du Barolo, avec une gamme où brillent notamment les Barolo Colonnello, Gran Bussia, Cicala. Très bons vins DOC Barbera d'Alba Conca Tre Pile, Dolcetto d'Alba, Langhe Bussiador (Chardonnay) et Langhe Favot (Nebbiolo).

GIACOMO CONTERNO
Dans ce vignoble de Monforte d'Alba, on produit de très beaux Barolo « traditionnels » de longue garde (Cascina Francia, Monfortino *riserva*), ainsi que de bons Dolcetto et Barbera d'Alba.

CONTERNO FANTINO
Réputé pour deux grands Barolo (Sorì Ginestra et Vigna del Gris) et le succulent Langhe Rosso Monprà. Savoureux Barbera et Dolcetto.

Dans les collines de Vercelli et de Novare, le principal cépage rouge est encore le nebbiolo, assemblé d'ordinaire avec la vespolina locale et/ou la bonarda. Les meilleurs vins ont de l'élégance ainsi qu'un séduisant arôme de violette. On peut généralement les boires quatre à cinq ans après la vendange. Le vin le plus connu de cette zone est le Gattinara DOCG ; les vins DOC de Lessona, Bramaterra, Boca, Sizzano et Fara sont des raretés, tout comme le Ghemme DOCG.

PRODUCTEURS

MATTEO CORREGGIA
Chef de file du Roero, ce domaine à Canale élabore de splendides Barbera d'Alba Marun, Nebbiolo d'Alba Val dei Preti, Roero et Langhe

FONTANAFREDDA
Réputée pour ses nombreux crus de Barolo, cette maison de négoce historique, également propriétaire d'un très grand vignoble à Serralunga d'Alba, propose également de bons mousseux et une série de vins de la région très bien faits.

GAJA
Angelo Gaja, figure de proue du vin italien depuis quarante ans, reste infatigable. Après la célébrité mondiale apportée au Barbaresco et au cépage nebbiolo à travers les crus Sorì San Lorenzo, Sorì Tildìn et Costa Russi, le triomphe du Cabernet-Sauvignon (Darmagi) et du Chardonnay (Gaia & Rey) sur les pentes escarpées des Langhe, il a étendu son empire en terre voisine de Barolo (superbes crus Sperss et Conteisa Cerequio) et en Toscane, avec l'acquisition de Pieve S. Restituta à Montalcino et Ca' Marcanda à Bolgheri. Bon nombre de ses meilleurs vins utilisent l'appellation régionale Langhe.

BRUNO GIACOSA
Ce vinificateur hors pair de Neive élabore des joyaux dans le style traditionnel : ses Barbaresco S. Stefano, Gallina, Asili, ses Barolo Collina Rionda et Falleto sont complétés par un excellent *spumante* Extra Brut, du Dolcetto et du Barbera.

FRATELLI GIACOSA
En haut de gamme de ce négociant réputé, le superbe Barbera Maria Gioana, le Barbaresco Rio Sordo et le Barolo Vigna Mandorlo.

ELIO GRASSO
Ce domaine de Monforte consolide son excellente réputation. Têtes de liste, les Barbera et les Barolo Gavarini et Ginestra.

GERMANO ETTORE
Joli domaine de taille modeste sur la commune de Serralunga, avec une excellente gamme de vins. Intéressant blanc qui associe chardonnay et riesling (Binel), superbes Dolcetto et Barbera d'Alba (Vigna della Madre), un très bon Nebbiolo de Langhe sans bois, et deux excellents Barolo (Prapo et Ceretta).

TENUTA CISA ASINARI DEI MARCHESI DI GRESY
Les vins issus de ce vignoble de Martinenga – Barbaresco Martinenga, Gaiun et surtout Camp Gross – ont beaucoup d'élégance. À retenir, l'excellent Langhe Rosso Virtus (barbera/cabernet).

LA SCOLCA
Les Gavi mousseux et tranquilles de ce domaine restent parmi les meilleurs.

LA SPINETTA
Après avoir porté leurs Moscato d'Asti au sommet, les frères Rivetti se sont tournés vers les vins rouges : superbes Pin et Barbaresco DOCG Vigneto Gallina et Starderi, de même qu'un explosif Barbera d'Alba Vigneto Gallina. →

PRODUCTEURS

Ils ont aussi acquis un domaine à Barolo et un autre en Toscane. Tous leurs vins sont empreints du même souci de qualité et de clarté d'expression.

MARCHESI DI BAROLO
De très bons Barolo dans une large gamme de prix et de crus ainsi que de savoureux Barbera et Dolcetto.

BARTOLO MASCARELLO
Maria Teresa Mascarello a pris la suite de son père Bartolo, vigneron célèbre à forte personnalité. On produit ici un seul Barolo, assemblage de plusieurs crus, de longue et belle garde, ainsi qu'un Dolcetto et un Barbera.

GIUSEPPE MASCARELLO
Parmi les plus beaux vins de ce domaine à Castiglione Falletto, le superbe Barolo Monprivato et le Dolcetto d'Alba Bricco.

CS PRODUTTORI DEL BARBARESCO
La coopérative de Barbaresco offre toute la gamme des crus de l'appellation et fait du très bon travail.

PRUNOTTO
Ce grand nom du négoce d'Alba appartient désormais à la maison Antinori. Dans sa vaste gamme brillent toujours les Barolo Cannubi et Bussia di Monforte, les Barbera d'Alba et Nebbiolo d'Alba, mais le Barbaresco Bric Turot fait figure de vedette.

RENATO RATTI
Bons Barolo (cru Marcenasco), Dolcetto d'Alba, Nebbiolo d'Alba et Monferrato.

ALBINO ROCCA
Ce domaine de Barbaresco produit de très bons vins, au premier rang desquels le superbe Barbaresco Ronchi.

BRUNO ROCCA
Le cru Rabajà de ce protagoniste du Barbaresco est couvert de lauriers, mais le reste de la gamme vaut largement le détour.

ROCCHE DEI MANZONI
Ce domaine à Monforte offre une très bonne gamme, avec en tête de superbes Barolo de crus dont le Quatre Nas et d'appréciables Langhe et Barbera.

LUCIANO SANDRONE
Ce vigneron continue d'éblouir par ses Barolo (Cannubi Boschis, Le Vigne) somptueusement charnus. Quant à ses divers Barbera, Dolcetto, Nebbiolo d'Alba..., ils sont évidemment pulpeux, d'une rare précision.

PAOLO SCAVINO
Cannubi, Bric del Fiasc, Rocche dell'Annunziata, les crus de Barolo de ce domaine hors pair de Castiglione Falletto rivalisent d'excellence. Le Barbera d'Alba *affinata in carati* et le Dolcetto complètent superbement la gamme.

ROBERTO VOERZIO
Les rendements de ce domaine de La Morra sont parmi les plus bas d'Italie, et les vins issus de ce vignoble soigné – divers Barolo de cru et le Barbera d'Alta Vigneto Pozzo – s'arrachent à prix d'or.

NORD DU PIÉMONT

Au nord du Piémont, les vins se répartissent en deux secteurs : la province de Turin (DOC Carema et DOCG Erbaluce di Caluso) et les provinces de Vercelli et Novare (DOCG Gattinara et Ghemme). On y trouve de bons vins, mais les deux DOCG attendent encore des champions dignes de leurs ambitions.

ANTICHI VIGNETI DI CANTALUPO
Ce domaine à Ghemme élabore des rouges vigoureux et un bon blanc d'assemblage, le Carolus.

ANTONIOLO
Les Gattinara du domaine comptent parmi les meilleurs (Vigneto Castelle, Vigneto Osso S. Grato).

TRAVAGLINI
Ce vigneron produit un Gattinara *riserva*, tannique et sévère, qui présente de beaux arômes complexes.

VAL D'AOSTE ET LIGURIE

Cartes pages XX et XXI

Le mont-Blanc, le Cervin et le Gran Paradiso sont quelques-uns des sommets alpins qui séparent le Val d'Aoste de la France et de la Suisse au nord, du Piémont au sud et à l'est. Dans les deux régions viticoles, les viticulteurs peinent sur leurs lopins, au flanc de coteaux escarpés ou sur d'étroites terrasses. L'essentiel du vin produit dans cette province, la plus petite d'Italie, est consommé sur place, dans d'accueillants restaurants et chalets.

Le Val d'Aoste

Le relief montagneux d'Aoste rend la viticulture difficile, voire impossible. La plupart des vignes sont plantées sur des terrasses longeant la vallée escarpée de la Dora Baltea. La limite de l'aire Valle d'Aosta DOC épouse le cours de la rivière, qui partage la région en deux. Il existe sept sous-zones : Morgex et La Salle, Enfer d'Arvier, Torrette, Nus, Chambave, Arnad-Montjovet et Donnas.
Dans le haut de la vallée, à Morgex et La Salle, se trouvent les vignes les plus hautes d'Europe, plantées entre 900 et 1 300 m d'altitude. Les vins, issus du cépage blanc de Morgex, sont des blancs secs et vifs aux arômes délicats.
Les vins rouges du centre de la vallée sont un assemblage des cépages locaux petit rouge et vien de Nus. Les vins sont secs et bien colorés, avec des arômes floraux. Le village de Nus produit aussi le Nus Pinot Grigio *passito*, légèrement doux, de couleur cuivrée, issu de raisins semi-passerillés. Chambave a son Moscato *passito*, un vin doré aux arômes généreux. Tous deux existent également en vins secs. Le nebbiolo, ici appelé picutener ou picotendro, est cultivé autour de la ville de Donnas, sur des sols sablonneux, argileux et graveleux dans le bas de la vallée. Le vin, issu d'un assemblage de nebbiolo, freisa et neyret, est frais et vif, de couleur rubis sombre. L'Arnad-Montjovet est un autre vin à base de nebbiolo, qu'on trouve rarement hors de la région.

La Ligurie

Étirée en un croissant autour du golfe de Gênes, sur la Méditerranée, la Ligurie voisine avec la Provence française à l'ouest, le sud du Piémont et les provinces d'Émilie et de Toscane au sud-est. Une série de montagnes abritent la région et lui valent un peu de douceur méditerranéenne. Parmi les vins, surtout consommés sur place, on trouve quelques rouges de garde

et des blancs pour la plupart assez neutres. Les meilleurs vins de la petite production ligure ont une réputation nationale, voire internationale.
La zone DOC de Riviera Ligure di Ponente couvre une bonne partie de la Ligurie occidentale, de Gênes à la frontière française. Les quatre principaux cépages sont le rossese et l'ormeasco pour les vins rouges, le vermentino et le pigato pour les blancs. Le rossese donne des rouges secs et frais aux arômes floraux. L'ormeasco, un clone local du dolcetto, produit des vins secs et vifs à la robe sombre, pouvant se garder plus longtemps que leurs cousins piémontais. L'Ormeasco Sciacchetrà est un rosé sec et fruité. Le vermentino donne des blancs fermes et délicatement aromatiques, tandis que ceux de pigato présentent un arôme floral avec des notes de pêche.
À l'extrême ouest de la Ligurie, la petite DOC de Rossese di Dolceacqua produit un vin rouge souple et fruité agréablement parfumé.
À l'est, la Riviera di Levante compte deux zones DOC, Colli di Luni (dont l'extrémité orientale empiète sur la Toscane) et Cinque Terre. La première donne de bons vins rouges issus du sangiovese et des blancs de vermentino au parfum séduisant. Les terrasses escarpées des vignobles de Cinque Terre bordent la mer de Ligurie, à l'ouest de La Spezia. Le vin blanc sec de cette région est un assemblage de bosco avec de l'albarola ou du vermentino. Les meilleurs sont vifs avec un bouquet délicatement fruité. Les mêmes cépages, une fois passerillés, donnent le Sciacchetrà, muté ou non, doux et ambré.

PRODUCTEURS

VAL D'AOSTE

Les bonnes adresses sont Les Crêtes (Chardonnay, Fumin, Petite Arvine, Syrah, Pinot Noir et assemblages La Charra, Torrette…) ; Institut agricole régional (bons vins de cépage, notamment Syrah, Pinot Gris, Petit Rouge et l'assemblage rouge Vin du Prévôt) ; coopérative La Crotta di Vegneron (bons Chambave et Nus, excellents Muscats) ; Grosjean (Torrette et Fumin rouges, Petite Arvine) ; Ezio Voyat (Moscato *passito* Le Muraglie), Anselmet (Chardonnay).
Les meilleures coopératives du Val d'Aoste sont celles de Morgex, de Donnas et d'Arnad (La Kiuva).

LIGURIE

À l'ouest (Ponente) : blancs DOC de Pigato et/ou Vermentino de Bianchi, Bruna, Cascina Feipu, Cascina Terre Rosse (Pigato et rouge Solitario), Colle dei Bardellini, Tenuta Giuncheo (Vermentino Eclis, Rossese di Dolceacqua DOC), Lupi (Vermentino, rouge Ormeasco), Terre Bianche (Arcana Bianco et Rosso, Rossese di Dolceacqua Bricco Arcagna) et Vio.
À l'est (Levante) : Colli di Luni DOC (surtout Vermentino et parfois rouges) d'Ottaviano Lambruschi, Cantine Lunae Bosoni, Il Monticello, Picedi Benettini et Il Torchio.
Cinque Terre DOC de Walter de Battè (excellents) et de la coopérative de Riomaggiore.

LOMBARDIE

Cartes pages XX et XXI

À l'est du Piémont, la Lombardie partage le lac Majeur avec la Suisse et le lac de Garde avec la Vénétie et le Trentin. Le Pô forme une bonne partie de sa frontière sud. Les contreforts des Alpes, qui s'étendent du lac Majeur au lac de Garde en passant par les lacs de Côme et d'Iseo, constituent certains des meilleurs sites viticoles de Lombardie. Les vastes plaines de la vallée du Pô conviennent moins à la vigne. On trouve cependant au sud du Pô, entre le Piémont et l'Émilie, une zone viticole importante, le petit triangle de terre de l'Oltrepò Pavese.

Oltrepo Pavese

La DOC la plus productive de Lombardie produit malheureusement une série de vins de consommation courante et de *spumanti* souvent banals.

Le Rosso DOC, assemblage de barbera et de bonarda, est un vin vif de robe foncée, au goût de cerise amère. Les mêmes cépages se retrouvent dans les rouges Buttafuoco et Sangue di Giuda, souvent légèrement pétillants.

Barbera et bonarda sont aussi vinifiés séparément, souvent en version *frizzante*, le premier donnant un vin plus incisif, le second présentant plus de souplesse et des arômes de petits fruits. Le pinot noir peut être vinifié seul, en vin rouge tranquille, en rosé ou en blanc (sans macération pelliculaire), bien qu'il soit souvent assemblé dans les nombreux mousseux *metodo classico* de l'appellation.

Des vins blancs tranquilles, légèrement pétillants, voire effervescents sont aussi issus de divers cépages (chardonnay, cortese, muscat, pinot gris, riesling italico, riesling, etc.). Le Muscat *liquoroso* est une rareté locale. À base de muscat, ce vin muté très aromatique, de robe dorée ou ambrée, peut être légèrement doux ou très moelleux.

Valteline

Près de la frontière suisse, au nord de la Lombardie, se trouve le vignoble alpin de l'appellation Valtellina DOC. Il occupe une frange de terre à l'est et à l'ouest de la ville de Sondrio. Les vignes sont cultivées sur de petites terrasses longeant des coteaux abrupts orientés au sud. Le cépage principal est le nebbiolo, localement appelé chiavennasca.

Le Valtellina générique devrait être bu rapidement. Quatre sous-zones – Sassella, Grumello, Inferno et Valgella – produisent du Valtellina Superiore DOCG, élevé au moins un an en fût et pouvant se garder de cinq à dix ans. Le Valtellina Sforzato (ou Sfursat) est un vin rouge sec à base du cépage nebbiolo semi-passerillé. Il a des arômes concentrés de fruit mûr et atteint environ 14,5 % vol. d'alcool.

Sud et sud-est de la Lombardie

La rive ouest du lac de Garde abrite la vaste DOC Garda, qui s'étend jusqu'en Vénétie. On y produit notamment un vin rouge sec et rafraîchissant couleur cerise et un savoureux rosé ou *chiaretto*, tous deux issus d'un assemblage à base de groppello, un cépage local. Cette appellation recouvre partiellement celle de Lugana DOC, qui donne d'élégants vins blancs corsés (en général tranquilles) à partir d'un clone local de trebbiano. Le Friulano cultivé dans la même zone est utilisé pour le San Martino della Battaglia DOC, blanc léger et sec ou *liquoroso*. Au sud du lac de Garde, la province de Mantoue produit des Garda Colli Mantovani DOC, vins rouges, blancs et rosés assez simples. La plaine du Pô fournit le Lambrusco Mantovano DOC, vin rouge, parfois rosé, *frizzante* sec ou doux, semblable au Lambrusco de l'Émilie (voir p. 550).

PRODUCTEURS

La production est principalement assurée par des coopératives dans l'Oltrepò Pavese, par des maisons de négoce dans la Valteline, par des domaines individuels et de prestigieuses exploitations vinicoles en Franciacorta.

OLTREPO

La région progresse, mais la qualité n'est pas encore générale (Oltrepò Pavese DOC, ci-dessous O.P.).

FRATELLI AGNES
À Rovescala. Superbe gamme de rouges (Campo del Monte, Cresta del Ghiffi, Millenium, Poculum, Loghetto...).

CA' DI FRARA
À Mornico Losana. Parmi ses classiques, le Pinot Noir Raro Nero, le rouge d'assemblage Il Frater et des vins issus du riesling.

FRECCIAROSSA
À Casteggio. Très bons Pinot Noir et Riesling.

LE FRACCE
À Casteggio. Les rouges de ce domaine « bio-intégré » sont réputés (O.P. Bonarda et Rosso Cirgà), talonnés par les blancs (O.P. Pinot Grigio et Riesling).

TENUTA MAZZOLINO
À Corvino S. Quirico. Les vedettes sont le Noir et le Blanc (l'un O.P. Pinot Nero, l'autre O.P. Chardonnay).

RUIZ DE CARDENAS
À Casteggio. Pinot Noir O.P. Brumano et Mousseux O.P. Brut Réserve et Extra Brut.

VALTELINE

La réputation en hausse de la région repose sur les efforts de quelques-uns et sur le charme du Sfursat semi-passerillé.

NINO NEGRI
Cette maison de négoce est le chef de file de la région. Splendide Sfursat 5 Stelle et les Valtellina Superiore DOCG (Inferno Mazer, Sassella, Grumello) vinifiés par Casimiro Maule.

ALDO RAINOLDI
Les deux Sfursat (dont le superbe Ca' Rizzieri) et la gamme de DOCG (Crespino Inferno et Sassella) de ce négociant sont réputés.

CONTI SERTOLI SALIS
À Tirano. Un Sfursat d'anthologie (Canua)

Au nord-est de Bergame, la zone de Valcalepio DOC offre un rouge moyennement corsé – un assemblage de cabernet-sauvignon et de merlot à l'arôme de cassis –, un blanc sec et frais à base de pinot gris, de chardonnay et de pinot blanc, et un Moscato *passito*.
Entre le lac d'Iseo et la ville de Brescia se trouve la zone prestigieuse de Franciacorta. On y produit les Franciacorta DOCG, mousseux *metodo classico* très réputés, issus de chardonnay et/ou pinot blanc et/ou pinot noir. La DOC Curtefranca (anciennement Terre di Franciacorta) désigne des vins tranquilles rouges (assemblage de cabernets surtout mais aussi de barbera, nebbiolo et merlot) et blancs (chardonnay et/ou pinot blanc).
Les collines entourant Brescia abritent trois petites DOC fournissant des vins de consommation locale issus d'assemblages variés : Cellatica et Botticino produisent des rouges légers (avec un peu de schiava), Capriano del Colle un rouge à base de sangiovese et de marzemino notamment, ainsi qu'un blanc de trebbiano.

PRODUCTEURS

et d'autres beaux vins (Saloncello, Torre della Sirena, Corte della Meridiana) vinifiés par Claudio Introini pour cette grande maison de négoce.

TRIACCA
À Tirano. Ce négociant produit de bons Valtellina (Prestigio, Sforzato) et un Sauvignon Del Frate.

FRANCIACORTA

Cette zone dynamique est surtout connue pour la qualité de ses *spumanti* DOCG, mais les Curtefranca (ancien Terre di Franciacorta) tranquilles (rouges et blancs) ne sont pas moins intéressants.

BELLAVISTA
À Erbusco. Une réputation justifiée. Mousseux (excellent Brut, Gran Cuvée Pas Operé...), blancs (Convento dell'Annunciata et Uccellanda) et rouge Solesine.

GUIDO BERLUCCHI
Un des principaux producteurs de mousseux d'Italie. En haut de gamme, l'ample Cellarius Brut.

CA' DEL BOSCO
À Erbusco. Domaine réputé qui reste l'une des meilleures adresses de la région. En vedette, les Franciacorta Satèn, Brut Millesimato, Cuvée Annamaria Clementi, les IGT rouges M. Zanella et Pinero, et le Chardonnay.

CAVALLERI
À Erbusco. Nombreux mousseux et vins tranquilles réputés pour leur régularité.
En haut de gamme, les Franciacorta Collezione Brut et Blanc de Blancs, le Bianco Rampaneto et le Rosso Vigna Tajardino.

AUTRES VINS

CA' DEI FRATI
À Sirmione. Excellents Lugana I Frati et Il Brolettino, IGT blanc Pratto et un blanc doux Tre Filer.

CASCINA LA PERTICA
Bons Garda DOC Le Sincette, Gropello et Le Zalte.

LA PRENDINA
En tête, les Garda DOC Il Falcone et Vigneto La Prendina.

ÉMILIE-ROMAGNE

Cartes pages XX et XXI

Bien qu'elles diffèrent sur bien des points – notamment les vins qu'elles produisent –, l'Émilie et la Romagne forment une même région administrative. Bologne, la capitale, se trouve au beau milieu, avec l'Émilie à l'ouest et la Romagne à l'est. La région est limitée au nord par le Pô, à l'ouest par les Apennins. Les montagnes placent cette zone sous l'influence climatique de l'Adriatique : les étés sont chauds et la sécheresse n'est pas rare, tandis que les hivers sont humides avec des brouillards qui envahissent souvent les plaines.

Émilie

Plusieurs sous-variétés du cépage rouge local Lambrusco sont cultivées dans les grandes plaines d'Émilie, autour de Modène, et utilisées dans quatre appellations DOC distinctes. Le Lambrusco di Sorbara est connu pour son côté sec, sa vive acidité et son séduisant arôme de raisin. Le Lambrusco Salamino di Santa Croce est similaire, mais possède un peu plus de densité. Au sud se trouve la zone du Lambrusco Grasparossa di Castelvetro, aux vins plus tanniques et plus amples. Quant au Lambrusco Reggiano, à l'ouest, c'est celui qui est le plus produit – et exporté.

Le Lambrusco est le plus souvent légèrement pétillant *(frizzante)*, doux et gouleyant. En général, il est rouge, bien qu'on puisse le vinifier en blanc ou en rosé. On en fait parfois un vin sec et, à l'occasion, un véritable mousseux. Quel que soit son style, il est fait pour être bu rapidement.

Le nord-ouest de l'Émilie, à la limite de la Lombardie, comprend la zone des Colli Piacentini DOC, qui comporte de nombreuses subdivisions. Son vin rouge le plus connu est un assemblage de barbera et de bonarda appelé Gutturnio, généralement tranquille et sec, bien qu'il existe en versions moelleuse et *frizzante*. Le plus souvent sec, le vin de cépage barbera possède une robe rubis et des parfums fruités. Celui de Bonarda est frais et fruité, de couleur sombre, et peut être sec ou assez doux. Une bonne partie du pinot noir cultivé dans cette région donne des mousseux blancs ou rosés. Les vins blancs des Colli Piacentini sont issus d'un seul cépage : de la malvoisie, de l'ortrugo, du pinot gris, du sauvignon ou du trebbiano romagnolo. Il en existe toute une gamme, secs ou doux, tranquilles ou *frizzante*, voire *spumante*.

Plus à l'est, on trouve les Colli di Parma DOC, qui peuvent offrir un bon vin blanc aromatique de malvoisie, aussi bien sec que légèrement doux ou mousseux, et un rouge semblable au Gutturnio. Les vins *frizzante* et mousseux de l'appellation voisine

Colli di Scandiano e di Canossa DOC, à base de sauvignon, sont surtout exportés.

C'est dans les Colli Bolognesi DOC que l'on trouve actuellement les vins les plus intéressants et les producteurs les plus dynamiques. Cette vaste appellation comporte sept sous-zones, dont Monte San Pietro, Colline Marconiane, Zola Predosa. Cabernet-sauvignon, merlot, chardonnay et sauvignon sont admis. Les chefs de file sont la Tenuta Bonzara, très réputée pour son Bonzarone Cabernet-Sauvignon et son Merlot Rocca di Bonacciara, les excellents domaines Vallona et Terre Rosse. Le pignoletto est un cépage blanc local, qui donne d'agréables blancs secs ou demi-secs, tranquilles ou *frizzante*. Il fait l'objet d'une DOCG (Colli Bolognesi Classico Pignoletto).

Romagne

Les principaux vignobles de cette région s'étendent entre le sud-est de Bologne et la mer. Trois cépages sont majoritaires : albana, sangiovese et trebbiano. L'albana, variété autochtone promue au rang de DOCG et longtemps jugée inférieure à son statut, commence à donner des vins réellement intéressants, notamment en *passito* (comme le Scacco Matto du domaine vedette Fattoria Zerbina).

Le Sangiovese di Romagna DOC continue de fournir des rouges légers et plaisants. Il est devenu l'un des points forts chez quelques bons producteurs : Le Torre di Ceparano de Zerbina ; le Pruno de La Palazza ; le Thea de Tre Monti ; la série des Ronco de Castelluccio ; le Bottale et le Domus Caia de Ferrucci sont autant de réussites.

Le long de l'Adriatique, entre l'embouchure du Pô et Ravenne, se trouve la zone Bosco Eliceo DOC. On y produit du Sauvignon et un Bianco dont l'assemblage est dominé par le trebbiano, vins blancs tranquilles ou mousseux le plus souvent secs. Le cépage local fortana donne un rouge tannique, qui peut être tranquille ou pétillant, sec ou doux.

PRODUCTEURS

Les coopératives représentent deux tiers de la production. Certaines, comme la Riunite, sont d'énormes groupements.

ÉMILIE

On trouve du bon Lambrusco chez Barbolini, Cavicchioli, Chiarli, Graziano, Ermete Medici & Figli, Moro Rinaldo Rinaldini. Monte delle Vigne et Isidoro Lamoretti font de bons Colli di Parma DOC. En Colli Piancentini DOC, citons La Tosa, Conte Barattieri, Il Poggiarello, Luretta et surtout La Stoppa, qui y ajoute d'excellents IGT. Quant aux Colli Bolognesi DOC, ils sont à l'avant-garde de la région.

ROMAGNE

Outre Zerbina et Tre Monti, il y a La Palazza, Castelluccio, Cesari, Leone Conti, Ferrucci, Pandolfa, Fattoria Paradiso, Terre del Cedro et Uccellina.

VÉNÉTIE

Cartes pages XX et XXI

Les Alpes couvrent près d'un tiers de la Vénétie et leurs contreforts descendent jusqu'aux rizières de la plaine centrale et aux rives du lac de Garde, à l'ouest. Sur le plan géographique, la Vénétie est la plus variée des régions viticoles italiennes et offre de nombreux styles de vin.

Ses zones DOC sont réparties en trois grands secteurs : les bords du lac de Garde et les alentours de Vérone ; les collines de Vénétie centrale ; la Vénétie orientale, aux abords de Venise et de Trévise.

Dans le premier secteur, les vins sont en général issus de cépages autochtones. Plus à l'est (avec quelques exceptions), les vins sont à base de cépages plus internationaux. À moins d'une demi-heure de voiture, à l'est de Vérone, se trouvent les vignobles de Soave DOC (blanc). Au nord-ouest de la ville s'étendent le Valpolicella DOC et, un peu plus à l'ouest, au bord du lac de Garde, le Bardolino DOC, tous deux rouges. Avec, à ses portes, trois des appellations italiennes les plus connues dans le monde, on comprend mieux pourquoi la province de Vérone joue un rôle de leader en Vénétie.

Soave

Les meilleurs Soave DOC viennent toujours de la zone Classico, au centre de l'appellation, formée par quelques collines autour des communes de Monteforte d'Alpone et Soave. Les vignobles se trouvent à 250 m d'altitude environ, sur des coteaux peu pentus au riche sol rouge d'origine volcanique. Des rendements assez faibles et un mésoclimat favorable donnent au vin des arômes concentrés de fruits mûrs. Le principal cépage de Vénétie est la garganega (blanc). Sec et savoureux, le Soave Classico présente une robe paille brillante, une plaisante acidité et de délicats arômes fruités, avec une note d'amande grillée. Le bouquet évoque les fleurs de cerisier et de sureau. Le Soave générique produit dans les plaines est nettement inférieur. La catégorie Soave Superiore DOCG impose des conditions de production plus draconiennes. Quelques producteurs vinifient du Recioto di Soave DOCG, un vin doux issu de raisins à demi passerillés, au goût et à la texture plus denses, plus alcoolisé aussi.

Valpolicella et Bardolino

Le Valpolicella DOC regroupe plusieurs styles de vins rouges : Valpolicella générique, Valpolicella Classico, Valpolicella Ripasso, Recioto della Valpolicella et Valpolicella Amarone.

Le Valpolicella de base est un vin léger et savoureux de couleur rubis, au séduisant arôme de raisin frais, à boire jeune. Chez les meilleurs producteurs, les vins ont davantage de concentration aromatique.

Beaucoup de producteurs de Valpolicella recourent désormais à la méthode du *ripasso*, qui consiste à soutirer le vin après fermentation pour le déposer sur les lies de *recioto* (voir ci-après) de l'année précédente. Les vins de *ripasso* sont charnus et concentrés, avec une robe cerise foncé, un bouquet intense, un goût de cerise âpre et une certaine longévité. Le terme *ripasso* n'est pas reconnu par le système officiel d'étiquetage, et il faut connaître les méthodes du producteur pour pouvoir identifier de tels vins.

Le Recioto della Valpolicella et l'Amarone sont issus de raisins sélectionnés, séchés à l'air dans des greniers entre la vendange et le mois de janvier. Doté d'arômes concentrés et d'une texture veloutée, fort en alcool, le sombre et doux Recioto della Valpolicella est souvent comparé au Porto et servi dans les mêmes circonstances. L'Amarone est, lui, un vin sec et généreux, magnifiquement opulent.

Les vignobles de Bardolino DOC s'étendent des basses collines du nord-est de la ville du même nom jusqu'aux rives du lac de Garde. Issu du même assemblage de cépages que le Valpolicella – les variétés autochtones corvina, rondinella, molinara et d'autres –, le Bardolino est d'un style plus léger. De robe cerise ou rubis, ce vin a une bonne acidité et des arômes de cerise. La catégorie Bardolino Superiore DOCG est réservée aux vins provenant de communes délimitées et répondant à un certain nombre de contraintes de production et d'élevage. Le Bardolino Chiaretto est un rosé bien structuré. Ces vins sont en général destinés à être bus sans attendre.

Autres vignobles de Vérone

Des vins blancs tranquilles et mousseux sont produits dans l'appellation Lessini Durello DOC, au nord de Soave, dans les collines de Lessini. Le cépage durella a une forte acidité et une bonne structure convenant bien à des mousseux de qualité, mais les vins tranquilles peuvent sembler acerbes à certains.

Les vignobles du Bianco di Custoza DOC entourent la pointe sud du lac de Garde. Ce vin blanc de plus en plus apprécié est généralement de bon niveau. Tranquille ou mousseux, c'est un apéritif agréable dont le fruité est souvent comparé à celui de la pêche et de la reine-claude. Mieux vaut le boire sans attendre.

Vénétie centrale

Les contreforts des Alpes s'allongent jusqu'au centre de la Vénétie, où les cépages bordelais – cabernet-sauvignon, cabernet franc et merlot – prédominent ; ils présentent généralement d'agréables arômes variétaux.

L'appellation Breganze DOC, dans la haute plaine au nord de Vicence, regroupe des vins de cépage rouges et blancs. Les rouges sont le plus souvent issus de cabernet ou de pinot noir et les blancs secs de pinot gris ou blanc. Le vespaiolo, cépage local, donne un vin sec et vif au goût un peu citronné. Il existe aussi un Vespaiolo *passito* (vin doux de raisins à demi passerillés).

Outre le Cabernet et le Merlot, les Colli Berici DOC comportent un vin rouge à base de tai rosso précédemment dénommé tocai rosso, de couleur framboise, à la saveur fraîche et fruitée. Les principaux vins blancs secs de l'appellation sont le Garganega, le Pinot Blanc, le Sauvignon et le Tai Italico anciennement Tocai Italico. Ces vins ont un fruité discret et doivent être bus sans attendre.

Les Colli Euganei DOC produisent un blanc et un rouge, ainsi que des vins de cépage. Le Bianco dei Colli

PRODUCTEURS

En Vénétie, les petits domaines de qualité – souvent familiaux, et où l'on vinifie les différentes parcelles séparément – sont à l'avant-garde de la production.

ALLEGRINI
À Fumane. Magnifiques DOC monocrus (Valpolicella Classico La Grola, Palazzo della Torre), Amarone et Recioto Giovanni Allegrini. Mémorable IGT La Poja.

ANSELMI
À Monteforte d'Alpone. Très réputé pour ses IGT blancs (Capitel Croce, Capitel Foscarino, San Vincenco) et rouges (Realda) et son Recioto di Soave DOCG I Capitelli (exemplaire vin de dessert élevé en barrique).

BOLLA
À Vérone. En tête, Amarone et Recioto della Valpolicella, Valpolicella Classico Superiore Le Poiane-Jago, Soave Classico Le Tufaie.

MACULAN
Fausto Maculan produit un Breganze DOC de classe mondiale (Torcolato et Acininobili pour les doux, Cabernet-Sauvignon Fratta et Ferrata, Merlot Marchesante...). Superbe IGT de Muscat Dindarello.

MASI
En tête, la série des Amarone della Valpolicella, les Recioto, les IGT de cépages locaux Toar et Brolo di Campofiorin. Excellents Soave Classico.

PIEROPAN
Leonildo Pieropan a, le premier, vinifié un Soave DOC monocru, le Calvarino. Toute la gamme est admirable : Soave Classico, Recioto Le Colombare...

QUINTARELLI
Valpolicella amples et complexes (Classico, Amarone, Recioto), fermentés longuement en fût et non filtrés. Fabuleux Amarone et IGT Alzero (cabernets passerillés).

VENEGAZZÙ-CONTE LOREDAN GASPARINI
Fameux assemblage de cépages locaux, l'IGT Venegazzù de la Casa reste l'un des grands rouges de Vénétie, encore surpassé par son jumeau, Capo di Stato.

Euganei est un blanc sec et souple issu des variétés locales garganega et serprina. On trouve aussi un blanc doux de muscat au bouquet floral intense. Le Rosso dei Colli Euganei est un assemblage de cabernet et de merlot avec des cépages locaux.

Parmi les vins issus de variétés autochtones, le Gambellara DOC est un agréable blanc sec et velouté, issu du même assemblage que le Soave. On trouve aussi du Recioto di Gambellara, ainsi que l'un des rares *vin santo* (voir p. 563) produits hors d'Italie centrale.

Venise et Trévise

Dans les collines peu escarpées situées au nord de Trévise, la zone DOCG du Prosecco di Conegliano-Valdobbiadene est dotée d'un blanc mousseux au léger goût d'amande, pauvre en alcool et d'une vive acidité. Les vignobles du secteur de Cartizze ont droit à leur propre sous-zone, jugée supérieure, bien que cela varie beaucoup d'un producteur à l'autre. La zone de Montello e Colli Asolani DOC fournit également du Prosecco, ainsi que des vins rouges de cépage à base de Cabernet ou de merlot.

Dans les plaines au nord de Venise, les DOC du Piave et de Lison-Pramaggiore produisent d'agréables vins de cépage de consommation courante. La longue liste de cépages autorisés inclut cabernet et merlot en rouge, pinot blanc et pinot gris en blanc. Il faut cependant signaler deux variétés autochtones : verduzzo et raboso. Les vins blancs issus du Verduzzo ont une agréable acidité et un caractère bien fruité, avec une note d'amande commune à bon nombre de cépages italiens. Ces vins conservent souvent un léger pétillement en bouteille. Quant au Raboso, il donne un vin d'un rouge violacé au goût un peu terreux, tannique et supportant la garde.

TRENTIN-HAUT-ADIGE

Cartes pages XX et XXI

Dans cette région montagneuse du nord-est de l'Italie, seuls 15 % du sol sont cultivables. Les vignobles dessinent un Y le long des vallées de l'Adige (Etsch en allemand, l'autre langue de la région) et de son affluent l'Isarco (Eisack) jusqu'à leur confluent au sud de Bolzano, puis suivent vers le sud le cours de l'Adige.

Le Trentin et le Haut-Adige sont deux régions distinctes réunies par un tiret administratif. La partie nord, le Haut-Adige (aussi appelé Südtirol ou Tyrol du Sud), correspond à la province de Bolzano.

Elle jouxte la Lombardie à l'ouest et l'Autriche au nord. La plupart des habitants sont germanophones ; les panneaux géographiques sont en allemand et en italien, et les cépages allemands comme le sylvaner et le müller-rhurgau prospèrent. Le climat subalpin implique des hivers froids, des étés chauds et des nuits fraîches toute l'année. Les pentes montagneuses de la vallée sont escarpées et la vigne est souvent cultivée en terrasses.
À mesure que l'Adige se dirige vers le Trentin, la vallée s'élargit. Les vignobles du Trentin sont en général plantés à plus faible altitude, sur des coteaux à pente plus douce et en plaine. Le climat est plus chaud et l'influence culturelle italienne devient très sensible.

Haut-Adige

En progrès constant, les vins de cette région ont acquis une réputation internationale. Les cépages blancs – sylvaner, müller-thurgau, riesling, riesling italico (welschriesling), chardonnay, sauvignon et pinot blanc (weissburgunder) – supportent bien l'altitude dans ces vallées ensoleillées et donnent des vins secs et vifs. Le Pinot Gris (Ruländer), un blanc savoureux, prend ici une note fumée. L'arôme de litchi du Gewürztraminer (Traminer Aromatico) est affiné par une vendange précoce et une macération pelliculaire écourtée.
Les rouges gouleyants sont destinés à la consommation locale.
Quatre zones DOC sont consacrées à des vins surtout issus du cépage schiava (vernatsch en allemand). Celui-ci, surtout dans le Lago di Caldaro DOC (Kalterersee), donne un vin rouge clair doté d'un discret arôme de cerise et d'un arrière-goût d'amande, mais peut parfois prendre plus de couleur et de corps, comme dans les vins de Santa Maddalena DOC (St Magdalener).
Le Haut-Adige produit en outre des mousseux issus d'un assemblage de chardonnay et de pinot noir (les cépages du champagne). On trouve aussi ces deux variétés vinifiées séparément en vins tranquilles. Le cépage rouge local lagrein donne un vin robuste aux arômes de petits fruits appelé Scuro (Dunkel) et un rosé aromatique (Kretzer). Le Moscato Giallo (Goldenmuskateller) doré et le Moscato Rosa (Rosenmuskateller) rubis pâle sont deux vins doux de muscat aux arômes floraux.
Les vignobles du Terlano DOC s'étendent sur des coteaux bordant les deux rives de l'Adige, à l'ouest de Bolzano, et sont réputés pour leurs bons vins blancs de cépage. On fait aussi ici un mousseux sec, surtout à base de pinot blanc.
Les hautes pentes de la DOC la plus septentrionale d'Italie, Valle d'Isarco, le long de la rivière Isarco proche de Bolzano, fournissent d'élégants vins blancs de cépage, connus pour leur pureté aromatique.

Trentin

Cultivés à une altitude inférieure sous un climat plus chaud, les raisins du Trentin tendent à donner des vins plus tendres aux arômes plus développés. La plupart sont faits pour être bus sans attendre.

L'appellation Trentino DOC comprend bon nombre de vins de cépage identiques à ceux cultivés dans le Haut-Adige, ainsi que des vins mousseux *metodo classico*, surtout à base de pinot blanc et de pinot noir. On trouve aussi trois remarquables cépages autochtones.

Le marzemino (rouge très fruité) et la nosiola (blanc) donnent des vins secs tranquilles. La nosiola est aussi l'élément principal du *vin santo*, un vin de dessert ambré ou cuivré issu de raisins passerillés. Enfin, le teroldego possède sa propre DOC sur les sols graveleux de Campo Rotaliano. Il donne des vins rouges secs, le plus souvent légers et fruités, et de rafraîchissants rosés. Mais il peut aussi offrir de grands vins de garde au caractère affirmé chez les meilleurs producteurs, dans les vignobles près de Mezzolombardo.

D'autres zones du Trentin produisent des vins courants destinés à une consommation rapide : le Bianco (à base de nosiola) et le Rosso (à base de schiava) de Sorni DOC, ainsi que les rouges de Casteller DOC, à base de schiava.

Les vins les plus ordinaires portent l'étiquette de l'appellation Valdadige (Etschtaler) DOC, qui recouvre les régions du Haut-Adige et du Trentin, ainsi qu'une partie de celle de la Vénétie.

PRODUCTEURS

Dans le Haut-Adige et le Trentin, les coopératives représentent l'essentiel de la production. Les meilleurs vins du Trentin viennent de domaines privés, mais les coopératives du Haut-Adige peuvent offrir des vins splendides (Alto Adige DOC, ci-dessous AA).

HAUT-ADIGE

VITICOLTORI DI CALDARO/KALTERN
Coopérative réputée pour son magnifique AA Cabernet-Sauvignon Campaner ainsi que pour son Moscato *passito* Serenade.

PRODUTTORI COLTERENZIO/ SCHRECKBICHL
Les vins magnifiques de cette coopérative de Cornaiano font l'unanimité chez les dégustateurs : AA Cabernet-Sauvignon Lafoa, Chardonnay et Lagrein Cornell ; AA Merlot Praedium ; AA Rosso Cornelius.

TENUTA FALKENSTEIN
En tête des AA DOC de ce domaine de la Valle Venosta, un grandiose Riesling, un Pinot Bianco d'anthologie et un étonnant Gewürztraminer.

VIGNETI HOFSTÄTTER
À Termeno. Des vins réputés, à commencer par le rouge Yngram et le Pinot Nero S. Urbano, premier d'une longue gamme d'AA de haute qualité.

ALOIS LAGEDER
Très beaux rouges Son Cor Römigberg et AA Cabernet, encore surpassés →

PRODUCTEURS

par les blancs (Chardonnay Löwengang, Pinot Blanc, Riesling, Traminer).

TENUTA MANINCOR
Le domaine du comte Enzenberg est l'un des plus beaux de la zone de Caldaro, et ses vins figurent désormais parmi les plus attendus. Majestueux AA Cabernet-Sauvignon Cassiano, ou Pinot Nero Mason.

SAN MICHELE APPIANO
Cette coopérative d'Appiano a fait du chemin : c'est sans doute aujourd'hui la meilleure d'Italie. Fantastique gamme d'AA Sankt Valentin (blancs) et un rapport qualité/prix imbattable.

PRODUTTORI SANTA MADDALENA
À Bolzano. Parmi les vins vedettes de cette coopérative, l'AA Cabernet Mumelterhof, deux AA Lagrein et le savoureux rouge AA Santa Maddalena Classico.

CASTEL SALLEGG-GRAF KUENBURG
Ce domaine de Caldaro produit de beaux rouges et blancs, avec un magnifique Moscato Rosa, vin doux de vendanges tardives.

PRODUTTORI DI TERMENO
C'est une coopérative qui progresse au galop. Les AA Pinot Nero et Lagrein Urban, le AA Cabernet Renommée sont des rouges de grande classe, tout comme les blancs de Gewürztraminer (AA Nussbaumer et *passito* Terminum).

TRENTIN

CONCILIO
Cette maison de Volano peut compter sur 500 ha de vignes et offre une gamme de bons Trentino DOC. En tête, Chardonnay, Pinot Grigio, Merlot Novaline et assemblage bordelais Mori Vecio.

CESCONI
Les frères Cesconi et leur petit domaine de Lavis comptent parmi les bonnes adresses de la région. En vedette, les blancs : Pinot Grigio, Chardonnay, Nosiola, Sauvignon, Gewürztraminer et le superbe assemblage Olivar.

MARCO DONATI
Situé au cœur du Teroldego Rotaliano, ce domaine existant depuis 1863 est surtout réputé pour son splendide Teroldego Sangue di Drago, mais le reste de la gamme est à la hauteur.

FRATELLI DORIGATI
Bon négociant de Mezzocorona, spécialisé dans le Teroldego (*riserva* Diedri et Rebo) et auteur du bon *spumante* Methius.

FERRARI
Cet important négociant à Trente produit de bons mousseux *metodo classico*. En vedette, le Giulio Ferrari Riserva del Fondatore.

FORADORI
Ce domaine familial est un sanctuaire du Teroldego. Les superbes vins d'Elisabetta Foradori reflètent sa passion et sa patience. En vedette, une série de Teroldego, bien sûr (Granato, Sgarzon, Morei et générique), et les IGT blancs Fontanasanta.

LA VIS
La meilleure coopérative de la région, regroupant 800 ha de vignes, offre une gamme vaste et totalement fiable : tous les Trentino DOC Ritratti, et le doux Mandolaia de vendanges tardives

POJER & SANDRI
Installés à Faedo, Mario Pojer et Fiorentino Sandri continuent de produire leurs superbes Trentino DOC de cépages. Les IGT Essenzia (botrytisé) et Faye (le blanc et davantage encore le rouge) font courir les amateurs.

TENUTA SAN LEONARDO
Sous l'impulsion du marquis Carlo Guerrieri Gonzaga, passionné de grands Bordeaux, ce magnifique domaine familial a acquis une réputation mondiale au fil des années. Raffinés, merveilleusement charnus et complexes, l'IGT San Leonardo et le Trentino DOC Merlot sont des vins enthousiasmants.

FRIOUL-VÉNÉTIE JULIENNE

Cartes pages XX et XXI

Le Frioul se trouve à l'extrémité nord-est de l'Italie et jouxte la Slovénie. La montagne recouvre une bonne partie de la région, et la vigne est reléguée sur les basses collines (zones Collio DOC et Colli Orientali DOC) et dans les plaines (Grave del Friuli DOC) du Sud. La région tire profit d'une double influence climatique : elle reçoit l'air frais descendu des Alpes et l'air chaud venu de l'Adriatique. Une taille rigoureuse des ceps – les rendements du Frioul sont parmi les plus bas d'Italie – et une grande maîtrise technique ont valu à cette région une réputation internationale pour ses blancs secs, vifs et nets, et ses rouges frais et aromatiques. Ces vins privilégient généralement les caractéristiques du cépage, sans fermentation malolactique ni élevage en bois.

Collio et Colli Orientali del Friuli

Les DOC adjacentes de Collio Goriziano (ou Collio) et Colli Orientali del Friuli occupent les contreforts alpins voisins de la Slovénie. Calcium et dépôts fossiles enrichissent souvent le sol de ces vignobles en terrasses. Ces deux zones produisent les meilleurs vins du Frioul, majoritairement blancs et souvent commercialisés sous un nom de cépage. Collio se distingue par ses vins particulièrement intenses et concentrés dans les deux couleurs. Le friulano est le cépage blanc le plus planté. Il produit un vin de robe paille à reflets verts, aux arômes d'amande, notamment dans la DOCG Rosazzo. La ribolla gialla donne généralement des blancs secs et citronnés ; le verduzzo tend à présenter un arôme de noisette. Le vin de pinot gris local est vif, sec et relativement ample. Sa robe est paille clair, mais la macération pelliculaire peut lui valoir de jolies nuances cuivrées. Le sauvignon donne un bon vin sec, vif et très aromatique, tandis que la malvasia istriana apporte des arômes plus secs. Pinot blanc et chardonnay réussissent aussi très bien, qu'ils soient vinifiés dans un style jeune et frais, ou plus ample, grâce à une fermentation ou à un élevage dans le bois. Le picolit est à la base d'un vin de dessert, produit notamment dans la DOCG Colli Orientali del Friuli Picolit, tout comme le verduzzo, unique cépage autorisé de la DOCG Ramandolo créée en 2001 qui offre des vins particulièrement concentrés et chers.

L'un des vins les plus connus du Collio, le Vintage Tunina de

Jermann, un blanc d'assemblage (voir encadré p. 554), ne relève pas d'une DOC.

Parmi les vins rouges, le Cabernet (Cabernet franc et/ou cabernet-sauvignon) est sec, bien coloré et frais, avec des arômes de cassis et de poivron. Certains de ces vins rouges gagnent à vieillir. Le Merlot a une robe rubis et une texture veloutée, alors que le Refosco est légèrement tannique, avec des saveurs de framboise et de mûre, un bouquet intense. Le Refosco mérite lui aussi quelques années de garde, tout comme le Schioppettino, un rouge sec aux arômes de baies sauvages.

Grave del Friuli

Cette large plaine graveleuse qui s'étend à l'est de Venise jusqu'à l'Isonzo produit plus de la moitié des vins DOC du Frioul et environ deux tiers de la récolte totale. Les rouges généralement assez légers – à base de merlot, de cabernet-sauvignon ou franc, de pinot noir et de refosco

PRODUCTEURS

La plupart des vins du Frioul sont l'œuvre de vignerons. Les parcelles sont très petites et dispersées, mais le domaine le plus modeste offre toute une série de vins, et la mise en bouteilles à la propriété est fréquente. Les rendements plus bas et les vinifications mieux soignées ont amélioré la qualité des vins, surtout des blancs.

COLLIO ET COLLI ORIENTALI

BORGO DEL TIGLIO
Une grande référence de la zone de Cormons, tant pour ses superbes Collio (Chardonnay Ca' delle Vallade, Malvasia, Friulano Ronco della Chiesa, Studio di Bianco et Rosso della Centa).

GIROLAMO DORIGO
Le pignolo, cépage rouge local, doit sa survie à ce grand producteur de Buttrio. Excellents Colli Orientali DOC et Montsclapade, un rouge d'assemblage.

LIVIO FELLUGA
Figure historique, Livio Felluga produit d'admirables Colli Orientali DOC à Brazzano di Cormons. Toute la gamme est à retenir, mais surtout le blanc Terre Alte. Prestigieux Picolit blanc et doux, superbes Merlot Sosso et Refosco.

GRAVNER
Josko Gravner, grand vigneron d'Oslavia, en province de Gorizia, offre de grandes cuvées en IGT (dont le Ribolla Gialla).

VINNAIOLI JERMANN
Silvio Jermann, de Farra d'Isonzo, est un vigneron mondialement connu pour ses blancs produits en dehors des appellations. Le plus connu est l'opulent Vintage Tunina, blanc sec très aromatique, mais il y a aussi le Capo Martino (assemblage à base de friulano), le fameux Chardonnay Where the Dreams have no End, entre autres.

LA VIGNE DI ZAMO
Le vignoble de l'abbaye de Rosazzo, en province d'Udine, produit des Colli Orientali DOC dont les superbes Ronco delle Acacie blanc et Ronco dei Roseti rouge, ainsi que le Pignolo, vin de garde très tannique.

MIANI
Enzo Pontoni vit, paraît-il, dans ses vignes de Buttrio. Ses vins reflètent en tout cas le soin qu'il en prend. Fabuleux Colli Orientali DOC, du Friulano

local – dominent. Friulano, pinot gris, pinot blanc, chardonnay et sauvignon blanc donnent des blancs frais et fruités à boire jeunes. On trouve aussi un rosé de merlot.

Autres vins du Frioul

Au sud-est de la région, la zone Isonzo DOC, située sur une plaine alluviale bordant le fleuve du même nom, produit d'excellents rouges aromatiques (Merlot et Cabernets principalement) et des blancs délicats (Chardonnay, Sauvignon, Malvasia istriana, Friulano, Pinot bianco...). Le Carso DOC offre de solides vins rouges colorés de terrano, un clone du refosco, issus de sols rouges riches en fer, et des blancs secs et vifs de malvoisie. Enfin, les plaines longeant l'Adriatique abritent l'Aquileia DOC, l'Annia DOC et le Latisana DOC, petites appellations de vins rouges (surtout à base de merlot) et blancs faciles à boire. Aquileia se distingue par ses vins issus du refosco, frais et parfumés.

PRODUCTEURS

au Refosco Vigna Clavari, sans oublier le Sauvignon.

RONCO DEL GELSO
À Cormons, Giorgio Badin produit d'extraordinaires Isonzo DOC (Friulano, Sauvignon, Bianco Làtimis, Merlot...).

RONCO DEL GNEMIZ
Ce domaine de la province d'Udine est réputé pour son Colli Orientali Chardonnay, mais toute la gamme est à la hauteur.

RUSSIZ SUPERIORE
Cette propriété de Capriva appartient à Marco Felluga (également propriétaire d'un grand domaine à Gradisca) et à son fils. Elle donne une série de très élégants vins de cépage Collio DOC, dont un superbe Sauvignon. L'IGT Verduzzo est également intéressant.

MARIO SCHIOPETTO
Les trois enfants de Mario Schiopetto, vigneron de génie et célèbre perfectionniste, ont pris son relais dans le domaine familial. Le domaine compte 22 ha en Collio et 9 ha en Colli Orientali, et les vins sont toujours parmi les plus beaux de la région. En tête, les grands blancs Pinot Bianco, Sauvignon, le Friulano Pardes, tous DOC, et l'IGT Blanc des Rosis. Bon IGT rouge Rivarossa et délectable gamme Podere dei Blumeri.

VILLA RUSSIZ
Ce domaine de Capriva produit une série de remarquables Collio DOC blancs (Friulano, Sauvignon, Malvasia Istriana, Pinot Bianco...), sans compter les superbes Sauvignon et Merlot Graf de la Tour.

VIE DI ROMANS
Une source de grands vins blancs dont on retiendra le Chardonnay Ciampagnis Vieris, le Sauvignon Vieris ou encore l'assemblage Flors di Uis.

GRAVE DEL FRIULI

PIGHIN
La famille Pighin est propriétaire d'un très grand domaine privé du Frioul : 150 ha en Grave del Friuli DOC et 30 ha enCollio DOC. Leur chai de Risano, dans la province d'Udine, produit des vins des deux appellations : de bons rouges issus de cabernet-sauvignon, merlot et refosco, et des blancs recommandables.

VIGNETI LE MONDE
À Prata di Pordenone, presque en Vénétie, Piergiovanni Pistoni produit de bons rouges de garde.

TOSCANE

Cartes pages XX et XXI

La Toscane ne cesse d'innover et de se renouveler, alors qu'elle est très certainement la région d'Italie, et peut-être d'Europe, où les traditions viticoles ont connu la plus longue continuité. Au XIVe siècle, à l'aube de la renaissance des arts, des sciences et de la culture, certaines grandes familles du vin – comme les Antinori et les Frescobaldi – établissaient leur renommée à Florence. Ces maisons sont aujourd'hui à la pointe du renouveau.

La Toscane est célèbre dans le monde entier pour les vins rouges de Chianti, qui, dans les années 1960, étaient pourtant réputés pour leur maigreur et leur insignifiance. Dans les années 1980, la région est devenue le fer de lance de l'innovation viticole en Italie. L'impulsion a été donnée par la principale zone d'appellation du Chianti, le Chianti Classico, et par la petite appellation de Chianti Rufina, plus au nord, où de spectaculaires progrès techniques ont été réalisés.

Le changement est également venu de régions côtières où le vin n'occupait autrefois qu'une place modeste, comme la zone de Bolgheri, dont sont issus deux des plus grands vins d'Italie – le Sassicaia et l'Ornellaia. Le Sassicaia est un vin rouge des deux cabernets, dont la réussite a été acclamée dans le monde entier (voir Tenuta San Guido, p. 571). Stimulés par son succès, certains producteurs toscans doués d'imagination ont alors fait appel à des cépages importés pour créer toutes sortes d'assemblages. D'autres ont choisi de miser sur les cépages locaux, mais pas forcément de la manière prévue par les diverses DOC.

Tout cela a engendré un nouveau style de vins produits hors des appellations, baptisés les « super-toscans ». Le contraste n'aurait pu être plus grand qu'entre un vin de table italien ordinaire et l'un de ces « vins design », à la présentation et au prix somptueux. Aujourd'hui, on constate un retour à l'équilibre. Le sangiovese est choyé à l'égal du cabernet, et les deux sont bien souvent associés. Bolgheri et Bolgheri Sassicaia sont devenus DOC grâce à la loi Goria. La région voisine de Maremme est gagnée par la fièvre, et de remarquables vins DOC y surgissent. La leçon a toutefois été retenue. On recherche la qualité, on emploie de meilleurs clones et des techniques modernes pour compléter les méthodes traditionnelles.

Révolu aussi le temps où les vins blancs de Toscane étaient vieux avant l'âge et oxydés, ou fortement soufrés. Grâce aux nouvelles technologies, les bons producteurs réussissent des blancs nets et frais, comme le Galestro. D'autres se sont voués à l'élevage de vins de chardonnay en barrique.

Les cépages

En Toscane, le grand cépage rouge est le sangiovese. S'il lui arrive de donner des résultats médiocres – quand le clone est mal choisi et le rendement élevé –, il peut aussi produire des vins capables de rivaliser avec n'importe quel Nebbiolo du Piémont. Les principaux vins DOCG de Toscane – Chianti Classico, au goût de cerise amère ; Brunello di Montalcino, charnu et puissant ; Carmignano, plutôt souple et élégant ; et le plus austère Vino Nobile di Montepulciano – en sont les illustrations les plus classiques. Dans les collines au sud-est de Grosseto, près de la ville de Scansano, le sangiovese est appelé morellino et possède sa propre zone, Morellino di Scansano DOCG, pour un rouge savoureux. Il forge aussi le caractère du Montecucco Sangiovese (DOCG) produit juste au nord.

Le canaiolo nero est encore très répandu, bien que son rôle dans le Chianti décline.

Le trebbiano toscano (ugni blanc) est le cépage blanc le plus répandu dans le centre de l'Italie. Son caractère neutre et sa productivité l'empêchent de donner de grands vins, mais il peut en produire d'acceptables s'il est bridé et bien vinifié. Assemblé à des cépages locaux comme la malvasia del Chianti, ou étrangers comme le chardonnay, il peut être à la base de vins intéressants, autrefois inimaginables. Il peut également entrer dans la composition des Chianti ou des Vino Nobile di Montepulciano.

Le classement des vignobles

En 1716, le grand-duc de Toscane, Cosme III de Médicis, créa plusieurs des toutes premières zones d'appellation contrôlée en Europe,

LE VIN SANTO

La tradition du *vin santo* (« vin saint ») est chère à de nombreux producteurs toscans, même les plus avant-gardistes. C'est un vin *passito*, c'est-à-dire issu de raisins passerillés. En Toscane, les raisins (en général blancs – malvasia del Chianti, trebbiano ou gGrechetto) sèchent traditionnellement sur des claies au grenier, bien que certains chais modernes recourent à l'air chaud. Ces raisins sont ensuite pressés et le vin est scellé dans de petits fûts, les *caratelli*, puis laissé tel quel de quatre à six ans. Il peut être doux ou sec, bien que son nom à connotation religieuse semble indiquer qu'il était doux à l'origine. Dans les deux cas, ce peut être un nectar digne des dieux, surtout quand on trempe dans son verre les biscuits aux amandes appelés *cantucci*.

notamment Chianti, Carmignano et Pomino. En 1966, les premières DOC attribuées en Toscane furent Brunello di Montalcino, Vino Nobile di Montepulciano et Vernaccia di S. Gimignano, vite rejointes par celles de Chianti et Chianti Classico, puis Carmignano, toutes devenues DOCG et Pomino. Jusqu'à l'irruption du Sassicaia et au « sacre » du terroir de Bolgheri qui s'ensuivit, ces six zones pouvaient revendiquer les meilleurs vins toscans. La Toscane compte actuellement onze DOCG et un peu moins de quarante DOC, dont la région de Maremme qui semble promise à un bel avenir.

Chianti et Chianti Classico

Six provinces toscanes comportent des vignobles ayant aujourd'hui droit à la vaste appellation Chianti DOCG, qui désigne un vin rouge comportant 70 à 100 % de sangiovese, assemblé ou non avec un peu de canaiolo, ainsi qu'une infime proportion des cépages blancs trebbiano et malvasia del Chianti. Cabernet-sauvignon, cabernet franc, et d'autres cépages rouges, sont autorisés jusqu'à concurrence de 15 %. Huit zones ont le droit d'ajouter leur nom à l'appellation de base. La plus étendue, Classico, et la plus petite, Rufina, ont le plus contribué à améliorer l'image du Chianti. Dans les autres – Colli Senesi, Colli Fiorentini, Montalbano, Colli Aretini, Colline Pisanie, Chianti Montespertoli –, le changement est moins sensible.

Le passage du Chianti Classico du statut de DOC à celui de DOCG en 1984 apparaît aujourd'hui comme un grand succès. Grâce à un contrôle accru de la production, mais aussi du rendement, le volume a baissé de 380 000 hl en 1983 à 260 000 hl en 2012 ; la présence de raisins blancs dans l'assemblage (habitude inaugurée au XIXe siècle par le baron Ricasoli pour arrondir les tanins rêches du sangiovese d'alors) est enfin devenue facultative.

Beaucoup de Chianti sont destinés à une consommation plutôt rapide, mais pas le Chianti Classico : avec ses notes de framboise et de cerise noire, son côté très sec et sa forte acidité, il est difficile de le boire jeune ou en dehors des repas. Quant au Chianti Rufina, son acidité est encore plus marquée, mais il a sans doute davantage de fruit et de longévité.

Brunello di Montalcino

Les rouges puissants de cette appellation DOCG viennent des collines de Montalcino, dans la province de Sienne. Les vignobles, un mélange d'argile et de sol plus rocailleux appelé *galestro*, bénéficient d'un climat tempéré, plus chaud et sec que de nombreuses aires du Chianti, avec des soirées et des nuits fraîches. Seul cépage autorisé est le brunello ou sangiovese grosso (un clone de sangiovese), et les vins ne peuvent être commercialisés que cinq ans, dont deux passés en fût, après la vendange (six pour le *riserva*). Ils ont une saveur intense et beaucoup de corps et peuvent vieillir en bouteille presque indéfiniment. Le Rosso di Montalcino DOC, issu des mêmes vignobles, peut être vendu après un an d'élevage.

Vino Nobile di Montepulciano

Montepulciano, joli bourg de colline situé à environ 120 km au sud-est de Florence, est réputé pour ses vins rouges depuis des siècles. L'adjectif *nobile* leur a été attribué au XVIIIe siècle. La plupart des vignobles ont un sol argilo-sableux, qui est plus sablonneux que dans les zones de Chianti Classico et de Brunello. Le cépage principal est le prugnolo (encore un clone local de sangiovese), qui forme au moins 70 % de l'assemblage, adouci par un apport de canaiolo nero, accompagné par l'aromatique et facultatif mammolo ainsi que de quelques autres variétés régionales. Le vin est parfois un peu maigre, mais les meilleurs présentent de belles notes d'épices et de santal. L'élevage du Vino Nobile DOCG dure au moins 2 ans dont 12 mois de fût minimum ; les vins plus jeunes peuvent être vendus comme Rosso di Montepulciano DOC.

Carmignano

Situé sur des collines à l'ouest de Florence, ce petit vignoble est réputé pour le sérieux des contrôles effectués avant toute attribution du label DOCG. Comme dans le Chianti DOCG, l'assemblage à base de sangiovese peut comporter, outre le canaiolo nero, jusqu'à 15 % de cabernet-sauvignon et/ou de cabernet franc, présents dans ce vignoble sous le nom *d'uva francesca* dès le XVIIIe siècle, et jusqu'à 10 % de cépages blancs.

Bolgheri et Pomino

Ces deux petites zones font une large place aux cépages français. La première, une DOC au sud de Livourne, est vouée au cabernet-sauvignon, merlot et sangiovese. Proche de la mer, elle accueille notamment la cuvée Sassicaia, produite à la Tenuta San Guido et commercialisée dès 1974 (voir p. 576). Issu d'une région qui n'était pas réputée pour la qualité de ses vins, le Sassicaia exige 80 % minimum de cabernet-sauvignon. La seconde, surtout constituée par la Tenuta di Pomino de la famille Frescobaldi, occupe de hautes collines (jusqu'à une altitude de 700 m) à l'est de Florence. La DOC autorise jusqu'à 50 % de pinot noir et/ou de merlot dans le vin rouge. Les blancs sont issus majoritairement du pinot blanc, pinot gris ou du chardonnay.

Vernaccia di San Gimignano

La Vernaccia, cultivée depuis le XIIIe siècle au pied des célèbres tours de la ville de San Gimignano, produit un vin blanc DOCG, doté d'une pointe d'acidité.

LES FACTEURS DE QUALITÉ

De toutes les régions d'Italie, la Toscane est l'une des plus adaptées à la vigne, avec ses nombreux coteaux descendant des Apennins, épine dorsale de la péninsule. Même des régions moins accidentées, comme la zone de Bolgheri, au sud-ouest, se sont révélées propices à la production de grands vins.

CHIANTI CLASSICO

Tout le centre de la Toscane – des collines près d'Arezzo, à l'est, au pied des Apennins, jusqu'au bord de la mer, où le climat est plus chaud – produit du Chianti. La plupart des meilleurs vins proviennent du cœur historique du Chianti Classico, entre Gaiole et Castellina, où les vignobles s'accrochent à des versants dont l'altitude varie de 220 à 550 m.

ORGANISATION

Dans le contexte parfois chaotique du monde vitivinicole italien, les producteurs de Chianti Classico et de Chianti Rufina sont, depuis longtemps, bien mieux organisés que d'autres, ce qui, dans un grand souci de qualité, a facilité les efforts nécessaires au progrès.

SÉLECTION CLONALE

Principal cépage rouge du centre de l'Italie, le sangiovese a donné naissance à 14 ou 15 clones ; le choix entre ceux-ci joue un rôle décisif dans la qualité des meilleurs vins. Il existe deux grandes familles de sangiovese : piccolo et grosso. Le piccolo donne des raisins plus petits à peau plus fine. Facile à cultiver et productif, il a été beaucoup planté après la Seconde Guerre mondiale. Le sangiovese grosso, ou sangioveto, a longtemps eu meilleure réputation, sans doute grâce à la qualité de certains de ses clones comme le brunello, utilisé à Montalcino depuis la fin du XIXe siècle, ou le prugnolo qui est à la base du Vino Nobile di Montepulciano.

ALTITUDE

Dans trois des plus grandes zones viticoles de la Toscane – Chianti Classico, Montalcino et Montepulciano –, les vignobles poussent jusqu'à une altitude de 550 m au-dessus du niveau de la mer, ce qui garantit plus de fraîcheur aux raisins l'été. Les zones de Chianti Classico et de Rufina, plus au nord, sont plus fraîches que le reste de l'appellation. Le Chianti Classico profite aussi de sols mieux drainés (un mélange d'*albarese*, grès érodé riche en chaux, et de *galestro*, marnes calcaires plus rocailleuses). Plus que dans d'autres régions, cette altitude élevée entraîne des variations selon les millésimes, souvent à la suite de pluies estivales.

PRODUCTEURS DE CHIANTI

Les grands noms du Chianti se trouvent dans la zone du Chianti Classico entre Florence et Sienne, autour des villes de Greve, Castellina, Radda, Gaiole et Castelnuovo Berardenga, et dans la petite zone de Chianti Rufina, au nord-est de Florence. Beaucoup sont aussi réputés pour leurs IGT.

CASTELLO DI AMA
À Gaiole in Chianti. Domaine particulièrement réputé pour ses Chianti Classico de crus Bellavista et La Casuccia, ainsi que pour ses splendides IGT Vigna l'Apparita, Il Chiuso et Vigna al Poggio.

ANTINORI
En vedette de cette célèbre maison florentine, le Tignanello (IGT), symbole du renouveau italien dans les années 1970 ; s'y ajoutent désormais le Brunello di Montalcino Pian delle Vigne et le Bolgheri Guado al Tasso. Citons aussi les nombreux Chianti Classico : Pèppoli, Badia a Passignano, et les IGT, sans oublier la superbe gamme du Castello della Sala à Orvieto.

BADIA A COLTIBUONO
Le joyau du domaine est le glorieux IGT Sangioveto, suivi de près par le Chianti Classico Selezione RS.

CASTELLO DI CACCHIANO
Ce beau domaine de Gaiole a décidé de recentrer sa production sur le Chianti Classico *riserva* Millenio, promu grand vin du château. Savoureux Rosso di Toscana et magnifique *vin santo*.

CASTELLARE DI CASTELLINA
En vedette, l'IGT I Sodi di San Niccolo ; excellents Chianti Classico (dont le Vigna al Poggiale) et IGT Canonico.

CASTELL' IN VILLA
À Castelnuovo Berardenga. Un Chianti Classico et l'IGT Santacroce, dignes de tous les éloges.

CENNATOIO
À Panzano. Très bons Chianti Classico ainsi qu'IGT Etrusco et Rosso Fiorentino.

FATTORIA DI FELSINA
À Castelnuovo Berardenga. En vedette de ce domaine baptisé le Margaux du Chianti, le splendide IGT Fontalloro et les deux Chianti Classico *riserva* Rancia et Berardenga, mais aussi le Chardonnay I Sistri et le Cabernet-Sauvignon Maestro Raro.

CASTELLO DI FONTERUTOLI
À l'avant-garde de la qualité, une série de superbes vins rouges : un Chianti Classico et un *riserva*, ainsi que le savoureux Morellino di Scansano Belguardo et l'IGT Siepi, entre autres réussites.

TENUTA FONTODI
À Panzano. Un des plus beaux IGT toscans de sangiovese, le Flaccianello della Pieve. Le reste de la gamme est à l'avenant : Chianti Classico (dont le *riserva* Vigna del Sorbo), beaux Pinot Noir et Syrah, l'IGT blanc Meriggio.

MARCHESI DE' FRESCOBALDI
En haut de gamme, le magnifique Chianti Rufina Montesodi et le *riserva* Castello di Nipozzano, mais aussi le Pomino Bianco Il Benefizio. Remarquable Brunello di Montalcino Castelgiocondo.

ISOLE E OLENA
À Barberino Val d'Elsa. Des vins portés aux nues par la critique : Chianti Classico et IGT (Cabernet Collezione De Marchi et Syrah l'Eremo, délectable Sangiovese Cepparello) et surtout le *vin santo*.

LA MASSA
À Panzano. Deux superbes Chianti Classico. Le Giorgio Primo est considéré comme une référence absolue.

LA SALA
À S. Casciano. Vins charnus, denses et nets. En tête, le Chianti Classico *riserva* et l'IGT Campo all'Albero. →

PRODUCTEURS DE CHIANTI

ANTICA FATTORIA MACHIAVELLI
À S. Casciano Val di Pesa. Ce joyau di Gruppo Italiano Vini produit notamment le superbe Chianti Classico *riserva* Vigna Fontalle et l'IGT Il Principe.

MELINI
En haut de gamme, le Chianti Classico *riserva* La Selvanella et le Vernaccia di S. Gimignano.

FATTORIA MONSANTO
À Barberino Val d'Elsa. Excellent Chianti Classico *riserva* Il Poggio. Une gamme de bons IGT, dont un Sangiovese et un Chardonnay réputés.

CASTELLO DELLA PANERETTA
À Barberino Val d'Elsa. Les IGT Quattrocentenario et Terrine font sensation.

PODERE POGGIO SCALETTE
À Greve. Somptueux IGT Il Carbonaione, issu de sangiovese di Lamole, un clone rare et réputé.

CASTELLO DI QUERCETO
À Greve. Élégants Chianti Classico (dont le *riserva* Il Picchio) et IGT rouges, dont les superbes Cignale et La Corte.

AGRICOLA QUERCIABELLA
À Greve. Deux IGT exceptionnels, Batàr et Camartina. Bons Chianti Classico.

CASTELLO DEI RAMPOLLA
À Panzano. Deux magnifiques IGT, Vigna di Alceo et Sammarco, et excellents Chianti Classico.

BARONE RICASOLI
Francesco Ricasoli, héritier de l'inventeur du style du Chianti au XIXe siècle, produit un superbe trio de Chianti Classico, du Castello di Brolio, le grand vin du domaine, au Brolio et au *riserva* Rocca Guicciarda. Autre vedette, le splendide IGT Casalferro. Le blanc Torricella et le *vin santo* complètent dignement la gamme.

TENUTA DI RISECCOLI
À Greve. Succulent Chianti Classico *riserva*, un *vin santo* d'anthologie et le Saeculum, un IGT réputé.

SAN FELICE
Près de Castelnuovo Berardenga. Appréciables Chianti Classico, dont l'excellent *riserva* Poggio Rosso, ainsi que l'IGT Vigorello. Deux bons Brunello di Montalcino.

SAN GIUSTO A RENTENNANO
À Gaiole. Très beaux Chianti Classico, deux IGT réputés, Percarlo et La Ricolma, ainsi qu'un magistral *vin santo*.

SELVAPIANA
Domaine réputé pour la qualité et la longévité de ses vins, parfois austères dans leur jeunesse. Élégants Chianti Classico, dont les *riserva* Fornace et Bucerchiale, remarquable *vin santo* et bon Pomino Rosso.

FATTORIA TERRABIANCA
À Radda in Chianti. Dans une gamme de grande régularité, la prime va aux deux IGT Campaccio et au Chianti Classico Vigna della Croce.

VECCHIE TERRE DI MONTEFILI
À Panzano. Réputé pour sa gamme excellente. En vedette, le Chianti Classico et les IGT Anfiteatro et Bruno di Rocca.

CASTELLO DI VOLPAIA
À Volpaia, près de Radda in Chianti. Chianti Classico d'une remarquable longévité, mais austères certaines années. En haut de la gamme, les IGT Coltassala et Balifico.

AUTRES APPELLATIONS ET PRODUCTEURS

Les zones d'appellation DOCG Brunello di Montalcino, Vino Nobile di Montepulciano, Carmignano, et Vernaccia di San Gimignano ainsi que la DOC Pomino se trouvent pour l'essentiel dans les limites de la vaste appellation Chianti DOCG. Les producteurs ont le choix : faire du Chianti ou des vins IGT.

BRUNELLO DI MONTALCINO

ALTESINO
Ce domaine produit plusieurs bons Brunello, dont la version générique et le cru Montosoli très appréciés, tout comme les IGT Alte d'Altesi et Palazzo Altesi.

TENUTA DI ARGIANO
Le Brunello et le Rosso di Montalcino sont parmi les vins les plus réputés, mais la vedette de la gamme reste l'IGT Solengo.

BANFI
Une gamme de vins rouges très réputés. En vedette, le Brunello *riserva* Poggio all'Oro et le savoureux Rosso di Montalcino, mais toute la gamme est fiable.

FATTORIA DEI BARBI
En haut de gamme, le Brunello *riserva*. Agréable Brusco dei Barbi.

BIONDI-SANTI
Le plus célèbre domaine de l'appellation, à l'origine du Brunello actuel. Vers 1880, Ferruccio Biondi-Santi se mit à produire un vin à partir d'un clone particulier de sangiovese, qu'il baptisa Brunello. Ce vin massif et tannique était réputé pour sa longévité. Après une certaine période de désaffection – les vins ne semblaient plus à la hauteur (vertigineuse) de leur prix –, la maison a repris vigueur. Les Brunello commercialisés par Jacopo Biondi-Santi viennent du domaine Il Greppo, cœur de la propriété.

TENUTA CAPARZO
En tête de la gamme de l'un des plus importants domaines de Montalcino, les Brunello Vigna La Casa et *riserva*, l'IGT Ca' del Pazzo. Bons Moscadello de vendanges tardives et Rosso di Montalcino La Caduta.

CASANOVA DI NERI
L'une des références de l'appellation. En tête, les Brunello *riserva* Cerretalto et Tenuta Nuova.

CERBAIONA
Un domaine très réputé pour son remarquable Brunello et son IGT Cerbaiona.

TENUTA COL D'ORCIA
L'un des plus grands domaines de Montalcino appartient à la famille Marone Cinzano. Il a été rénové à grands frais. Superbe Brunello *riserva* Poggio al Vento, l'Olmaia, un Cabernet-Sauvignon (DOC Sant'Antimo) considéré comme l'un des meilleurs d'Italie. Excellents Rosso di Montalcino, Rosso degli Spezieri et Moscadella Pascena issu de vendanges tardives.

PODERE IL GALAMPIO
Des Brunello denses et élégamment boisés.

LA FIORITA
Des Brunello réputés pour leur fruité mûr, en deux versions dont un *riserva*.

LA PALAZETTA
Les vins amples, charnus et complexes de Flavio Fanti collectionnent des lauriers, le Brunello comme le Rosso di Montalcino.

LA PODERINA
Très beau Brunello *riserva* et remarquable Moscadello.

LISINI
La famille Lisini est installée à Sant'Angelo del Colle, dans un paysage sauvage. Deux Brunello, le générique et l'Ugolaia, justement réputés pour leur élégance et leur concentration.

MASTROJANNI
Tout le style du grand œnologue Maurizio Castelli est dans ces beaux Brunello denses et veloutés, Schiena d'Asino et *riserva* en tête. →

AUTRES APPELLATIONS ET PRODUCTEURS

SIRO PACENTI
Réputé pour ses excellents Brunello, Giancarlo Pacenti participe au programme de recherches établies entre Montalcino et la faculté d'œnologie de Bordeaux.

PIEVE SANTA RESTITUTA
Entré dans l'orbite d'Angelo Gaja depuis 1994 (voir p. 543), ce domaine, agrandi en 2006, produit de superbes Brunello Sugarile et Rennina, et un élégant IGT Promis.

SALVIONI-LA CERBAIOLA
Le Brunello de ce petit domaine fait courir les amateurs.

VAL DI SUGA
L'un des domaines de la famille Angelini à qui l'on doit une belle gamme de Brunello dont le Vigna Spuntali.

VINO NOBILE DI MONTEPULCIANO

AVIGNONESI
Le domaine des frères Falvo comporte 200 ha de vignes et un palais du XVIe siècle. Sa superbe gamme de vins suscite l'enthousiasme. En tête de liste, les deux Vino Nobile *riserva* (parmi les meilleurs de l'appellation), le Rosso di Montepulciano DOC, les IGT et l'admirable *vin santo*, flanqué d'un rare Occhio di Pernice.

BINDELLA-TENUTA VALLOCAIA
Ce célèbre domaine d'une trentaine d'hectares offre une gamme magnifique dont les très beaux Vino Nobile (Vallocaia Riserva) et *vin santo*.

BOSCARELLI
Avec l'aide de Maurizio Castelli, Paola De Ferrari et ses deux fils produisent régulièrement de superbes vins généreusement charnus, élégants et jamais dominés par le bois. Les Vino Nobile, dont le Nocio, font le bonheur des amateurs. Sans oublier le Boscarelli, un « supertoscan ».

FATTORIA DEL CERRO
Ce domaine figure parmi les meilleurs de l'appellation. En vedette d'une gamme très complète, de magnifiques Vino Nobile (dont le cru Antica Chiusina) et l'IGT Manero. Remarquable Chianti dei Colli Senesi.

FATTORIA LA BRACCESCA
Ces 160 ha répartis sur plusieurs appellations appartiennent à Antinori (voir p. 567). En haut de gamme, le Vino Nobile et le Rosso di Montepulciano Sabazio.

POLIZIANO
Un magnifique domaine mené de main de Maître par Federico Carletti et l'œnologue Carlo Ferrini. Il doit son nom au poète de la Renaissance Ange Politien, né à Montepulciano. Exemplaires Vino Nobile, le cru Vigna dell' Asinone en tête, ainsi que les IGT Le Stanze, réputés à juste titre, et Mandrone di Lohsa.

VALDIPIATTA
Vins exemplaires vinifiés par Paolo Vagaggini, œnologue de talent, le Vino Nobile *riserva* en tête.

AUTRES VINS

Cette catégorie regroupe notamment l'élite des DOCG Carmignano et Vernaccia di San Gimignano, ainsi que des producteurs de grands IGT.

BANTI
Le Morellino DOC Ciabatta reste l'un des meilleurs vins de l'appellation.

CAPANNELLE
À Gaiole. Très bon Chianti Classico et succulent 50 & 50 (sangiovese et merlot).

TENUTA DI CAPEZZANA
Excellents rouges Carmignano DOCG, dont le*riserva*, et le Ghiaie della Furba, le vin le plus connu du domaine. Très beau Carmignano *vin santo*, un classique du genre.

TENUTA DI GHIZZANO
Deux IGT de grande classe : le succulent Veneroso et le magnifique Merlot Nambrot. Bon Chianti et très beau *vin santo* San Germano. →

AUTRES APPELLATIONS ET PRODUCTEURS

GRATTAMACCO
Très bon Bolgheri Superiore, le Grattamacco rouge.

GUICCIARDINI STROZZI
Toute une gamme de vins, dont plusieurs Vernaccia di San Gimignano (excellent *riserva* San Biagio), un savoureux Chianti Colli Senesi Titolato, mais les vedettes sont trois superbes IGT rouges : le Sodole, le Momi et surtout le Millani.

FATTORIA LA PIEROTTA
À Scarlino. Délicieux DOC Montereggio et IGT Maremma.

LE MACCHIOLE
Un grand Bolgheri Superiore, le Paleo Rosso. Les IGT Scrio et Messorio retiennent également l'attention.

FATTORIA LE PUPILLE
Excellents Morellino di Scansano DOC (savoureux générique et *riserva*, magnifique cru Poggio Valente), mais les IGT Solalto et surtout Saffredi sont plus réputés encore.

TENUTA DI MONTECUCCO
Le Montecucco Le Coste est une superbe réussite : beau fruité sauvage, tanins mûrs, bon boisé maîtrisé.

MORIFARMS
Très réputé pour ses Morellino di Scansano et son splendide IGT Avvoltore.

TENUTA DELL'ORNELLAIA
Des vins mondialement réputés. En vedette, le rouge Ornellaia en DOC Bolgheri et le blanc IGT Poggio alle Gazze.

PANIZZI
Meilleur producteur de Vernaccia di San Gimignano, décliné en une belle gamme. Bon Chianti Colli Senesi également.

PARMOLETO
Les vins délicieux de ce petit vigneron de Montecucco DOC prouvent le potentiel de cette DOC.

TENUTA SAN GUIDO
Ce domaine est à l'origine du légendaire Sassicaia, un vin de prestige mondial : finesse et élégance d'abord, bouquet raffiné, tanins mûrs sculptant un fruité succulent, longue plénitude aromatique en bouche lui valent tous les honneurs.

FATTORIA SONNINO
Parmi d'autres vins, le savoureux IGT Sanleone, assemblage de merlot, sangiovese et petit verdot, particulièrement élégant.

CASTELLO DEL TERRICCIO
Dans ce domaine de Castellina Marittima, les cépages français ont la vedette à travers deux cuvées réputées, les Lupicaia et Tassinia.

TERUZZI & PUTHOD
Les deux Vernaccia di San Gimignano (dont le cru Vigna a Rondolino) font référence. Deux IGT blancs, Terre di Tufi et Carmen, encore plus réputés.

VAL DELLE ROSE
Le Morellino di Scansano *riserva* est un beau vin « international » de grande élégance.

ITALIE CENTRALE

Cartes pages XX et XXI

Cyprès, oliviers et ceps de vigne, petits bourgs médiévaux et châteaux solitaires juchés sur les collines : le centre de l'Italie résume pour beaucoup l'image du pays tout entier. Ombrie, Marches, Abruzzes et Molise sont reliés par la chaîne des Apennins, dont les contreforts ensoleillés offrent un site idéal pour la vigne. Les cépages principaux – sangiovese (voir p. 537) pour les vins rouges et trebbiano (voir p. 537) pour les blancs – sont un trait d'union entre les vignobles, malgré la forte personnalité et l'essor des variétés locales.

Ombrie

L'Ombrie, région sans accès à la mer, cœur verdoyant de l'Italie, a beaucoup en commun avec la Toscane voisine : des coteaux relativement frais et, surtout, une nouvelle génération de producteurs qui ont commencé par défier avec succès les décrets d'appellation pour créer des « super *vini da tavola* », avant de se mettre (aussi) au service des appellations historiques de la région. Célèbre pour ses vins blancs d'Orvieto (voir encadré p. 576), l'Ombrie se révèle aujourd'hui, avec éclat, terre de rouges. Elle totalise treize DOC et deux DOCG (Torgiano Rosso Riserva et Montefalco Sagrantino).

Les zones DOC des Colli Altotiberini, Colli del Trasimeno, Colli Perugini, Colli et Martani donnent des vins rouges, rosés et blancs à base de sangiovese et de trebbiano. Les cépages présentent un intéressant mélange de variétés toscanes, autochtones et étrangères, avec notamment de très belles réussites en merlot et pinot noir. Fierté locale, le Sagrantino peut donner de grands vins rouges. Les Montefalco Sagrantino DOCG, vigoureux et bien colorés, peuvent être secs ou doux, ces derniers étant vinifiés à partir de raisins partiellement ou complètement passerillés *(passito)*. La petite appellation Montefalco Rosso DOC, dont le vignoble est situé entre Assise et Terni, désigne un agréable vin rouge, surtout à base de sangiovese (60 à 70 %) et Sagrantino (10 à 15 %). Il existe aussi le Montefalco Bianco DOC qui donne des blancs secs issus majoritairement du grechetto et du trebbiano.
L'appellation Torgiano DOC a acquis une réputation mondiale grâce aux efforts de la famille Lungarotti (voir p. 574). Le cépage sangiovese, qui s'est considérablement amélioré dans les années 1980, montre ici le meilleur de son potentiel. Le Torgiano rouge *riserva*, qui compte trois ans de vieillissement, a droit à la prestigieuse appellation DOCG.

Marches

Jadis voués à apaiser la soif des touristes et à orner les trattorias du monde entier de leur bouteille en forme d'amphore, les vins des Marches retiennent désormais l'attention des amateurs. Leur bon rapport qualité/prix est un atout de plus. Le verdicchio, principal cépage blanc, donnait des vins légers et citronnés (parfois effervescents). Les efforts des meilleurs producteurs de Verdicchio dei Castelli di Jesi DOC (DOCG pour la version *riserva*) – le plus connu – ont abouti à de délicieux vins de caractère, fins et aromatiques. La petite aire de Verdicchio di Matelica DOCG produit, elle aussi, de bons vins, légèrement plus acides. Les rouges ont le vent en poupe, mais restent minoritaires. Le Rosso Cònero DOC, un vin aux progrès fulgurants, est issu du cépage montepulciano d'Abruzzo (avec parfois un peu de sangiovese), cultivé sur les collines qui surplombent Ancône, capitale régionale. Ce cépage – à ne pas confondre avec la ville toscane du même nom, où l'on cultive un clone de sangiovese – donne chez les bons producteurs des vins charnus et savoureux, dotés d'une belle mâche. En 2004, le Rosso Cònero Riserva a été promu au rang de DOCG, ce qui impose notamment un vieillissement de deux ans en fût. L'appellation Rosso Piceno DOC (sangiovese et montepulciano) est beaucoup plus vaste. La région compte une dizaine d'autres appellations, moins connues, dont le rouge mousseux Vernaccia di Serrapetrona et la nouvelle DOCG Offida, qui produit des blancs et des rouges à partir des cépages pecorino et montepulcinao.

Abruzzes et Molise

Dans ces deux régions, le paysage se fait plus sauvage. Longtemps caractérisées par le plus haut rendement viticole d'Italie, les Abruzzes regardent de toute évidence vers le Sud. Le Molise est encore peu exploré, par les touristes comme par les amateurs de vin.

Les viticulteurs des Abruzzes ont commencé à prendre conscience du potentiel de leur terroir montagneux et de leur cépage vedette, le noir et tannique montepulciano d'Abruzzo. Les vins gagnent en netteté et en élégance. Les pionniers de la qualité (Valentini et Illuminati) ont fait des émules, et tous démontrent que leur Montepulciano peut rivaliser de qualité avec celui des Marches, en fournissant des rouges charnus et veloutés – par exemple dans les collines de Teramo qui font l'objet de l'unique DOCG de la région, Montepulciano d'Abruzzo Colline Teramane. Quant au trebbiano d'Abruzzo, principal cépage blanc, il donne le plus souvent un vin sec plutôt ordinaire, mais non déplaisant, dans la DOC du même nom.

Dans le Molise, la seule appellation d'importance est Biferno DOC, pouvant désigner des vins rouges, rosés ou blancs. Sous l'influence viticole des Abruzzes, les cépages cultivés sont les mêmes dans les deux régions.

PRODUCTEURS

Aujourd'hui, les appellations de l'Italie centrale renouent avec la qualité, Orvieto en tête. Dans toute la région, la réputation des rouges ne cesse de s'accroître.

OMBRIE

La suprématie des blancs d'Orvieto a été remise en question par de nombreux IGT comportant des cépages étrangers, en blanc comme en rouge.

FRATELLI ADANTI
L'un des bons domaines de Montefalco. Robustes Sagrantino di Montefalco DOCG, Montefalco Rosso et surtout Bianco DOC (Grechetto, Trebbiano et Chardonnay). Agréable Arquata Rosso IGT.

ANTONELLI
Des Sagrantino di Montefalco DOCG aux arômes puissants et complexes. Très bon blanc IGT 100 % grechetto, fermenté en barriques.

BARBERANI-VALLESANTA
Domaine réputé pour sa gamme d'Orvieto Classico DOC (superbe Calcaia botrytisé, Castagnolo sec et Pulicchio demi-sec). À signaler, les rouges IGT Foresco et Polago.

BIGI
Cette grande maison de négoce d'Orvieto (Gruppo Italiano Vini) a retrouvé son prestige grâce à ses vins de cru, notamment l'Orvieto Classico DOC Torricella (sec). Excellent rapport qualité/prix.

ARNALDO CAPRAI-VAL DI MAGGIO
En quelques années, l'énergique Marco Caprai a rendu célèbre un obscur domaine familial de Montefalco, acquis en 1971. Il produit un Sagrantino DOCG vedette soyeux et mûr (fermentation 100 % bois neuf), le « Selezione 25 Anni ». On peut préférer la version « simple » ou l'élégant Montefalco Rosso *riserva*, dans lequel 15 % de merlot s'allient magistralement au sangiovese et au Sagrantino. Agréables blancs DOC Grecante et Vigna Belvedere.

CASTELLO DELLA SALA
Les vins blancs de ce château et vignoble, qui appartiennent à la maison Antinori, servent encore de modèle, de l'exemplaire Orvieto Classico DOC (sec) aux prestigieux IGT Cervaro della Sala et Muffato della Sala, sans oublier Chardonnay et Pinot Noir.

CÒLPETRONE
Un Sagrantino DOCG et un Rosso di Montefalco DOC, nets, concentrés et très fruités, au premier rang de l'appellation.

DECUGNANO DEI BARBI
Près du lac de Corbara, des vins d'un bon rapport qualité/prix, comptant parmi les valeurs sûres de l'Ombrie. En vedette, les Orvieto Classico et, dans la gamme IL, un excellent rouge. À noter aussi le Mousseux.

LA FIORITA-LAMBORGHINI
En vedette, IGT Campoleone et le Trescone, assemblage de sangiovese, ciliegiolo et merlot

CANTINE LUNGAROTTI
Disparu en 1999, Giorgio Lungarotti s'est battu avec acharnement pour démontrer que les vins italiens pouvaient être de la plus haute qualité. Il a créé presque à lui seul une appellation (classée DOC en 1968) à Torgiano, près de Pérouse, et introduit cabernet-sauvignon et chardonnay dans ses *vini da tavola* de l'époque héroïque dont le San Giorgio aujourd'hui IGT. Les cépages italiens sont à l'honneur dans les Torgiano DOC, le Rubesco rouge (sangiovese) et le Torre di Giano blanc. Le Torgiano Rosso Riserva DOCG est issu de vieilles vignes. Un bon Brut *spumante* et le Giubilante,

un rouge de plaisir immédiat, complètent la gamme.

LA PALAZZOLA
Ce domaine est voué aux cépages internationaux. En vedette, un somptueux Merlot et le Rubino, bel assemblage rouge fruité et réglissé. Bons Pinot Noir, Riesling *spumante* brut, Muscat demi-sec et *passito*.

PALAZZONE
Pureté de fruit, finesse, élégance, c'est la philosophie de Giovanni Dubini, appliquée sur des vignes près d'Orvieto. Les blancs sont exemplaires, en Orvieto Classico (Campo del Guardiano, Terre Vineate) et IGT (Grechetto et un Sauvignon botrytisé). Remarquables rouges IGT Armaleo et Rubbio.

SPORTOLETTI
À Spello. Savoureuse gamme de vins très soignés, les Assisi DOC comme les IGT Villa Fidelia.

MARCHES

Le vin le plus connu est le blanc Verdicchio dei Castelli di Jesi, mais les vins rouges ne cessent de progresser : les savoureux Rosso Cònero DOC et Lacrima di Morro d'Alba DOC, produits près d'Ancône, et le Rosso Piceno DOC. La Vernaccia di Serrapetrona est un délicat rouge mousseux sec et doux, issu de Vernaccia Noire cultivée dans une toute petite zone de la province de Macerata.

BOCCADIGABBIA
Ce petit domaine très réputé pour ses IGT (les rouges Akronte et Saltapicchio, le Chardonnay) a récemment acquis l'Azienda Villamagna, connue, elle, pour son excellent Rosso Piceno DOC et son Monsanulus blanc.

VILLA BUCCI
Ampelio Bucci produit des Verdicchio dei Castelli di Jesi Classico concentrés et élégants, surtout le Villa Bucci. Agréable Rosso Piceno Pongelli.

FAZI-BATTAGLIA
Créée en 1949, cette maison de négoce a « inventé la tradition » du Verdicchio dei Castelli di Jesi dans sa bouteille-amphore et a longtemps dominé le marché. Très bonne gamme de Verdicchio (Castelli di Jesi Classico, sélections Le Moie et San Sisto, ce dernier fermenté en barriques), savoureux Rosso Cònero et IGT Rutilus.

GIOACCHINO GAROFOLI
Remarquables Rosso Cònero et exemplaires Verdicchio dei Castelli di Jesi (cru Macrina, Serra Fiorese et Podium).

FATTORIA LA MONACESCA
Domaine réputé pour l'excellence de son Verdicchio di Matelica DOC, son Ecclesia Chardonnay et le remarquable Mirum.

FATTORIA LE TERRAZZE
Magistral Rosso Cònero Sassi Neri, renversant IGT Chaos.

MORODER
Avec des vignes situées au cœur du parc naturel du Cònero et les conseils de l'œnologue Franco Bernabei, les Moroder se sont vite fait connaître : leur Rosso Cònero Dorico est un vin racé et aromatique à souhait.

ALBERTO QUACQUARINI
La Vernaccia di Serrapetrona est à son sommet : ce producteur propose deux versions très bien vinifiées, *secco* et *dolce* (*riserva* Capsula Nera).

SARTARELLI
Toute la gamme, du Classico de base au Tralivio de vieilles vignes et au splendide cru Balciana de vendange tardive, témoigne avec éclat de l'élégance du cépage verdicchio.

UMANI RONCHI
Vaste gamme de très belle qualité, des vins génériques aux crus (Verdicchio Casal di Serra, Villa Bianchi →

PRODUCTEURS

et *riserva* Plenio ; Rosso Cònero Serrano, San Lorenzo et Cùmaro) et aux IGT vedettes : Pelago, Le Busche et Maximo.

VILLA PIGNA
Outre de bons blancs, le Rosso Piceno DOC, le Rosso Offida Cabernasco et l'IGT Rozzano.

ORVIETO

Cette région produit surtout des vins blancs secs et frais. Le cépage principal est le procanico, nom local du trebbiano, amélioré par une proportion variable de grechetto, verdello, drupeggio et malvasia. Mais la réputation d'Orvieto vient surtout de ses vins doux, atteints de *muffa nobile* (botrytis). La zone Classico entourant Orvieto est considérée comme la meilleure.

ABRUZZES ET MOLISE

Aux appellations génériques Montepulciano d'Abruzzo, pour les rouges, et Trebbiano d'Abruzzo, pour les blancs, se sont ajoutées deux appellations : DOC Controguerra et DOCG Montepulciano d'Abruzzo Colline Teramane. Dans le Molise, l'appellation Biferno DOC peut désigner des vins rouges, rosés et blancs.

BARONE CORNACCHIA
Un Montepulciano d'Abruzzo et un Trebbiano d'Abruzzo, tous deux réputés.

DINO ILLUMINATI
Ce domaine est l'un des meilleurs des Abruzzes. Des vins des Abruzzes, concentrés et pleins de caractère, en blanc (Ciafrè, Costalupo) comme en rouge (Riparossa). En vedette, le voluptueux Zanna, noir d'encre, et le Lumen, dans lequel le montepulciano se marie harmonieusement au cabernet-sauvignon. Le rouge Nicò (montepulciano passerillé) est une curiosité.

MASSERIA DI MAJO NORANTE
Ce remarquable producteur des environs de Chieti s'est fait rapidement connaître. À signaler, la gamme Biferno DOC Ramitello (rouge) et l'Apianae (muscat doux).

GIANNI MASCIARELLI
Des vins de caractère, en rouge (Montepulciano d'Abruzzo Villa Gemma et Marina Cvetic) comme en blanc (Trebbiano d'Abruzzo).

EMIDIO PEPE
Issu de culture biologique, un délicieux Trebbiano d'Abruzzo de vieilles vignes, millésimes anciens.

TENUTA STRAPPELLI
À Torano Nuovo. Un Montepulciano d'Abruzzo de garde, noir et concentré à souhait, aux arômes de chocolat, pruneau et café, issu de culture biologique.

CANTINA TOLLO
La meilleure coopérative des Abruzzes offre un excellent rapport qualité/prix avec sa gamme Colle. En haut de gamme, le noir et velouté Montepulciano Cagiòlo.

EDOARDO VALENTINI
C'est « le » domaine de référence dans les Abruzzes, qui a montré à quels sommets pouvaient parvenir les cépages trebbiano et Montepulciano d'Abruzzo. Ce succès a rendu les vins chers et difficiles à trouver.

CICCIO ZACCAGNINI
Bon Montepulciano d'Abruzzo et un IGT rouge, le Capsico.

ITALIE DU SUD

Carte page xx

La tradition viticole du Sud remonte à la Grèce antique. Pour les Grecs, comme pour les Romains, ces côtes fertiles portaient le nom d'Œnotria, le pays des vignes. À la fin des années 1970, rien ou presque n'avait changé dans toutes ces régions depuis des siècles. Puis apparurent d'énormes coopératives, apparemment incapables de tirer parti de leurs coûteux équipements. Dans cette ambiance déprimante, une poignée de producteurs s'obstinaient, au prix de mille difficultés. Ils ont eu raison… Leurs vins passionnants, misant sur les cépages autochtones, souvent d'un excellent rapport qualité/prix, ont prouvé que le Sud pouvait, lui aussi, réussir sa mutation.

Latium

Les 26 000 hectares de vignes du Latium restent majoritairement voués aux cépages blancs, la malvoisie (malvasia) se taillant la part du lion, suivie du trebbiano. Les cépages rouges sont pourtant en expansion, certains purement locaux comme le nero buono di Cori et l'intéressant cesanese, d'autres plus répandus (sangiovese, merlot, montepulciano). Un important travail est en cours visant à améliorer la sélection clonale et à préserver des cépages typiques de la zone. La DOC Attina est, elle, réservée aux seuls cépages français (les deux cabernets, syrah, merlot). La région compte 3 DOCG et 27 DOC, mais beaucoup des bons vins régionaux sont issus de la catégorie IGT.

Les vignobles sont regroupés en quatre zones principales. Au nord de Rome, près du lac de Bolsena, on produit le blanc Est ! Est ! ! Est ! ! ! et le rare Aleatico di Gradoli, un rouge de dessert.

Campanie

La Campanie retrouve une réputation bien oubliée depuis les temps glorieux du Falerne, vin de prédilection de la Rome antique. En quelques années, une véritable explosion a eu lieu, centrée sur un incomparable patrimoine de cépages autochtones : falanghina, fiano et greco di tufo en blanc, aglianico et Piedirosso en rouge. À l'origine de tout cela, l'exemple de producteurs comme Mastroberardino et D'Ambra, les progrès considérables accomplis en matière de sélection clonale, enfin l'arrivée de grands œnologues-conseils, venus épauler des vignerons passionnés toujours plus nombreux. D'un bout à l'autre de la Campanie ont surgi continuellement de « nouveaux » grands vins rouges et blancs : dans l'aire historique du Falerne, au nord de Naples (Falerno del Massico DOC) ; dans les collines de l'Irpinia, fief de trois DOCG créées depuis 1993, qui consacrent les progrès constatés dans la région – Taurasi et son cépage rouge vedette, l'aglianico, apte à donner de grands vins de garde, Fiano di Avellino et Greco di Tufo et leurs cépages blancs fiano et greco, à l'origine de vins plutôt puissants – ; à Ischia, sur la côte Amalfitaine et jusque dans le Cilento, aux abords de Salerne.

Basilicate

Cette petite zone montagneuse et pauvre aux hivers rigoureux pourrait revendiquer l'un des plus grands vins rouges du Sud italien, issu des pentes volcaniques du mont Vulture, mais l'Aglianico del Vulture DOC n'atteint réellement ce niveau que dans un nombre limité de propriétés. Leur réussite a cependant stimulé plusieurs coopératives, en net progrès, et éveille des vocations dans le reste de la région. On trouve aussi ici d'agréables vins blancs doux de muscat.

Calabre

Malgré les efforts méritoires d'une poignée de producteurs et la présence de 9 DOC, cette région reste à la traîne. Les classiques problèmes de l'Italie méridionale semblent ici aggravés par l'inertie de populations, locale et touristique, peu exigeantes. Le vin le plus connu est le Cirò DOC rouge (surtout issu de gaglioppo), à la réputation hélas rarement justifiée.

Pouilles

Dans cette région à l'importante production, l'esprit de renouveau est très présent. Vouée jusqu'aux années 1980 à la production d'une marée de vins de coupage, puis abandonnée aux effets pervers de la distillation subventionnée des surplus, la région a su redresser la barre, grâce à une poignée de maisons. Les îlots de qualité se sont multipliés au rythme de la baisse des rendements. L'an 2000 a marqué un nouveau tournant avec l'arrivée d'investisseurs, dont la maison Antinori, qui y a acquis 600 ha, et le Véronais Pasqua.
Ici encore, un riche patrimoine en cépages attise l'intérêt, au premier rang desquels le negro amaro, raisin « noir et amer » de Salento (souvent assemblé à la malvasia nera pour donner des vins rouges corsés comme le succulent Salice Salentino DOC) et le primitivo qui est une variante clonale à la fois du zinfandel californien et du plavac mali de la Dalmatie. Les bombino bianco et bombino nero, ainsi que le uva di Troia (raisin de Troie) possèdent également un potentiel intéressant.
Les plus connues des appellations locales sont Castel del Monte (rouge, blanc et rosé) qui bénéficie du statut DOCG pour ses vins issus des cépages nero di Troia en version *riserva* et du bombino nero et, plus au sud, Locorotondo (le meilleur blanc) ; enfin et surtout Salice Salentino, près de Lecce.

PRODUCTEURS

Comme dans d'autres régions d'Italie, on trouve dans le Sud d'innombrables appellations officielles recouvrant des réalités très variables.

LATIUM

CASALE DEL GIGLIO
Impeccable gamme d'IGT. Superbes rouges (Cabernet-Sauvignon, Madreselva et Mater Matuta) ; blancs de bonne tenue (Satrico).

CASTEL DE PAOLIS
Du Frascati DOC de haut vol et de beaux IGT, comme le Selve Vecchie, le Quattro Mori ou le stupéfiant Campo Vecchio.

COLLE PICCHIONI
Ce domaine pionnier produit le blanc Marino DOC Coste Rotonde et surtout l'IGT Vigna del Vassallo.

COLLI DI CATONE
Bons Frascati Superiore DOC Colli di Catone, Villa Catone et Villa Porziana.

FALESCO
Vins remarquables, de l'Est ! Est ! ! Est ! ! ! Poggio dei Gelsi au Grechetto et à deux rouges réputés, l'élégant Merlot Montiano et le Vitiano.

FONTANA CANDIDA
Le domaine compte une gamme impeccable, du Frascati générique à la sélection Terre dei Grifi.

GOTTO D'ORO
La meilleure coopérative de Frascati. Excellent rapport qualité/prix.

MAZZIOTTI
Le seul Est Est Est (sans points d'exclamation) issu de vignes familiales. Délicat générique et sélection Canuleio. En prime, un délectable IGT rouge, le Volgente.

SERGIO MOTTURA
Des vignes « bio » et des brillantes intuitions matérialisées en vins IGT, le Magone en tête. À découvrir, le Muffo botrytisé, le délicat Poggio della Costa, le Civitella et le Chardonnay *spumante*.

GIOVANNI PALOMBO
Belle illustration de la DOC Atina. En vedette, les rouges Duca Cantelmi et Colle della Torre.

PIETRA PINTA COLLE SAN LORENZO
Excellent IGT Colle Amato.

VILLA SIMONE
Bons Frascati Superiore. En vedette, l'aromatique Vigneto Filonardi et le rare Cannellino botrytisé. Remarquable IGT La Torraccia.

CONTE ZANDOTTI
Savoureux Frascati Superiore : Frascati *cannellino* et La Petrosa.

CAMPANIE

D'AMBRA
En tête, l'IGT blanc Tenuta Frassitelli.

CAGGIANO
Excellents rouges d'aglianico – Taurasi DOCG Vigna Macchia dei Goti, IGT Tauri – et le Mel, un délicieux blanc doux.

DE CONCILIIS
Superbes rouges IGT (Naima) et un Fiano de vendanges tardives, le Vigna Perella.

FEUDI DI SAN GREGORIO
Incroyables blancs issus des cépages fiano, gerco et falanghina. Somptueux rouges d'aglianico (Serpico et Taurasi).

GALARDI
Splendide IGT Terra di Lavoro.

GRAN FUROR DIVINA COSTIERA
Une gamme où brillent le Furore Bianco Fior d'Uva et le Furore Rosso *riserva*.

MAFFINI
Rouges Cenito et Kléos, et le blanc Kràtos, parmi les meilleurs de Campanie.

MASTROBERARDINO
Les appellations Taurasi DOCG, Fiano di Avellino DOC et Greco di Tufo DOC doivent leur existence à cette importante maison. Quant au Vesuvio Rosso DOC, il sauve l'honneur du Lacryma Christi.

→

PRODUCTEURS

MONTEVETRANO
De superbes vins qui ont servi d'exemple à bien des rouges de Campanie.

VILLA MATILDE
En tête, le splendide Vigna Camarato, les Falerno del Massico DOC rouge et blanc, un délicieux *passito* de falanghina (Eleusi).

BASILICATE

D'ANGELO
Gamme exemplaire, l'IGT Canneto et l'Aglianico del Vulture DOC *riserva* Vigna Caselle en tête.

BASILIUM
Trois réjouissants Aglianico DOC concentrés et charnus. Blanc de Greco, I Portali.

BASILISCO
Un Aglianico fruité d'une impeccable fraîcheur.

PATERNOSTER
En vedette, trois splendides Aglianico DOC et les Moscato.

CALABRE

LIBRANDI
Une des références en Cirò DOC (rouges *classico* et *riserva* Duca San Felice). IGT Critone, Gravello et *passito* Le Passule.

ODOARDI
À Cosenza. Appréciables Savuto DOC (dont le Vigna Mortilla), mais surtout les IGT de la gamme Scavigna.

FATTORIA SAN FRANCESCO
Exemplaires Cirò DOC rougeset rosato.

STATTI
Des vins de qualité, en blanc (Lametia Greco) comme en rouge (Arvino).

POUILLES

ACCADEMIA DEI RACEMI
L'Accademia regroupe des petits domaines sauvés de l'abandon. La Pervini en est le chef de file avec une série de vins de grande qualité (Primitivo di Manduria DOC Archidamo, Primo Amore et I Monili ; IGT Bizantino Rosso). À signaler aussi, les vins de Casale Bevagna (Salice Salentino DOC Te Deum), de Sinfarosa (splendide Primitivo di Manduria DOC), de Masseria Pepe (deux Primitivo di Manduria, le Portile et surtout le Dunico) et de Felline (rouges, Vigna del Feudo, Primitivo di Manduria et Alberello).

FRANCESCO CANDIDO
Domaine réputé pour ses Salice Salentino DOC rouge, rosé et blanc, son Aleatico di Puglia DOC (doux) et surtout pour ses IGT rouges Duca d'Aragona et Cappello di Prete.

CASTEL DI SALVE
Trois remarquables vins rouges : le Priante, le Negro Amaro del Salento Armecolo et le Volo di Alessandro.

LEONE DE CASTRIS
Outre le Donna Lisa, parmi les plus beaux Salice Salentino DOC, une gamme de qualité : excellent rosé Five Roses, doux Aleatico DOC Negrino, divers vins fondés sur le Negro Amaro.

RIVERA
Impeccables Castel del Monte DOC (en vedette, Il Falcone *riserva* et Chardonnay Preludio) et séduisant Moscato di Trani DOC Piani di Tufara.

ROSA DEL GOLFO
Le Salento Rosato, un des meilleurs rosés d'Italie, et le bon rouge Portulano.

TAURINO
Des vins splendides avec en vedette les Patriglione et Notarpanaro.

VALLONE
Des vins d'appellation Brindisi et Salice Salentino réputés. Très beau *passito* rouge, le Graticciaia.

VIGNETI DEL SUD
Deux IGT (Tormaresca Bianco et Rosso) au spectaculaire rapport qualité/prix.

CONTI ZECCA
Excellente gamme en IGT Salento qui explore avec bonheur les cépages du Sud : aglianico negro amaro, primitovo, piano...

SICILE ET SARDAIGNE

Carte page XXI

La qualité progresse dans ces deux îles très différentes, confrontées à un même problème : une forte production de vins médiocres, dominée par les coopératives et difficile à commercialiser.

Sicile

L'histoire de la Sicile – depuis l'arrivée des Grecs au Ve siècle av. J.-C. – a laissé en héritage une culture éclectique et riche de contradictions. Le vin ne fait pas exception. Longtemps, une poignée de producteurs se sont battus dans l'indifférence générale. Leur exemple a suscité l'émergence d'une nouvelle génération convaincue du potentiel de son île. La Sicile redevient une terre de grands vins, notamment rouges, et l'on s'attache à revaloriser les meilleurs cépages autochtones, nero d'Avola (rouge), désormais le plus planté en rouge, et inzolia (blanc). Il reste cependant beaucoup de vins médiocres, rendus impersonnels par la surproduction des vignes et une vinification de type industriel. Les cépages blancs restent largement majoritaires, à commencer par le catarratto (33 %). Les autres cépages intéressants sont le grillo (à Marsala) et le grecanico en blanc, le nerello mascalese, le perricone et le frappato di Vittoria en rouge. La Sicile compte 23 DOC, représentant une faible partie de la production. À l'ouest, la province de Trapani enregistre la plus grande superficie viticole d'Italie et produit des flots de vin blanc sec (tels en Alcamo DOC) ainsi que le Marsala (voir encadré p. 582). À l'est, quelques appellations historiques produisent des quantités dérisoires de vins, comme le Faro de Messine ou les Moscato di Noto et di Siracusa. Le Cerasuolo di Vittoria (rouge), unique DOCG, et les vins de l'Etna ont, eux, repris vigueur. Enfin, deux petites îles volcaniques perpétuent les vins doux de l'Antiquité, Moscato di Pantelleria (entre Sicile et Tunisie) et Malvasia delle Lipari (à Salina). Plusieurs bons producteurs siciliens, comme Planeta, ont fait le choix de la catégorie IGT.

Sardaigne

La Sardaigne a de nombreux atouts – son climat, la préservation d'une bonne part de son héritage en matière de cépage et de types de vin, et la présence de producteurs de talent, y compris dans les coopératives. Les ombres au tableau sont une œnologie souvent approximative, un flot de vin blanc neutre loin d'être tari, une mise en valeur des cépages autochtones et des terroirs encore timide. Les bonnes nouvelles viennent surtout des vins rouges, avec de belles réussites issues de cépages comme le carignano (Carignano del Sulcis DOC), le cannonau (Grenache), le nieddera, assemblés ou non avec sangiovese, cabernet, etc. En blanc, l'une des variétés les plus intéressantes est le vermentino (le Vermentino di Gallura est l'unique DOCG de l'île). Les DOC Vernaccia di Oristano, Malvasia di Bosa et Nasco di Cagliari peuvent offrir de superbes vins d'apéritif ou de dessert. Le premier est particulièrement intéressant, car vinifié en milieu oxydatif, à la manière d'un Xérès Fino ou d'un vin jaune. Il n'est pas muté.

MARSALA

Le Marsala est l'un des grands vins mutés du monde. Passé de la gloire à la décadence en quelques générations, il tente de reprendre le chemin de la qualité : la réglementation DOC a notamment interdit le nom de Marsala aux produits aromatisés qui en dérivent. Il est produit aux alentours de la ville portuaire de Marsala, à l'ouest de la Sicile, à partir de vins blancs issus des cépages catarratto, grillo, damaschino et inzolia (sauf la catégorie *rubino*, ouverte aux cépages rouges). Les raisins fermentent de la façon habituelle, à l'exception d'une petite proportion transformée en agent édulcorant avant d'être ajoutée au vin. Le meilleur agent édulcorant est le *sifone* ou *mistello*, un mélange de raisins passerillés et d'alcool de vin, l'autre étant le *cotto*, un sirop de raisins caramélisé produit en chaudière. Le Marsala est en outre obligatoirement muté à l'eau-de-vie de vin.

CATÉGORIES

Au nombre de cinq, elles sont par ailleurs subdivisées selon leur teinte *(oro, ambra, rubino)* et leur richesse en sucre *(secco, semisecco, dolce)*.

Fine : Marsala de base, vieilli un an, dont 8 mois dans le bois. Le *cotto* est exigé pour l'*ambra* (1 % au minimum) et interdit dans les autres.

Superiore et superiore riserva : plus alcoolisés que le *fine* (18 % vol. au lieu de 17 % vol.), 2 ans de bois (4 pour le *riserva)*. Même usage du *cotto*.

Vergine et vergine stravecchio : le vin est toujours sec, sans *mistella* ni *cotto*. Le *vergine* est élevé 5 ans en bois, le *stravecchio* 10 ans. Le terme *soleras* peut aussi être utilisé.

PRODUCTEURS

Les producteurs les plus connus sont : De Bartoli (voir p. 583) ; Florio (Terre Arse, Baglio Florio, Targa Riserva 1840) ; Carlo Pellegrino (Ruby Fine, Vergine Soleras) ; Alvis-Rallo.

PRODUCTEURS

La Sicile et la Sardaigne progressent, la première à un rythme accéléré et d'un bout à l'autre de l'île ; la seconde, de manière plus limitée. Dans les deux cas, les vins rouges ont souvent la vedette.

SICILE

ABBAZIA DI SANT'ANASTASIA
La qualité des vins a grimpé en flèche : Litra, Baccante et Cinquegrani...

AVIDE
Excellents Cerasuolo di Vittoria DOC et IGT Sigillo, tous rouges.

BENANTI
Savoureux Etna DOC Rosso Rovittello, IGT Lamorèmio.

COS
Une belle gamme de rouges avec les Cerasuolo et des IGT passionnants.

DE BARTOLI
Les Vecchio Samperi *riserva* 20 Anni et 30 Anni, ainsi que le Muscat de Pantelleria Bukkuram sont réputés dans le monde entier. Exemplaires Marsala DOC mutés.

DONNAFUGATA
Contessa Entellina DOC Chiarandà del Merlo (blanc) et Mille e una notte, Tancredi et Sedàra (rouges). Excellent Ben Ryè, un Moscato passito de Pantelleria.

DUCA DI SALAPARUTA
Bon rapport qualité/prix pour la gamme de base Corvo. En haut de gamme, le Duca Enrico et le Bianca di Valguarnera.

FIRRIATO
Des vins séduisants (Sant' Agostino, Altavilla...).

BARONE LA LUMIA
Trois illustrations du Nero d'Avola : Signorio Rosso, Limpiados et Nikao.

SALVATORE MURANA
Du soleil changé en vin, voilà ce que sont les Moscato di Pantelleria DOC Martingana et Khamma.

MURGO
Des vins qui participent au renouveau de l'appellation Etna DOC.

PALARI
Bons Faro DOC et IGT Sicilia.

PLANETA
Une gamme de bon niveau qui illustre le renouveau sicilien. En tête, un Chardonnay et l'élégant IGT rouge Santa-Cecilia (nero d'Avola).

REGALEALI
Excellents Rosso del Conte et Nozze d'Oro, et un Chardonnay réputé. À relever également, la cuvée Cygnus (nero d'Avola et cabernet).

SETTESOLI
En haut de la gamme de cette coopérative, les rouges de Nero d'Avola et le blanc Feudo dei Fiori.

SARDAIGNE

ARGIOLAS
Charnu et aromatique IGT rouge Turriga. Très bel IGT *passito* Angialis. Bons Vermentino di Sardegna DOC et Cannonau di Sardegna DOC.

ATTILIO CONTINI
Meilleur producteur du rare Vernaccia di Oristano. Une gamme de rouges bien faits.

TENUTE DI CAPICHERA
Exemplaires Vermentino di Gallura DOC.

GABBAS
Deux remarquables rouges : le Lillové, Cannonau di Sardegna DOC fruité et dense, et l'opulent Dule.

CANTINA SOCIALE GALLURA
Excellente coopérative. Karana rouge et des Vermentino (version DOCG Canayli et Piras, IGT Balajana).

SELLA & MOSCA
Rouges Alghero DOC Marchese di Villamarina, Tanca Farrà, Raim et le réputé Anghelu Ruju doux, élaboré avec du Cannonau. En blanc, le classique Alghero DOC Torbato Terre Bianche, le Vermentino di Gallura DOCG Monteoro et le Nasco *passito* Monteluce.

CANTINA SOCIALE SANTADI
En vedette, les rouges Shardana, Terre Brune, Rocca Rubia et un vin de dessert (Latinia).

ESPAGNE

Carte page XXIII

L'Espagne, premier vignoble au monde par sa superficie (1 million d'hectares), n'est cependant que le troisième producteur de vin du monde, derrière l'Italie et la France, et devant les États-Unis. Réputée pour ses vins mutés, comme le fameux xérès (voir p. 621), elle produit aussi des vins rouges, rosés, blancs et des vins effervescents qui vont du plus modeste au plus raffiné. Ces vins héritent d'une personnalité marquée par la géographie du pays. En effet, l'Espagne se compose d'un vaste plateau central (Meseta) situé à 650 m au-dessus du niveau de la mer et limité de toutes parts par des massifs montagneux. Les meilleurs vins sont issus de cépages qui se plaisent en altitude (jusqu'à 500 m en Rioja Alta et Rioja Alavesa ; entre 700 et 800 m en Alt-Penedès et Ribera del Duero). Ces vignobles bénéficient d'une bonne exposition au soleil sans trop souffrir de la canicule ni de nuits trop fraîches. La plupart des grands vins d'Espagne proviennent du nord de Madrid, c'est-à-dire, d'ouest en est, de Galice, des vallées du Duero et de l'Èbre, et de Catalogne. Les meilleurs sites se trouvent le plus souvent dans ces vallées montagneuses aux sols relativement pauvres et aux sous-sols d'argile. En revanche, les vallées de l'Èbre et du Duero sont riches en terres alluviales. Le climat espagnol bénéficie d'une même diversité : l'Ouest subit l'influence de l'Atlantique, qui apporte fraîcheur et humidité ; les zones centrale et septentrionale connaissent un climat de type continental avec des étés chauds et des hivers froids ; la côte est jouit d'un climat méditerranéen. Au sud, en Andalousie, dans la région du Xérès, les sols crayeux et les brises marines aident la vigne à survivre malgré les fortes chaleurs estivales.

L'histoire du vignoble

L'histoire du vignoble espagnol est riche et ancienne. À leur arrivée en Espagne, vers la fin du IIIe siècle av. J.-C., les Romains apportèrent leur propre méthode de vinification, qui consistait à fouler les raisins dans des cuves de pierre et à les laisser fermenter naturellement. Cette approche, aujourd'hui appelée *método rural,* est encore en usage dans quelques régions. À partir de son unification, en 1492, l'Espagne ne cessa de prospérer. Lorsque le phylloxéra s'abattit sur les vignobles français, dans les années 1860, les négociants de Bordeaux ou de Cognac n'hésitèrent pas à traverser les Pyrénées pour aller acheter du vin en Espagne. Puis le phylloxéra finit par s'en prendre également au vignoble espagnol. Fort heureusement, à cette époque, on avait déjà trouvé une parade aux ravages de l'insecte : le greffage des variétés européennes sur des porte-greffe américains résistants. Aidés par les organismes officiels, les vignerons s'employèrent à replanter. Bon nombre des *bodegas* (ou domaines) les plus réputées d'aujourd'hui datent, de cette époque. Le mot *bodega* signifie « chai » ou un bâtiment de stockage construit au niveau du sol. Elle se distingue du mot *cava,* terme supposant que l'entrepôt se situe dans une cave en sous-sol. Cela explique pourquoi les vins effervescents espagnols ont emprunté le nom générique de Cava : la prise de mousse en bouteille et la garde des vins sur lattes supposent un long élevage dans la fraîcheur des caves souterraines. À l'opposé, les vins tranquilles espagnols, généralement gardés en fûts, se bonifient mieux dans des chais au sol soumis l'hiver et l'été à des changements de température : les *bodegas.*

Au cours de la seconde moitié du XXe siècle, l'Espagne, jadis productrice de vins anonymes vendus en vrac, se hissa progressivement au niveau des vins de qualité. Dans les années 1970, les vins de la Rioja commencèrent à bien s'exporter. Les meilleures cuvées de la Ribera del Duero leur emboîtèrent le pas, suivies par les grands vins de Catalogne ou de Galice.

L'évolution récente

Depuis 1985, le vin espagnol vit une révolution qualitative sans précédent historique. Le paysage vinicole a donc radicalement changé dans un pays composé de dix-sept régions autonomes *(autonomías)* qui ne constituent pas seulement un État décentralisé et presque fédéral, mais qui produisent aussi chacune des vins bien distincts sur les plans de la viticulture, de la réglementation légale et du cadre financier.

Pendant longtemps, les succès espagnols se résumaient à ses seuls Xérès et ses vins rouges de la Rioja produits par quelques grandes *bodegas* historiques. Depuis les années 1990, on a vu émerger aux quatre coins du pays de nouveaux standards espagnols, en

LIRE UNE ÉTIQUETTE DE VIN ESPAGNOL

L'étiquette principale du vin indique son niveau dans la hiérarchie (voir encadré p. 588-589). Mais c'est généralement sur une contre-étiquette apposée au dos de la bouteille ou sur un sceau de papier collé à cheval sur le bouchon qu'on trouvera les informations les plus utiles. La contre-étiquette porte le sigle officiel du Consejo Regulador (l'organisme de tutelle des DO), un numéro d'ordre qui permet d'identifier l'origine de la bouteille, et, souvent, une carte du vignoble dont il est issu. L'information la plus importante reste la catégorie de vin par rapport à son mode d'élevage : *crianza*, *reserva* ou *gran reserva*. Si aucune de ces désignations n'est mentionnée, il s'agit sans doute d'un *vino joven*.

Catalogne, dans la vallée du Duero ou en Galice. Aujourd'hui, aucune région n'échappe complètement au renouveau viticole, y compris celle de Castille-La Manche où, à côté d'une production de gros volumes, on assiste à l'émergence de nouveaux acteurs soucieux de la qualité. Avec l'intégration européenne, la filière s'est rapidement modernisée, reflet du dynamisme économique espagnol des années 1990 et 2000. À côté des grandes bodegas et des coopératives toujours dominantes, de nombreux domaines indépendants se sont créés, contribuant à renouveler et à diversifier l'offre espagnole. Enfin, si les Espagnols restent de modestes buveurs de vins, l'exportation est un enjeu majeur. De façon générale, les producteurs espagnols ont une vision plus pragmatique, davantage orientée vers les demandes des marchés, que leurs homologues français ou italiens.

Les régions viticoles et les styles de vin

La Galice et le Pays basque possèdent les vignobles les plus au nord du pays. L'océan Atlantique y influence le climat, l'économie (fondée surtout sur la pêche) et les vins, le plus souvent des blancs légers et secs, se mariant bien avec le poisson. Toujours au nord, dans la haute vallée de l'Èbre, la Navarre, la Rioja – le vignoble espagnol le plus connu avant l'éclosion des Ribera del Duero – et l'Aragon ont toujours entretenu, de par leur proximité, des liens étroits avec la France. Leurs vins sont avant tout des rouges puissants au long vieillissement et des blancs robustes qui accompagnent agréablement les poissons d'eau douce.

Située à l'embouchure de l'Èbre, la Catalogne possède une culture bien spécifique. L'importance de sa pêche et son climat méditerranéen l'avaient conduite naturellement vers les vins blancs. Elle est aussi le berceau des Mousseux espagnols, les Cavas.

La Castille-León est le vignoble traditionnel de la vallée du Duero. Son climat, de type continental, est tempéré à proximité du fleuve. Ses vins rouges sont charnus et puissants, quoique certains « nouveaux » vins jouent sur les nuances, et ses blancs secs ont du corps. L'influence française se fait beaucoup moins sentir que dans la haute vallée de l'Èbre.

Les vins espagnols les plus réputés sont issus des régions déjà citées ci-dessus, mais la vigne est également très présente dans le centre et dans le sud du pays. Les vastes plaines de Castille-La Manche et les Vinos de Madrid, qui se trouvent sur le plateau de la Meseta, de même que le Levante, composé des *autonomías* de Valence et de Murcie, produisent surtout des vins de consommation courante mais, depuis quelques années, de nouveaux producteurs font preuve d'une tout autre ambition.

L'Andalousie, à l'extrême sud du pays, constitue une seule et vaste *autonomía*. Les vins de Xérès, légendaires, sont désormais bus différemment. Il s'agit certes de vins mutés, mais longuement élaborés lors d'un élevage sous voile, et plus souvent secs que doux.

Enfin, il existe une petite production de vin dans les îles espagnoles. Les Baléares ont une géologie et un climat proches de ceux de la Catalogne, mais avec une forte influence maritime. Les rouges sont surtout consommés sur place par les touristes et sont à boire jeunes *(jovenes)*. Le sol des Canaries, complètement noir par endroits, repose sur un sous-sol volcanique. Il donne principalement des vins rouges légers, à boire dans l'année qui suit la récolte.

Les cépages

Les vins blancs proviennent majoritairement d'une variété médiocre, le cépage airén, le plus répandu dans toute la partie centrale. On trouve aussi, en particulier en Catalogne, beaucoup de grenache blanc, un cépage qui donne des blancs corpulents d'une forte teneur en alcool. Les autres cépages blancs courants sont les excellents albariño de Galice et le verdejo, ce dernier étant considéré comme l'un des meilleurs blancs de Castille-León. Le maccabeo (ou viura), le parellada (un cépage de très haute qualité et de rendement élevé) et le xarel.lo servent à l'élaboration des vins effervescents de Cava. Ils sont plantés en Catalogne et dans la haute vallée de l'Èbre. Le chardonnay et le sauvignon blanc ont également été plantés dans le nord du pays.

Par sa finesse et son caractère aromatique, le tempranillo (alias ull de Llebre, cencibel, tinto fino, tinta del país et tinta de Toro) est le préféré des cépages rouges d'Espagne et commence à s'exporter dans d'autres pays. Il est le principal cépage de Castille-La Manche, de Castille-León, de la vallée de l'Èbre

LA LÉGISLATION ESPAGNOLE

L'Espagne est soumise à la législation de l'Union européenne, qui définit deux catégories de vins : les vins sans indication géographique, désignés simplement *vino*, anciennement *vinos de mesa* (vins de table), et les vins avec indication géographique qui se déclinent en plusieurs niveaux.

LES NIVEAUX DE QUALITÉ DES VINS AVEC INDICATION GÉOGRAPHIQUE

Vinos de la tierra. Cette catégorie est l'équivalent des vins avec Indication géographique protégée en France (anciennement vins de pays). Il existe 41 zones délimitées dont le nom apparaît sur l'étiquette ; les deux plus importantes sont Vino de la Tierra de Castilla et Vino de la Tierra de Castilla y León. La législation est plus souple que celle des autres catégories et autorise la mention de cépage. Il faut noter que certains producteurs, qui font parfois partie des meilleurs, préfèrent déclarer une partie ou tout de leur production en *vino de la tierra* pour échapper aux rigidités des réglementations des appellations.

Vinos de calidad con indicación geográfica. Créée en 2003, cette catégorie est un intermédiaire entre les *vinos de la tierra* et les *denominación de origen*, et sert d'abord de marchepied à des régions en attente du statut de DO.

Denominación de origen. Le troisième niveau est celui de la *Denominación de origen* (DO), très comparable à l'AOC française ou à la DOC italienne, régie depuis 1970 par l'INDO (Instituto nacional de denominaciones de origen), l'équi-

et de certaines parties de la vallée du Duero et du Levante.
Le grenache noir (garnacha tinta) est le cépage le plus répandu d'Espagne, en particulier dans le centre du pays, dans la vallée de l'Èbre et en Catalogne. Il s'assemble bien avec le carignan (cariñena), qui donne des vins robustes et bien équilibrés. On le cultive beaucoup en Catalogne et dans la Rioja (où il porte le nom de mazuelo), mais, curieusement, il est rarement utilisé dans les vins d'appellation de Cariñena, sa région d'origine. Le graciano est un cépage peu productif apprécié pour le vieillissement en *crianza* – d'où son usage dans la Rioja. Peu répandu, il est le plus souvent assemblé avec d'autres variétés. Plusieurs régions d'Espagne cultivent par ailleurs des cépages classiques internationaux, dont les vins sont mentionnés dans les chapitres consacrés aux différentes régions.

valent de l'INAO français. C'est une appellation donnée aux vins qui répondent à un certain encépagement, un mode de culture et une origine géographique. En compte 69 DO en 2014.
Denominación de origen calificada. Au-dessus se situe la *Denominación de origen calificada* (DOC), sorte de « super-DO » réservée aux vins répondant à des critères très précis de qualité et de régularité. Jusqu'à présent, seuls le Rioja et le Priorat ont droit à cette appellation.
Vino de pago. Il s'agit un vin qui provient d'un lieu particulier, défini par la loi comme pouvant être une « contrée » ou un « site rural », par exemple une vallée, un versant, ou une propriété. L'intérêt est de mettre en exergue des producteurs réputés situés en dehors des zones d'appellation. Les domaines bénéficiant de ce rang doivent vinifier et élever leurs vins sur le site, à partir de leurs propres raisins. Un *vino de pago* pourra être *calificado* si la totalité du vignoble dont il est issu est située dans une zone de DOC.

LES DÉSIGNATIONS DE VINS

La législation espagnole a été harmonisée afin que les termes qualifiant les vins soient toujours utilisés dans le même sens. Les seuils minimaux des durées d'élevage qu'impose chaque catégorie peuvent néanmoins varier d'une DO à une autre.
Vino joven (vin jeune) : mis en bouteille aussitôt après sa clarification, on l'appelle aussi *vino del año* (vin de l'année). L'Instituto nacional de denominaciones de origen (INDO) encourage le remplacement du terme *sin crianza* par *joven* pour qualifier un vin qui n'a pas été élevé sous bois.

→

Vino de crianza (vin d'élevage) : il peut être commercialisé après avoir vieilli deux années entières, dont un minimum de 6 mois en *barricas* (barriques de chêne). Dans certaines régions, comme la Rioja, les 6 mois sont généralement dépassés. Les *crianzas* blancs ou rosés *(rosados)* doivent vieillir au moins 18 mois.

Reserva : les vins rouges de cette catégorie doivent vieillir 3 ans à la *bodega*, dont au moins un en *barricas*, et être commercialisés dans leur quatrième année. Pour le rosé et le blanc, le délai est de deux ans, dont six mois en *barricas*, et ils peuvent être commercialisés dans leur troisième année.

Gran reserva : cette catégorie n'existe que pour les millésimes particulièrement réussis. (À noter que les millésimes ne sont contrôlés que depuis 1979.) La durée d'élevage est de 5 ans dont 18 mois au minimum en *barricas*. Les vins sont donc vendus dans leur sixième année. Les *gran reservas* blancs et rosés sont très rares. Ils doivent être élevés pendant 4 ans, dont 6 mois au minimum en barrique, et ne sont commercialisés que dans leur cinquième année. Les Cavas qui portent la mention *gran reserva* doivent avoir subi un vieillissement d'au moins 30 mois à partir du tirage.

LA RIOJA

Carte page XXIII

L'histoire de la Rioja moderne commença dans les années 1860, lorsque Camilo Hurtado de Amézaga, marquis de Riscal de Alegre, revint au pays après un séjour à Bordeaux, armé de nouvelles idées, de nouvelles vignes et, le plus important de tout, de barriques de chêne neuves. L'un de ses pairs, le marquis de Murrieta, partageait ses convictions. Tous deux se mirent donc à planter du cabernet-sauvignon et du merlot et se préparèrent à vinifier et élever leurs vins en s'inspirant du modèle bordelais. Le marquis de Riscal a en outre impulsé l'engagement par le Conseil d'Alava de l'œnologue bordelais Jean Pineau. Les vins des deux marquis ne tardèrent pas à atteindre des prix qu'on n'aurait jamais imaginés dans la Rioja. Ces nobles viticulteurs initièrent certains vignerons et les aidèrent à se procurer les cépages importés. À leur grande surprise, ces vignerons découvrirent que les cépages locaux qu'ils travaillaient depuis toujours, en particulier le tempranillo, donnaient aussi d'excellents résultats avec les nouvelles méthodes, assemblés ou non avec le cabernet-sauvignon.

En 1991, le Rioja accéda au rang de DOC *(Denominación de origen calificada)*, catégorie supérieure à la DO. Il est désormais soumis à une réglementation plus stricte. Comme le Bordelais, la Rioja produit toute une gamme de vins, du vin jeune (non vieilli) jusqu'au *gran reserva* vieilli en fût de chêne pendant des années ainsi que des vins blancs et rosés.

Régions, climats et sols

Les vins de la Rioja proviennent de l'*autonomía* La Rioja et des *autonomías* voisines, le Pays basque et la Navarre. Les principales subdivisions du vignoble correspondent à celles de la région :

LA RIOJA ALAVESA est située au nord de l'Èbre dans la province d'Álava (Pays basque). Ses vignes, plantées sur les flancs des monts Cantabriques, culminent à près de 800 m d'altitude. Exposé au sud, le vignoble essentiellement planté de tempranillo est réputé pour ses vins relativement légers et d'une grande élégance.

LA RIOJA ALTA, au sud d'Álava, comprend l'enclave de Burgos. Le climat modéré et les sols pauvres, argilo-calcaires, à forte teneur en fer, conviennent bien au tempranillo mais aussi au graciano.

Ces deux zones se trouvent dans la partie haute de la Rioja, à une altitude comprise entre 400 et 500 m, dont les températures légèrement plus fraîches donnent souvent des vins de la meilleure qualité. Le climat est tempéré par l'influence de l'Atlantique et abrité des vents du nord par les monts Cantabriques. Le printemps est précoce et ensoleillé, l'été chaud et long, l'automne doux et rafraîchi par des brises nocturnes. L'hiver peut être très froid et amener le gel et la neige dans certains endroits.

LA RIOJA BAJA, qui comprend également les secteurs viticoles de Navarre, occupe la partie sud-est de la région et descend jusqu'à environ 300 m d'altitude. Le climat est plus méditerranéen, plus chaud et plus sec, voire semi-aride par endroits. La durée d'ensoleillement est plus longue et les raisins sont mûrs plus tôt. Les vins de cette région sont souples, s'épanouissent plus rapidement et leur teneur en alcool est généralement plus élevée que dans les deux autres régions de la Rioja. Le sol argileux de la Rioja est sillonné de dépôts de calcaire et de fer vers le nord-ouest, tandis que la Rioja Baja possède des sols sableux et alluviaux.

Les cépages

Le principal cépage rouge de la Rioja est le tempranillo. Il couvre aujourd'hui 80 % de la surface. Dans la plus grande partie de l'Espagne septentrionale, en particulier dans la Rioja Alta et la Rioja Alavesa, c'est le premier cépage rouge de qualité. Il possède une peau épaisse d'un noir brillant et doit son nom à sa maturation précoce (*temprano* signifie « tôt »), environ deux semaines avant le grenache. Traditionnellement, il est assemblé à quelques autres variétés dont le grenache noir (garnacha tinta ou garnacha riojana), fréquent dans la Rioja Baja où il atteint une bonne maturité, et le graciano qui apporte une réelle finesse à mesure que le vin vieillit.

Parmi les autres cépages rouges, il faut noter le mazuelo (connu dans le reste de l'Espagne sous le nom de cariñena), qui apporte aux Riojas des tanins et de l'acidité. Un assemblage classique de vin rouge de la Rioja pourrait se composer ainsi : 70 % de tempranillo, 15 % de grenache, 10 % de mazuelo et 5 % de graciano. Il n'est plus rare cependant de voir des cuvées 100 % tempranillo.

Le Rioja blanc a considérablement changé depuis que l'on a abandonné l'élevage en fût de chêne au profit de vins plus aromatiques issus du cépage viura et vinifiés à basse température dans le style *joven*. La Malvoisie (malvasía riojana) accompagne parfois le viura dans les Riojas blancs et peut jouer un rôle important dans les blancs longuement vinifiés et élevés en fût.

Vinification et élevage

Aujourd'hui, la plupart des *bodegas* font fermenter leurs vins dans des cuves d'acier inoxydable ou de résine. Lorsque la fermentation est terminée, les vins restent un moment en cuve avant d'être transvasés dans des barriques de chêne de 225 litres *(barricas)*. La tradition privilégiait l'assemblage de vins issus de plusieurs variétés, parcelles ou sous-régions, mais on voit actuellement apparaître de plus en plus de cuvées parcellaires.

Le minimum de vieillissement est fixé par la loi avec précision, mais les *bodegas* sont libres de choisir la durée d'élevage de leurs vins en fonction de leurs ambitions, à condition qu'elle soit supérieure au minimum obligatoire. De nombreuses expériences d'élevage dans différents types de chêne sont en cours, mais le chêne américain a longtemps été la norme. Actuellement, certains producteurs privilégient le recours à des barriques neuves d'origine française qui apportent aux vins rouges, un surplus d'arômes et de tanins.

Les vins blancs fermentent souvent dans des cuves en acier inoxydable dotées de systèmes de refroidissement. Seules quelques maisons continuent à effectuer des vinifications traditionnelles en laissant fermenter les moûts sans contrôle de température avant de loger les vins en fût.

C'est le système de vieillissement qui rend les vins de la Rioja uniques. La loi espagnole a défini des critères précis pour tous les types de vin, *crianza*, *reserva*, etc., mais ces règles sont encore plus strictes pour l'appellation Rioja. Le Rioja *joven* (anciennement sin *crianza)* qualifie des vins qui ne sont pas passés en fût ou qui y sont restés un temps inférieur au minimum légal pour un *crianza*.

Quelques *bodegas* font des essais d'élevage de 2 ou 3 mois en fûts, mais ces vins restent dans la catégorie *joven* et peuvent être diffusés aussitôt après leur mise en bouteilles.

Les Riojas de *crianza* sont des vins commercialisés dans leur troisième année après avoir été élevés au moins 12 mois en barriques. Dans la pratique, ils sont généralement mis sur le marché après une année supplémentaire de vieillissement en bouteille. Les Riojas rouges de *reserva* ne peuvent être mis sur le marché que dans leur quatrième année, après avoir passé au moins 12 mois en barriques et 12 mois en bouteilles. Les vins blancs et rosés de ce type doivent passer 6 mois en fût avant d'être diffusés à partir de leur troisième année. La désignation de *gran reserva* est réservée aux vins rouges produits dans des millésimes particulièrement réussis. Ces vins ne peuvent pas être commercialisés avant leur sixième année et doivent auparavant avoir été élevés au moins 24 mois en fût et 36 mois en bouteille. Les *gran reservas* blancs ou rosés, extrêmement rares, ont passé 6 mois en fût et peuvent être vendus à partir de leur cinquième année.

PRODUCTEURS

La plupart des Riojas commercialisés sont élaborés dans des *bodegas*. Celles-ci possèdent souvent un vignoble, mais achètent aussi des raisins ou du vin auprès de vignerons indépendants. Les vignerons qui exploitent quelques petites parcelles ont rarement des équipements de vinification, mais le nombre de domaines indépendants tend à augmenter.

BODEGAS AGE
Marques : Siglo (trois couleurs) et Siglo Saco (rouges) ; et Azpilicueta (*crianza* et *reserva*).

BODEGAS ALAVESAS
Très bons vins dans le style basque (plus léger), sous l'étiquette Solar de Samaniego.

AMÉZOLA DE LA MORA
Très bonne *bodega* de taille relativement modeste : Viña Amézola *(crianza)* et Señora Amézola *(reserva)*.

BARON DE LEY
Une des rares *bodegas* à n'utiliser que le fruit de son vignoble. Un des meilleurs représentants de la Rioja Baja, dont les vins sont largement dominés par le tempranillo.

BODEGAS BERBERANA
Un des producteurs les plus réguliers de la Rioja Alta. Principales marques : Carta de Oro, d'Avalos, Viña Alarde et Dragon (trois couleurs).

BODEGAS BILBAÍNAS
Très bons vins de style traditionnel. Principales marques : Viña Pomal (rouges), Viña Zaco et Vicalanda *(reserva et gran reserva)*.

BODEGAS MARTÍNEZ BUJANDA
La famille possède deux domaines dans la Rioja et travaille avec soin les raisins exclusivement issus de ses différents vignobles.

BODEGAS MARQUÉS DE CÁCERES
Cette *bodega* a été fondée en 1970 par Enrique Forner, l'un des pionniers de la nouvelle technologie en Rioja, tant pour les blancs →

PRODUCTEURS

que pour les rosés. Elle se fournit en raisins auprès d'un groupe de viticulteurs, l'Unión Vitivinícola. Les vins sont de haute qualité et de style classique (trois couleurs).

BODEGAS CAMPO VIEJO
Le vignoble de cette *bodega*, l'une des plus grandes de Rioja, propriété de Domecq (groupe Pernod), fournit la majeure partie du raisin. L'importante gamme comprend les vins dans les trois couleurs avec une déclinaison des styles *(reserva, gran reserva)* et la cuvée haut de gamme Dominio.

BODEGA CONTADOR
Venu de la *bodega* Artadi, Benjamin Romeo a créé en 2001 son domaine à partir de vignes situées dans la Sonsierra autour de San Vicente. Ses vins ont rapidement conquis la critique et sont parmi les plus chers et les plus recherchés de la Rioja.

CONTINO
Ce petit domaine, partiellement propriété de CVNE (voir ci-dessous), est l'un des meilleurs producteurs de Rioja et détient en propre un vignoble de 62 ha dans la Rioja Alavesa, avec une forte proportion de tempranillo.

EL COTO
Bodega moderne qui fait un travail de qualité : les vins haut de gamme sont vendus sous l'étiquette Coto de Imaz.

CVNE (COMPAÑÍA VINÍCOLA DEL NORTE DE ESPAÑA)
Cette *bodega* jouit d'une bonne réputation bâtie sur le sérieux de sa production. Près de la moitié du raisin vient de son vignoble. Sa gamme de vins est fiable et généreuse : Corona *semi-seco* (blanc demi-sec), Cune (blanc, rouge, rosé), Monopole (blanc), Imperial (rouge), Icono (rouge).

ARTADI
Cette *bodega* a été fondée en 1985 et possède un vignoble de 70 ha. Avec des cuvées comme Artadi Pagos Viejos, Viñas de Gain *crianza* et Viña El Pisón, elle n'a pas tardé à devenir l'une des références du Rioja moderne. Les prix se sont envolés.

FINCA ALLENDE
Autant l'Aurus (85 % tempranillo et 15 % graciano) que l'Allende, un pur Tempranillo, triomphent chez les dégustateurs.

BODEGAS MARTÍNEZ LACUESTA
Cette maison est fière d'être une *bodega* « ancien style » (fermentation en cuves de chêne). Marques principales : Campeador et Martínez Lacuesta (rouges).

BODEGAS LAN
Le nom de cette maison fondée en 1974 correspond aux initiales des trois provinces de Rioja qui produisaient du Rioja à l'époque : Logroño, Álava et Navarre. La *bodega* possède un vignoble de 70 ha et produit des vins de bonne qualité. Principales marques : Lan (blanc, rosé, rouge), Culmen et Viña Lanciano.

MARQUÉS DE RISCAL
Fondée en 1860, cette *bodega* historique fut à l'origine du renouveau de la Rioja à la fin du XIXe siècle. Première à introduire des cépages français en 1868, Riscal inventa le célèbre filet en fer pour empêcher les contrefaçons. Marques : Marqués de Riscal et Cabernet-Sauvignon Barón de Chirel (rouges).

BODEGAS FAUSTINO MARTÍNEZ
Cette *bodega* existait déjà en 1860, époque où le Rioja était fait selon la *método rural*. Large gammeen rouge.

BODEGAS MONTECILLO
Fait partie du groupe Osborne (Xérès). Bons vins rouges sous la gamme Montecillo.

BODEGAS MUGA
Cette entreprise familiale reste fidèle aux cuves de bois pour la fermentation. Excellent blanc et grands vins rouges.

PRODUCTEURS

BODEGAS MARQUÉS DE MURRIETA
L'un des pionniers de la région, la *bodega* reste fièrement respectueuse des traditions. Tous les raisins proviennent de ses vignes à Ygay (300 ha), non loin de Logroño. Les vinifications sont délibérément conduites à l'ancienne, et les vins sont élevés pendant plus de deux ans, beaucoup plus longtemps que dans d'autres *bodegas*. La petite gamme de vins inclut Marqués de Murrieta, le fameux Castillo Ygay, un *gran reserva* haut de gamme, rare et cher.

BODEGAS ABEL MENDOZA MONGE
Une propriété familiale qui s'est fait remarquer par la qualité et la singularité de ses vins rouges dont une très belle cuvée de pur graciano.

OSTATU
Domaine familial qui exploite une cinquantaine d'hectares et produit une dizaine de cuvées dont des blancs agréables et une gamme de rouges très recommandable.

BODEGAS PALACIO
Fondée par un ancien vinificateur de Vega Sicila, cette maison achète la majeure partie de son raisin. Le vin est vendu sous les marques : Castillo (rouge), Gloriosa (blanc, rosé, rouge) et Cosme Palacio y Hermanos (blanc, rouge).

BODEGAS FEDERICO PATERNINA
Une des plus grandes *bodegas*. Marques principales : Banda (rouges, blanc et rosé), Monte (rouge) et Conde de los Andes (rouges).

REMELLURI
Excellent producteur de vins rouges, dans la région de la Rioja Alavesa. Vins d'un style plutôt moderne, issus de son propre domaine et vendu sous le nom Remelluri.

BODEGAS LA RIOJA ALTA
Le raisin provient de viticulteurs locaux et d'un domaine important. Une partie de la fermentation se fait en cuves de bois, et la méthode d'élevage est traditionnelle, ce qui en fait l'une des meilleures *bodegas* de Rioja. Marques : Viña Ardanza (blanc, rouge), Reserva 904, Reserva 890, Marquès de Haro (rouge), Viña Alberdi et Viña Arana (rouges).

BODEGAS RIOJANAS
Marques : Canchales, Monte Real et Puerta Vieja (blanc, rosé, rouge), Viña Albina (blanc, rouge) et Viña Albina Centenario (rouge).

RODA SA
Fondée en 1987, cette propriété haut de gamme est devenue l'un des plus grands noms de la Rioja. Elle possède un vignoble réparti sur 17 terroirs de la Rioja, constitué de vieilles vignes de tempranillo, graciano et grenache. Ses vins les plus connus sont les *reserva* (baptisés « I » et « II ») et la cuvée appelée « Cirsion » aussi splendide que chère.

SEÑORÍO DE SAN VICENTE
Cette *bodega* exporte la moitié de son San Vicente (100 % tempranillo *peludo*).

BODEGAS R. LÓPEZ DE HEREDIA VIÑA TONDONIA
Cette *bodega* continue à travailler de façon très traditionnelle : la moitié du raisin provient de son vignoble, tous les vins sont fermentés en cuves de chêne, transférés manuellement dans des fûts de chêne et encore collés au blanc d'œuf. Principales marques : Viña Gravonia (blanc, rouge), Viña Tondonia (blanc, rosé, rouge), Viña Bosconia et Viña Cubillo (rouges).

VIÑEDOS DEL CONTINO
Cette *bodega,* qui appartient à CVNE, produit l'une des étoiles de la Rioja moderne, le Contino, ainsi qu'une curiosité, le Contino Graciano (100 % graciano).

NAVARRE ET ARAGON

Carte page XXII

La Navarre

La DO de Navarre se trouve à l'est de la Rioja et au nord-ouest de l'Aragon. Elle est divisée en cinq sous-régions : Tierra Estella, Valdizarbe et Baja Montaña couvrent la partie plus humide et fraîche du nord, qui s'élève jusqu'à 560 m d'altitude ; Ribera Baja, au sud, est plus chaude et sèche et culmine à 250 m ; Ribera Alta, entre les deux, est la plus grande zone et jouit d'une altitude et d'une température intermédiaires. Le sol des zones du nord et du centre est étonnamment similaire : la surface profonde et fertile recouvre du gravier et le sous-sol est calcaire. Dans la Ribera Baja, le sol devient plus léger et sablonneux et, de ce fait, moins adapté à la vigne.

Le cépage tempranillo, dont les plantations ont été encouragées, occupe un tiers du vignoble, devant le grenache noir et les variétés bordelaises (cabernet-sauvignon et merlot).

Le gouvernement de l'*autonomía* de Navarre a créé un institut de recherche appelé EVENA (Estación Viticultura y Enología de Navarra), qui cultive tous les cépages, sur tous les types de porte-greffe, dans tous les types de sols de la région, afin de déterminer les meilleures techniques culturales. Ses résultats sont impressionnants et confirment le potentiel de la région.

La Navarre est connue en Espagne pour ses délicieux *rosados* puissants et généreux, même si la mode privilégie aujourd'hui des vins rosés plus pâles et plus frais. Plus récemment, les producteurs se sont orientés vers la production de vins rouges modernes à base de tempranillo souvent assemblé au cabernet-sauvignon ou merlot. La région gagne aussi à être connue pour ses vins blancs dont d'excellents Viura et Chardonnay, parfois fermentés en barrique.

L'Aragon

Depuis les années 1980, les vins d'Aragon commencent à faire parler d'eux à l'étranger. La région compte quatre DO : Cariñena, Calatayud, Campo de Borja et Somontano.

Cariñena, la plus solidement établie des DO d'Aragon, a même donné son nom à un cépage qui, curieusement, n'occupe que 4 % de l'appellation. La plus grande partie du vignoble est plantée en grenache et en tempranillo pour les rouges, et en viura, pour les blancs. Les vignes poussent entre 400 et 800 m d'altitude, sur des sols très divers, et le climat est continental. Cette appellation est surtout connue pour ses rouges jeunes ou de *crianza*, mais elle produit aussi des vins blancs et des rosés jeunes et frais. Elle est également autorisée à élaborer des vins effervescents de Cava (voir encadré p. 610).

Calatayud est la plus récente DO d'Aragon. Les vignobles sont plantés assez haut (500-900 m), le climat est continental et les faibles précipitations limitent les rendements. Le principal cépage rouge est le grenache, suivi du tempranillo et de syrah qui a fortement progressé. Les rosés sont issus de grenache et les blancs, en majeure partie, de viura. La plupart des vins sont faits dans le style *joven*.

Les vignobles de Campo de Borja sont situés à des altitudes légèrement inférieures. Ici encore, le cépage de base est le grenache. La plupart des vins sont donc rouges et rosés, mais la DO produit aussi, à base de muscat, un *mistela* doux (non DO), mélange de jus de raisin et d'alcool.

À mi-chemin vers les Pyrénées, le vignoble de Somontano qui a peu de points communs avec les autres appellations d'Aragon. Depuis qu'il a reçu la DO, en 1985, ses vignerons ont pris conscience du potentiel de leur terroir et les vins de locaux rencontrent un beau succès à l'exportation. Les vignes sont plantées dans les vallées et sur les contreforts pyrénéens, jusqu'à 700 m d'altitude, avec une grande variété d'expositions. Le climat, rafraîchi par l'air venu des Pyrénées, offre de bonnes conditions de maturation à la vigne. L'encépagement est dominé par les variétés bordelaises, le cabernet-sauvignon en tête, mais aussi le merlot, devant le tempranillo, la syrah et le grenache. Pour les blancs, le chardonnay domine devant le gewürztraminer et le viura. Les vins de Somontano se distinguent par leur intensité et leur équilibre : les rouges possèdent une forte personnalité, les blancs et les rosés sont légers et fruités.

PRODUCTEURS

En Navarre comme en Aragon, la tradition coopérative est bien établie. Les viticulteurs sous contrat sont encouragés à tenter des expériences sur de nouveaux cépages. Ils améliorent et modernisent leurs installations de vinification.

NAVARRE

Dans la DO de Navarre, 90 % des raisins sont livrés aux coopératives par les vignerons.

ARTAZU
Juan Carlos Lopez de Lacalle, vedette de la Rioja, a étendu son savoir-faire à la Navarre. Le vignoble se répartit entre jeunes vignes et très vieux grenaches et forge le caractère des vins de cette gamme très recommandable.

BODEGAS JULIÁN CHIVITE
Bodega ancienne mais très modernisée qui est le plus grand exportateur de vins de Navarre. La cuvée de rouge que l'entreprise a élaborée pour célébrer son 125e anniversaire est entrée dans la légende. Les marques principales sont Chivite Colección 125 (blanc, rosé, rouge), Chivite Finca de Villatuerta (blanc →

PRODUCTEURS

et rouge) et Gran Feudo, très largement distribuées.

GUELBENZU SL
Les Guelbenzu Evo et Lautus de cette *bodega*, qui s'est complètement modernisée, ont fait la notoriété du domaine. Vins exemplaires.

LUIS GURPEGUI MUGA
Le Monte Ory de cette *bodega* est également coté en rosé et en rouge.

BODEGAS IRACHE
Cette entreprise propriétaire de 150 ha possède des installations modernes. Principales marques : Castillo Irache (rosé, rouge) et Irache.

MAGAÑA
Excellente *bodega* moderne, fondée à la fin des années 1960, et qui consacre une grande part de son vignoble aux cépages bordelais. Meilleurs vins : Viña Magaña *reserva* et *gran reserva*.

VINÍCOLA NAVARRA
L'une des plus anciennes *bodegas* de Navarre (1864), aujourd'hui propriété de Domecq (Pernod Ricard), cette maison est dotée d'installations modernes. La plupart du raisin provient de viticulteurs sous contrat. Marque principale : Las Campanas.

BODEGAS OCHOA
Domaine familial propriétaire d'un vignoble de 140 ha, dont les vins sont tenus en haute estime. Gammes : Calendas, Adriana Ochoa, Javier Ochoa. L'Ochoa Moscatel est un must.

BODEGAS NEKEAS
Un domaine réputé pour ses Chardonnays et pour ses rouges dont la cuvée El Chaparal issue de vieux grenaches.

SEÑORÍO DE SARRIÁ
Propriété du groupe Taninia, cette *bodega* possède 110 ha et des caves modernes. Les principales marques sont Señorío de Sarriá et Viñedo, dans les trois couleurs.

CARINENA

BODEGAS AÑADAS
Une cinquantaine d'hectares de vignes et des installations très modernes pour une gamme saluée comme l'une des plus recommandables de l'appellation.

BODEGA COOPERATIVA SAN VALERO
C'est la plus grande coopérative de la région, le plus grand exportateur de vins d'Aragon et l'une des *bodegas* les plus novatrices. Le raisin provient des vignes de ses 700 adhérents, soit près de 3 500 ha. Ses vins, qui vont des plus simples aux *gran reservas*, sont régulièrement récompensés dans les concours. Principales marques : Don Mendo et Monte Ducay (blanc, rosé, rouge).

GRANDES VINOS Y VIÑEDOS SA
Cette *bodega* a imposé un Cabernet-Sauvignon, le Monasterio de las Viñas, et un pur Tempranillo, Corona de Aragón.

CALATAYUD

BODEGAS ATECA
Domaine d'une cinquantaine d'hectares fondé en 2005 qui produit exclusivement des vins rouges à partir de vieilles vignes de grenache.

BODEGAS Y VIÑEDOS DEL JALON, S.A
Regroupement de trois *bodegas* de Calatayud dont Castillo de Maluenda qui signe une gamme fiable avec en tête de proue le Garnacha Selección. Excellent rapport qualité-prix.

CAMPO DE BORJA

BODEGAS BORDEJE
Les caves de cette petite *bodega*, qui existe depuis 1770, sont creusées dans les flancs des collines à l'extérieur du village. Elle vinifie exclusivement les raisins de son vignoble de 80 ha. Ses vins d'un style très traditionnel sont élevés pour la plupart dans d'immenses foudres de bois. Les marques principales de cette →

PRODUCTEURS

bodega sont Romeroso (rouge) et Don Pablo (rouge).

BODEGAS BORSAO
Cette grande coopérative qui fédère 620 viticulteurs pour 1 500 ha de vignes est une source fiable de bons vins de l'appellation.

SOMONTANO

ALTO ARAGON (ENATE)
Un nom bien établi à Somontano qui s'appuie sur des installations très modernes et un vignoble de près de 400 ha. Une gamme exceptionnellement fiable, d'inspiration moderne mais pas excessive.

BODEGA PIRINEOS
Dans le giron du groupe Barbadillo, cette grande *bodega* fédère 200 viticulteurs et offre des vins très réguliers et modernes.

CASTILLE-LEÓN

Carte page XXIII

La Castille-León est le noyau historique de l'Espagne : les capitales des huit provinces constituant l'*autonomía* de Castilla y León sont toutes liées à la reconquête de l'Espagne. Traversant sept des huit provinces de l'*autonomía* de Castille-León, le fleuve Duero influence à la fois les mésoclimats et la géologie des quatre principales DO locales (Ribera del Duero, Rueda, Cigales et Toro). Les vins rouges et rosés que l'on y produit sont robustes, puissants, riches en alcool. La DO Bierzo est séparée des quatre autres, et son style tient davantage de la Galice voisine. On y cultive des cépages différents, et les vins sont plus légers et plus frais. Quatre nouvelles petites DO sont nées en 2007 et 2008.

Ribera del Duero

C'est la plus importante DO de la vallée du Douro et de Castille-León. Au milieu du XIXe siècle, tandis que le marquis de Riscal et le marquis de Murrieta importaient dans la Rioja (voir p. 590) des plants de vigne et des techniques venant de Bordeaux, une démarche similaire eut lieu près du village de Valbuena, dans la province de Valladolid. En 1864 vit en effet le jour une nouvelle entreprise, Bodega de Lecanda, qui utilisait les techniques bordelaises. En 1890, elle changea à la fois de propriétaire et de nom et devint Vega Sicilia – les premières bouteilles de Vega Sicilia remontent à l'année 1915 ou 1917. Pendant les 118 premières années de son existence, le Vega Sicilia resta classé en *vino de mesa*, alors qu'il était l'un des vins les plus rares et les plus chers du monde.

Ce n'est qu'en 1982, grâce à l'appui acharné d'autres viticulteurs de la région, qu'il accéda au statut de DO : Vega Sicilia avait réussi à prouver que le cépage rouge local, le tinto fino, ou tinta del país (en fait, du tempranillo), dans des conditions de culture adéquates, pouvait produire un vin de très grande classe. Aujourd'hui, le domaine utilise surtout le tinto fino, parfois assemblé aux variétés bordelaises.

Le vignoble de Ribera del Duero suit le cours du Duero de Soria jusqu'à Valladolid, à une altitude généralement située entre 700 et 800 m. Un sol profond, léger et sablonneux recouvre une couche d'argile avec, ici et là, des affleurements de calcaire. Le vignoble se trouve à la limite des possibilités climatiques de culture de la vigne, ce qui explique son rendement moyen de 24 hl/ha seulement. Le climat est ici véritablement continental. Les raisins ont une bonne acidité, les vins sont excellents mais chers. Le tinto fino occupe 95 % de la surface cultivée, parfois complétée dans les assemblages par une touche de cabernet-sauvignon ou de merlot. Il possède une pellicule plus épaisse que le tempranillo de la Rioja et les vins en tirent davantage de couleur et de tanins. La région produit surtout du vin rouge et un peu de rosé. Les dernières années ont vu une augmentation rapide des vins de style *joven,* mais les grandes cuvées bénéficient d'un élevage sous bois avec de longues macérations en barrique (faites de plus en plus souvent de chêne français). Les meilleurs *reservas* et *gran reservas* sont à la hauteur des meilleurs Riojas.

Rueda

Le véritable retour à la qualité de Rueda, dans les années 1970, est l'œuvre du marquis de Riscal (voir p. 590), l'une des grandes maisons novatrices d'Espagne. Décidée depuis des années à ne pas faire de Rioja blanc, la Bodega Riscal cherchait un endroit pour produire un vin blanc portant son nom. Ses vinificateurs furent attirés à Rueda par un élément auquel personne sur place ne prêtait attention : le cépage local verdejo. Ils découvrirent l'immense potentiel de ce cépage à produire un vin de qualité, à condition de ne pas laisser les vendanges s'oxyder avant le pressurage. Riscal possédait les moyens techniques pour récolter les raisins, les protéger, les transporter jusqu'à l'unité de vinification, les pressurer et les traiter sous gaz inerte, le tout suffisamment rapidement pour conserver au vin toute sa fraîcheur. Riscal alla plus loin en plantant plusieurs autres cépages à titre expérimental et en produisant un Rueda à base de sauvignon blanc.

D'autres *bodegas* suivirent la voie ouverte par Riscal, de sorte que le terme Rueda Verdejo est aujourd'hui réservé aux vins issus de verdejo à 85 % au minimum. La région fit par ailleurs quelques expériences satisfaisantes de vieillissement en fûts de chêne ; lorsque Marqués de Riscal lança un *reserva* « Limousin » élevé six mois en chêne français, le débat s'ouvrit de nouveau.

Les vignobles de Rueda prospèrent dans un paysage vallonné dont l'altitude varie entre 600 et 780 m. Les meilleures parties se trouvent le plus souvent près du Duero, dans des sols riches en fer reposant sur une couche de calcaire. Le climat est nettement continental, puisque Rueda se situe sur la Meseta, le plateau du centre de la péninsule Ibérique. Les rares années où les précipitations sont réparties de façon égale, les vins peuvent être exceptionnels.

Le verdejo, principal cépage, couvre 85 % du vignoble et doit atteindre 85 % au moins dans les assemblages pour la DO Rueda Verdejo et la DO Rueda Espumoso (effervescent en version brut). Cette dernière appellation est la parade trouvée par le Rueda à l'interdiction qui lui a été faite en 1989 de produire des Cavas. Le deuxième cépage est le viura (8 %) qui s'associe bien avec le verdejo, tant pour les vins tranquilles que pour les effervescents. Viennent ensuite le sauvignon (6 %), qui intervient à 85 % au moins dans le Rueda Sauvignon, et le palomino qui est en passe de disparaître.

Depuis 2001, la production de vins rouges et rosés est autorisée dans l'appellation, mais reste très minoritaire. Le tempranillo est le principal cépage rouge planté, parfois complété par un peu de cabernet-sauvignon et de merlot.

Cigales

La région de Cigales n'a reçu son statut de DO qu'en 1991 alors qu'elle fait du vin dont, notamment, d'excellents rosés, depuis des siècles. Située au nord et à l'ouest de Ribera del Duero (célèbre pour ses rouges) et de Rueda (parmi les meilleurs blancs du pays), elle tient de ces deux régions et produit d'excellents rouges à l'avenir prometteur. Les vignes sont plantées au nord de la ville de Valladolid, à une altitude de 800 m. Le sol caillouteux de ce pays plat repose sur une base de calcaire. Le climat, qui est surtout continental, s'accompagne d'une bonne pluviométrie et convient assez bien à la culture de la vigne.

Le principal cépage est le tempranillo (tinta del país : 70 %), suivi du garnacha tinta, du cabernet-sauvignon et de la syrah. Les cépages blancs les plus plantés sont les verdejo et albillo qui produisent des vins blancs et entrent dans l'assemblage des vins rosés. Les rouges de tempranillo sont assez prometteurs, mais ce cépage est largement utilisé pour les rosés, le plus souvent dans le style *joven*, dans lesquels il est pressé avec des raisins blancs.

Toro

La ville de Toro, sur les bords du Douro, est ceinturée de vignobles, mais les meilleures parties se trouvent surtout au nord-est de la zone. Depuis des temps immémoriaux, ce pays est connu sous le nom de Tierra del Vino (pays du vin) par opposition aux vastes plaines céréalières de Castille que l'on appelle Tierra del Pan (pays

du pain). Le vignoble s'étage entre 600 et 750 m d'altitude, sur un sol très calcaire au nord, mais plus alluvial à mesure que l'on se rapproche du Douro et du Guareña. Le climat est totalement continental, mais, comme la Rueda, le Toro peut souvent recevoir des pluies inattendues apportées par les vents d'ouest.
Le principal cépage du Toro rouge est le tinta de Toro (tempranillo) qui produit des vins rouges puissants et charpentés, souvent riches en alcool, reflet des grandes chaleurs estivales. Les cépages minoritaires, grenache, verdejo et malvoisie (malvasía), sont utilisés pour faire les quelques rosés et blancs de la région.
Depuis l'attribution de la DO en 1987, Toro a attiré les investisseurs dans le sillage de l'ascension des vins de la Ribera del Duero.

Bierzo

La DO Bierzo se trouve dans une vallée protégée qui touche la DO Valdeorras, sur l'autre rive du Sil, en Galice. Les vignes sont généralement plantées entre 500 et 650 m

PRODUCTEURS

Ici aussi, les viticulteurs ont dû rénover leurs installations et mettre à jour leurs méthodes de vinification. Nombre de vignerons, tout en conservant la propriété de leurs petites parcelles, se sont regroupés en coopératives.

RIBERA DEL DUERO

BODEGAS Y VIÑEDOS ALIÓN SA
Créée en 1990 par Vega Sicilia, cette *bodega* est déjà une référence pour son Alión, unique cuvée produite à partir d'un vignoble d'une trentaine d'hectares, exclusivement planté de tinto fino (tempranillo).

VIÑEDOS ALONSO DEL YERRO
Domaine créé en 2002, couvrant 26 ha et qui s'est rapidement fait connaître grâce à ses vins puissants et élégants.

FÉLIX CALLEJO SA
Succès d'estime pour cette maison née en 1989 et son Gran Callejo *gran reserva*.

PESQUERA
Le Pesquera (100 % tempranillo) de cette *bodega* née en 1972 mais bien établie s'est imposé partout. Alejandro Fernández est l'une des locomotives de la DO.

CONDADO DE HAZA
Cette jeune maison, conduite par Alejandro Fernandez, ajoute aux exploits de son Condado de Haza un excellent Alenza *crianza*.

BODEGAS LA HORRA
Cette *bodega* a été créée en 2005 par les propriétaires de Roda, grand nom de la Rioja. À partir d'achats scrupuleux de raisins, on vinifie deux cuvées de haute réputation, Corimbo et Corimbo1.

MATARROMERA SA
Cette maison a ébranlé le marché avec deux vins superbes 100 % Tinto Fino : Matarromera *gran reserva* et Matarromera *reserva*.

MAURO SA
Grâce aux conseils avisés de Mariano García (ex-Vega Sicilia), cette maison a hissé au plus haut niveau ses cuvées vendues sous l'étiquette Vino de Mesa de Castilla y León.

MONASTERIO SL
Bodega à la tête d'un vignoble de 78 ha qui produit le singulier Hacienda Monasterio *reserva* (tinta del País, cabernet-sauvignon, merlot) et un très bon *crianza*.

d'altitude. Les sous-sols sont constitués soit d'alluvions dans les parties basses de la vallée, soit d'ardoise dans les parties hautes, et sont recouverts d'une couche arable relativement fertile et profonde. Le climat est tempéré et très ensoleillé.
Le principal cépage rouge, le mencía, planté principalement dans le Bierzo et le Valdeorras, est identique au jaen portugais cultivé dans le Dão. L'autre cépage rouge est le garnacha tintorera. Les cépages blancs de qualité, le godello et le doña blanca, restent dans l'ombre du palomino.

Les techniques de vinification sont en pleine mutation dans cette région : les cuves en ciment ont été remplacées par des cuves en Inox et les pressoirs continus laissent la place aux pressoirs pneumatiques. Les vins rouges du Bierzo se déclinent dans tous les styles, du *joven* jusqu'au *reserva.* Le cépage dominant leur confère des qualités de fruité et de fraîcheur à condition de juguler ses rendements, naturellement généreux. La nouvelle génération de vinificateurs s'y emploie avec talent. Les blancs issus de godello et de doña blanca sont frais et plaisants.

PRODUCTEURS

MONTEBACO
Le Montebaco *crianza* de cette maison, d'un style très moderne, est très applaudi.

HERMANOS PÉREZ PASCUAS SL
Un des domaines références de l'appellation, propriétaire de 135 ha, qui offre une expression très classique et de garde des grands Ribera del Duero.

DOMINIO DE PINGUS SL
Ce domaine produit un « vin de garage » : le mythique Pingus, l'une des cuvées les plus chères au monde provenant de très vieilles vignes de tinto fino. Peter Sisseck, son concepteur, a aussi créé une gamme de négoce haute couture (cuvée Psi).

BODEGAS VEGA SICILIA
Établie depuis 1864, cette *bodega* se trouve véritablement à l'origine de la viticulture dans la vallée du Duero. Les cépages français (cabernet-sauvignon, merlot et malbec) qui avaient été apportés de Bordeaux perdurent, mais le tinto fino domine très largement l'encépagement du domaine (80 % du vignoble).
Les raisins proviennent exclusivement des vignes de la propriété, dont les rendements sont bas.
La demande est bien supérieure à la production.
La vinification est traditionnelle et les vins sont élevés dans 6 000 fûts de chêne. Les vins de Vega Sicilia ont beaucoup de caractère : ils sont très puissants, riches en alcool et en fruit, élevés en *barricas* pendant 3 à 5 ans avant de poursuivre leur vieillissement en bouteille. Le Vega Sicilia Unico, issu des plus vieilles vignes du domaine, et le Vega Sicilia Unico Reserva especial (assemblage de plusieurs millésimes) sont mis sur le marché après un vieillissement minimum de 10 années. Le Valbuena, considéré comme un second vin, est issu de vignes plus jeunes et bénéficie d'un vieillissement moins long, mais il exprime aussi les qualités d'un grand vin.

ABADÍA RETUERTA SA
Depuis 1990, l'œnologue bordelais Pascal Delbeck a replanté ce vignoble. Le domaine produit des cuvées de haut niveau dont la cuvée Selección Especial, très réputée. →

PRODUCTEURS

FINCA VILLACRECES
La famille Anton (groupe Artevino) a repris en 2003 ce domaine qui s'étend sur 60 ha plantés de tinto fino complété par le cabernet-sauvignon et le merlot. Vins puissants et amples réputés, en particulier la cuvée issue de vieilles vignes Nebro.

RUEDA

ÁLVAREZ Y DÍEZ SA
Plusieurs cuvées en verdejo et la cuvée Mantel, un blanc 100 % Sauvignon.

BELONDRADE
Un des domaines pionniers du renouveau de Rueda, créé en 1994 et qui s'est distingué par son Rueda vinifiée et élevée en barrique.

ANGEL LORENZO CACHAZO
Dès 1988, cette maison a imposé son Martivili Rueda Superior qui est une preuve éclatante des vertus du verdejo.

BODEGA OSSIAN
Un domaine jeune mais déjà célèbre pour ses Rueda issus de vieilles vignes d'altitude, travaillées en agriculture biologique et élevés en fûts.

BODEGAS VIDAL SOBLECHERO
Un vignoble d'une quarantaine d'hectares, moderne, qui produit des vins rouges sous l'étiquette Vdt de Castilla y Léon, et une série de beaux Rueda blancs.

CIGALES

COOPERATIVA DE CIGALES
Cette coopérative a été créée en 1957.

VALDELOSFRAILES
Domaine qui monte avec des vins issus du tempranillo.

TORO

EL ALBAR
Très bons vins de Toro élaborés par François Lurton, originaires de Bordeaux.

COVITORO
Avec 900 ha de vignes, cette coopérative est le principal producteur de la région.

FARIÑA SL
Fondée en 1940, cette *bodega* est une référence. Le Colegiata et le Gran Colegiata sont des exemples de ce que le Tinta de Toro peut donner de mieux.

NUMANTHIA
Fondé en 1998 et acquis par LVMH 10 ans plus tard, ce domaine possède un patrimoine exceptionnel de vieilles vignes (plantés à la fin du XIXe siècle pour les plus âgées). Il en ressort des vins particulièrement concentrés et puissants.

BODEGAS PINTIA
Créée par la famille Álvarez (Vega Sicilia) en 1995, cette *bodega* produit une seule cuvée (Pintia) qui bénéfice d'un long vieillissement en barrique puis en bouteille.

QUINTA QUIETUD
La moitié du vignoble est composée de vieilles vignes dont les plus âgées dépassent les 80 ans. Vins puissants, mûrs, bien dans le style de Toro.

BODEGA SAN ROMAN
Domaine créé en 1997 par Mariano García (Bodega Mauro) : 60 ha répartis entre très vieilles vignes et jeunes plantations qui donnent naissance à deux cuvées, San Román et Prima.

BIERZO

PRADA A TOPE
Créée en 1984, cette *bodega* vinifie la production de ses vignes ainsi que des raisins achetés.

DESCENDIENTES DE J. PALACIOS
Également connus pour leurs réussites à Priorat, Alvaro Palacios et son neveu ont développé un vignoble de 30 ha sur la commune de Corullon. De très vieilles vignes de Mencia donnent des vins tenus en très haute estime, dont la cuvée Corullon.

DOMINIO DE TARES
Bodega créée en 2000 qui s'est dotée d'un vignoble rassemblant des vieilles et très vieilles vignes (80 ans) de Mencia, assemblées ou non selon les cuvées. Une gamme de haut niveau avec un blanc raffiné issu du godello.

GALICE ET PAYS BASQUE

Carte page XXIII

Si le nord-ouest de l'Espagne diffère complètement du reste du pays, c'est sans aucun doute à cause de son climat influencé par la proximité de l'océan Atlantique. C'est aussi parce qu'il est relativement coupé du reste du pays par la cordillère Cantabrique. Cette région a été surnommée l'« Espagne verte » en raison de sa luxuriante végétation due à un climat tempéré, d'abondantes pluies et de sols riches. Cinq vins sont classés en DO dans l'*autonomía* de Galice (Galicia) : Rías Baixas, Ribeiro, Valdeorras, Monterrei et Ribera Sacra ; et trois dans le Pays basque : Txakoli et ses deux variantes.

Rias Baixas

C'est la DO la plus connue et, probablement, la meilleure de Galice. En effet, les autres sont restées presque inconnues jusqu'à l'arrivée de cette appellation sur la scène internationale en 1988. Le cépage principal est l'albariño. Rías Baixas est un des « nouveaux » vins les plus intéressants d'Espagne.
La DO Rías Baixas se divise en trois zones : Valle del Salnés (Val do Salnes en *gallego*, la langue locale) sur la côte ouest, près de Cambados, El Rosal (O Rosal) à la frontière portugaise et Condado del Tea (Condado do Tea). La base du sol est granitique et le climat maritime, en raison de la proximité de l'Atlantique : les hivers sont froids et les pluies abondantes. Les vins blancs, d'un style plutôt vif et frais, sont peut-être les meilleurs blancs d'Espagne.

Ribeiro

Les vignobles de Ribeiro, dans la province d'Orense, occupent trois vallées fluviales et jouissent d'un exceptionnel sol d'alluvions sur une base de granite. Le climat, tempéré, se caractérise par une plus grande amplitude thermique et moins de précipitations que près des côtes. Les principaux cépages sont le Treixadura (blanc) et le Caiño (rouge).
Le Ribeiro produit des vins légers et frais, essentiellement blancs (85 %) vinifiés pour être bus jeunes. Outre les rouges qui partagent ces caractéristiques, on produit également un rare vin blanc doux, Tostado, à partir de raisins passerillés.

Monterrei et Ribeira Sacra

Le petit vignoble de Monterrei, situé dans le sud de la province d'Orense, appartient au secteur le plus chaud de la Galice. L'essentiel des vignes est situé dans la vallée de Tamega. Les blancs, issus de doña blanca, de

godello et de treixadura, et les rouges, à base de mencía et de merenzao, sont plutôt frais et légers.
Dernière-née des appellations galiciennes, Ribeira Sacra est située à cheval sur les provinces de Lugo et d'Orense. Le climat, avec un bon ensoleillement et des précipitations modérées, est propice à la vigne. Le vignoble est disposé en terrasses sur les coteaux parfois très escarpés des vallées des fleuves Sil et Miño, ce qui impose souvent un travail manuel.
Les vins rouges issus du mencía dominent la production. Ce sont des vins plutôt frais et fruités, rarement élevés en fût et le plus souvent commercialisés dans le style *joven*. L'élevage en cuve préserve leurs arômes agréables de fruits rouges, de mûre, avec parfois une touche végétale ou réglissée. Les vins blancs, minoritaires, proviennent de variétés régionales comme le godello, le treixadura ou l'albariño.

Valdeorras

La plus orientale des appellations de Galice, Valdeorras, est limitrophe de Bierzo, en Castille-León. Ses vins sont d'ailleurs dans le même esprit, légers, frais, de style *joven*. Encore fortement influencé par l'Atlantique, le climat est malgré tout plus continental, ce qui se traduit, par exemple, par une amplitude thermique plus grande que dans le reste de la région.
La plupart des vignes se trouvent dans la vallée du Sil, où elles poussent sur des sols fertiles et de composition assez variée (schistes, calcaire, argile, granite). Les deux cépages les plus en vue sont le mencía pour les vins rouges et surtout le cépage local godello pour les vins blancs. Ce dernier, récemment redécouvert, fait le charme des vins de l'appellation. Il donne des vins très appréciés, structurés, capables d'un grand raffinement aromatique, et promis à un bel avenir.

Les DO de Txakoli

Le vin le plus septentrional d'Espagne est fait dans l'*autonomía* du Pays basque, composée de trois provinces : Vizcaya et Guipúzcoa au nord et Álava au sud. Deux des trois DO basques se situent dans les Provinces du Nord, Bizkaiko Txakolina et Getariako Txakolina.
Sur le golfe de Gascogne, le climat est maritime et les vignes sont plantées au pied des collines dans des sols alluviaux. On y produit un blanc sec frais et fruité (90 % de la production), parfois élevé sur lies, et un vin rouge léger avec les cépages locaux hondarribi zuri (blanc) et hondarribi beltza (rouge), tous deux dans le style *joven*. Le vin blanc est bu comme apéritif et accompagne en général la cuisine basque à base de poisson et de fruits de mer.
Une petite DO, Arabako Txakolina, a vu le jour en 2002 dans la Province d'Álava, elle aussi essentiellement consacrée aux vins blancs vifs et frais issus du hondarribi zuri.

PRODUCTEURS

Le vignoble du nord-ouest de l'Espagne est très morcelé : après des siècles de successions et de découpages, nombre de viticulteurs possèdent moins de 1 ha de terre. Les caves coopératives comptent souvent des centaines de membres, voire plus. Des capitaux considérables ont été investis pour moderniser les équipements de vinification, et tout est fait pour encourager le réencépagement avec des variétés de haute qualité.

RIAS BAIXAS

GRANJA FILLABOA
Cette entreprise familiale cultive depuis 1967 un joli domaine de 70 ha d'albariño. Les vins sont l'une des valeurs sûres de l'appellation.

BODEGAS MORGADÍO
Cette *bodega* moderne d'Albariño produit des vins de qualité. Elle possède quelque 30 ha de vignes.

BODEGAS VIÑA NORA
Une des valeurs sûres de la région connue pour ses vins élégants qui se déclinent en trois cuvées dont le Nora da Neve, fermentée et élevée en barrique.

PAZO DE SEÑORANS
Grand nom de l'appellation, ce domaine créé en 1989 signe des cuvées bien connues : le Pazo de Señorans, la Selección de Añada (vieilles vignes) et Sol de Señorans (fermentation en foudres).

BODEGAS MARQUÉS DE VIZHOJA
Les marques principales de cette entreprise sont Torre la Moreira (blanc) et Marqués de Vizhoja.

MARTÍN CÓDAX
Coopérative dynamique réunissant 270 membres et dont les vins sont largement exportés : les cuvées les plus en vue sont Martín Códax et Burgáns.

TERRAS GAUDA SA
Le Terras Gauda – albariño, loureiro, caiño blanco – est classé parmi les premiers vins de la région.

BODEGAS ZARATE
Petit domaine de moins de 7 ha répartis sur 11 parcelles cultivées avec soin. La *bodega* en tire une belle série de Riais Baixas et deux cuvées de rouge issues de cépages autochtones.

RIBEIRO

COOPERATIVA VITIVINÍCOLA DEL RIBEIRO
Fondée en 1967, cette coopérative a réussi à produire des vins blancs de qualité : Pazos de Ulloa.

PORTELA SAT
Cette *bodega* de 8 ha est à l'origine du Sol da Portela, un vin blanc issu des cépages torrontès et palomino, et du Señorío de Beade, un rouge issu du mencia et caiño.

EMILIO ROJO
Issu de cinq cépages (lado, treixadura, loureiro, torrontés et albariño), le blanc emblématique de ce producteur provient d'un petit vignoble en terrasses, travaillé en agriculture biologique.

VIÑA MEIN
Chef de file de la nouvelle génération connu pour ses vins blancs toniques et minéraux issus du treixadura assemblé à d'autres cépages locaux

VALDEORRAS

BODEGAS A TAPADA
Fondée en 1993, cette *bodega* produit deux vins blancs issus à 100 % du cépage godello (guitian), l'un en barrique, l'autre non.

RAFAEL PALACIOS
Rafael Palacios a créé son domaine en acquérant de vieilles vignes de godello sur les hauteurs de Valdeorras. Ses vins très amples et raffinés sont vite devenus les standards de l'appellation.

GETARIAKO TXACOLINA

EIZAGUIRRE
Cette petite *bodega* créée en 1980 appartient →

PRODUCTEURS

à la famille Eizaguirre, qui travaille son vignoble et achète du raisin à d'autres producteurs. Ses principales marques sont Berezia (blanc), Eizaguirre (blanc), Hilbera (blanc), Monte Garate (blanc).

TXOMIN ETXANIZ Le propriétaire de ce vignoble, situé dans la Cantabrique, est un personnage de l'agriculture et de la politique basque. Il produit un excellent blanc issu de l'assemblage du cépage hondarribi zuri (85 %) et du cépage hondarribi beltza (15 %), un cépage rouge vinifié en blanc.

CATALOGNE

Carte page XXIII

Comme d'autres *autonomías* du nord de l'Espagne, la Catalogne (Cataluña en castillan ou Catalunya en catalan) a derrière elle une longue histoire de pays indépendant. Jusqu'au milieu du XIXe siècle, cette région faisait des vins blancs oxydés à partir de toute une gamme de cépages mal adaptés. Le grand changement se fit en 1872, lorsque la première bouteille de Cava – vin effervescent obtenu selon la méthode traditionnelle (voir encadré p. 610) – fut produite par la famille Raventós. Josep Raventós, ayant constaté la popularité croissante du champagne, avait en effet décidé que la Catalogne pouvait rivaliser avec celui-ci. On planta des cépages de bonne qualité, et nombre de producteurs ne tardèrent pas à comprendre que les raisins en excédent pouvaient faire un agréable vin blanc sec, surtout dans les vignobles les plus en altitude. D'autres expériences sur les vins rouges, dans les années 1950-1960, montraient que la Catalogne avait un réel potentiel.

Cette région possède aujourd'hui onze DO : Montsant, Catalunya et Plá de Bages, les trois plus récentes, se sont ajoutées à Penedès, Conca de Barberà, Costers del Segre, Alella, Empordá, Priorato, Tarragone et Terra Alta. L'*autonomía* de Catalogne produit également plus de 90 % des vins de DO Cava.

Montsant

Cette prometteuse DO, créée en 2001, occupe 2 000 ha dans la zone centrale de la province de Tarragone, enserrant entièrement le vignoble de Priorat. Elle est largement consacrée aux cépages rouges, et notamment au cariñena et au grenache qui sont à l'origine de vins puissants, concentrés et riches en alcool.

Catalogne

L'appellation Catalunya couvre le territoire de 330 communes réparties sur les quatre provinces de Catalogne. Créée dans le but de permettre aux vins des petites appellations de la région, comme la DO Conca de Barberà, de trouver un débouché sur le marché, elle a connu un grand succès dès l'an 2000. Son aire se superpose à celle des dix autres DO catalanes et constitue une possibilité de repli pour les vins mis en bouteilles dans une DO, mais dont les raisins proviennent d'une autre, ou pour des assemblages de raisins provenant de plusieurs DO par exemple.

Plá de Bages

Cette DO récente regroupe des petites unités territoriales qui, jusqu'à présent, ont vécu comme des satellites de l'univers du Cava. Maccabeo, paralleda, picapoll, chardonnay, sauvignon et gewürztraminer en blanc, ull de Llebre, merlot, cabernet-sauvignon, cabernet franc et syrah en noir sont les cépages prédominants, avec un peu de grenache, pinot noir et malbec.

Penedès

Le Penedès se trouve juste au sud de la ville de Barcelone, dans les provinces de Barcelone et de Tarragone, et le centre régional des vins tranquilles est Vilafranca del Penedès. Le vignoble s'étage sur trois niveaux : la bande côtière de Bajo-Penedès, qui culmine à 250 m d'altitude et jouit d'un climat chaud, donne des vins assez ordinaires ; le Medio-Penedès, qui monte jusqu'à 500 m et dont le climat plus frais donne des raisins de meilleure qualité (la plupart des vignes de Cava se trouvent à ce niveau) ; l'Alt-Penedès, enfin, qui s'élève jusqu'à 800 m sur les contreforts des montagnes entourant le plateau central de la Meseta. C'est ici que poussent les meilleurs raisins, surtout pour les cépages rouges.
Depuis janvier 2000, une nouvelle réglementation délimite les meilleurs sols et impose la contre-étiquette « pédagogique » dans une DO qui a œuvré plus que toute autre pour faire entrer l'industrie vinicole catalane dans le monde moderne. L'encépagement est très éclectique et s'est ouvert à la plupart des grands cépages internationaux. Les rouges sont, par ordre de popularité : merlot, cabernet-sauvignon, ull de Llebre (tempranillo), pinot noir, syrah, Samsó et grenache. Les principaux cépages blancs sont le xarel.lo, le maccabeo, le parellada, le chardonnay, le muscat d'Alexandrie, le sauvignon et le gewürztraminer.
La production d'hier, dominée par des vins, lourds et oxydés, s'est orientée vers des vins bien plus modernes dans le sillage des producteurs d'avant-garde comme Torres ou Jean León. C'est dans cette zone qu'ont

LES VINS EFFERVESCENTS DE CAVA

Contrairement à la plupart des producteurs de vins effervescents du monde, Josep Raventós (voir p. 608) s'est concentré d'abord sur les cépages catalans en optant pour le maccabeo (connu ailleurs sous le nom de viura), le parellada et le xarel.lo, utilisés dans des proportions diverses. Certaines maisons modernes emploient aussi du chardonnay et du pinot noir.

On produit également des Cavas dans les provinces catalanes de Gérone (Girona), Tarragone et Lérida (Lleida). Cette DO sans attache géographique spécifique couvre même des zones délimitées de l'Aragon (Saragosse), de Navarre, de la Rioja, du Pays basque (Álava) et quelques autres vers Valence, en Castille-León et en Estrémadure.

Élaborés suivant la méthode traditionnelle de la seconde fermentation en bouteille (voir p. 258), les vins de Cava doivent passer un minimum de neuf mois en bouteille avant d'être commercialisés, mais la plupart des bouteilles restent dans les caves entre un et trois ans.

LES MAISONS DE CAVA

Codorníu. Codorníu, créée en 1551 par la famille Raventós, fut la première maison à produire des Cavas en 1872. Les principales marques sont Ana de Codorníu, Codorníu Classico, Gran Codorníu, Non Plus Ultra, Jaume de Codorníu.

Freixenet. Maison emblématique, Freixenet est le premier groupe mondial producteur de vins effervescents. Ses vins sont issus des trois cépages traditionnels du Cava (paralleda, macabeo et xarel'lo), déclinés au sein d'une gamme dont les marques principales sont Cordon Negro, Cordon Rosato, Carta Nevada, Corton Negro Vintage et Grand Cordon Negro, son Cava haut de gamme.

Autres producteurs. De taille plus modeste, ces *bodegas* comptent parmi les plus réputées : Agusti Torello Mata, Albet y Noya, Gramona, Juvé y Camps, Llopart ou Raventós i Blanc.

été installés les premiers systèmes de contrôle des températures d'Espagne, les premières cuves de fermentation en acier inoxydable et tout l'attirail de l'œnologie moderne.

Conca de Barberà

Cette petite zone d'appellation entre Tarragone au sud et Costers del Segre au centre de la région produit des vins tranquilles pleins de fraîcheur, de charme et de fruit. 80 % de la production sont des vins blancs de type *joven*. Le bassin (*conca* en catalan, *cuenca* en castillan) des rivières Francolí et Ganguera est protégé par des massifs montagneux. À une altitude moyenne de 500 m, il offre le genre de climat frais qui convient à la vigne de qualité. Son sol est à base de calcaire. Les principaux cépages sont le maccabeo et le parellada pour les blancs (environ 70 % du vignoble), le trepat, le grenache et l'ull de Llebre (tempranillo) pour les rouges, mais plusieurs variétés exogènes ont été introduites comme le cabernet-sauvignon, en rouge, et le chardonnay, le sauvignon et le viognier, en blanc.

Costers del Segre

Cette DO doit son nom au Sègre, dont le cours descend des Pyrénées pour rejoindre l'Èbre. Elle est divisée en sept sous-régions : Valls de Riu Corb et Les Garrigues à l'est, Artesa et Pallars au nord, Raimat et Segrià à l'ouest et Urgell au centre de l'appellation. Raimat est un vaste domaine qui s'est fait connaître en adoptant les techniques californiennes pour vinifier les cépages cabernet-sauvignon, chardonnay, tempranillo et quelques autres. Partout ailleurs dans la DO, une bonne partie des raisins est vendue en vrac ou aux producteurs de Cava.
Le vignoble s'étage entre 200 m d'altitude au nord et 400 m au sud, mais le sol est étonnamment uniforme d'un bout à l'autre : du calcaire recouvert de sable. Les principaux cépages sont le maccabeo, le parellada, le xarel.lo, le grenache blanc et le chardonnay pour les vins blancs ; le grenache, l'ull de Llebre (tempranillo), le cabernet-sauvignon, le merlot, le monastrell, le trepat et le mazuelo (cariñena ou carignan) pour les rouges.

Alella

À une certaine époque, Barcelone fut sur le point d'absorber dans ses banlieues Alella et ses vignobles. Mais l'octroi d'autorisations de plantation, en 1989, pour de nouvelles zones de plateaux (soit quatre nouveaux districts connus sous le nom collectif de Vallés), a permis à Alella de rester le centre d'une zone viticole à la réputation croissante.
Les vignobles s'étendent de la côte jusqu'aux contreforts de la cordillère catalane, à une altitude atteignant 90 m près de la côte, 90-160 m au centre et 160-260 m dans le Vallés. Le sous-sol est granitique dans les terroirs d'altitude et le sol devient de plus en plus sablonneux à mesure que l'on se rapproche de la côte. Le climat est méditerranéen, mais plus frais dans les hauts vignobles de l'Ouest. Les principaux cépages sont le pansá blanca (xarel.lo), le chardonnay et le grenache blanc, pour les vins blancs, et l'ull de Llebre (tempranillo), le grenache et le merlot pour les rouges et les rosés.

Empordá-Costa Brava

Dans la province de Gérone (Girona), près de la frontière française, l'appellation la plus septentrionale de la Catalogne jouxte les appellations Banyuls et Côtes-du-Roussillon. Les vignes poussent sur les contreforts du massif pyrénéen, culminent à 200 m puis descendent jusqu'au niveau de la mer dans de bons sols assez riches en calcaire. Le climat méditerranéen, chaud et humide, est rafraîchi par la tramontane qui souffle du nord.

Les principaux cépages sont le grenache et le carignan pour les rouges et les rosés, le maccabeo et le grenache blanc pour les vins blancs. Quoi qu'il en soit, le traditionnel vin de dessert rancio, appelé garnatxa, n'a pas disparu : issu de grenache, il est vinifié selon la technique du vin de paille, c'est-à-dire que les raisins sont séchés sur des claies de paille avant d'être pressés.

Priorato

C'est le véritable cœur de la viticulture traditionnelle catalane. Les vignes s'échelonnent entre 100 et 700 m d'altitude et sont généralement plantées en terrasses sur les flancs des montagnes. Il y règne un climat sec et relativement tempéré, beaucoup plus frais que dans les zones littorales. Le sol de licorella, constitué d'une alternance de quartz et d'ardoises, est unique dans toute l'Espagne et se montre particulièrement adapté aux cépages rouges dominants que sont le garnatxa negra (grenache noir), le cariñena (Carignan) et le cabernet-sauvignon.

En blanc, le garnatxa bianca (grenache blanc) et le maccabeo dominent. La région produit des blancs secs et quelques rosés, mais elle doit sa notoriété à ses rouges puissants, profonds et complexes qui justifient à eux seuls le statut de DOC obtenu par Priorato.

Tarragone

Tarragone faisait jadis un vin rouge doux, muté, souvent appelé « le Porto du pauvre ». Il existe toujours mais a depuis longtemps été supplanté, en termes de quantité, par des vins plus légers, vinifiés dans les trois couleurs. On y fait d'agréables vins de style *joven*, souvent de bon rapport qualité/prix, mais depuis la sécession du secteur de Falset (qui a obtenu sa propre DO sous le nom de Montsant), Tarragone a perdu l'une de ses zones les plus prometteuses.

Il reste aujourd'hui deux zones : celle de Tarragona Campo, la plus étendue et située à la plus grande altitude (jusqu'à 200 m au-dessus du niveau de la mer), et Falset-Ribera del Ebro, sur le delta de l'Èbre, à 100 m d'altitude. Les cépages principaux sont l'ull de llebre (tempranillo) et le carignan, pour les rouges, et le maccabeo, pour les blancs. Notons que subsiste une tradition de Moscatel.

Terra Alta

Terra Alta, la plus élevée et la plus méridionale des DO de Catalogne, borde l'*autonomía* d'Aragon. Les vignes sont plantées en moyenne à 400 m d'altitude, dans des vallées difficiles d'accès et cachées entre les montagnes, mais le sol calcaire et le bon drainage leur réussissent bien. Le climat continental, l'excellent ensoleillement et l'altitude limitent les plus grosses chaleurs. Le rancio doux ou vieilli en chêne était la norme avant la progression des vins blancs secs issus surtout du grenache blanc, et des rouges issus notamment du grenache, complétés par le carignan et quelques autres variétés. Grâce à son potentiel naturel, cette DO pourrait, à l'avenir, proposer de grands vins rouges.

PRODUCTEURS

Le vignoble catalan est en pleine mutation : nouveaux propriétaires, renaissance des variétés indigènes et expérimentation avec des cépages étrangers, ainsi que la généralisation de la mise en bouteilles, l'apparition du concept de château (*masía*) et de nouvelles appellations.

PENEDÈS

ALBET I NOYA
Cette maison pionnière de la viticulture biodynamique produit une vaste gamme de vins aussi large que fiable.

PARÉS BALTÀ
Domaine familial qui élabore des cavas et des vins tranquilles dont des rouges de belle réputation (Hisenda Miret, Absis…).

GRAMONA
Bodega connue pour ses cavas, en particulier les cuvées haut de gamme III Lustros et Celler Batlle, très longuement affinés en cave. Les vins tranquilles sont aussi de bonne facture.

CAN RAFOLS DELS CAUS SL
Cette *bodega* a su imposer ses Gran Caus et un Caus Lubis 100 % merlot.

JOSEP MARIA RAVENTÓS I BLANC
Ce grand producteur de cava a su aussi imposer son nom parmi les blancs tranquilles.

MIGUEL TORRES SA
Miguel Torres, personnalité incontournable de la viticulture espagnole, a résolu avec brio l'équation entre quantité et qualité. Une gamme irréprochable d'un excellent rapport qualité/prix qui comporte de grandes cuvées comme le Mas La Plana.

COSTERS DEL SEGRE

CELLERS CASTELL DE REMEI
Excellente signature avec le très recommandable « 1780 », issu d'un assemblage, entre autres réussites.

RAIMAT
La *bodega* la plus avant-gardiste de la région, propriété de la famille Raventós, produit également du Cava sous l'étiquette Raimat. Vaste gamme de vins tranquilles sous les étiquettes Clamor, Abadia et Castel de Raimat.

ALELLA

ALTA ALELLA
Cette entreprise est le plus grand propriétaire d'Alella qui produit des cavas et une gamme de vins tranquilles.

ROURA
Cave très moderne, connue pour ses cavas mais aussi pour ses vins tranquilles d'un bon rapport qualité/prix. →

PRODUCTEURS

EMPORDA-COSTA BRAVA

CAVAS DEL CASTILLO DE PERELADA
Ce château élabore d'assez bons blancs et un excellent rouge, le Castillo Perelada Gran Claustro.

PRIORATO

ALVARO PALACIOS
Expatrié de sa Rioja natale, formé à Bordeaux, Alvaro Palacios s'est établi ici en 1989, guidé par son ami René Barbier. Avec l'Ermita (vieilles vignes de grenache surtout), au prix faramineux, il a fait monter les enchères. Depuis, d'autres vins ont suivi, tout aussi recherchés, dont Les Terasses, cuvée la plus produite.

CELLERS SCALA-DEI
Les caves d'origine de cette maison datent du XVIe siècle. Le meilleur vin, étiqueté Cartoixa, est un rouge magnifique et puissant.

CLOS MOGADOR
René Barbier a déclenché une révolution vinicole dans cette appellation. Merveilleux Clos Mogador et autres cuvées qui font partie des plus belles réussites de l'appellation.

COSTERS DEL SIURANA, GRATALLOPS
Domaine très réputé connu pour ses vins particulièrement puissants et concentrés : Dolç de l'Obac qui conserve du sucre résiduel, Clos de l'Obac, Miserere ou Kyrie.

MAS D'EN GIL
Vaste domaine de plus de 120 ha doté d'un beau patrimoine de vieilles vignes, aussi connu pour ses rouges que pour ses blancs.

MAS IGNEUS
Propriétaire de trois vignobles pour un total de 11 ha, conduits en agriculture biologique, ce domaine est connu pour ses vins rouges mais les cuvées de blanc sont au diapason.

MAS MARTINET VITICULTORS
Avec son Clos Martinet, cette *bodega* s'est alignée sur les plus grands noms de l'appellation.

MONTSANT

CELLER DE CAPÇANES
Ce producteur est l'un des meilleurs représentants de cette appellation récente, avec des rouges de haut niveau (cuvée Cabrida) et un rouge doux non muté plein de caractère, baptisé Pansal del Calas.

JOSEP ANGUERA BEYME
Le Joan d'Anguera (syrah, garnatxa) est d'un très bon rapport qualité/prix.

TERRA ALTA

DE MULLER
Cette *bodega*, présente également dans les appellations Tarragona et Priorato, produit une vaste gamme de vins issus d'un vignoble de 100 ha.

LE CENTRE ET LE SUD DE L'ESPAGNE

Carte page XXIII

La région qui s'étend au sud de Madrid et au nord de l'Andalousie constitue le royaume des vins de consommation courante. Exception faite de l'Andalousie, les progrès de la viticulture réalisés ici ont été beaucoup plus lents et ne se manifestent actuellement que par des réussites encore isolées.

Si on a longtemps considéré que le climat aride était un obstacle à la production de vins de qualité, il devient évident qu'une sélection adaptée de cépages et de sites viticoles permet de produire de bons voire de très bons vins rouges, avec des rapports qualité/prix particulièrement intéressants. Les investissements récents, notamment dans la Manche, devraient à l'avenir porter leurs fruits.

Cette vaste zone peut se diviser en quatre grandes régions : le Levante à l'est, la Castille-La Manche autour, l'Andalousie à l'extrême sud et, enfin, les îles espagnoles, les Baléares et les Canaries.

Le Levante

Cette région s'étire le long de la côte est et inclut l'*autonomía* de Murcie (Murcia) et celle de Valence (Valencia), deuxième d'Espagne par la superficie de son vignoble.

Valencia est à la fois le nom d'une appellation viticole (DO) et de l'*autonomía* qui englobe deux autres DO, Alicante et Utiel-Requena. Les viticulteurs de Valence ont le droit d'assembler des vins des trois DO pour les appeler « Valencia ».

Les vignobles partent du niveau de la mer à Valence et montent jusqu'à 300-400 m d'altitude à Alicante et au-dessus de 800 m à Utiel-Requena. Raisins et vins sont donc très variés. Sur la côte, le climat est méditerranéen et le sol alluvial, et, à mesure que l'on s'élève, le climat devient continental et le sol calcaire. Les principaux cépages sont le monastrell, le grenache, le bobal et le tempranillo, pour les rouges, et le merseguera et le maccabeo, pour les blancs.

Les *bodegas* de Valence produisent un petit vin de coupage bon marché, souvent étiqueté à la demande du client, jusqu'à d'honnêtes rouges de *crianza* ou de *reserva* ainsi que des blancs doux.

Une nouvelle appellation, Bullas, est venue s'ajouter à Jumilla et Yecla, les deux DO de Murcie situées à l'ouest d'Alicante, dans un pays semi-aride, et qui ont toujours suivi à peu près la même évolution que Valence. Les vignes sont plantées jusqu'à 700 m dans un bon sol reposant sur un sous-sol calcaire. À cette latitude, l'altitude ne compense guère l'ardeur du soleil, et seules des techniques viticoles sûres permettent aux raisins de conserver un minimum d'acidité jusqu'aux vendanges. Le monastrell et le cencibel (tempranillo) sont les cépages préférés pour les rouges, le merseguera et l'airén pour les blancs. La mode actuelle va vers les vins de style *joven*, mais l'on trouve aussi des *crianzas* élevés dans des fûts de chêne américain.

Castille-La Manche

L'*autonomía* de Castille-La Manche est une vaste zone qui couvre toute la moitié sud de la Meseta. Bien que produisant à elle seule la moitié des vins espagnols avec un vignoble de près de 460 000 hectares, elle ne compte que neuf DO : Almansa, Manchuela,

La Mancha, Méntrida, Mondéjar, Valdepeñas, Vinos de Madrid, Ribera del Júcar et Uclés.

À l'extrémité est, Almansa tient bien plus du Levante que des autres DO de la Manche. Les vignes poussent dans les parties les plus basses, sur des terrains plats et le climat continental est à la limite du semi-aride. L'Almansa est un pays de vins rouges issus de monastrell, de cencibel (tempranillo), de grenache, et, depuis peu, de cabernet-sauvignon, merlot et syrah. En blanc, les verdejo, chardonnay et sauvignon blanc ont été récemment privilégiés

En 2001, la DO Manchuela a vu le jour. Son territoire englobe près de 100 000 hectares de vignes, mais très peu sont effectivement plantés, essentiellement dans le sud-est de la province de Cuenca et le nord-est de la province d'Albacete. Perchées à des altitudes comprises entre 600 et 700 m, les vignes sont à l'origine de vins de style *joven* issus d'albillo, de maccabeo et de chardonnay, pour les blancs, et de bobal, de cencibel et de cabernet-sauvignon pour les rouges et rosés.

Le sud de la province de cencibel accueille depuis 2003 la nouvelle DO Ribera del Júcar. Environ 9 000 hectares sont dédiés en priorité aux cépages rouges Cencibel, cabernet-sauvignon, merlot, syrah ou bobal.

La DO La Mancha, accordée en 1966, est la plus vaste appellation d'Espagne. Son nom fut longtemps associé à des vins de qualité médiocre vendus en vrac. Déterminés à faire quelque chose de l'omniprésent Airén, les nouveaux investisseurs arrivèrent à leurs fins au milieu des années 1980 : grâce aux nouvelles méthodes de vinification soignée, l'Airén finit par produire des vins agréables et bon marché. En parallèle, des domaines beaucoup plus ambitieux se sont fédérés en une association, les Grandes Pagos de Castilla, qui a donné naissance en 2003 au concept de *vino de pago*. La région accueille la moitié des domaines de cette illustre catégorie. Les vignes sont plantées en altitude, entre 500 et 650 m. La sécheresse et la chaleur sont extrêmes l'été, tandis que l'hiver est glacial. Les sols sont toutefois relativement bons, l'altitude et les températures extrêmes permettant aux pieds de vigne d'échapper aux insectes et à la pourriture.

À l'ouest de la Mancha, la DO Ribera del Guadiana, divisée en 6 sous-zones, offre une grande diversité de vins, dont des rouges issus majoritairement de tempranillo, garnacha et cabernet-sauvignon.

Méntrida, au sud-ouest de Madrid, est une autre zone de très grande production. Les modifications apportées ces dernières années à la législation des DO en matière de puissance alcoolique pourraient bien réserver quelques bonnes surprises. Les cépages, principalement le cencibel et le cabernet-sauvignon, donnent de bons résultats.

La DO Méntrida, dans la province de Tolède, a prouvé le potentiel de ses vignobles les plus en altitude grâce à l'arrivée de bons producteurs qui ont su exploiter les vieilles vignes de grenache notamment. C'est aussi dans cette région que s'est illustré Carlos Falcó (marquis de Griñón), œnologue diplômé de l'université de Californie (Davis), qui a importé le savoir-faire bordelais dans son vignoble de Malpica de Tajo : il a planté du cabernet-sauvignon et du merlot et installé un système d'irrigation californien (le goutte-à-goutte, interdit en Espagne, sauf pour les vignobles « expérimentaux »). Aujourd'hui, ce domaine est l'un des plus réputés et fait partie de la catégorie *vino de pago* sous le nom de Dominio de Valdepusa.

Avec ses 800 ha, répartis sur vingt communes, la DO Mondéjar produit essentiellement des rouges issus de cencibel et de cabernet-sauvignon et quelques blancs à partir des cépages maccabeo, malvar et torrontes.

Valdepeñas, enfin, est la seule région de Castille-La Manche qui peut s'enorgueillir d'une ancienne tradition de vins de bonne qualité. Sur le plan géographique, elle constitue une sorte d'enclave à l'intérieur de la Manche : bien placée sur les pentes orientées au sud, à une altitude de 700 m, elle est protégée des vents dominants par les montagnes. Son sol est à base de calcaire, son climat tend vers le semi-aride, mais son sous-sol calcaire profond retient l'eau. Les cépages utilisés en Valdepeñas sont les mêmes que dans la Manche, avec un peu plus de cencibel et de vins rouges. Les blancs sont élevés dans le style *joven* et les meilleurs rouges (100 % de cencibel) atteignent facilement le niveau *gran reserva*.

Les vignobles de la DO Vinos de Madrid fournissaient autrefois de bons vins de tous les jours aux habitants de la capitale. Aujourd'hui, la plupart sont faits dans le style *joven*, mais quelques producteurs ont prouvé l'aptitude des vieilles vignes locales à produire de grands vins rouges.

L'Andalousie

Le sud de l'Espagne ne comprend qu'une seule immense *autonomía*, l'Andalousie (Andalucía). C'est dans ce pays, à Jerez de la Frontera, qu'est née l'industrie vinicole espagnole. Le vin local, robuste et avec un fort degré alcoolique, fut en effet déjà exporté du port de Cadix par les Phéniciens à la fin du IIe millénaire avant notre ère. Depuis, toute la viticulture s'est développée dans le moule du Xérès. Mais, outre les appellations Xérès (Jerez) et Málaga (voir p. 621 et 627), l'Andalousie abrite deux autres appellations : Condado de Huelva, près de la frontière portugaise, et Montilla-Moriles, dans la province de Cordoue (Córdoba). Granada possède aussi son vignoble (classé en *Vinos de calidad*), perché à plus de 1 000 m d'altitude.

Lorsque le marché du Xérès commença à rétrécir, l'appellation Condado de Huelva, classée DO en 1964, se diversifia en vinifiant le cépage zalema, une variété au goût assez neutre, en *joven afrutado*, un nouveau style de vin léger fermenté à basse température. Mais la région

LES ÎLES ESPAGNOLES

LES BALÉARES

La première appellation non continentale, Binissalem, à Majorque, fut attribuée en 1991. Elle se trouve au nord-est de Palma, au centre de la plus grande des îles Baléares, à une altitude comprise entre 250 et 300 m. Quelques producteurs ont sorti les vins de Binissalem de l'anonymat en jouant la carte des cépages locaux, dont le moll en blanc et surtout le très intéressant manto negro en rouge. Depuis 2001, la DO Plá i Llevant rassemble plusieurs vignobles situés dans les vallées du centre et de l'est de l'île.

LES CANARIES

À la première DO, Tacoronte-Acentejo à Tenerife, créée en 1992 se sont ajoutés au fil des ans neuf autres DO. Abona, El Hierro, Gran Canaria, La Gomera, La Palma, Lanzarote, Valle de Güímar, Valle de la Orotava et Ycoden-Daute-Isora. Dans ce vignoble au climat subtropical, il existe deux cépages locaux, le Listán Negro et le Negramoll, sans oublier le Malvoisie (Malvoisía).

PRODUCTEURS

Bodega José Ferrer, DO Binissalem (Majorque)
Aujourd'hui, la *bodega* de José Ferrer est l'une des plus importantes et des plus actives de l'île.

Celler Ca Sa Padrina, DO Binissalem (Majorque)
Créée en 1999, cette *bodega* dont le vignoble s'étend sur 9 ha a misé sur les meilleurs cépages locaux pour produire deux belles cuvées à base de manto negro et de moll.

Bodegas Monje (DO Tacoronte-Acentejo)
Cette *bodega* a réussi un excellent rouge, le Monje de Autor.

n'a pas pour autant cessé de produire des vins mutés traditionnels, appelés Condado Pálido et Condado Viejo, équivalents des Olorosos.

Quant à l'appellation Montilla-Moriles, elle a réussi à se faire un nom tout en suivant la mode des *jovenes afrutados*. Classée DO en 1945, elle fait aujourd'hui des vins de style *joven*, des *vinos crianzas* (non mutés) ainsi que les traditionnels *vinos generosos* doux (mutés et vieillis en *soleras*, comme les Xérès). Le principal cépage blanc est le pedro ximénez. Les vignes poussent entre 700 et 300 m d'altitude, là où la Meseta descend vers la côte sud : le climat va de semi-aride à continental, avec des étés très chauds (jusqu'à 45 °C) et des hivers courts et froids. Les meilleurs sols, au centre de la région, sont des *albarizas* calcaires, comme à Jerez, et l'ensemble de ces vignobles de meilleure qualité est appelé collectivement la région Superior. Ailleurs, les sols sont plutôt sablonneux, et les rendements plus élevés.

PRODUCTEURS

Dans ces zones jadis réservées à la production de vins ordinaires, mais avec des trésors comme les Fondillón, coopératives et *bodegas* investissent dans la technologie afin de diversifier leur production.

ALICANTE

Située dans la région du Levante, cette appellation s'étend sur les contreforts de la Meseta. La presque totalité de la production est élaborée par des coopératives, qui sont souvent mal équipées.

BODEGAS GUTIÉRREZ DE LA VEGA
Née en 1973, cette *bodega* (10 ha de vignoble) a révolutionné le marché des nouveaux Muscats avec Casta Diva, Cosecha Dorada et Cosecha Miel.

SALVADOR POVEDA
Cette *bodega* est une référence depuis 1918. Elle produit un surprenant Fondillón, un liquoreux issu à 100 % de monastrell, un Muscat et des vins rouges.

PRIMITIVO QUILES, NCR
Le Fondillón de cette *bodega* est l'un des vins moelleux les plus célèbres de la Méditerranée : l'austère roi Philippe II fit cadeau d'une bouteille à l'empereur du Japon et les mousquetaires de Dumas en font l'éloge. Le Fondillón Rancio Primitivo Quiles est l'un des premiers de la classe.

UTIEL-REQUENA ET VALENCIA

Ces deux appellations du Levante se trouvent dans l'arrière-pays de Valence.

VICENTE GANDÍA PLÁ
Établie depuis 1885 à Valence, cette *bodega* élabore le Castillo de Liria, le plus populaire des rouges et des rosés, mais aussi un bon rouge, le Hoya de Cadenas.

JUMILLA

La production de cette zone d'appellation aride du Levante est dominée par la grande coopérative de San Isidro.

AGAPITO RICO
Cette *bodega* a contribué au renouveau de Jumilla, en particulier grâce à sa cuvée Carchelo qui a montré tout le potentiel du cépage monastrell dans la région.

BSI SAN ISIDRO
Créée en 1935 sur un vignoble de 3 500 ha, BSI a su prendre le virage avec un blanc pur Airén (Sabatacha), le Gémina, rouge, et le moelleux Lacrima (100 % monastrell).

BODEGAS CASA CASTILLO
Le domaine a effectué un virage complet à partir des années 1990 et offre de beaux rouges riches dont le très intense Pie Franco, un pur Monastrell.

BODEGAS EL NIDO
Haut de gamme de la région, connu pour ses vins rouges concentrés issus des cépages monastrell et cabernet-sauvignon, vendus à prix d'or (cuvée El Nido).

YECLA

Cette appellation du Levante est enclavée entre les DO Jumilla, Alicante et Almansa.

CASTAÑO
Le vin blanc, Maccabeo Castaño, et les rouges, Castaño (90 % monastrell), Hécula et Dominio Espinal, sont des modèles de la DO.

ALMANSA

Cette petite DO dans la région Castille-La Manche jouxte Jumilla et Yecla.

BODEGAS PIQUERAS
Cette *bodega* est une institution depuis 1915. Son Castillo de Almansa (airén, monastrell-cencibel) dans les trois couleurs est vendu à un prix très modeste.

LA MANCHE

Au centre de l'Espagne, en Castille-La Manche, cette DO est la plus vaste appellation viticole de l'Europe. Elle compte 180 000 ha. →

PRODUCTEURS

CENTRO ESPAÑOLAS SA
Cette maison convainc avec un Allozo *crianza* et un *reserva* 100 % tempranillo.

PAGO FLORENTINO
Ce domaine récent bénéficie du rang de *vino de pago*. Il élabore une seule cuvée 100 % tempranillo, élevée en barriques neuves pendant 8 mois.

BODEGAS YUNTERO
Coopérative moderne et dynamique, source de bons vins de la région.

VINOS DE MADRID

Cette appellation est située au sud-est de Madrid.

BODEGA BERNABELEVA
Un beau patrimoine de vieilles vignes bien exploité et des vins rouges et blancs qui explorent avec bonheur les cépages locaux (grenache, albillo, moscatel…).

BODEGA MARAÑONES
Remarquable domaine d'une vingtaine d'hectares, mené en agriculture biologique, et planté de vieilles vignes de grenache et d'albillo. Les vins sont remarquables de plénitude et d'équilibre.

MENTRIDA

Appellation située au pied de la Sierra de Gredos, dans la région de Tolède.

BODEGAS CANOPY
Créé en 2003, ce domaine exploite 20 ha de vieilles vignes de grenache et de syrah, situés à haute altitude. Rouges et blancs sont parmi les plus convaincants de cette appellation en plein renouveau.

BODEGAS JIMENEZ-LANDI
Un domaine d'une trentaine d'hectares, plantés en altitude, essentiellement de grenache, qui produit une série de vins rouges particulièrement séduisants.

DOMINIO DE VALDEPUSA
Le Domaine du Marquès de Griñon, classé *vino de pago*, est le plus célèbre de la région. Issus des cépages cabernet-sauvignon, syrah ou petit verdot, ses vins sont de classe internationale.

VALDEPENAS

Cette appellation jouxte celle de La Manche au sud.

MIGUEL CALATAYUD
Le Vegaval Plata Cencibel fait concurrence à un Cabernet-Sauvignon.

CASA DE LA VIÑA
Dans cette propriété du groupe Bodegas y Bebidas, le cencibel s'exprime dans un Casa de la Viña *crianza* d'un bon rapport qualité/prix.

COSECHEROS ABASTECEDORES
Cette *bodega* produit un vin classique dont se détachent les Cencibel 100 % pata negra et Señorío de los Llanos.

VIÑEDOS Y BODEGAS VISAN SL
Jeune domaine qui a su se faire connaître par son excellent Castillo de Mudela *reserva*.

MONTILLA-MORILES

Cette DO est située à 40 km de Cordoue, en Andalousie.

ALVEAR
La doyenne de la DO (1729) est toujours gérée par un membre de la famille Alvear. Son Fino C.B. et son Pedro Ximénez 1927 sont excellents, le Pedro Ximénez 1830 est époustouflant.

NAVISA (IND. VINÍCOLA ESPAÑOLA SA)
Ce domaine produit des Finos comme le Cobos ou le Pompeyo et un succulent Tres Pasas moelleux.

PÉREZ BARQUERO
Un siècle de vie et une marque, Gran Barquero, dont toutes les bouteilles n'ont rien à envier aux plus grands du genre.

BODEGAS TORO ALBALÁ SA
Depuis 1922, cette *bodega* est installée dans une ancienne centrale électrique. Elle dispose d'un vignoble de 70 ha plantés de pedro ximenez et achète des vins locaux. Le domaine est connu pour ses vins doux puissants qui peuvent atteindre, après un long vieillissement en milieu oxydatif, une richesse et une complexité uniques.

XÉRÈS

Carte page XXIII

Situé dans la province de Cadix, à l'extrême sud-ouest de l'Andalousie, face à l'Atlantique, le vignoble du Xérès occupe le centre d'un triangle formé par trois villes, au nord de la ville de Cadix : Jerez de la Frontera, dans les terres, Sanlúcar de Barrameda, sur l'estuaire du Guadalquivir, et Puerto de Santa María, à la pointe de la baie de Cadix. Le climat, généralement chaud, peut devenir très chaud et très sec pendant l'été, même s'il reste tempéré par l'océan. Deux vents dominent : le Levant, sec, qui vient de l'est, et le Ponant, qui apporte l'humidité de l'Atlantique. Le sol calcaire porte le nom d'*albariza.* L'association de ce sol idéal pour les vins blancs et du climat chaud, relativement humide, donne d'excellentes conditions de culture. La région de Xérès tend à devenir la région d'un seul cépage blanc, le palomino (palomino fino), qui couvre 95 % du vignoble et supplante peu à peu les autres cépages, comme le pedro ximénez – dont le vin doux sert toujours à faire des Xérès doux – et le moscatel fino, devenu très rare.

Du raisin à la flor

Au cours des premières semaines de septembre, les raisins sont récoltés et apportés au pressoir. Autrefois, les hommes portaient des chaussures cloutées pour les fouler au pied, mais aujourd'hui on utilise des pressoirs continus horizontaux ou des pressoirs hydrauliques modernes. Après fermentation complète du jus, on obtient un vin blanc sec qui atteint naturellement entre 11 et 12° d'alcool. C'est à ce stade que les vins blancs de Xérès changent de nature, comme par magie. Même s'ils se déclinent plus tard en une gamme très diverse (voir encadré p. 623-624), on distinguera d'abord les deux qualités les plus réputées, le Fino et l'Amontillado. Lorsque la fermentation est terminée, on transvase le vin dans des tonneaux de 600 litres qu'on ne remplit pas complètement. Tandis que les vins vieillissent dans la fraîcheur des vastes chais de la *bodega*, une fleur de moisissure *(Saccharomyces beticus),* appelée *flor*, apportée par le Ponant et apparue à la fin de la fermentation, peut couvrir la surface du vin. Quand elle arrive, elle protège le vin de l'oxydation au contact de l'air, inéluctable dans ces fûts, et lui donne son caractère unique. La *flor* ne se développe jamais exactement de la même manière d'un fût à l'autre. C'est pour cette raison qu'on peut classer les vins de Xérès en différentes catégories dès le début de leur évolution. Les fûts présentant une *flor* abondante sont classés en *palmas* et mis à part ; ils donneront naissance au Fino

LE SYSTÈME DE LA SOLERA

Le principe d'élaboration du xérès réside dans l'assemblage de vins issus de fûts divers et d'âges différents.

Les fûts sont alignés en rangées de trois ou quatre hauteurs (parfois bien plus) formant en quelque sorte une pyramide. L'échelon le plus bas, appelé *solera* (signifiant « sol ») est constitué des plus vieux vins de la pyramide. Le second étage, appelé *primera criadera*, renferme des vins un peu plus jeunes et ainsi de suite jusqu'à la dernière *criadera* qui accueille donc les vins les plus récents.

Les vins destinés à la consommation sont toujours soutirés des fûts de la *solera*. Pour chacun de ces prélèvements on ne ponctionne qu'une petite partie du contenu de chaque fût. Les vins ainsi prélevés sont ensuite remplacés par ceux de la première *criadera*, eux-mêmes remplacés par ceux de la seconde *criadera* et ainsi de suite jusqu'à la dernière rangée de la pyramide.

Le Xérès provient donc de multiples assemblages, car chaque bouteille contiendra des vins d'âges différents assemblés à l'intérieur d'une même *solera* et de différentes *soleras* entre elles.

(avec la possibilité de classement en Amontillado lorsque la *flor* a terminé son travail). Ils sont légèrement mutés à l'eau-de-vie pour atteindre 15 % vol. Les fûts où la *flor* ne se développe pas sont classés comme *raya* et serviront à faire l'Oloroso : ils sont immédiatement mutés à 18 % vol. (la *flor* ne vit plus au-delà de 17,5 % vol.) et élevés séparément.

L'évolution récente

Les graves problèmes de surproduction qu'a connus ce vignoble dans les années 1980 et 1990 ont donné naissance à un programme destiné à améliorer l'image du xérès aux yeux d'un public amateur de blancs légers. La DO Jerez-Xérès-Sherry y Manzanilla-Sanlúcar de Barrameda est désormais l'appellation la plus réglementée d'Espagne. Plantations, rendements, taille, vendange, prix des raisins et prix du vin, tout est contrôlé par le Consejo Regulador. Les vins doivent vieillir au moins trois ans dans les zones d'élevage autorisées, c'est-à-dire au sein des territoires des communes de Jerez de la Frontera, El Puerto de Santa Maria et Sanlúcar de Barrameda. Afin d'encourager un élevage le plus long possible, les *bodegas* ne peuvent vendre qu'une partie de leur stock chaque année. En outre, le Consejo Regulador exerce un contrôle particulier sur les maisons autorisées à faire de l'exportation.

LES DIFFÉRENTS STYLES DE XÉRÈS

Le xérès est un vin blanc muté, sec à l'origine, qui offre toute une palette de styles, du plus sec au plus sucré. Il se boit seul, à l'apéritif, ou accompagne des plats ; on peut le servir au début du repas, ou à la fin. Pour cette raison, il est parfois qualifié de vin muté le plus universel.

Le Xérès se divise en deux familles, les Finos, secs et légers, et les Olorosos, plus colorés et plus puissants, dont sont issus tous les autres. Les Finos sont tributaires de la *flor* alors que les Olorosos ne le sont pas. Le Fino doit se boire très jeune et ne vieillit pas en bouteille, tandis que les autres xérès peuvent se conserver plusieurs années.

LES FINOS

Manzanilla Fina. Le Manzanilla est un style de Fino très sec qui est produit dans les *bodegas* du bord de mer, à Sanlúcar de Barrameda, à l'embouchure du Guadalquivir. C'est le plus sec et le plus léger de tous ; on s'accorde à lui reconnaître un goût particulier, légèrement salé, qu'on attribue à la proximité de la mer. La couche de *flor* y est souvent plus épaisse et la maturation plus lente. Comme les raisins récoltés sont généralement moins mûrs, le Manzanilla est légèrement plus acide. Il est muté à 15,5 % vol. avant son expédition.

Manzanilla Pasada. Manzanilla Fina dans lequel la *flor* a disparu et qui a commencé à vieillir.

Fino. Le Fino appartient à la catégorie des vins les plus secs, produits à Jerez et à Puerto de Santa María. Le Fino de Jerez, qui est le plus connu, est plus concentré, celui de Puerto est plus tendre et plus léger. Le Fino est élevé sous une couche de *flor* qui le protège de l'oxydation et lui conserve toute sa fraîcheur. Issu de palomino à 100 %, il est généralement muté pour atteindre 15,5 à 17 % vol. Une fois la bouteille ouverte, le Fino, qui paraît plus fragile, perd rapidement sa fraîcheur.

Amontillado. L'Amontillado est un vin qui a dépassé le stade du Fino pour évoluer vers une teinte ambrée, presque dorée, et vers des arômes de noix. Le vin ne pouvant atteindre ce niveau avant d'être passé dans le système de *solera* pendant au moins huit ans, les Amontillados bon marché sont fabriqués par assemblage et en tuant la *flor* pour accélérer l'évolution du vin. L'Amontillado est naturellement sec.

Medium. C'est un Amontillado légèrement doux. Cette caractéristique s'obtient grâce à l'adjonction de pedro ximénez – un cépage donnant un vin très noir et sucré, car ses raisins sont séchés au soleil avant d'être pressés.

→

Palo Cortado. Le Palo Cortado est un vin qui a commencé comme un Fino, qui a évolué en Amontillado avant d'être élevé comme un Oloroso. C'est un vin rare et cher, long et puissant, d'une grande complexité de saveurs.

LES OLOROSOS

Oloroso. L'Oloroso (littéralement « parfumé ») désigne une catégorie de vin sur laquelle la *flor* ne s'est jamais développée ; muté jusqu'à 18 % vol. au début de son élevage, il peut ensuite atteindre 24 % vol. Comme l'authentique Amontillado, le véritable Oloroso est toujours sec, riche et concentré.

Cream. C'est un Oloroso sucré à la robe sombre, élaboré pour les mêmes marchés d'exportation que le Medium. Ce style de xérès fut lancé par la maison Harvey de Bristol (voir p. 626) à la fin du XIXe siècle. Sa douceur est obtenue par addition de xérès naturellement doux, issu généralement du cépage pedro ximenez.

Pale Cream. Le Pale Cream est issu d'un assemblage de Fino et d'Oloroso, adouci par adjonction de *dulce apagado* (vin doux obtenu par un apport d'eau-de-vie qui arrête la fermentation). Il a un aspect proche d'un Fino et le goût d'un Oloroso.

AUTRES STYLES

East India (ou Amoroso). Par ce terme on désignait autrefois un xérès dont on accélérait la maturation en lui faisant faire un aller et retour jusqu'en Inde.

Almacenista. C'est un xérès élevé par des petits grossistes (*almacenistas*, du mot espagnol *almacén*, « magasin ») qui, selon la réglementation, n'ont pas le droit de vendre au public ni d'exporter. Beaucoup de ces vins sont assemblés, mais il arrive qu'ils soient mis en bouteilles et vendus tels quels.

PRODUCTEURS

Les maisons de xérès siègent dans les villes de Jerez de la Frontera (pour l'ancienne frontière entre chrétiens et musulmans), Sanlúcar de Barrameda et Puerto de Santa María. Toutes disposent d'amples locaux de vinification et d'embouteillage ainsi que d'aussi vastes chais en surface, les *bodegas*, où s'empilent, sur jusqu'à cinq rangs, des milliers de fûts, afin d'effectuer les assemblages, la *solera*.

MANUEL DE ARGÜESO

Fondée en 1822 par Don Leon de Argüeso, cette *bodega* de Sanlúcar est réputée pour ses *almacenistas*, les meilleures cuvées des meilleurs millésimes qui ne font l'objet d'aucun assemblage. Parmi ses cuvées les plus connues, il y a les Manzanilla San León et Las Medallas et l'Amontillado Viejo VORS.

ANTONIO BARBADILLO

Créée en 1821, cette *bodega* est toujours dirigée par la famille Barbadillo. Elle possède 500 ha de vignes plantés en palomino mais aussi →

PRODUCTEURS

en cépages internationaux pour sa gamme de vins classiques. Elle dispose de 16 chais pour un total de 70 000 m^2 en copropriété avec Harvey (voir p. 626), situées dans le Jerez Superior. La vieille *bodega* du centre-ville dispose d'installations modernes à la périphérie. Solear et Muy Fina, sont de bons Manzanilla, mais l'Amontillado Príncipe est pareillement coté.

HIJOS DE RAINERA PÉREZ MARÍN
Cette *bodega* fondée en 1852 a été acquise en 2007 par le groupe Estevez. Avec son Manzanilla La Guita, elle est devenue très populaire.

SÁNCHEZ ROMATE
C'est en 1781 que Juan Sánchez de la Torre a créé cette *bodega* familiale à Jerez de la Frontera, où elle possède 100 ha de vignoble. Environ deux tiers de la production annuelle sont destinés à l'exportation. Parmi les vins réputés, citons l'Amontillado NPU, l'Oloroso Don José et le PX Duquesa.

LUIS CABALLERO
Ce groupe qui possède des *bodegas* dans différentes régions d'Espagne, contrôle la maison Emilio Lustau (voir p. 626) et a racheté en 2008 les marques phares de Domecq dont La Ina. Sous son propre nom, elle produit le Fino Pavon, l'Amontillado Don Luis ou l'Oloroso Real.

DELGADO ZULETA
Propriété familiale de taille moyenne, cette *bodega* de Sanlúcar fut fondée en 1744 et jouit d'une belle réputation. Son Manzanilla La Goya, du nom d'une célèbre danseuse de flamenco, fait partie des références de la catégorie. Parmi les autres réussites, notons l'Amontillado Quo Vadis ?

PEDRO DOMECQ
Pedro Domecq est sans aucun doute un des noms de xérès les plus connus, tant pour son célèbre Fino diffusé sous la marque La Ina que pour ses eaux-de-vie Fundador et Carlos. Cette entreprise domine le marché. Créée, curieusement, par un Irlandais du nom de Patrick Murphy en 1730, elle change de nom au XIXe siècle avec l'arrivée du Français Pedro de Domecq. Bien que la réputation de la maison Domecq ait été fondée sur son Fino La Ina, celle-ci mérite d'être connue tout autant pour ses Oloroso sec Rio Viejo et Sibarita, son Palo Cortado Capuchino et, enfin, son Dulce. Elle appartient aujourd'hui à Luis Caballero, via la maison Emilio Lustau.

DUFF GORDON
Un nom connu, qui appartient aujourd'hui au groupe Osborne (voir plus loin). Fondée en 1768 par Sir James Duff, consul britannique à Cadix, la maison fut dirigée par des Duff et des Gordon jusqu'à son rachat.

GARVEY
Le Fino San Patricio est le vin le plus connu de cette *bodega* du centre de Jerez. Il doit son nom au saint patron irlandais et aux liens étroits que cette maison (fondée en 1780 par William Garvey) a gardés avec l'Irlande. Elle possède un important domaine en Jerez Superior. Outre le célèbre San Patricio, elle produit également l'Oloroso Ochavico, l'Amontillado Tio Guillermo ou le Cream Flor de Jerez.

GONZALEZ BYASS
L'achat par la famille Gonzalez des parts de la famille Byass a mis fin à une liaison durable entre l'Espagne et l'Angleterre. Redevenue entièrement espagnole, cette société se consacre aujourd'hui à l'amélioration de ses vins qui sont d'ores et déjà d'une excellente qualité. Elle possède de magnifiques *bodegas* près du château de Jerez. Celle de La Concha fut construite par Eiffel, en forme de coquille. Outre sa grande marque très populaire Tio Pepe Fino, la *bodega* signe de belles cuvées →

PRODUCTEURS

comme ses vieux vins PX Noe, Palo Cortado Apostoles, Amontillado del Duque et Oloroso Matusalem.

JOHN HARVEY
Créée en 1796, cette grande maison ne disposait d'aucun lieu de production à Jerez jusqu'aux années 1970 et le rachat de plusieurs *bodegas*, dont la *bodega* El Brigadier où sont stockées près de 6 000 barriques. La maison Harvey commercialise un Dulce, Bristol Cream, qui est le numéro un du marché britannique et américain et une gamme qui comprend notamment un Fine Old Amontillado, un Palo Cortado et un Rich Old Oloroso.

VINÍCOLA HIDALGO
Le Manzanilla La Gitana est le plus célèbre vin de cette *bodega* établie à Sanlúcar. Tous les vins de cette marque, même les Amontillados et les Olorosos, se distinguent par cette finesse particulière des vins de Sanlúcar.

BODEGAS DE LOS INFANTES ORLEANS-BORBÓN
Cette maison fut fondée par des descendants du duc de Montpensier, parent de la famille royale espagnole. À l'origine, le vignoble de Sanlúcar servait à produire les vins pour leur consommation personnelle ; le reste était vendu au négoce. Le meilleur produit de cette maison, établie à Sanlúcar, est le Manzanilla Torre Breva.

EMILIO LUSTAU
Cette *bodega* de haute réputation a été la première à lancer les Xérès Almacenista sur le marché mondial puis les Xérès Landed Age, mis et élevés en bouteilles dans le pays d'exportation avant d'être vendus. Les experts plébiscitent les Pedro Ximénez San Emilio, Moscatel Emilín, Oloroso Emperatriz Eugenia, Lustau Almacenista mais aussi le Fino (Puerto Fino), la Manzanilla (Papirusa) et les Amontillados exceptionnels.

OSBORNE
Au cœur même de Puerto de Santa María, les vastes installations d'Osborne comprennent un dédale de cours ombragées, de jardins et pas moins de 40 *bodegas* disséminées autour de la vieille maison familiale des Duff Gordon, achetée par Osborne en 1872. Toujours propriété de famille, Osborne est à l'avant-garde des nouvelles technologies. La qualité des produits ne semble pas souffrir de l'immensité ni du modernisme de l'entreprise. Elle élabore des modèles de Xérès de Puerto, souples, élégants et légers, sans le mordant des Manzanillas de Sanlúcar ni la puissance des Finos de Jerez. On connaît surtout le Fino Quinta, l'Amontillado sec Coquinero et l'Oloroso sec Bailen. L'Osborne 10 RF (Reserva Familiale) est un Oloroso généreux et légèrement doux.

HEREDEROS DEL MARQUÉS DEL REAL TESORO
Le titre de marquis du Trésor royal fut créé par le roi Charles X en 1760 pour Joaquin Manuel de Villeña, seigneur de la marine espagnole qui, à bout de munitions lors d'un combat naval contre des pirates, avait fondu toute son argenterie pour alimenter ses canons. La *bodega* fut créée par le petit-fils de ce seigneur, en 1879, et ses héritiers l'ont longtemps dirigé avant son rachat par le groupe Estevez. Ses vins les plus réputés sont les Manzanilla La Bailaora, le Fino Tio Mateo, l'Amontillado del Duque ou l'Oloroso Almirante.

PEDRO ROMERO SA
Bodega de Sanlúcar, dont la principale étiquette est Viña el Alamo, mais on la connaît davantage pour son Manzanilla qui porte l'étiquette Aurora. Parmi les eaux-de-vie, il ne faut pas manquer d'évoquer l'« Indiscutible », dont le nom est suffisamment éloquent.

SANDEMAN
La célèbre et familière silhouette noire du « Don », avec son *sombrero* et sa *copita*, fut créée dans les années 1920. →

PRODUCTEURS

La maison, qui est aussi très active à Porto, appartient au groupe portugais Sogrape. Les lourds investissements de ces dernières années ont permis à cette maison d'améliorer considérablement la qualité de ses marques parmi lesquelles on compte le Don Fino, le vieil Amontillado Royal Ambrosante ainsi que le vieil Oloroso Imperial Corregidor, issus de très anciennes *soleras*.

VALDESPINO
Ni le plus connu ni le plus grand des producteurs de xérès, mais certainement le plus ancien : la famille Valdespino s'est établie dans la région de Jerez en 1264. Depuis 1999, la *bodega* est la propriété du groupe Estevez qui s'emploie à maintenir l'excellence de la production qui compte nombre d'*aficionados*. Side nouvelles installations ont été créées en dehors de Jerez, on reste fidèle à la tradition de la *bodega* avec des fermentations en barrique. Le plus beau xérès de la maison, le Fino Inocente, est un vin concentré et élégant qui provient d'un seul vignoble situé aux portes de la ville. Valdespino est aussi connu pour son Amontillado sec aux arômes de noix, le Tio Diego, son Oloroso Don Gonzalo, le Pedro Ximénez Ninos ou le Palo Cortado Cardenal.

WILLIAMS & HUMBERT
Cette maison fondée en 1877, propriétaire d'un vignoble de 350 ha, exporte 90 % de sa production. La cuvée la plus connue, commercialisée sous le nom de Dry Sack, est un très bon assemblage commercial d'Amontillado, d'Oloroso et de Pedro Ximénez. Le Dulce Pedro Ximénez Don Zoilo est d'une belle intensité.

MÁLAGA

Carte page XXIII

Ce qui reste aujourd'hui du vignoble de l'appellation Málaga se limite à moins de 1 200 ha de vignes. Il y a quelques années encore, la viticulture locale semblait vouée à la disparition, menacée par l'immobilier de loisir et une forte demande du marché pour le raisin sec. En outre, les vins très sucrés avaient perdu la faveur des consommateurs et ne l'ont retrouvée que vers le milieu des années 1990. Outre la DO Málaga réservée aux vins doux, la DO Sierras de Málaga, qui a vu le jour en 2000, permet l'élaboration de vins secs, blancs et rouges.

Les cépages et les sols

Les cépages prédominants de l'appellation Málaga sont le pedro ximénez, appelé pedo ximén dans la région de Málaga, suivi du moscatel. Pour la DO Sierras de Málaga s'ajoutent les cépages rouges romé, cabernet-sauvignon, merlot, syrah et tempranillo. Les sols évoluent depuis ceux, rouges, aux composants calcaires, situés au bord de la mer, jusqu'à ceux aux ardoises en décomposition et en déclivité prononcée de l'Axarquía, dans l'arrière-pays. Le climat est méditerranéen sur la côte (400 mm de pluie par an) mais continental, avec de fortes gelées, à l'intérieur (plus de 550 mm de pluie).

La vinification et les styles de Málaga

Le Málaga est un vin doux produit selon plusieurs techniques : la plus traditionnelle consiste en un mutage avant ou en cours de fermentation avec une certaine quantité de sirop ou *arrope*, jus de raisin chauffé et réduit. La proportion et la composition de l'*arrope*, dont il existe plusieurs versions, donne sa personnalité au vin en le caramélisant et en lui apportant plus ou moins de couleur, de douceur et d'épaisseur. Après mutage, le vin vieillit traditionnellement en *solera* pendant une durée variable, de 6 mois pour les Málaga Pálido à plus de cinq ans pour les Málaga Trasañejo, en passant par les Málaga Noble (2 à 3 ans) et les Málaga Añejo (3 à 5 ans).

Ce type de Málaga, qui peut être de très longue garde, conserve ses amateurs, mais les producteurs qui assurent aujourd'hui le renouveau de l'appellation se concentrent sur des Málagas d'un nouveau style, issus de vinifications modernes qui privilégient fraîcheur et pureté des arômes du muscat. Ce sont en général des vins naturellement doux, non mutés, qui conservent après fermentation une partie du sucre naturel des raisins qui ont été vendangés mûrs et passerillés. Ils peuvent être élevés en cuve ou en fût.

PRODUCTEURS

Autrefois, on comptait plus d'une centaine de *bodegas* installées près du port, au centre-ville de Málaga. Depuis, leur nombre s'est considérablement réduit.

BODEGAS MALAGA VIRGEN
Cette maison de référence, fondée en 1885, était connue sous le nom de Lopez Hermanos avant de prendre le nom de sa cuvée la plus célèbre, le Málaga Vírgen, un vin doux issu du pedro ximénes. Le domaine a été entièrement réorganisé et possède deux sites. La gamme est large et illustre toute la diversité des types et styles de vins produits dans la région.

TIERRAS DE MOLLINA
Le vignoble de 775 ha de cette maison créée en 1977 donne le Montespejo, un blanc sec, et les Carpe Diem – un Añejo et un Dulce Natural –, qui sont destinés à l'exportation.

JORGE ORDOÑEZ & CO
Créé par Jorge Ordoñez en 2004, en association avec la famille Kracher (célèbre producteur de vins liquoreux autrichiens), ce domaine haut de gamme produit de grands vins doux de Málaga, telles les cuvées Selección Especial, Victoria, les Viejas Viñas et Esencia vinifiées en futs.

COMPAÑIA DE VINOS TELMO RODRIGUEZ
Après un parcours dans quelques domaines prestigieux, Telmo Rodriguez a créé sa propre structure pour produire aux quatre coins de l'Espagne des vins à fort caractère issus des cépages traditionnels de chaque région. Parmi beaucoup d'autres belles réussites figurent ses vins de Málaga.

PORTUGAL

Carte page XXII

Le Portugal est terre de contrastes. Ce pays qui n'occupe qu'un septième de la péninsule Ibérique peut en effet se prévaloir d'une grande diversité de vins. Comparez un verre de porto et un verre de *Vinho verde* blanc. Le premier est souvent sombre, toujours capiteux et concentré ; l'autre est pâle, léger, presque pétillant. On ne saurait faire plus différent, et pourtant ils proviennent de régions adjacentes. Au Portugal, le rôle de la topographie et du climat est primordial. Sur la côte, les vins sont façonnés par l'Atlantique alors qu'à l'intérieur des terres, au-delà des montagnes, l'effet régulateur de l'océan s'atténue. La pluviosité peut varier de 1 500 mm par an sur la côte à moins de 500 mm à l'intérieur des terres. Les vignes sont omniprésentes du nord au sud du pays, exception faite des plus hautes montagnes. On recense 340 cépages dont une majorité de variétés autochtones. Il existe trois régions viticoles délimitées par deux fleuves. Le Douro, au nord, grignote les montagnes granitiques qui s'élèvent à 2 000 m d'altitude. C'est de cette région que proviennent de nombreux vins, dont le porto et le vin sec qui porte le nom du fleuve. Le Portugal central, entre Douro et Tage (Tejo), est une vaste zone au climat tempéré, connue sous le nom de Ribatejo, comprenant les célèbres vignobles de Dão et de Bairrada. Au sud du Tage se trouvent les plaines immenses et chaudes de l'Alentejo et la région touristique de l'Algarve. Des exploitations ultramodernes voisinent avec de minuscules caves dont la production, souvent destinée à la consommation locale, est restée très traditionnelle.

NORD DU PORTUGAL

Carte page XXII

Vinho verde

C'est l'une des plus grandes appellations délimitées du Portugal ; elle couvre une bonne partie du nord-ouest du pays. Les vents, qui amènent la pluie, permettent une culture intensive de cette terre, qui s'étend du Minho au Douro, une des zones rurales les plus peuplées de la Péninsule. Elle compte plus de 20 000 producteurs pour une aire d'appellation de 21 000 ha. Les vignes poussent souvent sur des treilles d'un type particulier, en culture haute, ce qui laisse le terrain disponible à d'autres cultures au-dessous et présente aussi l'avantage de réduire les risques de maladie par temps chaud. Son nom, *Vinho verde* (vin vert), prête généralement à confusion. En effet, il ne s'agit pas d'une allusion à la couleur du vin – qui peut être aussi bien rouge que blanc – ni à des vendanges pratiquées avant la maturité complète des raisins, lorsque ceux-ci sont encore verts, bien que ce vin soit peu alcoolisé et riche en acidité. Son nom lui vient du fait qu'il doit être bu jeune, légèrement pétillant.

Douro

Le vin rouge et sec des montagnes de la vallée du Douro a été découvert vers la fin du XVIIe siècle par les Anglais, qui l'ont transformé pro-

LA LÉGISLATION

La hiérarchie portugaise s'est conformée aux textes de l'Union européenne qui divise la production entre vins avec indication géographique et vins sans indication géographie. En bas de l'échelle, on trouve le simple *Vinho* (vin de table), sans indication d'origine, mais dont l'étiquette peut informer sur le nom du cépage et le millésime. Au-dessus, les vins à Indicação geográfica protegida, dénommés *Vinho regional* (vin de pays) sont issus d'une des 14 régions spécifiques (dont le nom est mentionné sur l'étiquette) et imposent qu'au moins 85 % des raisins proviennent de la zone indiquée. Le haut de la pyramide est constitué des vins DOC, *Denominação de origem controlada*, qui regroupent l'essentiel de la production de qualité. On compte à ce jour 31 DOC.

PRODUCTEURS

Les vignobles du Nord comprennent notamment les deux régions DOC Vinho verde et Douro. Les meilleurs Vinhos verdes sont élaborés et mis en bouteilles à la propriété, dans les *quintas*. Les producteurs de porto (voir pages 636-638), maisons ou quintas, élaborent de plus en plus de bons vins rouges secs de Douro. Certains produisent des petites quantités de vins blancs secs, issus de raisins blancs cultivés en altitude, où il fait moins chaud.

ADEGA COOPERATIVA DE PONTE DA LIMA
Cette coopérative produit de très bons Vinhos verdes rouges et un excellent blanc issu du cépage loureiro.

AVELEDA
Située à Penafiel, cette entreprise familiale a depuis longtemps conquis une réputation au Portugal et à l'étranger, grâce à ses Vinhos verdes, mais aussi à son eau-de-vie Adega Velhas. Plus récemment, Aveleda s'est également consacrée aux vins du Douro et a connu un grand succès avec sa marque Charamba.

BORGES
Cette société de Vila Nova de Gaia s'est fait un nom grâce à une vaste gamme de vins provenant de nombreuses appellations portugaises (Vin de Porto, Douro, Vinho verde, Bairrada, Dão.) ainsi que de mousseux.

SOLAR DAS BOUÇAS
Ce domaine sur les rives du Cavado produit un Vinho verde sec, léger et parfumé, dominé par le cépage loureiro.

PALÁCIO DE BREJOEIRA
Ce domaine près de Monção est considéré comme l'une des meilleures *quintas* de Vinho verde. Son vin blanc est élaboré exclusivement à partir du seul alvarinho, ce qui explique sa rondeur et sa corpulence.

QUINTA DO CÔTTO
Cette *quinta* produit un vin rouge épicé très concentré sous l'étiquette Grande Escolha, une cuvée très spéciale qui n'existe que dans les meilleures années.

QUINTA DE COVELA
La Quinta de Covela est installée sur la rive droite du Douro, à la frontière de l'appellation de Vinho verde et de celle du Douro.

QUINTA DO PASSODOURO
Excellents vins secs du Douro, et des portos.

QUINTA DE LA ROSA
Domaine familial d'une cinquantaine d'hectares, aussi réputé pour ses vins secs du Douro que pour ses portos.

REAL COMPANHIA VINÍCOLA DO NORTE DO PORTUGAL
La maison de Porto Royal Oporto, l'un des principaux producteurs du Portugal, vend ses rouges et blancs sous l'étiquette Evel.

SOGRAPE
La plus grande maison de vin du pays diffuse une vaste gamme de vins, souvent primés, provenant des principales appellations. Elle est notamment propriétaire de Casa Ferreirinha d'où provient une cuvée mythique, Le Barca Velha, qui a été le premier grand vin rouge sec du Portugal. De très longue garde, il n'est produit, à l'instar des Portos Vintages, que dans les meilleures années.

DOMINGOS ALVES SOUSA QUINTA DA GAIVOSA
Domingos Alves de Sousa a été ces dix dernières années l'une des grandes révélations du Douro en matière de vins, en raison de sa qualité mais aussi d'une offre variée de marques. Celles-ci portent le nom des *quintas* dont elles sont issues.

QUINTA DO VALE MEÃO
Francisco Javier Olazabal a quitté Ferreira en 1998 pour s'occuper de ce domaine (62 ha) situé dans le Douro supérieur. Ses vins ont été salués dès le premier millésime.

QUINTA DO VALLADO
Propriété de 64 ha qui produit ses propres vins depuis 1995. Les Douro rouges sont parmi les meilleurs, avec une mention pour le *reserva*.

gressivement en ce célèbre vin muté qu'est le porto (voir. p. 632).

Cependant, encore de nos jours, environ la moitié du vin du Douro est vinifiée sans mutage. Jadis faits à partir des moins bons raisins, ces vins bénéficient désormais de bonnes parcelles chez certains producteurs. Le Douro est ainsi devenu la région la plus attractive du Portugal en matière de vins rouges secs, comme en témoignent des cuvées de plus en plus intéressantes et la montée des prix, signe de leur réussite. Quelques maisons de porto relayées par des producteurs indépendants, ont joué un rôle moteur dans cette évolution.

Les principaux cépages dont sont issus les vins non mutés rouges du Douro sont ceux que l'on utilise pour le porto. Pour les vins blancs, les cépages prédominants sont la malvasia fina, le viosinho, le gouveio et le rabigato.

PORTO

Carte page XXII

Le vignoble qui donne naissance au porto se situe dans la province de Trás-os-Montes et du Beira Alta, sur les flancs d'un massif montagneux où passe la frontière qui sépare le Portugal de l'Espagne, puis, allant vers l'ouest, le long des rives du fleuve Douro et de ses affluents. Pendant longtemps, on ne put accéder à ces hautes vallées qu'à dos de mule, en longeant le fleuve qui a modelé une succession de gorges profondes ; puis fut construite une voie de chemin de fer, où un petit train pittoresque continue de suivre sagement les berges du fleuve. Aujourd'hui, de nouvelles routes permettent un accès plus facile, tandis que de nombreux barrages sont venus dompter le cours du Douro. Mais, en dépit de ces aménagements récents, la nature reste souveraine, sauvage, et les flancs abrupts des montagnes, couverts de vignes en terrasses, provoquent toujours un sentiment de magnificence et d'émotion intense, en toute saison.

La zone d'appellation couvre quelque 250 000 hectares sur les flancs des coteaux modelés par le fleuve Douro et ses affluents, de la petite ville de Peso da Régua à l'ouest jusqu'à la frontière espagnole à l'est, mais la surface en culture ne couvre guère plus de 15 % de la surface autorisée. Seuls les sols schisteux (du cambrien et du précambrien) ont le droit de produire du porto, tandis que les sols granitiques ne peuvent produire que des vins non mutés.

Le vignoble du Douro doit affronter toute l'année des conditions climatiques extrêmes. Les hivers sont rudes avec une froidure toute montagnarde et une sécheresse bien plus marquée en altitude, à l'est, qu'en aval de la vallée, à l'ouest. L'été, c'est la fournaise caractéristique des vallées encaissées, sans un souffle d'air,

LIRE UNE ÉTIQUETTE DE PORTO

Le vin de Porto correspond à une désignation géographique et à un type de vin. La vallée du Douro ne produit pas un seul, mais différents types de vin. Les portos rouges se divisent en plusieurs catégories, codifiées par la loi, et deux grandes familles, Tawny et Ruby (voir p. 635). Pour simplifier un peu, les porto Tawny sont vieillis en fût, donc en milieu oxydatif. Le terme « tawny » en anglais décrit leur coloration, qui devient ainsi ambrée ou fauve. Les Porto Ruby passent beaucoup moins de temps en fût et vieillissent essentiellement en bouteille, d'où leur ton rouge foncé, ou « ruby ». Il y a aussi les portos blancs, très minoritaires.

Porto Tawny (sans mention supplémentaire) : un porto vieilli en fût et vendu après 3 à 5 ans de vieillissement.

Porto Tawny Reserve : un Tawny dont la durée minimale de vieillissement sous bois est de 7 ans avant la mise en bouteilles.

Porto Tawny avec mention d'âge : issu d'un assemblage de vins de plusieurs récoltes. La moyenne d'âge (« 10 ans », « 20 ans », « 30 ans », « plus de 40 ans ») est indiquée sur l'étiquette.

Porto Tawny « Colheita » : issu d'une seule récolte et vieilli en fût pendant un minimum de 7 ans avant sa mise en bouteilles. La date de cette dernière et le millésime figurent obligatoirement sur l'étiquette.

Porto Ruby : issu d'assemblages et vieilli en bois pendant 2 à 3 ans, sa vive couleur rouge clair évoque la pierre précieuse du même nom.

Late Bottled Vintage, ou LBV : porto millésimé qui a été vieilli en fût pendant une période allant de 4 à 6 ans avant la mise en bouteilles. Le passage plus long sous bois le rend plus souple qu'un Vintage, mais sa couleur reste dans la gamme des rouges. Le millésime et l'année de mise en bouteille figurent obligatoirement sur l'étiquette. La version « vieilli en bouteille » désigne des LBV qui n'ont été ni collés ni filtrés et qui sont mis sur le marché après trois années de vieillissement supplémentaire en bouteilles.

Vintage : porto millésimé d'une année exceptionnelle. Il est en général issu d'un assemblage des meilleurs vins d'un producteur et bénéficie d'un élevage de deux ou trois ans avant la mise en bouteilles. Très puissants, concentrés et tanniques dans leur jeunesse, ces vins sont prédisposés à une garde de plusieurs décennies. Avec le temps, leur couleur évolue graduellement du rouge au brun. Ils déploient une grande complexité d'arômes en même temps que se forme un important dépôt dans le flacon. Les Single Quinta Vintage proviennent d'une seule *quinta,* ou domaine.

où les jours à plus de 40 °C à l'ombre ne se comptent plus. Traditionnellement, les vignes sont plantées en étroites terrasses formées par des murets de pierres sèches édifiés à la main, ou bien elles s'accrochent tant bien que mal sur des plages de terre ouvertes et en pente à flanc de coteau *(patamares)*. Un nouveau mode de plantation, consistant à planter les rangs de vigne dans le sens de la pente, fait de plus en plus d'adeptes, car il permet la mécanisation.

Le vignoble de Porto était autrefois complanté d'un grand nombre de cépages, tant pour la production des vins rouges que pour celle des vins blancs. Ces vignes comptaient plus de 50 variétés différentes, souvent mélangées dans une même parcelle. Aujourd'hui, si 29 variétés sont recommandées, la production du porto rouge s'est recentrée autour de cinq cépages principaux : touriga nacional, tinto cão, tinta roriz (tempranillo), tinta barroca et touriga franca.

Le vignoble est composé d'une multitude de parcelles. Pas moins de 33 000 vignerons produisent des raisins pour l'élaboration du porto (la superficie moyenne des propriétés est d'environ 1 ha). Ils livrent leur raisin ou leurs vins aux maisons de négoce *(les shippers)* ou bien aux coopératives, qui ont reçu en 1986 le droit de mettre en bouteilles et d'exporter les portos qu'elles élaborent.

L'élaboration du porto

Les vendanges dans le Douro ont lieu entre la mi-septembre et la mi-octobre. La vinification, en rouge comme en blanc, est effectuée selon le même principe de mutage : on ajoute de l'eau-de-vie en cours de fermentation afin de stopper l'action des levures et de sauvegarder une partie des sucres fermentescibles naturels du raisin. L'adjonction de l'alcool de vin, ou *aguardente* (l'alcool étant à 76-78 % vol.) dans un rapport de 100 litres pour 450 litres de vin en fermentation se fait de façon progressive pour donner naissance au porto.

Si quelques vignerons assurent maintenant l'élevage et le vieillissement de leur production dans leurs propriétés grâce à des systèmes de climatisation, la majorité des portos du Douro est transportée dès le printemps vers Vila Nova de Gaia (en face de la ville de Porto), à l'embouchure de la rivière, jusque dans les immenses chais des maisons de négoce, les *lodges*. Une tradition qui repose sur deux observations : d'abord l'atmosphère humide de Gaia est plus propice au vieillissement en fût que la sécheresse du Douro ; ensuite, c'est à Porto que les vins sont assemblés et, de là, ils sont expédiés. La durée de vieillissement du porto en fût varie en fonction du style de produit que l'on souhaite élaborer (voir encadré p. 633). La taille et la forme des tonneaux varient aussi. Les fûts que l'on appelle *pipas* (ou « pipes ») ont une contenance d'environ 630 litres. Les portos doivent être obligatoirement embouteillés au Portugal et porter un sceau de papier fixé sur le bouchon ou autour de la capsule de chaque bouteille, ce qui les authentifie.

La réglementation

Le porto était l'un des premiers vins du monde à connaître une réglementation, car les premières mesures datent du marquis de Pombal, Premier ministre portugais, qui, en 1756, délimita le vignoble de la vallée du Douro. En échange d'un contrôle des rendements et de la qualité des vins au sein d'une zone délimitée de production autorisée, la Compagnie Royale des Vins du Haut-Douro, fondée par édit royal, offrit une garantie de prix minimal aux vignerons. Cette première réglementation, qui visait à mettre un terme aux abus des acheteurs anglais, fut la clef de la réussite du porto, dont le vignoble reste, aujourd'hui encore, le plus réglementé du monde.

Tout le vignoble de Porto fait l'objet d'une classification parcellaire qui varie de « A » pour les meilleures parcelles à « F » pour les moins bonnes, en fonction du sol, de l'exposition, du climat, des cépages, de l'âge moyen des vignes, du nombre de pieds, du rendement et de l'état général du vignoble. À cette classification correspondent une échelle de prix de vente du raisin et un pourcentage de vin qui pourra être commercialisé en porto, le solde étant vendable soit en vin du Douro, soit en vin avec indication géographique, soit simplement en vin du Portugal. La production est tout autant réglementée puisque, chaque année, un organisme de régulation *(Instituto dos Vinhos do Douro e Porto)* décide du volume de la récolte destinée à produire du Porto, en fonction du potentiel du millésime et des stocks existants. Chaque expéditeur doit justifier les quantités de vins mis en circulation par un carnet très précis. Enfin, chaque échantillon doit être agréé par des dégustateurs professionnels de l'Institut du vin de Porto *(Instituto do Vinho do Porto),* organisme de l'État, avant de recevoir le sceau de garantie collé au col de chaque bouteille expédiée.

Les styles Tawny et Ruby

Dans les vins de Porto de couleur rouge ou marron, on distingue deux familles ou styles : Tawny et Ruby. Les vins de style Tawny (mot anglais qui signifie « ambré » ou « fauve », en référence à leur robe évoluée) sont vieillis longtemps sous bois. Au cours du vieillissement en fût, la couleur rouge de ce porto se pare de reflets orangés, en raison de l'oxydation du vin au travers du bois. Le caractère moelleux et la finesse s'accentuent avec l'âge et ils possèdent des arômes complexes d'évolution.

La seconde famille est constituée des portos de style Ruby dont la mise en bouteilles est plus précoce, afin de conserver la couleur et la structure des vins rouges jeunes. Il existe aussi une petite production de portos blancs, issus uniquement de raisins blancs et vieillis en bois ainsi que quelques portos rosés. Ils peuvent être demi-secs ou doux.

PRODUCTEURS

Le commerce du porto est, de façon traditionnelle, entre les mains de grandes maisons de négoce *(shippers)* de Vila Nova de Gaia qui élèvent les jeunes portos acheminés de la région du Douro, les assemblent et les mettent en bouteilles avant de les expédier. Un grand nombre de ces maisons possède une ou plusieurs propriétés *(quintas)* dans le Douro, mais une bonne partie de leurs vins est achetée à des vignerons.

J. W. BURMESTER
Fondée au XVIIIe siècle par une famille d'origine allemande, la maison Burmester qui appartient au groupe Sogevinus jouit d'un excellent renom pour ses vieux Tawnies et ses Colheitas.

CÁLEM
Autre propriété du groupe Sogevinus, cette maison possède un grand vignoble dont le cœur est constitué par la Quinta do Arnozelo.

CHURCHILL
Churchill Graham, dont la famille avait vendu sa propre maison de porto à la famille Symington en 1970, a fondé sa société en 1981 avant de racheter deux *quintas* en 1999 (Quinta da Gricha et Quinta do Rio) d'où sont issus désormais ses Vintages. Une gamme de haute réputation.

COCKBURN
Voir Groupe Symington p. 638.

QUINTA DO CRASTO
Jusqu'en 1986, cette *quinta* vendait ses raisins à Ferreira. Elle vinifie désormais avec bonheur ses propres vins. Excellents Vintages et de très bonnes cuvées de Douro rouge.

CROFT
Croft, l'une des plus anciennes maisons de Porto, fondée en 1678, appartient au groupe Taylor Fonseca. Leurs vieux Tawnies et leurs Vintages (dont leur Quinta da Roeda) sont parmi les meilleurs du genre.

DOW
Voir Symington p. 638.

FERREIRA
Ferreira fut l'une des maisons les plus dynamiques dans le développement du vignoble du haut Douro jusqu'à la frontière espagnole, à l'initiative de la grande dame du porto au XIXe siècle, Dona Antonia Ferreira. Propriété du groupe Sogrape, elle continue à élaborer de grands vins, surtout dans la catégorie des vieux Tawnies comme leur Duque de Bragança de 20 ans d'âge, ou leur Quinta do Porto de 10 ans d'âge.

FONSECA GUIMARAENS
Fondée en 1822, et reprise par Taylor en 1948, Fonseca Guimaraens est une des maisons de porto les plus réputées pour la qualité de ses Vintages, d'un style puissant mais aussi velouté et assez doux. Cette originalité provient des vignobles de Pinhão dont sont issus leurs vins, et plus particulièrement de leur Quinta do Cruzeiro et de leur Quinta do Santo Antonio, qui représentent une grande partie de leur approvisionnement. Fonseca Guimaraens commercialise toute une gamme de portos, dont le fameux Bin 27, un Vintage Character, ainsi que de vieux Tawnies.

GOULD CAMPBELL
Voir Groupe Symington p. 638.

W. & J. GRAHAM
Voir Groupe Symington p. 638.

QUINTA DO INFANTADO
Le nom de cette *quinta* est dérivé du mot *Infante* (en français, « dauphin »), car le domaine appartenait à l'origine au prince Dom Pedro, fils du roi du Portugal, Dom João VI, avant d'être acheté par João Lopes Roseira. En 1979, Quinta do Infantado vendit les premiers Vins de Porto mis en bouteilles au domaine, renouvelant une tradition qui s'était perdue une cinquantaine d'années plus tôt. Depuis le changement de la loi, intervenu en 1986, ces vins autrefois commercialisés exclusivement au Portugal sont également exportés.

PRODUCTEURS

NIEPOORT
Petite maison familiale fondée en 1842, très réputée pour la qualité d'ensemble de sa gamme, et en particulier ses Colheitas et ses vieux Tawnies. Niepoort s'approvisionne en raisin auprès de *quintas* de la vallée de Pinhão. Leurs Vintages, moins connus, sont excellents. On lui doit aussi quelques-uns des meilleurs rouges et blancs secs de la région.

OSBORNE
Filiale de la maison de xérès du même nom, créée en 1967. Cette maison dispose de ses propres entrepôts, mais ne possède pas de vignoble. Elle diffuse une gamme complète de portos.

QUINTA DO NOVAL
Cette propriété appartient à la compagnie d'assurances AXA. Les terrasses escarpées de la Quinta do Noval dans la vallée de Pinhão sont si pittoresques qu'elles font partie de l'imagerie de la vallée du Douro. Cette superbe propriété, qui date de 1715, produit deux Vintages d'exception, le Quinta do Noval et le Nacional, ce dernier étant élaboré à partir d'une petite parcelle de 5 000 pieds de vignes non greffées qui n'a jamais connu le phylloxéra. Aujourd'hui, sous la marque Noval, l'affaire de négoce diffuse une gamme de portos, Ruby, LB Reserve, Late Bottled Vintage ainsi que des Tawnies de 10 ans et 20 ans, tous de grande qualité.

PRATS & SYMINGTON
Joint-venture entre João van Zeller et la famille Symington qui s'est rendu acquéreur de la Quinta do Roriz. Très bons Portos Vintages et grands vins secs du Douro (Chryseia).

QUINTA DO VALE D. MARIA
Depuis qu'il a vendu la Quinta do Noval, Christiano van Zeller se consacre à cette *quinta* de la vallée de Rio Torto, à l'origine de grands portos (LBV et Vintages) et de très bons rouges secs dont il est un fervent militant.

ADRIANO RAMOS-PINTO
Une des plus belles maisons de porto qui a toujours été en avance sur son temps, en matière de viticulture et de vinification aussi bien qu'en matière commerciale. Le porto lui doit (entre autres) la sélection de cépages de qualité, la mécanisation de la culture de la vigne en plantation dans le sens de la pente, et, plus récemment, le développement de vins non mutés de qualité (dont de bons blancs). Outre la superbe Quinta do Bom-Retiro, Ramos-Pinto possède Quinta da Urtiga, Quinta dos Bons-Ares et, dans le haut Douro, Quinta da Ervamoira. Deux de ces *quintas* (Bom Retiro et Ervamoira) sont commercialisées en vieux Tawnies, respectivement en 20 ans et 10 ans d'âge. Ramos-Pinto appartient au Champenois Roederer. De bons rouges secs sous la marque Duas Quintas.

REAL COMPANHIA VELHA
Grande maison historique fondée en 1756 à l'initiative du marquis de Pombal (alias Royal Oporto Wine Company), qui a longtemps détenu le monopole de la commercialisation de l'ensemble de la production de porto, afin d'éviter la fraude et de réglementer le commerce. Elle reste un acteur incontournable de la région et possède plusieurs *quintas* réputées dont la quinta Carvalhas.

SANDEMAN
Fondée en 1790 par un Écossais du nom de George Sandeman, Sandeman est la plus grosse affaire de négoce de Porto, avec un important volume de vente dans des qualités courantes de Rubies et de Tawnies en France et en Europe. En outre, Sandeman sait faire et commercialiser des grands vins, de vieux Tawnies (leur Royal de 10 ans est superbement fruité) comme des Vintages veloutés et fins, de maturité précoce. →

PRODUCTEURS

Elle appartient au groupe Sogrape.

SMITH WOODHOUSE
Voir Groupe Symington ci-dessous.

GROUPE SYMINGTON
Graham, Dow, Warre, Smith Woodhouse, Cockburn sont autant de grandes marques de porto qui appartiennent aujourd'hui toutes au même groupe. Warre, créée en 1670, est la plus vieille maison de Porto anglaise. Dow date de 1798 et Graham de 1822. Dow, installée à la Quinta do Bomfim, est réputée pour son style sec ; Graham, dans ses trois *quintas*, produit un porto riche et doux. Warre, avec sa Quinta da Cavadinda et la moitié de la Quinta de Bom-Retiro, élabore des vins d'une grande puissance. La famille Symington est aussi propriétaire de la superbe Quinta do Vesuvio depuis 1989. Le groupe produit également de bons vins rouges secs du Douro.

TAYLOR, FLADGATE & YEATMAN
Créée en 1692, Taylor s'est forgé un nom, à partir du XIXe siècle, au cénacle des Portos Vintage. Cette société familiale contrôle aussi Fonseca Guimaraens (voir p. 636) et Croft. Taylor fut la première maison anglaise à posséder un vignoble dans la vallée du Douro, la Casa dos Alembiques (aujourd'hui transformée en centre de vinification), à Régua, ainsi que la superbe Quinta de Vargellas, achetée en 1893. Plus récemment, deux autres *quintas* ont rejoint son patrimoine : Quinta de Terra Feita et Quinta Do Junco dans la vallée du Pinhão. Elle fut la première à commercialiser un Late Bottled Vintage. Outre ses très grands Vintages, Taylor produit de somptueux Tawnies d'âge, mais toute la gamme est de haute volée.

WARRE
Voir Groupe Symington ci-dessus.

CENTRE DU PORTUGAL

Carte page XXII

La région viticole qui s'étend entre le Douro et le Tage est l'une des plus généreuses du Portugal. Bénéficiant de la douceur du climat océanique, de nombreux vignobles produisent toute une palette de vins très différents les uns des autres.

Les régions d'appellation DOC de Dão et de Bairrada sont réputées pour leurs vins rouges fermes et savoureux, à forte personnalité. Plus au sud, la zone côtière d'Oeste (« ouest ») est la région viticole la plus productive, mais, hormis quelques *quintas,* ses vins sont plus ordinaires. Autre région viticole, le Tejo, situé sur les rives du Tage, produit l'un des meilleurs vins *garrafeira* du Portugal. Ce sont des vins rouges issus d'une sélection rigoureuse, mis en bouteilles après vieillissement en fûts, mais qui ne bénéficient pas de l'appellation d'origine contrôlée.

La ville de Lisbonne a envahi la quasi-totalité des trois DOC de l'estuaire du Tage, où dominent les coopéra-

PRODUCTEURS

La production viticole du centre du Portugal fut longtemps dominée par les grandes coopératives et les grands domaines privés. Mais, depuis la libéralisation du commerce des vins, qui a résulté de la chute du monopole des exportateurs, de nombreux petits domaines se montrent plus ambitieux, avec une volonté nouvelle d'élaborer des vins de qualité. Ces changements touchent aussi l'encépagement : certains cépages nobles de réputation mondiale, récemment importés, côtoient désormais les cépages indigènes traditionnels.

ADEGA COOPERATIVA DE CANTANHEDE
La ville de Cantanhede abrite la plus grande cave coopérative de la région historique de Bairrada. Fondée en 1954 par 100 associés, c'est l'une des meilleures du pays.

CASA SANTOS LIMA
Un vaste domaine de plus de 200 ha situé en Estrémadure (IPR), au nord de Lisbonne, dont les gammes portent le nom des différentes *quintas* dont elles sont issues.

CAVES ALIANÇA
Installée au cœur de la région Bairrada, cette société a été fondée en 1927 dans le but de produire des vins mousseux et des eaux-de-vie. La maison a élargi au fil des années sa gamme à d'autres régions. Outre les vins de Bairrada, les Caves Aliança produisent et commercialisent des vins Douro, Dão, des Vinhos verdes, Palmela, Alentejo et Regional Beiras.

CAVES MESSIAS
Cette société se situe à Mealhada, dans la région de Bairrada, où elle possède plusieurs *quintas,* en particulier la Quinta do Valdoeiro. Dans la vallée du Douro, elle dispose de deux *quintas,* la Quinta do Rei et la Quinta do Cachão, destinées à la production de vins de Porto et du Douro.

CAVES SÃO JOÃO
Les vins rouges, de longue garde, de cette petite entreprise de Barraida comptent parmi les meilleurs de la région. Les *reservas* Frei João s'améliorent pendant vingt ans et plus. On y trouve également de bons Dãos rouges robustes, vendus sous l'étiquette Porta dos Cavaleiros.

DÃO SUL
Un projet initié par quatre associés en 1989 dans la région du Dão et qui s'est étendu à d'autres appellations du Portugal. Une gamme large qui reflète tous les progrès réalisés dans cette région attractive.

FIUZA
Cette société possède plusieurs domaines dans le Tejo et signe une large gamme de vins issus de cépages portugais ou internationaux.

LUÍS PATO
Le terroir de Bairrada est sa passion. Son vignoble produit des vins de caractère, rouges, blancs et pétillants, auxquels se sont ajoutés un vin rouge issu du cépage Baga et des vins issus d'une même vigne et arborant, de ce fait, son nom sur l'étiquette : Vinha Pan et Vinho Barrosa vendus sous l'appellation *vinho regional*

QUINTA DE PANCAS
Ce domaine du XVIe siècle, près de la tranquille ville d'Alenquer dans l'Oeste, a ajouté le chardonnay et le cabernet-sauvignon aux cépages traditionnels.

QUINTA DA LAGOALVA DE CIMA
Cette vaste propriété, l'une des plus grandes du Ribatejo, est située à 2 km environ de la petite ville d'Alpiarça. La vigne a récemment fait l'objet d'une restructuration et d'un transfert des terrains d'alluvions vers les terrains sablonneux plus pauvres, mais qui améliorent la qualité du raisin.

QUINTA DOS ROQUES
Un des domaines leaders de Dão qui possède une quarantaine d'hectares essentiellement plantés en cépages rouges (touriga nacional, jaen, alfrocheiro...). Les vins vendus sous l'étiquette Quinta dos Roques sont parmi les plus convaincants de la région.

tives. Carcavelos ne possède plus qu'un vignoble qui produit un vin doux muté. Colares, qui fut célèbre pour ses vins rouges colorés issus du cépage ramisco, est en voie de disparition. Il ne reste guère que Bucelas, qui produit des vins blancs secs à partir de cépages (arinto et sercial) et montre une volonté de renaissance.

Dao

Plus des deux tiers des vins de Dão sont rouges. Neuf cépages sont autorisés pour les vins rouges et autant pour les blancs. Les rouges sont traditionnellement des vins fermes, mais des macérations longues de raisins non égrappés peuvent les rendre durs et austères. Deux styles cohabitent dans cette appellation : des vins à forte structure, riches en tanins et en acidité, constitués pour vieillir et des vins plus modernes, ronds, ainsi que vinifiés pour une consommation plus rapide. Le deuxième style gagne du terrain aujourd'hui.

Bairrada

Le vignoble de Bairrada se situe au sud de Porto, sur un sol argilo-calcaire et sablonneux, entre les montagnes et l'Atlantique. Plus de 80 % des vins de Bairrada sont des rouges puissants et fruités, issus du cépage baga. Les cuvées élaborées de façon traditionnelle ont besoin de vieillir en bouteilles pour s'assouplir, mais certains producteurs utilisent des techniques modernes, ce qui donne des vins corsés aux tanins développés, qui peuvent vieillir pendant plus de quinze ans. Outre un blanc effervescent, quelques vins blancs tranquilles sont élaborés à partir d'un assemblage de fernão pires et de bical, autre cépage local. Lorsqu'ils sont réussis, ces vins blancs sont délicieusement nerveux et aromatiques.

SUD DU PORTUGAL

Carte page XXII

Le Tage partage le Portugal en deux : d'un côté la multitude des petites exploitations agricoles du Nord et du Centre et, de l'autre, les vastes propriétés riches *(latifúndios)* du Sud, là où les collines laissent place aux grands espaces et aux immenses plaines.

À l'exception de la péninsule de Setúbal, le sud du Portugal n'est pas naturellement une terre à vigne. Le sud et l'est de Lisbonne offrent un paysage de plus en plus aride et le climat se durcit. Verte après les pluies d'hiver, la campagne roussit puis brunit à mesure que la température se rapproche des 40 °C. Rares sont les rivières capables d'irriguer, et la sécheresse pose de véritables problèmes. Seuls les chênes-lièges parviennent à supporter la canicule des étés. Au XIXe siècle, les habitants de Lisbonne et ceux du nord du Portugal avaient coutume de se moquer de leurs compatriotes du Sud à cause de la pauvreté de cette grande région quasi désertique, et ils la surnommaient *terra de mau pão e mau vinho*, « le pays du mauvais pain et du mauvais vin ». La région sombra encore un peu plus dans la misère et l'anarchie à la suite de la révolution de 1974, car la plupart des grands propriétaires se virent dépossédés de leurs biens par les ouvriers agricoles.

Quant à la région de l'Algarve, il semble qu'elle soit plus préoccupée par la promotion du tourisme que par la qualité de ses quatre appellations.

Péninsule de Setúbal

Le port de Setúbal a donné son nom au pays qui s'étend entre le Tage et le Sado. Setúbal est aussi la région de production délimitée d'un vin muté sucré, élaboré principalement à base du cépage muscat qui pousse sur les pentes calcaires de la Serra da Arrábida.

On distingue deux styles de vins différents : le premier, aromatique et épicé, est commercialisé après une période de cinq années de vieillissement. Le second, vieilli pendant une vingtaine d'années, est de couleur foncée et extrêmement doux.

En dépit de l'expansion urbaine de Lisbonne, la viticulture se développe de façon paradoxale au nord de la ville et constitue une des régions vinicoles les plus intéressantes. Cette situation est due à quelques sociétés entreprenantes qui, multipliant les expériences sur différents cépages, indigènes ou importés, produisent des vins originaux, rouges et blancs.

Alentejo

Les plaines de l'Alentejo s'étendent depuis la côte atlantique jusqu'à la frontière espagnole et occupent un tiers du Portugal. La DOC comprend 8 sous-régions, chacune pouvant revendiquer une DOC (Borba, Évora, Granja-Amareleja, Moura, Portalegre, Redondo, Reguengos et Vidigueira). Les coopératives jouent un rôle prépondérant et élaborent la majorité des vins, mais ce sont les domaines indépendants qui assument désormais l'essentiel de la promotion des vins de qualité de cette région.

Les meilleurs vins rouges sont corsés et résultent d'un assemblage des cépages aragonez (le tinta roriz du Douro), castelão, moreto et trincadeira, parfois assemblés avec du cabernet-sauvignon ou de la syrah. Les blancs, issus des antão vaz, arinto ou fernão pires, peuvent pâtir des fortes chaleurs estivales et apparaître gras et lourds, mais les investissements récents permettent à quelques exploitations de produire des vins blancs plus élégants.

PRODUCTEURS

La grande majorité des vins est élaborée dans les coopératives et consommée par les touristes en visite dans la région. Les vins les plus intéressants proviennent de vinificateurs passionnés, dotés d'installations modernes dans l'Alentejo et la péninsule de Setúbal.

ADEGA COOPERATIVA DE BORBA
Une des coopératives les plus modernes du Portugal. Technique de pointe et sens du détail lui permettent de produire des vins rouges équilibrés malgré la chaleur du climat de l'Alentejo.

CORTES DE CIMA
Un couple dano-américain a investi dans cette propriété de l'Alentejo en 1988. Très bons rouges issus d'assemblages variés.

ESPORÃO
Située près de Reguengos de Monsaraz, au centre de la sous-région de l'Alentejo qui porte le même nom, cette société possède 600 ha de vignes plantés avec les cépages traditionnels de l'Alentejo et un petit pourcentage de cépages internationaux. Les installations sont impressionnantes. On y élabore tous les ans les vins les plus consistants de tout l'Alentejo, dont beaucoup ont déjà été récompensés au Portugal et à l'étranger.

JOSÉ MARIA DA FONSECA
Depuis plus d'un siècle et demi les marques de cette entreprise d'Azeitão constituent de véritables références. Ces dernières années, JMF a acquis des terrains dans les meilleures zones de production, principalement dans celles de Setúbal, d'Alentejo et du Douro.

JOÃO PORTUGAL RAMOS
João Portugal Ramos est l'un des œnologues les plus en vue du pays. Il est aussi un ardent défenseur des cépages locaux qu'il vinifie souvent en cépage unique, à partir des 70 ha de sa propriété située près d'Estremoz. Une valeur sûre de l'Alentejo.

MALHADINHA NOVA
Dans l'Alentejo, ce domaine né en 1998 a rapidement fait parler de lui grâce à ses vins modernes et élégants, dans les deux couleurs.

QUINTA DO CARMO
Après avoir été la propriété des Domaines Barons de Rothschild-Lafite, cette *quinta* a été rachetée en 2008 par le groupe Bacalhoa. Très bons vins rouges issus d'assemblages de cépages traditionnels (aragonez, trincadeira...), de syrah et de cabernet-sauvignon.

QUINTA DO MONTE D'OIRO
Domaine phare de l'Estrémadure situé à Alenquer, très connu pour ses Syrahs.

MADÈRE

Carte page XXII

Appartenant au Portugal, l'île de Madère fait partie d'un petit archipel situé à 600 km à l'ouest de Casablanca, dans l'océan Atlantique. Il a donné son nom à un vin singulier dont le type doit autant à l'histoire de ce lieu qu'aux conditions de sa production. Le nom de Madère provient d'un mot portugais qui signifie « bois ». En effet, cet archipel montagneux, aux falaises abruptes, était recouvert d'une forêt luxuriante au moment de sa découverte, dans

CÉPAGES NOBLES ET STYLES DE MADÈRE

Il existe cinq cépages recommandés sur l'île de Madère qui déterminent une qualité spécifique de Madère. Tous sont blancs, à l'exception du tinta negra.

Sercial : produit les vins les plus secs, astringents et acides dans leur jeune âge, avec une longévité extraordinaire.

Verdelho : cépage plus souple que le sercial, qui est à l'origine de vins demi-secs de couleur dorée.

Boal : cépage donnant des vins relativement riches et moelleux, apprécié pour son équilibre acidité/douceur.

Malvasia (ou malmsey) : cépage très exubérant, produisant des vins doux onctueux qui ont tendance à devenir plus secs avec l'âge.

Tinta negra : cépage le plus planté, versatile et vigoureux. Il peut produire indifféremment toute la gamme des vins, du sec ou doux.

LES STYLES

Les vieux Vintages de Madère sont très rares, et la plus grande partie des vins est commercialisée sous le nom du cépage dont ils sont issus, avec une désignation d'âge correspondant au vin le plus jeune de l'assemblage.

3 ans d'âge : assemblage de moindre qualité, élaboré pour les usages en cuisine, à partir du cépage tinta negra. L'étiquette mentionne son caractère plus ou moins sucré : *dry* pour le plus sec, *medium dry* (demi-sec), *medium rich* (moelleux) ou *rich* (doux).

5 ans d'âge ou Reserva : première catégorie où l'on trouve des cépages nobles.

10 ans d'âge ou Reserva Velha (ou Special Reserve) : ces vins ont entre 10 et moins de 15 ans, et sont le plus souvent commercialisés sous un nom de cépage de 10 et 15.

15 ans d'âge ou Exceptional Reserve : vins de 15 à moins de 20 ans, souvent issus d'un seul cépage.

Colheita : ce vin, issu d'une seule année, est élevé en fût pendant au moins 5 ans. Il peut provenir d'un assemblage à base de tinta negra ou d'un seul cépage.

Fresqueira vintage 20 ans d'âge : fine fleur des Madères, le Fresqueira est un vin millésimé (85 % au moins d'une seule année de récolte) produit à partir des cépages nobles dont le nom est mentionné sur l'étiquette. Il doit avoir vieilli au moins 20 ans en fût. Ces vins ont une capacité de vieillissement à peu près unique qui peut dépasser les 100 ans.

les années 1418-1419. Tout le massif forestier fut brûlé par les Portugais et fit place à des terres arables composées d'un sol volcanique fertile, riche en potasse. À cette époque, les seuls vins à se conserver lors des longs voyages maritimes, et qui étaient donc « à la mode », furent doux et blancs. Et, comme la grande zone de production de ces vins se situait dans la partie occidentale de la Méditerranée, alors contrôlée par les Ottomans, les navigateurs portugais décidèrent d'apporter des pieds de vigne de cette région. Les premiers ceps de malvasia furent importés de Grèce en 1453, pour être plantés d'abord sur l'île de Porto Santo, au climat plus chaud et sec que celui de Madère. Ce n'est que lorsque le trafic maritime transatlantique eut atteint des proportions plus importantes que Madère devint le centre d'approvisionnement des bateaux, et le vignoble principal. Madère est une montagne plongée dans l'océan, au climat nettement plus frais et pluvieux que celui de Porto Santo. Les cépages plantés avaient donc du mal à mûrir autant, et les vins contenaient une acidité puissante qui les rendait difficiles à boire dans leur jeunesse. Le vin de Madère devenant l'une des denrées habituelles du chargement des navires marchands, les tonneaux de ce vin partaient souvent pour le tour du monde, ou du moins pour un aller-retour vers le Brésil ou vers l'Asie, toujours en traversant deux fois l'équateur. Lorsque le hasard voulut que certains fûts invendus fussent retournés, les viticulteurs découvrirent que les fortes températures tropicales avaient apporté une amélioration notable à ces vins. Dès lors, on commença des expériences de chauffe du vin dans des fours ou d'immersion de conduites à haute température dans les cuves, dans le but de simuler ces conditions subies Cette pratique porte le nom d'*estufagem*, (du mot portugais *estufa* qui signifie « étuve »). Sec, demi-sec ou doux, la plupart des Madères sont mutés. Leur élaboration et constitution si particulière les rendent insensibles, ou presque, à toute oxydation dans la bouteille. Ces grands vins de garde, qui avaient conquis un marché formidable aux Amériques comme en Angleterre, n'ont pas survécu aux catastrophes successives que furent l'oïdium, le phylloxéra et la prohibition aux États-Unis. Le vignoble s'est considérablement restreint et seule une poignée de maisons font survivre cette tradition de grands vins.

Le vignoble

Les quelques centaines d'hectares de ce vignoble insulaire sont divisées en petites parcelles perdues au milieu des bananeraies. Les vignobles principaux sont ceux de Câmara de Lôbos, à l'ouest de Funchal, la capitale de l'île, ainsi que ceux de Santa Anna, sur la côte nord. L'un des problèmes majeurs de la viticulture concerne l'encépagement, car les cinq cépages nobles qui complantaient l'île avant l'invasion du phylloxéra (voir encadré p. 643) n'ont pas été remplacés dans les mêmes proportions. Il faut préciser que la plus grande partie du Madère exporté (80 %) est un Madère de cuisine, peu cher et peu glorieux, issu du cépage tinta negra, réputé pour ses forts rendements.

Les réglementations datant de l'entrée du Portugal dans l'Union européenne stipulent qu'un vin commercialisé avec le nom d'un cépage noble sur son étiquette doit contenir au moins 85 % de ce cépage. Ce changement explique qu'une majorité de jeunes Madères de trois à cinq ans d'âge n'est plus étiquetée avec mention du cépage, faute de vignes.

L'élaboration du Madère

Hormis de rares Vintages, le Madère est un vin d'assemblage issu de récoltes de diverses années. Les méthodes d'élaboration peuvent varier considérablement selon le marché et le prix auquel le vin sera vendu. Le vieillissement artificiel peut ainsi être effectué par une cuisson dans d'immenses cuves en ciment émaillé ou dans des fûts en bois. Les meilleurs Madères sont en revanche vieillis par un échauffement au soleil. Le mutage peut se produire en cours de fermentation alcoolique, par adjonction d'eau-de-vie *(aguardente)*, ou après fermentation, par addition d'eau-de-vie et de jus de raisin sucré. Le Madère est vieilli en fût puis embouteillé après l'assemblage.

PRODUCTEURS

Outre quelques maisons familiales, un grand nombre de marques de Madère sont regroupées au sein de la Madeira Wine Company (MWC), une ancienne association de négociants anglais aujourd'hui reprise par les familles Blandy et Symington (voir p. 638), qui commercialise plus de 50 % du Madère en bouteilles. La qualité des vins de l'île est contrôlée et certifiée par l'Institut du Vin de Madère.

HENRIQUES & HENRIQUES
Créée en 1850 par João Joaquim Henriques, cette société est le plus grand producteur indépendant et possède un vignoble en propre.

JUSTINO'S MADEIRA
Une cave équipée des technologies les plus récentes élabore les vins dans le strict respect des méthodes de fabrication traditionnelles.
Grâce à une qualité accrue de ses vins, la demande a augmenté significativement, et Vinhos Justino Henriques a décidé de s'allier à l'un des plus grands groupes de distribution en France, devenant ainsi l'un des leaders du marché de l'exportation.

VINHOS BARBEITO
Cette maison a été créée en 1946 par Mário Barbeito. Elle s'est constitué une magnifique collection de Frasqueiras et perpétue la tradition des grands vins de garde sous la direction de Ricardo de Freitas.

MADEIRA WINE COMPANY
Les maisons de négoce qui ont constitué, à l'origine, la Madeira Wine Company sont les suivantes : Aguiar Freitas, A. Nobrega, Barros Almeida, Bianchi, Blandy, C. V. Vasconcelos, Cossart Gordon, F. F. Ferraz, F. Martins Caldeira, Funchal Wine Co, J.-B. Spinola, Krohn Brothers, Leacock and Co, Luiz Gomes, Madeira Victoria, Miles Madeiras, Power Drury, Royal Madeira, Rutherford & Miles, Socieda Agricola da Madeira, Madeira Meneres, Lomelino, Vinhos Adudarham, Vinhos Donaldson, Shortridge Lawton, Welsh Brothers. Cossart Gordon, Leacock, Lomelino sont quelques-unes des maisons très recommandables.

PAYS MÉDITERRANÉENS

Les rives de la Méditerranée ont été le berceau de la viticulture et ont donné naissance aux premières grandes civilisations du vin. Dès l'Antiquité, les pays situés sur les côtes orientales étaient réputés pour la production de vins doux que l'on mélangeait à des épices et que l'on transportait dans des outres ou des amphores parfois badigeonnées d'une résine qui assurait leur étanchéité. Le Retsina, ce vin blanc grec auquel on ajoute de la résine de pin d'Alep, est l'un des vestiges de ces vins d'antan, comme le sont les Muscats doux des îles produits depuis des temps immémoriaux. Ces vins riches et denses sont généralement issus de raisins que l'on a fait sécher afin de concentrer leurs arômes et leurs sucres. Les meilleurs exemples encore en production sont le Mavrodaphne grec (*mavro* signifiant noir) et le Commandaria de Chypre, comparables au *vin santo* italien et au Málaga espagnol. Cette vieille tradition de vins doux existe toujours, mais le fait marquant actuel est l'émergence récente de vins secs dans le style moderne, dont la qualité a fortement progressé. La Grèce et, dans une moindre mesure, la Turquie exploitent de mieux en mieux leurs très nombreux cépages autochtones qui font tout l'intérêt et l'originalité de leur production. Ailleurs, au Liban, en Israël ou au Maghreb, ce sont surtout les grands cépages internationaux et méditerranéens qui sont à l'origine du renouveau viticole. Les cuvées de ces pays conservent le charme de leurs origines à travers des vins rouges souvent solaires et généreux dont les meilleurs montrent cependant d'un vrai raffinement.

GRÈCE

Le vin était connu de la civilisation mycénienne dès le XVIe siècle avant Jésus-Christ et probablement aussi de la civilisation de la Crète minoenne du IIe millénaire avant notre ère. Il a toujours joué un rôle important dans la culture de la Grèce antique, comme en attestent les innombrables témoignages littéraires et artistiques que les Anciens nous ont légués. Les Grecs ont également été les principaux artisans de la diffusion de la vigne et de la culture du vin dans tout le pourtour méditerranéen. La notion de cru, c'est-à-dire d'un vin qui doit ses caractéristiques à un lieu de production spécifique, était déjà connue des anciens Grecs. Les occupations successives du pays, après le départ des Romains, ont progressivement mis en sommeil la viticulture grecque.

L'évolution récente

Le phylloxéra est arrivé tardivement en Grèce, vers les années 1920. Après la guerre, en 1952, l'Institut de la vigne et du vin d'Athènes jeta les bases d'un système de classification qualitatif transformé en loi à partir de 1969. Mais les modifications les plus considérables datent des années 1980, avec l'arrivée des techniques de contrôle de température, des méthodes d'élevage plus sophistiquées et d'une nouvelle génération d'œnologues, formés en France, en Italie ou en Allemagne, puis en Australie ou en Californie. La même époque vit les goûts évoluer vers des vins plus frais, plus francs et plus fruités.

Aujourd'hui, le marché du vin grec a pris une nouvelle allure : les grandes entreprises, propriétaires de vignes ou non, achètent la majorité de leurs raisins à de petits vignerons et possèdent souvent des unités de vinification dans différents endroits de la Grèce.

Les coopératives vendent les vins soit directement sous leur propre étiquette, soit à des négociants, soit des deux façons.

Un troisième type de producteur se dégage : des entreprises familiales, qui possèdent des vignes, vinifient leurs raisins et achètent parfois ceux de vignerons voisins, avec lesquels elles travaillent en proche collaboration. Leur production, toujours restreinte, était plutôt réservée au marché national, qui en est friand, mais ces vins sont aussi de plus en plus exportés.

Une vingtaine d'entreprises ont une politique d'exportation très active ; les plus connues sont Boutari, Kourtaki, Tsantali et Achaia-Clauss. Mais on trouve désormais à l'étranger aussi les vins d'autres entreprises, de taille plus modeste, tels que les domaines Alpha Estate, Argyros, Biblia Chora, Gaia, Gerovassiliou, Hatzidakis, Katsaros, Kir-Yanni, Lazaridi, Mercouri, Parparoussis, Skouras, ou Thymiopoulos ainsi que les Muscats des coopératives de Samos, Lemnos et Patras.

PRINCIPALES RÉGIONS VITICOLES ET APPELLATIONS

La vigne est présente dans la plupart des régions continentales de la Grèce et dans un grand nombre de ses îles. L'altitude, les vents et les influences maritimes modèrent les éprouvantes chaleurs estivales. L'essentiel des meilleurs vignobles grecs sont situés dans ces sites plus tempérés.

LE NORD

Le nord de la Grèce, qui regroupe la Macédoine et la Thrace, est essentiellement un pays de vin rouge. Le cépage xinomavro domine dans les zones de Naoussa, Amynteon et Goumenissa.

L'appellation Naoussa est l'une des plus connues de Grèce. Situé en Macédoine, le vignoble s'élève jusqu'à 400 m d'altitude et jouit d'un climat modéré. Amynteon produit aussi un vin rosé mousseux. L'autre appellation, les Côtes-de-Meliton, se trouve à Sithonia. On y cultive les cépages roditis, assyrtico, athiri et le rare et aromatique malagouzia, assemblés parfois au sauvignon, pour les blancs. Les vins rouges sont issus de limnio et de cabernet-sauvignon.

LE CENTRE

Le centre de la Grèce, l'Épire et la Thessalie, possède quatre appellations. Au nord-ouest de Ioannina, Zitsa produit un vin blanc légèrement pétillant, demi-sec ou sec. Rapsani, situé au pied de l'Olympe, est un pays de vins rouges (toujours dominés par le xinomavro), tandis que Anchialos, près de Volos, est celui des vins blancs secs, à base de roditis et de savatiano. Appellation récente, Messenikola, dans le sud-ouest de la Thessalie, produit des vins rouges dominés par le mavro messenikola.

ATTIQUE

Généralement rattachée au centre, cette province importante, car dominée par Athènes, est aussi un producteur conséquent de vin. L'essentiel de sa production est, malheureusement, constitué de vins médiocres destinés à l'élaboration de Retsina, mais des domaines de qualité, comme Evharis ou Hatzimichaelis, montrent qu'il existe un potentiel pour les vins de qualité. Ces domaines expérimentent avec une large gamme de cépages grecs (assyrtiko, roditis, malagousia, xinomavro...) et français, qui sont parfois assemblés.

LE PÉLOPONNÈSE

Le sud de la péninsule grecque compte de nombreuses appellations. Sur un haut plateau près de Tripoli, le cépage moschofilero donne le vin blanc aromatique et assez léger de Mantinia.

Le Némée (Nemea), près de Corinthe, produit un rouge issu de l'agiorgitiko, un cépage grec très coloré et fin. Il est considéré comme ayant le plus grand potentiel qualitatif, car il donne des vins fruités, aux tanins fins et soyeux, qui peuvent gagner en complexité en vieillissant.

L'appellation Patras est donnée aux vins blancs secs issus du cépage roditis, planté sur les collines autour de la ville éponyme. Le Muscat de Patras (ou Rion de Patras) est un vin de liqueur, tandis que le Mavrodaphne de Patras est un vin rouge muté à environ 15 % vol. Issu du cépage auquel il doit son nom, il est longuement vieilli en fûts de chêne.

LES ÎLES

Céphalonie est la seule des îles Ioniennes à posséder des appellations, la principale étant Robola, un blanc sec et puissant.

Dans la mer Égée, les îles Lemnos et Samos produisent de très bons vins à partir du cépage muscat. Le Muscat de Lemnos est un vin de liqueur. Il existe aussi en vin tranquille, sec, mais qui quitte rarement l'île. À Samos, le vin est élaboré soit en mistelle (vin de liqueur, Samos doux), soit en vin doux naturel (en arrêtant la fermentation), soit encore en Samos nectar (à partir de raisins séchés au soleil).

Les principales appellations des Cyclades se trouvent à Paros et Santorin. Sur la première île, il s'agit d'un vin rouge sec issu d'un assemblage de mandilaria, un raisin rouge fortement coloré, et d'un raisin blanc, le monemvassia. La seconde, aux sols volcaniques, fait un blanc sec, puissant et parfois très complexe à partir du cépage assyrtico. Cette variété possède une acidité forte qui compense la chaleur naturelle du climat des Cyclades et donne des vins équilibrés. Santorin est aussi à l'origine d'un blanc doux appelé Vino Santo.

Rhodes est la patrie d'un vin blanc sec issu d'athiri et d'un rouge issu de mandilaria. Mais cette île fait aussi des vins de table mousseux, obtenus selon différentes méthodes.

La Crète possède trois appellations de vins rouges secs ou doux : Archanes, Daphnes et Sitia. Les vins de Peza sont rouges ou blancs. Les cépages kotsifali, liatico (rouges) et vilana (blanc) sont des variétés locales qui donnent dans l'ensemble des vins puissants et généreux.

Il est à noter que nombre des grands vins grecs échappent à la logique des appellations et sont produits dans la catégorie des vins IGP, dénommés Topikos oinos, qui laisse davantage de liberté aux producteurs en matière d'encépagement et d'assemblage.

LE RETSINA

Le Retsina (vin résiné) est un type de vin propre à la Grèce. Au sens strict du terme, c'est un vin aromatisé, dont l'origine remonte à l'Antiquité, lorsque le vin était transporté dans des amphores de terre cuite scellées. Les sceaux, composés d'un mélange de plâtre et de résine, empêchaient l'air d'entrer et permettaient de garder les vins plus longtemps. Comme ils leur donnaient un léger goût, on en vint à croire que les vins vieillissaient grâce à la résine : c'est ainsi que naquit la tradition d'ajouter de la résine.
De nos jours, le Retsina est vinifié comme n'importe quel autre vin blanc sec, hormis le fait que l'on ajoute au moût des petits morceaux de résine de pin d'Alep.

Les sols et les climats

Le vignoble grec est situé entre 33 et 40° de latitude nord, mais la chaleur relative de cette zone du globe est en général tempérée par l'influence de la mer et, parfois, de l'altitude, qui peut dépasser 650 m. Assez régulières, les conditions climatiques n'empêchent cependant pas de légères variations d'un millésime à l'autre. Aucun type de sol ne prédomine, mais presque tous sont pauvres : rocailleux, ils contiennent du calcaire, du schiste, du terreau, de l'argile ou du sable. Les sous-sols sont toujours calcaires, sauf dans certaines îles comme Santorin, qui possède un sous-sol volcanique de pierre ponce.

Les cépages

La Grèce compte environ 200 cépages autochtones, dont bon nombre sont très localisés et souvent dotés d'un caractère prononcé. Les deux tiers du vignoble (120 000 ha) sont destinés à la production de vin, le reste fournit du raisin de table et des raisins secs. Plusieurs cépages blancs jouent un rôle important en Grèce. L'assyrtico est très aromatique quand il est vinifié à température contrôlée, ce qui l'aide à conserver les avantages de sa bonne acidité. Sans doute le meilleur cépage du pays, il commence à s'étendre au-delà de sa région d'origine, l'île de Santorin. Le roditis est une variété à peau rose qui vient du Péloponnèse, mais que l'on rencontre aussi en Macédoine et dans la région de Thèbes. Le savatiano est originaire de la région de Mesogea, en Attique, où il est célèbre comme cépage de base pour les meilleurs résinés du pays. Cependant, on s'est rendu compte qu'il pouvait aussi donner de bons vins blancs secs de qualité s'il est planté sur des terroirs adéquats. Les autres cépages blancs sont le moschofilero, à la peau rose, délicat et aromatique, qui vient de Mantinia dans le Péloponnèse, le robola de Céphalonie et le vilana de Crète.

Pour les raisins noirs, on trouve l'agiorgitiko, ou saint-georges, qui produit les vins de Nemea. Le limnio, variété ancienne originaire de Lemnos, pousse bien aujourd'hui à Halkidiki, dans le nord du pays, où il fait des vins souples et gouleyants. Le xinomavro est le cépage roi du nord de la Grèce, où il prédomine dans presque toutes les appellations, donnant des vins rouges souvent bien structurés, capables de vieillir avec grâce. Le mandilaria est largement planté sur les îles, où il donne des vins extrêmement colorés et tanniques. Le mavrodaphne est principalement cultivé autour de Patras, où l'on en fait un vin rouge muté plein de caractère.

Au cours des dernières décennies, plusieurs cépages internationaux ont été plantés dans toute la Grèce, mais en petites quantités. On trouve notamment le cabernet-sauvignon, le merlot, la syrah (qui donne d'excellents résultats), le grenache, le chardonnay, le sauvignon, le gewürztraminer, l'ugni blanc et un peu de viognier dans le sud du pays.

Les types et styles de vin

La gamme de types de vins élaborés en Grèce est vaste : blancs secs, rouges, muscats doux, rouges mutés (Mavrodaphne) et même effervescents. La production est dominée par les vins blancs, Retsina inclus. Si la plupart des vins, les blancs notamment, sont faits pour être bus jeunes, d'autres, issus de régions comme Naoussa, Nemea ou l'île de Santorini, sont capables de vieillir. Les pionniers de la viticulture moderne proposent tous des vins rouges de garde, souvent issus de cépages français, mais aussi de cépages grecs dont on découvre le potentiel.

La législation

Avec une série de lois promulguées vers le début des années 1970 ainsi que la récente réforme européenne, la Grèce s'est dotée d'un système d'appellations qui distingue les vins avec ou sans Indication géographie. Ce système, malgré ses imperfections, a aidé à préserver les cépages locaux et une bonne diversité de sites viticoles.

PRODUCTEURS

Les bons producteurs sont Boutari (bon niveau de plusieurs régions, y compris d'excellents vins de Santorin), Gaia Wines (bonne expression des cépages locaux), Gerovassiliou (Chardonnays et Malagousia, en blanc, et rouges d'assemblage et de syrah), Hatzidakis (blancs de Santorin), Katsaros (rouges de garde denses et structurés), Kir Yanni (xinomavro et syrah), Kostas Lazaridis (chardonnay, rouge cabernet/merlot), Parparoussis (Nemea rouge, blancs savoureux : Drosallis sec et Muscat de Rio Patras liquoreux) ou Skouras (moscofilero, aghiorghitiko...).

Ses contraintes ne sont pas toujours en phase avec l'évolution de la demande internationale, mais elles ont posé un cadre : libre à chacun de travailler dans ce cadre ou en dehors.
Les vins avec Indication géographique se divisent en quatre catégories. En haut de l'échelle se trouvent les *Onomasia Proelefseos Anotréras Piotitos* (OPAP), l'équivalent des AOC françaises, avec 25 appellations productrices de vins secs, rouge ou blanc. Viennent ensuite les *Onomasias Proelefseos Elenhomeni* (OPE), avec 8 appellations, toutes dédiées au vin doux. La catégorie *Topikos Inos* est l'équivalent des IGP en France (vins de pays). Il existe enfin les *Oenoi Onomasias Kata Paradosi,* catégorie réservée aux vins « traditionnels ». Elle ne s'applique pas à un territoire en particulier mais à un type de vin et permet surtout de donner un cadre légal à la production de Retsina, qui n'est pas exclusivement issu de raisins.

CHYPRE

Le vignoble (plus de 11 000 ha) est localisé surtout dans le sud-ouest de l'île. Durant les dernières décennies, une grande partie des vignes a été arrachée, notamment dans les plaines qui produisaient des vins sans caractère ne trouvant plus de débouchés commerciaux. Les meilleurs vignobles se trouvent en altitude, sur les flancs sud du Massif du Tróodhos.
Les deux principaux cépages locaux, qui entrent notamment dans l'élaboration des vins de la Commandaria, sont le mavro (qui signifie « noir ») en rouge et le xynisteri en blanc. Bien qu'en recul, le premier représente 50 % de l'encépagement et produit des rouges secs relativement souples. Le xynisteri (un quart du vignoble) donne des vins blancs secs intéressants lorsqu'il est planté en altitude. Il sert aussi de base à des assemblages divers avec des variétés importées. Les autres cépages rouges locaux sont le maratheftiko, dont les vins colorés et tanniques ont bonne réputation, et l'ofthalmon. Parmi les autres variétés, les plus cultivées sont les cabernets, mourvèdre, syrah, grenache, cinsaut, muscat d'Alexandrie et chardonnay.
Le Commandaria, célèbre vin de dessert chypriote, était autrefois particulièrement apprécié par les chevaliers de l'ordre des Templiers. Les raisins blancs de xynisteri et noirs de mavro sèchent au soleil sur des nattes une dizaine de jours avant la fermentation. Après mutage, les vins sont élevés en fût pendant de deux ans au moins, selon le système espagnol de la *solera.* Dans les belles versions, ces vins capiteux à la robe noire développent des arômes intenses et complexes. La zone d'appellation comprend quatorze villages, les meilleurs étant Yerasa, Zoopiyi et Kalo Chorio.

PRODUCTEURS

Chaque entreprise produit en général une gamme de vins : rouges, blancs et Commandaria, un vin muté. Les vignobles se concentrent au sud des monts Tróodhos. On peut parfois trouver du Commandaria de petits producteurs : la recherche en vaut la peine.

ETKO
Référence chypriote en matière de vins de qualité. Des vins secs rouges et blancs, et de très beaux exemples de Commandaria (Saint-Nicolas, Centurion).

KEO
Cave moderne située à Limassol qui a eu la bonne idée de replanter des cépages locaux dont le maratheftiko. Gamme large qui compte entre autres un vin 100 % maratheftiko (Heritage) et le très réputé Commandaria Saint-John.

LOEL
C'est l'un des plus importants producteurs qui contrôle à lui seul 75 % du marché du pays. Parmi ses marques, citons Palomino, Amathus, Orpheo Negro ainsi que Commandaria Alasia.

TURQUIE

Dans l'histoire du vin, la Turquie a une tradition très ancienne, mais, en raison d'une population en majorité musulmane, il lui est difficile d'en tirer parti de nos jours. Kemal Atatürk s'efforça dans les années 1920 de faire renaître l'industrie viticole, mais, aujourd'hui encore, bien que le pays soit le cinquième producteur mondial de raisins, 3 % seulement sont vinifiés, pour une production totale d'environ 450 000 hl. La consommation locale reste très faible : moins de 1 litre par an et par habitant. Dans un contexte culturel et législatif contraignant, l'activité viticole fait pourtant preuve du dynamisme qui se concrétise par un début d'exploration des terroirs locaux et par des vins bien vinifiés par des caves modernes. Une dizaine de caves dominent la production. Propriétaires de vignes, elles achètent aussi des raisins auprès de viticulteurs privés et élaborent des vins dans la plupart des régions viticoles. À côté, des petits domaines sont apparus à l'initiative des nouvelles élites du pays qui n'hésitent pas à faire appel à des consultants célèbres. Les régions viticoles de l'Égée, de Marmara et de Cappadoce sont les plus dynamiques et assurent l'essentiel de la production. Reflet de la très longue histoire viticole du pays, il existe officiellement 1 250 cépages, même si 50 à 60 seulement ont une importance commerciale. Les cépages locaux, parfois assemblés avec des variétés importées, assurent l'originalité des vins turcs. En rouge, les plus intéressants sont le bogazkere, qui donne des vins sombres et tanniques, l'ökuzgözu et le kalecik karasi, plus souples. En blanc, les sultaniye et narince sont les plus populaires. Le sauvignon blanc a trouvé en Cappadoce les terroirs calcaires qu'il affectionne et donne des vins blancs secs très prometteurs. Les grandes variétés internationales sont toutes présentes.

PRODUCTEURS

Le pays compte une centaine de producteurs, mais trois sociétés représentent 90 % de la production.

ARCADIA VINEYARDS
Une jeune cave privée de Thrace, qui possède un vignoble de 35 ha plantés d'une dizaine de variétés locales ou importées. Des vins modernes dont de bons assemblages de type bordelais et des blancs élégants (gamme finesse).

DOLUCA
Cette société de Thrace produit quelque 14 millions de bouteilles par an, à partir de raisins issus de toutes les régions turques. Des vins bien faits grâce à d'investissements massifs.

KAVAKLIDERE
Premier producteur du pays qui possède un vignoble de plus de 600 ha et s'approvisionne en raisin dans les différentes régions de Turquie. Moderne et bien conseillée il propose une très large gamme de vins et exporte 20 % de sa production.

AUTRES PRODUCTEURS
Kayra, Kocabag Sevilen, Suvla, Turasan.

MOYEN-ORIENT

Si l'on y inclut la Turquie, la Méditerranée orientale peut être considérée comme le berceau de la vigne et du vin. Chaque fois qu'on décante une bouteille de Porto Vintage ou qu'on sort le champagne du seau à glace, il faudrait remercier les pays de cette région, car c'est là, dans ce paysage aride de figuiers et d'oliviers, que tout a commencé. Des milliers d'années avant le Christ, on y produisait déjà du vin dans la région : c'était une denrée de base, comme le pain ou les fruits.

La viticulture a survécu à la diffusion de l'islam grâce à des enclaves chrétiennes ou juives et à l'ouverture vers les pays occidentaux. En Israël, le vin joue un rôle important dans les rites religieux juifs, et sa valeur symbolique est aussi forte que pour les chrétiens. Mais le type de vin produit pour ces besoins n'est pas de nature à en valoriser la qualité. Depuis quelques décennies, des efforts ont été faits pour moderniser le secteur vinicole dans cette partie du monde, souvent avec succès. Le climat est chaud et sec, et les vignes sont généralement résistantes, mais il a fallu attendre les années 1990 pour voir émerger, en Israël comme au Liban, des vins de très haute qualité pour lesquels quelques pionniers, comme le Libanais Musar, avaient déjà tracé la voie. L'exemple des Californiens et des Australiens, qui ont su maîtriser des conditions climatologiques similaires, a été déterminant dans l'émergence de vins dont les qualités pouvaient satisfaire des marchés internationaux. L'influence majeure au Liban a certainement été française, tandis qu'en Israël, c'est l'école californienne qui s'est imposée. Aujourd'hui des vins de grande qualité existent bien dans les deux pays, à côté d'une production commerciale parfois fort honorable.

ISRAËL

Si le vin était déjà présent dans l'Israël antique, l'industrie vinicole actuelle de ce pays a été fondée par le baron Edmond de Rothschild, qui a créé des vignobles dans les années 1880 avec des cépages français. En 1906, l'entreprise est devenue la coopérative de vignerons Carmel, qui exporte des vins kasher dans le monde entier pour la communauté juive. Israël compte aujourd'hui quelque 6 000 ha de vignes qui produisent 36 millions de bouteilles à travers environ 300 producteurs Les vins kasher sont en général doux et rouges. Pour des motifs religieux, ils répondent à de stricts critères de pureté, mais, soit le moût, soit le vin est pasteurisé, au détriment de la qualité, Ces vins produits pour les besoins du culte ne représentent plus que 15 % de la production actuelle du pays Le goût des Israéliens a récemment évolué vers des vins plus en conformité avec les standards internationaux.

Les régions viticoles d'Israël comprennent plusieurs zones : Shomron, secteur de Saron, en Samarie ; Néguev, autour de Beersheba ; Shimshon, à Samson, secteurs de Dan, Adulam et Latroun ; Galil en Galilée, secteurs de Canaan, Nazareth, Thabor et Cana ; Harei Yehuda dans les monts de Judée, secteurs de Jérusalem et Betin.

Au début des années 1980, un nouveau centre de vinification fut établi sur les hauteurs du Golan, très inspiré par l'école californienne. Cela a galvanisé le monde du vin israélien, et a déclenché des recherches visant à identifier des sites plus propices à une viticulture de qualité. Aujourd'hui, certains producteurs, dont Domaine du Castel, Margalit ou Clos de Gat, bénéficient d'une reconnaissance internationale.

LIBAN

Les deux principaux producteurs du Liban sont Château Ksara et Château Kefraya. Avec le Château Musar, créé dans les années 1930 par la famille Hochar, et dont les vins n'ont rien perdu de leur charme, ces producteurs ont contribué à faire connaître les vins du Liban. Plus récemment, beaucoup de domaines ont été créés, certains disposants d'importants moyens. Cette nouvelle génération exploite au mieux le potentiel réel des vignobles libanais qui sont concentrés dans la haute plaine de la Bekaa. Les coteaux du Mont Liban et la zone de Batroun ont fait l'objet de plantations récentes. Le climat chaud et sec permet aux cépages rouges d'atteindre une pleine maturité. Ce sont surtout le cabernet-sauvignon et la syrah qui forgent le caractère de nombre des meilleurs vins du Liban. Parmi les autres variétés rouges plantées, on trouve le cinsaut, le merlot, le carignan, le grenache, le mourvèdre ou le pinot noir. En blanc, outre les cépages blancs locaux marveh et obeidi (ce dernier servant souvent à l'élaboration de l'arak, une eau-de-vie anisée), le chardonnay, le muscat, le viognier et la clairette sont les plus plantés.

MALTE

Le petit vignoble maltais est loin de suffire à la consommation locale et touristique, et l'essentiel des raisins est acheté à l'extérieur du pays, en Italie en particulier. Mais l'île connaît actuellement un certain dynamisme grâce à des sociétés comme Marsovin, Delicata et le domaine Meridiana, de création plus récente,

PRODUCTEURS

ISRAËL

YARDEN GOLAN HEIGHTS
Vins rouges et blancs de bonne qualité. La gamme de base est baptisée Gamla, le haut de gamme Yarden, et la gamme intermédiaire Golan.

CARMEL
La plus grande entreprise vinicole d'Israël est une coopérative qui exploite 1 400 ha et produit 15 millions de bouteilles. Les vins haut de gamme sont vendus sous la marque Carmel.

AUTRES PRODUCTEURS
Clos de Gat, Domaine de Castel, Ella Valley, Flam Winery, Château Golan, Katlav, Pelter, Recanati, Tzora, Yatir.

LIBAN

ATIBAIA
Toute petite mais remarquable production provenant de vignobles en terrasses surplombant Batroun. Un rouge (syrah, cabernet-sauvignon et petit verdot) somptueux.

DOMAINE DE BAAL
Jeune et petit domaine familial dont le vignoble est situé sur les contreforts du Mont Liban, à plus de 1 000 m d'altitude. Grands vins rouges pleins de caractère et d'élégance.

CHÂTEAU KEFRAYA
Producteur historique qui offre des vins d'un bon rapport qualité/prix et une grande cuvée, appelée Comte de m, ambitieuse dans un style international.

CHÂTEAU KSARA
Autre grand producteur historique du pays.

CHÂTEAU MUSAR
Des vins parfois atypiques sur l'échiquier moderne des goûts, mais extraordinaires, qui ont révélé le potentiel du pays.

AUTRES PRODUCTEURS
Château de Bellevue, Château Khoury, Château Marsyas, Clos St. Thomas, Fakra, Ixsir, Ksara, Massaya, Domaine Wardy.

MALTE

Les meilleurs producteurs sont Marsovin (dont une bonne cuvée de cabernet franc, appelée Cheval Franc), Delicata et Meridiana.

ÉGYPTE

GIANACLIS
La seule entreprise vinicole de l'Égypte, récemment privatisée, exploite une soixantaine d'hectares dont l'essentiel est planté dans la région du Caire. Une trentaine de cépages y sont cultivés. Le haut de gamme est représenté par les vins vendus sous l'étiquette Domaine de Gianaclis.

qui vinifient les raisins issus de ses propres plantations. Aux différents cépages locaux traditionnels, comme le gellawa (rouge) qui produit des vins rosés ou rouges (souvent en assemblage avec la syrah), ou le girgentina (blanc) qui offre des vins blancs floraux et légers, sont venus s'ajouter des plantations de cépages internationaux dont le cabernet-sauvignon, le merlot, la syrah ou le chardonnay.

AUTRES PAYS DU MOYEN-ORIENT

L'Égypte, État laïc, compte un seul producteur de vin, Gianaclis. La plupart des vignobles sont consacrés à la production de raisins de table, de raisins secs ou de jus de raisin.
Il existe aussi des vignes en Syrie, en Jordanie et en Iraq, mais elles ne produisent que d'infimes quantités de vin.

AFRIQUE DU NORD

Aujourd'hui, l'héritage viticole que la France a laissé au Maroc, à l'Algérie et à la Tunisie est modeste. Dans ces trois pays, la superficie des vignobles a drastiquement diminué depuis l'indépendance, en particulier en Algérie qui fut dans les années 1950 un très grand pays producteur.
Les vignobles longent presque tous la côte, les meilleurs vins provenant des collines un peu en retrait. Le Maroc est le seul pays ouvert sur l'Atlantique et en retire une fraîcheur bénéfique. Pourtant, comme dans les pays voisins, de grandes étendues de vignobles côtiers ont été arrachées. Sur les collines, la vigne peut pousser jusqu'à 1 200 m d'altitude. Aujourd'hui, les meilleurs vins proviennent du Maroc et de la Tunisie, où des investissements nationaux ou extérieurs motivés par la demande touristique ont permis de moderniser la production. On reconnaît à l'Algérie un bon potentiel viticole mais il demeure inexploité par manque de marché intérieur, d'investissements et de volonté politique.
L'Algérie, le Maroc et la Tunisie ont une législation viticole héritée du système français, avec une division en appellations, AOG (appellation d'origine garantie) ou AOC (appellation d'origine contrôlée).

Les cépages et les styles de vin

Les vignobles d'Afrique du Nord ont été façonnés par l'émigration de populations européennes de la Méditerranée qui ont apporté leur savoir-faire et leurs cépages. L'encépagement actuel et la production conservent logiquement un air de famille avec les vins du sud de la France. Cinsaut, grenache, carignan, alicante bouschet, ugni blanc, clairette et muscat sont les variétés traditionnelles. Le cinsaut et le grenache sont à la base des rosés ou « gris » du Maroc, toujours populaires. Le muscat d'Alexandrie donne d'excellents résultats en Tunisie, vinifié en vin doux ou en vin sec. Les vignobles modernisés ont fait le choix de privilégier les cépages à la mode : cabernet, merlot, syrah, chardonnay ou sauvignon, entre autres.

Les meilleurs rouges viennent probablement du Maroc ou de la Tunisie, dont les installations de vinification sont sans doute les plus modernes d'Afrique du Nord, grâce notamment aux récents investissements marocains et français (Celliers de Meknès, Castel, Thalvin). Les Vignerons de Carthage ont joué un rôle identique en Tunisie. Les meilleurs vins rouges du Maghreb offrent la puissance et la séduction d'un fruit logiquement bien mûr, étant donné les fortes chaleurs estivales. Sauf exception, les blancs sont peu réussis.

Le vignoble marocain compte 14 AOG et 1 AOC. Le cœur de la viticulture marocaine est constitué par les régions de Casablanca et surtout de Meknès/Fès dont les vignobles d'altitude au pied de l'Atlas sont à l'origine des meilleurs rouges du pays. La région de Meknès/Fès est divisée en plusieurs appellations dont Guerrouane, Beni M'tir et Coteaux de l'Atlas (unique AOC).

En Algérie, le vignoble est divisé en 7 AOG qui sont loin de couvrir l'ensemble de la production. Les zones les plus réputées sont Tlemcen, Mascara et Médéa pour leurs vins rouges.

Les 7 AOC tunisiennes sont concentrées à la pointe nord du pays. Outre de bons vins rouges, le pays s'est fait une réputation pour ses muscats. Les vignobles entourant Bizerte s'en sont fait une spécialité, tout comme ceux de Hammam-Lif près de Tunis, Grombalia et Bou-Arkoub à l'Est.

Les bons producteurs du Maroc et de la Tunisie

Parmi les bons producteurs marocains, citons : Les Celliers de Meknès, Château Roslane, Les Deux Domaines, Domaine de la Zouina (région de Meknès), Domaine des Ouled Thaleb/Thalvin (région de Casablanca). Les bons producteurs tunisiens sont les suivants : Domaine Atlas, Vignerons de Carthage (Château Mornag, Domaine Clipea), Calatrasi.

ALLEMAGNE

Carte page XXIV

Les vignerons allemands aiment à souligner leur particularisme, face aux autres régions viticoles prestigieuses du monde, car la fraîcheur du climat du nord de l'Europe rend difficile l'obtention d'une bonne maturité du raisin. On compense ce handicap en plantant la vigne sur les sites les mieux exposés. C'est pourquoi la majeure partie des vignobles est située dans l'ouest et le sud du pays et épouse les courbes des vallées fluviales, notamment celles du Rhin et de ses affluents. Les meilleurs coteaux, choisis pour leur ensoleillement et leur proximité des fleuves, bénéficient d'un mésoclimat offrant une chaleur constante, plus favorable à la maturité des raisins. Chaque parcelle présente une combinaison de propriétés viticoles qui lui est propre, avec une hétérogénéité peut-être plus marquée encore qu'en France : les meilleures parcelles peuvent jouxter des parcelles médiocres. Les aléas climatiques sont autant de risques supplémentaires, car quelques heures de mauvais temps peuvent anéantir les efforts d'une année : les vins allemands résultent d'un travail dans des conditions limites de viticulture, ce qui explique que la teneur en alcool de ces vins soit souvent relativement basse, tandis que leur acidité peut être particulièrement élevée. L'Allemagne produit encore essentiellement des vins blancs, qui gardent leurs qualités de fraîcheur et d'élégance pendant plusieurs années. C'est le cas, par exemple, des vins issus du riesling, qui reste le cépage de référence. Longtemps marginaux et d'une qualité plutôt douteuse, les vins rouges ont cependant nettement progressé au niveau qualitatif et quantitatif depuis quelques années, et constituent maintenant plus d'un tiers de la production.

Les régions viticoles

Les premiers ceps furent plantés dans les régions du Rhin et de la Moselle par les Romains. Aujourd'hui, le Rhin dispense toujours ses bienfaits aux vignobles situés sur ses coteaux, en leur restituant la chaleur qu'il a absorbée pendant l'été et au tout début de l'automne, juste avant les vendanges. Il suffit de regarder où se situent les principales régions viticoles pour mesurer l'importance accordée à la proximité d'un cours d'eau. Les vignobles de Bade ne s'éloignent jamais du Rhin. Le Neckar et ses affluents serpentent entre les coteaux du Wurtemberg, avant de rejoindre le Rhin à Mannheim ; le Main, autre affluent, façonne au passage les vignobles de Franconie. La petite région de la Bergstraße de Hesse fait face à la vallée rhénane, au nord de Heidelberg, tandis que, de l'autre côté du fleuve, s'étend la région du Palatinat. Immédiatement au nord, on trouve la Hesse rhénane, bordée à l'est et au nord par le fleuve, et, sur la rive droite, les vignobles du Rheingau. Les vignobles escarpés des gorges du Rhin constituent la région du Mittelrhein. La Nahe, autre affluent, a également donné son nom à une région viticole.

La région de la Moselle, l'une des plus connues hors des frontières allemandes, regroupe les vignobles de la Sarre et de la Ruwer. La belle région de l'Ahr est proche de l'extrémité nord des zones viticoles de l'ouest du pays. À l'est, les rivières Saale et Unstrut forment une région. Enfin, l'Elbe porte sur ses flancs les vignobles de Saxe (Sachsen).

La législation viticole

La réglementation viticole allemande a codifié ces divisions géographiques et traditionnelles en 13 *Anbaugebiete,* ou régions officielles, elles-mêmes subdivisées en *Bereiche,* ou districts.

Autrefois, il existait plusieurs milliers de petites parcelles, chacune sous sa propre étiquette, un peu comme en Bourgogne : une *Einzellage,* ou terroir particulier, équivaut à un cru (ou climat en Bourgogne). Mais une loi datant de 1971 a regroupé plusieurs de ces terroirs traditionnels en *Einzellagen* et leur a attribué une entité légale. Le fait de réduire le nombre des appellations a permis d'éviter une certaine confusion, mais a également fait disparaître quelques nuances qualitatives importantes. De plus, cette loi instaure la notion de *Großlage,* ou terroir collectif, regroupant plusieurs vignobles de caractères similaires, même s'ils ne sont pas forcément contigus.

Ces deux mentions, *Einzellage* et *Großlage,* sont toujours précédées sur l'étiquette par le nom du village où se situe le vignoble. L'étiquette d'un vin allemand ne permet pas au consommateur de savoir si le vignoble cité est une *Großlage* (dénomination collective, donc peu précise) ou une *Einzellage* (vignoble en général plus petit et plus spécifique).

LIRE UNE ÉTIQUETTE DE VIN ALLEMAND

Pour l'amateur non initié, la lecture des étiquettes de vins allemands reste une énigme ; cependant, celles-ci donnent une multitude d'informations utiles pour le consommateur.

Le nom du producteur figure généralement en première position, précédé, le plus souvent, des termes *Weingut* (domaine) ou *Schloss* (château).

Le nom du vignoble est toujours précédé du nom du village, auquel on ajoute en général le suffixe « -er », marque de l'adjectif. Ainsi, pour dire qu'une bouteille provient de Bernkastel (nom du village), on écrira Bernkasteler (« de Bernkastel »). Ainsi, Bernkasteler Doktor indique que le vin provient du vignoble « Doktor » à Bernkastel.

Les niveaux de qualité, *Qualitätswein bestimmter Anbaugebiete* (QbA) ou *Prädikatswein* (anciennement *Qualitätswein mit Prädikat,* QmP), sont toujours indiqués, le second figurant bien en évidence.

Décodée, l'étiquette fournit donc le nom du producteur, celui de la région d'où proviennent les raisins et le niveau officiel de qualité. Elle peut en outre indiquer le millésime et le cépage, mais ces mentions ne sont pas obligatoires.

L'A.P. (*Amtliche Prüfung,* examen officiel) est une garantie de qualité. Sa présence atteste que le vin est issu de cépages autorisés, qu'il a atteint le taux de sucre minimal et que la région mentionnée est bien la région d'origine.

La mise en bouteilles est une mention facultative. Si l'étiquette précise *Erzeugerabfüllung,* cela indique que le vin a été mis en bouteilles par le producteur, éventuellement par une coopérative (voir p. 668) ; la mention *Gutsabfüllung* précise une mise en bouteilles au domaine.

Les niveaux de qualité et les désignations

Si l'origine géographique est le premier critère de distinction des vins allemands, le second est leur niveau de qualité officiel, celui-ci étant classé en trois catégories selon la teneur en sucres du jus de raisin (ou moût).

DEUTSCHER WEIN (ANCIENNEMENT TAFELWEIN). Catégorie des vins de table ordinaires qui autorise l'assemblage de vins provenant de tout le pays. Il n'est pas rare que certains vins de grande qualité soient commercialisés sous cette dénomination lorsque leurs producteurs ne les soumettent pas aux dégustations officielles.

LANDWEIN (VIN DE PAYS). Catégorie qui correspond à la norme européenne des IGP, marginale dans la production allemande.

QUALITÄTSWEIN BESTIMMTER ANBAUGEBIETE (QBA). Premier échelon des vins de qualité, obligatoirement produits au sein d'une des 13 régions viticoles *(Anbaugebiete),* qui représente 50 % de la production allemande.

PRÄDIKATSWEIN. (Anciennement Qualitätswein mit Prädikat, QmP, ce qui signifie littéralement, « avec distinction ».) Échelon supérieur des vins de qualité. Les *Prädikatswein* sont élaborés à partir de raisins dont la teneur en sucres est suffisante pour ne nécessiter aucune chaptalisation (qui est d'ailleurs interdite dans cette catégorie). Ils sont subdivisés en 6 sous-catégories, toujours selon le même critère de densité du moût en ordre croissant.

KABINETT. C'est l'échelon de base des *Prädikatswein.* En théorie, ce sont les vins les plus légers, secs ou légèrement doux.

SPÄTLESE. Signifie littéralement, « Vendanges tardives ». Élaborés à partir de raisins plus mûrs, les *Spätlesen* peuvent être aussi bien doux que secs à l'issue de la fermentation.

AUSLESE. C'est un vin élaboré à partir de grappes sélectionnées. Dans de bons millésimes, la sélection porte parfois sur des raisins atteints de pourriture noble *(Botrytis cinerea),* donnant des vins doux opulents. On produit de plus en plus d'*Auslesen* secs.

BEERENAUSLESE. Vin liquoreux, élaboré à partir de grains de raisins en surmaturité, sélectionnés un à un, éventuellement atteints de pourriture noble.

TROCKENBEERENAUSLESE (TBA). Vin élaboré comme les *Beerenauslesen,* mais avec des raisins flétris et desséchés *(trocken)* sous l'effet de la pourriture noble. Ce moût très concentré donne lieu à des vins très doux. Ils sont aussi très chers.

EISWEIN. Le moût est encore plus concentré, puisque les raisins ont gelé sur pied. Ces vins sont rares et chers.

La densité du moût exprime la teneur en sucres naturels du jus de raisin, mais une densité élevée ne signifie pas automatiquement que le vin aura un goût sucré à l'issue de la fermentation. Pour les premières catégories, jusqu'à

LE SEKT

Ce que la réglementation mise en œuvre par l'Union européenne définit comme vin effervescent de qualité est connu en Allemagne, comme en Autriche, sous le nom de Sekt. Les quelque 800 entreprises de l'industrie du Sekt, qui a connu une croissance remarquable depuis les années 1950, produisent près de 500 millions de bouteilles par an, pour l'essentiel à partir de vins ou de moûts importés, le vin allemand étant généralement trop cher pour cette utilisation. Mais, si l'étiquette porte la mention *Deutscher Sekt,* le mousseux est issu exclusivement de vin allemand. C'est dans cette dernière catégorie que l'on peut trouver quelques rares vins effervescents de qualité. Presque la totalité des mousseux, de fabrication industrielle, se vendent en effet très bon marché sous un nom de marque. Seul 1 % est vendu à un prix élevé. Il s'agit notamment de Sekt de propriété *(Winzersekt),* élaboré selon la méthode traditionnelle et commercialisé par des petits producteurs de vins tranquilles. Le style de Sekt préféré des Allemands est celui d'un vin sec *(trocken),* qui contient entre 17 et 35 g de sucre par litre. Pour le Sekt de qualité, on préfère en général la catégorie des bruts (jusqu'à 15 g de sucre par litre). Ce dernier, le plus souvent millésimé, est en général issu d'un cépage unique, souvent le riesling, dont l'acidité et la finesse donnent un vin effervescent élégant, ou le pinot blanc, qui donne un vin plus souple. Outre le millésime et parfois le cépage vinifié, l'étiquette mentionne quelquefois un nom d'origine plus précis que la région ou la province. Malgré les réserves évoquées, il existe de très bons producteurs de Sekt, comme Menger Krug à Gau-Odernheim.

l'*Auslese,* la tendance actuelle chez les producteurs est d'obtenir des vins plus secs en les laissant fermenter jusqu'à la transformation de tous les sucres en alcool.

L'idée maîtresse de la sélection

Cette hiérarchisation officielle des vins allemands de qualité procède du raisonnement suivant : plus les raisins sont mûrs, meilleur est le vin. Elle reflète la difficulté de faire mûrir le raisin dans un climat aussi ingrat, mais traduit également de la part des viticulteurs une recherche de rareté et, par conséquent, de valeur ajoutée. La tradition, entérinée par la loi, est de laisser les raisins sur les ceps le plus longtemps possible, lorsque le temps le permet, pour atteindre une maturation optimale. Les vendanges peuvent donc s'étaler sur deux mois : elles commencent dans les vignobles destinés à produire des vins *Kabinett* tandis qu'ailleurs on rêve de voir s'installer la pourriture noble et de récolter des raisins en surmaturité afin de produire un *Auslese* ou mieux encore.

Certains propriétaires remettent en cause cette tradition en abandonnant les vins naturellement doux au profit de vins plus secs, afin de satisfaire à la nouvelle demande des consommateurs. Cette tendance encourage les viticulteurs à limiter leurs rendements, la concentration obtenue assurant ainsi l'équilibre habituellement fourni par le sucre résiduel.

Classic et Selection

La complexité des étiquettes allemandes, pour précises qu'elles soient, peut désorienter le consommateur peu averti. En 2000, le Deutsches Weininstitut a institué deux nouvelles catégories censées rendre plus lisible l'offre allemande. Les labels « Classic » et « Selection », qui apparaissent sur les étiquettes, ne concernent que les vins de qualité, secs, et issus d'un cépage unique. La catégorie « Classic » impose de faire figurer le nom du cépage, celui du producteur, la région de production ainsi que le millésime. La catégorie « Selection » exige de faire apparaître en plus le nom du vignoble d'origine. Elle est également soumise à des exigences accrues en matière de règles de production (vendanges, rendements, degré d'alcool potentiel minimal).

Les vins secs et demi-secs

Une modification de la législation donne l'autorisation de porter la mention *Halbtrocken* (demi-sec), parfois remplacée par le terme *Feinherb* ou *Trocken* (sec) aux vins dont la teneur en sucres résiduels se situe au-dessous d'un certain taux (ou d'une certaine densité). Un *Riesling Trocken* a besoin d'une bonne teneur en sucres naturels et d'une bonne acidité. On réalise un *Spätlese Trocken* ou un *Auslese Trocken* en laissant la fermentation transformer tous les sucres en alcool.

Le caractère des vins

Les vins allemands sont blancs pour une large majorité d'entre eux, mais la superficie plantée en rouge a doublé depuis 1990 pour atteindre 36 % du vignoble en 2012. Le caractère des vins allemands est déterminé par le district et le vignoble, le cépage, les différents niveaux de qualité décrits ci-dessus et la volonté du producteur. Il faut ajouter à ces critères le millésime, car le climat de l'année joue un rôle de première importance.

Pour chaque niveau de qualité est déterminée une densité de moût minimale, qui varie selon la région : pour obtenir la même qualification, les régions plus au sud doivent atteindre une teneur en sucres naturels plus élevée que celle des régions situées au nord. Ainsi, un *Kabinett* de la Moselle aura un degré moindre d'alcool qu'un *Kabinett* de Bade.

LE LIEBFRAUMILCH ET LES AUTRES VINS GÉNÉRIQUES

Malgré une conjoncture moins favorable aujourd'hui, le succès commercial des vins allemands à l'étranger, au cours des décennies passées, fut essentiellement dû au Liebfraumilch et à quelques autres vins blancs demi-secs produits en grosses quantités. Le nom de Liebfraumilch provient d'un petit vignoble près de Worms, autrefois propriété de l'Église. Jusqu'au XIXe siècle, cette dénomination s'appliquait aux vins issus d'un territoire beaucoup plus vaste, mais désignait toujours des vins de grande qualité. Selon la réglementation actuelle, le vin peut provenir de n'importe quelle partie de la Hesse rhénane, du Palatinat, de la Nahe ou du Rheingau. Il s'agit donc d'un vin générique, élaboré principalement à partir des cépages riesling, müller-thurgau, sylvaner et kerner. Il doit être un QbA, et afficher une teneur minimale en sucres résiduels. En raison de la concurrence internationale, la qualité du Liebfraumilch répond à des critères peu glorieux où il s'agit plus de ne pas dépasser un certain prix de vente que d'atteindre un niveau d'excellence.
La même approche marketing a été appliquée à d'autres vins génériques comme le *Bereich* Bernkastel, le Piesporter Michelsberg (une *Großlage*, ou district de production) et le Niersteiner Gutes Domptal (autre *Großlage)*. Ces derniers peuvent provenir d'un vaste district, ce qui permet aux producteurs de faire des assemblages. Certains producteurs, qui possèdent des vignobles réputés à Piesport ou à Nierstein par exemple, se plaignent que ces vins génériques sans intérêt, d'origine géographique aléatoire, font du tort à leurs vins de qualité portant le même nom. La réussite de tels vins est en déclin actuellement, pour le plus grand bonheur des amateurs des meilleurs vins allemands.

La loi entérine donc les différences dues au climat et à l'environnement, puisque les vignobles septentrionaux du pays sont les plus sensibles aux petites différences d'exposition et de nature du sol. Un domaine allemand peut être composé d'une douzaine de parcelles différentes et produire une grande variété de vins dont l'identité sera déterminée par le site et la maturité. Il est donc difficile de classer et de codifier des vins dont les caractères peuvent être aussi disparates.
Les vins allemands, comparés à des vins français ou italiens, ont pourtant une personnalité bien à eux qui se définit plus par un certain équilibre entre le fruité et l'acidité et par le cépage que par le degré d'alcool ou par les caractères dérivant de l'élevage en fûts de chêne, par exemple.

Le vieillissement et les millésimes

De tous les cépages plantés en Allemagne, c'est le riesling, avec son équilibre bien marqué entre le fruité et l'acidité, qui produit les vins dotés du meilleur potentiel de vieillissement. En général, une bonne concentration en sucres à la vendange allonge la durée pendant laquelle le vin peut se bonifier en bouteilles. Les vins les plus concentrés, comme les *Beerenauslesen,* atteignent rarement leur apogée avant sept, voire dix ans de bouteille. L'acidité est tout aussi essentielle pour le bon vieillissement : les années très chaudes produisent souvent des vins de faible acidité, mais d'une teneur en sucres élevée ; ces vins gardent leurs qualités moins longtemps que ceux qui bénéficient dès leur naissance d'un meilleur équilibre.

De par la situation septentrionale des vignobles, les moindres variations climatiques ont, d'un millésime à l'autre, des répercussions importantes sur le style des vins. Une année fraîche ne permet pas toujours un mûrissement suffisant des raisins pour que les vins soient admis au rang de QbA.

Les cépages classiques

Le cépage blanc qui sert de point de repère pour les vins allemands est le riesling (voir p. 230). Il est capable de bien mûrir au cours des automnes ensoleillés, donnant ainsi des vins dans les différentes catégories de QmP. Il occupe les meilleurs sites qui sont les coteaux les plus escarpés, tels que ceux de moyenne Moselle (Mittelmosel) et du Rheingau, dont la bonne exposition, associée à la chaleur de l'automne, lui assure la longue période de mûrissement dont il a besoin. Au fur et à mesure que de nouveaux cépages se développaient (voir ci-dessous), le riesling a d'abord perdu du terrain en faveur de cépages plus prolifiques et plus faciles à cultiver mais les surfaces qui lui sont consacrées sont désormais stables.

Le déclin du sylvaner (voir p. 231), l'autre cépage classique des blancs allemands, est bien plus sensible. On l'associe surtout à la région de Franconie, mais les plus grands vignobles se trouvent en Hesse rhénane. Il donne des vins secs à la fois concentrés et vifs, aptes à bien vieillir, si les vignobles sont bien situés et les rendements raisonnables.

Les vignobles et les cépages récents

Depuis les années 1960, les vignobles allemands ont plus que doublé en superficie. Les sites les plus propices étant déjà plantés, souvent depuis des siècles, la plupart des nouvelles implantations manquent des qualités adéquates et ne permettent de produire que des vins bon marché.

De nombreux vignobles allemands ont fait l'objet d'un remembrement *(Flurbereinigung)* depuis les années 1960 pour faciliter la mécanisation dans le travail de la vigne et réduire les coûts d'exploitation. Les résultats de ce remembrement sont peu esthétiques, notamment pour les vignobles de Bade dans la région de Kaiserstuhl, et quelques producteurs ont même soutenu que ces bouleversements avaient changé le climat local.

Parallèlement, en croisant des cépages anciens, les chercheurs ont obtenu de nouveaux cépages, moins sensibles aux maladies, capables de produire des vins de caractère tout en permettant de meilleurs rendements et une teneur en sucres plus élevée : une nouvelle concurrence pour les cépages traditionnels comme le riesling. Le premier croisement créé, le müller-thurgau (riesling x madeleine royale), permet à des vignobles bien situés de donner un vin blanc de qualité, à condition de maintenir des rendements faibles. Il est le deuxième cépage le plus planté en Allemagne.

Le scheurebe (riesling x inconnu), peu planté, est le meilleur croisement si l'on juge la qualité des vins, offre de belles réussites à la région du Palatinat. Ces vins s'affirment grâce à leur bouquet et à une acidité soutenue, bénéficiant d'un bon potentiel de garde.

Le kerner (schiava grossa x riesling), apprécié pour la constance de ses rendements, donne des vins de caractère robuste, même s'il leur manque la finesse et le charme du riesling ; grâce à leur teneur en sucres, ces vins satisfont souvent aux critères de qualité leur permettant d'entrer dans les catégories des *Spätlesen* ou des *Auslesen*.

Les vins rouges et la famille des pinots

Les vins rouges occupent une place grandissante dans l'univers viticole allemand. Les techniques de vinification se rapprochent de plus en plus du modèle français, ce qui entraîne certaines évolutions : des degrés alcooliques plus élevés, des sucres résiduels moins importants et l'utilisation de plus en plus fréquente de la barrique pour l'élevage des vins.

Les cépages utilisés pour les vins rouges sont principalement le spätburgunder (pinot noir), mais également le blauer portugieser, qui donne des vins légers, et le dornfelder, un métis dont les vins ressemblent au Beaujolais et dont l'essor est remarquable (de 0 à 7,5 % du vignoble allemand en vingt ans). En blanc, on trouve le weißburgunder (pinot blanc), le grauburgunder (ruländer ou pinot gris), en progression, et le chardonnay (autorisé dans le Sud depuis 1991). Le spätburgunder et le weißburgunder atteignent, dans les districts de Bade, Kaiserstuhl et Ortenau, des niveaux de qualité suffisants pour pouvoir prétendre à une diffusion internationale. Ces deux pinots prospèrent également dans le Palatinat, où les vins qu'ils donnent sont à peine plus acides qu'ailleurs. On trouve en effet des spätburgunder de grande qualité dans plusieurs régions, notamment chez des viticulteurs qui ont acquis une partie de leur savoir-faire ailleurs dans le monde.

Les propriétaires-récoltants et les caves coopératives

Exception faite du Bade-Wurtemberg, la majeure partie des meilleurs vins est issue de domaines privés ou de propriétés d'État (Rheinland-Pfalz, Hessen, Bayern), voire municipales. Les caves coopératives reçoivent le raisin (jamais de moûts ou de vins) de leurs membres, soit plus d'un tiers de la récolte. Dans le Bade-Wurtemberg, elles couvrent toute la gamme des vins. Ailleurs, la qualité et le style des vins de la coopérative peuvent varier en fonction de la politique commerciale de chaque cave. La nouvelle tendance affirme une volonté de produire de meilleurs vins et de les vendre plus cher. Ces derniers sont diffusés avec la mention *Erzeugerabfüllung* (mis en bouteilles par le producteur).

De nouveaux styles de vin

Le goût des jeunes consommateurs allemands se tournant vers des vins légers, plus secs et plus fruités, les vignerons produisent actuellement des vins issus de vieilles vignes à faible rendement et peu sensibles à la pourriture grise. De plus, dans un souci d'écologie, ils privilégient désormais les engrais organiques et limitent le traitement chimique de la vigne. L'utilisation d'autres produits chimiques, mis à part une faible quantité de dioxyde de soufre, a été largement remplacée par un meilleur entretien des chais. Le vieillissement en bois neuf se pratique couramment pour le pinot noir et d'autres cépages similaires.

La présentation de ces nouveaux vins se veut parfois originale, voire élégante. Ainsi, les régions de Moselle-Sarre-Ruwer et du Rheingau ont conçu des types de bouteille plus grands et plus élaborés que celui de la bouteille allemande traditionnelle, fine et brun foncé ou vert foncé.

Labels de qualité et médailles

On peut trouver sur l'étiquette ou la bouteille de vin trois labels qu'il est bon de connaître. Le premier est un aigle aux ailes déployées, emblème de la Verband Deutscher Prädikatsweingüter (VDP). Cette association rassemble des producteurs de QmP, et son aigle signale des vins de grande qualité – mais de nombreux producteurs de grands vins n'en sont pas membres (voir encadré p. 680). En 2002, la VDP a par ailleurs décidé d'un système de classement des meilleurs sites viticoles : les désignations *Großes Gewächs* ou *Erstes Gewächs* correspondent à la notion de grand ou de premier cru, et impliquent des contraintes de production concernant, entre autres, les cépages plantés, les rendements, les niveaux de maturité et les techniques de vinification.

Le second label se présente sous forme d'un macaron ou d'une collerette. Il correspond à la médaille (or, argent ou bronze) que les autorités agricoles allemandes, la Deutsche Landwirtschaftsgesellschaft (DLG), décernent à des vins primés par des jurys locaux. Le troisième, également attribué par la DLG, est un *Weinsiegel* (sceau) de couleur : jaune pour les *Trocken,* vert pour les *Halbtrocken* et rouge pour les autres vins.

AHR-MOYENNE RHÉNANIE

Carte page XXIV

Le creusement d'un fossé de drainage pour la source Apollinaris en 1853 a permis de découvrir les vestiges d'un rang de vigne, à plus de 4 m de profondeur, ainsi que des pièces de monnaie datant de 268 à 260 av. J.-C. éparpillées au milieu des ceps, témoins historiques d'une culture de la vigne très ancienne dans cette région de l'Ahr, longue de 25 km.

Le vignoble de l'Ahr

En moins d'un siècle, la superficie de la région a diminué des trois quarts. Le vignoble ne représente aujourd'hui plus que 560 ha, mais ses vins sont très réputés en Allemagne. La production favorise largement les vins rouges, avec 350 ha de vignes pour le spätburgunder et 30 ha pour le portugieser. Quant aux cépages blancs, le riesling reste le plus répandu avec 45 ha.

L'Ahr, descendant des anciens monts volcaniques Hohe Eifel (culminant à 762 m), s'écoule en direction de l'est, vers le Rhin. La vallée de l'Ahr, aux formations rocheuses étranges, accueille des vignobles escarpés sur ses flancs de schiste couronnés de belles forêts. De manière générale, les meilleurs terroirs sont exposés au sud-ouest ou au sud-est. Protégés des vents du Nord qui peuvent balayer la vallée, ils bénéficient en outre de la chaleur qui est renvoyée par les rochers.

Les vins de l'Ahr trouvent grâce auprès du demi-million de visiteurs que cette région attire chaque année. Les meilleurs clients viennent en touristes des Pays-Bas et de la Ruhr, et les producteurs n'ont aucun mal à satisfaire leurs goûts de néophytes : dans une ambiance de villégiature, entourés de magnifiques paysages, les touristes n'hésitent pas à payer très cher le privilège d'acheter directement chez le producteur. Cette manne touristique permet aux petits producteurs une commercialisation à bon compte. Par ailleurs, les coopératives ont une position dominante, car elles contrôlent 75 % de la production locale.

Une des spécialités de la région est un vin rosé, le *Weissherbst,* vin fruité, vif, rafraîchissant qui doit sa fraîcheur à une bonne teneur naturelle en acide tartrique, une qualité pour ce type de vin. Cette vivacité est assez commune à tous les vins des vignobles situés au nord de l'Europe.

Moyenne Rhénanie

Face à l'endroit où Rhin et Ahr se rejoignent se trouve le joli bourg de Linz, dans le nord du vignoble de la moyenne Rhénanie (Mittelrhein), qui recouvre 480 ha. Les petits villages pittoresques des bords du fleuve constituent un passage obligé pour les touristes dans cette région. Les vignes, qui s'étendent sur 110 km, offrent un spectacle grandiose pour, mais disparaissent peu à peu, certaines pour faire place aux lotissements de la ville de Coblence, d'autres par manque

VILLAGES ET PRODUCTEURS

Des monts Eifel jusqu'au Rhin, les vignobles de l'Ahr (vins rouges principalement) longent le fleuve qui traverse une succession presque ininterrompue de bourgades, de villages et de hameaux. Les vignobles de la moyenne Rhénanie (vin blanc principalement) sont disséminés sur toute la longueur des gorges du Rhin.

AHR

L'appellation générique *(Bereich)* Walporzheim-Ahrtal couvre toute la vallée de l'Ahr.

BAD NEUENAHR-AHRWEILER
Outre le Weingut Adeneuer à Ahrweiler, il faut évoquer le plus grand domaine, le Staatliche Weinbaudomäne Kloster Marienthal, qui appartient à l'État du Palatinat rhénan. Mais ce sont souvent les plus petits domaines qui offrent les meilleurs vins rouges. Ces vins puissants mais austères ne plaisent pas toujours aux touristes en voyage dans la région, et on compte sur la fermentation malolactique pour les assouplir quelque peu. Pour leur élaboration, on utilise les raisins mûrs des vieilles vignes sur les parcelles les mieux exposées. Cette vinification à la française a souvent pour corollaire l'adjonction de sucre dans les moûts. Quand on chaptalise ces vins pour augmenter leur taux d'alcool final, ils n'ont plus droit au classement en *Prädikatswein*.

WALPORZHEIM ET MARIENTHAL
Walporzheim est réputé pour ses vins rouges de qualité comme le Weingut Brogsitters « Zum Domherrenhof », un domaine de 33 ha constitué des anciens vignobles de la cathédrale de Cologne, et le Weingut Nelles à Heimersheim.

DERNAU ET MAYSCHOSS
Le Weingut Meyer-Näkel de Dernau est un des chefs de file des nouvelles vinifications des vins de l'Ahr. Sa réputation demeure inégalée en Allemagne pour la qualité de ses Spätburgunder, quelquefois élevés en barrique. Le domaine produit surtout des vins rouges, mais aussi du Spätburgunder (pinot noir) vinifié en blanc et du *Weissherbst*.
Plus ancienne cave coopérative allemande, Mayschoß-Altenahr reste l'une des plus importantes de la région. Parmi les autres bons producteurs citons aussi le Weingut Kreusberg et le Weingut Deutzerhof-Cossmann-Hehle pour la qualité de ses Spätburgunder élevés en barrique.

MOYENNE RHÉNANIE

Le nord de la moyenne Rhénanie (Mittelrhein) est traversé par une

de main-d'œuvre ou parce que la viticulture sur ces coteaux escarpés n'est plus rentable.

Malgré le réencépagement de nombreux vignobles, plus de la moitié des vignes de riesling de la région ont au moins 25 ans. En dépit de l'état préoccupant de la viticulture dans cette ravissante gorge rhénane, tant admirée autrefois par les poètes et les peintres, la situation n'est pas désespérée et tous les espoirs sont permis. La qualité des meilleurs vins de cette région de moyenne Rhénanie commence à être reconnue de par le monde. Et, même à Coblence, « am Rhein und an der Mosel », les vins de moyenne Rhénanie ont plus de caractère que ceux de basse Moselle, région pourtant contiguë.

VILLAGES ET PRODUCTEURS

coulée volcanique qui provient des monts Eifel. Le reste de la région présente surtout des sols schisteux. Le Rhin et son fort volume d'eau tempèrent le climat favorisant les printemps précoces et les automnes doux. Malgré la bonne résistance du riesling à la sécheresse, les pluies abondantes de juin à août sont toujours bienvenues, car les sols sont si peu profonds et le vignoble si escarpé que les eaux s'écoulent trop vite en aval de la vallée. En revanche, le gel d'hiver ou de printemps fait peu de dégâts.

BACHARACH

Ce village situé sur les rives du fleuve a prêté son nom au Bereich qui rassemble les vignobles du sud de la région ainsi que ceux de la rive ouest du Rhin. Trois producteurs de la commune adhèrent au prestigieux VDP (voir p. 668), et notamment le Weingut Toni Jost et le Weingut J. Ratzenberger.

Les vallées profondes, modelées par quatre affluents du Rhin, produisent quelques-uns des meilleurs vins mousseux allemands, car le riesling de ces vignobles apporte l'acidité nécessaire aux vins de base recherchés par les élaborateurs de Sekt de Coblence. Les membres du VDP ont démontré que cette acidité, nécessaire aux vins mousseux, constituait aussi l'épine dorsale de leurs meilleurs vins tranquilles.

BOPPARD

Le vignoble de Hamm à Boppard a la réputation de produire de bons Rieslings. On peut retenir le nom de Perll, commun à deux domaines (August Perll et Walter Perll) ainsi que celui du Weingut Didinger pour ses Rieslings issus d'un vignoble de poche.

DE COBLENCE À KÖNIGSWINTER

Au nord de Coblence, sur la rive est du fleuve, se trouvent Leutesdorf et Hammerstein, deux villages réputés pour la qualité de leurs vins. Königswinter possède quelques vignobles sur les Siebengebirge, dont l'*Einzellage* de Drachenfels.

MÜHLENTAL ET LAHNTAL

La vallée de Mühlental, près de la forteresse d'Ehrenbreitstein à Coblence, mérite d'être mieux connue, car elle représente l'image modèle d'un vignoble allemand escarpé, complanté d'une variété de cépages.

AUTRES PRODUCTEURS

Parmi les bons producteurs citons le Weingut Lanius-Knab à Oberwesel et le Weingut Weingart à Spay.

MOSELLE

Carte page XXIV

La région viticole de Moselle-Sarre-Ruwer, rebaptisée Moselle, est l'une des plus spectaculaires d'Allemagne. Ses vignes (8 800 ha) suivent fidèlement le cours des trois rivières éponymes de la région et serpentent, sur leur trace, depuis Coblence jusqu'à la frontière française. Plus d'un quart d'entre elles se situent sur les coteaux vertigineux qui surplombent le fleuve. Parallèlement, un nouveau vignoble de superficie comparable a été créé, dans les années 1960 : des vignes de haut rendement ont été plantées sur des terrains plats et dans un sol qui aurait sans doute mieux convenu à des vergers ou même à des pommes de terre.

C'est l'afflux de vins bon marché en provenance de ces vignobles qui explique le prix bas de certains vins de la région aujourd'hui, alors qu'au XIXe siècle un bon vin de Moselle, issu des coteaux très escarpés, coûtait plus cher qu'un premier cru du Médoc.

Le style des vins de Moselle

C'est le cépage riesling qui fait la notoriété des vignobles de Moselle, donnant un vin blanc sublime et des plus subtils. Les facteurs qui déterminent sa qualité sont examinés page suivante, mais il ne faut pas pour autant oublier que la philosophie du producteur compte également. Les vendanges traditionnellement tardives et la fraîcheur des chais expliquent la présence de sucres non fermentés dans le vin en bouteille.

Quand elle est naturelle, elle équilibre de façon agréable l'acidité première du vin. Les meilleurs Rieslings sont appréciés jeunes, pour leur légèreté et leur fraîcheur, mais aussi pour leur faculté à se transformer, avec l'âge, en vins fascinants et complexes. Les années ensoleillées, les vins de niveau *Auslese* ou de qualité supérieure reflètent l'équilibre exquis entre le fruit et l'acidité propre au riesling.

Les cépages classiques

Jusqu'au XVIIe siècle, la région était plantée en majorité avec le cépage elbling, qui ne se trouve plus, actuellement, qu'en haute Moselle et parfois en basse Moselle.

Le riesling a pris place sur presque 70 % des superficies et constitue l'unique cépage dans les sites les mieux exposés. Les autres cépages sont le spätburgunder et le müller-thurgau. Actuellement, la région revient aux vins de qualité qui ont fait sa réputation, c'est-à-dire aux vins faits avec le riesling. Alors que le müller-thurgau a été largement planté dans les vignobles de

LES FACTEURS DE QUALITÉ

La fraîcheur du climat de la région explique que le choix du site, le cépage et les conditions climatiques du millésime sont, autant que les rendements, des facteurs de qualité déterminants.

CÉPAGES

En Moselle, le riesling possède un excellent potentiel de qualité s'il est planté sur un site très ensoleillé, car il mûrit lentement. Les autres cépages n'atteignent pas le même niveau de qualité.

SITES ET MÉSOCLIMATS

Le riesling ne mûrit bien que s'il est planté sur un site en pente, bien exposé, qui lui assure un ensoleillement maximal et une chaleur suffisante d'avril à octobre ; à une altitude moyenne et à l'abri des vents froids, il doit aussi bénéficier d'un taux d'humidité convenable. Un classement officiel distingue les vignobles en pente raide (dénivellation supérieure à 20 %), les coteaux (de 5 à 20 %) et les vignobles en terrain plat. Une vigne plantée sur une forte pente et exposée plein sud va jouir d'un meilleur ensoleillement qu'une autre, plantée à mi-coteau ou dans la plaine. Située à trop haute altitude, elle manquera de chaleur ; mais, au pied d'un coteau, elle risquera de souffrir du gel. Les meilleurs terroirs ont des sols schisteux, car ils favorisent le mûrissement en restituant, la nuit, la chaleur emmagasinée le jour.

MILLÉSIMES

Une gelée au printemps ou des pluies en été peuvent empêcher le bon développement des raisins. Mais c'est l'ensoleillement d'août à octobre qui détermine le caractère du millésime. Les années froides, les vins ne dépasseront pas le niveau QbA ; avec un été normal, les vignobles les mieux situés arrivent à produire des *Prädikatswein,* alors qu'un bon ensoleillement en septembre et octobre les conduit au moins aux *Auslesen.* Ces années, trop rares, le riesling donne de grands vins.

RENDEMENTS

Le progrès des techniques viticoles a permis autrefois d'augmenter nettement les rendements (173 hl/ha, en 1982), avec pour corollaire des vins d'une teneur en acidité anormalement basse, et d'une dilution qui ne permet pas l'expression du terroir. La législation ne fixant aucune limite, certains domaines ont réduit leur production par la taille ou l'éclaircissage, afin d'obtenir des vins de meilleure qualité. Sur les dix dernières années, les rendements moyens sont de 98 hl/ha, mais les niveaux sont beaucoup plus bas dans les parcelles en pente.

deuxième catégorie et donne des vins corrects, dans l'esprit de la région, les meilleurs domaines sont restés insensibles au charme commercial des croisements plus récents, incapables de donner à leurs vins le caractère régional.

Depuis peu, les cépages rouges, en particulier le spätburgunder, reviennent timidement.

Les districts de la Moselle

La Moselle se divise en quatre différents districts : basse, moyenne et haute Moselle, et Sarre-Ruwer. Chaque *Bereich,* ou district de production, possède son caractère propre et son style de vin. La basse Moselle (Bereich Zell) est décrite, depuis longtemps, comme le parent pauvre

VILLAGES ET PRODUCTEURS

Les meilleurs vignobles de Moselle se trouvent surtout dans les régions de basse Moselle et de moyenne Moselle. Les vins de chacune de ces régions sont décrits ci-dessous, en remontant le fleuve du nord-est vers le sud-ouest.

BASSE MOSELLE

La basse Moselle se trouve dans le *Bereich* de Zell et se divise en six *Großlagen.* Elle réunit deux atouts pour obtenir des vins mûrs de bonne tenue : un sol schisteux et des coteaux escarpés. Le riesling est le principal cépage.

Ces vins de Moselle présentent quelques points communs avec ceux de moyenne Rhénanie. Charpentés, ils développent un agréable goût de terroir sans toutefois rivaliser en finesse et en délicatesse avec les meilleurs vins du *Bereich* de Bernkastel. Leur structure fait d'eux de bons vins secs *(trocken),* non dépourvus d'une certaine douceur. En effet, la législation allemande autorise une faible quantité de sucres résiduels, même dans les vins « secs ».

WINNINGEN ET KOBERN-GONDORF

Winningen est l'un des plus grands villages viticoles de Moselle. Il partage, avec son voisin Kobern, le beau vignoble en terrasses Winninger Uhlen.

La réputation récente de domaines privés – Richard Richter, von Schleinitz, von Heddesdorff, Heymann-Löwenstein et Weingut Reinhard und Beate Knebel, par exemple – s'est faite sur leurs Rieslings de caractère.

COCHEM ET POMMERN

Cochem se trouve au centre de la *Großlage* Rosenhang. Weingut Reinhold Fuchs de Pommern s'est concentré sur les vins secs mis en bouteilles à la propriété.

ZELL

À l'extrémité du *Bereich,* en amont du fleuve, se trouvent le bourg de Zell et les villages de Merl, Bremm et Bullay. La superficie de Zeller Schwarze Katz, seule *Großlage* dans le *Bereich* dont le vin soit connu à l'étranger, est passée de 10 à 400 ha. Zeller Schwarze Katz est un nom connu qui n'est pas toujours à la hauteur de sa réputation. D'ailleurs, Albert Kallfelz de Merl, à la limite de la *Großlage,* préfère mettre son propre nom en avant plutôt que celui des vignobles.

MOYENNE MOSELLE

Ses paysages rappellent, en moins spectaculaire, ceux situés en aval.

Les meilleurs vignobles, sur les coteaux abrupts, sont morcelés par des vallées latérales.

de la moyenne Moselle. Et, pourtant, beaucoup de ses vignobles sont bien situés et capables de produire de bons vins. Le *Bereich* de moyenne Moselle s'appelle officiellement Bernkastel, comme la métropole de la région. Les vignobles apparaissent aux détours du fleuve sur des coteaux raides, certains parfaitement exposés, d'autres moins bien. Vingt-cinq autres villages, dont certains sont célèbres depuis des siècles (Piesport, Wehlen, Graach, etc.), bordent le fleuve en amont et en aval ; ils produisent des vins qui atteignent le fabuleux niveau de *Trockenbeerenauslese,* et les grands millésimes se gardent des décennies. Les meilleurs vins, les plus délicats et les plus stylés, proviennent des vignobles plantés au confluent de la Sarre et de la Ruwer.

VILLAGES ET PRODUCTEURS

LE GROSSER RING

Les 31 membres du Großer Ring (littéralement « grande couronne »), section locale du VDP, représentent principalement les domaines de Sarre-Ruwer et ceux du secteur de la Moselle entre Erden et Trittenheim. Chaque automne depuis sa création (en 1908), le Großer Ring organise le grand événement viticole de la région : une vente aux enchères. Les prix atteints peuvent être très élevés, mais ils n'ont pas, sur le marché, les répercussions de ceux des Hospices de Beaune. Les membres du Großer Ring, propriétaires des vignobles les mieux situés, produisent sans doute les Rieslings les plus prestigieux de la région, et leurs efforts de promotion profitent à tous les bons vins de Moselle.

Les étiquettes des domaines privés mettent rarement en évidence les noms des neuf *Großlagen,* sauf celle de Badstube, un petit vignoble de Bernkastel jouxtant le célèbre Doktor, car les domaines importants possèdent presque tous des vignes dans plusieurs villages. On révère plus ici les *Einzellagen* que dans les autres districts de moindre renommée. L'amateur de vin apprend donc à chercher l'étiquette qui associe le nom d'un domaine réputé à celui d'un des vignobles individuels connus.
Le charme des vins de moyenne Moselle réside dans le juste équilibre entre bouquet et saveur. Pour décrire la structure délicate de leurs vins issus du riesling, les gens du pays emploient le mot *Filigran* (« complexe »).

DE BRIEDEL À KRÖV
Les vignobles du Bereich de Bernkastel commencent au village de Briedel et longent les méandres de la Moselle jusqu'à Erden, traversant Traben-Trarbach et Kröv. Les domaines de la région ne jouissent pas d'une grande réputation, car leurs vins, agréables, fruités et vifs, n'atteignent jamais des sommets de qualité.

DE ERDEN À GRAACH
Les importants vignobles de moyenne Moselle commencent à Ürzig, où la grande rivière fait un coude. Le village de Erden fait face à ses vignes, qui s'étendent sur la rive nord, bien exposées au soleil ; ses vignobles, Prälat et Treppchen, ont bonne réputation. À Ürzig, le Würzgarten donne des vins aux notes épicées. Parmi les meilleurs domaines, on trouve Bischöfliche Weingüter, Weingut Ökonomierat Dr. Loosen, Weingut Mönchhof-Robert Eymael, Weingut Dr. Pauly-Bergweiler, Weingut Willi Schaefer, Weingut Erden à Wehlen et Weingut Markus Molitor à Bernkastel-Wehlen. Viennent ensuite →

VILLAGES ET PRODUCTEURS

des vignobles superbes, exposés au sud-ouest, à Zeltingen, Wehlen et Graach. Les plus prestigieux s'appellent Wehlener Sonnenuhr, Graacher Domprobst et Graacher Himmelreich. À retenir, les noms des producteurs J. J. Prüm, S. A. Prüm et Max-Ferdinand Richter.

BERNKASTEL

La gloire de Bernkastel est le vignoble « Doktor », qui domine, de son coteau abrupt, les toits du village, et, dans les meilleurs millésimes, donne l'un des meilleurs vins du monde : intense, doux, d'une grande longévité, sa réputation (et son prix) atteint celle d'un Château d'Yquem. Le vignoble appartient aux Domaines Wegeler-Deinhard, Dr. Thanisch, Lauerburg et Reichsgraf von Kesselstatt. De très bons vins proviennent également des vignobles Graben et Alte Badstube am Doctorberg tandis que la *Großlage* Kurfürstlay, vaste vignoble en amont de Bernkastel, fournit des vins de qualité moindre.

DE BERNKASTEL À PIESPORT

Avant d'atteindre Wintrich puis Piesport, la rivière contourne quelques villages peu réputés et d'autres que la qualité de leurs vins a rendus plus célèbres : Brauneberg, et son vignoble Juffer, Kesten et le Paulinshofberg.
Ce village a donné son nom à Piesporter Michelsberg, une *Großlage* exposée au nord, s'étendant en terrain plat, sur l'autre rive. Piesport a ainsi perdu un peu de sa renommée, même s'il peut encore se prévaloir de vignobles de grande classe, en particulier le grand Goldtröpfchen. Parmi les meilleurs producteurs, citons les Domaines de Trèves, von Kesselstatt, Bischöfliche Weingüter et Vereinigte Hospitien ainsi que Weingut Bernkastel, Weingut Reinhold Haart à Piesport, Weingut Fritz Haag à Brauneberg et Weingut Schloss Lieser à Lieser.

DE NEUMAGEN À LONGUICH

La moyenne Moselle s'achève aux villages de Neumagen (dont le meilleur vignoble s'appelle Rosengärtchen), Trittenheim (le vignoble Apotheke) et Klüsserath (le Bruderschaft) ainsi qu'au Domaine Friedrich-Wilhelm-Gymnasium, propriété d'une œuvre caritative, située à Trèves, qui produit une large gamme de vins parcellaires.

SARRE-RUWER

La ville de Trèves rompt la succession des vignobles, et deux rivières confluentes de la Moselle, la Sarre et la Ruwer, dotent la région de ses meilleurs vignobles. La moitié des membres du VDP régional possèdent des vignobles dans le *Bereich* Sarre-Ruwer, district regroupant les deux vallées. Le riesling couvre 70 % des surfaces en exploitation et, comme toujours, les terrains très en pente constituent les meilleurs sites. Le district n'est connu à l'étranger que pour ses grands vins.

RUWER

Ce sous-district s'est fait connaître grâce à deux

prestigieux domaines, Karthäuserhof et von Schubert (connu aussi sous le nom de Maximin Grünhaus), et leurs Rieslings, délicats mais de longue garde. La Ruwer produit, en toutes petites quantités, des vins qui figurent parmi les meilleurs d'Allemagne.

SARRE

Les vignobles de la Sarre, en amont de la Moselle, produisent des Rieslings fermes, pleins de caractère et d'élégance. Comme en Moselle, les sols regorgent de schiste, mais d'une nature plus friable. Dans les dégustations à l'aveugle, les vins de la Sarre se distinguent par leur bouquet particulièrement intense, chargé de ces notes minérales de schiste que le cépage riesling sait mettre en valeur. Les meilleurs domaines sont Schloss Saarstein, Weingut Bert Simon, Egon Müller-Scharzhof (le plus cher de tous), Weingut Reverchon et Weingut von Hövel, sans oublier les propriétés des œuvres caritatives de Trèves (voir plus haut Bernkastel) ainsi que Weingut Le Gallais et Weingut Van Volxem à Wiltingen, Weingut Forstmeister à Geltz et Weingut Zilliken à Saarburg.

HAUTE MOSELLE

Les vins produits en aval de Trèves ne peuvent se comparer aux meilleurs vins de Bernkastel ou de Sarre-Ruwer. Rares sont les *Prädikatswein,* ce qui n'empêche pas une poignée de domaines de produire des *Trockenbeerenauslesen.* La majorité des raisins est livrée chaque année à la coopérative centrale du Moselland à Bernkastel (voir encadré ci-dessus). Le calcaire coquillier remplace ici le schiste de moyenne Moselle.

Aujourd'hui, le weißer elbling, un cépage prolifique, occupe une grande partie du vignoble. Dans cette région, il est souvent assemblé avec des vins légers issus du sylvaner. Quelques producteurs ont opté pour une baisse des rendements et produisent des vins légèrement pétillants, d'une agréable fraîcheur. À Remich, sur l'autre rive de la Moselle, le Domaine Schloss Thorn élabore une vaste gamme dont un rosé à partir du cépage roter elbling et un Riesling. Le Bereich Obermosel cultive, en petites quantités, les cépages ruländer, müller-thurgau, weißburgunder et de l'auxerrois (de la famille des pinots).

MOSELLAND

Moselland est la cave coopérative régionale située à Bernkastel qui regroupe 3 000 membres et près de 1 800 ha en Moselle et Nahe. Les dirigeants, estimant que la période de croissance rapide a pris fin, donnent maintenant la priorité à la qualité. Cette politique a entraîné la création d'une gamme de vins supérieurs pour les supermarchés et les magasins d'alimentation allemands ainsi que d'une gamme distincte, destinée aux cavistes. Cette importante cave coopérative contribue en outre au succès des Rieslings Sekt, fermentés en bouteilles.

RHEINGAU

Carte page XXIV

Les producteurs du Rheingau qui assurent eux-mêmes la mise en bouteilles bénéficient, pour la commercialisation de leurs vins, de l'excellente réputation de cette région prestigieuse. Plus chers qu'ailleurs, les prix sont souvent justifiés par la qualité des vins : ceux-ci figurent parmi les plus grands blancs allemands. Le riesling s'y est parfaitement adapté. Élégants dans leur jeunesse, les vins du Rheingau acquièrent, en vieillissant, de la complexité et un superbe équilibre.

Jusque dans les années 1980, les grands domaines appartenaient surtout à l'aristocratie – Schloss Johannisberg, Schloss Groenesteyn – ou à l'État fédéral de Hesse et assuraient, presque à eux seuls, la réputation des vins de la région. Plus récemment, des producteurs moins importants ont commencé à élaborer des vins d'une qualité admirable. Comme il est fréquent dans les plus anciens vignobles de la vieille Europe, la viticulture est le plus souvent un métier exercé à temps partiel.

Les vignes du Rheingau poussent principalement sur les coteaux inférieurs des monts Taunus. À l'est, une *Großlage* de 356 ha, Hochheimer Daubhaus (près de la ville de Hochheim), longe le Main et se trouve séparée du vignoble principal par les faubourgs de Wiesbaden. À l'ouest, les vignobles escarpés d'Assmannshausen et de Lorchhausen ressemblent à ceux de moyenne Rhénanie.

La tradition du Riesling

Environ 45 % des vins du Rheingau sont classés en QbA, et 10 % de la récolte est élaborée en Sekt (voir p. 663). Le Riesling QbA représente bien le style régional, mais n'est pas toujours rentable à produire. Les *Prädikatswein* en général, et les *Spätlesen* en particulier, sont des catégories de vins qui permettent de meilleures marges bénéficiaires pour les domaines traditionnels privilégiant le Riesling.

Dans la région, les années où les rendements restent raisonnables, le Riesling restitue bien son goût de terroir, ce qui justifie l'utilisation du nom d'*Einzellage*. Ce goût est encore plus prononcé dans les vins les plus secs. Les bons Rieslings du Rheingau ont un caractère racé. Plutôt discrets dans leur jeunesse, ils évoluent lentement puis, tout comme les grands Bordeaux, présentent, avec l'âge, une complexité que l'on ne trouve que rarement dans les vins de régions plus chaudes. Dans les meilleurs millésimes, le Riesling du Rheingau compte parmi les plus grands vins du monde.

LES FACTEURS DE QUALITÉ

Le vignoble principal du Rheingau s'étire sur des coteaux en pente douce et exposés au sud, délimités par des forêts au nord et par le Rhin au sud. Cette orientation vers le sud constitue un facteur important de qualité. Le cépage riesling est particulièrement bien adapté aux différents terroirs et mésoclimats de cette région, où il reste le cépage prédominant.

En quelques années, une sélection clonale a permis d'identifier des clones de riesling qui ont l'avantage de produire des raisins avec de forts rendements.

CLIMAT

La région du Rheingau est protégée de la froideur des vents du nord par les monts Taunus et profite des effets calorifiques de la masse des eaux du Rhin. Ces conditions conjuguées créent des mésoclimats favorables à la viticulture. La pluviosité est faible et l'ensoleillement est suffisant. Mais l'exposition des parcelles crée des différences de maturité, les sites les plus protégés bénéficiant du meilleur échauffement et d'une bonne propension à conserver cette chaleur.

SITES ET SOLS

Les vignobles du Rheingau sont tous situés à moins de 5 km du Rhin ou du Main. Les parcelles en lisière de la forêt, sur la partie la plus haute des coteaux, jouissent d'un mésoclimat moins favorable du fait de leur altitude et de leur éloignement du Rhin. Mais, les années où les raisins arrivent à maturité avant le début officiel des vendanges, la qualité peut être supérieure dans ces vignobles (Rauenthal, Kiedrich ou Schloss Vollrads), car les raisins y mûrissent plus lentement. La date officielle de début des vendanges est fixée pour toute la région sans tenir compte des variations dues aux mésoclimats.

À Hochheim, à l'est, le sol est composé d'argile, de sable et de gravier, alors qu'à Lorch, à l'ouest, le schiste et le grès dominent. Mais, pour la qualité, la nature du sol importe moins ici que le mésoclimat.

SÉLECTION ET TENEUR EN SUCRES

La production de vins liquoreux à partir de raisins atteints de pourriture noble (ou *Botrytis cinerea*) a commencé aux environs de 1820. La tendance actuelle privilégie le Riesling Spätlese, au goût très franc, à partir de raisins exempts de *botrytis*. Les raisins destinés aux *Spätlesen* peuvent, eux, être cueillis, légalement, 7 jours après le début officiel des vendanges ; ceux destinés aux *Auslesen* peuvent être récoltés à tout moment.

L'ASSOCIATION CHARTA

Une cinquantaine de producteurs du Rheingau, dont une coopérative, font partie de cette association Charta, créée en 1984. Un jury officiel déguste les Rieslings avant et après la mise en bouteilles, afin de contrôler les normes de teneur en sucres et d'acidité. Ces derniers ne peuvent être expédiés pendant les 18 mois qui suivent la vendange. Techniquement, ce sont des vins demi-secs, bien que leur dégustation ne permette pas de déceler facilement la présence de sucres résiduels. Ils évitent également tout excès d'acidité pour rechercher tout simplement un bon équilibre. Les vins des membres de l'association Charta ont adopté la bouteille allemande en forme de flûte, marquée d'une double arche romaine et de l'inscription Rheingau Riesling. Ces vins sont destinés surtout à la restauration allemande et aux magasins de détail. Les producteurs du Rheingau s'intéressent beaucoup aux accords des mets et des vins, ce qui n'a pas manqué d'influencer le style de leurs vins.

Comprendre les noms des vins du Rheingau

Dans le Rheingau, comme ailleurs, le nom du vignoble individuel a perdu de son importance ces dernières années. La commercialisation de vins bon marché sous le nom générique de la *Großlage* y a sans doute contribué. De plus en plus, les producteurs du Rheingau mettent surtout en avant le nom du domaine. Certains ont élaboré des cuvées spéciales, tel le Geheimrat « J », de Wegeler-Deinhard. Cependant, malgré ces initiatives privées et le modeste succès du concept Charta, pourtant excellent dans son principe (voir encadré ci-dessus), la plupart des producteurs comptent également sur le nom du vignoble d'origine pour convaincre les acheteurs.
Le système de dénomination utilisé dans le Rheingau prête à confusion. Par exemple, Johannisberger Erntebringer désigne une *Großlage,* mais Johannisberg est également le nom d'un village où se trouvent 9 *Einzellagen* (vignobles individuels tel le Johannisberger Hölle), tandis que le *Bereich,* ou district, de Johannisberg couvre toute la région du Rheingau.
Pour compliquer encore cette situation, les anciennes lois régissant la succession ont conduit à une fragmentation croissante des propriétés, si bien qu'on peut trouver, dans un même endroit du Rheingau, autant de parcelles et autant de propriétaires que dans un vignoble bourguignon. Cette dispersion a été réduite, en certains endroits, par un remembrement, en liaison avec la *Flurbereinigung,* un programme officiel pour la reconstruction et la modernisation du vignoble.

VILLAGES ET PRODUCTEURS

La description du Rheingau, ci-dessous, se déroule d'ouest en est. Les vins de qualité de l'ensemble de la région peuvent utiliser le nom du Bereich de Johannisberg. Les grands domaines jouent ici un rôle important. Ils figurent sous le nom du village où se tient leur siège social, même si, presque tous, ils possèdent des vignes dans plusieurs villages.

DE LORCHHAUSEN À ASSMANNSHAUSEN

Les vignobles du Rheingau changent d'orientation en amont de Assmannshausen et suivent les gorges du Rhin sur la rive droite, jusqu'à Lorch et Lorchhausen, presque en face de Bacharach. Dans cette partie occidentale du Rheingau, les *Kabinettweine* offrent un bon compromis commercial entre quantité et qualité. Les vignobles sont plantés dans la proportion de 70 % en riesling, complété par le spätburgunder. Weingut Graf von Kanitz et Weingut Ewa Fricke (les caves de ce dernier domaine se trouvent à Kiedrich) sont les meilleurs producteurs de Lorch.
Assmannshausen est connu pour ses vins rouges issus du cépage spätburgunder. Ce dernier est planté dans la région depuis 1740 et a mis moins de 20 ans pour asseoir sa réputation. Les témoins de cette époque ont noté que le spätburgunder présentait deux avantages : il arrive à maturité 14 jours avant le riesling et produit toujours une bonne récolte, même les mauvaises années. À l'époque, on qualifiait de « mauvais millésime » les années de vendanges tardives où le producteur attendait désespérément que ses raisins soient bons à récolter. Ce n'est que beaucoup plus tard qu'on a appris à gérer un millésime de *Spätlese*
Les meilleurs vignobles d'Assmannshausen sont éparpillés sur les 55 ha du site de Höllenberg. L'Assmannshauser Frankenthal, planté en parts égales de riesling et de spätburgunder, jouxte le Rüdesheimer Berg, l'un des plus prestigieux vignobles du Rheingau. Parmi les grands noms, citons Domäne Assmannshausen der Hessischen Staatsweingüter, Weingut Robert König, Weingut Krone et Weingut Lorch.

RÜDESHEIM

Ce village siège au pied du Rüdesheimer Berg, célèbre pour ses coteaux recouverts de vignes dont la pente devient plus raide à l'approche du sommet. Les vins des parcelles les plus abruptes, comme l'*Einzellage* Berg Schlossberg, se distinguent, lors des dégustations de Rieslings du Rheingau, par une saveur particulière rappelant le sol de schiste.
Les propriétaires les plus connus de la région sont (Staatsweingut Rüdesheim), Dr. Heinrich Nägler et Bernhard Breuer, un des fondateurs du groupe Charta (voir encadré p. 680). Bernhard Breuer est, avec Georg Breuer (Rüdesheim), l'un des porte-parole du comité Erstes Gewächs, un mouvement plus récent et aujourd'hui plus important que la Charta. D'autres domaines réputés du Rheingau possèdent des parcelles de vigne à Rüdesheim : August Eser et Wegeler-Deinhard d'Oestrich, Balthasar Ress et Schloss Schönborn de Hattenheim, ainsi que le domaine du Prinz von Hessen de Geisenheim et le Weingut Josef Leitz.

JOHANNISBERG ET GEISENHEIM

Le village de Johannisberg possède neuf vignobles individuels. Son nom a été choisi pour figurer sur les étiquettes des vins génériques de l'ensemble de la région, mais le plus connu de ses domaines reste l'imposant Schloss Johannisberg.
Situé sur un plateau, entouré de 35 ha de riesling, ce château est visible de loin. →

VILLAGES ET PRODUCTEURS

Il possède un beau cellier ainsi qu'une collection de vins des grands millésimes, remontant à 1842 et même au-delà. Les vins du Schloss sont fermes, charpentés et portent une étiquette charmante dans le style du XIXe siècle.
Les différentes catégories de *Prädikatswein* se reconnaissent à des capsules de couleurs différentes, perpétuant ainsi une tradition commencée au milieu du XIXe siècle avec des sceaux de cire.
Plus près du Rhin que Johannisberg, Geisenheim est connu dans les cercles vinicoles du monde entier pour la Hessische Forschungsanstalt für Wein, Obst, und Gartenbau – l'Institut de recherches viticoles, fruitières et horticoles –, qui se consacre aussi bien à la formation qu'à la recherche. Parmi les producteurs les plus importants, citons le Weingut Freiherr von Zwierlein et le Weingut Johannishof.

WINKEL ET OESTRICH

Contrairement aux Rieslings de Geisenheim, ceux de Winkel ont de la distinction sans toutefois posséder un goût et un arôme aussi marqués. Les plus célèbres, d'un style à la fois très fruité et d'une acidité soutenue, proviennent des vignes les plus élevées du Schloss Vollrads, membre éminent du groupe Charta, dont le vignoble, détenu par une banque, est vieux de 800 ans. Même si les Rieslings du village voisin, Oestrich, sont très bons, ils n'atteignent pas le raffinement des meilleurs vins du vignoble Winkeler Hasensprung. D'autres grands vins d'Oestrich sont produits par le Weingut Peter Jakob Kühn, le Weingut Querbach et le Weingut Hupfeld dont le vignoble est divisé entre Oestrich et Hochheim.

HATTENHEIM

Caché dans les forêts au-dessus de Hattenheim, Kloster Eberbach prête son ambiance prestigieuse aux activités promotionnelles de la région, ventes de vins aux enchères, dégustations, concerts et séminaires. Depuis le XVIIIe siècle, son vignoble le plus connu, le Steinberg (31 ha), est entouré de murs de l'époque cistercienne, comme le Clos de Vougeot, son homologue en Bourgogne. Mais, contrairement à celui-ci, Kloster Eberbach appartient à un seul propriétaire, l'État de Hesse (Staatsweingut). Son vin, charpenté et concentré, est doté d'un fort caractère. Schloss Schönborn, Schloss Reinhartshausen et Langwerth von Simmern ainsi que le Weingut Hans Lang sont quelques-uns des producteurs de Hattenheim.

ERBACH

Peu d'œnophiles contesteraient à Erbacher Marcobrunn sa place dans le peloton de tête des bons vignobles, très nombreux dans la région. Ses 5 ha de vignes, coupés par une ligne de chemin de fer (ce qui ne serait plus autorisé aujourd'hui) profitent d'une source d'eau souterraine. Ses vins se démarquent dans les millésimes moyens ou les années d'extrême sécheresse ; les grandes années, ils subissent la concurrence intense de toute la région. Mélangeant arômes de végétaux et de fruits, ces vins robustes exigent, pour atteindre leur apogée, d'être gardés plus longtemps en bouteilles que d'autres crus.
Parmi les domaines d'Erbacher Marcobrunn, les plus vastes se trouvent les chefs de file de l'Einzellage : Schloss Schönborn, von Simmern, l'État de Hesse rhénane (Staatsweingut), Schloss Reinhartshausen ou encore Weingut Jakob Jung et Weingut Freiherr zu Knyphausen.
Sur une île protégée du gel, fréquentée selon les époques de l'année par des cormorans, des hérons, des martins-pêcheurs, des canards sauvages, des sangliers sauvages

nageurs et habitée par des ouvriers viticoles, le Schloss Reinhartshausen a planté son vignoble dans le respect de l'environnement.

RAUENTHAL ET KIEDRICH

Près des collines qui dominent le Rheingau, les villages de Rauenthal et Kiedrich produisent de grands vins dans les bons millésimes. Kiedrich est connu localement pour son église et son chœur. Parmi les très bons producteurs, citons le Weingut Robert Weil et ses Rieslings d'anthologie, mais aussi Ewe Fricke dont le vignoble se trouve à Lorch, mais qui produit aussi quelques vins d'autres villages.

ELTVILLE ET WALLUF

L'État de Hesse rhénane possède des domaines viticoles dans le Rheingau et la Hessische Bergstraße dont le siège se trouve à Eltville. Un peu en aval, le domaine J. B. Becker de Walluf produit un Spätburgunder charpenté de qualité exceptionnelle ainsi que des Rieslings ayant du style et une bonne concentration.

HOCHHEIM

En Grande-Bretagne, on connaît ce nom au moins depuis le XVIIe siècle, car le vignoble y a établi son meilleur marché étranger. Pourtant, le « Old Hock » que l'on consommait dans les tavernes londoniennes aux XVIIe et XVIIIe siècles avait probablement peu de rapport avec le village de Hochheim. La législation allemande en vigueur définit le « Hock » comme un vin de table ou de qualité (mais pas *Prädikatswein*) des régions septentrionales du Rhin.
La situation orientale de Hochheim, dominant le Main plutôt que le Rhin, lui a conféré une certaine indépendance. En effet, il n'a pas toujours fait partie du Rheingau. Fort d'une longue tradition de vinification, il se vante d'avoir vendangé des Spätlesen au moins 160 ans avant Schloss Johannisberg et d'avoir planté le riesling en cépage unique alors qu'ailleurs il était mélangé avec d'autres. Certaines parcelles des meilleures *Einzellagen* de Hochheim – Domdechaney, Kirchenstück et Hölle – appartiennent aux domaines du Rheingau central, notamment Schloss Schönborn et Weingut Franz Künstler (le plus célèbre aujourd'hui). La ville elle-même regroupe quelques domaines célèbres comme Aschrott (racheté par Künstler), Domdechant Werner et Weingut Königin Victoriaberg. Les sols sont composés principalement de sable et de gravier, ce qui explique le goût des vins, proche de celui de Rüdesheim tout en étant différent. La structure des vins se rapproche, elle, de celle des vins du Rheingau, mais le goût et le bouquet évoquent les vins de Franconie – les deux régions ayant le Main en commun.

LES VINS ROUGES DU RHEINGAU

Le spätburgunder (pinot noir) produit à Assmannshausen un vin rouge très apprécié des Allemands.

Domäne Assmannshausen, propriété de l'État de Hesse rhénane, élabore un Spätburgunder léger, qui contient souvent un peu de sucres résiduels et reste difficile à apprécier pour les étrangers. Le domaine est connu également pour son Spätburgunder Eiswein.

Certains domaines ont adopté un style de vinification à la fois plus moderne et plus international, basé sur des fermentations plus longues en présence des peaux de raisin. La plupart des domaines du Rheingau pratiquent une fermentation malolactique pour la vinification en rouge, mais il n'existe pour l'instant aucun consensus sur l'élevage.

L'élevage des vins rouges en barrique semble mieux maîtrisé que par le passé.

NAHE

Carte page XXIV

Les sols, les zones viticoles et le climat

La majeure partie des 4 200 ha actuellement cultivés se situe près de la Nahe et de ses affluents, les plus petits étant le Guldenbach, l'Ellerbach, le Gräfenbach et le Gäulsbach, et les plus grands le Glan et l'Alsenz. L'eau et les vallées qu'elle a creusées sur son passage dans les collines environnantes expliquent la configuration des vignobles de la Nahe sur les meilleurs coteaux. Le sol de la région regorge de minéraux qui enrichissent le goût des Rieslings, mais, comme le font remarquer les vignerons de Langenlonsheim, la composition du sol varie tellement qu'elle n'est pas forcément identique au sein d'un même village.

Le vignoble se divise en deux *Bereiche,* (Schlossböckelheim et Kreuznach), mais on distingue, en fait, trois sites différenciés par la nature de leur sol. De Bingerbrück, à la confluence de la Nahe et du Rhin, jusqu'à Langenlonsheim, on trouve du schiste et du quartz ; dans les environs de Bad Kreuznach, du schiste rouge décomposé, du lœss et des alluvions ; de Bad Kreuznach jusqu'à Monzingen, du porphyre et du grès coloré. Ce découpage correspond à peu près aux basse, moyenne et haute Nahe (Untere, Mittlere, Obere Nahe), distinctions utilisées par les gens de la région.

Le climat est sec, avec une pluviométrie de 500 mm annuels seulement. Les pluies sont abondantes en août, au moment de la maturation des baies, mais cessent généralement en automne, pendant la période des vendanges. Les quelques vignobles plantés sur des coteaux escarpés qui disposent d'un matériel adapté peuvent être arrosés. Comme dans toutes les régions viticoles du nord de l'Allemagne, l'influence du mésoclimat l'emporte sur celle du climat en général.

Les cépages et les styles de vin

La Nahe produit principalement des vins blancs et, bien que la part des vignes plantées en cépages rouges soit en augmentation, la récolte de raisins noirs produit surtout du rosé ou *Weissherbst.*

Le riesling couvre un quart de la superficie totale, suivi du müller-thurgau, en regression, et de deux cépages rouges en expansion, le dornfelder et le spätburgunder. Quelques domaines, comme Crusius à Traisen et Steitz dans la vallée d'Alsenz, continuent de cultiver plusieurs cépages sur une même parcelle, à titre de curiosité mais aussi pour perpétuer une tradition ancestrale. Le sylvaner et le riesling dominent, mais on y trouve aussi du gewürztraminer, du gutedel, de l'elbling et les cépages rouges sankt laurent et portugieser. Un tel mélange de cépages, dont les raisins mûrissent à des périodes très différentes mais sont vendangés en même temps, confère un intérêt supplémentaire aux vins de la Nahe.

Plus vigoureux que ceux de Moselle, les vins de la Nahe reflètent un climat plus chaud et plus sec ainsi que la diversité des sols. Le riesling apporte ici sa délicatesse, soutenue par une acidité tranchante qui permet au vin de bien vieillir. La Nahe a contribué à la vogue actuelle des vins secs.

Vignobles et domaines

Environ la moitié des producteurs de la Nahe vendent tout ou partie de leur récolte en bouteilles. Il y a 30 ans, les bons domaines se comptaient sur les doigts d'une main et se situaient tous entre Kreuznach et Schlossböckelheim. Aujourd'hui, il existe de bons vignerons aux environs de Langenlonsheim, Laubenheim, Dorsheim et dans les vallées adjacentes de la Nahe. En revanche, les prix des vins vendus en vrac suivent ceux de la Hesse rhénane, qui sont parmi les plus bas d'Allemagne. Beaucoup de ces vins sont assemblés pour être commercialisés dans les supermarchés. Les meilleurs vins bon marché sont les caves coopératives de Bretzenheim, près de Bad Kreuznach, et de Meddersheim, dans la haute Nahe.

VILLAGES ET PRODUCTEURS

La région de la Nahe se divise en deux *Bereiche*, Schlossböckelheim et Kreuznach. Les villages les plus connus pour la qualité de leurs vins sont décrits ci-dessous, ainsi que les *Großlagen* et les *Einzellagen* les plus fréquemment rencontrées et leurs principaux domaines. La quasi-totalité des vins sont des blancs.

SCHLOSSBOECKELHEIM

Ce *Bereich* couvre la moitié sud de la Nahe et doit son nom au village vinicole principal de la région. Attention à ne pas confondre le village et le *Bereich*. Plusieurs des meilleurs vignobles de la Nahe se trouvent entre Bad Kreuznach et les villages de Niederhausen et de Schlossböckelheim. Burgweg est la *Großlage* de cette zone.

SCHLOSSBÖCKEHEIM ET NIEDERHAUSEN
Kupfergrube et Felsenberg sont les meilleurs vignobles de Schlossböckelheim ; Kupfergrube est le plus renommé de la région. Il appartient depuis 1998 à la famille Erich Maurer ; on apprécie surtout ses Rieslings, concentrés et de longue garde. Weingut Hans & Peter Crusius et Paul Anheuser possèdent également des terres dans le Schlossböckelheim. La plus petite *Einzellage* du bord de la Nahe, Oberhäuser Brücke (1,1 ha), près de Niederhausen, appartient au domaine Dönnhoff de Oberhausen, qui est l'un des meilleurs →

VILLAGES ET PRODUCTEURS

vinificateurs de Riesling en Allemagne aujourd'hui. C'est à Niederhausen que se trouvent les caves du domaine d'État (Staatliche Weinbaudomäne), autrefois propriété de la Prusse (ce qui explique l'aigle noir sur l'étiquette) et maintenant celle de l'État de Rhénanie-Palatinat. La formation fait partie intégrante de la tradition dans ce domaine modèle, dont de nombreux employés ou anciens employés ont leurs propres vignobles. Ses Rieslings sont frais, fruités et légers. Ceux de Niederhausen et de Schlossböckelheim peuvent avoir une grande élégance.
En revanche, les vins de basse Nahe (Untere Nahe) et d'Altenbamberg sur l'Alsenz sont moins fins, avec un goût de terroir plus prononcé.
À Niederhausen le Weingut Mathern décline une belle gamme de Rieslings.

TRAISEN

Le vignoble le plus renommé de Traisen est Bastei (2 ha), situé juste au-dessous de la falaise Rotenfels (200 m) et planté exclusivement en riesling. Son vin, le Bastei, possède énormément de caractère ainsi qu'un bouquet et des saveurs d'une incroyable intensité que lui procurent, de toute évidence, le mésoclimat et le sol. Rotenfels, d'une superficie plus importante, produit un Riesling presque aussi bon. Weingut Crusius possède des vignes dans les deux *Einzellagen,* le domaine d'État seulement à Bastei.

KREUZNACH

Ce *Bereich* tire son nom de la station thermale Bad Kreuznach. La ville, entourée de vignobles, appartient à la *Großlage* Kronenberg. Quelques *Einzellagen,* Kahlenberg et Steinberg, par exemple, sont reconnues pour la qualité de leurs vins. August E. Anheuser, Staatsweingut Bad Kreuznach et Weingut Reichsgraf von Plettenberg comptent parmi les principaux domaines dont les sièges se trouvent à Bad Kreuznach.
Le nom de Anheuser est connu depuis longtemps à Bad Kreuznach, où cette famille produit des vins de la région depuis le XVIIe siècle. Ses Rieslings sont souvent très légèrement pétillants *(spritzig)* et possèdent la structure nécessaire à une longue garde.
Au nord-ouest de Bad Kreuznach, dans la vallée de Gräfenbach, l'important domaine de Schloss Wallhausen, Prinz zu Salm-Dalberg'sches Weingut, appartient au prince de Salm-Salm. Depuis 1990, Schloss Wallhausen n'a utilisé que le nom de ses meilleurs sites ; les autres vins ont servi à élaborer une cuvée spéciale. Cette rationalisation de la production facilite la compréhension des étiquettes des vins allemands et profite à la fois au consommateur et au producteur.

RÜDESHEIM

Le village de Rüdesheim – à ne pas confondre avec la ville du même nom dans le Rheingau – et la région environnante sont au centre de la *Großlage* Rosengarten. Ces vignobles produisent des vins courants mais plaisants, commercialisés sous l'étiquette Rüdesheimer Rosengarten.

DE BAD KREUZNACH À BINGEN

En aval se trouvent les villages de Winzenheim, Bretzenheim et Langenlonsheim où le riesling cède le pas à d'autres cépages. Les blancs secs de Weingut Erbhof Tesch, à Langenlonsheim, jouissent d'une bonne réputation. Burg Layen, plus éloigné de la rivière, est la patrie du Schlossgut Diel, dont les meilleurs vignobles de riesling se trouvent à Dorsheim, village tout proche. Le nom de la *Großlage* Schlosskapelle est souvent utilisé sur les étiquettes. Citons également le Weingut Emrich-Schönleber à Monzingen.

HESSE RHÉNANE

Carte page XXIV

Le vignoble

La région de Hesse rhénane représente un quart de la superficie viticole allemande. Les meilleures parcelles, connues sous le nom de Rheinterrasse (« la terrasse du Rhin »), s'étendent à l'est de la région – de Mettenheim, au nord de Worms, via Nierstein jusqu'à Bodenheim, au sud de Mayence – et occupent 2 500 ha, soit 10 % de la Hesse rhénane. C'est là que se trouvent les domaines célèbres qui produisent des vins du même niveau de qualité que ceux du Rheingau, mais à moitié prix. D'autres zones de production connaissent un regain de popularité. Les villes d'Ingelheim et de Bingen, sur les flancs des collines faisant face au Rheingau, démontrent qu'on peut faire en Hesse rhénane des vins de grande qualité ailleurs que sur la Rheinterrasse. On trouve aussi dans l'arrière-pays quelques bons vignerons qui font la mise en bouteilles au domaine, mais ils sont moins nombreux que dans la partie méridionale du Palatinat qui, autrefois, ne produisait pas de vin de qualité (voir p. 690).

L'attrait des marchés à grande échelle

La taille moyenne d'un domaine de Hesse rhénane (3,2 ha) dépasse à peine la moyenne française ou espagnole, mais représente le double d'un domaine allemand moyen. Cette situation a encouragé les viticulteurs à produire le plus de raisins possible et à vinifier eux-mêmes, avant de céder en gros et à bas prix leurs vins aux négociants. Leurs investissements dans le matériel vinicole les empêchaient de rejoindre des coopératives qui, par définition, n'acceptent que des raisins et non du vin.
À en juger par le volume des ventes, cette méthode a remporté un grand succès commercial, mais ces vins ne pouvaient être vendus qu'à des grandes surfaces ou à des négociants spécialisés dans l'exportation de vins bon marché. Face à cette demande de vins bas de gamme, ils n'ont pu garder leurs parts de marché qu'en baissant leurs prix, ce qui a entraîné un marasme économique et donné une mauvaise image de la région, au détriment des meilleurs domaines.

Les cépages et les styles de vin

Ce sont les vins bon marché et doux, principalement les blancs, qui ont fait connaître la région, mais la qualité étonnante des vins de certains domaines, surtout dans la Rheinterrasse, est encore largement méconnue. Le principal cépage est le müller-thurgau, suivi par le riesling qui a fortement progressé ces dernières décennies, le dornfelder, le sylvaner, le portugieser, le spätburgunder et le grauburgunder. Après avoir beaucoup augmenté dans les années 1980, le kerner, utilisé notamment dans la production du Liebfraumilch (voir p. 665), est maintenant en forte régression. Cela a profité notamment aux cépages rouges comme le dornfelder (13 %) et, dans une moindre mesure, le spätburgunder.

Le pays natal du Liebfraumilch

Même en régression, le Liebfraumilch, un vin d'assemblage où le riesling, le sylvaner, le müller-thurgau ou le kerner doivent entrer dans la proportion de 70 % au moins, continue de représenter une forte proportion des exportations de vins allemands. Les raisins doivent provenir de Hesse rhénane, du Palatinat, de la Nahe ou du Rheingau. À Worms, les vignobles entourant la Liebfrauenkirche (« l'église de la Vierge ») constituaient autrefois la seule source de Liebfraumilch. La maison Valckenberg possède aujourd'hui 90 % du vignoble d'origine, le Wormser Liebfrauenstift-Kirchenstück, et a l'intention de rebâtir sa réputation grâce à un encépagement de riesling et de weißburgunder, qui produiront des vins mis en bouteilles à la propriété.

L'avenir de la Hesse rhénane

Gunderloch, qui est le plus éminent domaine de Nackenheim, considère ses meilleurs vignobles comme des « grands crus » et souhaite ardemment introduire dans la région une classification des vignobles. Il est rejoint dans son souhait par bon nombre de producteurs de la Rheinterrasse. Pourtant, après l'insistance pendant plus de 150 ans sur le caractère individuel des vins allemands en fonction des dates et méthodes de vendange, des cépages et de la multitude de provenances, une classification cohérente des vignobles reste un problème non résolu.

Les caves coopératives participent avec d'autres producteurs à l'effort commercial, inauguré avec le millésime 1992, qui consiste à vendre des vins avec la mention Selection Rheinhessen. Cette désignation s'applique à des vins mis en bouteilles à la propriété et portant une capsule unique ; ils titrent 12,2 % vol. au minimum, sans chaptalisation, et les raisins, issus de cépages classiques, sont vendangés manuellement. Les rendements doivent rester inférieurs à 55 hl/ha. Ces vins secs sont présentés à une commission de dégustation.

Depuis 1988, la réputation du sylvaner s'affirme lentement. Il réussit bien dans plusieurs domaines en tant que *Qualitätswein bestimmter Anbaugebiete* (QbA) sec. RS (abrégé de Rheinhessen Sylvaner, autrement dit « Sylvaner de Hesse rhénane ») est un vin sec, élaboré selon de nouvelles normes de vinification et de dégustation par environ une cinquantaine de producteurs. À l'heure actuelle, beaucoup de producteurs, qui assurent eux-mêmes la mise en bouteilles, vendent leurs vins les moins chers sous le nom du cépage. Généralement secs, ces vins peuvent être très attrayants.

VILLAGES ET PRODUCTEURS

La Hesse rhénane est limitée au nord et à l'est par une boucle du Rhin, au sud par la ville de Worms et le vignoble du Palatinat et à l'ouest par les banlieues de Bad Kreuznach dans la région de la Nahe. La majeure partie des vins sont des blancs.

BINGEN ET LA PARTIE OCCIDENTALE

Bingen se trouve à l'extrémité nord-ouest de la Hesse rhénane, sur la rive sud du Rhin en face de Rüdesheim, dans le Rheingau, et des vignobles de la Nahe. Elle donne son nom au *Bereich* qui couvre toute la moitié ouest de la Hesse rhénane. Depuis la colline qui domine la ville, les 35 ha de vignes de l'*Einzellage* Scharlachberg s'ouvrent au sud sur le paysage vallonné du *Bereich*. Ce vignoble, planté sur des coteaux pour la plus grande part, est l'un des rares à être connu hors de ses frontières. Weingut Villa Sachsen signe des vins de belle qualité.

GAU-BICKELHEIM

Plus au sud, à quelques kilomètres de l'autoroute E31 qui coupe la Hesse rhénane en diagonale, se trouve le village de Gau-Bickelheim. Il abrite la coopérative centrale Rheinhessen Winzer. Parmi les meilleurs producteurs citons le Weingut Klaus Keller, qui rivalise avec les grands domaines allemands Schales à Flörsheim, Michel Pfannebecker à Flomborn, Wittmann à Westhofen et Manz à Weinolsheim.

INGELHEIM

On dit que, depuis les collines surplombant Ingelheim, Charlemagne aurait vu la neige fondre sur les pentes du Rheingau, de l'autre côté du Rhin. C'est ainsi qu'il aurait décidé de la plantation de son futur vignoble. Mais, bien que la légende puisse se justifier, car c'est l'historien Bassermann-Jordan qui affirme cela, la principale source de gloire d'Ingelheim est depuis longtemps ses vins rouges issus de pinot noir (spätburgunder). Les vins d'Ingelheim restituent bien le caractère du pinot, même s'ils sont malgré tout très légers : élégants, mais sans grande concentration. Le vin produit par Weingut J. Neus reste à ce jour le plus connu.

RHEINTERRASSE

Il fut un temps où l'influence des religieux de Mayence s'étendait, comme leurs vignobles, aux deux rives du Rhin. à Bodenheim, à quelques kilomètres au sud de Mayence, les vignes étaient nombreuses et bien établies sur les pentes de la Rheinterrasse (« terrasse du Rhin »), cette longue falaise qui domine le Rhin. Plus au nord, le vignoble donne l'impression d'être mal orienté, soit vers l'est, soit au nord ; pourtant, cela n'empêche pas Weingut Kühling-Gillot de produire de bons Pinots noirs.

NACKENHEIM

À Nackenheim, la terrasse se rapproche encore du Rhin. Son plus célèbre vignoble, le Nackenheimer Rothenberg, est planté sur une pente à 30 %, dans un sol schisteux qui a la couleur ocre de la terre cuite. Weingut →

VILLAGES ET PRODUCTEURS

Gunderloch, planté à 70 % en riesling, y possède des parcelles. Comme d'autres bons domaines, Gunderloch s'est fixé un degré minimal supérieur à celui défini par la loi.

NIERSTEIN
C'est le vignoble qu'on rencontre en quittant le Nackenheimer Rothenberg. Ici, comme pour d'autres villages de la Rheinterrasse, le remembrement (voir p. 666) est terminé depuis un certain temps. Les meilleurs crus de Nierstein sont Glöck, Pettenthal, Ölberg et Brudersberg. La commune compte à peu près 150 viticulteurs dont beaucoup se sont fait remarquer pour la qualité de leur production. Les plus connus sont Weingut Heyl zu Herrnsheim, Weingut Bürgermeister Anton Balbach Erben, Weingut Sankt Anthony, Weingut Georg Albrecht Schneider, Weingut Heinrich Seebrich, Weingut Louis Guntrum, et Weingut Freiherr Heyl zu Herrnsheim.

OPPENHEIM
Les mauvaises relations qu'entretient la commune d'Oppenheim avec la Großlage Oppenheimer Krötenbrunnen posent le même problème qu'aux vignerons de Nierstein. Oppenheim est la plus grande ville de la Rheinterrasse et abrite bon nombre de domaines, dont Staatsweingut mit Domäne Oppenheim (domaine d'État), ainsi que le musée du vin le plus intéressant d'Allemagne. Sackträger est la meilleure *Einzellage* d'Oppenheim. Weingut Louis Guntrum, basé à Nierstein, en tire d'excellents Rieslings (dans les qualités *Spätlese* et *Auslese* notamment).

PALATINAT

Carte page XXIV

Le vignoble

Le Palatinat (Pfalz en allemand, anciennement Rheinpfalz) est une région étroite de 23 400 ha, qui s'étire à l'ouest du Rhin sur environ 80 km, sur un axe nord-sud. La plus grande partie du vignoble est plantée soit dans la plaine située entre le Rhin et les hautes forêts du Pfälzer Wald, soit sur les pentes douces qui descendent vers l'est, juste au-dessous des forêts qui les protègent des vents d'ouest. Le climat, doux et sec, se caractérise par l'arrivée précoce du printemps et par des étés et des automnes chauds.
La frontière franco-allemande de Wissembourg marque la limite sud du Palatinat, mais, en réalité, cette région prolonge naturellement le vignoble alsacien. La topographie est la même : le Rhin à l'est, les collines boisées à l'ouest, et des villages qui se succèdent sur le flanc des coteaux. La région est agréable à visiter. Des centaines de vignerons pratiquent la vente directe dans les jolis villages et les petites villes de la région.

Le Palatinat a longtemps produit des vins ordinaires. Il n'y avait que quelques grands domaines de bon niveau, concentrés dans une poignée de villages au centre de la région, le Mittelhaardt. Une nouvelle génération de propriétaires est venue agrandir la gamme des bons vins, ce qui permet au Palatinat de figurer maintenant parmi les meilleurs vignobles d'Allemagne.

Ces jeunes viticulteurs sont réalistes et ont le vent en poupe. Avec les quelques vieux domaines traditionnellement bons, ils contribuent à l'amélioration du niveau général du Palatinat. Nés pour la plupart dans des petits domaines, ils ont fait des études d'œnologie et se sont formés à l'étranger. Ils savent se remettre en question et réussissent à prouver qu'on peut faire de bons vins dans des régions très éloignées de celles qui ont toujours joui d'une bonne réputation. Mais la distinction d'origine persiste toujours : le Palatinat méridional reste la zone de grande production, tandis que le Mittelhaardt constitue le cœur de la qualité.

Les viticulteurs, négociants et domaines

Près de la moitié de la production du Palatinat n'est pas mise en bouteilles au domaine mais vendue en gros au négoce. Plus d'un tiers des vins de qualité sont mis en bouteilles par le négociant, le long de la Moselle, pour être vendus soit sous l'étiquette Liebfraumilch (voir p. 665), soit sous son nom de *Großlage*. Cette tradition de commerce entre les régions a commencé avant les lois de 1971, qui ont interdit cette pratique consistant à adoucir l'acidité des vins du Palatinat en les assemblant aux vins bon marché de Moselle. Actuellement, comme en Hesse rhénane, la région voisine, le nombre de viticulteurs du Palatinat a baissé et, de plus en plus, ceux qui restent pratiquent la mise en bouteilles au domaine.

Les coopératives ont une grande importance dans le Palatinat, et deux des plus grandes dominent le marché de la moitié sud, consacré aux vins de qualité inférieure (voir p. 693). Dans le Mittelhaardt, là où la qualité est, en moyenne, supérieure au reste de la région, le bon niveau des caves coopératives, comme celles de Bad Dürkheim, Deidesheim, Forst et Ruppertsberg, est régulièrement confirmé par leurs réussites dans les concours nationaux organisés par la Deutsche Landwirtschaftsgesellschaft (DLG).

Nombre de viticulteurs participent chaque année à ces dégustations, uniquement pour pouvoir comparer leurs vins avec ceux des concurrents. Certains préfèrent toutefois ne pas faire état de leurs succès, sachant pertinemment qu'en présentant un vin de même nom ils ne sont pas certains d'obtenir les mêmes récompenses chaque année ; or, les restaurateurs n'apprécient guère ce genre d'irrégularité. Les coopératives produisent moins de vins secs que leurs confrères viticulteurs-embouteilleurs, car elles ne s'adressent pas aux mêmes marchés.

Les cépages et les styles de vin

Le Palatinat se trouve dans une période de transition. La mode du vin blanc rustique, demi-sec ou doux, est en train de céder la place à celle d'un blanc plus sec et plus frais. D'autre part, le vin rouge gagne en importance. Longtemps dominant, le müller-thurgau n'est plus que le troisième cépage derrière le riesling et le dornfelder. Viennent ensuite le portugieser, le spätburgunder et le grauburgunder. Le sylvaner trouve un second souffle grâce au vieillissement en fût.

Le gewürztraminer, apprécié depuis toujours, tient bon sur un certain nombre de bons domaines, en dépit de son faible rendement et de l'intérêt modéré que l'on porte aux vins très aromatiques. Il peut donner des *Auslesen* secs avec 15 % vol. ou plus d'alcool acquis, qui sont très demandés dans le sud de la région, mais il n'est jamais aussi bon que lorsqu'il garde quelques grammes de sucres résiduels. Dans le Palatinat méridional, le pinot blanc (weißburgunder) se présente sous différentes formes, du vin de base destiné à l'élaboration de mousseux *(Sekt)* jusqu'aux riches *Auslesen* titrant plus de 16 % vol. Environ la moitié des vins blancs produits dans la région sont secs.

Le degré d'alcool d'un vin *Kabinett* peut varier de 9,5 % vol. (minimum légal) à 12 % vol. selon les cépages, mais il n'existe pas de définition exacte de son caractère propre : c'est souvent un *Spätlese* déclassé qui, dans ce cas, peut être très bon, mais il serait mieux défini si la loi fixait un degré d'alcool maximal. Dans un beau millésime, nombre de *Spätlesen* sont, en termes légaux, des *Auslesen* de moindre qualité. Le Riesling du Mittelhaardt rappelle un Riesling du Rheingau en termes de structure, avec une vivacité due à une bonne teneur en acide tartrique.

Les vins rouges et le bois

Dans le domaine des vins rouges, le cépage dornfelder est en train de remplacer le portugieser pour les vins de consommation courante, simples et fruités. Le pfälzer dornfelder ne donne jamais de grands vins, mais il peut acquérir une certaine complexité s'il est élevé dans des fûts de bois neuf. Au Domaine Münzberg, à Godramstein, dans le sud, on pense que ce type d'élevage lui confère une ressemblance au merlot. Dans d'autres domaines, on préfère le laisser vieillir dans du chêne vieux pour qu'il ne prenne aucun tanin supplémentaire et garde ses arômes fruités.

Les discussions autour de l'élevage en fût vont bon train dans le Palatinat (voir p. 258), comme ailleurs. Si le bois neuf peut changer le caractère des vins de la famille des pinots, le domaine Lingenfelder, à Großkarlbach, traite son dornfelder différemment. Lorsque la fermentation est arrivée au point où il ne reste plus guère que 3 % vol. d'alcool en puissance en réserve, le vin est soutiré et mis en cuves d'acier inoxydable. Il passe ensuite 6 mois dans de grands foudres de chêne avant d'être légèrement filtré, sans collage préalable, puis mis en bouteilles. Il en résulte un vin plein de fruit, équilibré par son acidité.

Le Sud fut longtemps voué à produire des vins de table de consommation courante ; les vins de qualité supérieure sont encore une nouveauté et leur style reste à définir. Les viticulteurs vont-ils élaborer leur propre vin ou s'aligner sur les normes internationales ? Cette question essentielle reste encore sans réponse.

VILLAGES ET PRODUCTEURS

Le Palatinat est divisé en deux *Bereiche* – au nord, le Mittelhaardt/Deutsche Weinstraße, qui jouxte la Hesse rhénane, et, au sud, la Südliche Weinstraße, à la frontière française. Les villages viticoles se trouvent dans la partie méridionale du Mittelhaardt entre Kallstadt et Neustadt. On y produit des rouges et des blancs.

UNTERHAARDT

Le nord du Palatinat est connu sous le nom d'Unterhaardt. Il incluait jadis la vallée de l'Alsenz et plusieurs villages qui appartiennent maintenant à la Nahe. Son sol lourd ne permettait de produire que des vins ordinaires, mais, ces vingt dernières années, la réputation de cette région s'est considérablement améliorée. Le vignoble actuel commence juste au nord de Kirchheim-bolanden, et la Weinstraße (« route des vins ») part du village de Bockenheim, le plus important du Nord. Il y a d'autres bons villages comme Laumersheim et Großkarlbach. C'est d'ailleurs dans ce dernier que Weingut K. & H. Lingenfelder s'est fait une réputation pour ses vins rouges et blancs, vinifiés dans un style classique. Le Weingut Knipser à Laumersheim utilise différents cépages, dont le chardonnay et d'autres cépages français. La qualité de ses Rieslings n'est plus à démontrer, comme celle de ses vins rouges.

Grünstadt se trouve en bordure de la forêt et marque la frontière avec le Mittelhaardt.

MITTELHAARDT

C'est le cœur du Palatinat. Les villages viticoles se succèdent sur les coteaux situés sous le Pfälzer Wald (« forêt palatine ») : Kallstadt, Ungstein, Bad Dürkheim, Wachenheim, Forst, Deidesheim et Ruppertsberg. C'est dans cette région que se trouvent les vignobles de la plupart des viticulteurs membres du VDP.

KALLSTADT
Le plus septentrional des sept meilleurs villages se distingue par son meilleur cru, Steinacker. Les bons producteurs sont Weingut Koehler-Ruprecht, qui produit, entre autres, des très grands Rieslings sur le cru Saumagen, et une coopérative, la Winzergenossenschaft Kallstadt.

→

VILLAGES ET PRODUCTEURS

UNGSTEIN
Riches, fruités, fougueux sont les termes qui décrivent le mieux les vins d'Ungstein. Le rouge figure en bonne place, mais les vins blancs de riesling restent les meilleurs. Weingut Pfeffingen est réputé pour ses Rieslings issus des crus de Herrenberg et Weilberg. Weingut J. Koch & Sohn et Weingut Bärenhof sont également très recommandables.

BAD DÜRKHEIM
Cette petite ville d'eaux possède d'excellents vignobles. Elle organise chaque année une célèbre fête du vin en septembre. Weingut Fitz-Ritter, pour ses Rieslings et ses Gewürztraminers, et Weingut Karl Schaefer sont parmi les meilleurs domaines.

WACHENHEIM
Village qui produit des vins de qualité, connu pour ses crus Gerümpel et Altenburg. Les vins blancs sont robustes et de bonne garde, dans la tradition locale. Certains domaines font aussi des vins plus secs, d'un style plus actuel. Le domaine le plus connu, Bürklin-Wolf, possède 100 ha de vignes réparties sur plusieurs villages du Mittelhaardt. C'est le plus grand des trois domaines célèbres du Palatinat, les trois « B », les autres étant Bassermann-Jordan et von Buhl (voir plus loin).

FORST
Forst est réputé pour ses Rieslings, dont la qualité varie selon le producteur et le terroir dont ils sont issus. En général, les Rieslings de Forst sont des vins droits, fermes et nerveux, dont le caractère est mis en valeur par les nouvelles techniques de vinification.
La surface du plus grand vignoble, celui de Ungeheuer, a beaucoup augmenté depuis 1971. Le plus célèbre, Jesuitengarten, est planté à 100 % en riesling, mais le meilleur est sans doute son voisin, Kirchenstück. On a coutume de faire venir du basalte des collines situées à l'ouest de Forst pour recouvrir le vignoble : plus le sol est sombre, mieux il retient la chaleur, dit-on. Citons également le Weingut Georg Mosbacher pour son Riesling de grande qualité.

DEIDESHEIM
Deidesheim rivalise avec Forst au cœur du Mittelhaardt, grâce à ses meilleurs crus Hohenmorgen, Grainhübel et Herrgottsacker. Les deux grands domaines qui dominent la production du village sont, avec Bürklin-Wolf, parmi les plus connus d'Allemagne. Le Domaine von Buhl, modernisé, est maintenant loué à un groupe japonais. Ses vignes sont à cheval sur Forst, Deidesheim, Ruppertsberg et Friedelsheim. On y élabore des vins frais et nerveux, vinifiés pour une bonne garde. Le Domaine Bassermann-Jordan possède des vignes bien placées à Forst, Deidesheim et Ruppertsberg. Contrairement à von Buhl, Bassermann-Jordan élève ses vins en foudres de 2 400 litres. Sur Deidesheim, le Weingut Josef Biffar produit de grands Rieslings issus notamment des vignobles de Grainhübel et Kieselberg.

RUPPERTSBERG
Le dernier village du Mittelhaardt ne jouit pas tout à fait de la même réputation que son voisin Deidesheim, malgré ses crus de Hoheburg et Linsenbusch qui produisent de très bons vins.

AUTRES PRODUCTEURS
Parmi les meilleurs producteurs, citons Weingut Weik à Mussbach-Neustadt, Christmann à Gimmeldingen et surtout le Weingut Müller Catoir à Haardt-Neustadt, domaine le plus célèbre du Palatinat, fondé en 1744, où neuf générations de Catoir se sont succédé à sa tête. Il est constitué de 20 ha répartis sur neuf sites dont le très réputé Schlössel à Gimmeldingen. Les vins sont particulièrement puissants et structurés. →

VILLAGES ET PRODUCTEURS

SUEDLICHE WEINSTRASSE

Si la plupart des vins du Mittelhaardt ont un style qui les rapproche plutôt des vins de l'Allemagne du Nord, les petits vins du Bereich Südliche Weinstraße (aussi appelé Palatinat méridional) rappellent plutôt ceux d'Alsace ou d'Ortenau dans le pays de Bade. Le rendement des vignes place les vignobles de la région au second rang de la productivité, en Allemagne, derrière ceux du Bereich Obermosel. Le riesling couvre 7 % du vignoble. Les raisins de la famille des pinots se plaisent bien sous ces climats. Nombre de viticulteurs utilisent des barriques de chêne neuf pour leurs vins rouges. En termes de volume, les plus grands producteurs sont les deux coopératives, Rhodt unter Rietburg et Deutsches Weintor. Parmi les domaines privés, on peut recommander Weingut Becker et Weingut Bernhart à Schweigen, Weingut Siegrist à Leinsweiler, Weingut Rebholz à Siebeldingen et Weingut Dr. Wehrheim à Birkweiler.

BERGSTRASSE DE HESSE

Carte page XXIV

Le vignoble

La Bergstraße de Hesse est un petit vignoble de 440 ha, à la lisière de l'Odenwald, séparé de Worms par la largeur du Rhin (200 m à cet endroit). Le gel est ici exceptionnel, la pluviométrie généreuse ; le sol n'est pas uniforme et se compose de sable, d'argile, de calcaire ou de lœss.

Le vignoble se divise en deux *Bereiche*. Le plus vaste, le Bereich Starkenburg, est en fait une extension géographique de la Bergstraße de Bade au nord d'Heidelberg. Le Bereich Umstadt est un petit vignoble isolé, qui se situe au sud de la ligne qui relierait Darmstadt à Aschaffenburg en Franconie, au nord-est de la région.

Les cépages et les styles de vin

La région produit très majoritairement du vin blanc. Elle est plantée essentiellement de riesling (45 %), suivi des cépages spätburgunder, grauburgunder et müller-thurgau. Les Rieslings de la Bergstraße de Hesse peuvent facilement rivaliser avec ceux du Rheingau, mais, leur volume étant limité, ils sont rares hors de leur région d'origine.

Les vins produits sur les coteaux sont presque toujours meilleurs que ceux des plaines ou des plateaux, d'autant que les terrains en pente sont toujours moins fertiles, mieux drainés et mieux exposés que les plaines ou les plateaux. Un quart environ du vignoble est planté sur des pentes si abruptes ou dans des endroits tellement inaccessibles que la mécanisation est pratiquement impossible. Tout ici se fait à petite échelle – plus de la moitié des vignerons possèdent moins de 2,5 ha – et les coûts de production sont tels qu'il n'est pas toujours rentable pour chaque vigneron de faire sa propre vinification. C'est pourquoi la coopérative principale de Heppenheim, la Bergsträßer Gebietswinzergenossenschaft, reçoit les raisins de 70 % des surfaces cultivées. Quant aux viticulteurs du *Bereich* Umstadt, ils livrent leur récolte à leur propre coopérative d'Odenwald.

Bensheim est le centre d'un vignoble de grande réputation. Le Weingut der Stadt Bensheim cultive les cépages traditionnels de la région ainsi que du rotberger, un croisement de trollinger et de riesling, qui donne des vins d'un niveau d'acidité élevé, pour produire du rosé et également du Sekt. La coopérative locale élabore de bons QbA et toute une gamme de *Prädikatswein,* dont un *Eiswein.*

Le Staatsweingut Bensheim se spécialise, quant à lui, dans l'*Eiswein*, qu'il élabore principalement sur l'Einzellage Heppenheimer Centgericht.

FRANCONIE

Carte page XXIV

Les vignobles et les cépages

La Franconie se trouve au cœur de l'Allemagne, à l'est du Rhin, dans une région au climat dur, couverte d'épaisses forêts. Les vignobles se concentrent dans les recoins les plus chauds, le long du Main et de ses affluents. Le volume des vendanges peut varier considérablement selon les millésimes. Il n'y a donc jamais pléthore de bons vins. En revanche, l'offre est en général supérieure à la demande en ce qui concerne le vin ordinaire. Dans les années 1990, les meilleurs vignerons ont réduit leurs rendements, en taillant plus court et en coupant une partie des raisins en août. Près de la moitié du vignoble a moins de 15 ans, car on a beaucoup replanté et restructuré. Malgré ses centaines d'années d'expérience, le vin allemand reste soumis aux caprices de la mode – ce qui ne signifie pas qu'il réagit aux lois du marché. Jusqu'à un certain point, les grands domaines établis maintiennent leur image et une certaine régularité dans la qualité, mais l'attirance pour les nouveaux croisements a été irrésistible dans les années 1970, comme au Staatlicher Hofkeller de Würzburg. Il semble aujourd'hui que les viticulteurs se préoccupent davantage de leur avenir. En effet, beaucoup viennent de replanter des cépages qui ont fait leurs preuves depuis des siècles, comme notamment le sylvaner, les cépages de la famille des pinots et, dans une moindre mesure, le riesling. Mais les croisements comme le müller-thurgau (couvrant 29 % du vignoble) et le bacchus (12 % de la surface plantée) donnent parfois de meilleurs résultats.

Le scheurebe n'est guère planté, mais il arrive qu'il surprenne et même impressionne des dégustateurs étrangers à la région. Il requiert un environnement favorable pour atteindre une maturité suffisante et donner des vins pouvant prétendre à la catégorie *Prädikatswein.* Il en est de même pour le rieslaner, un croisement indigène de sylvaner et de riesling.

C'est le Bürgerspital qui planta du riesling dans le célèbre vignoble de Würzburger Stein et commença à le vinifier en cépage unique à la fin du siècle dernier. Lorsqu'il est bon, le Riesling de Stein est un vin séduisant, d'une grande finesse, aux arômes délicats d'une grande longueur. Pour répondre à la demande de vins secs – ce qui nécessite d'éviter le *Botrytis cinerea* –, la production de vins doux *Auslesen* a diminué récemment. Le riesling, le sylvaner, le rieslaner et les pinots noir, blanc et gris donnent de bons résultats dans le Würzburger Stein, et l'on fait aujourd'hui des expériences avec le chardonnay ; mais, à long terme, il sera sans doute préférable de se consacrer à une gamme plus réduite de cépages pour confirmer la réputation du vignoble.

Les styles de vin

Les meilleures cuvées de Franconie sont des vins de caractère, intenses et de bonne garde, mais très irréguliers d'un millésime à l'autre. La plupart des bons vins blancs ont un léger goût de terroir, particulièrement marqué dans certains crus issus de sylvaner. Aujourd'hui, les vins sont vinifiés selon les dernières technologies, c'est-à-dire qu'ils ont du caractère mais aussi de la fraîcheur et qu'ils sont vraiment très agréables. Pour plus de la moitié, il s'agit de *Fränkisch trocken,* ce qui désigne un vin contenant moins de 4 g de sucres résiduels. Le *Bocksbeutel,* la petite bouteille ronde et trapue, est utilisé pour les meilleurs vins de la région (environ la moitié). Sa forme originale, sa couleur verte ou ambre sont réservées, en Allemagne, aux vins de qualité issus soit de Franconie, soit de quelques villages de Bade situés sur le fleuve Tauber et près de Baden-Baden. Surtout connue pour ses vins blancs, la région produit aussi quelques rouges. La demande des restaurateurs et des consommateurs s'accroissant, la production (du Steigerwald et du Mainviereck, principalement) a suivi et pourrait faire ombrage à l'identité régionale. Mais il est difficile pour les vignerons d'ignorer le succès des vins rouges et de ne pas répondre à la demande. En une quinzaine d'années, la proportion des cépages rouges a plus que doublé et concerne actuellement près de 20 % des surfaces. On continue de planter du pinot noir, du portugieser, du schwarzriesling et du domina (un croisement issu du portugieser et du pinot noir).

Domaines et terroirs

Les 28 membres du VDP sont répartis tout à fait irrégulièrement dans toute la Franconie. Würzburg abrite trois très vastes domaines.

Les meilleurs terroirs se concentrent sur les versants sud et sud-ouest des collines, plus exposés au soleil, mais aussi aux gelées de printemps. Les versants exposés à l'est sont plus frais et moins sujets aux gelées,

VILLAGES ET PRODUCTEURS

Le vignoble de Franconie est délimité par les méandres du Main, qui dessinent de grandes boucles d'est en ouest. Il regroupe trois *Bereiche* : le Steigerwald à l'est, le Maindreieck autour de Würzburg au centre et le Mainviereck en descendant le Main vers l'ouest. Les vins blancs représentent 80 % de la production. Le vignoble est réputé pour son fameux Steinwein (un des crus de Franconie) ; ses meilleures cuvées, à base de sylvaner, sont des vins secs et droits qui ressemblent beaucoup aux vins blancs français.

STEIGERWALD

La forêt du Steigerwald forme la frontière sud-ouest de la Franconie. Les villages viticoles les plus connus de ce *Bereich* se trouvent au sud de l'autoroute E43, où les pentes du Steigerwald offrent une bonne exposition au sylvaner.

CASTELL
Le plus vaste domaine du *Bereich* est celui de Fürst Castell-Castell (70 ha), situé dans le charmant village du même nom. L'ensemble du vignoble est en coteau, mais les pentes ne sont pas très escarpées. Curieusement, ce domaine est l'unique propriétaire de 8 *Einzellagen*.

IPHOFEN
Il n'est pas rare que les meilleurs vins du *Bereich* proviennent d'Iphofen. Son vignoble a été restructuré et occupe de vastes pentes. Dans l'*Einzellage* Julius-Echter-Berg, les bons vignerons font des *Kabinettweine* et des *Spätlesen* titrant presque un degré de plus que le minimum légal. Parmi les bons producteurs d'Iphofen, citons le Weingut J. Arnold, le Weingut Bürgstadt, le Weingut E. Popp, le Weingut Johann Ruck, le Weingut Rupp, le Weingut Wirsching et surtout le Weingut Rudolf Fürst, dont le vin Paul Fürst est un des plus élégants de Franconie.

MAINDREIECK

Ce *Bereich* a pour centre Würzburg, le cœur viticole et culturel de la Franconie.

VOLKACH
Volkach est une agréable ville qui accueille chaque année, en septembre, quelque 8 000 personnes à l'ombre de ses châtaigniers et de ses tilleuls, pour participer à sa grande fête du vin. Au domaine des von Schönborn, Schloss Halburg, près de Volkach, les Rieslaner passent par une fermentation malolactique pour perdre leur acidité malique de fruit vert.

mais le raisin y mûrit moins bien que dans les célèbres parcelles des bords du Main.

Tandis que le gypse et le keuper sont des éléments importants du sol sur les bords du Steigerwald, le sol de Würzburg se caractérise par la présence de calcaire, auquel on attribue la capacité de donner de la finesse au vin. Depuis le début des années 1970, l'institut viticole d'État, en association avec le Staatlicher Hofkeller, a étudié l'influence que pouvaient avoir le sol et le climat sur les arômes, le bouquet et la composition chimique des vins. Ses conclusions, pour le moment, se résument ainsi : « Nous aimerions croire que le caractère d'un vin est conditionné par le type de sol sur lequel poussent les raisins, mais nous devons commencer par tenir compte du climat quand nous voulons parler de ce qui détermine le caractère d'un vin. »

VILLAGES ET PRODUCTEURS

Juste au sud de Volkach, une sorte d'île assez grande se dessine dans le méandre du Rhin et le canal qui le double. Les belles pentes de ce vignoble escarpé, connu sous le nom de Escherndorfer Lump, forment l'une des rares *Einzellagen* connues hors de Franconie.

RANDERSACKER
À quelques kilomètres en amont de Würzburg, Randersacker abrite une bonne coopérative, un certain nombre de bistrots à vins rustiques et quelques bons domaines, dont Weingut Robert Schmitt, qui fait une belle gamme de *Prädikatswein,* Schmitt's Kinder ou Martin Göbel. On affirme souvent que Randersackerer Pfülben compte parmi les meilleurs terroirs de Franconie, grâce à son sol calcaire et son mésoclimat adapté au riesling, au sylvaner et au rieslaner.

WÜRZBURG
Les trois domaines les plus réputés de Franconie appartiennent au Bürgerspital, au Juliusspital et au Staatlicher Hofkeller de Würzburg. Les caves de ce dernier sont situées sous la Residenz construite par les évêques de la famille von Schönborn. Comme la majeure partie de la ville, elles furent sévèrement endommagées par des raids aériens en 1945, mais ont été reconstruites depuis et abritent à nouveau du vin. Le domaine couvre 150 ha répartis sur 14 communes, dont certaines se trouvent à la limite de la Franconie. Outre celles de Randersacker, les parcelles les plus célèbres, dont Stein, se trouvent sur le territoire communal de Würzburg. Parmi les trois grands domaines de Würzburg, le Juliusspital est généralement considéré aujourd'hui comme le *primus inter pares.* Ses 160 ha de vignes comptent d'importantes parcelles dans les meilleurs sites, ainsi que 8 ha à Bürgstadt, situé à l'ouest de Würzburg.

MAINVIERECK

Ce *Bereich* couvre la partie ouest de la région, en descendant le fleuve.

BÜRGSTADT
Bürgstadt ainsi que les villes et villages qui l'entourent de ce côté du Main sont surtout connus pour leurs vins rouges. Le Domaine Rudolf Fürst se trouve dans cette partie du Mainviereck tout comme le Weingut der Stadt Klingenberg. C'est une région de petites propriétés dont la plus étendue, Fürst Löwenstein, se trouve à Kreuzwertheim.

SAALE-UNSTRUT ET SAXE

Carte page XXIV

Le vignoble

Avec la réunification de l'Allemagne, deux zones de production de l'ancienne Allemagne de l'Est sont venues s'ajouter aux 11 régions viticoles délimitées par la législation de l'Allemagne fédérale. Hormis quelques petits vignobles disséminés ici et là, les principales régions de production viticole sont les appellations de Saale-Unstrut (755 ha), au sud-ouest de Leipzig, et de Saxe (480 ha), le long de l'Elbe, de chaque côté de Dresde. La viticulture de ces régions reste largement méconnue.

Les vignobles de Saxe et de Saale-Unstrut se situent au nord de la vallée de l'Ahr, à une même latitude que le sud-est de l'Angleterre. Leur climat est proche de celui de la Franconie, avec, curieusement, une amplitude de variation de températures plus importante. La culture de la vigne n'est donc possible que dans quelques endroits bénéficiant de mésoclimats, d'autant que les précipitations sont faibles, et le cycle végétatif plus court que dans le reste du pays.

En Saxe, le sol se compose de roche volcanique et de lœss, tandis qu'il est plutôt calcaire en Saale-Unstrut : à degré d'alcool égal, ces vins semblent donc plus ronds que ceux de Moselle, où le sol regorge de schiste. Les rendements ne dépassent guère 34 hl/ha, car les vignobles sont peu entretenus. Mais, là où les terrasses ont été reconstruites et les vignes rajeunies, ils atteignent de 50 à 60 hl/ha.

Les cépages

Les vins, secs pour la plupart, s'apparentent à ceux de la Nahe. Leur degré d'alcool n'est jamais aussi bas qu'en Moselle-Sarre-Ruwer. La plus grande partie du vignoble est plantée des cépages müller-thurgau, riesling et weißburgunder (pinot blanc). Le reste se partage entre les cépages sylvaner, dornfelder, portugieser et grauburgunder.

Les producteurs et les négociants

Les deux principaux producteurs de Saale-Unstrut sont le Staatsweingut Naumburg, qui appartient à l'État de Saxe-Anhalt, et la coopérative de Freyburg, appelée Winzervereinigung Freyburg/Unstrut. Tous les vins sont commercialisés sous le nom de leur cépage, sans indication de cru ni de commune. Citons également le Weingut Lützkendorf à Bad Kösen.

En Saxe, la coopérative de Meißen reçoit les raisins récoltés par des viticulteurs qui travaillent à temps partiel. L'État de Saxe possède le Schloss Wackerbarth, à Radebeul, et les caves de Sekt, Staatsweingut Radebeul. Parmi les domaines privés, citons Weingut Schloss Proschwitz à Meißen et Weingut Klaus Zimmerling (biodynamique) à Dresde.

BADE

Carte page XXIV

Le vignoble de Bade est davantage un regroupement de petites parcelles, découpées par le Rhin ou par d'immenses forêts, qu'une véritable région. Les vignes suivent la rive orientale du fleuve et s'arrêtent net lorsque les collines descendent vers les zones sujettes au gel de la plaine du Rhin.

L'essentiel du vignoble est disséminé sur une étroite bande de terre qui court de Bâle au sud, jusqu'à Mannheim au nord, à l'est de l'Alsace et du Palatinat, à l'exception de petites enclaves situées autour du lac de Constance et dans la vallée de la Tauber. La région jouit du climat le plus chaud d'Allemagne. Si l'on y observe d'importantes variations selon les secteurs, la vallée bénéficie de la double protection du massif de la Forêt-Noire et du massif des Vosges côté français qui arrêtent les vents froids de l'est et les pluies de l'ouest. Des températures plus chaudes et un bon niveau d'ensoleillement expliquent la forte proportion des vins rouges et leur progression dans la production de Bade. Les propriétés sont, en général, trop vastes pour être abandonnées mais trop petites pour être rentables. Il y a donc beaucoup de coopératives et, entre autres, celle de Breisach, Badischer Winzerkeller.

Les cépages

Au début du XIXe siècle, la région de Bade comptait près de 200 variétés de raisins. De nos jours, six cépages représentent 85 % du vignoble : un bon tiers en pinot noir (spätburgunder), puis, par ordre d'importance, les cépages müller-thurgau, grauburgunder, weißburgunder, riesling et gutedel. Lorsque les rendements ne sont pas trop élevés, on obtient des vins plus ronds et plus riches en alcool que dans les régions les plus septentrionales de l'Allemagne.

L'élevage des pinots blanc et noir en fûts de chêne neuf se répand, car les vins gagnent en rondeur. Certains producteurs tiennent à utiliser le bois des forêts locales, mais, en général, les fûts utilisés sont issus des chênes de l'Allier, du Limousin ou de Nevers, malgré quelques essais avec du bois des Vosges ou de Slovénie.

Les bonnes coopératives

Les coopératives de Bade ont la réputation de faire des vins de qualité. Mais pourquoi en serait-il autrement puisqu'elles sont souvent le seul producteur du village et reçoivent toute la récolte, y compris les meilleurs raisins des meilleures parcelles ? Les amateurs connaissent bien les coopératives comme Sasbachwalden et Kappelrodeck, qui commercialisent un Pinot noir, le cépage le plus courant, à un prix raisonnable.

Dans l'ensemble, les rendements, tous cépages confondus, riesling et müller-thurgau inclus, sont encore trop élevés. Seules les cuvées de prestige sont issues de parcelles dont les rendements sont faibles. Abstraction faite des problèmes d'équilibre financier entre qualité et quantité, l'habitude allemande qui consiste à séparer méticuleusement les raisins en fonction de leur maturité semble avoir trois inconvénients. Elle entraîne d'abord inévitablement une baisse de qualité des fins de vendanges ;

VILLAGES ET PRODUCTEURS

Les vignobles de Bade s'étirent tout le long du Rhin, du lac de Constance au sud jusqu'à la Franconie au nord, entre le fleuve et la Forêt-Noire. Ils font face aux vignobles d'Alsace tout en bénéficiant d'un climat différent, plus continental avec plus de nuages et de pluies, un mésoclimat qui doit son originalité à la proximité de la Forêt-Noire.

Les vins de Bade, blancs à 54 %, sont des vins de fort rendement qui masquent leur légèreté, leur acidité et leur dilution par des notes florales séduisantes, lorsqu'ils sont réussis. La domination des caves coopératives, qui représentent près de 85 % de la production de cette région, n'exclut pas une coexistence avec de beaux domaines chargés d'histoire.

TAUBERFRANKEN

À la pointe nord-est, l'étroit *Bereich* Tauberfranken suit le cours de la rivière Tauber, juste avant qu'elle ne se jette dans le Main. Son climat continental entraîne de graves risques de gelées printanières. La plupart des vins de Tauberfranken sont des blancs (deux tiers de müller-thurgau), vinifiés par des coopératives.
Ils ressemblent beaucoup à ceux de Franconie. D'ailleurs, les meilleures cuvées sont conditionnées dans les traditionnelles bouteilles trapues *(Bocksbeutel)* de Franconie, comme pour rappeler le lien historique entre les deux régions.

LE NORD DU RHIN

Les *Bereiche* Badische Bergstraße et Kraichgau couvrent près de 1 700 ha face à la vallée du Rhin, au nord et au sud d'Heidelberg. Les vins de ces *Bereiche*, provenant pour 20 % de müller-thurgau et pour 25 % de riesling, sont réputés pour être les plus légers de la région.
Depuis Laudenbach, à l'extrême nord de la région, les raisins sont livrés à la coopérative de Heppenheim dans la Bergstraße de Hesse (voir p. 695). Plus au sud, dans la Bergstraße de Bade, des villages comme Weingarten et Weinheim

elle multiplie et complique la mise en bouteilles et, enfin, augmente les coûts de production. Or, ce principe ne se justifie vraiment que pour les Rieslings du Nord.

La gastronomie

La région de Bade, avec ses 700 ha de pinot noir (spätburgunder), ne compte pas moins de 34 restaurants qui ont été récompensés d'une étoile par le guide Michelin alors que la Côte d'Or, à titre de comparaison, n'en compte que 8 pour 5 802 ha du même cépage. L'intérêt des Allemands pour la haute gastronomie étant un phénomène récent, les progrès réalisés pour produire des vins (surtout rouges) à la hauteur des mets sont admirables.
Ce nouvel engouement mérite d'être souligné pour cette région, car, sans vouloir minimiser les efforts du Rheingau, la structure et la variété des vins de Bade leur permettent de s'associer harmonieusement à une vaste gamme de plats.

VILLAGES ET PRODUCTEURS

attestent une tradition viticole établie de longue date.
À Östringen-Tiefenbach, le Domaine Weingut Albert Heitlinger et le Weingut Seeger à Leimen sont de bonne réputation. La plus grande coopérative locale, Winzerkeller Wiesloch, fait le lien entre Bergstraße et Kraichgau, la région de collines située entre la Forêt-Noire et l'Odenwald.

ORTENAU

Au sud de la célèbre ville thermale de Baden-Baden, le Bereich Ortenau jouit d'une bonne réputation qui va en s'améliorant. Les vins issus des villages voisins atteignent des prix assez élevés et sont vendus dans des bouteilles de Franconie. Le vignoble couvre 2 700 ha. La remarquable *Einzellage* Neuweierer, Mauerberg près de Baden-Baden, est exclusivement composée de riesling.

AFFENTAL
L'Affental, littéralement « vallée des singes », regroupe quelques villages au sud de Baden-Baden. Ses vins rouges sont connus en Allemagne, en partie grâce au singe gravé dans le verre des bouteilles.

DURBACH
Le village de Durbach est réputé pour ses Rieslings, ses restaurants et ses magnifiques vignobles sur des coteaux de granite et de gneiss dont les pentes peuvent être vertigineuses comme à Plauelrain.
Les Rieslings de Durbach ressemblent à ceux du Palatinat, en moins acide. Outre sa cave coopérative, Durbach possède un certain nombre de très bons domaines privés : Weingut Freiherr von Neveu, Gräflich Wolff-Metternich'sches Weingut ou Weingut Andreas Laible, à l'entrée de Durbach.
Markgräflich Badisches Weingut Schloss Staufenberg (domaine du margrave de Bade) se trouve juché en hauteur, au-dessus du village de Durbach : un emplacement de défense idéal entouré sur trois côtés par des vignobles vertigineux. Riesling et traminer y furent plantés séparément dès 1776.
Dans cette partie du vignoble d'Ortenau, ces cépages sont aujourd'hui respectivement connus →

VILLAGES ET PRODUCTEURS

sous les noms de klingelberger et de clevner.

ORTENBERG
La ville d'Offenburg possède son propre domaine dans le village d'Ortenberg au sud de Durbach, le Weingut der Stadt Offenburg. Ses 30 ha de vignes sont parfois plantés sur des pentes à forte déclivité. L'encépagement varié inclut le Cabernet-Sauvignon, dont le vin vieillit en barriques neuves.

BREISGAU

Le *Bereich* de Breisgau se situe au sud d'Offenburg, où les vignes côtoient des champs de maïs. La plupart des vins ressemblent à ceux du Kaiserstuhl, en plus léger et moins acide. Ils sont produits par la cave coopérative Badischer Winzerkeller. Le rosé élaboré avec du pinot noir (spätburgunder) est généralement bien réussi, car, au lieu d'être issu de saignées de cuves de fermentation en rouge, il fait l'objet d'une vinification en rosé. Les vignes montent jusqu'à 500 m d'altitude sur le Glottertal, en pleine Forêt-Noire. La grande ville de Fribourg-en-Brisgau possède elle aussi un vignoble. À Malterdingen, il faut signaler le Weingut Bernhard Huber.

KAISERSTUHL

Depuis le village alsacien de Riquewihr, on peut voir s'élever, à une quinzaine de kilomètres à l'est, la colline volcanique du Kaiserstuhl, dominant la vaste plaine du Rhin. Le Bereich Kaiserstuhl représente un tiers des vignobles de Bade et produit ses vins les plus célèbres. La moyenne des températures relevées dans cette région est la plus élevée de toute l'Allemagne, ce qui explique que l'acidité des vins soit moins marquée que dans les régions plus septentrionales. Un certain nombre de domaines de grande qualité sont plus particulièrement réputés. Quatre d'entre eux, Weingut Bercher, Weingut Dr. Heger, Weingut B. Salwey et Weingut Rudolf Stigler, sont presque aussi connus des amateurs allemands que les plus grandes propriétés du Rheingau. Tous travaillent en respectant l'environnement et se consacrent presque exclusivement aux cépages pinot noir et riesling. Weingut Rudolf Stigler est un spécialiste du Riesling vif et frais (certains de ses clones viennent de Moselle), et, comme nombre d'autres producteurs du Kaiserstuhl, il fait de bons Pinots noirs en rouge et en rosé (Weissherbst). Les vins du Kaiserstuhl sont produits presque exclusivement par des coopératives. Celles des villages de Achkarren, Bickensohl, Bischoffingen, Oberrotweil, Burkheim et Königschaffhausen ont une bonne réputation. Parmi les meilleurs producteurs, il ne faut pas manquer d'évoquer le Weingut Franz Keller (Schwarzer Adler), qui vinifie de grands vins. Ce viticulteur s'est battu pendant 40 ans pour améliorer la qualité des vins allemands.

IHRINGEN
Sur le versant sud du Kaiserstuhl se trouve la célèbre *Einzellage* Ihringer Winklerberg, le vignoble d'origine datant de 1813 (les Romains n'étaient pas passés par là). Comme c'est fréquemment le cas, la nouvelle délimitation regroupe des terroirs aux sols et aux mésoclimats différents. Les meilleurs vins du vignoble d'origine proviennent du domaine Heger et de la coopérative Ihringen Kaiserstühler.

BISCHOFFINGEN ET BURKHEIM
Bischoffingen est un autre village réputé du Kaiserstuhl, grâce à sa grande coopérative et au Weingut Karl Heinz Johner. Ce dernier est un spécialiste de l'élevage en barriques de rouges et de blancs.

VILLAGES ET PRODUCTEURS

LE LABEL « BADEN SELECTION »

L'association des viticulteurs de Bade, consciente que la multiplication des étiquettes de vins haut de gamme apporte une certaine confusion auprès des consommateurs, a décidé de rendre les meilleures cuvées plus accessibles et plus facilement reconnaissables en créant un label de qualité. Ils l'ont appelé Baden Selection. Les vins doivent être issus de cépages de la famille des pinots (avec un rendement maximal de 40 hl/ha), de riesling, de gutedel ou de müller-thurgau (avec un rendement maximal de 60 hl/ha). Ils doivent provenir de vignes de plus de 15 ans.

Le millésime, le cépage et la région d'origine figurent obligatoirement sur l'étiquette, mais, curieusement, il est interdit de mentionner un village ou un nom de cru. Tous les vins sont soumis à une dégustation.

TUNIBERG

Pour le visiteur, le terroir élevé du Bereich Tuniberg ressemble à un petit Kaiserstuhl auquel manquerait l'arôme qu'apporte un sol volcanique. Composée d'une épaisse couche de lœss, la terre est un peu trop fertile pour la culture de la vigne. Près de 60 % du vignoble est planté en pinot noir et 21 % en müller-thurgau.
La puissante coopérative Badischer Winzerkeller vinifie la presque totalité des récoltes. Cette « locomotive » de la viticulture badoise est la plus vaste coopérative d'Europe. Dotée d'immenses installations à Breisach, près de la frontière française, elle produit la moitié des vins de Bade. En outre, elle a joué un rôle précurseur dans différents domaines comme celui de la vinification individuelle de centaines de lots différents afin de sauvegarder l'identité de chaque parcelle.

MARKGRAEFLERLAND

Entre Fribourg-en-Brisgau et la Suisse, le Bereich Markgräflerland se tient à bonne distance de l'autoroute E4 qui le sépare du Rhin.
Dans ce joli paysage rural, les vignes poussent sur des collines douces, dont le sommet Hochschwarzwald culmine à 1 300 m d'altitude.
La douceur du paysage se retrouve dans les vins issus de chasselas, le cépage le plus répandu, dont on explique mal l'origine du nom allemand, gutedel, puisque, pour être bon (gut), il n'est pourtant pas noble (edel).
Ce chasselas produit des vins blancs légers et plaisants. Lorsqu'on a la chance de trouver un Gutedel plus concentré, c'est une bonne surprise, vraiment rare.
Schlossgut Istein est un petit domaine réputé de 8 ha situé à Lörrach, à l'extrémité sud, tout près de la frontière suisse, qui élabore, entre autres, un bon Pinot noir. Les coopératives d'Auggen, Müllheim et de Wolfenweiler sont tout à fait dignes de confiance : outre le gutedel, elles se consacrent au müller-thurgau (quelquefois commercialisé en vin « light » sous le nom de Rivaner) et au pinot noir, qui donne un rouge un peu mou, moins réussi qu'en Kaiserstuhl.

LE LAC DE CONSTANCE

La région du lac de Constance (Bodensee en allemand) regroupe trois *Bereiche*. Les deux plus petits appartiennent aux États du Wurtemberg et de Bavière, tandis que le Bereich Bodensee (560 ha) fait partie du pays de Bade.
Le pinot noir pousse ici depuis le XIXe siècle, mais la première trace de plantation en tant que cépage unique date de 1705, à Meersburg.
Il n'est guère cultivé que pour faire le petit rosé léger très apprécié localement : le Weissherbst.

→

VILLAGES ET PRODUCTEURS

Comme en Franconie, les gelées printanières entraînent d'importantes variations de volume d'une récolte à l'autre. La forte pluviométrie (entre 800 et 1 000 mm par an) et les brumes qui remontent du lac de Constance sont autant d'ennemies de la vigne à combattre pour éviter la pourriture. Il n'est donc pas facile d'élaborer des vins rouges véritablement colorés. Le lac de Constance est un lieu de villégiature de luxe où les hôtels, les restaurants, tout comme les vins coûtent cher. C'est là que se trouve le vignoble le plus élevé d'Allemagne, Hohentwieler Olgaberg, qui culmine à 560 m d'altitude. Le sol volcanique de cette région est planté en müller-thurgau, pinot noir, ruländer, traminer ainsi qu'en pinot blanc.

WURTEMBERG

Carte page XXIV

La plus grande partie du Wurtemberg viticole s'étend de Stuttgart, au sud, jusqu'à Heilbronn, au nord, sur les deux rives du Neckar. Le vignoble, qui couvre 11 300 ha, est planté en majorité sur les coteaux pentus qui dominent le fleuve et ses affluents, parfois en terrasses, ainsi que sur les pentes orientées au sud des collines boisées. Il y a 6 *Bereiche* différents, mais, dans la plupart des cas, le propriétaire est plus important que l'origine géographique des vins.

Les cépages

Les vins du Wurtemberg sont essentiellement consommés sur place, et l'on apprécie beaucoup, dans les cafés et les boutiques, ces vins rouges légers qu'on qualifierait ailleurs de rosés. Près de 70 % du vignoble est planté de cépages rouges et un quart de riesling. Ce dernier occupe, avec les rouges trollinger et lemberger, les meilleurs terroirs. Les parcelles de riesling sont disséminées dans toute la région, ce cépage ayant acquis une excellente réputation dans quelques villages, comme à Flein, au sud d'Heilbronn. Occupant 20 % des surfaces, le trollinger est devenu le premier cépage planté devant le riesling. Viennent ensuite le lemberger, le schwarzriesling (müllerrebe ou pinot meunier) et le spätburgunder. On trouve également un peu de kerner, de weißburgunder (pinot blanc) et de ruländer (pinot gris).

L'escarpement des coteaux entraîne des coûts de production très élevés qui nécessitent un choix entre deux modes de culture : produire de grands volumes de vin ordinaire, ou de petites quantités de vin cher. La plupart des viticulteurs ont opté pour la première solution et le résultat est un vin rouge clair qui n'a rien de déplaisant en consommation courante, mais ne peut en aucun cas prétendre à la race ou à la profondeur qui caractérisent les bons vins rouges.

Malgré la beauté de ses vignobles et ses coopératives modernes dont la technique et l'hygiène sont irréprochables, la production du Wurtemberg reste décevante en dépit de réussites individuelles. Le cépage lemberger (le blaufränkisch d'Autriche) peut offrir une certaine concentration, et même supporter l'élevage en chêne neuf. Quelques coopératives ont mis des vins sous bois, mais les domaines privés ont les initiatives les plus heureuses.

PRODUCTEURS ET NÉGOCIANTS

Dans le Wurtemberg, la qualité du vin dépend plus de la volonté du producteur que de l'emplacement des vignes. Même si quelques terroirs individuels sont meilleurs que les autres, les prix sont à peu près identiques partout. Cela démontre que la surproduction étouffe tout effort qualitatif et toute tentative d'individualisation.

Les caves coopératives vinifient 80 % des raisins. La plus grande, la cave centrale de Möglingen, au nord de Stuttgart, possède une capacité de stockage de trois millésimes, et les autres caves coopératives lui fournissent 15 % de leur récolte.

Hormis les cuvées haut de gamme des coopératives, quelques domaines produisent et mettent en bouteilles des vins de caractère. Parmi ceux-ci se trouvent les 18 membres de la section locale du VDP (voir p. 668).

WEINGUT GRAF ADELMANN

Ce domaine à Burg Schaubeck est l'une des propriétés les plus connues. Plus qu'aucune autre, sans doute, elle prouve à quel point le vin du Wurtemberg peut être bon.
Le rendement moyen y est de 72 hl/ha, contre 109 pour la région, et 99 % de son vin sont secs.

FREIHERRLICH VON GEMMINGEN-HORNBERG'SCHES WEINGUT

Ce domaine à Burg Hornberg, fondé en 1612, utilise des cépages traditionnels comme le traminer pour ses vins.

SCHLOSSKELLEREI GRAF VON NEIPPERG

Ce domaine familial fondé en 1200, à Schloss Schwaigern, près de Heilbronn, possède 32 ha de vignobles plantés en rouge et blanc.
La plupart de ses vins sont secs.

AUTRES PRODUCTEURS

Parmi les autres bons producteurs, citons surtout le Weingut Ernst Dautel à Bönnigheim, qui produit les meilleurs vins de la région, ainsi que Weingut Wöhrwag à Untertürkheim, Weingut Aldinger et Weingut Heid à Fellbach, Weingut Fürst zu Hohenlohe-Oehringen à Oehringen, Weingut Albrecht Schwegler à Korb et Weingut Graf von Bentzel-Sturmfeder à Schozach.

NORD-OUEST DE L'EUROPE

Les pays du Benelux ne sont pas des régions où la viticulture est facile, car ils sont situés au-delà de la limite nord habituelle de la culture de la vigne (entre 50° et 53° de latitude nord). Si, paradoxalement, le vignoble mosellan du Luxembourg produit de bons vins qui ont une excellente réputation, en revanche, les petits vignobles de Belgique et des Pays-Bas ne représentent que quelques dizaines d'hectares de vigne dans des pays où domine la consommation de bière. Les vins de ces pays sont élaborés par un groupe de passionnés qui font partager le fruit de leurs efforts à quelques amis et autres clients locaux. En Belgique, les vignes poussent depuis la conquête romaine (54 av. J.-C.), principalement sur les coteaux de la Sambre et de la Meuse ainsi que dans les environs de Louvain (Leuven), mais la qualité des vins est moyenne. Au Luxembourg, le principal site de plantation a toujours été la vallée de la Moselle, dont les coteaux sont bien exposés ; une grosse partie de la production est exportée vers la Belgique. En Angleterre, la présence de la vigne est attestée par des documents dès le VIIIe siècle. L'entrée de l'Aquitaine dans le giron britannique à la fin du XIIe siècle, puis le démantèlement des monastères décidé par Henri VIII en 1536 ont d'abord diminué l'utilité, puis mis un coup d'arrêt à la culture de la vigne. Après quelques tentatives avortées au XIXe siècle, quelques précurseurs ont relancé sa culture à partir de 1950. Le vignoble s'étend aujourd'hui sur 1 500 ha répartis surtout dans les régions méridionales où le climat est plus doux. Le Kent et le Sussex, au sud-est, accueillent l'essentiel des vignes.

BELGIQUE

À la lecture des rares auteurs qui ont écrit sur les vins belges, on comprend qu'ils étaient autrefois acides, de peu de tenue et qu'ils voyageaient mal, comme c'était le cas pour beaucoup de vins. Le vignoble a peu à peu disparu aux XVIIIe et XIXe siècles avant de renaître timidement dans les années 1960.
Aujourd'hui, la viticulture belge regroupe une petite centaine de vignerons, sur une superficie de quelques dizaines d'hectares. C'est dire que les vignerons du pays sont discrets. Quelques petits vignobles se sont « fait un nom »... mais celui-ci ne dépasse pas les frontières. La Belgique s'est même dotée d'AOC : trois en pays flamand, Hageland, Haspengauw et Heuvelland, et deux en Wallonie, Côtes de Sambre et Meuse, sans oublier le Crémant de Wallonie. À côté de ces « grandes » zones, on trouve des vignerons amateurs un peu partout.
Les vignes plantées sont en majorité du pinot noir pour les rares rouges et du müller-thurgau, pinot gris ou chardonnay pour les blancs. Tous ces vins sont à boire jeunes, sur leur fruit.

PAYS-BAS

Il existe trois vignobles aux Pays-Bas ; deux sont situés au sud du pays, non loin de Maastricht, et un autre plus au nord, dans le Brabant-Septentrional. Les principaux cépages cultivés sont le pinot blanc, le pinot gris, le chardonnay et le müller-thurgau, ainsi que des croisements et hybrides plus résistants aux maladies comme le johanniter ou le solaris. Les vins blancs produits aux Pays-Bas sont vifs et légers.

LUXEMBOURG

Le vignoble remonte à l'époque de la conquête romaine et a connu un essor extraordinaire au XIXe siècle et au début du XXe siècle, jusqu'au début de la Grande Guerre. Le Luxembourg est probablement un des plus petits, si ce n'est le plus petit, pays producteurs de vin du monde. En dépit de la petite surface plantée, 1 250 ha, la production est significative, car le rendement à l'hectare reste élevé (plus de 100 hl/ha en moyenne ces 5 dernières années), en raison notamment du caractère très vigoureux du cépage müller-thurgau. Les Luxembourgeois, eux, sont de grands consommateurs, et même les plus gros consommateurs de vin au monde par habitant (51 litres de vin par an et par habitant).
Toute la production est concentrée sur les coteaux de la vallée de la Moselle, dont le sous-sol argilo-calcaire, l'exposition sud-sud-est et les pentes régulières favorisent la vigne. La rivière joue un rôle de thermorégulateur : la réflexion de la lumière sur l'eau aide au mûrissement du raisin. Le vignoble luxembourgeois fait face à celui de la Moselle supérieure allemande (voir p. 677).
Ces dernières décennies, la production a connu des progrès gigantesques : pas uniquement en termes de quantité,

mais aussi sur le plan de la qualité. En même temps, le nombre de caves particulières a fortement décru. 70 % de la production arrive des caves coopératives réunies au sein des Domaines de Vinsmoselle, 21 % de caves particulières, le restant des caves particulières vendant entièrement au négoce.

Actuellement, les principaux cépages sont le rivaner, ou müller-thurgau, qui donne ici des vins que l'on peut qualifier de petits vins (ce cépage couvre 30 % du vignoble), le riesling (12 %), mais aussi le pinot auxerrois (14 %), le pinot gris (15 %), le pinot blanc (12 %) et l'elbling (9 % de la surface plantée). De ces cépages sont issus des vins plutôt légers, vinifiés en sec ou demi-sec ou servant de base à des vins mousseux.

La production luxembourgeoise comprend 99 % de vins blancs – tranquilles ou mousseux – et 1 % de vins rouges, exclusivement à base de pinot noir.

C'est en 1935 que la Marque Nationale fut créée sous l'égide du ministère de l'Agriculture et de la Viticulture. En 1985, l'appellation Moselle Luxembourgeoise voit le jour et, en 1991, est lancée l'appellation Crémant du Luxembourg (cave Saint-Rémy à Remich).

Il existe un classement originel des vins établi lors de la labellisation, sur la base d'une dégustation : 18 à 20 points confèrent le titre de grand premier cru, 16 à 17,9 points celui de premier cru, 14 à 15,9 points celui de vin classé et 12 à 13,9 points celui de vin sans mention. En dessous de 12 points, les vins ne sont que vins de table.

GRANDE-BRETAGNE

Le vignoble anglais est certes modeste, mais sa surface a doublé au cours de la dernière décennie pour atteindre plus de 1 400 ha en 2013. Le pays a vu le nombre de ses exploitations viticoles et de ses *wineries* (124) rapidement augmenter, essentiellement dans le sud du pays (South West, South East, East Anglia). La fraîcheur et l'humidité du climat ont d'abord favorisé l'introduction de cépages métisses et d'hybrides adaptés comme le bacchus, le reichensteiner, la madeleine angevine ou le seyval blanc. La dernière décennie a consacré le chardonnay et le pinot noir, qui occupent 40 % du vignoble et probablement plus à l'avenir. Cet essor tient d'abord à la réussite des vins effervescents anglais qui représentent 60 % de la production. Issus de la méthode traditionnelle, ils constituent aujourd'hui la plus belle réussite britannique, car climat et sols, dans le sud-est du pays notamment, sont proches de ceux de la Champagne. Des producteurs comme RidgeView ou Nyetimber ont su séduire la critique grâce à leurs cuvées capables d'un vrai raffinement. Le reste de la production se partage entre vins blancs tranquilles (30 %) et vins rouges et rosés (10 %).

Le style des vins a évolué. Longtemps demi-secs, on les vinifie plus volontiers en sec, dans un style vif et léger, parfois avec un élevage en barrique. aux vins rouges, Ils sont plutôt fluides, légers, avec une acidité bien présente, reflet de la fraîcheur naturelle du climat.

SUISSE

Carte page xxv

Voilà longtemps que l'efficacité est de rigueur dans les vignobles suisses ; elle est nécessaire, car la demande de vin dépasse largement le volume pouvant être produit. Les vignobles, accrochés à des coteaux orientés au sud sont difficiles à cultiver et leur coût de production élevé rend les vins suisses onéreux. La plupart des vins ont longtemps été destinés à la consommation quotidienne, mais, aujourd'hui, la formation et les expériences menées ailleurs en Europe et dans le Nouveau Monde contribuent à l'apparition de vins suisses d'une qualité améliorée. On trouve de la vigne presque partout, en rouge comme en blanc, mais les vignobles les plus importants sont situés dans les cantons francophones du Valais et de Vaud, à l'ouest du pays. La Suisse produisait traditionnellement davantage de vins blancs que de vins rouges mais les proportions se sont inversées depuis 2003. Le principal cépage blanc utilisé dans les cantons francophones est le chasselas (nommé « fendant » dans le Valais) qui donne un vin souple, à boire dans sa jeunesse, même si certaines cuvées peuvent surprendre agréablement en vieillissant. Dans les cantons germanophones, le principal cépage blanc est le riesling-sylvaner – nom suisse du müller-thurgau. Le pinot noir (appelé « blauburgunder » en Suisse alémanique), cépage rouge le plus planté, produit une large gamme : du rosé à peine teinté, l'Œil de Perdrix, à de beaux vins rouges bien structurés, en passant par la traditionnelle Dôle du Valais, un rouge fruité issu d'un assemblage pinot noir/gamay. Dans le canton plus ensoleillé du Tessin, en Suisse italienne, le merlot est roi et donne certains des meilleurs rouges du pays.

L'industrie viticole

La surface moyenne d'une propriété viticole – moins d'un demi-hectare – représente le tiers de la moyenne dans le reste de l'Europe occidentale. Pour la vinification, la plupart des viticulteurs s'en remettent à de grands centres ou à des coopératives, mais un nombre croissant de petits domaines pratiquent la mise en bouteilles. Le meilleur de la production suisse est à rechercher dans la nouvelle génération de vignerons suisses qui montre de l'ambition et se passionne pour la redécouverte des nombreux cépages autochtones. La libéralisation du marché dans les années 1990 a ouvert la Suisse à la concurrence mondiale. Peu compétitifs sur les vins d'entrée de gamme, étant donné les coûts de production élevés de la viticulture suisse, les producteurs s'orientent plus résolument vers des vins originaux et de qualité. Cela passe par une réduction des rendements, depuis longtemps à l'ordre du jour. Sur les 26 cantons suisses, 6 seulement sont francophones, mais ils contiennent les trois quarts des 14 800 ha de vignes de la Confédération helvétique. Le canton italophone du Tessin en possède 1 070 ha et le reste est éparpillé dans les 17 cantons de Suisse alémanique. Après avoir régulièrement progressé depuis les années 1960, la superficie viticole tend aujourd'hui à stagner, voire à régresser, en raison de l'arrachage de vignes blanches, qui n'est pas tout à fait compensé par les nouvelles plantations en cépages rouges. La production a, en revanche, plus nettement décru (moins 25 % depuis la fin des années 1980), signe que les rendements ont baissé progressivement.

LA LÉGISLATION VITICOLE

En Suisse, les étiquettes de vin relevaient autrefois en grande partie de la fantaisie du producteur : les vins pouvaient porter des noms de lieu, de cépage ou de marque. Depuis les années 1993, des appellations d'origine sont nées dans les cantons producteurs. Ces appellations s'inspirent du système français, mais chaque canton a suivi sa propre logique d'organisation, qui peut être basée sur une division en sous-régions (Vaud), ou communes (Neuchâtel), ou privilégier le cépage (Valais), parfois en combinant plusieurs de ces critères. Les termes comme « grand cru » ou « premier cru » ne revêtent donc pas partout la même signification.

La Suisse dispose aussi de labels qui peuvent s'avérer utiles pour se repérer dans une offre manquant de clarté : Terravin à Vaud ou la charte Grain Noble confidentiel dans le Valais.

SUISSE ROMANDE

L'ouest de la Suisse, frontière du pays avec la France, produit la plupart des vins de ce pays. Valais et Vaud alignent, et de loin, les plus grandes superficies viticoles, mais Genève et Neuchâtel ont aussi une production non négligeable.

Valais

Les vignes valaisannes (4 900 ha) sont situées sur les bas coteaux des montagnes environnantes. Commençant à 1 000 m d'altitude dans certains des plus hauts vignobles d'Europe, à Visperterminen, la vigne suit le Rhône à ses débuts jusqu'à l'angle droit qu'il forme à Martigny. Beaucoup de parcelles sont intensivement plantées (jusqu'à 15 000 pieds à l'hectare). Le rendement par cep peut donc être faible, mais, à l'hectare, il est proche du maximum autorisé pour un vin de qualité.

Il peut faire chaud et sec en Valais ; les vignobles entourant Sierre se contentent d'environ 400 mm de pluie par an, auxquels s'ajoute parfois une brève irrigation. Les raisins mûrissent facilement et la richesse en sucre ne varie guère selon qu'ils sont cultivés à 400 m ou 800 m d'altitude.

Les vins valaisans les plus courants sont le Fendant (nom local du chasselas, ici à son niveau maximal d'alcool… et de prix) en blanc et la Dôle en rouge. La Dôle est une spécialité du Valais, un vin d'assemblage fruité, à boire dans les trois ans. Le pinot noir joue le rôle principal, complété par du gamay.

En l'absence de brouillard, donc avec moins de risque de pourriture, le pinot noir est un cépage intéressant dans le Valais, à condition d'éviter les endroits les plus ensoleillés. Les partisans des cépages autochtones, qui font de plus en plus d'adeptes, ont le choix entre plusieurs variétés intéressantes. L'humagne rouge (il y a aussi une version en blanc) est un cépage exubérant : si le rendement est raisonnable, le vin peut être robuste et assez concentré pour supporter un élevage en fûts de bois neuf. Sa structure tannique rappelle à certains celle du nebbiolo, cépage du Piémont italien. Le cornalin, vendangé mûr, peut donner des vins suaves et très fruités. Sous ce climat presque aussi chaud que celui des Côtes-du-Rhône septentrionales, on cultive aussi de la syrah qui peut donner des vins surprenants de plénitude et de puissance.

Les raisins des anciens cépages blancs du Valais, amigne et petite-arvine, ainsi que ceux du cornalin (rouge) mûrissent tardivement, en octobre. Bien soignés et avec de petits rendements, ils ont beaucoup de caractère. La petite-arvine est ainsi l'un des cépages suisses les plus passionnants, capable de produire de grands vins secs ou liquoreux, aromatiques et dotés d'une belle acidité. L'ermitage (marsanne) offre aussi des vins intéressants tout comme la malvoisie (en réalité le pinot gris).

Vaud

Quand le Rhône quitte le Valais pour le canton de Vaud, la vigne reste présente le long de la vallée, puis suit la rive septentrionale du lac Léman, qui joue un rôle prépondérant dans le climat tempéré de la région.
Vaud compte 3 800 ha de vignes, répartis en six zones. On y dénombre huit appellations : Chablais, Lavaux, La Côte, Côtes de l'Orbe, Bonvillars, Dézaley, Vully et Calamin. Les cépages les plus plantés sont, dans l'ordre, le chasselas, qui produit un vin souple et discrètement aromatique, ainsi que le pinot noir et le gamay, qui donnent des vins souples et fruités. Le développement récent de deux nouveaux cépages rouges issus de croisements, le gamaret et le garanoir, permet de produire des vins charnus et structurés.
Les Vaudois ont toujours vendu leurs vins sous le nom des meilleurs villages de chaque zone et ils sont bien connus en Suisse. Le Chablais s'étend sur la rive droite du Rhône jusqu'à l'endroit où le fleuve rejoint le lac Léman ; ses vignobles sont situés sur des pentes orientées au sud-ouest, dans des villages comme Aigle, Bex, Ollon, Villeneuve et Yvorne. Ses vins blancs de chasselas et ses rouges issus de pinot noir et gamay sont solides et pleins de caractère. À l'est de Lausanne, les vignes escarpées de Lavaux, plantées en chasselas, figurent parmi les plus belles d'Europe. Grâce à la chaleur réfléchie par les terrasses rocheuses, on cultive aussi du pinot noir. Les meilleurs villages incluent Dézaley, Epesses, Lutry et Saint-Saphorin. La commune de Calamin fait l'objet d'une AOC à part. À l'ouest de Lausanne, où la plupart des vins sont faits par des coopératives ou des maisons de négoce, la zone de La Côte étale ses vignes sur des ondulations ou des coteaux peu escarpés permettant une vendange mécanique. Les cépages sont encore une fois le chasselas, pour d'élégants vins blancs, et le pinot noir, pour des rouges souples et plaisants. Les villages les plus connus comprennent Féchy et Mont-sur-Rolle.

Genève

Le vignoble de 1 400 ha rejoint celui du canton de Vaud, au nord du lac Léman. Les vins blancs proviennent du chasselas, du chardonnay (qui a fortement progressé), du pinot blanc ou du sauvignon. Le gamay est le plus planté des cépages rouges et donne des vins fruités, dont les meilleurs possèdent une belle intensité. Le pinot noir offre indifféremment des vins rouges ou rosés (Œil de Perdrix) et le gamaret des vins plus profonds et épicés.

Neuchâtel

Dans les régions plus fraîches, comme à Neuchâtel où les vignes (600 ha) peuvent atteindre 580 m au-dessus du niveau de la mer, l'altitude entre en ligne de compte pour évaluer la

LIECHTENSTEIN

La principauté du Liechtenstein est située entre l'est de la Suisse et l'Autriche. Érigé en principauté depuis 1719, cet État constitué des seigneuries de Vaduz et de Schellenberg, a adopté en 1921 une nouvelle Constitution qui le rattache à son voisin la Suisse sur le plan économique. Les quelques hectares de vignes qui serpentent entre les maisons du Liechtenstein appartiennent, pour l'essentiel, au comte Hans-Adam II. Les caves de son domaine, Hofkellerei des Fürstenvon Liechtenstein, localisées à Vaduz, sont connues en Europe centrale pour leur chardonnay issu de vignes à faible rendement et leur pinot noir provenant de vieilles vignes. Les vins ressemblent, par leur style et leur structure, à ceux des cantons voisins de Suisse alémanique.

maturité du raisin et fixer la date des vendanges. Le climat est tempéré par le lac de Neuchâtel. Les collines calcaires situées au nord du lac peuvent, les bonnes années, produire certains des meilleurs rosés suisses issus de pinot noir. Le chasselas donne des vins blancs légers et légèrement pétillants.

SUISSE ALÉMANIQUE

Ce terme désigne la Suisse germanophone – la plus grande partie du pays –, mais la viticulture est concentrée dans les cantons proches de la frontière allemande, une région appelée Ostschweiz (Suisse orientale). Les vins qui en sont issus sont généralement bus dans l'année, sauf pour certains Pinots noirs ; les blancs sont surtout à base de riesling-sylvaner (müller-thurgau) et les rouges de blauburgunder (pinot noir, également appelé ici klevner ou beerli). Le Föhn, un vent chaud qui souffle des Alpes en automne, contribue au mûrissement du pinot noir. Parmi les anciens cépages blancs, l'élégant räuschling reste un peu cultivé dans le canton de Zurich, mais l'aromatique completer a presque disparu. Quelques vignerons s'efforcent de produire des vins rouges de pinot noir et des blancs de chardonnay ayant un peu plus de structure qu'autrefois.

SUISSE ITALIENNE

Le Tessin (en italien, Ticino), au sud de la Suisse, est surtout italophone. Ce canton doté de sommets élevés est connu pour ses vins rouges à base de merlot qui couvre 80 % du vignoble. Les chauds étés ne favorisent pas la production de vin blanc : 8 % seulement des vignobles sont occupés par des cépages blancs (chardonnay et sauvignon essentiellement). Certains vignerons produisent cependant des vins blancs et rosés à partir du merlot. En rouge, ce dernier donne naissance aussi bien à des vins souples et fruités, faciles à boire, qu'à des cuvées haut de gamme, issus de raisins vendangés à haute maturité, élevées parfois dans du bois neuf. Ces vins comptent parmi les plus les chers de Suisse.

GRISONS

Ce petit vignoble s'étendant sur environ 420 ha est exploité par une cinquantaine de producteurs. Quelques vignes sont situées au sud de Coire, la plupart des autres entre Coire et le Liechtenstein. Les cépages sont ceux que l'on trouve en Suisse romande, avec une nette prépondérance du pinot noir et, en blanc, du müller-thurgau, du chardonnay et du pinot gris. Le canton a acquis une certaine notoriété grâce à ses vins rouges issus du pinot noir. Ce cépage atteint, grâce aux effets du Föhn qui souffle à la fin de l'été, une belle maturité. Les meilleurs vins sont de haut niveau et supportent sans mal un élevage en fût.

PRODUCTEURS

SUISSE ROMANDE

VALAIS
Parmi les bons producteurs de ce vignoble situé dans l'ouest du pays, citons Cave Abbet, Cave Ardévaz, Charles Bonvin, Marie-Thérèse Chappaz, Domaine Cornulus, Philippe Darioli, Benoit Dorsaz, Giroud Vins, Didier Joris, Simon Maye et Fils, Domaine des Muses, les Vins Rouvinez, Cave des Tilleuls, les Caves Orsat, Nicolas Zufferey, Philippoz Frères ou René Fabre.

VAUD
Parmi les bons producteurs, on trouve Louis Bovard, Domaine de la Colombe, Henri Cruchon, Domaine Dugrabe, Domaine Blaise Duboux, Luc Massy, Domaine Neyroud-Fonjallaz, Château Maison Blanche, Pierre Monachon et J. & P. Testuz.

GENÈVE

Le vignoble le plus occidental du pays. On citera Stéphane Gros, Domaine Le Grand Clos (Jean-Michel Novelle), Domaines Les Perriens Beranard Rochais et le Domaine Dugerdil.

SUISSE ALÉMANIQUE

Les principaux cantons vinicoles sont Zürich et Schaffhouse, bien qu'ils achètent aussi beaucoup de vin blanc du Valais. Le gros des vendanges zurichoises est vinifié par deux caves coopératives à Wädenswil et Winterthur. En dehors des coopératives, Daniel et Martha Gantenbein, Hans-Ulrich Kesselring et Toni Kilchsperger sont quelques-uns des producteurs les plus réputés.

SUISSE ITALIENNE

Les vins les plus intéressants sont ceux de négociants ou de petits producteurs plutôt que de coopératives. Parmi les meilleurs, citons Agriloro, Bally, Guido Brivio, Daniel Huber, Adriano Kaufmann, Werner Stucky, Tamborini, Trapletti Coldrerio, Vinattieri Ticinesi et Christian Zündel.

GRISONS

Parmi les producteurs, citons Bovel, Donatsch, Fromm, Gantenbein, Hermann, Marugg Obrecht, Studachou, Wegelin.

AUTRICHE

Carte page XXVI

Forts d'une tradition profondément enracinée dans la moitié orientale du pays, les différents vignobles d'Autriche offrent une multitude de cépages et de styles de vin bien distincts dont la qualité moyenne est l'une des plus élevée d'Europe. L'Autriche est d'abord un pays de vins blancs. Le riesling arrive à une belle maturité dans la Wachau et le Kamptal-Kremstal, donnant des vins très riches sans sucres résiduels. Le cépage blanc spécifique à l'Autriche est le grüner veltliner : présent un peu partout, il donne des vins qui peuvent, selon la situation du vignoble et le travail du vigneron, être légers et souples ou plus riches et gras. Dans la Wachau et le Kamptal voisin, il peut même produire des vins aussi puissants que le riesling. La Styrie, région au climat plus frais, est le fief des blancs aromatiques : pinot blanc, welschriesling, morillon (chardonnay), muskateller, traminer et sauvignon blanc. Comme partout, de gros efforts ont été accomplis pour améliorer la qualité des rouges. Après un engouement passager pour le cabernet-sauvignon, les vignerons se recentrent désormais sur leurs cépages autochtones : le blaufränkisch, le saint-laurent et le zweigelt, issu du croisement des deux précédents, et qui est devenu le premier cépage rouge du pays. Le pinot noir et le blauer portugieser sont également présents. Les meilleurs rouges viennent du Carnuntum, au sud-ouest de Vienne, et surtout du Burgenland, qui fournit par ailleurs une vaste gamme de vins botrytisés exceptionnels. Parmi ses particularités, l'Autriche offre aussi un rosé vivifiant, le Schilcher, ou un blanc puissant et épicé, le Zierfandler.

La production vinicole

L'Autriche partage nombre de cépages avec l'Allemagne et s'est dotée d'un système de classement similaire. Mais ses vins présentent des styles plus variés et ressemblent davantage à ceux produits par ses autres voisins, comme la République tchèque, la Hongrie ou la Slovénie. Les principaux vignobles sont en effet situés dans la partie orientale de l'Autriche, voisine de ces deux pays.

Le nombre d'exploitations viticoles a fortement décru depuis 20 ans et leur taille moyenne (2,2 ha) a sensiblement augmenté. La majorité des 20 000 exploitations vendent leurs raisins aux coopératives qui occupent une place importante dans l'industrie viticole. Un tiers d'entre elles produisent leurs propres vins. Les producteurs autrichiens bénéficient dans leur ensemble d'une solide formation et les domaines viticoles, même les plus petits, disposent très souvent d'installations et de matériel de vinification modernes. Cela rejaillit nécessairement sur la qualité d'ensemble des vins autrichiens, qui est de bon niveau.

Depuis 1999 les différents vignobles autrichiens ont été regroupés en quatre grandes régions : Niederösterreich (Basse-Autriche) qui rassemble les vignobles du nord, Wien (Vienne), Burgenland et Steiermark (Styrie). Les autres vignobles sont disséminés dans les États de Vorarlberg, Tyrol, Salzbourg, Carinthie et Haute-Autriche, mais leur poids est insignifiant dans la production.

Tirant la leçon des erreurs du passé, l'Autriche s'est dotée de la législation la plus stricte d'Europe en matière de vin (voir encadré ci-contre), sans pour autant niveler sa spécificité. Depuis 2003, une nouvelle catégorie a été mise en place : appelée Districtus Austria Controllatus (DAC), elle vise à garantir, à la manière des AOC françaises ou des DOC italiennes, la notion de « typicité » pour certains vins issus de cépages sélectionnés. Chaque comité viticole régional peut ainsi sélectionner un type de vin emblématique de la région. Il en existe 9 à ce jour.

BASSE-AUTRICHE

Cette vaste province traversée par le Danube couvre tout le nord-est du pays. Les vins de qualité viennent des collines de la Wachau, des meilleures parties du Kamptal-Kremstal et de la Thermenregion, autour du village de Gumpoldskirchen.

WACHAU. Avec 1 350 ha de vignes, la Wachau est l'un des plus petits vignobles d'Autriche, mais elle produit certainement les meilleurs vins blancs secs du pays. Le grüner veltliner, le riesling et le müller-thurgau dominent l'encépagement, mais on rencontre également du neuburger et, du sauvignon blanc. Les vignes en terrasses exposées plein sud longent les gorges du Danube sur 16 km. Grâce à de remarquables terroirs volcaniques et des mésoclimats

LIRE UNE ÉTIQUETTE DE VIN AUTRICHIEN

La législation vinicole entrée en vigueur en 1985 est extrêmement stricte. L'étiquette doit mentionner obligatoirement certaines informations.

Le cépage : sa mention indique qu'il est présent pour 85 % minimum.

La catégorie de qualité : les différentes catégories sont à peu près les mêmes qu'en Allemagne (voir p. 662) et commencent par le simple *Wein*, sans mention d'origine, et le *Landwein* (vin IGP) qui comptent pour très peu dans la production autrichienne. Au-dessus se situent les vins AOP, ou *Qualitätswein* (vins de qualité) provenant des 16 régions officiellement délimitées. Ils sont soumis à une analyse chimique et à une dégustation et doivent porter un numéro d'agrément (*Prüfnummer*). Dans la catégorie *Qualitätswein*, les vins peuvent afficher une « distinction » (*Prädikate*) sur le modèle allemand, qui concerne essentiellement les vins moelleux ou liquoreux. Dans l'ordre (du moins sucré au plus sucré) ce sont les *Spätlese, Auslese, Eiswein, Beerenauslese, Ausbruch* et *Trockenbeerenauslese*. Le *Strohwein*, littéralement « vin de paille », et le Schilfwein sont des spécialités de la région du Neusiedlersee. La catégorie, *Districtus Austria Controllatus*, est utilisée pour désigner les vins issus de cépages sélectionnés. La région de la Wachau a en outre mis en place son propre classement pour les vins blancs secs (voir p. 720).

L'indication du degré de sucres résiduels : elle est obligatoire et se fait dans les termes suivants : *trocken* (sec) correspond à 9 g/l maximum, *halbtrocken* (demi-sec) à 12 g/l, *halbsüß* ou *lieblich* (moelleux) à 45 g/l, et *süß* (liquoreux) à plus de 45 g/l.

Le millésime : s'il est mentionné sur l'étiquette, le vin doit provenir à 85 % au moins de l'année indiquée.

particuliers, les vins allient minéralité et puissance à un fruité subtil. L'association Vinea Wachau, créée par des petits producteurs de la région, en 1985, pour promouvoir la production de vins de qualité, a défini son propre système de classement qualitatif pour les vins blancs secs, qui se traduit ainsi sur l'étiquette : le Steinfeder est le vin le plus léger (10,7 % vol.), suivi par le Federspiel (environ 11,5 % vol.). Le plus riche (l'équivalent d'un *Spätlese* sec allemand) s'appelle Smaragd et doit titrer un minimum de 12 % vol. Ces vins sont généralement issus de terroirs exceptionnels à faible rendement et de raisins vendangés tardivement. Lorsqu'ils sont réussis, ils sont superbes et vieillissent à merveille. Les noms des parcelles célèbres figurent sur l'étiquette, précédés du mot *Ried*. Les cépages rouges ne représentent que 11 % de la surface de la Wachau mais le zweigelt a su s'imposer.

KAMPTAL-KREMSTAL. Cette zone cinq fois plus grande que la Wachau suit le cours du Danube jusqu'à la ville de Krems et s'étire au nord vers Langenlois et au sud vers le monastère de Göttweig. Le riesling et le grüner veltliner poussent sur des sols volcaniques, leur conférant un style rappelant celui de la Wachau, moins puissant mais souvent plus élégant. À l'est de Krems, les vins issus des terrasses de lœss perdent en élégance ce qu'ils gagnent en corpulence, mais peuvent néanmoins être excellents. Les vins blancs dominent toujours, mais le nombre de bonnes cuvées de rouges ne cesse de croître.

WAGRAM-TRAISENTAL-CARNUNTUM. Coupée en deux par la ville de Vienne, cette région qui suit le Danube de l'est de Krems jusqu'à la frontière slovaque est difficile à définir, car sa délimitation relève davantage de préoccupations administratives que d'une logique viticole. Le sol généralement caillouteux, mêlé d'argile et de calcaire, est prometteur pour les vins rouges comme le Zweigelt, en particulier autour de Göttlesbrunn.

WEINVIERTEL. Première zone de production de raisin d'Autriche (30 %), le Weinviertel s'étend au nord et au nord-ouest de Vienne. Les vins sont généralement vinifiés pour être légers et faciles à boire. La région compte un DAC pour son Grüner-Veltliner réputé, d'un style plutôt frais et léger. Quelques producteurs au nord ont décidé de se consacrer à l'*Eiswein*, dont la production est tout à fait compatible avec le climat sec de cette région.

THERMENREGION. Le cœur de cette zone du sud de Vienne est le fameux village de Gumpoldskirchen, qui, s'il ne représente que 0,5 % du vignoble autrichien, a néanmoins longtemps joui d'une popularité nationale. Les vins issus de deux cépages locaux, le zierfandler et le rotgipfler, gagnent à être assemblés et donnent alors un vin blanc demi-sec, mais épicé et d'une grande ampleur. Lorsqu'il est réussi, le Gumpoldskirchen est un vin de caractère qu'on n'oublie pas.

Au sud de Gumpoldskirchen, d'autres vignobles comme Tattendorf sont en train de se bâtir une réputation pour leurs excellents rouges. Le prolifique blauer portugieser y cède de plus en plus de terrain au zweigelt et au cabernet-sauvignon, au blaufränkisch et au saint-laurent. Ce dernier cépage, tout aussi délicat à cultiver et à vinifier que le pinot noir dont il est le cousin, peut donner des vins ronds d'une grande finesse.

BURGENLAND

Représentant plus du tiers du vignoble national, cette province – la plus chaude d'Autriche – produit des vins rouges et des vins blancs ainsi que de très grands liquoreux. Elle comporte plusieurs sous-régions.

NEUSIEDLER-HÜGELLAND. Cette région s'étend entre Vienne et la cuvette du Neusiedlersee. Son climat est excellent et l'humidité qui s'élève du lac à l'automne encourage le développement du *botrytis*, d'où de superbes vins moelleux. La ville historique de Rust doit sa renommée au Ruster Ausbruch, un vin liquoreux qui y est produit depuis quatre siècles, selon la technique du Tokaji Aszú hongrois, qui consiste à intégrer des raisins botrytisés à un vin de base et de laisser redémarrer la fermentation. Selon la loi autrichienne, un Ausbruch s'élabore à partir de raisins dont le taux de sucre se situe entre celui d'un *Trockenbeerenauslese* et celui d'un *Beerenauslese*. Des cépages comme le pinot blanc (weissburgunder), le welschriesling et le pinot gris (ruländer) donnent de superbes vins botrytisés, ce dont le sauvignon, le neuburger, le furmint et le muskateller sont également capables. La région fournit également quelques-uns des plus beaux vins rouges du pays, où le blaufränkisch et le zweigelt côtoient le cabernet-sauvignon et le merlot.

NEUSIEDLERSEE. De l'autre côté du lac, entre sa rive opposée et la Hongrie, se trouve la région du Neusiedlersee, également connue sous le nom de Seewinkel. Le vignoble est relativement récent et s'est tellement étendu autour des villages de Gols, Illmitz et Apetlon qu'il représente aujourd'hui plus de 50 % de la production du Burgenland. On retrouve ici le même climat favorable qu'en Neusiedlersee-Hügelland, mais le sol en bordure du lac y est sablonneux, donnant des vins dotés d'une faible acidité. Cependant, vers le village de Gols, la composition du sol change et convient très bien à la culture de cépages rouges. Le zweigelt, cépage le plus planté, bénéficie du rang de DAC. Les années chaudes, la partie sud du vignoble produit des vins botrytisés en grande quantité. L'appellation offre maintenant une vaste gamme de vins : Chardonnay, Pinot noir vieilli en barrique, Schilfweine (raisin passerillé sur roseaux) et d'étonnants vins botrytisés.

MITTELBURGENLAND. Au sud du Neusiedlersee-Hügelland, ce vignoble est planté à 80 % en cépages rouges dont, notamment, le blaufränkisch. Souvent assemblé avec du cabernet-sauvignon pour l'apport tannique de ce dernier, le blaufränkisch peut donner des rouges originaux et complexes, tout comme le zweigelt. Cette région produit les meilleurs vins rouges du pays, dont bon nombre sont élevés en barriques neuves.

SÜDBURGENLAND. Bien que d'une vaste superficie, la région représente à peine 1 % du vignoble autrichien et produit, à parts égales, des vins blancs et rouges. Elle est notamment connue pour ses vins rouges issus du blaufränkisch, au caractère minéral affirmé, qui font l'objet de la DAC Eisenberg.

STYRIE

Située au sud des Alpes et à la limite de la Slovénie, la Styrie est divisée, en termes de vins, en trois vignobles de taille inégale : le Sud (Süd), le Sud-Est (Süd-Ost) et l'Ouest (West).

STYRIE DU SUD. C'est dans cette région, Südsteiermark en allemand, que naissent les plus grands vins de Styrie. Le plus petit des trois vignobles de la zone possède plus de vignes (2 300 ha) que les deux autres réunis. Les vins blancs sont aussi appréciés (et aussi chers) que ceux de Wachau, mais d'un style totalement différent. Les vignes sont cultivées sur des pentes abruptes, exposées au sud. Plus rude, le climat est sujet aux gelées de printemps et à la grêle. Les vins sont à la fois de structure délicate et marqués par une forte acidité. Seuls ceux issus de bas rendements parviennent à une maturité satisfaisante pour paraître équilibrés. Dans ce cas, ils sont fins et vigoureux.

Les cépages cultivés sont très nombreux : le populaire welschriesling, le pinot blanc, le müller-thurgau, le scheurebe, le grauer burgunder, le riesling, le muskateller ou le chardonnay, appelé localement morillon. Le sauvignon, quant à lui, donne d'excellents résultats : ses vins racés, aux parfums végétaux, ne manquent pas de caractère.

STYRIE DU SUD-EST. Cette région (Südoststeiermark, en allemand), presque aussi vaste que le Weinviertel, est la plus proche de la frontière slovène et correspond à 3 % du vignoble autrichien. Les cépages sont les mêmes qu'en Styrie du Sud.

STYRIE DE L'OUEST. Située entre la ville de Graz et la frontière slovène, cette région (Weststeiermark, en allemand) ne compte que 500 ha de vignes et produit le Schilcher, un rosé issu d'un cépage local, le blauer wildbacher. La vinification de ce cépage, qui se caractérise par une acidité très élevée, pourra en faire un vin charmant et vif ou, au contraire, d'une agressivité redoutable. De toute façon, il est fait pour être bu jeune. Sa rareté et sa personnalité en font un vin recherché.

VIENNE

La capitale est entourée de 610 ha de vignes et la presque totalité du vin est consommée sur place. Les villages vinicoles des portes de Vienne (Grinzing,

Nussdorf, Neustift…) regorgent d'auberges, les *Heurigen*, dans lesquelles les vignerons vendent eux-mêmes leurs vins, des blancs légers et fins qui se boivent dans leur première année, en majorité du *Gemischter* Satz, un mélange des différents cépages cultivés sur une même parcelle.

Lorsque les vins sont issus du grüner veltliner, le cépage le plus populaire des alentours de Vienne, de riesling ou de pinot blanc, ils peuvent être de très grande qualité, surtout s'ils proviennent des meilleurs terroirs, comme le Nussberg ou encore le Bisamberg.

PRODUCTEURS

BASSE-AUTRICHE

WACHAU
Les bons viticulteurs sont Franz Hirtzberger, Emmerich Knoll, F. X. Pichler et Prager-Bodenstein, suivis par Leo Alzinger, Nikolaihof, Josef Jamek, Rudolf Pichler, Johann Bäuerl et les coopératives Freie Weingärtner Wachau et Dinstlgut Loiben.

KAMPTAL-KREMSTAL
Parmi les bons producteurs, citons Willi Bründlmayer (excellent Chardonnay ; Riesling et Veltliner remarquables), Hiedler, Jurtschitsch, Loimer, Malat, Mantlerhof, Nigl, Salomon et Schloss Gobelsburg.

DONAUTAL TRAISENTHAL-CARNUNTUM
Les bons producteurs sont Glatzer, Leth, Markowitsch, Neumayer, Pitnauer et Zimmermann.

WEINVIERTEL
Les bons producteurs sont Malteser Ritterorden (groupe Lenz Moser), Erich Nebenführ, Roman Pfaffl et Helmut Taubenschuss.

THERMENREGION
Parmi les meilleurs producteurs de cette région, on trouve Karl Alphart, Manfred Biegler, Franz Kurz et Gottfried Schellmann ainsi que Johann Reinisch et Erich Schneider.

BURGENLAND

NEUSIEDLERSEE-HÜGELLAND
Feiler-Artinger, Kollwentz, Leberl, Prieler, Schandl, Schönberger, Franz Sommer, Rosi Schuster, Ernst Triebaumer et Wenzel figurent parmi les meilleurs producteurs.

NEUSIEDLERSEE
Paul Achs, Kracher, Helmut Lang, H. et A. Nittnaus, Pöckl, Stiegelmar et Umathum sont des producteurs remarquables. Citons également Gsellmann, Haider, Gernot Heinrich et Velich, ainsi que le groupement de producteurs Pannobile.

MITTELBURGENLAND
Parmi les bons producteurs, citons : Gesellmann, Iby, Igler, Kerschbaum, Kirnbauer, Wellanschitz, Weninger et la coopérative du village de Horitschon.

SÜDBURGENLAND
Les bons producteurs sont Paul Grosz, Hermann Krutzler et Schützenhof.

STYRIE

STYRIE DU SUD
Les meilleurs producteurs sont Polz, Sattler et Manfred Tement, suivis par Alois Gross et Lackner-Tinnacher.

STYRIE DU SUD-EST
On compte Albert Neumeister, Gräflich Stürgkh'sches Weingut et Winkler-Hermaden parmi les bons producteurs de la région.

STYRIE DE L'OUEST
Les meilleurs exemples du rosé Schilcher viennent de chez Erich Kuntner et Günter Müller.

VIENNE

Parmi les bons vignerons, on remarquera Fuhrgassl-Huber, Johann Kattus (vins pétillants), Franz Mayer, Herbert Schilling et Fritz Wieninger.

DANUBE

Carte page XXVI

Les pays du bassin du Danube ont en commun une véritable tradition vinicole, avec des cépages et des styles de vin qui se ressemblent et sont soumis aux mêmes influences. Deux tendances ont vu le jour après la chute du communisme : la restitution des terres à leurs anciens propriétaires, parfois leur achat par des investisseurs étrangers ou nationaux, et l'adoption de nouvelles habitudes viticoles. Très en retard à la fin des années 1980, ces pays ont dû restructurer leurs vignobles et moderniser leur filière, avec l'appui de conseillers et parfois de capitaux étrangers. Dans les années 1990, un certain nombre de vins de la région du Danube se sont exportés avec succès sous des étiquettes de cépages très connus comme le cabernet-sauvignon ou le merlot. Malgré ces succès éphémères, ces pays restent en transition mais avec des situations très contrastées. La partie occidentale de la région – la République tchèque, la Slovaquie, la Slovénie et, dans une certaine mesure, la Hongrie – suit l'exemple de l'Allemagne et de l'Autriche en privilégiant les vins blancs. La Roumanie, la Bulgarie et la Serbie ont ajouté à leurs cépages traditionnels certains cépages réputés comme le chardonnay, le cabernet-sauvignon et produisent des vins blancs comme des vins rouges classiques. L'avenir de ces régions peut se décider entre deux tableaux : d'un côté la production de vins de masse, de qualité satisfaisante, issue de cépages internationaux, et de l'autre l'exploration progressive de leur propre héritage en appliquant les standards exigeants de l'œnologie moderne.

HONGRIE

Carte page XXVI

La Hongrie se distingue par une originalité due à son identité nationale – des Magyars isolés au milieu de Germains et de Slaves – et à l'héritage fastueux de l'histoire de l'Empire austro-hongrois. Fiers de ces particularismes que la tentative de nivellement des régimes communistes n'a pas réussi à gommer, les Hongrois font les choses à leur façon. Leur langue, l'une des plus complexes d'Europe, est à l'image de l'encépagement de leurs vignobles : des cépages qu'on ne trouve nulle part ailleurs. Notons que nous leur devons le Tokay, un vin célébré dans toute l'Europe au XVIIIe siècle et qui est en pleine renaissance depuis les années 1990.

Après l'effondrement du régime communiste, de nombreux investissements étrangers, en capitaux et en conseil, ont permis de rapides progrès de la viticulture hongroise qui a su fournir à l'Ouest un Sauvignon blanc et un Chardonnay frais, de bonne facture et de qualité. Ces dernières décennies ont vu la création de nombreuses exploitations familiales dont certaines font des vins d'une qualité remarquable. En particulier les propriétés de la région de Villány, dans le sud du pays, connaissent un grand succès. Dans la région de Tokay notamment, il existe, en outre, de nombreuses sociétés de taille moyenne correspondant souvent aux domaines historiques, et qui ont bénéficié d'investissements étrangers. Enfin, on rencontre de grandes structures, qui achètent en général les raisins aux petits producteurs : coopératives, quelques fermes d'État anciennes fermes d'État privatisées et sociétés nouvellement créées avec des capitaux hongrois ou étrangers.

Les cépages et les styles de vin

La Hongrie est principalement un producteur de vin blanc. Le vin rouge, qui ne constitue que 28 % de sa production, provient en grande majorité du sud, autour de Villány et de la Grande Plaine. La plupart des vins rouges ont un caractère assez léger, et même l'Egri Bikavér (« sang de taureau ») n'est pas aussi concentré que son nom pourrait le laisser supposer. Les vins blancs se déclinent en différents styles, qui vont des vins secs et aromatiques aux vins demi-secs ou doux. La Hongrie fait appel à des cépages classiques, blancs et rouges, comme les cabernet-sauvignon, cabernet franc, merlot, pinot noir, syrah, chardonnay, sauvignon blanc ou pinot gris, mais l'originalité de sa production réside d'abord dans ses cépages nationaux ou régionaux. Enrouge il s'agit du kadarka, sensible aux maladies mais au bon potentiel, du kékfrankos (blaufränkisch), connu pour ses vins plutôt légers et épicés ou du zweigelt. En blanc, il faut mentionner l'olaszrizling (également appelé welschriesling), connu pour ses vins secs et vifs, l'irsai olivér, très aromatique, le leányka, plutôt neutre, et les grands cépages du Tokay : le furmint, capable de produire indifféremment de grands vins secs comme de splendides liquoreux, le hárslevelü et le muscat à petits grains.

Le Centre et le Sud

Depuis la fin des années 1980 le vignoble hongrois a perdu près de 40 % de sa superficie. Il compte aujourd'hui environ 70 000 ha de vignes, implantées dans tout le pays à l'exception de l'extrême sud-est. Plus de la moitié pousse dans la Grande Plaine. Située au sud de Budapest et à l'est du Danube, la Grande Plaine connaît des conditions climatiques extrêmes, avec des étés torrides et des hivers très froids : le vent souffle si fort que le sol sablonneux a tendance à s'envoler et à s'éroder… sauf s'il est planté de vignes. Les vins sont mûrs, peu acides, assez légers ; la plupart du temps, ce sont des blancs, issus d'olaszrizling, un cépage neutre, et destinés à la consommation courante, sans le potentiel de qualité que peuvent atteindre les vins d'autres vignobles hongrois plantés à flanc de coteau. La région de la Grande Plaine se divise en trois districts.

KISKUNSÁG : il produit surtout du vin blanc de cépage olaszrizling.

HAJÓS-VASKUTI : il produit surtout du vin rouge à partir des cépages kadarka, cabernet et autres.

CSONGRÁD : il produit majoritairement du vin rouge issu de kadarka.

Le Sud-Ouest

À l'ouest de la Grande Plaine, sur l'autre rive du Danube, se trouvent les vignes de la région transdanubienne du Sud.

VILLÁNY-SIKLÓS : il s'agit de la zone viticole la plus méridionale. Villány produit des rouges à partir d'assemblages bordelais (merlot et cabernet) mais la spécialité locale est le Kékoporto rouge, un vin parfois très séduisant, souple, possédant un beau caractère fruité. Siklós est réputé pour ses blancs.

MECSEK : un peu plus au nord, autour de Pécs, cette région produit surtout des vins blancs. Les vignes sont plantées à flanc de coteau avec les cépages olaszrizling, furmint ou chardonnay. Les sols sont du sable volcanique ou du schiste, et les vins plutôt doux.

SZEKSZÁRD : encore plus au nord, le vin rouge domine de nouveau. Le kadarka est très présent, mais on trouve également du cabernet, du merlot et du kékfrankos.

DÉL-BALATON : le Dél-Balaton, ou Sud-Balaton, produit des vins blancs secs ou mousseux, à base d'olaszrizling, de sauvignon blanc et de chardonnay, ainsi que des rouges (cabernet-sauvignon). Tous, y compris le cabernet, sont plutôt doux.

Le lac Balaton

Les principales vignes de Balaton se situent, avec plusieurs autres districts, dans la région transdanubienne du Nord. Le rôle de l'énorme lac Balaton pour la viticulture régionale peut difficilement être exagéré : il tempère le climat en raison de l'importance de son étendue. Les sols sont sablonneux et volcaniques.

L'olaszrizling est le cépage principal au nord du lac, mais les meilleurs restent les cépages indigènes (furmint, kéknyelü et szür-kebarát). Une amélioration des techniques d'élevage des vins dans cette région pourrait, dans l'avenir, donner des vins aromatiques de grand caractère.

La région du lac Balaton se divise en plusieurs districts.

BADACSONY : cette zone centrée sur un volcan éteint, sur la rive ouest du lac, produit des vins blancs qui sont issus des cépages kéknyelü, szür-kebarát, olaszrizling, sauvignon blanc, rajnai rizling, zöldszilváni, muskotály, rizlingszilváni et tramini.

BALATONFÜRED-CSOPAK : plus à l'est sur la même rive du lac, ce district élabore des vins blancs, principalement à partir de l'olaszrizling.

BALATONMELLÉK : ce district produit surtout des vins blancs, à proximité du lac.

SOMLÓ : c'est la plus petite zone viticole de Hongrie, avec 500 ha situés sur un autre volcan éteint, en s'éloignant du lac vers le nord-ouest. Elle produit des vins blancs issus des cépages furmint, juhfark, muscat ottonel et tramini.

MÓR ET SOPRON : s'éloignant encore du lac, mais toujours dans la région transdanubienne septentrionale, ces districts donnent des vins un peu plus acides, blancs pour Mór et rouges pour Sopron.

Située sur les premiers contreforts des Alpes à l'ouest du pays, Sopron bénéficie d'un climat plus tempéré que le reste de la Hongrie. La ville est en bordure d'un autre lac, le Fertö Tó (appelé Neusiedlersee en Autriche). Les hivers sont plus doux et les étés plus frais et plus humides. On y produit du rouge, issu des cépages kékfrankos, pinot noir et cabernet, et du blanc, issu des cépages zöldveltelini, tramini et leányka. Malgré le grand intérêt que présente le cabernet, presque toute la production de rouge est à base de kékfrankos. La région de Mór se trouve entre Budapest à l'est et Sopron à l'ouest, assez près de la frontière slovaque. Sa spécialité est un blanc assez neutre, issu de cépage ezerjó, mais le sol à base de lœss et de silice lui donne une agréable acidité.

Le Nord

C'est là que sont produits la plupart des vins qui ont fait la réputation de la Hongrie à l'étranger. Le Nord

LES NIVEAUX DE QUALITÉ

Outre les vins de table, sans Indication géographique, la loi prévoit deux catégories pour les vins avec Indication géographique : les vins IGP, appelés *Tájbor* (vins de pays), qui proviennent de régions délimitées, et les vins AOP *(Oltalom Alatt Álló Eredetmegjelölés)*, à rapprocher des AOC françaises. Les 22 AOP sont soumises à des contraintes de production plus sévères que les *Tájbor*. Ils se divisent en *Minöségi bor* (vin de qualité) et *Védett eredetu bor* (vin de qualité spécial) qui comprend notamment les vins liquoreux.

est la région de production de l'Egri Bikavér et du fameux Tokay. C'est également dans le Nord que se trouve le domaine Gyöngyös, qui est d'influence australienne.

EGER : la vieille cité d'Eger est la capitale d'une région dont le vin le plus connu reste l'Egri Bikavér, ou « sang de taureau » d'Eger. Composé pour l'essentiel du cépage kékfrankos assemblé à un peu de cabernet-sauvignon, de cabernet franc, de merlot et de kékoporto, il produit des vins plutôt souples, voire légers. Une légende raconte qu'au XVIIe siècle les Magyars auraient réussi à libérer Eger assiégée par les Turcs en buvant beaucoup de vin ; sa couleur aurait conduit les Ottomans à penser que leurs adversaires s'abreuvaient du sang des taureaux. Aujourd'hui, le vin d'assemblage qui porte le même nom est rarement à la hauteur de sa légende, sauf exception.

BÜKKALJA : cette région importante, proche de la ville d'Eger, au pied des monts Bükk, est spécialisée dans les blancs.

MÁTRAALJA : cette région vaste et variée, sur les versants sud des monts Mátra, à l'ouest d'Eger, produit surtout des vins blancs de tous les styles, issus des cépages olaszrizling, rizlingszilváni, tramini, szür-kebarát, zöldveltelini, leányka et muscat ottonel. Nagyréde, village de cette région, a acquis sa réputation grâce à des vins frais et fruités, notamment un bon rosé. La région de Tokay est décrite plus loin.

Tokay

Pour Louis XIV, le Tokay était le roi des vins. À l'époque, c'était le vin le plus prisé en Europe, apprécié pour ses propriétés médicinales autant que pour son arôme riche et son caractère rafraîchissant. Aujourd'hui encore, il reste remarquable, ne serait-ce que par l'originalité de son élaboration. Et son potentiel de garde est étonnant : les meilleurs millésimes peuvent vieillir pendant deux siècles. Les 6 000 ha de vignes de Tokay sont plantés sur un sol de nature volcanique, en Hongrie et dans l'est de la Slovaquie, non loin de la frontière russe. Ils dominent la vallée de la Bodrog, dont les brumes automnales provoquent la pourriture noble, ou *Botrytis cinerea* (voir Sauternes, p. 326), sur les deux cépages principaux, le furmint et le hárslevelü. Le troisième cépage, le muscat à petits grains, est quelquefois vinifié et commercialisé séparément. Tokaj est connu pour ses vins doux mais la région produit aussi d'excellents vins secs qui peuvent être puissants et bien structurés.

Les catégories de Tokay

D'après leur richesse en sucres résiduels (en grammes de sucre par litre ; g/l), les Tokay prenaient, jusqu'il y a peu, les dénominations suivantes : Szamorodni sec (moins de 9 g/l), Szamorodni doux (plus de 45 g/l), Aszú 3 *puttonyos* : (plus de 60 g/l), Aszú 4 *puttonyos* (plus de 90 g/l), Aszú 5 *puttonyos* (plus de 120 g/l), Aszú 6 *puttonyos* (plus de 150 g/l), Aszú Eszencia (plus de 180 g/l), Eszencia (plus de 450 g/l). La récente réforme européenne sur les appellations ainsi que la volonté des producteurs de redéfinir la hiérarchie des vins ont abouti à une nouvelle législation qui entre en vigueur avec le millésime 2013. Désormais, tout vin *aszú* devra afficher 19 % d'alcool potentiel et contenir au moins 120 g/l de sucres résiduels. La catégorie Aszú Eszencia, souvent confondue avec la catégorie Eszencia, est appelée à disparaître. La durée minimale de vieillissement est désormais de deux ans (dont au moins 18 mois d'élevage en fût) pour les vins *aszú*.

L'élaboration du Tokay

Décrite pour la première fois par l'abbé Szepsi Laczkó Máté en 1631, la méthode de vinification du Tokay est tout à fait originale. Les raisins botrytisés et passerillés (grains *aszú*) sont récoltés grain par grain lors de passages successifs dans les vignes dès la fin octobre.

Les grains *aszú* tout d'abord stockés à part sont ensuite incorporés, entiers ou sous forme de pâte à du vin ou du moût (vin de base ou moût de base), puis pressés après une macération de quelques jours (qui peut se prolonger bien au-delà). La fermentation dure souvent de nombreux mois. Le nombre de hottes *(puttonyos*, sing. *putton)* de grains *aszú* ajoutées à chaque fût de 136 litres (fût de Gönci) détermine la concentration et la qualité du vin : 3, 4, 5, 6 *puttonyos*.

Les vins *aszú* sont élevés en fûts de chêne pendant plusieurs années dans des caves séculaires qui peuvent atteindre plusieurs kilomètres de longueur, véritables labyrinthes souterrains où règnent une température et une humidité constantes. Les parois de ces caves sont tapissées d'une moisissure unique, le *Cladosporium caellare*, qui contribue aux bonnes conditions climatiques de la cave.

Aujourd'hui, une oxydation ménagée (en barriques pleines) est préférée à l'élevage oxydatif qui prévalait autrefois. La durée d'élevage en barrique a été diminuée par la loi. Elle doit être de 18 mois au minimum pour les vins *aszú*, seuil très souvent et largement dépassé. Le vieillissement des vins *aszú* en bouteilles a une grande importance.

Le Tokay n'est pas toujours du vin *aszú*. Les années où la pourriture noble n'affecte pas toutes les grappes et où la botrytisation est contrariée par des conditions climatiques défavorables, les grappes saines et celles qui sont atteintes de pourriture noble sont vinifiées ensemble normalement. Le vin résultant de ces moins bonnes années ou de raisins non affectés par le *botrytis* s'appelle le Szamorodni ; il peut être sec ou moelleux. Les vins secs en particulier sont traditionnellement élevés sous un voile de levures et offrent des arômes qui évoquent certains xérès ou le vin jaune.

À l'autre extrémité de la hiérarchie, on trouve l'Eszencia, du nom du jus coulant naturellement par exsudation des raisins *aszú*. Il est tellement riche en sucres qu'il peut mettre des années à fermenter pour ne titrer finalement que 3 % vol. Ce nectar est trop sirupeux, trop concentré pour être bu seul : on le réserve généralement aux assemblages, mais quiconque goûte ce vin (incroyablement cher) en garde un souvenir inoubliable.

Cette fabrication traditionnelle s'est trouvée malheureusement faussée par les pratiques douteuses de la ferme d'État centrale qui, pendant longtemps, a remplacé les traditions séculaires de l'élaboration du Tokay par une approche industrielle, sans le moindre *putton* dans les chais. Seules quelques petites fermes effectuaient réellement le mélange des grappes botrytisées et de vin, décrit plus haut.

Les évolutions récentes

Depuis 1991, plusieurs domaines historiques ont été reconstitués et repris en main. Les investissements consentis, l'ambition et les savoir-faire des nouveaux propriétaires leur ont d'ores et déjà permis de renouer avec la vieille tradition des grands vins *aszú*. Les plus grands investissements dans le Tokay ont été faits dans le Domaine de Disznókö (AXA-Millésimes, France), Hétszölö (famille Reybier, propriétaire du Château Cos d'Estournel), Oremus (Vega Sicilia, Espagne), Degenfeld (Lindner, Allemagne), Château Pajzos et Megyer (Laborde, France), Royal Tokaj Wine Company (groupe britannique auquel participe Hugh Johnson) et Királyudvar (A & E Group). Dans leur sillage, de nouveaux domaines sont apparus, parfois de taille modeste, animés par la même ambition. Nombre d'entre eux sont réunis au sein de l'association Tokay Renaissance.

PRODUCTEURS

SUD-OUEST

VILLÁNY-SIKLÓS
Les bons producteurs de cette région, la plus méridionale sont notamment Tiffán, Gere Attila, Gere Tamás, Bock, Malatinszky, Kúria et Vylyan.

SZEKSZÁRD
Parmi les bons producteurs, citons notamment Dúzsi Tamás, Vesztergombi, Vida Péter, Vinarium Szekszárdi et Möcsényi Kastélybor.

DÉL-BALATON
Les meilleurs producteurs de cette région située au sud du lac Balaton sont Légli Ottó, Szt Donatus Pincészet et Öregbaglas.

LAC BALATON

BADACSONY
Szt Orbán Pincészet (Szeremley) est un bon producteur.

BALATONFÜRED-CSOPAK
Figula produit de bons vins.

BALATONMELLÉK
Kál-Vin et Dörgicse Bor sont de bons producteurs.

SOMLÓ
Parmi les meilleurs producteurs, citons Fekete, Györgykovács et Inhauser.

MÓR ET SOPRON
Hilltop Neszmély et Weninger sont deux bons producteurs.

NORD

EGER
Parmi les bons producteurs, citons Gál Tibor, Thummerer, Pók Tamás, Tóth István et Vincze Béla.

MÁTRAALJA
Parmi les bons producteurs, citons Gyöngyös, Szölöskert (Mátra Hill), Nagyréde Winery et Szöke Mátyás.

TOKAY

Parmi les meilleurs producteurs se trouvent Dereszl, Disznókö, Dobogó, Szepsy, Hétszölö, Kereskedohaz, Királyudvar, Oremus, Gergely Vince, Pajzos, Royal Tokaj Wine Co., et Degenfeld.

BULGARIE

Carte page XXVI

De tous les pays de l'Europe de l'Est, c'est la Bulgarie qui, à un moment donné, semblait avoir le plus séduit les consommateurs de vin occidentaux. Dans les années 1970 et 1980, le Cabernet-Sauvignon et le Merlot bulgares, bien mûrs et bien faits, s'était affirmés en rivals des petits Bordeaux sur les tables allemandes, scandinaves et surtout britanniques. La privatisation du vignoble après la chute du communisme en de multiples petites parcelles parfois mal exploitées, parfois abandonnées, le fort recul des importations russes ou l'ascension des pays du Nouveau Monde ont fait chuter la production et les exportations. Aujourd'hui, la filière est en pleine restructuration mais le pays conserve des atouts qui pourraient se révéler précieux à l'avenir.

La Bulgarie, enserrée entre la mer Noire à l'est et les républiques de l'ex-Yougoslavie à l'ouest, jouit de bonnes conditions pour la culture

LES NIVEAUX DE QUALITÉ

La loi de 1978 distinguait plusieurs niveaux de qualité dont les vins Controliran provenant de 27 régions viticoles et qui constituaient le haut de gamme théorique de la production bulgare. La loi de 2012 a redéfini les catégories de vins bulgares en les mettant en conformité avec la réglementation européenne : on distingue à présent les vins sans indication géographique, avec ou sans mention de cépages, et les vins avec indication géographique. Ces derniers se divisent en vins IGP, issus de régions déterminées, et en vins AOP, l'équivalent des AOC françaises.

de la vigne. Elle bénéficie d'un climat largement continental, aux étés chauds et aux hivers froids, avec de forts écarts de températures, qui peuvent varier de 40 °C à – 25 °C. Dans les régions de l'est, l'influence de la mer Noire se fait sentir et tempère les excès du climat.

L'histoire de la vigne

Volonté de l'homme ou de la nature, peu importe, toujours est-il que la vigne poussait déjà en Thrace, ancienne Bulgarie, il y a 3 000 ans, comme en témoigne déjà *l'Iliade* d'Homère. Le vin bulgare a donc une longue histoire, mais une existence hachée par la domination de l'Empire ottoman (musulman) qui a limité l'exploitation viticole à une échelle locale de 1396 à 1878. Il a fallu attendre 1918 pour que la production commence à prendre son véritable essor, et la décennie 1970-1980 pour que les vins commencent à prendre leur forme moderne.

C'est la nécessité d'exporter qui a forgé l'industrie vinicole. Son premier client fut l'ex-URSS, dont la soif de mousseux et de vins de table doucereux semblait insatiable. Mais les vins bulgares firent aussi une incursion à l'Ouest grâce à l'entreprise américaine Pepsico, qui voulait écouler ses boissons gazeuses en Bulgarie et refusait d'être payée en monnaie locale ou en pièces détachées de tracteur ! Pour disposer de vin négociable à l'Ouest, le groupe mit les Bulgares en contact avec des personnalités de l'industrie viticole californienne, comme le professeur Maynard Amerine, de l'université de Californie. Certains domaines viticoles, enflammés par l'enthousiasme californien, commencèrent à s'investir dans cette modernisation. Le paysage doucement ondulé, de part et d'autre des Balkans, qui divisent le pays dans sa longueur, se trouva recouvert de longs alignements de cabernet-sauvignon et autres cépages classiques.

Les vins bulgares aujourd'hui

De 1975 à 1985 environ, l'industrie viticole bulgare a mangé son pain blanc. Les temps durs sont venus en 1984, lorsque le président Gorbatchev a décidé de restreindre la consommation d'alcool des Soviétiques. Les exportations bulgares sont tombées de 300 à 100 millions de bouteilles en deux ans. Conséquence immédiate, un vaste programme d'arrachage des vignes et de mesures de restriction, comme le gel du prix du raisin, fut mis en place. Près de la moitié des vignobles furent détruits, et d'autres laissés à l'abandon.

En 1989, le régime communiste tombait. En 1990, l'industrie viticole était libéralisée (en 36 heures !), et, en 1991, la loi sur la restitution rendait la terre à ses propriétaires d'avant 1947. Le vignoble a ainsi été morcelé en une multitude de petites exploitations, confiées à des propriétaires qui n'avaient pas toujours la volonté ni les moyens de les exploiter. Cette transition s'est accompagnée d'une baisse de la production, actuellement stabilisée.

Aujourd'hui, la filière viticole s'est réorganisée autour de grands producteurs qui possèdent parfois des vignobles ou qui fédèrent la production de nombreux petits propriétaires ayant compris leur intérêt à davantage soigner leurs vignobles. La Bulgarie exporte à nouveau une partie de sa production vers les pays voisins, Russie en tête. Le renouveau bulgare passe aussi par la création de nouveaux domaines qui ont l'ambition de produire des vins de qualité à partir des cépages nationaux ou internationaux. Ces vignobles, dont beaucoup ont été récemment replantés sur des terroirs de qualité, produiront sans doute à l'avenir les vins les plus intéressants du pays.

Les cépages et les vignobles

Les vignobles – environ 80 000 ha – occupent moins de 4 % de la terre cultivée. Les cépages rouges représentent plus de 60 % des superficies plantées avec trois cépages nettement dominants, merlot, cabernet-sauvignon et pamid, devant le melnik (shiroka melnishka loza) et le mavrud. Les principaux cépages blancs sont les misket cherven, muscat ottonel, rkatsiteli, chardonnay et dimyat.

Chaque domaine emploie une large gamme de cépages et, même si l'on observe certaines préférences régionales (pour le rouge au sud, pour le blanc à l'est), on ne trouve pas à grande échelle la spécialisation qui existe dans les pays d'Europe occidentale, avec des cépages adaptés aux conditions locales. La qualité des vins reste largement tributaire des moyens matériels et humains. Les entreprises bulgares ne sont pas toutes équipées pour tirer le meilleur parti de leurs cépages, quels qu'ils soient. Si certaines se sont modernisées, d'autres n'ont pas l'équipement de base permettant de contrôler les températures de fermentation ; dans ce cas, les rouges sont généralement de meilleure qualité que les blancs. Il est donc essentiel que les consommateurs fassent la différence entre un domaine et un autre, comme dans n'importe quelle région viticole sérieuse.

Il serait toutefois dommage que les lois du marché poussent les domaines à privilégier les cépages internationaux au détriment des variétés locales. Parmi celles-ci, le pamid est le plus cultivé mais pas le plus intéressant. Il donne des vins rouges pâles, légers, très souples, ou des rosés. Le mavrud, en revanche, possède un beau potentiel. Ce cépage est présent notamment au sud du pays, autour d'Asenovgrad, sa région de prédilection. Donnant, en petites quantités, de petites baies,

LES RÉGIONS VITICOLES

La Bulgarie comporte cinq régions viticoles qui couvrent tout le pays, à l'exception des environs de Sofia. Les Balkans (Stara Planina) constituent une barrière climatique et physique séparant le Sud, plus chaud, aux vins riches et concentrés, du Nord, plus frais, aux vins plus raffinés, voués à l'exportation et issus surtout de cépages classiques. Les cépages indigènes sont plus présents dans le Sud.

RÉGION SUD-OUEST

Cette région, proche de la frontière grecque, est de loin la plus chaude. Sa spécialité est le Melnik rouge, cultivé autour de la ville du même nom. Le Cabernet-Sauvignon est mûr et très velouté. La vallée de Struma accueille des producteurs réputés comme Damianitza et Logodaj.

RÉGION SUD

La région sud, qui bénéficie d'un climat chaud, produit principalement du vin rouge, au moins en termes de qualité. On trouve en majorité les cépages mavrud (surtout à Asenovgrad) et pamid, ainsi que le cabernet-sauvignon, le pinot noir et le merlot (qui est particulièrement bon dans les régions de Haskovo, Stambolovo et Sakar).

Le potentiel de la région a attiré des grands producteurs, à commencer par Katarzyna, un domaine moderne et dynamique qui possède un vignoble de 550 ha, ainsi que Boyar, l'une des plus grandes entreprises viticoles bulgares, qui s'est dotée d'un chai dans cette région en 1998. Des domaines haut de gamme ont été créés dans la vallée de Bessa par des investis-

il est difficile à cultiver, mais vendangé à maturité (tard dans la saison), il produit un vin dense, riche en tanins, qui fait penser au mourvèdre du sud de la France. Le melnik, autre variété rouge, provient de la ville du même nom, qui est située dans le Sud-Ouest. Il offre des vins de caractère, bien structurés. Le gamza (kadarka en Hongrie) est aussi cultivé. Il donne un vin plutôt léger, fruité et épicé.

Quant aux cépages blancs indigènes, ni le dimiat ni le misket (croisement de dimiat et de riesling) n'offrent de bons résultats, bien qu'une vinification soignée rende leurs vins assez séduisants. Le rkatsiteli n'est pas un cépage exclusif à la Bulgarie, puisqu'on le trouve dans d'autres pays jouxtant la mer Noire et qu'il a sans doute été importé de Géorgie : plutôt neutre, il pourrait révéler certaines qualités s'il est vinifié correctement.

seurs étrangers comme le Bordelais Stefan von Niepperg.

RÉGION EST

La région est, qui s'étend sur toute la côte, bénéficie des effets rafraîchissants de la mer Noire et produit les meilleurs blancs du pays. La qualité s'est notablement améliorée ces dernières années, mais reste aléatoire. Les bons producteurs sont le Domaine Boyar à Shumen, ou le Domaine de Preslav, connu pour ses vins blancs.

RÉGION BALKAN DU SUD

Cette région, en dehors des roses, cultive beaucoup de cépages blancs ainsi que du misket rouge et du cabernet-sauvignon, dans la région de Sungulare. Vinex Slaviantsi, l'un des plus gros producteurs du pays, y est établi. Ses 630 ha sont plantés en coteaux avec des cépages internationaux principalement.

RÉGION NORD

Les meilleurs vins rouges proviennent des montagnes du Nord. C'est là que se trouve le Domaine de Suhindol, qui s'est fait un nom en construisant la renommée internationale du Cabernet-Sauvignon bulgare, mais qui ne détient plus forcément le titre de meilleur producteur. Quelques bons domaines se sont établis dans le nord-ouest de la plaine du Danube, dont le Château de Val qui produit de bons Merlots, Chardonnays et des assemblages à partir de variétés locales, ou le domaine Borovitza, connu pour ses assemblages bordelais haut de gamme.

ROUMANIE

Carte page XXVI

La Roumanie a une longue histoire vinicole derrière elle : les vignes du bord de la mer Noire ont été plantées il y a 3 000 ans par les Grecs ; les Saxons introduisirent ensuite des cépages germaniques en Transylvanie. Il fallut qu'une épidémie de phylloxéra décime la plupart des plants à la fin du XIXe siècle pour qu'ils soient remplacés en grande partie par des cépages français (pinot noir, cabernet-sauvignon, merlot et sauvignon blanc). Quelques variétés locales ont toutefois été conservées : tamiîoasa romaneasca, feteasca alba, feteasca regala (blancs) et feteasca neagra (rouge).

La production aujourd'hui

Avec 180 000 ha de vignoble, la Roumanie figure en bonne place parmi les pays producteurs de vin – largement devant ses voisins des Balkans – et la vigne constitue une part importante de l'économie rurale. La plupart des vins roumains sont consommés sur place et beaucoup sont issus de cépages hybrides.

Les vignobles sont répartis en 8 régions, elles-mêmes subdivisées en appellations. Ce système d'appellations, inspiré du modèle français, a été réorganisé après l'entrée de la Roumanie dans l'Union européenne. La production se divise entre vins sans indication géographique, vins IGP *(Vin cu Indicatie geografica),* équivalent des vins de pays, et vins d'AOP, *(Denumire de origine controlata)* qui constituent le haut de la pyramide.

Comme toute activité en Roumanie, l'industrie vinicole se trouve dans une phase de transition. Avec l'aide des capitaux européens, une grande partie du vignoble a été arraché et de nouvelles plantations ont été faites dans les sites les plus prometteurs. Les équipements des chais peuvent varier du plus rudimentaire à la toute dernière technologie, car certains ont bénéficié d'investissements étrangers comme Terra Romana, Recas ou Vinterra, attirés par le faible coût de la main-d'œuvre, de la terre et par le potentiel roumain. Des propriétaires qui avaient été expropriés sous le régime communiste ont repris possession de leurs domaines avec des ambitions, et parfois des capitaux, pour développer une production de qualité.

Parmi les régions les plus attractives figurent Dealul Mare au centre sud du pays, connu pour ses vins rouges, la petite zone de Dragasani, à l'ouest de Bucarest, Tîrnave en Transylvanie, célèbre pour ses vins blancs ou Cotnari, au nord-est, fief d'un vin liquoreux de vieille réputation. En tant que pays septentrional des Balkans, la Roumanie jouit d'un climat plutôt frais, favorable aux vins blancs qui représentent près de 80 % de la produc-

COTNARI

Au XIXe siècle, les vins de Cotnari, pâles, au goût de miel, ont acquis une certaine réputation qui n'est pas sans rappeler celle du Tokay hongrois. Dans cette région située au nord-est de la Roumanie, près de la ville de Iasi, les automnes, généralement secs et ensoleillés, permettent de laisser les raisins sur la vigne tard dans la saison jusqu'à ce que les grains commencent à se déshydrater et à sécher, produisant un jus riche et concentré.

Le Cotnari est principalement issu du cépage grasa, proche du furmint hongrois, souvent associé aux feteasca alba, tamiîoasa romaneasca et francusa (qui existent tous sous forme de vins de cépage). Le grasa est une variété très riche sujette à la pourriture noble. Le feteasca alba apporte de la finesse, le tamiîoasa romaneasca ses arômes épicés et le francusa une note acide. En fonction de l'assemblage et des millésimes, les vins se déclinent en plusieurs niveaux de douceur. Traditionnellement, de grands fûts de chêne sont utilisés pour la fermentation et la maturation du vin pendant quelques années avant la mise en bouteilles. Le Cotnari vieillit bien, surtout dans les meilleurs millésimes.

tion. En effet, dans toutes les régions, sauf celles du sud et de l'est, les raisins noirs mûrissent plus difficilement, sauf les années particulièrement chaudes.

Les cépages

Les hybrides occupent près de 50 % des surfaces cultivées. Le reste se partage entre variétés roumaines et cépages internationaux. Les cépages les plus plantés sont les feteasca alba et feteasca regala, suivis des riesling, aligoté, sauvignon et muscat. Le merlot et le cabernet-sauvignon sont les cépages rouges les plus populaires mais c'est le feteasca neagra qui retient l'attention grâce à des grands vins rouges produits dans les régions de Moldavie et de Muntenia.

Les régions et les styles de vin

Au nord des Carpates, la région de Tîrnave, en Transylvanie, cultive des vignes sur un plateau entre deux rivières, la Tîrnave Mare et la Tîrnave Mica. Les vignes – plantées des cépages feteasca alba, feteasca regala, riesling italico, muscat ottonel, sauvignon blanc et pinot gris – produisent des vins blancs dotés de bons arômes et d'une bonne teneur en acidité.

Sur les contreforts sud des Carpates se trouvent les vignes de Dealul Mare, près de la ville industrielle de Ploiesti, au nord de Bucarest. Elles sont plantées dans un champ pétrolifère, ce qui donne un paysage surréaliste de

derricks sur fond de vignes. Le climat, plus chaud, permet de cultiver des cépages rouges comme le pinot noir, le blaufränkisch, le feteasca neagra ou les cépages bordelais.
La région la plus chaude et la plus sèche, Murfatlar, se trouve près du port de Constanta, C'est là que le cabernet-sauvignon s'exprime le mieux, grâce à l'influence chaude de la mer Noire qui permet au vin de gagner en maturité.
Il existe d'autres appellations : dans la plaine du Banat à l'ouest ; Segarcea, Stefanesti et Dragasani au sud, Odobesti et Nicoresti à l'est.

SLOVÉNIE

Carte page XXVI

La Slovénie est un pays tout jeune puisqu'il n'existe que depuis 1991, date de sa scission avec l'ex-Yougoslavie. On compte aujourd'hui 17 000 ha de vignobles.
À l'époque où la Slovénie faisait encore partie de la Yougoslavie, elle ne représentait que 6 % de la production vinicole annuelle yougoslave, mais était la région la plus prospère

LES RÉGIONS VITICOLES

Il existe trois grandes régions viticoles en Slovénie : la région du littoral (Primorski), sur la côte près de l'Italie ; celle de la vallée de la Drave (Podravski), au nord-est, près de l'Autriche, et celle de la vallée de la Save (Posavski), au sud-est. Elles ont toutes le même relief vallonné ; la plaine centrale ne comporte pas de vignes. Les régions suivantes ont bénéficié d'importants investissements.

Primorski. Une partie de cette région est le prolongement du Collio italien, dans la région du Frioul-Vénétie-Julienne (voir p. 559), ce qui se reflète dans le style des vins. La moitié de la production de cette région est consacrée aux vins rouges parmi lesquels de bons Merlots, quelquefois élevés en barrique, des Cabernets-Sauvignons ainsi que quelques Barberas et Cabernets francs. Parmi les vins blancs, souvent excellents, on trouve des Pinots gris et blancs mûrs, secs et aromatiques, un Chardonnay, léger et bien structuré, un Malvasia, subtil, au goût d'abricot, ainsi qu'un vin de rebla (présent dans le Frioul italien sous le nom de ribolla), plutôt neutre. La spécialité locale est le Refosk rouge, sombre, acide. La zone de Brda accueille quelques-uns

du pays. Avec la Serbie et le Kosovo, la Slovénie était un grand exportateur de vin. Ses chais sont aujourd'hui relativement bien équipés : des cuves en acier inoxydable côtoient de vieux fûts de chêne et des cuves en ciment. Bien que la plupart des vignes aient été rapidement privatisées, chaque région dispose de sa propre entreprise viticole centrale, qui vinifie une grande partie de la production. Le reste est élaboré par un nombre croissant de producteurs privés, dont environ 250 mettent déjà eux-mêmes leur vin en bouteilles. Qu'importe la taille de leur cave (une ou deux cuves, une rangée de fûts de chêne noir), ils en sont fiers.

Le régime communiste permettait à chacun de posséder 10 ha de terre. En fait, la propriété moyenne est plus petite et, comme la polyculture est traditionnelle, beaucoup de propriétaires possèdent moins d'un hectare de vignes. La plupart choisissent de cultiver un mélange de cépages, variable selon la région.

Les meilleurs producteurs sont le Domaine Movia qui, depuis des années, joue un rôle avant-gardiste en Slovénie, le Domaine Bjana dans le Sud-Ouest, le Domaine Kabaj, Marjan Simcic, Santomas, la cave Vipava, qui existe depuis 1894, dans la région de Primorska, ou le Domaine Valdhuber.

des meilleurs producteurs du pays, comme le Domaine Movia, qui doit sa notoriété à ses excellents vins blancs, et le domaine Simcic.

Podravski. Les meilleurs vins du pays, et sûrement les meilleurs blancs, proviennent de cette région du nord-est. Les cépages et les vins blancs savoureux rappellent les meilleurs vins allemands ou autrichiens : Rulander (ou Pinot gris), Rhein Rieszling, Traminéc (ou Traminer), un très bon Sauvignon blanc et des vins doux et liquoreux issus de raisins botrytisés. Même le Laski Riszling, bu sur place de préférence, peut être frais et séduisant. La zone de Ljutomer-Ormoz possède les meilleurs vignobles du pays ainsi que deux caves énormes, Ljutomer et Ormoz. Cette dernière, la plus grande, se démarque en termes de qualité. Dans la zone de Radgona-Kapela, le domaine Kupljen produit d'excellents vins blancs.

Posavski. Les vins de cette région sont sains, mais en général sans grand attrait. L'assemblage, tant en blanc qu'en rouge, demeure la règle. On produit, dans le secteur de Dolenjska, le très populaire Cvisek rosé, qui peut être issu d'un assemblage associant jusqu'à 14 variétés. Le modra frankinja (blaufränkisch) peut donner de bons vins dans le secteur de Smarje-Virstajn.

Les catégories de qualité

La loi slovène définit plusieurs catégories de vins : des vins de table ; des vins de qualité avec indication d'origine et des vins de haute qualité *(Vrhunsko vino)* qui se divisent en plusieurs « qualités » sur le modèle allemand. Les vins sont classés par un jury après une dégustation confirmée par une analyse chimique : un vin peut donc, en principe, changer de catégorie d'une année sur l'autre. On compte aussi trois niveaux de classification géographique : des appellations régionales *(Priznano geografsko poreklo)*, des appellations sous-régionales *(Zasciteno in kontrolirano geografsko poreklo)* et des appellations spécifiques *(Priznano tradicionalno poimenovanje)* réservées à des types de vins particuliers.

CROATIE, SERBIE ET MONTÉNÉGRO

Carte page XXVI

Parmi les anciennes républiques de l'ex-Yougoslavie, la Croatie reste le plus intéressant producteur de vin devant la Serbie, mais cette dernière est la plus importante, avec un vignoble de 60 000 ha très largement mis en valeur par des coopératives plus soucieuses de quantité que de qualité.

Le Monténégro produit essentiellement des vins blancs à partir des cépages ljutomer, de traminer ou de riesling. Le potentiel croate – la surface cultivée est de 33 000 ha – apparaît aujourd'hui plus prometteur et se trouve déjà mis en valeur par des producteurs dynamiques. Le pays produit une majorité de vins blancs déclinés en secs, doux ou effervescents, notamment en Croatie intérieure, à partir de cépages tels que le graševina, le riesling ou le pinot griset plus récemment le chardonnay ou le sauvignon. La côte Adriatique produit des vins rouges corsés, de type méditerranéen. Les plus en vue proviennent des vignobles de Dalmatie où prospèrent plusieurs cépages à fort potentiel, dont le plus connu est le plavac mali, capable de produire des vins puissants et bien structurés. Le posip, le babic, le merlot, la syrah ou le grenache sont également cultivés. L'Istrie est le fief du cépage blanc malvasia et du teran, un cépage rouge tannique que l'on trouve aussi en Slovénie et en Italie du nord-est, et qui est capable de produire des vins de caractère.

RÉPUBLIQUE TCHÈQUE ET SLOVAQUIE

Carte page XXVI

Les vins de l'ex-Tchécoslovaquie étaient, jusqu'à l'effondrement du communisme, parmi les moins connus d'Europe. La plupart des pays du bloc soviétique exportaient leurs vins à l'intérieur du Comecon, sauf la Tchécoslovaquie, qui, à l'exception de quelques bouteilles commercialisées en Pologne, gardait toute sa production pour sa propre consommation.

Lorsque cette industrie autarcique se mit à chercher des conseils, elle se tourna vers son grand frère russe. Le résultat fut à la mesure de la réputation communiste : deux ministères, un pour la gestion des domaines viticoles, un autre pour la culture des vignobles, et de lourdes subventions de l'État pour le raisin. Le vin, après une élaboration aléatoire, se retrouvait dans des bouteilles recyclées, contenant encore des substances indésirables.

Après l'éclatement du bloc soviétique et la scission de la Tchécoslovaquie en deux États en 1993, le secteur viticole s'est modernisé. Depuis quelques années, un certain nombre de vins ont retenu l'attention des investisseurs occidentaux, ce qui permet de penser qu'ils pourraient mériter toute notre attention dans un futur proche. L'existence de quelques vins haut de gamme nous le prouve d'ores et déjà.

Les régions et les cépages

La qualité et le potentiel de qualité sont à peu près identiques dans l'État de Slovaquie et dans la Bohême et la Moravie, les deux grandes régions de la République tchèque. La Bohême étant la région la plus froide, elle possède le plus petit vignoble, environ 400 ha au nord de Prague, suivie par la Moravie, à l'est. La Slovaquie, quant à elle, dispose d'un vignoble d'environ 20 000 ha.

Les cépages sont sans surprise pour un pays limitrophe de l'Allemagne, de l'Autriche et de la Hongrie : il s'agit essentiellement du frankovka (le Limberger allemand), et du saint-laurent, plus un peu de pinot noir, pour les rouges, et du pinot blanc, du traminer, du roter et grüner veltliner (du raisin blanc dans les deux cas, malgré le nom), du müller-thurgau, du sylvaner, du rhein riesling, du laski rizling, de l'irsay oliver indigène, très parfumé, un peu de sauvignon et du pinot gris pour les blancs. Dans ces pays de climat frais, les vins blancs dominent.

La privatisation – ou la restitution – a été rapide dans ces deux États de l'ex-Tchécoslovaquie, malgré les complications liées au changement de culture des terres. La privatisation des domaines viticoles a été une tâche plus simple, chaque entreprise centrale (avec une chaîne d'embouteillage) et ses satellites (celles qui n'avaient que les équipements de vinification et de stockage) devenant une société indépendante à part entière.

Les styles de vin

On peut comparer ces vins à ceux que l'on élabore en Autriche et en Hongrie : les meilleurs sont secs, bien mûrs et bien vinifiés, souvent assez légers, avec d'excellents arômes de cépage. Le vin issu de pinot noir, lorsqu'il est réussi, est très bon.
Le climat est continental, c'est-à-dire chaud et sec pendant l'été, avec des hivers froids, et, comme les vendanges se font au mois d'octobre ou de novembre, les risques de dépassement de température dans les cuves de fermentation sont minimes, même sans recours à un système de refroidissement.
Si la plupart des vins ont un style septentrional, les exceptions proviennent des vins de Tokay. Ces vignobles, que l'on croit exclusivement hongrois, empiètent un peu sur la frontière slovaque. Au terme d'un accord signé en 2004 entre la Hongrie et la Slovaquie, cette dernière peut produire des vins de Tokay, moyennant le respect des standards de production en usage en Hongrie. Quelques producteurs en offrent de bonnes versions, comme le domaine Ostrozovic, connu également pour ses vins blancs.

PRODUCTEURS

CHÂTEAU BÉLA
Propriété slovaque acquise par l'Allemand Egon Müller, remarquée pour ses Rieslings.

DOBRÁ VINICE
Domaine morave qui produit de grands vins blancs d'assemblage.

VINO NITRA LTD
Le plus important domaine de Slovaquie, avec des vignes au sud-est de la province plantées sur des coteaux orientés au sud-ouest. C'est ici que sont élaborés les vins des cépages plus forts et plus aromatiques, comme l'irsay oliver, avec le concours d'experts occidentaux.

SALDORF
Domaine relativement petit qui cultive, entre autres, du ruländer, du rhein riesling, du sauvignon blanc, du müller-thurgau et du grüner veltliner, dont les vins sont exportés à l'Ouest sous l'étiquette Archioni. Certains vieillissent bien (sauf le Grüner Veltliner).

VINE SKLEPY VALTICE
Ancienne ferme d'État privatisée en 1992, ce Château médiéval possède un vignoble de 420 ha, ce qui en fait le plus gros propriétaire de vignes et le plus important producteur de vin du pays. Aux variétés traditionnelles (rhein riesling, grüner veltliner, welschriesling et le rare grüner sylvaner, ainsi que des rouges de frankovka et de saint-laurent) sont venus s'ajouter les cabernet-sauvignon, chardonnay, pinot noir et sauvignon blanc.

ZNOVIN
Cette cave morave produit une large gamme, dont des vins blancs réputés issus des cépages traminer, riesling ou grüner veltliner.

MER NOIRE

Dans le monde du vin, l'ex-URSS passait pour une énigme. Plusieurs sources la désignaient comme le troisième ou le quatrième producteur mondial. Les rares bouteilles qui atteignaient les pays occidentaux entraient dans la catégorie des « vins imbuvables ». Puis en avril 1990, à Londres, Sotheby's vendit plus de 13 000 bouteilles aux enchères, en tout 124 vins différents, millésimés de 1830 à 1945 et prélevés dans la Cave impériale russe de Massandra en Crimée. Beaucoup de ces vins étaient bons, voire excellents, apportant la preuve que la Russie avait su faire du vin autrefois. À la fin des années 1980 apparurent les premiers signes d'aptitude plus récente. De superbes et solides rouges de Moldavie attirèrent l'attention et, à mesure que l'URSS se désintégrait, on put commencer à évaluer chacune des républiques viticoles. D'ouest en est, on trouve la Moldavie, l'Ukraine, la Russie, la Géorgie, l'Arménie et l'Azerbaïdjan. L'accélération de l'évolution politique et technique rend leur avenir imprévisible. La Moldavie montre déjà les signes de sa capacité à fournir des vins rouges intéressants. Les pays de la mer Noire restent confrontés à de graves problèmes de modernisation qui les empêchent de hisser leur production au niveau des standards exigés. Si quelques investisseurs ont le souci de développer des domaines modernes, les capitaux font défaut. Reste que certains de ces pays, telle la Géorgie, possèdent une très vieille culture du vin, toujours vivante. Les techniques de vinification parfois originales, les nombreux cépages locaux ou les goûts singuliers de certains vins pourraient, au prix d'une nécessaire modernisation, constituer autant d'atouts dans l'avenir.

MOLDAVIE

Plus on va vers l'est et moins les vins sont familiers aux palais occidentaux. À cet égard, la Moldavie est la plus européenne de ces régions : on trouve plus de cépages européens dans ses 140 000 ha de vignobles que dans toute autre république. Au chardonnay, cabernet-sauvignon, sauvignon, aligoté et pinots divers s'ajoutent des variétés locales. Le saperavi est un excellent cépage rouge indigène, riche, épicé et tannique. Le rkatsiteli blanc indigène semble assez insipide, mais certains observateurs croient en son avenir s'il est bien vinifié. Le pays est petit, à peine 350 km du nord au sud, et la vigne est partout, sauf dans l'extrême nord. Les meilleures se trouvent cependant dans la région centrale et aux alentours du Dniestr, au sud-est, mais, si les terroirs de premier plan existent – et ils existent –, ils restent cependant à identifier.

En matière d'équipement et de technique, la Moldavie a pris de l'avance sur ses voisines, mais reste en retard par rapport à des pays comme la Hongrie. Le potentiel y est cependant énorme, surtout en ce qui concerne les vins rouges. Le vieillissement est souvent lent et soigné, en vieux fûts de chêne, et certains vins des années 1960 conservent une surprenante fraîcheur. La Moldavie produit autour de 400 millions de litres, dont l'essentiel est exporté vers la Russie, la Biélorussie, le Kazakhstan ou l'Ukraine. Ses vins obéissent à un système de « millésimes », un millésime étant une année où les raisins atteignent 10 degrés Baumé, ou plus, de sucre naturel. Dans les vignobles du Nord, cela se produit une fois sur trois alors que dans le Sud – d'où viennent les meilleurs rouges – chaque année est un millésime.

UKRAINE ET CRIMÉE

Les rives nord de la mer Noire, baignées par un climat doux, possèdent une très ancienne histoire viticole inaugurée par les Grecs de l'Antiquité. Durant l'ère soviétique, l'Ukraine est devenue un important producteur de vins blancs tranquilles et mousseux. Ses vignobles se situent dans le sud, le long des côtes, et à l'ouest, mais le récent détachement de la Crimée l'a amputée de ses vignobles les plus importants et les plus célèbres. Cette région, qui jouit d'un climat très tempéré, produit des vins mousseux, mais s'est surtout fait connaître grâce à ses vins doux issus de raisins cultivés dans d'étroits vignobles côtiers. Le célèbre domaine Massandra, fondé à la fin du XIXe siècle, et qui possède une collection unique de vieux millésimes, en perpétue la tradition.

RUSSIE

L'URSS comptait parmi les plus importants producteurs de vins au monde. Avec sa dislocation et la campagne anti-alcoolisme conduite par

Gorbatchev dans les années 1990, la viticulture russe a traversé une crise sans précédent avant de renaître à partir des années 2000. Sur la plus grande partie de son territoire, la Russie ne bénéficie pas de conditions favorables à la viticulture. La période végétative est très courte, et le climat continental se caractérise par des hivers rigoureux et des étés très chauds. Les régions traditionnelles de production sont concentrées dans les zones au climat plus tempéré : le nord du Caucase, dans la région de Krasnodar, le Daghestan et les régions situées dans la péninsule séparant la mer Noire et la mer d'Azov, qui ont fait l'objet d'investissements récents. Outre les vins blancs et les vins effervescents produits selon la méthode Charmat (cuve close) ou selon la méthode traditionnelle, des vins rouges naissent aujourd'hui dans les terroirs méridionaux de Russie. Parmi les cépages traditionnels, on trouve le muscatel (pour les vins sucrés), le sylvaner, le riesling, le cabernet, l'aligoté, les pinots gris et noir, le pletchistik, le pukhjakovsky, le tsimlyanski, le saperavi et l'inévitable rkatsiteli.

LES CÉPAGES

Les pays de la mer Noire rassemblent de très nombreuses variétés – plus de 1 000 rien qu'en Géorgie, dit-on. L'ex-URSS a multiplié les recherches sur ce sujet, mais l'accès à ses archives (en russe et à Moscou) permettrait certainement d'établir combien de noms sont en réalité des synonymes pour un même cépage. Les principales variétés cultivées dans ces régions sont les suivantes.

BLANC

Aligoté : très répandu.
Chardonnay : Moldavie, Ukraine.
Fetjeaska : Moldavie, Ukraine.
Furmint : Moldavie.
Krakhuna : Géorgie.
Mtsvane : Géorgie ; souvent associé au Rkatsiteli.
Muscat : très répandu, de grande qualité.
Pinot blanc, pinot gris : Moldavie, Ukraine.
Riesling : très répandu.
Riesling italico : Moldavie.
Semillion : synonyme de sémillon.
Tsitska : Géorgie.
Tsolikouri : Géorgie.

ROUGE

Aleatico : Crimée.
Bastardo : Crimée.
Cabernet-sauvignon : très répandu.
Malbec : Moldavie, Ukraine.
Matrassa : Ukraine, Azerbaïdjan.
Merlot : Moldavie.
Muscat : très répandu, de grande qualité.
Pletchistik : Russie.
Saperavi : très répandu, de grande qualité.

GÉORGIE

Les vignes et la vinification de ce pays apportent un dépaysement total. On y trouve peu de cépages européens, à part le muscat, mais une très large gamme de variétés locales. Les plus populaires sont le rkatsiteli en blanc et le saperavi en rouge, beaucoup plantés dans la région de Kakheti qui concentre 70 % du vignoble.

On pratique trois grandes méthodes de vinification. La méthode « européenne » implique la fermentation des moûts sans les peaux. Elle est surtout pratiquée dans l'aire viticole de Kartli. La méthode d'Imérétie consiste en une fermentation partielle du moût en présence des peaux dans de grandes jarres souterraines appelées *kvevri,* qui ressemblent un peu aux traditionnelles *tinajas* d'Espagne. Enfin, dans la méthode locale de Kakhétie, les peaux des raisins sont laissées en contact avec le vin pendant trois à quatre mois. Les vins blancs ainsi produits (plutôt jaunes foncés et très tanniques) heurtent le goût des Occidentaux, en revanche les Géorgiens en raffolent.

Ajoutons que la législation soviétique exigeait que tous les vins, rouges, blancs ou mutés, de toutes les républiques, vieillissent trois ans sous bois avant la mise en bouteilles. On comprend pourquoi les habitants n'ont pas l'habitude de rechercher le fruité ou la fraîcheur dans leurs vins blancs.

Le goût géorgien se porte aussi sur un haut niveau de sucres résiduels, dans les rouges comme dans les blancs.

Une nouvelle législation distingue six régions viticoles principales divisées en sous-régions, et la loi prévoit plusieurs niveaux de qualité : vins de table, vins régionaux et vins d'appellation.

ARMÉNIE, AZERBAÏDJAN, KAZAKHSTAN

L'Arménie et l'Azerbaïdjan sont spécialisés dans les vins sucrés, la première produisant en outre quelques vins rouges à fort degré et le second des rouges et des blancs secs.

La seule autre région viticole de l'ex-URSS se trouve au Kazakhstan, où l'on produit des vins blancs et des vins sucrés issus de raisins poussant sur les bords de la mer Caspienne.

INDE, CHINE, JAPON

Le vin n'a jamais fait vraiment partie de la culture de l'Inde et des pays d'Extrême-Orient, bien que la viticulture ait existé dans les régions où le climat le permettait. Quelques cépages de la famille de *Vitis vinifera* sont originaires de l'Inde et du Japon, et de nombreuses autres espèces existent sur ce continent, notamment *Vitis amurensis,* qui, croisée avec *vinifera,* a donné l'hybride chinois beichun. L'Inde élabore du vin depuis 2 000 ans, mais il a fallu attendre les colons portugais du XVIe siècle pour que naisse une véritable industrie organisée. Les cépages portugais de Goa donnent toujours du vin, mais ce sont surtout les imitations des nouveaux vins européens qui connaissent aujourd'hui une certaine vogue. En Chine, la viticulture n'a eu que peu d'importance jusqu'aux années 2000. Depuis, ce pays s'est éveillé à la viticulture avec une vitalité qui impressionne. Soutenue par une consommation en hausse et une volonté affichée du pouvoir de favoriser ce secteur économique, la production chinoise progresse rapidement. Bien que les Japonais boivent peu de vin, ils pratiquent la viticulture depuis fort longtemps, et ce pays constitue un marché haut de gamme pour beaucoup de grands vins du monde. En 1186, le seul cépage *vinifera* nippon, le koshu – qui donne des vins blancs fruités –, était déjà cultivé dans des vignobles près du mont Fuji, au sud de la vallée de Kofu et à l'ouest de Tokyo. Cette région viticole demeure la plus importante, les meilleurs vignobles étant plantés sur des sols de graviers et volcaniques, sur des versants exposés au sud.

INDE

Selon l'OIV (Organisation internationale de la vigne et du vin), le vignoble indien s'étend sur environ 86 000 ha, mais seulement un peu plus de 3 % des raisins servent à élaborer du vin. La production est concentrée à l'est et au nord-est de Bombay, dans l'État du Maharashtra, dont les plateaux offrent des conditions climatiques acceptables pour la viticulture, et dans l'État voisin du Karnataka. Si la consommation individuelle de vin en Inde reste très modeste, elle progresse notamment au sein des élites urbaines. La fiscalité pesant sur les importations et les facilités accordées aux producteurs indiens ont encouragé le développement de la production nationale à partir des années 1980.

L'année 1985 a vu la naissance de l'Omar Khayyam, un vin blanc mousseux élaboré selon la méthode traditionnelle, produit par le groupe Indage, aujourd'hui disparu. Deux autres producteurs importants lui ont emboîté le pas : Grover Vineyards, un joint-venture franco-indien, et surtout Sula, le plus important producteur indien, créé en 1997, qui s'est fait remarquer par la bonne qualité de ses vins tranquilles (un Sauvignon blanc très réussi) et effervescents. La priorité a été donnée à la plantation des grands cépages internationaux : sauvignon, chardonnay et chenin en blanc, cabernet-sauvignon, merlot, syrah et zinfandel en rouge.

En dépit de l'interdiction d'acquérir des vignobles, le potentiel prometteur du marché indien a attiré de nouveaux investisseurs. Moët Hennessy produit ainsi des vins effervescents à partir de raisins achetés auprès des viticulteurs de la région de Nashik, dans le Maharashtra. D'autres groupes, comme Fratelli, Pernod-Ricard ou Four Saisons, ont également investi, remportant même quelques succès à l'exportation.

CHINE

Il y a une vingtaine d'années, la consommation individuelle de vin en Chine était quasiment nulle ; elle est aujourd'hui de plus de 1 litre par an et par habitant, et augmente à un rythme rapide. Si ce chiffre paraît bien faible au regard des habitudes de consommation européennes, il montre aussi un changement significatif dans un pays qui est resté pendant des siècles culturellement fermé au vin. L'occidentalisation récente et rapide des villes chinoises explique largement cette évolution, qui s'est manifestée par une hausse importante des importations, mais surtout par une progression spectaculaire de la production chinoise. Le vignoble a plus que doublé en 10 ans, dépassant les 500 000 ha. Malgré une production très importante de raisins de table, la Chine figure au cinquième rang mondial des producteurs de vin. Dans ce pays gigantesque, marqué par de forts écarts climatiques et topographiques, les principales régions viticoles sont concentrées dans la partie septentrionale du pays. Ce sont le Xinjiang au nord-ouest, les zones viticoles au climat rude de Jilin au nord ainsi que les régions centrales de Gansu, Shaanxi, Ningxia ou Shanxi. Le cœur de la viticulture chinoise se trouve cependant autour du golfe de Bohai et comprend les vignobles de Beijing (Pékin), de Tianjin et surtout des provinces de Hebei et de Shandong, sièges des grands producteurs comme Changyu ou Great Wall. Les coteaux bien exposés de la péninsule de Shandong, ouverte sur le golfe, offrent un potentiel intéressant grâce aux influences maritimes qui modèrent les excès du climat. Les cépages importés par des missionnaires au début du XIXe siècle, comme le welschriesling ou le muscat de Hambourg, et les variétés locales, tel le long yan, dominent encore, mais la progression des cépages internationaux est rapide (cabernet-sauvignon, merlot et chardonnay).

Le développement de la viticulture a mis à l'honneur de nouvelles régions, en plein essor. Ce sont le Shanxi et surtout le Ningxia qui concentrent toute l'attention des observateurs. Presque désertiques il y a peu, les terres du Ningxia ont été mises en valeur par des systèmes d'irrigation à partir du fleuve Jaune, financés par l'administration locale. La vigne, plantée dans des sols limoneux, occupe désormais de vastes étendues. Le climat très continental, semi-aride, impose d'enterrer les vignes en hiver pour éviter les gelées destructrices. Les étés chauds et secs permettent de faire mûrir les raisins dans de bonnes conditions. Conséquence de l'influence bordelaise, les cépages les plus plantés sont le cabernet-sauvignon et le merlot. Grâce aux investissements massifs, chinois et étrangers, nombre de cuvées chinoises récompensées dans les concours qui se multiplient proviennent du Ningxia. Parmi les autres régions en essor, il faut mentionner le Xinjiang à l'extrême nord-ouest, grande région productrice de raisins de table qui attire aujourd'hui les entreprises viticoles.

Malgré la multiplication des domaines, la production est encore fortement concentrée entre les mains de grandes sociétés dont certaines ont bénéficié d'accords de joint-venture avec des partenaires étrangers. Ce transfert de connaissances porte progressivement ses fruits, et les vins chinois, élaborés il y a peu selon des procédures peu orthodoxes, ont gagné en netteté pour se rapprocher des standards internationaux. Les consommateurs chinois deviennent peu à peu plus exigeants, et une culture du vin naît progressivement dans les grandes villes du pays. Ce début de sophistication des goûts est en phase avec l'apparition de domaines modernes dont quelques-uns commencent à se forger une réputation, par exemple Silver Heights, petit domaine privé du Ningxia, ou Grace Vineyard, établi dans le Shanxi.

JAPON

Si la vigne est cultivée au Japon depuis le VIIIe siècle, la consommation de vin n'est guère attestée avant l'arrivée des premiers missionnaires portugais au XVIe siècle. Quelque 300 ans plus tard, dans la région de Yamanashi, Yamada Hironori et Takuna Norihisa ont fondé le premier domaine viticole moderne, mais le véritable engouement pour le vin remonte aux années 1980.

Aujourd'hui, le Japon est le marché le plus sophistiqué d'Asie. Si la majorité des vins sont importés, le pays a su conserver une petite production locale grâce à la persévérance de viticulteurs qui ont appris à composer avec les contraintes d'un milieu naturel peu favorable à la vigne. Seulement 10 % des 20 000 ha du vignoble japonais sont destinés à la production de vin et le nombre de viticulteurs décroît progressivement. La vigne est présente dans presque tout l'archipel, mais la plupart des surfaces se concentrent sur l'île principale, Honshu, en particulier dans les régions de Yamanashi et Nagano (40 % de la production), situées à l'ouest de Tokyo. La production est dominée par les grandes sociétés, souvent des brasseurs, comme Suntory ou Sapporo, qui s'approvisionnent en raisins auprès des petits viticulteurs.

Le climat très humide, soumis à la mousson et aux typhons au printemps et en été, ainsi que des sols riches et acides sont loin d'offrir des

PRODUCTEURS

INDE

GROVER VINEYARDS

Passionné de vin, le riche industriel Kanwal Grover a pu convaincre Georges Vesselle, ancien directeur technique de Mumm, de se lancer en 1988 dans un joint-venture pour produire des vins de qualité dans la région de Bangalore, sur le plateau de Karnataka, qui bénéficie d'un sol argileux et d'un climat sec et frais, avec des parcelles de syrah et de sauvignon. Avec le concours de Michel Rolland, Grover s'est fait connaître par ses vins rouges, dont la cuvée La Réserve qui a eu les honneurs de la critique.

SULA WINES

Cette exploitation a été créée au milieu des années 1990 par Rajeev Samant, un ingénieur de retour de Californie. Elle est située près de la ville de Nashik, dans le nord du Maharashtra. Les premières plantations datent de 1997 et ont mis l'accent sur deux cépages : le sauvignon blanc et le chenin. Depuis, d'autres plantations ont suivi et la gamme offre des vins rouges, rosés, ainsi que des blancs effervescents et des vins doux. Sula est aujourd'hui le plus important producteur de vin indien.

CHINE

En dehors des grands groupes Chang Yu, Great Wall et Dynasty, qui contrôlent une grande partie de la production et qui poursuivent leur développement dans

conditions idéales à la production de raisins de qualité. Les viticulteurs y ont répondu par des méthodes culturales spécifiques et par la sélection de cépages adaptés.

Les hybrides comme le kyoho, le campbell early, le muscat bailey A ou le delaware côtoient les cépages importés (cabernet, merlot, müller-thurgau, chardonnay, etc.), mais les vins les plus en vue sont issus d'une variété de *Vitis vinifera* locale, le koshu, domestiquée au XIe siècle. À Yamanashi, près du mont Fuji, où l'on relève les températures moyennes le plus élevées de l'île, cette variété à peau rose est cultivée traditionnellement en treille. Sa peau épaisse lui permet de résister à la pourriture consécutive aux nombreuses pluies du printemps et de l'été. Vendangé tardivement, le koshu produit des vins blancs délicats, légers, aux arômes d'agrumes et de fleurs, que les grands producteurs japonais comme Grace tentent de faire connaître à l'étranger.

Outre les Japonais eux-mêmes, des investisseurs extérieurs, notamment français et américains, ne sont pas restés insensibles au charme de ces vins qui passent aujourd'hui pour la plus grande réussite viticole du pays. Quelques-uns des meilleurs vins issus du koshu proviennent des coteaux bien drainés du secteur de Katsunuma où, selon la légende, les premiers pieds de koshu auraient été plantés au VIIIe siècle par des moines bouddhistes venus de Chine.

PRODUCTEURS

les nouvelles zones viticoles, les domaines, petits ou moyens, chinois, étrangers ou issus de partenariats se multiplient.

GRACE VINEYARD
Ce domaine a été fondé en 1997 par la famille Chan avec l'aide du Français Sylvain Janvier. Basé dans le Shanxi, il possède aussi des vignobles dans les régions de Ningxia et de Shaanxi : 200 ha plantés de cabernet, merlot, cabernet franc, pinot noir, syrah, marselan, chenin blanc, chardonnay et riesling. Grace Vineyard a été l'un des premiers domaines chinois à se faire connaître pour la qualité de ses vins, notamment à travers sa cuvée haut de gamme Deep Blue.

SILVER HEIGHTS
Ce petit domaine est dirigé par Emma Gao, œnologue formée à l'université de Bordeaux. Il est situé dans le Ningxia, sur les coteaux est des monts Helan. Ses vins rouges à base de cabernet-sauvignon, de cabernet franc et de carmenère sont montrés en exemple.

JAPON

Parmi les bons producteurs, il faut retenir le Château Lumière, Manns, Château Mercian, Sapporo, Shizen ou Suntory. Le Bordelais Bernard Magrez s'est associé à Etsuko Aruga, producteur japonais réputé, pour produire des vins blancs à partir du koshu dans le village de Katsunuma. Denis Dubourdieu, autre Bordelais célèbre, s'est aussi laissé séduire par le cépage koshu à travers un partenariat avec le domaine Shizen.

AMÉRIQUE DU NORD

Carte page XXVII

Il fallut attendre ces 40 dernières années pour que le reste du monde s'aperçoive qu'il existait réellement une industrie vinicole américaine : la qualité des vins californiens provoqua l'étonnement général en Europe à partir des années 1970 et on dut commencer à compter avec cette partie du Nouveau Monde. Aujourd'hui, les États-Unis sont le quatrième producteur mondial et le premier marché de consommation de vin. Si la Californie fournit environ 90 % de la production, on élabore maintenant du vin dans presque tous les autres États – ceux de Washington, d'Oregon et de New York sont les producteurs les plus notables – et aussi au Canada. L'Amérique du Nord possède des cépages indigènes qui, bien que de plus en plus souvent remplacés par divers hybrides (en général un croisement de *Vitis vinifera* français et de *Vitis labrusca* américain) et, surtout, par des cépages européens classiques, ont marqué l'histoire du vin grâce à leur résistance au phylloxéra. D'innombrables vignes du monde entier sont aujourd'hui greffées sur des souches de *labrusca* ou d'autres espèces du genre *Vitis* natives de l'Amérique du Nord. La grande diversité des paysages, des sols et des climats a permis que s'y développe une incroyable variété de vins, de l'exotique léon millot et du seyval blanc de l'est des Rocheuses au cabernet-sauvignon et au chardonnay qui ont valu à la Californie sa renommée internationale. Le concept des vins de cépage – vins issus d'une seule variété – fait partie de l'univers vinicole d'Amérique du Nord comme de celui de tous les pays du Nouveau Monde.

L'histoire du vin en Amérique du Nord

La saga de l'explorateur viking Leif Eriksson, qui débarqua à Terre-Neuve vers l'an mil, révèle que la vigne sauvage y poussait en abondance, ce qui valu à cette terre d'être baptisée *Vinland.* Il est du moins certain qu'au XVIIe siècle des vignes sauvages poussaient sur la côte est de l'Amérique du Nord, de la Géorgie au Canada.

Les premiers vins furent des vins de messe : vers le milieu du XVIIe siècle, les missions jésuites produisaient du vin au Québec, tout comme les missions franciscaines au Nouveau-Mexique, le long du Rio Grande. (Il est du reste possible que les vignes soient arrivées au Nouveau-Mexique dès 1580, par le sud.)

Ces vignes, qui poussaient à l'état sauvage de la côte nord-est au centre de la côte atlantique, étaient de l'espèce *Vitis labrusca.* La variété la plus connue est le concord, un raisin noir développé par Ephraim Bull, un habitant de Concord, dans le Massachusetts. Cette vigne robuste, à fort rendement et résistante aux maladies, fut peu à peu plantée dans toute la Nouvelle-Angleterre, le Middle West et sur la côte atlantique centrale. Dans le Grand Sud, une autre espèce indigène, *Vitis rotundifolia,* poussait à l'état sauvage et fut plus tard cultivée. Le cépage blanc le plus apprécié de cette espèce, le scuppernong, fut planté des Carolines à la Floride, puis plus à l'ouest, vers le Mississippi et les États voisins.

On trouve les premières références à une industrie vinicole en Pennsylvanie, dans les États de la Nouvelle-Angleterre, dans le Kentucky et les Carolines, où l'on élaborait du vin à partir des cépages locaux. De nombreux producteurs essayèrent de trouver du raisin pouvant donner du vin de style européen, car les espèces indigènes, notamment *Vitis labrusca,* donnent un vin qui exhale des odeurs déplaisantes de fourrure humide, souvent caractérisées par le terme « foxées ». Ils firent donc venir des boutures de cépages européens de l'espèce *Vitis vinifera,* mais tous leurs efforts furent vains : elles ne résistaient pas aux attaques de maladies et de parasites qui ne furent identifiés que deux siècles plus tard.

À l'ouest des Rocheuses, où ne poussait aucun cépage indigène, les premiers vins furent élaborés à partir de raisin venu du Mexique, le criolla. Dans les années 1850, des milliers de boutures de cépages de *vinifera* européens furent apportées en Californie, où elles s'adaptèrent aux conditions proches de celles des régions méditerranéennes.

Ce n'est pas avant la seconde partie du XIXe siècle que la production vinicole prit de l'importance, d'abord en Californie (on y produisit plus d'un million d'hectolitres à la fin du XIXe siècle), puis dans l'Ohio, le Missouri et sur la côte est, jusqu'à l'État de New York.

LA LÉGISLATION VINICOLE ET LES APPELLATIONS

Depuis les années 1980, les États-Unis se sont dotés d'un système d'appellations, ou AVA *(American Viticultural Areas)*, qui garantit la provenance du vin. Une AVA peut couvrir le territoire d'un État, d'un comté ou d'une zone plus localisée. Leur découpage tient donc à la fois de logiques administratives et de logiques plus spécifiquement géographiques pour les AVA de zone. Ces dernières, qui sont délimitées en fonction des frontières climatiques naturelles, des conditions topographiques ainsi que des types de sols spécifiques, donnent une meilleure idée du style de vin. Les vins qui portent le nom d'une AVA doivent contenir au moins 85 % de raisin poussant dans la région mentionnée. La loi encadre aussi les mentions du ou des cépages et du millésime. Ainsi, 75 % des raisins doivent correspondre au cépage mentionné et 95 % des raisins doivent être issus du millésime indiqué. La législation varie cependant selon les États, qui peuvent se montrer plus exigeants sur ces seuils. À la différence des systèmes d'appellation européens, cette délimitation géographique n'est pas accompagnée de contraintes quant à l'encépagement ou aux techniques de viticulture et de vinification.

La prohibition

La prohibition fit beaucoup de tort à l'industrie vinicole, qui, aux États-Unis comme au Canada, jouissait jusque-là d'un certain succès grâce à l'énergie et à l'expertise d'immigrants européens. Au XIXe siècle, elle prospérait dans l'Ohio, l'Indiana et la Virginie, aussi bien que dans le Missouri, au Nouveau-Mexique et en Californie. Mais ce succès fut de courte durée, car le phylloxéra fit son apparition en Californie dans les années 1880, tandis que d'autres maladies se propageaient dans le Middle West. Les vignes qui survécurent à la prohibition furent essentiellement les cépages américains destinés au jus de raisin, aux confitures et aux gelées. Outre le concord, les cépages appréciés étaient le catawba, le norton et l'isabella (rouges) ainsi que le delaware, le niagara et le dutchess (blancs). Ils produisaient aussi des vins doux et des vins mutés de type porto et xérès.

Au moment de l'entrée en vigueur de la prohibition, en 1920, les États-Unis produisaient quelque 2 millions d'hectolitres et les vins de Californie étaient réputés jusqu'en Europe. Cinq ans plus tard, la production avait diminué de près de 95 %. Après la

LIRE UNE ÉTIQUETTE DE VIN AMÉRICAIN

Les noms des vins sont simples : le nom du producteur ou de l'exploitation est suivi de celui du cépage – par exemple, Pinot noir – auquel on ajoute parfois une mention de type « Special Reserve ».
Les noms de marque, jadis réservés aux vins ordinaires, sont aujourd'hui utilisés pour désigner des assemblages de cépages de qualité supérieure.
Le style de vin. Le plus courant est le vin de cépage, nommé d'après le raisin dominant qui, selon la loi fédérale américaine, doit constituer au moins 75 % du contenu de la bouteille (85 % pour les États de Washington et de Californie, 90 % pour l'Oregon). Dans le cas d'un vin d'assemblage, les différents cépages peuvent être mentionnés, avec les mêmes critères d'exigence que précédemment.
La région d'origine. Voir encadré ci-contre.
Le millésime. Il n'est pas obligatoire, mais, si le vin en porte un, il doit contenir au moins 95 % de l'année mentionnée.

fin du régime de la prohibition, bien des États mirent plusieurs dizaines d'années pour reprendre leurs activités vinicoles et, jusqu'au début des années 1960, toutes les régions, Californie incluse, élaborèrent essentiellement des vins mutés, des vins de table doux et des vins de consommation courante.

La situation actuelle

Beaucoup de producteurs d'Amérique du Nord actuels n'existaient pas avant 1966. Au moins 70 % des entreprises vinicoles de Californie furent fondées après cette date et, dans l'État de New York, au moins 80 % après 1976. Dans l'Ontario (Canada), la

CÉPAGES ET HYBRIDES LOCAUX

Les cépages locaux et hybrides sont encore cultivés dans l'Est du continent, bien que leur production ne permette que rarement l'émergence de vins de qualité selon les canons modernes. Leur proportion tend à décliner au profit de cépages *vinifera*. Quelques hybrides, comme le seyval blanc et le vidal blanc, peuvent cependant donner de bons résultats.

Aurora. Hybride franco-américain, utilisé pour les vins doux et mousseux, généralement sans intérêt.

Baco noir. Hybride français, qui donne des vins rouges foncés et capables de vieillir.

Catawba. Hybride rouge américain, très utilisé pour les mousseux et les *blushes*.

Cayuga White. Hybride franco-américain, qui donne un blanc sec ferme, de qualité raisonnable.

Chambourcin. Hybride français apprécié, produisant des rouges pleins de corps et d'arôme, également utilisé dans les assemblages.

Chancellor. Hybride français donnant des rouges fruités, mais sans grand intérêt.

Chelois. Hybride français utilisé pour les rouges de type Bourgogne, les assemblages et les *blushes*.

Concord. Raisin rouge américain, qui donne des rouges foncés et plutôt ternes, avec un goût « foxé » caractéristique.

Cynthiana. Voir norton.

De Chaunac. Hybride franco-américain populaire, donnant des rouges ordinaires fruités, à boire jeunes.

première licence depuis 1929 fut accordée en 1975.

L'ardeur et la volonté de réussite des nouveaux producteurs furent évidentes dans les années 1970 et 1980, lorsque, s'attaquant aux problèmes à la source, ils parvinrent à faire abolir les coûteuses réglementations locales ainsi que les mesures fiscales imposées après la prohibition.

Jusqu'au milieu des années 1980, les vins produits aux États-Unis, même ceux des plus grandes entreprises, n'étaient pas destinés à l'exportation, situation qui a changé rapidement depuis.

En 1991, les États-Unis devinrent le quatrième producteur mondial de vin derrière l'Italie, la France et l'Espagne, et devant l'Argentine. Mais, en

CÉPAGES ET HYBRIDES LOCAUX

Delaware. Raisin américain rose, utilisé pour les vins tranquilles et mousseux, légèrement « foxé » quand il n'est pas trop sec.
Dutchess. Cépage américain, semblable au delaware, donnant des vins blancs ordinaires.
Elvira. Vieux cépage blanc américain en voie de disparition.
Isabella. Vieux cépage rouge américain, de type « foxé », en voie de disparition.
Léon millot. Hybride français, similaire au maréchal foch, donnant des rouges de bonne qualité, corsés, capables de vieillir.
Maréchal foch. Hybride franco-américain très cultivé – on le dit voisin du gamay – donnant des rouges fruités bien équilibrés.
Melody. Hybride récent provenant du pinot blanc et produisant des vins blancs fruités et légèrement doux.
Niagara. Hybride américain voisin du concord et cépage le plus « foxé ». On l'utilise souvent pour les blancs doux.
Norton. Vieux cépage rouge américain donnant des vins lourds et « foxés ».
Ravat. Le ravat blanc, également nommé « vignoles », est un hybride franco-américain dérivé du chardonnay et presque toujours utilisé pour des blancs doux de qualité.
Seyval blanc. Hybride franco-américain dérivé du chardonnay, donnant des vins de cépage blancs et fruités.
Vidal blanc. Hybride dérivé de l'ugni blanc et utilisé pour une gamme de blancs de bonne qualité, y compris des vins de glace.
Vignoles. Voir Ravat.
Villard. Hybride franco-américain donnant des rouges et des blancs ternes.

comparaison des pays européens, la consommation reste faible : moins de 9 litres par habitant contre près de 40 pour l'Italie. Elle progresse cependant régulièrement et les États-Unis constituent aujourd'hui le plus grand marché mondial du vin. Les Américains montrent un intérêt nouveau et réel pour le vin qui s'impose de plus en plus dans le quotidien des populations des grandes villes de la côte est et de la côte ouest.

Les cépages américains

Les cépages indigènes donnent des vins au goût « foxé » prononcé. Les hybrides entièrement américains conservent les caractéristiques de l'espèce *labrusca,* alors que les hybrides américano-européens donnent des vins d'un goût plus acceptable, mais les meilleurs vins sont issus de souches de *vinifera*. Celles-ci sont désormais très largement majoritaires, et on trouve aujourd'hui une vaste gamme de cépages *vinifera* dans toute l'Amérique. Les climats locaux très variables exercent une forte influence sur le caractère des vins.

Les régions viticoles

L'Amérique du Nord possède cinq grandes régions ou États produisant du vin.

LA CALIFORNIE domine complètement la production et cette situation ne risque guère de changer, car elle bénéficie d'un climat particulièrement doux, de cépages *vinifera* bien implantés et de producteurs dont la réputation n'est plus à faire.

LE NORD-OUEST recouvre, en termes de vin, principalement les États de Washington et de l'Oregon. C'est une région en plein développement dont la réputation de produire des vins de grande qualité va croissant.

LE NORD-EST, c'est surtout l'État de New York, second plus gros producteur, bien qu'il représente seulement 3 % de la production totale du pays. Il est l'exemple parfait des États viticoles de l'Est qui adoptent aujourd'hui les cépages de *Vitis vinifera* dans l'espoir de produire des vins plus traditionnels.

Si on trouve un peu de vin dans la plupart des autres États, son volume n'est pas significatif, et sa qualité rarement digne d'intérêt. Les autres États du Nord-Est qui produisent du vin sont ceux de la Nouvelle-Angleterre, le New Jersey, la Pennsylvanie et le Maryland, qui furent parmi les premiers producteurs du continent.

LE SUD ET LE MIDDLE WEST se sont avérés capables de faire de bons vins, que l'on découvre parfois dans des endroits insoupçonnés. Le grand potentiel vinicole de la région est encore largement inexploité.

LE CANADA est peut-être un producteur inattendu, étant donné la rigueur de son climat, mais il faut savoir que ses habitants y vendangeaient bien avant les Américains et qu'une industrie vinicole de qualité est en train de s'y développer. Les deux principales régions viticoles sont l'Ontario, à l'est, et la Colombie-Britannique, à l'ouest.

CALIFORNIE

Carte page XXVII

Favorisée par son climat très hospitalier, la Californie produit des vins depuis près de 200 ans. Mais ce n'est que dans les années 1960 que les consommateurs exigeants de San Francisco, de Los Angeles et d'autres villes californiennes commencèrent à rechercher une source locale de vins fins. Les producteurs déterminés et financièrement solides ne tardèrent pas à relever le défi. La Californie offre aujourd'hui autant de diversité que n'importe quelle autre région viticole du monde. Si la plupart de ses domaines viticoles produisent des vins de cépage blancs secs (principalement de chardonnay) et des rouges (dont les plus courants sont issus de cabernet-sauvignon, de merlot ou de zinfandel, cépage très planté en Californie), ils explorent une gamme de plus en plus diversifiée de cépages et élaborent aussi des vins rosés, des vins d'assemblage rouges (et quelques blancs), des blancs liquoreux, ainsi que des vins mutés ou effervescents.

Le vignoble californien

C'est d'Espagne, via le Mexique, que le raisin arriva en Californie, par l'intermédiaire des pères franciscains qui établirent des missions tout au long d'El Camino Real (la Route du roi, aujourd'hui US 101) : ils avaient pour mission de convertir les indigènes à la religion chrétienne et avaient besoin de vin pour la célébration de la messe. Avec la ruée vers l'or, en 1849, la viticulture se répandit à travers l'État : des hordes de jeunes gens venus pour retourner le sol à la recherche du métal jaune finirent par adopter des moyens de subsistance plus stables. La passion du vin fut donc l'une des conséquences du brassage de colons européens d'horizons divers. La diversité des régions du « Golden State », ensoleillé toute l'année, fournissait une gamme de terroirs sous des mésoclimats allant des fraîches zones océaniques des bords du Pacifique, berceau des vins fins, jusqu'aux terres fertiles de San Joaquin Valley, à la chaleur torride, et aux petits domaines produisant des vins distingués sur les contreforts enneigés de la sierra Nevada. Après avoir survécu aux attaques du phylloxéra (d'abord dans les années 1880 puis au début des années 1990) et aux privations imposées par la prohibition entre 1920 et 1933, sans oublier la grande dépression des années 1930, l'industrie viticole californienne reste solide et prospère.

L'État produit chaque année plus de 2 milliards de bouteilles, soit environ 90 % de la production des États-Unis. Avec 3 800 *wineries* en 2013, le nombre de producteurs a plus que doublé depuis 2002, signe du grand dynamisme de la viticulture californienne. Les domaines étant bien équipés et le personnel bien formé, la qualité de la production s'en ressent nécessairement.

Le vignoble à vin couvre 220 000 ha, soit presque deux fois plus que le vignoble de Bordeaux. Selon les zones et les producteurs, les rendements sont très variables, passant de plus de 100 hl/ha dans les régions de grosse production (Vallée centrale) à moins de 25 hl/ha (pour le cabernet-sauvignon de la Napa Valley).

Les régions viticoles

La diversité des vins de Californie reflète l'éventail presque illimité de ses sites viticoles : la vigne pousse dans 48 des 58 comtés de l'État. On peut diviser l'État en trois zones climatiques principales :

– les sites subissant l'influence du Pacifique (entre le comté de Mendocino, au nord, et San Diego, à l'extrême sud) ;

– la Vallée centrale (Central Valley), immense zone au climat très chaud ;

– les contreforts frais de la sierra Nevada, à l'est.

Les zones côtières sont de loin les plus importantes pour la production de vins de qualité. Les régions proches du Pacifique (vallée de Napa, comté de Sonoma, comté de Lake, vallée d'Anderson dans le comté de Mendocino, vallée de Livermore et montagnes de Santa Cruz, autour de la baie de San Francisco, comté de Monterey, comté de San Luis Obispo et Santa Maria dans le comté de Santa Barbara) bénéficient des brumes venant de l'océan, de la baie ou des fleuves, qui tempèrent les températures diurnes. Les raisins mûrissent plus lentement et conservent suffisamment d'acidité pour produire des vins bien équilibrés. Napa et Sonoma sont les régions les plus plantées en vignes.

La Vallée centrale fournit les vins de table de qualité standard qui constituent la masse du marché. 85 % des vins californiens proviennent des terres fertiles s'étendant entre Bakersfield et le nord de Sacramento. Cette vaste vallée fournit aussi de superbes vins moelleux.

Les exploitations individuelles tendent de plus en plus à tirer parti de l'étendue et de la diversité des sites viticoles de Californie. À partir de son siège, dans le comté de Lake, Kendall-Jackson a bâti sa réputation sur des Chardonnays provenant de tout l'État. Beringer, Franciscan, Mondavi et quelques autres sont propriétaires de vignobles dans plusieurs régions viticoles importantes.

C'est dans la Vallée centrale que l'on trouve de vastes exploitations vinicoles comme la maison Gallo (la plus importante au monde en termes de volume), mais aussi d'innombrables petits producteurs qui pratiquent la viticulture et la vinification comme hobby et sont souvent installés en périphérie des villes. Grandes ou petites, la plupart des exploitations achètent des raisins ou sont propriétaires de parcelles dans plusieurs vignobles : le vinificateur révèle son talent dans les assemblages, comme dans l'élevage des vins. Les raisins des vignobles situés dans des zones plus fraîches apportent de l'acidité et ceux des mésoclimats plus chauds donnent des vins plus charnus. Ainsi, pour de tels vins, les deux indications les plus importantes sont les noms du producteur et du cépage principal qui figurent généralement en évidence sur l'étiquette.

Les noms des vins

La majorité des vins californiens sont des vins de cépage : ils portent le nom de leur cépage principal (voir encadré page suivante). Ils peuvent ne pas être élaborés exclusivement avec le cépage indiqué, mais celui-ci doit représenter au moins 75 % de l'assemblage. La même exigence s'applique si plusieurs noms de cépages sont indiqués.
Les producteurs californiens savent depuis longtemps qu'un vin issu d'un seul cépage n'est pas forcément meilleur qu'un vin d'assemblage. Ainsi est née la désignation de « Meritage », qui donne une plus grande latitude au vinificateur pour faire des assemblages de style bordelais, à condition qu'il utilise les cépages cabernet-sauvignon, merlot, cabernet franc, petit verdot et malbec pour le rouge ; sauvignon, sémillon et muscadelle pour le « Meritage » blanc. Si certains producteurs recourent à la désignation « Meritage », d'autres ont créé leurs propres marques.
La mention d'une région réputée, comme Napa ou Sonoma, aide à la vente, mais ne peut figurer sur l'étiquette que si un pourcentage important des raisins provient de la région désignée (voir encadré p. 755).
Les vins effervescents élaborés selon la méthode traditionnelle mise au point en Champagne sont de plus en plus connus et identifiés sur les étiquettes sous le terme « méthode traditionnelle » (au lieu de « méthode champenoise », mention désormais interdite, mais qui subsiste sur le marché local).

Les millésimes et l'élevage

La douceur du climat californien explique que les variations entre les millésimes soient plus faibles que dans de nombreuses régions viticoles de la Vieille Europe. Si certains mésoclimats peuvent pâtir de pluies, de froid ou de chaleurs hors saison, les petits millésimes sont très rares en Californie, et l'ensoleillement est toujours suffisant pour produire des raisins suffisamment mûrs.

En raison des modes de vinification et de la douceur des tanins des vins rouges, la plupart des vins californiens peuvent être consommés dans leur jeunesse : un ou deux ans après les vendanges pour les vins blancs, trois à cinq ans pour les vins rouges de qualité standard. Les cuvées californiennes de longue garde sont à chercher parmi les très bons Chardonnays issus de climat frais et surtout du côté des vins rouges. En effet, les grands Cabernets-Sauvignons et Zinfandels provenant des meilleures zones

LES CÉPAGES SUR L'ÉTIQUETTE

En Californie, l'étiquette des vins de qualité porte généralement le nom du cépage. Dans la centaine de variétés recensées, les meilleures sont les suivantes (par ordre d'importance).

VINS ROUGES

Cabernet-sauvignon. Ce grand cépage rouge de Bordeaux progresse toujours et donne d'excellents résultats dans les régions proches de la côte, comme la Napa, fief de nombreux grands Cabernets californiens. Vendangé souvent tardivement, à pleine maturité, il produit des vins aux arômes épanouis et aux tanins mûrs.

Zinfandel. Ce cépage, qui existe en Italie du Sud sous le nom de « primitivo », est l'une des belles spécialités californiennes. Il permet d'élaborer une large palette de styles de vin rouge, mais également des vins rosés pâles, étiquetés White Zinfandel et/ou *blush,* légèrement doux ou demi-secs. Les rouges les plus concentrés sont intenses et de longue garde.

Merlot. Autrefois destiné aux assemblages avec le cabernet-sauvignon, le merlot a prospéré pour devenir l'un des cépages rouges les plus plantés.

Pinot noir. Le raisin rouge de Bourgogne prospère dans les zones les plus fraîches – Carneros, les vallées de Russian River et d'Anderson, la région côtière de Sonoma – et dans d'autres régions côtières entre San Francisco et Los Angeles, comme Salinas Valley, Santa Maria et Santa Barbara County. Il entre dans les assemblages de vins effervescents et s'utilise de plus en plus souvent en monocépage pour des vins rouges dont la qualité ne cesse d'augmenter.

Syrah. Ce cépage rhodanien se rencontre aussi de plus en plus souvent et les surfaces plantées ne cessent d'augmenter.

Petite sirah. N'ayant rien à voir avec la syrah de la vallée du Rhône (il s'agit du confidentiel durif), ce cépage a sa place dans des assemblages génériques, mais est capable

côtières peuvent se bonifier longuement – 20 ans ou plus –, même si leur charme opère dès leur jeunesse.

La Californie, qui regorge de producteurs originaux, n'en offre pas moins l'une des meilleures formations du monde en matière de viticulture et d'œnologie, dispensée à l'université de Californie à Davis. La fermentation et l'élevage du vin en barrique font l'objet de constantes expériences. À partir des mêmes cépages, bien des producteurs proposent deux versions de vins blancs et rouges, l'une fruitée et d'évolution rapide, l'autre plus riche et élevée en barrique.

de produire des vins de belle qualité en monocépage.

Barbera. Ce cépage italien entre surtout dans des assemblages de vins rouges génériques.

Grenache. Ce cépage des zones méditerranéennes (vallée du Rhône, sud de la France et Espagne) est utilisé pour les vins de consommation courante de la Vallée centrale, mais entre aussi dans les assemblages de vins rouges de type rhodanien, avec la syrah ou le mourvèdre.

Rubis cabernet. Ce croisement entre le carignan et le cabernet-sauvignon a été mis au point en Californie en 1936. Il est souvent assemblé avec le cabernet-sauvignon.

VINS BLANCS

Chardonnay. Le grand cépage blanc de Bourgogne et de Champagne représente plus de 50 % de l'encépagement blanc de la Californie. Il donne des vins blancs secs de styles variés, en fonction de la zone climatique du vignoble.

Colombard. Planté sur des superficies importantes dans la Vallée centrale, ce cépage est utilisé pour les vins ordinaires.

Sauvignon blanc. Planté dans les comtés qui longent la côte, il est élaboré en vin de cépage sec ou utilisé dans des assemblages.

Pinot gris. Très en vogue, les plantations de ce cépage ne cessent d'augmenter. Il est le plus souvent vinifié en vin sec.

Chenin blanc. Il donne des vins de consommation courante ainsi que, de temps en temps, des vins liquoreux.

Muscat blanc et muscat d'Alexandrie. Ces cépages de la famille des muscats sont généralement utilisés pour des vins liquoreux.

Riesling. Ce grand raisin allemand (souvent connu sous les noms de « johannisberg riesling » ou « white riesling ») donne des vins aromatiques, secs ou demi-secs.

Viognier. Originaire de la vallée du Rhône, ce cépage aromatique a progressé dans les années 2000.

LES FACTEURS DE QUALITÉ

En Californie, la quête de sites viticoles idéaux est un peu à l'inverse de celle de l'Europe du Nord. Si les vignerons européens éloignés de la Méditerranée recherchent surtout les sites ensoleillés, le climat étant souvent trop froid et rude pour le raisin, les viticulteurs californiens, eux, disposent d'un climat doux à tendance chaude : ils recherchent donc des endroits plus frais, où le raisin doit lutter pour atteindre sa pleine maturité plutôt qu'une maturité trop facile due à la chaleur. Les innombrables sites exploitables, potentiels ou réels, commencent seulement à être explorés.

SITES ET EXPOSITIONS

Les coteaux sont très prisés pour le cabernet-sauvignon et le zinfandel. Un peu partout, l'exposition au sud est jugée trop chaude : on lui préfère une exposition à l'est, voire au nord, qui offre davantage de fraîcheur et se révèle plus apte à donner un raisin de grande qualité.

TECHNIQUES

La Californie est un lieu où toutes les techniques possibles de vinification sont expérimentées. Les fûts en chêne, français ou américain, et les cuves en acier inoxydable permettant de contrôler les températures de fermentation sont devenus monnaie courante. Tandis que les producteurs importants ont recours à une approche industrielle et très moderne, de nombreux autres, de taille plus modeste, adoptent des techniques artisanales inspirées de la Bourgogne, de la vallée du Rhône ou de l'Italie.

LE CLIMAT ET LES SOLS

Tandis que les Européens se dirigent vers les climats plus frais du Nord pour le pinot noir, le riesling et les autres cépages acides nécessaires aux vins effervescents, les Californiens se tournent vers l'ouest et cherchent à se rapprocher de la côte. Dans le comté de Santa Barbara, par exemple, si l'on remonte le fleuve Santa Ynez sur un ou deux kilomètres, la température diurne moyenne augmente d'un degré. Près du Pacifique, le pinot noir est le cépage favori des viticulteurs ; un peu plus vers l'intérieur, le chardonnay réussit mieux ; en montant vers le lac Cachuma, les températures plus élevées permettent de mener à maturité le sauvignon, et même le cabernet-sauvignon les années de grande chaleur. Et Santa Ynez est située bien au sud de la vallée de Napa, où le cabernet se trouve encore plus à l'aise. Raisonner en termes de latitude pour déterminer le mésoclimat en Californie est donc erroné.

Dans chaque vignoble, le climat est plus déterminant que la composition du sol pour choisir le cépage qui donnera les meilleurs résultats. Dans les régions côtières de l'est et du nord de San Francisco, en particulier dans les comtés de Napa et de Sonoma, un autre facteur entre en jeu : des brèches ouvertes dans la chaîne montagneuse parallèle à la côte permettent aux brises marines et au brouillard frais et humide de s'engouffrer et de tempérer la chaleur des vallées. Carneros, au sud de Napa, est ainsi plus frais que des régions plus au nord.

À LA RECHERCHE DES MEILLEURS SOLS

Depuis les années 1970, les viticulteurs californiens n'ignorent plus que chaque parcelle possède sa propre identité et sa propre expression. Ils ont aussi appris très vite que, planté sur un sol graveleux bien drainé, le cabernet-sauvignon peut produire un vin classique, alors que, sur des sols lourds et argileux, il a du mal à exprimer son fruit et donne des vins très herbacés, aux arômes végétaux.

Sauf pour les viticulteurs qui affirment qu'un sol calcaire est indispensable au pinot noir (Calera à San Benito, Chalone à Monterey), l'importance des sols se limite à leur texture, à leur pente et à leur exposition. Le bon drainage des sols est essentiel : la vigne n'aime pas « avoir les pieds dans l'eau ». Les sols des coteaux sont moins fertiles que ceux des vallées, mais cette pauvreté confère au fruit des arômes plus intenses.

UNE TECHNOLOGIE DE POINTE

Depuis quelques années, les caractéristiques des sols, en particulier l'hygrométrie, sont analysées, par des producteurs de pointe, à l'aide d'imagerie électronique produite par des satellites de la Nasa. Cela permet de gagner du temps dans la recherche des parcelles offrant les bons équilibres pour tel ou tel cépage ou tel ou tel style de vin.

LE BOUCHON PERD SON HÉGÉMONIE

Suivant l'exemple des pionniers néo-zélandais et australiens, car déçu par la qualité parfois aléatoire des bouchons en liège, un nombre croissant de producteurs californiens de renom mettent en bouteille une partie de plus en plus importante de leur production sous des capsules à vis. Parmi les adeptes de ce type de fermeture, on compte les producteurs suivants : Beringer, Bonny Doon, Calera, Kendall Jackson, Corbett Canyon, Sonoma Cutrer ainsi que le très exclusif Plumpjack.

NAPA VALLEY

Carte page XXVII

Napa Valley, avec sa forme de croissant de lune, est la plus connue, mais pas la plus importante des régions viticoles américaines. Largement vouée à la vigne, elle consacre plus de 18 000 ha à cette seule et unique activité. Le comté de Napa est deux fois moins grand que celui de Sonoma, mais compte beaucoup plus de *wineries* (450). Sa superficie plantée en raisin représente 4 % seulement de la surface viticole de la Californie.

La Highway 29 (autoroute 29), surnommée à juste titre « la Route du vin », parallèle au fleuve Napa, longe une succession presque ininterrompue de vignobles, de chais et de lieux de dégustation : de Trefethen (Oak Knoll Avenue), juste au nord de Napa, jusqu'aux coteaux de zinfandel de Storybook Mountain (à la limite du comté de Sonoma).

L'histoire de Napa

Les débuts au XIXe siècle. Napa, à l'évidence, était prédestinée à la vigne : un siècle et demi d'histoire viticole et la clémence de ses zones climatiques (voir encadré p. 768-769) l'attestent. Ses caves en pierre sont des monuments qui ont vieilli en beauté. Le magnifique Greystone, à la limite nord de St. Helena (aujourd'hui siège de l'Institut culinaire d'Amérique pour l'ouest du pays), le domaine Far Niente à Oakville, superbement restauré, la façade en pierre du Château Montelena à Calistoga, les murs couverts de lierre d'Inglenook et la petite structure en pierre au cœur de Beaulieu sont quelques-uns de ses points de repère.

Le premier vin de la vallée fut produit vers 1840 par George Yount, un natif du Missouri, qui, après s'être battu contre les Indiens, s'installa en 1836 à l'endroit appelé aujourd'hui Yountville. Il y planta un verger et des vignes en 1838 et, dès 1840, obtenait 20 000 litres de vin par an. Mais, jusqu'à la guerre de Sécession (1861-1865), le vin n'était à Napa Valley qu'une activité accessoire de l'agriculture : un verger par-ci, un potager par-là, et quelques rangs de vignes à l'endroit le plus ensoleillé.

Le véritable pionnier de l'industrie vinicole de Napa fut Charles Krug, Prussien d'origine, qui commença à produire du vin vers 1860. Il utilisa le premier pressoir mécanique et fonda à St. Helena la première exploitation vinicole de Napa Valley. Il forma aussi les premiers vignerons célèbres de Californie : Clarence Wetmore (fondateur de Cresta Blanca), Jacob Beringer et Carl Wente.

En 1870, sous l'impulsion d'hommes comme Jacob Schram et Hamilton Walker Crabb, qui transformèrent ce passe-temps en affaire commerciale, le vin était déjà en voie de devenir une industrie. Après avoir visité le domaine Calistoga de Jacob Schram, l'écrivain écossais Robert Louis Stevenson décrivit son vin comme étant « de la poésie en bouteille ».

À cette époque, Crabb était en train de planter To Kalon Vineyard (qui signifiait selon lui « le vignoble du patron » en grec) à l'ouest d'Oakville, où il essaya plus de 400 cépages. To Kalon est toujours un domaine expérimental : une partie du vignoble de Crabb est devenue le centre d'essais viticoles de l'université de Davis en Californie ; l'autre, Block P, appartient à Mondavi, qui y produit son Cabernet-Sauvignon Reserve.

En 1889, Napa Valley comptait au moins 142 caves, malgré les dégâts importants causés par le phylloxéra au cours des années 1880 et 1890.

Du XXe siècle jusqu'à nos jours. Au début du XXe siècle, les treize années de prohibition brisèrent l'essor des exploitations viticoles, mais n'empêchèrent pas l'extension de la viticulture. Encouragée par les vinificateurs clandestins, la consommation de vin fit plus que doubler entre le début et la fin de la prohibition. Dans la période mouvementée qui suivit, les grandes coopératives régnèrent en maîtres sur l'industrie vinicole.

Dans les années 1940, des petits producteurs installés sur les hauteurs – Stony Hill, Souverain (aujourd'hui Burgess), Mayacamas – amorcèrent une conversion qui visait à passer des vins de dessert, ainsi que des vins génériques, aux vins de cépage, chardonnay et cabernet-sauvignon à cette époque. En 1943, le père de Robert Mondavi sauva l'exploitation de Charles Krug du délabrement. En fondant sa propre affaire à Oakville, en 1966, Robert Mondavi construisit la première exploitation d'importance à Napa Valley depuis la fin de la prohibition. Plus de 95 % des entreprises vinicoles existant aujourd'hui à Napa Valley sont nées après celle de style « mission espagnole » de Mondavi.

Napa Valley, comme les autres zones de Californie, connut son véritable essor à partir du milieu des années 1970, lorsque les Américains commencèrent à s'intéresser aux livres traitant du vin, à visiter les exploitations viticoles et à tout déguster, du Chenin blanc au Chardonnay, du Pinot blanc au Pinot noir. Suivant l'exemple du pionnier Mondavi, onze nouvelles exploitations furent créées dans la seule année 1972 à Napa Valley, dont Stag's Leap Wine Cellars, par Warren Winiarski et Clos du Val par Bernard Portet. Huit autres suivirent en 1973, et rien ne put arrêter le développement de la région.

Napa Valley est bien équipée pour accueillir les quelque 500 000 visiteurs annuels qui empruntent la Highway 29 et le Silverado Trail, la route qui lui est parallèle, plus à l'est. Restaurants et salles de dégustation abondent. Et, les matins sans brouillard, le ciel est constellé de montgolfières multicolores offrant une vue panoramique sur la vallée tapissée de vignes.

LES ZONES VINICOLES DE NAPA

Napa dispose d'une aire viticole (AVA) principale, qui recouvre l'ensemble du comté et plusieurs districts. Seize autres aires sont officiellement reconnues à l'intérieur de la Napa Valley. Les raisins de Napa Valley étant très coûteux, et la notoriété de la région bien établie, leur nom occupe une place de choix sur les étiquettes de vin. La plupart des domaines possèdent des vignes dans plusieurs districts. Quoi qu'il en soit, l'aire viticole ne peut figurer sur l'étiquette que si le vin en provient à 85 % au moins.

Napa Valley. AVA principale, qui englobe toutes les vignes du comté de Napa, y compris Chiles Valley, Pope Valley et Wild Horse Valley, qui se trouvent à l'extérieur du bassin hydrologique du fleuve Napa.

Mount Veeder. L'aire viticole longe les monts Mayacamas, au nord et à l'ouest de la ville de Napa, en direction de Bald Mountain. Les vignobles sont cultivés en coteau entre 150 et 800 m au-dessus du niveau de la mer. Les sols volcaniques bien drainés favorisent de faibles rendements (jamais plus de 40 hl/ha) et l'élaboration de Cabernets-Sauvignons et de Chardonnays intenses et bien structurés de domaines comme Mount Veeder, The Hess Collection, Mayacamas Vineyard et Château Potelle.

Spring Mountain. Cette aire viticole remonte le long des collines situées à l'ouest de St. Helena et jouit d'un climat relativement tempéré. Les vieilles vignes fournissent des raisins aux arômes très concentrés. Parmi les exploitations de premier plan citons Cain Cellars, Smith-Madrone et Robert Keenan.

Diamond Mountain. Situé au sud de Calistoga, ce vignoble est l'un des plus escarpés. Certaines terrasses du vignoble Diamond Mountain de Sterling sont à hauteur d'homme et les rendements bas autorisent la production de Chardonnays fins et de Cabernets-Sauvignons fermes et nets. Diamond Creek Vineyards (voir p. 771) et Stonegate possèdent aussi des vignobles sur la colline.

Howell Mountain. Cette aire viticole borde la route Deer Park qui serpente sur la colline et s'étend de St. Helena au côté Vaca de la vallée, en passant par Angwin. Reconnue AVA depuis janvier 1984, elle est entièrement située à une altitude supérieure à 425 m, presque toujours au-dessus de la ceinture de brouillard matinal. Le zinfandel est le cépage classique de Howell Mountain, mais de nouvelles plantations fournissent le Cabernet-Sauvignon de Dunn, compact et ferme, en un vin jeune, qui s'épanouit après quelques années de bouteille.

Atlas Peak. Cette AVA, située au nord de Napa, bénéfice d'un climat modéré. Les cépages les plus fréquents sont le cabernet-sauvignon et le chardonnay, mais on y cultive aussi du sangiovese.

Stag's Leap District. Située à l'est de Yountville, cette AVA est connue pour ses grands vins rouges à base de cabernet-sauvignon signés Clos du Val, Stag's Leap Wine Cellars, Stag's Leap Vineyard, Shafer, Pine Ridge ou Silverado. Elle rivalise avec Rutherford comme producteur des meilleurs rouges de style bordelais.

Rutherford et Oakville. Situées au milieu de la vallée, elles ont chacune droit à leur propre AVA, mais sont parfois regroupées sous la désignation Rutherford-Oakville Bench. Le *bench* (banc) est une terrasse large, plate et basse, courant le long de la vallée et façonnée par le fleuve Napa : aussi les sols sont-ils riches en alluvions et en graves bien drainées. Rutherford est particulièrement célèbre pour ses Cabernets-Sauvignons de caractère, solides et tanniques, aux arômes légèrement herbacés. Oakville, plus au sud, se distingue par des sols plus variés. On y cultive le cabernet-sauvignon et d'autres cépages.

Los Carneros. C'est la plus méridionale des AVA du comté. Elle se caractérise par une fine couche de terre arable et surtout par un climat rafraîchi par la proximité de la baie. Le chardonnay et le pinot noir y excellent, tout comme le merlot.

Chiles Valley. Située au nord-est du comté, cette AVA bénéficie d'un climat particulier en raison de son orientation (du nord-ouest au sud-est). La majorité des vignobles sont situés entre 240 et 300 m d'altitude.

Saint Helena. Créée en 1995, cette AVA est située au nord de Rutherford. Les vignobles s'échelonnent entre 30 et 200 m d'altitude. Coupé des influences océaniques, son climat chaud et sec profite surtout aux cépages rouges parmi lesquels les variétés bordelaises, la syrah et le zinfandel.

Yountville. Située entre Mount Veeder à l'ouest et Stag's Leap District à l'est, cette AVA, ouverte aux influences maritimes, jouit d'un climat modéré avec des nuits relativement fraîches. Le cabernet-sauvignon et le merlot y donnent de bons résultats

Les autres AVA sont Wild Horse Valley, une appellation reconnue en 2001 qui compte un seul vignoble ; et les récentes appellations Oak Knoll, situé dans le sud de Napa Valley, Calistoga, dans l'extrémité nord de la vallée, et Coombsville, au nord-est de Los Carneros.

Les cépages et les styles de vin

La plupart des principaux cépages de Californie (voir p. 762-763) sont présents à Napa Valley et la majorité des vins portent le nom de leur cépage principal. Le cabernet-sauvignon et le merlot dominent pour les rouges, et le chardonnay pour les blancs ; ces trois cépages occupent plus de la moitié de la surface viticole de Napa. Les autres cépages importants sont le pinot noir et le zinfandel, ce dernier non seulement pour les vins rouges, mais aussi pour les *blushes* (rosés), secs ou légèrement doux ; le sauvignon pour des blancs secs ; et le chenin blanc pour des vins secs ou liquoreux dans le style de ceux du Val de Loire, et pour des vins qui usurpent sans vergogne le nom de Vouvray.

PRODUCTEURS

Malgré l'intérêt croissant pour les aires viticoles, le critère de qualité le plus sûr, à Napa comme dans le reste du monde, est la réputation du producteur. Le talent du viticulteur réside dans un travail soigneux en viticulture et vinification, autant que dans l'assemblage de vins aux caractéristiques complémentaires. Les domaines viticoles énumérés ci-après ont leur siège à Napa Valley, mais peuvent utiliser des raisins provenant d'ailleurs. La plupart des vins sont nommés d'après leur cépage (voir p. 762).

BEAULIEU
La réputation de cette vénérable maison repose sur le Cabernet-Sauvignon Georges de Latour Private Reserve, qui porte le nom du Français établi à Rutherford en 1892, et que le vinificateur russe André Tchelistcheff ne cessa ensuite d'améliorer durant près de 40 ans. Un Cabernet-Sauvignon réputé et de longue garde.

BERINGER
Les frères Frederick et Jacob Beringer fondèrent en 1876, juste au nord de St. Helena, cette exploitation viticole. Cette réplique de leur Rhine House (maison du Rhin) familiale de Mayence, aussi exquise qu'originale (aujourd'hui salle de dégustation), est située à côté de caves creusées par des ouvriers chinois. Les vins vedettes sont le Cabernet-Sauvignon Private Reserve, massif mais équilibré, et un Chardonnay, aux arômes provenant des barriques. Bons rapports qualité/prix.

CAKEBREAD CELLARS
Basé à Rutherford, ce domaine planté en cabernet-sauvignon et sauvignon blanc achète également des raisins auprès de vignerons de la vallée de Napa. Les cuvées de cabernet-sauvignon (en fait des assemblages avec d'autres cépages minoritaires) sont régulières et convaincantes.

CAYMUS
La famille Wagner débuta son activité agricole à Napa Valley en 1906, y planta du raisin en 1941 et commença à produire elle-même du vin, à Rutherford, en 1972. Les Wagner prouvèrent rapidement que les bâtisses baroques n'étaient pas indispensables à la production de grands vins comme le sensationnel Special Selection Cabernet-Sauvignon. Aujourd'hui, ils travaillent dans un superbe chai à façade de pierre.

CLOS DU VAL
Né en France, Bernard Portet, dont le père était régisseur au Château Lafite-Rothschild, a apporté une touche française à cette

Depuis quelque temps, la tendance est aux cépages utilisés dans les assemblages de style bordelais, dits « Meritage » (voir p. 761) : le cabernet franc, le malbec et le petit verdot pour les rouges ainsi que le sémillon pour les blancs.
Un autre mouvement, initié par Joseph Phelps, a été de planter des variétés rhodaniennes – le grenache, la syrah et le mourvèdre en tête – mais aussi, en blanc, le viognier et la marsanne. Tous ces vins diffèrent des premiers vins de cépage californiens, aux arômes de chêne trop marqués, à l'extraction maximale et au fort taux d'alcool. De manière générale, les producteurs tendent aujourd'hui à produire des vins plus complexes et plus subtils, à partir d'une gamme diversifiée de cépages.

PRODUCTEURS

exploitation viticole du district de Stag's Leap. La gamme compte de bons Zinfandels, des Sémillon/sauvignon et des assemblages bordelais.

CLOS PEGASE
À sa création, en 1984, Clos Pegase a déchaîné une polémique architecturale ; sa teinte rose rouge et ses lignes singulières sont aujourd'hui parfaitement intégrées au paysage du sud de Calistoga. Gamme complète issue des principaux cépages de la Napa, avec une cuvée 100 % cabernet franc et des vins doux.

CUVAISON
Fondée en 1970, suisse depuis 1979, cette exploitation de Calistoga utilise surtout des raisins provenant de ses vignobles de Carneros. Des vins élégants et savoureux : Chardonnay, Merlot, Carneros Pinot noir et Cabernet-Sauvignon.

DIAMOND CREEK
Les quatre minuscules vignobles totalisant à peine 8,5 ha, sur le mont Diamond, possèdent chacun son propre terroir et sa propre exposition et produisent quatre Cabernets-Sauvignons bien différents les uns des autres. Volcanic Hill, au sol équilibré couleur de cendres, produit des vins austères ; Red Rock Terrace, d'une couleur rouge ferrugineux, produit des vins pleins de fruit ; Gravelly Meadow est frais et ses vins sont iodés avec des arômes de cerise ; Lake est tout petit et ses vins, intenses et chers, ne sont produits que les grandes années.

DOMAINE CARNEROS
Eilene Crane a d'abord travaillé au Domaine Chandon (voir ci-après) avant de vinifier des vins blancs effervescents pour Gloria Ferrer (Sonoma). Aujourd'hui, elle exerce son noble art de la vinification au Domaine Carneros, au sud-ouest de Napa. La production se divise entre vins effervescents et plusieurs cuvées de pinot noir.

DOMAINE CHANDON
En 1973, Moët Hennessy débarqua à Napa Valley et acheta des terres à vignes à Carneros, Yountville et en haut de Mount Veeder. Les blancs effervescents du domaine sont mis en valeur dans son élégant salon de Yountville. La gamme comprend une douzaine de vins effervescents et des vins tranquilles à dominante de pinot noir.

FAR NIENTE
Construite par le capitaine John Benson à Oakville en 1885, cette cave de pierre fut restaurée un siècle plus tard par Gil Nickel, un pépiniériste originaire de l'Oklahoma. Les Chardonnays sont riches et les Cabernets-Sauvignons regorgent d'arômes.

→

PRODUCTEURS

FREEMARK ABBEY
Ces caves en pierre situées au nord de St. Helena datent de 1886, mais la propriété n'a jamais été une abbaye. Premier domaine de Napa à produire un blanc liquoreux de riesling botrytisé (appelé Edelwein, en 1973), Freemark Abbey produit des blancs issus de chardonnay, sauvignon et viognier, et des rouges à base de cabernet-sauvignon et de merlot.

GRGICH HILLS
Originaire de Croatie, Miljenko Grgich s'est fait connaître pour ses Chardonnays généreux et équilibrés, de maturation lente. Après une période d'apprentissage chez Robert Mondavi, il fut engagé au Château Montelena, où son Chardonnay 1973 devint mondialement célèbre. En 1977, il créa cette exploitation de Rutherford avec son associé Austin Hills. Sa famille et son neveu ont pris le relais.

HEITZ CELLARS
Le domaine de Joe Heitz, au sud-est de St. Helena, est célèbre pour son Martha's Vineyard Cabernet-Sauvignon, l'un des rouges les plus renommés de Californie pour sa structure classique et ses arômes très caractéristiques d'eucalyptus.

INGLENOOK
La réputation d'Inglenook, propriété de Francis Ford Coppola, est bâtie sur la cuvée Rubicon, assemblage de cabernet-sauvignon, cabernet franc, petit verdot et merlot.

CHARLES KRUG
Les chais datent de 1861, année où Charles Krug planta des vignes au nord de St. Helena et devint une sorte de « gourou » pour les pionniers du vin de Napa Valley. Krug appartient aujourd'hui à Peter Mondavi et à ses fils. Le domaine est connu pour ses Cabernets-Sauvignons.

LOUIS M. MARTINI
Depuis 75 ans, les Martini dirigent cette exploitation connue pour ses Cabernets-Sauvignons d'une grande finesse et d'une très bonne aptitude au vieillissement. Le Moscato Amabile, un blanc doux de style Asti Spumante du Piémont, est un régal.

ROBERT MONDAVI
Robert Mondavi, aujourd'hui disparu, a longtemps été la locomotive de l'industrie américaine du vin. Après avoir quitté Charles Krug, il fonda son exploitation à Oakville, en 1966, et créa le Fumé Blanc, un Sauvignon complexe vieilli en barrique, qui tira le cépage vers des sommets de qualité. On lui doit aussi des Cabernets-Sauvignons structurés, au bouquet complexe, des Chardonnays riches en fruit et des Pinots noirs souples. Il a signé, en association avec Mouton-Rothschild, une cuvée mondialement célèbre, Opus One. Le groupe qu'il a fondé appartient au groupe mondial du vin Constellation Brands.

CHÂTEAU MONTELENA
Ce vieux château situé au nord de Calistoga est un symbole d'excellence en matière de vinification : Chardonnays, Cabernets-Sauvignons fermes, Zinfandels et un Riesling réputé.

MUMM NAPA
Cette société, située à l'ouest de Rutherford, est connue pour ses vins effervescents de méthode classique, commercialisés à des prix raisonnables.

JOSEPH PHELPS
Un grand nom de la Californie, propriétaire de vignobles à Napa et Sonoma, connu pour sa cuvée Insigna, un Cabernet-Sauvignon intense et de garde, et ses vins de syrah. Magnifiques Pinots noirs et Chardonnays.

RUTHERFORD HILL
Fondé en 1972, le domaine a été le premier grand spécialiste du merlot qui forge toujours la personnalité des vins rouges du domaine.

ST. SUPÉRY
Propriété de la famille française Skalli, cette exploitation située →

PRODUCTEURS

à Rutherford possède un vignoble de 220 ha. Outre ses assemblages bordelais, elle s'est fait une spécialité du sauvignon blanc.

SAINTSBURY
Au cœur du district de Carneros, au sud-ouest de Napa, Richard Ward et David Graves sont spécialisés dans le Pinot noir et le Chardonnay.

SCHRAMSBERG
Jack Davies, ancien conseiller en gestion, et sa femme Jamie furent à l'origine des vins effervescents élaborés selon la méthode de la seconde fermentation en bouteille. Ils fondèrent Schramsberg en 1965, à l'emplacement d'un vieux domaine de Calistoga datant de 1862. La production actuelle fait partie de ce qui se fait de mieux en matière de *sparkling wines* californiens.

SHAFER VINEYARD
Créé en 1972 par John Shafer, le domaine est devenu l'une des références de la vallée de Napa. Le vignoble couvre 80 ha de vignes situés pour une partie dans les AVA de Stags Leap et de Carneros (planté de chardonnay). En rouge, l'encépagement comprend de la syrah, du sangiovese et du merlot, mais l'essentiel des surfaces est consacré au cabernet-sauvignon qui donne des vins somptueux et de garde dans la version « Hillside Select ».

SILVER OAK
Ce domaine d'Oakville ne produit que des Cabernets-Sauvignons provenant de Napa Valley et d'Alexander Valley (Sonoma). Ils sont des expressions puissantes du cépage.

SILVERADO
Ce domaine, niché sur une butte en contrebas de Silverado Trail, produit des vins élégants à base des cépages sauvignon, chardonnay, merlot et cabernet-sauvignon.

STAG'S LEAP WINE CELLARS
Fondé en 1970, ce domaine produit des Cabernets-Sauvignons parmi les plus raffinés et délicats de la Napa, en particulier la cuvée Cask 23 Special, mondialement réputée.

SONOMA

Carte page XXVII

Le comté de Sonoma, de par sa taille et sa géographie, donne aux vins des possibilités d'expression infiniment variées. Si Napa pratique la monoculture, Sonoma brille par sa variété horticole. Enfin, Napa garde l'empreinte patricienne du Bordelais alors que Sonoma, avec ses champs, ses pommiers, ses pruniers et ses pâturages, serait davantage bourguignon. En tout cas, son climat plus frais favorise la finesse de cépages d'origine bourguignonne comme le pinot noir et le chardonnay.

L'histoire de Sonoma

Après s'être bien implantés au Mexique, les prêtres espagnols entreprirent d'établir des missions en Californie : ils commencèrent par San Diego, en 1767, et terminèrent par la petite ville de Sonoma, en 1823. Les pères apportèrent avec eux la vigne nécessaire à l'élaboration du vin de messe et de « l'eau de feu » (une eau-de-vie, l'*aguardiente*), qui les aidait à dormir. Les Russes vinrent ensuite s'établir à Fort Ross et donnèrent le nom de leur princesse au Mount St. Helena. Plus tard encore, des émigrants italiens étendirent la culture de la vigne : les Rossi, Sbarboro, Pastori, Nervo, Mazzoni et Seghesio furent les premières familles de colons. Aujourd'hui, les noms ont une consonance bien plus internationale à Sonoma : des entreprises françaises, anglaises, japonaises, espagnoles et allemandes y possèdent d'importants domaines, et de vastes étendues de vignobles appartiennent à des exploitations situées de l'autre côté du Mayacamas Range (dans le comté de Napa).

Sonoma fut aussi la patrie d'adoption de Agoston Haraszthy, un sympathique arnaqueur hongrois qui se faisait appeler « comte » (et parfois « colonel ») et qui échangeait avec le général Mariano Vallejo, le gouverneur mexicain de la ville, de longues conversations sur la viticulture. Deux de ses fils épousèrent les filles jumelles de Vallejo et, en 1857, Haraszthy fonda Buena Vista, planta plus de 100 000 ceps de vigne européens, dont, paraît-il, du zinfandel (1861), mais il dut finalement partir en 1866 en raison d'indélicatesses financières.

La tradition de la vente en vrac des vins de Sonoma aux domaines d'autres régions prit fin avec l'essor du vin dans les années 1970. À mesure que de nouveaux domaines surgissaient un peu partout dans le comté, les vins élaborés commencèrent à se faire connaître pour leur diversité et leur fort caractère.

L'industrie vinicole de Sonoma

Avec près de 450 *wineries*, le comté de Sonoma connaît aujourd'hui une période de grande prospérité : il y a 35 ans, on comptait seulement 30 domaines viticoles et à peine 4 450 ha étaient plantés de vignes. Dire que le monde a porté aux vins de Sonoma un intérêt croissant est donc un euphémisme. Longtemps dans l'ombre de sa voisine Napa, Sonoma a rattrapé son retard et passe pour l'une des régions les plus dynamiques de Californie.

Dans le passé, les viticulteurs de Sonoma évitaient de faire parler d'eux ; aujourd'hui, plusieurs organismes sont chargés de faire connaître au reste du monde la qualité de leurs vins, et de grandes sociétés de production, tel Gallo, effectuent d'énormes investissements dans cette région. Signe positif des temps, viticulteurs et vinificateurs, qui étaient jadis des adversaires acharnés, travaillent singulièrement la main dans la main. Le meilleur de ces organismes est le Carneros Quality Alliance, qui, non content de faire partager aux viticulteurs et aux négociants le même souci de qualité, a par ailleurs financé une étude scientifique très sérieuse sur l'identité du pinot noir dans la région. Le comté de Sonoma est, bien plus que d'autres régions de la côte ouest, d'une hospitalité irréprochable et offre de nombreuses activités passionnantes aux visiteurs s'intéressant à la gastronomie.

Le climat et les sols

Les conditions climatiques sont plus fraîches que celles qui règnent habituellement en Californie. Pour la vigne, cela induit un cycle végétatif plus long et plus lent, tempéré par le brouillard qui remonte la Russian River à partir de Jenner (où elle se jette dans le Pacifique) ou qui, à l'intérieur des terres, part de la baie de San Francisco, remonte Sonoma Valley et traverse la région de Carneros. Les goûts et les arômes des raisins sont dus à une longue période de maturation plutôt qu'à l'action desséchante du soleil ; les arômes se retrouvent dans les vins dès leur jeunesse et se prolongent jusqu'à un âge vénérable. L'individualité des vins reflète la grande variété de texture des sols et d'exposition au soleil, mais aussi les pluies et l'influence océanique (voir p. 764). Dans la partie haute d'Alexander Valley, à l'intérieur des terres, le climat est moins frais et les sols graveleux restituent, la nuit, la chaleur accumulée le jour : le sauvignon blanc et le cabernet-sauvignon s'y épanouissent. À quelques kilomètres de là, dans Green Valley, les sols plus froids de certains méandres de la Russian River, la proximité du Pacifique et les brouillards matinaux créent des conditions parfaites pour les Pinots noirs et les Chardonnays (parfois tranquilles, mais plus souvent effervescents).

Même si l'on comprend mieux le comté de Sonoma à travers ses aires viticoles (voir encadré p. 776-777), il importe de savoir que le nom du producteur demeure une meilleure garantie de qualité que celui de la région inscrite sur l'étiquette. Cela s'explique en partie par le fait qu'une aire viticole ne vaut pas davantage que le plus mauvais producteur ayant droit à la dénomination. Il arrive qu'un vin portant le nom d'une petite AVA ou d'un vignoble individuel soit le meilleur d'un producteur donné. Il se peut aussi que d'autres – que leurs producteurs ont pris autant de soin à assembler – n'aient pas droit à l'AVA, parce que moins de 85 % des raisins proviennent de la région. Par ailleurs, les limites des AVA se chevauchent souvent, et leurs définitions suscitent parfois des luttes d'influence.

Les cépages et les styles de vin

Alors que la plupart des régions vinicoles du monde visent à produire des vins d'un certain style, les aires viticoles variées de Sonoma permettent de faire des vins de styles très divers à partir de la gamme complète des cépages californiens (voir encadré p. 762-763). Les blancs secs de chardonnay, les rouges de cabernet-sauvignon et de pinot noir, qui sert aussi à produire des vins effervescents, arrivent en tête de liste, mais les récoltes de zinfandel (vinifié en rouge et rosé), merlot, syrah, sauvignon, pinot blanc, pinot gris, riesling ou viognier ne sont pas négligeables. La plupart des vins tirent leur nom de leur cépage principal.

LES ZONES VITICOLES DE SONOMA

Les principales aires viticoles (AVA) du comté de Sonoma sont présentées ci-après dans leurs grandes lignes, du sud vers le nord.

Si tout vin produit dans la région peut être vendu sous le nom du comté (Sonoma County) ou sous celui de Northern Sonoma, pour la partie nord du comté, certaines aires viticoles – Sonoma Valley, Russian River Valley, Alexander Valley –, bien plus vastes que celles de Napa, se sont forgé leur propre réputation. Leurs noms apparaissent de plus en plus souvent sur les étiquettes, à condition que 85 % au moins des raisins en proviennent, comme l'exige la législation californienne.

Los Carneros. L'aire viticole la plus méridionale de Sonoma se prolonge à l'est dans Napa Valley, sa partie ouest correspondant à la partie sud de l'aire viticole Sonoma Valley. Carneros tire son nom des moutons qui paissaient autrefois sur ces sols de basse altitude, peu profonds et composés d'argiles compactes et d'alluvions. C'est une zone rafraîchie par la baie de San Pablo et par les vents réguliers qui viennent du Pacifique et s'engouffrent par le Petaluma Gap. Le pinot noir et le chardonnay sont les cépages vedettes, mais la syrah et le merlot ont progressé récemment.

Sonoma Valley. Aire viticole en forme de croissant qui s'étire vers le nord-ouest de la baie jusqu'à Santa Rosa Plain, parallèlement à Napa Valley, à l'est, également en forme de croissant. Sonoma Valley forme un cercle autour de la place historique de la ville de Sonoma. Elle se consacre au cabernet-sauvignon, au merlot et au sauvignon, cépages qui s'épanouissent dans le fond et sur les bancs (larges terrasses naturelles) de la vallée. La partie supérieure des pentes est plantée en zinfandel.

Sonoma Mountain. Cette aire viticole située à l'extrémité nord-ouest de la vallée est incluse dans l'AVA Sonoma Valley. Les vignobles grimpent jusqu'à 440 m d'altitude et, par conséquent, au-dessus des brouillards matinaux. On y privilégie donc les cépages aimant la chaleur : cabernet-sauvignon, zinfandel et sauvignon. On y cultive aussi le chardonnay.

Russian River Valley. Cette aire viticole remontant au XIXe siècle est l'extension méridionale, plus fraîche, d'Alexander Valley : les deux vallées se rencontrent à l'endroit où la Russian River fait un coude vers l'ouest pour aller rejoindre l'océan. La rivière se jetait autrefois dans la baie de San Francisco, mais une éruption ancienne du Mount St. Helena la dérouta vers la mer.

Pinot noir, chardonnay, riesling et gewürztraminer mûrissent lentement le long des méandres sinueux de la rivière. La région produit des vins parmi les plus fins et les plus frais de la Californie, notamment des effervescents de qualité.

Green Valley. C'est l'un des deux districts de l'AVA Russian River. Situé du côté océanique de l'aire viticole, à une dizaine de kilomètres du Pacifique, il est plus frais. Chardonnay et pinot noir prédominent.

Chalk Hill. Cette zone s'étend dans la partie la plus orientale et donc la plus chaude de Russian River, à la limite sud d'Alexander Valley. Ses sols brun foncé de cendres volcaniques, à l'ombre de la montagne qui les créa, sont plantés principalement en cépages blancs, sauvignon et chardonnay.

Sonoma Coast. Zone fraîche et plus humide que les autres secteurs de Sonoma, où les plantations sont bien souvent situées au-dessus des brouillards qui nappent cette partie de la côte. Pinot noir et chardonnay sont privilégiés.

Knights Valley. Bien que faisant partie du comté de Sonoma du point de vue administratif, cette aire viticole serait plutôt l'extension septentrionale de Napa Valley ou l'extension sud d'Alexander Valley. Isolée de l'océan et de la baie, sa chaleur et le faible pH de ses sols sont tout indiqués pour les cépages cabernet-sauvignon, merlot et sauvignon.

Alexander Valley. Colonisée en 1833 par Cyrus Alexander, un pionnier cumulant les fonctions de marchand, trappeur, mineur et chasseur, cette AVA s'étend des rives de Russian River jusqu'aux contreforts des monts Mayacamas et chevauche la partie nord de Russian River Valley. Le climat y est chaud et favorise la production de Chardonnays généreux. Quant aux Cabernet-Sauvignon, Merlot ou Zinfandel , ils affichent de belles concentrations.

Dry Creek Valley. Quoique plus petite et plus proche du Pacifique, cette AVA est plus chaude et plus humide que les régions voisines. Ses terrasses volcaniques et ses graves en terrain plat accueillent tous les cépages bordelais, rouges et blancs. On y trouve plusieurs sites de vignes centenaires de zinfandel, qui produisent des rouges particulièrement intenses.

Les autres AVA sont Bennett Valley, connue pour son Merlot, Moon Mountain, créée en 2013 et située à l'intérieur de l'AVA Sonoma Valley, et les petites zones de Fort Ross/Seaview, Pine Mountain/Cloverdale Peak et Rockpile.

PRODUCTEURS

La diversité des vins de Sonoma ne peut être attribuée uniquement à la large palette des cépages utilisés (voir p. 762), dont les vins portent généralement les noms. Elle est également due aux différences entre les aires viticoles du comté (voir p. 776), chacune ayant son mésoclimat et son sol propre. La plupart des producteurs font plusieurs vins, rouges et blancs, tranquilles et mousseux, et hiérarchisent leur production en plusieurs gammes. S'agissant des vins haut de gamme, de plus en plus de producteurs prennent l'habitude de baptiser les cuvées du nom du vignoble spécifique ou de la parcelle dont elles sont issues. Des exemples célèbres existent pour les magnifiques vins de Ridge Vineyards, les Geyserville ou Lytton Springs, élaborés avec des assemblages dominés par le zinfandel.

ARROWOOD
La renommée de Richard Arrowood date des années 1970, époque à laquelle il fonda Château Saint Jean (voir plus loin), où il vinifia plusieurs Chardonnays et d'opulents Rieslings botrytisés. Avec sa parfaite maîtrise technique, il a élaboré ici de très bons Cabernets-Sauvignons ou Chardonnays qui continuent à assurer la renommée du domaine.

BUENA VISTA
Agoston Haraszthy fonda le domaine en 1857 et Frank Bartholomew, patron d'United Press International, ressuscita le vignoble et la réputation du cru dans les années 1940. Il fait partie aujourd'hui du groupe Boisset.

CLOS DU BOIS
Un domaine de plus de 300 ha (dont une partie à Sonoma), créé en 1974. Une gamme recommandable qui compte, entre autres, de belles cuvées de chardonnay et de cabernet-sauvignon

CLINE CELLARS
Ce domaine de la partie sud de Sonoma produit d'excellents vins, dont les raisins viennent en partie de vignes anciennes, de zinfandel, de mourvèdre et de variétés rhodaniennes, plantées dans la région de Contra Costa.

DRY CREEK
Le domaine se trouve au centre de l'aire viticole Dry Creek Valley, au nord de Healdsburg. Il s'est fait connaître par son Fumé Blanc (Sauvignon), aux notes de fougère, d'herbes et de figue, capable de bien vieillir. On y trouve aussi un Chenin blanc et des Zinfandels convaincants.

GARY FARRELL
Domaine de la Russian River réputé pour son expertise du pinot noir.

FERRANI-CARANO
Don et Rhonda Carano sont propriétaires de cette exploitation de Healdsburg. Un Fumé Blanc (Sauvignon) aux notes de figue et de melon et un Chardonnay aux arômes de fruits exotiques font partie des standards de la maison, tout comme le sangiovese et le pinot gris.

GLORIA FERRER
Filiale de Freixenet, le géant du mousseux espagnol, ce domaine produit une série de vins effervescents ainsi que des Pinots noirs et des Merlots.

FOPPIANO
La famille Foppiano perpétue la riche histoire du domaine créé en 1896. Elle produit notamment de beaux exemplaires de Petite Syrah, spécialité californienne.

GUNDLACH BUNDSCHU
Six générations de Bundschu se sont succédé à la tête de ce domaine fondé en 1858 par Charles Bundschu et Jacob Gundlach. Les 120 ha actuels comprennent le vignoble Kleinberger. Bons rouges issus du pinot noir et du merlot.

HANZELL
Ce bijou de 18 ha, juste au nord de Sonoma, est doté d'un bâtiment viticole inspiré de la façade nord du Clos Vougeot en Bourgogne. Le fondateur, J. D. Zellerbach, grand

amateur de vins de Bourgogne, planta d'abord du chardonnay en 1953, puis du pinot noir. Il fut parmi les premiers à importer des barriques françaises et à vinifier en cuves d'acier inoxydable. Le vin de chardonnay issu d'une parcelle en coteau exposée au sud-ouest est particulièrement réussi.

IRON HORSE
La fraîcheur du climat de Green Valley convient parfaitement aux cépages pinot noir et chardonnay, élaborés ici en une large gamme de vins effervescents et de vins tranquilles.

JORDAN
Tom Jordan a construit son Domaine de Healdsburg à l'image d'un château bordelais, mais son vin blanc est un Chardonnay, cépage bourguignon. Le Cabernet-Sauvignon se montre suave et le Chardonnay puissant.

KISTLER
Steven Kistler a fait trois millésimes à Ridge (baie de San Francisco) afin d'apprendre ce qu'il appelle la vinification « non interventionniste ». Le domaine produit une réjouissante déclinaison de Chardonnays et de Pinots noirs provenant de terroirs spécifiques, dans un style inspiré de la Bourgogne.

KORBEL
À Guerneville, non loin du Pacifique, sur les rives graveleuses des méandres de Russian River, Korbel ravit les visiteurs avec son jardin de roses anciennes et ses vieux bâtiments en brique couverts de vignes. Fondé il y a un siècle par trois frères tchèques (Francis, Joseph et Anton Korbel), Korbel est spécialiste dans la production de vins effervescents.

LAUREL GLEN
À partir d'une parcelle située sur les coteaux de Sonoma Mountain, hors de la zone de brouillards, à l'ouest de Glen Ellen, ce domaine produit un Cabernet-Sauvignon très réputé et de bonne garde.

MATANZAS CREEK
Une exploitation qui affiche la devise « l'extrémisme dans la recherche de la qualité n'est pas un vice » est obligatoirement une force avec laquelle il faut compter. Le Chardonnay se révèle riche en arômes. Le Merlot, élancé, se prolonge en bouche ou vieillit bien en bouteille ; un Sauvignon lui correspond en blanc.

PEDRONCELLI
Cette exploitation de Geyserville fut fondée en 1927 avec, à l'époque, les cépages carignan, burger et petite sirah. La famille Pedroncelli soigne ses cuvées à partir d'un vignoble qui compte de très vieilles vignes. L'encépagement comprend chardonnay, sauvignon, chenin blanc, cabernet-sauvignon et zinfandel (vinifié en rosé pâle, rosé et rouge).

SEGHESIO
La famille, venue du Piémont en 1886, s'est constitué un beau patrimoine de vignes avant de produire ses propres vins à partir de 1983. Elle est très réputée pour ses Zinfandels concentrés et charnus, parmi les plus accomplis de Californie.

CHÂTEAU SAINT JEAN
Depuis sa création près de Kenwood, en 1973, Saint Jean a pour porte-drapeau le Chardonnay qui se décline en différentes cuvées provenant de vignobles à Alexander Valley, Sonoma Coast et Sonoma Valley. Merlot, Syrah, Cabernet ou Malbec sont aussi produits.

SEBASTIANI
Créé en 1904 par l'immigré toscan Samuele Sebastiani, le géant du centre-ville de Sonoma a plusieurs fois changé de visage. Auguste Sebastiani introduisit des cépages courants. Son fils, Sam, a fortement réduit l'exploitation pour se consacrer à la production de vins de grande qualité.

SONOMA-CUTRER
Dans cette superbe *winery,* le chardonnay et le pinot noir règnent en maîtres incontestés. Les vins sont →

PRODUCTEURS

commercialisés sous les étiquettes des vignobles dont ils proviennent : Les Pierres, Cutrer, Russian River Ranches.

CHÂTEAU SOUVERAIN
Ce domaine possède un vignoble planté de vieilles vignes dans le nord d'Alexander Valley et une *winery* récente. Parmi ses réussites citons un Zinfandel épicé, un Pinot noir souple et un Chardonnay.

WILLIAMS SELYEM
Burt Williams et Ed Selyem font ce que l'on peut appeler, sans hésiter, le meilleur Pinot noir de Healdsburg à partir de raisins de Russian River. Ces Pinots noirs sont épicés, succulents et longs en bouche. Leur Zinfandel puissant mérite d'être dégusté.

AUTRES RÉGIONS CÔTIÈRES

Carte page XXVII

Les très nombreuses exploitations situées en dehors de Napa et de Sonoma reflètent bien la fascinante diversité de la Californie. Hormis quelques producteurs qui s'identifient, comme en Europe, à un terroir défini et à un vin spécifique, il s'agit le plus souvent de toute une panoplie de vins, qui offrent un large éventail de styles et de qualités : ils peuvent en effet provenir de tous les principaux cépages californiens (voir encadré p. 762-763), auxquels se rajoutent quelques autres. Il est courant qu'une même exploitation produise du rouge, du blanc et du rosé *(blush)*, un vin mousseux, voire aussi un ou plusieurs vins de dessert.

Lake et Mendocino

Au nord de ce que l'on surnomme en plaisantant « Sonapanoma » s'étendent les comtés de Lake et de Mendocino. Le premier compte trois aires viticoles plus petites (Benmore Valley, Clear Lake et Guenoc Valley), le second sept (Anderson Valley, Cole Ranch, McDowell Valley, Mendocino Ridge, Potter Valley, Redwood Valley et Yorkville Highlands). Bien qu'ils soient moins connus du reste du monde que Napa et Sonoma et que les producteurs y soient moins nombreux, ces comtés appartiennent à ce que les Californiens nomment la côte nord. Situés au nord de San Francisco, ils bénéficient, comme leurs voisins, des nombreux avantages du climat frais, ce qui est particulièrement vrai pour la vallée d'Anderson (à Mendocino), dont les vins jouissent d'une excellente réputation.

À l'intérieur des terres, autour de Clear Lake, le climat chaud du comté de Lake convient bien au sauvignon (vins blancs) et au cabernet-sauvignon (vins rouges), ces deux cépages couvrant plus de la moitié du vignoble. Les sols y sont généralement volcaniques, souvenir des anciennes éruptions de Mount Saint Helena et de Mount Konocti. Les viticulteurs se considèrent comme de véritables pionniers, tant ils sont éloignés des circuits commerciaux habituels : à ce jour, pas une seule ligne de chemin de fer ne pénètre dans le comté de Lake pour desservir sa demi-douzaine d'exploitations. De nombreux vignobles appartiennent à des sociétés vinicoles dont le siège se trouve dans la vallée de Napa : Sutter Home, Louis Martini et Beringer, entre autres.

Le comté de Mendocino se divise en deux zones principales : la chaude vallée intérieure d'Ukiah et la fraîche vallée d'Anderson, orientée à l'ouest, vers l'océan Pacifique. Une centaine d'exploitations se répartissent les quelque 6 500 ha de vignes. Le chardonnay (pour les blancs) couvre un quart de la superficie, le reste étant planté en zinfandel, au goût de poivre et de framboise (essentiellement sur de hautes crêtes en bordure des forêts de séquoias), en cabernet-sauvignon, merlot ou pinot noir (ce dernier sert plus souvent à la fabrication de vins mousseux).

La zone de la baie

Une grande variété de sites viticoles entoure la baie de San Francisco, des basses plaines graveleuses de la vallée de Livermore aux versants de la forêt humide des montagnes de Santa Cruz (Santa Cruz Moutains AVA), avec des exploitations établies dans d'historiques caves de pierre aux hangars en tôle ondulée abritant aussi bien des citernes en Inox que des fûts de chêne français.

Dans cette zone, certains centres de vinification (comme Audubon et Rosenblum) se trouvent en plein centre-ville et s'approvisionnent en raisin dans diverses régions, alors que d'autres, plus petits, se concentrent sur un terroir précis (Ahlgren, Cronin, Fogarty, Hallcrest, Roudon-Smith, Santa Cruz Mountain Vineyard, Woodside).

Avec ses cépages cabernet-sauvignon pour les rouges, sauvignon et sémillon pour les blancs, la vallée de Livermore ressemble quelque peu aux Graves du Bordelais. Les montagnes fraîches qui dominent les comtés de Santa Cruz et de Santa Clara sont, elles, essentiellement plantées en chardonnay et en riesling pour les vins blancs, en zinfandel et en pinot noir pour les rouges. Plusieurs producteurs très réputés sont implantés dans cette région : Ridge, dans son vignoble historique de Montebello, au-dessus de Cupertino, mais aussi le très innovant Bonny Doon, ainsi que Calera et Chalone.

Monterey et San Benito

Plus au sud, les comtés de Monterey (sur la côte) et de San Benito (à l'intérieur des terres) offrent une variété encore plus grande de sites viticoles.

Monterey, région au cycle végétatif long et ensoleillé, doit sa conquête à l'irrigation : la pluviométrie de la région ne dépasse jamais 250 mm par an, soit la moitié des besoins du vignoble. Au cours des années 1960, Paul Masson, Mirassou et Wente introduisirent donc dans la vallée de Salinas des systèmes d'arrosage à jet et de goutte-à-goutte. Grâce à l'irrigation, au sol meuble et sablonneux, peu propice au phylloxéra, le vignoble couvrait déjà plus de 16 000 ha au milieu des années 1970 – essentiellement du cabernet-sauvignon qui, trop arrosé, monta en graine.

Aujourd'hui, le vignoble de la vallée de Salinas (qui englobe les régions viticoles de Santa Lucia Highlands, Arroyo Seco, San Lucas et Chalone) ne couvre plus que 12 100 ha, dont près d'un tiers est planté en chardonnay (pour les vins blancs). Viennent ensuite, par ordre décroissant d'importance : cabernet-sauvignon (mieux compris aujourd'hui, car on cesse de l'arroser après le mois de juin), chenin blanc et riesling pour les blancs, zinfandel et pinot noir (qui fait des merveilles près de la baie de Monterey) pour les rouges, sauvignon et pinot blanc (surtout pour les vins effervescents).

Le cépage rouge merlot se comporte très bien dans les hautes terres de Santa Lucia, les Pinots noirs concentrés viennent de sites plus frais et les Chardonnays offrent des notes de fruits exotiques caractéristiques.

L'aire viticole de la vallée de Carmel, qui constitue une poche chaude à l'ouest de la rivière Salinas, est son côté célèbre pour ses généreux Cabernets-Sauvignons aux arômes de cacao. San Benito faisait jadis partie du comté de Monterey et devait sa célébrité au grand vignoble de la vallée de la Cienega planté par Almaden : à la suite d'un tremblement de terre, il fut coupé en deux par la faille de San Andreas. Ce sont les Pinots noirs de Calera qui font aujourd'hui la réputation de ce comté. Les autres aires viticoles de ce comté, comme Lime Kiln Valley, Pacheco Pass et Paicines, sont moins connues.

San Luis Obispo

Paso Robles est la plus grande aire viticole du comté de San Luis Obispo, mais l'importance des vignobles de la vallée de l'Edna (au sud de la ville de San Luis Obispo) et d'Arroyo Grande va croissant. Paso Robles est une haute vallée isolée, caractérisée par des journées d'été torrides et des nuits très froides en hiver. Surtout dans sa partie plus chaude, à l'ouest de la Highway 101, cette aire viticole est célèbre pour ses Cabernets-Sauvignons fruités et souples, mais aussi, de plus en plus, pour des vins issus de cépages rhodaniens.

En 1913, le pianiste polonais Ignace Paderewski acheta 800 ha à l'ouest de Paso pour y planter des amandiers et du zinfandel. Aujourd'hui, la ville de Templeton, juste au sud de Paso, est très appréciée des connaisseurs pour ses Zinfandels rouges fruités et poivrés.

Située au sud de la ville de San Luis Obispo, la vallée de l'Edna est connue pour ses Chardonnays pleins de caractère (Edna Valley Vineyard, Corbett Canyon), tandis qu'Arroyo Grande se spécialise dans les vins effervescents vifs (Maison Deutz).

La région la plus méridionale du comté recouvre une petite partie de l'AVA vallée de Santa Maria, dont la majeure partie s'étend jusque sur le comté de Santa Barbara. Contrairement aux autres vallées viticoles de Californie, cette vallée s'étend d'est en ouest et est donc exposée aux brumes venant de l'océan Pacifique. Avec son climat plutôt frais, la vallée est un des hauts lieux du Pinot noir.

Santa Barbara et le sud de la Californie

Santa Barbara constitue le comté le plus méridional de la côte centrale. Contrairement au reste de la Californie, exposé à l'ouest, Santa Barbara possède, entre Point Concepcion et Rincon, 80 km de côtes orientées au sud et ressemble ainsi à la côte méditerranéenne de France et d'Espagne.

Ce furent les missions qui, en s'étendant vers le nord, introduisirent le raisin dans ce comté : Santa Barbara (en 1786), La Purisima Concepcion (Lompoc, en 1787) et Santa Ynez (Solvang, en 1804). Comme dans beaucoup d'autres régions de Californie, le vignoble y prospéra durant la seconde moitié du XIXe siècle, mais fut ruiné par la prohibition au début du XXe siècle. La *bodega* d'Albert Packard, construite en 1865, était une structure en adobe de trois étages aux murs de 1 m d'épaisseur. Le chemin qui passait entre les vignes est aujourd'hui la rue De La Vina.

La résurrection de Santa Barbara débuta en 1962, lorsque le Canadien Pierre Lafond fonda Santa Barbara Winery. Connue à l'époque pour ses vins fruités, elle l'est aujourd'hui pour son Pinot noir au goût de cerise, son généreux Johannisberg Riesling et son Zinfandel rouge plein de vitalité. Mais c'est surtout grâce à la promotion désintéressée et à la renommée de l'ancien marchand de pneus Brooks Firestone que Santa Barbara figure aujourd'hui sur les cartes viticoles.

À Santa Barbara, les propriétés de personnalités célèbres et les ranches avoisinent près de 4 000 ha de vignes. Plus de la moitié d'entre eux sont plantées de chardonnay, qui donne de riches vins blancs amples avec des notes de fruits exotiques, mais le pinot noir devrait avoir droit à une mention spéciale pour les rouges des fabuleux vignobles de Bien Nacido, Sierra Madre et Sanford. Les meilleures aires viticoles (AVA) sont la vallée de Santa Maria, les plaines du nord-ouest du comté et la vallée de Santa Ynez, qui suit les méandres

de la rivière du même nom du lac Cachuma jusqu'au Pacifique. D'autres AVA ont été reconnues : d'est en ouest, entre Santa Maria et Santa Ynez, ce sont Happy Canyon, Ballard Canyon et Santa Rita Hills.
De nombreux vignobles s'étendent au sud du comté de Santa Barbara. Le premier centre de vinification fut fondé en 1824 à Los Angeles par Joseph Chapman. Ce dernier fut suivi par Jean-Louis Vignes, un Français né à Cadillac, dont le El Aliso Ranch devint une affaire très prospère. Après la ruée vers l'or – lorsque le vignoble se déplaça vers

PRODUCTEURS

Les vinificateurs californiens possèdent souvent des vignes dans plusieurs AVA différentes, voire dans plusieurs comtés, et peuvent en outre acheter du raisin à d'autres exploitations. Ils sont classés ci-dessous suivant la localisation de leur chai de vinification. Comme dans le reste de la Californie, la plupart des vins de qualité portent le nom du cépage dont ils sont issus (voir p. 762).

LAKE ET MENDOCINO

FETZER
Fondé par Barney Fetzer à Hopland (Mendocino) en 1969, Fetzer est devenu un gros producteur, mais ses vins restent de qualité.

GUENOC
Son vignoble près de Middletown, ancien ranch de la chanteuse britannique Lily Langtry, est situé à la fois sur les comtés de Lake et de Napa.

KENDALL-JACKSON
L'empire de l'avocat Jess Jackson, qui a débuté à Lakeport, en 1983, par la construction du minuscule Château du Lac, produit aujourd'hui près de 12 millions de bouteilles par an grâce à l'acquisition des maisons J. Stonestreet (Sonoma), Cambria (Santa Maria Chardonnay) et Edmeades (vallée d'Anderson). Kendall-Jackson a fait de Chardonnay un terme générique désignant son blanc populaire, très souple et parfumé.

PARDUCCI
Fondée par le père de John Parducci en 1932, cette exploitation de 140 ha, comme celles de ses compatriotes italiens, vaque tranquillement à ses occupations. Elle produit des vins fiables et abordables, comme sa Petite Sirah au goût épicé de prunes et de baies rouges. Les visiteurs se rendent par milliers à Ukiah pour découvrir l'exploitation, la boutique de souvenirs, la galerie d'art, le restaurant et la salle de dégustation.

ROEDERER
Créée par Jean-Claude Rouzaud en 1985, la filiale californienne de la maison de champagne de Reims commença par élaborer du mousseux de style outre-Atlantique avant d'assembler les vins de la vallée d'Anderson selon la fameuse méthode classique. Pour ce faire, elle acheta des terres situées à des altitudes différentes et plus ou moins près de la côte : les vignes les plus proches de l'océan sont à 18 km des plus éloignées. Le vignoble couvre 230 ha plantés de chardonnay et pinot noir uniquement. Quatre cuvées sont produites dont une millésimée, l'Ermitage, longuement affinée en cave avec des vins de réserve élevés sous bois.

ZONE DE LA BAIE

BONNY DOON
Randall Grahm élabore des vins très personnalisés, dont certains proviennent de son exploitation des montagnes de Santa Cruz. Son rouge savoureux

Napa, Sonoma et les contreforts de la Sierra –, le commerce du vin perdit de son importance à Los Angeles, en raison de la maladie des vignes (maladie de Pierce) et de l'urbanisation. Aujourd'hui, une infime partie des vignes du comté de Riverside approvisionne la petite douzaine de vinificateurs installés près de Los Angeles, le reste étant vendu en raisin de table. Quant aux sols sablonneux de l'aire viticole de Temecula, à l'extrémité sud-ouest du comté, ils sont connus pour leur Chardonnay, tranquille (Callaway) et effervescent (Thornton, anciennement Culbertson).

PRODUCTEURS

dans le style des vins du Rhône, baptisé Le Cigare Volant, plein d'arômes d'airelle et de cerise, possède une étiquette originale représentant un ovni. Bonny Doon produit également une gamme aussi éclectique que réjouissante qui comporte de belles cuvées de syrah, entre autres.

CONCANNON
La longue histoire de Concannon remonte à sa fondation en 1883 par le libraire irlandais James Concannon. Ses caves demeurèrent en production durant la prohibition, grâce aux liens entretenus avec le clergé catholique de San Francisco (et ses commandes légales de vin de messe). Concannon soigne notamment sa cuvée de petite sirah, un rouge au goût prononcé de prune, qui se complaît dans les sols graveleux de la vallée de Livermore.

MIRASSOU
Aux dires de sa cinquième et de sa sixième génération, la famille a acheté ses vignes de la vallée de Santa Clara dès 1854. Depuis les années 1960, la maison porte ses efforts sur ses 300 ha du comté de Monterey, où elle produit un Pinot noir souple, un Cabernet-Sauvignon généreux au goût de poivron et plusieurs vins blancs issus des cépages pinot gris, riesling ou muscat.

RIDGE
Fondée par un groupe de scientifiques, vignerons du week-end, cette entreprise vinicole basée à Cupertino appartient aujourd'hui à des Japonais. Mais Paul Draper, le vinificateur chevronné de cette entreprise et grande personnalité de la viticulture californienne, continue d'y produire les Zinfandels les plus élégants dans des vignobles aussi différents et éloignés que Lytton Springs (Sonoma), Fiddletown (Amador) ou Dusi (Paso Robles). Son Chardonnay de Santa Cruz est complexe, mais la star d'une gamme brillante est certainement le Montebello rouge, un vin issu d'un assemblage bordelais dominé par le cabernet-sauvignon et capable d'un excellent vieillissement.

WENTE
Comme leurs voisins, les Concannon de Livermore, les Wente commencèrent à cultiver la vigne dès 1883. L'affaire appartient toujours à la famille, qui a racheté les vignobles de Concannon et transformé les anciens chais de Cresta Blanca en restaurant et en centre de vinification de vins mousseux. Wente possède de nombreuses parcelles de vignes dans le comté de Monterey. Son Sémillon se distingue par un délicieux bouquet caractéristique évoquant le melon et la figue.

MONTEREY ET SAN BENITO

CALERA
La passion de Josh Jensen pour la Bourgogne le poussa à chercher un terrain assez calcaire. →

PRODUCTEURS

Il trouva un ancien four à chaux (*calera* en espagnol) dans les collines surplombant Hollister, dans le comté de San Benito. Les chais s'étagent sur sept niveaux le long du coteau. Chaque vignoble (Jensen, Reeds, Selleck et Mills) donne un Pinot noir différent, mais ce sont tous des vins concentrés aux arômes de cannelle et de cerise. L'entreprise produit également du Viognier, du Chardonnay et de l'Aligoté.

CHALONE
Situé à l'est de la ville de Soledad et du même côté des formations rocheuses basaltiques de Pinnacles que Monterey, Chalone vinifie aussi selon la tradition bourguignonne, afin de donner un maximum de caractère à ses Pinots noirs et à ses Chardonnays.

JEKEL
Située à Greenfield, cette exploitation est l'exception à la règle selon laquelle « le Riesling ne donne rien de bon en Californie ». La brume de la baie de Monterey permet au raisin de garder son acidité, si bien que même le Riesling sec conserve sa profondeur et sa vivacité, tandis que le vin de dessert botrytisé est richement fruité. Le Chardonnay de Jekel a lui aussi du succès et, à maturité, son Cabernet-Sauvignon déploie des nuances de cacao.

SAN LUIS OBISPO

ALBAN VINEYARDS
Excellents vins de cépage de la vallée du Rhône : Syrah et Viognier.

EBERLE
L'ancien joueur de football Gary Eberle planta ses premières vignes à l'est de Paso Robles en 1972 pour Estrella River Winery (aujourd'hui Meridian), puis lança sa propre étiquette en 1980. Un clone de cabernet-sauvignon à faible rendement, franc de pied, donne des vins tendres bien équilibrés avec de belles notes de fruits rouges. Eberle produit aussi du Chardonnay et d'infimes quantités de Barbera, Syrah, Zinfandel, Viognier, ainsi qu'un Muscat Canelli très floral.

RÉGIONS INTÉRIEURES

Carte page XXVII

Les deux régions viticoles de l'intérieur ne bénéficient pas de l'influence de l'océan Pacifique, mais offrent malgré tout quelques vins intéressants, de tous les styles imaginables. Outre les cépages d'origine française (voir p. 762), des cépages portugais sont cultivés dans la Vallée centrale pour faire des vins dans le style Porto.

La Vallée centrale

La vallée centrale de Californie s'étend sur 640 km, des contreforts des monts Shasta au nord à Bakersfield au sud, à une centaine de kilomètres de Los Angeles. Sa partie viticole compte, du nord au sud, 17 AVA dont beaucoup sont de création récente. Parmi elles, Lodi,

PRODUCTEURS

TABLAS CREEK
Créé par les frères Perrin de Châteauneuf-du-Pape, ce domaine cultivé en bio a pris le parti des cépages rhodaniens. Beaux assemblages dans les deux couleurs.

WILD HORSE
Les chais de Templeton sont situés sur un plateau à l'est de la rivière Salinas, à 23 km seulement du Pacifique. Une gamme éclectique de vins issus de cépages cabernet, syrah, zinfandel, pinot noir, blaufrankisch, malbec, verdelho, viognier…

SANTA BARBARA ET LE SUD DE LA CALIFORNIE

AU BON CLIMAT
Jim Clendenen a fondé ce domaine en 1982 et s'est taillé une juste réputation grâce à la qualité et à l'élégance de ses Pinots noirs et de ses Chardonnays inspirés par la Bourgogne.

BYRON
En 1984, Byron Kent (« Ken ») Brown fonda ce domaine au-dessus des vignobles situés à l'ouest de la vallée de Santa Maria. Ses Chardonnays et ses Pinots noirs connurent un succès rapide.

FIRESTONE
En 1972, Brooks Firestone constata que la vallée de Santa Ynez, dans le comté de Santa Barbara, convenait parfaitement à la culture de la vigne. D'abord connu pour ses Rieslings, le domaine produit une jolie gamme qui explore une large palette de cépages.

QUPÉ CELLARS
Fondée en 1982 par Bob Lindquist, cette *winery*, qui possède des vignobles à Santa Maria Valley, San Luis Obispo et Santa Ynez Valley, s'est fait un interprète brillant de la syrah et du grenache.

SANFORD
Rich Sanford commença à planter des vignes sur la rive sud de la rivière Santa Ynez à Buellton en 1971. Sa connaissance de la région lui a permis d'élaborer des Chardonnays et Sauvignons intenses, mais ce sont ses Pinots noirs qui ont fondé sa notoriété.

qui s'étend sur le sud du comté de Sacramento et le nord de celui de San Joaquin, compte des vignobles en plaine et en terrasses, et est réputée pour ses Zinfandels grâce à un riche patrimoine de vieilles vignes.

La vallée de San Joaquin, qui occupe la moitié méridionale de la Vallée centrale, est une des régions agricoles les plus riches d'Amérique, où la vigne voisine avec les champs de blé et de coton. Si les chaudes températures diurnes tuent l'acidité et ne permettent pas l'élaboration de grands vins, l'équilibre demeure suffisant pour la production de vins de consommation courante. Le Thompson Seedless fournit du vin blanc ordinaire, une base pour le Brandy, ainsi que du raisin de table et des raisins secs.

Le colombard, le chenin blanc, le zinfandel, le grenache, le barbera et la petite sirah donnent d'énormes quantités de vins ordinaires, rouges et blancs, qui portent ombrage aux vins blancs de chardonnay, aux rouges de cabernet-sauvignon et aux mousseux. L'éventail des productions ne s'arrête pas là. Dans les années 1930 et 1940, la plupart des vins californiens étaient des vins doux et mutés. On les a presque oubliés aujourd'hui, mais, non loin de la plus grande exploitation du monde (Gallo), de minuscules producteurs (Quady et Ficklin) font d'excellents vins de dessert. Et, tout près, des géants anonymes font des vins élaborés à façon pour des filiales de firmes prestigieuses (Heublein, Mondavi, Sebastiani) ou pour des producteurs de Brandy et de vins ordinaires.

Deux des plus grandes écoles vinicoles sont situées dans la Vallée centrale : l'université de Californie à Davis et California State à Fresno.

Les contreforts de la Sierra

Le long de la bordure orientale de la Vallée centrale se trouvent les contreforts de la sierra Nevada, qui font la transition entre les plaines chaudes et sèches et les stations de sports d'hiver. La majestueuse sierra offre sans doute des paysages bien différents de ceux de la vallée, mais ses vins extrêmement fruités – des blancs de chardonnay et de sauvignon et des rouges de zinfandel et de cabernet-sauvignon – sont tout aussi séduisants.

Les comtés des contreforts sont, par ordre décroissant de superficie : Amador, El Dorado, Calaveras, Tehama et enfin Nevada. Ils font partie de l'aire viticole plus vaste de Sierra Foothills, reconnue en 1987. Les autres aires viticoles des contreforts sont celles d'El Dorado, située à une altitude de 460 à 910 m, Fair Play, Shenandoah, Valley-California, à l'est de la ville de Plymouth, située principalement dans le comté d'Amador, et Fiddletown, qui jouxte Shenandoah Valley à son extrémité est.

Bien avant que quiconque ait pensé à associer Napa ou Sonoma au vin, des chercheurs d'or avaient planté des vignes là où les chênes des plaines laissaient la place aux pins d'altitude. Les ruisseaux de montagne et les mines abandonnées abritaient plus d'une centaine de centres de vinification, jusqu'à ce que le phylloxéra et la prohibition, alliés aux difficultés de transport, ne mettent fin à ces activités pendant un demi-siècle.

La renaissance vinicole débuta dans les années 1970, lorsqu'arrivèrent sur le marché les Zinfandels du comté d'Amador élaborés par Sutter Home et Ridge. Et, rapidement, des noms comme Boeger, Karly, Stevenot, Madrona et Monteviña propagèrent la renommée de la région. L'explication en est simple : les vignes de coteaux, situées entre 460 et 910 m, ont des rendements faibles, mais produisent des vins de caractère ; l'absence de brume réduit tout risque de pourriture ; les prix très bas des terrains réduisent les coûts de production et, par conséquent, le prix des vins.

PRODUCTEURS

La Vallée centrale produit plus de 80 % de l'ensemble des vins californiens, mais il s'agit en majorité de vins ordinaires, destinés à être assemblés entre eux. Cette même région produit des vins mutés et des vins de dessert. Les hautes altitudes des contreforts de la sierra Nevada donnent aux vins d'intenses arômes, bien que l'on y fasse pousser les cépages californiens habituels (voir encadré p. 762).

LA VALLÉE CENTRALE

J. F. J. BRONCO
Cette grande exploitation produit surtout du vin de table de qualité courante et des mousseux vendus sous les étiquettes J. F. J. Cellars et C. C. Vineyard. Au début des années 1990, Bronco commença à acheter des étiquettes prestigieuses : Grand Cru, Hacienda, Laurier, Black Mountain et les Portos J. W. Morris. C'est leur production de masse récente qui a alimenté l'énorme volume de vin vendu, pour deux dollars, sous la marque Chales Shaw et connu par le nom de « Two Buck Chuck ».

FICKLIN
La famille Ficklin élabore des vins de style Porto à partir des cépages portugais tinta madeira, tinta cão, touriga et souzão. Les vins, d'un prix raisonnable, sont délicieux et très fruités.

GALLO
L'exploitation vinicole de Modesto est devenue la plus grande du monde (près de 800 millions de bouteilles par an) après qu'Ernest Gallo se fut vanté, à la mort de son frère Julio, d'être capable de vendre plus de vin que lui. C'est le Hearty Red Burgundy, un rouge légèrement sucré, qui l'a tout d'abord fait connaître. La plupart des vins sont bon marché, mais bien faits. Un grand domaine à Sonoma produit des vins haut de gamme.

R. H. PHILLIPS
L'exploitation de la famille Giguiere est située dans les collines de Dunnigan. Parce que le terrain est bon marché dans la vallée de Yolo, ses assemblages frais et fruités et ses vins de cépage sont d'un rapport qualité/prix très intéressant.

QUADY
Andrew Quady a donné ses lettres de noblesse aux vins de dessert. Son Orange Muscat floral, nommé Essensia, son Black Muscat au goût de cerise (Elysium) et son Orange Muscat effervescent à 4 % vol. d'alcool (Electra) lui ont valu le surnom de « Roi du Muscat californien ». L'exploitation de Madera produit aussi des vins mutés dans le style Porto.

LES CONTREFORTS DE LA SIERRA

BOEGER
Les vignes étant plantées jusqu'à 900 m d'altitude, le climat est frais et sans brume. Le Merlot et le Zinfandel de Greg et Susan Boeger sont aussi séduisants l'un que l'autre.

IRONSTONE
Entreprise créée en 1994 dans le comté de Calaveras par John Kautz. Des vins de qualité issus de cabernet franc et de syrah.

MONTEVIÑA
Le vignoble, planté sur le granite rouge décomposé du comté d'Amador, devint vite célèbre pour son puissant Zinfandel. Racheté par Sutter Home (Napa) en 1988, le domaine se consacra alors à des cépages rouges italiens. Il produit un Barbera et un Pinot gris de bon niveau.

RENAISSANCE
D'admirables vignobles en terrasses au-dessus de la ville de Renaissance, dans le comté de Yuba, produisent des vins de dessert issus de vendanges tardives de riesling et de sauvignon. La maison est également connue pour sa Petite Sirah riche et concentrée.

NORD-OUEST DES ÉTATS-UNIS

Carte page XXVII

À la différence de la Californie, les deux États du Nord-Ouest pacifique – Washington et Oregon – ne sont pas célèbres pour leur ensoleillement et la douceur de leurs températures. Mais, comme chez leur voisin méridional, leur climat, influencé par les chaînes de collines et de montagnes générant de nombreux mésoclimats, attire et inspire les vinificateurs. Dans l'État de Washington, la plus grande partie du vignoble est retirée à l'intérieur des terres et coupée de l'influence du Pacifique par la chaîne des Cascades. Celle-ci forme une barrière contre la pluie et crée un désert ; la vigne ne peut donc prospérer que dans les vallées de la rivière Columbia et de ses affluents. L'irrigation et une approche scientifique de la viticulture permettent l'élaboration d'une grande variété de vins ; ce sont les blancs secs et demi-secs issus de chardonnay, riesling, sauvignon et sémillon et les rouges de cabernet-sauvignon et de merlot qui connaissent le plus de succès. Les meilleurs font partie de l'élite des États-Unis. La principale région viticole de l'Oregon est la vallée de la Willamette, abritée entre la chaîne côtière et les Cascades, à l'est. Plus fraîche et pluvieuse que la Californie, elle jouit d'un climat semblable à celui de la Bourgogne, si bien que le cépage le plus cultivé est le pinot noir, tandis que le chardonnay et le pinot gris donnent d'élégants blancs secs.

WASHINGTON

Carte page XXVII

L'État de Washington est en train de rattraper celui de New York, second producteur de vin de qualité du pays. C'est une région en constant développement. Cela dit, ni l'un ni l'autre ne seront jamais une menace pour la Californie. Les viticulteurs de l'État de Washington cultivent environ 17 000 ha de vignes. La production est en plein essor et le nombre de *wineries* a été multiplié par sept depuis 2000.

Le climat

À l'est de la chaîne des Cascades, le centre de l'État possède un climat continental, avec des étés chauds, des hivers froids et peu de précipitations.

LES ZONES VITICOLES

L'État de Washington compte 13 aires viticoles (AVA) dont les principales sont :

Columbia Valley est la plus importante. Elle se prolonge dans l'Oregon et englobe trois AVA secondaires, Yakima Valley, Red Mountain et Walla Walla Valley, et sur le Pacifique, autour de Seattle, avec l'AVA Puget Sound.

Walla Walla Valley, qui forme le bras oriental de Columbia Valley, produit des vins rouges de grande qualité.

Yakima Valley forme le bras occidental de Columbia Valley. Elle doit sa prospérité à l'irrigation et concentre le quart du vignoble.

Red Mountain constitue une AVA au sein de la précédente.

Horse Heaven Hills, créée en 2005, est la plus méridionale. Le vignoble occupe 4 000 ha.

Puget Sound, une très petite région, se trouve sur la côte du Pacifique. Le müller-thurgau et le siegerrebe allemands s'y trouvent bien. On y cultive aussi du pinot noir.

Dans la partie abritée de la pluie par les Cascades (l'altitude du mont Rainier est de 4 367 m au-dessus de la mer), la vallée de la Columbia est un plateau aride et désertique, où les précipitations annuelles ne dépassent guère 200 mm. Il a donc fallu recourir à l'irrigation pour faire pousser la vigne à l'est des Cascades : il s'agit souvent d'énormes systèmes pivotants dont les bras démesurés arrosent près de 65 ha à la fois.

Il est par ailleurs essentiel d'endurcir les vignes pour les préparer aux rigoureux hivers des plaines d'altitude : on cesse de les arroser et de leur apporter des éléments nutritifs vers la mi-août, bien avant les premières gelées d'automne, afin que les plants pré-dormants puissent résister à la rigueur de l'hiver. En 1979, avant que l'on ait compris l'importance de ce procédé, plus de 400 ha de vignes furent détruits par le froid.

Tout comme en Europe du Nord, les viticulteurs de l'État recherchent les versants orientés au sud, afin de faire profiter leurs vignes de la lumière solaire l'été et de la protection relative contre le froid hivernal. La proximité d'une rivière (la Columbia ou la Yakima) modère également le climat. Les nuits fraîches assurent au raisin une bonne acidité. Les vendanges ont lieu plus tard qu'en Californie : elles commencent à la mi-septembre pour ne finir parfois qu'en novembre.

Les cépages et les styles de vin

Le chardonnay et le riesling, pour le vin blanc, et le cabernet-sauvignon et le merlot, pour le vin rouge, sont les cépages les plus plantés. Parmi les variétés en forte progression, il faut noter la percée récente de la syrah et du pinot gris, et dans une moindre mesure du sauvignon et du gewürztraminer.

L'État de Washington doit sa réputation à ses Chardonnays, au fruité vif et frais, et à ses Rieslings, dans un style très aromatique, à ses Merlots exubérants et à ses Cabernets-Sauvignons au fruité étonnant, dont l'intensité en tanins s'affirme depuis quelques années. Le goût fruité est très prononcé parce que la maturation du raisin est lente et régulière sous le soleil modérément chaud de cette latitude septentrionale. Une partie des vignes sont franches de pied, épargnées, pour l'instant, par le phylloxéra.

Les styles des vins sont très variés. Certains vinificateurs font vieillir quelques mois en fûts de chêne leurs blancs de chardonnay et de sémillon ainsi que leurs rouges. Les mousseux connaissent un succès croissant.

PRODUCTEURS

L'histoire des vins fins de l'État de Washington a surtout débuté à la création de la société Columbia, suivie de celle du Château Sainte Michelle. Depuis les années 1990, le nombre de nouvelles *wineries* n'a cessé de croître. En 2013, 780 producteurs étaient enregistrés.

AIRFIELD WINERY
La famille Miller a planté ses premières vignes dans la Yakima Valley en 1968. Elle possède plus de 360 ha plantés de près d'une trentaine de variétés différentes. Cépages classiques et variétés méditerranéennes et italiennes se côtoient donnant naissance à une gamme de vins très éclectique.

ARBOR CREST
Arbor Crest a d'abord attiré l'attention avec ses Chardonnays au riche bouquet. Sa salle de dégustation, Cliff House, est perchée sur un affleurement basaltique surplombant la rivière Spokane, à quelques kilomètres à l'est de Spokane. Le vignoble des frères Mielke se trouve sur Wahluke Slope, un site de la vallée de la Columbia exposé à l'est, et produit un Sauvignon de très grande classe et un Merlot généreusement fruité.

BETZ FAMILY
Domaine de la Columbia Valley, réputé pour son rouge issu de syrah.

CAYUSE VINEYARDS
Domaine pionnier de la biodynamie à Washington, créé par le Champenois Christophe Baron dans les années 1990. Cayuse exploite un vignoble de 20 ha sur des parcelles très caillouteuses, plantées de syrah, cabernet, tempranillo ou grenache. Les cuvées parcellaires s'arrachent à prix d'or.

CHARLES SMITH
Au début des années 2000, Charles Smith s'est établi dans la Walla Walla Valley. Dix ans lui ont suffi pour devenir l'un des producteurs les plus en vue de l'État, connu surtout pour ses cuvées de syrah.

ECOLE NO 41
Domaine au nom curieux qui élabore de très bons rouges (Cabernet-Sauvignon, Merlot et Syrah) à partir de vignobles situés dans les vallées de Walla Walla et de Columbia.

FIELDING HILLS
Créé en 2000, ce petit domaine dirigé par Mike Wade soigne ses vignes et offre une série courte →

PRODUCTEURS

et réjouissante de rouges issus des cépages cabernet-sauvignon, merlot et syrah.

LATAH CREEK
La famille Conway dirige cette *winery* qui vinifie des vins d'un bon rapport qualité/prix. Elle produit aussi des cuvées de merlot réputées.

OWEN ROE
Domaine réputé pour ses cuvées parcellaires vinifiées en fût, provenant de vignobles scrupuleusement choisis dans les meilleurs sites de Washington et de l'Oregon.

QUILCEDA CREEK
Depuis 1979, la société ne produit à Snohomish (nord de Seattle) qu'une quantité limitée de grands vins rouges (Cabernet-Sauvignon essentiellement) vantés par la critique et que les connaisseurs s'empressent d'acheter. Paul Golitzin abénéficié des conseils du célèbre André Tchelistcheff, qui s'est distingué pendant près de quarante ans à Beaulieu (Napa).

CHÂTEAU SAINTE MICHELLE
Située dans la banlieue de Seattle, cette société a été pionnière dans l'élaboration de vins de qualité à Washington. Elle reste une adresse très recommandable. Très large gamme qui compte notamment de bons Rieslings et Cabernets-Sauvignons, entre autres.

WOODWARD CANYON
Ce bon domaine est connu pour ses rouges, notamment ses Cabernets-Sauvignons et ses Merlots, mais il produit aussi un Chardonnay de style bourguignon et un Riesling sec.

OREGON

Carte page XXVII

Sans commune mesure avec son importance quantitative, l'Oregon devint célèbre un jour de 1979 quand, lors d'une dégustation à l'aveugle organisée par Robert Drouhin, le Pinot noir 1975 d'Eyrie Vineyard dû à David Lett fut classé deuxième, après le Chambolle-Musigny 1959 de Drouhin et avant le phénoménal Clos de Bèze 1961 du même vigneron. À cette époque, l'Oregon ne comptait qu'un peu plus de 100 ha de pinot noir. La vigne occupe aujourd'hui environ 10 000 ha dont plus de la moitié plantée en pinot noir qui est le cépage emblématique de la région.

Les climats et les sols

La plus grande partie du vignoble est située à l'ouest de la chaîne des Cascades, orientée nord-sud et parallèle au Pacifique, à environ 160 km à l'intérieur des terres. C'est une région fraîche et pluvieuse, qui ressemble plus à la Bourgogne et aux autres vignobles du nord de l'Europe qu'à la Californie ou à l'État de Washington.

Le cœur de la région viticole de l'Oregon se trouve dans le comté de Yamhill, à l'intérieur des terres, près de Tillamook, qui possède le quart des vignes de l'État. La ville de

McMinnville (10 000 habitants) est le centre du comté de Yamhill, dans la partie la plus septentrionale de la vallée de la Willamette (voir encadré ci-dessous). C'est là, au Linfield College, qu'a lieu chaque année au mois de juillet la Fête internationale du Pinot noir (IPNC).

La vallée de la Willamette, jadis une mer intérieure, possède des terres d'origine volcanique (souvenir d'une ancienne éruption de l'Idaho), très riches en oxyde de fer couleur de rouille dans la région de Dundee (Red Hills), bien que certains versants ouest de Yamhill présentent des couches sédimentaires jaunâtres. Les rendements sont généralement d'à peine 30-40 hl/ha dans la vallée de la Willamette, qui fournit les trois quarts des raisins de l'Oregon. Dans cette région fraîche, les vendanges durent généralement du début d'octobre à la mi-novembre. La vallée de la Rogue, un peu plus chaude, est légèrement plus précoce, à cépage égal.

Les premières vignes à vin furent plantées en 1961, lorsque Richard Sommer eut l'idée de produire à l'ouest de Roseburg le Riesling apte à vieillir. La Hillcrest Vineyard fut agréée en 1966. La même année furent plantés les premiers pieds de vigne du comté de Yamhill, à Eyrie Vineyard, où David et Diana Lett prouvèrent que le Pinot noir n'a pas besoin d'avoir une couleur sombre pour être bon et bien vieillir. « Le Cabernet-Sauvignon possède un arôme particulier, où qu'il pousse, dit David Lett. Mais le Pinot noir peut tellement varier selon le site et le vinificateur que les gens ont du mal à le définir, et c'est ce qui le rend si intéressant. »

LES ZONES VITICOLES

Outre une partie de Columbia Valley, l'Oregon possède aujourd'hui 14 AVA que l'on peut diviser en deux régions principales, la plus grande étant la vallée de la Willamette.

Willamette Valley s'étend du sud vers l'ouest, entre Portland et Eugene. Elle concentre l'essentiel du vignoble et des *wineries*. Le nord de la vallée est divisé en 6 AVA localisées : Dundee Hills, Eola-Amity Hills, McMinnville, Ribbon Ridge, Yamhill-Carlton et Chehalem Mountains.

Southern Oregon est l'AVA qui couvre les vignobles du sud, dans le prolongement de Willamette. Située entre la chaîne des Cascades à l'est et la chaîne côtière à l'ouest, elle regroupe plusieurs sous-régions ou AVA dont les principales sont Umpqua Valley dans la partie nord et Rogue Valley et Applegate Vallley au sud.

Les cépages et les styles de vin

En raison de son climat frais, l'Oregon convient aux cépages qui n'apprécient pas trop la chaleur. Plus de la moitié du vignoble de l'Oregon est planté en pinot noir. En dehors de la syrah, qui a progressé, et d'un peu de cabernet-sauvignon ou de merlot, le reste est planté essentiellement en cépages blancs. Dans l'ordre, ce sont le pinot gris, en plein essor, le chardonnay et le riesling devant quelques autres variétés secondaires.

Bien que le pinot noir soit l'objet de tous les soins dans l'État, les années 1980 ont vu naître deux phénomènes nouveaux : le premier fut l'explosion du pinot gris, vinifié jadis à l'italienne (pinot grigio), et qui donne aujourd'hui un blanc sec au goût de pierre à fusil.

Le second se développa plus discrètement : on passa du Chardonnay de style californien, très épanoui, à celui plus subtil et plus élégant de l'Oregon, fermement fruité et épicé. Les fermentations malolactiques arrondirent les accents rudes et trop acides dus au climat plus frais.

Les blancs de l'Oregon, surtout les Chardonnays, peuvent vieillir au moins 3 ou 4 ans en bouteille. Les rouges de pinot noir présentent une grande variété – selon les vinificateurs et les millésimes –, mais la plupart sont prêts à être bus au bout de quatre à six ans, bien que les meilleurs continuent de s'améliorer pendant bien plus longtemps.

Les années 1980 ont amené dans l'État des vinificateurs respectés venus de Californie (Willam Hill, Carl Doumani, Steve Girard), de France (Domaine Drouhin) et d'Australie (Brian Croser), qui possèdent les talents et les moyens financiers nécessaires pour développer l'expérience viticole de l'Oregon. Depuis, les domaines se sont multipliés et on compte aujourd'hui près de 550 *wineries* dont beaucoup de création récente.

PRODUCTEURS

Bon nombre des exploitations vinicoles de l'Oregon, comme celles de l'État de Washington, sont récentes. La plupart sont familiales et mettent l'accent sur des vins élaborés à partir de leurs propres raisins. Les vins portent généralement le nom du cépage, comme dans le reste des États-Unis.

ADELSHEIM
David et Ginny Adelsheim commencèrent à planter leur vignoble de 19 ha en 1971, sur les versants de Chelahem Mountain (comté de Yamhill), en quantités égales de pinot noir et de pinot gris. Plus tard, ils y ajoutèrent le chardonnay, le pinot blanc et le riesling. L'entreprise compte aujourd'hui une centaine d'hectares.

ANTICA TERRA
Un domaine de poche de la Willamette Valley dont les premières vignes ont été plantées en 1989 et dont les Pinots noirs sont tenus en haute estime. Les Chardonnays sont tout aussi réputés. →

PRODUCTEURS

BETHEL HEIGHTS
En 1977, les jumeaux Ted et Terry Casteel commencèrent à planter leurs premières vignes dans les collines d'Eola, à 19 km au nord-ouest de la ville de Salem. Actuellement, le domaine couvre 40 ha et signe et produit des Pinots noirs et des Riesling réputés, et des spécialités rares à base de pinot blanc, gewürztraminer ou grüner veltliner.

DOMAINE DROUHIN
Après le triomphe lors d'une célèbre dégustation à l'aveugle du Pinot noir du Californien David Lett (The Eyrie), Joseph Drouhin a créé une entreprise à Dundee, dont le premier millésime de Pinot noir, en 1988, a stupéfié les autres producteurs. Le vignoble de plus de 90 ha est situé sur un coteau exposé au sud, dans les collines rouges de Willamette Valley. Du Chardonnay complète la production, et les deux vins bénéficient évidemment du savoir-faire de la maison.

ERATH
Le bûcheron Carl Knudsen et le vinificateur Dick Erath fondèrent en 1972 cette grosse exploitation de l'Oregon qui a été rachetée en 2006 par Ste. Michelle (Washington). Les pinots noirs restent de bons étalons de la région.

THE EYRIE
C'est dans cette exploitation située sur un petit terrain industriel de la banlieue de McMinnville, dans le comté de Yamhill, que naquirent les grands vins de l'Oregon. Les vignobles, plantés en 1966 dans les Red Hills de Dundee par David et Diana Lett, sont les plus vieilles vignes de la vallée de la Willamette. Les Pinots noirs du domaine ont montré leur capacité à vieillir avec beaucoup d'élégance et de complexité.
Les blancs sont de haut niveau.

HENRY ESTATE
C'est en 1972 que la famille Henry commença à planter des vignes sur les rives de la rivière Umpqua, à 20 km au nord-ouest de Roseburg, et les chais furent achevés en 1978. Le climat plus chaud que celui de la Willamette favorise un style de Pinot noir plus souple.

KEN WRIGHT CELLARS
Un travail artisanal de haut niveau est réalisé par ce producteur de Willamette, qui met en bouteilles la production de vignobles spécifiques. Des Pinots noirs de grande pureté.

PONZI
Le domaine de Dick et Nancy Ponzi, établi en 1974, se trouve à l'ouest de Portland. Les raisins proviennent d'un vignoble proche du domaine et d'autres, situés sur les versants de Chelahem Mountain, ainsi que de viticulteurs sous contrat. Les Rieslings racés et les Pinots noirs sont séduisants. Leur Chardonnay est d'un style très pur. En général, les Ponzi font un usage bien pensé de la barrique.

ARCHERY SUMMIT
Domaine de taille modeste, près de la ville de Dundee, et voisin du Domaine Drouhin. Fondé par un ancien propriétaire de Pine Ridge (Napa Valley), il produit des Pinots noirs réputés.

WILLAKENZIE
Au cœur de la Willamette Valley, ce domaine a été créé par le Français Bernard Lacroute qui y a planté ses premières vignes en 1992.
Il exploite aujourd'hui 45 ha de pinot noir essentiellement, mais aussi de pinot blanc, de pinot gris et de pinot meunier. Bons Pinots noirs et Pinots gris notamment.

NORD-EST, SUD ET MIDDLE WEST

C'est dans le nord-est des États-Unis que sont nés les vins issus de cépages américains. Les nombreuses vignes robustes et résistantes qui y poussaient à l'état sauvage à l'époque coloniale sont les ancêtres du cépage concord, patriarche de l'espèce *Vitis labrusca,* qui, depuis sa domestication, règne en maître dans le Nord-Est. Les hybrides français et les cépages de *vinifera* ne furent guère plantés hors de l'État de New York avant la fin des années 1960, lorsque la réglementation d'État fut modifiée pour encourager la création de petites entreprises vinicoles « fermières ». C'est ainsi que l'on compte aujourd'hui plusieurs centaines d'entreprises vinicoles dans le Nord-Est (New York, Nouvelle-Angleterre, New Jersey, Pennsylvanie et Maryland), dont la moitié environ se trouvent dans l'État de New York. L'essor des hybrides et des cépages *vinifera* permet aujourd'hui la production de bons vins tranquilles. Dans le Sud, la vigne indigène découverte par Walter Raleigh au XVIe siècle appartenait au sous-genre Muscadinia de l'espèce *Vitis rotundifolia.* Pendant des années, le cépage le plus cultivé fut le scuppernong, qui prospère toujours dans les climats chauds et humides des Carolines, de Géorgie et du Mississippi. Dans le Sud et le Middle West, la prohibition mit un terme brutal à la viticulture de ces régions et leur renaissance ne date que de la fin des années 1960. La production y reste modeste même si certains États émergent comme la Virginie, dans le Sud, qui s'est bâti une certaine réputation avec ses vins *vinifera* de style classique, et dans une moindre mesure l'Ohio et le Missouri, dans le Middle West.

Les États du Nord-Est

Aussi loin que remontent les archives, l'État de New York a toujours été le deuxième producteur de vin des États-Unis ; mais les grands amateurs l'ont toujours traité avec mépris, en raison du volume de sa production de vins sucrés. Pendant des années, ses vins, issus pour la plupart de Concord, de Catawba et d'autres cépages de *labrusca,* étaient en effet plutôt vinifiés en doux afin de masquer les arômes « foxés » de ces raisins. La situation

commença à changer grâce à une nouvelle loi, le Farm Winery Act de 1976, qui abaissait le prix de la licence et permettait aux petits producteurs de vendre directement aux consommateurs.
Bien que la surface viticole totale diminue à mesure que l'on supprime les cépages indésirables, la surface plantée en hybrides et en *vinifera* augmente. Les principaux hybrides sont l'aurora, le seyval blanc, le cayuga white et le vidal blanc pour les blancs, et le baco noir et le chaunac pour les rouges. Le principal cépage de *vinifera* est le chardonnay. Le riesling et le gewürztraminer gagnent du terrain. L'AVA de Finger Lakes en produit de bons exemples.
Les autres régions viticoles significatives du nord-est des États-Unis sont la Pennsylvanie et le Maryland.

Sud et Middle West

LES ÉTATS DU SUD-OUEST. En 1975, le Texas ne possédait qu'une seule exploitation. On en compte une centaine aujourd'hui pour un vignoble de *Vitis vinifera* de 1 300 ha

PRODUCTEURS

De nombreux producteurs en sont encore à chercher les cépages les mieux adaptés à leur région. Les cépages *vinifera* sont encouragés dans les États les plus chauds, tandis que les climats plus frais doivent souvent s'en tenir aux hybrides.

FINGER LAKES, N.Y.

GLENORA WINE CELLARS
Cette société a toujours mis l'accent sur les vins de cépage issus d'hybrides, de riesling et de chardonnay.

KNAPP VINEYARDS
Sa vaste gamme de vins de cépage issus d'hybrides et de *vinifera* a valu à Knapp de nombreuses récompenses.

WAGNER VINEYARDS
Le plus célèbre producteur de Chardonnay de la région (comté de Seneca).

HUDSON VALLEY, N.Y.

BENMARL WINE CO.
Mark Miller a commencé à produire du vin à Marlboro en 1971. Ses principaux vins sont le Seyval blanc, le Baco Noir, le Chelois et le Vignoles.

CLINTON VINEYARDS
Cette société du comté Dutchess a trouvé sa voie en se spécialisant dans le Seyval blanc.

MILLBROOK VINEYARDS
Le Chardonnay, dont un Reserve vinifié en fût, constitue plus de la moitié de sa production. On produit aussi du Cabernet Franc et du Pinot noir.

RIVENDELL WINERY
C'est l'une des marques les plus recherchées. Sa réputation sans faille s'est bâtie sur son Chardonnay, son Seyval blanc fermenté en fût, son Vidal blanc, son Cabernet-Sauvignon et ses propres assemblages.

LONG ISLAND, N.Y.

BEDELL CELLARS
Ce producteur est réputé pour ses riches Merlots et Cabernets-Sauvignons.

PALMER VINEYARDS
Bons Gewürztraminers et Merlots.

dont une bonne partie est consacrée au cabernet-sauvignon. Même modeste (onzième État producteur des États-Unis en 2012), la production s'est améliorée. Le Texas possède 8 zones viticoles reconnues (AVA), dont l'une des plus grandes du pays, Hill Country, qui couvre 40 000 km^2. L'histoire vinicole du Nouveau-Mexique remonte à 1580, lorsque les missionnaires plantèrent des vignes le long du Rio Grande. Une petite industrie survécut plus de 300 ans avant que la prohibition n'y mette fin. La renaissance vinicole débuta dans les années 1980. Aujourd'hui, on dénombre une cinquantaine de *wineries*. Plusieurs producteurs font de bons Cabernets-Sauvignons et Sauvignons, et leurs nouveaux vins mousseux ont donné de bons résultats.

LE MIDDLE WEST. En dehors de l'Ohio, sixième producteur des États-Unis qui, à côté des hybrides traditionnels (vidal, seyval), exploite avec un certain succès les grands cépages internationaux, aucun autre État de cette région n'a su maintenir une production importante jusqu'à nos jours, ni par sa quantité, ni par sa qualité.

PRODUCTEURS

PINDAR VINEYARDS
Cette société produit une vaste gamme de vins dont les plus connus sont un Merlot et un assemblage de type bordelais.

CONNECTICUT

CHAMARD VINEYARDS
Exploitation moderne qui se consacre aux cépages *vinifera*.

HAIGHT VINEYARDS
La gamme de la première entreprise contemporaine de l'État comprend notamment du Riesling et du Chardonnay.

MASSACHUSETTS

CHICAMA VINEYARDS
L'une des premières exploitations du Nord-Est à se consacrer aux cépages *vinifera* : chenin blanc, sauvignon, chardonnay, gewürztraminer, cabernet-sauvignon, merlot, pinot noir…

NEW JERSEY

RENAULT WINERY
Située à Egg Harbor City, c'est la plus ancienne exploitation de l'État de New Jersey (1864), et toujours l'une des plus appréciées.

PENNSYLVANIE

CHADDSFORD WINERY
Eric Miller a fondé cette exploitation dans le sud-est de la Pennsylvanie en 1982. Il produit plusieurs hybrides et d'excellents Chardonnays.

MARYLAND

BOORDY VINEYARDS
La plus grosse entreprise du Maryland produit une gamme d'hybrides issus des raisins de son propre petit domaine et de celui de viticulteurs de la région.

MONTBRAY WINE CELLARS
G. Hamilton Mowbray élabore des vins depuis le milieu des années 1960 et s'est fait une certaine réputation dans l'État.

CAROLINE DU NORD

CHÂTEAU BILTMORE
Le domaine produit toute une gamme de vins, dont des Cabernets-Sauvignons et Chardonnays et des mousseux. →

PRODUCTEURS

VIRGINIE

MONTDOMAINE CELLARS
Situé à Charlottesville, ce domaine se concentre sur le Chardonnay et des assemblages rouges de type bordelais.

MEREDYTH VINEYARDS
À Middleburg, la plus ancienne exploitation de Virginie produit avec talent des vins issus d'hybrides et de *vinifera*.

PRINCE MICHAEL VINEYARDS
Prince Michael s'est fait une réputation avec son Chardonnay et son rouge épicé de type bordelais.

PIEDMONT VINEYARDS
Cette exploitation de la région de Middleburg produit d'excellents Chardonnays et Sémillons.

ARKANSAS

WIEDERKEHR VINEYARDS
Fondés en 1880, à Altus, par la famille suisse Wiederkehr, ces chais historiques, plusieurs fois agrandis, ont fait de Wiederkehr l'un des plus gros producteurs à l'est des Rocheuses.

NOUVEAU-MEXIQUE

GRUET WINERY
Cette exploitation se spécialise dans les vins mousseux élaborés selon la méthode traditionnelle : brut, blanc de noirs et un blanc de blancs millésimé.

ANDERSON VALLEY VINEYARDS
Située au nord de la vallée du Rio Grande, cette société fondée en 1973 s'est fait un nom grâce à son Cabernet-Sauvignon, son Sauvignon et ses autres vins issus de cépages *vinifera*.

MISSOURI

STONE HILL WINE CO.
Rouverte en 1965, cette exploitation historique produit toute une gamme de vins, partiellement issus de son vignoble de 25 ha.

MOUNT PLEASANT VINEYARD
Cette société historique du Missouri fut fondée en 1881. Le Vidal blanc est souvent d'une qualité remarquable, de même que le Seyval blanc.

MICHIGAN

CHÂTEAU GRAND TRAVERSE
Cette société ne cultive que des cépages *vinifera* dont beaucoup de Rieslings plus ou moins doux.

ST. JULIAN WINE CO.
Fondée en 1921, St. Julian est l'une des rares exploitations de la région. Sa vaste gamme de vins de table issus d'hybrides et ses mousseux sont appréciés.

CANADA

Il peut paraître surprenant de trouver plus de 200 sociétés vinicoles dans un pays universellement connu pour la longueur et la rigueur de ses hivers : plus de 11 000 ha de vignes sont pourtant cultivés dans l'Ontario, la Colombie-Britannique et, de façon très marginale, en Nouvelle-Écosse et au Québec. Et les Canadiens consomment plus de vin par habitant que leurs voisins américains. La mode est désormais aux vins rouges, depuis l'émission de télévision « Le paradoxe français », au cours de laquelle un médecin suggéra que les Français, malgré une forte absorption de cholestérol, étaient moins sujets aux maladies cardiaques parce qu'ils buvaient régulièrement du vin rouge. Au Canada, les vins de qualité doivent beaucoup au Vintners Quality Alliance, un système d'appellation instauré en 1988 par la région viticole la plus importante du pays, l'Ontario, et suivi deux ans plus tard par la Colombie-Britannique.

L'histoire du vin canadien

S'il faut en croire les sagas norvégiennes, l'explorateur viking Leif Eriksson aurait découvert le raisin en débarquant sur le continent américain en l'an 1001, et baptisé ce lieu *Vinland* (« Pays de la vigne »). Peut-être s'agissait-il de raisin sauvage, mais l'histoire du vin canadien ne remonte, en fait, pas si loin.

C'est Johann Schiller, un caporal allemand qui combattit dans trois guerres américaines, qui est considéré comme le père du vin canadien. En 1811, il prit sa retraite sur une concession, juste à l'ouest de Toronto. Il y planta un petit vignoble avec des boutures de vignes sauvages trouvées sur les rives de la Credit River, vinifia son raisin et vendit son vin à ses voisins. Trente-cinq ans plus tard, le « domaine » fut racheté par un aristocrate français, Justin de Courtenay, qui avait essayé sans succès d'élaborer au Québec un vin qui ressemblât au Bourgogne rouge.

La première véritable entreprise vinicole commerciale naquit au Canada en 1866, lorsque trois gentlemen-farmers du Kentucky achetèrent des terres sur l'île Pelée (lac Érié), à l'extrême sud du Canada, et y plantèrent 12 ha de raisin Catawba.

Peu à peu, des vignes furent plantées ailleurs, vers la péninsule du Niagara, à l'est, où se trouve aujourd'hui la majorité des vignobles.

Dès 1890, le Canada possédait ainsi 41 sociétés vinicoles, dont 35 dans l'Ontario. Dans la vallée d'Okanagan (Colombie-Britannique) et sur les rives du Saint-Laurent (Québec), ce fut l'Église qui encouragea la viticulture et l'art de la vinification.

Durant les quinze années de la prohibition (1919-1933), on put légalement élaborer et vendre du vin au Canada, grâce au puissant lobby des viticulteurs, qui réussit à faire exclure le vin de la loi instaurant la prohibition Après la prohibition, le système de la Régie des alcools fut instauré dans tout le pays : le gouvernement de chaque province réglementait la vente et la distribution des boissons alcooliques. On créa des magasins gouvernementaux, dont les produits étaient fortement taxés afin de freiner la consommation tout en générant d'importants bénéfices. Ce système persiste de nos jours, bien que l'Alberta et le Manitoba aient privatisé le commerce de détail, tout en conservant le contrôle des prix de gros. L'Ontario promet de faire de même.

L'industrie vinicole se divise en trois catégories : de grosses entreprises commerciales, des propriétés viticoles de taille moyenne et de petites affaires artisanales.

La région qui s'est développée le plus rapidement pendant les dernières années est la vallée d'Okanagan. Elle court du nord au sud, entre deux rangées de montagnes, jusqu'à la frontière avec les États-Unis, et constitue donc une prolongation naturelle du climat sec qui caractérise le vignoble de l'État de Washington. Elle héberge aujourd'hui un bon quart des entreprises vinicoles du Canada, dont certaines des plus soucieuses de qualité.

Le climat

Le pays étant dans l'ensemble frais, la qualité varie d'une vendange à l'autre, tout comme dans les vignobles du nord de l'Europe. On a longtemps pensé que la vigne de type *Vitis vinifera* ne survivrait pas aux rigueurs de l'hiver canadien. Aussi planta-t-on essentiellement de robustes cépages de *labrusca* (surtout du concord pour les rouges et du niagara pour les blancs), ainsi que des hybrides à fort rendement et à maturation rapide. Dans l'Ontario, les cépages *labrusca,* avec leur arôme « foxé », ne sont heureusement presque plus utilisés depuis 1988, et les cépages traditionnels européens, ainsi que des croisements adaptés aux climats les plus frais ont largement supplanté les hybrides. Le point fort de la production canadienne est sans aucun doute son statut de premier producteur mondial de « vins de glace ». Ces vins, qui proviennent essentiellement de la région de Niagara, doivent évidemment beaucoup aux conditions climatiques particulières de la région. Les vins rouges de l'Ontario et de la Colombie-Britannique sont à prendre au sérieux.

Les cépages et les styles de vin

Bien que l'industrie vinicole canadienne date du début du XIXe siècle, il fallut attendre les années 1960 pour que des cépages hybrides tels que seyval blanc, vidal, baco noir, maréchal foch ainsi que des cépages européens traditionnels commencent à remplacer les variétés de *Vitis labrusca* indigènes. Aujourd'hui, on met l'accent sur les vins tranquilles issus de chardonnay, riesling, pinot gris et pinot blanc pour les vins blancs ; de pinot noir, cabernet-sauvignon, cabernet franc, gamay et merlot pour les rouges.

Bien peu de gens savent que le Canada est le plus grand producteur d'Ice Wine, ce « vin de glace » rare, blanc et doux. Chaque année, entre novembre et Noël, la température descend si bas dans l'Ontario et la Colombie-Britannique que les raisins tardifs gèlent sur les vignes ; les grains sont pressés alors qu'ils sont encore congelés. Les cépages privilégiés pour le vin de glace sont le riesling et l'hybride blanc à peau épaisse nommé « vidal ». Si ce coûteux nectar a accumulé les médailles d'or, les vins de table secs élaborés à partir de cépages européens commencent également à avoir du succès, aussi bien au Canada qu'à l'étranger. Outre les vins de glace, les Rieslings et les Vidals de vendanges tardives ainsi que certains Chardonnays méritent réellement d'être dégustés dans l'Ontario et la Colombie-Britannique. L'Okanagan, en Colombie-Britannique, produit aussi de bons rouges, souvent issus d'assemblages bordelais.

La législation vinicole

La production et la vente des boissons alcooliques sont réglementées par les provinces, si bien que la législation varie selon les régions. Le pays étant en partie bilingue, certaines mentions doivent figurer sur les étiquettes en anglais et en français ; on y trouve à peu près les mêmes indications qu'aux États-Unis (voir p. 755).

La Vintners Quality Alliance (VQA), inspirée par le système d'appellation contrôlée français, ne s'applique pour l'instant qu'à la Colombie-Britannique et à l'Ontario, c'est-à-dire à la quasi-totalité des vins produits au Canada. Ses normes imposent que les vins proviennent de cépages cultivés dans la province et y sont mis en bouteilles. Il existe deux catégories : provinciale et géographique.

L'appellation provinciale admet l'utilisation de cépages hybrides ou de *vinifera,* dont un minimum de 75 % du cépage mentionné. L'étiquette spécifiera « Produit de l'Ontario » ou « de la Colombie-Britannique ».

Les appellations géographiques s'appliquent à des régions viticoles précises, mentionnées sur l'étiquette. Seuls les cépages de *vinifera* sont autorisés, avec un minimum de 85 % du cépage mentionné. Un vin d'assemblage tel qu'un Riesling/Chardonnay ou un Cabernet-Sauvignon/Merlot doit contenir au moins 10 % du second cépage mentionné. Les vins millésimés doivent contenir un minimum de 95 % de vin de la même année. Les vins VQA sont dégustés par un groupe de professionnels qui jugent leur style et leur qualité.

ONTARIO

Les régions viticoles de l'Ontario, d'où proviennent environ deux tiers des vins canadiens, sont à une latitude proche de celle du Languedoc-Roussillon et du Chianti. Mais, du point de vue de la température et des précipitations, le climat ressemble davantage à celui de la Bourgogne. Les années chaudes et sèches, on peut y élaborer des vins rouges de type Bordeaux, ainsi que des Gamays et des Pinots noirs de style Bourgogne. La plupart du temps, le chardonnay et le riesling donnent des vins honnêtes, voire très bons, grâce aux mésoclimats chauds des lacs Ontario et Érié, ainsi qu'à la circulation d'air provoquée par l'escarpement du Niagara. Cette ancienne rive de lac préhistorique amortit, en effet, les brises du lac, réduisant ainsi les risques de gel. L'Ontario possède 5 VQA : Niagara Peninsula, Lake Erie North Shore, Prince Edward County, Pelee Island et l'appellation régionale Ontario. Selon la législation vinicole, les producteurs peuvent produire des vins VQA à partir de raisins cultivés à 100 % dans la région (étiquetés « Produit de l'Ontario ») ou assembler jusqu'à 75 % de vin produit ailleurs avec du vin local, pour des vins qui ne porteront pas la mention VQA, mais seulement « Produit du Canada ».

COLOMBIE-BRITANNIQUE

La vallée d'Okanagan, où se trouvent la plupart des sociétés vinicoles de la Colombie-Britannique, est en réalité un désert. Dans sa partie méridionale, la température diurne monte jusqu'à 35 °C, mais les nuits sont très fraîches. Elle se trouve à la même latitude que la Champagne et le Rheingau, mais les étés torrides, l'absence de pluie et la fraîcheur des soirées rendent l'irrigation nécessaire. Si, dans les premières années, de nombreux cépages allemands peu connus y ont été plantés (optima, ehrenfelser, siegfried rebe), ainsi que du riesling, du gewürztraminer, du bacchus et de l'auxerrois, les efforts actuels portent uniquement sur des cépages « internationaux », d'origine française, et dont une proportion croissante de cépages rouges, surtout dans la partie sud de la vallée. Avec l'arrivée de capitaux et de savoir-faire étrangers, la qualité augmente très rapidement, comme peut en témoigner le remarquable vin rouge d'Osooyos Larose, un domaine mené en collaboration entre le Canadian Vincor et Château Gruaud-Larose à Bordeaux.

Il existe plus de 200 sociétés vinicoles, réparties dans les 5 régions d'appellation : Okanagan Valley, Similkameen Valley, Fraser Valley, BC Gulf Islands et Vancouver Island. Les vignobles ont connu une croissance impressionnante depuis 1988, de 60 à 80 ha supplémentaires étant plantés chaque année. Les nouvelles plantations sont toutes en *Vitis vinifera.* Ce sont les petites et les moyennes exploitations qui ont connu la plus forte expansion.

NOUVELLE-ÉCOSSE

La Nouvelle-Écosse possède trois entreprises vinicoles et un total de 60 ha de vignes, composées surtout d'hybrides et de vieux cépages rouges russes tels que le michurinetz et le severnyi. Le cycle végétatif court réduit le nombre des cépages que l'on peut planter. Aussi s'efforce-t-on de trouver des clones à maturation rapide. Les trois sociétés vinicoles de cette province (notamment Sainte Famille) se fournissent auprès de 38 viticulteurs.

QUÉBEC

Le Québec est la région la moins favorable à la viticulture. La ville de Dunham est le centre de la petite région viticole du Québec, où quinze sociétés ont reçu leur agrément depuis 1985. En hiver, des machines recouvrent les vignes de terre pour les protéger du froid, et il faut ensuite les déterrer à la main au printemps. La région de Dunham jouit d'un ensoleillement moyen de 1 150 heures durant le cycle végétatif (contre 2 069 dans le Bordelais), mais de nombreux mésoclimats créent des poches chaudes où seules les vignes les plus résistantes survivent et, parfois, prospèrent. Les petites sociétés vinicoles produisent essentiellement du vin blanc, surtout du Seyval blanc très frais.

PRODUCTEURS

ONTARIO

Les meilleurs producteurs sont Angels Gate, Cave Spring, le Château des Charmes, Clos Jordanne, Closson Chase, Colio, Coyote's Run, Eastdell, Equifera, Fielding, Flat Rock, Henry of Pelham, Hillebrand Estates, Huff, Inniskillin, Jackson-Triggs, Konzelmann Winery, Marynissen, Pelee Island Winery, Peninsula Ridge, Pillitteri, Reif Estate, Stratus, Strewn, Ziraldo.

COLOMBIE-BRITANNIQUE

Les bons producteurs sont notamment Blue Mountain Vineyard, Cedar Creek, Dirty Laundry, Hillside, Inniskillin Okanagan, Jackson-Triggs Okanagan, Mission Hill, Osoyoos Larose, Sumac Ridge, Summerhill, Tantalus, Tinhorn Creek, Thornhaven.

QUÉBEC

Parmi les meilleurs producteurs, il faut citer le Vignoble de l'Orpailleur, Vignoble Dietrich-Joos, Vignobles le Cep d'Argent.

AMÉRIQUE LATINE

Cartes pages XXVIII et XXIX

La vigne, introduite en Amérique par les conquistadores espagnols, fut ensuite cultivée par les missionnaires, qui avaient besoin de vin pour célébrer leurs messes. Hernán Cortés, gouverneur de la Nouvelle-Espagne (Mexique actuel) au XVIe siècle, ordonna à chaque colon de planter 1 000 pieds de vigne chaque année. C'est ainsi que la viticulture se répandit vers le nord et le sud du Nouveau Monde, atteignant le Pérou à la fin du siècle, puis le Chili et l'Argentine, et, au siècle suivant, la Californie. Vers le milieu du XIXe siècle, l'afflux d'immigrés européens en Amérique du Sud accrut l'intérêt porté au vin et encouragea des essais sur toute une gamme de cépages, avec les premiers vignobles importants de *Vitis vinifera* d'origine espagnole, italienne et française. Tandis que le phylloxéra ravageait les vignobles européens, un certain nombre de vignerons s'installèrent en Amérique du Sud, où *Vitis vinifera,* qui leur était familière, prospérait. Pendant des décennies, la réputation des industries vinicoles d'Amérique latine a été ternie par les difficultés économiques et politiques locales. À la fin des années 1980, la stabilité restaurée dans de nombreux pays attira les investisseurs étrangers, et les producteurs de vin purent se consacrer davantage aux marchés d'exportation et accroître la qualité de leurs vins plutôt que leur quantité. De nouveaux styles de vin, capables de concurrencer ceux d'Europe, de Californie et d'Australie, permirent d'obtenir des vins blancs aux arômes de fruits frais et des rouges très séduisants d'un excellent rapport qualité/prix, qui ont rapidement trouvé leurs marchés.

Le climat, l'irrigation et les maladies

Entre ces latitudes de 32° et 36° sud, les différents cépages de *vinifera,* plantés au milieu du XIXᵉ siècle en Argentine et au Chili, mûrissent suffisamment pour que la chaptalisation ne soit pas nécessaire. Autre avantage de la situation géographique et de la sécheresse climatique de ces deux pays : une relative absence des maladies de la vigne. Le Chili fait partie des très rares pays encore totalement épargnés par le phylloxéra. Ainsi, beaucoup de vignes sont « franches de pied », c'est-à-dire non greffées. Les autorités contrôlent sévèrement l'importation de nouveaux plants, ce qui limite et ralentit la diversification des variétés. Sans les brises rafraîchissantes de l'océan Pacifique tout proche et l'air frais descendu des Andes à l'ouest, la plupart des vignobles du Chili seraient trop chauds pour produire des vins de qualité. Les viticulteurs chiliens n'ont eu à déplorer que quelques rares vagues de froid ou de gel juste avant les vendanges.

Dans la plupart des sous-régions du Chili et de l'Argentine, l'irrigation est essentielle à la survie de la vigne, car la saison de développement de la vigne est particulièrement sèche. Dans les vignobles de qualité, et de plantation récente, cette irrigation est aujourd'hui assurée par des systèmes de goutte-à-goutte. Les très vieilles vignes ont moins besoin d'irrigation cependant. Les ressources naturelles de l'Amérique du Sud, autant que son climat, font des envieux chez les vignerons d'autres pays. Santiago et Mendoza, capitales vinicoles respectives du Chili et de l'Argentine, ne sont distantes que de 240 km, mais séparées par la cordillère des Andes, qui fournit toute l'eau nécessaire à la culture de la vigne.

Dès que ces abondantes ressources en eau furent maîtrisées par des systèmes d'irrigation, il fut facile d'établir des vignobles. Au Chili, la plupart sont situés près des principaux fleuves coulant vers l'ouest et l'océan Pacifique. Ces fleuves et leurs affluents, généreusement alimentés par la montagne, ne s'assèchent jamais. Au moyen de canaux et de fossés, les producteurs ont conçu un système à base de sillons permettant d'irriguer à tout instant les rangs de vignes.

De l'autre côté des Andes, les producteurs argentins ont conçu un système plus élaboré et plus complexe de réservoirs, digues, canaux et fossés pour capter et distribuer l'eau de la fonte des neiges. L'eau ne coulant pas toute l'année, ce système permet de la capter en quantité suffisante, de la stocker, puis d'irriguer plus tard, au cours du cycle végétatif, les vignobles situés au pied des Andes.

La situation politique et économique

Au Mexique, la viticulture connut deux coups durs au début du XXᵉ siècle : le phylloxéra d'abord, puis la révolution de 1910. Au Chili, pays isolé par les Andes et, par conséquent, à l'abri du phylloxéra, les producteurs durent faire face en 1902 à des taxes excessives sur les vins, puis, de 1938 à 1945, à l'interdiction de planter de nouvelles vignes. Au début des années 1970, la réforme agraire démantela de nombreux vignobles chiliens. Au cours de cette même décennie, plusieurs pays sud-américains connurent des périodes d'inflation galopante et de taux d'intérêt exorbitants qui, d'une part, portèrent préjudice aux marchés intérieurs, et, d'autre part, découragèrent les investisseurs étrangers. Les difficultés économiques récentes de l'Argentine ont rendu les vins de ce pays plus attractifs sur les marchés mondiaux mais ont renchéri le coût du matériel technique importé par les producteurs.

La révolution viticole

À mesure que les conditions politiques et économiques se stabilisaient à partir des années 1980, les investisseurs étrangers commencèrent à s'intéresser de plus près aux terres d'Amérique du Sud pouvant convenir à des vignobles, et des sociétés internationales bien établies y investirent des capitaux. L'époque s'y prêtait on ne peut mieux : au Chili et en Argentine, les marchés intérieurs, qui absorbaient jusque-là toute la production, étaient en plein ralentissement, et les producteurs se tournaient vers les marchés mondiaux.

Pour assurer la survie à long terme des producteurs, ces marchés d'exportation sont devenus indispensables. Les producteurs ont été amenés à repenser leurs méthodes pour faire face à une concurrence mondiale. La plupart des gros exportateurs ont modernisé leurs installations et développé des styles de vin et des techniques de vinification nouveaux, comme l'utilisation de petites barriques de chêne pour le vieillissement de leurs meilleurs vins. Les chais construits il y a plus d'un siècle font contraste avec les rangées de cuves brillantes en acier inoxydable, les centrifugeuses, les pressoirs dernier cri et les chaînes de mise en bouteilles. Peu de producteurs refusent ces progrès, et la plupart les considèrent comme la seule voie possible.

Depuis le début des années 1990, les vins chiliens sont incontournables sur de nombreux marchés, surtout dans le créneau des bons rapports qualité/prix. Depuis plusieurs années, la tendance est à la montée en gamme, mais la concurrence y est plus rude et peu de vins se sont fait encore une place confirmée dans les segments les plus élitistes du marché.

L'Argentine a entamé ce mouvement plus tardivement que son voisin chilien, mais elle a rattrapé depuis son retard, notamment grâce à de très nombreux investissements étrangers. Beaucoup d'observateurs estiment que son potentiel est plus important. Les autres pays d'Amérique latine, excepté le Mexique, ne peuvent jouer dans la même catégorie que les deux pays précédents. L'Uruguay produit, malgré tout, des vins intéressants, et la production brésilienne est montée en gamme depuis les années 2000, motivée par la taille de son marché intérieur.

Les régions viticoles

LE MEXIQUE. Ce pays est certes le plus ancien producteur américain, mais son industrie de vins de qualité est relativement récente. Les vins rustiques et l'eau-de-vie dominent toujours sa production. Le Mexique reste éclipsé par ses voisins du Nord et du Sud, même si une production de qualité émerge, encouragée par l'appétit croissant du marché nord-américain.

LE CHILI. C'est le pays du monde dont les exportations ont crû le plus rapidement ces dernières décennies. Ses parts de marché au Royaume-Uni, au Danemark et aux États-Unis, par exemple, sont devenues considérables, grâce à des vins au goût agréable proposés sous des noms de cépage connus et à des prix très abordables. Le pays investit désormais des créneaux plus ambitieux.

L'ARGENTINE. Ce pays dispose de si vastes sites convenant à la viticulture qu'il pourrait prendre le rôle principal sur la scène sud-américaine. C'est la plus importante région vinicole du continent et celle qui a le plus fort potentiel. Ses exploitations les plus connues sont relativement modernes, et la reconversion de son vignoble vers une production de qualité est largement entamée. Son potentiel n'a pas échappé à de nombreux investisseurs étrangers, français, américains, suisses ou chiliens.

LE BRÉSIL. Troisième producteur de vin d'Amérique du Sud, le Brésil profite d'une nette amélioration de son économie. Avec 80 000 ha plantés, il n'a pas encore percé à l'exportation, car sa production couvre tout juste ses besoins, et n'est pas encore au niveau de ses voisins du Sud. Le pays s'est cependant fait une spécialité des vins mousseux dont plusieurs atteignent un excellent niveau.

L'URUGUAY. Même s'il reste un producteur modeste, l'Uruguay semble bénéficier d'un certain potentiel en matière de vins fins. Les 7 900 ha de son vignoble ne peuvent pas lui permettre de devenir un acteur significatif sur la scène mondiale, mais le pays a acquis une réputation, grâce notamment à ses vins rouges issus de tannat.

LES AUTRES PAYS. Plusieurs autres pays d'Amérique du Sud, dont le Pérou, la Bolivie, l'Équateur, la Colombie et le Venezuela, produisent aussi des quantités modestes de vin. Le climat de type tropical qui règne dans la plupart de ces régions peut constituer un obstacle à la production de vins de qualité mais autorise plusieurs récoltes annuelles. Aujourd'hui rien ne semble destiner ces pays à suivre la trace des voisins chilien et argentin.

MEXIQUE

En dépit de son riche passé et de son rôle essentiel dans la viticulture américaine, le Mexique est une anomalie dans le monde du vin. Ce pays, qui a introduit la vigne et la vinification au nord et au sud de ses frontières, est considéré souvent comme trop chaud et trop inhospitalier pour la viticulture. La moitié de son territoire se situant dans la zone torride du sud du tropique du Cancer, on cultive la vigne sur le plateau central, à une altitude de 1 600 m, et en Basse-Californie.

L'histoire vinicole

À la fin du XIXe siècle, la famille Concannon, pionnière de la viticulture en Californie (Livermore Valley), persuada le gouvernement mexicain de tirer parti du potentiel viticole du pays et introduisit quelques douzaines de variétés françaises de *vinifera* au Mexique. James Concannon quitta le Mexique en 1904, mais, six ans plus tard, un autre vinificateur californien, Perelli-Minetti, planta une autre gamme de cépages sur des centaines d'hectares, près de Torreón.

Vers 1900, une grande partie des vignobles mexicains fut détruite par le phylloxéra, et des problèmes politiques perturbèrent le pays pendant de nombreuses années après la révolution de 1910. La viticulture ne connut un regain d'intérêt qu'au début des années 1940, lorsque des fermiers remplacèrent leurs champs de coton par des vignes.

L'industrie vinicole moderne

Aujourd'hui comme hier, la priorité reste la production d'eau-de-vie, mais la production de vins de qualité est en augmentation. Plusieurs entreprises internationales ont investi dans la viticulture mexicaine et créé leurs propres exploitations afin d'éviter les lourdes taxes d'importation européennes pesant sur les eaux-de-vie. La famille espagnole Domecq fut la première à faire de gros investissements, en 1953. Son siège est à Mexico, mais ses installations de production d'eau-de-vie et de vin sont réparties sur onze sites. Les Espagnols Gonzalez-Byass et Freixenet, les Français Hennessy et Martell, les Italiens Martini & Rossi et Cinzano, et le Japonais Suntory sont d'autres firmes réputées possédant d'importants intérêts au Mexique. Par des efforts considérables, en temps et en argent, dans la production de vin, Domecq s'est affirmé comme le premier producteur de vin de qualité et exporte plusieurs de ses gammes aux États-Unis.

Les vignobles mexicains comptent près de 28 000 ha dont une partie réservée à la production de raisins de table. La majorité des vins sont destinés aux distilleries d'eau-de-vie ou à l'élaboration de vermouth, mais la production de vins de consommation a progressé depuis 1980. Compte tenu du nombre croissant de vignobles se reconvertissant dans les cépages nobles et du développement des sites côtiers ou d'altitude, la dynamique des années 1990 devrait se poursuivre.

RÉGIONS VITICOLES ET PRODUCTEURS

La production est dominée par les grandes sociétés internationales. Par ailleurs, les petits producteurs sont découragés par une administration tatillonne et le fait que la plupart des Mexicains préfèrent le mescal, la tequila et la bière au vin.

BASSE-CALIFORNIE

Le nord de cette région bénéficie d'un climat relativement frais pour le Mexique et son vignoble de plus de 10 000 ha s'étend rapidement. Elle concentre l'essentiel des bons domaines mexicains. La plupart des vignobles se trouvent dans les vallées de Guadalupe, de Santo Tomás et dans les environs d'Ensenada. Le plus connu des producteurs, Santo Tomás, produit notamment des Cabernets-Sauvignons et des Chardonnays.
L.-A. Cetto, créé en 1928 par un immigrant italien, dans la vallée de Guadaloupe, est l'un des meilleurs domaines du pays. Il possède aujourd'hui plusieurs vignobles plantés d'une douzaine de cépages différents et doit sa notoriété à ses vins rouges issus du cabernet-sauvignon, du nebbiolo et surtout de la petite sirah. Les Cabernets-Sauvignons de Cavas Valmar et Pedro Domecq sont aussi connus. Monte Xanic et Château Camou sont des producteurs réputés de taille plus modeste.

PARRAS, SALTILLO

La vallée de Parras, au nord de Mexico, serait le berceau du vin américain. Les meilleurs vignobles se situent à 1 500 m d'altitude, là où le climat convient à la production de vins de qualité. Bodegas de San Lorenzo (appartenant à Casa Madero), dont la fondation remonte à 1626, produit une gamme de vins de *vinifera* et des eaux-de-vie. Cette zone compte plusieurs grosses distilleries.

LAGUNA, DISTRICT DE TORREON

Dans ce district largement dédié à la culture du coton, le climat est trop chaud pour la culture des cépages nobles. L'entreprise la plus connue, Vergel, fondée en 1943, a modernisé ses installations et utilise des cuves en acier inoxydable avec régulation de température.

SAN JUAN DEL RIO

Le développement de cette région située à 160 km au nord de Mexico est récent. La plupart des vignobles sont à une altitude de 1 800 m.

SONORA

Près de 20 000 ha de vignes largement consacrés au thompson seedless et à d'autres raisins de table ainsi qu'au raisin de cuve destiné à la distillation.

ZACATECAS

Avec ses vignobles situés à 2 000 m d'altitude, c'est la région viticole la plus haute et la plus fraîche. La viticulture y débuta dans les années 1970 et le premier producteur fut Bodegas de Altiplano.

CHILI

Carte page XXVIII

Le Chili est un des rares pays vinicoles d'importance à avoir été épargné par le phylloxéra. Le puceron meurtrier, qui ravagea tous les vignobles d'Europe et d'Afrique du Nord, n'a jamais franchi la cordillère des Andes ni la grande zone désertique du nord et n'a pu atteindre le vignoble côtier. Les vignes chiliennes sont donc généralement franches de pied puisqu'elles n'ont pas besoin d'être greffées. D'autres maladies, endémiques ailleurs (oïdium et mildiou) sont rares au Chili. C'est pourquoi les œnophiles observent avec passion les progrès des méthodes de culture et de vinification qui devraient permettre au Chili de nous donner des vins comptant parmi les meilleurs du monde. Ce moment est proche, peut-être même déjà là pour certains. Les producteurs étrangers ne sont pas restés insensibles aux possibilités qu'offre cette situation privilégiée. Ainsi, le Catalan Torres s'est laissé tenter par l'aventure chilienne dès 1979, bientôt imité par des producteurs bordelais (notamment Cos d'Estournel, Dassault, Margaux, Lafite Rothschild, Mouton Rothschild), de Chablis, d'Alsace, et aussi, depuis longtemps, par des Californiens. Les vins rouges chiliens haut de gamme se montrent de plus en plus souvent à leur avantage lors de dégustations comparatives réunissant les meilleurs vins du monde issus du cabernet-sauvignon.

Par ailleurs, certaines entreprises chiliennes ont fait appel, pour hausser la qualité de leurs vins, à des œnologues français (notamment Michel Rolland), des vinificateurs volants australiens et néo-zélandais et des conseillers californiens.

La surface viticole est d'environ 200 000 ha, et la production de vin tourne autour de 8,3 millions d'hectolitres. Les trois quarts des vins fins chiliens sont exportés.

Le climat

Un regard sur les latitudes entre hémisphères Nord et Sud amènerait à comparer le Chili à l'Afrique du Nord. Mais une telle comparaison serait bien trop simpliste et ne tiendrait pas compte des réalités climatiques. Les régions vinicoles du Chili s'étalent sur environ 1 400 km dans la partie centrale du pays qui est lui-même trois fois plus long. L'influence d'un courant froid océanique remontant la côte chilienne depuis l'Antarctique est prépondérante, notamment pour les vignobles les plus proches de l'océan. Elle provoque un écart important entre températures diurnes et nocturnes, et aide les raisins à conserver leur acidité naturelle. Pendant la saison de pousse et de maturation, le climat est très sec, rendant nécessaire, presque partout, le recours à l'irrigation pour permettre une bonne maturation des raisins. Les Andes et leur manteau neigeux constituent le réservoir principal de cette irrigation.

Les cépages

Le choix des cépages est plus limité au Chili que chez son voisin argentin. Il y a plusieurs explications à cela, à commencer par l'absence de phylloxéra, qui entraîne, logiquement, une très grande rigueur dans les contrôles pratiqués sur le matériel végétal importé. Puis les producteurs chiliens ont, depuis quelques années, visé essentiellement les marchés de nouveaux consommateurs, en Amérique, en Europe et en Asie, plantant avant tout les cépages connus de ces marchés. Ainsi, cabernet-sauvignon, merlot, sauvignon blanc et chardonnay ont longtemps dominé les nouvelles plantations. La lassitude des marchés et les progrès de la recherche ampélographique se sont combinés pour diversifier un peu ce choix limité. On a ainsi découvert que la moitié du merlot planté au Chili était en réalité du carmenère. De la même manière, une partie de ce qui est étiqueté « Sauvignon blanc » s'est révélée être du sauvignon vert (ou sauvignonasse). Enfin et surtout, une réelle volonté de planter des cépages en bonne adéquation avec les conditions climatiques s'est affirmée depuis une dizaine d'années. Et les expérimentations avec une gamme plus large de cépages ont commencé. Ontrouve maintenant d'excellents Syrahs et Pinots noirs, de bons Viogniers, et quelques vieilles plantations de malbec ont été valorisées par la réussite de ce cépage en Argentine.

Les régions viticoles

La plupart des vignes sont plantées entre les 32° et 38° de latitude, ce qui correspond au sud de l'Espagne et à l'Afrique du Nord. Mais le climat y est plus proche de celui que l'on trouve dans le Bordelais.
L'appellation contrôlée (*Denominación de origen*, ou DO) instaurée initialement en 1995, mais appliquée et affinée en 2002, distingue 4 grandes régions, divisées en plusieurs sous-régions correspondant à des vallées distinctes.

La notion de lieu-dit comme identifiant d'un style de vin en est à ses débuts, car beaucoup de vins sont issus d'assemblages de raisins de plusieurs régions. Néanmoins, de plus en plus de vins proviennent de régions identifiées, voire de parcelles. Les autorités chiliennes ont récemment élaboré une réglementation complémentaire en créant des mentions *(Costa, Andes* et *Entre Cordilleras),* qui permettent de prendre en compte la logique des trois principaux terroirs chiliens : la zone côtière *(Costa)* qui jouit d'un climat rafraîchi par le courant froid d'Humboldt ; la partie centrale *(Entre Cordilleras)*, chaude et fertile, prise entre la Cordillère côtière et les Andes ; et le piémont des Andes *(Andes)*, à l'est, dont les vignobles de coteau bénéficient de la fraîcheur des montagnes.

RÉGION DE COQUIMBO (vallées d'Elqui, Limarí et Choapa). Vignobles dispersés dans une région montagneuse dont on tirait surtout du raisin de table et du vin médiocre destiné à la distillation de l'eau-de-vie nationale, le *pisco*. À Limarí, il existe désormais quelques bons domaines, spécialisés dans la production de vins fins.

REGION DE ACONCAGUA (vallées de l'Aconcagua, de Casablanca et de San Antonio). Région proche du port de Valparaíso, à environ 100 km au nord-ouest de la capitale, Santiago.

– Dans la vallée de l'Aconcagua au climat de type méditerranéen, on cultive surtout sur des sols alluviaux ou graveleux les cépages rouges bordelais, la syrah, le pinot noir ainsi que le sauvignon blanc et le chardonnay.

– La vallée de Casablanca, dont le développement rapide est relativement récent (on n'y trouvait pas un seul vignoble en 1980), bénéficie des brises fraîches du Pacifique. Le sol sableux-crayeux est favorable à la culture du chardonnay (qui donne un vin délicatement aromatique), du sauvignon et du pinot noir.

– Encore plus proche de l'océan, la vallée de San Antonio est connue pour ses Sauvignons blancs aromatiques, ses Chardonnays et ses Pinots noirs.

VALLÉE CENTRALE (vallées de Maipo, Rapel, Curicó et Maule). C'est la première région de production chilienne. Elle est située à mi-distance de l'océan Pacifique et des Andes, mais les vallées qui la traversent et qui constituent autant de sous-régions, regardent vers le Pacifique.

– Proche de Santiago, la vallée de Maipo est la plus ancienne région vinicole du Chili et reste celle où la concentration des vignobles est la plus élevée. Les terroirs sont très variés et les vins peuvent être de grande qualité. Le cabernet-sauvignon est de loin le cépage le plus cultivé.

– La région de Rapel, qui est un peu plus pluvieuse que celle de Maipo, bénéficie pendant l'été de l'influence modératrice des vents venant du sud. Elle a connu un développement spectaculaire dans les années 1990. Elle comprend les vallées de Cachapoal au nord et Colchagua au sud. Cette dernière a été la première à mettre en place une route du vin et accueille aujourd'hui plusieurs domaines parmi les plus prestigieux du pays. Les cépages rouges bordelais dominent largement.

– Située à environ 200 km au sud de Santiago, la vallée de Curicó est réputée pour ses blancs, Sauvignons et Chardonnays. On y fait aussi de bons rouges de cabernet-sauvignon, de merlot et de carmenère.

– La vallée de Maule est la plus méridionale et la plus nuageuse de la Vallée centrale. Son climat est fortement influencé par l'océan Pacifique. On y cultive encore beaucoup le país, mais ce cépage traditionnel du Chili a fortement régressé au profit de cépages classiques, dans l'ordre, cabernet-sauvignon, chardonnay, sauvignon, merlot, carmenère et syrah.

RÉGION DU SUD (vallées d'Itata, Bió-Bió et Malleco).

– L'héritage de l'ère coloniale est encore très présent dans la vallée d'Itata, dominée par le muscat d'Alexandrie et le país.

– La vallée de Bió-Bió, la plus méridionale du Chili vinicole, compte relativement peu de vignobles, mais elle commence à attirer l'attention de producteurs de vins en quête de climat frais.

PRODUCTEURS

La plupart des producteurs chiliens nomment leurs vins destinés à l'exportation selon le cépage : Cabernet-Sauvignon, Merlot, Chardonnay et Sauvignon blanc sont les plus fréquemment rencontrés, ainsi que Carmenère et Syrah, depuis quelques années. Ils proposent généralement une gamme de vins dans chacun des cépages, en fonction de leur niveau de qualité et des techniques d'élevage utilisées. Les mentions peuvent varier d'un producteur à un autre, et ne sont que rarement réglementées. Par exemple, les mentions *reserva* ou *gran reserva* ne respectent pas la même rigueur que le système espagnol. Les cuvées les plus ambitieuses et les plus chères, à l'image d'Almaviva, Sena ou Clos Apalta, ne mentionnent pas le ou les cépages utilisés.

AMAYNA
Domaine crée en 2003, et situé dans la région de Leyda, dans la DO de San Antonio, à l'ouest de Santiago et tout près de l'océan Pacifique. Gamme restreinte de cépages (sauvignon blanc, chardonnay et pinot noir), en adéquation avec le climat frais de l'endroit. Ambitieux et haut de gamme, avec des vins d'une rare finesse pour le pays.

ALMAVIVA
Entreprise franco-chilienne créée en 1997, dans laquelle les Rothschild de Mouton et Concha y Toro, le plus gros producteur du Chili, se sont associés à parts égales. Almaviva propose un seul vin issu des deux cabernets, qui se veut l'égal d'un cru classé.

ANTIYAL
Domaine de poche conduit en biodynamie et créé par Alvaro Espinoza en 1996, dans la vallée de Maipo. Des assemblages de syrah, cabernet-sauvignon et carmenère réputés.

AQUITANIA
Ce domaine proche de Santiago, créé à Quebrada de Macul, dans la vallée de Maipo, est le fruit d'un partenariat entre deux Français, Bruno Prats et Paul Pontallier, et le Chilien Felipe Solminhac. Le Chardonnay Sol de Sol est réputé.

CALITERRA
Cette exploitation ultramoderne créée en 1989 à Curicó par le Californien Mondavi et Erraziriz, produit des millions de bouteilles à partir de ses vignobles et d'achats en différentes sous-régions. Mondavi a vendu ses parts à Errazuriz en 2004.

CANEPA
Cette entreprise basée à Maipo exploite plusieurs grands vignobles dans les vallées de Maipo, Rapel, Curicó et Maule. Récemment modernisée, elle produit des vins issus de cépages bordelais rouges →

PRODUCTEURS

et blancs ainsi que de zinfandel et de gewürztraminer.

CARMEN
Fondée en 1850, Viña Carmen est une des plus vieilles entreprises vinicoles du Chili. Située dans la vallée de Maipo, elle a été entièrement modernisée en 1992.

CASA LAPOSTOLLE
Le groupe français Marnier-Lapostolle s'assure le concours de l'œnologue Michel Rolland, acquiert 51 % du capital d'une *bodega* de la région de Rapel en 1994, l'équipe du matériel le plus moderne et rachète 300 ha de vignes : le vignoble de Casablanca dans la vallée de ce nom (principalement chardonnay et pinot noir), les vignobles de Requinoa (cabernet-sauvignon et sauvignon blanc) et d'Apalta (vieilles vignes de cépages rouges bordelais). Le reste provient de viticulteurs sous contrat. La production comprend les gammes Casa Lapostolle (sauvignon, chardonnay, cabernet-sauvignon et merlot) ; Cuvée Alexandre (chardonnay, merlot et cabernet-sauvignon) ; Clos Apalta (assemblage haut de gamme de merlot, carmenère et cabernet-sauvignon).

CASA SILVA
Domaine de Colchagua, dont les vins rouges, charnus et fruités, se sont taillés un beau succès dans certains marchés européens depuis quelques années.

CONCHA Y TORO
Fondée en 1883 dans la vallée de Maipo, cette *bodega* est le principal producteur du Chili. Outre les vins des cépages bordelais classiques, elle fait aussi des vins de pinot noir et de syrah. En ordre de qualité croissante, les vins sont étiquetés, entre autres marques, Concha y Toro, Trio, Casillero del Diablo, Marqués de Casa Concha, Amelia (chardonnay vinifié et élevé en barrique) et Don Melchior (cabernet-sauvignon).

CONO SUR
Entreprise créée en 1993 par Concha y Toro à Chimbarongo, dans la vallée de Colchagua (Rapel). Une gamme étendue : Chardonnay, Gewürztraminer et Viognier en blanc, Cabernet-Sauvignon, Merlot, Pinot noir et Zinfandel en rouge.

DE MARTINO/ SANTA INÈS
Excellent domaine familial de Maipo qui utilise les deux étiquettes. Une gamme de vins à l'expression exubérante, très savoureux et bien faits.

ERRÁZURIZ
Créée en 1870 à Panquehue, dans la vallée de l'Aconcagua, cette entreprise a fait appel au vinificateur néo-zélandais Brian Bicknell, puis au Californien Edward Flaherty pour élaborer des vins ayant beaucoup de personnalité. L'entreprise exploite des vignobles dans les vallées de l'Aconcagua, Maipo, Casablanca et Curicó, où l'on cultive essentiellement merlot, cabernet-sauvignon, chardonnay et sauvignon blanc.

COUSIÑO MACUL
Le domaine de Macul est connu pour son Cabernet-Sauvignon, son Merlot et son Chardonnay, vins issus en général de vieilles vignes, dont le style est plus européen qu'américain.

MATETIC
Domaine ambitieux dans la DO de San Antonio. Style très moderne, dans la veine internationale.

MONTES
Fondée en 1988, l'entreprise, initialement établie dans la vallée de Curicó, possède aujourd'hui un nouveau chai dans la vallée de Colchagua. Elle produit une gamme large, issue de ses propres vignobles et d'achats de raisins. Les vins sont d'une régularité remarquable, et les hauts de gamme, sous le nom Montes Alpha, comptent parmi les meilleurs du pays.

PRODUCTEURS

MONTSECANO
Petit domaine artisanal de la vallée de Casablanca créé par le Chilien Julio Donoso et André Ostertag, célèbre vigneron alsacien, centré autour du pinot noir décliné en deux belles cuvées.

MORANDÉ
Dans sa gamme large mais qualitative, Morandé se singularise comme étant un des pionniers du pinot noir au Chili.

SAN PEDRO
Cette entreprise, fondée en 1865, est devenue une des plus grandes et des plus modernes d'Amérique latine. Connue pour ses vins étiquetés Gato Negro et Gato Blanco, elle utilise d'autres étiquettes pour ses vins de prestige (Santa Helena et Castillo de Molina).

SANTA CAROLINA
Créée en 1875 à Santiago, Santa Carolina possède plus de 600 ha de vignes dans les vallées de Casablanca, Maipo et Rapel, et achète beaucoup de raisins à des viticulteurs indépendants. Elle produit une gamme complète de vins de cépage.

SANTA EMA
La famille Pavone, qui cultivait du raisin dans l'île de Maipo depuis 1931, a fondé la Viña Santa Ema en 1955 pour élaborer elle-même son vin plutôt que de vendre son raisin à d'autres producteurs. Elle possède quelque 300 ha dans la vallée de Rapel. La plupart des vins (Merlot, Cabernet-Sauvignon, Chardonnay et Sauvignon blanc, élevés dans du chêne français et américain) sont élaborés dans un style exubérant.

SANTA RITA
Créée en 1880 à Buin, cette entreprise possède 2 000 ha de vignes dans les vallées de Casablanca, Maipo et Maule, mais achète également du raisin. Pour les meilleurs vins, on fait abondamment usage de barriques en chêne français. La production est divisée en une gamme compliquée, segmentée par ordre ascendant de prix : Cepas Finas, 120 Riserva Especial, Medalla, Floresta, Triple C et Casa Real. Le Carmenère de Santa Rita est un des meilleurs du pays.

SENA
Fondé par Eduardo Chadwick, d'Errazuriz, et le Californien Robert Mondavi avec l'objectif de produire un seul vin de très haut niveau. But atteint, car Sena, assemblage bordelais, est l'un des meilleurs vins rouges du Chili. Errazuriz détient, depuis 2004, l'ensemble des parts de cette affaire.

MIGUEL TORRES
Cette entreprise très innovatrice commença en 1979 avec l'achat d'un vieux vignoble dans la vallée de Curicó par Miguel Torres, de la célèbre famille espagnole de producteurs de vin. Torres introduisit au Chili des cuves en acier inoxydable avec régulation de température, des pressoirs modernes et des barriques en chêne français. Sur ses trois principaux vignobles de Curicó et de Maule, Torres se concentre sur le sauvignon blanc, le chardonnay et le cabernet-sauvignon, mais il ne cesse d'innover avec des cuvées de tempranillo, moscatel, riesling, carignan.

UNDURRAGA
Créée en 1885, Undurraga fut une des premières entreprises à exporter aux États-Unis, au début du XXe siècle. Les installations techniques ont été modernisées récemment, mais le chai historique se visite toujours. La production de ses vignobles des vallées de Maipo et Maule est complétée par du raisin de viticulteurs indépendants. Les vins, dont les meilleurs sont vinifiés et/ou élevés dans le bois, sont issus de tous les cépages disponibles du pays.

VALDIVIESO
Cette entreprise, dont l'origine remonte à 1879, est très connue au Chili pour son mousseux, mais produit aussi une gamme originale de vins tranquilles, avec un large choix de cépages. Fait rare, le vin qui →

PRODUCTEURS

chapeaute la gamme, El Caballero Loco, porte un numéro mais pas un millésime.

VIU MANENT
Domaine familial de la vallée de Colchagua qui élabore une bonne gamme de vins avec des cépages bordelais, et produit certainement le meilleur Malbec du pays. Un nouveau vignoble de coteau commence à donner des résultats encourageants, y compris avec des cépages rhodaniens.

LOS VASCOS
Domaine célèbre créé en 1750 dans la vallée de Limarí, dans la région de Colchagua, par le Basque Miguel Echenique. Les descendants du fondateur, expropriés lors de la réforme agraire des années 1960, reconstituèrent le domaine, parcelle par parcelle, dans les années 1970. Ces acquisitions entraînèrent des difficultés financières, obligeant les propriétaires à trouver un associé, les Rothschild de Château Lafite, qui entreprit de moderniser les installations, de faire venir de Lafite des centaines de barriques et d'appliquer les méthodes en usage à Pauillac. Il n'est pas étonnant dans ces conditions que le Cabernet-Sauvignon de Los Vascos ait un style plus médocain que californien.

VILLARD
Le Français Thierry Villard a acheté en 1989 une terre dans la vallée de Casablanca, planté un petit vignoble, installé un matériel moderne et importé des barriques en chêne français. Il a ainsi été un des pionniers de cette région viticole située à l'ouest de Santiago, et dont le climat, plus frais que celui de la Vallée centrale profite aux cépages blancs.

ARGENTINE

Carte page XXVIII

Huitième pays du monde par l'étendue de son territoire (2 796 427 km²), l'Argentine est le deuxième pays d'Amérique du Sud par la population et la superficie. Étiré sur 3 700 km du tropique du Capricorne à la Terre de Feu, le triangle argentin est bordé au nord par la Bolivie et le Paraguay, au nord-est par le Brésil et l'Uruguay et limité à l'ouest par la cordillère des Andes qui le sépare du Chili.

Les premiers vignobles furent créés au milieu du XVIe siècle par des missionnaires et des conquistadores venus du Pérou et du Chili, au pied des Andes, dans l'actuelle région de Mendoza, qui est restée la principale région vinicole d'Argentine. Au XIXe siècle, après l'indépendance, puis la construction du chemin de fer Buenos Aires-Mendoza, les vignobles andins prirent une grande importance et des vagues successives d'immigrants italiens, français et espagnols implantèrent des cépages de leur pays d'origine. Avec une production vinicole de 15 835 000 hl (en 2001), l'Argentine occupe le cinquième rang mondial des pays producteurs de vin derrière l'Italie, la France, l'Espagne et les États-Unis. La consommation est passée de 90 litres par habitant en 1980 à 25 en 2009, mais, dans le même temps, les exportations ont connu une hausse spectaculaire.

Les vignobles s'étendent sur plus de 1 770 km et couvrent environ 220 000 ha à l'ouest du pays, où ils bénéficient de l'irrigation, indispensable sous le climat chaud et sec de l'intérieur. Un réseau de canaux amenant l'eau de la fonte des neiges à des réservoirs répartis dans les régions viticoles est complété par des forages profonds à gros débit. Le centre de l'industrie vinicole, d'où proviennent environ 70 % des vins argentins, est la province de Mendoza, à quelque 960 km à l'ouest de Buenos Aires – à la latitude de Santiago et des meilleures régions vinicoles du Chili. La plupart des vignobles sont situés dans les vallées et sur les plateaux des basses Andes. Au sud de la ville de Mendoza se trouvent des zones de haute altitude, Maipu, Lujan de Cuyo et Valle de Uco (plus au sud), où sont cultivés les cépages nobles, notamment le malbec, cépage emblématique du pays. À l'ouest, au pied du pic Tupungato, le chardonnay et le merlot réussissent très bien. San Juan, la deuxième région viticole du pays, au nord de Mendoza, est beaucoup plus chaude. Elle fournit peu de vin de grande qualité, mais beaucoup de vin destiné aux eaux-de-vie et aux vermouths ainsi qu'une grande quantité de moût concentré. Les autres régions sont quantitativement moins importantes. Salta, encore plus loin au nord, est proche du tropique du Capricorne. Ses vignes sont cultivées à 1 700 m d'altitude, où la fraîcheur convient au torrontés, cépage blanc parfumé. Bien que ne fournissant qu'environ 5 % de la production, la région la plus méridionale, Rio Negro, en Patagonie, est encore plus fraîche que les vignobles d'altitude du nord. Elle est idéale pour la culture des cépages blancs de qualité et la production des vins de base pour les mousseux.

Des investisseurs attirés

Deux phénomènes, sur le plan des investissements dans l'outil de production, ont particulièrement marqué l'histoire viticole récente de l'Argentine : le renouvellement spectaculaire de son matériel de vinification et l'engouement de producteurs venus d'autres pays pour le potentiel de son vignoble. Ces deux faits sont évidemment liés. Ces dernières années, l'Argentine a ainsi remplacé le Chili au premier rang des pays investisseurs en matériel de vinification. Le Français Moët & Chandon (Bodegas Chandon et Terrazas) a été le premier à s'intéresser au potentiel argentin à la fin des années 1950. Plus tardivement, Pernod-Ricard a acquis Etchart en 1996 et le groupe portugais Sogrape a racheté Finca Flichman en 1998. Depuis, les achats de terres viticoles par d'autres producteurs français, chiliens ou américains n'ont cessé de croître. Parmi eux, François Lurton, Michel Rolland, associé à une série d'investisseurs viticoles, la famille d'Aulan, ainsi que les Chiliens Montes et Santa Carolina. Et, fait nouveau, ce mouvement vise aussi bien la production de vins offrant un excellent rapport qualité/prix et destinés aux marchés internationaux en croissance que le très haut de gamme. L'exemple le plus médiatique est la collaboration entre Château Cheval-Blanc (Premier Grand Cru classé « A » à Saint-Émilion) et Terrazas, filiale argentine de Moët & Chandon, pour produire un grand vin appelé Cheval des Andes.

Le climat et le relief

Par son étendue (du 22° au 56° de latitude sud) et son altitude, l'Argentine offre une grande variété de climats qui oscillent du tropical au nord-est au polaire au sud. Les amplitudes de température intrarégionales sont donc considérables. Le tiers du pays ne reçoit guère plus de 200 mm d'eau par an et les zones de piémont sont faiblement arrosées. Le taux d'humidité et les températures augmentent du sud vers le nord-est.

Le relief argentin est, pour l'essentiel, celui d'une vaste plaine sédimentaire, raccordée aux contreforts des Andes par de très puissants piémonts qui s'abaissent progressivement vers l'Atlantique. Les vignobles du pays se situent presque exclusivement sur ces piémonts et occupent une étroite bande orientée nord-sud. La vigne grimpe jusqu'à des altitudes de 1 600 m au-dessus du niveau de la mer, ce qui tempère les excès d'un climat par ailleurs particulièrement chaud et sec. À ces altitudes, les nuits sont particulièrement fraîches, avec une amplitude thermique pouvant atteindre 20 °C, permettant aux raisins de conserver tout leur potentiel aromatique sans être « brûlés » par le soleil.

Les cépages et les styles de vin

Le vignoble argentin a plus de 450 ans d'existence. L'origine des 116 variétés plantées – espagnoles, italiennes, portugaises, françaises, essentiellement – illustre bien les différentes vagues d'immigration européenne depuis le XVIe siècle. Si quelques variétés dominent, cette richesse de cépages tranche avec la simplicité de l'encépagement du Chili et offre beaucoup de possibilités aux producteurs argentins. Les cépages traditionnels à peau rose, comme le criola, le cereza et le moscatel rosada, occupent un tiers des plantations, mais reculent au profit des variétés rouges.

CÉPAGES ROUGES. Parmi ces dernières, le malbec, introduit en 1868 par un agronome français Pouget, est devenu le cépage emblématique de l'Argentine. Il occupe un quart des 100 000 ha plantés en cépages rouges et produit bon nombre de vins parmi les meilleurs, dans un style puissant et mûr. Le bonarda, originaire de Lombardie, est apprécié pour ses vins colorés, souples et fruités. Le cabernet-sauvignon offre des vins pleins, aux arômes généreux, bien structurés et capables de conserver suffisamment de fraîcheur. La syrah est très en vogue, suivie du merlot et du tempranillo.

CÉPAGES BLANCS. En blanc, outre le traditionnel pedro ximénez, qui reste le plus planté, deux cépages se distinguent, dans des registres très différents : le torrontés, variété locale qui revient à la mode grâce à ses vins souples, tendres et aromatiques (arômes floraux et de raisins frais), et le chardonnay, à l'origine de vins puissants, parfois chaleureux, aux arômes exubérants. Le sauvignon, planté dans les secteurs d'altitude, fait l'objet d'un certain intérêt.

PRODUCTEURS

ACHAVAL FERRER
Bodega créée en 1998 et qui s'est vite imposée comme l'une des plus belles signatures argentines. Les vignobles sont situés à Lujan de Cuyo et dans la vallée de Uco au sud, et les vins sont vinifiés par Roberto Cipresso, jeune œnologue italien réputé. Quatre cuvées de malbec sont produites ainsi qu'un assemblage, Quimera.

ALTA VISTA
Ce domaine, fondé par Jean-Michel Arcaute, est la propriété de la famille d'Aulan. Plus de 150 ha, sur deux sites séparés, produisent des vins issus de cépages français, plus un peu de torrontés. La gamme est de très bonne qualité.

ALTOS LAS HORMIGAS
Domaine fondé en 1995 par deux Toscans, Alberto Antonini, ancien vinificateur de la maison Antinori, et Antonio Morescalchi. Le vignoble de 40 ha, entièrement planté de malbec, donne quatre cuvées issues de ce cépage. Un bon Bonarda est produit sous l'étiquette Colonia Las Liebres, à partir de raisins achetés dans la partie est de Mendoza.

VALENTIN BIANCHI
Cette entreprise familiale est basée à San Rafael. Elle est propriétaire d'un domaine important mais achète également la production de vignerons indépendants pour alimenter ses deux *bodegas*. Fidèle à ses origines italiennes, Bianchi est l'un des meilleurs producteurs de vins issus de cépages italiens, tel le barbera. Il élabore aussi d'excellents Malbecs.

CLOS DE LOS SIETE
Une association de sept producteurs bordelais a investi conjointement dans un vaste domaine de 850 ha, situé sur la commune de Tunuyan, à 80 km au sud de Mendoza. À terme, chacun aura sa propre *bodega,* mais pour l'instant la majorité du vin est vendue sous le nom collectif. Les deux pionniers furent Jean-Michel Arcaute et Michel Rolland. Ce dernier est présent à la fois comme investisseur et consultant. L'essentiel du vignoble est planté en cépages rouges bordelais (malbec, merlot, cabernet-sauvignon). Des vins réguliers et séduisants d'un très bon rapport qualité/prix.

LUIGI BOSCA
Ce domaine est à la tête d'un vignoble de plus de 600 ha à Mendoza, qui produit une large gamme de vins de cépage.

FABRE MONTMAYOU
Appartenant à Vistalba, ce domaine de qualité se situe en altitude, à Lujan de Cuyo. Il produit une excellente gamme de vins rouges qui font appel aux cépages du Bordelais, ainsi qu'un très bon Chardonnay qui évite les excès d'un surboisage. Le domaine possède un autre vignoble en Patagonie.

HUMBERTO CANALE
C'est le producteur le plus important →

PRODUCTEURS

de la région la plus méridionale d'Argentine : Rio Negro (Patagonie). Le climat plus frais, mais très ensoleillé, a tendance à accentuer la finesse des vins.

CATENA
Catena est un des plus gros producteurs argentins, également leader en matière de vins de qualité. Pour l'exportation, des vins de style international, issus essentiellement de cépages dits « internationaux », apparaissent sous les noms de Alamos et Catena. Les vins de prestige sont étiquetés Catena Alta ou Catena Zapata. Cette dernière gamme est remarquable : excellents Malbecs et Chardonnays.

ETCHART
Cette *bodega* appartient au groupe Pernod-Ricard et produit une gamme étendue de bons vins. De la région de Salta proviennent de délicieux Torrontés et Chardonnays et, de la région de Mendoza, du Malbec et du Cabernet-Sauvignon.

FINCA LA AMALIA
Ce domaine situé à Lujan de Cuyo produit des quantités limitées de vins fins, pour l'instant : du Chardonnay, du Malbec et du Cabernet-Sauvignon.

FINCA LA ANITA
Domaine de taille modeste pour ce pays (70 ha), qui ne produit qu'à partir de raisins issus de son propre vignoble, situé au sud de Mendoza. Bons vins de cépage vendus sous l'étiquette Finca La Anita (en Cabernet-Sauvignon, Merlot, Malbec, Syrah, Sémillon et Chardonnay) et vins d'assemblage commercialisés sous le nom Finca.

LA CELIA
Situé près de San Carlos, dans la Valle de Uco, ce domaine important, avec un vignoble de 600 ha, produit notamment une gamme de quatre Malbecs sous l'étiquette La Celia.

FRANCOIS LURTON
Les Bordelais Jacques et François Lurton ont produit leurs premiers vins argentins en 1992. François Lurton poursuit seul l'aventure sous le nom de Bodega Piedra Negra. Le vignoble s'étend sur 200 ha dans la Valle de Uco. Une quinzaine de cuvées, très régulières, qui comptent de bons Malbecs et Torrontés, ainsi qu'un grand haut de gamme baptisé Chacayes.

MONTEVIEJO
Domaine créé en 1998 par Catherine Péré-Vergé qui a fait partie de l'aventure collective du Clos de los Siete. Vins modernes et charmeurs, de malbec et de chardonnay.

NAVARRO CORREAS
Cette marque appartient au géant anglais Diageo. Deux vignobles sont situés à Maipu, pour les cépages rouges, et à Tupangato dans la Valle de Uco, à 1 250 m d'altitude, pour les blancs. L'entreprise achète également le raisin d'autres vignerons.

NORTON
Fondé au XIXe siècle par un ingénieur anglais, ce domaine important de la zone de Perdriel, près de Lujan de Cuyo (700 ha), appartient aujourd'hui à un homme d'affaires autrichien. Une gamme de vins de cépage (Malbec, Merlot, Cabernet-Sauvignon, Barbera et Sauvignon blanc), ainsi que de beaux assemblages Cabernet-Sauvignon/Malbec et Cabernet-Sauvignon/Merlot.

SALENTEIN
C'est un intéressant domaine de fondation récente, à la production résolument qualitative, et dont les vignobles sont situés en altitude dans la Alto Valle de Uco, autour de 1 200 m au-dessus du niveau de la mer. La gamme Finca Portillo est constituée de vins accessibles et fruités ; la gamme Salentein désigne des vins plus structurés ayant été élevés en barrique ; enfin la gamme Primus opère une sélection de vignobles dans les cépages chardonnay et pinot noir. →

PRODUCTEURS

TERRAZAS DE LOS ANDES
C'est le nom donné par Moët & Chandon, le pionnier parmi les investisseurs étrangers dans ce pays, à leur chai situé à Pedriel et dédié à la production de vins tranquilles. La gamme se décline en vins d'assemblage et des *single vineyard* (issus de vignobles spécifiques). Une supersélection est élaborée en collaboration avec Pierre Lurton, le directeur de Cheval-Blanc. Dénommé Cheval des Andes, ce rouge d'assemblage est le vin le plus prestigieux d'Argentine.

TRAPICHE
Cette *bodega* du groupe géant Peñaflor est un des leaders dans l'exportation des vins argentins. Il s'appuie sur les conseils de l'œnologue Michel Rolland et sur un vignoble propre de plus de 1 000 ha. Ses vins les plus connus sont, en rouge, les vins de cabernet-sauvignon, malbec et syrah, les assemblages Iscay et un vin rouge d'assemblage de style bordelais étiqueté Medalla (cabernet-sauvignon/merlot/malbec) ; en blanc, les Chenins, Chardonnays et Torrontés.

BODEGAS WEINERT
Depuis sa modernisation, en 1975, par le Brésilien Bernardo Weinert, cette entreprise créée à la fin du XIXe siècle s'est hissée au rang des meilleurs producteurs du pays, avec notamment un Chardonnay, un Merlot et un Cabernet-Sauvignon. Le Carrascal de Weinert est un remarquable assemblage merlot/malbec/cabernet-sauvignon qui vieillit longtemps avant d'être mis en vente.

BRÉSIL ET AUTRES PAYS

Carte page XXIX

Avec près de 2 800 000 hl de vin, le Brésil est le troisième producteur du sous-continent. Les premiers vignobles furent créés par les jésuites au XVIIe siècle dans le Rio Grande do Sul avec le criolla provenant d'Argentine, mais ils furent abandonnés après la destruction des missions. Au XVIIe siècle, les Portugais essayèrent d'implanter les cépages de leur pays, mais sans grand succès, le climat tropical faisant pourrir *vinifera* avant la maturité du raisin. Dès les années 1830, on importa des États-Unis l'hybride isabella, cépage rouge mieux adapté au climat. Il est encore présent, ainsi que divers métis et hybrides américains et européens comme le couderc noir et les cépages blancs delaware, niagara, dutchess et seyval blanc. Ce sont les immigrants, notamment italiens, qui introduisirent ensuite *vinifera* dans l'État du Rio Grande do Sul. Aujourd'hui, les cépages *vinifera* les plus répandus sont, en rouge, barbera, bonarda, cabernet franc, cabernet-sauvignon, merlot, et en blanc, malvoisie, muscat, trebbiano (ugni blanc) et sémillon.

Les régions viticoles

On élabore du vin dans plusieurs États de l'Est brésilien, mais la production est concentrée dans l'État de Rio Grande do Sul, au sud. C'est la principale et la plus intéressante région viticole, en particulier dans les sous-régions de la Serra Gaúcha (qui fournit l'essentiel des vins) et de la Campanha, dont les vignes longent la frontière avec l'Uruguay.

Le climat particulièrement humide (1 750 mm par an) a favorisé la culture de cépages hybrides résistants aux maladies, comme l'isabella et le borgo, toujours très dominants. Le fait marquant est l'implantation réussie de cépages de *Vitis vinifiera* : le cabernet-sauvignon, le merlot, le moscato branco, le chardonnay, le tannat ou le cabernet franc, entre autres.

Le Brésil s'est spécialisé dans la production de vins effervescents issus de la méthode traditionnelle ou de la méthode de « cuve close », en vogue sur le marché intérieur. On élabore aussi des rouges qui peuvent se montrer séduisants lorsque les raisins parviennent à un bon degré de maturité. Depuis les années 1970, des sociétés internationales, comme National Distillers Cinzano, Martini & Rossi, Rémy Martin et Moët & Chandon, ont été attirées par le Brésil, essentiellement pour produire des vins ou des spiritueux destinés au marché local, en pleine expansion. Dans leur sillage, des sociétés brésiliennes se sont constituées, comme Miolo, devenu le premier producteur de vins de qualité du pays.

URUGUAY

La tradition viticole est très fortement ancrée en Uruguay, dont la consommation individuelle de vin compte parmi les plus élevées du continent. Le marché intérieur absorbe l'essentiel des vins produits, mais le niveau atteint par ses meilleurs vins rouges lui a ouvert les portes de l'exportation dès les années 1990.

L'image des vins uruguayens reste liée au cépage rouge tannat (ou « harriague »), importé par des Basques dans les années 1870. En dehors du muscat de Hambourg et de l'ugni blanc, qui servent à faire des vins de table, on trouve aussi du cabernet-sauvignon, du merlot, de la syrah, du chardonnay, du sémillon ou du sauvignon.

Dans les principales régions de production (Canelones, Montevideo, San José), le climat est océanique, avec un bon ensoleillement, des précipitations élevées et des nuits fraîches. Les conditions sont globalement favorables à la vigne, à condition de contrôler la vigueur de son feuillage, parfois excessive à cause de l'humidité et de la nature fertile des sols.

Le tannat produit des vins rosés (clairets) et des rouges, souvent en assemblage avec le cabernet, le merlot ou la syrah. Des vins rouges ont du corps, mais sans tanins excessifs. Les meilleurs possèdent un équilibre agréable, de la fraîcheur et un niveau d'alcool modeste, ce qui les rapproche davantage des standards européens que des vins puissants du voisin argentin.

AUTRES PAYS

Le Pérou produit 500 000 hl de vin dont une grande partie sert à la distillation du *pisco*. Parmi les rares vins présents sur le marché mondial, ceux du vignoble de Tacama (150 ha), dans la vallée de l'Ica, sont élaborés avec le concours d'œnologues français à partir de cépages du Bordelais et du Sud-Ouest. La Bolivie, le Paraguay, le Venezuela et l'Équateur produisent aussi de très petites quantités de vin de faible qualité.

PRODUCTEURS

Les 1 100 exploitations du Brésil sont surtout concentrées dans l'extrême sud du pays et sur des hauteurs. Les réussites brésiliennes sont les vins blancs effervescents et les rouges issus de *Vitis vinifera*. L'Uruguay compte environ 300 producteurs.

BRÉSIL

Souvent installés depuis les vagues de migration du XIXe siècle venant de l'Europe, la plupart de ces producteurs sont en plein renouveau.

VINICOLA AURORA
Cette grande coopérative fondée en 1931 à Bento Gonçalves, dans l'État du Rio Grande do Sul, est le plus grand producteur du pays et compte plus de mille membres.
Elle produit notamment une large gamme de vins effervescents et des vins de cépage (Cabernet, Merlot, Chardonnay, Riesling, Tannat...).

BOSCATO
C'est l'un des meilleurs producteurs du pays. Installé dans l'extrême sud, dans l'État de Rio Grande do Sul, il y élabore un bon Cabernet-Sauvignon Gran Reserva, entre autres.

CASA CHANDON
La maison champenoise Moët & Chandon a créé une entreprise équipée de cuves de vinification en Inox à régulation de température, à Garibaldi, dans la Serra Gaucha, dans l'État de Rio Grande do Sul. Sous la direction de l'œnologue Philippe Mével, elle produit des vins effervescents issus des cépages chardonnay, pinot noir et riesling italico.

VINICOLA MIOLO
D'origine italienne, le propriétaire de ce domaine fut le premier du pays à s'adjoindre les services du célèbre consultant international Michel Rolland. Le domaine est aujourd'hui le leader brésilien des vins haut de gamme et propriétaire de vignobles dans cinq régions du pays. La gamme offre notamment de séduisants vins rouges issus de cépages français et portugais, et de bons vins effervescents d'inspiration champenoise.

VINICOLA SALTON
Acteur important de la viticulture brésilienne, ce domaine situé dans la région de Bento Gonçalves (Rio Grande do Sul) est propriété de la famille Salton. Il est connu pour ses vins effervescents, mais il produit aussi une large gamme de vins de cépage sous les étiquettes Classic, Intenso et Volpi.

CASA VALDUGA
Un domaine familial (famille Valduga) moderne situé dans la Vale dos Vinhedos (Rio Grande do Sul) qui produit de bons vins de cépage.

URUGUAY

Dans ce pays, les meilleurs producteurs exportent une partie de leur production. Parmi ceux à retenir : Antigua Bodega Stagnari, Bouza, Juan Carrau, Casa Magrez (Bernard Magrez), Castillo Viejo, Juanico, Marichal, Monte de Luz, Pizzano et Stagnari.

AUSTRALIE

Carte page xxx

Le style bien distinct des vins australiens met souvent l'accent sur l'éclat et la mise en valeur des arômes primaires du raisin. Des vins souples, fruités, très aromatiques, sont le reflet du climat ensoleillé. Ils sont appréciés parce qu'ils correspondent bien au style de vin recherché par des marchés essentiellement anglophones et qu'ils sont prêts à être bus dès leur mise en bouteilles. C'est là une caractéristique très répandue, même si les exceptions sont nombreuses. Les meilleurs vins se distinguent par leur complexité, leur structure et leur potentiel de vieillissement : les vins de sémillon et de riesling peuvent être magnifiques à 20 ans, ceux de cabernet-sauvignon à 30 ans et le Grange de Penfolds à 40 ans ou plus. Alors que les grandes entreprises vinicoles produisent des vins techniquement irréprochables et réguliers, plus de mille autres producteurs élaborent des vins d'une grande diversité de styles. Méconnus à l'étranger jusqu'aux années 1980, puis encouragés par un marché intérieur en pleine expansion et aidés par une technologie innovante, les producteurs australiens se mirent à produire les types de vin qu'attendait le marché international, obtenant une réussite impressionnante. Le succès australien est fondé sur l'efficacité commerciale des grandes marques et sur une forte concentration de la production aux mains d'une poignée de grands groupes. En parallèle, beaucoup de marques, petites ou moyennes, et de producteurs indépendants sont apparus (le nombre de *wineries* a doublé depuis 2000) et ont considérablement renouvelé et diversifié l'offre australienne. Après 20 ans de croissance continue, le vignoble australien semble se stabiliser.

Les régions viticoles

On cultive de la vigne quelque part dans chacun des États et territoires d'Australie (il existe même un petit vignoble dans la fournaise des Territoires du Nord). Toutefois, les régions viticoles importantes se situent dans le Sud-Est – le long de la côte et dans les bassins de la Murray et de son affluent, le Murrumbidgee – et à l'extrême sud-ouest, pour l'essentiel dans les quatre États suivants :

NOUVELLE-GALLES DU SUD, le plus ancien et le plus chaud des États viticoles, qui comprend notamment la célèbre Hunter Valley, au nord de Sydney, et la grande région irriguée de Murrumbidgee, dans l'Ouest. Cet État occupe le deuxième rang avec 32 % de la production vinicole.

AUSTRALIE-MÉRIDIONALE. Les vignobles sont concentrés dans la partie sud-est de cet État classé au premier rang, avec près de 48 % de la production vinicole. On y produit certains des meilleurs vins d'Australie (par exemple, dans Barossa Valley, Adelaide Hills ou Coonawarra) et aussi, à l'intérieur des terres, dans le Riverland, au nord-est d'Adélaïde, une énorme quantité de vin de consommation courante.

VICTORIA. L'État le plus méridional et le plus petit, mais celui qui compte plus de régions viticoles que tout autre. Occupant le troisième rang avec 18 % de la production, il propose une gamme très variée de vins dont la qualité générale ne cesse de s'améliorer et dont certains comptent parmi les meilleurs d'Australie. La relative fraîcheur du climat de cette région est un atout pour certains de ces vins.

AUSTRALIE-OCCIDENTALE. Dernier converti à la viticulture, cet État, dont la production a fortement augmenté depuis les années 1990, ne compte aujourd'hui que pour 4 % du vin australien. Les vignobles sont concentrés dans l'extrême sud-ouest de l'État. Les climats y sont variés, mais la proximité de l'océan est un facteur dominant qui permet la production de vins haut de gamme dans la région de Margaret River.

TASMANIE. Cette île, située au sud de Victoria, reste d'un poids négligeable dans la production australienne (moins de 0,5 %). Néanmoins, son climat frais est mis à profit pour produire de très bons vins de base pour les effervescents et, désormais, d'excellents Pinots noirs, Rieslings ou Pinots gris.

Les millésimes et le climat

Il n'y a pas qu'un seul type de climat dans cet immense pays, et il faut noter que la diversité des vins australiens est encore accentuée par les variations qui existent d'un millésime à l'autre. Rares sont les millésimes médiocres au sens européen du terme – peu de sucre naturel, beaucoup de mildiou ou de pourriture –, mais les millésimes ne se ressemblent pas : chacun a son caractère propre, qu'un dégustateur averti peut reconnaître.

LES PRINCIPAUX CÉPAGES

La physionomie de la viticulture australienne a été profondément modifiée par la plantation de nouveaux vignobles depuis les années 1990 et par le remplacement d'une partie des cépages médiocres par des cépages nobles. C'est ainsi que le chardonnay, presque inexistant en 1970, occupe maintenant la première place parmi les cépages blancs. Les six principaux cépages, qui comptent ensemble pour 75 % de la production, sont les suivants, en ordre quantitatif :

Syrah. Appelé ici « shiraz » et implanté de longue date, le cépage de la vallée du Rhône est capable en Australie du meilleur, par exemple dans Barossa Valley, la Hunter Valley et des zones de Victoria. Il est le cépage emblématique de l'Australie. L'assemblage shiraz/cabernet est un grand classique australien.

Chardonnay. Ce cépage donne en Australie des vins riches et fruités ayant beaucoup de personnalité, qui bénéficient souvent d'un élevage dans le chêne. Ces dernières années, c'est un style de chardonnay plus frais et non boisé *(unwooded)* qui a été mis à l'honneur.

Cabernet-sauvignon. L'illustre cépage des grands vins de Bordeaux se plaît en Australie, seul ou assemblé avec la syrah et le merlot.

Merlot. Utilisé souvent pour arrondir le cabernet-sauvignon.

Sémillon. Ce cépage bordelais donne d'excellents vins blancs, notamment dans la Hunter Valley, où il peut produire des vins de longue garde.

Riesling. Ce cépage produit un grand nombre de vins blancs qui comptent parmi les meilleurs du pays, notamment en Australie-Méridionale.

Parmi les autres cépages, il faut mentionner le sauvignon blanc, en essor, le pinot noir, capable de produire de bons vins effervescents et tranquilles dans le Victoria et en Tasmanie, et le pinot gris qui progresse. Des dizaines d'autres variétés sont exploitées, préfigurant peut-être une plus grande diversification de l'encépagement à l'avenir.

Les vins de tous les jours et les vins fins

L'idée selon laquelle l'Australie est un continent chaud et ensoleillé est valable pour 90 % de sa superficie. Or, de nombreuses régions productrices de vins de qualité sont situées dans les 10 % restants, où le climat, pour ensoleillé qu'il soit, est plus frais et modéré. Il faut intégrer à cette équation l'altitude des vignobles ainsi que la proximité plus ou moins marquée des océans. Pour comprendre le rapport entre le climat australien, le style des vins, leur qualité et le choix

des cépages, il convient de distinguer entre vins fins et vins courants, vins de prestige et vins ordinaires.
Tout comme la France et la Californie, l'Australie a sa région de vins sans prétention, Riverland, à la frontière de l'Australie-Méridionale et de Victoria. Le climat est terriblement chaud et ensoleillé, mais l'irrigation a transformé cette zone semi-désertique en vignobles verdoyants à fort rendement, qui fournissent des raisins bon marché de qualité régulière. On les utilise pour les vins d'assemblage, vendus par millions de bouteilles dans le monde par les marques.

Les noms des vins

La plupart des vins australiens tirent leur nom du cépage dont ils sont issus (voir encadré ci-contre) et de la marque sous laquelle ils sont produits. Ces deux indications constituent les repères traditionnels pour l'acheteur de vin australien, ce qui est logique dans un pays où l'assemblage de raisins provenant de plusieurs régions est la règle. Néanmoins, la réputation de certaines régions est désormais bien établie, et les noms des régions, des sous-régions et, dans certains cas, de la parcelle figurent désormais sur les étiquettes des meilleurs vins. Cette évolution signifie que les producteurs ont pris conscience que l'adéquation entre le cépage et le terroir a son importance et qu'elle peut constituer un argument de vente.

Les fûts de chêne et l'élevage

Les Australiens, comme beaucoup d'autres, ont pu faire un usage immodéré du bois, de la barrique ou du copeau, procédés qui confèrent aux vins d'intenses arômes de chêne. Si les cuvées haut de gamme issues du chardonnay, de la shiraz ou du cabernet-sauvignon sont souvent élevées en barrique, les producteurs élaborent désormais des vins non boisés plus frais et plus fruités, notamment en blanc. Certains cépages comme le riesling et le sémillon de la Hunter Valley sont élevés en cuve, ce qui ne les empêche nullement de développer une belle complexité en bouteille avec le temps. Grâce à la grande maturité des raisins, les vins rouges sont conçus pour être agréables à boire plus rapidement que leurs homologues européens. Quelques grands vins rouges, comme le Grange de Penfolds, sont vinifiés pour une longue maturation en bouteille, mais, dans la majorité des cas, les rouges atteignent leur apogée entre 5 et 10 ans.

L'histoire du vin australien

Si l'on comparait les cartes viticoles de l'Australie de 1890 et de 1990, on constaterait peu de différences. Mais les choses ont évolué rapidement depuis 1990, et les producteurs ont connu des hauts et des bas au cours du siècle. Apparu à Geelong (Victoria) en 1875, le phylloxéra

LA RÉGLEMENTATION ET LES ÉTIQUETTES

L'Australie s'est dotée en 1993 d'un système d'indications géographiques dénommé *Geographical Indications* (GI) pour protéger ses zones viticoles. Ce système s'accompagne d'une réglementation sur l'étiquetage *(Label Integrity Program)*. Cette législation se limite à garantir l'authenticité des informations figurant sur les étiquettes, mais n'impose pas de contraintes en matière de cépages, de viticulture ou de vinification à la manière des AOP européennes.

Les Geographical Indications (GI). Les GI peuvent couvrir un État (Australie-Méridionale), une région (Limestone Coast) ou une sous-région (Coonawarra) qui présente des caractéristiques spécifiques. Quelques sous-régions font l'objet d'un découpage encore plus précis. Les vins exportés issus d'assemblages de raisins provenant de différents États interrégionaux affichent la dénomination « South-Eastern Australia », qui englobe les États viticoles du Sud-Est, c'est-à-dire 95 % du vignoble australien.

Les étiquettes. Les anciennes pratiques qui consistaient à emprunter des noms de régions européennes comme « Burgundy » ou « Chablis » n'ont quasiment plus cours. Le *Label Integrity Program* réglemente les mentions figurant sur les étiquettes. Toute mention d'une GI indique que 85 % des raisins en sont issus. Les mêmes exigences sont appliquées aux mentions de millésime et de cépage(s).

entraîna une destruction massive du vignoble de cette région (épargnant, fort heureusement, les autres). Le krach bancaire et la crise de 1893, tout comme la suppression des taxes entre États (consécutive à leur fédération en 1901), affectèrent l'ensemble de l'industrie vitivinicole : la possibilité pour les producteurs de vendre dans les autres États aida l'expansion de l'Australie-Méridionale (Riverland et Barossa Valley), stimulée par ailleurs par la demande croissante de vins mutés destinés notamment à l'Angleterre de l'époque victorienne. Les vins mutés dominèrent le marché au détriment des autres styles de vin jusqu'aux années 1960, lorsque la demande de vins non sucrés, malgré leur qualité médiocre, se fit de plus en plus forte. À partir de cette époque, d'autres facteurs contribuèrent à donner à l'industrie vinicole sa forme actuelle : le développement d'un savoir-faire technique d'un niveau élevé et l'extension du cabernet-sauvignon (à partir de 1960) et du chardonnay (à partir de 1970) pour répondre à une demande accrue de vins de qualité. Suivant l'exemple donné en 1963 par le docteur en médecine Max Lake, à Lake's Folly en Nouvelle-Galles du Sud, une kyrielle de médecins, d'avocats, d'hommes ou de femmes d'affaires créa des centaines d'exploitations pour agrémenter leurs week-ends ou leur retraite. Celles-ci sont réparties sur des terroirs et des zones climatiques aussi divers que ceux rencontrés entre la Champagne et le Languedoc-Roussillon. Parallèlement, les fusions progressives opérées entre les producteurs les plus importants ont entraîné la création de grands groupes et une organisation quasi industrielle d'une grande partie de la production australienne.

L'essor des vins fins

Un grand courant d'air frais souffle sur les vignobles australiens. En 1985, un tiers de la production provenait de cépages nobles ; cette proportion dépasse les 80 % aujourd'hui. En 1970, le riesling et le sémillon étaient les seuls cépages blancs de qualité produits en quantité commerciale. La même année, la production de chardonnay n'excédait pas les 50 tonnes, alors que celle de 2012 a dépassé les 380 000 tonnes, l'emportant ainsi sur tout autre cépage blanc. On constate une même tendance pour les cépages rouges. La shiraz (syrah) est le roi des cépages rouges en Australie. Elle est plantée depuis longtemps dans certains vignobles, approchant, voire dépassant les 100 ans. Autrefois, elle contribuait à la production de vins mutés ; aujourd'hui, elle est très à la mode et se trouve à la base de bon nombre des vins les plus réussis du pays, soit en cépage unique, soit assemblé avec du cabernet ou avec du grenache et du mourvèdre (mataro). Ce cépage est suivi par le cabernet, qui a gagné du terrain en très peu de temps.

Le merlot lui sert de complément, et le pinot noir est en progrès, servant à l'élaboration des vins effervescents ainsi que des vins tranquilles dans les zones les plus fraîches.

La technologie dans l'industrie vinicole

Le vin d'Australie est le produit d'une industrie dont le niveau technologique est actuellement inégalé dans le monde. Cela est à porter au crédit de l'Institut australien de recherche vinicole et aux universités Charles-Sturt en Nouvelle-Galles du Sud et d'Adélaïde.

La révolution technologique de l'industrie vinicole débuta au milieu des années 1950 par l'introduction, pour le riesling et le sémillon, des cuves en acier inoxydable. En moins de 20 ans, les producteurs prirent conscience de l'importance de la technique pour réussir des vins de qualité malgré le climat chaud et aride qui caractérise de nombreuses régions.

L'irrigation, désapprouvée dans des zones viticoles plus humides, a longtemps semblé indispensable presque partout en Australie pour améliorer la qualité du fruit et assurer de bons rendements, sans parler de la survie des plantes pour les jeunes vignes. Mais une longue période de sécheresse commence à mettre en cause partiellement cette pratique, car l'eau vient à manquer dans certaines régions.

De nos jours, on utilise plusieurs techniques visant à protéger les vignes du soleil pendant le cycle végétatif : on teste en permanence de nouveaux coteaux, plus frais, et la sélection clonale. Les vendanges mécaniques sont effectuées de nuit pour récolter les raisins à bonne température ; leur transport se fait sous réfrigération. Enfin le processus de contrôle des températures durant la vinification garantit aujourd'hui un produit de grande qualité.

L'impact de la technologie s'est doublé d'une volonté de la part des producteurs de partager leurs connaissances : tous les deux ans se tient une conférence technique nationale qui attire des experts du monde entier et la plupart des régions organisent des conférences locales.

Les concours vinicoles

L'Australie a mis au point un système de concours vinicoles très développé qui attire beaucoup l'attention (et un certain nombre de critiques), car les négociants de vins australiens font grand état des prix et des médailles obtenus. Chaque capitale des sept États réunit durant quatre jours une vingtaine de producteurs éminents qui jugent près de 2 000 vins dans des conditions très strictes. Pendant le concours, les discussions sur la technique, le style mais aussi les tendances de l'industrie vont bon train. Une semaine après l'annonce des récompenses, une centaine de producteurs se réunissent pour déguster et comparer leurs vins à ceux qui viennent d'être jugés les meilleurs du pays.

NOUVELLE-GALLES DU SUD

Carte page xxx

La Nouvelle-Galles du Sud fut le premier État australien à cultiver la vigne. Dans Hunter Valley, près de la côte, on produit quelques-uns des meilleurs vins d'Australie. Possédant, en plus, deux zones à l'intérieur des terres, Mudgee et Murrumbidgee Irrigation Area, cet État fournit près du tiers de la production totale des vins australiens.

Trois personnages dominent le développement de l'industrie vinicole de la Nouvelle-Galles du Sud. Le capitaine John Macarthur, plus connu en tant que père de l'industrie lainière australienne, voyagea en France et en Suisse en 1815 et 1816. Il en rapporta différents cépages dont il étudia la culture et, en 1820, créa un vignoble à des fins commerciales à l'ouest de Sydney. Gregory Blaxland, par ailleurs explorateur et éleveur de bétail, exporta les premiers vins australiens en Angleterre en 1822. Enfin, James Busby, un jardinier écossais, rapporta d'Europe en 1831 quelque 600 greffons – presque toutes les variétés connues de *Vitis vinifera*.

En 1825, Busby acheta à Hunter Valley un domaine dont il confia la gérance à son beau-frère, William Kelman. Le développement de ce vignoble commença réellement à son retour d'Europe, en 1831, année où George Wyndham, fondateur de ce qui allait devenir le plus grand établissement viticole de Hunter Valley, planta des vignes avec succès à Dalwood, près de Branxton. Un an plus tard, la Nouvelle-Galles du Sud comptait dix domaines viticoles, allant de 0,5 à 1 ha.

Hunter Valley

Grâce au développement de Upper Hunter Valley – bref dans les années 1860 et 1870, mais plus important depuis 1960 –, la domination de la zone de Hunter Valley paraît assurée. Pourtant, en matière de viticulture, cette domination reste une anomalie qui ne s'explique qu'en partie par la proximité de Sydney, la ville la plus peuplée d'Australie. Lower Hunter Valley semble, en effet, bien mal adaptée à la culture de la vigne : la majeure partie des pluies tombe au mauvais moment (souvent au tout début des vendanges), le sol très argileux est mal drainé, les températures estivales atteignent des sommets. En revanche, les nuages de l'après-midi protègent les vignes, et le taux d'humidité élevé et les brises marines les aident à supporter la chaleur. De plus, les rendements sont faibles, ce qui donne de bons

raisins, et les cépages Sémillon et Syrah montrent une affinité forte pour ce terroir.
Hunter Valley produit parmi les meilleurs vins secs issus de Sémillon du monde, comme l'ont illustré les vins majestueux de 20 ou 30 ans produits par Lindemans. La magie du Sémillon de Hunter Valley – élaboré sans élevage dans le bois – tient à sa façon d'évoluer d'un vin mince, légèrement végétal, vendangé en sousmaturité avec une faible concentration en sucre et anémique dans sa jeunesse, en un vin opulent, aux arômes de miel et de noisettes grillées lorsqu'il arrive à sa pleine maturité, souvent après 10 ou 20 ans de garde. Ce type de Sémillon n'a pas d'équivalent dans le monde.
Au cours de sa vie, le Shiraz subit une métamorphose différente mais tout aussi remarquable. Charpenté et tannique dans sa jeunesse, le vin de Hunter Valley révèle à maturité une texture de velours et des arômes de fruits rouges et noirs, mais aussi de terre, de cuir, de chocolat, de café et de paille.
Du côté des cépages blancs, le Chardonnay est à l'heure actuelle plus cultivé que le Sémillon tandis que, pour les rouges, le Cabernet-Sauvignon rattrape rapidement la Syrah : ces quatre cépages occupent aujourd'hui les trois quarts du vignoble. À Upper Hunter, les blancs dominent. Le Chardonnay, omniprésent, y produit un vin suave, très commercial, aux arômes de pêche et d'une évolution rapide. Le Cabernet-Sauvignon, employé pour les rouges, réussit mieux en Lower Hunter, même si le caractère régional domine avec l'âge.

Mudgee

Mudgee occupe le nord de la région de Central Range, à la même latitude que Hunter Valley, mais à l'ouest du Great Dividing Range. Le viticulteur allemand Adam Roth y planta les premières vignes en 1858. Le vignoble et l'exploitation viticole (Craigmoor) qu'il a créés restèrent dans la famille jusqu'en 1969.
Bien que Mudgee ait bâti sa réputation sur les Shiraz rouges, riches et concentrés, à la robe intense (et, plus tard, les Cabernets-Sauvignons), le petit-fils de Roth planta en 1930 des greffons de cépages blancs obtenus auprès du Kaluna Vineyard de Laraghy.
Vers la fin des années 1960, ces derniers furent identifiés par le Dr Denis Boubals, un ampélographe français renommé, comme des clones de chardonnay de très grande qualité, exempts de tout virus. Ils devinrent ainsi une importante source de chardonnay dans le grand périple que fit ensuite celui-ci dans toute l'Australie.
Avec son climat relativement plus sec et ses sols plus propices à la vigne, Mudgee devint pour Hunter Valley, entre autres, un fournisseur de raisins et de vins souvent méconnu mais hautement fiable.

Riverina

Les quelques milliers de tonnes de la production annuelle de Mudgee et de Hunter Valley paraissent insignifiantes comparées aux vastes quantités de raisin récoltées chaque année par la Murrumbidgee Irrigation Area, dans la zone Riverina qui produit 15 % des vins australiens. Cette région, peu réputée pour la qualité de ses vins secs, produit en revanche de grands vins liquoreux botrytisés, notamment autour de la ville de Griffith. À la fin de l'été et à l'automne, les brumes matinales nappent le vignoble et favorisent le développement du champignon sur des raisins de sémillon déjà très mûrs et concentrés en sucre. Les vins qui en sont issus se montrent puissants, suaves et très liquoreux, avec des arômes riches de fruits confits, de fruits secs ou de miel.
Les volumes de vins rouges, Shiraz en tête, ont beaucoup progressé. Les considérations de quantité et de coût de revient dominent : les pluies printanières et estivales étant faibles, on doit s'en remettre à l'irrigation, qui permet des rendements prolifiques.

Le reste de la Nouvelle-Galles du Sud

Outre Mugee, la zone de Central Range inclut d'autres régions intéressantes. La région d'Orange possède des vignobles d'altitude soumis à un climat modéré. Les cépages rouges, shiraz, cabernet-sauvignon et merlot, y réussissent tout comme le chardonnay en blanc qui offre des vins bien concentrés.
La zone de Central Range inclut aussi Cowra Region plus au sud qui jouit d'un climat relativement tempéré. Le chardonnay est le principal cépage local et produit des vins ronds et aromatiques. La shiraz, le merlot et le sémillon sont également cultivés. Au sud de Cowra, la zone de Southern New South Wales est divisée en plusieurs régions. Hilltops est devenue une source fiable de bons vins rouges issus de cabernet-sauvignon et de shiraz, et Canberra District, plus au sud, s'éveille lentement à la viticulture de qualité, mettant à profit son climat plutôt frais pour exploiter les shiraz et chardonnay mais aussi le riesling et le pinot noir.
Dans la partie la plus méridionale de la Nouvelle-Galles du Sud se trouve le district de Tumbarumba, qui bénéficie du climat toujours frais des Snowy Mountains. Enfin, à l'est, quelques petites régions viticoles s'égrènent le long des côtes comme Shoalhaven Coast (South Coast zone) et Hastings River (Northern Rivers zone). Le climat très chaud et humide est peu favorable à la vigne mais on y produit notamment un vin rouge corpulent à partir d'un hybride, le chambourcin, qui résiste bien à la forte humidité ambiante.

RÉGIONS ET PRODUCTEURS

À l'exception notoire de Riverina, les régions viticoles de Nouvelle-Galles du Sud sont fortes d'une tradition de petites exploitations familiales et furent à l'avant-garde de l'essor des vinificateurs « du week-end ». Les régions sont présentées par ordre d'importance et sont suivies de quelques producteurs importants des autres zones.

LOWER HUNTER VALLEY

Avec Barossa Valley, c'est la région viticole la plus ancienne et la plus connue d'Australie. La diversité des sols, les étés chauds ou très chauds et les pluies insuffisantes posent des problèmes. Malgré tout, on y fait de grands vins : Sémillons au lent vieillissement, Chardonnays qui évoluent rapidement, Shiraz veloutés de longue garde, et des Cabernets-Sauvignons de caractère.

ALLANDALE
Ce domaine est réputé pour ses Sémillons et Chardonnays, mais produit une gamme bien plus large, toujours de qualité.

BROKENWOOD
Producteur de qualité avec des valeurs sûres comme le Graveyard Shiraz, issu des raisins du domaine, le Sauvignon/Sémillon et le Cabernet/Merlot. Le Chardonnay et le Cabernet-Sauvignon Hunter Valley sont très demandés.

EVANS FAMILY
Cette exploitation familiale réussit particulièrement avec les cépages chardonnay, sémillon et shiraz.

LAKE'S FOLLY
Max Lake, un docteur en médecine, fut le fondateur de la première de ces exploitations « de week-end » si importantes dans le monde du vin australien. Aujourd'hui, la propriété élabore une quantité très restreinte de vin de très haut niveau (Chardonnay, Cabernet).

MCWILLIAM'S MOUNT PLEASANT
C'est la marque de prestige du clan McWilliam, installé à Riverina. La société de cette famille prolifique, fondée dans les années 1880, dominait davantage le marché autrefois. La qualité des vins produits par McWilliam's Mount Pleasant ne peut être prise en défaut.

TYRRELL'S
Cette exploitation fut établie par Edward Tyrrell à Hunter Valley en 1864. Murray Tyrrell l'a tirée d'une relative obscurité dans les années 1960 pour la hisser à un niveau international. Murray a créé un habile équilibre entre la tradition et les contraintes commerciales de l'exploitation et fut le premier à se rendre compte du potentiel du chardonnay.
Le Vat 47 Chardonnay et surtout le Vat 1 Sémillon sont des cuvées mythiques. La gamme est large, aussi fournie en rouge qu'en blanc, et offre des produits disponibles en grande quantité et à des prix modestes, comme les Long Flat.

UPPER HUNTER VALLEY

Les sols profonds, fréquents dans cette région, expliquent que les rendements sont souvent plus élevés que dans Lower Hunter. Les cépages chardonnay et sémillon ont fait la réputation de cette région.

JAMES ESTATE
Domaine substantiel qui produit des vins à partir de 10 variétés différentes, notamment sémillon, chardonnay, merlot et syrah.

ROSEMOUNT ESTATE
Grand succès depuis sa fondation en 1969, Rosemount obtient des vins remarquablement réguliers, tout en étendant progressivement son activité à l'ensemble du sud-est d'Australie. En 2001, cette entreprise a fusionné avec le géant Southcorp.

RÉGIONS ET PRODUCTEURS

MUDGEE

Les pluies sont ici moins abondantes pendant le cycle végétatif, les nuits plus fraîches et les journées d'été plus chaudes qu'à Hunter Valley. Les meilleurs vins sont issus des cépages sémillon, chardonnay, syrah ou cabernet-sauvignon.

ELLIOT ROCK ESTATE
Jeune domaine qui impressionne par la qualité de ses Traminers, Sémillons et Chardonnays.

HUNTINGTON ESTATE
Créé en 1969, ce domaine est l'une des références de Mudgee avec ses grandes cuvées de cabernet-sauvignon et de shiraz.

MIRAMAR
Domaine recommandable aussi bien pour ses blancs que pour ses rouges : Riesling, Sémillon, Sauvignon, Traminer et Chardonnay, mais aussi un très bon Shiraz.

MIA/RIVERINA

La Murrumbigee Irrigation Area (MIA), ou région de Riverina, est née d'un semi-désert transformé par un vaste plan d'irrigation entre 1906 et 1912. Les cépages sont essentiellement blancs, le sémillon venant en tête. La shiraz est le seul rouge d'importance. Le sémillon botrytisé est la spécialité de la MIA.

DE BORTOLI
Cette exploitation, fondée en 1928, possède des vignes dans trois régions de l'Australie. La gamme est vaste, allant des vins les plus simples aux plus complexes. L'opulent Noble One, un Sémillon botrytisé, est un grand vin et le fleuron de cette partie du domaine.

CASELLA
Producteur très important par son volume, dont une partie fournit la marque Yellow Tail qui a connu un succès spectaculaire dans certains marchés.

MCWILLIAM'S
Une des plus grandes entreprises viticoles familiales du pays. La gamme comprend 50 références, entre vins mutés et vins de cépages (notamment de très bons Sémillons).

CANBERRA

Il n'y a pas de foncier privé dans le Territoire fédéral de la capitale. Aussi les exploitations se concentrent-elles près de la frontière et comptent-elles énormément sur les ventes directes aux clients de passage. Le climat est continental et la plupart des vignobles sont situés à 500 m d'altitude ou plus. Les meilleurs vins sont ceux de cabernet-sauvignon, riesling et chardonnay.

BRINDABELLA HILL
Petit producteur de qualité, Roger Harris produit pour l'essentiel à partir de ses propres vignobles, plantés des cépages internationaux les plus connus.

CLONAKILLA
Un Shiraz/Viognier est la star incontestée d'une petite gamme de très haute qualité. Un des vins « vedettes » du pays.

HELM'S WINES
Ken Helm est un ambassadeur infatigable pour le district. Excellents Rieslings et bons assemblages cabernet/merlot.

LARK HILL
Situé à une altitude de plus de 800 m, ce domaine produit de grands blancs et un remarquable Pinot noir.

AUTRES ZONES DE LA NOUVELLE-GALLES DU SUD

CASSEGRAIN
Cassegrain, avec ses 150 ha dans Hastings Valley, produit une gamme fiable et de qualité.

TRENTHAM ESTATE
La famille de Tony Murphy cultive des vignes depuis longtemps à Mildura, sur la rivière Murray, du côté de la Nouvelle-Galles du Sud. Son exploitation de Trentham s'est vite créé une réputation avec une gamme étonnante, dont certains cépages sortent des habituels classiques.

QUEENSLAND

Carte page xxx

Le Queensland, État du nord-est de l'Australie, ne possède qu'une faible superficie de vignobles. Mis à part des avant-postes comme Roma (dans la partie ouest, reculée et torride), Atherton Tablelands et Ipswich, les exploitations du Queensland sont établies dans Granite Belt (« ceinture de granite »), une région fruitière située à l'extrémité sud de Darling Downs, à quelques kilomètres de la frontière avec la Nouvelle-Galles du Sud.

Les vignobles se trouvent tous à une altitude comprise entre 750 et 900 m. Le débourrement est tardif et les gelées printanières sont une menace réelle. Après les chaleurs de l'été, les températures baissent rapidement. Les pluies sont abondantes pendant la saison végétative et peuvent se poursuivre pendant les vendanges.

Les cépages et les styles de vin

Les deux cépages qui conviennent le mieux à cette région sont le sémillon, au goût caractéristique, et la syrah, épicée, au fruité parfois opulent. Cependant, le chardonnay et le cabernet-sauvignon ont également leur importance à Ballandean. Dans ce climat à caractère subéquatorial, la qualité des vins reste généralement modeste, mais il existe quelques bons producteurs (voir ci-dessous). La production totale est faible et principalement destinée à la vente directe aux touristes de passage dans la région.

À Roma, situé au centre ouest de l'État, une seule cave élabore depuis plus d'un siècle des vins de dessert de qualité.

PRODUCTEURS

Dans cette région de production modeste, il faut regarder du côté des petits producteurs qui soignent leurs cuvées issues des cépages les plus adaptés (syrah, cabernet-sauvignon, sémillon ou chardonnay).

BALLANDEAN ESTATE
La plus ancienne exploitation vinicole de la région produit des vins de styles et de cépages variés, en particulier des Sylvaners moelleux, ce qui constitue une rareté ainsi que des rouges d'une belle texture.

HERITAGE ESTATE
Ce petit domaine fait partie des meilleurs producteurs de Queensland.

SIRROMET WINES
Un des bons domaines du Queensland qui possède un vaste vignoble dans la région Granite Belt. Bons Chardonnays, Cabernets-Sauvignons, Shiraz et Merlots.

ROBERT CHANNON WINES
Excellent petit domaine. À noter, en particulier, son Cabernet/Shiraz et son Verdelho (blanc).

VICTORIA

Carte page xxx

Victoria possède plus de régions viticoles que n'importe quel autre État australien et offre des styles de vin très variés, mais son industrie vinicole a connu une histoire mouvementée. Aujourd'hui, de nombreuses exploitations soucieuses de qualité produisent des vins passionnants, en explorant les climats plus frais de l'État, et l'avenir est très prometteur.

Les premières vignes arrivèrent de Tasmanie à Victoria en 1834, mais nul ne sait ce qu'il en advint. Trois ans plus tard, William Ryrie, originaire de Nouvelle-Galles du Sud, passa les Snowy Mountains, créa une ferme dans ce qu'on appelle aujourd'hui Yarra Valley et y planta les greffons qu'il avait apportés.

À la fin des années 1840, trois régions viticoles pouvaient être fières de leur production : Melbourne Metropolitan (autour de la capitale de l'État), Geelong et Yarra Valley. Elles restèrent importantes jusqu'aux alentours de 1880, mais la découverte d'or en 1851 à Ballarat, dans le Central Victoria, changea le cours de l'histoire : l'Australie devint, pendant une brève période, le pays le plus riche du monde (en revenu par habitant). C'est ainsi que les vignobles connurent une rapide expansion vers le nord à Ballarat, Bendigo, Great Western et Rutherglen.

Un éleveur de bétail, Lyndsay Brown, fut malgré lui le précurseur du vignoble australien en plantant de la vigne à Rutherglen, l'année de la découverte de l'or : il affirmait que, « pour découvrir de l'or, il suffit de creuser sur 45 cm de profondeur et de planter des pieds de vigne ». En 1875, Victoria était de loin l'État viticole le plus important et, en 1890, fournissait bien plus de la moitié de la production australienne.

La chute et le renouveau du vin de Victoria

En 1875, le phylloxéra fit son apparition dans la région de Geelong, puis gagna progressivement le nord, traversa Bendigo et dévasta Rutherglen et Milawa avant la fin du siècle. Certaines régions – dont Yarra Valley et Great Western – furent mystérieusement épargnées. Victoria fut le seul État à avoir été profondément affecté par le phylloxéra. La chute de la production se poursuivit inexorablement. La fédération des États australiens, en 1901, entraîna la suppression des barrières douanières et des taxes entre les États. Simultanément, les habitudes des consommateurs évoluèrent vers des vins mutés bon marché et des rouges secs et charpentés. À l'exception de quelques avant-postes éparpillés, tel Château Tahbilk, toutes les régions du sud de Victoria cessèrent de produire.

La renaissance de l'industrie vinicole de Victoria eut lieu dans la seconde partie des années 1960, alors qu'une petite douzaine d'exploitations subsistait en dehors de la zone North-East. Vingt-cinq ans plus tard, elles étaient plus de 200 et il s'en créait presque quotidiennement.

La délimitation des régions viticoles australiennes que propose l'industrie du vin divise l'État en 6 zones : Central Victoria, Gippsland, North East Victoria, North West Victoria (Murray Darling), Port Philipp et West Victoria. Ces zones se subdivisent à leur tour en 20 régions. Les zones et régions ne présentent pas toutes un intérêt commercial.

Les régions viticoles et les zones climatiques

Pour aléatoire que soit toute généralisation, on distingue cependant trois régimes climatiques dans cet État.

TRÈS CHAUD. La région de Murray Darling et la zone du North East Victoria (à l'exception des sous-régions en altitude de King Valley Region) sont très chaudes, avec des températures élevées le jour et fraîches la nuit. Elles produisent des vins mutés de la meilleure qualité et, surtout dans Murray Darling, de grandes quantités de vins blancs pour la vente en fûts.

TEMPÉRÉ. Les zones de West et Central Victoria englobent notamment Grampians, Pyrenees, Bendigo, Henty, Heathcote et Goulburn Valley. Le climat tempéré se prête parfaitement à la production de Shiraz et de Cabernets-Sauvignons charpentés, riches et étoffés. La maturité des raisins est garantie, et le climat n'est pas chaud au point d'inhiber l'expression des cépages.

FRAIS. Cette zone est essentiellement celle de Port Philipp, vaste baie au sud de Melbourne, qui comprend les régions de Yarra Valley, Macedon Ranges, Sunbury, Geelong et la péninsule de Mornington. Il faut y ajouter la zone de Gippsland au sud-est.

Le pinot noir, qui, tout comme le chardonnay, se plaît dans les régions plus fraîches, sert à l'élaboration des vins tranquilles et des mousseux. À leur meilleure expression, pinot noir et chardonnay prennent des tonalités nettement bourguignonnes qui s'accentuent quand ils arrivent à maturité (de 3 à 5 ans pour les vins de pinot noir et 10 ans pour ceux de chardonnay).

Ce sont les particularités d'un mésoclimat et/ou d'un millésime qui déterminent si les cépages plus tardifs, cabernet-sauvignon et syrah, vont atteindre leur maturité optimale, source de toutes les saveurs. Le sauvignon et le merlot sont des raisins qui mûrissent plus tôt, et leur culture ne peut que se développer davantage.

Murray Darling

Cette région célèbre fournit plus de 80 % des raisins de Victoria. Ils sont destinés essentiellement à la production des vins en vrac et des vins de base que les grandes marques utilisent dans leurs assemblages. Aussi n'est-il pas surprenant qu'une des plus grandes exploitations d'Australie (Karadoc, propriété de Lindemans) soit située à l'extrémité ouest de la vallée, non loin de la ville de Mildura. Ces vastes vignobles irrigués ayant souffert des récentes grandes sécheresses, des campagnes d'arrachage ont été suggérées.

Le reste de l'État de Victoria

Un examen attentif des statistiques révèle clairement l'importance et la nature de la production du reste de l'État de Victoria. Une partie de la production de Murray River Valley est assurée par le Muscat Gordo Blanco et le Sultana, deux cépages peu prestigieux dont l'importance ne cesse de diminuer. Ailleurs, les cépages de qualité se sont largement imposés. La contribution de l'État à la production de vins de qualité n'a cessé de croître régulièrement, car, depuis 1970, son industrie vinicole a connu plus de changements qu'aucun autre État australien et son développement ne montre aucun signe de ralentissement. Certaines régions sont ainsi devenues récemment des classiques de la viticulture australienne. Les régions de Yarra Valley et Mornington Peninsula (zone de Port Phillip), qui bénéficient d'un climat océanique tempéré à frais, sont connues pour leurs pinots noirs très fruités et leurs chardonnays aromatiques, Heathcote (Central Victoria), Geelong (Port Phillip) ou Grampians (Western Victoria) pour leurs shiraz très séduisantes. Rutherglen (North-East Victoria), le long de la rivière Murray, a conservé sa tradition de vins doux mutés puissants, parfois splendides, produits à base de muscat ou de muscadelle et qui acquièrent leur caractère très complexe grâce à un élevage de type oxydatif.

Si la frontière nord-sud entre l'Australie-Méridionale et Victoria avait été fixée 20 km plus à l'ouest, Coonawarra – la plus prestigieuse des régions australiennes pour les rouges – aurait fait partie de Victoria ; si elle avait été établie 30 km plus à l'ouest, ce sont les grands vins blancs de Padthaway qui auraient fait partie de Victoria. La théorie selon laquelle le climat et le style de vin de ces deux régions réputées sont plus proches de ceux de Victoria que de ceux du reste de l'Australie-Méridionale se défend.

L'influence de l'altitude, la latitude et la confluence de l'océan Indien et de la mer de Tasman créent un paysage viticole extraordinairement riche, et cela partout dans cet État. Son atout réside dans la grande diversité de vins qu'elle produit.

RÉGIONS ET PRODUCTEURS

Bien que les producteurs de vin en vrac dominent, les petites propriétés individuelles soucieuses de qualité, créées depuis une dizaine d'années, étendent leur influence. Dans la région de Murray River, Victoria compte de nombreux gros producteurs également présents en Nouvelle-Galles du Sud. Les zones les plus importantes sur le plan commercial, ou les régions à l'intérieur de ces zones, figurent ci-dessous par ordre alphabétique.

BENDIGO

Les vignobles clairsemés sont entourés de forêts d'eucalyptus qui, semble-t-il, contribuent au caractère des vins, Shiraz, Cabernet-Sauvignon et vins d'assemblage Syrah/Cabernet-Sauvignon, charpentés et à la robe profonde.

BLACKJACK VINEYARDS
Domaine créé par les familles McKenzie et Pollock, réputé pour ses Shiraz puissants et parfumés.

BRESSE
Depuis 2000, Adam Marks produit des vins remarqués à partir de vignobles situés à Bendigo, Macedon Ranges et Heathcote. Cabernet, Shiraz et Riesling réputés.

JASPER HILL
Ron Laughton élabore des rouges puissants, de très haut niveau, issus de raisins très mûrs et de rendements faibles. Les niveaux d'alcool s'en ressentent. Les classiques Shiraz et les vins d'assemblage ont été rejoints par un excellent Nebbiolo.

PASSING CLOUDS
Graeme Leith signe un délicieux Shiraz, ainsi que des vins d'assemblage à base de cabernet.

GEELONG

Les plaines et pentes douces, relativement fraîches, peu arborées et balayées par les vents, conviennent bien à la production de Chardonnays et de Pinots noirs aromatiques. On y produit également des vins aux notes épicées issus de syrah, de cabernet-sauvignon, de sauvignon et de riesling.

AUSTIN'S BARRABOOL
Un très beau Pinot noir, bons Riesling, Chardonnay et Cabernet-Sauvignon.

BANNOCKBURN
Des vignobles à pleine maturité, des rendements bas et des méthodes de vinification empreintes d'influence française produisent d'excellents Sauvignons et Chardonnays, ainsi que des Pinots noirs (la spécialité du domaine) et des Shiraz.

BY FARR
Petit domaine appartenant à Gary Farr, vinificateur à Bannockburn, situé à côté. Vins impeccables.

FARR RISING
Le fils de Gary Farr fait de très beaux Chardonnays et Pinots noirs.

LETHBRIDGE WINES
Autre petit domaine qui réussit très bien dans une approche qui exploite les particularités du milieu naturel, que ce soit avec le Sémillon, le Pinot noir ou le Shiraz.

PETTAVEL
Domaine récent, à l'installation impressionnante. Bons Chardonnays et Pinots noirs, et excellent Shiraz.

SCOTCHMANS HILL
Depuis 1990, ce domaine produit de très bons vins, dont des Sauvignons, des Chardonnays, des Pinots noirs (surtout) et des Shiraz, à la fois souples et savoureux. Propriétaire aussi de Swan Bay.

SHADOWFAX
Domaine moderne et impressionnant, près de Melbourne, Très belle gamme de vins en provenance de différentes régions, dont Adelaide Hills et McLaren Vale, ainsi que des régions voisines de Geelong et de Yarra.

GIPPSLAND

De grandes distances séparent les petits vignobles qui parsèment ce paysage de plaines souvent desséché. Les domaines se trouvent généralement à proximité de l'océan. Les rendements, extrêmement bas, permettent d'obtenir des Chardonnays très concentrés et d'une belle texture ainsi que quelques Pinots noirs magnifiques. On y produit également des vins de cabernet.

BASS PHILLIP
Domaine voué presque exclusivement au pinot noir, où Phillip Jones réussit des vins élégants dans un style très bourguignon.

BRIAGOLONG ESTATE
Le Dr Gordon McIntosh réussit des vins de chardonnay et de pinot noir très personnels mais pleins de saveur.

PHILLIP ISLAND VINEYARD
Ce producteur offre une gamme de très haute qualité élaborée à partir d'un vignoble protégé du vent et des oiseaux par un filet.

GOULBURN VALLEY

La bourgade de Tabilk et le Château Tahbilk constituent depuis toujours le centre de cette région viticole. Ils ont été rejoints par Mitchelton.

MITCHELTON
Récemment racheté, ce producteur vend très bien à l'exportation une gamme importante, dont des vins de marsanne élevés en barriques de chêne et de bons Rieslings charnus. Ses rouges, comme ses blancs, font souvent appel à des assemblages de type rhodanien, hormis le classique Cabernet-Sauvignon.

TAHBILK
Dans ce domaine historique et familial, on produit du vin depuis les années 1860 : quelques vignes de syrah plantées en 1862 sont encore en production. Les spécialités sont des vins de marsanne élégants, des Shiraz et des Cabernets-Sauvignons de longue garde, parfois tanniques.

GRAMPIANS

Depuis 140 ans, l'or et le vin sont inextricablement liés dans cette région (ancien Great Western), avec plusieurs types de Shiraz illustrant qualité et régularité, des Cabernets-Sauvignons charnus et suaves et des Chardonnays.

BEST'S
Ce vignoble historique possède des vignes plantées dans les années 1860 et produit une gamme avec un très large choix de cépages. Les vins de syrah et de cabernet-sauvignon, soyeux, sont excellents, tout comme ceux de chardonnay, aux arômes de melon et de pêche.

MOUNT LANGHI GHIRAN
Trevor Mast produit quelques-uns des plus grands Shiraz d'Australie. De texture merveilleuse, ses vins regorgent d'arômes.

SEPPELT GREAT WESTERN
Fondé en 1865 par Joseph Best et racheté en 1918 par Seppelt, c'est le centre de production de tous les mousseux commercialisés par Penfolds. Très belle qualité depuis le milieu des années 1980, à mesure que le chardonnay et le pinot noir supplantaient les cépages moins intéressants.

KING VALLEY

BROWN BROTHERS
Établi en 1889 dans North-Eastern Victoria, Brown Brothers s'est surtout distingué en procédant à la première évaluation systématique des innombrables cépages qui n'avaient pas encore été utilisés et en créant des vignobles d'altitude, au climat plus tempéré, sur les contreforts des Alpes australiennes. La société est spécialisée dans les vins monocépage et en produit une vaste gamme, issue de sites spécifiques ou d'assemblages, toujours d'un excellent rapport qualité/prix. →

RÉGIONS ET PRODUCTEURS

MACEDON

Les districts de Macedon sont très contrastés : Sunbury se trouve dans les plaines, alors que Kyneton et Macedon Ranges sont situés sur des coteaux. Ils ont en commun un sol granitique relativement dur, des vents mugissants et un climat très frais. Les millésimes ensoleillés donnent des vins de cabernet et de syrah de grande distinction ; les années plus fraîches favorisent les Pinots noirs pleins de sève et les Chardonnays bien structurés.

BINDI WINE GROWERS
Ce très petit producteur de vins de la plus haute qualité est un spécialiste de Pinot noir et de Chardonnay.

COBAW RIDGE
Vinificateur autodidacte, Alan Cooper produit une gamme originale de très bons vins, dont un Lagrein, cépage de la région nord-est d'Italie que l'on trouve très rarement ailleurs.

GOONA WARRA
Fondé en 1863, ce domaine revit depuis 1983 dans des superbes bâtisses. Les vins de sémillon, chardonnay, pinot noir, merlot et cabernet franc issus de ses vignobles sont tous de grande qualité.

HANGING ROCK
John et Ann Ellis produisent une gamme de vins allant du superbe mousseux Macedon Cuvée à des très bons Shiraz, Pinots noirs et Sauvignons blancs.

MOUNT WILLIAM
Ce domaine créé en 1987 par Adrienne et Murray Cousins est devenu l'une des références de la région. Pinot noir et Chardonnay recommandables.

VIRGIN HILLS
Ce domaine produit un seul vin rouge de grande qualité à partir des cépages cabernet-sauvignon, syrah et merlot du domaine.

MORNINGTON PENINSULA

Autrefois villégiature des habitants fortunés de Melbourne, les nombreux domaines de cette région bénéficient du flot touristique de la grande ville voisine. La fraîcheur du climat maritime favorise les vins délicats et élégants ; chardonnay, pinot noir, syrah, merlot et cabernet-sauvignon dominent.

ELGEE PARK
Bailleu Myer fut le pionnier de la renaissance que connut la péninsule au XXe siècle pour y avoir introduit le premier cépage viognier d'Australie. Ses meilleurs vins sont le Chardonnay et le Riesling.

KOOYONG
Giorgio et Dianne Gjergja (également propriétaires dans la zone de Port Philipp) ont produit leurs premiers vins en 2001 sur cette propriété de 33 ha. Les Pinots noirs et Chardonnays sont salués comme des modèles du genre.

MAIN RIDGE
Nat White a choisi l'un des sites les plus frais de la péninsule pour produire des vins de chardonnay et de pinot noir.

MOOROODUC ESTATE
Le Dr Richard McIntyre réussit depuis 1983 des vins de chardonnay d'une texture remarquable, ainsi que d'élégants Pinots noirs et Cabernets-Sauvignons.

PARINGA ESTATE
Domaine vedette de la région, dont le Pinot noir est exemplaire.

PORT PHILLIP ESTATE
Très bons Pinots noirs, Shiraz et Chardonnays.

STONIERS WINES
Un des domaines leaders de la région, avec des Chardonnays et Pinots noirs de haut niveau.

TEN MINUTES BY TRACTOR WINE CO
Une idée très originale que d'appeler un vin par la distance qui sépare ses vignobles ! Et les vins, Sauvignon blanc, Chardonnay ou Pinot noir, sont remarquables.

RÉGIONS ET PRODUCTEURS

MURRAY DARLING

Le puissant Murray prend sa source dans le Great Dividing Range, court le long de la frontière entre Nouvelle-Galles du Sud et Victoria, et se jette à l'ouest dans l'océan Indien (1 000 km), près d'Adélaïde. Des deux côtés du fleuve, la viticulture dépend totalement de l'irrigation. De gros volumes de vins de consommation courante font vivre la région.

LINDEMANS KARADOC
Ce vaste centre de production de la branche Lindemans du groupe Southcorp vend quelques millions de bouteilles du remarquablement régulier Bin 65 Chardonnay.

TRENTHAM ESTATE
Une gamme large et très fiable, avec des vins d'un excellent rapport qualité/prix vinifiés par Tony Murphy, qui fut en charge de la vinification à Mildara.

PYRENEES

Malgré son nom, cette région n'est ni montagneuse, ni particulièrement fraîche, sauf certaines nuits. Les vins sont donc plutôt puissants et plus souvent rouges que blancs.

DALWHINNIE
Excellents vins de ce petit domaine : Chardonnay, Pinot noir, Shiraz et Cabernet-Sauvignon ont les honneurs.

REDBANK WINERY
Des vins plein de caractère et assez concentrés. La vedette en rouge est le Sally's Paddock, un assemblage de cabernet, de shiraz et de malbec. Très beau Pinot gris.

SUMMERFIELD
Spécialisé dans le Shiraz, mais aussi producteur de très bons Cabernets et Merlots.

TALTARNI
Dominique Portet est parti pour développer son propre vignoble, mais ce domaine emblématique de la région continue à produire de très bons vins.

YARRA VALLEY

Cette belle vallée bordée de montagnes possède un climat plus sec mais plus frais que celui du Bordelais (et plus chaud que celui de Bourgogne). Les sols anciens, bien drainés, se prêtent bien à la production de Chardonnays élégants, de Shiraz épicés, de Merlots somptueux et de Cabernets-Sauvignons de haute qualité. Mais c'est le Pinot noir qui a fait le succès exceptionnel de la région : comptant parmi les meilleurs vins du monde, il a rétabli la réputation prestigieuse dont la région bénéficiait au XIXe siècle.

COLDSTREAM HILLS
Fondé et encore dirigé par James Halliday, le plus connu des écrivains sur le vin d'Australie (mais cédé au groupe Southcorp), ce domaine a remporté plus de récompenses que quiconque à Yarra Valley. Il connaît un beau succès avec son Pinot noir et son Chardonnay.

DIAMOND VALLEY
David Lance élabore avec talent une série de blancs et de rouges, mais se dépasse avec son Pinot noir, un des meilleurs de la vallée.

DOMAINE CHANDON
Exploitation de rêve à Yarra Valley, ce domaine appartenant à la société Moët & Chandon élabore plusieurs cuvées de vins effervescents et de grande qualité dont la marque Green Point, et une excellente gamme de vins tranquilles, aux origines diverses.

MOUNT MARY
Considéré par beaucoup comme le meilleur producteur de la région, John Middleton élabore en petite quantité des Cabernets parfaitement équilibrés et de longue garde, des Pinots noirs fins et racés et des blancs austères et élégants.

PUNT ROAD
Anciennement appelé Yarra Hill, ce domaine vinifie des vins issus d'une centaine d'hectares appartenant à ses actionnaires. →

RÉGIONS ET PRODUCTEURS

SEVILLE ESTATE
De grands vins produits en petite quantité, notamment des très beaux Pinots noirs, Cabernets et Shiraz.

TARRAWARRA
Des vins de Chardonnay et de Pinot noir puissants et complexes, à la longévité impressionnante.

YARRA BURN
Appartenant au groupe BRL Hardy, ce domaine produit des vins de qualité.

YARRA YARRA
Petite production de la plus haute qualité, dont un Sauvignon/Sémillon et un grand rouge d'assemblage autour du cabernet-sauvignon, appelé The Yarra Yarra.

YARRA YERING
Bailey Carrodus produit des vins rouges charnus et complexes, dont le Dry Red No 1 (à base de cabernet) et le Dry Red No 2 (à base de syrah). Ses vignes âgées ne sont pas irriguées.

YERINGBERG
Le baron Guillaume de Pury produit des vins voluptueux sur ce domaine fondé par son grand-père dans les années 1860. Les cépages marsanne et roussanne sont parmi les spécialités de la maison.

YERING STATION
Domaine historique qui produit de bons vins tranquilles, rouges et blancs ainsi que des pétillants.

TASMANIE

Carte page xxx

Avec la découverte progressive des vertus de la viticulture en climat frais (pas besoin d'acidifier les vins, périodes de mûrissement plus progressives, possibilité d'employer des cépages qui craignent les grosses chaleurs), la Tasmanie, après des débuts difficiles, revient sur le devant de la scène. Sa production reste modeste (moins de 1 % des vins australiens), mais les plantations progressent régulièrement.

L'île jouit d'un climat maritime tempéré, refroidi par les vents humides et frais soufflant de l'ouest. L'essentiel des vignobles sont concentrés dans la partie est, la plus sèche et la moins exposée, grâce aux reliefs intérieurs qui font obstacle aux vents humides de l'ouest. Les régions de Tamar Valley, East Coast et Pipers River, les plus importantes, bénéficient ainsi d'un climat frais mais sec qui permet une lente et progressive maturation des raisins.

Déjà connue pour la qualité de ses vins effervescents, la Tasmanie offre à présent de très bons vins tranquilles issus de variétés bien adaptées à la fraîcheur des températures : pinot noir surtout mais aussi chardonnay et riesling. Les vins possèdent une vivacité et une fraîcheur d'arômes qui évoquent davantage les vins de Nouvelle-Zélande que ceux des autres régions d'Australie.

PRODUCTEURS

On peut, pour simplifier, diviser l'île en deux parties : nord et sud. Les domaines sont généralement de très petite taille, surtout dans le sud.

NORD

BAY OF FIRES
Il s'agit d'une marque appartenant à BRL Hardy et qui emploie des raisins de différentes parties de l'île. L'accent est naturellement mis sur les vins blancs, mais on élabore aussi un très bon Pinot noir.

CLOVER HILL
Cette filiale de Taltarni (voir p. 845) ne produit qu'un excellent vin effervescent.

DALRYMPLE
Très bons blancs et pétillants.

HOLM OAK
Vins d'une richesse surprenante, probablement due au site très abrité sur les rives du Tamar.

PIPERS BROOK VINEYARD
Avec 200 ha de vignes, c'est l'un des rares domaines importants de la région. Ninth Island et Pipers Brook, deux étiquettes pour une excellente gamme de vins blancs et de Pinots noirs.

TAMAR RIDGE
Domaine de bonne taille. Un Blanc de noirs et une série de bons vins blancs.

SUD

DOMAINE A
Ce domaine produit d'excellents Sauvignons blancs, Pinots noirs et Cabernets.

ELSEWHERE VINEYARD
Très bon Chardonnay et magnifique Pinot noir, qui vieillissent très bien.

FREYCINET
Un des meilleurs producteurs de Pinot noir en Tasmanie, qui élabore aussi des blancs d'une grande précision et un superbe mousseux, fait de pinot noir et de chardonnay.

MOORILLA ESTATE
Domaine exemplaire, de taille moyenne, dont tous les vins sont bons à excellents.

STEFANO LUBIANA
Superbes vins de pinot gris, riesling, sauvignon blanc, chardonnay, pinot noir et merlot.

AUSTRALIE-MÉRIDIONALE

Carte page xxx

L'Australie-Méridionale contribue pour un peu moins de la moitié à la production du pays. La zone à fort rendement de Riverland propose surtout des vins divers sans grande distinction, mais le reste de la région produit des rouges, blancs et mousseux qui font partie des meilleurs d'Australie.

Nul ne sait qui, le premier, fit du vin destiné au commerce en Australie-Méridionale. L'un des prétendants au titre, Walter Driffield, après avoir envoyé en Angleterre douze bouteilles de vins blancs du millésime 1844 à la reine Victoria, fut traduit en justice pour avoir fait du vin sans autorisation. L'histoire ne dit pas ce que la reine a pensé du vin. La production a débuté dans les jardins de la banlieue de la ville d'Adélaïde, mais s'est rapidement étendue vers Reynella, au sud, et vers Clare et Barossa Valley, au nord. Une bonne partie de Barossa Valley doit son développement à des Allemands luthériens de Silésie.

Les premiers vignerons s'aperçurent que le climat de l'Australie-Méridionale convenait bien mieux à la culture de la vigne que celui de leur Europe natale. Les sols variés, mais, en général, bien structurés, retenaient suffisamment les pluies d'hiver et de printemps pour alimenter les vignes pendant les étés secs. Les bons rendements de raisins sains étaient en principe garantis, et les teneurs élevées en sucres certaines.

Le climat et les zones viticoles

Située à une latitude de 35° sud, Adélaïde, capitale de l'Australie-Méridionale, est comparable sur le plan climatique à la côte centrale de Californie. Une bonne partie de l'Australie-Méridionale subit une influence maritime, la fraîcheur améliorant des conditions qui, autrement, seraient trop chaudes pour produire des vins de grande qualité.

Avec 46 % de la production de vin, l'importance de cet État est évidente. Il est divisé en 7 zones : Barossa, Fleurieu, Limestone Coast, Mount Lofty Ranges, Far North, Lower Murray et The Peninsula. Les quatre premières constituent le cœur de l'industrie vinicole australienne. Cette zone englobe les régions traditionnelles – et les plus connues – d'Australie-Méridionale.

Barossa Valley

Barossa Valley est de loin la région la plus importante de l'Australie-Méridionale. Malgré cela, pendant les années 1970 en particulier, elle a traversé une période difficile. À la même période, les régions viticoles de climat frais acquéraient une certaine renommée, le chardonnay remplaçant le riesling et le cabernet-sauvignon prenant la place de la shiraz (ou syrah) comme cépage et type de vin les plus recherchés. La superficie cultivée a diminué et, à mesure que les petits propriétaires-récoltants gagnaient les faveurs du public, les grands domaines de la Barossa étaient desservis par leurs options industrielles. Le déclin de Barossa Valley est dû à l'arrachage des vignes à petit rendement qui servaient autrefois principalement à la production de vins mutés. Pourtant, les raisins noirs des vieux ceps de syrah, mourvèdre et grenache qui subsistent, sans palissage ni irrigation, sont aujourd'hui très recherchés.

La renaissance de Barossa Valley révèle ses points forts : elle convient parfaitement à la production de vins rouges riches, charnus et généreux, comme le démontre le Grange de Penfolds. On continue néanmoins d'y produire de grandes quantités de vins blancs, Rieslings et Chardonnays, mais la production de raisins rouges dépasse de loin celle des raisins blancs.

Clare Valley et Eden Valley

C'est dans Clare Valley, au nord de la Barossa, ainsi que dans Eden Valley, entre Barossa Valley et les Adelaide Hills, que s'épanouit le riesling. Ce cépage porte l'empreinte très particulière du style australien. En effet, le vin blanc acéré qu'il engendre ne ressemble en rien au riesling d'Allemagne et guère à celui d'Alsace, mais il évolue en bouteille de la plus belle façon pendant 10 à 20 ans.

Clare Valley jouit d'un climat particulier, plus continental que maritime, qui convient tout aussi bien aux cépages rouges cabernet-sauvignon, syrah et malbec. Les vins de ces cépages ont une robe profonde, de la concentration et de la puissance, sans être trop mûrs ou confits.

McLaren Vale

McLaren Vale, situé au centre de la région de Southern Vales, à environ 40 km au sud d'Adélaïde, a forgé sa réputation sur la production, depuis un peu plus d'un siècle, de vins rouges très concentrés. Bien que l'on continue de produire des Shiraz et des Cabernets-Sauvignons, plusieurs vignobles conviennent aussi bien aux raisins blancs, sauvignon, sémillon et chardonnay. En général, ils bénéficient d'un climat maritime et réussissent mieux les années plus fraîches.

Adelaide Hills

L'industrie du vin d'Australie-Méridionale est née dans certains endroits des plaines asséchées entourant la ville d'Adélaïde. Le développement urbain a chassé bien des viticulteurs vers le climat plus frais des Adelaide Hills. Dans la sous-région de Clarendon, au nord des Adelaide Hills, on trouve des Rieslings puissants et des Cabernets-Sauvignons aux accents de cassis et d'une finesse exceptionnelle.

En gagnant de l'altitude, en direction de la sous-région de Piccadilly Valley, vers le nord, le climat devient nettement plus frais : le chardonnay et le pinot noir dominent et une part importante de la production sert à l'élaboration de vins effervescents. Plus loin, vers le nord-est, la sous-région de Lenswood produit tous les cépages classiques du Bordelais et de la Bourgogne. Plus récemment, le Sauvignon blanc d'Adelaide Hills a fait une percée remarquée.

Limestone Coast

Cette région, à plusieurs centaines de kilomètres au sud-est d'Adélaïde, comprend deux sous-régions très importantes, Coonawarra et Padthaway.

Le climat de Coonawarra s'est révélé idéal pour le cabernet-sauvignon : il est nettement maritime, mais suffisamment chaud pour éviter des arômes végétaux excessifs et suffisamment frais pour permettre la pleine expression du caractère des cépages. La syrah prospère elle aussi depuis toujours dans le Coonawarra : des notes épicées ressortent les années fraîches, tandis que les arômes de cerise noire et de cassis dominent les années plus ensoleillées. Les Cabernets-Sauvignons et les Shiraz partagent la même texture souple et soyeuse : les tanins sont fins et doux.

Plus au nord, Padthaway, une région un peu plus chaude, privilégie les raisins blancs, bien que tous les cépages principaux soient cultivés dans les deux régions. Les Chardonnays de Padthaway, en particulier, possèdent un caractère régional très marqué, avec des arômes et des goûts évoquant immanquablement le pamplemousse.

Lower Murray

Le célèbre Riverland – dans la zone de Lower Murray – est une région de plaines arides, que le fleuve Murray traverse d'est en ouest en partant de la frontière de l'État de Victoria. La viticulture, très mécanisée, y est possible grâce à un système d'irrigation qui favorise les hauts rendements. Quantité de vins ordinaires, très demandés, sont produits pour l'exportation, en vrac, en Cubitainer ou en bouteille. Riverland est ainsi la source principale pour les vins d'assemblage vendus sous l'appellation générique South Eastern Australia. Des petites *wineries* produisent aussi des vins de qualité, blancs (chardonnay) ou rouges (shiraz, cabernet-sauvignon).

RÉGIONS ET PRODUCTEURS

Les régions les plus importantes sur le plan commercial figurent ci-dessous par ordre alphabétique.

ADÉLAÏDE

La forte urbanisation a cantonné la viticulture à Angle Vale et Gawler River, dans les chaudes plaines du nord de la ville.

PENFOLDS MAGILL ESTATE
Six précieux hectares de syrah entourent encore la maison construite par Christopher Rawson Penfold à son arrivée d'Angleterre en 1844. Ici se trouve le siège de la société Penfold's, un excellent restaurant, et on y produit le Magill Estate Shiraz.

ADELAIDE HILLS

L'urbanisation de la ville d'Adélaïde a poussé les vignobles de plus en plus loin, vers les collines environnantes. Cela a encouragé la découverte des bienfaits d'un mésoclimat bien plus frais, gage d'un surcroît d'élégance et de finesse dans les vins.

ASHTON HILLS
Stephen George, également œnologue-conseil à Wendouree et à Galah, dans Clare Valley, élabore d'élégants vins de riesling, de chardonnay, de pinot noir et de syrah.

BIRD IN HAND
Excellents blancs, autour du sémillon et du sauvignon blanc.

CHAIN OF PONDS
Ce domaine important, qui vend la plupart de ses raisins à d'autres producteurs, produit aussi de jolis vins, dont certains issus →

de cépages italiens, comme le barbera et le sangiovese.

GEOFF WEAVER
Le domaine d'un ancien vinificateur de Hardy, qui produit de superbes blancs, de chardonnay, de riesling et de sauvignon blanc.

NEPENTHE VINEYARDS
Avec quelques autres, ce domaine de bonne taille (160 ha) produit ce qui se fait de mieux dans cette région. La gamme des cépages est large et, outre les classiques, inclut du tempranillo et du zinfandel.

PETALUMA
Ce domaine est une légende en Australie. Son fondateur, Brian Croser, l'a hissé au sommet de la qualité. Les vins vedettes sont le Riesling, le Chardonnay et le Merlot. Une partie de la production provient de la région de Coonawarra.

SHAW AND SMITH
Excellente gamme de blancs et de rouges.

BAROSSA VALLEY

Un climat tempéré, des pluies hivernales et printanières, des étés en général secs et des sols variés font de Barossa Valley une région idéale pour la production de vins rouges corsés, particulièrement du cépage syrah dont une partie des vignes est très ancienne.

BAROSSA VALLEY ESTATE
BRL Hardy est en partie propriétaire de ce domaine qui élabore de riches Shiraz, Cabernet-Merlot, et Chardonnay.

CHARLES MELTON
Graeme (Charlie) Melton joue un rôle prépondérant dans la renaissance de Barossa Valley, surtout avec son superbe vin rouge, Nine Popes (syrah, grenache et mourvèdre).

ELDERTON
Le Cabernet-Sauvignon et le Shiraz sont les meilleurs vins, dans un style dominé par le chêne américain.

GRANT BURGE
Fondateur de Krondorf, Grant Burge a constitué un vignoble important (200 ha) pour produire des rouges et des blancs de très belle facture.

KAESLER WINES
Vins remarquables dont certains issus de vignes plus que centenaires.

ORLANDO
Appartenant aujourd'hui à Pernod-Ricard, mais fondée en 1847, Orlando produit avec Wyndham et plusieurs autres membres du groupe les vins de marque Jacob's Creek (rouge et blanc), dont le succès mondial est remarquable.

PENFOLDS
La force de Penfolds réside dans ses vins rouges, et son mythique Grange, le grand vin le plus célèbre du pays. Mais la gamme de Penfolds passe aussi par les Koonunga Hill, Magill Estate, St. Henri, Bin 707 Cabernet-Sauvignon, Clare Estate, Bin 389 Cabernet Shiraz, Bin 128 Coonawarra Shiraz et Bin 28 Kalimna Shiraz. Depuis 1990, Penfolds produit aussi des blancs.

PETER LEHMANN
Ses vins de riesling, syrah, sémillon, chardonnay, cabernet-sauvignon et un assemblage de cabernet-sauvignon/malbec sont des valeurs sûres.

ROCKFORD
Rocky O'Callaghan vinifie à l'ancienne pour produire des vins de très fort caractère, dont le Riesling et le Shiraz, issus de vignes qui ne voient jamais d'irrigation.

ST. HALLETT
St. Hallett a beaucoup contribué à rétablir la réputation de la région. Très bons vins d'un excellent rapport qualité/prix.

SEPPELT
Ce domaine historique est devenu le centre de production pour de remarquables vins fortifiés.

TORBRECK
Des vins excellents à tous les niveaux de prix, issus de cépages rhodaniens.

TURKEY FLAT
Excellents vins, parfois issus d'assemblages inventifs.

→

RÉGIONS ET PRODUCTEURS

WOLF BLASS WINES
Wolf Blass a développé l'une des marques les plus réussies d'Australie, qui comprend des assemblages de vins de plusieurs cépages et de plusieurs régions.

YALUMBA
Datant de 1863, Yalumba est l'un des plus grands domaines familiaux d'Australie. Sa production s'appuie sur un vignoble de près de 900 ha et inclut une gamme très large de vins de cépage et d'assemblage, de très haute qualité.

CLARE VALLEY

Cette région a fait du cépage riesling sa spécialité, même si on y produit aussi de beaux vins rouges, Shiraz ou assemblages autour du cabernet-sauvignon, parfois avec du malbec.

ANNIE'S LANE
C'est le nom donné aux vins de Clare Valley fait par le groupe Beringer Blass. Excellents Rieslings et très bon Shiraz.

GROSSET
Si Jeffrey Grosset est célèbre avant tout pour ses superbes Rieslings, Chardonnays et Sémillons/ Sauvignons blancs.
Son Pinot noir et son vin d'assemblage bordelais (Gaia) sont tout aussi remarquables.

JIM BARRY
La famille Barry est propriétaire de 250 ha où elle élabore des grands Rieslings et l'Armagh, un concurrent pour le Grange de Penfolds.

KILIKANOON
Gamme de très haute qualité qui inclut Riesling, Sémillon, Grenache, Shiraz et Cabernet-Sauvignon.

LEASINGHAM
Appartenant aujourd'hui à BRL Hardy, Leasingham produit une large gamme dont les vedettes sont le Bin 7 Riesling, le Shiraz et le Cabernet/Malbec.

MITCHELL CELLARS
Andrew et Jane Mitchell élaborent un Riesling classique ainsi qu'un Cabernet-Sauvignon solide et tannique.

MOUNT HORROCKS
Petit domaine, très actif en exportation et faisant partie des meilleurs producteurs de Riesling et de Sémillon de la région.

O'LEARY WALKER WINES
Établi en 2001 par deux partenaires fort expérimentés. Leur production, de Riesling, de Sémillon, de Pinot noir et de Shiraz, est conséquente et de très bon niveau.

SEVENHILL
Établi en 1851 par la Jesuit Manresa Society, Sevenhill est le plus ancien producteur de la vallée. On y élabore des vins issus de cépages habituels et originaux, dont le Crouchen (blanc), le Malbec et le Touriga (rouges).

SKILLOGALEE
Les vignobles escarpés de Skillogalee produisent des Rieslings, des Shiraz et des vins d'assemblage (Cabernet-Sauvignon/ Cabernet franc/Malbec).

TAYLORS
C'est le domaine le plus important de Clare Valley, avec 500 ha. Solide gamme de bons vins et prix raisonnables.

TIM ADAMS
Très bons Rieslings et rouges de cet ancien vinificateur de Leasingham.

WENDOUREE CELLARS
Établis en 1895, ces vignobles possèdent un mésoclimat unique et produisent en petite quantité des vins rouges qui sont extrêmement concentrés et profonds.

WILSON VINEYARD
Les vins de John Wilson sont éclectiques et comprennent un excellent Riesling, un Zinfandel et un rouge effervescent.

COONAWARRA

Cette région possède toutes les caractéristiques d'une véritable appellation : un sol calcaire rouge très particulier appelé *terra rossa,* dans une partie de la zone, et un mésoclimat tempéré unique. Après une longue série de disputes, elle a été officiellement délimitée. Coonawarra produit certains des plus grands Cabernets-Sauvignons d'Australie et des Shiraz de grande qualité. Rieslings, Sauvignons et Chardonnays y sont tout aussi à l'aise.

BOWEN ESTATE
Doug Bowen est un petit producteur qui se surpasse avec des Shiraz corsés et des Cabernets-Sauvignons concentrés et très mûrs.

BRAND'S LAIRA OF COONAWARRA
Appartient à McWilliam's, qui a étendu le vignoble initial. Spécialisé dans la production de rouges pleins et lisses, de syrah, de merlot et de cabernet.

KATNOOK ESTATE
Appartenant partiellement à Freixenet, ce domaine important produit de très bons vins avec une gamme de cépages classiques.

LECONFIELD
Rieslings et Cabernets-Sauvignons de grande qualité, mais aussi Petit Verdot, Merlot et Shiraz.

LINDEMANS
Lindemans (Southcorp) s'est installé en Coonawarra dans les années 1960. L'accent est mis sur les vins rouges, avec, en tête de liste, le St. George Cabernet-Sauvignon et le Limestone Ridge (syrah/cabernet).

MAJELLA
De très grands vins rouges, essentiellement Shiraz et Cabernet-Sauvignon.

PARKER COONAWARRA ESTATE
Deux Cabernets-Sauvignons, dont le meilleur porte l'étiquette Terra Rossa First Growth et un Merlot.

PENLEY ESTATE
Des Chardonnays aux arômes complexes et des Cabernets-Sauvignons sont ses meilleurs vins.

WYNNS COONAWARRA ESTATE
Fondé à la fin du XIXe siècle, Wynns est peut-être le plus célèbre producteur de la région, et sans aucun doute celui qui a le mieux réussi. John Riddoch Cabernet-Sauvignon et Michael Shiraz sont ses porte-drapeaux.

ZEMA ESTATE
La famille Zema taille et vendange à la main, ce qui est très rare dans la région de Coonawarra. Elle élabore des Shiraz, des Cabernets-Sauvignons et un excellent assemblage bordelais appelé Cluny.

EDEN VALLEY

L'extrémité nord des Adelaide Hills s'est toujours considérée comme une extension de Barossa Valley. Le Riesling prospère, rivalisant en qualité avec celui de Clare Valley, mais possède son style propre, un peu plus fruité. Le climat relativement frais convient également aux élégants Chardonnays, Shiraz et Cabernets-Sauvignons.

HEGGIES
Des Rieslings et des Chardonnays ont fait leur réputation, mais Viognier, Pinot noir et Merlot ont connu une amélioration.

HENSCHKE
Ce domaine, datant de 1868, est toujours dirigé par les Henschke. Il figure parmi les meilleurs de l'Australie, avec un large éventail de vins méritant presque toujours des superlatifs. En tête de liste, un Hill of Grace Shiraz à la texture veloutée, qui provient de vignes vieilles de 120 ans et qui est l'une des plus grandes cuvées australiennes.

PEWSEY VALE
Ce vignoble fut le premier que Yalumba ait possédé en dehors de Barossa Valley. Ce pionnier des capsules à vis produit un excellent Riesling.

LANGHORNE CREEK

La péninsule de Fleurieu est une zone d'influence maritime où il fait bien plus frais que l'on ne s'y attendrait. La sous-région de Langhorne Creek fournit depuis longtemps des raisins aux gros producteurs de Barossa Valley, le fruit s'assemblant parfaitement avec celui des régions plus chaudes. →

RÉGIONS ET PRODUCTEURS

Les conditions locales se prêtent à la production de vins botrytisés. On fait aussi des Verdelhos fortifiés et des Madères.

BLEASDALE VINEYARDS
Ce bijou d'intérêt historique – fondé en 1850 et toujours dirigé par la famille Potts – produit du Verdelho (blanc) dans le style des Madères ainsi que de bons Shiraz et Cabernets.

BREMERTON WINES
Outre les Verdelhos et Chenins, parfois fortifiés et parfois botrytisés, on fait aussi de bons rouges de syrah et de cépages bordelais.

LAKE BREEZE WINES
Très bons rouges de syrah et de cabernet.

MCLAREN VALE

Depuis longtemps, McLaren Vale est un des centres des petites exploitations. La région possède un charme unique et produit de grands vins, notamment dans les millésimes frais. Sauvignon, Chardonnay et Cabernet-Sauvignon sont des plus réussis.

CHAPEL HILL
C'est la grande réussite des années 1990.
Ce domaine de taille moyenne appartient à un groupe suisse. Les vins de chardonnay, syrah et cabernet-sauvignon sont d'une grande opulence.

CLARENDON HILLS
Des vins rouges très riches, concentrés et alcooliques qui plaisent à certains palais, et qui atteignent ainsi des prix élevés.

CORIOLE
La famille Lloyd produit un superbe Shiraz, un Nebbiolo et Sangiovese (rouge), et quelques blancs secs.

D'ARENBERG
D'Arry Osborn et son fils Chester élaborent des vins rouges de grand caractère et de belle qualité à partir de vieilles vignes de syrah et de grenache.

FOX CREEK
Très bons vins, en particulier les rouges dans la catégorie « reserve ».

GEOFF MERRILL
Il élabore des vins d'une élégance surprenante sous l'étiquette Geoff Merrill et des vins plus exotiques sous celles de Mount Hurtle et Cockatoo Ridge.

HARDY'S REYNELLA
Faisant partie maintenant du plus grand groupe de vins au monde, Accolade Wines, ce domaine de Hardy's produit des millions de caisses de très bons vins, dans toutes les catégories de prix.
Le Eileen Hardy Shiraz est remarquable en haut de gamme.

KAY BROS AMERY
Colin Kay perpétue une tradition familiale vieille d'un siècle. Son meilleur vin est le Block 6 Shiraz, élaboré avec des vignes de plus de 100 ans.

MITOLO
Syrah et un peu de cabernet-sauvignon sont les seuls cépages plantés par ce domaine culte dont on s'arrache les vins.

PENNY'S HILL
Superbes Sémillon, Chardonnay et Shiraz, ainsi qu'un Cabernet/ Merlot.

ROSEMOUNT
La partie de cette grande société qui est spécialisée dans les vins rouges. Shiraz et assemblages autour de ce cépage vedette, ainsi que des Cabernets et autres assemblages bordelais.

TATACHILLA
Fait partie du groupe Banksia, appartenant au brasseur Lion Nathan. Très bonne gamme. Ses Shiraz de McLaren sont spécialement réputés.

WIRRA WIRRA
C'est une exploitation dynamique et couronnée de succès que l'on connaît depuis longtemps pour son Sauvignon net et précis aux arômes végétaux et un Chardonnay de grande qualité et complexe.
Il faut désormais ajouter un excellent mousseux, The Cousins, et une série d'excellents rouges, dont un Cabernet-Sauvignon soyeux, qui a été baptisé The Angelus.

AUSTRALIE-OCCIDENTALE

Carte page xxx

L'Australie-Occidentale fut le dernier des États australiens à posséder un vignoble important, mais sa surface viticole a été multipliée par six pendant les deux dernières décennies, même si elle ne totalise que 4 % de la surface du vignoble australien. Cette région au climat très contrasté possède des vins tout aussi variés. On planta Swan Valley en premier, mais les vignobles du sud de Perth, au climat plus frais, sont aujourd'hui les plus intéressants et ont un avenir prometteur.

La colonisation de l'Australie-Occidentale commença à l'arrivée du navire *Parmelia* en 1829 : l'un de ses passagers, le botaniste Thomas Waters, apportait dans ses bagages des ceps de vigne. Un domaine de 20 ha lui fut attribué à Guildford, sur le fleuve Swan, où il planta ses vignes et creusa les caves d'Olive Farm, le tout premier établissement vinicole australien.

Swan District

En 1840, John Septimus Roe planta le vignoble Sandalford dans la Swan Valley (aujourd'hui Swan District), fondant ainsi une dynastie viticole qui a duré 130 ans. Vers la même époque, Houghton, aujourd'hui le plus important établissement vinicole d'Australie-Occidentale, fut créé à proximité.

La viticulture resta concentrée dans Swan Valley jusqu'au milieu des années 1960, les colons yougoslaves y étant majoritaires (de la même façon que les luthériens à Barossa Valley). À une certaine époque, Swan Valley comptait davantage d'établissements vinicoles que les États de Victoria ou de Nouvelle-Galles du Sud.

Swan Valley jouit du climat le plus chaud de toutes les régions viticoles australiennes, les pluies d'été étant les plus faibles et le nombre d'heures d'ensoleillement le plus élevé. Les vendanges débutent fin janvier, durent un mois, et deux tiers de la récolte sont des raisins blancs.

L'évolution du style de vie et de la demande, l'incursion des vins en vrac d'Australie-Méridionale, vendus aux supermarchés, et l'émergence des régions plus méridionales, au climat plus frais, entraînèrent progressivement le déclin de la production.

Les principales régions du Sud

La Margaret River Region, à 250 km au sud de Perth, s'est taillé une réputation internationale pour la qualité admirable de ses vins, mais elle possède également un caractère unique et des paysages d'une grande beauté. Tous les cépages importants ont été essayés dans ce climat tempéré : on trouve du cabernet-sauvignon, du sémillon, du merlot, du sauvignon, du chenin, du chardonnay et de la syrah alors que le riesling et le pinot noir ont échoué. En revanche, un petit vignoble de zinfandel, spécialité californienne, est un succès, et des cépages italiens commencent à faire leur apparition.

La région de Great Southern se trouve tout à fait au sud. Avec son climat plus frais, elle inclut notamment les sous-régions de Mount Barker et de Frankland, ainsi que celle d'Albany (port bien connu à l'époque de la chasse à la baleine). Les premières vignes plantées près de Mount Barker datent de 1966, un an avant celles de Vasse Felix à Margaret River. Dès le départ, des Rieslings fermes, d'une bonne aptitude au vieillissement, et des Cabernets-Sauvignons classiques et austères se sont imposés. Sauvignon, chardonnay, pinot noir (surtout à Albany) et syrah ont prospéré depuis lors sans remettre en question la primauté des cépages riesling et cabernet-sauvignon.

À mi-chemin de Margaret River et de Mount Barker se trouvent deux autres sous-régions, Manjimup et Pemberton. On nourrit de grands espoirs pour Pemberton, en particulier avec les cépages pinot noir et chardonnay.

La zone de Greater Perth inclut, outre Swan District, les régions de Peel et de Perth Hills. Le climat y est franchement chaud.

RÉGIONS ET PRODUCTEURS

Les zones plus récentes et plus fraîches de l'Australie-Occidentale se distinguent par de nombreuses petites exploitations, même si les grands groupes commencent à s'intéresser à cette région en y achetant des domaines. Dans la mesure où elles sont situées à l'écart des marchés principaux localisés à l'est, certaines doivent encore réaliser leur potentiel, mais elles commencent à prendre leur place sur les marchés à l'exportation.

MARGARET RIVER

Les eaux relativement chaudes de l'océan Indien et l'absence de montagnes proches se conjuguent pour donner à la région de Margaret River l'un des climats les plus tempérés du monde vinicole. Elle produit des blancs très caractéristiques, issus des cépages sémillon, sauvignon et chardonnay, ainsi que des Cabernets-Sauvignons et Merlots puissants qui vieillissent avec bonheur.

ASHBROOK ESTATE
Les frères Devitt élaborent soigneusement des vins blancs qui sont d'une grande régularité : Riesling, Sémillon et Chardonnay.

BROOKLAND VALLEY
Magnifiquement située, cette exploitation produit des Chardonnays et des Sauvignons vifs et légers, et des rouges qui gagnent en complexité chaque année.

CAPE MENTELLE
Ce grand producteur de la région appartient à Moët Hennessy. Il fait un bon Sémillon/Sauvignon, un superbe Chardonnay, et des vins de syrah, →

RÉGIONS ET PRODUCTEURS

cabernet-sauvignon et merlot voluptueux et très cotés. La réussite de son rare Zinfandel est tout aussi intéressante.

CULLEN WINES
Un des pionniers de la région, la famille Cullen produit de nombreux grands vins avec, en tête, des Cabernets/Merlots et un rare Malbec. Des vignes relativement âgées et un soin extrême à chaque étape font de ce domaine une des références de la région.

DEVIL'S LAIR
La production est appelée à augmenter dans cette exploitation qui appartient à Southcorp : Chardonnays aux notes florales, Cabernets-Sauvignons puissants et même un Pinot noir réussi.

EVANS & TATE
Partant de sa base dans le Swan District, près de Perth, ce producteur est devenu le plus important de Margaret River. De bons vins issus des cépages habituels.

GRALYN ESTATE
Des vins puissants et richement boisés (chêne américain), dont le style, pour les Shiraz, rappelle celui de certaines régions de l'est du pays.

HOWARD PARK
Outre l'étiquette Mad Fish, ce domaine élabore une série d'excellents vins sous son propre nom. Leston Shiraz et Leston Cabernet-Sauvignon, ainsi que le Chardonnay, en sont les vedettes.

JUNIPER ESTATE
Petit producteur de très haute qualité. Les vins sous son étiquette sont issus de vieilles vignes du domaine, tandis que les jeunes vignes et les raisins achetés fournissent l'étiquette Juniper Crossing.

LEEUWIN ESTATE
Le domaine de Leeuwin, un des plus importants de la région, produit un Chardonnay merveilleux, de longue garde, et un Cabernet-Sauvignon qui figure parmi les meilleurs.

MOSS WOOD
Keith Mugford élabore deux cuvées de sémillon, un Chardonnay voluptueux, le Cabernet-Sauvignon le plus sensuel de cette région et un Pinot noir excellent, tous d'une grande élégance.

PIERRO
Un autre pionnier de Margaret River issu du monde médical, le Dr Michael Peterkin produit un des plus beaux Chardonnays d'Australie ainsi qu'un très bon Sauvignon blanc.

ROSABROOK ESTATE
Domaine de taille modeste qui produit, entre autres, un superbe Chardonnay.

STELLA BELLA
Les vins sont aussi originaux et beaux que les étiquettes et le nom.

VASSE FELIX
La plus ancienne et la plus importante des exploitations indépendantes de la région est réputée pour ses blancs.

VOYAGER ESTATE
Entièrement autosuffisant grâce à son important vignoble, ce domaine élabore une gamme classique de très haute qualité.

XANADU
La taille du vignoble, comme la qualité des vins, a bénéficié de l'arrivée d'investisseurs. Excellent Merlot.

GREAT SOUTHERN

Le climat de cette région très pittoresque est maritime à Albany, où prospèrent Chardonnay, Sauvignon et Pinot noir. Il est continental mais tout aussi frais plus au nord, où dominent Riesling, Syrah, Cabernet-Sauvignon et Malbec.

ALKOOMI
Producteur remarquable de Riesling et de Chardonnay, structurés et de longue garde, de Cabernet-Sauvignon et de Shiraz aussi bien définis.

CASTLE ROCK
Sur un site magnifique, la famille Diletti élabore des Rieslings et des Chardonnays délicats ainsi que des Cabernets-Sauvignons complexes et un Pinot noir prometteur.

→

RÉGIONS ET PRODUCTEURS

FERNGROVE VINEYARDS ESTATE
Vaste exploitation viticole en quatre parties, dont la majorité des raisins sont vendus. Les vins du domaine sont excellents, surtout le Riesling.

FRANKLAND ESTATE
Barrie Smith et Judy Cullan font une série d'excellents Rieslings qui mettent en valeur ce site viticole.

PLANTAGENET
Plantagenet, premier producteur à cultiver du raisin à Mount Baker, a gagné le respect de tous avec ses Rieslings, Sauvignons blancs et Chardonnays, ses Shiraz épicés, et un Cabernet-Sauvignon souple et soyeux.

SWAN DISTRICT

En dépit d'un climat très chaud et sec en été, les sols d'alluvions profondes retiennent bien l'eau. Mais l'évolution de l'industrie a contribué au déclin de plusieurs exploitations et à la concentration de la production à Houghton.

HOUGHTON
Houghton fut fondé en 1836. John Fergusson y fit le premier vin en 1859 et, pendant un siècle, le domaine resta dans les mains de la même famille. L'arrivée en 1930 du regretté Jack Mann, vinificateur de grand talent, fut l'événement le plus important de l'histoire du domaine. Son vin blanc (chenin et muscadelle) est devenu l'un des plus vendus d'Australie ; à lui tout seul, il a fait gagner à Swan District ses lettres de noblesse. Après 10 à 15 ans de bouteille, il devient d'une richesse comparable à celle d'un Sémillon de Hunter Valley d'âge équivalent. (Ni l'un ni l'autre ne font appel au chêne.) Les successeurs de Jack Mann ont accru considérablement la gamme produite, mais pas au détriment de la qualité. Rouges comme blancs sont au sommet.

LAMONT
Corin, la fille du regretté Jack Mann, aidée par Keith Mugford (de Moss Wood) a repris les méthodes de son père pour produire une série de très bons vins, dont un remarquable Riesling.

SANDALFORD
Fondé en 1840, Sandalford possède un vignoble important à Margaret River et achète des raisins dans tout le sud-ouest de l'Australie. Les vins sont en net progrès depuis quelques années.

PERTH HILLS

Perth Hills, appelé aussi Darling Range, se trouve à 15 km de Perth. La plupart des vignobles sont situés entre 150 et 400 m d'altitude et n'ont pas besoin d'être irrigués. Les cépages blancs dominent légèrement.

PRODUCTEURS
Carosa, Cosham, Darlington Vineyard, Millbrook Winery, Western Range Wines.

NOUVELLE-ZÉLANDE

Carte page XXXI

L'industrie vinicole moderne, aussi jeune soit-elle en Nouvelle-Zélande, a acquis une réputation mondiale sans aucun rapport avec sa dimension et son ancienneté. Avec le slogan « des vins de climat frais », les vins néo-zélandais se sont donné une personnalité facile à mémoriser et immédiatement populaire. Vifs et fruités, ils possèdent acidité et concentration aromatique, et évitent une certaine lourdeur au profit de l'élégance et de l'équilibre. Ils sont parfaitement incarnés par deux vins qui ont séduit les dégustateurs du monde entier. Le premier est le Sauvignon blanc, issu du cépage qui donne en France les Sancerre et Pouilly Fumé, par exemple, et qui prend en Nouvelle-Zélande une intensité aromatique singulière. Le second est issu du pinot noir, cépage exigeant qui a trouvé dans les régions fraîches du pays des terroirs à sa mesure. À ces vins, il faut ajouter des Chardonnays réputés, souvent vinifiés sous bois, qui offrent un joli contraste entre fraîcheur et plénitude, des Rieslings toniques et des Pinots gris très à la mode depuis peu. La position isolée de ce pays au sud de l'océan Pacifique lui vaut un climat contrasté. La région de Northland, à la pointe septentrionale de l'île du Nord, est semi-tropicale, alors que l'extrême sud de l'île du Sud jouit d'un climat de type continental, avec des hivers rigoureux et des étés frais et bien ensoleillés.

L'histoire des vins

L'industrie vinicole actuelle – orientée vers la production de bons vins de cépage issus surtout de variétés françaises – a connu un développement rapide depuis les années 1970, mais la viticulture néo-zélandaise, comme celle de l'Australie, date en fait de la colonisation européenne. La vigne fut introduite en 1819 par un missionnaire anglais, le révérend Samuel Marsden, qui planta à Kerikeri, dans la région du Northland, les premiers ceps apportés d'Australie. Les premiers vins furent en revanche l'œuvre de James Busby, qui joua un rôle également considérable dans le développement de la viticulture australienne. Il arriva en Nouvelle-Zélande en 1832 et, quatre ans après avoir planté ses premiers ceps, il faisait du vin à Waitangi, toujours dans le Northland.

Hormis les fervents Britanniques de la première heure, des immigrants français, allemands et dalmates apportèrent indirectement leur contribution à la croissance de l'industrie vinicole au cours du XXe siècle : venus exploiter la gomme (résine fossilisée d'un arbre, le kaori) et ne pouvant se passer de vin sur leur lieu de travail, ils finirent par s'occuper de vinification à plein-temps.

Outre les problèmes dont souffrirent tous les vignobles au XIXe siècle – le phylloxéra atteignit la Nouvelle-Zélande en 1895 –, les producteurs de ce pays durent affronter la chute de la consommation résultant d'un puissant mouvement de tempérance. Les effets de cette tradition d'abstinence continuèrent à se faire sentir jusqu'en 1989, lorsque les supermarchés furent pour la première fois autorisés à vendre de l'alcool.

Les tendances récentes

Jusque vers les années 1970, une grande partie du vin produit était mutée et vendue sous les noms de « Sherry » ou « Porto », selon le style et le degré de douceur. À la même époque, plus des deux tiers des vignobles de Nouvelle-Zélande étaient en outre plantés d'hybrides – croisement de variétés américaines et européennes – qui ont disparu aujourd'hui. Dans un premier temps, on a privilégié quelques variétés allemandes, en particulier le cépage blanc müller-thurgau qui formait la base de la production de vins bon marché vendus en vrac ou en Cubitainer, avant de mettre l'accent sur quelques grands cépages internationaux bien adaptés au climat néo-zélandais. Parmi les cépages rouges, seul le cabernet-sauvignon, déjà planté par James Busby, a une longue histoire dans le pays, mais sa difficulté à bien mûrir en a fait un cépage aujourd'hui accessoire.

Après la campagne d'arrachage de près d'un quart des vignes lancée en 1986 en raison d'une surproduction, la surface viticole a augmenté de nouveau très rapidement, au rythme des succès commerciaux enregistrés par les vins néo-zélandais : 5 000 ha en 1989, 18 000 ha en 2005 et 35 000 en 2013. Cette augmentation s'explique d'abord par le succès spectaculaire des vins néo-zélandais sur le marché mondial et, dans une moindre mesure, par la progression de la consommation intérieure. Malgré l'augmentation des volumes de production, le pays maintient le cap d'une production de qualité, très bien valorisée, et soigne son image un peu à part au sein des pays viticoles du Nouveau Monde. Plus de 75 % des vins produits en Nouvelle-Zélande sont blancs. La plupart d'entre eux partagent d'évidentes qualités de fraîcheur et d'arômes. Les meilleurs vins rouges, Pinot noir en tête, possèdent les mêmes qualités. Le souci de préserver la pureté aromatique des vins a poussé les producteurs à adopter massivement la capsule à vis au détriment du bouchon de liège.

L'industrie vinicole

Pour satisfaire la demande intérieure et extérieure, l'industrie du vin s'est à la fois concentrée et diversifiée. Marquée par l'absence de coopératives, la filière viticole de Nouvelle-Zélande est caractérisée, comme en Australie, par une forte concentration de la production entre les mains d'une poignée de grandes sociétés qui possèdent des vignobles et achètent des raisins aux nombreux viticulteurs dans toutes les régions. Ces sociétés offrent des gammes larges et souvent de bon niveau. À côté, le nombre des domaines indépendants et des petites structures de négoce a explosé depuis 10 ans. C'est bien souvent chez ces nouveaux producteurs qu'il faut chercher les vins les plus personnels et les plus intéressants du pays. Ils peuvent expérimenter de nouveaux cépages, explorer les voies du bio ou privilégier une approche du terroir plus subtile, à travers des vinifications parcellaires dans un pays où la culture de l'assemblage prévaut.

L'évolution de la viticulture

En Nouvelle-Zélande, l'industrie du vin s'est développée vers le sud en partant de la région d'Auckland. Dans bien des endroits, la viticulture est apparue pour des raisons plus sociologiques que climatiques, de sorte que les vignobles ne sont pas forcément implantés là où l'on s'y attendrait. Beaucoup d'exploitations qui cultivaient autrefois leurs raisins à Auckland les achètent désormais à des viticulteurs sous contrat dans des zones convenant mieux à la vigne. Certains continuent de vinifier les raisins sur place, alors que d'autres les transportent du vignoble au chai avec des camions frigorifiques.

Beaucoup de régions, même celles où la viticulture est récente, enregistrent une pluviosité forte ou assez forte, de sorte que le principal problème est la croissance exubérante

LES CÉPAGES ET LES STYLES DE VIN

CÉPAGES BLANCS

Le sauvignon blanc est le cépage blanc le plus planté du pays (près de 60 % des surfaces). Si on le trouve dans toutes les grandes régions de production du pays, c'est sous le climat frais de l'île du Sud qu'il donne ses meilleurs résultats, et en particulier à Marlborough qui concentre l'essentiel des plantations. Le sauvignon blanc produit ici des vins exubérants, aux arômes fruités et végétaux, dotés d'une grande fraîcheur.

Le chardonnay est le second cépage de qualité. Il est notamment très présent sur la côte est des deux îles, dans les régions de Gisborne, Hawke's Bay et Marlborough. Les Chardonnays du Nord sont plutôt riches et ronds, ceux du Sud jouent davantage la carte de la finesse et de la vivacité. Beaucoup sont vinifiés et élevés en barrique.

Le pinot gris est en expansion rapide. On le retrouve notamment à Marlborough, Hawke's Bay et Gisborne où il produit des vins blancs plutôt frais et légers sur le modèle du Pinot grigio italien.

Le riesling a ses vignobles les plus importants dans l'île du Sud, à Marlborough, Otago, Nelson ou Canterbury. Moins renommé que le sauvignon blanc, il donne aussi d'excellents vins secs, vifs et parfumés.

Le gewürztraminer et le viognier sont deux autres cépages blancs importants.

CÉPAGES ROUGES

Le pinot noir a été l'objet d'un engouement très rapide depuis la fin des années 1990 jusqu'à devenir le premier cépage rouge. Son ascension a accompagné le développement des vignobles du Sud où le climat lui est très favorable. Les vignes sont encore jeunes, mais des régions comme Otago, Marlborough ou Waipara jouissent de conditions taillées sur mesure pour ce cépage notoirement difficile. Une partie de la production est assemblée avec du chardonnay pour produire des vins effervescents élaborés selon la méthode traditionnelle, surtout à Marlborough.

Le merlot, avec 1 200 ha, est essentiellement planté à Hawke's Bay où le climat lui permet d'atteindre une bonne maturité. Il peut être assemblé au cabernet-sauvignon et au cabernet franc dans des assemblages de type bordelais.

La syrah (shiraz), même modestement plantée, progresse dans l'île du Nord où elle produit des vins prometteurs dont le style évoque davantage la syrah du nord de la vallée du Rhône que la syrah australienne.

des vignes que les viticulteurs ont appris à juguler. Une taille sévère pendant la période de croissance et une conduite de la vigne assurant aux baies un maximum d'exposition ont été adoptées. Ces techniques ont été imitées ailleurs.

L'île du Nord

L'île du Nord a longtemps concentré l'essentiel des vignes mais elle ne regroupe plus que 18 % du vignoble national en raison de la croissance très soutenue du vignoble de l'île du Sud qui offre un climat plus adapté à la vigne. Les producteurs tendent à prendre leurs raisins plus au sud, en achetant ou en plantant des vignobles, ou encore en achetant leur récolte à des viticulteurs.

AUCKLAND, au nord de l'île, est la plus ancienne région viticole de Nouvelle-Zélande, mais son climat humide aux fortes pluies automnales favorisant le mildiou ne convient guère à la vigne. Les sols sont le plus souvent lourds et argileux, de sorte qu'un bon drainage est indispensable. La production reste d'un poids mineur (1 %) et les surfaces ne progressent pas. Les zones les plus importantes sont Henderson, Kumeu, Huapai et l'île Waiheke dans la baie d'Auckland, devenue célèbre grâce à une cuvée haut de gamme produite par Stonyridge. C'est plutôt une région de vin rouge, avec le cabernet-sauvignon et le cabernet franc pour principaux cépages.

WAIKATO ET LA BAIE DE PLENTY, au sud d'Auckland, sont deux zones relativement proches, mais distinctes. Cette partie du pays a été colonisée plus tard en raison des guerres du XIXe siècle entre Maoris et Européens pour l'occupation des terres, mais elle est depuis longtemps associée à la viticulture. C'est aujourd'hui un vignoble résiduel qui ne s'étend plus que sur quelques dizaines d'hectares.

GISBORNE, au sud-est de la baie de Plenty, avec de riches sols alluviaux à haut rendement, est une région de forte production. Il y pleut en automne, mais rarement assez pour endommager la récolte. Le principal problème est celui des gelées de printemps, une menace récurrente. Gisborne est devenu l'un des sanctuaires néo-zélandais du chardonnay qui occupe ici près de 50 % de la surface viticole ; il donne des vins assez riches aux arômes exotiques. La région produit aussi de bons Gewürztraminers.

HAWKE'S BAY, sur la côte est de l'île du Nord, a longtemps été une région pionnière et convient bien à la viticulture : grâce à un soleil généreux et à de faibles pluies en automne, le raisin mûrit bien, en dépit du risque de gelées printanières. Haweke's Bay jouit d'une grande diversité de sols, d'expositions et d'altitudes. On distingue la zone côtière qui bénéficie des influences maritimes, les coteaux en retrait de la côte, dont les vignobles sont de plus en plus mis en valeur, et la vaste plaine alluviale au sud, façonnée par les rivières et qui concentre la majorité des vignes. C'est là que se trouve la zone de Gimblett Gravels, un terroir graveleux renommé aux sols très bien drainés sur lesquels excellent les cépages rouges bordelais. Hawke's Bay est connue pour ses vins rouges à base de merlot et de cabernet-sauvignon, et plus récemment, de pinot noir et de syrah. Cette dernière donne des résultats très prometteurs. La région offre également des Chardonnays réputés, plus riches que ceux produits sur l'île du Sud.

WAIRARAPA, au sud de l'île, possède un vignoble encore relativement peu étendu. Sa percée en tant que région viticole de qualité est récente (les premiers vignobles contemporains ont été plantés en 1978), mais on s'est rapidement intéressé au potentiel qu'offre à la vigne un climat à la fois ensoleillé, frais et sec. Ses rouges de pinot noir (50 % du vignoble) ont vite acquis une réputation internationale, tout comme ses blancs, issus du sauvignon blanc, à la fois intenses et frais. Au cœur de Wairarapa se trouve la ville de Martinborough, située au centre d'un petit plateau appelé Martinborough Terrace. Cette zone est abritée par les montagnes de Tararua, de sorte que la pluviosité annuelle est faible. Le pinot noir y excelle.

L'île du Sud

Plantés en même temps que ceux de North Island, la plupart des vignobles avaient été abandonnés, et les producteurs n'ont compris leur potentiel que dans les années 1970. Le climat y est globalement plus frais et convient bien aux cépages blancs ainsi qu'au pinot noir.

LA LÉGISLATION VINICOLE

En 2006, la Nouvelle-Zélande s'est dotée d'une loi, le *Geographical Indication (Wine and Spirit) Registration Act,* qui encadre la production de vin. Cependant, toutes les régions n'y adhérent pas. Comme pour d'autres pays du Nouveau Monde, la législation reste très libérale et n'impose que peu de contraintes en dehors des règles d'étiquetage. Dans la pratique, les étiquettes des vins de qualité affichent très souvent la région d'origine (certaines régions ont acquis une vraie réputation), le cépage et le millésime. Pour toutes ces mentions, la règle des 85 % prévaut. Ainsi, un vin de cépage doit être issu à 85 % de la variété annoncée. Un vin affichant un millésime doit être élaboré avec 85 % de raisins de l'année mentionnée. Enfin, un vin dont l'étiquette indique le nom d'une région doit en être originaire à 85 %.

NELSON, sur la côte nord, reste une région viticole peu étendue, même si sa superficie a doublé depuis 1999. C'est l'endroit le plus chaud de l'île, où l'ensoleillement est important malgré un risque de pluie en automne et de gel au printemps. Sauvignon, pinot noir et chardonnay occupent 80 % du vignoble.

MARLBOROUGH, au sud-est de Nelson, dans les larges vallées de Wairau et de l'Awatere, est la plus connue et la plus grande région viticole de Nouvelle-Zélande. Pourtant, c'est seulement en 1973 que Montana, la plus grande société vinicole du pays, y a créé un premier vignoble. C'est l'une des zones les plus sèches et les plus ensoleillées de tout le pays, même si des gelées peuvent se produire au printemps, et les conditions de lente maturation conviennent aux cépages blancs.

L'image de Marlborough est indissociablement liée au sauvignon blanc qui occupe 75 % de la surface et qui donne des vins intenses, frais, aux arômes très puissants. Ceux produits dans les zones graveleuses du nord de la vallée de Wairau possèdent un caractère végétal plus marqué que les Sauvignons provenant du sud de la vallée, plus mûrs et plus exotiques, en raison d'un climat plus chaud. Moins plantée mais en essor, l'Awatere Valley jouit d'un climat plus frais et plus sec que Wairau. Ses Sauvignons possèdent fermeté et intensité. Parmi les autres cépages d'importance plantés à Marlborough, il faut signaler le chardonnay et le pinot noir, vinifiés en vins tranquilles ou associés dans des vins effervescents de bonne qualité. Le pinot gris est aussi en vogue depuis quelques années.

CANTERBURY-WAIPARA à l'est de l'île, est une région dont l'intérêt date du début des années 1970. Des colons français y ont planté des vignes en 1840. Les deux sous-régions qui la composent, la plaine de Christchurch et la vallée de Waipara plus au nord, connaissent des fortunes opposées. La première tend à stagner alors que la seconde a connu récemment un véritable essor. Le pinot noir, le sauvignon et le riesling, notamment, y ont trouvé de bonnes conditions : faible pluviosité et longs automnes aux journées chaudes et aux nuits fraîches.

CENTRAL OTAGO, plus au sud, est la zone viticole la plus méridionale du monde. Nouveau front pionnier de la viticulture néo-zélandaise, son vignoble a doublé de taille en 10 ans. La belle saison y est courte, mais les automnes sont secs et bien ensoleillés. Dans cette région montagneuse, la vigne pousse le plus souvent en altitude, sur des versants bien exposés plus ou moins pentus. Le pinot noir, largement majoritaire, y excelle.

PRODUCTEURS

Environ 80 % des raisins utilisés par l'industrie vinicole sont fournis par des viticulteurs sous contrat et non pas cultivés par ceux qui les vinifient. Cela explique l'importance accordée dans la liste ci-dessous à la provenance des raisins. Le moindre centre de vinification possède des équipements de technologie récente et se caractérise par son autonomie.

L'ÎLE DU NORD

La plupart des centres de vinification établis de longue date se trouvent sur l'île du Nord.

ATA RANGI
Ce petit mais remarquable vignoble de Martinborough (Wairarapa) produit un beau Pinot noir, un vin rouge baptisé Célèbre (cabernet-sauvignon, merlot et syrah) et un magnifique Chardonnay.

BABICH
La famille Babich achète des raisins, mais possède des vignes à Henderson, au nord d'Auckland, à Hawke's Bay et à Marlborough. La gamme Irongate, provenant de Hawke's Bay, est de très bonne qualité : elle comprend un Chardonnay et un assemblage de cabernet et de merlot. Très bonne qualité d'ensemble.

COOPERS CREEK
Cette jolie exploitation vinicole située à Huapai, au nord d'Auckland, possède un vignoble de 24 ha (Hawke's Bay et Auckland) et achète des raisins aux vignerons. Elle produit une large gamme de vins de cépage dont le plus célèbre est le Swamp Reserve Chardonnay, issu de raisins locaux.

CRAGGY RANGE
Très bonne adresse de Hawke's pour l'ensemble de son œuvre : Chardonnay, Merlot et Syrah notamment.

DELEGAT'S
Delegat's, une exploitation vinicole familiale de Henderson, a rationalisé son abondante gamme de produits issus des vignobles de Hawke's Bay et de Marlborough. De Hawke's Bay viennent une série de vins de cépage bon marché dont la marque très populaire Oyster Bay. Bon Merlot de Hawke's Bay et Pinot noir de Martinborough.

ELEPHANT HILL
Domaine récent de Hawke's doté d'un vignoble de 25 ha : sauvignon et chardonnay, mais aussi une syrah de haut niveau et un peu de viognier.

ESK VALLEY
Depuis son rachat en 1987 par Villa Maria, le changement de cap de cette entreprise vinicole de Hawke's Bay est spectaculaire. Désormais spécialisée dans les vins de qualité, elle produit de bons assemblages de cabernet et de merlot.

KIM CRAWFORD
Domaine fondé en 1996 à Marlborough par un vinificateur vedette du pays, très connu pour son Sauvignon blanc mais dont toute la gamme est de bon niveau.

KUMEU RIVER
Des vins de belle qualité avec des Chardonnays haut de gamme, du Sauvignon blanc vinifié sous bois et une gamme de rouges issue du pinot noir, du merlot ou du malbec.

MATUA VALLEY
Gamme vaste et éclectique qui décline les cépages issus de plusieurs régions ainsi qu'une série de *single vineyard* (cuvées parcellaires) à base de sauvignon, merlot et chardonnay.

MONTANA-BRANCOTT
Propriété de Pernod Ricard, ce géant (ex-Montana) de la viticulture néo-zélandaise possède de vastes vignobles et complète ses approvisionnements par des achats de raisins auprès de viticulteurs. Une dizaine de gammes sont proposées, la plupart tournées vers des vins bon marché dont certains sont très populaires.

PRODUCTEURS

NGATARAWA
Alwyn Corban gère selon des méthodes biologiques ce vignoble de 25 ha situé à Hawke's Bay. La gamme de la maison comprend notamment le Glazebrook, issu de cabernet et de merlot, le Chardonnay Alwyn et un Riesling botrytisé.

NOBILO VINTNERS
Acquise par le groupe Constellation, cette *winery* est l'une des principales du pays. Les raisins viennent de Gisborne, Hawke's Bay et Marlborough, ainsi que de vignobles en propre. Produisant surtout du chardonnay, Nobilo offre une gamme complète de vins bien faits à prix abordable.

PALLISER ESTATE
Domaine qui possède un vignoble de 85 ha à Martinborough et qui produit notamment de bons Pinots noirs et Sauvignons.

STONYRIDGE
Le meilleur vin de ce domaine voué au rouge est Larose, un assemblage associant cabernet-sauvignon, merlot, cabernet franc et malbec. Il est réputé pour être l'un des plus beaux vins de Nouvelle-Zélande dans cette catégorie de style bordelais.

TE KAIRANGA
Vaste domaine à Wairarapa, Te Kairanga est d'abord connu pour ses Pinots noirs. Le domaine produit aussi des Chardonnays, Sauvignons et des rouges d'assemblage cabernet/merlot.

TE MATA ESTATE
Te Mata, la plus fameuse exploitation vinicole de Hawke's Bay et la plus ancienne du pays, produit des vins très réputés. Parmi les standards, le Coleraine (cabernet-sauvignon et merlot), généreusement fruité, et l'ample Elston Chardonnay.

VIDAL
Fondée en 1905, cette exploitation de Hawke's Bay fait aujourd'hui partie du groupe Villa Maria. Le Reserve (cabernet-sauvignon et merlot) est un vin robuste, mais toujours élégant. Le Reserve Cabernet-Sauvignon est également de bon niveau, tout comme le Reserve Chardonnay.

VILLA MARIA
George Fistonich est à l'origine du succès des vins de ce groupe, l'un des plus emblématiques du pays. Malgré les volumes, la qualité est au rendez-vous à travers une gamme aussi variée que fiable.

L'ÎLE DU SUD

CHARD FARM
Ce vignoble situé sur un coteau de Central Otago s'est spécialisé dans le Pinot noir. Il produit aussi du Chardonnay, du Riesling et du Pinot gris.

CLOS HENRY
En spécialiste du sauvignon blanc, la famille Bourgeois (Sancerre) n'est pas restée insensible au charme de Marlborough. Elle y produit des Sauvignons bien dans la veine de la région.

CLOUDY BAY
Le Sauvignon blanc de Cloudy Bay est à l'origine de la grande réputation de la Nouvelle-Zélande pour ce cépage. Avec sa plénitude et son ampleur, mais en conservant toujours ses notes végétales, ce vin est l'expression du climat frais qui caractérise la Nouvelle-Zélande et a retenu l'attention du monde du vin à la fin des années 1980. Un excellent Chardonnay montre lui aussi ce juste équilibre entre bois, fruit et acidité qui marque le style de Marlborough. Les Pinots noirs et les vins effervescents sont d'autres réussites.

DELTA VINEYARD
40 ha de pinot noir plantés à Marlborough en 2001 et deux très belles cuvées de pinot noir.

FELTON ROAD
Jeune domaine de la région de Central Otago de très haute réputation, connu pour ses Pinots noirs sans beaucoup d'équivalents dans le pays. →

PRODUCTEURS

FROMM
Vignoble planté en 1991, essentiellement consacré aux cépages rouges (pinot noir, syrah, malbec...). L'une des nouvelles références de Marlborough.

HUNTER'S
Le Sauvignon blanc est ici en vedette : dans sa version non boisée, il respecte le style vif et fruité propre à Marlborough. Le vignoble produit également un Chardonnay fermenté en fût, souple et doté d'arômes de fruits exotiques, un Gewürztraminer souple et légèrement doux, ainsi qu'un Pinot noir.

JACKSON
La famille Stitchbury, de Marlborough, a présenté son premier millésime en 1991. Le Sauvignon blanc a immédiatement fait sensation. Elle produit également des Chardonnay, Pinot noir et Riesling.

MOUNT RILEY
Ce domaine de 110 ha, situé à Marlborough, est reconnu pour ses assemblages cabernet/merlot, son Pinot noir et son joli Chardonnay.

MT DIFFICULTY
Pinots noirs d'Otago haut de gamme et recherchés. Les blancs ne sont pas en reste avec d'excellents Pinot gris et Riesling.

NEUDORF
Ce petit domaine situé à Nelson produit de beaux vins blancs issus de chardonnay (Moutere) et du sauvignon blanc, ainsi que des Pinots noirs et des Merlots en rouge.

RIPPON
À Otago, Rippon a commercialisé ses premiers vins en 1989 et s'est rapidement fait une réputation, surtout pour ses vins de pinot noir.

SEIFRIED/REDWOOD VALLEY
Situé à Nelson, le domaine compte une centaine d'hectares en production auxquels s'ajoute un nouveau vignoble de 70 ha plantés en 1999. La production est dominée par le Chardonnay, le Sauvignon blanc et le Riesling.

SERESIN
Cinéaste bien connu, Michael Seresin a fondé ce domaine dans la Warrau Valley (Marlborough) dans les années 1990. Les vignes (une centaine d'hectares) sont cultivées en biodynamie. Excellente gamme qui met le Pinot noir et le Sauvignon blanc en vedette, à côté de très bons Chardonnays, Pinots gris et Rieslings.

WAIPARA WEST
Ce vignoble de 25 ha à Waipara est à l'origine de très bons Pinots noirs et d'une cuvée Cabernet/Merlot (Ram Paddock) très convaincante. Les Chardonnays et Rieslings de ce producteur sont également des valeurs sûres.

AFRIQUE DU SUD

Carte page XXXII

En 1652, Jan Van Riebeeck fonda la station de ravitaillement de la Compagnie des Indes au cap de Bonne-Espérance et, peu après, fit venir d'Europe des boutures de vignes, persuadé qu'en buvant du vin les marins souffriraient moins du scorbut. Le 2 février 1659, il écrit dans son journal intime : « Aujourd'hui, Dieu soit loué, du vin des raisins du Cap a coulé pour la première fois. » Simon Van der Stel, son successeur en tant que gouverneur, et, lui aussi, connaisseur en vins, planta ses propres vignes, à Constantia. C'est dans cette région qu'est né le vin de Constance, un vin liquoreux très réputé en Europe au XVIIIe siècle. La production viticole sud-africaine, après avoir connu des fortunes diverses aux XIXe et XXe siècles, est aujourd'hui, et de loin, la plus importante et la plus intéressante du continent africain. En l'absence d'un marché intérieur dynamique, elle s'est résolument orientée vers l'exportation. Le succès des vins sud-africains sur les marchés du monde est dû à leur bon rapport qualité/prix et à la qualité des vins fins lesquels ne cessent de gagner en reconnaissance. Après le long isolement politique et économique qu'elle a subi, l'Afrique du Sud a su faire preuve d'un réel dynamisme pour placer ses vins sur l'échiquier mondial.

L'industrie vinicole

La réduction des taxes sur le vin entre l'Angleterre et la France, en 1861, inaugure une longue période défavorable aux vignerons sud-africains, marquée par trois catastrophes successives : le phylloxéra (1886), la replantation des vignobles et la surproduction qui s'ensuivit (par manque de débouchés), puis la guerre des Boers (1899-1902). Cette tendance à la surproduction au début du XXe siècle est accentuée par le fait que, ironie du sort, le vignoble se remet finalement assez vite de la terrible maladie et attire les producteurs touchés par la dégringolade du marché des plumes d'autruche. Ces nombreux fermiers vendent leurs raisins à des coopératives et les prix subissent l'influence de puissants négociants. C'est ainsi qu'en 1918 est créée, à l'initiative des fermiers, la Kooperatiewe Wynbouwers Vereniging (KWV), une coopérative subventionnée par l'État pour contrôler l'application de la législation, réduire la production (par un système de quotas), créer des produits susceptibles de trouver des débouchés commerciaux et stimuler la demande. La KWV garda longtemps les pleins pouvoirs que l'État lui avait confiés sur la filière viticole, depuis la production jusqu'à la commercialisation, en passant par le secteur œnologique, les droits de plantation et les statistiques propres à l'industrie viticole.
Devenue une société de production privée en 1997, elle a perdu son monopole sur la production, laissant le champ libre aux producteurs qui ont pu planter les cépages qu'ils voulaient, prospecter les régions à fort potentiel et faire jouer la concurrence sur un marché libre.
Côté vignoble, l'industrie viticole a, dès les années 1960, mis en place un programme de détection des virus et de certification du matériel, après avoir connu, dans la première moitié du XXe siècle, de graves problèmes de maladies, et en particulier celle de l'enroulement. En 1986, un comité d'amélioration de la vigne (Vine Improvement Board), représenté par les producteurs indépendants, la KWV, les négociants et les pépiniéristes, a été créé pour mettre sur le marché les meilleurs plants certifiés. Ce programme a permis de renouveler et d'assainir considérablement le vignoble. En parallèle, un programme gouvernemental a initié un plan de développement durable (Integrated Production of Wine), collectivement suivi par la filière, qui vise à protéger le très riche écosystème de la région du Cap qui concentre l'essentiel du vignoble.

L'ouverture sur le monde

Après l'abolition de l'apartheid en 1991, puis l'élection de Nelson Mandela en 1994, l'industrie viticole, qui vivait en autarcie, s'est employée à reconvertir sa production, jusque-là essentiellement vouée au brandy (eau-de-vie de vin), en raisins de cuve. Les fermiers, autrefois concentrés sur la quantité, durent changer leur philosophie en s'efforçant de faire de la qualité. Pour cela, il fallut convertir une partie du vignoble en passant de cépages destinés au vrac et à la distillation à des cépages dits nobles, comme le chardonnay, le sauvignon, le cabernet-sauvignon, le merlot, la syrah et le pinotage, plus prompts à plaire au goût international. Ces cépages représentent, en 2013, 55 % de la totalité des plantations, et ont largement entamé le monopole du chenin blanc, cépage emblématique du pays, capable de donner des vins blancs secs, des vins blancs doux comme du brandy. La proportion de cépages rouges, jadis très minoritaire, ne cesse de progresser et atteint 44 % du vignoble (18 % en 1996). Cette conversion rapide permet aujourd'hui à l'Afrique du Sud de proposer des vins de bonne qualité en adéquation avec la demande mondiale. Les progrès de la filière viticole dans son ensemble ont été rapides, comme en témoigne la vigueur des exportations de vins sud-africains.

Les vins destinés à l'export sont soumis à un examen précis au sein du Wine and Spirit Board, où ils sont analysés et dégustés. Chaque bouteille se voit attribuer un sceau officiel garantissant l'origine, le millésime et le cépage.

Certaines coopératives, pour échapper à l'image de « coop », veulent devenir des sociétés à capitaux privés. De nombreux producteurs se sont lancés à l'attaque de l'énorme marché international. Parmi eux, des *winemakers* auparavant salariés qui, propulsés par le boom de l'export, ont choisi de monter leur propre structure et de commercialiser leur propre vin, sans être forcément propriétaires pour autant de vignes ni de cave. Ils achètent les raisins et louent un bâtiment, n'ayant pour seuls investissements que la matière première et les fûts, et vendent dans les tarifs les plus élevés. On a vu de cette façon apparaître des vins dits « de garage » (cuvées de très haute qualité produites en quantité extrêmement limitée) grâce à l'initiative de quelques producteurs devenus depuis des références dans leur pays : Étienne Le Riche, Nico Vermeulen, Signal Hill, Kleinvallei ou encore David Trafford. Les œnologues actuels bénéficient d'une solide formation acquise à l'Université de Stellenbosch, bien souvent complétée par des expériences à l'étranger. La fin de l'Apartheid et la nouvelle donne politique ont permis d'attirer des investisseurs étrangers, suisses, allemands, belges, italiens ou américains, mais également français.

Une forte motivation nationale

Le consommateur sud-africain de la région du Cap s'est vite pris au jeu. Il est fier de ses vins et, à l'instar des Anglais, très studieux en matière de connaissances viticoles, fera tout ce qu'il faut pour devenir incollable. Des clubs de dégustation

LES CÉPAGES ET LES STYLES DE VIN

Au XIXe siècle, les vins du Cap jouissaient d'une bonne notoriété en Europe. Le vin doux Constantia, appelé « vin de Constance » et issu de la région de Constantia et du cépage Muscat, fut très apprécié par Napoléon pendant son exil, comme par d'autres têtes couronnées d'Europe. Les vins liquoreux ou mutés s'inscrivent ainsi dans la tradition sud-africaine bien que leur poids dans la production totale du pays décline sensiblement.

Les principaux cépages blancs destinés aux raisins de cuve sont le chenin blanc (18 % de la superficie plantée), le colombard (11 %), le sauvignon (10 %), le chardonnay (8 %), devant le muscat d'Alexandrie, le sémillon et le viognier.

Le chenin blanc est utilisé pour des styles de vin allant des blancs secs de caractère vif, fermentés à basse température, aux vins demi-secs, moelleux et, parfois, botrytisés. Son récent déclin a mobilisé un groupe de producteurs qui s'est réuni au sein de la Chenin Blanc Association chargée de réhabiliter le cépage.

Les principaux cépages rouges sont le cabernet-sauvignon (12 %), la syrah (10 %), le pinotage (7 %), qui est un croisement créé en 1926 entre le cinsaut et le pinot noir, le merlot (7 %), le cinsaut (2 %) et le pinot noir (1 %).

S'il est difficile de résumer en un ou deux qualificatifs la diversité des styles de vins rouges produits dans le pays, on peut constater que les vins sud-africains tirent du climat chaud une certaine richesse, de la rondeur et des expressions fruitées très marquées. Les meilleurs producteurs y ajoutent une dimension de finesse qui s'exprime au vieillissement, notamment pour les vins rouges réputés provenant de Stellenbosch.

En ce qui concerne le pinotage, c'est le Dr I. A. Perold de la KWV qui eut le premier l'idée de croiser le pinot noir et le cinsaut, croisement qui fut ensuite développé par le professeur C. J. Theron. La première bouteille ne fut réellement commercialisée qu'en 1961, soit trente-six ans plus tard, par la Stellenbosch Farmers' Winery. Le pinotage est aujourd'hui le cépage emblématique de la viticulture sud-africaine.

Comme en Amérique et en Australie, les vins sont généralement commercialisés sous leur nom de cépage. Le nom du producteur occupe une place importante sur l'étiquette.

se montent, formels ou informels. On en distingue de différentes sortes : les clubs commerciaux, les clubs d'étudiants, les clubs de *winemakers* (œnologues-maîtres de chai) en herbe qui souhaitent échanger, au cours d'une séance, leurs questions et leurs connaissances techniques et œnologiques, et enfin les clubs d'amateurs. Le *winemaker* a en effet, en Afrique du Sud, un rôle prépondérant aux yeux du consommateur. À tel point qu'un concours interclubs est organisé chaque année, la *blending competition* : le jeu consiste à élaborer le meilleur assemblage à partir de cépages donnés, tout comme le ferait le *winemaker* lui-même.

Autre marque de sérieux : la Cape Wine Academy. Créée en 1979 par les acteurs de l'industrie viticole afin d'encourager les consommateurs à boire de manière intelligente, cette institution accueille plus de cinq mille élèves par an à travers le pays. Elle dispense des cours sanctionnés par des examens, dont le plus haut grade est le Cape Wine Master, calqué sur le Master of Wine britannique. Il faut aussi mentionner le South Africa Wine Industry Trust, financé par l'État et les producteurs, et dont les objectifs sont sociaux.

Le climat et le sol

Si la vie du vignoble est fortement comparable à celle du vignoble européen, l'année est, hémisphère Sud oblige, complètement inversée : lorsque l'on vendange en France, la vigne sud-africaine se réveille tout juste de sa léthargie hivernale. En janvier, c'est le début de l'été, les cépages précoces commencent à mûrir et les vendanges battent leur plein entre février et avril. Le sud-ouest de la région du Cap jouit d'un climat plus frais qu'on ne pourrait le supposer à cette latitude de 35° au sud de l'équateur. Les océans Atlantique et Indien et le courant froid de Benguela, qui, venant de l'Antarctique, suit la côte vers le nord, exercent une influence modératrice. Celle-ci est encore renforcée en été par les vents violents qui soufflent du sud-est. Le climat ressemble à celui des pays de la Méditerranée. Les précipitations annuelles, qui varient de moins de 100 mm à l'intérieur des terres à moins de 1 000 mm à proximité de la côte, tombent principalement entre mai et août. Les étés sont habituellement chauds, voire très chauds dans les régions centrales, les hivers doux, et les gelées rares. Les raisins des zones les plus chaudes du Cap ont tendance à souffrir de la chaleur ou à mûrir trop rapidement, mais, si l'eau arrive au bon moment et en quantité suffisante, tout problème peut être écarté. L'irrigation est ici vitale et justifiée.

Des années de recherche et d'expérimentation ont établi la meilleure adéquation entre les différents mésoclimats et les cépages issus du riche héritage viticole du pays (steen, hanepoot, syrah). La recherche continue sur les variétés de raisins importées plus récemment.

Les sols varient beaucoup, non seulement dans la partie sud-ouest du Cap, mais aussi entre les différents vignobles d'une même région et sur un même domaine. Les montagnes qui traversent les régions viticoles font varier les altitudes, les expositions et les types de sols. Ceux des plaines côtières varient généralement du grès de Table Mountain, à l'ouest, aux roches de granite, à l'est. Les schistes dominent dans le Karroo, tandis que dans les vallées, là où se trouve la majorité des vignobles, les coteaux sont pierreux et les fonds des vallées composés de sables et de graviers.

Les zones viticoles

En 1973, l'introduction du système des vins d'origine (*Wine of Origin*, ou WO) a divisé les vignobles en unités géographiques – régions, districts, zones *(wards)* et domaines *(estates)* – par ordre décroissant de superficie. L'essentiel des vignobles sud-africains est situé dans l'unité géographique Western Cap, qui constitue la plus large des WO. Elle permet notamment de produire des vins d'assemblage à partir de raisins provenant de plusieurs régions. Western Cap est divisée en 6 régions : Breede River Valley, Cape South Coast, Coastal Region, Klein Karoo, Olfants River et Boberg. Ces régions sont divisées à leur tour en districts puis en *wards* dont les plus importants en superficie plantée sont dans l'ordre : Stellenbosch, Paarl, Robertson, Malmesbury, Breedekloof et Worcester.

LE SYSTÈME DES VINS D'ORIGINE

Le système WO certifie l'origine des vins. Pour bénéficier de l'appellation *Wine of Origin,* le vin est soumis à un contrôle continu (examens organoleptiques et analytiques) depuis les vendanges jusqu'à l'étiquetage. Les bouteilles commercialisées portent un numéro de lot qui assure la traçabilité, permettant de remonter tout le processus d'élaboration jusqu'au pressurage du raisin.

Un vin affichant l'appellation WO doit provenir exclusivement de l'unité géographique qui est renseignée sur l'étiquette.

La réglementation sur les étiquettes en matière de cépages nommés et de millésimes correspond aux pratiques en vigueur dans les autres pays du Nouveau Monde. Ainsi, le ou les cépages annoncés sur l'étiquette doivent être à l'origine d'au moins 85 % du vin. Si le millésime figure sur l'étiquette, au moins 85 % du contenu de la bouteille doit provenir de cette année-là.

Le secteur viticole actuel

Quelque 3 500 exploitants cultivent près de 100 000 ha de vignes au sud-est du Cap. On compte trois types principaux de producteurs : les caves coopératives, les producteurs privés et les domaines.

La plupart des 52 caves coopératives proposent des vins d'un bon rapport qualité/prix. Les producteurs privés, au nombre de 500, comprennent des sociétés prestigieuses comme Bellingham ou Distillers Corporation Distell. Ces sociétés utilisent les raisins de leurs propres vignobles, mais achètent aussi des raisins et des vins jeunes pour élaborer des vins d'assemblage qu'elles commercialisent sous leurs marques.

L'Afrique du Sud est le neuvième producteur de vin du monde, fournissant 4 % de la production mondiale. En 2012, la récolte s'élevait à 10,5 millions d'hectolitres. La consommation annuelle de vin est de 7 l par habitant. Traditionnellement, la plupart des vins étaient vendus par les négociants sud-africains sur le marché intérieur, mais la levée des sanctions et la réceptivité accrue des marchés étrangers ont entraîné une très forte augmentation du pourcentage de vins exportés.

RÉGIONS ET PRODUCTEURS

Les principales zones viticoles d'Afrique du Sud se situent au nord et à l'est de la ville du Cap. Dans la région nord du Cap, il existe plusieurs zones isolées, le long du fleuve Orange. Les principaux producteurs sont énumérés par région WO.

COASTAL REGION WO

Cette grande WO est utilisée dans le cas d'assemblages de raisins issus de plusieurs districts. Elle englobe les sept districts du Cap les plus fréquemment rencontrés sur l'étiquette : Cape Point, Darling, Paarl, Tygerberg, Stellenbosch, Swartland, Tulbach.

CONSTANTIA WARD WO

Situé au sud-est de la péninsule du Cap, ce vignoble jouit d'un climat de type méditerranéen ne nécessitant pas d'irrigation et profite de l'ombre des montagnes l'après-midi et des brises fraîches venant de la mer. Constantia produit notamment de bons vins blancs issus du sauvignon et du chardonnay et des rouges à partir du cabernet-sauvignon, du merlot et de la Syrah. Le district accueille l'un des producteurs emblématiques du pays, Klein Constantia, qui s'est fait connaître grâce à son vin de Constance, un liquoreux issu du muscat d'Alexandrie. Les principaux producteurs sont Buitenverwachting, Groot Constantia, Klein Constantia, Constantia Uitsig et Steenberg.

DURBANVILLE WARD WO

Situé sur les coteaux de granite des montagnes Dorstberg, dans la banlieue nord de la ville du Cap, ce vignoble comporte neuf producteurs. Ils produisent essentiellement des vins rouges. →

RÉGIONS ET PRODUCTEURS

PAARL DISTRICT WO

Situé à 50 km au nord-est du Cap, ce grand district vinicole (16 % du vignoble national) compte quelques-uns des producteurs et des coopératives les plus dynamiques du pays. Le climat est méditerranéen. L'irrigation n'est nécessaire que les années les plus sèches. Les sols varient du grès, dans la très fertile vallée Berg, au granite, autour de Paarl même, et à l'ardoise décomposée, à Malmesbury, dans le Nord-Est. Bien que le district soit surtout spécialisé dans les blancs, avec de bons Chenins blancs, Sauvignons et Chardonnays, les rouges gagnent du terrain.
Le district englobe la zone de Franschhoek WO et a conservé son caractère français, qui se reflète dans beaucoup des noms.
Parmi les bons producteurs, on trouve Fairview, Glen Carlou, Simonsvlei, et Venwouden puis, dans la zone de Franschhoek, Bellingham, Graham Beck, Boekenhoutskloof, Boschendal, Cabrière, Chamonix, Dieu Donné, La Motte, Plaisir de Merle La Provence et Mont Rochelle.

STELLENBOSCH DISTRICT WO

C'est dans la jolie ville de Stellenbosch, dont l'université abrite une faculté de viticulture et d'œnologie, que se concentrent le plus grand nombre d'exploitations produisant des vins de qualité. Le district possède trois types de sol : grès de Table Mountain à l'ouest (parfait pour les vins blancs), alluvions autour du fleuve Eerste et granite à l'est (meilleur pour les rouges), où se situe la zone de Simonsberg-Stellenbosch WO, dans les contreforts des montagnes.
Le vignoble couvre 17 000 ha, soit 16 % du vignoble national.
Les conditions climatiques sont très variables : plutôt chaudes dans les vallées, elles deviennent largement tempérées dans les vignobles d'altitude (jusqu'à 600 m). La production est dominée à 65 % par les vins rouges, qui figurent parmi les meilleurs du pays.
Les cépages comprennent le cabernet-sauvignon, le cabernet franc, le merlot et la syrah. Le district produit également certains des meilleurs vins de pinotage. Plusieurs vins prestigieux, comme la plupart des grands vins, sont des rouges d'assemblage, souvent élevés en barriques de chêne. On y fait également de bons vins blancs, majoritairement à partir du sauvignon blanc.
Parmi les meilleurs producteurs : L'Avenir, Beyerskloof, Delheim, Dornier, Niel Ellis, Ken Forrester, Grangehurst, Hartenberg, Ingwe, Jordan, Kanonkop, Louisvale, Meerlust, Morgenhof, Morgenster, Mulderbosch, Muratie, Overgaauw, Rustenberg, Rust-en-Vrede, Simonsig, Spier, Stellenzicht, Thelema, De Trafford, Vergelegen, Vergenoegd, Villiera, Vriesenhof, Warwick.

SWARTLAND DISTRICT WO

Swartland possède des vignobles autour des villes de Darling, Malmesbury et Riebeek. Le climat chaud et sec peut nécessiter le recours à l'irrigation. Cette région est une source traditionnelle de vins mutés issus de cépages comme le Hanepoot, mais elle se fait désormais remarquer pour sa production de vins rouges robustes et corsés à partir de variétés comme le cabernet-sauvignon, le merlot et la syrah.
On produit également, notamment autour de Darling, des blancs secs bien faits à partir du sauvignon blanc.
Parmi les bons producteurs : Allesverloren, Darling Cellars, Groote Post, Kloovenburg, Sadie Family, Spice Route et la coopérative de Swartland.

Autres vignobles d'Afrique (hors Maghreb)

En Afrique, seul le Zimbabwe a eu de réelles velléités de développer une filière viticole. La production, qui était assurée par trois principales entreprises à partir de quelques centaines d'hectares, semble en chute libre et ne doit son salut qu'à quelques producteurs comme Bushman Rock Estate, entreprise qui exploite à 1 500 m d'altitude un vignoble de 14 ha planté de cépages venus du Cap. Il existe ailleurs en Afrique des initiatives isolées, comme celle du groupe Castel en Éthiopie qui a créé en 2007, à la demande des autorités locales, un vignoble de 125 ha planté de merlot, syrah, cabernet-sauvignon et chardonnay. D'autres exemples existent en Tanzanie et au Kenya, ou plus modestement au Gabon. Les conditions climatiques, chaleur humide ou sécheresse excessive, conjuguées à l'absence de saisonnalité, font de ces initiatives un vrai défi que semblent relever certains investisseurs qui parient sur le développement du marché du vin en Afrique.

TULBAGH DISTRICT WO

Entourés de trois côtés par les montagnes Winterhoek (qui créent plusieurs mésoclimats), les vignobles de Tulbagh sont situés à la lisière est du Swartland. Le climat est chaud et relativement sec. Aussi l'irrigation est-elle nécessaire pour les vignobles situés sur les sols sableux du fond des vallées, mais moins pour ceux des coteaux, plus humides. L'image de la région reste liée à ses blancs de style Xérès mais on fait également de bons blancs secs et des mousseux de qualité. En rouge, les Cabernet-Sauvignon, Pinotage et Syrah gagnent du terrain. Les meilleurs producteurs sont Drostdy, Twee Jongegezellen, et Theuniskraal Estate.

BOBERG REGION WO

Cette appellation ne fournit que des vins mutés élaborés dans les districts de Paarl et de Tulbagh.

BREEDE RIVER VALLEY REGION WO

Cette région recouvre les districts de Worcester, Robertson et Swellendam.

WORCESTER DISTRICT WO

Worcester contribue pour 9 % de la production nationale. Sa production est essentiellement aux mains des coopératives qui fournissent de grosses quantités de brandy et de vins de dessert. Certaines d'entre elles produisent également, sous leur propre étiquette, des petites quantités de vins secs de qualité (Sauvignon blanc, Chardonnay, Cabernet-Sauvignon). Worcester couvre la plupart des vallées du fleuve Breede et de ses affluents, dont chacun possède un mésoclimat très particulier.
Les bons producteurs sont Bergsig, Botha, Deetlefs, Du Preez Estate, ainsi que les coopératives Goudini et Nuy.

ROBERTSON DISTRICT WO

Les sols riches en calcaire de ce district sont particulièrement bien adaptés à la viticulture. Bordé au nord et au sud par des montagnes et doté d'un climat chaud et aride, le district n'a pu pratiquer la viticulture qu'après la construction d'un grand barrage, au début du XXe siècle. Aujourd'hui, les domaines et les caves coopératives de Robertson fournissent quelques-uns des Chardonnays et des Shiraz les plus appréciés du Cap, ainsi que des mousseux et des vins de dessert mutés traditionnels.
Les Sauvignons blancs et Cabernets-Sauvignons sont de plus en plus à l'honneur, et elle devient la région par excellence pour les vins pétillants élaborés selon les méthodes traditionnelles (méthodes cap classiques, ou MCC). →

RÉGIONS ET PRODUCTEURS

Parmi les meilleurs producteurs : Graham Beck Winery, Bon Courage, De Wetshof, Rietvallei, Rooiberg, Springfield, Van Loveren et Weltevrede.

AUTRES RÉGIONS ET DISTRICTS

KLEIN KAROO REGION WO
Situé entre Montagu, à l'ouest, et Oudtshoorn, à l'est, ce vignoble est soumis à un climat particulièrement chaud et sec qui rend indispensable l'irrigation. Les surfaces consacrées à la vigne sont modestes et déclinent progressivement.
Le chenin, le colombard et le hanepoot y prospèrent et produisent une gamme de styles allant des blancs secs aux blancs doux ainsi que des eaux-de-vie, mais surtout des rouges liquoreux ou mutés, pour lesquels la région est réputée.
Les caves coopératives fournissent la plupart de la production. Axe Hill et Boplaas produisent d'excellents vins mutés.

OLIFANTS RIVER REGION WO
Cette région s'étend du nord au sud le long de la vallée. Les vignes sont plantées sur des sols de grès ou de calcaire. Les étés peuvent être chauds et la pluviosité assez faible, mais une bonne conduite de la vigne privilégiant le feuillage permet aux raisins de mûrir à l'ombre. Olifants River devient une source importante de vins fiables, bien faits, d'un bon rapport qualité/prix, même si le Chenin, le Colombard et le Hanepoot dominent encore largement la production.

OVERBERG, WALKER BAY ET ELGIN DISTRICT WO
Overberg, au sud de Paarl et Stellenbosch, est devenu l'un des districts les plus intéressants d'Afrique du Sud. De minuscules vignobles s'insèrent entre de grandes étendues de blé. Le district de Walker Bay et la zone d'Elgin, en bordure de l'Atlantique, bénéficient des courants froids venus de l'Antarctique. La température dépasse rarement les 15 °C et les sols pauvres, composés de schistes décomposés, sont adaptés à une viticulture de qualité. Ces conditions favorisent l'expression de cépages bien adaptés aux climats frais comme le chardonnay, le sauvignon blanc et le pinot noir qui donnent ici des vins vifs et fins.
Parmi les meilleurs producteurs, on compte Beaumont, Bouchard-Finlayson, Paul Cluver, Flagstone, Hamilton Russell, Newton Johnson, Raka.
Encore plus au sud se trouve la zone d'Elim *(ward)*, à quelques kilomètres du cap des Aiguilles. Malgré les conditions difficiles de viticulture (vent et brûlures de sel), on y trouve des vins très bien faits, minéraux et élégants, issus de sauvignon blanc, de cabernet-sauvignon et de syrah.

SWELLENDAM DISTRICT WO
Cette région est vouée à la production de gros volumes par des coopératives.

Références

TABLEAU DES MILLÉSIMES

L'évaluation de la qualité de chaque millésime (de 1 à 10) imprime une tendance générale, valable pour toute une région viticole. Elle permet de juger de la garde potentielle d'un vin et reste estimative. En effet, au sein d'un même millésime, on peut enregistrer des différences sensibles selon les cépages, les appellations, les crus ou les parcelles de vigne.

	Alsace	**Bordeaux** Les rouges	**Bordeaux** Les blancs secs	**Bordeaux** Les moelleux	**Bourgogne** Les rouges	**Bourgogne** Les blancs	**Champagne** millésimé	**Vallée du Rhône**
2015	8	10	7	9	9	8	9	8
2014	7	7	8	9	7	8	7	6
2013	6	5	6	7	8	7	7	7
2012	7	7	7	6	8	8	7	7
2011	8	8	7	9	8	8	8	8
2010	8	9	9	10	8	8	7	9
2009	8	10	9	9	9	8	8	9
2008	7	8	7	8	6	7	8	6
2007	7	7	7	7	8	7	7	7
2006	7	7	8	8	7	8	8	7
2005	7	10	9	8	10	10	7	9
2004	7	7	8	5	7	8	8	7
2003	6	8	6	9	8	10	7	7

LÉGENDES DES ANNÉES :

moyenne — bonne — grande — exceptionnelle

	Vallée de la Loire	**Allemagne** Moselle	**Allemagne** Régions du Rhin	**Espagne** Rioja	**États-Unis** Californie	**Italie** Piémont	**Italie** Toscane	**Portugal** Porto Vintage (millésimé)
2015	9	10	10	9	7	9	9	9
2014	8	6	6	7	8	5	5	5
2013	5	6	6	6	9	8	7	7
2012	7	8	8	7	8	7	7	8
2011	7	7	7	8	7	7	8	9
2010	8	8	8	8	9	7	8	8
2009	9	9	9	9	9	8	9	7
2008	7	7	7	10	8	9	9	8
2007	7	8	8	7	9	6	7	7
2006	6	8	7	8	7	8	9	8
2005	9	7	8	8	7	6	7	10
2004	6	7	7	7	7	8	8	9
2003	8	7	8	8	8	8	9	9

LÉGENDES DES ANNÉES :

moyenne — bonne — grande — exceptionnelle

	Alsace	Bordeaux Les rouges	Bordeaux Les blancs secs	Bordeaux Les moelleux	Bourgogne Les rouges	Bourgogne Les blancs	Champagne millésimé	Vallée du Rhône
2002	5	7	8	9	8	8	9	5
2001	6	7	7	8	7	8	5	8
2000	6	10	8	6	7	8	8	8
1999	5	7	6	8	6	6	8	8
1998	7	8	7	8	8	8	7	9
1997	7	6	6	9	7	8	8	7
1996	6	8	8	9	8	10	10	7
1995	6	8	8	9	7	8	8	8
1994	6	7	8	7	7	8	5	6
1993	7	6	6	5	7	6	6	6
1992	5	6	5	5	7	8	6	6
1991	6	7	6	7	7	7	5	7
1990	10	9	8	10	9	9	9	10

LÉGENDES DES ANNÉES :

moyenne — bonne — grande — exceptionnelle

	Vallée de la Loire	**Allemagne** Moselle	**Allemagne** Régions du Rhin	**Espagne** Rioja	**États-Unis** Californie	**Italie** Piémont	**Italie** Toscane	**Portugal** Porto Vintage (millésimé)
2002	6	8	8	6	9	7	7	7
2001	7	7	8	8	8	8	8	8
2000	8	6	7	8	7	7	10	10
1999	6	7	7	7	8	8	9	-
1998	7	8	7	8	7	10	8	8
1997	8	8	7	7	10	10	10	9
1996	9	6	7	8	8	10	10	7
1995	8	7	7	10	9	7	10	-
1994	6	8	7	9	9	7	8	10
1993	6	7	8	8	7	7	8	-
1992	6	7	8	7	9	5	7	9
1991	6	7	6	7	8	7	8	9
1990	10	10	10	7	8	10	10	-

GLOSSAIRE

Ce glossaire définit des termes spécifiques au monde du vin sauf le vocabulaire de la dégustation décrit p. 160.
L'origine des mots de langue étrangère est indiquée sous la forme d'abréviations : Al. = Allemagne ; Esp. = Espagne ; It. = Italie ; Port. = Portugal ; US = États-Unis.
Les astérisques (*) marquent des mots qui font l'objet d'une entrée dans ce glossaire.

A

ABBOCCATO (IT.)
Vin légèrement sucré.

ACIDE ACÉTIQUE
Acide que l'on trouve dans tous les vins en faible quantité. S'il se développe de façon excessive, le vin tourne en vinaigre.

ACIDE CITRIQUE
Acide abondant dans les fruits et les agrumes ; le raisin n'échappe pas à sa présence, mais en quantité moindre. Les raisins blancs affichent des quantités plus importantes, notamment ceux atteints par la fameuse « pourriture noble* ». L'acidification par adjonction d'acide citrique dans les vins est réglementée.

ACIDE LACTIQUE
Cet acide apparaît lors de la fermentation malolactique* du vin.

ACIDE MALIQUE
Lorsque le raisin mûrit, l'acide malique, contenu en forte teneur dans les raisins verts, s'atténue : il est instable. Il se reconnaît à son goût âpre de pomme verte. Une fois la fermentation alcoolique* achevée, il est dégradé en acide lactique*.

ACIDE TARTRIQUE
Acide le plus noble ayant le pouvoir le plus acidifiant dans le vin. C'est un acide peu rencontré dans le monde végétal. Sa teneur dans la baie du raisin diminue jusqu'à la véraison*, puis varie en fonction des conditions climatiques.

ACIDITÉ
Le vin est riche en acides organiques : tartrique*, malique*, citrique*, lactique*, etc. L'acidité joue un rôle important lors de la dégustation. Elle compense et éclipse partiellement les composantes de moelleux* du vin (sucre, alcool*, glycérine), tandis qu'associée aux tanins*, elle crée une synergie qui augmente à la fois la sensation acide et celle d'astringence. Lorsqu'elle est excessive ou mal compensée, elle

se traduit successivement par de la vivacité, de la verdeur, puis de l'âcreté. Défaillante au contraire ou submergée par le moelleux du vin, elle engendre la mollesse ou la lourdeur. À dose légèrement émergente, elle crée la fraîcheur ; légèrement récessive, elle participe à la souplesse.

ADEGA (PORT.)
Centre de vinification au Portugal.

ALCOOL
Un des éléments importants du vin, l'alcool éthylique résulte de la fermentation alcoolique : le métabolisme enzymatique des levures* transforme le sucre du jus de raisin en alcool, en gaz carbonique et en chaleur. Le degré alcoolique* d'un vin peut varier de moins de 7 % vol. à plus de 15 % vol. en fonction de la teneur en sucres naturels* des moûts et en sucre ajouté (voir Chaptalisation). Au-delà de 15 % vol., il s'agit généralement de vins mutés. Rappelons enfin que, pour obtenir un degré d'alcool, il faut 17 g de sucre par litre pour les vins blancs et 18 g pour les vins rouges.

AMABILE (IT.)
Un vin plus sucré que l'abboccato*.

AMONTILLADO (ESP.)
Xérès élaboré au-delà du stade du Fino ayant développé une couleur ambre, du corps et des arômes oxydatifs.

AMPÉLOGRAPHIE
Science de la vigne qui s'attache à l'étude et à la classification des cépages*.

ANHYDRIDE SULFUREUX (SO_2)
De tout temps, les vignerons ont utilisé l'anhydride sulfureux pour ses nombreuses vertus : il enraye des fermentations précoces sur les raisins vendangés, inhibe et active des sélections de levures*, élimine microbes et bactéries, protège des oxydations*, possède un pouvoir dissolvant, peut bloquer la fermentation malolactique* et s'avère être un précieux allié pour les vins blancs liquoreux* sujets à refermenter en bouteille.

ANTHOCYANES
Pigments rouges du raisin qui donnent leur couleur aux vins rouges. Cette coloration rouge-violet des vins jeunes est presque exclusivement le fait des molécules d'anthocyanes (composés phénoliques), assez instables, qui vont se lier au cours du vieillissement avec les tanins* (autres éléments phénoliques) pour donner au vin sa couleur rouge rubis.

APPELLATION D'ORIGINE CONTRÔLÉE (AOC)
L'appellation d'origine contrôlée s'applique à des vins issus de régions et de cépages* bien déterminés, dans le cadre de règlements codifiés par l'INAO*. À l'échelle européenne, ils relèvent de la catégorie des appel-

lations d'origine protégée* (AOP). Les vins d'AOC doivent répondre à des règles bien précises en matière d'aire délimitée de production, d'encépagement*, de teneur minimale en sucre du moût à obtenir, de degré d'alcool*, de rendement maximal* à l'hectare, de taille de la vigne, de méthodes de culture et de vinification. Les vins d'AOC sont soumis à une dégustation d'agrément avant d'être commercialisés.

APPELLATION D'ORIGINE PROTÉGÉE (AOP)

L'appellation d'origine protégée est l'équivalent européen des AOC françaises, et consacre des vins issus de régions strictement délimitées et soumis à des cahiers des charges précis. On les désigne par la mention traditionnellement en usage dans chaque pays européen (AOC en France, DO* en Espagne, DOC* et DOCG* en Italie...).

ARÔMES

Ce terme désigne les parfums exhalés par un vin et, plus particulièrement, les sensations perçues tant au nez qu'en bouche. On distingue les arômes variétaux, les arômes fermentaires et les arômes post-fermentaires (ou d'évolution).

ASSEMBLAGE

Opération consistant à marier plusieurs vins. Les assemblages ont pour but d'élaborer un ensemble bien meilleur que chaque élément pris séparément.

AUSBRUCH (AL.)

Type de vin autrichien plus sucré qu'un *Beerenauslese**, mais moins sucré qu'un *Trockenbeerenauslese**.

AUSLESE (AL.)

Vin allemand élaboré avec des raisins récoltés en vendanges tardives (quelquefois botrytisés), contenant une forte concentration de sucre. Les *Auslesen* peuvent être secs ou sucrés.

B

BAG-IN-BOX

Poche souple munie d'un robinet et enfermée dans un emballage en carton, utilisée pour la vente et la conservation (plusieurs mois après l'ouverture) du vin en vrac. Elle permet un soutirage sans risque d'oxydation.

BAN DES VENDANGES

Il s'agit de la date à laquelle commençaient les vendanges dans le passé. Actuellement, le ban des vendanges est la date à partir de laquelle la chaptalisation* est autorisée. Cette date est proposée par l'INAO et le syndicat de l'appellation, et décidée par le préfet de région.

BARRICA (ESP.)

Barrique espagnole d'une contenance d'environ 225 litres.

BARRIQUE

Fût dont la contenance varie d'une région à l'autre ; en Bourgogne, une barrique équivaut à 228 litres ; dans le Bordelais, elle en contient 225 (4 barriques font ici un tonneau) ; la barrique de la région de Touraine-Anjou contient 232 litres.

BÂTONNAGE

Opération qui consiste à remettre en suspension, à l'aide d'un bâton, des lies* fines qui se déposent dans la partie basse d'une barrique ou d'une cuve lors de l'élevage, pour obtenir un vin plus complexe, plus souple et plus gras.

BEERENAUSLESE (AL.)

Vin autrichien ou allemand élaboré avec des raisins souvent botrytisés et très sucrés, récoltés en vendanges tardives.

BEREICH (AL.)

District viticole.

BIODYNAMIE

Forme d'agriculture biologique qui prend en compte l'interaction entre les mouvements des planètes et la croissance des végétaux. Elle repose sur un calendrier précis d'intervention et sur des préparations à base de matières minérales ou organiques.

BIOLOGIQUE (VIN)

Issus de raisins cultivés en agriculture biologique, les vins bios sont produits conformément à la législation européenne édictée en 2012. Dans le chai, celle-ci proscrit certains procédés de vinification et interdit ou limite l'usage de produits œnologiques (en particulier, réduction des teneurs en soufre).

BIOLOGIQUE (VITICULTURE)

Forme de viticulture qui exclut l'usage de tous les produits de synthèse.

BLANC

Vin issu de raisin blanc ou rouge à jus blanc après simple extraction du jus ou moût*, et fermentation alcoolique*.

BLANC DE BLANCS

Vin blanc élaboré à partir de raisins blancs.

BLANC DE NOIRS

Vin blanc élaboré à partir de raisins noirs.

BLUSH (US)

Terme américain qui désigne des vins rosés pâles.

BODEGA (ESP.)

Équivalent espagnol de cave ou de chai. Par extension, *bodega* désigne aussi un domaine viticole.

BOTRYTIS CINEREA

Moisissure parasite qui attaque le raisin. Un peu de *botrytis,* appelé « pourriture grise* », favorise les agents fermentaires au moment de la cuvaison ; beaucoup de *botrytis* compromet la vendange (au-delà de 10 ou 15 % pour les vins rouges, 20 % pour les vins blancs) ; sous certaines conditions atmosphériques, le *botrytis,* peut provoquer ce qu'on appelle la célèbre « pourriture noble* », qui concentre les jus dans les grappes dans une forme particulière de surmaturation. Ces raisins botrytisés donnent des vins liquoreux* fameux comme le Sauternes et le Tokay de Hongrie.

BOUCHON
Cylindre de liège ou éventuellement de matière synthétique servant à obturer hermétiquement les bouteilles. Les qualités de liège sont variables. Les lièges de moindre qualité sont colmatés avec de la pâte de liège.

BOUCHONNÉ
Se dit d'un vin qui a une très forte odeur de bouchon. Un vin bouchonné est généralement imbuvable. Ce phénomène, irréversible et assez rare, est dû à un développement de certaines moisissures spécifiques au liège.

BOUILLIE BORDELAISE
Préparation à base de sulfate de cuivre et de chaux, mise au point par Millardet au XIXe siècle pour lutter contre le mildiou*. Elle est de plus en plus remplacée par des produits de synthèse associés à du cuivre.

BOUQUET
Ensemble d'arômes* aussi complexe qu'agréable qui se dégage d'un vin et que l'on perçoit au nez.

***BRANCO* (PORT.)**
Blanc.

BRUT
Ce terme indique, pour les vins effervescents*, la présence très réduite de sucre (inférieure à 12 g par litre). Par ailleurs, le « brut zéro », le « brut intégral » ne sont pas du tout édulcorés.

C

CAPSULE
Coiffe de métal ou d'une autre matière constituant le surbouchage de la bouteille. La capsule, à l'origine en alliage d'étain, existe également en plastique. Ce terme désigne aussi le « bouchon couronne » que l'on utilise lors de la prise de mousse des vins effervescents*.

CAPSULE-CONGÉ
Capsule représentative des droits (CRD) comportant un sceau indiquant que les droits de transport du vin ont été acquittés.

CAUDALIE
Unité de mesure de la persistance gustative du vin après déglutition. Une caudalie = une seconde.

***CAVA* (ESP.)**
Terme générique s'appliquant aux vins espagnols élaborés selon la méthode traditionnelle*.

CENTRIFUGATION
Opération de clarification* des moûts ou des vins au cours de laquelle on utilise la force centrifuge pour éliminer les particules lourdes. Ce procédé est utilisé pour débourber les moûts, clarifier les vins nouveaux ou pour éliminer les dépôts de collage*.

CEP
Partie ligneuse de plus d'un an du pied de vigne.

CÉPAGE
Variété de raisin. On dénombre plusieurs milliers de cépages différents dans le monde. Les cépages utilisés en vinification proviennent essentiellement de l'espèce *Vitis vinifera*.

CHAI
Caves de vinification, d'élevage en barrique* ou en cuve*, ou de stockage de bouteilles.

CHAMBRER
À l'époque où les caves étaient fraîches, où l'on déjeunait dans les chambres, et où celles-ci n'étaient pas chauffées en permanence, chambrer un vin signifiait le sortir de la cave pour l'amener à la température de la chambre, qui excédait rarement 18 °C pendant la majeure partie de l'année. Aujourd'hui, il est plus judicieux de prendre les vins à leur température de garde et de les mettre progressivement à leur température de service.

CHAPEAU
Dans le cas d'une vinification en rouge, le chapeau est la partie flottante constituée par les éléments solides (pellicules, pépins, peau, rafles*, pulpe) maintenus en surface du moût* en fermentation grâce au dégagement de gaz carbonique. Pour obtenir une bonne extraction (de couleur et d'arômes*), il est important de maîtriser la macération*. C'est pourquoi de nombreux systèmes agitent, brassent, plongent, piègent ce chapeau afin de privilégier les échanges entre les matières solides et le liquide, c'est-à-dire le vin.

CHAPTALISATION
Promue par le chimiste français Chaptal (d'où son nom), la chaptalisation est une technique qui consiste à ajouter du sucre (de canne, de betterave, ou du moût* concentré rectifié) aux moûts insuffisamment riches avant la fermentation afin d'obtenir un degré alcoolique* plus élevé dans les vins. Cette technique, strictement interdite dans de nombreux pays, est généralement très réglementée dans les pays qui la tolèrent.

CHARMAT
Méthode d'élaboration de vins effervescents* en cuve par adjonction de sucre et de levures*. La prise de mousse se fait en « cuve close ».

CHÂTEAU
Désignation d'un vin provenant d'un domaine particulier. Il n'y

a pas toujours un château-édifice correspondant à chaque domaine et on dénombre beaucoup plus de châteaux sur les étiquettes de vin que sur le cadastre des localités concernées.

CLAIRET

Vin de Bordeaux rouge/rosé léger obtenu par saignée*.

CLARIFICATION

Ensemble des opérations qui permettent d'obtenir la limpidité du vin. Différents procédés peuvent être utilisés : centrifugation*, filtration*, collages*. La clarification doit être complétée par des procédés de stabilisation* physico-chimique et microbiologique du vin pour éviter la formation ultérieure de troubles et de dépôts*.

CLASSICO (IT.)

Vin provenant du cœur historique d'une appellation en Italie.

CLAVELIN

Bouteille utilisée pour les vins du Jura et notamment pour le vin jaune. Sa contenance est de 62 cl.

CLIMAT

En Bourgogne, ce terme désigne les divers lieux-dits cadastraux dans chaque village, dont certains ont la qualité de premiers crus et d'autres sont restés non classés. Ces derniers peuvent néanmoins figurer dans l'étiquetage des vins sous l'appellation communale, sous réserve de ne pas prêter à confusion avec la classe « premier cru » à laquelle ils n'ont pas droit. Ainsi à Meursault, Les Bouchères sont un climat de premier cru, étiqueté comme tel, tandis que Les Narvaux est un simple climat, classé sous l'appellation Meursault.

CLONE

Plant obtenu à partir d'un seul pied par multiplication asexuée (bouturage ou greffage*). Voir Sélection clonale.

CLOS

Parcelles de vignes entourées de murs. Ce mot est réservé aux vins d'appellation contrôlée pour lesquels il peut se justifier. Le vin, par exemple, doit provenir exclusivement des parcelles constituant le clos. Si les murs au cours des siècles ont disparu, le vin peut continuer à porter le nom de clos si cette désignation lui a toujours été donnée.

COLLAGE

Procédé de clarification* des vins avant la mise en bouteilles. La méthode consiste à mélanger au vin un colloïde qui va s'accoler aux résidus en suspension (floculation colloïdale) et les faire tomber par gravité au fond du contenant. On a recours à des produits comme le blanc d'œuf battu, la colle de poisson, la caséine ou la bentonite (une argile). On soutire ensuite le vin, qui est le plus souvent filtré avant la mise en bouteilles.

COLLERETTE
Étiquette placée à l'épaulement des bouteilles et portant souvent le millésime du vin.

COLORANTS
Composés phénoliques constitués par des anthocyanes*, des tanins*, des polymères de tanins et d'anthocyanes. Dans les vins rouges jeunes, la couleur est due aux anthocyanes libres. Au cours du vieillissement, les anthocyanes s'associent aux tanins qui, eux-mêmes, se condensent, donnant ainsi au vin une teinte tuilée.

CONGÉ
Document fiscal accompagnant les boissons alcooliques lors de leur transport. Ces documents sont retirés dans les recettes buralistes. Certains producteurs et négociants ont des registres de congé confiés par la recette buraliste. D'autres utilisent la capsule-congé* apposée sur le bouchage de chaque bouteille.

CONSERVATION DES VINS
Le vin est un milieu instable pouvant évoluer défavorablement si des règles de conservation ne sont pas correctement appliquées. Ces règles tendent à le protéger contre des agressions microbiennes, des bactéries acétiques notamment, et contre les altérations physico-chimiques qui sont dues particulièrement à l'air et à la chaleur. Une fois en bouteilles, la durée de conservation d'un vin dépend, bien entendu, des qualités de la cave, mais aussi du vin lui-même.

COULURE
Absence de fécondation de l'ovaire des fleurs par le pollen causée par des conditions climatiques défavorables comme le froid, la pluie ou un printemps trop précoce. La coulure engendre des troubles de redistribution des sucres au sein de la plante ; les fleurs ou les raisins flétrissent ou se développent de façon inégale, voire pas du tout.

COUPAGE
Mélange de vins d'origine ou de cépages différents dans le but d'obtenir un produit aux caractéristiques définies. Cette opération est différente de l'assemblage*, qui concerne des vins de même origine ou de même cru.

CRÉMANT
Appellation réservée aux vins effervescents produits dans certaines régions viticoles françaises selon la méthode traditionnelle.

CRIANZA (ESP.)
Désignation des vins espagnols qui font l'objet d'un vieillissement en fût : *con crianza* signifie « vieilli », tandis que *sin crianza* signifie « non vieilli ».

CRU
Le sens premier de ce terme est celui d'une zone délimitée présentant une aptitude à produire un

vin particulier, original. Ce sens est actuellement celui qu'a le mot « climat* » en Bourgogne. En revanche, dans le Bordelais, il s'attache à une exploitation viticole particulière et, par conséquent, autant à l'encépagement* et au savoir-faire des hommes qu'au sol lui-même. C'est le domaine*, le château* avec tout ce qu'il comporte qui constitue le cru. En Champagne, on parle d'échelle* de crus pour fixer les prix de la vendange. Ainsi, chaque zone est affectée d'un pourcentage par rapport aux « crus à 100 % » réputés les meilleurs. Diverses mentions, grand cru, premier cru, cru classé, accompagnent le nom de certaines appellations. Les mentions sont définies par des décrets d'appellation et sont basées sur des conditions particulières de production (grand cru, premier cru) ou sur des classements homologués par le ministère de l'Agriculture. Ces classements ont été faits dans le Médoc, le Pessac-Léognan, le Sauternais ainsi qu'à Saint-Émilion.

CRU BOURGEOIS

Châteaux du Médoc ayant fait l'objet d'un classement révisé chaque année. Leur notoriété est moins grande que celle des crus classés en 1855.

CRYOEXTRACTION

Technique de concentration du moût* de raisin par congélation utilisée dans la production de vins liquoreux.

CUBITAINER

Récipient en plastique protégé par une enveloppe en carton utilisé couramment pour la vente du vin en vrac aux particuliers. Sa contenance va de 5 à 33 litres. La paroi étant légèrement poreuse à l'air, le Cubitainer ne peut être utilisé que pour une conservation transitoire du vin. On lui préfère aujourd'hui le Bag-in-box*.

CUVAISON (OU CUVAGE)

Phase essentielle de l'élaboration d'un vin, correspondant à la mise en cuve des moûts* provenant de la vendange, à la fermentation*, aux remontages* (dans le cas d'une vinification en rouge) et enfin à l'écoulage*. Voir Décuvage.

CUVE

Récipient vinaire de capacité variable pouvant aller de 10 à plusieurs milliers d'hectolitres. Les cuves sont utilisées aussi bien pour les vinifications et l'élevage que pour la conservation des vins. De nombreux matériaux sont utilisés pour leur construction : bois, pierre, béton, acier revêtu, acier inoxydable, verre, fibre de verre, matière plastique. Les cuves de vinification peuvent être équipées de divers accessoires pour effectuer le pigeage* ou le remontage* automatique.

CUVÉE

Sélection correspondant à un vin bien particulier qui peut avoir fait l'objet d'assemblages ou non. En Champagne, « la cuvée » correspond au vin élaboré avec les moûts* de première presse.

D

DÉBOURBAGE

Opération consistant à séparer la bourbe (les matières en suspension) des jus avant la fermentation des moûts*.

DÉBOURREMENT

Moment du cycle végétatif de la vigne correspondant au gonflement et à l'ouverture des bourgeons.

DÉCANTATION

Action de séparer un liquide clair de ses sédiments, de ses lies. On décante un grand vin ou un porto millésimé en le laissant s'écouler lentement de sa bouteille d'origine dans une aiguière ou dans une carafe.

DÉCLASSEMENT

Décision consistant à retirer à un vin son appellation d'origine. Il peut être le fait d'un choix libre du producteur ou être décidé par les commissaires de la République après avis d'experts. Ces décisions sont prises à la suite d'altérations profondes du vin. Par ailleurs, un producteur peut pour son vin revendiquer une appellation plus générale que celle à laquelle il a droit. On parle alors de repli.

DÉCUVAGE (OU DÉCUVAISON)

Opération qui suit la fin de la fermentation alcoolique*. Les vins blancs sont simplement transvasés dans d'autres contenants. Pour les vins rouges, qui ont subi leur fermentation en présence des peaux de raisin, des pépins et quelquefois des rafles, l'opération de décuvage est plus complexe : on procède tout d'abord à un écoulage*, c'est-à-dire que l'on soutire la partie la plus basse de la cuve, puis qu'on retire la partie supérieure, moins liquide, que l'on transporte jusqu'au pressoir afin d'obtenir un vin de presse*. Les matières les plus solides résultant de cette presse s'appellent les marcs*.

DÉGORGEMENT

Phase importante et délicate de la méthode champenoise* qui consiste à éliminer les dépôts des levures* accumulés durant plusieurs mois lors de la seconde fermentation en bouteille.

DEGRÉ ALCOOLIQUE

En calculant le pourcentage de volume d'alcool éthylique contenu dans le vin, on obtient le degré alcoolique* (exprimé en % vol.).

DEMI-SEC

Catégorie de vin effervescent contenant conventionnellement entre 33 et 50 g de sucre par litre.

DÉPÔT

Particules solides que l'on rencontre dans le vin. Pour les vins blancs, il s'agit bien souvent de paillettes de cristaux d'acide tartrique* incolore ; pour les vins rouges, ce sont surtout des tanins* et le pigment*.

DÉSALCOOLISATION

Réduction de la teneur en alcool d'un vin pouvant être obtenue selon plusieurs techniques qui sont strictement encadrées par la législation.

DÉSHERBAGE

Le désherbage de la vigne consiste à éliminer toute végétation adventice durant la période de croissance et de maturation des raisins.

DESSERT (VIN DE)

On désigne par ce terme les mistelles*, les vins moelleux*, les vins liquoreux* et les vins doux naturels*. Ces vins sont dégustés à l'apéritif ou en début de repas, mais leur place est au dessert.

DEUTSCHER WEIN (AL.)

Terme utilisé pour désigner les vins sans indication géographique. Ils sont appelés également « vins de table ».

DO (ESP.)

La *Denominación de origen* s'applique aux vins espagnols dont l'origine est certifiée.

DOC (ESP.)

La *Denominación de origen calificada* représente la qualité supérieure des vins espagnols.

DOC (IT.)

La *Denominazione di origine controllata* est l'équivalent italien de l'AOC* française.

DOC (PORT.)

La *Denominação de origem controlada* est l'équivalent portugais de l'AOC* française.

DOCG (IT.)

La *Denominazione di origine controllata e garantita* est une garantie qui s'ajoute à la DOC italienne et signifie que les vins ont été dégustés et ont reçu l'agrément.

DOMAINE

Entité géographique et juridique correspondant à une exploitation viticole. Un domaine est donc composé de vignes, de bâtiments et de divers matériels destinés à la culture de la vigne et à l'élaboration du vin.

DOSAGE

Après le dégorgement* du champagne, on ajoute à celui-ci une liqueur sucrée que l'on appelle « liqueur d'expédition* », dont la teneur en sucre varie selon que le champagne est dit « brut » (15 g/l au maximum), « extra dry » (de 12 à 20 g/l), « sec » (de 17 à 35 g/l), ou « demi-sec » (de 33 à 50 g/l).

DOUX

Désignation qui s'applique à des vins dont la teneur en sucre est supérieure à 45 g par litre.

E

ÉCHELLE DES CRUS

Classification des communes de Champagne qui permet de fixer chaque année le prix du raisin. Les meilleurs crus sont à 100 %.

ÉCOULAGE

Phase de la vinification en rouge qui consiste à tirer le vin de goutte* au bas de la cuve*, laissant le marc* dans la cuve.

EDELZWICKER

Mot alsacien désignant les vins obtenus par assemblage* de vins issus de différents cépages.

EFFERVESCENT

Ce qualificatif désigne un vin en bouteille contenant du gaz carbonique sous pression qui se détend avec effervescence au moment du débouchage. Les vins effervescents peuvent être obtenus par divers procédés.
Ces procédés sont :
- la seconde fermentation en bouteille, avec dégorgement* individuel, pour le champagne, les crémants* et divers mousseux* des appellations traditionnelles ;
- la fermentation en cuve close sous pression, pour les produits de marque sans appellation ;
- la gazéification par saturation industrielle avec du gaz carbonique (sorte de limonade à base de vin) pour les produits très bon marché. Voir Gazéifié.

Un procédé intermédiaire entre les deux premiers effectue la fermentation en bouteille, mais remplace le dégorgement par un transvasement avec filtration* sous pression. Par ordre croissant de pression gazeuse, les vins peuvent être perlants*, pétillants* ou mousseux. La référence « méthode champenoise* » est uniquement réservée aux vins de Champagne.

ÉGRAPPAGE OU ÉRAFLAGE

Opération qui consiste à séparer les raisins de la rafle, partie verte et ligneuse de la grappe, qui contient dans ses pédoncules de l'huile et des tanins* ayant tendance à rendre le vin amer et âpre.

EISWEIN (AL.)

Vin élaboré en Autriche ou en Allemagne avec des grappes de raisin récoltées en vendanges tardives et qui ont gelé sur pied.

ÉLEVAGE

Il s'agit de l'ensemble des opérations menées du décuvage* jusqu'à la mise en bouteilles.

ENCÉPAGEMENT

Composition d'un territoire donné en différents cépages*. On peut parler d'encépagement d'un domaine ou d'une région. L'encépagement peut être monovariétal, quand les vins sont issus d'un seul cépage, ou plus complexe. L'utilisation de plusieurs cépages permet d'apporter différentes nuances au vin. En

Champagne, le chardonnay est utilisé pour sa finesse et sa légèreté, tandis que les pinots, noir et meunier, apportent du corps et de la rondeur. Dans d'autres régions, telle l'Alsace, l'encépagement multiple permet d'obtenir une palette de vins différents.

ÉRAFLAGE
Voir Égrappage.

ÉVENT
Anomalie que l'on rencontre dans les vins laissés en contact avec l'air.

EXTRA-DRY
Désigne un vin effervescent* contenant entre 12 et 17 g de sucres résiduels par litre, c'est-à-dire plus qu'un brut.

F

FERMENTATION ALCOOLIQUE
Étape dans l'élaboration du vin : lorsque les sucres contenus dans le moût* se transforment en alcool, en gaz carbonique et en chaleur sous l'influence des levures*, le jus de raisin devient du vin.

FERMENTATION MALOLACTIQUE
Fermentation qui suit la fermentation alcoolique*. Sous l'action de certaines bactéries lactiques, l'acide malique* (au goût de pomme verte) se transforme en acide lactique* (au goût de yaourt) et en gaz carbonique. L'acide lactique ayant un goût moins âpre que l'acide malique, le vin devient plus souple.

FICHE DE DÉGUSTATION
Document permettant au goûteur de vin de noter ses impressions avec méthode. Ces fiches reprennent en général l'ordre des stimulations visuelles, olfactives, gustatives et tactiles.

FILTRATION
Procédé de clarification* qui consiste à arrêter les particules du trouble par une barrière physique qui peut être constituée d'une couche de Kieselguhr (terre d'infusoire), de plaques à base de cellulose, ou de membranes synthétiques.

FLOR (ESP.)
Voile de levures qui se forme à la surface des vins dans certaines régions et sous certaines conditions. Il protège le vin de l'oxydation* et favorise le développement d'arômes spécifiques.

FLORAISON
Phase végétative de la vigne au cours de laquelle la fécondation des grappes se produit, ce qui va permettre la formation des baies.

FOUDRE
Tonneau de grand format.

FOULAGE
Opération facultative qui consiste, avant une fermentation, à faire

éclater les grains de raisin pour qu'ils libèrent leur jus.

G

GAZÉIFIÉ
Terme qualifiant un vin effervescent* produit par addition de gaz carbonique au lieu d'une seconde fermentation par les levures* comme dans la méthode champenoise*. Les vins qui bénéficient d'une appellation d'origine contrôlée ne peuvent être gazéifiés.

GÉNÉRIQUE
Au sens le plus large, ce terme s'applique aux caractères concernant tout un genre d'êtres ou de produits. En matière d'appellations d'origine, on a pris l'habitude de désigner comme « appellations génériques » celles qui sont en fait des « appellations régionales ».

GLYCÉROL OU GLYCÉRINE
Troisième constituant du vin après l'eau et l'alcool*. On attribue souvent au glycol la présence de « jambes » sur les parois du verre.

GRAND VIN
Premier vin d'assemblage des meilleures cuves d'un grand cru de Bordeaux.

GRAN RESERVA (ESP.)
Vins rouges espagnols des meilleurs millésimes ayant été élevés pendant au moins 60 mois dont 18 mois au minimum en barrique.

GRAPPE
Fruit de la vigne qui se développe au printemps et qui résulte de la fécondation de l'inflorescence. La grappe porte ensuite des baies qui grossissent et arrivent à maturité* à la fin de l'été. La grappe est composée de baies, ou grains de raisin, et de la rafle* (partie ligneuse).

GRAVES
Terme de géographie viticole désignant des zones, ou des lieux-dits plus restreints, dont le sol est constitué par des graviers. Cette texture pédologique donne souvent des vins de grande qualité.

GREFFAGE
Soudure réalisée entre deux vignes différentes. L'une constitue le système racinaire et l'autre le système aérien, porteur des feuilles et des fruits. Après la terrible crise du phylloxéra*, l'Europe a dû utiliser des plants américains *(Vitis labrusca, Vitis riparia, Vitis rupestris)* comme porte-greffes*, leurs racines résistant à l'insecte. La vigne européenne *(Vitis vinifera)* subsiste donc, mais comme greffon.

GRÊLE
Ennemi de la vigne : la grêle endommage les grappes, dont les pédoncules peuvent casser, et les baies, qui, lorsqu'elles sont à maturation, éclatent et laissent

échapper leur jus. Ces dégâts sont en général suivis de pourritures et de moisissures.

GRIS

Vin obtenu en laissant peu de temps en contact pulpe et pellicule rouge du raisin. On récupère le jus légèrement rosé qui s'écoule et on opère une fermentation en phase liquide.

H-K

HYBRIDE

Plant de vigne provenant du croisement d'espèces différentes. À la suite de la crise du phylloxéra*, des croisements entre des espèces de vigne américaines et des espèces européennes ont donné des hybrides qui résistent au phylloxéra, mais donnent des vins de médiocre qualité.

INDICATION GÉOGRAPHIQUE PROTÉGÉE (IGP)

Norme européenne désignant des vins issus de zones géographiques délimitées et soumis à des contraintes de productions moins sévères que les vins AOP*. En France, cette catégorie a remplacé les vins de pays depuis 2009.

INSTITUT DE L'ORIGINE ET DE LA QUALITÉ (INAO)

Autrefois dénommé Institut national des appellations d'origine, l'INAO est un organisme public créé en France, le 30 juillet 1935, afin de déterminer et de contrôler les conditions de production des vins d'appellation d'origine contrôlée*. Il fonctionne en concertation avec les professionnels des régions viticoles.

JOVEN (ESP.)

Jeune.

KABINETT (AL.)

Vins blancs secs allemands, parfois aussi légèrement doux, relevant de la catégorie *Prädikatswein**. Ils ne sont jamais chaptalisés.

L

LEVURES

Champignons microscopiques que l'on peut trouver naturellement sur la pellicule du raisin. Les levures se multiplient dans le jus de raisin, provoquant ainsi la fermentation alcoolique* : ces levures sont dites « indigènes ». Les recherches ont permis de sélectionner des levures plus appropriées à certains types de fermentation, et l'on peut aujourd'hui utiliser des levures sèches pour faire son vin.

LIE

Formée d'impuretés, de levures en état de vie latente, de tartres et de matières résiduelles de la vendange, la lie est un dépôt bourbeux qui se dépose au fond des fûts. On écarte généralement la lie (ou les lies) au moment du soutirage*.

LIQUEUR (VIN DE)

Vin ayant un degré alcoolique élevé, naturel ou enrichi, avec une teneur importante de sucre non fermenté, ou liqueur.

LIQUEUR DE TIRAGE

Sirop de sucre de canne apporté aux vins de base au moment de leur tirage en bouteilles. Ce sucre, fermenté par les levures, produit jusqu'à 1,5 % vol. d'alcool et du gaz carbonique responsable de l'effervescence*. On ajoute environ 25 g de sucre par litre aux vins mousseux*. Les vins pétillants* en reçoivent une dose moitié moindre.

LIQUEUR D'EXPÉDITION

Sirop à base de sucre de vin apporté après dégorgement des vins effervescents, champagne ou crémants*. Cet apport permet de compléter le niveau, de régler la dose de sucre finale du vin pour obtenir des vins extra-dry*, bruts*, secs* ou demi-secs*, et d'ajouter des produits stabilisants si nécessaire : acide citrique*, anhydride sulfureux*.

LIQUOREUX

Vin produit avec des moûts très riches ou vin de liqueur* concentré par cuisson, ou enfin par mutage* des moûts à l'alcool sans fermentation (vin dou naturel*).

M

MACÉRATION

Phase de la vinification en rouge, et éventuellement en rosé, pendant laquelle les parties solides du raisin (pellicules et pépins) baignent dans le moût* avant ou pendant la fermentation alcoolique*, pour en extraire la couleur, les arômes*, les tanins* et des substances diverses. Cette macération est le principal souci des vinificateurs, et c'est autour d'elle que s'élaborent tous les procédés techniques visant à améliorer les vinifications en rouge.

MACÉRATION CARBONIQUE

Mode de vinification au cours de laquelle les raisins à vin rouge sont mis en cuve* sans être foulés. La cuve est ensuite fermée et saturée de gaz carbonique, ce qui provoque une dégradation de l'acide malique* et une fermentation intracellulaire (transformant une partie du sucre en alcool). Cette première phase, qui peut durer de quelques heures à quelques jours, s'effectue à des températures assez élevées (30 à 32 °C). On procède ensuite à deux fermentations séparées du vin de presse* et du vin de goutte* à des températures basses (20 °C) – afin de préserver les arômes apparus dans la première phase – pendant une durée relativement courte. Grâce à cette méthode, on obtient un vin de presse de qualité supérieure au vin de goutte.

Ce procédé a fait ses preuves pour les vins de cépage gamay commercialisés jeunes, comme les Beaujolais primeurs.

MACÉRATION PELLICULAIRE (OU PRÉFERMENTAIRE)

Lorsqu'on opère une vinification en blanc, le pressurage* a lieu avant toute fermentation. Or, il existe un grand nombre de composants aromatiques (arômes variétaux et précurseurs) emprisonnés dans les pellicules des raisins qui ne jouent donc aucun rôle dans la vinification. La macération pelliculaire consiste à laisser les jus en présence des pellicules, en macération, pendant quelques heures, avant de procéder au pressurage.

MADÉRISÉ

Se dit d'un vin dont le goût rappelle celui du Madère. Il s'agit le plus souvent d'un vieillissement par oxydation* de vins blancs qui se reconnaissent par une couleur ambre foncé.

MAÎTRE DE CHAI

Personne chargée de diriger les différentes opérations effectuées au chai, au moment de la vinification et de l'élevage*.

MALADIES CRYPTOGAMIQUES

Maladies de la vigne dont l'agent est un champignon. Les plus connues sont l'oïdium*, le mildiou*, le black rot, l'excoriose, le brenner, la pourriture grise*.

MARC

Après le pressurage, on obtient un « gâteau » constitué des éléments solides du raisin : c'est le marc. On peut distiller ce marc à l'aide d'alambics afin d'obtenir l'eau-de-vie du même nom.

MARQUE (VIN DE)

Vin destiné généralement à une grande diffusion commerciale, et maintenu dans une typicité constante, dont l'étiquetage valorise principalement la marque commerciale sous laquelle il est vendu. Cette marque commerciale peut être un nom de fantaisie ou la raison sociale de l'établissement. Les vins vendus dans ce système sont généralement issus d'assemblages* effectués à différentes échelles dans le but de maintenir un style constant.

MAS

Désignation possible, dans le Sud-Ouest, d'un vin d'origine déterminée, provenant d'une exploitation autonome qui possède ses moyens propres de production.

MATURATION

Période de la vie de la vigne allant de la véraison* à la maturité*. Au cours de cette période, les baies ne grossissent plus beaucoup. On assiste en revanche à l'accumulation des sucres et à la diminution des acides. Lorsque ces deux phénomènes tendent à se stabiliser, on parle de maturité physiologique. Au-delà de ce stade se produisent des phénomènes de surmaturation* : passerillage* et pourriture noble* recherchés dans certains vignobles.

MATURITÉ

Stade physiologique de la vigne. On peut distinguer la maturité physiologique, correspondant au moment où les pépins sont susceptibles de germer. Cette maturité précède la maturité technologique, qui est celle que recherche le vigneron. Celle-ci correspond à un optimum de qualité qui dépend des cépages et des vins à produire.

MERCAPTAN

Contraction de *mercurium captans,* ce mot désigne un composé résultant de la combinaison de l'alcool avec l'hydrogène sulfure à l'odeur très forte et très désagréable rappelant l'œuf pourri.

MÉSOCLIMAT

Appliqué à la viticulture, ce terme désigne un ensemble de conditions climatiques qui règnent en permanence sur une zone réduite de terrain et qui sont légèrement différentes du climat général de la région, créant ainsi une situation privilégiée pour un cru* ou une partie du cru.

MÉTHODE CHAMPENOISE

Mode d'élaboration des vins effervescents* dont l'originalité réside dans une prise de mousse réalisée en bouteille. Cette méthode est utilisée pour l'élaboration du champagne (dont elle tire son nom), mais elle est également pratiquée dans d'autres régions viticoles, où elle est désignée par le terme de méthode traditionnelle*.

MÉTHODE RURALE

Méthode d'élaboration de vins pétillants* par une mise en bouteilles avant la fin de la fermentation alcoolique*.

MÉTHODE TRADITIONNELLE

Nom autorisé (par les Champenois) pour désigner toute « méthode champenoise* » pratiquée sur des vins qui ne sont pas produits en Champagne. Synonymes : *metodo classico, metodo tradizionale* (It.).

MICROCLIMAT

Employé souvent abusivement pour qualifier un mésoclimat* ou même un macroclimat (ou climat régional), ce terme désigne le climat d'une zone très réduite (un ou deux mètres carrés au maximum), tel un rang de vignes.

MILDIOU

Champignon parasite d'origine américaine qui s'attaque aux organes verts de la vigne. On y remédiait autrefois par des sulfatages de sels de cuivre (bouillie bordelaise*), mais aujourd'hui on effectue des traitements par des produits de synthèse.

MILLÉSIME

Année de vendange dont provient un vin. La qualité d'un millésime correspond à tout un ensemble de facteurs climatiques qui détermineront la qualité de ce vin et son potentiel de vieillissement. Les différences entre millésimes sont telles que le négoce assemble souvent des vins de millésimes différents afin d'obtenir un vin plus équilibré.

MISE EN BOUTEILLES
Opération qui consiste à mettre le vin en bouteilles. Les mentions « mis en bouteilles au château » ou « mise d'origine » sont des mentions autorisées pour les vins d'AOC*. Les vins IGP peuvent porter la mention « mis en bouteilles à la propriété » ou « au domaine ». Toutes ces mentions impliquent que le vin soit resté sur son lieu de production jusqu'à la mise en bouteilles. Les AOC portant la mention « mis en bouteilles dans la région de production » doivent être mises en bouteilles dans les départements de l'aire d'appellation la plus générale à laquelle ils ont droit.

MISTELLE
On appelle « mistelle » *(mistela,* en Espagne) le mélange obtenu par l'adjonction d'alcool à un jus de raisin avant toute fermentation.

MOELLEUX
Qualifie les vins blancs doux compris entre les secs et les liquoreux* (entre 12 et 45 g/l de sucre).

MONOCÉPAGE
Qualifie une parcelle plantée d'un cépage unique ou un vin issu d'un seul cépage (vin de cépage*).

MOUSSEUX
Il existe plusieurs méthodes pour obtenir un vin effervescent* : la méthode traditionnelle* (ou méthode champenoise*), la méthode dite « rurale* » ou « ancestrale » (Gaillac, Die, etc.), lorsque l'effervescence est due à une seconde fermentation, et la méthode Charmat* (cuve close) lorsque la prise de mousse est effectuée en cuve pour éviter le remuage* et le dégorgement*.

MOÛT
Jus de raisin obtenu par foulage* ou pressurage*.

MUTAGE
Opération qui consiste à « fixer » la fermentation alcoolique* par un apport d'alcool neutre ; une étape essentielle dans l'élaboration des portos et des vins doux naturels*.

N-O

NÉGOCIANT
Personne achetant des vins pour en assurer la distribution. Les négociants-éleveurs assurent une partie du travail du vin. Ils procèdent notamment aux assemblages, à la clarification* et à la mise en bouteilles. En Champagne, les négociants-manipulants, achètent des raisins, du moût ou du vin de base et en assurent la champagnisation.

NOBLE
Ce qualificatif désigne des cépages* de qualité par opposition aux cépages hybrides* vulgarisés après la crise phylloxérique ou aux cépages considérés comme médiocres.

OÏDIUM
Maladie de la vigne d'origine américaine ayant pour cause un champignon microscopique qui s'attaque aux fleurs, aux feuilles et aux raisins : les raisins se dessèchent et une poussière blanchâtre couvre la vigne. On y remédie avec un traitement par le soufre.

ORGANOLEPTIQUE
L'odeur, la couleur et le goût du vin constituent l'ensemble des perceptions sensorielles dites « organoleptiques ».

OUILLAGE
Opération qui consiste à contrôler le remplissage des récipients vinaires afin que le vin ne reste pas en contact avec l'oxygène de l'air.

OXYDATION
Lorsque l'oxygène de l'air est en contact direct avec le vin, celui-ci peut s'altérer en couleur et en goût par oxydation.

P

PALISSAGE
La vigne moderne est le plus souvent palissée, c'est-à-dire fixée par un ensemble de piquets et de fils alignés. Il y a plusieurs façons de palisser.

PASSERILLAGE
Surmaturation* de la vendange provoquant un dessèchement du raisin qui détermine la richesse en sucre : c'est ainsi que sont élaborés les vins de paille*, certains muscats et le Jurançon moelleux, qu'il ne faut pas confondre avec les vins liquoreux* obtenus grâce à la pourriture noble*.

PASSETOUTGRAIN
Vin élaboré en Bourgogne à partir du mélange en cuve avant fermentation de gamay noir à jus blanc et de pinot noir, ce dernier intervenant dans la proportion d'un tiers minimum.

PASSITO (IT.)
Vin italien issu de raisins passerillés.

PERLANT
Se dit de vins contenant une légère effervescence gazeuse, moins prononcée que pour les pétillants*.

PERSISTANCE
Caractéristique d'un grand vin qui se manifeste par la durée des sensations de ses qualités gustatives en bouche et par la rétro-olfaction. Certains dégustateurs mesurent cette persistance en utilisant leurs propres critères, en fonction d'unités qu'ils appellent caudalies*. On parle aussi de « longueur » en bouche.

PÉTILLANT

Catégorie de vin effervescent* préparé par méthode de seconde fermentation en bouteille (méthode traditionnelle*), mais ayant une pression inférieure à celle des vins mousseux. Ces pétillants sont traditionnels dans certaines régions, et notamment dans la vallée de la Loire, à Montlouis et à Vouvray.

PHYLLOXÉRA

En piquant la vigne à ses racines, un puceron nommé phylloxéra, importé par mégarde des États-Unis, fut à l'origine du ravage des vignobles de l'Europe entre 1860 et 1880. Voir Greffage.

PIGEAGE

Opération de vinification en rouge consistant à enfoncer dans la cuve* le chapeau* de marc qui s'accumule en surface. Le pigeage renouvelle le moût* au contact des pellicules et favorise donc l'extraction des anthocyanes* et des tanins* responsables de la couleur. Il permet aussi de limiter les risques de piqûre du chapeau qui peuvent se produire lorsque celui-ci reste trop longtemps au contact de l'air. Autrefois pratiqué manuellement, le pigeage est maintenant mécanisé dans certaines cuves* dites « cuves à pigeage ».

PIGMENTS

Matière colorante des végétaux. Dans la baie de raisin, ces pigments sont surtout des anthocyanes*.

POLYPHÉNOLS

Ensemble des composés qui ont plusieurs fonctions phénol comme les tanins*, les anthocyanes* et les acides phénols, dont la combinaison détermine l'arôme* du vin, sa couleur et sa structure.

PORTE-GREFFE

Partie souterraine d'un pied qui a été greffé. À la suite de l'invasion phylloxérique, les vignes européennes ont été greffées sur des porte-greffe résistants d'origine américaine.

POURRITURE GRISE

Pourriture causée par le même champignon que la pourriture noble*. Le *Botrytis cinerea** peut affecter les grains de raisins endommagés par la grêle ou par le ver de la grappe. Son développement est favorisé par une forte humidité. La pourriture grise affecte la quantité et altère la qualité de la vendange.

POURRITURE NOBLE

Lorsque les conditions climatiques sont favorables, avec une combinaison d'alternance pluie/soleil et une belle arrière-saison, les raisins connaissent une dégradation exceptionnelle grâce au développement d'une moisissure qui porte le nom de *Botrytis cinerea**, ce fameux champignon qui « rôtit » les raisins du Sauternais en concentrant le jus et en le modifiant.

PRÄDIKATSWEIN (AL.)

Catégorie supérieure des vins de qualité en Allemagne. Non chaptalisés, les *Prädikatswein* sont divisés en six sous-catégories qui sont définies selon la concentration en sucre du raisin à la vendange. Ils regroupent les meilleurs vins du pays.

PRESSURAGE

Action de serrer une vendange au moyen d'un pressoir pour en extraire le liquide. Il y a deux modalités essentielles de pressurage : pour les vins blancs et rosés, on presse les raisins frais, foulés ou non, avant fermentation, et le liquide qui en sort est du moût*, ou jus ; pour les vins rouges, le pressurage a lieu après fermentation, uniquement sur les marcs issus de la cuvaison*.

PRIMEUR (VENTE EN)

Mode de commercialisation des grands crus de Bordeaux cinq ou six mois après les vendanges. Les vins achetés en primeur sont gardés dans les châteaux jusqu'au moment de leur mise en bouteilles, qui a lieu quelque deux ou trois ans plus tard.

PRIMEUR (VIN DE)

Vins mis à la consommation aussitôt que possible après les vendanges. Le meilleur exemple est le Beaujolais primeur, commercialisé à la mi-novembre.

Q-R

QUALITÄTSWEIN EINES BESTIMMTEN ANBAUGEBIETES (QBA)

Catégorie AOP de vins allemands issus de raisins cultivés dans l'une des treize régions de production officielles. Ils peuvent avoir été chaptalisés*.

QUINTA (PORT.)

Équivalent portugais de domaine. Les vins de *quinta* peuvent souvent provenir d'autres domaines que celui qui est désigné.

RAFLE

Squelette de la grappe de raisin. La rafle est constituée de tissus ligneux riches en composés phénoliques susceptibles de libérer des substances à goût herbacé dans le vin.

RAMEAU

Tige de la vigne poussée dans l'année.

RANCIO

Goût particulier (pruneau, etc.) obtenu en laissant de l'air dans la cuve ou le fût d'un vin muté. Le rancio se développe par oxydation*.

RATAFIA

Vin de liqueur* apéritif préparé en Champagne et en Bourgogne en mutant du moût de raisin frais par de l'eau-de-vie de marc dans la proportion approximative de deux tiers de moût et un tiers d'eau-de-vie.

RECIOTO
Catégorie de vin rouge élaboré en Italie avec des raisins laissés un certain temps sur claies (ou suspendus), qui sont donc très concentrés. Ces vins sucrés sont des vins de dessert*.

RÉCOLTANT-MANIPULANT
Ce terme désigne, en Champagne, le viticulteur qui produit du champagne avec ses propres raisins.

RÉDUCTION
Phénomène physico-chimique qui est le contraire ou l'inverse de l'oxydation* tout en lui étant constamment associé. Dans les vins, la réduction est provoquée par une privation prolongée d'oxygène, le vin étant naturellement réducteur. Elle ne menace pas la conservation* du vin, au contraire, mais elle entraîne la formation d'odeurs animales fétides et de sulfures divers, ainsi que l'éclipse plus ou moins prononcée du bouquet* du vin. Ces inconvénients sont palliés facilement par une brève aération avant de consommer.

REFERMENTATION
Nouveau départ d'une fermentation alcoolique*. Le phénomène peut se produire dans le cas de vins sucrés mal stabilisés.

REMONTAGE
Phase de la vinification en rouge qui consiste à pomper du vin au bas de la cuve pour lessiver le chapeau* de marc et augmenter l'extraction de couleur.

REMUAGE
Opération appliquée aux vins champagnisés consistant à rassembler le dépôt de levures* contre le bouchon, pour les dégorger*.

RENDEMENT DE BASE
Quantité maximale de raisins ou l'équivalent en volume de vin récolté par hectare de vigne pour lequel est revendiquée une AOC*. Le rendement de base est exprimé en kilogrammes de raisins ou en hectolitres de vin, par hectare. Dans ce dernier cas, il inclut les lies* et les bourbes. Pour une récolte déterminée, en raison d'accidents climatiques, il peut être diminué par décision du Comité national des vins et eaux-de-vie. Selon la qualité et la quantité de la récolte, le Comité peut fixer un plafond limite supérieur au rendement de base, mais inférieur à un « rendement butoir » inscrit dans les décrets définissant chaque AOC.

RESERVA (ESP.)
Vins rouges qui sont gardés pendant une période de 3 ans dont au moins 1 an en fût. Cette période de garde est réduite à 2 ans pour les vins blancs et rosés, dont six mois en fût.

RÉSERVE (VINS DE)
Vins gardés par des producteurs pour être utilisés dans des assemblages* ultérieurs.

RIMAGE
Terme s'appliquant à des vins rouges de Banyuls élevés en milieu réducteur dans le but de préserver leurs arômes fruités.

***RISERVA* (IT.)**
Vins italiens de DOC* ou DOCG* vieillis plus longtemps en fût ou en bouteille.

ROGNAGE
L'un des travaux en vert qui consiste à raccourcir la végétation d'été pour éviter la perte de sève occasionnée par la pousse de jeunes rameaux. L'absence de rognage au moment de la floraison* peut entraîner des phénomènes de coulure*, donc une perte de récolte.

***ROSADO* (ESP.), *ROSATO* (IT.)**
Rosé.

ROSÉ (VIN)
Vin de couleur rose plus ou moins soutenue, obtenu soit par pressurage* direct d'un cépage rouge, soit par foulage* et macération* à froid de quelques heures avant pressurage*, soit par une macération* très courte et partielle avant passage au pressoir. Les rosés macérés ont un fruité plus intense que celui des vins de pressurage direct, mais ils perdent en finesse.

RÔTI
Caractéristique des vins liquoreux* qui présentent des arômes* de raisins confits par la pourriture noble*.

ROUGE (VIN)
Vin obtenu par macération* du moût avec les parties solides du raisin, pellicules et pépins, pour en extraire la couleur, les arômes* et les tanins*. L'éraflage* est le plus souvent pratiqué. La période de macération peut aller de quelques jours à plusieurs semaines. La couleur du vin dépend des facteurs génétiques (cépage*), des conditions climatiques et de la nature des sols.

S

SABLE (VIN DE)
Vin récolté dans les sols sablonneux des bords de mer.

SAIGNÉE
Opération qui consiste à prélever une partie du jus sur une cuve en cours de fermentation destinée à l'élaboration d'un vin rouge. C'est ainsi que sont élaborés les clairets* ainsi que certains rosés.

SARMENT
Désigne le rameau de vigne aoûté. Il s'agit donc de bois de l'année et non du vieux bois de la souche.

SEC
Vin dépourvu d'impression sucrée. En fait, la teneur en sucres résiduels* ne doit pas dépasser 9 g par litre. En ce qui concerne les vins effervescents*, cette teneur peut aller de 15 à 35 g par litre.

SECO (ESP. ET PORT.), *SECCO* (IT.)
Veut dire, en principe, sec.

SECOND VIN
Assemblage* des cuves qui n'ont pas été retenues dans le premier assemblage du grand vin* d'un château bordelais.

SÉLECTION CLONALE
Choix de plants rigoureusement identiques sélectionnés pour leur résistance aux maladies de la vigne, pour leur précocité ou pour leur rendement.

SÉLECTION DE GRAINS NOBLES
Cette expression concerne certains vins très riches en sucre, issus de raisins botrytisés* ou passerillés*.

SÉLECTION MASSALE
Choix de clones différents les uns des autres afin d'assurer une diversité de qualités dans une même parcelle en plantation.

SIN CRIANZA (ESP.)
Vins qui n'ont pas été logés en fûts ou qui l'ont été pendant une période inférieure au minimum imposé pour porter la désignation *crianza**.

SOLAR (PORT.)
Château ou maison de maître, au Portugal.

SOLERA (ESP.)
Système, appliqué notamment au Xérès, de vieillissement de plusieurs récoltes dans une succession de fûts.

SOUTIRAGE
Opération consistant à séparer le vin de sa lie* par transvasement d'un récipient dans un autre. Le soutirage peut se faire par gravité ou à l'aide de pompes.

SPÄTLESE (AL.)
Vin allemand de vendanges tardives*.

SPUMANTE (IT.)
Vins mousseux italiens.

STABILISATION
On stabilise les vins au cours de leur élevage* pour éviter les précipitations, les réactions chimiques de dégradation ou le développement de micro-organismes pouvant intervenir au cours du transport ou de la conservation en bouteille.

SUCRES RÉSIDUELS
Ensemble des sucres qui restent présents dans le vin après la fermentation alcoolique*.

SULFATAGE
Traitement de la vigne contre les maladies cryptogamiques*. Le sulfatage consiste à pulvériser sur le feuillage de la bouillie bordelaise*. Celle-ci est composée de sulfate de cuivre. Ce terme désigne de nos jours un grand nombre de produits de synthèse dépourvus de sulfate de cuivre.

SULFITAGE

1. Opération strictement réglementée consistant à ajouter au vin de l'anhydride sulfureux* (ou dioxyde de soufre) pour assurer sa stabilité microbienne et chimique.
2. Résultat de cette opération ainsi que teneur en anhydride sulfureux* du vin.

SUPERIORE (IT.)

Désigne un vin à taux d'alcool supérieur (ou ayant subi un plus long vieillissement) à celui de la DOC*.

SUR LIES

Se dit de vins qui sont théoriquement mis en bouteilles sans soutirage*.

SURMATURATION

Stade physiologique de la vigne intervenant après la maturité* normale du raisin. La surmaturation se caractérise par des phénomènes de concentration biologique engendrés par la pourriture* noble. La surmaturation des raisins blancs permet d'obtenir des vins moelleux* ou liquoreux*.

T

TAILLE

La taille consiste à éliminer les bois de l'année tout en conservant une ou plusieurs belles branches bien situées afin de laisser bon nombre de bourgeons qui seront à l'origine de la pousse des fruits. Le raisin se forme sur « l'œil de l'année » qui pousse sur le bois de l'année précédente. La taille en gobelet (taille courte) rend la vigne moins vulnérable aux intempéries d'un pays chaud (vent, sécheresse). La taille en guyot (simple ou double) permet de ne conserver qu'une belle branche en hauteur (ou deux) en plus du tronc et convient mieux à un climat tempéré.

TANIN OU TANNIN

Les rafles*, les pellicules des raisins, les pépins contiennent en eux ces tanins que le pressurage* et le cuvage* expriment ; ces produits organiques apportent au vin des arômes* et des goûts, ainsi qu'une capacité au vieillissement.

TARTRE

Cristallisation qui se forme sur les parois des cuves, des fûts et des bouteilles. Le tartre est constitué de sels d'acide tartrique*. Il ne présente pratiquement aucun goût.

TASTEVIN

Instrument de travail des cavistes utilisé dans le passé, ayant la forme d'une petite coupelle métallique basse, destinée principalement à observer la couleur et la limpidité du vin, caractéristiques prises en compte pour son traitement ultérieur. S'agissant de vins en vrac dans les caves, son usage pour la dégustation était à l'origine tout à fait secondaire.

TENUTA (IT.)

Exploitation viticole.

TERROIR
Ensemble des sols et des sous-sols, ainsi que l'exposition, l'environnement et le climat qui déterminent le caractère d'un vin.

THERMOVINIFICATION
Procédé de vinification des vins rouges consistant à chauffer la vendange pour faciliter l'extraction de la couleur et des tanins.

TINTO (ESP. ET PORT.)
Rouge.

TIRAGE
Opération de vidage d'une cuve de vin dans d'autres récipients : fûts ou bouteilles.

TITRE ALCOOMÉTRIQUE
Voir Degré alcoolique.

TONNEAU
Terme souvent synonyme de fût. À Bordeaux, le tonneau est une unité de volume qui vaut 4 barriques*, soit 900 litres.

TRANQUILLE (VIN)
Expression qui s'oppose à celle de vin effervescent*, et qui désigne un vin ne comportant pas de gaz carbonique perceptible.

TRIES OU TRIS
On parle de tries pour les récoltes successives pratiquées pour les vendanges de raisins passerillés* ou atteints de pourriture noble*.

TROCKEN (AL.)
Sec.

TROCKENBEERENAUSLESE (AL.)
Vin allemand de type *Prädikatswein** issu exclusivement de raisins botrytisés.

V

VDN
Voir Vin doux naturel.

VECCHIO (IT.)
Vin italien vieilli en fût ou en bouteille plus longtemps que la moyenne.

VENDANGES TARDIVES
Récolte tardive de raisins en surmaturité*, ayant pour objet d'obtenir une plus grande concentration en sucres et en arômes*.

VENDANGES VERTES
Opération qui consiste à supprimer quelques raisins encore verts au mois de juillet afin de réduire la quantité de la future récolte, pour en augmenter la qualité.

VÉRAISON
Étape de la maturité du raisin qui correspond au moment où les baies changent de couleur.

VIEILLISSEMENT
Évolution que subit le vin en prenant de l'âge.

VIGNA (IT.)

Vignoble.

VIGNETO (IT.)

Vignoble.

VIN DE CÉPAGE

Vin élaboré à partir d'une seule variété de raisin. En France, un vin de cépage* doit provenir à 100 % de ce cépage, mais dans de nombreux autres pays il existe des tolérances réglementaires, ou aucun règlement.

VIN DE FRANCE

Catégorie de vin sans indication géographique (VSIG), provenant de vignobles français, longtemps appelée « vin de table ». L'étiquette de ces vins peut mentionner le cépage ainsi que le millésime.

VIN DE GOUTTE

Vin qui coule librement, après la cuvaison*, en rouge. On l'oppose au vin de presse*, issu du pressurage* des marcs* de vinification en rouge après le décuvage*.

VIN DE PAILLE

Vin liquoreux* issu de raisins passerillés*. Ces raisins, laissés sur des lits de paille, se déshydratent. Leur concentration en sucre s'accroît sans que l'acidité augmente dans d'aussi fortes proportions. Ces vins titrant plus de 14 % vol. sont capables d'une conservation très prolongée. Ils sont principalement produits dans le Jura et dans les Côtes du Rhône.

VIN DE PRESSE

Vin rouge obtenu par pressurage*, après la fermentation, des éléments solides, après écoulage* du vin de goutte*. Voir aussi décuvage*.

VIN DOUX NATUREL (VDN)

Vin dont la richesse initiale en sucre est au moins égale à 252 g par litre. En cours de fermentation alcoolique*, on le mute par addition d'alcool.

VINIFICATION

Phase de l'élaboration du vin qui se situe entre la cueillette des raisins et la fin de la fermentation alcoolique*.

VIN JAUNE

Vin blanc du Jura affecté par la *flor*.

VINO DE CRIANZA (ESP.)

Vin de qualité qui doit être laissé à vieillir 2 ans pour les rouges, un an pour les blancs et les rosés (dont 6 mois en fûts), avant d'être commercialisé.

VIN SANTO (IT.)

Vin italien de la catégorie passito*.

VITIS LABRUSCA

Variété de plant de vigne américain.

VITIS VINIFERA

Variété de plant de vigne européen.

INDEX GÉNÉRAL

Les noms des appellations sont suivis d'une indication sur leur statut (par exemple, AOC pour Appellation d'origine contrôlée). Seuls les producteurs qui figurent dans le texte principal ont été indexés (Ch. = Château). Pour les mots techniques du vin, le lecteur pourra se référer également au Glossaire p. 884.

A

B

C

D

E

F

G

H

J

K

L

M

N

O

Q

R

S

T

U

V

INDEX DES CÉPAGES

Cet index recense l'ensemble des cépages évoqués dans cet ouvrage. Les cépages les plus importants, dits parfois « cépages internationaux », sont décrits de façon détaillée p. 231-235 pour les cépages rouges et p. 235-237 pour les cépages blancs.

T

U-V

W-Z

Direction de la publication
Isabelle Jeuge-Maynart
et Ghislaine Stora

Direction éditoriale
Émilie Franc

Coordination éditoriale
Ewa Lochet, avec la collaboration
de Laurence Alvado

Rédaction
« Choisir, reconnaître et servir le vin » :
Michel Dovaz
Mathilde Hulot
Georges Lepré
Valérie de Lescure *(rédaction et conseil)*
Martine Willemin

« Tous les vignobles du monde » :
textes extraits du *Larousse des vins*

Direction artistique
Emmanuel Chaspoul
assisté de Anna Bardon,
Olivier Caldéron et Jacqueline Bloch

Création graphique
Daniel Leprince

Mise en page
Les PAOistes

Informatique éditoriale
Philippe Cazabet
et Dalila Abdelkader

Illustrations
Sylvie Rochart

Adaptation des cartes de vignobles
Laurent Blondel

Fabrication
Donia Faiz

Couverture
Valentine Antenni

Crédits photographiques
p. 26-27 © Japack Compagny/
Corbis/T ; p. 274-275 : © J. Guillard/
Scope ; p. II-III : Olivier Ploton
© Archives Larousse

La présente édition a été mise à jour avec la collaboration de :

David Cobbold
Sébastien Durand-Viel

ISBN 978-2-03-600629-4

L'abus d'alcool est dangereux pour la santé. À consommer avec modération.

Imprimé en Italie par La Tipografica Varese Srl - Varese
Dépôt légal : août 2021
328861/01 – 11046975 mai 2021

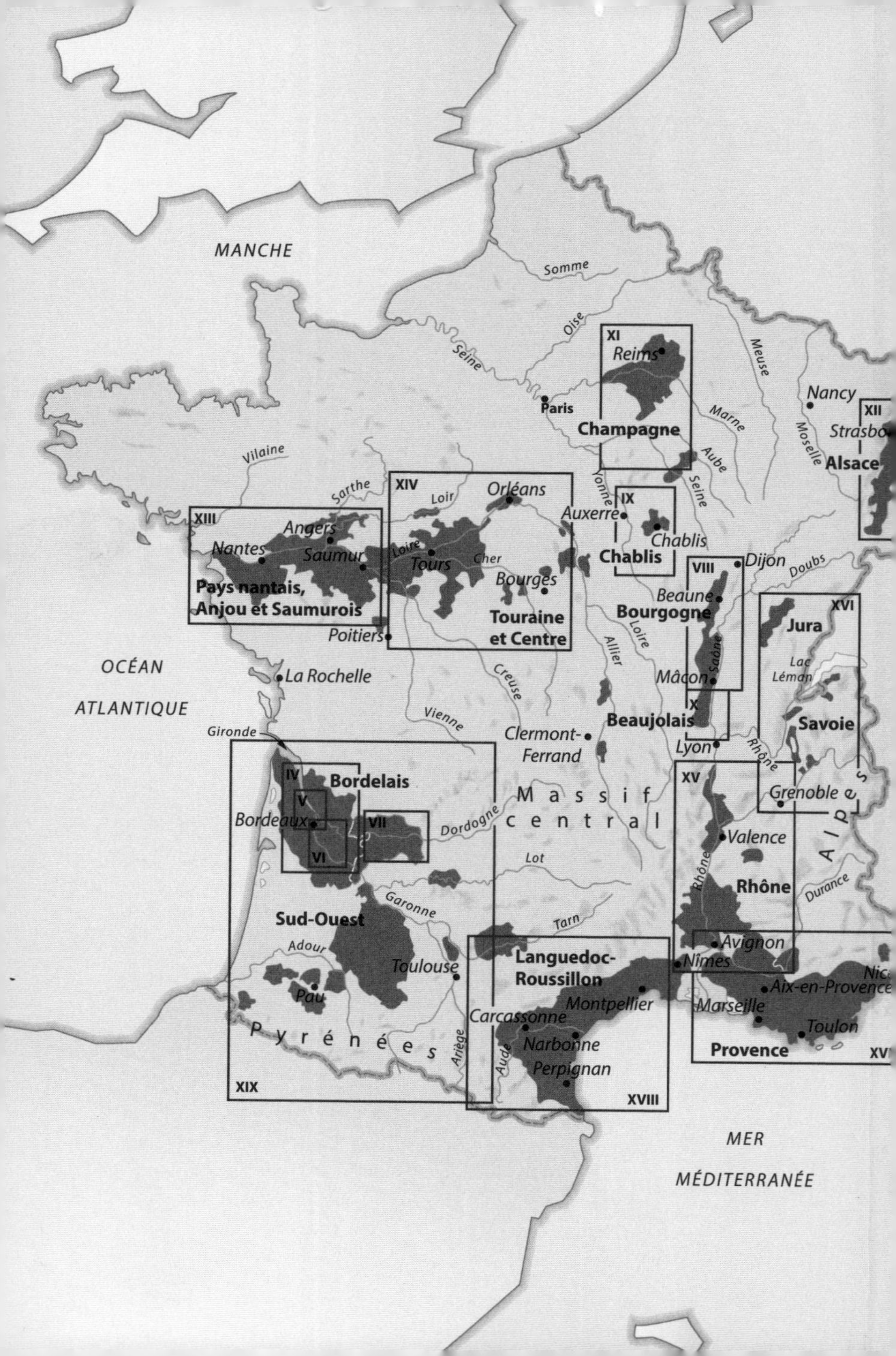
MANCHE
OCÉAN
ATLANTIQUE
MER
MÉDITERRANÉE
Somme
Oise
Seine
Meuse
Marne
Aube
Moselle
Yonne
Vilaine
Sarthe
Loir
Loire
Cher
Allier
Creuse
Vienne
Saône
Doubs
Rhône
Gironde
Dordogne
Lot
Garonne
Tarn
Adour
Ariège
Aude
Durance
Paris
Reims
Nancy
Strasbo
Orléans
Auxerre
Chablis
Dijon
Angers
Nantes
Saumur
Tours
Bourges
Beaune
Poitiers
Mâcon
La Rochelle
Lac Léman
Clermont-Ferrand
Lyon
Grenoble
Bordeaux
Valence
Toulouse
Avignon
Nîmes
Aix-en-Provence
Nic
Marseille
Toulon
Montpellier
Carcassonne
Narbonne
Perpignan
Pau
Massif central
Alpes
Pyrénées
XI Champagne
XII Alsace
XIII Pays nantais, Anjou et Saumurois
XIV Touraine et Centre
IX Chablis
VIII Bourgogne
X Beaujolais
XVI Jura
Savoie
XV Rhône
IV Bordelais
V
VI
VII
Sud-Ouest
XIX
Languedoc-Roussillon
XVIII
Provence
XVI